U0105324

《壮族麽经布洛陀影印译注》文字词汇研究

黄南津 高　魏 胡　惠
杨粒彬 李静峰 李祥华
苏锦春 农冰慧 潘小邕
欧阳秋婕 ——著

Aen Hanghmoeg Aeu Cienzngaenz Cienmonz Coengh Okbanj Saw Minzcuz
民族文字出版专项资金资助项目

国家语委语言文字科研优秀成果后期资助计划项目 HQ135-32

广西教育出版社
·南宁·

图书在版编目（CIP）数据

《壮族麽经布洛陀影印译注》文字词汇研究 / 黄南津等著. -- 南宁 : 广西教育出版社, 2021.12
ISBN 978-7-5435-9095-3

Ⅰ. ①壮… Ⅱ. ①黄… Ⅲ. ①壮语-古籍-词汇-研究 Ⅳ. ①H218.3

中国版本图书馆 CIP 数据核字(2021)第 259769 号

《壮族麽经布洛陀影印译注》文字词汇研究
ZHUANGZU MOJING BULUOTUO YINGYIN YIZHU WENZI CIHUI YANJIU

责任编辑：夏日炎　李　兰　满莎莎　司亚萍
装帧设计：李浩丽
责任技编：蒋　媛

出 版 人：石立民
出版发行：广西教育出版社
地　　址：广西南宁市鲤湾路 8 号　　邮政编码：530022
电　　话：0771-5865797
本社网址：http://www.gxeph.com
电子信箱：gxeph@vip.163.com
印　　刷：广西民族印刷包装集团有限公司
开　　本：889mm×1194mm　1/16
印　　张：60
字　　数：1100 千字
版　　次：2021 年 12 月第 1 版
印　　次：2021 年 12 月第 1 次印刷
书　　号：ISBN 978-7-5435-9095-3
定　　价：360.00 元

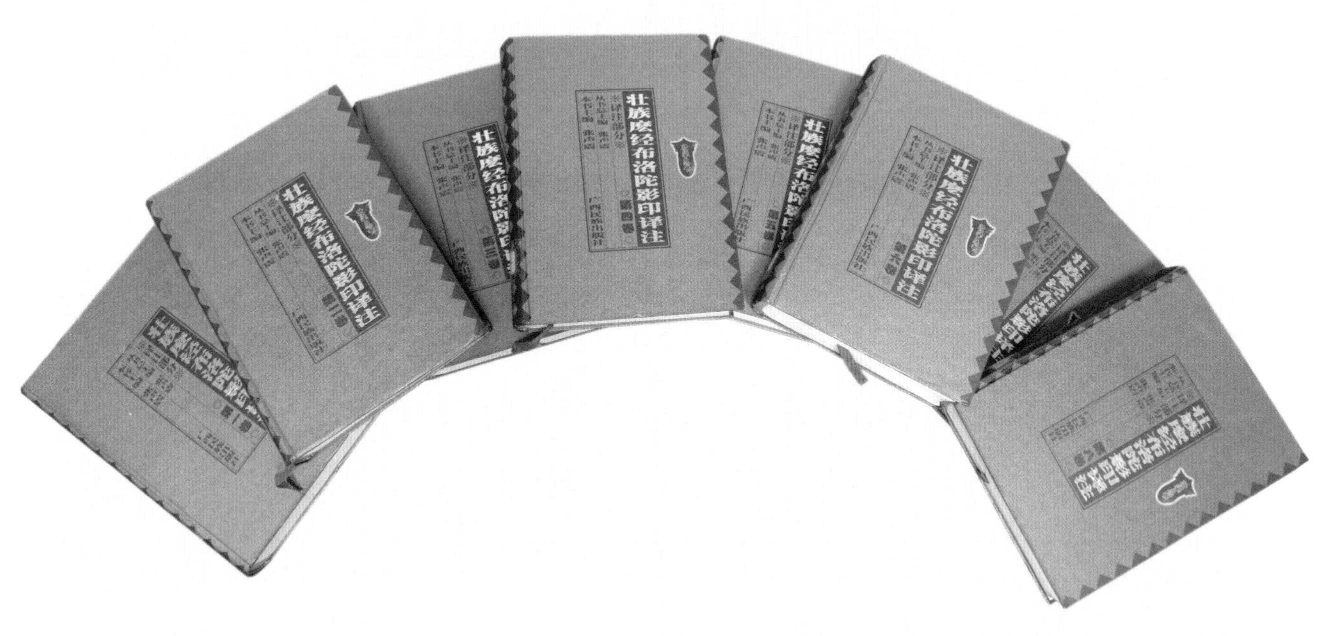

图片来自《壮族麽经布洛陀影印译注》

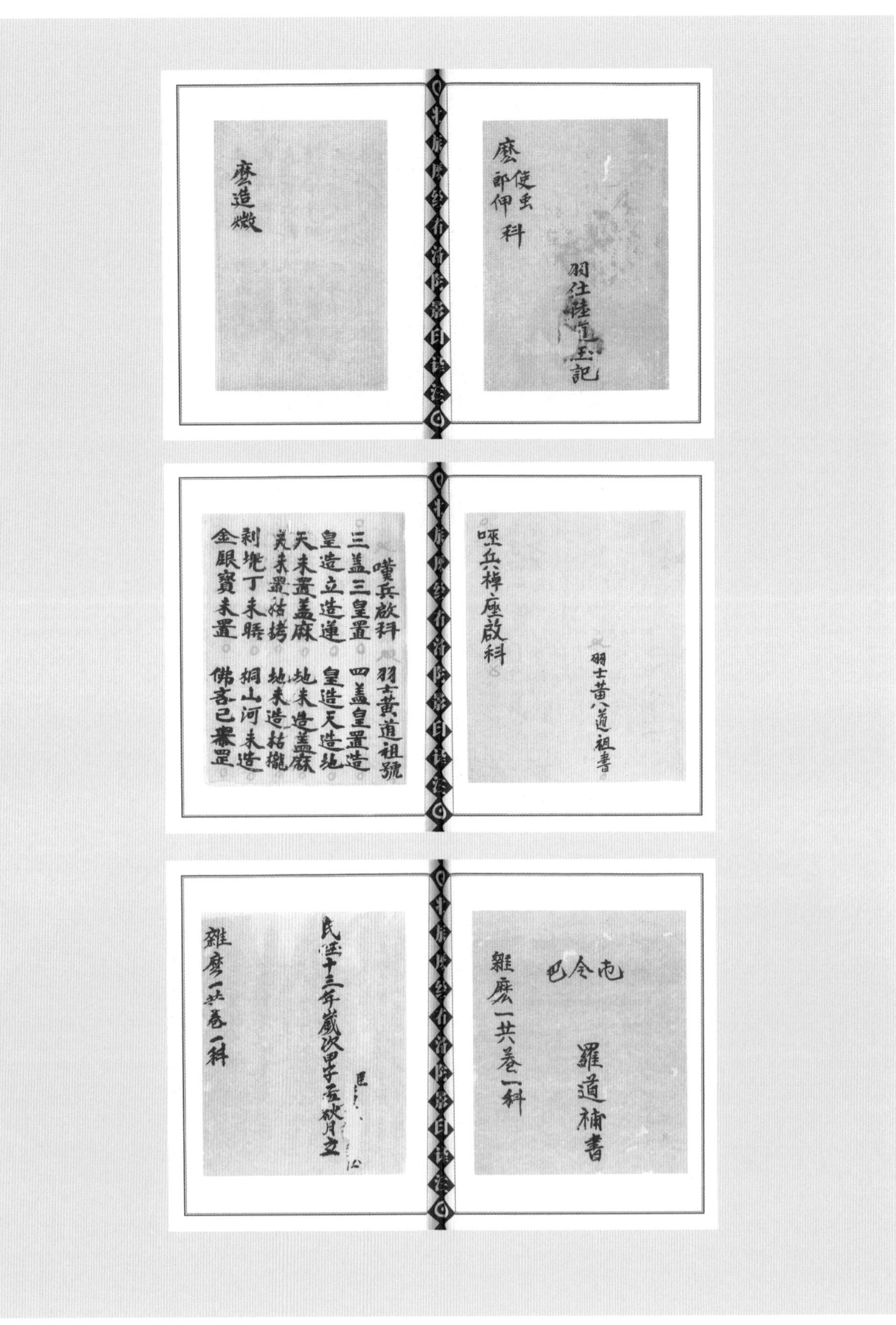

图片来自《壮族麽经布洛陀影印译注》

图片来自《壮族麽经布洛陀影印译注》

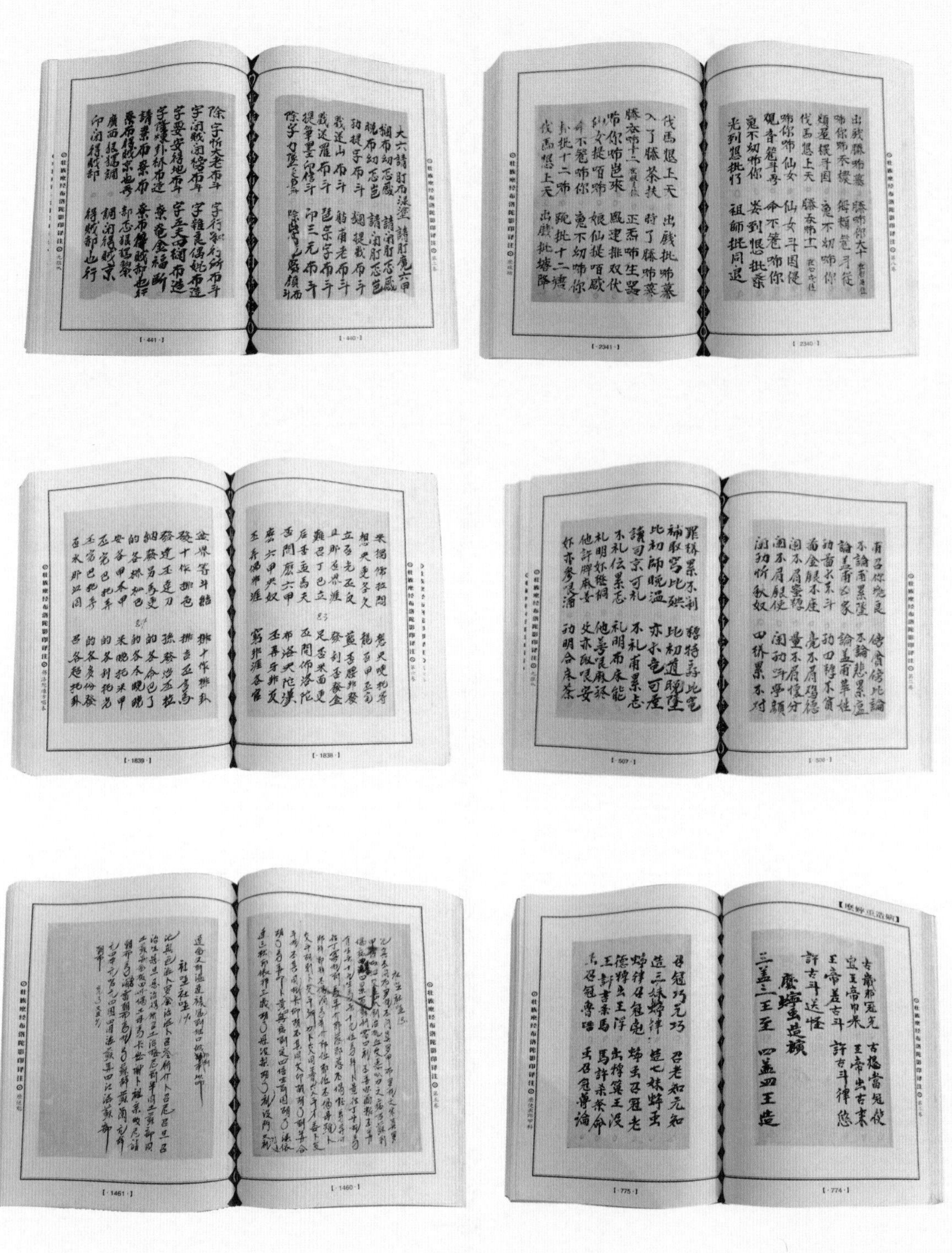

图片来自《壮族麽经布洛陀影印译注》

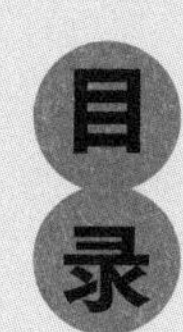

目录

绪论

《壮族麽经布洛陀影印译注（一至八卷）》（以下简称《麽经布洛陀》）是一部用方块壮字记载的壮族民间宗教文献，是整理者将在广西和云南文山的壮族聚居地搜集到的39部麽教经书，进行精选、影印、译注等一系列整理后汇编而成，全书共有《麽请布洛陀》《占殺牛祭祖宗》《九狼叭》等29种抄本。

最初的麽经以口头形式在民间流传。唐宋时期，壮族先民利用汉字部件创制了方块壮字，麽经便以手抄形式记载和流传。从现存的麽经抄本来看，它记载了壮族各个时期的历史事件和人物传说，内容十分丰富。这对于壮族这样一个在历史上没有统一规范的民族文字，而汉文文献资料记载语焉不详且多有失实的民族而言，麽经手抄本更突出了其重要的文献学意义。①

方块壮字又叫“古壮字”，或者“土俗字”，壮语称为“sawndip”（意即生字、未成熟字），“是壮族先民效仿汉字六书的构字方法创造并不断发展形成的一种民族文字”②。方块壮字是壮族和汉族在长期的民族交融中，在汉字的直接影响下产生的。文字是记录语言的符号。麽经手抄本作为从古代传承下来的经典文献，其语言文字具有一定的稳定性与传承性。麽经中的方块壮字不仅较为忠实地记录了不同时期、不同地区壮语的基本面貌，而且反映了丰富而系统的汉语语音、借词等信息，隐藏着汉字传播、发展、演变的线索，对于语言文字的

① 参见：张声震主编．壮族麽经布洛陀影印译注：第一卷［M］．南宁：广西民族出版社，2004：前言48.

② 广西壮族自治区少数民族古籍整理出版规划领导小组．古壮字字典［M］．南宁：广西民族出版社，1989：序1.

研究，如壮语的发展与演变、壮语和汉语的接触、汉语汉字史等，具有极高的语料价值，是语言文字研究又一新材料。

作为壮族宗教诗体经文，《麽经布洛陀》独特的用词，可以帮助我们深入了解壮族宗教用词的特色；广泛的地域来源，保留了大量极具特色的方言词，从中既可以看到壮语各地方言词汇的差异，又可以领略壮语词汇不同的语义与文化内涵，可为进一步研究壮族文化、历史和民间宗教提供丰富的语言材料。

为此我们将对方块壮字文献《麽经布洛陀》进行首次全面词汇、文字整理，创建《麽经布洛陀》词汇表、方块壮字表，以及《麽经布洛陀》语料库、壮语词汇数据库、方块壮字数据库，这将为壮语研究、方块壮字研究及壮族民间宗教的全面研究提供支持，为壮语大型工具书编撰等提供可信的材料。同时，我们将进行方块壮字信息化标准化研究探索，以期进一步推进民族语言的信息处理进程，贯彻国家语言文字政策，有助于方块壮字的规范化、系统化。最后，我们还将研究《麽经布洛陀》壮语词汇的特点及其文化内涵，分析归纳宗教词汇，对壮族文化、历史和民间宗教深入探索。

◆ 0.1 研究现状 ◆

人们对布洛陀史诗和歌颂布洛陀创世业绩歌谣的关注，开始于 20 世纪 60 年代，对布洛陀史诗和歌颂布洛陀创世业绩歌谣的搜集、整理、壮文撰写、汉语翻译等工作，20 世纪 80 年代才正式启动，至今仍在继续，现已出版的主要有《布洛陀经诗》《布洛陀经诗译注》《麽经布洛陀》。《麽经布洛陀》自出版以来，学者们对它进行了多角度的研究，取得了丰硕的研究成果：布洛陀文化体系不断完善与提升，语言文字的价值逐渐突显，民间宗教的领域和内涵不断拓展，部分文本文献得到整理和考辨，文学艺术、民族民俗、外文翻译的探索开启了布洛陀研究的新进程。

梁庭望在《古壮字结出的硕果——对〈壮族麽经布洛陀影印译注〉的初步研究》（2005）一文中，对《麽经布洛陀》作了比较全面的介绍，认为《麽经布洛陀》全面反映了壮族先民在原始社会末期的社会情状，是壮族古代社会的百科全书。[①] 文章从《麽经布洛陀》中的神话、稻作文化、阶级社会产生、宗教、汉文化影响、伦理道德、古老风俗、朴素哲学观、语言文字、壮族诗学等十个方面来阐述其内涵和价值，为《麽

① 参见：梁庭望 . 古壮字结出的硕果——对《壮族麽经布洛陀影印译注》的初步研究［J］. 广西民族研究，2005（1）：79.

经布洛陀》的研究提供了不同的视角。

0.1.1 文化角度的研究

相关论文主要有覃乃昌的《布洛陀文化体系述论》（2003），王光荣、黄鹏的《论布洛陀文化的凝聚力》（2006），段宝林的《神话史诗〈布洛陀〉的世界意义》（2006），潘其旭的《壮族〈麽经布洛陀〉的文化价值》（2003）、《〈麽经布洛陀〉与壮族观念文化体系》（2004）、《壮族布洛陀神话破除中国无创世体系神话的旧说》（2011），刘亚虎的《布洛陀文化的典型意义与独特价值》（2005）、《布洛陀文化的源与流》（2011），廖明君的《壮族布洛陀文化研究的拓展与提升》（2011），熊斯霞的《论布洛陀文化的传承场》（2011），李斯颖的《论布洛陀身份的多重文化内涵》（2011）。其中，覃乃昌（2003）认为，布洛陀文化是一个包括了布洛陀神话、史诗、民间宗教、人文始祖、歌谣等的完整体系，“它们之间有着密切的逻辑结构上的联系，并且具有深刻的历史文化内涵”①。潘其旭（2003）认为，《麽经布洛陀》反映了壮族社会从自然宗教向人为宗教过渡的演化、从蒙昧原始时代走向文明社会的变迁，折射出壮族先民宣扬“古规”的道德理念和探求世界奥秘的原哲学思维，展现了壮族语言文字的原始风貌以及源远流长的传统文化，是壮族精神文化的最初记录和语言文字的百科全书。②布洛陀作为壮民族核心文化之一，经过众多学者多年的不断挖掘，其文化体系、意义价值、精神内核等方面都得到不断地提升与完善，布洛陀文化的研究取得长足进展，为保护和传承这一珍贵的文化遗产提供了有力保证。

0.1.2 宗教方面的研究

相关专著主要有玉时阶的《壮族民间宗教文化》（民族出版社，2004）和黄桂秋的《壮族麽文化研究》（民族出版社，2006），后者主要分析壮族麽教的原始形态、分布特点、麽教主神与陪神、麽教经书、祭奠活动、歌圩活动以及壮族麽文化与当代社会的关系。相关论文主要有黄桂秋的《壮族民间麽教与布洛陀文化》（2003），时国轻的《壮族麽教初探》（2006）、《壮族麽教及其现状浅析》（2005）及其博士论文《广西壮族民族民间信仰的恢复和重建》（中央民族大学，2006），岑贤安的《壮族麽教信仰初探》（2003）、《论布洛陀神格的形成及演变》（2003），牟钟鉴的《从宗教学看壮族布

① 覃乃昌．布洛陀文化体系述论［J］．广西民族研究，2003（3）：65.

② 参见：潘其旭．壮族《麽经布洛陀》的文化价值［J］．广西民族研究，2003（4）：69-74.

洛陀信仰》（2005），丘振声的《〈布洛陀〉与图腾崇拜》（1995）。其中，牟钟鉴的《从宗教学看壮族布洛陀信仰》认为布洛陀信仰是原生型民族的民间宗教，将壮族特有的传统文化与壮族的生存和发展密切联系在一起，这种民族信仰的重构现象体现了壮族民族文化的主体意识增强、布洛陀信仰具有旺盛的生命力，以及对新时代具有极强的调适能力。

0.1.3 语言文字的研究

相关论文主要有何思源的博士学位论文《壮族麽经布洛陀语言文化研究》（中央民族大学，2007），该文从语言历史演变的角度，对《麽经布洛陀》中的方块壮字进行分析研究，指出麽经方块壮字不是一个时代同一地区的产物，它们反映了不同时期不同地域的壮语方言的内部分歧以及广西汉语方言的演变与分布情况；分析了《麽经布洛陀》的词汇，这些词汇涉及古词、文化词、方言词、量词、临摹词。文中还运用语法研究的三个平面理论对麽经的特殊语法现象进行分析。文章指出，《麽经布洛陀》中的宗教语言，全息记录了壮族历史文化的变迁过程，包含着壮民族的精神核心。[①]

蒙元耀的《论〈布洛陀经诗〉的语言价值》（1995），用《布洛陀经诗》中的例句分析麽经语言的口语色彩和宗教色彩，并论证其中所蕴含的壮语语法与词汇特征。谢多勇的《〈布洛陀经诗〉中的古壮字和壮语词汇》（2007），从方块壮字出发，分析《布洛陀经诗》中的日常词汇和宗教词汇。另外还有刘兴均的《〈麽经布洛陀〉中的音义型古壮字》（2007），欧阳秋婕的《古壮字历史沿革及演变趋势初探》（广西大学，2006），付晓霞的《〈壮族麽经布洛陀影印译注〉部分版本考》（广西大学，2007），莫柳桂的《古壮文典籍〈庅呠佈洛陀〉词汇研究》（中央民族大学，2010），梁红燕的《〈壮族麽经布洛陀影印译注〉（1–2 卷）形声方块壮字的整理与研究》（广西大学，2013），方懿林的《〈壮族麽经布洛陀影印译注〉医药词语研究》（广西大学，2013），张显成、高魏《论方块壮字文献的壮语辞书编纂价值——以〈壮族麽经布洛陀影印译注〉为例》（2015），王丹、高魏、张显成《麽经整理及壮族宗教用语研究综述》（2017），高魏、张显成《论方块壮字同形字的产生途径——以〈麽经〉为新材料》（2018），高魏《从壮族典籍看方块壮字同形字的形成机制》（2019），周洁云的《〈壮族麽经布洛陀遗本影印译注〉壮字借音声旁的音韵研究》（华东师范大学，2020），高魏、王丹《方块壮字俗借字的产生方式》（华东师范大学，2020）等。

---

① 参见：何思源．壮族麽经布洛陀语言文化研究［D］．北京：中央民族大学，2007：摘要．

总的来看，对《麽经布洛陀》语言文字的研究还比较薄弱，主要表现在所依据的语料不够全面，缺少进行方块壮字统计分析的计算机技术手段，使得相关分析受到较大限制。

0.1.4 文献方面的研究

相关论文主要有付晓霞的硕士学位论文《〈壮族麽经布洛陀影印译注〉部分版本考》（广西大学，2007），初步考证出《麽经布洛陀》五个抄本的抄写时间、传承关系及其底本可能产生的时期。李小文在《壮族麽经布洛陀文本产生的年代及其“当代情境”》（2005）一文中，认为麽经抄本的形成年代可能在明末清初，其展示的“当代情境”，反映了明末清初的桂西壮族社会从“化外”到“化内”的社会变迁，以及壮族“似汉非汉”的地域文化特征。[①]

0.1.5 文学艺术方面的研究

相关论文主要有李斯颖的《试析布洛陀神话叙事的演述者——布麽》（2011）、《壮族布洛陀神话叙事角色及其关系分析》（2012），黄伦生的《〈布洛陀〉叙事研究与民间口头文化遗存保护的启示》（2010）、《〈布洛陀〉的民间口语意象与叙事语式》（2011），陆莲枝的《壮英史诗〈布洛陀〉和〈贝奥武甫〉的审美特色对比及思维解读》（2010），王敦的《信仰·禁忌·仪式：壮族麽经布洛陀的审美人类学发微》（2011）及其硕士学位论文《壮族〈麽经布洛陀〉的审美人类学研究》（云南大学，2010）。

0.1.6 民族民俗方面的研究

相关论文主要有凌春辉的《论〈麽经布洛陀〉的壮族生态伦理意蕴》（2010），王剑峰的《在象征与现实之间——壮族布洛陀信仰的人类学解析》（2005），蒋明智的《〈布洛陀〉与壮民族文化精神》（2008），何颖的《布洛陀民俗文化的特点与特色经济开发》（2005），覃丽丹的《壮族人文始祖布洛陀信仰的传承与重构》（2011），和晓蓉的《心灵传承视角下壮族布洛陀信仰的当代重构及其意义》（2011），王清玲的硕士学位论文《生态民俗学视角下的布洛陀文化探究》（广西大学，2011）。

① 参见：李小文．壮族麽经布洛陀文本产生的年代及其“当代情境”［J］．中央民族大学学报（哲学社会科学版），2005（6）：110.

0.1.7 外文翻译方面的研究

相关论文主要有陆勇的《论〈布洛陀经诗〉英译版本与翻译策略》（2011），陆莲枝的《思维视角下的壮族典籍英译探讨——以布洛陀史诗为例》（2011）、《〈壮族创世史诗·布洛陀〉的解读及英译原则》（2010）、《壮族典籍英译的缺失现象探讨——以布洛陀史诗为例》（2011），黄中习、陆勇、韩家权的《英译〈麽经布洛陀〉的策略选择》（2008），卓振英、李贵苍的《壮族典籍英译的新纪元——试论壮族〈麽经布洛陀〉英译研究》（2008），黄中习、陆勇的《壮族复式思维句式英译研究——以壮族创世史诗〈布洛陀〉为例》（2010）。这些研究主要从《麽经布洛陀》的翻译策略、原则等方面进行探讨，对这一壮族典籍的外文翻译工作具有一定的指导意义。

可以看到，《麽经布洛陀》的研究得到了高度重视，研究深度不断深化，研究视角不断拓展，特别是近年来在不同的新领域涌现出来的研究成果引人注目。但是，也应该看到目前的研究仍然存在不足。一是研究的不均衡性。虽然近年来研究角度有所突破，但主要还是集中在文化方面，重在阐述《麽经布洛陀》的文化价值，字词研究相对薄弱，有不少内容未曾涉及，即使有所涉及，其广度和深度也都还有进一步拓展和挖掘的空间。二是缺少跨学科的融会贯通。此前的成果大都是某一专项领域的内容，学科界限较为明显，多学科视角下的探讨明显不足，而原因之一，就是各领域对基础文本的基础研究尚未完善。三是研究理论的运用与革新不足。从当前所运用的理论与方法来看，大都是在传统框架下开展的，各种前沿理论的运用方面还不够成熟。

◆ 0.2 本书的主要内容 ◆

0.2.1 方块壮字研究

分析《麽经布洛陀》全部方块壮字，探讨方块壮字的信息化、标准化问题。

一是方块壮字字形分析。以《古壮字字典》作为材料来源，展开对方块壮字字体类型的系统分析和研究，并进一步探究各字体类型的特点及规律，从文字学角度对方块壮字字形进行定性。

二是方块壮字信息化、标准化探索。借鉴汉字信息化、标准化的实践经验，探讨当前方块壮字信息化、标准化的理论、实践及实现方案。同时，以《麽经布洛陀》作为基础语料，结合《古壮字字典》，完成方块壮字初级信息化的设计，即系统整理已进入和没有进入 CJKV 表意字符集的方块壮字字体类型，整理已进入 UCS 空间的 Unicode 编码，设计未进入方块壮字编码（暂用内码）和方块壮字输入码，尝试开发方块壮字字库和方块壮字输入法。

三是《麽经布洛陀》用字情况的统计与分析。建立《麽经布洛陀》语料库，全面统计其字数、字量、字频，形成《麽经布洛陀》专书文字总表和各种字频统计表，进而分析全书及各抄本的用字情况。

四是方块壮字的标准化整理、等级划分与异体字整理。结合《麽经布洛陀》等语言材料，整理、分析《麽经布洛陀》专书文字的正体字与异体字，形成方块壮字异体字表；探讨方块壮字常用字等级划分的依据，划分方块壮字的常用等级，形成方块壮字常用字表、次常用字表和生僻字表；讨论专书文字的字序，并完成笔画顺序排序，形成方块壮字笔画顺序表。

0.2.2 壮语词汇研究

对《麽经布洛陀》开展专书词汇定性定量研究。对全书所有的字词划分核定，构建"麽经布洛陀词库"。在词库基础上进行以下四个方面的定性定量分析。

一是词汇分类。

二是版本间的词汇比较。把《麽经布洛陀》29 个抄本根据内容分类，每类版本内部作词汇比较，找出版本间的词汇差异（相同的词和不同的词）。

三是统计全书用词数量，各版本用词数量和各词类数量，通过计量来掌握全书的用词情况。

四是词汇语义及文化意义分析，专项分析归纳宗教词汇及其对解读《麽经布洛陀》作用。

◆ 0.3 基本思路 ◆

1. 以《麽经布洛陀》为文本，运用文字学理论及计算机相关技术，分析《麽经布洛陀》全部方块壮字，构建基于方块壮字文本的大型方块壮字数据库。在完成方块壮字数据库创建的基础上，探讨方块壮字的信息化、标准化问题，并尝试开发方块壮字输入法。

2. 以《麽经布洛陀》为文本，结合壮语特点，运用词汇学理论及计算机相关技术，分析《麽经布洛陀》的全部词汇，构建基于方块壮字文本的大型壮语词汇数据库。在

完成词汇数据库创建的基础上，对《麽经布洛陀》的全部词汇进行词汇本体定性定量及词汇的宗教意义、文化蕴意分析。

通过本课题研究，将掌握《麽经布洛陀》使用的全部方块壮字，通过文字的定性定量分析及输入法设计，为方块壮字的信息化、标准化提供坚实基础；还将掌握《麽经布洛陀》的全部词汇状况，了解其词汇的语义、文化蕴意、宗教含义。

第一章 方块壮字形体结构类型研究

形体结构分析，是对文字形体的构造原理进行分析和归纳的工作。方块壮字是借用汉字或以汉字为基础字符孳乳产生的表意文字，其形体结构具有重要的文字学研究价值，对其进行分析并归纳为一定的类型，是方块壮字整理和研究的基础性工作。只有在科学地认识方块壮字的形体结构类型之后，才能有效地进行方块壮字其他方面的研究。比如在字典编撰时，建立起壮字字典收字的标准，对所收文字进行科学合理的规范工作，这样才能最终编撰出具有参考价值的壮字字典。信息化的过程也离不开对形体结构类型的科学划分。例如，要最终实现信息化，首先需要建立一个科学的方块壮字字库，这就需要妥善解决正体字和异体字的关系问题，没有对方块壮字形体结构类型的科学认识，正异体字的关系问题将难以入手。下面我们主要以《古壮字字典》作为材料来源，展开对方块壮字形体结构类型的系统分析和研究，并进一步探究各形体结构类型的特点及规律，完成对方块壮字字形的定性。因此，确定方块壮字的形体结构类型对本研究具有重要意义。

◆ 1.1 方块壮字形体结构类型研究概况 ◆

为方块壮字划分形体结构类型，是对方块壮字进行字形构造分析的复杂过程，必须要有可供指导的分类标准支撑。我们将综合研究已有的类型分析成果，总结出它们所运用到的用于指导具体分类的标准和原则，并结合具体的分类操作和相关理论知识，对这些标准和原则于具体实践的适用性进行论证。我们发现，已有的方块壮字形体结构类型分析，大都涉及到了六书理论的运用。这说明，“六书”说是汉字文字学，也是方块壮字字形研究的基础理论。“六书”说虽然具有

很大的局限性，但在长期的历史发展中，它丰富并深化了自己的内涵，拓宽了自己的外延，使其成为分析汉字以及汉字孳乳型少数民族文字的可操作性理论。我们从“六书”说的本质属性出发，印证周有光先生提出的“六书具有普遍适用性”“‘三书’也具有适用性”等原则的合理性[①]，并结合方块壮字的字形分析，构建出一个基于“六书”的方块壮字形体结构类型归类框架。

1.1.1 对形体结构类型研究成果的归纳说明

1.1.1.1 类型成果归纳

方块壮字的形体结构类型分析，由于对方块壮字的性质缺乏充分的认识，直到新时期才逐渐受到重视并形成一定的研究规模。今天我们能找到的分析成果中，基本构建出分类框架的大概有 11 种。下面我们将这些框架归纳起来，进行对比分析。（因篇幅有限，仅列分类框架）

1. 史继忠“构字法”分类

史继忠从借用字符的方式出发，考虑壮字对汉字借用的音意对应规律，将方块壮字构字法分为音译和意译两种方式，并进一步划分层次和类别。但是，这种过于简单的划分标准，导致相当大部分的字形都归入“半音半意译”的类别当中，也造成了形声字和半音半意译字的重合。因此，这一分类框架不能对方块壮字进行彻底分类。

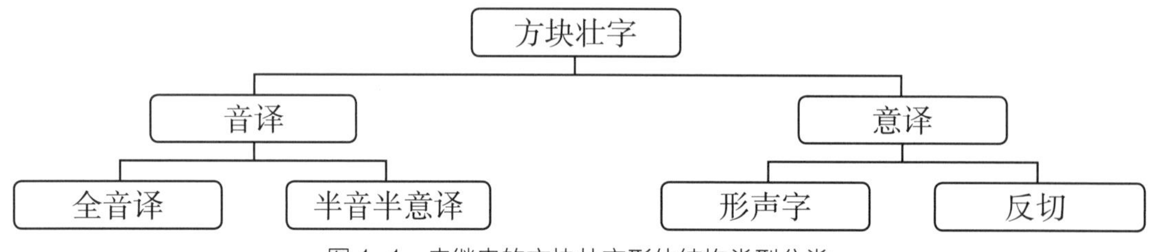

图 1-1　史继忠的方块壮字形体结构类型分类

2. 李富强字符功能分类法

李富强将方块壮字分为六类，并将六类字放置于同一个层面上罗列。“象形”“会意”“形声”“假借”等为“六书”分类，其中的“假借”虽为“六书”概念，但不仅仅只包括借用音同或音近的汉字，而是扩大“假借”的内涵，包括所有的借用汉字。于“六书”之外，李富强又分出“双声符”“双形符”两类。总体来看，这是一个从字符表达功能角度考虑的字形分类法。

① 周有光 . 六书有普遍适用性［J］. 中国社会科学，1996（5）：154.

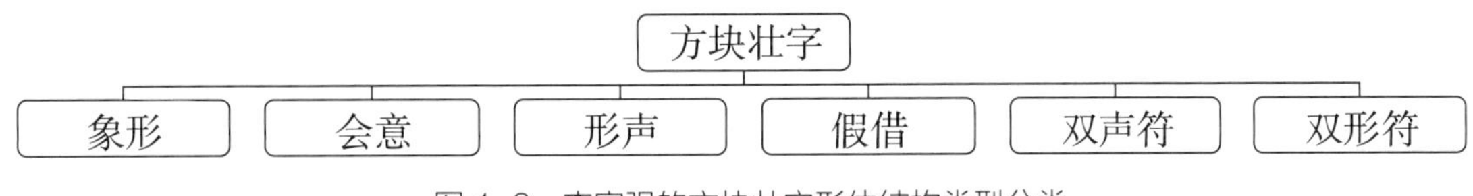

图 1-2　李富强的方块壮字形体结构类型分类

3. 张声震“六书”分类

张声震在《古壮字字典》的序里对方块壮字进行“六书”分类，其中的“借汉字”包括传统的“假借”分类。周有光在有关文章中曾引用了这一分类方式。其中的“象形”分类及其例字分析，成为他人引用的标准。

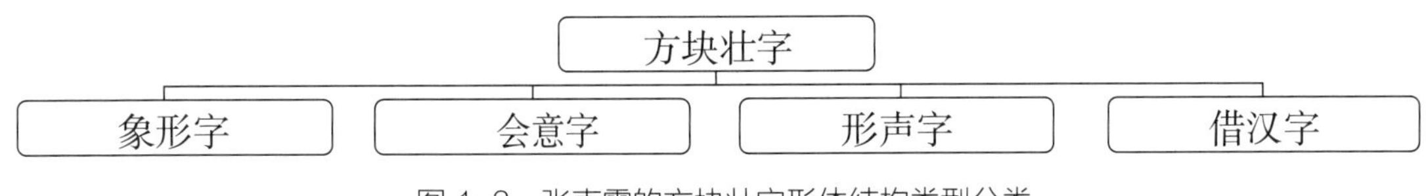

图 1-3　张声震的方块壮字形体结构类型分类

4. 张元生造字形制法

张元生从方块壮字造字的方法角度入手，将“全借”“自造法”列为壮人借用的第一个层级，将重点放在对“自造法”的考察中。其中的“形声”为汉字“六书”分类，“口旁法”“两声法”“两形法”“反切法”是汉字“六书”之外的造字方法，而“简化法”是对原字字形的省写，属于用字法范畴，不应归为基本形体结构类型。张元生的归类描绘了方块壮字形体结构类型的一大平面图，周有光的《比较文字学初探》中援引介绍了这一类型框架。

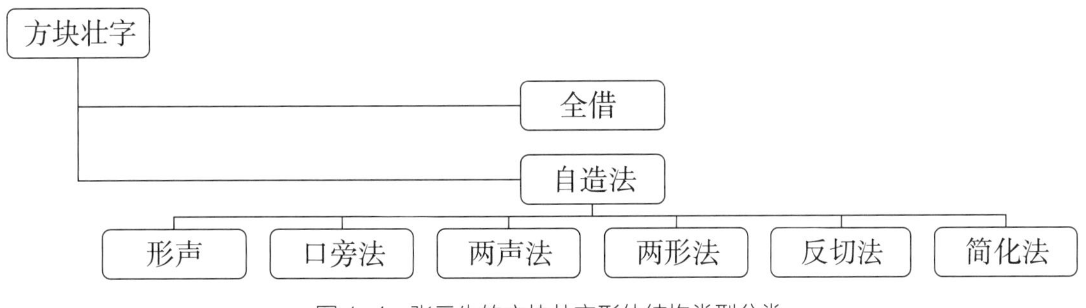

图 1-4　张元生的方块壮字形体结构类型分类

5. 陆发圆“造字法 + 结构类型”分类

陆发圆的分类法主要以“六书”分类为主，其“借汉字”为形音义全借用于汉字的字，其假借字按音系联，二者包括所有整字借用汉字的情况，与其他类别并列为“方块壮字六书”。其中的“特形字”，指的是字形与壮字音义没有联系的记号字，如

"肸，daengz，到""吡，yaep，一会儿"。

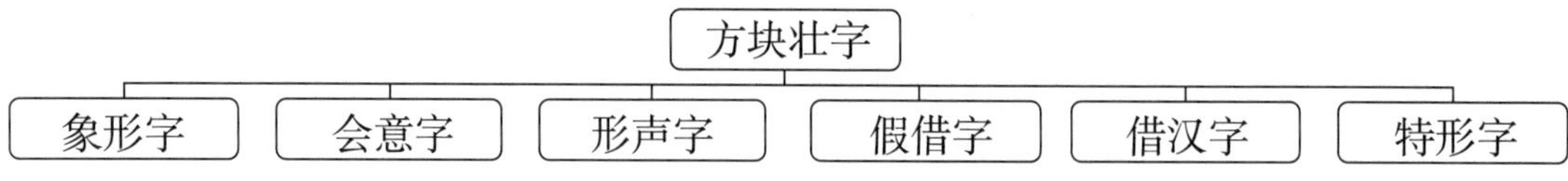

图 1-5　陆发圆的方块壮字形体结构类型分类

6. 韦达方块壮字四分法

韦达从字符使用功能的角度，将方块壮字分为音义字、会意字、汉借字、自创字。他所谓的汉借字和借用汉字是同一概念。在对自创字的分析中，他只简单介绍几个形体构造"既不是汉字的读音，又不是汉字的语义，但从笔画上看，它还是没有脱离汉字的'方块'特点"的字，如"𠃍𠃌𠃍⺆𠃌"等字。据我们理解，这些自创字不过是从字形上和汉字全无音义关系的字，属于方块壮字中按象形、指事等方法造的字。

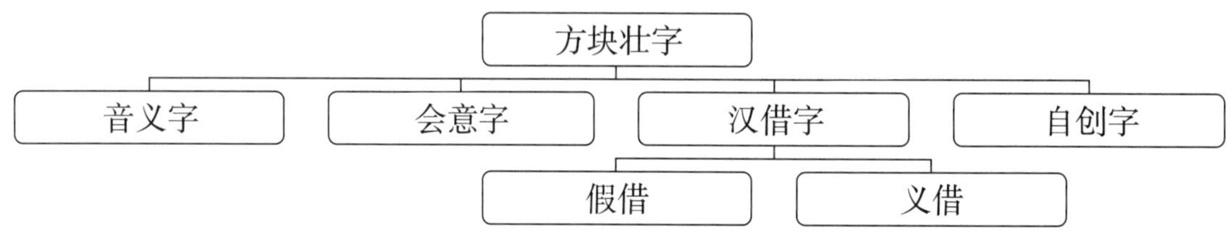

图 1-6　韦达的方块壮字形体结构类型分类

7. 陆锡兴多层面划分方块壮字

如图所示，陆锡兴的分类法，按照方块壮字字符来源与汉字字符的关系，即对汉字字符的借用和改造情况，作为划分方块壮字形体结构类型的第一步，再从字符构件的形音义功能和组合功能角度，对两大类型的字作进一步的分门别类。其中，借用字形分类标准，以方块壮字与汉字的形音义对应关系进行划分；从构形平面的角度，考察自造字的字符构件的形音义组合关系，以此区分。他的所谓的"形声"是个广义的概念，包括了"双声、双形、口字旁形声字"等非传统一形一声的形声字类型。他着眼于孳乳仿造借源体文字的特性，客观划分层次和类别，既能看到方块壮字与汉字在"六书"分析中的共性，又能看到壮字的特性，是一个可借鉴的方块壮字分类法。

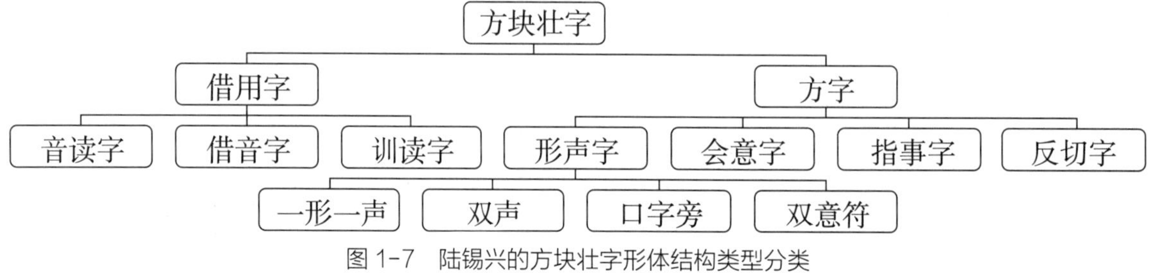

图 1-7　陆锡兴的方块壮字形体结构类型分类

8. 魏忠造字构形法

魏忠认为，“壮字构造则较复杂”，一般由两个汉字组成，大部分是使用汉字形声字的造字法，用一个汉字的音来表达壮语的音，用另一个汉字或汉字的偏旁部首来表达壮语词的意义。有的壮字由两个读音相同或相近的汉字组成，两个汉字都表声，是双声造字法。有的由两个都表形符的汉字组成，是会意字。还有的采取反切的方法，用一个汉字或偏旁作壮语读音的声母，用另一个汉字或偏旁作壮语读音的韵母。还有借用汉字的形和音，赋予壮语的义，即我们说的假借字，另外还有象形字等。

图 1-8 魏忠的方块壮字形体结构类型分类

9. 王彩的构造法与理据分类

王彩按照字符组合功能进行分类，既包括了“六书”分类法，又包括了“反切”这一例外。但这一分类法只是从考据方块壮字构造法和理据性的根本目的出发，挑出占总数较多的形体结构类型进行分析，并不能囊括所有的形体结构类型类别。

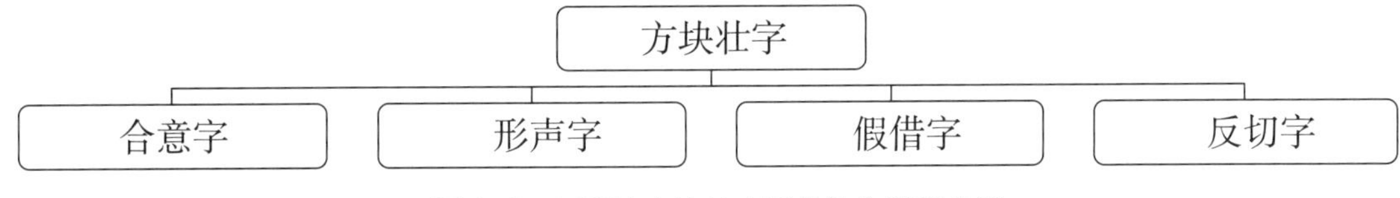

图 1-9 王彩的方块壮字形体结构类型分类

10. 覃圣敏的分类法

覃圣敏在其主编的《壮泰民族传统文化比较研究》中将壮文分为本源书、刻画文、古壮字和现代壮文四种，并对古壮字进行分类。作者从两个角度分析，一是考察壮汉字符音形义的借用关系，即字形来源的造字方法；二是字形构造和形音义间的关系。作者的分析意图明显，但由于没有举例，其合成字等概念无法让人明白。

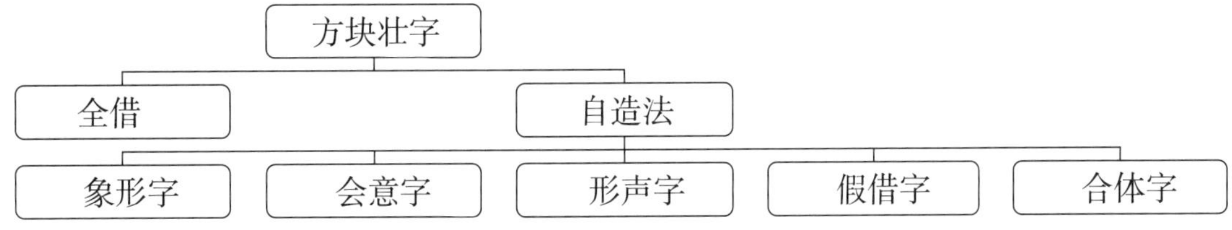

图 1-10 覃圣敏的方块壮字形体结构类型分类

11. 蓝利国方块壮字来源说

蓝利国在其《方块壮字探源》一文中，从方块壮字来源的角度，分析壮字及其字符与汉字的音形义对应关系，并通过丰富的字例解析，从字符的来源给方块壮字分类。其分类方法是，先按壮字对汉字字符借用和使用的状况，将方块壮字的来源分为“借用汉字”“改造汉字”“自行构造”三个大类别，体现了保留汉字符完整度的层级情况为“完整——大体完整——不完整”的过程。在第二层级的划分中，该书仍从考察壮汉字符对应关系的准则出发，进一步细分。“借用汉字”类，考察二者的形音义对应关系；“改造汉字”类着重考察壮族人将汉字改造成壮字的原因和方法，注重分析字形的变化，这一变化脱胎于对汉字的改造，是有原字可寻的；“自行构造”类则创造出汉字中所没有的形似于汉字的壮民族自创字，这一部分从字符部件的表达功能入手，分析不同性质的字符部件的组合情况，继而划分类别。蓝利国的分类法，是所有类型分析中层次最为分明，观察最为细微的一篇，对本研究的分类影响较大，在后文中我们还将继续分析。

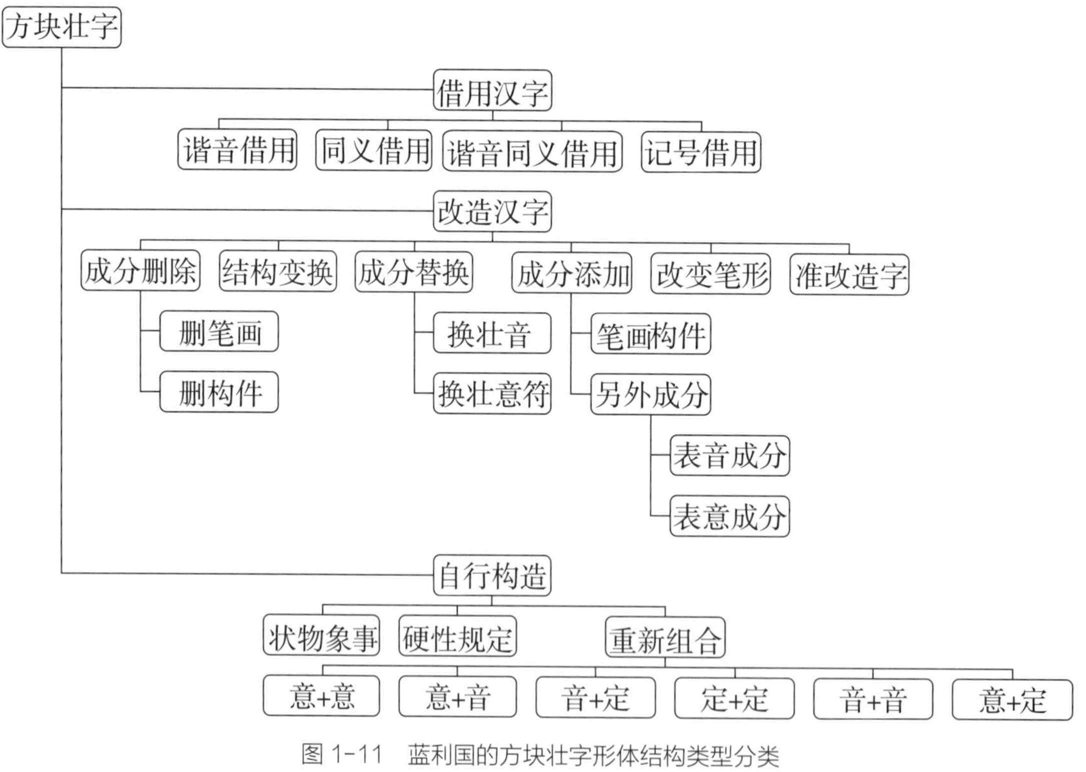

图 1-11　蓝利国的方块壮字形体结构类型分类

1.1.2 归类说明

通过对 11 位研究者的论述进行归纳分析，我们将分类中重合的部分按照分类的性质归纳成以下的图表。

表 1-1　方块壮字形体结构类型研究成果总结 [①]

作者	字符组合功能类									与汉字的关系			其他
	六书					其他组合方式				借用	自构		
	象形	指事	会意	形声	假借								
韦达			会意	音义						汉借字	自创字		
蓝利国	状物	象事	表意 + 表意	表意 + 表声		表声 + 表声	表意 + 符号	表音 + 符号	记号 + 记号	借用汉字	改造	自行构造	
陆发圆	象形		会意	形声	假借					借汉字	特形字		
李富强	象形		会意	形声	假借	两声符	两形符						
张元生				形声		两声符	两形符	反切		全借	自造		简化、省声
张声震	象形		会意	形声						借汉字			
史继忠				形声	假借			反切			改造汉字		
陆锡兴		指事	会意	形声				反切		借用	方字		
魏忠	象形		会意	形声		两声符	两形符	反切		借用			
覃圣敏	象形		会意	形声	假借	合体字				全借	自造		
王彩			合意	形声	假借			反切					

通过综合比较，我们看到学者们对方块壮字进行分类，一般是从以下两个角度进行的。一是字符的来源角度。以壮字符与汉字符之间形音义的对应关系进行划分，完整借用汉字字形的方块壮字为“借用”类字；只借用汉字的偏旁或部件重新组合成汉字中没有的字符的为“自造”字；另有个别研究者（蓝利国），考察壮字字符生成过程中对汉字进行改造，分出“改造汉字”类别。从字符来源角度对方块壮字进行分析，是对方块壮字借源孳乳仿造字性质的清醒认识。所有学者都看到了方块壮字和汉字的借和被借的本源关系，并在分类框架中体现了出来。二是字符在整字结构中的组合功能角度。其中包括了传统汉字“六书”类别，如象形、指事、会意、形声、假借，每一个研究者的分类中都包含这一分类法的类别；但是，“六书”似乎并不能囊括所有的方块壮字类别，研究者另外分出的“两声字”“两形字”“反切字”等，都是从构字部件的性质即西洋“三书”[②] 角度入手，分辨构字部件是由意符、声符还是定符（记号）

① 表中有下画线的部分，表示此种分类为分类的第一层次。没有任何下画线标志的类别同属于第二层次。

② 周有光．六书有普遍适用性［J］．中国社会科学，1996（5）：154.

组合充当。这种分类法在汉字的分类中也存在，但汉字分类一般用“六书”类型，因此，西洋“三书”类一般不作为汉字的基本类型单列出来。从上表中我们可以看到除韦达、陆发圆、张声震外，有70%多的学者都分出了其他的“三书”类别；有五位学者分出反切字类别，并将它作为方块壮字的一大类型处理，这也是通过对字符功能的考察得到的结论。

另外，研究者们的分类还体现了不同层次的分类步骤。如张元生、陆锡兴、覃圣敏、蓝利国等，从研究一开始就将方块壮字按字符的本源关系一分为二，即将借用字、自造字区分开，在此基础上再按其他标准进行划分；李富强、张声震、陆发圆、韦达、魏忠等的分类，虽也体现借用字和自造字的不同，但大多将借用字相类于传统“六书”中的“假借”，与其他各书一样作为同一层次的方块壮字基本类型。

这些分类中所使用的类型名称有些相同，但对具体名称内涵的理解却不尽相同。如传统“六书”的“假借”是指借用音同或音近的字表义；李富强、陆发圆的“假借”是内涵扩大化了的定义，包括用其他标准借用的所有借用汉字；覃圣敏、魏忠、韦达等的“假借”则保持了原有定义的内涵不变。

而在具体分类中，对相同字形的归类处理也不同。如对张声震先生列举的五个象形字“丬、3̇、3̣、3·、3̲”，韦达等就认为是自创字、张元生认为是自造字；对一些变体字如“冇”“尸”，陆锡兴则将其归类为指事字。

1.1.3 “六书”说具有普遍的适用性

通过对方块壮字形体结构类型研究成果的综合比较，我们发现传统“六书”说对方块壮字形体结构类型的归类具有相当重要的影响。下面将从“六书”说的发展概况入手，正视其局限性，并深入“六书”的性质和内涵，科学看待“六书”及其系列学说，说明从字符功能角度运用“六书”说归类形体结构类型的合理性。

1.1.3.1 “六书”说及其系列学说

“六书”理论是我国最早的论述汉字结构原理的系统理论，在汉字学科研究的历史上有着重要的贡献。“六书”之名始见于战国时代的《周礼》，东汉的班固《汉书·艺文志》最早罗列“六书”的具体名称，后来郑众对“六书”作出不同的定名。东汉时许慎才真正给“六书”作了解释，他通过对9353个小篆字形的构形分析，勾勒出汉字构形的基本框架。此后，“六书”就成了汉字构形的代名词，成为历代分析研究汉字形体构造的依据和准则。

以“六书”为标准划分出的汉字形体结构类型，主要包括象形、指事、会意、形声、假借、转注等“六书”。许慎在《说文解字》中说：“周礼八岁入小学，保氏教国子，先以六书。一曰指事。指事者。视而可识，察而可见，上下是也。二曰象形。象形者，画成其物，随体诘诎，日月是也。三曰形声。形声者，以事为名，取譬相成，江河是也。四曰会意。会意者，比类合谊，以见指撝，武信是也。五曰转注。转注者，建类一首，同意相受，考老是也。六曰假借。假借者，本无其字，依声托事，令长是也。”在戴震“四体二用”说出现以前，“六书”一直作为造字法理解。但后代的学者对各书的理解却众说纷纭，他们因为假借未能创造新字符而将其列入用字法范畴，对何谓转注争论不休而最终将其一并列入用字法范畴内。从文字及其演变的整体认识上看，这说明“六书”理论具有一定的时代局限性。其局限性主要体现在以下几个方面。

第一，“六书”对每一书的界定都不够明确。除了转注一书由于定义的含混且例证不足成为千古疑案之外，象形、指事、会意、形声各书间的界限也是模糊的，导致众说纷纭，分类操作难以进行。

第二，“六书”性质的局限性。“四体二用”说认为象形、指事、会意、形声前四书是对文字的结构类型和造字法的分析；而后二书与前四书的性质不同，转注、假借只是对汉字用字法的概括。在方法论上，许慎将“六书”摆在一个层次上，在实际分析造字方法时，却只用前四书，因此这种分类方法本身是缺乏严密性的。

第三，“六书”理论主要是依据篆文建立起来的，对后来的隶书和楷书不具有普遍的适用性。后来的隶书和楷书是在篆书的基础上，通过解散篆体、改变笔画，对偏旁进行省并、重组部首等改造演变而成的。它们改变了汉字形体原有的造字理据，因此不合适用“六书”说进行归类分析。

正是基于“六书”的种种局限，在分析古文字材料的基础上，现代的一些学者相继提出新的汉字构造学说。20 世纪 30 年代，唐兰第一个开始批判传统“六书”。他从结构类型着眼，在《古文字学导论》《中国文字学》中提出关于汉字构造的新理论——“三书”说，即象形文字、象意文字、形声文字。后来陈梦家等人根据汉字基本类型进行分类，将汉字形体结构类型和用字规则（表达类型）融为一体。陈梦家的“三书”说，将汉字划分为“象形”“形声”“假借”。裘锡圭对这两家学说作了评判，认为唐兰的“三书”说，对文字学的发展起了促进作用，但是却没有多少价值；陈梦家的“三书”说基本上是合理的，只是象形应该改为表意（指用意符造字），[①] 提出了象形字、形声字和假借字三种类型。刘又辛也提出“三书”说，即表形字，假借字，和形声字三种。

① 裘锡圭. 文字学概要［M］. 北京：商务印书馆，1988：106.

他说，陈梦家的“三书”说“同我的‘三书’说相同”。[①]

之后也有学者热衷于汉字类型的划分。他们有从传统角度，有从现代构形学角度或广义或狭义地论述对汉字形体结构类型的看法。其中颇具典型意义者为詹鄞鑫的“新六书”说。他将汉字结构类型分为六类，即象形、指示、象事、会意、形声、变体，认为这比传统“六书”说更加明确，既吸收了“三书”理论的成果，又尽量避免了“三书”系统层次太多的繁琐，而且最大限度地减少了不能纳入“三书”系统的字。

王宁肯定了“六书”理论的科学价值，并在“六书”理论上提出了“汉字构形学理论”，其任务就是“探讨汉字的形体依一定的理据构成和演变的规律。包括个体字符的构成方式和汉字构形的总体系统中所包含的规律”。[②]并认为每一阶段的汉字都是由一批基础构形元素构成的，可以称之为“形位”，如小篆 9353 个字可以拆分归纳成 367 个形位；其次，各阶段汉字的组合都是按一定层次有序地进行的；最后，各阶段汉字的构形组合都是有固定的模式，每种不同功能的组合都可归纳为一种构形模式。王宁先生共归纳出适合于分析各类汉字的十种构形模式，即全功能零合成、标形合成、会形合成、形义合成、会义合成、标义合成、形音合成、义音合成、无音综合合成、有音综合合成模式，这样，汉字的体系性就可以描写出来了。它不仅适合于小篆，而且适合于更早的甲骨文及隶变后的汉字，可以说是突破“六书”说的革命性理论，在中国文字类型学发展史上具有重大意义。

总之，许慎的“六书”说是对小篆体汉字的形体结构类型归类，是汉字类型学理论的经典。在长期的历史发展中，人们对“六书”的研究，一直限于用大量的篇幅和笔墨讨论各书的含义以及“六书”的性质等。直到唐兰“新三书”说的出现，学界才大胆冲破“六书”之名，提出新的分类标准，开始了近代以来从字符性质的角度，即字符功能性质的角度（意符、音符、定符）重新划分汉字形体结构类型的创新和改变。

1.1.3.2 “六书”说对方块壮字形体结构类型分析的适用性

1. 科学看待“六书”说的时代局限性

“六书”说虽然带有一定的时代局限性，但是任何客观事实都是在一定的时代背景下产生的，都有一定的时代性。我们知道，字形演变是一个不断发展的历史过程，一个时代的文字有一个时代的形体特点，对于不同阶段的文字应该用不同的理论进行

① 赵学清.“六书”理论的历史回顾及其在当代的发展［J］.聊城师范学院学报（哲学社会科学报），1998（3）：90.

② 王宁.汉字构形理据与现代汉字部件拆分［J］.语文建设，1997（3）：7.

分析。

有人批评“六书”说的时代局限性，认为六书是从篆文中归纳总结出的形体结构类型规律，不适用于甲骨文、金文，乃至后来的隶书、楷书。我们认为要辩证地看待这一观点。篆文是春秋战国时代的秦国文字和小篆，它是隶书形成的基础。“六书”说是从对篆文的形体结构特点的分析中总结出来的，它很好描述了古文字时期篆文的特点，特别是“象形”“指事”等类别，符合具象性程度很高的古文字特点。当汉字从古文字向现代汉字演变，其形意的变化导致篆文所表现的原始造字理据的消失，字形功能逐渐向记音文字方向发展，这意味着汉字原来形体构成的形符象形性减弱，失去了以形表义的功能，而逐步演变为抽象表义的意符或记号。而且经过隶变时部件的粘合，受行书连笔等影响，原来的古文字基础构形元素产生形体的粘连，有合二而一甚至合更多部件为一的现象，例如“辶”“共”“西”“更”“退”等字即如此（王宁《汉字构形理据与现代汉字部件拆分》）。另外，汉字从古到今，部分字形部件的字义产生引申或转移，这使现代汉字和篆文相比必然产生迥异现象。

汉字字形的演变破坏了原有篆书造字的“六书”理据，不具备篆文的特点，如果直接用这样的字形来追溯篆文的“六书”分类，自然是不科学的。例如篆书时代的𣞤（无）字，《说文解字》解释为“亡也，从亡，无声”。到了隶楷时代，其字形变为“無”，在造字和构形理据上丝毫看不出“无”表声的影子，因此我们可以说“𣞤”是个形声字，而否定“无”的形声字属性。如此，从演变了的汉字字形来追溯原字的“六书”分类，“六书”说自然是不适用的。

另外，从共时层面来看，如果我们用“六书”说分析“借、出、头、帝”等现代汉字的“六书”类别，得到的结果是它们都是约定俗成的定符。但是，这并不意味着“六书”说就失去了对其他汉字字形的分析能力。如“腿”，从月表示身体，退表示声音，是个形声字；“床”，从广表示房屋，从木表示物件的质料，是个会意字。这些字以意符的形式保留了汉字演变前的形体特点，能通过“六书”进行分析。

从本质上来说，“六书”对篆文以外的汉字，特别是隶书、楷书汉字的不适用性，是由于字形逐渐失去原有“六书”的形体结构特点造成的，这是汉字形体演变的结果。因此，“六书”说的不适用性，是针对造字理据发生变化的汉字形体而言的。对于汉字外的其他意音文字，如果其字形保留了原有的造字理据，那么就不存在“六书”的不适用性。

2. 从“六书”说的性质看其“普遍适用性”

长期以来，“六书”说是分析汉字字形结构的纲领性理论，“六书原理创始于中国，

它不仅可以说明汉字的造字和用字方法，还可以说明人类其他文字的造字和用字方法。‘六书有普遍适用性’，这是比较文字学的重要发现”[①]。周有光认为，中国有“六书”说，西洋有“三书”说，即“意符、声符、定符”，其中意符包括以形表义的形符、直接表义的义符。“六书”和“三书”具有一定的对应性，只是“六书”着眼于来源，“三书”着眼于功能。因此，“三书”说也有普遍的适用性。

其实，从本质来看，“六书”及其后续系列理论，都可以从功能角度即“三书”说角度进行分析，如许慎的“六书”，象形用形体表义，视为形符；指事在形体表义基础上加注指示符号，是形符和定符的组合；会意结合两个相关的形符或部件，联合取义；形声通过一音一意字符表义；假借通过音同或音近关系借用已有字符表达新义，整个字符就是一个声符。下面我们以表格形式对“六书”系列理论进行分析。

表 1-2　汉字形体的功能分类

研究者	意符（形符或义符）	声符	定符
许慎	象形、形声形旁、指事表意义	形声声旁、假借	指示符号
唐兰	象形、象意、形旁	形声声旁	
陈梦家	象形、形旁	形声声旁、假借	
裘锡圭	表意字、形旁	形声声旁、假借	
刘又辛	表形字、形旁	形声声旁、假借	
詹鄞鑫	象形、指示象形部分、象事、会意、形旁	形声声旁、假借	指示符号、变体

王宁的汉字“构形模式”也可以按照“三书”分析，如下表。

表 1-3　王宁的“构形模式”功能分析表

细则	分类									
构形模式	全功能零合成	标形合成	会形合成	形义合成	会义合成	标义合成	形音合成	义音合成	无音综合合成	有音综合合成
“三书”分析	形、义、声、定	定＋形	形＋形	形＋义	义＋义	定＋义	形＋声	义＋声	定	声＋定
“六书”分析	象形指事	指事	会意	会意	会意	指事或会意	形声	形声	非形声字类	假借或其它

可见，所有的汉字形体结构类型分析，其实都离不开对组字字符功能的分析。“六书”也好，“新三书”“构形模式”也好，都是通过对字符功能及组合关系的综合分析，按照不同的组合方式和组合的特点划分类别。

① 周有光．六书有普遍适用性［J］．中国社会科学，1996（5）：153.

诚如周有光所言，“六书”说、“三书”说体现一切形意或意音文字的构形特点。“三书”是最基本的构形基础，“六书”是对“三书”的具体应用和组合方式，它们都具有普遍的适用性。在《比较文字学初探》中，周有光就列举了“五种有代表性的古今文字（圣书字、丁头字、马亚字、彝文、东巴文）的‘六书’”，从实质上来说，这也是和“三书”分析是一致的。周斌在其博士论文《东巴文异体字研究》（华东师范大学，2004）中，分析的东巴文异体字的结构类型主要包括以下几种：象形、会意、指事、义借、形声、假借和兼类（会意兼指事、会意兼形声），这既是“六书”分析，也体现了“三书”的本质。这说明处于“汉字文化圈”的汉字型借源文字，如运用汉字的原理另造字形的变异仿造字，如契丹文、女真文和西夏文；借汉字的偏旁组成新字的孳乳仿造字，如喃字、苗字、瑶字、布依字、侗字、白文、哈尼字、阿细彝文、方块壮字等，都体现了这样的构形方式，都可以用这样的分类原则进行分析。

3. 方块壮字形体结构分析运用“六书”说的原因和原则

在方块壮字形体结构的分析和划分中，应用到“六书”说理论，主要出于以下几个方面的考虑。首先，传统“六书”及其系列学说反映了意音文字的特征，即“三书”使用组合的情况。方块壮字是汉字的借源孳乳型文字，是意音文字的一种，其字符部件也具有表意、表音或表定功能，因此，字符的组合方式应有与“六书”重合的地方。其次，“六书”虽然是对汉字篆文的归类分析，但是对保留了原始造字理据的方块壮字来说有一定的适用性。已有的各种方块壮字类型分析中，已归类的象形字、指事字、会意字、形声字、假借字等，都属于“六书”类型，这说明方块壮字是可以以“六书”说为基础进行归类的。我们应该汲取前人的经验，大胆采用“六书”说进行分析。再其次，“六书”说具有多层次的性质。它既是分析造字方法的理论，也是分析构字功能、记录词语的符号学理论。方块壮字从造字之初到现在，其形体结构一直没有发生太大的改变，所以方块壮字的造字法和构字法往往是结合起来的，其字体类型特点主要是通过字形各部件的功能来表现的。因此，对于方块壮字的字形分析，就是同时对其造字方法、构字方法和功能属性的综合分析，可以与“六书”说的功能相吻合。

我们对“六书”说的使用也要明确以下几点原则。（1）批判继承传统“六书”说理论。“六书”说是可据参考的方法论，但它并不是亘古不变的真理，它的分类界限不清晰，仅分出六个类别，并不能囊括所有的字形。因此，现代学者提出的“三书”说、“汉字字形构形”说、“新六书”说等，都是对传统“六书”说理论的发展和创新，客观看待“六书”说的局限性，要从“六书”说及其系列学说的“三书”本质入手，以客观事实为基础，而不能简单以“六书”说为方法论束缚我们对客观事实的观察。

（2）本研究运用"六书"说，只是对方块壮字具有"六书"特性的一种大胆推测。至于方块壮字是否具有或是否完整具有传统"六书"特征，需要经过细心观察才能下定论。（3）我们运用"六书"说的方法，是先考察方块壮字字形的"三书"功能，将具有相同"三书"组合功能的字形结构归为同一类型，再结合"六书"定义给字类定性。

◆ 1.2 方块壮字形体结构的基本类型 ◆

1.2.1 方块壮字形体结构类型分类方法和原则

1.2.1.1 分类的基本步骤和原则

方块壮字形体结构类型划分的基本步骤流程图如下。

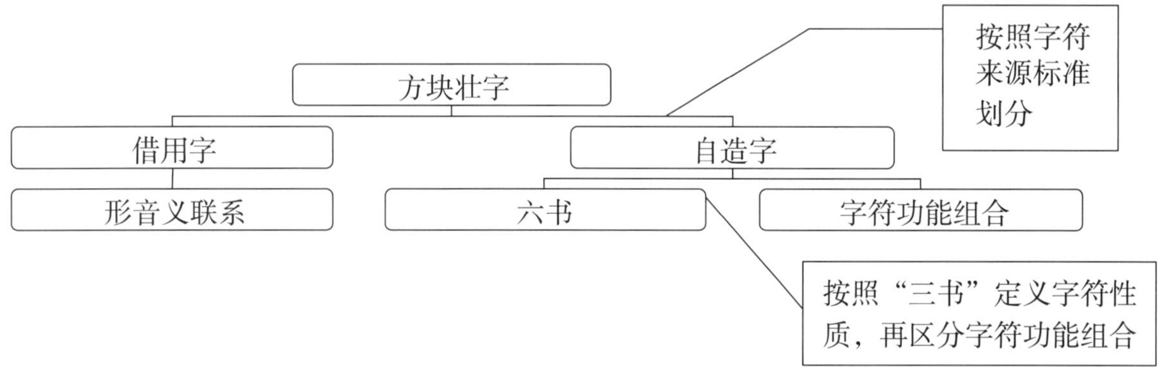

图 1-12　方块壮字形体结构类型分析步骤图

1. *以借用字和自造字为划分的第一层次*

以借用字和自造字为标准，将所有方块壮字一分为二，对于借源孳乳仿造性质的方块壮字乃至其他汉字型少数民族文字、异族文字的形体结构类型划分来说，都是行之有效的第一步也是必要的第一步。它既突出了自造字的民族自创性，又避免了我们对借用字与自造字进行字形构造分析时做无用功。

从孳乳仿造汉字字符来源角度看，借用汉字和自造字是所有孳乳仿造字共同的特点。周有光先生认为，孳乳仿造大都是借用旧字和仿造新字的混合文字，起先主要是借用旧字，后来仿造的新字逐渐增多。借用旧字的方法主要是"借词""借音"（音读）、"借意"（训读）；仿造新字的方法主要是造新形声字、造新会意字。[1] 这一论述不仅说明了方块壮字的字符与借源体汉字的字符关系，还直接论证了从借用和自造两个角度划分形体结构类型的可行性。

---

① 周有光．比较文字学初探［M］．北京：语文出版社，1998：197-198.

方块壮字的研究者，如张元生、陆锡兴、覃圣敏、蓝利国等，正是通过将方块壮字和汉字进行对比，看到所有孳乳仿造字在字符来源上的共性及其借源仿造的特性，用这一标准直接做了第一层级的划分，从而使分类的层次明晰，字形归类合理。

借用字和自造字具有各自独特的构造属性，必须严格区分，突出方块壮字的独特性。从构字方式上看，借用字是已存在的字形，是以汉语为对象构造出的文字形体，在借用来记录壮语词时保留了原有的字形和构意，其独特之处表现在它的被选择为方块壮字的依据是什么。而自造字完全是通过对汉字字符、笔画、部件等原材料的加工而形成的，其组合构建的方法即其造字法虽和汉字有一定的承续关系，但毕竟是壮人自己造出的字形，富有壮族独特的文化思维。即使同为“六书”，但具体每书中所体现的具体构字方式是不同的，这就是方块壮字具有自己独特造字思维的价值所在，是在借用字中没有的属性。我们研究方块壮字的形体结构类型，目的就是要挖掘这样的属性。另外，从字形来看，借用字就是汉字，自造字也是承续了汉字所具有的形体特点而来的，如字形方整，结构匀称；都是表意文字；笔画相仿，均有点、横、竖、撇、捺、拐、提等；都以汉字形体为参照而成。如果不对借用字和自造字加以区分，就会被二者形体上的相似性迷惑，就无法很好地发现方块壮字的独特的属性。

2. 第二层次涉及的“六书”界限需分明

借用字、自造字划分是进行方块壮字构造类型划分的第一个层次，第二层次的划分是以对字符构件的功能属性的分析为标准进行的。其中对借用字的划分，根据字符与汉字字符的形音义对应关系划分；自造字主要根据“三书”说为字符和字符构件定性，区分每一个字形的“三书”功能组合，最后归类入传统“六书”类别或其他组合方式。

在归类中，我们碰到的传统“六书”类别无法囊括的方块壮字，如两声符字、两形符字、特形字、反切字等等，相关学者都曾专列条目进行分析并达成共识；但是在对“六书”各书的分类中，由于受到“六书”定义模糊的影响，大家在定义理解和具体归类中都存在一定的分歧。特别是以下有分歧的几类意见，我们要注意区分以下情况。（1）象形字和指事字的界限。象形、指事、会意字界限模糊问题，是传统“六书”说的一大缺陷。《古壮字字典》序中列举了的5个方块壮字象形字，字数少，象形性也明显，作为象形字分类，它们得到其他学者的认同。但就我们对概念的理解，以及我们在字库里找到的其他类似的字形来看，这些字的分类和指事字、会意字存在着分类界限模糊的问题。（2）指事字和会意字的界限。陆锡兴在《汉字传播史》中，根据许慎的定义提出了方块壮字指事字的类型，说“指事字是用抽象的符号来指示字义。例如‘冇’，词义为不、无，是从‘有’字省去二笔而来，以此指示词义。再如‘尸’，词义为半，

是省去‘門’字的一半，指示词义。”暂且不管“冇”字所记录的汉语粤方言词是粤语词还是壮语词，我们认为陆锡兴对指事字的理解重点在“指示”二字上，“上”“下”二字也具有指示功能，这符合许慎的“察而可见”的定义；但是说“閂”“冇”为指示字义，似乎将指示的功能夸大了，不能符合“视而可识”的要求。

裘锡圭的“三书”说没有专门的指事字的章节，但是他的《变体字》一节能囊括对“閂”“冇”二字的解释，因为他的变体字是“用改变某一个字的字形的方法来表意……改变字形的方法主要有两种，即增减笔画（一般是减笔画）和改变方向”[①]。它跟会意字“比类合谊，以见指㧑，武信是也”的定义相反，会意字“是会合两个以上意符来表示一个跟这些意符本身的意义都不相同的意义的字”[②]，而变体字是通过对字形施加一定的动作获得与此动作相应的语义。会意字好比是用材料构建一幢新楼；而变体字则是在已建成的旧楼上重新拆动装修，使其部件或结构获得新的意义的过程。

之所以在这里提到陆锡兴对“閂”“冇”的分类，主要是为了说明对这类字的分类方法。裘锡圭将变体字从其它汉字形体中区分出来，是非常符合客观事实的。通过分析，我们对比了变体字和传统定义的会意字之间的区别，这两个字的确应该属于变体字范畴。但是，应该将变体字纳入到会意字的范畴当中，扩大许慎对会意字所下定义的范畴，这将有利于实际操作的进行。因为两个或两个以上的字符汇合成义，和将由几个字符组成的字拆开或转变形体的角度取得新的意义相比，不过是一个相加和相减的区别，“以见指㧑”的本质内涵并没有发生改变。因此，应该扩大“会意”的概念范围，将“閂”“冇”等变体字都归入到会意字范畴当中。

① 裘锡圭．文字学概要［M］．北京：商务印书馆，1988：139.

② 裘锡圭．文字学概要［M］．北京：商务印书馆，1988：122.

1.2.2 基本类型

结合以上的原则，我们提出以下分类框架图。

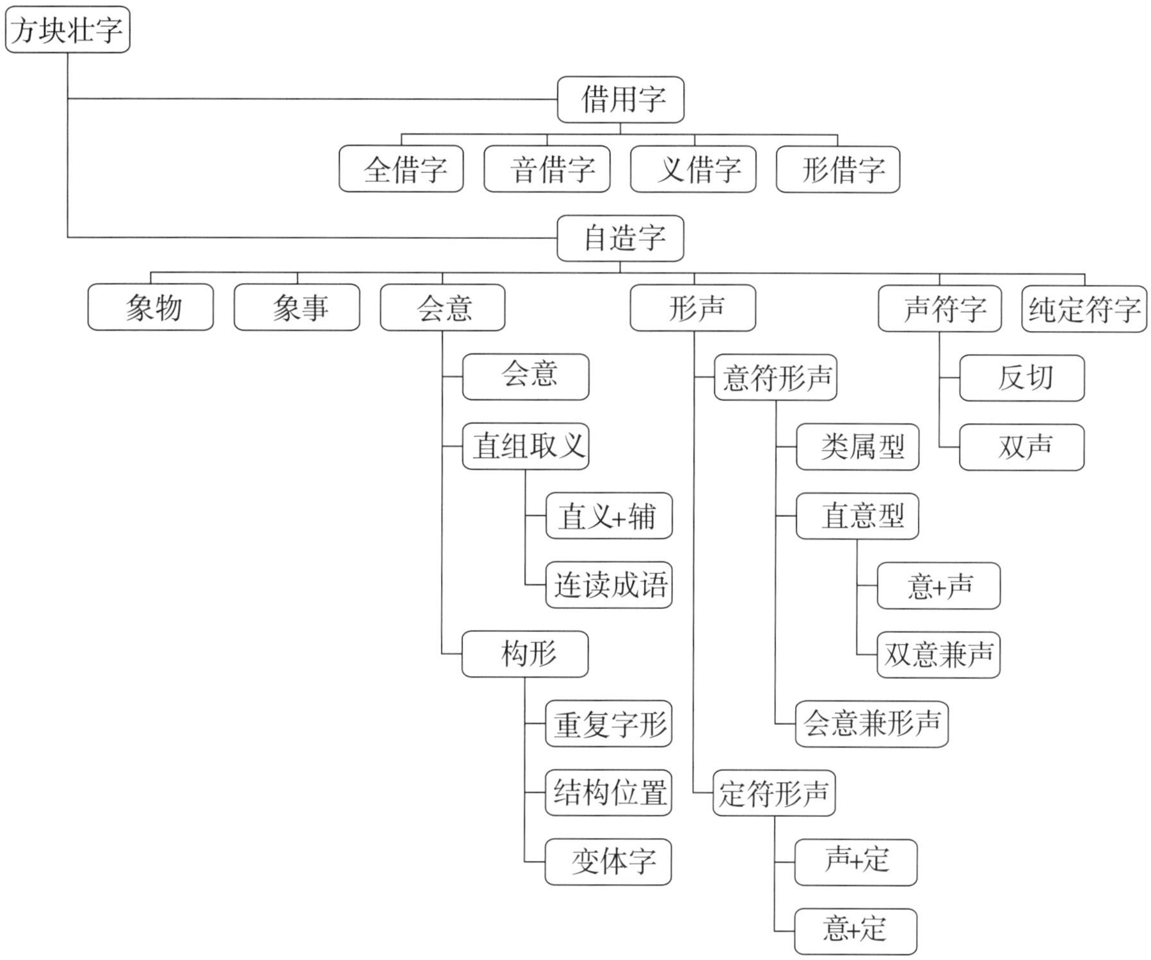

- 方块壮字
  - 借用字
    - 全借字
    - 音借字
    - 义借字
    - 形借字
  - 自造字
    - 象物
    - 象事
    - 会意
      - 会意
      - 直组取义
        - 直义+辅
        - 连读成语
      - 构形
        - 重复字形
        - 结构位置
        - 变体字
    - 形声
      - 意符形声
        - 类属型
        - 直意型
          - 意+声
          - 双意兼声
        - 会意兼形声
      - 定符形声
        - 声+定
        - 意+定
    - 声符字
      - 反切
      - 双声
    - 纯定符字

图 1-13　方块字分类框架

◆ 1.3 基本形体结构类型解析 ◆

1.3.1 象物象事字

象形是传统“六书”的一书，近代以来的学者延用“六书”说分析方块壮字时，很多人将象形字视为方块壮字的一大类别。

历代以来对汉字字形的分类，象形字是争议不多的一大类别。“象形者，画成其物，随体诘诎，日月是也。”（许慎《说文解字》）按照许慎的定义，所谓的“象形”就是对客观事物形体的描绘。这一定义成了后代进行汉字象形字分类的准则，连同“六书”中的其他五书沿用了将近两千年。方块壮字是汉字的孳乳仿造文字，张声震、陆发圆、

李富强、蓝利国、覃圣敏编等现代学者都认为，象形字是方块壮字的一大类型。

张声震在《古壮字字典》的序中列举了“丩、3̇、3̣、3·、3̲”等5个字，这成为后来大家达成共识的象形字。其中“丩”象拐杖的形体，描摹事物形状列为象形字是很清楚的。“3̇、3̲、3̣、3·”字形由一个表示人形的“3”和一个表示位置的“丶”或“—”组成，分别代表动词意义的“站、坐、抱、背”的意义。从整体来看，这4个字的确由描摹而来，反映了客观物体所做动作的形貌。张声震可能就是从这个角度出发，将它们列为象形字的。

裘锡圭在《文字学概要》中谈到，传统“六书”在象形、指事分类上存在界限模糊的问题。他说，许慎用“日、月”作为例字表示象形字，用“上、下”表示指事字，“前者代表所象之物的名称，后者用抽象的形符代表“事”的名称，界限本来是很清楚的”。许慎却将理应归入指事字的“大”“叕”列入象形字，造成两类字分类的模糊。“大”字虽描摹人形，其意义“大小”是表事的；“叕”用六条曲线相缀连，表示“相纠连”的意义，应该是和“上”“下”的示意方法相同的。

为了避免对象形、指事进行模糊分类，裘锡圭提出了“象物、象事”字概念，认为象物字“字形象某种实物，它们所代表的词就是所象之物的名称”①，即传统“六书”的象形字类别。而象事字“从外形上看很像象物字，二者不同之处在于象物字所代表的词是‘物’的名称，这类字所代表的词则是‘事’（如属性、状态、行为等）的名称”。② 这一定义使我们在对象形、指事字进行分类时，有了明确的标准。蓝利国在其“自行构造”字类型中，以“状物象事”字类别的划分赞同裘锡圭的说法。他说这类字是“对事物的形状、行为或状态进行描摹。”其中，“……形象某种实物，它们所代表的词就是所象的事物的名称，与汉字‘六书’中的象形字相当，是状物字”③。

我们认为用象形、指事虽能很好地划分“丩、3̇、3̣、3·、3̲”这几个字的类别，但“象物、象事字”的定义更具有广泛的指导作用，可以避免对其他相同属性的方块壮字无法进行明确分类。我们沿用裘锡圭的定义，将“象物、象事”作为方块壮字的基本类型，即凡象“丩”之类的单纯描摹物体形状的字归为象物字，它是传统的象形字类别；而“3̇、3̣、3·、3̲”等具有抽象指示功能的、以物形表事义的字，归为象事字。“指示”不是“象事字”的特性，某些“象物字”也有“指示”功能。

① 裘锡圭．文字学概要［M］．北京：商务印书馆，1988：111.

② 裘锡圭．文字学概要［M］．北京：商务印书馆，1988：121.

③ 蓝利国．方块壮字探源［J］．广西民族学院学报，1995（S1）：17.

象物字是对物体形状的描摹，相当于传统六书中的象形字。象事字，以对物体形状的描摹，指称事类，表示某种抽象性质的属性、状态、行为等。象事字成字有多种方法，如一般用独立的指示符号表事；以描摹物体形状的象物字，表达物体所拥有的抽象属性等。我们根据这一原则考察《古壮字字典》中方块壮字的象物、象事字类别，并对其进行具体的分析。下面是其中的部分例字。

表 1-4 《古壮字字典》中正体字的象物象事字分析

字形	新壮文	字义	字形分析	属性划分
乚	ngaeu	①钩子。②弯曲。③扳	描摹物状	象物字
[illegible]	ningq	阴茎	描摹物状	象物字
[illegible]	vaet	阴茎	描摹物状	象物字
3	umj	抱	“、”于人内下，表抱物状	象事字
#	vet	横直交叉，纵横交错	事物纵横交错状	象事字
3·	aemq	背	象人形背后背有东西，表示背的动作。	指示象事字
3	naengh	坐	“3”表人形，“一”字由“、”变，表示人坐于其上	指示象事字
3̇	ndwn	站立	“、”于上，表人直立	指示象事字
3	ngaem	低（头）；俯（首）	“、”于人形下表低头状	指示象事字
了	ngiengx	仰（头）；昂（首）	“、”于人形偏上表仰头状	指示象事字

表 1-5 《古壮字字典》中异体字的象物象事字分析

字形	字义	字形分析	属性划分
[illegible]	性交	以指示符号提示某种抽象动作	指示象事字
几	坐	以“几”为抽象人形象征，以“一”为指示符号表示与动作相关的方位	象事字

方块壮字象物象事字主要有以下几个特点。

第一，字数少，比例小。通过归纳，我们发现方块壮字中具有象物象事属性的字，在字库中占的比例非常小，几乎可达到忽略不计的程度。其中，象事字比例又大于象物字。这主要与方块壮字的源字——汉字当时所处的发展阶段有关，唐宋时期，汉字已发展为成熟的意音文字，其字形的象形功能淡化，字形表达功能逐渐趋向于向意符字、记号字的方向发展。壮族文人对这一阶段的汉字进行了断代的模仿继承，仿造其字形的隶楷形制，创造出我们今天所能看到的具象性很弱的象物象事字来。方块壮字象物象事字的字数虽然较少，但它作为一种独特的形体结构类型存在，这一客观事实是不能否定的，它体现了壮族人具象造字的理念。

第二，经济原则促就具象造字。在造字意识上，方块壮字的成字虽和汉字一脉相承，但壮人造字的目的是为了记录本族语，而汉字是壮人记音标语的一种符号，它与我们现代用拼音字母记写壮字的方法和性质是一样的。不同的是，相对于拼音字母来说，汉字不是一种准确的记音文字，它只能代表有限的声韵系统。壮语属于壮侗语支，其声、韵、调系统与汉字没有一一对应的关系。如汉语中有壮语所没有的送气音、舌尖后音，而汉语没有壮语的唇化辅音［kv］、［ŋv］、腭化辅音［pj］、［kj］、［mj］、［ŋj］等①。这导致壮语和汉语不能进行完整有效的音义互译，用汉字记录壮语更为困难和不准确，间接促成壮人另辟蹊径进行造字。而用象物字描绘较复杂的物体形貌，用象事字对无法言传的抽象属性和动作进行描绘，就是在无法直译时最为简便、快捷的造字方法。

与要表达的意义相对应的汉字字形相对复杂，也是促成具象造字的直接原因。如“丌”（拐杖）、“乚”（钩子）等象物字，与它们相对应的汉字字形相对复杂，且一般以词语形式出现，不能满足用字的实际需要，用象物字表示远比借用原字来得方便、来的直接。这种心理就是所谓的造字的经济原则。但是，具象造字法对记音、认读并不方便，造出的字由于象形性较弱，只能成为较为弱势的方块壮字造字法。

第三，象物、象事字具有独特的成字方式。首先，用抽象笔画及形似的借用汉字描绘轮廓、象征事物。方块壮字的象物象事字具有一个共同特点，即以对事物整体形貌的描摹来表达意义。这种描摹不同于图画字，而是具有抽象画性质的文字画。它以楷书的字形为基础，用最接近事物形象的字形勾勒轮廓。如用“凵”字代表抽象意义“崩、缺”；“而”描绘耙子的形状。有些是直接在和形貌没有象形关系的借用的汉字或汉字部首上，添加成分和笔画而成，字义只能以整体思维去考察。如“𠘨”，用字符“几”直接象征人体，“一”标示方位；还有用“失”字象征人形，用“丶”标示性器官及其所处的方位等都反映了这一方面的特点。其次，以物形和指示符号表事。以描摹物体形状的表物字指称与该物相关的事类的属性，这是象事字的一大特点。如“凵”描摹的是缺口的轮廓，但用意却在于指称这一物体所具有的“缺”这一事类的属性。最后，象事字字数多于象物字，这与造字的便捷性有关。象物字表示的是事物的名称，在汉字中一般都能找到相应的字进行借用，无需再造新字；而象事字所表示的是抽象的事物属性和趋势，直译的难度和造字的需求更大。因此，造象事字的可能性要大于造象物字。

---

① 覃圣敏．壮泰民族传统文化比较研究：第 2 卷［M］．南宁：广西人民出版社，2003：937.

象事字中有一大类使用了抽象的指示符号，以作指明方向、位置等用途。如“3̇、3、3·、3̲、了、失”等字，就是传统“六书”中典型的指事字。

1.3.2 会意字

会意字是方块壮字中的一大类别，也是反映方块壮字孳乳仿造字性质的一大类别。与形声字相比，会意字的数量有限，不可能形成占主导地位的造字方式。但是方块壮字的会意字有别于汉字会意字类型，具有自己的特征：它既有汉字会意字“比类合谊”的会意方式，还兼有以结构形体会意、连读成词取义等独特的构形特征。

1.3.2.1 方块壮字的会意字定义

许慎《说文解字》说：“会意者，比类合谊，以见指撝，武信是也。”据分析，方块壮字中除了“比类合谊”，还有好几种性质的会意字。下面是一些学者对方块壮字会意字进行分析得出的几个类别。

1. 合意成字

指其中的一个字符直接表明壮语词义，另一字符为与壮语词义相关的方块壮字。持这一观点的主要有以下几位研究者。

表 1-6　合意成字会意字定义汇总

姓名	文献	定义	例字
黄现璠等	壮族通史	会意也叫“象意”，“六书”之一。集合两个以上的字以表示一个意义的造字法，如汉字小土为尘，日月为明。古壮字的会意字，是用两个以上的汉字或部首（偏旁）构成一个字，其中一部分作为指明与意义类别有关的符号[①]	⿱不土
韦达	壮族古壮字的文化色彩	这类字有由汉字或部首（偏旁）相加而成的	⿱不土
陆发圆	方块壮字的萌芽和发展	用两个或几个字组成一个字，把这几个字的意义合成一个意义，就是会意。用会意方法造的字，就是会意字。方块壮字的会意字多由两个汉字构成	⿱不衣、孬、⿺辶百、否
李富强	壮族文字的产生、消亡与再造	用两个或两个以上的汉字构成一个壮字，取它们结合起来所产生的新意	⿰足夬、⿱不土、⿱大下、⿱不衣、⿱生土、孬、
张声震	古壮字字典·序	利用汉字本体的意义加上一些特殊的符号或者是以两个汉字汇集而成的字。这种字的读音已不是汉字的原读音，但它们的意义却部分地保留了汉字的本意	⿱大下、⿱不土、否

① 黄现璠，黄增庆，张一民等．壮族通史［M］．南宁：广西民族出版社，1988：524.

续表

姓名	文献	定义	例字
覃圣敏	壮泰民族传统文化比较研究	由两个汉字结合构成，但均不取汉字的读音及其原义，而是取它们结合起来所产生的一种新的意义，即两字组成的词义，相当于训读字	歪、⿱天下、否、⿱天長

2. 复音词构成的联合性文字

陆锡兴认为，复音词构成的联合性文字也是方块壮字会意字的一种。这些字不仅反映了汉字壮文和汉字造字的不同，也反映出两种语言在某些词汇上的不同。① 如下例。

⿰晚饭 pjau², 晚饭。晚、饭联合成意。

⿰团聚 tho:m¹, 团聚。团、聚联合成意。

3. 汉字或部首相减而成的

韦达认为，方块壮字会意字也有由汉字或部首相减而成的，如“戸”，它由“門”减半成字，壮语读 bi:ŋ³，“半边”的意思。

覃圣敏的会意字分类中包括“变体会意字”类别，即“在一个汉字的形义基础上，或增减一些笔画，或取其一边，或按其偏旁改造，将其变形，而取其相应的意义加以引申、转化，以表示某一特定的壮语音义”，并认为“这类字随意性较大，应用亦较少，无一定规律”②，例如“冇、戸、⿺辶百”等。

可见，方块壮字会意字的定义大大超出许慎的“比类合谊”范围。陆发圆说“用会意方法造的字，就是会意字”。③ 什么是“会意方法”？我们认为许慎所谓“比类合谊”是其中的一种，韦达的分类，也可以算是一种。会意的重点在于对字符进行的重组、增删等方式，其字符的变化所暗示的字义必须是经过人的思考间接得出的字义，而不应仅仅局限于已有成果所作的定义。

1.3.2.2 方块壮字会意字的类别

通过对《古壮字字典》方块壮字的分析，我们分出了方块壮字会意字类别。下面以正体字为例，对方块壮字会意字的特点进行分类说明。

1. 比类合谊

方块壮字中存在这样一部分字，它们由与整字字义相关的两个或两个以上汉字组

① 陆锡兴．汉字传播史［M］．北京：语文出版社，2002：197.

② 覃圣敏．壮泰民族传统文化比较研究：第 2 卷［M］．南宁：广西人民出版社，2003：804.

③ 陆发圆．方块壮字的萌芽和发展［J］．广西民族研究，1999（3）：55.

成，这些汉字的字义相加后要依靠一定的文化和逻辑思维，才能推测出整字的字义，而只从其中任何一个组成部分都不能直接得到整字的字义。它相当于“比类合谊”类会意字，反映了壮族人一定的情节思维方式。

表 1-7 比类合谊型会意字

字形	壮文	字义	字形说明	声旁
畓	ndaek	湿	田里有水表湿	
氷	iemj	渗透（出来）	两个部件都是水，“灬”表示渗水貌	
囗	lom	①松（不合适）。②（看）不上	“口”“小”均表示抽象意义的主体，“口”内的主体“小”表示物体松动	
毛	ndonj	秃	不毛，不长毛，即秃	
衣	cang	①打扮；装扮；扮演；修饰；装饰。②假装	人穿衣打扮，为装	
迶	naek	①重。②深奥。③专心	“辶”表动作，搬石头感觉重	石
墲	fwz	荒；荒凉；荒芜；寂寞；冷漠	土上没有东西，表荒芜	無
閬	ndomq	窥视	从门里看，表偷看	見

2. 直接组合取义

通过对构成整字的各汉字或汉字部件进行直接认读，无须过多思考和推测的会意字，就是直接组合取义类会意字。有时候，整字汉字构件的其中一个汉字部件，直接代表整字的字义，而另一部件只起辅助成词的作用；有时候，方块壮字拼合两个构成词语的字为一个整体，通过对二者进行连读，就可知晓其意了。

（1）由直接取义部件和辅助取义部件组成

两个汉字或汉字部首联合成字取义，整字字义直接取自其中一个部件，而另一部件意义与整字意义相关，辅助成词。如下表。

表 1-8 直接和辅助取义字例字表

字形	壮文	字义	字形说明	声旁
閁	ndaw	内；里	“内”直表义，“門”与义相关	
閑	rog	外；外边	“外”直表义，“門”与义相关	
吞	laj	下面	直接取“下”的意义，“天”与整字义相关	下

（2）连读成语直晓其意

拼合“两个以上（绝大多数是两个）可以连读成语的字构成，连读而成之语能说

明或暗示字义”的会意字[①]，就是我们所说的连读成语会意字。汉字中也有这样的会意字，例如汉字里的“劣”“昶”“甦”，《说文》解释为“弱也。从力、少”，“昶，日长也。从日、永会意”，“甦，从更、生会意”（“甦”为“苏”的异体字）[②]。连读成语对造方块壮字影响极大，造字者将两个表示词语的汉字拼合组成一个字体，表达相应的壮语词词义，或壮语词词义的引申。不同的是，通常汉字连读会意字的整字读音与构字两部件都没有关系，而方块壮字连读成字的会意字大部分都和构件的读音有关，它们或是直接读其中一个部件的汉语音，即借字读音；或是假借汉字读壮语音。其中的部分字与形声字类别相重合，是会意兼形声字。

连读成语会意字是所占比例最大的方块壮字会意字类型。

表 1-9 连读成语类会意字

字形	壮文	字义	字形说明	声旁
⿱不長	gaenq	矮；短	不长即短、矮	
釵	let	铁叉	拼合词语成字	
氼	mbaet	用力把物体按下水里	入水，壮语语序	
⿺皮面	saj	粥皮（指凝结在粥面上的薄片状物）	面皮，壮语语序	
⿰山凸	youj	山顶	山凸处为顶	
⿺瓜壶	byuz	葫芦	葫芦瓜，“壶”假借“葫”。	壶
⿰日赤	cik	（太阳）照；暑；热	拼合词语成字	赤
⿰口干	gan	渴；干	拼合词语成字	干
⿰𧾷拐	vaij	跛	脚拐为跛	拐
⿰贯千	gvanq	贯（旧时一千枚铜钱为一贯）	拼合词语成字	贯
⿰石灰	hoi	石灰	拼合词语成字	灰
魻	gyaep	鳞	鱼的壳即甲，指鱼身上硬的鳞片	甲
⿱竹尖	cenx	竹、木刺	拼合词语成字	尖
⿺毛小	mi	细毛；汗毛	小毛，即细。	毛
⿰歹命	meng	丧命	“歹”即壮语“死”的假借字，死命即没命	命
⿰弄迷	loeng	错；差错	弄迷，弄糊涂就会出差错	弄
⿺爪魚	ba	鳖	爪鱼即脚鱼，俗称	
⿱托下	doek	播种	“托”为假借声，连读表示播种	托

① 裘锡圭.文字学概要[M].北京：商务印书馆，1988：135.

② 裘锡圭.文字学概要[M].北京：商务印书馆，1988：135-136.

续表

字形	壮文	字义	字形说明	声旁
瓲	vax	瓦	拼合词语成字	瓦
氱	yangj	香（味）	“香气”表香	香
焻	yieng	香	拼合词语成字	香
燆	siu	烧（香烛）；插（香烛）	烧香，“肖”为“香”的假借字	肖
睔	rez	斜眼看	眼睛斜着看，组合成词	斜
焮	saenq	导火线（一般指炮仗）	“火信”为壮语，导火线的壮语叫法	信
鯹	sing	腥	臭腥，“星”为“腥”的假借字	星
蛊	rwed	臭虫	吸血的虫，对臭虫的叫法	血
啞	ngoemx	哑巴	将“哑巴”二字连读拼合成表示词语“哑巴”含义的字	
闉	nyaz	衙门	“亞”为“衙”假借字，即衙门	亞
愓	heih	①容易。②快；迅速	拼合词语成字	
唌	ingq	应承；答应	用口答应。应直表义	应
媖	engz	小女孩	女婴	英
皈	youx	男情人；男朋友	男性朋友	友
妓	youx	女情人；女朋友	女性朋友	友
歪	cingj	正	正中，即正当中	正
旴	ceij	（日）子	日子，拼合词语成字	子
乍	coeg	刺	“作”为“刺”的假借字，刺入	作
跔	bomx	蹲下；俯伏	将壮语词“脚弓”联合成字，脚用足表示	
叔	au	叔叔	叔父，直表叔叔。	叔
躯	ngeng	①侧。②歪	身子歪，表不正。歪示意	

有时候，构字两部件的组合方式反映了壮语异于汉语的语法特性，即采用与汉语“定语或状语＋中心语”语序很不相同的“中心语＋定语或状语”语序。见下表。

表 1-10 连读类特色字举例

字形	壮文	字义	字形说明	语序
皰	saj	粥皮（指凝结在粥面上的薄片状物）	皮面，即面皮	中心语＋定语
瓜壶	byuz	葫芦	瓜壶，即葫芦瓜，“壶”假借“葫”	中心语＋定语
贯千	gvanq	贯（旧时一千枚铜钱为一贯）	贯千，即千贯	中心语＋定语
毛小	mi	细毛；汗毛	毛小，即小毛，细毛	中心语＋定语

续表

字形	壮文	字义	字形说明	语序
氱	yangj	香（味）	气香，即香气	中心语 + 定语
蚍	rwed	臭虫	虫血，即血虫，吸血的虫子	中心语 + 定语

其中，“氱”“蚍”二字不仅反映了壮语的语序，还反映出效仿汉字安排字符形制的特点：即将“气”“虫”作为构字部件，分别摆放于字体的上部和左部。

另外，还有部分字和双意符字有交结，容易弄混。如“魁”“絪”“腁”几个字，它们都是由直接表义的两个部件组合构字，两个部件的意义基本相同或相当。在此，我们将按照构字的两个部件是否可以连读合意的标准，将“魁”分析为双意符字，而后两个字构字部件可以连读为壮语词，因此是会意字。

表 1-11　连读与双意字区别例表

字形	壮文	字义	字形说明	声旁
魁	six	社坛；土地堂	社坛和鬼有关，拼合词语成字	社
絪	saeq	小；细	细、小，意义相近	细
腁	gaez	开	启、开，意义相近	开

3. 结构形体会意

（1）重复字形会意。这部分字以对字符的重复进行会意。根据重复字符的数量分为双形重复以及三形重复两种。其中三形重复字体形制一般呈“品”字排列。重复字符的用意在于加强字符本身的意义，表示频率、幅度、程度、数量或趋势等方面的加强。重复的字形可能与意义相关，如“㙓”；也可能与意义无关，而仅从字符的重复表达中取得与“重复”相关的意义，如“冇冇”。

表 1-12　结构形体会意字之一

字形	壮文	字义	字形说明	声旁	字形补充
艹艹	deih	频繁；密	双形假借音会意	艻	结构［复形］/兼类
冇冇	byouq	空，一无所有	“有”字减少笔画，表示没有。两个“冇”复形并列，表示没有的程度加重	冇	结构［复形、变体］
斗斗	sienq	用力打	斗斗双形表打的频繁和程度		结构［复形］

（2）用结构位置会意。字体各部件以不同的结构方式组合成字，包括上下、左右、内外等结构位置关系，有时这种关系对表达整字字义有一定的影响。如下表。

表 1-13　结构形体会意字之二

字形	壮文	字义	字形说明	声旁	所取结构
雲	vun	雨	云滴“灬”为雨，雨在云下	云	上下
包	bau	包	以内外包围的结构表示包东西	包	内外
仓	cang	仓，仓库	以内外包围的结构表示围住东西，“口”象仓形库，再加仓重意	仓	内外
崖	saix	（太阳）西斜	跟太阳照射的角度和地点有关，用观察的知识造字，将“左”字安排在声旁左边，暗合其意义	崖	左右

（3）删减笔画会意。这类字主要是以减少笔画的形式，使原字字形发生变化，以变化的性质表达新字的意义。变体字中减少原字笔画的字就属于这一类，但改变字体结构和方向的变体字不包括在内。

表 1-14　结构形体会意字之三

字形	壮文	字义	字形说明
冇	ndi	不；没有	减少笔画表数量减少等否定意义
冇	ndwet	①空；闲（一般放在动词后，用来修饰动词）。②白白地。③（落）空	减少笔画表数量减少等否定意义
门	mbiengj	边；一半	门由两边组成，只留一边表示只有一半

4. 会意字与其他字纠结的疑问和思考

裘锡圭说会意字是以“会合两个以上意符来表示一个跟这些意符本身的意义都不相同的意义的字”。[①] 陆锡兴说：“会意字与词的语音形式无关，只与词义发生关系”。[②] 如果按照这一标准进行划分，我们列举的很多字都不能算作是会意字。因为它们虽具有独特的会意造字属性，但在字形结构上它们以一形、一声的形式出现，字符部件与整字读音有关，可以归入形声字类别。但是我们认为会意字归类的实质，在于构字部件的相互配合对间接产生新字义的影响，拥有这一属性的字，都可以归入会意字类别。同时具有表形、表声功能的会意字，我们将其列为方块壮字的会意兼形声字类别当中。

① 裘锡圭.文字学概要［M］.北京：商务印书馆，1988：122.

② 陆锡兴.汉字传播史［M］.北京：语文出版社，2002：197.

这类字主要有两个特点：（1）都由两个字符组成；两个字符同义，或都是与整字意义相关的意符；其中一个字符表声。（2）同时具有形声和会意的示意功能。如下列“比类合谊”会意字，也可以看作是形声字，见下表。

表 1-15　部分会意兼形声字一

字形	壮文	字义	会意说明	形旁	声旁
𩚵	sim	馅	“食”表吃的东西，“心”表示包在里面的“馅”	心	食
𤓰蒂	ndiq	苦	瓜的蒂部是苦的，有一定的情节推理性	瓜	蒂
迊	naek	重	“辶”表动作，搬石头感觉重	辶	石

这些字都有声旁和形旁，可以看作是形声字，但同时有会意字性质。例如：瓜蒂（苦）从瓜从蒂，蒂声。但它又是通过对事物具有属性的因果关系的联想，以两个字形组合合成意义。再如“迊”，从辶，石声，但它意义的取得是用“辶”表动作，合起来表示在搬石头的过程中体会到石头重的感觉，以此取义的。我们认为，“迊”虽然有“石”作为声旁，但如果没有“辶”做辅助，无论是“辶”还是“石”，单个字符都不能拼合起来取得进一步引申的意义。因此，这类字同时具有会意和形声字属性。

另外，连读成语类会意字是和形声字相纠结最多的字形。如下表。

表 1-16　部分会意兼形声字二

字形	壮文	字义	字形说明	形旁	声旁
瓜壶	byuz	葫芦	葫芦瓜，“壶”假借“葫”。反映了语法区别－结构	瓜	壶
赤日	cik	（太阳）照；暑；热	拼合词语成字	日	赤
𨀤	vaij	跛	脚拐为跛	足	拐
鉀	gyaep	鳞	鱼的壳即甲，指鱼身上硬的鳞片	魚	甲
笑	cenx	竹、木刺	拼合词语成字［兼类形声］	竹	尖

这类字又可看作是在借字的基础上加注意义相近的新字符与其组成形声字表义，同时二者又可组合成词语表达意义，具有形声和会意两大功能。但是，它们通过连读成词对表达整字意义产生的作用，并不亚于它们所具有的形声达意的功能。

1.3.3 形声字

许慎在《说文解字》中说：“形声者，以事为名，取譬相成，江河是也。”这句话的意思是说根据事物的类属选择一个字作为意符，再选择一个表示读音的字作为声

符，从而以“形声”的结构方式构成一个新字。

方块壮字属于意音文字，其特点就是以形声法为造字的主要方式。形声字是方块壮字中造字数量最多的类别，是一种能产的造字构形法，大概占方块壮字自造字总量的73.1%。和汉字一样，方块壮字的形声字也分为表意的形旁和表音的声旁两个部分。其表意形旁，表示事物的类属；也可以由直接表明字义的字形充当，此部分字的形旁直接代表整字字义；或者是可以由一个与意义无关的定符充当，作为声旁与其他表音字相区别的标志符号。方块壮字形声字声旁的读音分别来源于汉语官话音、壮语音和粤方言，是应用于音韵学研究的宝贵财富。

1.3.3.1 方块壮字形声字的字符演变方式

省符、换符、加符，是方块壮字形声字字符演变的三种方式，反映了壮族人对汉字及其部件的认同，也反映了壮族人独特的思维和文化特色。值得注意的是，一个形声字的形成往往是这三种方式同时作用的结果。

1. 省符

方块壮字形声字一般由两个独体汉字或汉字部件构成，字形匀称、结构合理，这是通过对所借用的合体字进行整合加工，主要是省符加工得来的。省符就是对构成新形声字的合体字进行部件或部分字形的删减，将剩下的字形部分用作原有汉字整体形义属性的代表，这是方块壮字形声字整合字形的一大方法。省符包括省形符和省声符两种。

省形符，即对新造形声字的合体形旁进行字形或部件的减省。充当新造形声字形旁的汉字原为合体形声字，省掉这部分字的形旁或声旁，以剩下的部件部分代替整体的形意充当新字的形旁。如下表。

表 1-17 省符形声字一

字形	字义	字形结构	省符情况	形旁	声旁
新	新	左声右形	省“亲”符，剩下“斤”代表“新”表达意义。	新（省）	美
𦐂	婿	左声右形	省“女”符，以“胥”代表“婿”	婿（省）	克
𡦂	雪	上形下声	省“雨”符，以“彐”代表“雪”	雪（省）	内
𢽽	咬	左声右形	省“口”符，以“交”代表“咬”	咬（省）	合
𠮽	①乳房。②奶；乳	左声右形	省“女”符，以“乃”代表“奶”	奶（省）	只
𣃣	放（把关着的人或牲畜放出去）	左形右声	省“攵”符，以“方”代表“放”	放（省）	良
加瓜	孤儿	左声右形	省“子”符，以“瓜”代表“孤”	孤（省）	加

续表

字形	字义	字形结构	省符情况	形旁	声旁
⿰土都	盐	左形右声	省“皿”符，以“土卜”代表“盐”	盐（省）	都
⿰壴東	鼓	左形右声	省“支”符，以“壴”代表“鼓”	鼓（省）	東
⿰列申	伸	左声右形	省“亻”符，以“申”代表“伸”	伸（省）	列
⿱列申	伸	上声下形	省“亻”符，以“申”代表“伸”	伸（省）	列
帒	带；带领；率领	上声下形	省“带”部分，以“巾”代表“带”	带（省）	代

充当新字形旁作用的原有合体字被减省的部分一般为原字的形旁，而留原字声旁以其形体或读音与原有合体字的形意相系连，代替被省汉字在新造形声字中充当形旁的作用，而此声旁本身的读音与新造字的读音无关。如⿰列申，从伸，列声。“伸”被省掉形旁“亻”，保留声旁“申”代替“伸”的形意，在新字“⿰列申”当中充当形旁的作用。

省声符，即对新造形声字的合体声旁进行字形或部件的减省。充当新造形声字声旁的汉字原为合体形声字，省掉这部分字的形旁或声旁，以剩下的部件部分代替整体的形意充当新字的声旁。如下表。

表 1-18　省符形声字二[①]

字形	字义	形声结构	省声分析	形旁	声旁
⿰身㝵	（ ）个（人）［有时可含贬义］	左形右声	省声旁部件“彳”	身	得（省）
⿰足𠬶	①跟；随。②找	形声 / 左形右声	省声旁部件“亻”	足	侵（省）
⿰禺無	①光滑。②尽；光；完	形声 / 左声右形	省声旁部件“亻”	無	偶（省）
⿰扌㝵	①结（瓜、果）。②放（哨）；瞭（望）；监（视）	形声 / 左形右声	省声旁部件“彳”	扌	得（省）
⿰毛卉	①毛；羽毛；毛发。②坏（心肠）	形声 / 左形右声	省声旁部件“大”	毛	奔（省）
⿺乇力	①强。②有本领；有力量；能干。③英勇	形声 / 左声右形	省声旁部件“扌”	力	托（省）
⿱天月	①月。②月亮	形声 / 上声下形	省声旁部件“口”	月	吞（省）
⿱𡨄反	①再三。②反正	形声 / 上声下形	省声旁部件“⺀”	反	寒（省）
⿰目𠬶	①仔细看，凝视。②相亲	形声 / 左形右声	省声旁部件“亻”	目	侵（省）
揾	抱	形声 / 左形右声	省声旁部件“氵”	扌	温（省）

① “字义”列中，凡标注空白括号“（ ）”的义项，表明该义为量词。下同。

被省去的多为原合体字声旁中的表形成分，只留下原字声旁的表声部分，从而起到以部分代替整体，延续原合体字在新字中充当假借或借字声旁的作用。因此，无论是省形符形声字还是省声符形声字，被省去的部分都是原有字符中的表形部分。

2. 换符

换符是对原有汉字进行改造的一种方式，它指在方块壮字造字过程中，通过替换汉字的形旁或声旁，造出壮人能认读的方块壮字。换符有两种方式，一是替换原字的形旁，二是替换原字的声旁。

替换原字的形旁，是按照壮族人的文化思维，将所借用的汉字的形旁替换成富于壮文化特色的新形旁。如“⿰木成，从木，成声，城义”，汉人的“城”质料多为土质，而壮族民居杆栏主要以竹和木质的材料制成，因此用“木”替换原字的形旁“土”。类似的字还有，见下表。

表 1-19　换符形声字（一）

字形	字义	形声结构	换符说明	形旁	声旁
⿰扌许	①给；给予；让；赋予。②许可；允许	左形右声	用“手”替换“讠”作形旁，表示“给予”意义的过程通过手来完成，而非口部的动作	手	许
⿰耳环	（耳）环	会意形声	用“耳”替换“王”作形旁，取义方式从物件的质料转移到了使用物件的身体部位	耳	环
⿱冖阴	①荫。②阴	上形下声	“冖”替换“艹”，突出树荫、阴凉的原因是因为有东西遮盖	冖	阴
⿰木成	城	左形右声	“木”替换“土”，与壮族民居竹制、木制的杆栏有关	木	成
⿰米敦	墩子（用稻草编织）	左形右声	根据墩子的质料由土质变为稻草质，改换形旁为表示稻草的“米”	米	敦
橔	墩子（用稻草编织）	左形右声	根据墩子的质料由土质变为稻草质，改换形旁为表示稻草的“木”	木	敦

换声符形声字，是对借用字声旁的改造。壮人对所借用的汉字形旁的意义表示认同，但其声旁读音与壮语读音不相同，不能起到标音的作用，因此，换用与壮语音相同或相近的汉字假借壮语读音。如下表。

表 1-20　换符形声字（二）

字形	字义	形声结构	换符说明	形旁	声旁
⿰耒奈	耘；中耕	左形右声	原字声符“云”，换成壮语声符	耒	奈
䎒	耘；中耕	左形右声	原字声符“云”，换成壮语声符	耒	哉

续表

字形	字义	形声结构	换符说明	形旁	声旁
秝	稍	左形右声	原字声符“肖”，换成壮语声符	禾	乐

换符和省符在造形声字过程中往往是同步进行的，即在同一个形声字中既反映省符的观念，也带有换符的思想。如“扞，从手，许声” 。用省掉原有形旁“讠”的“午”字代表“许”继续充当声旁，这是个省声字；同时，也可以将此字看作是以新形旁“手”替换原借字“许”的形旁“讠”，表示新字的取义方式从与口相关转移到与手部动作相关。在这里，省符与换符是一个同步的过程。

3. 加符直接组合成形声字

直接组合，即以汉字或汉字部件为意符、声符或定符等构字符号，组成一形一声、多形多声形声字或定符形声字，是方块壮字形声字造字的主要来源。如下表。

表 1-21 加符直接组合成形声字（一）

字形	新壮文	字义	字形结构	组合分析	形符	声旁
朳	bah	桁条	左形右声	意 + 声	木	八
榝	bam	楼	左形右声	意 + 声	木	般
諲	geng	硬说	左形右声	意 + 声	言	坚
毪	gun	毛	上声下形	声 + 意	毛	坤
謉	gveij	狡诈；机警；机灵	左形右声	意 + 声	言	鬼
柈	mbonq	床铺	左形右声	意 + 声	木	半
椊	nganx	龙眼	左形右声	意 + 声	木	岸
䃟	ngeuq	（磨）牙	左形右声	意 + 声	磨	告
譑	von	歌	左形右声	意 + 声	言	奐

另外，给借字加注三符，是产生双意兼声、双声兼意形声字的主要途径。这主要是为了使新造字与原有汉字相区别，强调原有汉字的功能。如下表。

表 1-22 加符直接组合成形声字（二）

字形	新壮文	字义	形声结构	加符分析	形旁	声旁
囼	cang	仓，仓库	外形内声	给借字“仓”加抽象形旁“囗”，表示仓库的外围	囗	仓
囼	bau	包	外形内声	给借字“包”加抽象形旁表示仓库的外围	囗	包

续表

字形	新壮文	字义	形声结构	加符分析	形旁	声旁
𬪩	gveng	丟；扔；抛弃	上声下形	给意符“丟”加声符，标音	丟	狂
㤆	vi	①亏；亏待。②忘恩；辜负	上声下形	给借字“亏”加相关意符“心”，表示强调	心	亏

在方块壮字形声字造字的过程中，一个新造字往往同时体现省符、换符、加符三种造字方式。因为三者常常是交杂在一起使用的，它们是一个同步的统一过程。“换”首先是个弃旧取新，即“省”的过程，换用的新符对于原字来说也是一个加符的过程；而“省”的原因，在于通过删减原字部件，腾出位置容纳新的字符。省掉的部分和新用的字符在新旧字体中充当相同的作用，通过“换”符、“加”符都能得到相同的结果。如：𦓵，从耒、哉声，表示“耘；中耕”的意义，可以同时用这三种方法形成，即将原字“耘”声符“云”，换成壮语声符“哉”；也可以理解为省掉“耘”字的声符“云”，与新声符“哉”组合成“𦓵”；还可看作是给声旁“哉”加注形旁“耒”组成“𦓵”。

1.3.3.2 形声字类别及属性

1. 意符形声字

（1）类属型

整字表达的意义与形旁之间，有一种类属关系，则为类属型形声字。绝大多数的汉字都属于类属型形声字范畴，裘锡圭说：“绝大多数形声字的形旁，只是跟字义有某种联系。”一般来说，字义所指是名词的话，那么形符则可能与字的性质、属性、类别、来源、质素有关。字是动词类的话，形符则可能与字的动作方式、工具、时地、对象有关。”[①] 如表示与“吃”有关的汉字，一般都从“饣”旁，这样的词动词类的如“饮”表示吃的动作，和表示由吃而产生相关感觉的字如“饥、饿、饱”等；名词类的有“馅、饼”表示吃的东西，“饬、馆”表示吃东西的场所等。方块壮字形声字也有这样的形声字。

方块壮字类属型形声字在整个形声字中所占的分量较大，一般是通过给假借字加注表明意义范畴的形旁的方式产生的。这些字的形符基本上保留了汉字及汉字部首所具有的语义关系，即其类属性质基本没有发生转移或改变。其中表示名词性物体的字，称作事物类字；表示一定的动作或动作涉及的心理感觉的字，称为动作类字。总之，

① 裘锡圭 . 文字学概要［M］. 北京：商务印书馆，1988：167.

意符本身的汉语义和词语最终所表示的壮语义相比，汉语义的外延没有发生任何变化，反映了壮族人在对事物的认识中，对汉字所代表概念的认同。如下表。

表 1-23　类属型形声字

<table>
<tr><th rowspan="2">类属型形旁</th><th rowspan="2">代表的意义</th><th colspan="2">举例</th></tr>
<tr><th>例字</th><th>意义</th></tr>
<tr><td rowspan="7">艹（草）</td><td rowspan="4">表示草本植物的名称</td><td>蕮</td><td>甘蔗</td></tr>
<tr><td>葭</td><td>秧；秧苗</td></tr>
<tr><td>艽</td><td>藤</td></tr>
<tr><td>艻</td><td>荔</td></tr>
<tr><td rowspan="3">表示与植物有关</td><td>莔</td><td>茂盛</td></tr>
<tr><td>茏</td><td>树林；森林；深山</td></tr>
<tr><td>韂</td><td>杂草丛生；芜杂杂草</td></tr>
<tr><td rowspan="5">虫</td><td>表示类属于“虫”的事物名称</td><td>蚆</td><td>蝶；蝴蝶</td></tr>
<tr><td rowspan="3">表示与“虫”类相似，体积较小的动物名称</td><td>蚫</td><td>蟹</td></tr>
<tr><td>蠍</td><td>鳖</td></tr>
<tr><td>蚆</td><td>鱼</td></tr>
<tr><td>保留了汉字形旁的特殊意义</td><td>蛒</td><td>虎</td></tr>
<tr><td rowspan="6">刂（刀）</td><td rowspan="3">表示刀类物品</td><td>肥</td><td>刀</td></tr>
<tr><td>脙</td><td>剪刀</td></tr>
<tr><td>务</td><td>斧头</td></tr>
<tr><td rowspan="3">使用了刀具的相关动作</td><td>剧</td><td>刺；捅</td></tr>
<tr><td>刓</td><td>切</td></tr>
<tr><td>膌</td><td>剃</td></tr>
<tr><td rowspan="8">月</td><td rowspan="6">表示与身体或身体部件有关</td><td>胐</td><td>①臀；屁股。②腰背部</td></tr>
<tr><td>膕</td><td>肩膀</td></tr>
<tr><td>胉</td><td>脉</td></tr>
<tr><td>肐</td><td>脚</td></tr>
<tr><td>胗</td><td>肉</td></tr>
<tr><td>臆</td><td>肫；胗子</td></tr>
<tr><td rowspan="2">表示与月亮、时间相关</td><td>肴，朓</td><td>①月。②月亮</td></tr>
<tr><td>腦</td><td>晚；夜晚；夕</td></tr>
<tr><td rowspan="7">疒</td><td rowspan="3">表示病症</td><td>瘂</td><td>瘟疫</td></tr>
<tr><td>疰</td><td>①天花。②痘；牛痘</td></tr>
<tr><td>瘵</td><td>①［黄牛颈上突起的］肉峰。②瘤</td></tr>
<tr><td rowspan="3">表示由于病症产生不适的感觉</td><td>疠</td><td>（身体）虚弱；精神萎靡；疲倦</td></tr>
<tr><td>瘑</td><td>剧痛</td></tr>
<tr><td>疵</td><td>累</td></tr>
<tr><td>表示否定</td><td>瘇，痳</td><td>贫瘠；瘠薄；不肥沃</td></tr>
</table>

续表

类属型形旁	代表的意义	举例	
		例字	意义
金（钅）	表示用此质料做的物件名称	鍣，鎈	刀
		釰	锉子；锉
		⿰金的	铁
	表示用此质料的相关动作	⿰金剌	刺；戳；钻
		銛，⿰金点	钓
	表示此质料的属性	鋭	坚硬
		⿰金尖	尖；锋利
		⿰金平	价钱贵
其余的方块壮字类属型形声字形旁有缶、阝、弓、骨、鸟、光、禾、火、子、口、扌、氵、纟、亻、彳，等等			

另外，壮字对类属型形旁的选用也有自己的特点，主要有以下几个方面。

第一，形旁类属多样化。方块壮字形声字类属型形旁还有一个特点，即在表达同一意义时可以从多个方面多个角度进行取义、归类。如名词类字，既可以从事物所属的类别、也可以从事物所具有的属性取义；动词类字，既可从所使用的相关事物、工具取义，也可以从动作发出者取义。因此，方块壮字在为一个意义选择形旁的时候，表现出取义的多元化趋向，往往兼顾着各种取义标准。如下文。

表示一日三餐的“饭”的意义中，形旁有“食”“米”。“食”表示“饭”所属的事类，即饭是吃的东西，如“⿰飠召（饭）、⿰飠表（晚饭）”；“米”则为“饭”的具体所指，即饭是用米做成的，如“⿰米丸（晚饭）、⿰米后（谷物；米饭）”。

表示“大团；大块”意义的字，形旁有“石、土、囗”。其中“石”和“土”都是从所要形容的事物的属类，如“⿰石若、⿰石得”；而“囗”旁则是通过换用声旁的形式得来，如“圄”。

表示“片；瓣（果）”意义的字，形旁有“米、木、尸”。其中“米”表示从所要形容的事物的属类，“米”由表示与稻谷相关的植物，扩大到泛指植物，如“⿰米禀”“⿰米诰”；而“木”旁取义方式与“米”相同，泛指所指之物的属性，如“朾”。而“尸”则是会意形旁，假借形旁直表字义，不属于类属型形声字。

表示“（人睡的）竹席；簟”意义的字，形旁与竹席的材料有关，而这些材料包括“糹、衤、竹”三种，如“細”“⿰衤申”“⿱竹电”。从这些字中，我们可以看到壮族的民俗民风。

第二，类属扩大化。尽管壮字形旁基本继承汉字的类属性质，但在独立意识和求异心理的支配下，造字者在沿袭的过程中发挥了独特的再创造力，将形旁的类属型表意功能进一步扩大化，即使声旁的类属范围能囊括更多具体的意义。如王彩提出“类人化”“类兽化”“类物化”[①]三个扩大化了的类属扩大化形旁系列，即使用到“亻、犭”等形旁的形声字，从而使形旁所属意义产生扩大化。

类人化系列构形。保留了汉字“亻”旁在人物指称、仪态、心理等方面具有的属性，增加了它在类型、品性、情态、行为、性别等人事方面的内涵属性，如表人类型的“倱”（汉族人）；表人行为的“伽”（等待）；表人品性的“僐”（善良）；表人情态的“伒”（驼背）等。

类兽化系列构形。“犭”旁为表示兽类的形旁，壮字扩大了“犭”所包含的范围，将兽化特征不明确的，或是汉语文化中非兽类语义的字都归入“兽”的系列，如“狃”（老鼠）、“豫”（大象）等字。

类物化系列构形。类物化就是根据物质的用料，动作关涉的事、物、动作发出的器官或部位等，将概念、动作、指量等挂靠相关的事物，进行类物化构形，强化壮文构形理据的造字方法。例如按使用质料物化构形，如“鈃”（斧）、“肔”（心）；按关涉事物物化构形，如“焻”（导火线）；按动作发出器官或部位物化构形，如“唫”（争吵）、“瞎”（暗示）。

在方块壮字中，形旁类属的扩大化是一种普遍的现象，几乎每个类属型偏旁的属性范畴都会产生扩大化现象。如“虫”的属类超出了仅代表“昆虫”的汉字范畴，还能表征包括“臭鼬”（蟆）、“猫头鹰”（蚌）、“果子狸”（蚴）、“鳖”（蠍）、“虎”（蛤、蜣）等非昆虫类的动物。

“艹”，除了表示草类植物，还能表示与其他植物有关的事物，如表示“金樱”（茌）、“瓢；木瓢”（茿）等；表示与有关植物相联系的属性，如表示“后尾；尾部；末端；末尾；梢”（萚）、“阴”（茐）、“疏；薄（形容布匹、纱窗等）”（蔢）等。“艹”在方块壮字中还有另一功能，即用来表示“颜色”，如表示青色的字有“苺、苆”、表示紫色的字有“蔵”等。

“辶”，在汉字中，一般表示与足部有关的动作，如“逃”“遥”“逢”“遇”等，都要通过行动来表示位置的移动。在方块壮字中，“辶”获得更多的新意，如表示手部动作的动词“追”（抬起来；扶）；表示头部动作的词语“遈”［（转（头）；回头（看）］；

① 王彩，方块壮文构造法与理据性新探［J］. 湖州师范学院学报，2005，27（6）：8-12.

表示相对位置关系的“迷”（邻近；附近；旁边）；表示泛指动作的“𨑜（呈品字形）”（淹没；漫过）等。使“辶”的类属意义具有了表示动作或位移等属性的广泛意义。

保持汉字类属不变的形声字，反映了壮族人对汉文化及其字符意义的继承。在继承中，壮族人对义符所包含的概念进行深入思考和理解，深化了义符的表意功能，延伸了它的所指，使它具有更多、更为抽象和泛化的新意义，使形旁的类属发生扩大化现象。方块壮字形声字形旁类属扩大化，说明壮族是一个勇于学习、富有创新精神、积极思考的民族。

（2）直表字义意符形声字

这类字是方块壮字形声字的主要来源，造字的主要目的是将新造汉字区别于其他借用汉字，避免借用汉字过多的情况。这类形声字由一个跟整字意义相同的汉字充当形符和一个表字音的声符组成。声符可能与意符同义，也可能只是与字音相同或相近的假借字。声旁多取与壮语音相近的汉字。

它成字的方式主要有三种。第一，给意符添加假借声旁，或者是给假借声旁添加直表整字意义的形旁。声旁和形旁孰先孰后，一般要就造字者对音和义考虑的主观意识而定。如下表。

表 1-24　直表字义意符形声字（一）

字形	新壮文	字义	形旁	声旁
䩼	rumq	用衣襟兜物	包	奉
𫶻	duk	包；包装；包扎；裹；包裹	包	独
𫗦	fag	饱满	饱（省）	伏
𫢗	he	防备；提防	保	車
𨕭	hak	确切；清楚	達	亥
殀	giuj	丧命	歹	交
𣧷	sanj	繁殖	歹	三
𢃇	sai	带子	带	才
𢭃	rap	①担子。②（ ）担。③挑（担）。④负担；担当	担	甲
𣵊	cit	（味道）淡	淡	出
䖼	gyaeq	蛋；卵	蛋	虽

这些字的形旁，和整字的意义间一般都没有任何类属关系，只与要表达的意义有直接对应的关系，应该说这是形声字中高产的造字方法。它的形符直接表明含义，意义明确直观，比类属型形旁更能表达准确的意义。但是，这些形旁和假借声旁都只是

在偶然之中才被选用到，它们记录语言成字的机会非常少。因此，在认读时必须要联系上下文才能区别形旁和声旁的身份。

第二，给表意声旁添加相关或相近的同义意符，或给意符添加同义声旁，使其具有“声兼义符”的功能。这些字就是通常说的双意符字。如下表。

表 1-25 直表字义意符形声字（二）

字形	新壮文	字义	字形分析	形旁	声旁
对/中	deng	①挨；被。②对；中	对即中	对	中
衤布	buh	①上衣。②衣服，衣裳	布是衣的材料，两个字符同时具有表意功能	衣	布
中/正	deng	①挨；被。②对；中	“正”即“中”	中	正
辛咸	hamz	咸	咸直表义，辛与义相关	辛	咸
月夜	hwnq	宵；夜	有月、夜都表示夜	月	夜

第三，假借形旁直表字义。有些直表字义的形旁，不是直接借用与整字意义相同的汉字，而是用与表达这个意义的声音相同或相近的假借字来代替的。这个假借声旁只代表与意义相同的汉字的读音，与声符、整字读音无关。

表示“片；瓣（果）”意义的字，如“[illegible]”“[illegible]”“[illegible]”等都以“[illegible]”作会意形旁。“[illegible]”，是通过对“门”字进行改造删除部件获得“半”的意义，而“半”正是“瓣”的假借字，因此，这些字的形旁都是通过假借来直接表义的。

省意符形声字中，留下的意符部分如果在原字中充当声旁。在新造字中，这剩下的意符部分就是一个假借形旁，它既能通过音的联想作用与原汉字整字意义相联系，又能通过字形的辨认联想到原字及其意义，从而在新字中充当形旁的作用，直接表达其假借字的意义。如下表。

表 1-26 直表字义意符形声字（三）

字形	字义	形声结构	形旁	声旁	形旁分析
克胥	婿	左声右形	婿	克	省形意符“胥”假借“婿”
凛乃	抚育；哺养	左声右形	奶	凛（省）	省形意符“乃”假借“奶”
合交	咬	左声右形	咬	合	省形意符“交”假借“咬”

（3）会意兼形声

这部分身上同时集聚了会意字和形声字的属性，组字的两个部件间一般存在着“比类合谊”的会意关系，又分别承担着表义和表声成字的形声功能，因此，当属于会意

兼形声类字。我们在会意字章节中曾对这类字进行过具体的分析，现在着重从形声字的角度，对充当这类字形旁和声旁的字符的属性进行分析。

会意兼形声类字的形旁，一般只与整字意义相关，表示与整字意义有关的工具、形态、动作、属性等，这与其他的形声字形旁属性相当。如下表。

表 1-27　会意兼形声字（一）

字形	壮文	字义	会意功能	形旁及功能		声旁
				形旁	功能	
逜	naek	①重。②深奥。③专心	辶表动作，搬石头重	辶	类属	石
墲	fwz	荒；荒凉；荒芜；寂寞；冷漠	土上没有东西，表荒芜	土	相关	無
閲	ndomq	窥视	从门里看，表偷看	门	相关	見
迖	gai	捡；拾	介为壮语捡的假借义，辶表示动作	辶	类属	介

在连读成字会意字中，有类属关系的形声字更多。如下表。

表 1-28　会意兼形声字（二）

字形	壮文	字义	字形说明	形旁及功能		声旁
				形旁	功能	
昅	cik	（太阳）照；暑；热	拼合词语成字	日	类属	赤
吀	gan	渴；干	拼合词语成字	口	类属 相关	干
踻	vaij	跛	脚拐为跛	足	类属 相关	拐
贯千	gvanq	贯（旧时一千枚铜钱为一贯）	拼合词语成字	千	相关	贯
皈	hoi	石灰	拼合词语成字	白	相关	灰
鉀	gyaep	鳞	鱼的壳即甲，指鱼身上硬的鳞片	鱼	相关	甲
笑	cenx	竹、木刺	拼合词语成字	竹	类属	尖
粡	hoz	涂；抹；涂抹	米颗，“可”为颗的假借字	米	类属 相关	可

如上所示，会意兼形声类字的声旁充当表声功能，同时也具有部分表意功能，它既可能是直接表义的借字，也可能是只具有部分表意功能的意符。因此，会意兼形声类字极有可能是通过给借字或假借字添加形旁而成，而部分字所添加的形旁正好与声旁组成词语，成为连读会意字。

2. 区别性定符形声字

方块壮字区别性定符形声字数量相当大，定符是具有区分字形意义、标明字音特性和分别字形的区别性符号。定符形声字，就是用定符做形旁的形声字类别。

陆锡兴在其形声字分类中提到“口旁表声字”，即用“口”字作为标注声旁的定符，并认为“它是汉字固有的，早在六朝就产生了，至于何时流入岭南还是一个谜”。[①] 这种表音字产生的主要原因在于：“由于大量地使用假借字，致使这些借音字很容易与其本义用法混淆，不利于语言交流，于是加‘口’旁以示区别。”[②] 陆锡兴注意到了“口”作为标音定符使用的字类，其实在方块壮字中，与“口”字旁形声字构形类似的字还有很多。这些字的部分字符构件，其自身音义与整字音义都无关，应该把它们看作是定符，是定符形声字的一个组成部分。

定符主要有三种来源，一为“艹、辶、冫、彳”等，在汉字中经常做形旁的类属型形符。如下表。

表 1-29　定符形声字（一）

字形	新壮文	字义	字符分析	声旁
潧	caengz	未曾	定 + 意	曾
徔	dwq	形容词之后附加成分	定 + 声	突
芶	gaeuj	乞丐	定 + 声	勾
遖	maez	昏迷	定 + 声	眉

二为“由、光、出、歹”等，具有一定意义的普通汉字，如下表。

表 1-30　定符形声字（二）

字形	新壮文	字义	字符分析	声旁
皲	beiz	扇叶，叶片	定 + 声	皮
喆	gyoet	前面加“胬”，义为痢疾	声 + 定	吉
豇	haeuj	装上；套上	声 + 定	豆
䟻	saiz	砂	定 + 声	曳

三为“、”“ㄣ”等，自造的纯定符形式。无论是哪种来源，一旦被用作定符，字符本身所具有的汉字含义就消失了，只能起一定的标志作用。如“ㄣ、×”等，在运用中充当指示定符的作用。它们主要用于对不能言表、不能归类的抽象动作或动作的趋

① 陆锡兴．汉字传播史［M］．北京：语文出版社，2002：196.

② 同①.

势予以的表征。如下表。

表 1-31 定符形声字（三）

字形	字义	定符	声旁
⿰岜ㄣ	①差；差错；错。②质量低劣	ㄣ	岜
⿰尚ㄣ	①恨；憎恨；忿恨；怀恨。②痛恨	ㄣ	尚
⿰錦ㄣ	咸	ㄣ	錦
⿰跪ㄣ	骑	ㄣ	跪
⿰行ㄣ	圩日；集市	ㄣ	行
⿰許ㄣ	①给；给予；让；赋予。②许可；允许	ㄣ	許
⿰考ㄣ	瘦	ㄣ	考
⿰刑ㄣ	赢；胜利	ㄣ	刑
⿰林ㄣ	忘记	ㄣ	林

给声符加上“ㄣ”，主要是为了使声符区别于其他假借汉字，而符号本身不代表任何意义。

其实，从对字体符号的功能属性来说，方块壮字定符形声字的功能构成主要由两种形式组成，即“定符＋声符”“定符＋意符兼声符”。如“定符＋声符”的形声字。如下表。

表 1-32 定符形声字（四）

字形	壮文	字义	字符分析	声旁
茷	bad	斩	定＋声	伐
⿰車皮	beiz	扇叶，叶片	定＋声	皮
⿰歹半	bemh	禾稻（含苞）	定＋声	半
⿰杀尤	cak	形容词之后附加成分	声＋定	杀
劄	cep	紧贴	声＋定	答
⿰彳突	dwq	形容词之后附加成分	定＋声	突
⿰番本	fanj	翻转	声＋定	番
芶	gaeuj	后面加“僦”，义为乞丐	定＋声	勾
芶	gaeuj	丈夫	定＋声	勾
⿰开ㄣ	gaiz	鞋	声＋定	开
⿰吉亥	gik	形容词之后附加成分	声＋定	吉
⿺辶京	ging	一旦	定＋声	京
⿺走里	gix	动词之后附加成分	声＋定	去
⿺鬼彡	gvaex	搅拌	声＋定	鬼

续表

字形	壮文	字义	字符分析	声旁
𫜷	gyoet	前面加“月冬”，义为痢疾	声＋定	吉
𣽏	gyuq	（）块	定＋声	都
冾	het	才；刚刚	定＋声	合
𨂾	mae	站	声＋定	眉
遈	maez	昏迷	定＋声	眉
𪐝	mwij	（）粒	声＋定	買
嶅	ngauh	（）座；（）幅	声＋定	敖
𠸎	ngeu	猫叫声	声＋定	苗
獒	ngoek	动词之后附加成分	声＋定	独
𫚴	ruj	动词之后附加成分	声＋定	魯
龓	rungx	遮护	声＋定	龍
𥑮	saiz	砂	定＋声	曳
𠨖	yaenh	称赞；赞扬	定＋声	印

“定符＋意符兼声符”的形声字，如下表。

表 1-33　定符形声字（五）

字形	壮文	字义	字符分析	意符兼声符
潧	caengz	未曾	定＋意兼声	曾
氵印	inq	印记	定＋意兼声	印
灵鬼	lingh	魂魄	意＋定兼声	灵
粄	mbaet	憋；屏息	定＋意兼声	灭
亻森	saemq	森	定＋意兼声	森

1.3.4 声符字

方块壮字中存在着以声表义的仿造自构字，即选择与壮语有语音联系的汉字组合成方块壮字，主要分为反切字和双声字两种。

1. 反切字

反切是汉字的一种注音方法，它是用两个汉字注出另一个汉字的读音，上字取声、下字取韵（包括声调），二者结合起来连续快读才能切出被切字的字音来。① 方块壮字运用反切法进行造字，将两个汉字作为构字部件拼合成单字，取两个汉字部件的反切

① 唐作藩．音韵学教程第 3 版［M］．北京：北京大学出版社，2002：19.

读音，造出方块壮字反切字。如“笶”读 rat⁵⁵ 表示蘑菇，取其反切上字“竹”（壮语 ruk⁵⁵）的声母 r，反切下字“失”（读“sat⁵⁵”）的韵母“at”，组成整字的读音[①]。类似的反切字还有“澘、腂、竿、彳忻”[②]等。陆锡兴认为“壮人的反切字很有特色，是汉字系统中的方块形拼音字，是汉字系统中的一朵奇葩”[③]。他在《汉字传播史》中提到“笶、澘、腂、竿”等四个反切方块壮字；张元生在《壮族人民的文化遗产——方块壮字》中列举“䩞、笶、䢺、𦜆、𦜰、竿、浰、彳忻、𥨪、腂”等 10 个方块壮字反切字。这给我们进一步明确划分方块壮字字体类型提供了有利的借鉴。

对反切字的识别是一项较为复杂的工作，需要深厚的文字学和音韵学知识，还需要对方块壮字各构字部件的读音进行翔实的调查。如识别一个方块壮字是否是用反切的方法构成的，至少需要这么两方面的知识：（1）了解方块壮字构字两部件的读音，上字的声、下字的韵，这是确认反切字的首要条件。而《古壮字字典》只对所记录的各个整字字符的声韵调进行描写，很少有对字符构件特别是形声字形旁的语音描写，这限制了分析反切字的工作。而陆锡兴、张元生等学者所做的反切字调查，涉及的字符构件一般可以找到对应的独体字的声韵调。如“笶”可以查“竹”字的声，“澘、閂、蕾、彳忻”可分别将“水、门、草、彳”作为反切字上字，考察它们的声韵。这些字符在汉字或壮字当中都有相对应的声韵调可以考察。但其他字所使用的字符如“宀、亻、穴、卩、饣、衤”等，虽然在汉字当中有一定的名称，但在方块壮字中，没有确切的语音调查结果，不能确定它们在成字过程中所起的声韵作用，不能对其充当反切字妄加评议。（2）方块壮字的音韵是涉及中古汉语音、西南官话、粤方言和壮语音的一个复杂的音韵系统，对这些字进行音韵研究本身就是一个艰难的工作，而方块壮字反切字的识别更是切入音韵研究的一个重点，不是在短暂的时间和有限的知识水平上能解决的难题。因此，我们把这一课题暂且搁置，留待将来做进一步的专题研究。我们认为，方块壮字以两字符构成居多，这为反切字研究提供了丰富的素材。

2. 双声字

双声字，即组成方块壮字的两个字符，在整字构字中仅充当声符起表音的作用，其字形一般与整字的意义无关。这样的字主要有以下这些。

① 陆锡兴 . 汉字传播史［M］. 北京：语文出版社，2002：198.

② 张元生 . 壮族人民的文化遗产：方块壮字［J］// 中国民族古文字研究会 . 中国民族古文字研究［M］. 北京：中国社会科学出版社，1984：506.

③ 同①.

表 1-34　双声符字（一）

字形	字义	声符	壮文读音
䰎	①大碗；海碗。②一道菜	亏、鬼	gvi
𫌉	①倒；腾（把物品倾出或倒到另一容器）。②斟（酒）	來、賴	raix o
𤞚	①母鸡叫仔。②嘈	独、六	gyuk
𥍿	次	皮	baez
𡢻	刚；刚刚	暗、安	ngamq
𣑶	高	桑、上	sang
𧰽	孤儿	家、加	qyax
㕫	鬼；神	房、方	fangz
𩓞	滚；滚来	灵、令	ringz

有些双声字，其成字的两部分也起表音的作用，字符构成形式为“声符 + 声符”。但是，其中的一个字符还兼带有表意的功能，可看作是双声兼意形声字。如下表。

表 1-35　双声符字（二）

字形	字义	字形分析	声符	壮文读音
𩠐	（ ）个（蒜头）	双声，“首”兼表意	首、求	gyaeuz
𫗮	（ ）个（蒜头）	双声，“头”兼表意	头、求	gyaeuz
糈	醋	双声，“米”兼表意形旁	米、眉	meiq
粺	醋	双声，“米”兼表意形旁	米、每	meiq
弘	锯	双声，“弓”兼表意	弓、公	gung
昛	烈日；阳光	双声，“日”兼表意形旁	日、历	ndit
𥧌	穷	双声，“空”兼表意形旁	空、穹	gungz
㱄	死	双声，“歹”兼表意	歹、太	daiz
䨴	雨	双声，“云”兼表意	云、昆	vun

其中有些双声兼意字，是由省掉了形旁的形声字声旁和新声符组成的，即由这个声旁代替原字充当形旁的作用，为双声兼意形声字。如下表。

表 1-36　双声符字（三）

字形	字义	字形分析	声旁	壮文读音
𡦂	额	“客”为代替“额”的省形声旁	额、壳	byak
𢿥	受	“娄”为代替“数”的省形声旁	数、后	souh

1.3.5 纯定符字

纯定符字，即构字字符所具有的形音义属性，与其所代表的方块壮字没有任何形音义联系，字符的使用仅起到标示象征的作用，可以看作是记号字。借用字中的记号字也不能看出其造字理据，同自造字的这一类别性质相同。我们称自造的记号字为纯定符字，表示方块壮字纯粹由定符部件构成。它主要包括以下两种类型。

第一，构字的两个部件其形音义与整字没有任何联系，部件的组合只起到用字形系义的作用。也就是在“三书”分析中，被分析为“定符＋定符”的结构类型。如下表。

表 1-37　纯定符字（一）

字形	字义	三书分析	字体类型分析	声	韵
𧾷	遮挡；背光	定＋定	纯定符字	p	ai
𠡎	晌午；午饭	定＋定	纯定符字	l	ing
𡍣	石头	定＋定	纯定符字	r	in
怕	形容词之后附加成分	定＋定	纯定符字	h	wt
倿	（马）嘶	定＋定	纯定符字	h	eh
縕	紫兰（色）	定＋定	纯定符字		ou

这些字虽然由两个字符部件组成，大部分字呈类似于一般形声字的左右结构样式，但是任何部分都无法看出其构字理据。从造字的思维来看，这些与整字形音义都没有必然联系的字体，对于识字、记字、读字来说都是十分不利的，壮族人也不可能大量地制造这样的字，给自己添加认读的麻烦。我们认为，这类字有可能与字符部件的音有关，也就是说，有可能这些字的造字理据与我们在反切字的调查研究的空白有关。在此，我们权且将它们列入纯定符字当中，留待进一步分析。

第二，自造方块壮字中还有一类字，它们的形体为壮字特有，但从形音义角度完全看不出其造字理据，属于“约定俗成”的壮语记号字，表现了壮族人独立的造字意识。如下表。

表 1-38　纯定符字（二）

字形	新壮文	字义	字形分析
田	guh	①做。②建筑。③唱（山歌）；编（歌）；作（诗歌）	记号字
袁	fwenz	烦	记号字

值得注意的是，这类字在自造字中数量不是很大，它反映了壮人造字的独立自主性和一定的文化思维。

1.3.6 全借字

借用汉字为己所用，成为方块壮字的基本造字法。凡是完整借用已有的汉字字形的方块壮字，我们称其为方块壮字借用字，它与自造字的不同在于对汉字字符借用的完整度上。于自造字而言，它所借用的是汉字的偏旁部件等半成品原料，需经过壮文的工艺流程进行深加工，才能变成可供使用的产品；借用字的生产原料是对汉字字符已成品的完整借用，从借用到投入使用，其字符形体即从字形的构造来看没有发生任何的改变，变的只是与字符相系连的音义对应关系的变化。我们对方块壮字字形进行分析，划分借用字与自造字即进行字符来源分析，已经完成对整个字形分析的第一个层次。

结合借用字与原汉字的形音义的对应关系，从字符的功能角度入手，可以将方块壮字借用字分为全借字、音借字、义借字和形借字四类。从借用的方式看，这四类字体现了造字者独特的造字理念。

方块壮字全借字来源于汉字，是民族文化交融的结果。这类字在方块壮字中占有很大的比例，它扩大壮族的词汇。和汉字相比，方块壮字的全借字是对汉字的全盘借用，即二者形同、义同、音同或音近。如下表所示。

表 1-39 全借字

字形	字义	字形分析	声旁
泡	（泡）沫	全借字	泡
挑	（用细长的东西慢慢）拨	全借字	挑
挑	①（用针）挑（刺）。②剖（禽类的肠子）	全借字	挑
松	①（住地）宽敞。②轻松；爽快；舒服	全借字	松
凹	①凹状。②小洼地；墓穴；坑	全借字	凹
背	①背诵。②客套话，表示先用或已用过茶饭、喜酒	全借字	背
编	①编织。②编造。③页	全借字	编
疑	①猜疑；怀疑；疑惑；迟疑。②以为	全借字	疑
查	①查；检查；调查；审查；视察。②查问	全借字	查
称	①秤（名词）。②秤（动词）。③重量单位（五十斤）	全借字	称
装	①打扮；装扮；扮演；修饰；装饰。②假装	全借字	装
当	①当；担任。②应当。③承当；担当	全借字	当
和	①调和。②和睦。③协调	全借字	和
短	短（裤）	全借字	短
断	断绝	全借字	断

续表

字形	字义	字形分析	声旁
便	方便	全借字	便
回	①放松；松开。②复（信）；回（信）。③答复	全借字	回
枒	①分支。②枝	全借字	牙
許	许可；允许	全借字	许
尋	①跟；随。②找	全借字	尋
司	①官；官吏。②土司；土官	全借字	司
枷	①枷锁；锁住。②桎梏	全借字	加
居	居住，歇	全借字	居
掬	①掬（动词）。②掬（量词）	全借字	掬
腊	腊	全借字	腊
赖	①赖以；倚靠。②诬赖	全借字	赖
老	①老。②老人	全借字	老
勒	①勒索；偷盗。②勒（紧）	全借字	勒
火	①恼火；恼怒；愤怒。②火	全借字	火
意	①任随。②意	全借字	意
小	①少。②缺少。③小	全借字	小
装	①设置器具或诱饵捕捉动物。②安（装设）装	全借字	装
字	①书。②字	全借字	字
数	①数（数目）。②诉说；陈述	全借字	数
訴	①数（数目）。②诉说；陈述	全借字	訴
弄	①耍；玩耍；戏弄；玩弄。②做	全借字	弄
嘆	①叹（气）。②歌颂；赞美；颂扬	全借字	嘆
剔	①剔。②挑剔	全借字	剔
粘	①贴。②附着	全借字	粘
刀	①一百张纸为一“刀”。②一挂肉俗称为一“刀”	全借字	刀
齐	①一齐；一起。②齐。③大（家）	全借字	齐
影	①映。②影子。③拍照	全借字	影
雜	①杂；掺杂。②复杂；杂乱；烦乱	全借字	雜
粒	①种子。②颗；粒	全借字	粒
艾	艾绒（用作打火镰燃火之物）	全借字	艾
抵	①值；价值。②值得	全借字	抵

1.3.7 音借字

音借字即传统“六书”中，利用音同或音近原则借用字符表义的“假借”字类别，为了突出方块壮字借用字的不同方式，我们称其为“音借字”。“假借就是借用音同或音近的字来表示一个词。”[①]汉字中存在大量的假借字，是从原有汉字中借用过来的，如假借“女”表示“汝”，《汉书·外戚传下》“女自知之”；假借“干”表示旗杆的“杆”，《诗·鄘风·干旄》“孑孑干旄”等[②]。方块壮字借用汉字，最初应该是从“假借”开始的，这和用汉字记写外语发音的初学者一样，都使用汉字作为记音符号。但是，汉语和壮语分属两个语支，因此，所有涉及语音的借用汉字都是经过“壮化”了的读音。[③]

表 1-40　音借字

字形	现代壮文	字义	字形分析	声旁
八	bah	爸爸	假借	八
巴	baj	（手）掌	假借	巴
疤	ba	腮腺炎	假借	巴
罢	bah	（且）慢，（别）忙	假借	罢
罢	bax	蠢笨	假借	罢
班	ban	赤（脚）	假借	班
伴	bonq	拼	假借	半
磅	bangx	前面加“砷”，义为蚌	假借	旁
盃	buiz	清闲	假借	盃
北	mbaek	咬	假借	北
貝	bwi	祈	假借	貝
比	beij	山歌	假借	比
碧	bik	翅膀	假借	碧
駁	buek	（）群	假借	驳
卜	mbuk	水位降低；（水）干	假借	卜
哺	boux	盘卷	假借	甫
不	but	笔	假借	不
部	bouh	（过）时；（过）度	假借	部
漕	sauz	摆洗	假借	曹
岑	gaem	（）束；（）抓；（）把	假借	今

① 裘锡圭.文字学概要［M］.北京：商务印书馆，1988：191.

② 裘锡圭.文字学概要［M］.北京：商务印书馆，1988：191-195.

③ 陆锡兴.汉字传播史［M］.北京：语文出版社，2002：193.

续表

字形	现代壮文	字义	字形分析	声旁
差	cat	找吃（贬义）	假借	差
嘲	ciuz	①昆虫聚集一团。②聚拢；朝向	假借	朝
嗔	caenx	动词之后附加成分	假借	真
呈	caeng	①囤；囤积。②盛；装	假借	呈
反	fanj	（旧病）复发	假借	反
返	fang	小贩；贩卖	假借	反
非	bi	鬼	假借	非
非	fei	单据；收条；票证	假借	非
吩	faenzx	动词之后附加成分	假借	分
夫	bu	沸腾溢出	假借	夫
伏	fug	服；服从；服气	假借	伏
孚	fouz	符	假借	孚
垓	hwq	干（旱）	假借	亥
盖	gaij	大	假借	盖
罡	gang	造；苗	假借	罡
篙	sung	高	假借	嵩

方块壮字音借字虽然是按照读音的相近或相同原则使用的，但在借用中也会兼顾所借之字的形旁，借以表示相同类属的意义。当然，我们不排除造字者选用音借字的时候想到形声造字法，并巧合地借用到形旁相同的汉字形声字。

音借字根据音同或音近原则借用汉字，所借的音主要有两种来源：一为官话读音，包括中古汉语音、西南官话读音等；二为粤语方言，含两广（包括海南）的白话、平话及各地粤方言土语，而不是狭义的粤语——以广州话为代表的广府白话。[①] 陆锡兴认为，西南官话的读音是方块壮字的借字依据，因为不同民族语音上的差异，借字的借音也就不十分严格，有同音借用，也有近音借用。同时，由于壮语的方言音读存在差别，所以同一词的汉字壮文常不统一。“早期是从近似粤方言的读音借入，后来一般从西南官话或普通话借入。”[②]

方块壮字音借字，以音系义，是借用汉字最直接、最便易的方式，是方块壮字早

① 林亦．谈利用古壮字研究广西粤语方言［J］．民族语文，2004（3）：16-26.

② 陆锡兴．汉字传播史［M］．北京：语文出版社，2002：193-195.

期最常用的造字方法。它对音韵研究有特殊的作用，林亦认为，方块壮字音借字“利用古壮字的表音成分考察其造字时代的汉语音”，“对研究粤方言史以及中古汉语均有重要价值”。[①]

1.3.8 义借字

义借字，也叫“训读字”[②]，指方块壮字借用字中只借汉字的意义，而读壮语音的字。王元鹿先生认为，所谓“义借”就是“因意义相关而沿用原字字形记另一个词的造字方法”，它是一种“本无其字，依义托事”的造字方法。[③]“义借”是“初期意音文字一般都经历过”的阶段[④]，“其实质是壮语的固有词汇用汉语中同义的汉字来标志”。[⑤]如下表。

表 1-41　义借字

字形	新壮文	字义	字形分析
歪	ngeng	①侧。②歪	义借，读壮语音
易	heih	①容易。②快	义借，读壮语音
虫	non	虫；蛹	义借，读壮语音
髮	mumh	胡须	义借，读壮语音
哄	yoeg	唆使；煽动；怂恿；教唆	义借，读壮语音
閂	gvej	关闭	义借，读壮语音
罨	aen	器皿	义借，读壮语音

如上表，义借字的读音与汉字读音无关，汉字意义与壮语相同。这种字在《古壮字字典》中通常都被归纳为异体字，而用与它对应的正体字表示壮语读音。义借字的数量较少，陆锡兴认为，“这是受汉语影响最小的词汇部分”[⑥]。

1.3.9 形借字

只借用汉字的字形，但字形所包含的形音义关系跟借源体完全不同的字，即方块

① 林亦．谈利用古壮字研究广西粤语方言［J］．民族语文，2004（3）：16-26.

② 陆锡兴．汉字传播史［M］．北京：语文出版社，2002：194.

③ 王元鹿．汉古文字与纳西东巴文字比较研究［M］．上海：华东师范大学出版社，1988：50-51.

④ 同②.

⑤ 同②.

⑥ 同②.

壮字借用字的形借字。它相当于“约定俗成”的记号，在文字系统中充当标记的作用。如下表。

表 1-42　形借字

字形	新壮文	字义	字形分析
塿	hwk	久	形音义与壮语义完全无关
糜	remj	①烧焦。②炽热。③烧；焚烧	形音义与壮语义完全无关
策	non	虫；蛹	形音义与壮语义完全无关
卄	lax	就是	形音义与壮语义完全无关

形借字的出现带有一种偶然性，因其跟所记写的词语没有什么联系，故难以识记，更难成为人们容易接受的造字方式。因此，形借字的数量也相当少。当然，一些形借字也可能本有理据，因音义联系过于晦涩而导致理据不明。

◆ 1.4 小结 ◆

方块壮字形体结构类型研究已经成为近年来少数民族语言文字学研究的热点，在本章中，我们以《古壮字字典》为研究对象，对比总结相关学者的研究成果，从方块壮字字形的属性出发，得出新的方块壮字形体结构类型分类框架，并对各个形体结构类型属性做了深入的分析研究，得到以下结论。

1. 我们在以往的形体结构类型研究成果的基础上，分析了传统“六书”及其系列理论，并按照字符的功能属性进行了“三书”（意符、声符、定符）界定，以字符的组合关系划分方块壮字字体类型，得到了基于“六书”基础上的方块壮字形体结构类型框架。借用字与自造字是字体类型框架的第一层级，这是根据方块壮字对汉字字符的借用关系进行划分的。

2. 借用字是汉字字符的直接借用，包括全借字、音借字、义借字和形借字等四类。借用字字形有时也会发生改变，如字形增减、字形结构变换等；借用字偏向于借用同形旁的与表义有关的字，但其形体构造无须再论及。借用字在表达壮语语义过程中，字义出现转移或引申的变化；借用字的音与中古汉语音、西南官话、粤方言和壮语音都有关系。

3. 根据构字部件的属性和部件组合的关系，方块壮字自造字可以分为象物、象事、会意、形声、声符、纯定符字等六大形体结构类型，它们代表了壮族人独特的造字思维。

本章从象形、指事字的区别入手，分出象物、象事字类别，认为“指示”可以是二者共同具有的属性；象物字象事字在整个方块壮字字库中所占比例是最小的，这与方块壮字所处的成字阶段，以及造字的经济原则有关；这两类字都具有独特的描绘方式，如用抽象的笔画、形似的借用汉字进行象征来描绘事物的轮廓，用一定的物形和指示符号来表征抽象事物，表现出独特的造字属性。

会意字包括传统的比类合谊会意字，连读成词会意字，以及我们经过延伸囊括进来的变体字。连读成词是会意字最主要的造字方式，一个会意字由组成词语的两个汉字字符拼合而成，这两个汉字的组合顺序还反映了一定的壮语语法特色。

形声字通过省符、换符、加符直接组合等途径产生，是自造字的第一大类别，按照形旁的属性它可以分为意符和定符形声字两种。类属型意符在汉字形旁中也能看到，但相较汉字而言，方块壮字的类属型意符具有表义多样化、类属扩大化等特点：直表字义的意符体现了壮字对汉字的改造；会意兼形声类字，也体现了一般意符形声字的特点。区别性定符形声字，其定符可以由消失了的汉语义的类属型形旁和普通汉字构成，也可以由壮族人自创的指示符号充当，分为“定符＋声符”“定符＋意符兼声符”两种。

声符字包括双声符字和反切字两种，由于受现有的对壮字字符部件音韵调查的局限，我们没有在字库中进行寻找反切字例字的尝试；纯定符字是对字符部件与整字形音义没有任何联系的字形，这是方块壮字中并不多见的形体结构类型。

总之，方块壮字形体结构类型研究是一项意义重大的工作，希望这一论题能得到更多人的关注和支持，从而具有更大的突破和发展。

第二章 方块壮字信息化与标准化探讨

国际字符的信息化、标准化是随着计算机的发展而发展的，我国的汉字标准字符集在20世纪80年代起步，发展非常迅速，据有关的资料，我国的55个少数民族中，有21个少数民族具有本民族的文字，截至2006年底，有8个少数民族文字已加入到ISO 10646的Unicode中，分别是八思巴文、蒙古文、满文、锡伯文、西双版纳老傣文和新傣文、四川规范彝文、藏文和朝鲜文。我国古文字有30多种，且也被陆续开发，张公瑾《绚丽多姿的中国民族古文字》中已经论述。我国文字信息化标准化进程总体发展速度较快，但是我国的文字种类多，文字信息化总体水平仍然比较低，有待于进一步提高。

字符信息化和国际标准化已经是人类社会历史发展的必然趋势。方块壮字是我国人口最多的少数民族壮族重要的交际工具，它承载了丰富的壮族文化内涵，具有重要的价值。但在方块壮字的信息化如字库、录入软件以及信息交换处理方面仍不能满足实际需要，需进一步努力。另外方块壮字的标准化方面如定形、定音、定量和定序等工作也仍然需要进一步的细化规范。

◆ 2.1 方块壮字信息化、标准化概况 ◆

目前方块壮字的信息化处理取得了不少成果，例如“古壮文计算机处理系统”和“古壮文检索系统”。但是也存在突出的问题，方块壮字的普及程度和信息化程度还远远不够，即使是在研究领域，许多学者依然采用截图的方法研究方块壮字，这严重制约方块壮字的研究与利用，方块壮字的信息化、标准化问题亟待解决。

另外，对比分析汉字的信息化发展史，不难看到汉字信息化的进程与汉字标准化进程密不可分。从汉字的标准化入手，对汉字进行定形定音定量定序，对语料进行统计分析，制定出国家标准《现代汉语常用字表》《现代汉语通用字表》，进而推进信息化[①]；在汉字的信息化发展史上，可以说标准化是信息化的前提，或是其准备工作。造成方块壮字信息化缺陷的原因有很多，其中重要的一条就是方块壮字的标准化工作没有准备充分。

2.1.1 方块壮字的信息化概述

近年来，对方块壮字的关注和研究日益增加，相关的计算机信息处理系统软件逐渐被开发，教育部《少数民族语言文字规范标准和信息处理现状》（2004）、周庆生《国外语言政策与语言规划进程》（2001）、李宇明《搭建中华全字符集大平台》（2002）等都有所论述，方块壮字信息化发展脉络如下。

2.1.1.1 “古壮文处理系统”

“古壮文处理系统”的成功研制。根据教育部《少数民族语言文字规范标准和信息处理现状》，1993 年 12 月 25 日，“古壮文处理系统”在北京通过技术鉴定。它由广西区民族古籍办公室与广西科学院计算中心共同研制，系统字库中包含 8626 个古壮字字符集，属点阵字库。王婧姝《民文应用系统开发，让少数民族进入信息化时代》（2008）、杜海萍《我国民族古文字电脑处理技术的新突破》等文章中都有论述。刘连芳、顾林《开发古壮文处理系统的现实意义》（1995）认为，这项工作对壮语文的规范化、标准化和信息处理的进步将会起到很大的促进作用。

2.1.1.2 部分方块壮字已经进入国际标准

国际信息学界已经把一些方块壮字收录进中日韩越统一字符集。中日韩越统一表意文字字符集即 CJKV（四国英文首字母的缩写），其目的是把来自中文、日文、韩文、越文的文字中，本质相同、形状一样或稍异的表意文字，于 ISO 10646 及 Unicode 标准内赋予统一编码。方块壮字属于汉字系文字，因此也有部分与中文、日文、韩文、越文形体相同的方块壮字进入该标准。

方块壮字的存放位置。由于有许多方块壮字字形和汉字（包括繁体和简体）字形相同，所以，方块壮字部分字符已经存放入 CJKV，具体的位置可能是《通用多八位编码字符集（UCS）》基本多文种平面 CJK，也有可能是 CJK- 扩展 A、CJK- 扩展 B、

① 湖北省语言文字工作委员会 . 语言文字规范简明读本［M］. 武汉：武汉大学出版社，2002：118-122.

CJK- 扩展 C、CJK- 扩展 D、CJK- 扩展 E、CJK- 扩展 F、CJK- 扩展 G。

2.1.1.3 “古壮文检索系统”

“古壮文检索系统”于 2008 年 12 月面世，由中国文字研究与应用中心开发。“古壮文检索系统”的实现使得方块壮字的检索更加便捷，具体操作为在其系统页面上输入词义、选择义类，经过分析检索，在对应的《古壮字字典》中查调出与其对应的方块壮字图形及相关信息。

“古壮文检索系统”以《古壮字字典》为基础材料，实现超文本网络检索功能。其特点是以传统文本与网络检索资料互补，一方面扩大研究成果的功用和影响力，另一方面使得研究成果的利用不受时空限制。此系统推进了方块壮字的信息化进程。

2.1.2 方块壮字的标准化概述

方块壮字属于汉字系文字，因此我们可以借鉴汉字的标准化来探求方块壮字的标准化。汉字标准化，国家语言文字工作委员会政策法规室《语言文字工作百题》（1995）将标准化的工作主要内容概括为“四定”，即是定量、定形、定音、定序；语文出版社编《语言文字规范手册》（1998）对标点符号的使用也做出了标准化规范。吴桥《新编国家通用语言文字简明教程》（2005）、李行健《使用语言文字规范指南》（2001）、湖北省语言文字工作委员会编《语言文字规范简明读本》（2002）、大庆市语言文字工作委员会的《语言文字规范化指南》（1995）等各有论述。

方块壮字的标准化工作做得还很不够，目前能够参考的主要是广西民族出版社于 1989 年出版的《古壮字字典》。该字典大约收录 10700 个方块壮字，其中认定了 4918 个正体字，所征引的民族古籍资料以历史悠久的壮族创世史诗《布洛陀》、《布伯》和英雄史诗《莫一大王》等名篇为重点。

方块壮字标准规范的特殊性问题也较多。例如异体字的繁多、自造部件笔画定性等，这些特殊情况我们还将具体分析研究。国家语言文字工作委员会的《第一批异体字整理字表》和《语言文字规范手册》中对地名等用字的若干规定，为异体字的整理积累了宝贵经验，在开展方块壮字标准化的工作时可以借鉴参考。

方块壮字的信息化和标准化相辅相承，却又相互制约。应该把方块壮字量、形、音、序、义以及笔顺、偏旁、标点等标准化、规范化，划分出类似汉字的常用字、次常用字、通用字等各个等级，制定相关规范，并最终使之进入国际标准化的字库空间 UCS，且根据方块壮字的构造科学地设计编码方案。方块壮字的字库将是标准化成果的重要部分，并将直接支持信息化的实现。

◆ 2.2 方块壮字的信息化的理论分析 ◆

随着时代的发展与进步，方块壮字的信息化也有所发展。1993 年 12 月的“古壮文处理系统”、2008 年 12 月的“古壮文检索系统”，在很大程度上促进了方块壮字的信息化。

当前方块壮字信息化仍然不能满足进一步深入研究的需要，随着对方块壮字及其文献研究的深入，信息化的进程需要进一步推进，开发出实用的方块壮字信息化软件，满足方块壮字研究的需要，成为目前方块壮字进一步深入研究的重要课题之一。

2.2.1 通用多八位编码字符集 UCS

《通用多八位编码字符集（UCS）》是字符国际化方面的标准，它是由国际标准化组织 ISO 10646.1-1993 制定的，其英文名称为 Universal Character Set，简称为 UCS。UCS 是所有其他字符集标准的一个超集，它保证了与其他字符集之间的双向兼容，用于世界上各种语言的书面形式以及附加符号的表示、传输、交换、处理、存储、输入与显现等，实现了编码间相互转换不会丢失任何信息功能。目前我国的汉字大部分已经在 UCS 结构字符集中，并且与韩国、日本和越南表意字符统一存放，被称之为“中日韩越统一表意文字字符集”（即 CJKV）。方块壮字是汉字系文字，所以与 CJKV 中的字形存在重合。

2.2.1.1 UCS 的总体结构

UCS 编码字符集的总体结构是一个四维的编码空间，以组来划分，每个组内部又分为不同的平面区域，每个平面区域内部再以行列定位字符，一般情况下，用“组 + 面 + 行 + 列”生成字符存放的地址序号，UCS 中每一个字符用一个 4 组的双十六进制数编码表示（每个字位用一个字节二进制数 0 或 1 表示，每组包含两个十六进制数字，一个十六进制对应四位二进制，所以每一组转换成八位二进制，前半部分通常成为高位，后半部分为低位），对其内部的每一个字符进行唯一标识，确定每个字符在编码空间的组、平面、行和字位，以便计算机内部程序的调用、显示等。

UCS 的结构框架。它包含 00-7F 共 128 个三维组结构，每一个三维组结构中又包含 00 - FF 共 256 个二维平面区域，每一个二维平面区域包含 00 - FF 共 256 个一维的行，每行共有 256 个码位（00 - FF），上述的四个八位的二进制数编码形式被称为 UCS 的四八位正则形式，简称为 UCS-4。但是其中的基本多文种平面（UCS 编码空间中 00 组的 00 平面，下文有详细介绍）比较特殊，为方便起见，约定基本平面，可

以省略组码和平面码，基本多文种平面的字符为两个八位二进制数码形式编成，记作UCS-2。分析 UCS 的结构框架，可以清楚为什么称之为超大字符集，因为 UCS 可以容纳 2147483648 字符位，这个包容世界字符的超大字符集是推进方块壮字信息化进程不可忽视的重要因素。

2.2.1.2 基本多文种平面

基本多文种平面是指在 UCS 编码空间中 00 组的 00 平面区域。此平面包含字母文字、音节文字和表意文字中通常使用的字符、各种符号和数字。基本多文种平面区域的组编码和平面编码均为 0x00H。UCS 结构规定，当正则形式的组、平面编码高位均为 0x00H，可以省略，因此安排在基本多文种平面上的字符可用两个字节（八位）的二进制数进行表示，形成双八位编码字符集，记为 UCS-2。双八位编码也是日常系统中常见的字符编码，基本多文种平面区域的内部还有待进一步的区域划分，主要分为 A、I、O、R 四个平面区域，具体情况如下。

A 区：代码位置从 0000 – 4DFF，共 19903 个码位。此区用做字母文字、音节文字以及各种符号的编码空间，其中 0000 – 001F 和 007E – 009F 保留，用于控制字符。

I 区：代码位置为 4E00 – 9FFF，共 20992 个码位。此区用于中、日、韩（CJK）统一的表意文字，即中国、日本、韩国和越南四国的汉字编码（越南是后来补充的），称为中、日、韩、越（CJKV）字符集。

O 区：代码位置为 A000 – DFFF，共 16384 个码位。目前，此区主要存放谚文音节字符。

R 区：代码位置为 E000 – FFFD，共 8190 个码位。此区是限制使用区，规定用于专用字符、变形显现形式和兼容字符的编码空间。①

2.2.1.3 CJK 统一汉字的编码

在 I 区统一编码的汉字（包括 CJKV）共有 20902 个（CJK 与 CJKV 下文将论述），按部首—笔画排序。其中中国用汉字约 17000 个，源自字符集是 GB 基本集简化字，包括第一、三、五辅助集（第一、三、五辅助集为其前一个字符集所对应的繁体字字符集，大部分为整齐对应，也有部分不对应，但为数不多），现代汉语通用字表，邮电通信字符集，台湾地区的 CNS11643《通用汉字标准交换码》，香港用字 58 个，延边地区朝鲜族使用的“吏读”字 92 个；CJK 统一汉字编码字符集中日本用汉字和韩国用汉字

① 高定国，珠杰编著 . 藏文信息处理的原理与应用［M］. 2014.

源字符集，分别按照日、韩两国的有关标准进行收录[①]，越南文字部分是经过 ISO 认证，最后收录的。

2.2.1.4 结论分析

分析 UCS 情况，可以清楚地认识到，汉字所存放的 UCS 基本多文种平面的 I 区，空间只剩下 90 个字符编码位置，一万多的方块壮字，是无法与汉字放入同一个区域的。

基本多文种平面以外的空间有很多。但是，许多空间与汉字编码相差太远，其编码需要 UCS-4，这与现在的汉字编码 UCS-2 相差很大，可能给我们的字符处理、信息交换带来很大的不便，这种情况应该尽量避免。

为了便于与汉字兼容，应尽可能向汉字的编码空间靠拢。虽然汉字的编码区 I 区已接近饱和，但是在同一个基本多文种平面的 O 区和 R 区还是有备用空间的，如果能够暂用到这里的编码空间，那么方块壮字的编码也将是 UCS-2 编码形式，在编码方式、计算机处理方式上，与汉字的情况趋于一致，这样可以尽可能地降低方块壮字信息化的难度，更加顺利的推进方块壮字信息化的进程。

2.2.2 CJK 与 CJKV

汉字的编码空间位于 I 区，和韩国、日本表意文字字符统一存放、编码，这个大字符集合称为中日韩字符集，这里要注意的是，汉字与中文不是同一个概念，汉字是没有国界的，中文则是属于中国的文字。该字符集的标识为三国的英文名称的首字母简写，简称 CJK（CJK Unified Ideographs）。[②]

CJK 字符集的编码初衷是要把分别来自中、日、韩文字中，形状一样或稍异的表意文字于 ISO 10646 及 Unicode 标准内赋予相同编码方式，其中大部分为汉字，也有仿汉字如日本国字、韩国独有汉字等。

《CJK 统一汉字编码字符集》中囊括的国家标准 GB13000.1 字符集等同于国际标准《通用多八位编码字符集（UCS）》ISO 10646.1 字符集。其中最重要的也经常被采用的是其双字节形式的基本多文种平面，包含 20902 个字符，分别来自中国、日本、韩国的汉字，称为 CJK（Chinese Japanese Korean）汉字。CJK 是《GB2312-80》《BIG5》等字符集的超集。Windows 中都装入《CJK 统一汉字编码字符集》汉字库，就是通常所说的大字符集，也被称之为 GBK。

① 许嘉璐，王福祥，刘润清．中国语言学现状与展望［M］．北京：外语教学与研究出版社，1996：241.

② 国家语言文字工作委员会政策法规室．语言文字工作百题［M］．北京：语文出版社，1995：158.

CJK 中的 20902 个汉字字符在 UCS 中的统一编码，被存放于 I 区，从 0x4E00 到 0x9FA5 连续统一编码，按部首、笔画排序。CJK 统一汉字编码字符集中的日本汉字和韩国汉字源字集分别按照日、韩两国的有关标准进行收录，后来，随着越文汉字、喃字的加入，CJK 后来又被改称为 CJKV，即中文、日语、韩语（朝鲜）、越南语（Chinese-Japanese-Korean-Vietnamese）的省略形式，它们都是汉字文化圈内共同使用的汉字，CJKV 成为有关计算机国际化、地域化的字符编码的用语。

2.2.3 字符集介绍

字符是各种文字和符号的总称，一般都包含有各国家文字、标点符号、图形符号和数字符号等。字符集是众多个字符的集合体，字符集种类较多，像 ASCII 字符集、GB2312 字符集、BIG5 字符集、GB18030 字符集和 Unicode 字符集等都是很常见的字符集。

方块壮字信息化需要建立在方块壮字字符集的基础上。计算机要准确地处理各种字符集文字，需要对该文字进行字符编码，以便计算机能够识别和存储系统中的各种文字。字符集是计算机处理、字符信息化的基础，无论是什么文字字符，没有字符编码，没有字符集的支持，都是不可以在计算机上正常操作的，所以对方块壮字进行编码、建立方块壮字字符集，是方块壮字信息化的基础。

方块壮字字符集的建立需要借鉴。方块壮字与汉字的渊源关系，建立方块壮字的字符集，应该借鉴其他字符集经验，特别是借鉴汉字字符集的经验，从字符的考证取舍、造字、编码到审核等，都应该积极的吸取汉字及其他字符集的宝贵经验。

以下将针对方块壮字信息化的需要，并按照字符集创建的时间顺序，讨论几种典型的字符集，选取几种具有代表性的汉字字符集，结合方块壮字的实际情况，研究历史由来、特点、技术特征，最终分析论证方块壮字字符集情况。

需要说明的是本研究常用的术语，一是汉字字符集，一是中文字符集，二者不是一个概念，汉字可以是日、韩、越等文字中的汉字，中文字符集则指中国的文字和字符的集合，其标准为国内制定。

2.2.3.1 ASCII 字符集及其扩展集

ASCII 字符集。ASCII（American Standard Code for Information Interchange），即美国信息互换标准代码，它是基于罗马字母表的一套电脑操作系统编码，主要用于在计算机等系统上显示现代英语和其他西欧语言。它是现今计算机中最通用的单字节编码系统，共 128 个字符。

ASCII 扩展字符集。7 位编码的字符集最多只能支持 128 个字符，后来国际组织对

ASCII 进行扩展，ASCII 扩展字符集使用 8 个比特位（bits）表示一个字符，可以表示共 256 个字符，ASCII 扩展字符集比 ASCII 字符集字符数多了一倍。

ASCII 字符集以及其扩展字符集，从字符数量以及处理方式上，远远不能满足方块壮字字符集的需要，但是 ASCII 字符集是第一个字符集，其他字符集是在此基础上发展而来的，要建立方块壮字字符集，仍需要对 ASCII 字符集有一定的了解。

2.2.3.2 GB2312 字符集

GB2312 是中国国家标准的简体中文字符集的编号，又称为 GB2312-80 字符集，全称为《信息交换用汉字编码字符集——基本集》，1980 年由中国国家标准总局发布，1981 年 5 月 1 日开始实施。

GB2312 的字符概要收录了简化汉字及一般符号、序号、数字、拉丁字母、日文假名、希腊字母、俄文字母、汉语拼音符号和汉语注音字母，总共 7445 个图形和字符。它所收录的汉字的使用频率已经达到 99.75%，基本满足汉字的计算机处理需要，在我国大陆广泛推广使用。

GB2312 的技术信息概要。一是分区处理。GB2312 中对所收汉字进行了分区存放，每个区中含有 94 个汉字或符号。该类码位的编码方式被称之为区位码。各区包含的字符情况：01-09 区为特殊符号区；16-55 区为一级汉字区（其中一级汉字数共 3755 个）；56-87 区为二级汉字区（二级汉字数共 3008 个）；10-15 区及 88-94 区尚未编码，共包括 6763 个汉字，也收编了拉丁字母、希腊字母等在内的 682 个全角字符。二是双字节表示。十六进制数表示，两个字节中前半部分的字节为第一字节，也称之为“高字节”。“高字节”使用 0xA1-0xF7（即把 01-87 区的区号加上 0xA0 所得）。后半部分的字节为第二字节，而称为“低字节”，“低字节”使用了 0xA1-0xFE（即：把 01-94 加上 0xA0 所得）。

2.2.3.3 BIG5 字符集

BIG5 字符集是台湾和香港地区的标准的繁体中文字符集。BIG5 编码是通行于台湾、香港地区的一个繁体字符编码系统，亦称为“大五码”，其地区标准号为：CNS11643，该字符集和编码系统是由台湾于 1984 年联合设计完成。该字符集共收录 13053 个繁体汉字和字符。

BIG5 的局限性。其局限主要是异体字的处理和收字范围两个方面上，没有收录社会上流通的人名用字、地名用字等方言用字，存在一些不足。

2.2.3.4 GB13000-80 字符集

汉字字序。GB2312-80 的汉字按照原来基础字符集顺序排放，后来新追加 80 个汉字、部首，它们与 I 级字、II 级两类字汇分开存放，按康熙字典页码、字位单独排列。

码位总体分配。总体采用 8140-FEFE 的矩形区域，共 23940 个码位（排除一条 XX7F 线），该结构包括图形符号区、汉字区，另外还留有区域供用户自己灵活使用。

图形符号区，共有 1038 个码位；汉字区，共有 21008 个码位；用户自定义区，1894 个码位。汉字区具体情况：GB2312-80 汉字区域为 B0A1-F7FE，共存放了 6763 个汉字 6768 个码位；GB13000.1 扩充汉字区为 8140-A0FE 和 AA40-FEA0，去掉 XX7F 空码位，分别为共 6080 个码位和 8160 个码位，其中，在 FE50-FEA0 区存放 80 个增补汉字或部首等。

2.2.3.5 GB13000-90（GBK）字符集

GB13000-90 是国家扩展标准，与其对应的字符集为《CJK 统一汉字编码字符集》。GB13000-90 与 UCS 结构 ISO 10646 标准一致，GB13000-90《CJK 统一汉字编码字符集》内容概要：它向上兼容了 GB2312-80 字库中的简体字符，编入了 20902 个汉字字符，涵盖了一般的通用汉字字符。

2.2.3.6 GB13000.1 字符集

《CJK 统一汉字编码字符集》——国家标准 GB13000.1 是完全等同于国际标准《通用多八位编码字符集（UCS）》ISO10646.1。改进 GB 13000（GBK）形成 GB 13000.1，GB 13000.1 与 Unicode3.6 一致，因此这对方块壮字的信息化，有重要的作用。

2.2.3.7 GB18030 字符集

GB18030 字符集是指《信息交换用汉字编码字符集基本集的扩充》，其全称是 GB18030-2000《信息交换用汉字编码字符集基本集的扩充》。该字符集自 2001 年 8 月 31 日起，强制实施。GB 18030 标准采用单字节、双字节和四字节三种方式对字符编码，分别与 ASCII 码集、GBK 标准集、CJK 扩展集 A 对应。

2.2.3.8 Unicode

Unicode 字符集编码是国际通用多八位编码字符集的简称，Unicode 英文全称为 Universal Multiple-Octet Coded Character Set，使用十六进制数字，于 1990 年开始研发，1994 年正式公布，它为每种语言中的每个字符设定了统一并且唯一的二进制编码，是计算机跨平台信息化的基本条件。

通过对各个字符集及其发展路线的分析，可以了解到字符集的一些基本条件，即必须得到国际统一分配的区域空间，并进行标准化的编码，奠定计算机识别处理的基础；而且存放的字符必须经过国际权威认证，从码位空间、字量、字序、字形等角度给予

量化考核；方块壮字字符集在转化成字库时，还需重视与当前计算机通行的处理标准兼容。

2.2.4 内码的介绍

内码编码的种类比较多，我们将以方块壮字的内码编码需求为主导，对有关的重要编码方案进行阐述、分析和借鉴。

2.2.4.1 内码概述

内码是指字符系统中使用的二进制字符编码，是字符在字符集和机器处理的内部编码，是系统平台之间的交换码，通过内码可以实现通用和高效率的文本传输。字符编码就是以二进制的数字来对应字符集的字符，然后转换成我们熟悉的十进制或十六进制内码，但在系统中使用的字符编码要经过二进制转换，转化后的二进制码被称为系统内码。比如我们普遍使用的办公系统软件中所存储和调用的就是内码，中文字符集如国标字符集中，GB2312、GB12345、GB13000 皆用双字节内码，而英文的 ASCII 字符集均采用一个字节的内码表示。

2.2.4.2 汉字内码

汉字内码是计算机内部对汉字进行存储、处理的汉字代码，又称为汉字机内码，即汉字的内部码，它能满足存储、处理和传输的需要，当一个汉字输入计算机后就会转换为相应的内码，然后才能在机器内传输和处理。

汉字内码的规则。对应于国标码的一个汉字，用 2 个字节存储（一个字节位八个二进位，亦即八个 bite），并把每个字节的最高二进制位置“1”作为汉字内码的标识，主要原因是想避免与单字节的 ASCII 码产生歧义。具体做法是将国标码的高位字节、低位字节各自加上 128（十进制形式）或 80（十六进制形式），原因是把 8 个 bite 的最高二进制位设为“1”了。这样就使汉字内码区别于西文的 ASCII，因为每个西文字母的 ASCII 的高位均为 0，而汉字内码的每个字节的高位均为 1，这种操作方法便于计算机的系统内码转换，无论用何种输入码，输入计算机后就立即被转换为机内码进行存储、运算和传送。例如：“汉”“字”分别对应的内码是“6C49”“5B57”，在我们所使用的计算机系统中，马上把“6C49”“5B57”转换成所对应的二进制代码“01101100 01001001”和“01011000 01010111”，转换变位，128 是 2 的 7 次方，所以分别在高低字节的高位的第八位加上“1”（因为从零开始计数，所以是第八位），即“11101100 11001001”和“11011000 11010111”，然后根据系统命令，在计算机内存中对“汉”“字”进行处理显示等操作。

汉字内码编码各个版本简要介绍。

GB 码：GB 码是对应 GB2312-80 字符集字符的编码，也称国标码，1980 年国家公布的简体汉字编码方案。国标码对 6763 个汉字集进行了编码，涵盖了大多数正在使用的简体汉字字符。

GBK 码：GBK 码是 GB 码的扩展字符编码，对 2 万多的简繁汉字字符进行了编码，大部分繁体字都是与其前一个简体字符集中简体字对应的，简体中文版的 Win95 和 Win98 系统都是使用 GBK 作系统内码。

BIG5 码：BIG5 码是针对繁体汉字的汉字编码，目前在台湾和香港的计算机等系统中得到普遍应用。

ISO—2022CJK 码：ISO—2022 是国际标准组织（ISO）为各种语言字符制定的编码标准。采用二个字节编码，其中汉字编码称为 ISO—2022CN，日语、韩语的编码分别称 ISO—2022JP、ISO—2022KR，通常将三者合称 CJK 码。后来随着越南汉字的加入，CJK 进一步发展成了 CJKV，即中日韩越四国英文首字母的简称。（前文已论述）

Unicode 码：Unicode 码也是一种国际标准编码，目前表意文字统一采用二个字节编码，字符量超大，在网络、Windows 系统和很多大型软件中得到广泛的应用。

2.2.4.3 内码转换

内码转换是将非系统内码的字符转换为系统可以识别的内码字符。由于历史、地区等原因，一种字形可能出现多种不同编码方案，特别是汉字，上文已经做了简要介绍。由于一个系统中只能有一种汉字内码，所以几乎不能正确识别其他系统的统一字符对应的内码，该类字符也不能在不同的系统中正常显示，造成了交流的不便，必须要进行字符的内码转换，将不同系统字符码转换为系统可以识别的字符内码。当前各个计算机系统对内码的兼容处理在不断的完善，而且还运用一些专业的软件工具进行转换，例如：南极星、四通利方、MagicWin98、两岸通、汉字通等都是这样的内码转换工具。所以，在跨系统字符传输处理等方面，有着统一化的趋势，方块壮字的转化按照汉字内码的处理模式开发，内码系统的可移植性阻力不会很大。

方块壮字内码的编码，对方块壮字信息化有着至关重要的作用，在设计方块壮字字符集、字库的时候，需要提前设计好其内码方案。字符的内码，与字符集的空间位置关系密切。所以，方块壮字字符集、字库的空间位置和内码的编排需要统筹协调，整体规划。

2.2.5 方块壮字信息化的总体路线

第一，方块壮字信息化的第一步是建立方块壮字字符集。

第二，申报权威组织，得到统一认证，申请到 ISO 统一分配字符空间；根据方块壮字字符集造字，根据所分配的国际字符空间进行字符编码。

第三，生成方块壮字字符字库。

第四，开发相应输入输出软件，结合方块壮字字库，应用于计算机处理。

本研究根据现实情况，绕过统一认证和申请分配统一编码空间，进行方块壮字字符筛选、建立方块壮字字符集、字库，尝试开发相应软件，应用于计算机处理，争取推动方块壮字信息化标准化的进程。

◆ 2.3 方块壮字标准化的理论分析 ◆

方块壮字欠缺统一的标准化。方块壮字是我国文字发展史上的重要内容，有着深刻的社会历史文化政治等因素，方块壮字的发展历史上，欠缺统一的标准规范，致使方块壮字异体字繁多，没有正式通行，对方块壮字的发展造成重要影响。

语言文字标准化源远流长。中国的历史研究表明，在我国很早就有了类似“考文”的语言文字规划，《礼记·中庸》“非天子不议礼，不制度，不考文”，说明从西周开始，就有了语文规范制度。又如，孔子的正名就是把辨证名物、统一语言文字工作作为治国安邦的首务，而且自西周就已经初步形成了天子为“共主”的局面，并且有了文字和谱牒一类的文字典籍。这些充分说明，中国的语言文字统一规划工作有着悠久的历史。

规范化、标准化是很有必要的。《论语·子路》认为，“名不正则言不顺，言不顺则事不成，事不成则礼乐不兴，礼乐不兴则刑罚不中，刑罚不中则民无所措手足”。语言文字规范的必要性，为历代名人志士重视，又如《荀子·正名篇》：“名无固宜，约之以命，约定俗成谓之宜，异于约则谓之不宜。名无固实，约之以命实，约定俗成谓之实名。”语言文字规范化、标准化的重要性在我国很早就受到重视。

语言文字规划具有特殊性。语言规划的基本前提是语言是发展变化的，规范标准的形成就必然是历史性的经常不断迭换的社会行为，而非单一的个体情况。因此，保持语言文字相对稳定的同时，还要根据语言的变化和社会的需要，做出相应的调整。

中国古代语言文字学的传统之一就是关注语言文字的教学和对此前文化遗产的阐释，而这两者，又都是维护语言文字规范的两翼。总结自先秦以来的语言规范事实，我们可以做如下归纳。

第一，须充分重视，语言文字既是交流的最主要工具，也是组成和维护社会的重要纽带，“规范”是人类社会进入文明时代后的社会行为，并随着生产力的发展而发展，社会、国家都须充分重视。

第二，语言规范运动的方式，首先是社会行为，大体以自下而上的约定俗成和自上而下的制定、推广规范两个方向相反而作用相成的运动方式进行。

第三，现代社会，要求全民规范，并随着工业化、信息时代生产经营方式的改变而调整，现代社会对语言文字规划的要求更高。

方块壮字标准化具有重要意义。文字标准化，不仅是教育、科学和文化事业发展的需要，也是当前信息时代对文字提出的要求。方块壮字的时代背景已经明确，当前计算机信息处理以及国内、国际信息网络的形成，也必须以语言文字的规范化标准化为前提，只有实现方块壮字标准化，方块壮字信息交换的国际化才会成为可能。

2.3.1 汉字标准化的介绍

汉字的标准化及内容。汉字的标准化是指在对现行汉字进行全面系统科学整理的基础上，做到现行汉字的“四定”标准，即定量、定形、定音和定序。定量是指对现代汉语常用字作一个全面精确的统计，确定数量及级别；定形，规定汉字使用统一字形，包括简体字的确立、异体字的整理和异形字的整理，要求一字一形；定音，规定每个现行汉字规范化的标准读音，普通话语音是以北方话为基础方言，以北京语音为标准音的通行语；定序，确定现行汉字的排列顺序，规定统一的检字法[1]。

语文规划方式的历史经验总结。正确的理论源于实践，又反过来指导实践。自周秦以来，传统的语文规划基本都是从语言文字的实际问题出发，经过有意识的规划工作，又反过来指导语言文字的使用及发展。总结起来，主要有以下途径。

一是由国家制定标准，借助国家行政的力量向社会推行。例如秦始皇的“书同文”尽人皆知。

二是以师承教育为基础，培养语文人才，带动社会语文规范。例如，“孔门弟子三千，身通六艺者七十二人”，他们继承了孔子的语文规范教育，极大地推动了当时社会的语文规范。

三是编纂语文辞书，贯彻规范宗旨，传播规范成果。如官修字书《康熙字典》，只有使其形音义“较若画一”，可以作为“万事百物之统纪”，可以“助统政教”，

① 湖北省语言文字工作委员会．语言文字规范简明读本［M］．武汉：武汉大学出版社，2002：118-121.

才能更好的促进社会和谐统一的发展。

汉字规范化的主要工作。汉字的标准化规范化既是汉字自身发展的需要，也是社会发展和科技进步的必然要求。汉字规范化的主要内容包括几个方面。一是通过系统整理汉字，制定出标准字体，推出规范的汉字教本，并应用于识字教学；二是通过刊刻石经，刊正经书字体，进行汉字字形规范；三是通过编写字书，整理异体、辨别俗伪和订正经典中的文字，促进语言文字的统一。①

汉字的规范化方法原则。首先，根据文字发展的规律和社会交际的需要，为汉字的应用确定各方面的标准，根据规范的要求，把符合文字发展规律的新成分、新用法固定下来，并加以推广。其次，随着社会的发展，必定会有些不符合文字发展规律的情况出现，对这些不符合文字发展规律的成分，应该根据规范的要求，人为的给予妥善处理，最终使得汉语文字更好地为社会服务。

汉字规范化、标准化的部分成果。1.《现代汉语常用字表》，所谓的常用字，就是经常使用的，一般社交阅读必须掌握的字。《现代汉语常用字表》于 1988 年 1 月发布，共 3500 个汉字字符。 2.《现代汉语通用字表》，通用字是指在使用中可相通换用的汉字，包括同音通用、同义通用和古今通用。《现代汉语通用字表》于 1988 年 3 月发布，共收字 7000 个，包括《现代汉语常用字表》收入的 3500 字。此外，还根据实际需要，删去《印刷通用汉字字形表》中的 50 字，增收 854 字。②

国家通用语言文字使用的基本政策。各民族语言文字平等共存，禁止任何形式的语言文字歧视，各民族都有学习、使用和发展本民族语言文字的自由，鼓励各民族相互学习语言文字。

国家通用语言文字使用的总原则。《国家通用语言文字法》第五条规定了国家通用语言文字使用的总原则："国家通用语言文字的使用应当有利于维护国家主权和民族尊严，有利于国家统一和民族团结，有利于社会主义物质文明建设和精神文明建设。"③

当前，语言文字的标准化工作往往需要借助计算机系统进行中文信息处理，中文信息处理是指用计算机对中文进行转换、传输、存储和分析等加工的科学。中文信息处理，包括汉字信息处理和汉语信息处理两门学科，它是自然语言处理的一个分支。

① 国家语言文字工作委员会政策法规室 . 语言文字工作百题［M］. 北京：语文出版社，1995：53-59.

② 湖北省语言文字工作委员会 . 语言文字规范简明读本［M］. 武汉：武汉大学出版社，2002：118-120.

③ 语文出版社 . 语言文字规范手册［M］. 北京：语文出版社，2006：2.

其中，汉字信息处理是中文信息处理的关键和基础，其难点是汉字编码的问题，即汉字编码方案的标准化；汉语信息处理是汉字信息处理的进一步发展，它在汉字输入的基础上，通过分析语料库的语言材料，研究汉语的字频、词汇、句法、语义和语境等，强调自动处理的实现，这是中文信息处理的高级阶段，当然高级阶段还包括语言统计、计算机辅助教学等。

汉字体系的方块壮字目前处在类似中文信息处理的“汉字信息处理”阶段。

2.3.2 已有 Unicode 编码的方块壮字

方块壮字需要分拣。已经有部分方块壮字进入《国际通用多八位编码字符集》，进行了 Unicode 的编码。原因是方块壮字属于汉字体系，部分方块壮字的字形完全借用汉字的字形。

方块壮字分拣工作是方块壮字信息化标准化项目的首要工作。方块壮字的信息化、标准化，首先就不能够和汉字等其他已经进入 Unicode 标准的字符字形重复，已经进行编码的方块壮字，是方块壮字的一个特殊情况，方块壮字的信息化，要进行的第一项工作就是，统计和整理已经进入 Unicode 编码的方块壮字（或称之为汉字），否则在后期工作中，重复的方块壮字将浪费 UCS 的字符空间，并且无法通过 ISO 的标准化认证，成为方块壮字信息化标准化的障碍。

方块壮字分拣工作的条件。

第一，在计算机操作系统为 Windows XP 或更高版本的操作系统下进行。

第二，选用包含有中日韩越（包括港台）表意字符的超大字库，如 Sun-ExtA、Sun-ExtB、MingLiU-ExtB、MingLiU_HKSCS-ExtB 等，这些字库可以把 CJKV 中字形与方块壮字重合的字符显示出来。

第三，方块壮字字形依据，我们依据的字形基础是《古壮字字符集》（包括增补部分）。

第四，利用形码输入法，使用海峰五笔等形码输入法，在 Excel 中依次验证，形码可以避开读音的困难，用海峰五笔等形码输入法，可以保证对该字符集的穷尽。

方块壮字分拣工作的具体流程。方块壮字分拣工作，要求具有五笔形码的录入能力。而且，由于手工操作，很容易因为分拣工作人员的个人原因，遗漏统计方块壮字，所以这部分工作还需要循环分拣校对，对此，我们做了充分的准备，以保障统计数据的可靠性。

方块壮字统计的结果。根据以上分拣统计流程，在总共 12420 个字符的古壮字字

符集中，与 Unicode 字符集（包括其扩展部分）中汉字字形重合的方块壮字共 5120 个。

另一方面，根据前文的统计情况，结合 UCS 结构和 CJKV 表意文字编码，初步分析的结论是，方块壮字暂存的最佳位置为 UCS 的基本多文种平面的 O 区，采用与汉字一致的 UCS-2 方式编码。

这种特殊情况决定了方块壮字字符集和方块壮字字库是不同的，编码和数量都有差异，所以方块壮字的标准化必须在方块壮字字符集的基础上综合考虑汉字标准化的因素，分别建立方块壮字字符集和方块壮字字库，这是方块壮字的特殊情况，需要特殊处理。

◆ 2.4 方块壮字信息化、标准化探索 ◆

2.4.1 方块壮字信息化、标准化的实现方案

方块壮字标准化和信息化相辅相成，却又相互制约。标准化包括确定方块壮字的量、形、音、序、义，以及笔顺、偏旁、标点等标准，划分出类似汉字的常用字、次常用字、通用字等各个等级，制定相关规范；信息化包括进入国际 UCS 空间，获得码位，实现计算机等设备的录入和网络传播等。二者循环限制，互为条件，汉字在解决这一问题时没有其他选择，只能先走标准化的路子。

通过对方块壮字标准化信息化的探索，我们认为，想要完全实现方块壮字标准化信息化的目标，并不一定要对汉字的标准化信息化亦步亦趋，应该灵活地利用已经实现标准化信息化的汉字空间，更好地推动方块壮字的这一进程。具体流程如下。

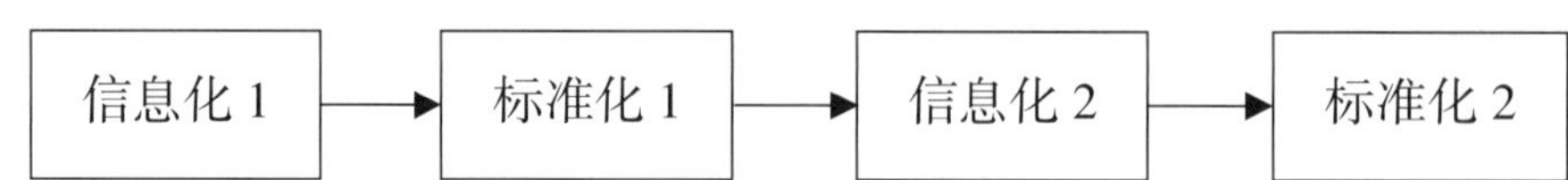

“信息化 1”阶段，借助现有的且较大的汉字字库的汉字编码，实现方块壮字的计算机录入，方便方块壮字的分拣统计，以及“定形、定量、定序、定音”，为“标准化 1”做准备。

“标准化 1”阶段，利用“信息化 1”阶段成果的便利，按照国际标准化组织（ISO）要求，完成方块壮字的分拣统计，以及“定形、定量、定序、定音”等标准化任务，申请进入国际 UCS 空间，得到相应的编码区间。

“信息化 2”阶段，根据“标准化 1”阶段得到的码位，真正意义上实现方块壮字信息化，包括方块壮字字库、方块壮字编码、方块壮字输入法，以及方块壮字文本处

理软件等。

“标准化 2”阶段，利用“信息化 2”阶段成果，实现方块壮字电子文本的录入，拟定方块壮字标准化方案，较好地完成“定形、定量、定音、定序”的“四定”工作，并进行方块壮字用字等级划分，完善方块壮字各方面的标准化事宜。

本研究将按照这个思路，首先实现“信息化 1”，即初级信息化，建立《麽经布洛陀》全文语料库，在此基础上初步实现方块壮字的“标准化 1”。至于“信息化 2”和“标准化 2”，则需要在国家的层面进行。

2.4.2 方块壮字初级信息化探索——输入法的设计

方块壮字初级信息化的基本目标是实现方块壮字的计算机录入、显示和传输等处理。输入法是实现信息处理的工具，所以方块壮字的初级信息化以实现方块壮字输入为目标。

输入法是指在计算机键盘或其他设备（如手机等）上通过输入编码规则来实现文字或符号录入的方法。输入法的实现必须完成三个关键环节：字库的建立、编码方案的设计和输入法的程序开发。字库能够使方块壮字在计算机上显示，编码方案可以定义方块壮字的录入规则，输入法的程序设计则最终实现方块壮字的人机交互。

2.4.2.1 字库的建立

字符是计算机中使用的文字、数字、字母、标点等符号的总称。字符与字符的集合称为字符集，常见的字符集有 ASCII 字符集、GB2312 字符集、GBK 字符集、Unicode 字符集等，另外还有一些特殊的字符集，如古文字字符集、少数民族文字字符集等。计算机中的字符集是字符经过唯一编码后的集合，每个字符只有一个代码。字库是字符集在计算机上的实现形式，当前 Windows 系统中使用最广泛的字库格式是 TrueType 和 OpenType 两种，其文件后缀名都是“.ttf”。计算机系统在处理字符时，通过既定程序调用、转换字库中的字符编码，从而实现字符在计算机中的存储、处理、显示、输入和输出。字体一般是指文字的风格与样式，如宋体、隶书、仿宋、黑体等。

1. 建立字库的技术路线

根据课题研究的实际需要，为保证《麽经布洛陀》全文数据库的准确性，方块壮字字库必须达到以下要求：字库包含《麽经布洛陀》中所有的方块壮字，在建立字库前需要确定方块壮字的字量；必须明确字库中字形的区别性标准，不允许出现字形重码；方块壮字字符集中每个字符的编码只有一个内码，即一字一码。因此，建立方块壮字字库的路线为：确定方块壮字字库容量——确定方块壮字字形区分标准——造字——

设计方块壮字暂用内码——形成方块壮字字符集和字库软件。

2. 字库容量

（1）借汉字符表。《麽经布洛陀》方块壮字有部分字形是汉字字形，已有Unicode编码，暂且称之为借汉字符。可以利用汉字输入法录入《麽经布洛陀》字头部分，能够录入的字即为借汉字符，无法录入的字则为尚未进入编码的方块壮字。根据这个思路，先利用汉字输入法录入《麽经布洛陀》字头部分，形成全部为汉字编码的字头全文库，打不出来的字做好标记；再利用字频统计软件统计字头全文的字符，即可得出《麽经布洛陀》借汉字符不重复的数量（即字量）。将这些不重复的字符按一定顺序排列，就形成了“借汉字符表”。

（2）麽经自造字字符表。普通汉字输入法无法录入的字有可能是尚未进入编码的方块壮字字符，暂且称之为麽经自造字。由于涉及版权，无法获取《麽经布洛陀》的电子版本；而没有编码，该部分字符就无法利用计算机来处理。对于无法显示的字符，一般可以采取两种办法：一是造字，二是截图。考虑到造字工作需要集中进行，当前阶段先采用截图的办法：将无法录入的麽经自造字截成大小适中的图片格式，按顺序把每一个图片格式的字符作为一条记录插入Excel表中，为每个图片字符做好编号、索引等相关标记，最后形成“麽经自造字字符表”。

（3）古壮字字符表。目前已公布的《古壮字字符表》是由中国社会科学院民族学与人类学研究所编制的，共收录12420个方块壮字字符，其中《古壮字字典》收录字符10663个，梁庭望增补字符1757个，尚未编码。《古壮字字典》的字符已定形，《古壮字字符表》依据笔画进行了初步的排序，增补部分的字符在字形上基本可以确定，但属于手写体，笔画、形体和部件并不规范，造字时还需要统一字形。《古壮字字符表》涵盖的范围广，《古壮字字典》本身就集各地方块壮字于一书，其文字来源也有部分选自麽经手抄本；并且还初步规范了字形和字序。把《古壮字字符表》作为字库的一部分可以大大扩大字库的应用与研究范围。由于《古壮字字符表》（如图2–1所示）的字量与字形已基本确定，可先制作该部分字符集的字库，建成古壮字字库，实现字符的可视化。

图 2-1　《古壮字字符表》截图[①]

需要注意的是，《古壮字字符表》与《借汉字符表》《麽经自造字字符表》有部分字符是重复的，三者之间的关系如下图 2-2 所示。在形成字符总表后还必须去除重复的字形，保证一字一形。如何去重将在下文阐述。

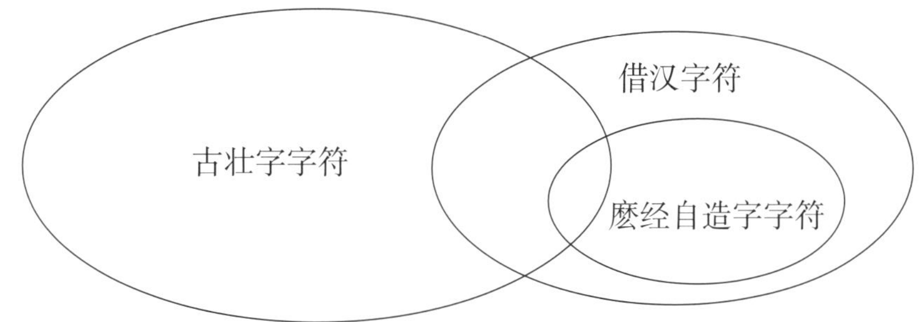

图 2-2　古壮字字符、借汉字符、麽经自造字的关系示意图

3. 字形区分

（1）字形区分的标准。字形是字符的外部形态，"表现为部件和笔画的组合体"。本研究借鉴李国英、周晓文（2009）对抽象字样与具体字样的界定，"把个体字符的外部形态称作字样，把抽象的线条或笔画构成的字称作抽象字样，把具体笔画构成的字称作具体字样。所谓抽象笔画指同一笔画类别共有特征，不实现为具体的笔画形态，如横的抽象形式是一条水平的直线，没有具体的形态。具体笔画则是实现为具体形态的笔画。"[②]

《麽经布洛陀》已对方块壮字字形进行一定程度的规范，笔画和部件参照宋体字

① 前 4 行为《古壮字字典》字符，后 4 行为增补字符。

② 李国英，周晓文．字料库建设的必要性与可行性［J］．北京师范大学学报（社会科学版），2009（5）：49.

体的风格，同时遵循保持原字原貌的原则，对同一字的异体字不做统一规范，保留了原抄本的字在具体笔画和部件上的差别，具有一定的参考价值。本章在区分《麽经布洛陀》字头的字形时，基本以原书中的字形为准（包括借汉字符），区分字形的标准具体到笔画的形态。也就是说，只要字符的具体笔画不同，就区分为不同的字形。

《古壮字字典》中的方块壮字字体是印刷体，字形进行过规范，不管是抽象字样还是具体字样都可以确定，只需参照宋体字体即可。增补字符的字体是手写体，笔画、形体和部件并不是很规范，但作为补充的字符，字量也比较少，只需参照宋体字体对其抽象字样进行规范即可。

（2）字形去重。字符集中每个字符的字形必须是唯一的，即一字一形。否则，在编码时就会使字形相同的字符占据不同的码位，这样导致的后果是，在人看来是相同的字，但在计算机处理时却当成了不同的字符，无法保证数据处理的准确性。上文提到，《古壮字字符表》《借汉字符表》《麽经自造字字符表》之间有相当一部分字符的字形是重复的，必须去除它们的字形重码。以下是字形去重的过程。

首先，合并三份字符表。按《古壮字字符表》《借汉字符表》《麽经自造字字符表》的顺序形成《方块壮字字符总表（临时）》。其次，为每个字符（或图片）编辑形码。形码是输入法编码方案的一种，根据字符的字形（笔画、部件等）特点来设计输入法，典型的形码如五笔码。这里采用的是五笔码和笔顺码相结合的方案，即按照五笔输入法规则来编辑每个字符的五笔码，并根据笔画顺序规则编辑每个字符的笔顺码。在五笔码编辑的过程中有一些细节需要注意：为了提高输入码的区别度，除一级简码，每个字符的字根一律拆分到末笔码。方块壮字和汉字在字根上有细微差别，为确保编码的严谨性，五笔码由三个人一起编辑。每个人都要严格地按照既定规则编辑所有的字符，然后通过计算机的检索功能，找出不一致的编码并统一修改，这样能减少人为的误差。笔顺码的编辑则参考《GB13000.1 字符集汉字字序（笔画序）规范》。最后，去重。五笔码或笔顺码相同，表明字符（或图片）的字形可能是重复的。可以通过 Excel 的函数计算和筛选功能，找出相同的五笔码和笔顺码，然后逐字甄别，去除字形重复的字符（或图片）。经过多个层面多种办法的多次核对，即可得到字形不重复的《方块壮字字符总表》。

4. 造字

这里采用 Font Creator Program（FCP）造字软件，制作方块壮字 TrueType 字库。FCP 由 High Logic 公司开发，可以直接编辑 TrueType 字体，还能够控制字体的属性、输入版权信息等。

造字的流程：以《方块壮字字符总表》为造字对象，借用 TrueType 宋体字库中的部件，经过修改、移动、美化后，组合成方块壮字的 TrueType 字体，并合并所有的方块壮字 TrueType 字体。设计内码后即可完成字库的制作。下面以制作方块壮字“䎼”的 TrueType 字体为例，介绍造字过程。

（1）打开 FCP 造字软件，新建一个 TrueType 字体文件，可命名为《方块壮字字表》。如图 2–3。

图 2–3　TrueType 字体文件①

（2）分析“䎼”字的相关组成部件。“䎼”字的左边为“启”右边为“开”，用五笔输入法很容易就可以找出包含这两个部件的字符：“啟”和“枅”。要注意的是，造字分析时一定要根据部件的相应位置来确定借用的字。

（3）在“方正－宋体超大字符集”中找到“啟”和“枅”。可利用汉字内码查询器查询到所借用的字的内码，如图 2–4。利用 FCP 的内码查找功能，可在“方正－宋体超大字符集”中查找到“啟”和“枅”。

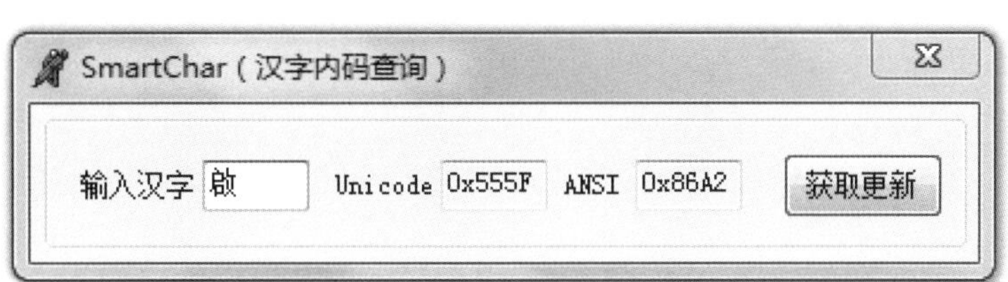

图 2–4　汉字内码查询器

（4）打开“啟”和“枅”的单字符编辑界面，选定部件“启”和“开”，如图 2–5；将部件“启”和“开”分别复制到《方块壮字字表》的单字符编辑界面，如图 2–6。

① 图 2–3 至图 2–11 均系作者于字库建立程序中的操作界面截图。

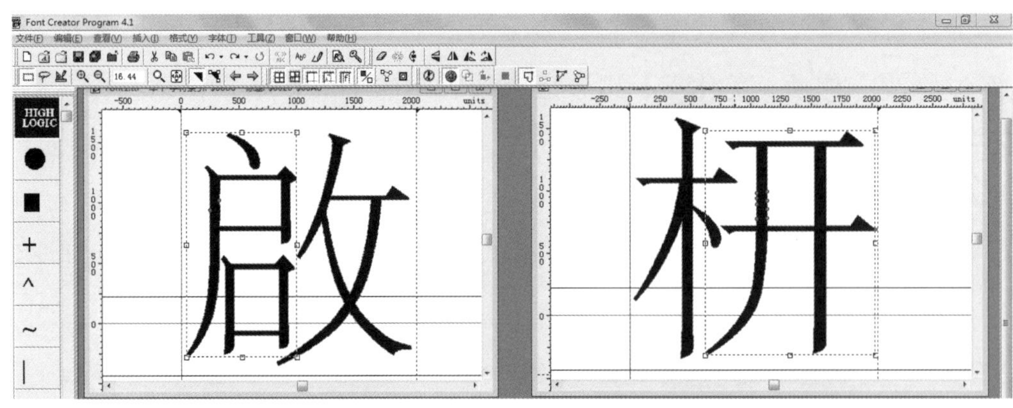

图 2-5　“啟”和“枅”的单字符编辑界面

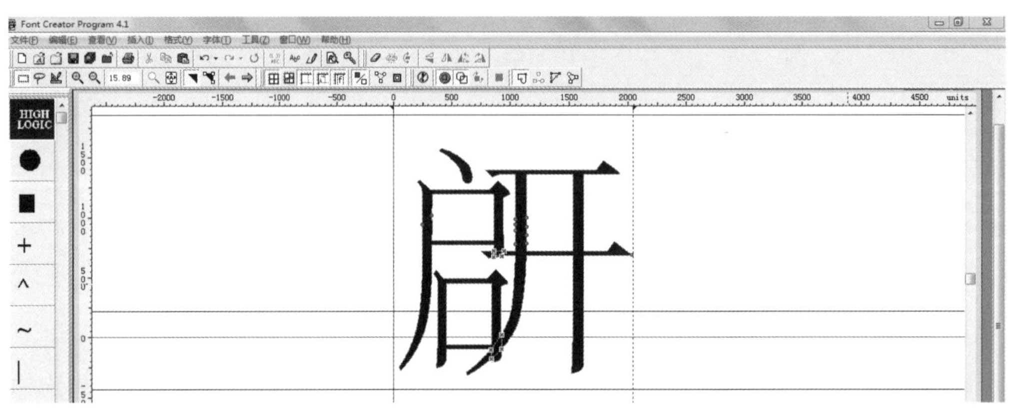

图 2-6　《方块壮字字表》的单字符编辑界面

（5）调整、美化。调整字的结构，美化部件，使其符合方块壮字的规范。“⿰启开”字在字库中的 TrueType 字体最终效果如图 2-7 所示。

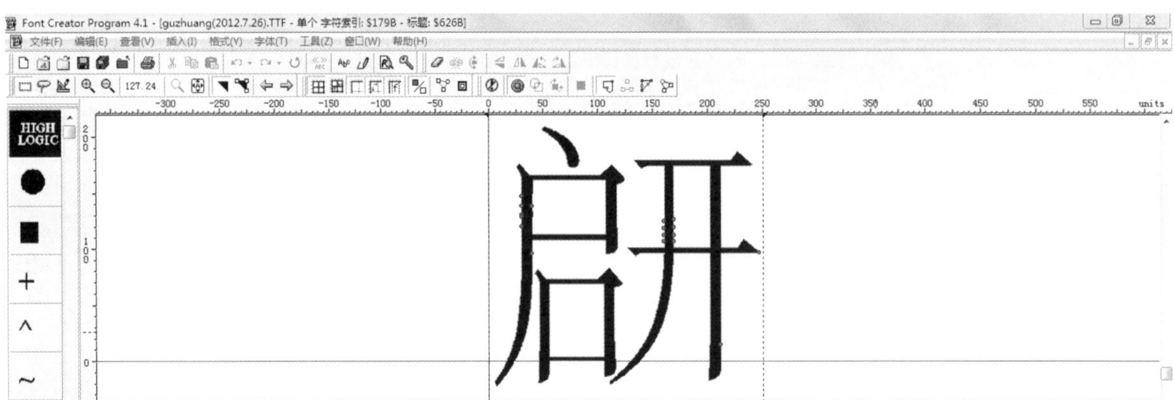

图 2-7　“⿰启开”字的 TrueType 字体最终效果图

方块壮字 TrueType 字体的各项规格：①字体样式为宋体，以“方正－宋体超大字符集”字符的部件、笔画进行组合。②每个 TrueType 字体的规格为 250 点 ×250 点，居中显示。③字体字符的排列顺序为——《古壮字字符》《借汉字符》《麽经自造字字符》。

5. 内码设计及字库的实现

内码的设计必须是一字一形一码。当前的“方块壮字字符总表”包含已经有内码的借汉字符和没有内码的方块壮字。为了避免一字多码，这里不再借用借汉字符已有的内码，而是为全部方块壮字 TrueType 字体重新设计暂用内码，保证字库的一字一形一码。

CJK 统一汉字的编码范围为 4e00—9fa5（十六进制码），共 20902 个，目前绝大多数的计算机系统都能处理，兼容性与实用性很强；20902 个码位也能满足 16000 多个方块壮字字符编码容量的需求。因此，我们借用汉字内码 4e00–9fa5 的编码，统一为方块壮字 TrueType 字体设计暂用内码。一个完整的 TrueType 字体字库通常包括字母、常用符号、音标、图形符号、文字符号以及其他字符组成。隶书字体字库中文字符的编码范围刚好为 4e00–9fa5，大小适中，且各种符号齐全，所以方块壮字字库借用 TrueType 隶书字库的结构。

字库实现的具体操作过程如下。

（1）用 FCP 打开隶书字库，选定 4e00–9fa5 范围的字符，在菜单栏“编辑”选“清除”，即可在字库中清除隶书字体，但编号和码位还在。清除前后对比如图 2–8 所示。

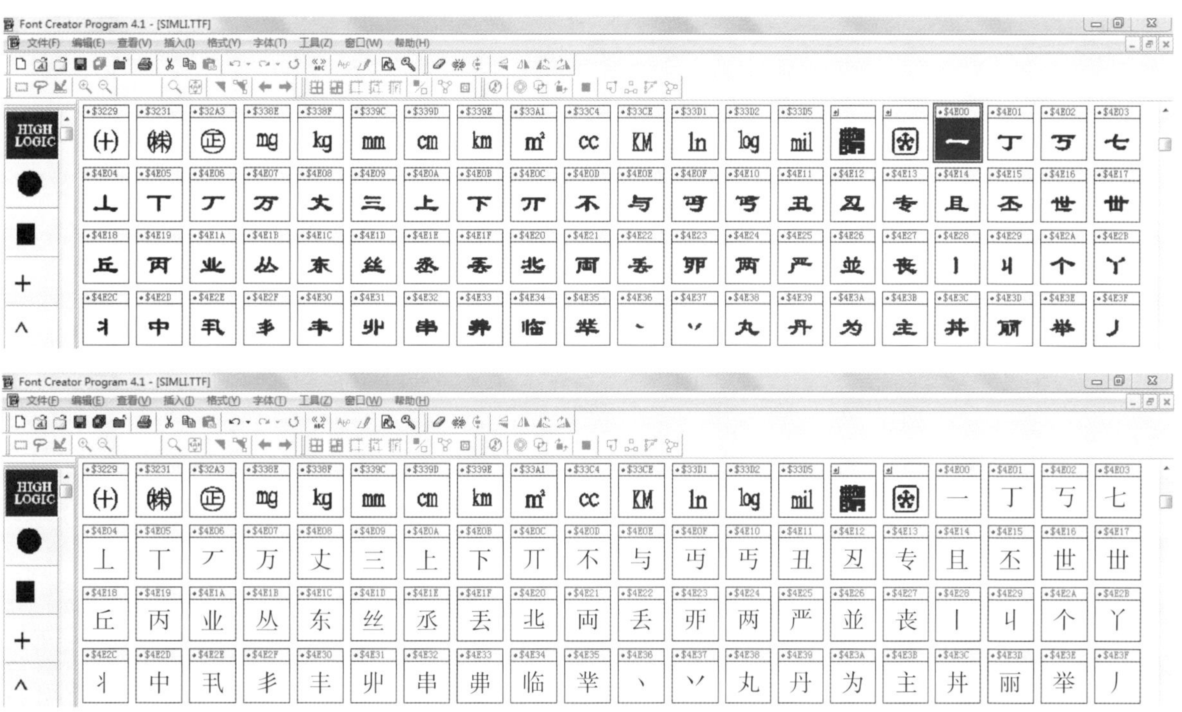

图 2–8　隶书字库清除前后对比（部分截图）

（2）将之前制作好的方块壮字 TrueType 字体文件复制到字库中，即可完成方块壮字字符的自动编码，如图 2-9 所示。

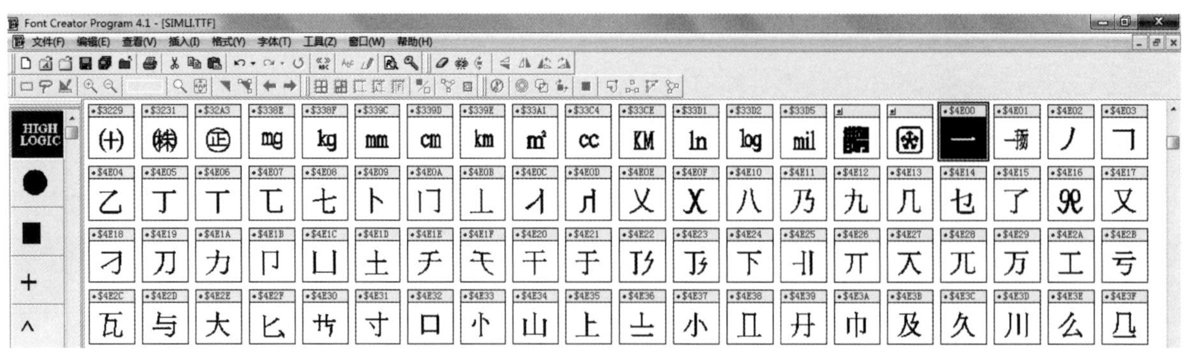

图 2-9　编码后的方块壮字 TrueType 文件（部分截图）

（3）为字库命名。字库命名的目的是为了修改字库属性，形成新的 TrueType 字体字库，从而与原来的隶书字库相区别。点击“格式”菜单，在“命名”对话框中输入相关信息即可完成命名。要注意的是，这里的制作仅用于研究，只要对“包括唯一字体标识符”重新设置，就能得到一个新的字体字库。但如要发布字体，则要遵循严格的命名与版权规范。

图 2-10　方块壮字字库的“命名”对话框

重新命名后，方块壮字字库的制作基本完成。把字库安装到计算机 C 盘系统文件的“Fonts”文件目录中，或在 windows 7 及以上操作系统，直接双击字库安装，就可以实现方块壮字字符的可视化。

需要说明的是，方块壮字字库的建立不可能一步到位，而是在不断的调试中逐渐完善的。字库可能会存在以下问题：极少字符的五笔码误差导致的字形统计偏差，对

某些形近字的认知局限而导致的辨别误差。在字库中的具体表现就是，有些字是多余的（在“古壮字字符表”和《麽经布洛陀》都没有出现），而有些《麽经布洛陀》中的字又没有造。字库的制作是非常繁重的资料性工作，就拿截图来说，不仅要先用汉字输入法录入二十几万字，打不出来的字逐一截成大小适中的图片，还要辨认字形，为截图做标记，只此一项就要合数人之力花数月之久才能完成，更不用说还为16000多个字进行造字、编码等工作。手工处理如此庞大的资料，出现误差也在情理之中。因此，使用字库并不是一劳永逸的，而是需要不断地核实、校对，增加未造字，删除多余字，努力把字库的误差减至最低。

2.4.2.2 输入法的编码设计

利用键盘输入汉字时，“每个汉字对应一个代码，这个代码就叫做‘汉字的外部码’，又称为‘外码’或‘汉字输入编码’。它是代表某一个汉字的一组键盘符号，是为了将汉字输入计算机而编制的代码，位于人机界面之间”。汉字键盘录入的编码方案一般有四种：对应码、音码、形码、音形码。

1. 对应码

对应码亦称流水码，效率很高，重码率几乎为零。这种输入方法以各种编码表作为输入依据，因此每个汉字只有唯一的编码，但缺点明显，输入几乎没有规律，需要记忆的量极大。这种输入法不适合普遍推广，只适于在特殊场合使用。

2. 音码

这类输入法是按照拼音规则进行汉字输入，只要会拼音就可以输入对应的汉字，不需要特殊记忆。拼音输入法在模糊音处理、自动造词、兼容性等方面都有很大提升，它们还支持整句输入，使拼音输入速度大幅度提高，如搜狗拼音输入法、QQ拼音输入法等。拼音输入法也有缺点。一是同音字太多，重码率高，输入效率低；二是对用户的发音要求较高；三是难于处理见形不识音的生僻字。

3. 形码

形码是按汉字的字形（笔画、部首、构件或轮廓等）来进行编码的，使汉字的特定要素与键盘对应，产生特定的规律联系，形码输入法主要包括两类：笔画类和部件类。形码最大的优点是不受方言干扰，因为形码不涉及拼音。学习者只要经过一段时间的练习，输入汉字的效率都会有很大的提高，对普通话发音不准的使用者来说比较合适。形码的缺点是规律性不太强，需要记忆的东西也不少，容易拆乱汉字。

4. 音形码

音形码编码方案旨在吸取音码和形码二者的优点，将它们综合使用。常见的音形

码输入法有二笔、三笔和大手笔等。

非键盘输入方式主要分为下面几类：语音、手写、手写加语音识别输入、OCR 扫描阅读器录入等。

手写输入法是一种笔式手写输入法，在手写板上进行，电脑自动识别处理；OCR，中文称之为光学字符阅读器，通过扫描仪将图像转化成对应的文字。微软 OCR 和清华紫光等都有类似的产品软件；手写加语音识别输入法有汉王听写输入法等。

语音输入法是用普通话语音进行文字字符录入，然后通过麦克风和声卡输入转换。此方法对语音环境和普通话水平有一定的要求。

速录机可以实现同声录入、听打专用，速录机主要用于会议记录和法院庭审记录等。

对比汉字，方块壮字的键盘录入也可以参考汉字编码的四种方案，但是音码和对应码在实际操作中都难以实现。从方块壮字固有的缺陷来看，音码方案难以实行的理由有三：其一，方块壮字比汉字还要难以识读，很多不能见字读音，没有读音也就无从输入；其二，不同方言有不同的文字，壮语方言的读音差别较大，再用不同的字表示不同的音，会使字的读音更加杂乱；其三，方块壮字的随意性非常大，相同的字可能有多个读音，相同的音也可能有多个字，这使得方块壮字的读音无法统一。即使能统一读音，要记住一万多个字和相应的读音也绝非易事，因而音码方案行不通。对应码是在字符与一种数字序列之间建立一一对应的关系，一个字符对应一个编码，只要输入字符的数字编码，就可以输出这个字，如汉字的区位输入法。这种方法需要记住所有的字符及其编码，对于一万多个毫无规律可言的方块壮字来说，这种方案同样不可取。

方块壮字主要是借鉴汉字“六书”理论，依靠汉字及其部件创制而成的，从字形及结构规律来看与汉字都非常相似。形码就是根据汉字的字形（笔画、部件等）特点来设计输入法的，而且不受读音的影响，即使一个字都不认识也可以完成输入。因此，我们首先为方块壮字设计五笔码方案。当然，五笔码方案也有缺陷，就是需要记忆比较多的内容（如五笔字根、规则等），长时间不用还会忘记，但相对于音码和对应码而言，其优越性仍然值得肯定。在区分字形的阶段，方块壮字的五笔码编码就已基本成型，只需将字库中的字符与五笔码一一对应，即可形成整个字库的输入码表。

2.4.2.3 输入法的实现

本研究在开发方块壮字输入法时不通过编程实现。因为程序设计的门槛较高，普通用户无法进行输入法的维护和优化；一旦字库或码表需要更新，就离不开专业设计人员，在维护和优化方面很不方便。因此，我们主要借助已公开发行的输入法生成器，开发出一款简便的、具备开放性功能的输入法。

输入法生成器，顾名思义就是制作输入法软件及其安装程序的工具。目前已公开发行的主要有微软、中易、百度、极点中文、多多等输入法生成器，只要提供相关的输入法码表及字库，就可以自行设计输入法。另外，还有一些输入法本身也带有生成器，如海峰五笔。在众多的软件当中，功能最强大的当属多多输入法生成器。利用其 V3.1 版本实现的方块壮字五笔输入法主要具备如下功能。

第一，支持包括 32 位和 64 位系统在内的 Windows2000 到 Windows 10 的操作系统，可以在绝大部分的计算机上安装和使用。

第二，支持码表的自由编辑。可以开发其他编码类型的输入法，如四角号码、笔画、新壮文等方案的输入法，只要为字库或相关字符设计一套编码方案，就能很快实现录入；还能自由修改、添加、替换原来的码表，实现编码方案的开放性，不断完善原来的编码。方块壮字五笔输入法就是利用码表替换的原理，植入方块壮字的五笔输入法码表，实现方块壮字的五笔输入方案；同时在使用过程中可以继续优化原来的编码，结合字库不断补充未造字，删除多余字，形成一套开放型的字库和输入法设计的优化方案。

第三，人性化的输入界面。具备当前主流输入法的基本功能，如软键盘、字频调整、界面缩放、万能键、皮肤等设置。在这些设置中，起关键作用的是支持输入法皮肤的字体转换。前文提到，方块壮字字库借用的是汉字内码，在借用的过程中，原来汉字字符与其内码的对应关系已经全部发生改变。比如，内码同是 5B57，对应的方块壮字字符是“莈”，而汉字字符则是“字”；再如，方块壮字字符“造”和汉字字符“造”的字形相同，但它们的内码不同，方块壮字字库中的“造”的暂用内码是 5D58，汉字字库中的“造”的内码则是 9020。普通生成器生成的输入法，其输入框的候选文字一般是汉字字体，依据的也是汉字内码，如果不转换成与暂用内码相应的方块壮字字符，在输入框中显示的字形就会与实际需要录入的字形完全不相干，无疑会给录入造成相当大的困难。在这方面，方块壮字五笔输入法支持输入法皮肤的字体转换，无须编程就可实现暂用内码所对应字形的可视化，极大地提高了输入的效率和精确性。方块壮字五笔输入法在 Windows7 系统的输入界面如图 2-11。

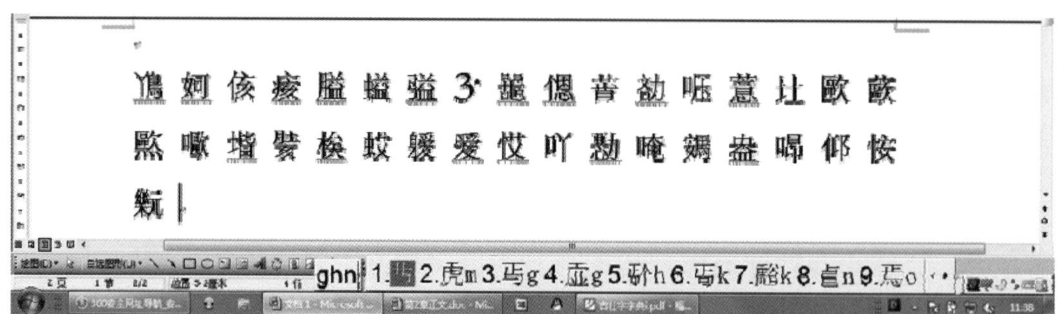

图 2-11 方块壮字五笔输入法的输入界面

方块壮字五笔输入法的实现，可以为方块壮字及文献研究提供信息处理的手段，也证明了民族文字或古文字在实现信息化、标准化的过程中，先走初级信息化的道路是行得通的。[①]

① 我们还设计了另外一款基于谚文音节编码的方块壮字字库和输入法，详见：高魏，黄南津．方块壮字音形码输入法的设计与实现［M］// 教育部人文社会科学重点研究基地，华东师范大学中国文字研究与应用中心，华东师范大学语言文字工作委员会．中国文字研究（第二十四辑）．上海：上海书店出版社，2016：217.

第三章 《麽经布洛陀》方块壮字的统计与分析

建立可供计算机检索处理的电子文本数据库是进行《麼经布洛陀》方块壮字统计与整理的基础。在实现方块壮字初级信息化的基础上，录入《麼经布洛陀》的全文语料，并选择合适的数据库管理系统，对其原始语料进行加工，如切分字、词、句，标记读音、意义、索引等属性，最后完成《麼经布洛陀》全文语料库的构建。

字数、字量、字频是从统计层面对文字进行量化分析的三个重要指标，以具体的统计数据反映某一文字系统在某一历史时期、某一范围的使用情况。一般来说，字数指的是所有文字之和，字量指的是实际使用中不重复的单位文字的数量，字频则是个体文字字符“在按特定原则选定的文本中出现的次数与选定文本总字次之比”[①]，频次即单字出现的次数，也有人称之为字次（字频 = 频次 / 总字数）。字频的分布，反映了《麼经布洛陀》的文字使用情况。一般而言，字频越高，越接近文字的“使用动态”；字频越低，则越接近文字的“使用静态”。通过字频分布统计，可以比较清楚地反映出方块壮字的使用情况，是方块壮字常用等级划分的主要依据。

◆ 3.1 数据库的设计与完成 ◆

借鉴前贤在民族文字及古文字数据库应用方面的成功经验，结合方块壮字已有的研究成果，我们的统计分析与整理研究的基本数据库主要由《〈麼经布洛陀〉语料库》和《〈麼经布洛陀〉方块壮字字表》

① 李国英，周晓文．汉字字频统计方法的改进［J］．北京师范大学学报（社会科学版），2011（6）：45.

构成。

3.1.1《麽经布洛陀》语料库

语料库（corpus）是根据明确的设计标准且为特定目的设计的文本集合。[①] 语料库绝不是文本的简单堆积，不能仅仅满足于《麽经布洛陀》电子全文的使用，还必须进一步加工，使其得到充分的利用。

3.1.1.1《麽经布洛陀》的语料构成分析

《麽经布洛陀》一至八卷的原始材料来自广西百色市右江区、那坡、田阳、田东和河池市巴马、东兰、大化以及云南文山等地县的壮族民间，共29本手抄本。原书每卷分两部分：一是原手抄本的译注部分，从左到右翻阅，横排；二是原手抄本的影印部分，自右向左翻阅，竖排。两部分合订成册。原书页码设全书通码，分译注页码和影印页码。

原书的译注严格按照原手抄本整理，除个别原文句读有误需要重新断句外，对原手抄本不做改动，以真实展现方块壮字文献的原貌。原书译注采取四行对照的方法：第一行方块壮字原行，为抄本原文；第二行为新壮文；第三行为国际音标；第四行为汉文翻译。[②]《麽经布洛陀》语料库就是根据原书译注部分的基本框架来设计的。[③]

3.1.1.2《麽经布洛陀》语料的录入与校对

《麽经布洛陀》语料的录入经历两个阶段。第一阶段在尚未实现方块壮字五笔输入法时进行。方块壮字和汉译部分利用普通汉字输入法录入，新壮文和国际音标分别利用英文输入法和云龙国际音标输入法录入，完成语料的标注工作之后，各部分进行了不少于三遍的校对。第一阶段的录入使《麽经布洛陀》语料库的构架基本完成。第二阶段在实现方块壮字五笔输入法之后，主要以录入为主，把语料库的方块壮字部分全部更新为字库中的方块壮字字符。录入过程中，只要输出的字与原书中的字有细微差别（具体到笔画），而字库中又找不到的，则判定为未造字，并为之重新造字、编码、录入；只要输入时发现输入框中出现字形完全一致的字，一律删除重复字形，只保留唯一字形。完成录入后，又进行三次校对，校对要求逐字逐句进行，以字形完全一致为标准。这样，就从源头上保证了语料库在方块壮字字形上的准确性。事实证明，

---

①ATKINS S，CLEAR J，OSTLER N. Corpus Design Criteria［J］. Literary and Linguistic Computing，1992，7（1）：13.

② 张声震．壮族麽经布洛陀影印译注［M］．南宁：广西民族出版社，2004：60.

③ 我们只把原书的译注部分作为基本语料。影印部分虽然忠于原抄本，但由于是图片格式，数量巨大，处理起来非常不便，且不影响本课题的研究结论，故而不列入语料库。

原来的方块壮字字库确实还存在个别的错误，但经过第二阶段的录入及校对后，字库已实现所有《麽经布洛陀》方块壮字字形的显示，并达到信息处理和检索的要求。

3.1.1.3《麽经布洛陀》语料库简介

采集语料通过 Excel 2007 实现。与其他数据库管理系统，如 Access、Visual FoxProl（VFP）等相比，Excel 2007 在数据管理方面稍显落后，也较少被用来制作数据库，但 Excel 2007 的兼容性很强，较之其他数据库管理系统，具有很好的文本编辑功能和检索功能，能够较好地解决麽经语料库的特殊性问题。麽经语料库是基于《麽经布洛陀》的全文库，以文本为主，要求数据库管理系统有较好的文本编辑功能；且方块壮字与其他字符不属于同一内码系统，其他数据库管理系统较难实现方块壮字与其他字符的同步显示。因此，本研究选用 Excel 2007 作为语料采集的工具。

在麽经语料库的结构方面，主要以原书译注部分为参照来设置字段，依次为“序号”“方块壮字”“新壮文”“国际音标”“汉译”“卷次”“页码”“块号”“抄本”“备注”。

“序号”字段为每条记录的标识，每条记录有且只有一个序号。

“方块壮字”字段为《麽经布洛陀》中的原行，即字头。字与字之间用一个空格隔开。

“新壮文”字段为《麽经布洛陀》中的新壮文行。每个新壮文之间用英文下画线“_”隔开以示区别。原书的新壮文是在《壮文方案》框架内标注的当地的方音，不是标准壮语音。这样做既能保持古籍的原貌和语言价值，又有利于读者认读。个别突破《壮文方案》的地方，原书已经加以说明，详见《麽经布洛陀》每本抄本的编译说明。本书在引用新壮文时照录，不再说明。此外，第 26 号抄本《麽送荷》流传于云南文山。文山壮语与标准壮语差别较大，故云南文山另有一套拼音壮文方案。原书标注的新壮文依据的是文山壮文方案，本书在引用新壮文时也照录。

“国际音标”字段为《麽经布洛陀》中的国际音标行。每个国际音标用一个空格隔开。原书中第 26 号抄本《麽送荷》的国际音标声调标注的是调值，其他 28 本广西抄本的国际音标声调标注的是调类。因广西和云南的壮文方案的差异较大，难以统一。所以本书在引用国际音标时同样遵照原书，即引用第 26 号抄本《麽送荷》的注音时，声调为调值；引用其他抄本的注音时，声调为调类。

“汉译”字段为《麽经布洛陀》中的翻译行。每个字头的汉译之间用英文下画线“_”隔开以示区别。

“方块壮字”“新壮文”“国际音标”“汉译”四个字段是原书译注的主体部分，也是语料库的主体部分，在录入时遵循保留原字原貌的原则，衍字、脱文、原文注释、

意译等均忠于原书（整行的衍文除外，因其不作注释和翻译，如果录入容易引起混淆）。另外，根据原书，汉译中有极少数文字是方块壮字，如“沤”字，用普通输入法无法录入，所以转换为方块壮字五笔输入法录入，在检索汉译时需要区分。

“卷次”和“页码”两个字段对应相应的卷次和页码。

“块号”字段的标准是以一组完整的方块壮字行、新壮文行、国际音标行、汉译行为一块，顺序依次从每页的左上到左下，再接右上至右下，换页序号另排。

“抄本”字段即手抄本的名称。

“备注”字段中各类标记的含义：“1”代表原书中有边框的字，如“造”（即原抄本有缺文、脱字和字迹模糊不清的，整理者根据经文内容加以补正的字），在语料库中该字为蓝色字体；“2”代表原书中的“□”（即原抄本中难以判断和补正的脱文），在语料库中该字也用符号“□”表示；“3”代表原书中有下画线的字，如“造字”（即某些抄本有省略符号，整理者根据经文前后内容直接补正省略的字词，以便读者理解），在语料库中也在该字下加下画线；“4”代表原书中加着重号“·”的字，如滉（该字在原抄本中有两个异体字备选，整理者为方便整理，只选其中一个字，并加着重号以标明），在语料库中将该字字体变为斜体；“衍”代表该行有衍字，在语料库中把衍字变成红色字体；“注”代表原书中字加圆括号“（ ）”的情况（表示这些字为原抄本的抄写者对经文的注释，不是《麽经布洛陀》的正文，因此整理者不进行注音和翻译），在语料库中也在相应的位置加圆括号。如果一行中包含以上多种情况，在“备注”列也相应地标注多种记号。麽经语料库的具体数据结构如下面二表。

表 3-1

序号	方块壮字	新壮文	国际音标
1	三 盖 三 皇 至	Sam_gaiq_sam_vuengz_ciq	ɬa:m^{1} ka:i^{5} ɬa:m^{1} vuəŋ^{2} ɕi^{5}
2	四 盖 四 皇 造	Siq_gaiq_siq_vuengz_caux	ɬi^{5} ka:i^{5} ɬi^{5} vuəŋ^{2} ɕa:u^{4}
3	皇 造 布 渌 畐	Vuengz_caux_baeuq_lug_doz	vuəŋ^{2} ɕa:u^{4} pau^{5} luk^{8} to^{2}
4	皇 造 麽 渌 甲	Vuengz_caux_mo_lug_gyap	vuəŋ^{2} ɕa:u^{4} mo^{1} luk^{8} tɕa:p^{7}
5	蘭 布 纫 迀 感	Lanz_baeuq_yuh_laj_gamj	la:n^{2} pau^{5} ju^{6} la^{3} ka:m^{3}
6	請 閉 滕 迀 感	Cingj_bae_daengz_laj_gamj	ɕiŋ^{3} pai^{1} taŋ^{2} la^{3} ka:m^{3}
7	晚 布 纫 逻 砒	Mbanx_baeuq_yuh_laj_gya	ba:n^{4} pau^{5} ju^{6} la^{3} tɕa^{1}
8	請 閉 滕 還 砒	Cingj_bae_daengz_laj_gya	ɕiŋ^{3} pai^{1} taŋ^{2} la^{3} tɕa^{1}
9	滕 逻 晚 演 灑	Daengz_laj_mbanx_henz_la	taŋ^{2} la^{3} ba:n^{4} he:n^{2} la^{1}
10	滕 夻 礷 演 嚚	Daengz_laj_gya_henz_heuh	taŋ^{2} la^{3} tɕa^{1} he:n^{2} he:u^{6}
11	劧 提 司 布 斗	Lwg_dwz_sw_baeuq_daeuj	lɯk^{8} tɯ^{2} ɬɯ^{1} pau^{5} tau^{3}
12	攔 提 持 布 斗	Lan_dwz_dwngx_baeuq_daeuj	la:n^{1} tɯ^{2} tɯŋ^{4} pau^{5} tau^{3}

续表

序号	方块壮字	新壮文	国际音标
13	□□□布斗	□_□_□_baeuq_daeuj	□ □ □ pau⁵ tau³
14	把総司布斗	Bax_coeng_sw_baeuq_daeuj	pa⁴ ɕoŋ¹ ɬɯ¹ pau⁵ tau³
15	樗迷檝布斗	Dwngx_maex_san_baeuq_daeuj	tɯŋ⁴ mai⁴ ɬa:n¹ pau⁵ tau³
16	躺甫老布斗	Ndang_bux_laux_baeuq_daeuj	da:ŋ¹ pu⁴ la:u⁴ pau⁵ tau³
17	提筆墨布斗	Dwz_bit_maeg_baeuq_daeuj	tɯ² pit⁷ mak⁸ pau⁵ tau³
18	印三元布斗	Inh_sam_yienz_baeuq_daeuj	in⁶ ɬa:m¹ jiən² pau⁵ tau³

（左接上表） 表 3-2

汉译	卷次	页码	块号	抄本	备注
三_界_三_王_安置	1	10	1	01 麽请布洛陀	
四_界_四_王_创造	1	10	2	01 麽请布洛陀	
王_造_布_洛_陀	1	10	3	01 麽请布洛陀	
王_造_麽_渌_甲	1	10	4	01 麽请布洛陀	
家_祖公（的）_在_下面_岩洞	1	10	5	01 麽请布洛陀	
请_去_到_下面_岩洞	1	10	6	01 麽请布洛陀	
村子_祖公（的）_在_下面_山	1	11	1	01 麽请布洛陀	
请_去_到_下面_山	1	11	2	01 麽请布洛陀	
到_下面_村子_边（去）_找	1	11	3	01 麽请布洛陀	
到_下面_山_边（去）_喊	1	11	4	01 麽请布洛陀	
儿辈_拿_书_祖公（的）_来	1	11	5	01 麽请布洛陀	1
孙辈_拿_拐杖_祖公（的）_来	1	11	6	01 麽请布洛陀	1
□_□_□_祖公_来	1	11	7	01 麽请布洛陀	1 2
背_网兜_书_祖公_来	1	11	8	01 麽请布洛陀	
拐杖_木_棕榈藤_祖公_来	1	11	9	01 麽请布洛陀	1
（亲）身_人_大_祖公_来	1	11	10	01 麽请布洛陀	1
拿_笔_墨_祖公_来	1	11	11	01 麽请布洛陀	1
印鉴_三_元（的）_祖公_（拿）来	1	11	12	01 麽请布洛陀	1

经统计，麽经语料库共 42566 条记录，主体部分各类字符（不含标注）共计两百多万个。

3.1.2 《麽经布洛陀》方块壮字字表

利用字频统计软件，可统计出字形不重复的方块壮字及其总字数。经统计，《麽经布洛陀》方块壮字总字数为 218062 字（含“△、×”符号，不含“□”、衍字、原手抄本注释、空格），其中字形不重复的字为 6601 个（字形不重复的标准见 2.1.1.4）。

利用这些方块壮字采集并完善相关字段，建立《麽经方块壮字字表》数据库（以下简称“字表”）。字表的建设也通过Excel 2007实现。在结构方面，字表分别设置“字频序号”“笔顺序号”“常用序号”“方块壮字”“壮汉同形”“五笔码”“Unicode”“字典同形”“笔画数”“笔画顺序”“频次”“字频”“累计覆盖率”“字义量”“分布度”“使用度”“常用等级”，共17个字段。

“字频序号”字段以方块壮字字频降序进行编号；“笔顺序号”按方块壮字笔画顺序进行编号；“常用序号”以方块壮字常用度降序进行编号。这几种序号可以满足不同索引的排序需求。

“方块壮字”字段是《麽经布洛陀》中字形不重复的方块壮字。

“壮汉同形”字段记录《麽经布洛陀》方块壮字进入国际UCS空间的情况。利用海峰五笔输入法和逍遥笔输入法进行了多轮检验，能够输入的是已经有Unicode编码的，在字段中表现能为显示相应的字；反之则尚未编码，在字段中无法显示。①

“五笔码”字段为方块壮字相应的五笔输入法编码。

“Unicode”字段为方块壮字的暂用内码。

“字典同形”字段记录方块壮字是否已被《古壮字字典》收录，已收录的标注“是”，未收录的标注“否”。

“笔画数”字段是方块壮字的笔画总数。

“频次”字段是方块壮字在《麽经布洛陀》出现的次数。

“字频”字段是方块壮字在《麽经布洛陀》出现的频率。

“累计覆盖率”字段是以字频序号排列后，累计使用字数和《麽经布洛陀》总字数的比。

“字义量”字段是方块壮字在书中意义的数量。

“分布度”字段是方块壮字分布的抄本数。

“使用度”字段是方块壮字经过统计后使用程度的数值。

“常用等级”字段是对方块壮字的等级划分，包括“常用”“次常用”“生僻”。字表的数据结构如表3-3、3-4。

① 目前已进行Unicode编码的汉字有70000多个，安装海峰五笔输入法及国际标准超大字符集字体支持包，可录入和显示75000多个汉字。

表 3-3

字频序号	笔顺序号	常用序号	方块壮字	壮汉同形	五笔码	Unicode	字典同形	笔画数	笔画顺序
320	510	324	台	台	ckf	4FA9	是	5	54251
321	4134	383	跟		kuve	7FF7	否	12	251431511534
322	4382	650	阑		yugi	812E	否	12	442512511234
323	2455	308	祎		pydh	7AD9	否	9	452413252
324	2520	680	观	观	chqn	5A92	是	9	542511135
325	3389	494	問	問	ukd	81A4	否	11	25112511251
326	6013	330	懐		nfle	8762	否	16	4421225221413534
327	880	741	馬		gnfg	8A3F	否	7	1211251
328	4671	216	路	路	khtk	683A	是	13	2512121354251
329	3227	290	執	執	fufy	802E	否	11	12143112354
330	3023	538	淂		ikgf	7DD3	否	10	4412511124
331	749	240	色	色	qcb	509C	是	6	355215
332	2088	307	皆	皆	xxrf	57D8	是	9	153532511
333	351	731	叺	叺	ktyy	81A6	否	5	25134
334	481	490	必	必	nte	81A5	否	5	45434
335	919	254	把	把	rcn	5131	是	7	1215215
336	576	232	在	在	d	4FF3	是	6	132121
337	1375	368	者	者	ftjf	5481	是	8	12132511

表 3-4

频次	字频	累计覆盖率	字义量	分布度	使用度	常用等级
148	0.06787%	64.13451%	30	17	57.72267	常用
148	0.06787%	64.20238%	12	12	44.80447	常用
147	0.06741%	64.26979%	11	6	16.70052	常用
147	0.06741%	64.33721%	7	16	62.25752	常用
146	0.06695%	64.40416%	17	6	14.97102	常用
146	0.06695%	64.47111%	12	8	29.53374	常用
146	0.06695%	64.53807%	10	16	56.20603	常用
146	0.06695%	64.60502%	17	3	12.57009	常用
145	0.06649%	64.67152%	24	23	99.14005	常用
145	0.06649%	64.73801%	27	17	68.59432	常用
144	0.06604%	64.80405%	39	5	23.66482	常用
144	0.06604%	64.87008%	57	24	90.98856	常用
144	0.06604%	64.93612%	55	17	62.30356	常用
144	0.06604%	65.00216%	11	7	12.9149	常用

续表

频次	字频	累计覆盖率	字义量	分布度	使用度	常用等级
143	0.06558%	65.06773%	27	10	29.69269	常用
143	0.06558%	65.13331%	39	21	84.20036	常用
143	0.06558%	65.19889%	41	23	94.04016	常用
142	0.06512%	65.26401%	27	14	47.88408	常用

3.1.3 数据库的运用与价值

实现《麽经布洛陀》的数字化，以语料库的形式统一管理，并完成字表的建设，是一个非常艰难而又漫长的过程，需要耗费大量的人力物力，但数据库一旦建立，其应用价值是十分可观的。

就统计分析而言，利用 Excel 强大的兼容性和查询筛选功能，可以非常方便地获取《麽经布洛陀》方块壮字的字数、字量、字频等用字情况，以及字形、释义、读音等文字属性。同时，通过一系列的统计资料，可以很快地进行相应的整理研究，完成相关字表的制作，如正异体字表、常用字字表、笔画顺序表等。在继续加工的基础上，还可以形成《麽经布洛陀》专书字典与词典。此外，以 Excel 数据表为基础，还可以对方块壮字语料进行深度开发，如建设字料库等。总之，语料库和方块壮字字表的建立是研究的基础，为今后方块壮字及文献的研究带来极大便利。

◆ 3.2 字频统计的实现 ◆

3.2.1 方块壮字字频统计可能存在的问题

字频统计是研究文字实际使用价值的一种有效方法，字频统计数据对文字规范、字典编纂、文字教学、信息处理、文字理论研究等都有重要参考价值。但是，字频统计存在固有的缺陷，如果这些缺陷解决不当，将影响到统计的质量。参照汉字字频统计的经验，[①] 方块壮字字频统计可能存在的缺陷主要有以下几个方面。

第一，基于语料库而导致的统计结果失真。字量、字频统计一般依据电子语料库，然而语料库建设的主要目的是语言研究，并不注重文字形体的处理。字形是文字的存在形式，字形信息对方块壮字的整理和规范具有重要的参考作用，不注重字形的整理

① 主要参考：李国英，周晓文．字料库建设的必要性与可行性［J］. 北京师范大学学报（社会科学版），2009（5）：50.

必然导致统计结果的偏差。并且，不注重字形也会使方块壮字的内码设计比较随意，“一字一形一码”的标准无法贯彻，也就无法保证统计的准确。

第二，数字化过程中的字形失真。方块壮字要实现字频统计，首先需要实现文献的数字化，将纸质文献转为电子文本。这个过程会导致字形的二度失真：相当一部分方块壮字的字符是没有进入编码的，还需要另行造字。由于不同抄本间的书写风格不一致，方块壮字的字形会有偏差；加之造字人员对方块壮字字形的认识未必深刻，造字所依据的标准也未必始终如一，处理字形时就会与原始状态有误差。这是字形的第一次失真。录入纸质文献时，录入人员也未必能够保持方块壮字的原始状态，细微差别的字形很容易相互混淆，加之手抄文本文字的不规范，字形的确难以把握，即使是汉字字库里已有的借汉字，由于未经规范，对字形的理解也会因人而异，从而造成字形的第二次失真。

第三，缺乏统一、明确的统计单位而造成的统计结果不科学。方块壮字的字量、字频的统计是以字种[①]为单位还是以字形为单位，字种和字形各自又是如何定义的，能否严格执行规定的单位，这些问题都会影响到字频统计结果的科学性。如果不同学者所规定的统计单位不同，各自得出的结果就可能会有出入，无法进行比较，统计的价值自然大打折扣。

因此，认识到方块壮字字频统计可能存在的缺陷，并为之寻求相应的解决方案，才能正确地、有效地使用统计的结果。另外，字数统计的实现要比字量、字频简单得多，只需统计字符的总数即可，无需涉及字形、统计单位等的区分，所以不再赘述。

3.2.2 方块壮字字频统计的解决途径

字频统计首先要明确统计单位。如果以字种为统计单位，就要合并异体字、方言字、俗字及不规范的书写，但是在没有进行字形的统计分析和整理之前，想要直接确定字种，只能通过人工的方法，这无疑是十分困难的。另外，就方块壮字而言，字频统计是为了从字形角度出发，分析各抄本、各地区的用字情况，最大限度地反映《麽经布洛陀》的文字状况及抄本的造字水平。因此，应该以方块壮字的具体字形作为统计单位，这样才能比较科学地、便捷地进行字频的初步整理。

前一章提到，我们设计的方块壮字字库，是以《古壮字字典》和《麽经布洛陀》

① 字种以“同字异形合并计算”，字形以“同字异形分别计算”。参见：周有光．现代汉字学发凡［J］．语文现代化，1980（2）：103.

中经过初步规范的方块壮字作为字形依据的，其中《麽经布洛陀》的方块壮字完全以原书的字形为参照，每种字形都是原书中出现的，能代表特定文字或文字变体的书写形态，且字形的区分具体到笔画。从这个意义上说，每个字符不仅是“一字一形一码”，还可以是“一单位”，即以具体字形为统计单位。因此，利用方块壮字字库建立起来的麽经语料库，可为方块壮字字频统计提供有效的解决途径。

◆ 3.3 方块壮字字频统计 ◆

从《麽经布洛陀》语料库中可以获取一系列统计数据，根据所提取的相关数据，即可较为全面地反映《麽经布洛陀》方块壮字的用字情况。

3.3.1 《麽经布洛陀》用字概况

1.《麽经布洛陀》方块壮字的总字数为 218062 字（含“△、×”符号，不含“□”、衍字、原手抄本注释、空格），有 675 个不可识别的字（原书用“□”符号表示）；字量为 6601 字，以具体字形不重复为划分标准。

2. 全书使用最多的字是“造”，共出现 4082 次。全部的“造”字占全书总字数的 1.87%（4082/218062），也就是说，“造”字覆盖了《麽经布洛陀》全书 1.87% 的内容。全书只用一次的字有 2316 个，这些字的覆盖率为 1.06%（2316/218062）。

3. 按字频降序排列，前 164 字可覆盖全书内容的 50%，前 1281 字可覆盖全书内容的 90%，前 4421 字覆盖全书内容的 99%。

4. 在 6601 个字形不重复的字中，有 3515 个方块壮字的字形已有 Unicode 编码，约有编码的字占总字量的 53.25%；有 1779 个方块壮字的字形已被收录在《古壮字字典》中，占总字量的 26.95%。

5. 频次 1000 次以上的字有 23 个，一共出现 37551 次，覆盖了全书 17.22% 的内容。在《麽经布洛陀》的 6601 个单字中，这 23 个字是频次最高的一群，依频次的降序排列分别为“造、不、斗、王、丕、到、批、甫、否、三、你、布、那、之、名、貧、力、他、礼、了、得、盖、皇”。可以看到，所有的字都是借汉字且已有 Unicode 编码；有 20 个字已经收录在《古壮字字典》，未进入《古壮字字典》的字是“王、三、皇”。

6. 利用 SPSS 统计软件，对方块壮字的频次分布进行单变量频率分析，得出以下结果：频次的平均值为 33.03，即方块壮字的平均使用量为 33.03。中值为 3.00，即一半的字的频次在 3 以上或以下。众数为 1，即频次为 1 的字出现的频率最频繁。标准差为

133.208，方差为 17744.302。全距为 4081，最大值为 4082，最小值为 1，即字的最高频次是 4082，最低频次为 1，最高频次与最低频次之间的距离为 4081。

在百分数位中（注：在 SPSS 中，频率分析时按字频的大小升序排列，与字表中按字频的降序排列不同），P_{10} 为 1，P_{20} 为 1，P_{30} 为 1，P_{40} 为 1，P_{50} 为 2，P_{60} 为 3，P_{70} 为 5，P_{80} 为 14，P_{90} 为 22，P_{99} 为 62，即在按字频升序的排列中，位于 10%、20%、30%、40%、50%、60%、70%、80%、90%、99% 位置上的字的频次分别为 1，1，1，1，2，3，5，14，22，62。

3.3.2 方块壮字字频分级

3.3.2.1 不同字频级别的统计情况

根据《麽经方块壮字字表》数据库，方块壮字各级频次的统计情况如下。

表 3-5 方块壮字字频分级统计表

频次级别	字量	占总字量	频次	占总字数	平均使用量
1000 以上	23	0.35%	37551	17.22%	1632.65
900–999	8	0.12%	7551	3.46%	943.88
800–899	6	0.09%	5083	2.33%	847.17
700–799	13	0.20%	9763	4.48%	751.00
600–699	13	0.20%	8370	3.84%	643.85
500–599	24	0.36%	13230	6.07%	551.25
400–499	19	0.29%	8379	3.84%	441.00
300–399	48	0.73%	16321	7.48%	340.02
200–299	75	1.14%	18095	8.30%	241.27
100–199	222	3.36%	31600	14.49%	142.34
90–99	44	0.67%	4160	1.91%	94.55
80–89	55	0.83%	4625	2.12%	84.09
70–79	59	0.89%	4362	2.00%	73.93
60–69	78	1.18%	5006	2.30%	64.18
50–59	96	1.45%	5215	2.39%	54.32
40–49	133	2.01%	5848	2.68%	43.97
30–39	202	3.06%	6852	3.14%	33.92
20–29	286	4.33%	6838	3.14%	23.91
10–19	558	8.45%	7697	3.53%	13.79
3–9	1511	22.89%	7576	3.47%	5.01
1–2	3128	47.39%	3940	1.81%	1.26
总数	6601	100.00%	218062	100.00%	33.03

从表 3–5 中可以看出，方块壮字在字频分级状态下的总趋势是频次级别越高，使

用字量越少；频次级别越低，使用字量越多。

累计覆盖率是累计使用字数和《麽经布洛陀》总字数的比，用百分比表示，是衡量字频等级的重要标准。下面是方块壮字各级频次的累计覆盖率情况。

表 3-6　方块壮字各级频次累计覆盖率

频次级别	累计使用字量	占总字量（%）	累计使用字数	累计覆盖率
≥ 1000	23	0.35	37551	17.22%
≥ 900	31	0.47	45102	20.68%
≥ 800	37	0.56	50185	23.01%
≥ 700	50	0.76	59948	27.49%
≥ 600	63	0.95	68318	31.33%
≥ 500	87	1.32	81548	37.40%
≥ 400	106	1.61	89927	41.24%
≥ 300	154	2.33	106248	48.72%
≥ 200	229	3.47	124343	57.02%
≥ 100	451	6.83	155943	71.51%
≥ 90	495	7.50	160103	73.42%
≥ 80	550	8.33	164728	75.54%
≥ 70	609	9.23	169090	77.54%
≥ 60	687	10.41	174096	79.84%
≥ 50	783	11.86	179311	82.23%
≥ 40	916	13.88	185159	84.91%
≥ 30	1118	16.94	192011	88.05%
≥ 20	1404	21.27	198849	91.19%
≥ 10	1962	29.72	206546	94.72%
≥ 3	3473	52.61	214122	98.19%
≥ 1	6601	100.00	218062	100.00%

从表 3–5、3–6 可知，要达到 50% 的覆盖率，频次级别应在 200–299，具体字的频次为 282；如果要达到 90% 的覆盖率，频次级别要在 20–29；而要达到 99% 的覆盖率，频次级别就要在 1–2。频次在 1000 以上的字仅 23 个，占总字量的 0.35%，但其累计使用的字数多达 37551，在《麽经布洛陀》中的频次覆盖率高达 17.22%，平均使用量为 1632.65，均频倍数①为 49.4；频次在 400 以上（包括 400）的字有 106 个，占总字量的

① 均频倍数是为了观察某个（些）字在语料中的量与语料的总用字量的关系而设置的一个参考数据，均频倍数 = 某个（些）字的平均使用量 / 语料中所有单字的平均使用量。参见：李波 . 史记字频研究［M］. 北京：商务印书馆，2006：43.

1.61%，累计使用字数为 89927，在《麽经布洛陀》中的累计覆盖率达 41.24%，平均使用量为 848.37，均频倍数为 25.7。从高频字与罕见字的对比来看，在《麽经布洛陀》中，有超过六分之一（17.22%）的篇幅是由 23 个字写的，有超过五分之二（41.24%）的篇幅是由 106 个字写的。而频次在 2 以下（包括 2）的字有 3128 个，占总字量的 47.35%，使用字数为 3944，占总字数的 1.81%；平均使用量为 1.26，均频倍数不到 0.04。从覆盖率来看，《麽经布洛陀》仅为 1.81% 的篇幅就使用了将近一半字形不相同的方块壮字。如表 3–7 所示。

表 3–7

频次	使用字量	占总字量	使用字数	覆盖率	平均使用量	均频倍数
≥ 1000	23	0.35%	37551	17.22%	1632.65	49.4
≥ 400	106	1.61%	89927	41.24%	848.37	25.7
1–2	3128	47.39%	3940	1.81%	1.26	0.04

字频级别一般可以划分为极高频字、高频字、中频字和低频字，可依据频次、均频倍数、字量及其百分比、累计覆盖率的标准。根据不同的划分标准，也会得出的不同的字频级别。考虑到累计覆盖率是以字数与频次为数据计算基础的，揭示了用字数量在语料中的分布关系，且是一个稳定数据，不受语料规模及主观划分的影响，可以用于不同文献、语料的用字比较，因而更具说服力。因此本研究以累计覆盖率为字频级别划分的主要标准，适当结合频次的分布。

极高频字的字量少、累计覆盖率高，而低频字的字量多、累计覆盖率低，这种反差可为字频级别的划分提供参考数据。汉字的统计一般以 50%、90%、99% 三个切分点作为划分标准，方块壮字极高频字与高频字的划分可以参考 50% 和 90% 的切分点，即累计覆盖率在 0–50%（含 50%）的字为极高频字，累计覆盖率在 50%–90%（含 90%）的字为高频字。但由于方块壮字存在大量频次为 1 的字，如果中频字与低频字以 99% 为切分点，则这两个级别的字都包含有频次为 1 的字，且低频字全部是频次为 1 的字，无法突出字频级别的层次性。结合方块壮字的频次分布特点，我们将 98% 作为方块壮字中频字与低频字的切分点，即累计覆盖率在 90%–98%（含 98%）为中频字，98%–100% 为低频字，而在低频字中，频次为 1 的字再划分为罕用字。字频级别划分情况如表 3–8。

表 3-8 方块壮字字频级别划分情况

	极高频字	高频字	中频字	低频字	罕用字
累计覆盖率	0–50%	50%–90%	90%–98%	98%–100%	频次为 1
字量	164	1117	2052	3268	2316
占总字量（%）	2.48	16.92	31.09	49.51	35.09
降频序位号	1–164	165–1281	1282–3333	3334–6601	4286–6601

3.3.2.2 字频降序排序的统计曲线

按字的字频降序排列的序号称为序位号，简称“号”。由于方块壮字字表排列的是《麽经布洛陀》的全部用字，本身是封闭的，因此序位号实际上标明了每个单字在《麽经布洛陀》全部用字中的地位。例如，“王”字是 4 号字，则按频次排序为第 4 位，频次是 2341，说明字表中“王”字的前面有 3 个字的频次高于 2341，4 号字以后的字的频次都低于 2341；如果是同频次的字，则由计算机默认排序。

本研究统计出 100 号字、500 号字、1000 号字、3000 号字，直至 6601 号字在语料库的累计覆盖率，如图 3–1、3–2、3–3、3–4、3–5 所示。

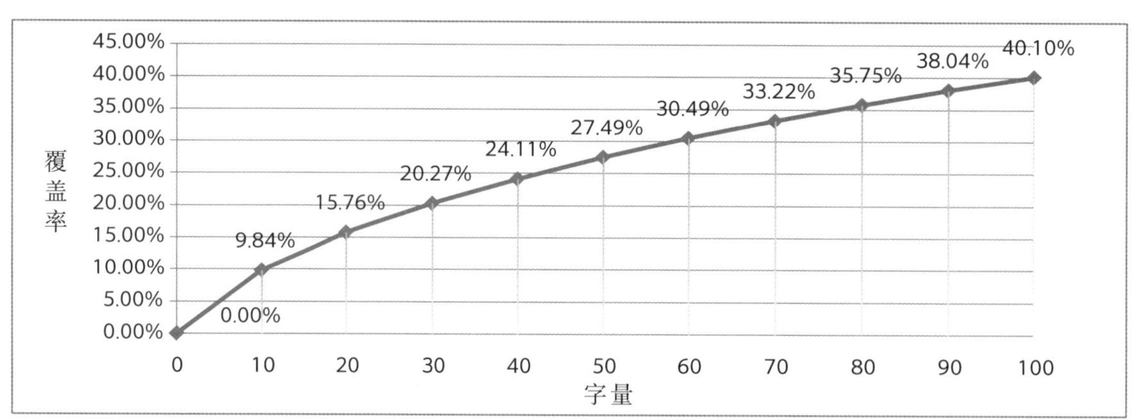

图 3–1 100 号字累计覆盖率

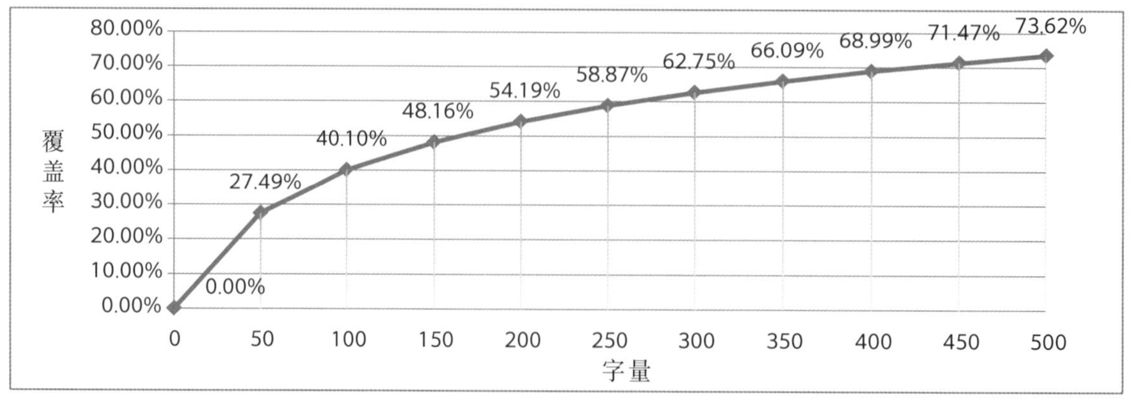

图 3–2 500 号字累计覆盖率

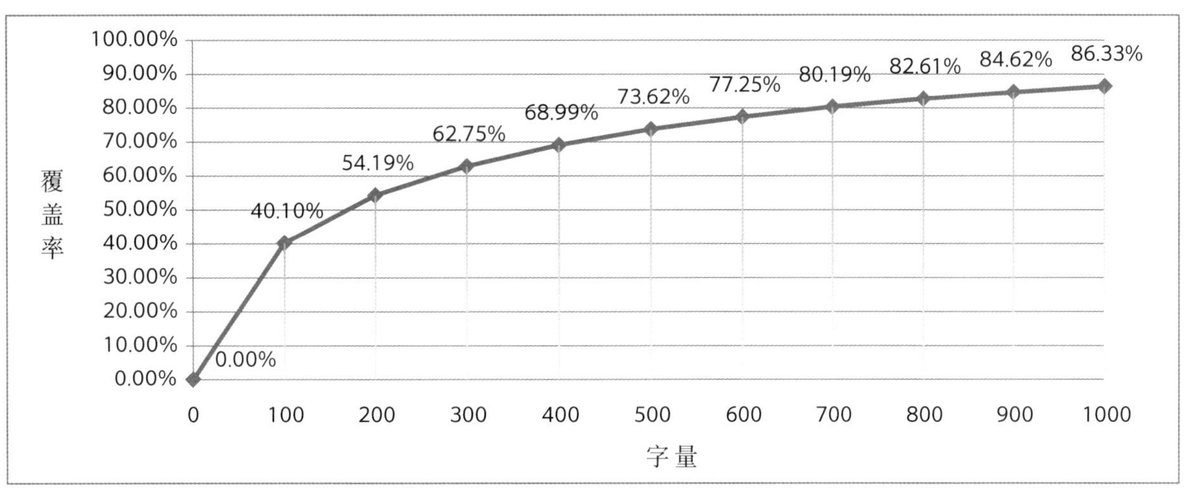

图 3-3 1000 号字累计覆盖率

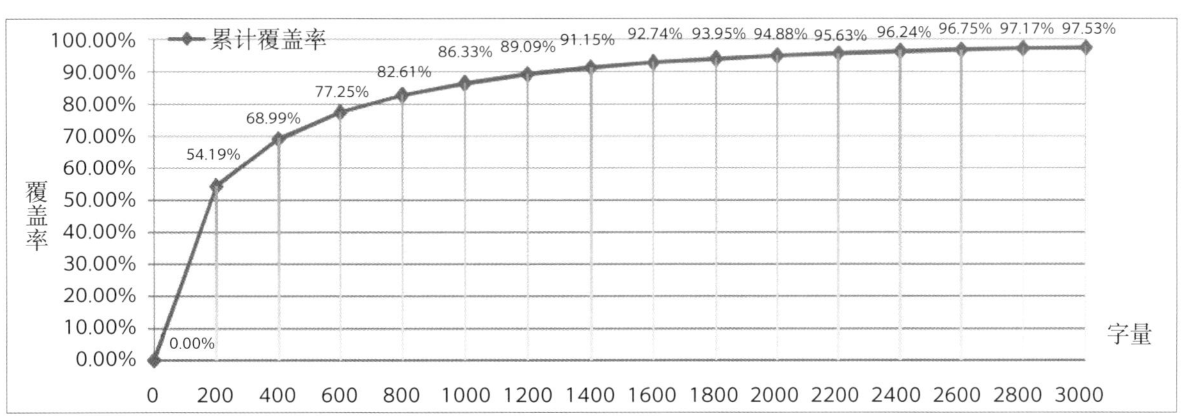

图 3-4 3000 号字累计覆盖率

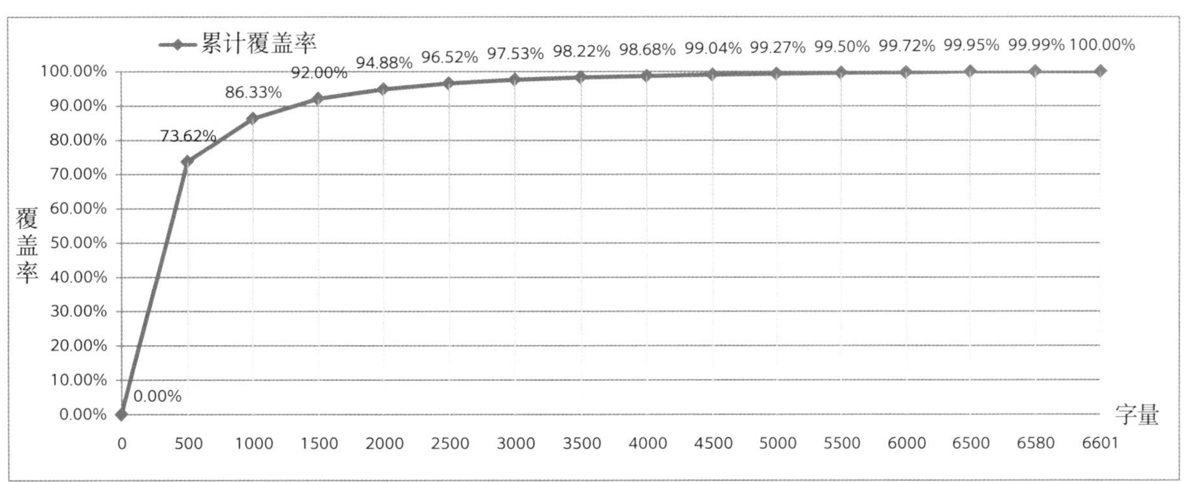

图 3-5 6601 号字累计覆盖率

从上面几个图可以看出，累计覆盖率的上升曲线可分为三个趋势：一是 100 号字和 500 号字的累计覆盖率曲线急剧上升；二是从 500 号字开始一直到 3000 号字，累计覆盖率的曲线逐渐趋缓；三是 3000 号字以后的累计覆盖率曲线缓慢上升。其中，100 号字的累计覆盖率曲线几乎成直线上升，累计覆盖率达到 40.10%；500 号字的累计覆盖率为 73.62%；1000 号字的累计覆盖率为 86.33%；3000 号字的累计覆盖率为 97.53%；6000 号字的累计覆盖率为 99.72%。

从另一个角度，我们也可以看到覆盖率 10%，20%，30%，40%，…，直到覆盖率 100% 所需方块壮字的数量。如图 3–6 所示。

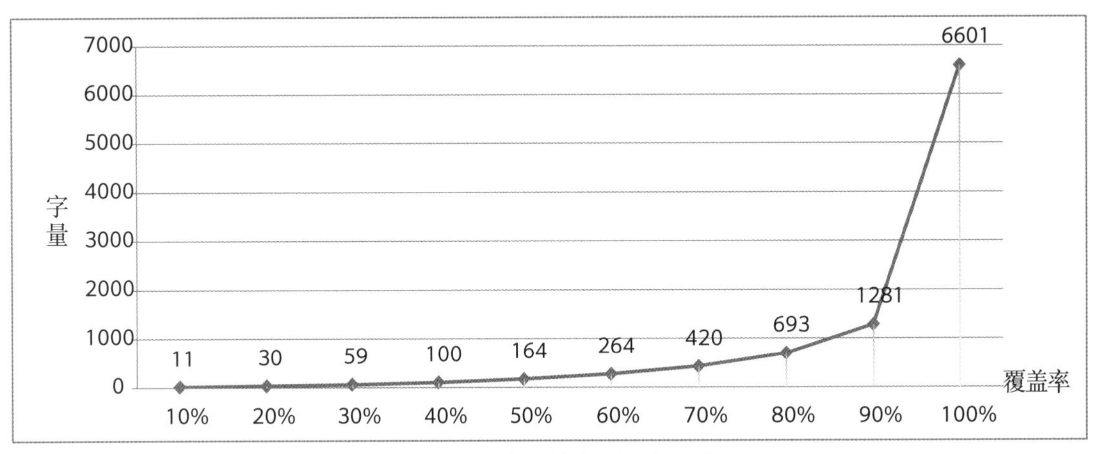

图 3–6 固定覆盖率所需的字量

3.3.3 方块壮字与现代汉字、古籍汉字字频分布的比较

从文字的覆盖频率来看，方块壮字的字频分布与现代汉字和古籍汉字的字频分布趋于一致。从前十位高频字的覆盖率来看，现代汉字的覆盖率在 12% 到 16% 之间①，古籍汉字覆盖率为 11.00%②，方块壮字的覆盖率为 9.84%；现代汉语字频表按降序排列到 163 号字覆盖率达到 50%，古籍汉字要排到 214 号字，方块壮字的 164 号字也能达到这一覆盖率；覆盖全部语料的 90%，现代汉字要到 1057 号字，古籍汉字要到 1755

①1977 年《汉字频度表·综合频度表》前 8 字覆盖率为 10.08%；1986 年《汉字频率表》前 10 字覆盖率为 15.85%；1992 年《社会科学·自然科学综合汉字频度表》前 10 字覆盖率为 12.33%；1988 年《现代汉语常用字频率统计》前 10 字覆盖率为 12.54%。转引自：张再兴．从字频看西周金文文字系统的特点［J］．语言研究，2004（1）：86。下文现代汉语的字频分布情况也引自该文。

② 古籍汉字字频、字量等相关数据引自：北京书同文数字化技术有限公司编．古籍汉字字频率统计．北京：商务印书馆，2008：15，17，28，30，45.

号字，方块壮字则到 1281 号字。现代汉字中出现 1 次的字占总单字量的 8.76% ①，覆盖率不到 0.002%；根据《古籍汉字字频统计》，古籍汉字中出现 1 次的字占总单字量的 2.75%，覆盖率为 0.0001%；方块壮字出现 1 次的字有 2316 个，占总单字量的 35.09%，覆盖率为 1.06%。② 这说明方块壮字在各级字频分布中的文字覆盖率与现代汉字和古籍汉字大致相当，但是出现 1 次的罕见字的单字量占总字量的百分比及覆盖率要远远高于现代汉字和古籍汉字。

方块壮字的平均频数为 33.03，在降频的《方块壮字字频表》（见附录 1）中，1021 号字“伐”的频数为 33，1020 号字“烦”的频数为 34。如果将频数为 34 以上的字和频数为 33 以下的字分为两部分，那么前一部分频数比较高的字的字量为 1020，后一部分频数比较低的字的字量为 5581，两者的比例约为 1∶5.5。根据《中国语言生活状况报告（2008）》（下编），所用语料的总字数为 991717791，字量为 9271，计算出现代通用汉字的平均频数为 106969.88；1238 号字的频数为 107253，1239 号字的频数为 106465，1238 号字可作为划分的临界点，前后比例约为 1∶6.5。根据《古籍汉字字频统计》的数据，古籍汉字的总字数为 790301003，总字量为 30127，计算出古籍汉字的平均频数是 26232.01；2681 号字的频数为 26243，2682 号字的频数为 26206，2681 号字可作为划分的临界点，前后比例约为 1∶10。相比于现代汉字和古籍汉字，方块壮字用字的分散性较为明显。

通用字量是指满足用字（即覆盖率）达 9999‱（万分之九千九百九十九）的文字数量，即缺字或称外字低于 1‱（万分之一）。据中国国家图书馆 20 世纪 90 年代统计，现代汉语通用字为 7000 个，《中国语言生活状况报告（2008）》（下编），2008 年现代汉语语料出现的汉字总字量为 9271 个 ③，现代汉语通用字约占现代汉字总字量的 75.50%；为满足 9999‱ 的覆盖率，中国古籍通用汉字为 22000 个，总字量为 30127 个，古籍通用汉字占总字量的 73.02%；而方块壮字要达到 9999‱ 的覆盖率，则需到 6580 号字（如图 3–5），拟通用字量占总字量的 99.68%。与现代汉字和古籍汉字相比，方块壮字的拟通用字量占总字量的比例相去甚远。主要有以下两方面的原因：一方面是汉字的规范化水平极高，日常用字的字量大大降低，而《麽经布洛陀》里的方块壮字

① 数据引自：覃勤．先秦古籍字频分析［J］．语言研究，2005（4）：113.

② 古籍汉字字频、字量等相关数据引自：北京书同文数字化技术有限公司编．古籍汉字字频率统计．北京：商务印书馆，2008：15，17，28，30，45.

③ 数据引自：国家语言资源监测与研究中心．中国语言生活状况报告（2008）：下编［M］．北京：商务印书馆，2009：3.

从未进行过规范，文字书写的随意性极大，字量必然会增加。因此，如果需要划分方块壮字的通用字量，不应以当前的覆盖率为标准，而要在进行文字规范后结合频次分布具体拟定。另一方面是语料库的规模所致。我们所参考的古籍汉字和现代汉字的语料规模均以亿计，而方块壮字语料规模仅为二十多万，远不及汉字语料的规模。当语料达到一定规模值后，高频字的分布会比较稳定，其字量会随语料规模的增加而少量增加，但所占总字量的比例会减小，所以语料规模越大高频字所占总字量的比例越小。[①]

3.3.4 方块壮字字频与字义

以《麼经布洛陀》一书中方块壮字所对应的汉译为义项划分标准，对每个方块壮字进行义项切分[②]并统计。结果显示，方块壮字存在大量多义字。

多义字也叫异义字，对汉字而言，一个字形相同的字有两个或两个以上的意义可称为异义字。由于方块壮字的字义切分完全依照原书的翻译，相近的义项并未进行合并与归类，因此切分出来的义项存在部分近似的意义。但从另一个角度来看，相近的意义也有可能因为具体语境的不同而导致的细微差别。考虑到具体语境的因素，我们将方块壮字的多义字定义为具有 3 项或 3 项以上不同意义的字。统计结果显示，《麽经布洛陀》方块壮字的多义字共有 2603 个，占总字量的 39.43%（2603/6601）。义项最多的字是“得”，存在 212 项不同的意义和用法，即使合并部分意义相近的义项，仍有约 180 项。义项达到 10 项的字有 1026 个，义项达到 50 项的字有 100 个，义项达到 100 项的字有 9 个。在语料库中，每个方块壮字对应的是一个义项，一个字必须达到一定的使用频率才有可能出现多个义项。对本研究而言，方块壮字的使用频率要达到 3 次，才会出现多义字。因此，如果把频次为 1 和 2 的字去掉，多义字的比例则达到 74.91%（2606/3479）。而在使用频率达到 3 次的 3479 个方块壮字中，仅有 340 个字的义项数为 1（即具有统一的用法和意义），只占到 9.77%（340/3479）。可见，多义性是方块壮字字形的一个重要属性。

在所有 2603 个多义字中，有 1944 个字是借汉字，有 659 个字是非借汉字，借汉字的比例高达 74.68%。而在义项单量（不重复的义项的数量）达到 50 项的 100 个字中，所有的字都是借汉字，所占比例更是高达 100%。按义项单量的降序排列，这 100 个字是:

---

① 参见：国家语言资源监测与研究中心．中国语言生活状况报告（2008）：下编［M］．北京：商务印书馆，2009：12.

② 原书直译行中有 8000 多处字词加注了圆括号“（ ）”，由于这些括号中的字或词是为了帮助读者理解经文意义所附加，并非原行字、词的原义，因此字义的切分不包含这些字词。

"得、立、提、个、托、利、里、作、的、礼、落、恨、茶、那、勿、而、吞、當、同、達、累、力、雷、斗、勒、合、甲、良、本、黎、貧、罗、特、郎、八、林、丁、班、能、了、六、度、可、卡、多、到、各、土、元、没、列、則、他、腊、江、連、之、盖、大、杀、造、交、定、任、行、工、地、生、劳、淋、好、却、初、牙、若、色、卜、往、淂、界、正、中、皆、化、拉、平、出、用、娄、口、巴、亦、分、朝、登、文、法、烈、隆、龍"。从字形上看，这些借汉字大多是容易书写和辨认的常用汉字。在多义字中，有1129个字形已被收录进《古壮字字典》，占总多义字的43.37%；有1474个字形没有被收录进《古壮字字典》，占总多义字的56.63%。

多义字往往是由于一个字具有不同的读音或用法出现的，方块壮字也不例外。方块壮字的一个显要特征就是借助汉字来表示壮语语音，由于《麽经布洛陀》收集的抄本流行于广西右江流域、红水河流域、那坡及云南文山，涉及桂北、右江、红水河、德靖四个壮语方言土语区及云南文山土语区。流行地域不同会导致同一字形的方块壮字在读音上的差异，从而使表音的方块壮字出现不同的意义和用法。特别是借汉字，由于简单易写，流通度高，易于记忆和辨认，更容易被临时用来表示不同的壮语语音和特殊的意义，因而借汉字容易产生更多的义项，成为多义字。

另外，麽经抄本抄写者本身也是导致方块壮字多义性的重要因素。从《麽经布洛陀》的前言中可知，29本麽经抄本是从28位不同的收藏者手中收集而来，也就是说，应该有28个不同的抄写者。一方面，抄写者本人往往既是方块壮字的使用者，同时也是方块壮字的创造者，由于方块壮字从未进行过规范，不同的人对字的使用肯定有差异，抄写者越多，字的用法也就越多，义项单量当然会增加。利用SPSS统计软件把每个字的分布度（即在29个抄本中的分布情况）及其义项单量进行相关分析[①]，输出结果显示，分布度与义项单量的Pearson相关系数R为0.794，相关系数接近0.8，表明两者几乎达到高度相关关系，方块壮字所分布的抄本越多，其义项也越多。这也说明抄本出自多人之手是造成方块壮字多义字众多的主要原因。另一方面，抄写者的文字水平及文字使用习惯也是造成方块壮字多义性的重要影响因素。文字水平高的抄写者使用文字时往往比较规范，字形与意义的统一性相对较高；而文字水平低的抄写者很可能会

① 相关分析（Correlate）是研究变量间密切程度的一种统计方法，相关系数R的值的范围为-1（完全负相关）至+1（完全正相关）之间，相关系数的绝对值越大，表明变量间的相关程度越密切；若相关系数是0，则不存在相关关系。$|R| < 0.3$，称为微弱相关；$0.3 \leqslant |R| \leqslant 0.5$，称为低度相关；$0.5 \leqslant |R| \leqslant 0.8$，称为显著（中度）相关，$0.8 \leqslant |R| < 1$，称为高度相关。

随意使用文字，特别是当其出现书写困难时，字形与意义组合的随意性就会大大增加。这也是为什么有的抄本，即使是同一页的相同字形，也会出现不同的用法。抄写者有的喜欢使用借汉字，有的喜欢自创字，或者使用各种符号表示特定的意义，等等，这都会使方块壮字产生额外的意义和用法。

一般来说，字的使用频率越高，越有可能引申出不同的意义和用法，从而出现多个义项。特别是没有经过规范的方块壮字，使用频率高就意味着被赋予不同意义和用法的机率增大，越可能出现多义字。对比方块壮字的极高频字、高频字和中频字可以发现，多义字所占比例的大小与字频级别的高低密切相关。在极高频字（1–164 号字）中，义项最少也达到了 7 项，即多义字的比例达 100%。在高频字（165–1281 号字）中，有 1090 个字存在 3 项及以上的义项，多义字的比例为 97.58%（1090/1117）。在中频字（1282–3333 号字）中，有 1306 个字存在 3 项及以上的义项，多义字的比例则为 63.65%（1306/2052）。值得一提的是，每个义项出现的频率并不均衡，而是集中分布在常用的义项。如“名”字，在全文中共出现 1295 次，分布在 22 个不同的抄本中，未经合并的义项有 10 个，集中出现在表示“你、你们、你的”和“名字、姓名、名称”两类意义，分别出现 1266 次和 25 次，而其他三个义项总共才出现 4 次。在高频字中，义项集中分布的趋势表现得尤为明显。我们统计频次达到 1000 次的 23 个最高频字的所有义项，得出每个字的义项单量及每个义项各自出现的频次。由于字的义项较多，只列举每个字中出现频次最多的前五个义项。具体情况如表 3–9。

表 3-9　23 个最高频方块壮字的义项分布情况

方块壮字	总频次	义项单量	义项	义项单量频次	占总频次
造	4082	59	造	2022	49.53%
			才	889	21.78%
			就	834	20.43%
			创造	107	2.62%
			若	59	1.45%
不	2783	40	不	2190	78.69%
			没	209	7.51%
			人	122	4.38%
			未	67	2.41%
			无	66	2.37%

续表

方块壮字	总频次	义项单量	义项	义项单量频次	占总频次
斗	2363	80	来	2083	88.15%
			猎	27	1.14%
			回来	25	1.06%
			回	17	0.72%
			来到	15	0.63%
王	2341	32	王	2014	86.03%
			王曹	105	4.49%
			首领	52	2.22%
			皇	47	2.01%
			漢王	39	1.67%
丕	1783	43	去	1601	89.79%
			走	34	1.91%
			往	22	1.23%
			回	14	0.79%
			向	11	0.62%
到	1739	66	又	636	36.57%
			回	432	24.84%
			往	99	5.69%
			就	65	3.74%
			返回	62	3.57%
批	1617	44	去	1472	91.03%
			往	48	2.97%
			下	7	0.43%
			离去	7	0.43%
			儿媳	6	0.37%
甫	1611	45	人	1119	69.46%
			这位	79	4.90%
			布	70	4.35%
			个	65	4.03%
			那个	59	3.66%
否	1592	32	不	1117	70.16%
			没	251	15.77%
			无	68	4.27%
			没有	67	4.21%
			不要	18	1.13%

续表

方块壮字	总频次	义项单量	义项	义项单量频次	占总频次
三	1554	29	三	1493	96.07%
			三个	7	0.45%
			问	5	0.32%
			王	4	0.26%
			白	4	0.26%
你	1386	38	这	796	57.43%
			今	182	13.13%
			此	122	8.80%
			这样	95	6.85%
			今天	38	2.74%
布	1358	39	祖公	616	45.36%
			布	366	26.95%
			公公	106	7.81%
			公	79	5.82%
			长老	55	4.05%
那	1326	94	田	478	36.05%
			水田	254	19.16%
			脸	166	12.52%
			前	85	6.41%
			箭	48	3.62%
之	1312	60	就	1113	84.83%
			是	21	1.60%
			即	19	1.45%
			制	14	1.07%
			叽	14	1.07%
名	1295	10	你	1254	96.83%
			名	16	1.24%
			你的	11	0.85%
			名字	7	0.54%
			做	2	0.15%
貧	1280	74	成	414	32.34%
			变成	215	16.80%
			似	127	9.92%
			像	124	9.69%
			生	46	3.59%

续表

方块壮字	总频次	义项单量	义项	义项单量频次	占总频次
力	1280	83	儿	710	55.47%
			仔	104	8.13%
			儿子	46	3.59%
			果	43	3.36%
			粒	32	2.50%
他	1267	62	他	478	37.73%
			那	257	20.28%
			它	168	13.26%
			她	91	7.18%
			那些	62	4.89%
礼	1253	97	得	768	61.29%
			好	137	10.93%
			能	39	3.11%
			和	32	2.55%
			可以	20	1.60%
了	1139	70	一	682	59.88%
			完	160	14.05%
			了	100	8.78%
			还	30	2.63%
			是	19	1.67%
得	1113	212	拿	213	19.14%
			打	110	9.88%
			得	58	5.21%
			是	57	5.12%
			放	39	3.50%
盖	1039	60	界	245	23.58%
			给	128	12.32%
			什	114	10.97%
			那	97	9.34%
			鸡	96	9.24%
皇	1040	15	王	925	88.94%
			皇	52	5.00%
			首领	17	1.63%
			汉王	17	1.63%
			黄猄	10	0.96%

从上表可以明显地看到，高频方块壮字的意义高度集中，主要分布在少数几个义项，某些字一个义项出现的频次甚至占到该字意义总频次的90%以上。这些高频的义项也最能体现方块壮字的常用意义。由此可见，方块壮字虽然具有多义性，但高频字存在主要义项。这些义项由于符合方块壮字记录壮语的实际情况，在民间已获得相当高的认可度，形成固定的用法，因而更为常用。我们不仅要关注字的义项单量，更要注意每个字集中出现的义项，因为这些义项已经在很大程度上得到了认可，可以为方块壮字的规范提供非常有力的参考。

◆ 3.4 各抄本用字分析 ◆

由于《麽经布洛陀》的29个抄本出自众人之手，流传的地域也不尽相同，抄本之间必然存在用字的差异。各抄本的子数据库可以看作是麽经数据库的细部，从中提取相关的数据，可以比较麽经全书与各个抄本的用字情况；也可以比较不同地域之间的用字差异；当然还可以比较各抄本之间的用字差异。因此对麽经各个抄本的用字情况分别进行考察很有必要。

3.4.1 各抄本的用字情况

《麽经布洛陀》共有29个抄本，为了方便阐述，本研究把29本抄本根据原书的顺序进行编号。各个抄本的用字情况如下表所示。

表3-10 麽经抄本用字情况

编号	抄本名	字数	使用字量	平均使用量	前十高频字
01	麽请布洛陀	5690	878	6.48	造貧不郭王布批甫你盖
02	吆兵全卷	9288	985	9.43	不造成皇兵甫斗劲你作
03	広唺佈洛陀	7208	997	7.23	造王丕馬他糎各甫提道
04	麽叭科儀	6844	963	7.11	造貧茂王批你布郭甫故
05	九狼叺	13964	1308	10.68	造不王甫劲比貧皿盖肙
06	六造叭	3716	686	5.42	皇不丕佈造栟皿甫劲叭
07	麽叭床䶬一科	8108	1099	7.38	造王麻不批貧叭到力兵
08	麽使虽郎甲科	3279	702	4.67	造不斗王三甫貧礼你國
09	哑兵棹座啟科	7554	1109	6.81	造兵到未皇斗貧猦不批
10	麼兵甲一科	7707	1096	7.03	造不貧王批甲猦甫到兵
11	雜麽一共卷一科	3807	766	4.97	王造不糎甫斗到猦貧同
12	本麽叭	12256	1153	10.63	不造平斗劲得罵批郭王
13	狼麽再寃	3741	624	6.00	得不批造甫盲父同斗妹

续表

编号	抄本名	字数	使用字量	平均使用量	前十高频字
14	闹涽懷一科	1293	369	3.50	造皇懐批歐涽不你得郭
15	麽叹魂糎一科	994	326	3.05	造批王郭歐吽那糎特甫
16	贖魂糎呟	1234	357	3.46	造不糎批王礼利你分哽
17	麽送魈	32844	1319	24.90	丕否名馬卜之皿累罗黄
18	布洛陀孝亲唱本	13307	1145	11.62	仆丕各否之的斗黄力了
19	占殺牛祭祖宗	9679	1006	9.62	仆丕各之否斗造的力盆
20	呼社布洛陀	9874	1061	9.31	否丕皿之名社佈黄古累
21	佈洛陀造方唱本	7274	555	13.11	洛米十各央而不丕得否
22	漢皇一科	7696	901	8.54	王不比造皮皿秏斗到肛
23	麽漢皇祖王一科	10578	1215	8.71	不王批皇甫你斗許存造
24	麽王曹科	2657	612	4.34	王批茂造明娘得黎妹猉
25	吆王曹吆塘	7269	938	7.75	批王塘甫不斗个到造名
26	麽荷泰	7456	779	9.57	兲拜括嚇播六馬拉不唫
27	正一刄事巫書觧五楼川送鸦到共集	3727	718	5.19	麻皅否造苟髡某可加妹
28	麽破泰	7349	854	8.61	塘批滕猉啼斗你不娘吞
29	啞双材	1673	429	3.90	不昙批名殆猉王陰你噹
总计		218062	6601	33.03	造不斗王丕到批甫否三

从表 3-10 可知，各抄本的用字存在差异。字数上看，抄本的平均字数是 7519.38，中值是 7274，均值与中值非常接近。字数规模在 7001–8000 间的抄本最集中，共有 8 本。字数最多的是“17”号抄本《麽送魈》，共有 32844 字；字数最少的是“15”号抄本《麽叹魂糎一科》，仅有 994 字，两者相差 31850 字。从字量上看，各抄本的平均字量是 860.34，中值是 901，均值与中值也很接近，字量规模在 901–1000 的抄本最集中，共有 5 本；字量最多的是“17”号抄本《麽送魈》，共 1319 字，字量最少的是“15”号抄本《麽叹魂糎一科》，仅 326 字，两者相差 993 字。各抄本的字频表见附录 2。

各抄本根据字数和字量规模划分后的分布情况如表 3-11 所示。

表 3-11 抄本按字数、字量规模划分的分布情况

字数规模	1000以下	1001–2000	2001–3000	3001–4000	4001–5000	5001–6000	6001–7000	7001–8000	8001–9000	9001–10000	10000以上
抄本数	1	3	1	5	0	1	1	8	1	3	5
字量规模	301–400	401–500	501–600	601–700	701–800	801–900	901–1000	1000–1100	1101–1200	1201–1300	1300以上
抄本数	3	1	1	3	4	2	5	4	3	1	2

3.4.2 各抄本用字分布特点

3.4.2.1 频次分布及特点

通过分析每个字在每本抄本出现的次数，可考察各抄本在用字方面存在的内在联系及规律。麽经抄本的用字情况涉及多个抄本，这些用字的信息在一定程度上有重叠，即相互之间具有一定的相关性。在统计分析中常常用到主成分分析法，它可以用少数的指标将重叠、相关的信息高度概括，达到数据简化的目的。利用 SPSS 统计软件，以 29 本麽经抄本为变量，对每个字在每本抄本中出现的次数进行主成分分析。输出结果显示，经 KMO 和 Bartlett 的检验可知，KMO 的值为 0.801，Sig. 值达 0.000，表示适合进行因子分析，可以抽出主成分。

从公因子方差表可知，每个变量的共同度都非常高，除有 4 个变量的共同度在 0.5–0.7 之间，其他变量的共同度全部达到 0.7 及以上，表明变量中的大部分信息都已被提取，说明主成分分析的结果是有效的。从解释的总方差表可知，前 5 个成分的特征值大于 1，累计方差贡献率为 73.203%，说明前 5 个成分可解释全部特征的 73.203%；而第 6 成分之后的特征值越来越小，相差也不明显，故提取前 5 个成分作为主成分。在成分矩阵表中，每一个载荷量表示该主成分与所对应变量的相关系数，相关系数越大，表示该主成分与变量的相关性越强。本研究统计输出的成分矩阵显示，第一个主成分与所有变量的相关性都比较强；第二个主成分与变量 17、18、19、20、21 号的相关性较强；第三个主成分与变量 26、28 号的相关性较强；第四个主成分与变量 26 号的相关性较强；第五个主成分与变量 27 号的相关性较强。

综合 SPSS 输出窗口中的公因子方差表、解释的总方差表和成分矩阵表，可得出分析结果如表 3–12 所示。

表 3-12　SPSS 主成分分析的综合输出情况

变量	成分 1	成分 2	成分 3	成分 4	成分 5	公因子方差
1 号	0.855	–0.223	–0.213	0.114	–0.094	0.847
2 号	0.756	–0.097	0.066	0.390	–0.115	0.795
3 号	0.812	0.102	–0.223	–0.064	–0.162	0.762
4 号	0.804	–0.203	–0.310	0.018	–0.046	0.788
5 号	0.850	–0.175	0.013	0.047	–0.311	0.852
6 号	0.668	0.184	0.247	0.378	–0.234	0.763
7 号	0.848	–0.138	–0.224	–0.084	0.064	0.808
8 号	0.868	–0.051	0.004	0.050	–0.001	0.761
9 号	0.803	–0.118	–0.152	0.261	0.105	0.812
10 号	0.873	–0.152	–0.177	0.088	–0.032	0.826

续表

变量	成分 1	成分 2	成分 3	成分 4	成分 5	公因子方差
11 号	0.839	−0.101	−0.057	−0.010	−0.179	0.783
12 号	0.811	−0.061	0.221	0.046	−0.069	0.731
13 号	0.745	−0.068	0.289	−0.139	0.082	0.705
14 号	0.710	−0.117	−0.046	0.379	0.410	0.833
15 号	0.777	−0.239	−0.167	−0.072	0.230	0.789
16 号	0.825	−0.197	−0.048	0.003	0.060	0.738
17 号	0.430	0.649	−0.105	−0.070	−0.078	0.811
18 号	0.450	0.764	−0.193	−0.070	0.056	0.870
19 号	0.471	0.723	−0.229	0.013	0.073	0.871
20 号	0.397	0.759	−0.063	−0.158	−0.073	0.840
21 号	0.348	0.513	0.335	0.123	−0.071	0.694
22 号	0.725	−0.081	0.049	−0.225	−0.382	0.737
23 号	0.776	−0.128	0.343	−0.158	−0.031	0.771
24 号	0.676	−0.120	−0.112	−0.498	0.136	0.769
25 号	0.752	−0.038	0.309	−0.373	0.115	0.830
26 号	0.312	0.238	0.423	0.426	0.133	0.550
27 号	0.564	0.170	−0.248	0.046	0.431	0.616
28 号	0.528	0.023	0.508	−0.208	0.355	0.735
29 号	0.625	0.028	0.212	−0.190	−0.079	0.544
特征值	14.486	2.854	1.517	1.348	1.025	
方差(%)	49.952	9.840	5.230	4.647	3.534	
累积(%)	49.952	59.792	65.022	69.669	73.203	

另外，SPSS 的输出窗口还给出了前三个主成分的三维成分图，如图 3-7。

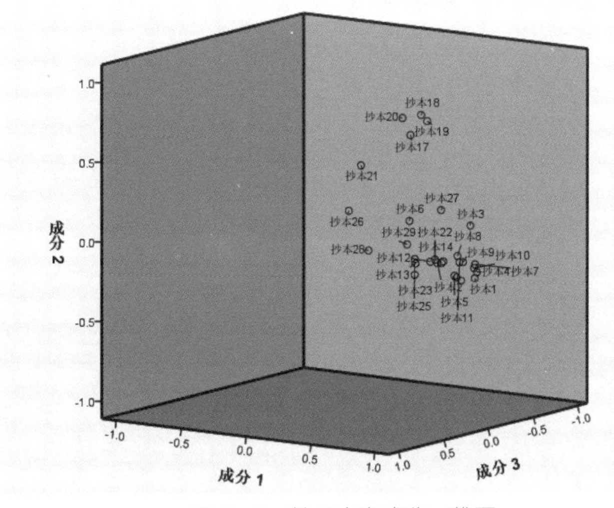

图 3-7 前三个主成分三维图

根据掌握的抄本背景知识，可以将主成分大致识别为抄本用字的频次和流行地域两个方面。第一个主成分大体从正面体现 29 本抄本的用字频次，这是由分析的原始数据决定的。第一个主成分的载荷量显示，所有抄本的载荷量都达到 0.3，表明抄本的用字频次具有相关性。其中有 23 本抄本的载荷量在 0.5 以上，在成分三维图中不少抄本的坐标甚至出现了重叠，表明绝大多数抄本的用字频次显著相关。从抄本流行地域来看，《麽经布洛陀》抄本流行于广西右江流域、红水河流域、那坡，以及云南文山。17–21 号抄本流行于红水河流域，26 号抄本流行于云南文山一带，27 号抄本流行于那坡一带，这些都偏离了主要特征，表明方块壮字的用字频次具有很强的地域性。另外，虽然 21 号抄本与 17–20 号抄本都流行于同一地域——红水河流域，但也有差别，如在三维图中偏离了其他抄本，可能与其过高的单字平均使用量有关（见 3.4.2.2）。综上，我们认为麽经抄本频次分布的一致性较高，分布出现异常的抄本主要因流行地域的不同所致。

3.4.2.2 拟测单字平均使用量

“线性回归是基于最小二乘法原理的最优线性无偏估计，是研究一个或多个自变量与一个因变量之间是否存在某种线性关系的统计学方法。”① 通过 SPSS 统计软件相关分析的输出结果可知，各抄本的字数与单字平均使用量的 Pearson 相关系数 R 为 0.956，说明两者高度相关，存在显著的线性关系；决定系数 R^2 的值越接近 1，线性模型对数据的拟合程度越好，两者的决定系数为 0.915，说明该回归方程的数据拟合程度非常好，各抄本中的单字平均使用量变异的 91.5% 可由字数的变化来解释。两者的线性回归方程图见图 3–8。

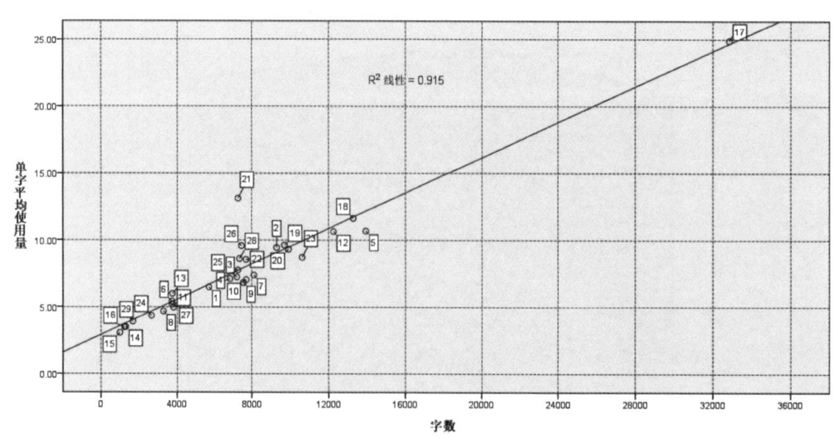

图 3–8 各抄本字数与单字平均使用量的线性回归方程图

① 李志辉，罗平 .PASW/SPSS Statistics 中文版统计分析教程：第 3 版［M］. 北京：电子工业出版社，2010：300.

图中的直线是对 29 本抄本字数和单字平均使用量一般关系的拟合，散点是各抄本虚拟的坐标位置。抄本坐标越接近直线，则抄本越符合一般关系；抄本坐标越偏离直线，则抄本越不符合一般关系，用字更可能出现异常。抄本坐标位于直线上方，则抄本的单字平均使用量高出一般关系；抄本坐标位于直线下方，则抄本的单字平均使用量低于一般关系。

从图 3-8 看，21 号抄本《佈洛陀造方唱本》大大超出了一般关系，表明该抄本的字数和使用字量的关系出现了异常——单字平均使用量过高，使用字量比一般抄本少很多，这应该是图 3-7 中 21 号抄本偏离主要特征的主要原因。高出一般关系的抄本还有 26 号《麽荷泰》、28 号《麽破塘》，低于一般关系的抄本有 05 号《九狼叺》、07 号《麽叭床雕一科》、09 号《哑兵棹座啟科》、10 号《歴兵甲一科》、23 号《歴漢皇祖王一科》，其余的大多数抄本都在直线上或者靠近直线。在偏离一般关系的抄本中，21 号抄本流传于红水河流域，但该区域其他抄本的单字平均使用量非常接近一般关系，表明该抄本的偏离并未受到流行地域的影响；26 号抄本流传于云南文山，但是该区域的抄本只此一本，没有更多的材料证实是否与区域因素相关；除了这两本抄本，其他偏离一般关系的抄本都流传于右江流域。在接近一般关系的抄本中，各抄本也没有因为流行地域的不同而显示出差异。由此可见，抄本的单字平均使用量与其流行地域并没有必然关系。

出现偏离的原因可能是以下几种情形。第一，抄写人员不规范书写、随意用字，一定的内容使用过多或过少的字来表示，从而导致单字的平均使用量出现异常。第二，与造字者的文字水平有关，文字水平高，造字者就能用较多的字形表示一定的语素；文字水平低，造字者则只能用较少的字形表示一定的语素，甚至用相同的字形表示不同的语素。第三，与抄本的内容相关，有的是综合性的抄本，有的则是单一内容的抄本，在字数一定的情况下，单一内容抄本的相同语素所占的比例要高，单字的平均使用效率自然也高。第四，与转抄过程中的人为因素有关，如，人为改动原抄本的内容、文字、篇幅等，或者转抄者按照自己的意志改写原抄本的字形，因为麽经抄本的用字特征是一定的，在文本内容、篇幅及流行区域等因素一致的情况下，改动过的抄本很可能会偏离一般抄本的用字特征。

3.4.3 分布度

所谓分布度，就是字在各组语料中出现的次数。甲字只在一组语料中出现，而乙

字在多组语料中出现，乙字的分布率就大于甲字。[1] 分布度是衡量字的使用情况是否稳定的重要标准：分布度越高，字的使用就越稳定，反之，就越不稳定。仅凭方块壮字的使用频率，还不足以说明方块壮字在实际使用中的真实状况，因为绝对频率的可靠性是相对的。例如，在《麽经布洛陀》语料中，“奥”和“養”的频次都是166，但是“奥”只出现在1个抄本中，而“養”出现在19个抄本中，显然“養”比“奥”更常用，尽管“養”的频次和“奥”的频次相同，但它的使用范围和流行地域要比“奥”广泛得多。再如，有的高频字仅在某个抄本或某几个抄本中出现，有的方块壮字并非高频字，却出现在更多的抄本，可见使用频率有时会掩盖用字的真相。为了更真实地反映《麽经布洛陀》的用字情况，还要考虑到方块壮字在各个抄本中的分布度。

《麽经布洛陀》共有29个抄本，把1本抄本当作1级分布度，则方块壮字的共有1—29级分布度，几级分布度表示该字分布在几个抄本。每个字的分布度详见附录1，每级分布度的字量见下表。

表3-13 方块壮字各级分布度的字量

分布度	29	28	27	26	25	24	23	22	21	20	19	18	17	16	15
字量	16	19	19	27	21	23	33	22	30	29	25	46	55	39	48
分布度	14	13	12	11	10	9	8	7	6	5	4	3	2	1	
字量	50	53	67	66	82	77	84	120	158	217	271	422	805	3684	

分布度达到29级的字共有16个，分别为“斗、王、三、布、那、了、盖、地、麻、四、甲、妹、立、卦、五、合””。这16个方块壮字都是借汉字，频次最高的字是“斗”，为2363次，最低的字是“合”，为344次，这些字都达到高频字甚至极高频字的级别。分布度为1级的字共有3684个，除了2316个字的频次为1，分布度必然为1级外，还有1368个字的频次大于1，最高的频次达到了166次。另外，分布度为1级且达到高频字级别的方块壮字有69个，也就是说，这69个高频字只分布在1个抄本。从另一角度来看，这69个字可以作为所在抄本的特殊用字，这些字是“宑、奥、龠、括、害、嚇、請、侰、䶊、唫、孤、𥢕、咧、叺、芶、㺀、埧、傀、滕、董、𧺀、糗、勃、藍、艾、礼、社、蘭、低、必、敵、掿、肘、待、贞、黎、玩、寃、㑩、衡、赧、勒、笼、㖠、儒、哎、寃、充、晗、誓、𫓧、叁、蘇、勒、媗、微、能、腾、篭、救、懐、詠、詢、餮、灌、㞢、農、岡、为”。

从前十个高频字来看，“斗”“王”“三”的分布度是29级，即所有的抄本都出

[1] 费锦昌.汉字整理的昨天和今天[M].北京：语文出版社，2000：29.

现了这三个字。“造”“不”“到”的分布度是28，“造”没有在“26”号抄本中出现，“不”和“到”没有在“03”号抄本中出现。“甫”的分布度是26，没有在“21”“26”“27”号抄本中出现；“批”的分布度为22，没有在“17”“18”“19”“20”“21”“22”“27”号抄本中出现。另外，“丕”和“否”的分布度仅为8和9，“丕”只集中出现在“03”“05”“06”“17”“18”“19”“20”“21”号抄本中，“否”只集中出现在“03”“05”“06”“17”“18”“19”“20”“21”“27”号抄本中。

为了更全面地反映字频与分布度的关系，我们把每个字的出现频次及其分布度指数进行相关分析。通过SPSS统计软件的输出结果可知，频次与分布度指数的Pearson相关系数R为0.616，表明两者存在显著（中度）相关关系；决定系数R^2=0.379，表示方块壮字的频次与分布度没有显著的线性关系，仅有37.9%的分布度的变异可由频次说明，不适合在两个变量间进行一般关系的拟合。因此，方块壮字的频次与分布度在一定程度上是相关的，如果按完全相关为1，完全不相关为0，那么两者的相关度为0.616。

◆ 3.5 小结 ◆

本章在建立《麽经布洛陀》全文语料库与方块壮字字表的基础上，利用相关计算机技术，全面统计《麽经布洛陀》的字数、字量、字频，并形成方块壮字字频表（见附录1）及各抄本字表（见附录2）。

经过讨论，得出以下结论。

第一，方块壮字的字频统计存在固有的缺陷，表现在字形与语料库的失真、统计单位的不规范。要实现字频统计，必须从字形整理和信息处理的角度出发，按照“一字一形一码一单位”的标准建立麽经抄本语料库。

第二，结合累计覆盖率和频次分布，方块壮字的字频级别划分为极高频字、高频字、中频字、低频字和罕用字。累计覆盖率在0~50%的字为极高频字，具体为1~164号字；累计覆盖率在50%~90%的字为高频字，具体为165~1281号字；累计覆盖率在90%~98%的字为中频字，具体为1282~3333号字；累计覆盖率在98%~100%的字为低频字，具体为3324~6601号字。在低频字中，再把频次为1的字划分为罕用字。

第三，方块壮字的字频分布规律与现代汉字和古籍汉字基本一致，符合“效用递减”规律[①]——字的使用频率越高，覆盖率越高，效用也越高；字的使用频率越低，覆盖率

① 周有光．中国语文纵横谈［M］. 北京：人民教育出版社，1992：156.

越低，效用也越低。方块壮字罕用字的比例要远高于现代汉字和古籍汉字，用字方面也显得较为分散，难以用汉字的标准划分出通用字量。

第四，方块壮字存在大量多义字。多义性是方块壮字的一个重要属性，主要是由于流行的地域因素和人为的因素造成；但方块壮字多义字的义项分布呈集中趋势，存在少数常用的义项，可为方块壮字的规范和辞书的编纂提供参考。

第五，《麽经布洛陀》29 个抄本字频分布的一致性较高，字频分布比较特殊的抄本主要受到地域因素的影响。各抄本的字数与单字平均使用量高度相关，偏离两者一般关系的抄本与流传地域没有必然关系，可能与人为因素、版本真伪或抄本内容有关。

第六，分布度是衡量方块壮字稳定与否的重要标准。在使用频率一定的情况下，分布度越高，方块壮字的使用就越稳定，反之则越不稳定。方块壮字的分布度与出现的频次在一定程度上有相关关系。

第七，借汉字在方块壮字的使用中扮演着重要的角色，高频字（极高频字）、多义字、分布度高的字均与借汉字具有高度相关的关系，显著地表现了方块壮字借用汉字的特性。

第四章 《麽经布洛陀》方块壮字的整理研究

◆ 4.1 方块壮字异体字整理 ◆

《麽经布洛陀》中存在着大量纷繁复杂的异体字，给方块壮字的识别和应用带来严重的障碍：不同形体的异体字记录同一个意义，导致方块壮字字形数量的增加而记词的功能信息量并没有增加，降低了方块壮字系统内部的区别度，造成识别的混乱；在麽经中，同一字形经常对应多种字义，同一字义也常常对应多个字形，这种多形体与多字义的交叉对应不符合文字形义统一的基本原则，增加使用者不必要的负担，庞而乱的形体也非常容易造成以讹传讹的谬误；在当今信息化时代，一字多形严重阻碍文字的信息处理，因为字形越多字库的容量也要求越大，需要通过增加码位来为字符编码，而输入法编码出现重码的概率也会大大增加，影响方块壮字的输入速度。

目前对方块壮字异体字进行过系统整理的仅有《古壮字字典》，该字典共收录方块壮字字形 10700 个，其中有 4918 个推荐为正体字[①]，异体字约有 2800 多组。但是，《古壮字字典》的整理并没有包括《麽经布洛陀》中所有的方块壮字。据统计，《麽经布洛陀》共有 6601 个字形不重复的方块壮字，仅有不到 2000 个字形与《古壮字字典》收集的字形相同，其余的字无法在《古壮字字典》中找到，并且这不到 2000 个字形的音义与《古壮字字典》中的条目也不尽相同。因此，《麽经布洛陀》异体字的整理是重点。

①广西壮族自治区少数民族古籍整理出版规划领导小组．古壮字字典·凡例［Z］．南宁：广西民族出版社，1989：1.

4.1.1 方块壮字异体字的界定及处理办法

4.1.1.1 方块壮字异体字的界定

对方块壮字异体字进行研究，首先要明确异体字的定义。裘锡圭认为："异体字就是彼此音义相同而外形不同的字。严格地说，只有用法完全相同的字，也就是一字的异体，才能称为异体字。但是一般所说的异体字往往包括指由部分用法相同的字。严格意义的异体字可以称为狭义异体字，部分用法相同的字可以称为部分异体字，二者和在一起就是广义的异体字。"① 裘锡圭所说的狭义异体字即读音、意义和用法完全相同而字形不同的典型异体字。广义异体字则包含了包孕异体字和交叉异体字。包孕异体字即甲字包括乙字的含义的异体字，交叉异体字即一个字的音义与不同的字的音义相同，或者一个多音字的一个读音与另一多音字的一个读音的意义和用法相同。②

我们将方块壮字异体字的范围确定为广义上的异体字，主要出于以下几个方面的考虑。首先，由于壮语方言复杂，方块壮字往往因地而异，一个字形往往有多个不同的或相近的读音和意义，如果只整理狭义的异体字，不可避免地会遗漏一些异体现象，无法全面掌握《麽经布洛陀》的异体字。其次，造成方块壮字使用混乱的主要是包孕异体字和交叉异体字，并不是单纯的重复书写符号——典型异体字，整理包孕异体字和交叉异体字会更有价值，可为方块壮字书写符号的科学化提供一定材料基础。再其次，从《古壮字字典》对异体字的处理来看，也不是严格按照典型异体字来整理的。因此，在整理方块壮字异体字时，采取从宽的处理，即"音同"（或音近）且"义同"（或义近）而字形不同的一组字看成是一组异体字。

对于方块壮字正体字的选用，《古壮字字典》遵循的原则是"选择流行较为广泛，结构较为合理的字作为正体字，其余作为它的异体字"③。这个原则符合一般异体字的整理原则，但是由于当时条件的限制，缺少大规模的语料库及统计手段，在量化标准方面有所不足。为了弥补这个不足，在对《麽经布洛陀》语料统计的基础上，我们将正体字的选用原则具体明确为理据性、常用性与规范性。理据性表现为部件和字音、字义间的联系，看到一个字，"能够从它的部件联想到它的读音和意义，知道它代表的是什么语素"④，理据性对于读音不统一的方块壮字而言尤其重要，因此，优先选择

①裘锡圭 . 文字学概要［M］. 北京：商务印书馆，1988：205.

②包孕异体字和交叉异体字的概念参见：高更生 . 汉字研究［M］. 济南：山东教育出版社， 2000：286-287.

③广西壮族自治区少数民族古籍整理出版规划领导小组 . 古壮字字典［Z］. 南宁：广西民族出版社，1989：516.

④苏培成 . 现代汉字学纲要［M］. 北京：北京大学出版社，1994：81.

符合造字理据的字形作为方块壮字的正体字。常用性表现为文字的使用频率与分布广度，在造字理据性相同或者所有的字形都缺少理据（如仅为音借字）的情况下，选择使用频率高、分布广的字形作为正体字。规范性则表现为字形结构合理，部件和笔画明确，具体参考当前汉字的规范字形。这是因为，方块壮字本身就是借用汉字的部件及造字方法来造字的，把规范的汉字字形作为方块壮字的规范字形符合其字形属性，并且汉字作为国家通用文字，其规范字形具有非常强的识别度和应用性。没有必要为了刻意追求方块壮字与汉字的区别，而选用不规范的、"另类"的字形，如"馬"(馬)、"青"（青）、"晍"（晍）等。综上，在确定正体字时，我们优先考虑符合造字理据的字形，在此基础上综合每一个异体字形的使用频率、分布范围及字形规范，选择最合理的，常用的规范的字形作为正体字。

4.1.1.2 方块壮字异体字整理的具体流程

第一步，在《麽经布洛陀》全文语料库的基础上制作麽经单字全文语料库。全文语料库的一个字段是一句话，在筛选同音同义的字形时很难操作，因此将单个方块壮字字形作为一个字段，分别一一对应原书中的读音、意义和拼音壮文，并建立与全文语料库的关系，单字全文语料库的结构如下表所示 。

表 4-1 单字全文语料库结构示例

序号	方块壮字	新壮文	音标	汉译	卷 / 页 / 块	抄本
1	三	Sam	ɬa:m¹	三	1/10/1	01 麽请布洛陀
2	盖	gaiq	ka:i⁵	界	1/10/1	01 麽请布洛陀
3	三	sam	ɬa:m¹	三	1/10/1	01 麽请布洛陀
4	皇	vuengz	vuəŋ²	王	1/10/1	01 麽请布洛陀
5	至	ciq	ɕi⁵	安置	1/10/1	01 麽请布洛陀
6	四	Siq	ɬi⁵	四	1/10/2	01 麽请布洛陀
7	盖	gaiq	ka:i⁵	界	1/10/2	01 麽请布洛陀
8	四	siq	ɬi⁵	四	1/10/2	01 麽请布洛陀
9	皇	vuengz	vuəŋ²	王	1/10/2	01 麽请布洛陀
10	造	caux	ɕa:u⁴	创造	1/10/2	01 麽请布洛陀
11	皇	vuengz	vuəŋ²	王	1/10/3	01 麽请布洛陀
12	造	caux	ɕa:u⁴	造	1/10/3	01 麽请布洛陀
13	布	baeuq	pau⁵	布	1/10/3	01 麽请布洛陀
14	渌	lug	luk⁸	洛	1/10/3	01 麽请布洛陀
15	啚	doz	to²	陀	1/10/3	01 麽请布洛陀
16	皇	vuengz	vuəŋ²	王	1/10/4	01 麽请布洛陀
17	造	caux	ɕa:u⁴	造	1/10/4	01 麽请布洛陀
18	麽	mo	mo¹	麽	1/10/4	01 麽请布洛陀
19	渌	lug	luk⁸	渌	1/10/4	01 麽请布洛陀
20	甲	gyap	tɕa:p⁷	甲	1/10/4	01 麽请布洛陀

第二步，统计每个字形相应的读音和意义出现的频次（可通过 excel 自带的计算函数完成），筛选出标记有每个字形的读音及意义出现频次的，且按音序排列的不重复的记录，形成方块壮字异体字基本资料表，如下表所示。

表 4-2　方块壮字异体字基本资料表示例

异体字	意义	读音	壮音汉频次	新壮文	序号
鸦	乌鸦	a^1	25	a	3332
鸦	乌鸦	a^1	37	a	9362
鸦	鸦	a^1	18	a	25016
鴉	乌鸦	a^1	7	a	58244
鴉	鸦	a^1	3	a	62002
雅	乌鸦	a^1	19	a	80741
鵶	乌鸦	a^1	2	a	81345
鸦	鸦	a^1	29	a	103940
啞	乌鸦	a^1	2	a	168092
鸦	鸦	a^1	2	a	221597
鸦	鸦	a^1	4	a	222542
鸦	鸦	a^1	1	a	258499
亞	张开	a^3	2	aj	247069
阿	张	a^{33}	1	ax	243683
開	开	a^{33}	5	ax	243773
阿	鸦	a^{35}	2	ac	240195
阿	乌鸦	a^{35}	3	ac	240207
祸	开叉	a^4	2	ax	18667
恶	开	a^4	1	ax	23047

其中，“壮音汉频次”指的是该字形在相应的意义及读音出现的次数，如第一个字段“鸦”的“壮音汉频次”为 25，表示字形为“鸦”，对应的“乌鸦”这个意义且读音为“a^1”出现了 25 次，这是评判常用程度的重要依据。“序号”是该字在单字全文库中的唯一索引，可以此索引查证原文中的具体语境。“新壮文”则可为查阅《古壮字字典》提供参考。

第三步，合并具有音同（或音相近）且义同（或义相近）的记录，如字形“開亞祸恶”对应的“开、张开、开叉、开”的意义相近，且各自的读音“a^3、a^{33}、a^4、a^4”也相近，因此把它们归为一组异体字。对于读音，全书除了流行于云南文山的抄本《麽荷泰》采用调值标记声调外，其他的抄本均用调类标记。为了与原文保持一致，我们继续采用原文的标记方式，有调值的读音表明出自抄本《麽荷泰》。

第四步，根据上文制定的原则选取正体字，即优先考虑符合造字理据的字形，综合考察常用性与规范性。具体操作举例如下：在上表“鸦、鴉、鵶、鸦、鴉、鴉、鵶、雅、啞、阿”一组异体字中，前七个字的造字理据性较强，“牙”或“亞”表音，“鳥”表义，理据性基本一致；而“雅、啞、阿”只是整字表音，理据性差，可排除；“鴉”出现的频次为 54（25+29），是所有字形中出现频次最高的，且属于规范字形，综上，拟选取“鴉”作为正体字，有重复的字形删除即可。再如，在“嫗、歐、歐、欧、敺、摳、偶、要”一组异体字，按理据性优先的原则，“嫗”的理据性最强，“女”表义，“區”表音，其他字形的理据性相对较弱，因此，尽管“嫗”出现频次仅为 1，我们仍然将其拟选用为正体字。

表 4-3

正体字	异体字	意义	读音	壮音汉频次	新壮文	序号
嫗	歐	娶	au^1	8	aeu	199
	歐	娶	au^1	16	aeu	2590
	偶	娶	au^1	17	aeu	8634
	欧	娶	au^1	1	aeu	23406
	嫗	娶	au^1	1	aeu	87560
	要	娶	au^1	3	aeu	101182
	摳	娶	au^1	4	aeu	212622
	敺	娶	au^1	2	aeu	260986

如果一组异体字所有的字形的理据性都比较差，则再根据常用性和规范性的原则逐一筛选，这里就不再一一举例说明。

另外，《麽经布洛陀》在翻译时采用一字一译的方式，每个字的翻译都采用该字的本义，可为方块壮字单字全文库的建立提供了极大的便利，但也容易造成生译壮语词的情况，如“鳰娄”一词表示“斑鸠”，整体翻译为“斑鸠”是可以的，但是，书中有的地方把“鳰”翻译为“斑”，“娄”翻译为“鸠”（见《麽经布洛陀》第 243 页），这不准确。壮语的中心语位于领属语前面，在“鳰娄”一词中，“鳰”的读音为 lok^8，是“鸟”的意思，“娄”的读音是 lau^1，是不成词语素，必须与“鳰”组合才能成词，如果要一字一译，应该翻译为“鸟—斑鸠”。这种情况属于极少数。在整理异体字时，只要对某一字的翻译有疑问，就一一查证原书，并查阅《古壮字字典》，结合具体语境和权威字典，尽可能保证方块壮字异体字筛选的准确性。

4.1.2 方块壮字异体字的概况

4.1.2.1《方块壮字异体字表》

经过一系列的整理及相关的查证工作，最终形成《麽经布洛陀》一书的《方块壮字异体字表》（见附录 3）。《方块壮字异体字表》以每组的读音进行排序，根据计算机系统默认排序；有多个读音的以第一个读音为准。每组异体字标明“组号”“正体字”“异体字”“意义”“读音”。

“组号”字段是根据音序排序后编排的流水号。

“正体字”仅为推荐，是根据上文既定原则在一组异体字组中选取出来作为正体字的字形。在所有的异体字组中，正体字形是相对的，有的字形在某一（些）组异体字中被选用为正体字，而在另外的组中又作为异体字。如“蚆”字，在异体字组“蚆、蟇、螞、馬、麻、岜”（表示“蝴蝶”，读音为 ba⁴ 或 ba³）中被选用为正体字，但在异体字组“肥、蚆、把、吧、巴、板、搓、扳、蔴、麻、怕、伯、八、罵、肩、埧、罷”（表示“肩膀”，读音为 ba⁵、ba⁶、ba¹¹、ba³¹）中作为异体字。这是由方块壮字字形的随意性所致，在《古壮字字典》中也大量存在这种情况，就本字表而言，选用哪个字形作为正体字只以既定的原则为标准。字表中也存在一个字形被选为多个正体字形的情况。如“傍”字，在“傍、防”（表示“一半”，读音为 fiəŋ⁴）、“傍、盤、班、房”（表示“伴”，读音为 pa:n⁴）、“傍、旁、彭、白”（表示“辈”，读音为 pa:ŋ⁶）、“傍、搒”（表示“百姓”，读音为 pɯəŋ²）等异体字组中，都被选用为正体字，这说明该字形在这些异体字组中都具有很强的理据性、常用性和规范性，最适合作为正体字形，可将该字形视为多音多义字。

“异体字”字段中，第一个字形为拟选用的正体字，并大致将形体相近的字形排列在一起，以便观察字形之间的差别。

“意义”字段中，用逗号隔开表示并列的意义相近，如“树林，森林，山林”“脏，污垢，污秽”“分，分开”等表示相近的意思，这也是方块壮字异体界定中“义近”的具体体现。有圆括号的意义表示需要加入括号的内容意义才完整，如“众（人）”“鲢（鱼）”，“众”和“鲢”的意义不完整，因而用圆括号加注“人”和“鱼”，以便更好理解字义。方括号则表示对某些需要标注词性的意义的说明，如“滴［量词］”“种［动词］”“嘀［拟声词］”等；或者是表示专有名称的说明，如“（邦）可［神名称］”。如果两组或多组异体字的字形全部相同，且拟选用的正体字形也相同，则不再分设异体字组，而将其直接合并为一组异体字，不同的意义或读音用分号隔开，如在异体字组“度、度”中，意义字段表示为“渡；争（吵）”，表示这两个字形本可以分别为

两组异体字，但它们的意义和读音可以互换，可将其视为一组异体字。

“读音”字段中，如果有多个读音，中间用空格隔开，第一个读音一般是出现频率较高的音。声调以原书为准，除了出自抄本《麽荷泰》的读音采用调值标记，其他读音采用调类标记。

4.1.2.2 方块壮字异体字的数量统计

经统计，《方块壮字异体字表》共有 3424 组异体字，17679 个异体字形[①]，平均每组约有 5.16 个异体字形。异体字组中，至少有 2 个异体字形，异体字形最多的达到 59 个，该组异体字是“隆、隆、隆、隆、隆、隆、隆、陊、陊、陇、笼、笼、篭、笼、笼、宠、籠、龍、攏、䍡、䍡、䍡、䍡、龍、龍、龍、就、龍、龍、龍、篭、龍、龙、龙、龙、龙、龙、尨、龙、龙、龙、龙、㛞、弄、弄、垄、落、洛、就、搕、倫、向、忑、罗、六、下、良、各”，表示“下，下来”的意义，读音为 $loŋ^2$ 或 $roŋ^2$。在《古壮字字典》中，最多的一组异体字为 22 个。

4.1.3 方块壮字异体字的特点

根据方块壮字异体字的各项统计数据，结合其他民族文字系统的异体现象，可以得出方块壮字异体字具有以下几个主要特征。

4.1.3.1 方块壮字异体字数量庞杂，异体现象异常复杂

首先，单组异体字有多个字形的情况大量存在。单组异体字有多个字形是指在一组异体字中，异体字的数量超过 3 个。见下表。

表 4-4 单组异体字的统计情况（一）

异体字形	组数	比例	异体字形	组数	比例	异体字形	组数	比例
2	1247	36.42%	22	10	0.29%	41	0	0.00%
3	591	17.26%	23	6	0.18%	42	0	0.00%
4	371	10.84%	24	4	0.12%	43	0	0.00%
5	266	7.77%	25	3	0.09%	44	1	0.03%
6	172	5.02%	26	9	0.26%	45	0	0.00%
7	143	4.18%	27	7	0.20%	46	1	0.03%
8	110	3.21%	28	2	0.06%	47	1	0.03%
9	75	2.19%	29	4	0.12%	48	0	0.00%

① 异体字形是指异体字组中的字形，总数是由异体字组中所有的字形数相加得来，字形有重复。与以不重复字形为统计单位的字量是不同的。这里的异体字形总数要远大于方块壮字的字量（6601），这是因为，方块壮字的同一字形往往表示多个不同的读音和意义，分属在不同的异体字组，如“得”字就出现在 72 组异体字组中。

续表

异体字形	组数	比例	异体字形	组数	比例	异体字形	组数	比例
10	64	1.87%	30	1	0.03%	49	0	0.00%
11	74	2.16%	31	3	0.09%	50	0	0.00%
12	51	1.49%	32	0	0.00%	51	0	0.00%
13	44	1.29%	33	2	0.06%	52	0	0.00%
14	22	0.64%	34	1	0.03%	53	0	0.00%
15	34	0.99%	35	1	0.03%	54	0	0.00%
16	18	0.53%	36	1	0.03%	55	1	0.03%
17	25	0.73%	37	2	0.06%	56	0	0.00%
18	19	0.55%	38	0	0.00%	57	0	0.00%
19	12	0.35%	39	0	0.00%	58	0	0.00%
20	16	0.47%	40	1	0.03%	59	1	0.03%
21	8	0.23%						

从上表可知，在方块壮字异体字表中，有 2 个字形的异体字组数最多，共有 1247 组，占总异体字组的 36.42%；有 3 个字形的异体字组数共有 591 组，占总异体字组的 17.26%。两者共占全部异体字组的 53.68%，由于一个字对应的异体字形较少，这部分异体字的识读及规范还是相对容易进行的。但是，也要看到多字形的异体字组占到极大比重，有 5 个及以上异体字形的共有 1215 组，占总异体字组的 35.48%；有 10 个及以上异体字形的共 449 组，占总异体字组的 13.11%。也就是说，35.48% 的异体字组有 5 个及 5 个以上的字形互为异体，13.11% 的异体字组有 10 个及 10 个以上的字形互为异体。而在《古壮字字典》中，10 个及以上的异体字形的也达到 462 组。[①]

单组异体字的数量达到 30 个的有 17 组，异体字最多的一组高达 59 个。对比其他文字系统的异体字，《汉语大字典》中的《异体字表》是目前收录异体字最多的字表，在异体字组中，最多的一组有 27 个字形（包括正体字）[②]；在东巴文异体字中，最多的一组只有 7 个字形[③]；在水文异体字中，最多的一组也只有 15 个字形[④]。除去各自在界定异体字时可能存在的误差，方块壮字单组异体字的数量仍然是极其庞大的。

其次，单个字形分布在多组异体字的情况广泛存在。单个字形分布在多组异体字

① 李明.《古壮字字典》方块古壮字研究［D］.上海：华东师范大学，2008：54.

② 梁梅.试评《汉语大字典·异体字表》［J］.广西大学学报（哲学社会科学版），1998，20（5）：52.

③ 周斌.东巴文异体字研究［D］.上海：华东师范大学，2004：93.

④ 李杉.水文异体字研究［D］.上海：华东师范大学，2008：149.

是指同一个字形分布在至少 2 组的异体字组中。见下表。

表 4-5 单组异体字的统计情况（二）

分布组数	1	2	3	4	5	6	7	8	9	≥ 10
字形	3096	830	470	263	217	149	117	75	69	392
所占比例	54.53%	14.62%	8.28%	4.63%	3.82%	2.62%	2.06%	1.32%	1.22%	6.90%

经统计，在方块壮字异体字中，共有 17680 个异体字形，不重复的字形有 5678 个，其中，有 2582 个字形分布在 2 组异体字组及以上，占不重复字形的 45.47%；有 1019 个字形分布在 5 组异体字及以上，占不重复字形的 17.95%；有 392 个字形分布在 10 组及以上，占不重复字形的 6.90%。分布组数最多的 10 个字形及其分布情况为“得（71）、的（50）、立（49）、利（48）、托（47）、作（44）、提（43）、里（41）、累（41）、而（40）”，这些字所分布的异体字组数都高达数十组。

再次，整个文字系统出现异体现象的比率非常高。方块壮字异体字字形不重复的数量高达 5678 个，这些字形至少会出现一次异体现象，有的则会出现多次，例如上文中单字形分布在多组异体字的情况。而据第三章的统计，《麽经布洛陀》中共有 6601 个字形不重复的方块壮字（即字量），那么，会出现异体现象的字占到了总字量的 85.93%（5678/6601）。换言之，在《麽经布洛陀》的方块壮字中，有 85.93% 的字形会出现异体现象，或者说，每 10 个字有超过 8.5 个字会出现异体现象。

总之，单组异体字的多字形、单个字形的多组分布以及整个文字系统的高比率异体现象，是方块壮字异体字系统庞杂混乱的主要表现，这些现象交织在一起，对方块壮字的识读及规范工作将造成极大的困难，如果在没有翻译的前提下，外人想要通读《麽经布洛陀》全文几乎不可能。庞杂混乱的异体现象也说明了方块壮字的字形与字音、字义的组合极其不稳定。

4.1.3.2 同字异体缺乏一致性

同字异体的一致性表现在同组异体字的全部字形之间具有相同的生成方式和关联，或者具有相同的造字理据和方法，或者具有相似的结构类型，等等，这种一致性可以为异体字的识别提供重要参考。在东巴文的异体字系统中，同字异体之间结构类型完全相同的异体字组数达到 81.98%[①]，主要是由于结构方式相同部件不同而形成异体关系。这表明东巴文同字异体具有很高的一致性。以此类推，即可相对容易地识别东巴文的异体字。

① 周斌 . 东巴文异体字研究［D］. 上海：华东师范大学，2004：60.

而方块壮字同字异体之间的关系，不管是生成方式还是结构类型的一致性都很差，在字形较多的字组中表现得特别明显。例如，在“艾、榱、哀、碍、爱”（表示“艾草”，读音为 ŋa:i⁶）这组异体字中，从生成方式来看，“艾”是全借字，是对汉字“艾”字的全部借用，两者形同、义同、音同（音近）；“哀、碍、爱”则是音借字，且“碍、爱”与所借用的汉字“碍、爱”比较，笔画还有增删或替换；“榱”则为自造字中的形声字，从“木”，“哀”声。从结构类型上看，“榱”与“哀”可为一类，但其他字形的结构类型却没有任何关联。如果说一定要找出方块壮字同字异体一致性最高的类型，那就是音借字。但是，音借字的理据性很差，加上壮语的方言众多，随意借用的情况比比皆是，无法有效地识别音借字，因此不能认为同字异体之间是音借关系就具有一致性。而对方块壮字异体字来说，最容易辨认的是那些理据性强及具有相同结构类型的字，例如，“𤞶、蘭、蘭、㘓、蘭、蘭、蘭、㶕、㦨、斕”（表示“孙子”，读音为 la:n¹），或者“䖘、䖘、䖘、䖘、䖘、䖘、䖘、䖘”（表示“老虎”，读音为 kuk⁷），这些字让人一看就会联想到它们之间是异体字的关系。根据这个标准来划分，方块壮字同字异体之中，全部字形都具有较高理据性及相同结构类型的异体字组不到 5%，且主要集中在字形较少的字组，有 5 个及 5 个以上字形的异体字组则几乎没有一致性。（上面所举字形仅为一组异体字中的部分字形，其他的字形还有“𤢺、孫、爛、爛、爛、瀾、㺚、瀾、嫻、僩、蘭、蘭、蘭、蘭、闌、拼、芀、芀、監、监、藍、藍、欖、栟、遜、係、并、獺、倫”和“䖘、虎、虎、虎、虎、虎、谷、穷、工、吼、孔、空”。）

4.1.3.3 异体字字形类型齐全

前文我们已将《古壮字字典》的方块壮字字形类型按层级划分，首先划分为借用字和自造字，再将借用字划分为全借字、音借字、义借字、形借字，自造字划分为象物象事字、会意字、形声字、声符字、符号字。这两层九级的划分是对《古壮字字典》方块壮字字形基本类型的合理概括。《麽经布洛陀》中方块壮字异体字也基本涵盖两层九级的字形类型。下面是对其基本字形类型的举例，涉及概念的界定见前文。

表 4-6 方块壮字异体字字形类型举例

组号	字形	字义	读音	字形分析
709	福	福	fuk⁷	全借字
2651	大	大	ta⁶	全借字
3120	独	独，独个	to:k⁸	全借字
867	魂	魂，魂魄	hon¹	全借字

续表

组号	字形	字义	读音	字形分析
2946	𡍐	地，地方	tiək⁸	全借字
867	魂	魂，魂魄	hon¹	全借字
3390	書	书，文字	θɯ¹	全借字词义稍变，“書”亦指文字
2353	危	核	ŋvi⁶	音借字
1689	礼	道理	le⁴	音借字
2255	虫	虫	no:n¹	义借字，借汉义而读壮音
37	肩	肩，肩膀	ba⁵	义借字，借汉义而读壮音
38	乙	叶，叶子	baɯ¹	形借字，音形义与壮语义完全无关
1166	千	敢	ka:m³	形借字，音形义与壮语义完全无关
2355	了	背	o¹	自造象物象事字，“了”为人形，“丶”于人背后
1717	亅	钓，钓竿	ɬe:t⁷	自造象物象事字，描摹钓竿状
515	沓	湿	dak⁷	自造会意字，比类合谊，田里有水表湿
2645	𡖄	孤儿	tɕa⁴	自造会意字，比类合谊，无父表孤
345	卞	十一	ɕip⁸it⁷	自造会意字，直组取义，十加一即十一
77	丟	天，上天	bɯn¹	自造会意字，直组取义，天加上即天上
1864	奀	少	ɬi:u³	自造会意字，连读成语，不大即小
1448	歪	跛，跛脚	kve²	自造会意字，连读成语，不平即跛
3174	冃	白白，空的	tɕu:⁵	自造会意字，形体结构，减少笔画表没有等否定义
2969	肑	脚，脚步	tin¹	自造形声字，意符类属型，从“月”“丁”声
1250	痁	痛，病痛	ke:t⁷	自造形声字，意符类属型，从“疒”“吉”声
2661	㱚	死，死亡	ta:i¹	自造形声字，意符直义型，“台”声“死”义
959	𡖺	晚上	jam⁶	自造形声字，意符直义型，“壬”声“夜”义
2501	袻	衣服	pu⁶	自造形声字，意符直义型，“布”声“衤、布”义
862	㕣	栏，圈，笼	ho:k⁸	自造会意兼形声，从“口”“合”声，表合围义
1387	皿	做	kuək⁸	自造字，符号字，方块壮字特有，形音义无关
1387	罒	做	kuək⁸	自造字，符号字，方块壮字特有，形音义无关

经调查，方块壮字异体字除了缺少声符字，其他字形类型全部具备。但是，借用字和自造字的分布并不均匀，借用字约占 80%，且主要是音借字，其次是全借字和义借字，形借字最少；自造字约占 20%，以形声字为主，其次是会意字，象物象事字和自造符号字非常罕见。

从字形类型出发，可以较为合理地对方块壮字异体字系统进行划分和归类，从而为方块壮字的整理及规范提供依据。从字形类型上看，方块壮字自造字中的形声字无疑是最具理据性、最具有民族特色的类型，对异体字整理和文字的规范而言，该类型

字可优先推荐为正体字和规范字形。自造字中的象物象事字、会意字和符号字也具有壮族特有的文化思维，但需进一步解读，在没有形声字的情况下可作为备选方案。对于借用字，音借字和形借字理据性不强，方块壮字异体现象的混乱状况，在一定程度上就是因为这两种字的大量存在，整理和规范时应首先淘汰。全借字和义借字可有选择地选用，可参考使用度和分布度，但如果借用字的字形不规范，如增减笔画、结构变形等，即使该字形具有很高的使用度和分布度也应该将其淘汰，而用原字形代替，如用“魂”代“䰟”。这是因为，原来的字形是借用字理据性的根本所在，对原字形的稍变并没有改变原字的用法和功能，相应的信息也没有发生变化，反而是这些字形既违背了文字的规范性和经济性，又影响了文字信息化的处理（如增加了字库的码位），不能盲目追求方块壮字字形的“独特”，而应坚决淘汰不合理的字形。

◆ 4.2 方块壮字字序整理 ◆

两个或两个以上的方块壮字排列在一起，就会出现谁先谁后的问题，即字序问题。字序在辞书编纂、文献资料索引、信息处理等方面都有重要作用。对方块壮字来说，字序主要有音序（按方块壮字相应的拼音壮文或国际音标排序）和形序（按方块壮字字形排序），形序中又可以按笔画、部首、四角号码笔形等方式排序。由于有多种读音的方块壮字占相当一部分，并且在同音或同部之下的排序也要以笔画为序，所以笔画顺序是方块壮字最基本的排序方式。

4.2.1 方块壮字笔形规范

笔画是构成方块字字形的最小单位。方块壮字的笔画笔形分类及应用应该遵循汉字的规范。这是因为，从造字来源上看，方块壮字就是借助汉字及其部件、笔画改造而来的，与汉字的书写形态基本一致。汉字作为当今最成熟的方块字，标准化和规范化都达到了很高的水平，可为方块壮字的规范提供很好的借鉴。

傅永和对汉字的笔画是这样描述的，“所谓笔画，就是用笔写字时，笔头在纸上所画的线条。每写一个汉字，笔头一般要在纸上起落若干次，在每一次起笔、收笔的过程中，不管笔头在纸上所走的路线是横的还是竖的，是长的还是短的，是直的还是弯的，统称为一画”。①

① 傅永和．汉字的笔画［J］．语文建设，1992（1）：8.

笔画的形状简称为笔形。汉字笔形的分类可以根据不同的需要制定不同的标准，例如，如果是为了汉字的构形描写，强调笔画是字形的最小单位，就要突出每类笔形的总体特点，着眼于笔形在构成部件和组字时的区别性特征；如果是为了检索汉字，笔形的粗分类反而便于操作，在总体特点下的细微变形在分类时可忽略不计；如果是为了汉字的书法，可能就更关注于每类笔形的不同形态，突出每一种笔形的个性，等等。对本研究而言，方块壮字的笔画笔形主要着眼于排序检索，因此其分类和应用以粗分类为主，具体标准可以参考现有汉字笔画笔形的规范。

根据国家语言文字工作委员会制定的《GB13000.1 字符集汉字字序（笔画序）规范》，汉字最基本的笔形（即主笔形）共有五种，分别为：一（横）、丨（竖）、丿（撇）、丶（点）、乛（折）。五种主笔形中，除丿（撇），其他四种主笔形都有从属笔形，对应如下（破折号后为从属笔形）。①

一（横）——㇀（提）

丨（竖）——亅（竖钩）

丶（点）——㇏、㇏、㇏

乛（折）——㇕、㇆、㇈、㇌、乙（横折）；㇙、㇁、㇄、㇜、㇉（竖折）；

㇜、㇛、㇁（撇折）；㇃（点折）

这五种笔形规范已被广泛应用于汉字的信息处理、识字教学、排序检索、辞书编纂等领域，已具有规范的效应。实现与汉字规范的兼容，方块壮字才能在更大范围上得到有效应用。因此，方块壮字也应该确定以一（横）、丨（竖）、丿（撇）、丶（点）、乛（折）为基本笔形，相应的从属笔形同样参照汉字笔形规范。另外，《麽经布洛陀》中的某些方块壮字存在一定程度上的变形，如下所示。

△ 為 [illegible] [illegible] [illegible] 愿 乡 [illegible] 怪 [illegible] 叱 还 為 特 [illegible] [illegible]

前文已论及，特殊的笔形可能蕴含有特定的文化含义，如《古壮字字典》中类似于数字“3”的笔画，象征抽象的人形，“3·”的“丶”于人后，表示背的动作；“3”的“丶”于人内，为抱物状。再如《麽经布洛陀》中“△”，属于借用符号表示特定含义，在麽经抄本中常用来指代做麽教仪式的主人家。但是，不能说变形的笔形就必然是方块壮字特有的笔形，从笔势上看，上面列举的字大多数都有明显的连写痕迹，当属于不规范的书写，并且这些字的使用频率并不高，很有可能是错字、讹字，不应该吸收

① 国家语言文字工作委员会．GF3003-1999，GB13000.1 字符集汉字字序（笔画序）规范［M］．上海：上海教育出版社，2000：2-3.

到标准字体中。如“乡”字，其实就是“分”字的连写形式。“乡”的字形符合“分”的连写习惯，两个字形的读音都是 fan[1]，意义都是“种”，没有特定的区别含义。从使用频率上看，“乡”仅出现 1 次，并没有被广泛运用。类似的还有“愿”和“愿”，“刼”和“刼”，“怪”和“怪”，“特”和“特”等，这些“特殊”的笔形实际上是不规范的书写，本研究在处理时参照了汉字书写规则予以规范，归类上，我们把出现较大曲折的且连写的笔形归为折笔来处理。

4.2.2 方块壮字字序（笔画序）规则

《GB13000.1 字符集汉字字序（笔画序）规范》以 GB13000.1 字符集中 20902 个汉字为字量，以现代汉字标准字形为主要依据，结合了汉字字形学、汉字图形学、汉字构字学等理论基础和众多国际标准及国家标准，可允许增加字量和新的规则而不会改变原字序，具有很强的实用性、科学性、兼容性、可扩充性、独立性和确定性，是目前汉字排序的主要依据，已广泛应用于各个领域。① 因此，我们在确定方块壮字字序（笔画序）规则时，主要以《GB13000.1 字符集汉字字序（笔画序）规范》为标准，目的是实现与汉字字序的兼容。

字序（笔画序）规则的逻辑流程图如下图所示。

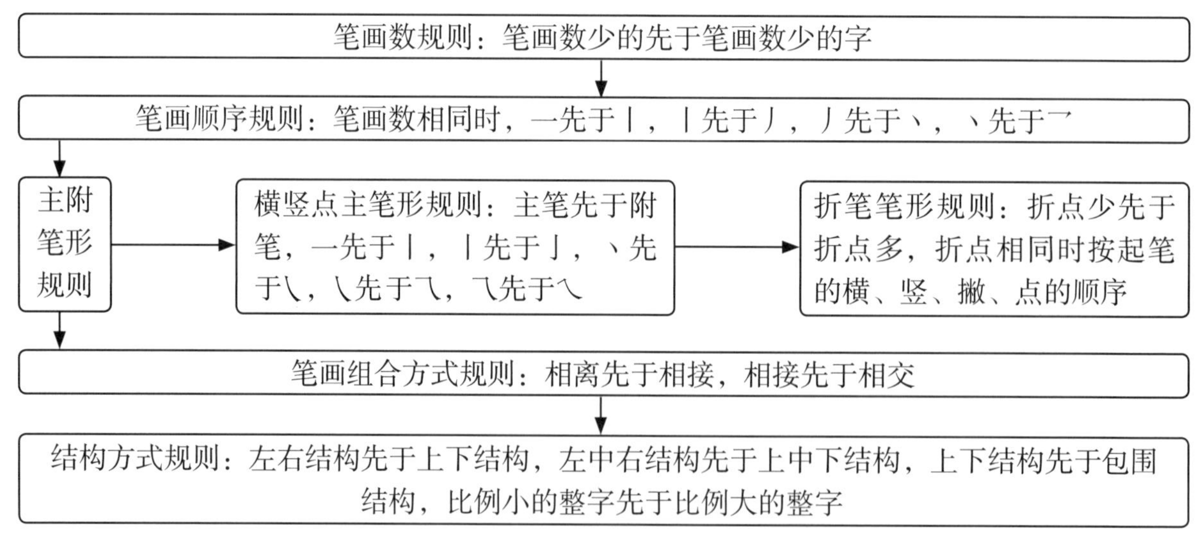

图 4-1 字序（笔画序）规则的逻辑流程图②

在为方块壮字定序时，根据方块壮字的实际字形，按上述规则逐条比较，前面的

① 汉字字序规范课题组 .《GB13000.1 字符集汉字字序（笔画序）规范》的研制［J］. 语文建设，1999（5）：4.

② 流程图根据《GB13000.1 字符集汉字字序（笔画序）规范》的定序规则制作。

规则先于后面的规则，只有当前面规则无法定序时才按照后面的规则，直到完全定序。《麽经布洛陀》方块壮字笔画顺序表见附录4。

4.2.3 方块壮字笔画笔形的统计数据及特点

4.2.3.1 笔画实现的可排序性

排序方块壮字字量为6601个，笔画数规则实现的可排序率为0.44%（29/6601），笔顺规则实现的可排序率为84.03%（5547/6601），主附笔形及结构规则实现的可排序率为15.53%（1025/6601）。笔顺同码字为1025个，占总字量的15.53%。笔顺同码字组数为440个，组内同码字的平均数是2.33（1025/440）。在笔顺同码字组中，方块壮字最多的一组达到10个，该组笔画顺序代码为534。导致同码字最多的部件是“扌”和“土”，共引发112个字同码。

对比汉字,《GB13000.1字符集汉字字序(笔画序)规范》的排序汉字字量为20902个，笔画数规则实现的可排序率为0.2%，笔顺规则实现的可排序率为90.6%，主附笔形及结构规则实现的可排序率为9.2%。笔顺同码字为1943个，占总字量的9.2%。笔顺同码字组数为878个，组内同码字的平均数是2.21（1943/878）。在笔顺同码字组中，最多的一组字有9个，该组笔画顺序代码为354。导致同码字最多的部件是“扌”和“土”，共引发452个字同码。[①]

上面的对比数据显示，方块壮字与汉字的笔画排序数据非常相似，两者的绝大部分字序都可以通过笔顺规则实现。在笔顺同码字组中，汉字最多的有9个，方块壮字则达到10个，且都出现在笔画数为3的笔顺字组中，笔形都是折、撇、点。在笔顺同码字组中，方块壮字和汉字的组内同码字的平均数分别为2.33和2.21，表示两者的同码字排检的识别度也非常接近。和汉字一样，导致方块壮字同码字最多的部件也是“扌”和“土”，可见，从笔画笔形的实际运用来看，“亅”归入“丨”不仅在汉字排检中引起不便，也不利于方块壮字的排检。

4.2.3.2 笔画的频次分布及其拥字量

对方块壮字的笔画数频次分布进行单变量频率分析，得出以下数据：6601个方块壮字的总笔画数为72112，频次的均值为10.92，即方块壮字平均笔画数为10.92。中值为11，即一半的字的笔画数在11以上或以下。众数为11，即笔画数为11的字出现的

① 数据引自《GB13000.1字符集汉字字序（笔画序）规范》的研制》（汉字字序规范课题组，《语文建设》，1999），或根据该文数据计算得出。

频率最频繁，共有 661 个字。笔画数最多的字有 30 画，共有 3 个字；笔画数最少的字为 1 画，共有 6 个字；全距为 29。标准差为 4.017，方差为 16.138。

《GB13000.1 字符集汉字字序（笔画序）规范》20902 个汉字笔画总数为 268479，平均笔画数为 12.84，中值和众数都是 12，即一半的字的笔画数在 12 以上或以下，笔画数为 12 的字出现的频率最高，共有 1957 个字。笔画数最多的字有 48 画，只有 1 个字；笔画数最少的字是 1 画，共有 10 个字；全距为 47。[①] 方块壮字和汉字的笔画及其拥字量的具体分布见表 4-7 和图 4-2、图 4-3。

表 4-7 方块壮字和汉字笔画数及拥字量的分布情况

壮字笔画数	壮字拥字量	壮字百分比	汉字笔画数	汉字拥字量	汉字百分比
1	6	0.09%	1	10	0.05%
2	28	0.42%	2	44	0.21%
3	76	1.15%	3	98	0.47%
4	153	2.32%	4	33	0.16%
5	253	3.83%	5	331	1.60%
6	342	5.18%	6	583	2.81%
7	473	7.17%	7	966	4.66%
8	582	8.82%	8	1300	6.27%
9	626	9.48%	9	1541	7.43%
10	630	9.54%	10	1709	8.24%
11	661	10.01%	11	1859	8.97%
12	646	9.79%	12	1957	9.44%
13	502	7.60%	13	1741	8.40%
14	408	6.18%	14	1569	7.57%
15	366	5.54%	15	1516	7.31%
16	286	4.33%	16	1291	6.23%
17	180	2.73%	17	1012	4.88%
18	135	2.05%	18	773	3.73%
19	81	1.23%	19	691	3.33%
20	51	0.77%	20	501	2.42%
21	43	0.65%	21	350	1.69%

① 笔画数统计数据引自或依据：郭曙纶，朴贞姬.《GB13000.1 字符集汉字字序（笔画序）规范》笔画数统计报告［J］.现代语文，2006（11）.

续表

壮字笔画数	壮字拥字量	壮字百分比	汉字笔画数	汉字拥字量	汉字百分比
22	29	0.44%	22	275	1.33%
23	19	0.29%	23	196	0.95%
24	11	0.17%	24	152	0.73%
25	6	0.09%	25	83	0.40%
26	1	0.02%	26	48	0.23%
27	2	0.03%	27	44	0.21%
28	2	0.03%	28	26	0.13%
30	3	0.05%	29	10	0.05%
			30	10	0.05%
			31	1	0.00%
			32	3	0.01%
			33	4	0.02%
			35	1	0.00%
			36	1	0.00%
			39	1	0.00%
			48	1	0.00%
合计	6601	100.00%	合计	20902	100.00%

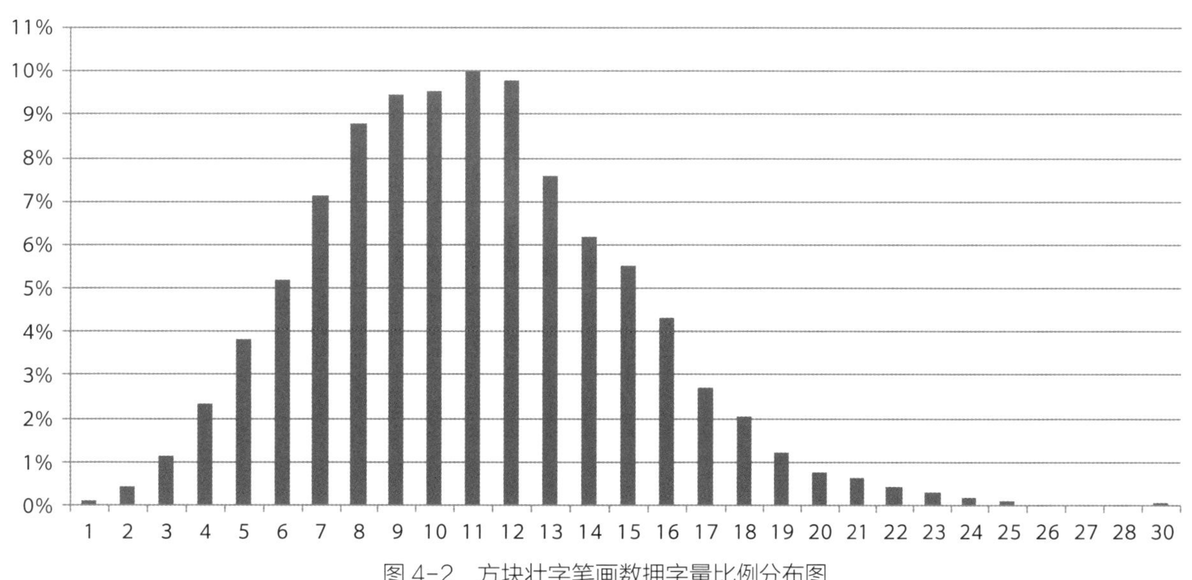

图 4-2 方块壮字笔画数拥字量比例分布图

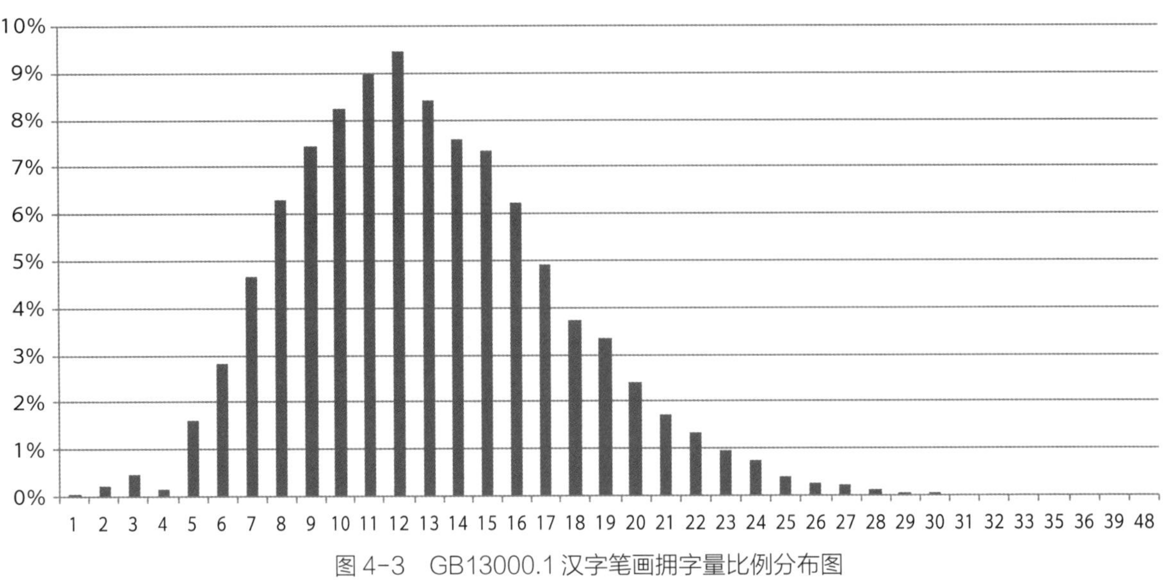

图 4-3　GB13000.1 汉字笔画拥字量比例分布图

通过对比可知，方块壮字和汉字的笔画数总体上分布一致。两者笔画的拥字量非常集中，主要集中在 6 至 17 画，并近似于正态分布。这说明了方块壮字和汉字的笔画数分布符合适用性与经济性相统一的规律：字的笔画既不会太少——有足够的笔画数才能传达出足够的具有区别度的文字信息；但也不会太多——尽量用较少的笔画来传达必要的文字信息。从具体的集中参数（众数、中数、平均数）来看，方块壮字笔画数出现最集中的是 11 画，汉字笔画数出现最集中的是 12 画，这应该与 GB13000.1 汉字字符集包括比较多的繁体字有关。

4.2.3.3 基本笔形分布

对方块壮字的笔形进行分类统计，并结合汉字的笔形统计[①]，可得出以下数据。

表 4-8　方块壮字笔形分类统计表

方块壮字	横	竖	撇	点	折	总计
总数	22267	14190	10876	12535	12244	72112
百分比	30.88%	19.68%	15.08%	17.38%	16.98%	100.00%
字均笔画	3.37	2.15	1.65	1.90	1.85	10.92
均值倍数	3.24	5.08	6.63	5.75	5.89	1.00
汉字	**横**	**竖**	**撇**	**点**	**折**	**总计**
总数	82682	51459	40933	48141	45264	268479
百分比	30.80%	19.17%	15.25%	17.93%	16.86%	100.00%

① 数据引自：郭曙纶，朴贞姬.《GB13000.1 字符集汉字字序（笔画序）规范》笔画数统计报告［J］.现代语文，2006（11）：40.

续表

汉字	横	竖	撇	点	折	总计
字均笔画	3.96	2.46	1.96	2.30	2.17	12.84
均值倍数	3.25	5.22	6.56	5.57	5.93	1.00

从以上对比数据来看，方块壮字和汉字基本笔形的分布几乎一致，其中，横笔最多，占绝对优势，其次是竖笔，然后依次是点笔、折笔和撇笔。字均笔画虽然有一定差别，但是均值倍数却相差无几。

综上，方块壮字和汉字在实现的可排序性、笔画数的频率分布及其拥字量和基本笔形的分布上高度一致，说明方块壮字的笔画规律符合汉字的笔画规律，笔画的功能和特点不会因为部件、字形类型和造字方式的改变而发生变化。因此，从应用的层面看，凡是可以利用汉字笔画规律实现的技术，同样适用于方块壮字，例如手写识别输入法、笔画输入法、精确定序、字形规范等。

◆ 4.3 方块壮字常用等级划分 ◆

文字是记录语言的符号，也是保存文化信息的最重要的工具。由于受到人类大脑记忆功能的限制，文字在运用时使用的字数是有限的，原因："第一，不可能也没有必要用文字符号无限度地记录所有的语言单位；第二，为了在最简原则下实现思想交流和文化传承，需要集中记录一些概念。"[①] 伴随有限性而来的是层级性，具体表现为根据每个字符使用的等级或程度的不同，划分为不同的文字汇集。

现代汉字的常用等级一般可以划分为常用字、通用字和专用字。根据以往的研究及规范实践，常用字的概念大多表述为"社会常用的""具有一般知识的人在日常的各方面交往中经常要用的"字集。[②] 常用字的稳定性使其成为社会用字的核心，所记录的内容是社会全部信息的基本集。从文字使用的角度来看，常用字的地位明显高于非常用字。通用字的定义大多表述为"一个时期出版印刷、辞书编纂和汉字机械处理、信息处理所需要使用的汉字"。[③] 专用字则为某一特定领域的专门用字。在《通用规范

① 王敏．新中国常用字问题研究概述［J］．语言文字应用．2007（2）：13.

② 高家莺，范可育，费锦昌．现代汉字学［M］．北京：高等教育出版社，1993：128.

③ 山石．《现代汉语常用字表》和《现代汉语通用字表》［J］．语文建设（5）：154.

汉字表（征求意见稿）》中，常用字即一级字（3500 字），“是使用频度最高的常用字集，主要满足基础教育和文化普及层面的用字需要”，二级字（3000 字）是“使用频度低于一级字”的字集，一级字和二级字的集合就是通用字，可以满足现代汉语印刷出版的需要；三级字（1800 字）即专用字，是“未进入一、二级字且较通用的字”，可以照顾到某些专门领域（地名、人名、科技术语等）的用字需要。[①] 现代汉字的常用等级划分，不仅能够客观地反映现代汉字使用的实际状况，也可以满足不同使用者的现实需求，实现汉字的定量，从而提高了现代汉字的实用性。

通过第三章的字频统计可以看到，方块壮字的使用也具有集中分布、层级分明的特点，具体表现在高频字的数量少但文本的累计覆盖率高，低频字的数量多但文本的累计覆盖率低。要想掌握和认识方块壮字的实际使用情况，以便更全面、更深入地了解这部壮族典籍记载的基本内容，扩大方块壮字的实际运用范围，对方块壮字进行常用等级划分并编纂一个科学合理、层次分明的常用字表很有必要。基于此，根据《麽经布洛陀》的具体情况，本研究把方块壮字的常用等级划分为常用字、次常用字和生僻字。方块壮字常用字是《麽经布洛陀》的核心用字，也是记录这部壮族典籍基本内容的体现；方块壮字次常用字是那些不太稳定但又达到一定使用频率和分布度的字，常用字和次常用字构成了《麽经布洛陀》的基本用字；方块壮字生僻字则是不常用的字。

4.3.1 常用等级划分的原则

对于汉字常用字的选用标准，由国家语委和国家教委联合发布的《现代汉语常用字表》（1988 年）遵循以下原则：“1. 根据汉字的使用频率，选取使用频率高的字；2. 在使用频率相同的情况下，选取学科分布广、使用度高的字；3. 根据汉字的构词和构字能力，选取构词能力和构字能力强的字；4. 根据汉字的实际使用（语义功能）情况斟酌取舍。有些字在书面语中很少使用，进行用字统计时往往统计不到，但在社会日常生活中却很常用，像这类字，也应适当选取。以上四条原则是综合运用的，不单纯依据某一原则决定取舍。”[②]《现代汉语常用字表》的语料范围涵盖社会科学和自然科学等各个领域，在研制方法上运用分布度和使用度的概念，避免了人工划分的主观性和片面性。虽然与后来的《通用规范汉字表》的一级字的在选字上有部分不一致，但这是现代汉字使用状况不同的结果。从常用字的选用方法和原则来看，还是比较合

① 教育部，国家语委研制 .《通用汉字规范表（征求意见稿）·说明》，2009.

② 傅永和 . 现代汉语常用字表的研制——附录：常用字、次常用字［J］. 语文建设 .1988（2）：25.

理和科学的。这些原则也适用于方块壮字常用等级的划分。可以综合使用频率、分布度、构词构字能力和语义功能，设定不同的等级标准，划分出不同的常用等级。

当然，以上原则也存在不足，主要体现在常用等级标准的不确定。例如，对于常用等级的各项指标，到底如何才算是符合社会用字的需求，如何证明各级用字达到常用或非常用的等级标准，具体地说，如果要用语料验证，达到多少的覆盖率、使用度或分布度可以划分常用与不常用，等等。不管是在当前的研究还是现行的国家规范中，这些问题都无法得到很好的回答。而对于研究的具体操作，需要有明确的数据和科学的界定作为支撑。虽然无法直接借鉴汉字常用等级界定的标准，但是汉字的研究方法还是提供了一个很好的方向，即语料的运用。汉字的语料由于是动态的和开放的，可以说每分每秒都有新的语料产生，其规模是不可估量的，不可能把所有的语料建设成语料库，即使是目前最大的语料库也是抽样的结果。这就难以用具体的覆盖率和使用度来界定常用等级，而只能像上文的定义一般，实行宽泛意义上的划分。我们的情况则不同，《麽经布洛陀》是一个封闭的语料库，语料的规模也不算大，可以运用覆盖率、字频和分布度等参数做到相对精确的划分。

根据方块壮字的实际情况，我们把覆盖率作为常用等级划分的基础，执行以下标准。

第一，按方块壮字的常用程度从高到低排列，累计覆盖率达到 90% 的字是常用字，累计覆盖率在 90% 和 98% 之间的字是次常用字，其余的字是生僻字。把覆盖率的 90% 和 98% 作为常用字、次常用字和生僻字的切分点，主要基于以下考虑：语料规模大，单字的利用率就会相应提高，数量一定的最常用的字的覆盖率也会跟着提高，如《现代汉语常用字表》的语料规模是 1108 万，3500 个常用字的覆盖率经检验可达到 99.48%。[①] 而《麽经布洛陀》的语料规模较小，只有二十多万，如果把常用等级的覆盖率的切分点设得过高，如 99%、99.9%，需选用的方块壮字的数量分别是 4421、6580，常用字和次常用字选用的字过多，常用等级就没有层级性可言，选用的“常用字”也就没有常用性和代表性。因此，综合方块壮字的实际情况和常用字、次常用字、生僻字的特点，以及人们的习惯心理，选择 90% 和 98% 作为切分点是合适的。

第二，优先根据使用度衡量常用程度。

第三，根据方块壮字的组词和构字能力，选取组词、构字能力强的字作为较常用的字。

第四，根据方块壮字的语义功能取舍，选用语义功能较强的字作为较常用的字。

① 王敏．新中国常用字问题研究概述［J］．语言文字应用，2007（2）：15.

第五，根据方块壮字的字形规范斟酌选用。

以上标准，以使用度作为常用等级划分的第一原则——常用程度的衡量优先依据使用度的标准，优先选用使用度高的字作为较常用的字。在使用度相同的情况下，执行第二原则，即组词构字能力、语义能力、字形规范的标准，这几项标准为综合运用，不再区分优先原则。另外，需要注意区别使用度和常用程度的概念。使用度主要以字频和分布度作为参数（见下文 4.3.2.1），常用程度则结合了使用度、组词构字能力、语义功能、字形规范等文字使用的因素，是一个更综合的指标。只不过使用度在常用程度中占据了主导地位，并且使用度能够以数据的形式出现，更利于具体的操作，因而本研究优先利用使用度来划分方块壮字的常用等级。只有在使用度无法确定字的常用程度时，才综合运用其他标准。

4.3.2 常用等级划分的具体操作

4.3.2.1 使用度的计算

使用度（或通用度）“是根据字（或词）的出现次数和在各类、各篇语料里的分布情况，按照一定公式计算得出的数值。从这个数值可以大致看出该字（或词）在语料里的使用程度和分布情况。”[①] 使用度对评判字（或词）的常用程度有重要的参考价值，用使用度来衡量字（或词）的常用程度，比单纯以出现频次或分布程度为标准更准确、科学、合理。对方块壮字而言，综合一个字在不同抄本的分布，可以衡量这个字的使用分布是否均匀。如，某个字在单一抄本中出现的频次较高，但在其他抄本中却很少出现，这就说明它的使用分布是不均匀的。相反，某些字不仅出现的频次高，而且在多个抄本中出现，说明它的使用分布是均匀的。分布均匀的字的使用度比分布不均匀的字的使用度要高。

值得一提的是，使用度的计算需要经过数据标准化来衡量，而不是人为地用频次和分布度来判断使用度的高低。这是因为，人为判断使用度具有很大的局限性和缺陷：前文方块壮字字频统计的数据显示，有相当一部分的字出现的频次是相同的，这些字的分布度有的相同，有的又不一样，即使结合了分布度，每个字的使用度也难以评判。我们来看下面的字，括号内的第一个数字是出现的频次，第二个数字是分布度：“香（33，17）、或（33，12）、兖（33，11）、扶（33，11）、猥（33，10）、泰（33，10）、斉（33，10）、般（33，10）、魂（33，9）、梨（33，7）、唤（33，6）、伐（33，

① 李兆麟．汉语计量研究与语文辞书编纂［J］．辞书研究，1991（3）：9-10.

6）、手（33，6）、阑（33，3）、硍（33，3）、兰（33，3）、迭（33，2）、衡（33，1）、赧（33，1）、勒（33，1）。可以看到，这些字出现的频次都一样，当分布度不同时，或许可以依据分布度区分出字的使用度，但是当分布度相同时，例如，“兖、扶”的分布度都是11，“猤、泰、斉、般”的分布度都是10，“唤、伐、手”的分布度都是6，“阑、硍、兰”的分布度都是3，“衡、赧、勒”的分布度都是1，就无法人为地评判其使用度的大小。另外，当字频和分布度都不相同时，字的使用度的判断更会让人感到无从入手。例如，是“坎、畢、印（30，12）”的使用度高，还是“衡、赧、勒（33，1）”的使用度高？按常理我们会觉得“坎、畢、印”的使用度会比较高，因为它们的字频相差不大，“坎、畢、印”的分布度却达到12。但是具体怎样说明呢？而如果字频和分布度都相近，如“坎、畢、印（30，12）”与“猤、泰、斉、般”（33，10），它们的使用度又如何比较？显然，人为比较的方法难以做到对每个字的使用度进行有效确定，而有效确定每个字的使用度，对于某些处在常用程度临界点的字来说尤为重要。因此，人为地判断使用度的方法行不通，需要通过数据标准化的手段，为每一个字精确地计算出使用度，以此作为字的常用程度的主要依据。

尹斌庸、方世增曾在《词频统计的新概念和新方法》（1994）一文中提出计算词汇使用度的方法：把抽样统计的语料分成k组，某一个词的在1，2，3，……，k组中出现的频次是n_1，n_2，n_3，……，n_k，则该词的使用度（T）的计算公式如下为：

$$T=\left(\sqrt{n_1}+\sqrt{n_2}+\sqrt{n_3}+\ldots\ldots+\sqrt{n_k}\right)^2/k$$[1]

该文对这个公式进行了“模型验证”和较大规模的实践的检验，证明使用度计算的合理性和科学性。从计算公式中可以看到使用度的值有以下特点：当词频一定，语料分布最均匀时，使用度的取值最大；词的分布度从均匀向不均匀变化时，使用度的值也逐渐变小；当分布度为1时，使用度最小。可见，使用度是加权了频度和分布度的评判字的实现使用情况的综合指标，可以弥补传统频度统计不考虑分布情况的缺陷，提高了划分常用等级的客观性和准确性。

字频与词频是字（或词）在语料中出现的次数，从统计的角度上看，字频和词频的性质是一致的，词汇使用度的计算也适合字的使用度的计算。因此，我们利用上述公式计算方块壮字的使用度。运用这个公式，要解决上文提出的问题就变得相对容易。使用度计算的具体操作如下。

第一，统计6601个方块壮字在每个抄本中出现的频次。如“伐”字，分布的抄本

① 高家莺，范可育，费锦昌.现代汉字学［M］.北京：高等教育出版社，1993：128.

及其频次如下：吆兵全卷（3）、歷兵甲一科（1）、雜麽一共卷一科（2）、麽叹魂糗一科（1）、占殺牛祭祖宗（4）、麽破塘（22）。如果在某个（些）抄本没有分布，其相应的频次则为 0，计算时可省略。

第二，按使用度的计算公式，代入各项参数，利用 excel 的函数公式分步骤计算。如“伐”的通用度 T（伐）=（$\sqrt{3}+\sqrt{1}+\sqrt{2}+\sqrt{1}+\sqrt{4}+\sqrt{22}$）^{2} / 29=4.831275741。以此类推，即可计算出全部 6601 个方块壮字的使用度。上文中的字的使用度如下表。

表 4-9　方块壮字使用度的计算示例

方块壮字	分布度	字频	在各抄本中出现的频次	使用度
香	17	33	2，1，1，1，4，1，2，1，3，1，3，1，1，3，1，4，3	17.85739
或	12	33	9，2，2，1，2，1，1，3，6，2，2，2	12.01553
猠	10	33	3，2，2，1，3，6，5，5，3，3	10.77658
兖	11	33	5，7，3，1，4，7，1，1，2，1，1	10.77119
扶	11	33	1，3，3，1，1，1，2，1，5，3，12	10.33292
泰	10	33	1，4，3，11，1，5，1，4，1，2	9.615695
斉	10	33	2，2，14，2，3，1，1，3，4，1	9.329305
魂	9	33	1，2，1，8，4，2，3，2，10	8.789444
般	10	33	5，3，1，1，1，14，5，1，1，1	8.767929
梨	7	33	3，2，1，7，2，17，1	6.126592
唤	6	33	1，8，4，3，13，4	5.977391
手	6	33	1，21，2，1，1，7	4.674095
阑	3	33	17，4，12	3.169467
碇	3	33	1，1，31	1.974864
兰	3	33	1，1，31	1.974864
迭	2	33	2，31	1.680966
衡	1	33	33	1.137931
赧	1	33	33	1.137931
勒	1	33	33	1.137931
坎	12	30	2，1，2，2，3，1，5，2，2，2，6，2	11.56953
畢	12	30	4，1，7，3，3，1，1，1，3，2，2，2	11.27761
印	12	30	1，7，2，5，1，1，2，3，5，1，1，1	10.77671

第三，根据使用度的值从大到小排序，比较每个字的常用程度。例如，比较“猠泰斉般”（33，10）的使用度，则 T（猠）> T（泰）> T（斉）T（般）；比较“唤、伐、手”（33，6）的使用度，则 T（唤）> T（伐）>T（手）；比较“坎、畢、印（30，12）”和“衡、赧、勒（33，1）”，则前者的使用度明显要高出很多，具体数据见上表；比

较“坎、畢、印（30，12）”和“狈、泰、斉、般”（33，10）的使用度，则 T（坎）> T（畢）T（印）> T（狈）> T（泰）> T（斉）T（般）。可见，利用使用度可以非常直观、便捷了解每个字的常用程度。

当然，如果某些字的字频及其分布情况完全相同时，例如，“碇、兰（33，3）”，频次分布的情况都是“1，1，31”，即在两个抄本中出现 1 次，一个抄本中出现 31 次；以及所有的字频相同且分布度为 1 的字，由于各项数据都相同，计算出来的使用度的值也相同，无法比较使用度的大小。这时如果要了解这些字的常用程度，就需要执行其他标准，即比较它们的组词构字能力、语义功能、字形规范程度及造字理据性。

对方块壮字的使用度进行单变量频率分析，可以得出以下数据：6601 个方块壮字的使用度的总值为 98511.97997，使用度的平均值为 14.92380，中值为 0.13793；众数为 0.03448，是字频和分布度为 1 的字。使用度的最大值是 3423.84569，具体的字是“造”；最小值是 0.03448，也是字频和分布度 1 的字；全距为 3423.81120。标准差为 91.04192，方差为 8288.63070。

4.3.2.2 组词构字能力、语义功能、字形规范

组词能力是指字组成词语的能力。一般来说，组词能力强的方块壮字，在语料中出现的机会就多，它的频度也会相应提高，所以组词能力的强弱往往与字频的高低有关。构字能力是指某个字作为构字部件与别的部件构成新的字，如“兰”字，还可以构成“栏、拦、僋、烂、阑、踣、牰、硭、咝、蛄、涞、忄兰、旪、妌、纟兰、窐”等字，这就大大提高了“兰”字的常用程度。同等条件下，以组词构字能力强的字的常用程度高。例如，“兰”字和“碇”字的使用度都是 1.97486，但是“兰”字的构字能力明显强于“碇”字，因而它的常用程度也更高。

语义功能是指字的用法和意义。语义功能强的字，其用法和意义也多，表现在具体指标上就是字义量，同等条件下以字义量多的字的常用程度高。例如，“會”字和“休”字，使用度都是 2.52696，“會”字的字义量是 9，“休”字的字义量是 7，则“會”字的常用程度更高。

字形规范以字形已被收录进《古壮字字典》为标准。由于《古壮字字典》里的字形本身就是从众多方块壮字文献的字形中整理出来的，也就是说，这些字形可能在《麽经布洛陀》之外的语料中也在运用，在同等条件下其常用程度要高于未被收入《古壮字字典》的字。例如，“扒”字和“惱”字的使用度都是 2.11325，“扒”字已被收进《古壮字字典》中，而“惱”字没有被收录，则“扒”字的常用程度更高。

需要说明的是，本研究在划分方块壮字的常用等级时，没有对方块壮字的常用程

度进行完全排序，一般情况下只是按字的使用度从大到小来排序，使用度相同的字，根据计算机随机排序。这是因为，等级划分是在一定的使用度范围内的划分，利用使用度就可以划分出绝大部分方块壮字的常用等级，没有必要再为每个字都排列常用程度，这也是使用度优先的具体体现。只有当某些字处在两个常用等级的临界点时，如覆盖率在 90% 和 98% 附近，或者有必要进行常用程度的比较时，才根据组词构字能力、语义功能、字形规范的标准，排列出方块壮字的常用程度。

4.3.3 常用字、次常用字、生僻字字表

4.3.3.1 常用字

本研究把常用程度最高的覆盖率达到 90% 的方块壮字划分为常用字。根据常用等级划分的标准，共有 1378 个字被选为常用字，占总字量的 20.88%。使用度优先原则可划分出 1377 个常用字，划分的可实现率为 99.93%。使用度相同且位于常用字与次常用字临界点的字有 2 个字，分别是“孤”和“孺”。这两个字的使用度都是 2.51724，在书中出现的频次都是 73，并只出现在一个抄本中。综合比较“孤”和“孺”：两字没有组词构字能力，也不是《古壮字字典》中的字形，但是“孺”的字义量为 16，“孤”的字义量为 6，因而把“孺”选用为常用字，“孤”则归入次常用字。方块壮字常用字表见附录 5。

在方块壮字常用字中，有 1162 个字形已有 Unicode 编码，占常用字总数的 84.33%（1162/1378），占已有 Unicode 编码字形总数的 33.06%（1162/3315）。有 758 个字形已被收录进《古壮字字典》，占常用字总数的 51.31%，占已被收录进《古壮字字典》字形总数的 42.61%（758/1779）。

对方块壮字常用字的使用度、频次、分布度、字义量、笔画数分别进行单变量频率分析，得出以下数据。

使用度。总和是 97041.20322，占所有方块壮字使用度的 98.51%（97041.20322/98511.97997）。单字平均使用度是 70.42177，是总平均使用度的 4.72 倍(70.42177/14.92380)。中值是 14.66860，有多个众数，最小的众数是 2.58025。使用度的最大值是 3423.84568，具体的字是“造”；最小值是 2.51724，具体的字是“孺”；全距是 3421.32844。标准差是 189.29171，方差是 35831.35319。

频次。总频次为 196295，累计覆盖率为 90%；单字平均频次为 142.45，是总平均频次的 4.31 倍（142.45/33.03）。中值是 59，众数是 24。频次的最大值是 4082，具体的字是“造”；最小值是 11，具体的字是共有 7 个，分别是“丙、車、賴、會、休、珠、

遠”；全距是 4071。标准差是 264.13862，方差是 69769.20911。

分布度。总和为 16779，占所有方块壮字分布度总和的 67.29%（16779/24937）；单字平均分布度为 12.18，是总平均分布度的 3.22 倍（12.18/3.78）。中值是 10.50，众数是 6。分布度的最大值是 29，最小值是 1，均有多个字；全距是 28。标准差是 6.91289，方差是 47.78805。

字义量。总和为 27765，占所有方块壮字总字义量的 71.73%（27765/38709）；单字平均字义量为 20.15，是总平均字义量的 3.44 倍（20.15/5.86）。中值是 14，众数是 12。字义量的最大值是 212，具体的字是“得”；最小值是 1，有多个字；全距是 211。标准差是 19.42242，方差是 377.23058。

笔画数。总和为 12862，占所有方块壮字总笔画数的 17.84%（12862/72114）；单字平均笔画数为 9.33，是总平均笔画数的 0.85 倍（9.33/10.92）。中值是 9，众数是 8。笔画的最大值是 22，共有 3 个字，分别是“籠、讀、邏”；最小值是 1，共有 2 个字，分别是“一、乙”；全距是 21。标准差是 3.66403，方差是 13.42516。

4.3.3.2 次常用字

把常用程度最高的覆盖率从 90% 到 98% 之间的方块壮字划分为次常用字。根据划分标准，共有 2029 个字被选为次常用字，占总字量的 30.74%。使用度优先原则可划分出 1720 个字，划分的可实现率为 84.77%。使用度相同且位于次常用字与生僻字临界点的字共有 354 个字，这些字的使用度都是 0.13793，部分字的频次是 4 分布度为 1，另一部分字的频次是 2 分布度也是 2。要在这 354 个字中选取 310 个字作为次常用字，其他的 44 个字则划分为生僻字。按照组词构字能力、语义功能、字形规范的标准，拟选取以下前 310 个字为次常用字，后 44 个字为生僻字。方块壮字次常用字表见附录 5。

位于临界点的次常用字（共 310 字）

①简亏噌夆經潢嵬蟪翋嗳籬（字义量达 3 或 4，且字形已被收进《古壮字字典》）。

②卟拆嘲潮勅党顛遁莪服会夾莭咳傀揽咾嘀蝼暖蹊冉蕊捎甚随覃坦挑投偉拉吸暖訓咽棹指袙跡闬脾蚐（字义量为 2，且字形已被收进《古壮字字典》）。

③导回喈娌榀幔纽迄夽税绣状爪龍膶嘛栏哊嚨兄憐踉毞抙攙強莍俟為饣魞玞歪擝助岸财搀產揰蕩刺鎈芛揥叮釘督朵妨蜂礮槁嘴蛫畓浩红湖壞肩绞較精婧鳩坦决砍礦簣臘闌歷蒌栌灑冒媚閅濛夢鬧抷钦辱瑟啥伤烧設声住斯嗣诉榡它㚏铁塆渥賢县逍曉墟靴陰嚶营庸遊讚札炏棧助徵智背阻唑昪卡哉瘜献孟鐔樠芀頓攔懷旁日賊糧僘媽梈褦囙禄漢笏狡浅獨齋找置魂魯涇乞状樑蘇莱滿喚牌吃物営衷㔓渡僧膳蘇荅犳犂苂檀宂苒堯界凢貾爻攔奧奄嗱呀臨齋寍冏恓（字义量为 2 及以上）。

④吥槽观規笠絧綀蹄仪哆茈狳樗魋棇她齝螃（字义量为 1，但字形已被收进《古壮字字典》）。

⑤栜顧壷聚絟牢繆裙錫妎椛簒缅堵鵬拳殳硫詔犸犴竿菊丕奔⺁簮矩揔錦隫鴐虚犯縣船垢步儿玭鎵（字义量为 1，但组词构字能力较强）。

位于临界点的生僻字（共 44 字）

町斜焉獄芉雕發韍嗟闫佒鸦宰独卡嚎足蠻魑父駑癡堯鞋箕蒸賈勤成讒耀鑲猑竇寅仇豺懈巢蘭肩馱時硐還

在方块壮字次常用字中，有 1240 个字形已有 Unicode 编码，占 61.11%（1240/2029），占已有 Unicode 编码字形总数的 37.41%（1240/3315）。有 561 个字形已被收录进《古壮字字典》，占总数的 27.65%（561/2029），占已被收录进《古壮字字典》字形总数的 31.53%（561/1779）。

对方块壮字次常用字的使用度、频次、分布度、字义量、笔画数分别进行单变量频率分析，得出以下数据。

使用度。总和是 1319.29399，占所有方块汉字总使用度的 1.34%（1319.29399/98511.97997）。单字平均使用度是 0.65022，是总平均使用度的 4.36%（0.65022/14.92380）。中值是 0.40196，众数是 0.13793。使用度的最大值是 2.51724，具体的字是“孤”；最小值是 0.13793，有多个具体的字；全距是 2.37931。标准差是 0.57977，方差是 0.33613。

频次。总频次为 17406，累计覆盖率为 8%；单字平均频次为 8.58，是总平均频次的 25.97%（8.58/33.03）。中值是 6，众数是 4。频次的最大值是 73，具体的字是“孤”；最小值是 2，有多个字；全距是 71。标准差是 7.85365，方差是 61.67984。

分布度。总和为 4948，占所有方块壮字分布度总和的 19.84%（4948/24937）；单字平均分布度为 2.44，是总平均分布度的 64.55%（2.44/3.78）。中值是 2，众数是 2。分布度的最大值是 8，具体的字是“戌”；最小值是 1，有多个字；全距是 7。标准差是 1.27090，方差是 1.61519。

字义量。总和为 7352，占总字义量的 18.99%（7352/38709）；单字平均字义量为 3.62，是总平均字义量的 61.79%（3.62/5.86）。中值是 3，众数是 2。字义量的最大值是 22，具体的字是“咧”；最小值是 1，有多个字；全距是 21。标准差是 2.41240，方差是 5.81969。

笔画数。总和为 22225，占所有方块壮字总笔画数的 30.82%（22225/72114）；单字平均笔画数为 10.95，是总平均笔画数的 1.003 倍（10.95/10.92）。中值是 11，众数是 12。笔画的最大值是 30，共有 2 个字，分别是“鬣、鸞”；最小值是 1，共有 3 个字，分别是“乚、㇏、丿”；全距是 29。标准差是 4.00318，方差是 16.02547。

4.3.3.3 生僻字

本研究将常用程度最低的覆盖率为 2% 的字划分为生僻字。共有 3194 个字。生僻字表见附录 5。

在生僻字中，有 1113 个字形已有 Unicode 编码，占生僻字总数的 34.85%（1113/3194），占已有 Unicode 编码字形总数的 33.57%（1113/3315）。有 460 个字形已被收录进《古壮字字典》，占生僻字总数的 14.40%，占已被收录进《古壮字字典》字形总数的 25.86%（460/1779）。

对方块壮字常用字的使用度、频次、分布度、字义量、笔画数分别进行单变量频率分析，得出以下数据。

使用度。总和是 151.48276，占所有方块汉字总使用度的 0.15%（151.48276 / 98511.97997）。单字平均使用度是 0.04743，是总平均使用度的 0.32%（0.04743/14.92380）。中值和众数都是 0.03448。使用度的最大值是 0.13793，最小值是 0.03448，均有多个字；全距是 0.10345。标准差是 0.02348，方差是 0.00055。

频次。总频次为 4361，累计覆盖率为 2%；单字平均频次为 1.37，是总平均频次的 4.13%（1.37/33.03）。中值和众数都是 1。频次的最大值是 4，最小值是 1，均有多个字；全距是 3。标准差是 0.65661，方差是 0.43113。

分布度。总和为 3210，占所有方块壮字分布度总和的 12.87%（3210/24937）；单字平均分布度为 1.01，是总平均分布度的 26.60%（2.44/3.78）。中值和众数都是 1。分布度的最大值是 2，最小值是 1，均有多个字；全距是 1。标准差是 0.07061，方差是 0.00499。

字义量。总和为 3592，占所有方块壮字总字义量的 9.28%（3592/38709）；单字平均字义量为 1.12，是总平均字义量的 19.18%（1.12/5.86）。中值和众数都是 1。字义量的最大值是 3，最小值是 1，有多个字；全距是 2。标准差是 0.36970，方差是 0.13668。

笔画数。总和为 37027，占所有方块壮字总笔画数的 51.35%（37027/72114）；单字平均笔画数为 11.59，是总平均笔画数的 1.06 倍（11.59/10.92）。中值和众数都是 11。笔画的最大值是 30，具体的字是"鑲"；最小值是 1，具体的字是"丨"；全距是 29。标准差是 3.98121，方差是 15.85001。

4.3.3.4 数据汇总与分析

根据上面常用字、次常用字和生僻字的各种用字参数，可得出以下数据汇总。

表 4-10　单变量频率分析数据汇总

		常用字	百分比	次常用字	百分比	生僻字	百分比	总用字
统计量（N）		1378	20.88%	2029	30.74%	3194	48.39%	6601
使用度	均值	70.42177	471.88%	0.65022	4.36%	0.04743	0.32%	14.92380
	中值	14.66860		0.40196		0.03448		0.13793
	众数	2.58025		0.13793		0.03448		0.03448
	标准差	189.29171		0.57977		0.02348		91.04192
	方差	35831.35319		0.33613		0.00055		8288.63070
	全距	3421.32844		2.37931		0.10345		3423.81120
	极小值	2.51724		0.13793		0.03448		0.03448
	极大值	3423.84568		2.51724		0.13793		3423.84568
	和	97041.20322	98.51%	1319.29399	1.34%	151.48276	0.15%	98511.97997
频次	均值	142.45	431.21%	8.58	25.97%	1.37	4.13%	33.03
	中值	59		6		1		3
	众数	24		4		1		1
	标准差	264.13862		7.85365		0.65661		133.20774
	方差	69769.20911		61.67984		0.43113		17744.30198
	全距	4071		71		3		4081
	极小值	11		2		1		1
	极大值	4082		73		4		4082
	和	196295	90.02%	17406	7.98%	4361	2.00%	218062
分布度	均值	12.18	322.32%	2.44	64.55%	1.01	26.60%	3.78
	中值	10.5		2		1		1
	众数	6		2		1		1
	标准差	6.91289		1.27090		0.07061		5.42845
	方差	47.78805		1.61519		0.00499		29.46803
	全距	28		7		1		28
	极小值	1		1		1		1
	极大值	29		8		2		29
	和	16779	67.29%	4948	19.84%	3210	12.87%	24937
字义量	均值	20.15	343.59%	3.62	61.79%	1.12	19.18%	5.86
	中值	14		3		1		2
	众数	12		2		1		1
	标准差	19.42242		2.41240		0.36970		11.64371
	方差	377.23058		5.81969		0.13668		135.57593
	全距	211		21		2		211
	极小值	1		1		1		1
	极大值	212		22		3		212
	和	27765	71.73%	7352	18.99%	3592	9.28%	38709

续表

		常用字	百分比	次常用字	百分比	生僻字	百分比	总用字
笔画数	均值	9.33	85.44%	10.95	100.27%	11.59	106.11%	10.92
	中值	9		11		11		11
	众数	8		12		11		11
	标准差	3.66404		4.00318		3.98121		4.01719
	方差	13.42516		16.02547		15.85001		16.13782
	全距	21		29		29		29
	极小值	1		1		1		1
	极大值	22		30		30		30
	和	12862	17.84%	22225	30.82%	37027	51.35%	72114

从这个汇总数据表中，可以看到以下几种情况。

第一，占总字量20.88%的常用字，其使用度却占总使用度的98.51%，覆盖率达到90%，分布度占总分布度的67.29%，字义量占总字义量的71.73%；而占总字量30.74%的次常用字，其使用度只占总使用度的1.34%，覆盖率为8%，分布度占总分布度的19.84%，字义量占总字义量的18.99%；占总字量48.39%的生僻字，其使用度仅占总使用度的0.15%，覆盖率仅为2%，分布度占总分布度的12.87%，字义量占总字义量的9.28%。可见，方块壮字的用字具有明显的层次性与集中性。同时，这也是方块壮字"效用递减"的具体体现。

第二，标准差、极差（全距）是衡量一组数据离散程度的重要标准。就使用度而言，总用字、常用字、次常用字和生僻字的标准差分别为91.04192、189.29171、0.57977、0.02348，极差分别为3423.81120、3421.32844、2.37931、0.10345；就频次而言，总用字、常用字、次常用字和生僻字的标准差分别为133.20774、264.13862、7.85365、0.65661，极差分别为4081、4071、71、3；就分布度而言，总用字、常用字、次常用字和生僻字的标准差分别为5.42845、6.91289、1.27090、0.07061，极差分别为28、28、7、1；就字义量而言，总用字、常用字、次常用字和生僻字的标准差分别为11.64371、19.42242、2.41240、0.36970，极差分别为211、211、21、2。这说明，方块壮字总用字的离散度高，不同常用等级用字的差别明显：常用字的离散度最高，次常用字次之，生僻字最低。离散度可以反映一组数据内每个数据之间的差异大小，离散度高，意味组内数据的差异大，反之则小。换言之，方块壮字用字的使用度、频次、分布度、字义量之间的差异巨大，不同常用等级的差异也各不相同，其中，常用字的差别最大，次常用字次之，生僻字的差别最小。

第三，从方块壮字用字的笔画数来看，常用字、次常用字和生僻字的平均笔画数分别为 9.33、10.95、11.59，这说明，用字笔画与常用程度有一定相关性，总体上，常用程度高的字倾向于简约的书写，这也是用字经济性的一种体现。从笔画的离散程度来看，总用字、常用字、次常用字和生僻字的标准差分别为 4.01719、3.66404、4.00318、3.98121，极差为 29、21、29、29，这说明，方块壮字用字的笔画数差异很小，其中常用字的差异最小，这与使用度、频次、分布度、字义量刚好相反，而总用字与次常用字、生僻字之间的差异则几乎可以忽略。

4.3.4 常用等级划分的合理性检验

在划分出《麽经布洛陀》方块壮字的常用等级之后，为了检验选用的字是否合理，我们重新检验所选取的常用字、次常用字和生僻字在各抄本的分布情况及其覆盖率，检测范围包括全部的 29 个抄本。检测的结果如下。

表 4-11　方块壮字常用字、次常用字、生僻字的合理性检验

抄本编号	常用字			次常用字			生僻字			小计	
	字量	频次	覆盖率	字量	频次	覆盖率	字量	频次	覆盖率	字量	频次
01	584	5080	89.28%	187	468	8.22%	105	142	2.50%	876	5690
02	689	8607	92.67%	175	523	5.63%	119	158	1.70%	983	9288
03	624	6212	86.18%	211	769	10.67%	161	227	3.15%	996	7208
04	650	6172	90.17%	189	507	7.41%	124	165	2.41%	963	6844
05	810	12636	90.49%	278	1027	7.36%	219	301	2.16%	1307	13964
06	525	3398	91.44%	101	236	6.35%	60	82	2.21%	686	3716
07	704	7182	88.58%	251	731	9.01%	143	195	2.40%	1098	8108
08	513	2917	88.96%	132	286	8.72%	57	76	2.32%	702	3279
09	690	6512	86.20%	218	781	10.34%	201	261	3.45%	1109	7554
10	733	6919	89.79%	215	596	7.74%	147	191	2.48%	1095	7706
11	539	3381	88.81%	119	281	7.38%	107	145	3.81%	765	3807
12	793	11370	92.78%	264	756	6.17%	96	130	1.06%	1153	12256
13	487	3427	91.61%	106	269	7.19%	31	45	1.20%	624	3741
14	296	1146	88.63%	58	127	9.82%	14	20	1.55%	368	1293
15	275	911	91.65%	38	68	6.84%	13	15	1.51%	326	994
16	285	1115	90.35%	43	77	6.24%	29	42	3.40%	357	1234
17	768	30619	93.22%	326	1931	5.87%	223	294	0.89%	1317	32844
18	738	12112	91.02%	263	995	7.47%	144	200	1.50%	1145	13307
19	694	8797	90.89%	226	764	7.89%	86	118	1.22%	1006	9679
20	682	9002	91.17%	218	658	6.66%	161	214	2.17%	1061	9874
21	396	6655	91.49%	96	537	7.38%	63	82	1.12%	555	7274
22	638	7028	91.33%	176	545	7.08%	86	123	1.60%	900	7696
23	745	9426	89.12%	256	882	8.34%	213	270	2.56%	1214	10578

续表

抄本编号	常用字			次常用字			生僻字			小计	
	字量	频次	覆盖率	字量	频次	覆盖率	字量	频次	覆盖率	字量	频次
24	464	2369	89.16%	84	201	7.56%	63	87	3.27%	611	2657
25	660	6670	91.76%	160	436	6.00%	118	163	2.25%	938	7269
26	456	5609	75.22%	206	1669	22.38%	117	178	2.39%	779	7456
27	429	2784	74.76%	143	709	19.04%	149	231	6.20%	721	3724
28	591	6781	92.27%	149	427	5.81%	113	141	1.92%	853	7349
29	321	1458	87.15%	60	150	8.97%	48	65	3.89%	429	1673
总	1378	196295	90.02%	2029	17406	7.98%	3194	4361	2.00%	6601	218062

上表的检测结果显示，最接近总覆盖率的抄本为19号《占殺牛祭祖宗》，常用字、次常用字、生僻字分别可以覆盖该抄本的90.89%、7.89%、1.22%，其次是04号抄本《麽叺科儀》和05号抄本《九狼叺》。与总覆盖率差别最大的是26号抄本《麽荷泰》和27号抄本《正一刘事巫書解五楼川送鸦到共集》，常用字、次常用字、生僻字的覆盖率分别是75.22%、22.38%、2.39%和74.76%、19.04%、6.20%。这显然与抄本所分布的地域相关。《麽荷泰》流行在云南文山，当地方言为文山土语，具有云南壮语特有的语音特点；《正一刘事巫書解五楼川送鸦到共集》流行于那坡，当地方言为德靖土语，是壮语南部方言。而其他的抄本则流行于右江河谷和红水谷流域，当地方言是壮语北部方言。流行区域及当地方言的差异，抄本的字形也必然会有所差异。但是，从总体上看，常用字、次常用字和生僻字的覆盖率还是反映了这两个抄本用字的层级性和集中性。除了这两个抄本，常用字在各抄本中的覆盖率大都在90%左右，次常用字的覆盖率大都在8%上下，生僻字则基本为2%左右。这表明，常用字、次常用字和生僻字在各个抄本中的覆盖率，与常用等级所设定的标准基本吻合，不同等级的收字是合理的、科学的。

◆ 4.4 小结 ◆

本章进行了以下工作：整理《麽经布洛陀》专书的异体字，形成方块壮字异体字表（见附件3）；整理《麽经布洛陀》专书文字的笔画顺序，形成方块壮字笔画顺序表（见附件4）；划分方块壮字的常用等级，形成方块壮字常用字表、次常用字表和生僻字表（见附件5）。

经过分析，得出以下结论。

一、方块壮字异体字的主要特点是数量庞杂——单组异体字的多字形、单个字形的多组分布以及整个文字系统的高比率异体现象，同字异体缺乏一致性；但字形类型齐全，基本涵盖两层九级的字形类型。

二、方块壮字和汉字在实现的可排序率、笔画数的频率分布及其拥字量和基本笔形的分布上高度一致，说明方块壮字的笔画规律符合汉字的笔画规律，笔画的功能和特点不会因为部件、字形类型和造字方式的改变而发生变化。

三、本研究把覆盖率作为常用等级划分的依据，按方块壮字的常用程度从高到低排列，累计覆盖率达到 90% 的字是常用字，累计覆盖率在 90% 和 98% 之间的字是次常用字，其余的字是生僻字；常用程度的排列以使用度为第一原则，在使用度相同的情况下，综合考虑方块壮字的组词和构字能力、语义功能及字形的规范程度。

第五章 信息处理与辞书编纂的应用探讨

5.1 信息处理

中文信息处理是指利用计算机对中文的音形义进行加工和处理，在现代社会中有着广泛的应用，包括对文本进行一系列的输入、输出、存储、检索、识别、分析、生成、理解等方面的具体操作。方块壮字的信息处理目前还处于初级阶段，各种具体技术的应用都不成熟。下面拟从所得的统计数据及整理成果，在制作方块壮字标准字库和输入法两方面，简单探讨方块壮字的信息化。

5.1.1 提供标准字库的规范字形

利用已实现的初级信息处理技术，可以统计出《麽经布洛陀》方块壮字已进入 Unicode 编码方案的字形和目前还没有编码的字形，已有编码的字形不用再另外编码，以免造成 UCS 字符空间的浪费和具体使用上的混乱。其次，根据异体字整理及相关结论，对没有编码的字形进行规范，删除不规范的字形，保留有造字理据的、符合规范的字形，从而提供方块壮字标准字库的规范字形。

从统计数据可知，已有 3515 个方块壮字字形与汉字字形相同，即已进入 Unicode 编码方案，可认为是规范字形，这些字的文本覆盖率达到 86.26%；剩余的 3086 个方块壮字字形则还没有 Unicode 编码，这些字有相当一部分的字形是不规范的书写，如上文提到的“乡”“馬”“青”等字，跟“分”“馬”“青”字在造字理据、功能和用法上完全一样，在制作以字形研究为目的的字库时是需要选用的，但作为方块壮字标准字库的规范字形时，这些字形只会增加字库编码的负担和使用时的混乱，显然没有必要保留，建议删除。

在各项数据和异体字整理的基础上，整理形成规范字形的对照表。这里所说的规范字形是相对而言的，主要参考汉字的规范字形，并选用结构合理、理据性强的字形。不规范字形是指本有规范的字形，且两者的功能与用法也完全一致，但由于增符、省符及变形等原因而衍生出来的不同的字形，也可视为汉字俗字、错字、讹字，如上面列举的字。方块壮字规范字形与不规范字形对照如下。

表 5-1　方块壮字规范字形对照表

貌-猊貌貌貌	覴-覴覴覴覴	亭-亭亭亭	使-佐使	褒-褒褒
貌貌貌貌貌貌	晔-晔晔晔晔	久-以夨夨	冤-冤冤	偠-偠偠
貌貌	馬-馬馬馬馬	虚-虚虚虚	梁-梁梁	茫-茫茫
覔-覔覔覔覔	黎-黎黎黎黎	齊-齊齊齊	乱-乱亂	亡-亡亡
覔覔覔覔覔	兇-兇兇兇兇	牙-牙牙牙	論-论論	歐-歐歐
墻-墻墻墻墻	骨-骨骨骨骨	献-献献	害-害害	朔-朔朔
墻墻墻墻	筅-筅筅筅筅	礼-礼礼	壞-壞壞	贖-赎贖
勒-勒勒勒勒	牌-牌牌牌牌	畲-畲畲	門-门門	狈-狈狈
勒勒勒勒	尒-尒尒尒尒	憾-憾憾	冒-冒冒	青-青青
脾-脾脾脾脾	能-能能能能	隋-隋隋	尼-尼民	籠-籠籠
脾脾脾	龍-龍龍龍龍	樌-樌樌	騎-騎騎	旱-旱旱
蘇-蘇蘇蘇蘇	隆-隆隆隆隆	婳-婳婳	見-見見	门-门门
蘇蘇蘇	臨-臨臨臨臨	倉-倉倉	吶-吶吶	鼻-鼻鼻
晚-晚晚晚晚	懷-懷懷懷懷	鵝-鵝鵝	凳-凳凳	癖-癖癖
晚晚	鞋-鞋鞋鞋鞋	墟-墟墟	悁-悁悁	萝-萝萝
囂-囂囂囂囂	真-直真真真	號-號號	黑-里黒	亮-亮
囂囂	敢-敢敢敢	英-英英	民-艮民	就-就
漢-漢漢漢漢	烝-烝烝烝	鬼-鬼鬼	旁-旁旁	佤-佤
漢漢	糯-糯糯糯	鸡-鸡鸡	武-武武	雷-雷
鴉-鴉鴉鴉鴉	郎-郎郎郎	丙-丙丙	晾-晾晾	無-無
鴉鴉	蠻-蛮蛮蛮	芀-丹芀	鑨-鑨鑨	缴-缴
眉-肩肩肩肩	歲-歲歲歲	流-流流	虞-虞虞	庫-犀
肩肩	猯-猯猯猯	辰-辰辰	嚁-嚁嚁	奠-奠
蘭-蘭蘭蘭蘭	魔-魔魔魔	虛-虛虛	楼-楼楼	登-登
蘭蘭	瓶-瓶瓶瓶	忻-忻忻	賣-賣賣	欲-欲
颱-颱颱颱颱	船-船船船	荈-荈舟	楽-楽楽	飕-飕
颱	社-社社社	将-将将	肯-肯肯	媽-媽
執-執執執執	講-讲講講	吃-吃吃	偏-偏偏	聖-聖
執	聣-聣聣聣	煞-煞煞	罠-罠罠	疏-疏
弄-弄弄弄弄	賊-賊賊賊	凉-凉凉	壞-壞壞	請-請
弄	蕚-蕚蕚蕚	晗-晗晗	残-残残	穢-穢
不-ネネ不不	憑-凴憑憑	晗-晗晗	啤-啤啤	叕-叕
不	魂-魂魂魂	罷-罷罷	獼-獼獼	诺-诺

续表

魯-鲁魯魯魯	頼-赖頼頼	翁-翁翁	罵-罵罵	秏-秏
魯	濟-済濟濟	唔-唔唔	時-時時	央-央
寡-寡寡寡寡	滕-滕滕滕	索-索索	勾-勾勾	鐔-鐔
寡	踈-踈踈踈	乞-乞乞	霄-霄霄	囊-囊
照-昭照照照	面-面面面	腊-腊腊	愛-愛愛	萬-萬
照	助-助助助	离-离离	皇-皇皇	勝-勝
錢-錢錢錢錢	歡-歡歡歡	昂-昂昂	啥-啥啥	刊-刊
足-足足足足	虎-虎虎虎	鶤-鶤鶤	癹-癹癹	底-底
算-算算算算	頓-頓頓頓	踏-踏踏	曹-曹曹	斥-斥
龙-龙龙龙龙	為-为為為	焉-焉焉	弱-弱弱	柄-柄
丐-丐	泓-泓	邦-邦	独-独	痕-痕
鮮-鲜	吃-吃	哉-哉	漏-漏	芋-芋
纷-纷	祎-祎	殿-殿	記-記	蜳-蜳
貪-貪	巧-巧	摳-摳	暗-暗	难-难
焉-焉	革-革	睦-睦	國-國	諾-諾
城-城	傍-傍	早-早	鮑-鮑	淂-淂
北-北	蜓-蜓	變-變	櫳-櫳	牢-牢
寒-寒	雅-雅	標-標	後-後	錢-錢
鳶-鳶	恩-恩	嚟-嚟	温-温	勃-勃
量-量	等-等	船-船	踰-踰	鴻-鴻
縣-縣	酉-酉	鈎-鈎	叹-叹	国-国
閑-閑	狂-狂	答-答	困-困	显-显
價-價	貪-貪	炒-炒	闷-闷	彭-彭
傀-傀	珹-珹	舯-舯	粘-粘	擇-擇
撈-撈	低-低	包-色	槑-果	罾-罾
甫-甫	偶-偶	磺-磺	玧-玧	騰-騰
龍-龍	恓-恓	懈-懈	総-総	銀-銀
歲-歲	急-急	跳-跳	鳥-鳥	壇-壇
班-班	鳳-鳳	猫-猫	宛-宛	放-放
九-九	兆-兆	才-才	假-假	嵬-嵬
强-弜	闵-闵	追-追	鴨-鴨	属-属
拎-拎	仇-仇	類-類	涯-涯	滿-滿
堯-堯	恒-恒	顯-顯	莱-莱	婢-婢
諧-諧	慢-慢	却-却	銹-銹	踝-踝
讀-讀	業-業	劍-劍	玘-玘	美-美
弍-或	蓮-蓮	焼-焼	搽-搽	猨-猨
盖-盖	踏-踏	猿-猿	腴-腴	蕩-蕩
碗-碗	馱-馱	毦-毦	淥-淥	而-而
令-令	幼-幼	剁-剁	疤-疤	兜-兜
霊-霊	禄-禄	覺-覺	跟-跟	蹊-蹊
櫚-櫚	播-搭	办-办	蓦-蓦	吃-吃

续表

絺-絺	物-物	笏-笏	怒-怒	努-努
溺-溺	擺-擺	鴪-鴪	巢-巢	旺-旺
夜-夜	謹-謹	橋-橋	竟-竟	拜-拜
般-般	惱-惱	胬-胬	救-救	糞-糞
货-货	叓-叓	區-區	微-微	腊-腊
门-刀	派-派	屈-屈	禄-禄	羔-羔
着-着	徃-徃	葛-葛	斋-斋	盃-盃
唤-唤	網-網	濕-濕	窈-窈	鲁-鲁
导-导	婁-婁	肚-肚	愿-愿	莫-莫
熾-熾	模-模	舡-舡	經-經	剃-剃
良-良	羅-羅	苑-苑	禹-禹	玖-玖
鶏-鶏	闩-闩	外-外	類-類	菜-菜
嗎-嗎	惱-惱	浅-浅	曜-曜	捲-捲
愧-愧	途-途	爱-爱	邏-邏	猤-猤
㹞-㹞	外-外	父-父	驴-驴	年-年
唉-唉	皆-皆	憐-憐	脊-脊	降-降
苗-苗	留-留	猩-猩	與-與	贱-贱
酒-酒	晚-晚	瞯-瞯	色-龟	綻-綻
桑-桑	踬-踬	丈-丈	己-巳	孭-孭
鞍-鞍	媪-媪	蹄-蹄	盆-盆	弔-弔
跡-跡	是-是	眥-眥	囊-囊	叟-叟
繒-繒	眠-眠	留-留	贯-贯	郭-郭
洙-洙	茂-茂	篤-篤	貝-具	犯-犯
置-置	呃-呃	淰-淰	清-清	升-升
闹-闹	脖-脖	陋-陋	惱-惱	暗-暗
或-或	猿-猿	咘-咘	路-路	嚍-嚍
凛-凛	溏-溏	尋-尋	郝-郝	超-超
軍-軍	踩-踩	卡-卡	绿-绿	瞯-瞯
莊-莊	盤-盤	跪-跪	阑-阑	怪-怪
從-從	闭-闭	眠-眠	问-问	丧-丧
嬗-嬗	喇-喇	送-送	對-對	亨-亨
蒼-蒼	魚-魚	竜-竜	棧-棧	某-某
若-若	道-道	讲-讲	會-會	華-華
婁-婁	免-免	馱-馱	究-究	狼-狼
汶-汶	吼-吼	分-乡	式-式	寅-寅
闌-闌	貫-貫	缈-缈	儂-儂	舊-舊
就-就	獨-獨	碑-碑	迫-迫	蹈-蹈
風-夙	提-提	成-成	免-兎	吞-吞
鸛-鸛	瘟-瘟	脾-脾	特-特	慱-慱
椦-椦	祭-祭	配-配	美-美	乇-乇
界-界	該-該	闵-闵	壹-壹	妹-妹

续表

寄-守	乖-乖	得-得	笄-筓	源-源
𥗽-𥗽	槐-槐	壇-壇	踢-踼	則-則
華-華	瓜-爪	怨-怨	欖-欖	烈-烈
省-省	卡-卡	然-然	惱-惱	磵-磵
兵-兵	怌-怌	摸-摸	晗-聆	憶-憶
獨-獨	東-東	波-波	憦-憦	逢-逢
淚-淚	嬰-嬰	啅-啅	妥-妥	榚-榚
賴-賴	度-度	栈-栈	枝-枝	昙-昙
辛-辛	橋-橋	论-論	攬-攬	罗-罗
们-们	驫-驫	芋-芋	戀-戀	搜-搜
墨-里	補-補	降-降	名-名	
塊-塊	騎-騎	押-押	庚-庚	

注：短线左边为规范字形，右边为不规范字形。

经过初步的整理，可以筛选出至少 936 个不规范的字形，共 613 组。在建立方块壮字的标准字库时，建议用相应的规范字形代替不规范的字形，这样可以减少不必要的字形的数量，也可以提高字库的利用率与字形的科学性。

需要指出的是，没有规范到的字形并不意味着就可以作为规范字形，我们所推荐的规范字形只是全部字形中比较确定的一部分，由于材料的不足，一些情况复杂的字形还无法为其推荐规范字形，例如，籠、籠、䶬、䶬、罷、櫳、隴、龍、笼、管、管、宠、宠、宠、龙、䏊（表示“笼，笼子”），竉、罷、罷、罷、籠、籠、籠、龍、䶬、篭、笼、笼、管、管、䏊、宠、宠、龙、龙、弄（表示“窝”），陇、笼、笼、笼、笼、笼、宠、籠、䶬、攏、罷、罷、罷、罷、龍、龍、龍、龍、䶬、龍、龍、䶬、笼、䏊、龙、龙、龙、龙、龙、龙、龙、龙、龙、龙（表示“下，下来”），读音都是 lo:ŋ² 或 ro:ŋ²，从造字方法来看都是音借字或全借字，其他借用“龙”字的变形来表音的也很多，这些字形都涉及“龙”字的多种变形，情况比较复杂，这就需要更多的材料和更加严密地论证，才能确定哪些变形可以分化为规范字形，哪些则需要删除。类似的字形还有“弄”“兰”“瓦”等字的变形。

有些情况可以进行类推规范，主要有犭—犭、忄—忄、日—日、耳—耳、门—门、𧾷—𧾷。另外，有一些字形是繁体部件与简体部件的组合，如“讀、瀆、論”等；或者是部件的简写、连写，如“馬、鳥、里”等，也可以进行类推规范。总之，只有在确定了规范字形之后，方块壮字标准字库的制作才能够顺利地进行。

5.1.2 音形码混合输入法

由于方块壮字的特殊性（字形的不规范及读音的混乱），很容易给用户的拆字造成理解误差。例如“聣”字，在汉字字形中没有部件“耳”，现行的五笔输入法自然也没有设置相应的键位，所以这个字既可以被拆分为“GHHQ”，又可能被拆分为“GJFQ”“BUKQ”等，如果不熟悉既定的拆分原则，用户可能要尝试数次才能完成输入。加之形码和音码都有其固有的缺陷，因此单一的输入方案很难满足普通用户的需求。

可以尝试开发方块壮字音码和形码相结合的编码方案，即把拼音壮文码和五笔码、笔顺码进行混合编码，形成音形码混合输入法，这样就能通过拼音字母、五笔、笔画顺序的进行综合录入，把方块壮字的输入精度和输入效率有机地结合起来，满足不同用户的需求。

码表是输入法的关键。下面具体从音码、五笔码和笔顺码的编码出发，探讨方块壮字音形混合码表的设计。

由于缺少其他字符集的相关数据资料，我们音码的编码范围主要以《麽经布洛陀》中的方块壮字为主，并以相对应的拼音壮文作为编码。把方块壮字单字全文库的“方块壮字”和“拼音壮文”两个字段去除重复项，即可得到每个字形的拼音壮文编码。由于有相当一部分字形有多个读音，例如“都”字，就有“doh、doih、dou、dox、doz、du、duc、duh、duz”等9个读音，所以音码码表的总词条数要远多于总字形数，共有22114条。字形对应的编码多，出现重码的概率也会大大提高，经统计，音码码表会出现重码的词条数达到20339，重码率高达91.97%；共2078组音节有重码，重码最多的一组达87个字形，具体的音节是cih；平均重码率为12.89，即输入一个字，平均需要在12.89个字形里选择。当然，字形对应的编码多也会有好处，即容错的提高，遇到难以确定读音的字时，可以通过联想的方法，选用任何一个与之相关的音节就可以完成输入，很大程度上减少了对准确编码的依赖，而且当前很多的输入法软件都具有记忆功能，常用的字会根据使用的频率显示到前面，可在一定程度上减少重码率的影响。

五笔码的编码范围较广，包括《古壮字字典》、梁庭望增补部分以及《麽经布洛陀》中的方块壮字字符。五笔码表共有词条16278个，会出现重码的词条有4882个，重码率为29.99%；共2111组编码有重码，但绝大多数只有2个重码，占到总重码组数的78.54%（1658/2111），重码最多的一组字形数为10；平均重码率为1.47，可见五笔码的输入效率非常高。缺点是需要记忆的输入规则很多，且容易遗忘。另外，由于五笔码与音码都是利用键盘的字母作为外码，可能出现五笔码与音码的同码。例如，编码

“A”，五笔码对应的字符是“工”，拼音壮文码对应的字符是雅、鸦、哑、鸦、鸦、亞、鵶、鸦、哑、鸦、鸦、牙。经统计，共有73个编码会出现音形码之间的同码。但是，可以通过输入法词频调整的累计上屏的方式，形成用户个人的习惯性词库；也可以通过高级设置，根据用户的输入习惯把相关的重码固定位置，所以五笔码和音码的重码不会影响输入的效率。

笔顺码是门槛很低的一种形码，只要会写字，就可以学会输入，它的优点是显而易见的。当然，缺点也很突出——输入的效率很低，输入一个字往往需要敲多个键才能实现。笔顺码的编码范围也是以《麽经布洛陀》中的方块壮字为主，根据整理形成的笔画顺序进行编码。方块壮字的笔画顺序分别用1、2、3、4、5表示横、竖、撇、点、折，但由于当前的输入法编辑器尚不支持把数字作为外码，分别用F、D、S、A、G来代替横、竖、撇、点、折，这主要是根据打字的科学姿势来确定的：在准备打字时，左手的食指、中指、无名指和小指要分别放在键盘的F、D、S、A键上，而食指负责的G键也刚好在F旁边，这将大大缩小手指的移动范围。另外，横笔笔形和折笔笔形分别占总笔形的30.88%和16.98%，也就是说，输入一定的文字材料，敲击F和G两个键位的平均概率会占敲击总数的47.86%。用最灵敏的食指负责将近一半的敲击数，可以缩短反应时间，进而提高输入的效率。

笔顺码F、D、S、A、G的组合也可能会跟音码和五笔码出现同码，为了以示区别，可以在所有的笔顺编码前都多加了一个Z键，这样就把笔顺码和其他两种编码完全区别开来①。在具体的编码上，目前汉字笔画输入法多采用输入额定笔顺的方法，比如“前四+后一”或“前三+后二”，不到额定笔顺数的字就输入全部笔顺。这种方法会导致大量重码，特别是字的左边部件相同时（如“木”字旁的字）。考虑到当笔画的输入达到一定的数量时，出现重码的概率就会变小，很多情况下在选项框里即可直接选择；并且笔顺码作为辅助性的输入方案，主要考虑的是能够实现字符输入的精确度，而非速度。因此，设计笔顺码的码长，不再设定额定笔画数，而是以字的所有笔画为代码。笔顺码的重码率可参考第四章关于笔顺重码的内容。

完成音形码的混合码表后，就可以利用输入法编辑器设计出安装程序，最后实现方块壮字音形码混合输入法。混合输入法的安装程序、状态栏的图标和输入界面如下。

① 因为五笔码不设z键位，方块壮字的音码也几乎没有以z字母开头的编码。

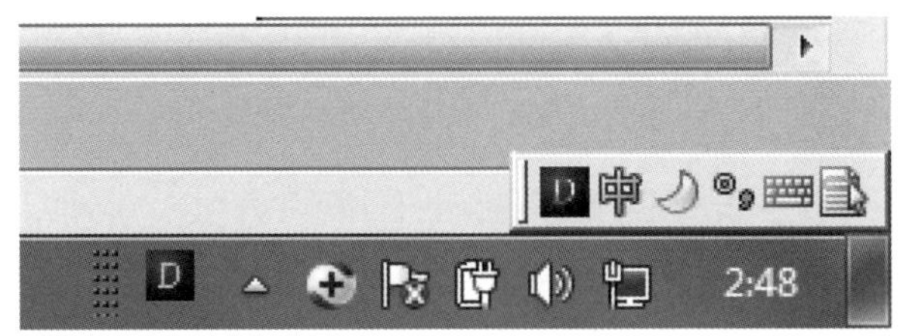

图 5-1　混合输入法的安装程序及安装后的状态栏

vang
1. 往 2. 旺 3. [illegible] 4. 黄 5. 化 6. 横 7. 王 8. 狂h 9. 皇h

wyvk
1. 倉 2. [illegible] 3. [illegible] 4. [illegible] 5. [illegible] 6. [illegible] 7. 傏 8. [illegible] 9. 餉

zasdgfd
1. [illegible]fa 2. [illegible]fd 3. [illegible]ff 4. [illegible]ff 5. [illegible]fa 6. [illegible]fa 7. [illegible]fd

图 5-2　混合输入法音码、五笔码与笔顺码的输入界面

总之，从混合编码的不同方案来看，音码方案可以实现语音联想的模糊输入，五笔码方案可以实现字形拆分的快速输入，笔顺码方案可以实现所有字符的精确输入，满足了不同用户对不同编码方案的需求。而从混合编码的兼容性和区别度来看，虽然音码和五笔码有少量重码，但可以通过相关的设置消除影响；笔顺编码由于加入了 Z 键位，可以完全区别于音码和五笔码。这几种编码既是一个相互独立的编码方案，又集中于同一混合方案中，从而大大提高了方块壮字输入的效率和精确度。通过尝试，我们也希望对方块壮字以及其他民族文字输入方案的设计有所裨益。

◆ 5.2 辞书编纂 ◆

《古壮字字典》是以方块壮字为对象的辞书，它的出版对方块壮字的整理和研究产生了极大的促进作用。然而，目前关于方块壮字的工具书仅此一部，远不能满足各种研究的需要。因此，以《麽经布洛陀》的方块壮字为研究对象，编纂一部专书词典非常迫切，既可以进一步深化方块壮字工具书编纂的广度和深度，也可以通过辞书的形式，系统地掌握这部壮族典籍的语言文字使用情况。

根据《GB/T 19103-2003 辞书编纂的一般原则与方法》（2003），辞书编纂一般包括确立选题、制订编纂计划、组织工作、设计体例、收集资料、收条、编写条目、条

目编排、编制索引、编制附录、专项检查、统稿等程序。辞书编纂的过程宜利用计算机技术。资料的收集则是辞书编纂的基础，是辞书编纂工作的必要条件，特别是结合计算机技术，并经过一定整理和规范后所形成的资料库，能够使词典的编纂工作更加科学、严密、便捷。在资料整理方面，本研究可提供比较充实的资料库与数据库，下面简单谈谈编纂《麽经布洛陀》专书词典已具备的条件。

第一，开发出基于开放型的方块壮字字库和输入法（详见第二章），可以实现方块壮字在计算机的显示、输入、输出、检索、统计、分析等具体操作，解决了信息处理的瓶颈，可以为专书词典的编纂提供计算机技术支持及相关思路。

第二，《麽经布洛陀》全文语料库和方块壮字单字全文库，是专书词典条目选收和验证的基础材料——全文语料库可以提供真实语境下的各种检索和例证，单字全文库则把具体的字形与读音、意义一一对应起来，两个数据库相结合，就可以全面了解每个字的音、形、义及具体语境、使用频率和分布地域等基本信息，字形所对应的读音还可以作为辞书检索方式的一种。

第三，本研究已经形成的统计数据及相关字表，可以为辞书条目的设置提供重要的参考，有些数据甚至可以直接作为条目的一部分，如字频、常用等级、分布度、使用度等基本信息。

第四，本研究已经整理的相关结论和字表，也是辞书条目及检索的重要组成部分，例如，正异体字形的整理和规范与非规范字形的对照，可为字头或词头的设置提供参考；字表的笔画顺序、拼音壮文序和五笔码序，都可作为辞书条目编排与索引的选择。

◆ 5.3 小结 ◆

本章尝试将研究结果应用于信息处理和辞书编纂方面。在各项数据和异体字整理的基础上，整理形成规范字形与不规范字形的对照表，发现不规范的字形在造字理据、功能和用法上与规范字形完全一样，只会增加字库编码的负担和使用时的混乱，建议在制作方块壮字标准字库时删除。开发方块壮字音形码混合输入法，音码方案实现语音联想的模糊输入，五笔码方案实现字形拆分的快速输入，笔顺码方案实现所有字符的精确输入，可以满足不同用户对不同编码方案的需求。从辞书编纂资料整理的角度，简单探讨编纂《麽经布洛陀》专书词典已具备的资料积累与数据库的技术条件及其运用。

第六章 《麼经布洛陀》词汇的统计与比较

◆ 6.1 《麽经布洛陀》词汇的划分 ◆

6.1.1 《麽经布洛陀》基础材料的处理

《麽经布洛陀》词汇研究的基础材料是前文所说的麽经语料库，包括全文库和单字全文库。但是，麽经语料库的数据结构只是一字一音一义，并未划分出词，所以在处理时不能直接将其作为词来统计。因此，《麽经布洛陀》词汇的统计，必须首先进行词的切分，做到一词一单位，才能保证统计的科学性。

由于壮语和汉语词汇在本质上有较大区别，所以不能运用针对汉语词汇的分词软件。对此，课题组专门招募具有壮语基础的语言学的研究生，运用词汇学理论，结合壮语特点，对《麽经布洛陀》进行全人工分类，形成基于方块壮字文本的大型壮语词汇数据库。

在词汇的引用上，除了某些特殊的地方，本研究一般按词形、新壮文及汉语释义三部分来标注。例如“磌，lin，石头”。其中，词形选用方块壮字，这是出于对抄本本身由方块壮字书写的考虑；另外，由于《麽经布洛陀》中存在大量的异形词，不可能也没有必要在引用时全部列出，所以仅列出具有代表性的方块壮字作为词形。新壮文是国家法定的壮族文字，并且可以表音，具体书写以原书中为标准。汉语释义是词库中经过统一的释义。

6.1.2 《麽经布洛陀》词汇划分的依据和标准

6.1.2.1 区分词与非词

正确标注词性的前提，首先要确定是词还是非词。词是指一定的语言形式跟一定意义相结合，并且可以独立运用的最小的语言单位。

从理论上说，如果单字的某个义项能单用，就说明它是一个词，可以根据它单用时的语法功能标注词性；如果不能单用，只能充当构词成分，跟别的字组合成词，就说明它是一个语素，可以不标注词性。然而实际情况非常复杂，壮语中一个语素常常在这种场合可以单用，在那种场合又不能单用；或者一般不能够单用，而在某种特殊条件下又能够单用，因此造成了区分词与非词的极大困难。

壮语的词从词汇构成上可分为单纯词、合成词两类。由一个语素构成的词叫单纯词。壮语单纯词可分为单音节的和多音节的两种，如 mbongq-mbax（蝴蝶）就是多音节的单纯词。其中以单音节的单纯词占多数，以多音节的单纯词为最少。[①]

多音节词比较晚出，而且来源比较复杂。有些可能是由原来单音节词后来新加一个音节构成。例如（duz）mbongq-mbax“（只）蝴蝶”，但有些地方只叫（duz）mbaj“（只）蝴蝶”。可见 mbongq 可能是后来新加的音节。有些可能原来是复合词或合成词，由于后来有关各语素的独立性和词义完全消失所变成。例如：hozcozse（合作社）、swnghcanjdui（生产队）、gohyoz（科学）、vwnzva（文化）。这些词的各个音节拆开来都没有意义，也不能自由运用。这些借词是地地道道的多音节单纯词，尽管在汉语里是复合词。

壮语词汇以单音节为主，也包含相当比重的多音节词。用方块壮字书写的《麽经布洛陀》，与汉字文本一样，是连续书写而非分词书写。所以要研究《麽经》的词汇首先要切分复音词。根据壮语词汇的特点，同时结合《麽经布洛陀》书面语和口语交互使用、地域性交错等语言特点，本研究在区分《麽经布洛陀》的词与非词时采取以下标准：

1. 意义标准。即把结构上结合紧密，意义上完整独立的多个音节认定为词。其意义具有概括性、抽象性和熔铸性。一般包括以下几种情况。

（1）不是各个音节语义的简单相加，构成新意的多个音节认定为词。例如，床蹝（congz-naengh，神台）。

（2）表示专有名称或者在具体语境中引申出特定含义的多个音节，一律作为一个分词单位。例如，布渌啚（baeuq-lug-doz，布洛陀）就是一个专有名词；再如，塘闵（daemz-nding，血塘），原指烂泥塘，但是在具体语境中指因难产死亡的妇女亡魂被囚困之地，麽教里称之为“血塘”。

（3）缩略语作为一个分词单位。例如，三盖（sam-gaiq，三界）、四皇（siq-vuengz，

① 韦庆稳．壮语语法研究［M］．南宁：广西民族出版社，1985：1.

四王）。

（4）日期、数字表示完整意义的，不进行切分，作为一个分词单位。例如，八月（bet-ngued，八月）、十六（cib-loek，十六）。

（5）成语或者熟语（一般是借词）不管字数多少，表示一个完整独立意义的，作为一个分词单位。例如，导气导意（dwg-hiq-dwg-ih，称心如意）、呈千成萬（cingz-cien-cingz-fanh，成千上万）。

（6）单音单字表示独立意义的，作为一个分词单位，例如，跟（gwn，吃）、蘭（lanz，家）。

2. 功能标准。

音节组合凝固化，一般是多音节单纯词，所构成的语素不能单独运用。例如，恍蚌蟖（mbongq-mbax，蝴蝶），不能拆开或内部插入扩展。

6.1.2.2 划分词类的标准

根据语法上的意义和特征对词进行分类就是词类。一般说来，划分词类的具体标准可以有三个标准：概念标准（词义标准）；句法标准；形态标准（语法标准）。这三个标准有机地联系起来是汉语词类划分的标准。壮语词类划分也采用了这三个标准。

壮语词类是根据词义和语法范围来划分的，就是说，每一类词的特点，都包含三个方面的因素：一是它表示什么内容（词汇意义）；二是它有什么结构特点，是否变化，怎样变化（词法问题）；三是在句子中担任什么成分，能跟别的什么词组合（句法问题）。根据以上原则壮语的词可以划分为十二类。

1. 名词。

表示人和事物名称的词，如，迷（maex，树）、漢王（hanq-vuengz，汉王）。名词的附类包括方位名词、时间名词。

2. 动词。

表示动作行为变化的词。如，必（baet，扫）、剥（bag，劈）。动词的附类包括能愿动词、趋向动词和判断词。

（1）能愿动词——表示“可能、愿望或者必要”等意义的词。如，愿（yienh，愿）、感（gamj，敢）。

（2）趋向动词——表示动作行为的趋向的词。如，罵（ma，来）、批（bae，去）。

（3）判断词——放在名词或者代词前边构成合成谓语，用来判断说明主语“是什么”的词。一般来说，壮语的判断句是不用判断词的，但随着较为复杂判断句的出现和运用，壮语也大量使用了以 dwg 最为普遍的判断词，相当于汉语的判断词“是”“属

于”。

3. 形容词。

表示人或事物的形状、性质，或者动作行为的状态的词。如，炓（laeuj，暖）、勒（laeg，重）。

4. 数词。

表示数目的词。如，百（bak，百）、三（sam，三）

5. 量词。

表示事物和动作的数量单位的词。如，昙（ngoenz，天）、壽（saeuh，遍）。

6. 代词。

代替名词、动词、形容词或者数量的词。壮语的代词按其不同的作用和特点，可以分为以下三种。

（1）人称代词——代替人或事物名称的词。如，他（de，他）、他（他们）。

（2）疑问代词——用来提出问题的词。如，麻（maz，什么）、甫（bux，谁）。

（3）指示代词——用来区别人或者事物的词。如，你（nix，这 / 这样）、他（de，那）。

7. 副词。

用在动词或形容词的前边或者后边，表示时间，范围和程度等，一般不能用在名词前边的词。如，太（daih，太）、屡（raws，十分）

8. 介词。

用在名词或者代词的前面，跟它结合起来表示处所、方向、时间、对象、方式、目的等关系的词。如，許（hawj，让）、里（ndix，跟）。

9. 连词。

能够把两个词或者比词更大的单位（词组、句子）连接起来的词。如，里（ndix，和 / 与 / 跟）、连（lienz，连）。

10. 助词。

附着在其他的词、词组或者句子后边，表示一定语法意义的词。壮语按其不同功能，可以把助词分为两小类。

（1）结构助词—能够作为定语、状语、补语的标志的词。如，力（liz，得）、的（dih，的）。

（2）时态助词—能够用在动词、形容词后边表示时态变化的词。如，得（dwk，着）、了（leux，了）。

11. 语气词。

在句子末尾或中间，表示说话者语气的词。如，咧（le，啊）、勒（ruz，啦）。

12. 拟声词。

表示感叹、应答、或模拟各种事物的声音的词。如，酉害（yoq-hawj，哟－咳）、呼（uq，呼呀）。

需要说明的是，本研究在划分《麽经布洛陀》的词汇和标注词性时，是在具体的语境中展开的，所以词表中会有词类活用和特殊用法的情况，这是对具体语境具体分析的结果。例如，定（ding，定），一般用作动词，但是在原书抄本05《九狼叺》第540页中，“定”是十二踏建之一，是一个专有名词。

6.1.3 《麽经布洛陀》词汇统计的单位

词汇的统计，必须明确词汇的单位。汉语的词汇统计一般在切分词后就可以进行。这是因为作为汉语词形的汉字达到非常高的规范水平，词与词形之间的对应关系基本一致，词的意义和读音也相对固定，所以汉语词汇的统计可以直接用汉字词形作为统计的单位。由于《麽经布洛陀》中方块壮字的不规范性和随意性，其所记录的词形也不统一，显然无法作为词汇统计的单位；另外，由于《麽经布洛陀》的抄本流行于多个方言土语区，词汇的语音也无法统一，也无法作为统计的单位。因此，我们不再考虑词形和语音，而是以词义和用法的结合体作为词汇的统计单位。具体操作如下。

首先，统一每个词的词义。原书的汉语释义是具体语境下对每个方块壮字原义的解释，具有重要的参考价值。因此，我们在确定某个词的词义时以原书的汉语释义为主要标准。但是，由于原书的汉语释义是一字一义，确定多音节词的词义，就不能简单地把几个意义相加，例如，鴗娄（loeg-laeu，斑鸠），有的抄本对应的“鴗”翻译为“斑”，“娄”翻译为“鸠”（见《麽经布洛陀》第243页），但是有的抄本又把“鴗”翻译为“鸟”，把“娄”翻译为“斑鸠”。另外，在一些词的翻译上，全书也并不一致，如，鴨（bit，鸭子），有的地方翻译为“鸭子”，有的地方又翻译为“鸭”。如果直接按照原文的释义来统计，得出的结论也是不科学的。所以，我们在标注好词性之后，再按切分好的词进行二次人工干预，为每个词赋予统一的词义。如，把“鸟斑鸠”统一为“斑鸠”，“鸭”统一为“鸭子”。

其次，合并词义与词性作为一个单位。词义是一个词的内涵，词性则是这个词的用法，两者结合起来作为词汇统计的单位。也就是说，一个词如果是兼类，就当作两个或多个统计单位来处理，这就解决了词汇兼类在统计中的问题。另外，把词义和词性作为统计单位还具有较大的优越性。一是可以摆脱不同词形不同语音对于词汇统计的不利影响，使统计更加科学；二是通过词性加用法的结合体，可以把不同地区不同抄本之间的词形和语音整合到一起，形成一个较大的语言、文字材料库，从而考察这些地区和抄本在文字和语音上的差异。

最后，利用 excel2007 统计《麽经布洛陀》的词汇。

◆ 6.2 《麽经布洛陀》词汇统计 ◆

跟文字的统计一样，词汇的统计也需要明确词数、词量、词频的概念，它们也是从统计层面对词汇进行量化分析的三个重要指标。词数是某一范围内所有词汇的数量之和，词量指的是实际使用中不重复的单位词汇的数量，词频则是某个（些）词“在按特定原则选定的文本中出现的次数与选定文本总字次之比”①，频次即词出现的次数，也有人称之为词次（词频 = 频次 / 总词数）。词频的分布，反映了《麽经布洛陀》的词汇使用情况。一般而言，词频越高，越接近词汇的“使用动态”；词频越低，则越接近词汇的“使用静态”。通过词频分布统计，可以比较全面地反映出《麽经布洛陀》词汇的使用情况。

6.2.1 《麽经布洛陀》用词概况

《麽经布洛陀》词汇的总词数为 192921，词量为 11250。

全书使用最多的词是“斗”（daeuj，来），共出现 3868 次，占全书总词数的 2.00497%，也就是说，“斗”这个词覆盖了《麽经布洛陀》全书 2.00497% 的内容。全书只用一次的词有 4620 个，这些词的覆盖率为 2.39476%。

按词频降序排列，前 152 个词可覆盖全书内容的 50%，前 2420 个词可覆盖全书内容的 90%，前 9321 个词覆盖全书内容的 99%。

频次 1000 次以上的字有 22 个，一共出现 43232 次，覆盖全书 22.40917% 的内容。在《麽经布洛陀》的词汇中，这 22 个词是频次最高的一群，依频次的降序排列分别为斗（daeuj，来）、不（mbaeux，不）、批（bae，去）、造（caux，就）、王（vuengz，王）、𠿊（gueg，做）、造（caux，造）、伝（hunz，人）、明（mwngz，你）、灰（hoiq，我）、海（hawj，给）、累（ndaej，得）、噹（naeuz，说）、歐（aeu，要）、眉（miz，

① 李国英，周晓文. 汉字字频统计方法的改进［J］. 北京师范大学学报（社会科学版），2011（6）：45.

有）、跟（gwn，吃）、滕（daengz，到）、造（caux，才）、力（lwg，儿）、你（nix，这）、到（dauq，又）、盖（gaiq，那）。

利用 SPSS 统计软件，对所有词的频次分布进行单变量频率分析，得出以下结果：频次的均值为 17.15，即《麽经布洛陀》词汇的平均使用量为 17.15。中值为 2.00，即一半的词的频次在 2 以上或以下。众数为 1，即频次为 1 的词出现的频率最频繁。标准差为 107.189，方差为 11489.478。全距为 3867，最大值为 3868，最小值为 1，即词的最高频次是 3868，最低频次为 1，最高频次与最低频次之间的距离为 3647。

6.2.2 《麽经布洛陀》词频分级

6.2.2.1 不同词频级别的统计情况

据统计，《麽经布洛陀》词汇各级频次的统计情况如下。

表 6-1 《麽经布洛陀》词汇分频统计表

频次级别	词量	占总词量	频次	占总词数	平均使用量
1000 以上	22	0.20%	43232	22.41%	1965.09
900–999	4	0.04%	3839	1.99%	959.75
800–899	4	0.04%	3354	1.74%	838.50
700–799	4	0.04%	3011	1.56%	752.75
600–699	12	0.11%	7696	3.99%	641.33
500–599	7	0.06%	3938	2.04%	562.57
400–499	21	0.19%	9191	4.76%	437.67
300–399	32	0.28%	10982	5.69%	343.19
200–299	50	0.44%	12133	6.29%	242.66
100–199	166	1.48%	22578	11.70%	136.01
10–99	1815	16.13%	51231	26.56%	28.23
3–9	2758	24.52%	13646	7.07%	4.95
1–2	6355	56.49%	8090	4.19%	1.27
总数	11250	100.00%	192921	100.00%	17.15

注：表中部分指标合计数与分项数有出入，主要是由于四舍五入的原因，未作机械调整。

从表中可以看出，《麽经布洛陀》词汇在词频分级状态下的总趋势是：频次级别越高，使用字量越少；频次级别越低，使用词量越多。

累计覆盖率是累计使用词数和《麽经布洛陀》总词数的比，用百分比表示，是衡量词频等级的重要标准。下面是《麽经布洛陀》词汇各级频次的累计覆盖率情况。

表 6-2 《麽经布洛陀》各级词汇频次累计覆盖率

频次	累计使用词量	占总词量	累计使用词数	累计覆盖率
≥ 1000	22	0.20%	43232	22.41%
≥ 900	26	0.23%	47071	24.40%
≥ 800	30	0.27%	50425	26.14%
≥ 700	34	0.30%	53436	27.70%
≥ 600	46	0.41%	61132	31.69%
≥ 500	53	0.47%	65070	33.73%
≥ 400	74	0.66%	74261	38.49%
≥ 300	106	0.94%	85243	44.19%
≥ 200	156	1.39%	97376	50.47%
≥ 100	322	2.86%	119954	62.18%
≥ 10	2137	19.00%	171185	88.73%
≥ 3	4895	43.51%	184831	95.81%
≥ 1	11250	100.00%	192921	100.00%

从上表中可知，要达到 50% 的覆盖率，词频级别在 200 ～ 299，具体的词的频次为 152；如果要达到 90% 的覆盖率，词频级别要在 3 ～ 9；而要达到 99% 的覆盖率，词频级别就要在 1 ～ 2。频次在 1000 以上的词仅 22 个，占总词量的 0.20%，但其累计使用的词数多达 43232，在《麽经布洛陀》中的覆盖率高达 22.41%，平均使用量为 1965.09，均频倍数为 114.59；使用词频在 300 以上（包括 300）的词有 106 个，占总词量的 0.94%，使用词数为 85243，在《麽经布洛陀》中的覆盖率达 44.19%，平均使用量为 804.18，均频倍数为 46.89。从高频词与低频词的对比来看，在《麽经布洛陀》中，有超过五分之一（22.41%）的篇幅是由 22 个词写的，有超过五分之二（44.19%）的篇幅是由 106 个词写的。而频次在 2 次以下（包括 2 次）的词有 6355 个，占总词量的 56.49%，使用词数为 8090，在《麽经布洛陀》中的覆盖率仅为 4.19%；平均使用量为 1.27，均频倍数仅为 0.07。从覆盖率来看，《麽经布洛陀》仅为 4.27% 的篇幅就使用了超过一半的词。如下表所示。

表 6-3 《麽经布洛陀》词汇均频倍数概况

频次	使用词量	占总词量（%）	使用词数	覆盖率	平均使用量	均频倍数
≥ 1000	22	0.20	43232	22.41%	1965.09	114.59
≥ 300	106	0.94	85243	44.19%	804.18	46.89
1–2	6355	56.49	8090	4.19%	1.27	0.07

词频级别一般可以划分为极高频词、高频词、中频词和低频词，可依据频次、均频倍数、词量及其百分比、累计覆盖率的标准。根据不同的划分标准，也会得出的不同的词频级别。考虑到累计覆盖率是以词数与频次为数据计算基础的，揭示了用词量在语料中的分布关系，且是一个稳定数据，不受语料规模及主观划分的影响，可以用于不同文献、语料的用词比较，因而更具说服力。因此本研究以累计覆盖率为词频级别划分的主要标准，适当结合频次的分布。

极高频词的词量少、累计覆盖率高，而低频词的词量多、累计覆盖率低，这种反差可为词频级别的划分提供参考数据。汉语词汇的统计一般以 50%、90%、99% 三个切分点作为划分标准，《麽经布洛陀》极高频词与高频词的划分可以参考 50% 和 90% 的切分点，即累计覆盖率在 0 ~ 50%（含 50%）的词为极高频词，累计覆盖率在 50% ~ 90%（含 90%）的词为高频词。但由于《麽经布洛陀》存在大量频次为 1 的词，如果中频词与低频词以 99% 为切分点，则这两个级别的词都包含有频次为 1 的词，且低频词全部是频次为 1 的词，无法突出词频级别的层次性。结合《麽经布洛陀》词汇的频次分布特点，本研究将 98% 作为中频词与低频词的切分点，即累计覆盖率在 90% ~ 98%（含 98%）为中频词，98% ~ 100% 为低频词，而在低频词中，频次为 1 的词再划分为罕用词。词频级别划分情况如下表。

表 6-4 《麽经布洛陀》词频级别划分情况

	极高频词	高频词	中频词	低频词	罕用词
累计覆盖率	0 ～ 50%	50% ～ 90%	90% ～ 98%	98% ～ 100%	频次为 1
词量	152	2267	4972	3859	4620
占总词量	1.35	20.15	44.20	34.30	41.07
降频序位号	1 ～ 152	153 ～ 2419	2420 ～ 7391	7549 ～ 11250	7392 ～ 11250

6.2.2.2 词频降序排序的统计曲线

字号是按字的字频降序排列的序号，词号则是按词的词频降序排列的序号。由于词表排列的是《麽经布洛陀》的全部用词，本身是封闭的，因此序位号实际上标明了每个单词在《麽经布洛陀》全部用词中的地位。

本研究统计出 100 号词、500 号词、1000 号词、5000 号词、10000 号词，直至 11225 号词对语料的覆盖率，如下图所示。

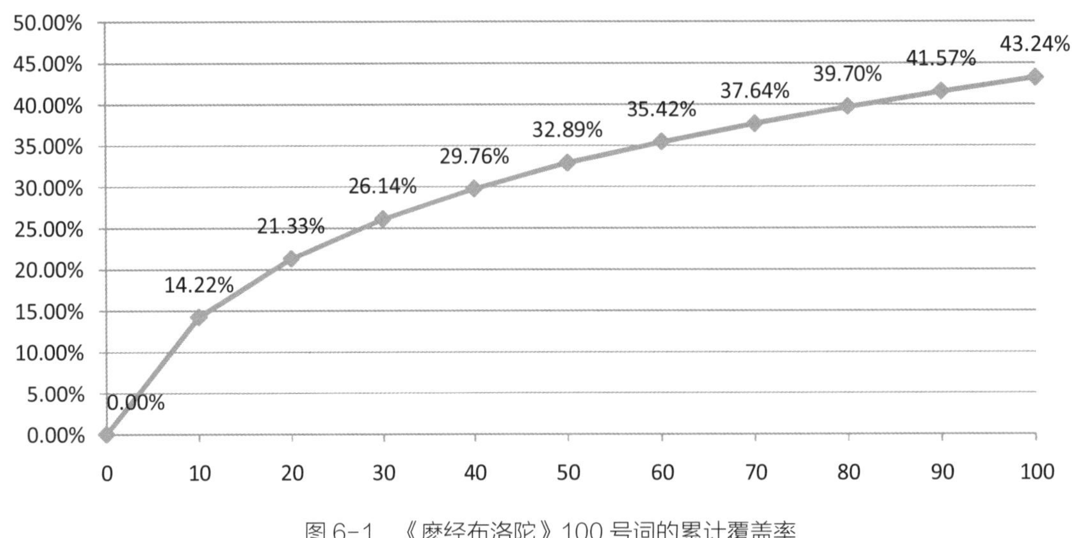

图 6-1 《麽经布洛陀》100 号词的累计覆盖率

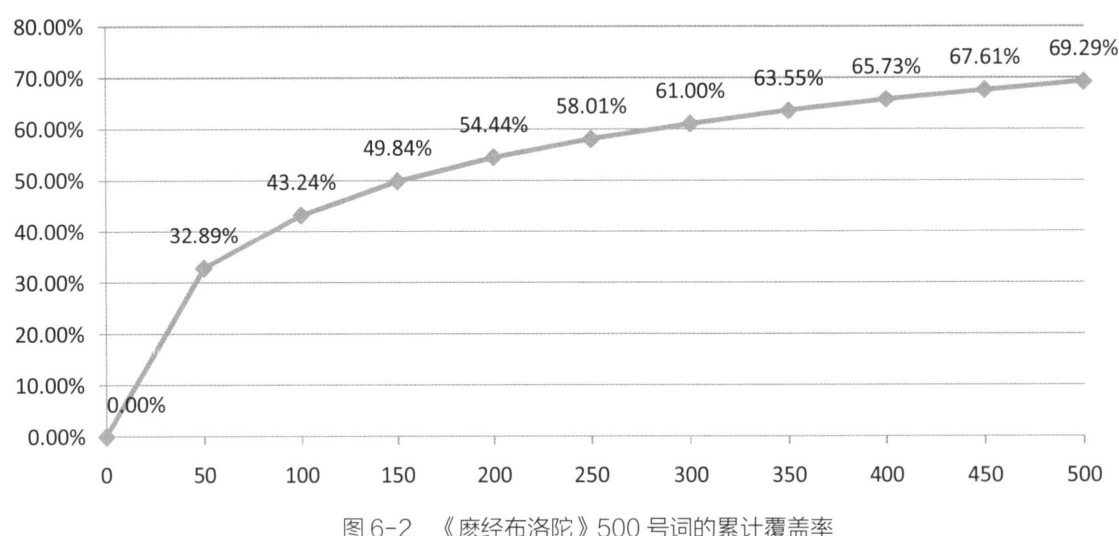

图 6-2 《麽经布洛陀》500 号词的累计覆盖率

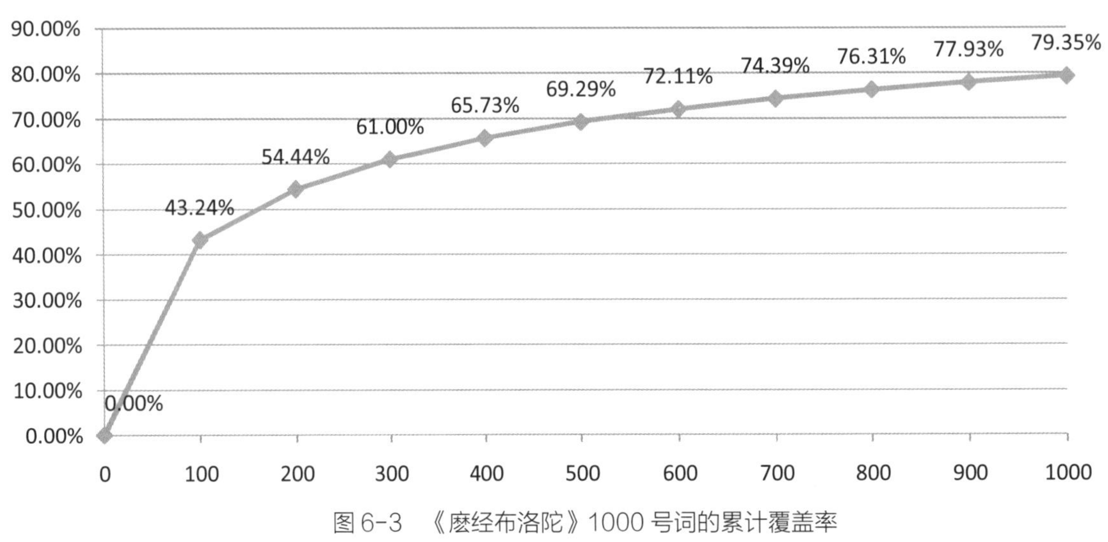

图 6-3 《麽经布洛陀》1000 号词的累计覆盖率

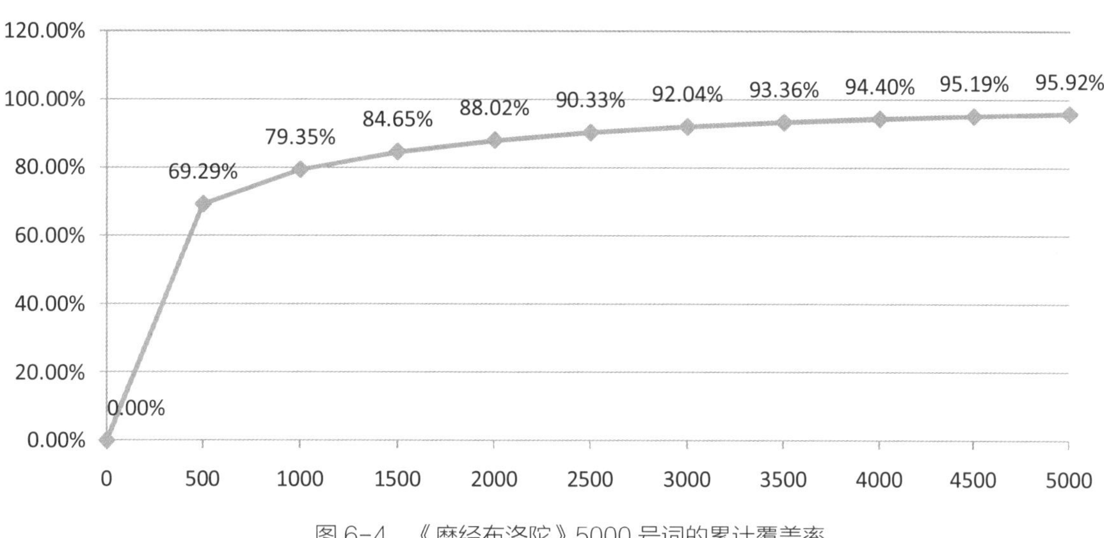

图 6-4 《麽经布洛陀》5000 号词的累计覆盖率

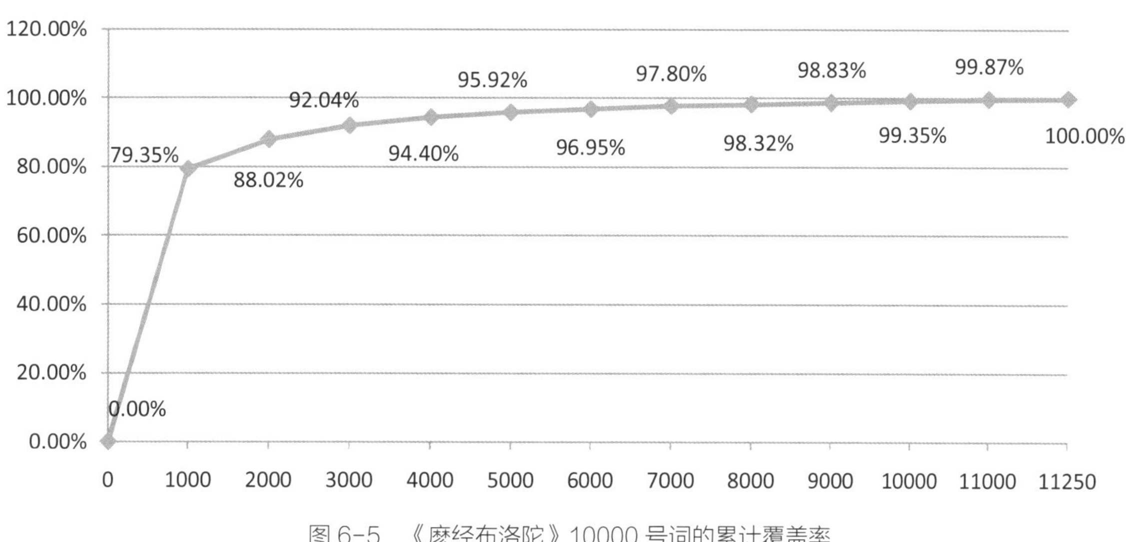

图 6-5 《麽经布洛陀》10000 号词的累计覆盖率

《麽经布洛陀》词汇累计覆盖率的上升曲线也可以分为三个趋势，一是 100 词和 500 词的急剧上升，二是从 500 词开始一直到 5000 词，累计覆盖率的曲线逐渐趋缓，三是 5000 词以后的缓慢上升。其中，100 词的累计覆盖率曲线几乎成直线上升，累计覆盖率达到 43.24%；500 词的累计覆盖率为 69.29%；1000 字的累计覆盖率为 79.35%；5000 字的累计覆盖率为 95.92%；10000 字的累计覆盖率为 99.35%。

从另一个角度，我们也可以看到覆盖 10%，20%，30%，40%……直到覆盖 100% 所需词汇的数量。见下图。

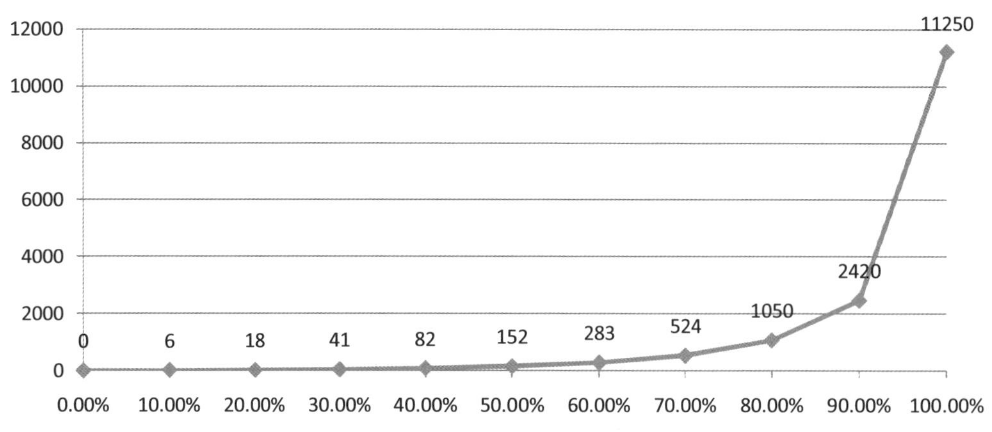

图 6-6　固定覆盖率所需的字量

词汇频率的总体分布是研究《麽经布洛陀》词汇分布及使用情况的重要依据，对掌握《麽经布洛陀》全书的内容也具有重要的意义。从阅读文献的角度而言，掌握频次最高的 152 个词，就可以掌握全文 50% 的文本内容。掌握频率最高的 2420 个词，就可以读懂全文 90% 的文本；从方块壮字的研究角度，识别难字别字，需要更关注 4732 个"一用词"，是学习研究方块壮字的重要材料。

6.2.3 《麽经布洛陀》词类统计

《麽经布洛陀》的词汇可分为名、动、形、副、量、数、代、拟声、介、连、助、语气共 12 种词类。其中词量最多的是名词，共有 5463 个，占总词量的 48.56%；词量最少的是语气词，只有 8 个，占总词量的 0.07%。其他词类的词量及所占比例：动词，共有 3827 个，占总词量的 34.02%；形容词，共有 1095 个，占总词量的 9.73%；副词，共有 321 个，占总词量的 2.85%；代词，共有 153 个，占总词量的 1.36%；量词，共有 140 个，占总词量的 1.24%；数词，共有 102 个，占总词量的 0.91%；拟声词，共有 70 个，占总词量的 0.62%；连词，共有 34 个，占总词量的 0.30%；介词，共有 28 个，占总词量的 0.25%；助词，共有 9 个，占总词量的 0.08%。各词类的统计情况如下。

表 6-5　《麽经布洛陀》词类统计表

词类	词量	占总词量 %	频次	文本覆盖率 %	平均使用率 %
名	5463	48.56	73825	38.27	13.51
动	3827	34.02	68783	35.65	17.97
形	1095	9.73	8838	4.58	8.07
副	321	2.85	15442	8.00	48.11
代	153	1.36	13222	6.85	86.42
量	140	1.24	3828	1.98	27.34

续表

词类	词量	占总词量 %	频次	文本覆盖率 %	平均使用率 %
数	102	0.91	5808	3.01	56.94
拟	70	0.62	582	0.30	8.31
连	34	0.30	945	0.49	27.79
介	28	0.25	1369	0.71	48.89
助	9	0.08	166	0.09	18.44
语	8	0.07	113	0.06	14.13
总计	11250	100.00	192921	100.00	17.15

可见，《麽经布洛陀》的词汇主体是名词和动词，这两类词的词量之和达到了9290，占总词量的 82.58%；使用频次之和达到了 142608，覆盖了全书 73.92% 的内容。但是，从使用率来看，名词和动词的平均使用率并不高，分别只有 13.51 和 17.97；平均使用率最高的是代词，达到了 86.42，也就是说，在《麽经布洛陀》中，每个代词平均使用了 86.42 次。

◆ 6.3 各抄本用词统计 ◆

由于《麽经布洛陀》的 29 个抄本出自众人之手，流传的地域也不尽相同，抄本之间必然存在用词的差异。

6.3.1 各抄本的用词情况

《麽经布洛陀》29 个抄本的用词情况见下表。

表 6-6 麽经抄本用词情况

编号	抄本名	词数	使用词量	平均使用量
1	麽请布洛陀	4914	1235	3.98
2	吆兵全卷	8209	1587	5.17
3	庅哄佈洛陀	6239	1373	4.54
4	麽叭科儀	5919	1420	4.17
5	九狼叺	11979	2255	5.31
6	六造叭	3286	891	3.69
7	麽叭床雖一科	7412	1436	5.16
8	麽使虽郎甲科	2977	901	3.30
9	哑兵棹座啟科	6868	1391	4.94

续表

编号	抄本名	词数	使用词量	平均使用量
10	麽兵甲一科	6901	1449	4.76
11	雜麽一共卷一科	3441	893	3.85
12	本麽叭	11195	2068	5.41
13	狼麽再冤	3372	938	3.59
14	闹涽懔一科	1165	411	2.83
15	麽叹魂糏一科	872	393	2.22
16	贖魂糏呟	1067	404	2.64
17	麽送魈	29365	3460	8.25
18	布洛陀孝亲唱本	11833	1910	6.20
19	占殺牛祭祖宗	8528	1699	5.02
20	呼社布洛陀	8670	1791	4.84
21	佈洛陀造方唱本	6321	1405	4.50
22	漢皇一科	6776	1408	4.81
23	麽漢皇祖王一科	9202	1538	5.98
24	麽王曹科	2398	760	3.16
25	呟王曹呟塘	5721	1211	4.72
26	麽荷泰	6837	1532	4.46
27	正一刕事巫書觧五楼川送鸦到共集	3460	1209	2.86
28	麽破塘	6492	1172	5.54
29	啞双材	1502	461	3.26
总计		193262	11250	17.15

从上表可知，各抄本的用词存在差异。词数上看，抄本间的平均词数是 6664.21，中值是 6321，均值与中值接近。词数规模在 6001 ~ 7000 间的抄本最集中，共有 7 本。词数最多的是 17 号抄本《麽送魈》，共有 29365 个词；词数最少的是 15 号抄本《麽叹魂糏一科》，仅有 872 个词，两者相差 28493 个词。从词量上看，各抄本的平均词量是 1331.09，中值是 1391，均值与中值也很接近，除了 1000 以下的抄本外，词量规模在 1401 ~ 1500 的抄本最集中，共有 5 本；词量最多的是“17”号抄本《麽送魈》，共 3460 个词，词量最少的是 15 号抄本《麽叹魂糏一科》，仅 393 词，两者相差 3067 词。各抄本词见附录。

各抄本根据字数和字量规模划分后的分布情况如下表所示。

表 6-7 抄本按词数、词量规模划分的分布情况

词数规模	1000以下	1001~2000	2001~3000	3001~4000	4001~5000	5001~6000	6001~7000	7001~8000	8001~9000	9001~10000	10000以上
抄本数	1	3	2	4	1	2	7	1	3	1	4
词量规模	1000以下	1101~1200	1201~1300	1301~1400	1401~1500	1501~1600	1601~1700	1701~1800	1801~1900	1901~2000	2000以上
抄本数	9	1	3	2	5	3	1	1	0	1	3

6.3.2 抄本用词分布度分析

分布度是衡量词的使用情况是否稳定的重要标准，分布度越高，词的使用就越稳定，反之，就越不稳定。通过分布度，也可以进行抄本间的版本比较。

《麽经布洛陀》共有 29 个抄本，把 1 本抄本当作 1 级分布度，则词汇共有 1~29 级分布度，几级分布度表示该词分布在几个抄本。每个词的分布度详见附录，每级分布度的词量见下表。

表 6-8 《麽经布洛陀》词汇分布度的词量

分布度	词量	占总词量	累积百分比	分布度	词量	占总词量	累积百分比
1	6169	54.83%	54.84%	15	56	0.50%	95.59%
2	1540	13.69%	68.52%	16	59	0.52%	96.12%
3	826	7.34%	75.87%	17	47	0.42%	96.53%
4	538	4.78%	80.65%	18	40	0.36%	96.89%
5	339	3.01%	83.66%	19	42	0.37%	97.26%
6	255	2.27%	85.93%	20	31	0.28%	97.54%
7	215	1.91%	87.84%	21	43	0.38%	97.92%
8	181	1.61%	89.45%	22	36	0.32%	98.24%
9	156	1.39%	90.84%	23	28	0.25%	98.49%
10	135	1.20%	92.04%	24	28	0.25%	98.74%
11	101	0.90%	92.93%	25	28	0.25%	98.99%
12	84	0.75%	93.68%	26	26	0.23%	99.22%
13	79	0.70%	94.38%	27	24	0.21%	99.43%
14	80	0.71%	95.09%	28	31	0.28%	99.71%
				29	33	0.29%	100.00%
				合计	11250	100.00%	

达到29级分布度的共有33个词，见下表。

表6-9 分布度为29的33个词

词号	壮字	新壮文	音标	意译	词性	频次	词频
1	斗	daeuj	tau³	来	动	3868	2.00497%
2	不	mbaeux	bau⁴	不	副	3785	1.96194%
3	批	bae	pai¹	去	动	3661	1.89767%
4	造	caux	ɕa:u⁴	就	副	2884	1.49491%
6	𠁁	gueg	kuək⁸	做	动	2520	1.30623%
7	造	caux	ɕa:u⁴	造	动	2189	1.13466%
8	伝	hunz	hun²	人	名	2022	1.04810%
11	海	hawj	haɯ³	给	动	1627	0.84335%
12	累	ndaej	dai³	得	动	1600	0.82936%
13	嚕	naeuz	nau²	说	动	1526	0.79100%
14	歐	aeu	au¹	要	动	1431	0.74175%
15	眉	miz	mi²	有	动	1382	0.71636%
16	跟	gwn	kɯn¹	吃	动	1321	0.68474%
17	滕	daengz	taŋ²	到	动	1273	0.65986%
18	造	caux	ɕa:u⁴	才	副	1267	0.65675%
20	你	nix	ni⁴	这	代	1117	0.57899%
25	耶	yej	je³	也	副	958	0.49658%
26	蘭	lanz	la:n²	家	名	938	0.48621%
27	講	gangj	ka:ŋ³	讲	动	876	0.45407%
30	都	du	tu¹	我们	代	801	0.41520%
33	提	dwz	tɯ²	拿	动	733	0.37995%
35	罵	ma	ma¹	回	动	692	0.35870%
39	雬	mbwn	bɯn¹	天	名	656	0.34004%
41	様黎	ywengh-lawz	jɯəŋ⁶laɯ²	什么	代	631	0.32708%
42	大	daih	ta:i⁶	大	形	628	0.32552%
48	洛	rox	ro⁴	会	动	576	0.29857%
57	外	vaij	va:i³	过	动	464	0.24051%
69	布渌啚	baeuq-lug-doz	pau⁵luk⁸to²	布洛陀	名	416	0.21563%
91	麽渌甲	mo-lug-gyap	mo¹luk⁸tɕa:p⁷	麽渌甲	名	344	0.17831%
94	清江	cingq-gyang	ɕiŋ⁵tɕa:ŋ¹	中间	名	330	0.17105%
101	啚	duez	tuə²	只	量	307	0.15913%
125	鴨	bit	pit⁷	鸭子	名	248	0.12855%
299	同	dungx	tuŋ⁴	肚子	名	107	0.05546%

这33个词中，频次最高的词是“斗（daeuj，来）”，为3868次，频次最低的词是“同（dungx，肚子）”，为107次，除了“同（dungx，肚子）”是高频词，其他词都是极高频词。分布度为1的词共有6321个，即这些词只出现在一个抄本；除4732个词的频次为1，分布度必然为1，还有1589个词的频次大于1；分布度为1的词中，最高的频次达到106次，具体的词是“冬走（yoq-hawj，哟咳）”，是个拟声词，出现在抄本17。另外，分布度为1级且达到高频词级别的方块壮词有80个，也就是说，这80个高频词只分布在1个抄本。从另一角度来看，这80个词可以作为所在抄本的特殊用词。从前十高频词来看，除了“明（mwngz，你）、灰（hoiq，我）”的分布度为28，其他8个词的分布度都为29。

为了更全面地反映词频与分布度的关系，我们把每个词的出现频次及其分布度指数进行相关分析。通过SPSS统计软件的输出结果可知，频次与分布度指数的Pearson相关系数R为0.518，表明两者存在显著（中度）相关关系；决定系数R^2=0.268，表示方块壮词的频次与分布度没有显著的线性关系，仅有26.8%的分布度的变异可由词的频次说明，不适合在两个变量间进行一般关系的拟合。因此，《麽经布洛陀》词汇的频次与分布度在一定程度上是相关的，如果按完全相关为1，完全不相关为0，那么两者的相关度为0.518。

◆ 6.4《麽经布洛陀》版本词汇比较 ◆

6.4.1 《麽经布洛陀》按内容分类

《麽经布洛陀》共8卷计29个抄本，所覆盖内容十分广泛，信息量非常大，版本间的内容也不同程度上出现交叉现象；经过梳理，以其主要内容为核心，各抄本内容大致呈现为六种。

第一，在禳灾祈福的仪式上，祷颂布洛陀和麽渌甲创造天地万物的功德，即创造天地日月、雷雨星辰、田峒山川、十二氏族部落，创造火、造干栏与水改善及拯救人类的生活；创造人类生活的万物如房屋、菜园、水田、禾苗等安置天下；造皇帝、土司及文字历书来帮助人们按州、县官府及历书等来治理天下，择选吉日；创造禳解仪规和禳解殃怪的方法，祈祷时代平安、家庭和睦等；反映该种内容的抄本共有7本，见下表。

表 6-10　禳灾祈福类抄本概况

抄本编号	抄本名称	内容梗概	诵念仪式
01	麽请布洛陀	造天地万物	禳灾祈福
02	吆兵全卷	造天地万物、解冤	禳灾祈福
03	広哄佈洛陀	造天地万物、赎魂	禳灾祈福
04	麽叭科儀	造天地万物、解冤	禳灾祈福
10	歴兵甲一科	造天地万物、解冤、禳解凶兆	禳灾祈福
20	呼社布洛陀	造万物、超度亡灵	禳灾祈福
21	佈洛陀造方唱本	造万物	禳灾祈福

第二，在杀牛祭祖仪式上，讲述混沌使祖宜婆受孕后产子后，其子见黄牛产儿辛苦而联想到父母的生育辛苦，创人死后不能被吃，要安葬的习俗，教诲人们要生前孝敬父母；此外，经文内容还不同程度地涉及诸神造万物、布洛陀化解兄弟冤恨、禳解冤怪的内容。属于该类内容的抄本共有两本，见下表。

表 6-11　杀牛祭祖类抄本概况

抄本编号	抄本名称	内容梗概	诵念仪式
18	佈洛陀孝亲唱本	混沌与祖宜婆儿子的故事，造万物，解兄弟冤	杀牛祭祖
19	占殺牛祭祖宗	杀牛祭祖，禳解凶兆，造万物	杀牛祭祖

第三，在解兄弟冤仪式上，讲述汉王与祖王先兄弟相争，后在乌鸦和鹞鹰的调节下，兄弟和解的故事。其内容主要为：后母进家带进祖王，祖王和汉王兄弟相争财产，汉王被迫逃至交趾，祖王用计害死汉王，汉王申冤报仇给祖王带去灾难，祖王祈求乌鸦和鹞鹰帮助化解兄弟冤仇。属于该类内容的抄本有两本，见下表。

表 6-12　解兄弟冤类抄本概况

抄本编号	抄本名称	内容梗概	诵念仪式
22	漢皇一科	解兄弟冤经	解兄弟冤
23	歴漢皇祖王一科	解兄弟冤经	解兄弟冤

第四，在超度亡灵的仪式上，由布麽请布洛陀为亡灵超度，使其归宗认祖。超度亡灵的经文分两类：一种是为正常死亡的死者超度的，即寿终正寝或已经有孩子的人死亡在家中的；一种是给非正常死亡的人超度的，即难产而死的、还未有孩子就死亡的、或因其他事故未死在家中的。此类经文一般包含着水神656之子王曹受屈辱，寻父成功报仇，最后征战客死他乡，其母请布洛陀为王曹超度引魂归祖的故事；还包括破血塘，为难产或非正常女子超度的经文等等，祈祷死者家属及亲人能时代平安与健康。属于

此类内容有 6 个抄本，见下表。

表 6-13 丧葬仪式类抄本概况

抄本号	抄本名称	内容梗概	诵念仪式
17	麽送魈	超度亡灵	丧葬仪式
24	麽王曹科	超度亡灵	丧葬仪式
25	吆王曹吆塘	超度亡灵	丧葬仪式
26	麽荷泰	超度亡灵	丧葬仪式
27	正一刘事巫書觧五楼川送鸦到共集	超度亡灵	丧葬仪式
28	麽破塘	超度亡灵	丧葬仪式

虽然从经书功能来看 17 号抄本《麽送魈》属于超度亡灵类，但是该经书内容涵盖面非常广泛，词量也非常丰富，基本是其他版本词量的 3 倍及以上，因此 17 号抄本当属于多功能抄本，应该置于更宽范围进行比较。

第五，在祈福禳灾的仪式上，进行赎魂活动。赎魂的种类有赎稻谷魂、赎猪魂、赎牛魂，讲述着稻谷种的来历以及赎稻谷魂的过程，通过赎魂祈求五谷丰登，时代平安。属于此类内容的抄本共 4 个，见下表。

表 6-14 禳灾祈福类抄本概况

抄本编号	抄本名称	内容梗概	诵念仪式
11	雜麽一共卷一科	赎魂	禳灾祈福
12	本麽叭	赎魂	禳灾祈福
14	闹涽懐一科	赎魂	禳灾祈福
15	麽叹魂糏一科	赎魂	禳灾祈福
16	贖魂糏呟	赎魂	禳灾祈福

第六，在驱灾祈福仪式上，布麽请布洛陀相助，砍送冤怪与禳解殃怪。该类经文内容一般包括父子、兄弟、前世仇恨而生出冤怪祸害家庭，或者家庭出现一些床上长菌、黑蛇进家的怪异凶兆而需禳解以及禳解“孤儿”“彩虹”冤怪等内容，其目的为通过砍送冤怪，祈求家庭和睦、安宁。属于此类砍送冤怪与禳解殃怪类的抄本有 7 个。

表 6-15 禳灾祈福类抄本概况

抄本编号	抄本名称	内容梗概	诵念仪式
05	九狼叺	砍送冤怪，禳解凶兆	禳灾祈福
06	六造叭	砍送冤怪，禳解凶兆	禳灾祈福
07	麽叭床跪一科	砍送冤怪，禳解凶兆	禳灾祈福
08	麽使虽郎甲科	砍送冤怪，禳解凶兆	禳灾祈福

续表

抄本编号	抄本名称	内容梗概	诵念仪式
09	哑兵棹座敀科	砍送冤怪，禳解凶兆	禳灾祈福
12	本麽叭	砍送冤怪，禳解凶兆	禳灾祈福
13	狼麽再宼	砍送冤怪，禳解凶兆	禳灾祈福

从以上各表可知，通过对 29 个抄本核心内容的把握，可以将其细分为六大类，但由于 12 号抄本篇幅大，共有 22 章，所以它包含的内容也就更为丰富，主要包含了赎魂、砍送冤怪与禳解殃怪的内容，因此将 12 号《本麽叭》抄本分别划分于第五、第六类，以方便下文分析；其实 17 号抄本的容量也很大，因此在将相同内容的词汇进行比较时，应该将其与整个超度亡灵大类进行比较，并且不参与大类间其他抄本异同词比较。同时，相同内容抄本间又会小类，如 11、12、14、15、16 都是赎魂经，但 15 号抄本与 16 号抄本均属于赎稻谷魂类，其内容的联系比其他赎魂类抄本更为紧密，所以在版本内部比较时，会优先考虑将 15 号与 16 号情况相似的版本先比较。

6.4.2 《麽经布洛陀》版本相同内容抄本词汇比较

6.4.2.1 祈福仪式上，歌颂布洛陀造天地万物类抄本类

共包含《麽请布洛陀》（1）、《吆兵全卷》（2）、《広哄佈洛陀》（3）、《麽叭科儀》（4）、《麽兵甲一科》（10）、《呼社布洛陀》（20）、《佈洛陀造方唱本》（21）7 个抄本，共有词量 5049 个。

1. 7 个抄本间都有的词，共 195 个，占该类内容抄本词量的 3.86%。

词表说明：每个相同词和独有词的词表，均由“词形”与“新壮文 + 意译”字段组成，其中词形是方块壮字，词表根据词义的音序排列。另外，由于方块壮字的不规范性、随意性以及各方言区的差异性，词表中存在大量的异形词，而且记录读音的新壮文和国际音标也不一定相同，但是因为篇幅有限，难以把所有的词形和读音都列举出来，所以在相同词词形和读音的提取上，由计算机在词库中随机选取一个词形和新壮文作为举例（以下各词表均如此）。

造天地万物类各抄本的相同词见下表。

表 6-16

词形	新壮文 + 意译	词形	新壮文 + 意译
安	an，安	武	fwex，别人
五	haj，白	不	mbaeux，不
貧	baenz，变成	布渌啚	baeuq-lug-doz，布洛陀

造 caux，才
滕 daengz，成
踉 gwn，吃
蜹 nengz，虫
郭 geug，出
頣 daenj，穿
船 luez，船
波 boq，吹
貫 gonq，从前
晚 mbanx，村子
累 ndoix，打
鈌 yangx，大刀
老 laux，大人
大 daih，大
滕 daengz，到
糏 haeux，稻谷
咟 ndaex，得
地 dih，地方
埘 lih，地
二 ngih，第二
大三 daih-sam，第三
一 it，第一
定 dingh，定
盖 gaiq，东西
鲁 lox，懂
同 dungx，肚子
力 lwg，儿
糏 haeux，饭
畐 fu，放
父 boh，父
蘭 lanz，干栏
桑 sang，高
畣 duez，个
海 hawj，给
布 baeuq，公公
鬼 gvij，鬼
外 vaij，过
里 lix，还有
利 ndi，好
踉 gwn，喝
郭 gueg，和
馱 dah，河
坟 fonx，黑
煉 nding，红
河 hoz，喉
蕚 yag，坏
除 cwez，黄牛
到 dauq，回
洛 rox，会
鸡 gaeq，鸡
蘭 lanz，家
忻 haen，见
講 gangj，讲
夽 din，脚
累 laez，叫
貪 dam，接
口 haeuj，进
九 guj，九
酒 laeuj，酒
造 caux，就
哰 coenz，句话
開 hai，开
達 daet，砍
相 ywx，看
急 gep，块
謹 gyaed，拉
斗 daeuj，来
量 lwengh，栏圈
狼 langz，老
佛 naj，脸
粮 liengz，粮
双 song，两
路 loen，路
哃 nyungq，乱
苨荷 nywej-haz，茅草
麽渌甲 mo-lug-gyap，麽渌甲
不眉 mbaeux-miz，没有
剥兠 bak-du，门口
都 du，门
糏 haeux，米
妹 meh，母
提 dwz，拿

黎　lawz，哪
盖　gaiq，那
盖他　gaiq-de，那个
傍　bwengz，那些
明　mwngz，你
胛　bi，年
傍　bangx，旁边
七　caet，七
千　cien，千
偌　naj，前面
貫　gonq，前
錢　cenz，钱
丕　bae，去
許　hawj，让
魙　hunz，人
胬　noh，肉
三　sam，三
三皇　sam-vuengz，三王
杀　gaj，杀
岩　ngaemz，山坳
檂　ndoeng，山林
砶　gya，山
坡　bo，山坡
悃　hwnj，上
圡　gwnz，上方
雫　gwnz，上面
炑　lemj，烧
骱　ndang，身
様黎　ywengh-lawz，什么
肎　miz，生
十　cib，十
磌　lin，石头
之　cih，是
憑　fwngz，手
司　sw，书
輊　loek，水车
沝　laemx，水
糏那　haeux-naz，水田
嚁　naeuz，说
死　dai，死
四　siq，四

四皇　siq-vuengz，四王
送　soengq，送
他　de，他
江昙　gyang-ngoenz，太阳
弄禄　luengq-log，堂屋
霄　mbwn，天
傍　bwengz，天下
洞　doengh，田峒
那　naz，田
条　deuz，条
通　doeng，通
同　doengz，同
痞　get，痛
夊　gyaeuj，头
了　leux，完
閉　bae，往
微　fih，未曾
未　fih，未
嘋　hauq，问
笼　longz，窝
灰　hoiq，我
都　du，我们
婄　bawx，媳妇
龙　roengz，下
逻　laj，下方
隆　loengz，下来
迡　laj，下面
度　dox，相
携　gvaeh，像
寕　ningq，小
非　fae，姓
鴨　bit，鸭子
感　gamj，岩洞
放　cuengq，养
歐　aeu，要
耶　yej，也
痕　hwnz，夜晚
兲　ndeu，一
肎　miz，有
酉　yux，酉
到　dauq，又

鲃	gya，鱼
黎	lawz，远
肼	ndwen，月
雭	fwej，云
纫	yuh，在
旼	haet，早
造	caux，造
賊	caeg，贼
的	dek，长
灑	la，找
你	nix，这
會你	hoih-nix，这样
畐	duez，只
清江	cingq-gyang，中间
狃	mu，猪
守	suj，主
纫	yuh，住
提	dwz，抓
丑	cux，装
力	lwg，子
布	baeuq，祖公
祖宗	coj-coeng，祖宗
咟	bak，嘴巴
能	naengh，坐
國	gueg，做

2. 7 个抄本中，抄本 1《麽请布洛陀》独有的词共 304 个，占该类内容抄本词量的 6.2%。

表 6-17

榱化	ngaih-va，艾花
閉	bwi，安抚
安	an，安名
纫	yuh，安住
淥繳	loeg-geuq，八哥鸟
荷忙	haz-muengz，芭芒
豹	bauq，豹子
筆墨叭	bit-maeg-bax，笔墨画
枯標	go-beu，标竹
百叭	bak-bat，钵口
扳	bat，钵
屋	og，卜出
鈌	yaengx，卜签
竘	yo，补充
司雜良	sw-cab-liengz，补粮书
司隆煉隆	sw-loengz-lienh-loengz-giuz，补桥经书
桥	nya，不安
不	mbaeux，不能
梈	longj，槽臼
梢何	ndog-haz，草骨
眠	mbinj，草席
則	caek，测知
雲	yinz，常流
羅	ndah，吵架
犯	famh，冲犯
屋	og，出穗
除	ciz，除怪
索	sak，杵
剥當	bak-dangq，窗口
靈貴	lox-gviq，聪灵
聾	loeng，错在
壜	ndoix，打斗
噇	dongx，打招呼
枯湾	go-vanj，大叶榕
鶏代	gaeq-daih，代鸡
悳	lwh，代讲
啼	daeh，袋子
江竝	gyang-laep，当晚
畢批倫麻	bit-bae-bi-ma，荡去荡来
貝	bwi，祷诵
状	cangx，祷文
喙	cam，祷问
踏	loen，道路
着	gyo，道谢
糈那	haeux-naz，稻田

糏迷 haeux-miq，稻籼
礼 ndaex，得到
亠把廉 daemq-baz-liemx，低沉沉
毒茶酒 doek-caz-laeuj，滴酒篓
夵 laj，底下
缯 saeng，吊网
立 laeb，订
定 dingh，锭
魯伽 lox-naj，懂得
不 mbaeux，都不
力毒 lwg-dog，独子
紡 fangj，缎
發 fad，发
芽 nya，烦杂
左邪 caz-nyangh，繁密
反 fanj，反常
法 faz，方法
罪 coih，改正
吉 gyaet，盖
王感路 vuengz-gam-loh，感路王
勺 gaeuq，干透
程 cingz，高颈缸
撻 daet，割开
歌 go，歌
詩 cih，个个
様 ywengh，各样
郭利 gueg-lih，耕地
賊 caeg，攻
可 goq，恭请
所 soq，供祭
个谷 gaz-goek，孤单
左仰 caz-nywengh，怪样
恠 gvaiq，怪异
媢 maiq，鳏
干 ganq，管理
卦晗 gvaq-haemh，过一晚
卦痕 gvaq-hwnz，过夜
海南 haij-nanz，海南
寒 hanh，焊接
俐 ndi，好
抽 nyuz，禾草

陌馱 bak-dah，河口
兇 hung，很大
沓 haemz，恨话
寬容 guenh-yungz，开心
除狼 cwez-langh，黄牛头领
計 giq，会算
魯 lox，或是
細 si，祸
那鸡 naj-gaeq，鸡脸
鷄鴗 gaeq-loeg，鸡鴗（壮族鸡卜卦象）
那离 naj-liz，花脸
个 ga，腿
床 congz，祭台
邦 bang，祭坛
押 gab，夹
深滂 laemx-ndaengx，碱水
論 lwnh，讲述
泣 laeb，交合
觔 gaen，斤
洁 gyoet，紧束
口 haeuj，进去
羅經 loz-ging，经文
間 genh，精
哘 coenz，句子
憐 laenh，锯
孨 comz，聚合
開天立地 hai-dien-laeb-dih，开天立地
忻 haen，看似
開利 hai-lih，垦地
吃 gaet，啃
空俻急 hoengq-baz-gyoep，空荡荡
哃 congh，孔
䍦 laj，下
榥 lwengh，栏中
王狼寒 vuengz-langh-hanq，郎汉王
狼漢 langh-hanq，狼汉
羅 laz，捞
父記 boh-gaq，老父
布 baeuq，老公公
灰記 hoiq-geq，老奴
吓 yah，老婆婆

狥狼 mu-langz，老猪
亢 angq，乐
邑 gyaj，雷公
邑咭 gyaj-gyet，雷鸣
奈大欲 naiq-daz-yux，累沉沉
咧 laex，礼物
旺 vuengx，良
邪个啦 ax-gaz-laeb，裂开开
凌 lingz，绫罗
斗淶澇 daeuj-caz-ndaengh，流竹篓碱水
六國 loeg-guek，六国
楼 laeuz，楼房
篤 doek，漏掉
西 sae，螺蛳
毒 doek，落掉
落臘 loz-laz，落腊
王落臘 vuengz-loz-laz，落腊王
傕 gyoi，麻箩
靓 gvej，蚂蜴
满 muenx，满
麽不魯 mo-mbaeux-lox，麽不鲁
谷們 goek-mbon，一种草本植物的根
糈 haeux，米饭
逢 baengz，棉布
獁 max，命脉
模 moh，模架
晾列 laet-lat，蘑菇
晾 ndaep，末月
栿大考 maex-dah-gauq，占卜法具
閂 con，木梁
拜撈 baih-laeng，那后面
拜佛 baih-naj，那前面
進 haeuj，纳
虞墳 ngwez-faenz，南蛇
了 ndaex，能行
程 ciengz，泥墙
福 fuk，叛逆
談 damz，念诵
糈粭 haeux-naengj，糯米饭
算 suenq，盘算
丁 deng，碰上
毒 dongx，碰着
京 ging，破裂
祸 vueq，破损
比 biq，铺
嗲 cam，祈问
嗲地達 cam-dih-dad，祈问滔滔
千年萬歲 cien-nienz-fanh-siq，千年万载
蜻蟑 nengz-congz，蜣螂
較 giuj，巧
嚣 heu，青的
淋 loemq，倾倒
則侵 caeg-caemh，清澈
則引 caeg-nyinx，清凉
則降 caeg-cwengh，清悠
茶 caix，倾斜
貧旧 baenz-gaeuq，如初
毒把嫿 dob-baz-loiz，软瘫瘫
卦 gvaq，过
三元 sam-yienz，三元
妹 mbe，散开
生 seng，痧症
礁演 gya-henz，山边
山 can，山地
脾酒 bi-laeuj，酒歌
泯 maenz，薯
淋門 lumz-mwnz，闪光
金 gim，闪现
雲 gwnz，上边
押 gab，夹
上樑 cang-liengz，上梁
炑豆 lemj-daeuh，烧灰
内 noix，少了
記 giq，哨子
躺 ndang，身
邦 bang，神位
師 sae，师
十 cib，十
九磌 gyaeuj-lin，石崖头
秋 caeu，收拢
収 caeu，手
九登 gyaeuj-daengq，首凳

所　soq，疏理
躬　gongq，树干
除淋　cwez-laemx，水黄牛
慉　loix，顺应
業　ndieb，思悟
廟四已　miuh-siq-cih，四角庙
從　soengz，肃立
糏望　haeux-fwengj，粟米
貝　mbaw，碎屑
他業　dah-nez，他业
王他業　vuengz-dah-nez，他业王
䠊　hwnj，踏上
泓　hog，滩
凌　lingx，躺
那　naz，田禾
已　cih，田角
憐　lienh，铁链
尋們　caemh-mbonh，同床
辰　coenz，凸
儀伍　ngix-ngaz，拖拉
茶　caix，歪
可　goz，弯的
萬　fanh，万方
緫　coeng，网兜
加冇　gya-ndwi，枉害
民　ndum，闻臭
用　nyungq，紊乱
籠　longz，窝
枯午　go-ngueh，无花果树
錢五分　cenz-haj-faen，五分钱
翁　ung，捂
咟浰　bak-lij，溪水口
逻　laj，下
感他　gamz-daz，衔拉
執批榜　coeb-bi-buengz，陷塌塌
尞　liuz，相传
蕁　yag，相恶
含　haemz，相恨
枯林　go-limz，相思树
磅　lauq，小口缸
汭埃　nyaeb-nyoiq，小小

盖他　gaiq-de，那些
茶　caix，斜
心　saem，心里
畢　bit，醒悟
命　mingh，性命
个廉　gaz-liemx，虚微
禁　gaemx，压下
娄鴨　laeuz-bit，鸭笼
哼　coenz，言词
巡　cwnz，沿
他　da，眼孔
樣　ywengh，样子
移　hi，妖影
千　cih，也就
沃　luz，野菜
枯蒙　go-mungz，野芋苑
朷　ndai，野种
累　lae，液
批　bae，一去
跟　gwn，衣食
爲　vih，因为
婳　yux，幽会
利流　lix-liux，游荡
吶　ndaex，有得
里　lix，余留
則　caek，预测
丁　deng，遇着
里　ndix，缘于
大　da，岳丈
事　saeh，灾
定　dingh，择定
携　gvaeh，择
盧　lawz，怎会
齊　cai，斋醮
從　soengz，站立
淋憐　lih-laenz，长久
倖　fwengh，爪边
条　deuz，根
条　deuz，条
頂　dingh，诊断
籮　laq，阵阵

定	dingh，镇
嚁	naeuz，只说
觀	ganz，枝茎
至	ciq，制定
罪	coih，治理
特	dwk，置于
纫	yuh，住在
甲	gap，柱梁
漫	manx，壮锦
茶	caz，追究
脱坤	dot-gon，啄木鸟
米迷	mih-maex，（乐）滋滋
咟鴨	bak-bit，鸭嘴

3. 7 个抄本中，抄本 2《吆兵全卷》独有的词共 377 个，占该类内容抄本词量的 7.5%。

表 6-18

立	laeb，挨
安特	nganh-dwk，安葬
案	anh，案台
寿	siu，熬
豨	fak，巴掌
蜼	gyoij，芭蕉
達	daz，拔
伏	fag，把刀
昙	ngoenz，白天
配	bwi，拜供
班法班伏	banj-fa-banj-fag，扳篱笆扳竹榻
娘班叭	nangz-ban-gyat，班叭娘娘
豨当	fa-dangq，板窗
豨吐	fa-du，板门
北播國府	bwz-fanz-guek-fuj，北蕃国府
累	ndaex，被
目	moeg，被窝
蛮	manz，本地
路	loh，本领
舍	cwe，庇护
此	swej，边檐
凼鴞	vongh-vauz，蝙蝠
变化	bienq-vaq，变化
可	goj，便
微	fiz，拨火
拎	gaem，操
律	lid，拆
律里	lid-lae，拆梯
腠	saej，肠
到	dauq，朝
朝	ciuz，朝
成阑	baenz-lanz，成家
出	cwt，承袭
提罪	dwz-coih，惩罪
提	dwz，崇尚
哏煙	gwn-ien，抽烟
朝寃	caeuz-ien，仇冤
刘	liuz，传到
凢	bamz，蠢话
助	coh，雌性
十	ciz，糍粑
立	laeb，从此
孟	mboeng，从容
作冲	gueg-cwengq，打仗
鸡龍	gaeq-lungz，大伯鸡
妹卦	meh-gvaq，大卦
罵	max，大块
佛老	baed-laux，大神
晆大	ndaep-daih，大月
劲大	lwg-daih，大仔
当	dang，担当
淋	laemx，倒下
里	ndix，得益于
帝	daeq，帝
殿	denh，殿堂
賛	can，刁

拎 gaem，叼
告先 gau-set，钓竿
啄 dot，叮
界 gyai，顶
焦 cauq，短时
坤 goenq，断根
退 doiq，对付
光二召 gvang-ngih-ciuh，二代官
達 dad，发达
六零 luz-lingx，翻转
芽 nya，烦乱
事 saeh，烦事
鸡賛 gaeq-canz，反毛鸡
弄 loeng，犯错
糗合 haeux-hab，饭盒
伴 buenq，贩
緒 cij，纷争
吀魚 nyaemh-nywh，愤然
鳳 fungh，凤
鳳魚 fungh-nywez，凤鱼
父妹 boh-meh，父母
父皇 boh-vuengz，父王
成 baenz，该成
桑 sang，高台
当傍 dangq-bwengz，各地
特馬 daeg-max，公马
公平 goeng-bingz，公平
功曹 goeng-cauz，攻曹
卦 gvaq，够吃
骨乐 ndog-loz，骨骸
樽 dwngx，拐棍
丁冠 ding-guenq，冠顶
曾 luj，冠
恨 hwnj，光临
光寅 gvang-yinz，光寅
微甕 fiz-fangz，鬼火
孙鬼 lwg-gvij，鬼仔
頗 boh，棍
初 coq，捆
骨乐 goet-loz，骸骨
方亥 fueng-haih，亥方
漢皇 hanq-vuengz，汉王
好漢 hauj-hanq，好汉
欲 nyuz，禾把
何陽 hoz-yangz，何阳
合 hab，盒子
好 hauj，很好
甲 yag，狠毒
大乃 daz-ndai，横条条
闪里憐 nding-lih-linh，红灿灿
紅蓮 hungz-lenz，红莲
闪里律 nding-lih-lwd，红彤彤
桥 giuj，后跟
嘿 laez，呼唤
咘 coenz，话语
病 bingh，患病
伕大劳 fuz-daz-laux，荒荡荡
卜微 boh-fiz，火棍
微颱 fiz-guk，火虎
梅元 maex-yien，火麻木
祸 vueq，祸及
餓 yieg，饥饿
骨鸡 ndog-gaeq，鸡骨卜
毬 gyaeuj，鸡头
竜 lom，积累
利 ndi，吉祥
知教 gyiq-gyauq，技巧
奷 yah，家婆
甲 gab，夹
甲子 gyap-cij，甲子
合 hap，架
匠 cangh，匠
交易 gyau-yiz，交易
叩怀 gaeu-vaiz，牛角
定净法 din-cengq-fa，脚蹬竹笆墙
伏 faek，教犁
成叭 baenz-gyat，结冤
玘活 gej-hot，解结
金殿 gim-demh，金殿
忻 haen，紧
尋 coem，尽是
后 haeuj，进门

献 yienh，进献
容 nyungq，荆棘
行 hengz，敬供
境 giengq，镜
燋燎 ndiu-liuz，纠缠
到 dauq，回
成 baenz，像
可 goj，可
古 gaeu，克扣
厄 ngaek，坑害
冇 ndwi，空
偻 loz，枯萎
苦 haemz，苦难
含个啦 haemz-gax-laep，苦凄凄
廣 gvangq，宽处
穷 gungz，困难
糏 haeux，来
沌 dongh，栏柱
郎 langz，廊
伿 yaen，类
力 lengz，力
立橋補命 laeb-giuz-buj-mingh，立桥补命
丹 dam，连接
練 lienh，练犁
淋侵 laemx-caemx，凉水
槞 lungz，梁
槞 lungz，梁
双敗 song-baih，两边
双七月 song-caet-ngued，两个七月
双甫 song-bux，两人
檂 ndoeng，林
那 naj，前面
哏 gwn，领受
巴流 bax-liuz，流畅
六十 loek-cib，六十
廖咟鉢 liu-bak-buenz，芦苇口盘
陸 loeg，陆氏
乱作 luenh-gueg，乱做
羅安太 laz-an-daih，罗安太
羅經 laz-ging，罗经
羅 laz，罗氏
馬龍車 max-loengz-cie，马龙车
千 cih，马上
德 daek，蚂蚱
含 haem，埋进
麥 meg，麦
个怌 go-faiz，毛竹
磨茶従 mo-caz-soengz，麼站立
達 dap，猛地
吘仰 nyaemh-nyaengh，猛然
記 gi，米箕
袯 moeg，棉被
裉 langh，面
末 mued，灭绝
梅輪 maex-noenh，木花皮树
甲 gab，木夹
梅硯 maex-yienj，蚬木
梅廖 maex-liu，木梯级
敗刘 baih-lawz，哪方
个刘 ga-lawz，哪里
峝那元 doengh-naz-yienz，那燕田峒
奷霄班 yah-mbwn-ban，卺班婆婆
劧腮 lwg-sai，男子
配 bwi，喃
談 damz，喃麼
嚐 naeuz，念经
娘奷 nangz-yah，娘祖婆
甫農 hak-noengz，依人
劧倫 lwg-lwnz，女幺
賠 boiz，赔恩
練 lienh，捧
庚 geng，篇
浪 langh，飘
多 doq，拼接
巴追 baq-gyaeq，破蛋
七荅 caet-dab，七煞
千火萬含 cien-hoj-fanh-haemz，千辛万苦
能娄淂 naeng-laeuz-ndaex，亲身骨肉
血娄成 lwed-laeuz-baenz，亲生骨肉
苗 miuh，青苗
桃刘 daeuh-laez，青苔
甫火 bux-hoj，穷人

求花 gyaeuz-va，求花
肝 daengz，全都
叭 gyat，禳除
旺庫 vangq-hoq，绕膝
甫陸荷 bux-loeg-hoz，陆荷
連 lienz，韧
劍三宝 giemq-sam-bauj，三宝剑
廟三宝 miuh-sam-bauj，三宝庙
三官玉帝 sam-guen-yi-di，三官玉帝
三脾 sam-bi，三年
散 sanq，散去
班 banh，散
卦 gvaq，扫过
沙 sa，沙
答 dab，煞日
乱 lwenh，筛米
毕界房 ceh-gaiq-fuengz，莲花山
岜梅 gya-maex，山木
岜社 gya-cwex，山社
岜 gya，山崖
恨 hwnj，上升
社 cwex，社庙
躺汗 ndang-hanh，出汗
躺穢 ndang-hiz，身秽
躺凢 ndang-fanz，身孕
正案 cing-anq，审案
桑 sang，升高
違 vaez，生殖器
定 daek，盛（饭）
十二天下 cib-ngih-dien-hah，十二国
十九 cib-guj，十九
十六 cib-loek，十六
恢 hoi，石灰
焦 cauq，时间
造 caux，始
司召 sw-ciuh，世书
撻華伏 fwngz-vaz-fag，手抓竹榻
首 ndux，首
啬司 cwengz-sw，书堆
杀 cax，梳
自在 siz-saih，舒适
杀 cat，刷
淋忑廖 laemx-laj-liu，地下水、暗河
印四方 inh-siq-fueng，四方印
梅杞 maex-ge，松树
太歲将軍 daih-soi-cieng-gun，太岁将军
頼 laiq，滩头
鸡 gae，檀条
糖 dwengz，糖
洄 leng，躺下
幸 hid，掏
楽 lag，滔滔
廖 liu，梯级
定累 di-lae，梯脚
提 dwz，提
当 dang，替代
匠法 cangh-faz，铁匠
梅周 maex-gyaeuq，桐树
头 daeuz，头子
头 daeuz，投靠
鸡地 gaeq-dih，土鸡
比 bi，吐
托 dot，脱
郝 hak，外地
梅各 maex-goz，弯曲木
萬歲 fanh-siq，万年
宗 soeng，网袋
忐 gwnz，往上
旺 vangq，旺
瘟 ngoenh，瘟
殿蘭 denh-lanz，地基
立霧 laep-mok，雾水
西方 sih-fangh，西方
茶 cah，稀疏
鹹 hamz，咸
同拜 doengz-baiq，拜别
同雜 doengz-gyag，告别
弄叮 loengx-din，箱底
消 siu，消
串 gyon，小木条
晆小 ndaep-siuj，小月
甲 gab，小竹片

笑巴郎	liu-bax-langh，笑眯眯	与	ndix，源于
奈	nai，谢	𩃬	bang，灾厄
苗	miuh，新苗	秋	siuq，凿
娋	sau，新娘	北宿	bak-saeuq，灶房口
莺	yag，凶日	多	doq，造
召比	ciuh-bix，兄辈	繒	saeng，罾网
定	ding，休	齋	cai，斋
戌	swt，戌	晃	gvang，张大
論	lwnh，叙述	屋	og，长出
斤	gaen，蓄	冲	cwengq，仗
細	si，寻猎	外	vaih，折损
納	naeb，押解	个你	ga-nix，这方
粴	ax，鸭粟	来	laix，真
鳿樵	loeg-ciu，画眉鸟	細	si，争议
烟微	hoenz-fiz，烟火	称	cij，指责
鸡呈	gaeq-cingz，阉鸡	多召	doh-ciuh，终世
厠	swej，檐	生	seng，重生
撿	yaem，掩埋	咘	coenz，咒语
倫	lwnz，幺	楚光	suj-gvang，主官
吆	mo，吆	使楚	saeq-suj，主司
省鮭	swnh-gyoij，野芭蕉	主	cwj，主子
省	swnh，野	奈	nai，祝
含	haemh，夜深	交	gyau，专横
肕	daengz，一到	奔	baenq，转水
燎	ndiu，一会	消	siu，撞坏
布一郎	baeuq-it-langz，一郎公	急	gyaep，追猎
儀	ngih，义	呆花禁	ngaiz-va-gyaemq，紫糯饭
提	dwz，应验	立	laeb，自此
甫	bux，泛指人	屋	og，出自
太	daih，余	度	doh，足够
講	gangj，讲	布光	baeuq-gvang，长老
玉帝	yi-di，玉帝	祖	coj，祖
寃朝	ien-caeuz，冤仇	正	cingq，作证
𩃬	bang，冤孽	多	doq，做
元宝	yienz-bauj，元宝	作煉作橋	gueg-lienh-gueg-giuz，铺路架桥

4. 7个抄本中，抄本3《広哄佈洛陀》独有的词共426个，占该类内容抄本词量的5.1%。

表 6-19

安平	an-bingz，安放好	泓	vaengq，岸

畬巴涯	haemh-baz-yai，暗沉沉
糏荷芒	haeux-haz-muengz，芭芒谷
壊	fai，坝
配	bwij，吧
哏肙	gwn-ndwi，白吃
怀晧	vaiz-hau，白牛
夊	moed，白蚁
敗	baih，败走
宝	bauj，宝物
妹畱	meh-naz，本田
敗	baih，边
散	san，编织
勿	fad，鞭打
枯街	go-gai，扁桃树
寿	saeuh，遍
度	doh，遍
剥	box，剥开
言	yienz，不同
莫民	mu-maen，不育猪
狝慢	vaiz-maen，不育牛
恶	ax，叉开
埜	ndaem，插秧
蚲	bid，蝉
睦	loek，扯秧
导气导意	dwg-hiq-dwg-ih，称心如意
罡	gang，撑开
門	mbwn，撑天
之千之萬	ciz-cien-ciz-fanh，成千上万
墻城	cwengz-cingz，城墙
文劳	faenz-lauq，齿耙
虵	mbax，虫蛾
凡	fanz，抽穗
柳	ndux，初
督	dub，捶打
学	sieng，赐
杀	caz，丛
茶	caz，粗糙
若	yo，搭起
任	yaemx，打探
茈度厷	bak-du-hung，大门口
糏外出	haeux-vaiz-cid，大糯谷
大王	daih-vuengz，大王
溏	dan，单单
个来	gaz-laix，当真
申	saen，刀背
杀	cax，刀
肛里浪	daengzlih-langh，形容火速赶来
無	fwz，稻草窝
糏浪	haeux-lweng，稻穗
久橙	gyaeuj-daengq，凳头
丕	laj，低处
迊	daemq，低空
地遯	diz-dwg，嘀嗒
地铁	diz-died，嘀得
埅漏	dweg-laeuh，地洼
丕	laj，地下
林	laemx，跌倒
付	fu，叮啄
总	soengj，峒
垌那	doengh-naz，峒田
可	goj，都是
晃貴	gvengh-gviq，杜鹃
婆	box，堆积
磌立	lin-laex，鹅卵石
孙漢	lwg-hanq，鹅仔
二十六	ngih-cib-loek，二十六
二十五	ngih-cib-haj，二十五
二十一	ngih-cib-it，二十一
芽	ngad，发芽
法	fap，法
闭	bae，翻去
芽	nya，烦恼
煎	sinz，飞溅
勒娄	lwg-laeu，枫树籽
封	fung，奉养
佛	baed，佛
贫	baenz，孵成
朋	byoeng，孵出
若	yo，扶撑
萬陌	van-bak，斧口
笼	laemh，复
高祖	gauh-cuj，高祖
里	ndix，跟着
提那	dwz-naz，耕田
獏特	mu-daeg，公猪
供	gung，供给
耍床	saj-congz，供桌
糏酸	haeux-swen，谷粳
良	lweng，谷穗
糏楞	haux-laeng，晚稻

弄后 long-haeux，谷叶
将 gyaeng，关在
字赫 sw-hak，官书
了 leux，光
他濑 daz-laih，形容程度很深
渌 lug，闺房
昙该 ngoenz-haih，亥日
匿 ngoh，含苞
寒露 hanz-lox，寒露
故 go，禾蔸
列 lep，禾剪
糏粕伏 haeux-daiz-fod，黑糯谷
粕伏 daiz-fod，黑糯
怀伏 vaiz-fonx，黑牛
羔 ywengj，烘烧
除闪 cwez-nding，红牛
糏𥺁除 haeux-noh-cwez，红糯米
龍 longx，吼声
报 bauj，护佑
除浪 cwez-ndangh，花斑牛
犸浪 mu-ndangh，花斑猪
汤 ndangh，花色的
涞 laiz，花纹
班 banq，花鱼
取酒 siz-saz，哗啦
显 henj，黄色
除孟 cwez-mong，灰牛
谷熂 goek-fiz，火种
王熾斗 vuengz-fiz-daeuh，火灰王
元 luemh，烧
提 dwk，击打
鸡王 gaeq-vuengz，鸡王
時旦 cwz-dan，吉时
式 cix，挤
记 giq，记录
僭涞 ciemq-laiz，继承
祖 coj，祭祖
廣 guengh，间
担 daet，剪
拜 baiz，将
訲 gangj，讲
隆 loengz，降
啣 mbex，叫咩
泥 ngej，叫声
或 faek，教犁
接代 ciep-daih，接代
国 gueg，结拜
同逢 doengz-bungz，结队
巾 gaen，巾
除今 cwez-gim，金牛
羕祖 byai-coj，近祖
呰 ceh，浸
九十 guj-cib，九十
㳔九久 ngweg-guj-gyaeuj，九头龙
酒爻 laeuj-ai，酒糟
台 daiz，酒桌
测琴 gyaek-gyumh，高大
祸 ax，开叉
个欧 gax-ngaeu，张开
槑 lug，蝌蚪
冇茶鲁 ndwi-caz-luh，空乎乎
草 sauj，枯干
摚偻 maex-loz，枯树
罗 loz，枯
狂 faz，矿
斉 naet，酸痛
少睡 cauh-cae，拉犁
里浪 liz-langh，啦啦
郎老 langh-laux，郎老
郎在 langz-cai，郎寨
圩郎在 hw-langh-cai，郎寨圩
郎中 langz-cung，郎中
犯 naez，狼
犿兰 swej-lanz，廊屋
甫郎家 bux-langz-gya，浪家公
甫郎莫 bux-langz-mu，浪莫公
牢午海 lauz-ngox-haij，牢五海
同 doengz，老同
勒 laeg，勒
少立 caux-lih，犁地
孙泥 lwg-ngewg，泥仔
煉 lienh，炼
夭 iux，米仓
濕巴涯 lomh-bax-yai，亮蒙蒙
等 daengj，撂在
立矻 lix-laet，咧咧
吉 gyaet，鳞
理 lih，伶俐
强 gwengh，流下
甫六慮 bux-loek-lij，六虑公

以龍 gyaeuj-lungz，龙头
力䶪 lwg-lungz，龙仔
淋 lumz，隆隆
败 baij，炉子
隆冲 loengz-congh，落山
笃危 doek-ngviz，落危
宠兎 longz-doq，马蜂窝
馬龙 max-loengz，马笼
良馬 lweng-max，马尾
吞数 aen-soq，满数
蛸 dangh，蟒蛇
芽 ngad，萌芽
庙 miuh，庙神
蛪 laez，螟蛉
字侖 sw-mingh，命书
妹角 meh-gaeu，母牛角
妹皇 meh-vuengz，母王
木擂 moeg-loix，木槌
迷降 maex-gyaengh，木段
燎 liuz，木炭
木奉 maex-fung，木乌杨
桐 dongh，木桩
黎 lawz，哪种
心 saemq，那帮
敗 baih，那里
他 de，那样
訥國 dingh-guek，泥坑
虽 saej，牛肠
肚 dungx，牛肚
腼 lwez，牛耳
腤 daep，牛肝
骨 ndog，牛骨
心犽 saemq-vaiz，牛群
僯 linx，牛舌
立裔 lid-liz，牛蹄
犽該 vaiz-haih，牛圩
孙獖 lwg-vaiz，牛仔
灰 hoiq，奴隶
提那 dwz-naz，耙田
頼 laih，攀
盘古 buenz-guj，盘古
邦 bangx，旁
爲 vet，刨
沓 dumh，泡
分 baenq，喷
霹历 bik-lik，霹雳
瓶 beng，瓶子
羔坡 gyai-bo，坡顶
七百二 caet-bak-ngih，七百二
王七个 vuengz-caet-ga，七脚王
奷七啫 yah-caet-cij，七奶婆
他 de，其他
盃 bwi，祈求
旗 giz，鳍
字訓朝 sw-caenx-ciuz，启蒙书
斛墻 hok-cwengz，墙角
孟 mboengx，敲打
芽 ax，撬开
鱽 gyoeg，青竹鱼
遭 sauq，轻浮
濑 laih，丘
欧妣 aeu-baz，娶妻
胖卦 bi-gvaq，去年
丕里粦 bae-lih-linh，去速速
匣 gyaz，圈栏
無 hog，圈
囵 humx，圈围
甫个 bux-gaq，商人
旁 bwengz，人间
荣 nyungz，茸草
吞 aen，容器
口学 haeuj-hag，入学
笃 doek，撒下
三百六 sam-bak-loek，三百六
三那 sam-naj，三面
三十二 sam-cib-ngih，三十二
散把素 sanq-baz-soh，散巴巴
个作 baz-sag，沙沙
萬 vad，扇
窓 biz，扇子
伤 cweng，殇
甫半 bux-buenq，商贩
甫个 bux-gaq，商人
学 sieng，赏赐
恳 hwnj，上到
衍志 hangz-gwnz，上颚
社 cwex，社王
昙申 ngoenz-saen，申日
躺 ndang，身上
常 cangz，呻吟

神农 saenz-nungz，神农
奵神农 yah-saenz-noengz，神农婆
肉劝 noh-ndip，生肉
巷 hang，生铁
寃累 hoen-lwi，失魂
十八 cib-bet，十八
十二國 cib-ngih-gyog，十二部族
十二位 cib-ngih-fae，十二姓
时在 siz-saih，实在
谷祖 goek-coj，始祖
欧 aeu，收获
炉 loz，瘦
蹠 saj，疏祭
垄 log，束
弄 long，树叶
发 fad，甩刨
扷 bad，甩
揽 lamh，拴
花 va，双胞胎
埕 cingz，水缸
湷 dumh，水泡
垠淋 lweng-laemx，水尾
分伏 fwt-fwh，嗖嗖
苏木 so-moeg，苏木
侵 cinh，苏醒
用 yungh，所用
沓 daeb，踏
任 yaemh，探
芒 muengh，探望
花桃 va-dauz，桃花
勾 gaeu，藤
帝 daeq，天帝
更 gaep，铁夹
肹法 noh-faz，铁水
达劳 daz-lauq，拖犁
达劳 daz-lauq，拖耙
律 lwd，脱粒
踸 aen，完整
萬国 fanh-gyog，万部族
奵王茫 yah-vuengz-muengz，王茫婆婆
也威 nywej-vaej，葳草
测深 gyaek-gyumh，巍然
助 coh，围观
溏 dan，惟
羕 gyai，尾部
早列 saux-liep，蚊帐竿
甫钦 bux-gimq，巫婆
龍兰 luz-lanz，屋梁
狮 mbangh，鼯鼠
五百 haj-bak，五百
五路 haj-loh，五路
位化 fiz-fad，窸唰
位还 fiz-fanz，窸窣
取索 siz-soz，窸嗦
衍忑 hangz-laj，下颚
忑地 laj-dih，下方地
忑地 laj-dih，下面地
奵仙女 yah-sien-nwj，仙女婆
献 yienh，献
香炉 yieng-loz，香炉
庚 geng，项
粝瓩 haeux-fwengj，小米谷
位伝 fae-hunz，姓人
特 daeg，雄性
秀才 siuq-caiz，秀才
血显 lwed-henj，血黄
春王 caenq-vuengz，逊王
鸨王 bit-vuengz，鸭王
烟守 yienz-caeuj，烟守
案州眉 ngamz-cu-miz，岩州眉
尛兰 swej-lanz，檐屋
麼 mbweh，厌
家洡文 gyaj-laiz-faenz，秧纹花
妖 iu，妖精
遥 yiuz，瑶人
欧 aeu，要
窖 yiuh，鹞
石 cweg，野蕉
寅 henz，一边
苗 miuz，一造（米）
佛 foh，缨
他柰 daz-nai，硬邦邦
他列 daz-leh，硬条条
貢 gung，拥戴
翁犸 ung-vaiz，壅牛
道炁 dauq-hiq，忧虑
丁刮 din-gvaz，右脚
模扑 mak-bug，柚子
造 caux，于是
鲃劝 bya-ndip，鱼生

鲃王	bya-vuengz，鱼王	字沙	sw-sa，纸书
廉	liemz，鱼栅	踏	dah，指定
元年	yenz-nenz，元年	少	cauq，中等
园	swen，园子	巨	gwh，肿
鸡鸠	gaeq-e，原鸡	兎胇	dop-bi，周年
缘	yuenz，缘	圄	hop，周岁
畓由	yuenz-yaeuz，缘由	蚍	cu，洲
巴颜	ga-yiemz，远远	那	ndah，咒骂
越	yied，越	莫茫	mu-mueng，猪架
柰	ndai，耘	宠	longz，猪窝
逓	daeh，运	力	lwg，猪仔
贼赫	caeg-hak，贼官	杂	saz，竹筏
屎法	haex-faz，铁渣	法蛮	fag-mat，竹管
帅	caiq，寨	寅	hid，竹架
德	daek，盏	思	swex，竹筐
行	hangz，盏	盅	gyongq，竹篮
倫	ndwn，站着	宠呆	lung-ngaiz，煮饭
特	dwk，张	合	hab，撰
磸黎	lin-laex，长条石	江	gang，装
韶	ciu，招引	宗	cuengh，壮人
燒	ciuq，照看	弄	longh，捉弄
急	gyoeb，罩	脱	dot，啄
朝	ciuh，这代	木各	maex-goj，紫檀木
敗引	baih-nyinx，这里	字经	sw-ging，经书
勾谷	gaeu-gok，鹧鸪	丁左	din-swix，左脚
提酒	dwk-laeuj，斟酒	能	naengh，坐着
若	yo，支撑	國奇	gueg-giq，做寄
斗	daeux，支持	國橋	gueg-giuz，做桥
乙他柰	yiet-daz-nai，直挺挺	各伤	gueg-cweng，做殇

5. 7个抄本中，抄本4《麽叭科儀》独有的词共332个，占该类内容抄本词量的6.6%。

表6-20

里理	lih-lix，哀哀	昙丙	ngoenz-bingj，丙日
提	dwz，按照	病	bingh，病人
怕荷忙	baq-haz-muengz，芭芒岭	咟扒	bak-bat，钵口
拜还	baiq-vanz，拜叩	噆	cam，卜问
宗司	coeng-sw，包书	帴	daeh，布袋
消	seu，报晓	布台吓	baeuq-daiz-yah，布台吓
报	bauq，报讯	勿绋	fwd-faed，彩带
目	moeg，被	得	dwz，操
个楼	ga-laeuz，本家	岑布奥	gaemz-baeuq-ngauz，人名
筆墨	bit-maeg，笔墨	砨	ngad，叉
平	bienh，边	捉	cug，缠绕
敢	fwe，鳖	羅	la，敞开

侵 caem，沉静
吃 haet，晨
尺 cik，尺
出丟 cwt-hiq，人名
妑柳 baz-ndux，初妻
蕚 yag，锄
領 lingj，橱柜
榡 sak，杵杆
犯 famh，触犯
至 ciq，传给
谷 goek，传世
匿 ndoek，刺竹
賊 caeg，打劫
氐淋 diz-laemx，打水
力大 lwg-daih，大儿
劳 lau，担心
狼 langh，荡
班磁 ban-cih，倒霉
到洋 dauq-nyangz，倒逆
泣 laep，到头
常 cweng，道场
憐 lingq，堤
增地 caengz-dih，地层
呀 nyax，怄气
梼 dwk，顿
餋漢 noh-hanq，鹅肉
生 seng，发痧
保 bauj，法宝
旙 fanz，幡
芽 nya，繁
反福 fanj-fuk，反叛
禄 lug，房间
入 haeuj，放进
淂 dwk，放在
玭 mbin，飞走
憹 hoi，粉屑
蜂貴 fungh-gviq，丰裕
畧 laek，锋利
丁 deng，逢
鸡鸿 gaeq-hog，孵蛋鸡
王甘露 vuengz-gan-loh，甘露王
油 yaeuz，秆茎
業 ndieb，感觉
卟干 mboek-gan，干涸
枯標 go-beu，杠竹
丧 sang，高
闵 hen，隔
郭葛 gaeu-hot，葛藤
朝恩 ciuz-aen，各个
卜谷 boh-goek，根父
亦 yag，更
朴 boh，公禽
公務 gungh-mu，公务
功德 goeng-daek，功德
免 dox，蛊惑
畢 baet，刮
買 maiq，寡
府 fuj，官府
細 saex，官司
貴順 gvaeq-cin，归顺
什聂 cih-cag，嗻沙
什素 cih-soz，嗻嗦
零 lingx，滚地
位 vih，好在
馱跺 dah-sa，河床
哈糗 hab-haeux，盒饭
糗米 haeux-miq，黑谷
呀零 yax-lengz，狠力
芽 yax，狠
旺笼 vang-loengz，横生
淵门 lumz-mwnz，轰隆
闵 nding，红
餋闵 noh-nding，红肉
黎嚚 laez-heuh，呼号
仅伍 ngiz-nguh，呼呼
巾来 gaen-laiz，花巾
華盖 vaz-gaiq，华盖
啞 yag，滑
嚁 naeuz，话
王厝 vuengz-lig，皇历
婆微 boh-fiz，火父
王北宿 vuengz-bak-saeuq，火灶王
咎 lox，或许
餋鸡 noh-gaeq，鸡肉
娄鸡 laeuz-gaeq，鸡舍
鸡胎 gaeq-daiz，鸡种
俐 ndi，吉
脾利 bi-ndi，吉年
俐 ndi，吉祥
胻俐 ndwen-ndi，吉月

直　cih，即
孨　comz，集拢
蘭　lanz，家里
強　gyangz，假话
尖　soem，尖刻
隆丄　loengz-daemq，降低
隆逻　loengz-laj，降下
个　gaiq，交叉
黎吃　laez-hit，叫喊
遭　dam，接着
征　gyaengh，节
何　hoz，节头
召你　ciuh-nix，今世
吃你　haet-nix，今早
寧　nengh，劲
政　cingj，井
鏡釘法　giengq-dingh-fap，镜定法
彭　beng，酒瓶
造　caux，就有
開天立地　hai-dien-laeb-dih，开天辟地
左仍　cax-yingz，颗颗
弟　daeh，口袋
河虚　hoz-hwq，口渴
咟　bak，口
北宿　baek-saeuq，灶台
唅　haemz，苦恼
廣　gvangq，宽
凑八涯　dog-baz-yaiz，困乎乎
温頭　hoen-doenz，困惑
㭔　laengh，拉扯
斗浾澇　daeuj-yag-ndaengh，来滴碱
笼　loengz，下
唤　angh-bax-linh，乐哈哈
乃八肉　naiq-baz-yux，累巴巴
褁心　ndaw-saem，心里
憐　lienh，链子
呀猸頼　nga-mu-laih，野猪牙
犭睿　noh，猎
的　dek，裂开
洫　lied，淋
鮑凌　gya-lingz，鲮鱼
六國　loek-gyog，六族
賊　caeg，掳掠者
蘭六　lanz-loeg，陆家
蹯　loen，路口
闷　mon，乱套
蘭羅　lanz-laz，罗家
瀆浾料　doek-yag-laeuj，落滴酒
瀆　doek，落进
落哩　laz-lij，落哩
王落哩　vuengz-laz-lij，落哩王
瀆　doek，落在
喑　naeuz，埋怨
何惾　haz-muengz，芒草
麽漂直　mo-beu-cik，麽笏尺
粺那　haeux-naz，稻田
眠　ninz，眠
様　ywengh，模样
快　gyai，末端
妹檂班　meh-ndoeng-ban，母林班
母　meh，母禽
莫　maex，木杠
目　moeg，目
欽　gaem，拿手
南寧　namz-ningz，南宁
哖　niemh，喃咒
禹　yij，霓
禹儅　yij-dangz，霓裳
娘班叭　nangz-ban-gyat，娘班叭
皇　vangh，鸟套
偌外　naj-vaiz，牛脸
勿　faet，牛尾
紅粮　hong-liengz，农事
萬七　fanh-caet，七万
滕　daengz，齐
携　gyaeh，掐算
千年萬代　cien-nienz-fanh-daih，千年万代
拎　gaemh，强要
打　daj，敲击
畐　tuez，禽畜
貌　mbauh，青年
度　doh，群
邦　bang，群
提　dwz，燃
特罪　dwz-coih，认罪
唅　hoemz，锐利
三杀　sam-caq，三叉戟
得　dwk，扫
大笼　daz-loengh，森森
叭巴路　bamz-bax-lox，傻乎乎

吞匠 aen-ciengh，殇盒
上樑 cang-liengz，上梁
祔 bueh，上衣
布林微 baeuq-lemj-fiz，烧火公
光林宿 gvang-lemj-saeuq，烧火灶君
社 cwex，社
邦花 bang-va，神龛花
邦所 bang-soq，神龛疏理
漏 laeuh，甚
造微 caux-fiz，生火
二六国 ngih-loek-gyog，十二疆域
提 dwz，使
吃 gaet，噬咬
株 maex，手杖
以橙 gyaeuj-daengq，首席
以床 gyaeuj-congz，首桌
狢 noh，兽
細 si，述
例 laeh，竖
敗 baih，衰败
迉 laj，水下
帝 daeq，顺着
细 si，说出
他列 de-lez，他列
王他列 vuengz-de-lez，他列王
茶 cax，塌
大歳 daih-soiq，太岁
呀 yag，贪
条 deuz，逃走
兇 hung，特大
增天 caengz-dien，天层
特咘 dwz-coenz，听话
报 bauq，通知
廷 dingj，头顶
夾 gyaz，涂写
炭 danq，推算
脱 dot，脱下
吟窮 gaemz-goeng，弯曲
缴 gveux，卷曲
現 gen，腕
王 vuengz，王
嗷 heuh，违
故 gu，我
臨 laemx，卧床
陌當 bak-dangq，门堂
五當 uj-fu，五福
昙戊 ngoenz-huq，戊日
橙 daengq，席
匽 naek，喜爱
拜 baiq，下拜
放直 cuengq-gyaeq，下蛋
例 leh，先例
執 coeb，陷
度 dox，相吵
度丁 dox-deng，相汇
度兎 dox-doq，相交
信 sinq，相信
力内 lwg-noix，小儿
唉 liu，笑
唉八狼 liu-bax-langh，笑盈盈
盖他 gaiq-de，那些
幔 manh，辛辣
闪 nding，辛烈
信 sinq，信
嘐䠗 ndau-ndih，星星
使 si，须
狢畢 noh-bit，鸭肉
娄畢 laeuz-bit，鸭舍
聇 da，眼睛
硯 yienh，砚
养命 cwengx-mingh，养命
养躺 cwengx-ndang，养身
魯 lox，也许
記了 gwq-ndeu，一会儿
時 cwz，一时
射 ce，遗留
長呰 cangx-ceh，营寨
漢為 han-vaez，应声卵（羞辱人的话）
扲 gaemh，硬要
浸 caemh，悠悠
劳 lau，又怕
莒 bwn，羽毛
色 saek，预感
叭 gyat，冤鬼
加有 gya-ndwi，冤枉
莫 swen，园圃
達補 daz-buz，圆滚滚
大 da，岳父
甫 boh，灶公
布林微 baeuq-lemj-fiz，灶火公

炦微	lemj-fiz，灶火
北宿	bak-saeuq，灶口
妹	meh，灶母
堵五	namh-haj，粘泥
屋	og，占出
哑	ax，张开
長生保命	cangz-seng-bauj-mingh，长生保命
長生	cangz-seng，长生
竝鵮	din-loemh，鹰爪
當	dangj，遮挡
滕	daengz，遮羞
箩	laq，阵
滕	daengz，整
所	soh，直
灵	lingz，中午
滕	daengz，周到
利	ndi，周全
滕	daengz，周
斛	hog，猪圈
告	gau，竹蒿
家	gya，竹壳
笏	yo，主持
千	cien，砖
橦落	dongh-lag，篱笆桩
状淂	ciengh-dwk，状贴
明	mweng，诅咒
布床能	baeuq-congz-naengh，祖公神台
奷登同	yah-daengq-doengz，祖婆神龛
奷界	yah-gyai，祖婆远始
犯	famh，罪
左仰	cax-ngangh，座座
麽	mo，做麽
郭叭	gueg-gyat，做禳解
國哏	gueg-gwn，做食

6. 7个抄本中，抄本10《麽兵甲一科》独有的词共368个，占该类内容抄本词量的7.3%。

表 6-21

官里憐	guen-liz-linh，哀求连连
塘	daemq，矮脚
柰	nai，安慰
禽	gimz，八字架
怕痂	baq-miuh，巴庙
叭雷	bak-luiz，叭雷
奥	hau，白
好	hau，白嫩
鴻迫	loeg-beg，白鸟
拜	baiq，拜别
殿	denh，宝座
貢	gyong，杯
落	lak，崩塌
牛	yaeuz，鼻涕果树
當	dangh，秉性
扳	bat，钵头
配	bwi，剥离
鉠	yaengx，卜
民	maen，不育的
曺	cauz，槽厩
侵	caem，沉
旧	gaeuq，陈年
工	goengz，成团
增	caengh，秤杆
敕氣	laeg-hiq，敕气
班	banh，冲走
馱	daz，抽出
弟	did，出芽
稔	numh，雏
冬	doeng，触动
律	lwt，垂
暮	mbuq，葱
定	dingq，打听
淋馱賴	laemx-daz-laiz，倒下直直
糗稼	haeux-gyaj，稻秧
地	gaeqdih，低脚鸡
恨	haenz，堤岸
腊	dienh，地里
布一郎	baeuq-it-langh，第一代祖公
説	set，钓
登	daengq，叮嘱
釘	deng，钉
漢	han，定婚
伏	faeg，冬瓜

之依 gyiz-gyaz，咚咚
冇 ndwi，独身
了 ndeu，独条
頼那 lai-naj，多面
約 iek，饿
儀 ngih，恩义
光二召 gvang-ngih-ciuh，二世君
帮 bang，法事
半 buenq，贩
半 buenq，贩子
七 caek，房廊
慢 maen，肥大
老 laux，肥
堂 dangx，分水口
貧 baenz，丰收
泰 fungh，奉
佛山 fuz-canh，佛山
伐 faeg，孵化
福 fuk，福
甫冠 bux-guen，甫贯
甫所 bux-soj，甫所
煩尖 fanz-naeuh，腐烂
付 fug，副
捍 saux，竿
鶏鴿 gaeq-gok，咯鸡
洛 lag，根须
梨 lih，耕作
恨 haenz，埂
功宵 goeng-cauz，功曹
姑 guex，姑
骨 ndok，骨
卬 im，雇
那 naj，卦象
噫無 eq-uh，怪物
錢貫 cenz-guenq，贯钱
立礼 liz-laex，光光
冇 ndwi，光棍
貴洛 gviq-lag，归乐
魯 lox，还会
亥 haih，亥
汗 hanh，汗渍
弘 hangz，行
杳 iu，禾秆
厚 haeux，禾
甲 gap，合伙

双 sueng，河道
合 hab，盒
漏 laeuh，很多
畬个离 haemz-gaz-li，恨连连
畬个憐 haemz-gaz-linh，恨切切
鳿 gae，横木
糐迷 haeux-maeq，红谷
摸闵 mak-nding，红果
鴻骨 loeg-gut，红毛鸟
鴻禄 loeg-luek，红屁股鸟
掠更 lingz-gaeng，猴猿
猛 mumh，胡须
敗 mbai，葫芦
渾 gonh，戽
弄 lungj，怀里
欢 vuen，欢
武大劳 fiez-daz-lauz，荒茫茫
縣 henj，黄毛
委扁 nguiz-laemx，昏倒
祸 vueq，祸害
鳿 gaeq，鸡卜
斛鸡 ndok-gaeq，鸡骨
魯鸡 luj-gaeq，鸡冠
乱 lom，积蓄
同 gaeu，犄角
罧 lumj，集聚
計 giq，计谋
灰 hoiq，家奴
及 gip，拣
達 daet，剪断
吉 gyaed，渐
耗地垓 hauq-dih-danz，喋喋不休
罡之真 gangj-gyih-gyaen，讲叽叽
罡之作 gangj-gyih-gyad，讲喳喳
溝之真 gangj-cih-cingh，讲吱吱
納 nab，缴纳
接梁甫命 ciep-liengz-buj-mingh，接粮补命
恨齊嵡 haen-caz-nwh，紧绷绷
口 haeuj，进
媽 maq，浸泡
精 cing，精怪
境 giengq，镜子
盏酒 cenj-laeuj，酒杯
馬 mak，酒曲

寄 giq，酒坛
呰賢 ciz-henz，就贤
那 nax，舅
車 gih，驹
物 ut，卷
曲 gut，卷缩
引 yinz，均匀
耳 laet，菌类
泓 hoengq，空
斛炉 ndok-loz，枯骨
迷煉 maex-lenh，苦楝木
花 vaq，裤子
塔微吩 daz-fu-foenq，快搓搓
快洛 vaiq-vuet，快乐
大劳 daz-lauz，宽广
坤讀 goenq-dog，坤读
力慢 lwg-manh，辣椒
擂 ndoiq，擂
戈 fa，篱墙
莉娄 lih-laeuz，形容连续不断
匠煉 cangh-lienh，练匠
煉 lienh，链
二百 song-bak，两百
踮 daenh，淋透
灵定 lingz-ding，灵定
禄郝 lueg-hak，六郝
猪六吟 mu-loek-gaem，六拳猪
圩龙仙 hw-lungz-sien，龙川圩
宠甲 lungz-gyaz，龙甲
座 coh，拢
陸何 luz-hoz，陆何
班 banh，乱爬
榮 yungq，乱枝
班 banh，乱走
羅安泰 loz-anh-dai，罗安泰
銅 dongh，摞
的馬 duez-max，马匹
还 vanz，迈
雷 ndoi，茅坡
悪 ok，冒出
悪文物 ok-fwd-fwh，冒纷纷
悪唐丹 ok-daemz-danz，冒闪闪
糎粮 haeux-liengz，米粮
螺 lwi，蜜蜂
墨甫道 maeg-bux-dauh，墨布道
胬迷板 noh-maex-benj，木板肉
迷山 maex-gyang，木杉
迷救 maex-gyaeuq，木桐油
黎 laez，哪
那定 naz-dingh，那定
峝那元 doengh-naz-yienh，那元田峒
迷羅 maex-laz，楠木
六 uk，脑髓
墒泥 namh-naez，泥巴
反福 fanj-fuk，逆反
急 gyaep，撵
芴 faet，牛蒡草
到 daux，扭弯
厚出 haeux-cid，糯米
娘吓 nangz-yah，女神婆
女 nwj，女子
托 dwk，排水口
提 swz，配
盤 bwnz，盆
祈今 gyiz-gyinh，砰砰
容 yungq，蓬乱
逢 bongz，膨胀
丁 deng，碰到
能 naeng，皮
坡羅 bo-loz，坡罗
坡盐 bo-yienh，坡盐
細 si，祈祷
旗頭馬面 giz-daeuz-max-mienh，旗头马面
睦 mboek，浅滩
岳 yak，强壮
真當胬 cin-ndang-noh，亲骨肉
叫農 geuq-ndong，亲家
恩 aen，情义
穷 gungz，穷困
拜里鸞 baiq-liz-luenz，求拜连连
政 gyaeng，圈住
斛欄 log-lanz，全家
徃 vaengq，缺口
兵配 beng-bwi，禳除剥离
從 sungz，绒松
摸晩 mak-vanj，榕树果
酒三姓 laeuj-sam-seng，三道酒
猪三吟 mu-sam-gaem，三拳猪
三寿 sam-saeuh，三寿
雅 ya，散乱

羡 gyai，山顶
岩 ngamz，山洞
農 ndoeng，山里
托 dak，山蚂蝗
迷山 maex-gyang，杉树
羙 gyai，梢
廖 liuz，婶娘
畾 duez，牲品
尋 coem，失掉
師 sae，师傅
沓 dumz，湿透
合 hab，适合
化 vaq，逝
添 diem，收藏
乱 lom，收集
奉义伏 fwngz-ca-fag，手抓床榻
掍 goenq，树蔸
香 yieng，树浆
勒 laeg，水深
唐 daemz，水塘
同 dumh，水淹
淋 lumh，税
耗地垓 hauq-dih-danz，说喋喋
得之尚 dwk-cih-cangh，说喳喳
耗之䶢 hauq-gyih-gyad，说吱吱
殆馱達 dai-daz-dat，死惨惨
执 caep，送礼
浸 coem，损失
北郎 gyaek-langz，笋菜
索微 cag-fiz，索火
索 cag，索
落 lak，塌落
雷 doix，瘫软
唐高帝 daemz-gau-daeq，塘高帝
寒爲 hid-vaez，掏出生殖器
条 deuz，逃跑
黎 lae，梯
恨 haenz，田边
苧 dwngj，田水口
安府 nganx-fuj，田州府
合 hoz，调整
立儀 liz-yih，通通
通 doeng，捅着
玖 gyaeuj，头发
久 gyaeuj，头颅
馱 daz，涂
呰 ceh，土堡
六秋 loeg-ciu，画眉鸟
今 gumh，洼池
集 coeb，歪
囚 caeuz，晚餐
領 lingj，碗柜
萬二六國 fanh-ngih-loek-guek，万二六部族
圩 hw，圩场
墻細 ciengz-si，围墙
毥禄 lieng-luk，尾椎
瘟 ngoenh，瘟疫
文錢 maenz-cenz，文钱
茶 caz，纹案
娄 laeuz，我们的
移 hiz，污垢
倫 moenh，一种植物
雷五尚 ndoi-ngox-cang，五尚山坡
鴻西修 loeg-siq-seuz，西修鸟
容 yungz，喜
上 gungq，虾
侵 coem，下陷
彼往 bix-nuengx，乡亲
良 liengz，相随
孙 lwg，小个
孝 yauq，孝顺
考 gauj，效仿
星辰 sing-saenz，星辰
聖告 singq-gauq，星高
愣 laeng，兴奋
瑞哼 coih-coenz，纠正
柱 ux，旋
烈能 lied-ndeng，鼻血
血立 lied-ndip，生血
里 liz，呀
谁 swi，烟气
岩丹 ngamz-danq，岩丹
吞捐 ngamz-genq，岩捐
律 lwt，仰
連 lienz，摇晃
猽 hanj，野狸
意 iq，腋
工 gong，一堆
恩 aen，一片
作 gyag，揖别
帮 bang，仪式
捞 laeng，以后

到	dauq，回
民	maenz，银元
度	doh，引
渼	han，应声
吅地達	han-dih-dad，应答
大龙	daz-loengh，幽深
眉佛眉仙	miz-baed-miz-sien，有神有仙
到	dauq，又会
魚	gya，鱼鳞
鮑啼	gya-daez，鱼啼
宛	ien，冤怪
元	yenz，元
更	gaeng，猿
宠	luengz，軜
社羕賀	ceh-gyai-ho，再贺山
社羕馬	ceh-gyai-max，再马山
羕炁	gyai-hiq，再炁
宿	saeuq，灶
匠賊	cangh-caeg，贼匠
德	daek，蚱蜢
錢	cienh，辗转
盡	canz，栈
杏	heng，砧板
苧	naengj，蒸
增	caengq，蒸桶
正	cingq，证
吞冲	aen-cungq，枪支
勿	fwd，掷
垯	dad，掷去
兔	doq，终
州	cu，州衙
哈廣	hop-gvaengh，周围
伏	fag，竹板
扢	hid，竹
押	gab，竹片
守晉	suj-guegj，主管
帮花	bang-va，主家的神龛
守酒	suj-laeuj，主酒
守脔	suj-noh，主肉
救	gyaeu，祝寿
橦扢	dongh-hid，桩竹
斤	gaen，装满
黎	laeh，追赶
禄	luk，椎
毒	doek，坠落
侊	faengx，粽子
布光	baeuq-gvang，祖公神
咟合文	bak-haeb-faenz，嘴咬牙
國斋國供	gueg-cai-gueg-goengq，做斋做供

7.7个抄本中，抄本20《呼社布洛陀》独有的词共668个，占该类内容抄本词量的13.23%。

表6-22

吞牙心	daemq-a-saed，矮墩墩
白艾	byaek-ngaih，艾叶
隘峝	ngai-dungq，隘洞
朝	ciuz，安好
酉	yux，安全
敖	ngauh，鳌
八兵	bet-bak，八百
八凡	bet-fanh，八万
八月八	bet-ngued-bet，八月八
冇	byuq，白白
好差	hau-sa，白惨惨
好卡殺	hau-gah-cat，白花花
好作	hau-coz，白嫩嫩
台	dai，白事
沙好	sa-hau，白纸
夜白布	yah-bak-buq，百布婆
北色	bak-saeg，百色
敢能	gamj-naengh，摆垫
拉	nda，摆设
跪	gvih，拜跪
旺	vaeng，稗草
茫	mbangj，半身
班	banx，伴
賛	cam，拌
班軻	bangh-goj，邦可
松丕	suek-bae，包去
北倍	bij-boiq，北倍
勿丕	fwx-bae，奔去
叭民	bak-mid，匕首口
偏	bien，鞭

卡頑 gah-ngvanz，扁扁
亜 gaiq，别
勿 fwx，别代
必郎 bid-langz，槟榔
兵馬 bing-max，仪式道具
否 mbaeuh，不会
佈此倍 baeuq-swz-boiq，布慈陪
卜関卡 bux-gvanj-ga，布关卡
佈混沌 baeuq-vwnh-dwnz，布混沌
佈羅託 baeuq-lox-doz，布洛托
本佈 baenj-baeuq，布洛陀经本
字佈 sw-baeuq，布洛陀书
那 naj，布面
卜七能 bux-caet-naengz，布七能
佈印茛 baeuq-yin-gyiz，布任其
不没 bux-moed，布巫
佈梀案 baeuq-cung-an，布总安
佈梀宜 baeuq-cung-nyiz，布总宜
岂 nyib，裁缝
料 iuj，仓
寡 gveq，嘈
得容 dieg-nyungq，草地
力分 lwg-vaet，草籽
黄 vang，侧
甲 gyaj，搀
夫 fuz，搀扶
食 cimz，尝
兵 beng，超度
本伝 baenz-hunz，成人
接 ciep，承接
角城 gaeu-singz，城角
旦 danh，充满
後 haeu，臭
生 seng，出世
魯 nduj，初
顺外 cun-vaij，穿过
尞 riuz，传话
尞奴 riuz-naeuz，传说
冷 laeng，次日
强 gyamx，刺
蚁容 nyiq-nyungz，匆忙
敀 baih，从介
論口 rux-gueg，搓成
得户 dwk-funz，打柴
忒肸 dwk-daengz，打到
得岜 dwk-bya，打鱼
下劳 hah-laux，大大的
叭釖 bak-yangj，大刀口
喏没 gyoenz-mbwk，大话
大吉 da-gyiz，大吉
梀 rungz，大榕树
大堂 daih-dangz，大堂
苗达圆 miuh-dah-yienz，大云庙
登 daenj，戴
丹州 danq-cu，丹州
铸 cwt，淡
心后 sinz-haeuj，弹进
心丕 sinz-bae，弹去
心丘 sinz-haeuj，弹入
大朝 dax-ciuz，当朝
本 baenz，当成
那 naj，当面
勒 raeg，盗贼
眐夭 vaengq-daemz，堤塘
地州 dih-cu，地州
到 dauq，颠倒
夫 fwz，丢荒
且 ce，丢下
東蘭 doeng-lanz，东兰
逊 saenq，抖
斗 doj，斗量
打福 dax-fuh，豆腐
斗 duh，豆
噥 nungq，嘟哝
化 vaq，度
升 caemx，端
正 caep，堆砌
托 doq，对唱
作 coh，对着
通 dumq，炖
厄 ngwz，厄
多 doh，而连
二庚 nyih-geng，二更
吝 nding，发红
発丕 fat-bae，发去
上邦 cangh-bang，法事匠师
勿 fwx，饭餐
朋 baengh，防
初 coq，放到
中 cuengq，放风

德 dwz，放养
墳 fwh，飞奔
蚁容 nyiq-nyungz，飞快
品斗 mbin-daeuj，飞来
玐作 mbin-coq，飞往
義肉 nyiq-nyuq，纷乱
地 dih，坟地
却 gyung，孵蛋
中 cuengq，幅量
敢 gamj，敢
黑 hwq，干裂
下龙 hah-loengz，高高
桑 sang，高个
法任 faz-he，隔膜
江 gyang，个人
威 vae，各姓代
艮 goek，根基
作 coh，跟去
庚 geng，更
弓 goeng，弓箭
工 gungq，弓
味德 raih-daeg，公野猪
江 gyang，公正
当 daengj，供奉
古律 guj-liz，古律
古昔 guj-siz，古事
則没 cah-maem，鼓鼓
叩 gaeuq，故
傾 guq，顾
妹賣 maex-maiq，寡妇
怪 gvaiq，怪
吋 gyaez，关爱
艾 ngaih，关
困兵 gun-bing，官兵
皆何 sai-hoz，管喉
麻 ma，归
八都丁 bak-du-ding，闺房门
事方 saeh-fangz，鬼事
归 gvih，贵重
岜卡 bya-gaq，鳜鱼
号丕 heuh-bae，喊去
穴 sed，行侠
礼哏 ndi-gwn，好吃
好 hauj，好
裡而論 ndi-laeg-lwnh，好端端
何 hoh，禾节
拜 byai，禾梢
洪 hongj，河湾
力 lwg，核
而 raeg，黑膝树
徃 vang，横在
立 lix，红事
崔 caej，吼
而好 raez-heuh，呼喊
呼 uq，呼呀
呼社 huj-caq，呼喳
乎肯法 huj-gwnj-fat，胡肯法
壺 huz，壶
谷 guk，虎
花院 vah-yien，花院
陸交 roeg-gyiu，画眉
啹 gyoenz，坏话
訴 suq，唤
旺 vangq，荒芜
未來 faex-ndaiq，黄花树
仇 gaem，挥
馬宜容 ma-nyiq-nyungz，回匆匆
混娘女 vwn-niengz-nwx，混娘女
木 daj，活
領 nding，火红
朩 siu，火药
賀 hoq，货物
庚 geng，机关
坶 hongj，激流
曲辰 gyiz-cinz，吉辰
几十 gyij-cib，几十
筹 sanq，计算
忌 gyih，忌
忌 gyih，忌讳
社 ceq，祭奠
賠 byoi，祭神
江 gyang，家伙
馬海 ma-hawj，嫁给
立㘣 lib-gueg，建做
若 yog，剑戟
叭釰 bak-gyiemq，剑口
心 sinz，溅
那 naq，箭
康㘣 gangj-gueg，讲做
托生 doek-seng，降生

降 gyawj，降灾
交 gyeuj，交媾
干界 gamj-gaiq，交汇
嵔 nyaij，嚼
娄 laeu，狡猾
累 raez，叫声
号口 heuh-gueg，叫做
贖麻 cux-ma，接来
恩 cwt，结实
必克 bix-gwiz，姐夫
皆 gaij，解救
其 gyej，解决
金銀 gyim-ngaenz，金银
厄 net，紧凑
患 guenj，尽管
財 caiz，进财
近 gyimq，禁忌
本 baenj，经本
合張 hoz-cueng，颈部
向 yaengx，举
過 gut，蕨草
三官亢 san-gong-gangq，糠米
克 gwed，扛
吋 gyaez，考虑
作羡 coq-nem，靠近
冇 byuq，空的
攻累 gungq-ndaw，空亡
旺 vangq，空闲
外 vaij，跨
得 dwh，筷子
孟 mbung，筐量
貴 gvi，亏
卦 gvi，亏损
達 daz，拉
麻海 ma-hawj，来给
内 lawh，烂
老漢 laux-hanq，郎漢
妹 maex，老婆
布翁 bux-ongj，老翁
柙 yah，了结
好楚 heu-cwt，冷淡
崔口 gyui-gueg，犁做
墨李 mak-lij，李子
芒羊 mah-cih，立即
行 hengz，连线
連 liemz，镰刀
陋 ndaeu，莨薯
亮八以 rongh-mban-i，亮朦胧
龙下押 rongh-yah-yap，亮闪闪
偶 yaeuh，量
羡 nyiz，料
倫 lwnh，列
丁本 dek-baenz，裂成
已降 gyij-gyangq，灵活
零 lengh，另代
置海 ce-hawj，留给
者 ce，留在
流年 liuz-nienz，流年
汏柳州 dah-liuh-cu，柳州河
六耗 loeg-haux，六耗
六十一 yoek-cib-it，六十一
聇 nuk，聋
陸 loeg，陆
皮浴 bix-raiz，露珠
兄卡現 nyungq-gah-yienh，乱蓬蓬
賊 caeg，掠夺
孟 mbung，箩量
驢 lwz，驴
長馬 cag-max，马绳
墨 moed，蚂蚁
罵奴 ndaq-naeuz，骂说
眉貫 mih-gomz，忙忙
八 bah，忙
攷郊 ngoenz-maux，卯日
而 aet，茂盛
犯 famh，冒犯
仆 bux，每人
恒 haemh，每夜
眉每 mij-maeq，美津津
土板 du-banj，门板
土龙 du-rog，门房
八都店 bak-du-diemh，门槛
屦 lui，门梯
没 mbwq，闷
美 loq，梦
立 linz，密
好 haux，蜜酱
艾岑 gyiz-gyingh，绵绵
噴 mbej，咩叫
作 coh，字

來而　raez-luenh，鸣叫
磒　hin，磨石
喚　vuet，抹
没　maeg，墨黑
迷年　meh-nengz，母虫
得馬　dwz-ma，拿回
得丕　dwz-bae，拿去
而　lawz，哪件
白祖　bangh-coq，那辈祖宗
凡　fan，那事
土　duz，那头
茫　mangx，难怪
何恨　hoz-haen，恼火
何黑　hoz-aet，恼怒
忌　gyieng，闹
已降　gyij-gyangq，呢喃
龙内　rog-ndaw，房内
作　coz，嫩
年結　nienz-gyeq，年老
比　bi，年量
作　coz，年轻
年耒　nienz-lai，年长
酉　nyuh，尿
姝　vaenj，捏
敏　mbit，拧
皮烈　bih-lienz，牛百叶
厄　ek，牛轭
恒　haemz，怒
往　vang，挪
八腊　bah-laz，啪嗒
八蘭　bah-lanz，啪啦
発丕　fat-bae，派去
八芀　bah-lanz，蹒跚
半　buenh，判
褒　baeu，螃蟹
罷　baq，辔
朋　bungz，朋
叭　baq，劈开
同　daeuh，嫖
貧　binz，贫
松　sueng，平安
利林　lih-linz，平平
婆六甲　yah-loeg-gap，婆渌甲
降本　byag-baenz，破成
七百　caet-bak，七百
限　hanh，期限
卡还　gah-vanz，齐齐
同濟　doengz-caez，齐全
蚁潹　nyiz-muenh，企盼
若作　yo-coh，起
若叫　yo-gueg，起做
清馬　cing-ma，牵来
那　naj，前方
乾癸　gyimz-faz，钳铁
贼　caeg，强盗
贼　caeg，强夺
星　sing，抢
穴　set，抢劫
玉丕　yix-bae，翘去
又丕　yaeux-bae，翘上
切康　ceh-gang，切康
好　heu，青色
点　diemj，清点
結　gyiet，情结
怗　diep，请帖
歐麻　aeu-ma，娶来
丕屯　bae-daengz，去到
者浪　ceq-ndang，全身
狗　gaeuj，犬
孃南娘　nangz-namh-niengz，孃南娘
力擴　lwg-hunz，人类
力陸　lwg-loeg，人群
印艾力　yin-gyiz-lwg，任其儿
户其　yin-gyiz，任其
一事　hiz-saiz，任由
容　yungz，容
用　yungq，柔软
狼諾　ndang-noh，肉身
楼　nauq，乳房
山煞　canh-caz，三煞
三月三　sam-ngued-sam，三月三
丧　sang，丧
葬　sangq，丧葬
加　gyaq，臊
沙　sa，纱纸
比　bij，山歌
花　va，扇量
奴　naeuz，商
恨瓩　hwnj-vaengq，上岸
恨利　hwnj-lij，上沟

领 nding，烧红的
你 nij，赊
林 linx，舌头
腊恶 nda-ok，设出
社 swx，设坛
腊□ nda-gueg，设做
社 swx，社坛
迎 nyingz，射
印丕 nyiengz-bae，射去
印庄 nyingz-coq，射往
丁 deng，射中
辛 saen，申
厄丕 ngaemz-bae，伸向
佛 faed，神界
審 simj，审
生 seng，生产
出 cut，生出
恶 ok，生仔
立 lix，剩下
才 ca，失误
卄月 cibnyih-ngued，十二月
十三 cib-sam，十三
十一 cib-it，十一
卄月 cibit-ngued，十一月
十之 caez-ciz，时常
則 cwz，时候
罗 lox，识
雖 sawj，侍候
文 vix，手指
凡 fanz，受孕
若 yoi，梳子
得 dwg，属于
甲 gyaep，树皮
汶叭 mwnq-bak，漱口
老 laux，衰老
双 song，双份
双浪 song-ndang，双身
体 dij，水底
愠里禄 vwnj-liz-loeg，顺当当
侖海 lwnh-hawj，说给
奴外 naeuz-vaij，说过
西 si，丝
却 gyoh，思念
必四 bix-siq，四姐
四千五 siq-cien-haj，四千五
四十三 siq-cib-sam，四十三
乃外 nai-vaij，诉过
得灵 dweg-linz，粟木
郎好 rangz-hau，酸笋
蚁 nyi，损
結 gyon，榫头
台 daiz，台桌
摚 gyiuh，抬轿
平 bingz，太平
寒悀 hamh-laeuj，坛酒
成 cingz，覃
腊艾 lag-ai，忐忑
八當 bak-dangq，堂屋口
作 coq，套在
近 gyet，疼爱
皆 gyaij，疼
叩 gaeu，藤条
那耒 naz-lui，梯田
大红 dax-hongh，天井
美 rongh，天亮
旼 ngoenz，天
天煞 dienh-caz，天煞
押肯乭 yah-gwnz-mbwn，天神婆
没半旼 mwh-byoengh-ngoenz，白天
那各 naz-goek，田本
那久 naz-gyaeuj，田头
顚 dienz，填
力 riz，舔
皆 gae，挑首
七外 caet-vaij，跳过
庄 cangh，跳起
丁 ding，厅堂
豆 duh，停留
亭 daengx，停止
立班 liz-ban，同辈
灵 lengz，铜铃
皆 gai，筒量
九 gyaeuj，头部
潲 muengh，头昏
久 gyaeuj，头
托生 doek-seng，投生
见 gyengq，秃
土地 doj-dih，土地
退 doiq，退到
龙 roengz，退下

郎龙 ndwnj-roengz，吞下
杔 dox，托扶
鬼 gvaeq，挖除
亏 gviq，挖得
本 baenz，完成
瑞 duix，碗量
凢 fanh，万
萬崴 van-sae，万岁
朝皇 ciuh-vuengz，王辈
王 yangz，王氏
見 gyiemq，危险
韋 viz，韦
法 faz，围篱
治 ciq，制
汏 dah，位
夏賠 yaq-boih，瘟病
字 sw，文书
慢 maenh，稳
娄 raeuz，我们
召 ciuh，我
務 uq，污
喜 hiz，污液
福勿 fuz-faed，无限
五千八 haj-cien-bet，五千八
五圩 haj-hih，五虚
寸 caemx，洗澡
procedure 些𠕁 swiq-gueg，洗做
為 gvih，下跪
天孟 demh-muengx，下网
下 yaz，吓
下 hat，吓唬
娘 niengz，仙娘
仙女 sien-nwx，仙女
勿召观 fwx-ciuh-gonq，先辈
九官 gyaeuj-gonq，先前
而观 rah-gonq，先时
花恩 va-aet，鲜花
恩 aet，鲜艳
縣 cenq，县衙
尼 nix，现
口 gaeu，线
未見 faex-yien，宪木
買 maij，相爱
進 gywn，香椿树
哄 hom，香

罕 hamh，镶进
作 coh，向着
盖行 gaeq-hangh，项鸡
農 nuengx，小妹
作倫 coh-ningq，小
娘内 niengz-noih，幼儿
夭 yauq，孝敬
倿 ningq，些
莫 moq，新事
交 gep，信管
恩没李 aet-bwz-liz，兴旺隆隆
墨經 mak-gingq，杏子
作 coh，姓
道 daux，修道
誰 coih，修治
敀戍 ngoenz-sut，戌日
千 gat，蓄水
鴉 a，鸦
牙 ngaz，牙氏
衙门 nyaz-maenz，衙门
沙 nga，呀
見 gyet，炎热
筵 yienz，筵
延 yienz，筵席
他 da，眼睛
州 cuz，宴席
日陽 noh-yuengz，羊肉
則 cwz，邀请
件 saenq，摇
累 ndaej，咬得
删 daek，舀
艾 ngaih，要紧
色蚁 saek-nyit，一点
唷 gyoenz，一句
散 hing，一声
不葉 buh-ye，衣孝
見部 gyen-buh，衣袖
佈沙 buh-sa，衣纸
易 i，依介
宜郎 nyih-langz，宜郎
巳亥 gyi-haiq，巳亥年
芓怌 daengq-vaiz，椅藤
公 goeng，阴功
银 ngaenz，银钱
寅申 hinz-sin，寅申年

徃 vaek，饮
足風 cux-rumz，迎风
向里妒 yangj-lih-luz，硬朗朗
捅 yangj，硬
不 bog，柚子树
繒 saeng，鱼罾
脚 gyoep，雨帽
碌 byok，芋头
朋 bungz，遇见
本 baenj，原本
門 maenz，圆拱
圓 yuenz，圆满
各 goek，源头
观 guenz，院子
七外 caet-vaij，跃过
勿 huj，云层
乎 huj，云朵
呼 huj，云下
累 ndaej，孕
凡狼 fanz-ndang，孕身
凡辰 fanz-caenz，孕神
腱 ndwen，孕月
沙 gyaz，砸
强 gyangz，赞叹
黒 haet，早晨
本 baenj，早
𠁧 gueg，怎
罗尔 lox-lawz，怎么代
社 caq，喳
社社社 caq-caq-caq，喳喳喳
而 lawz，炸
赛 cai，斋事
都穷 du-gyok，寨子门
打箬 dwk-gauq，占卜卦
占丕 ciemq-bae，占去
松 sonegz，站高
浴到 yaengx-dauq，张开向
迷連 miz-lienz，长长
長里 ciengz-lix，长洲
懐 vaij，照过
子 cw，遮到
敖 euj，折摘
今 gyim，针
色 swiz，枕头
洗 caet，正方
清 cingq，正是
之酵 ciq-cawz，吱噌
罗 rox，知觉
若 yok，织布
那 naj，织面
交 gyau，蜘蛛
厄長 si-cang，纸幛
鮮 son，指教
亏 vix，指
潤 nyinh，指引
中房 cungh-fangz，中房
江天 gyang-dien，中天
𠁧本 gueg-baenz，做成
苗 miuz，种
到 dauq，重
温 un，重提
婉州儀 yah-cu-nyiz，州宜婆
合 hop，周期
社抑 cah-liuz，骤然
和 hoh，竹节
濃 lwngq，竹鼠
皆 gai，竹筒
兄加 yong-gya，竹叶壳
羕公 suj-goeng，主公
德 dieg，住地
乃 nai，祝祷
夫 fuz，抓得
随 saex，抓挠
黒到 hengq-dauq，转来
川蚊 cuenh-nywx，转绕
作 coq，装进
中 cungq，装上
江 gyang，壮汉
旦甲 daz-gyaq，形容孔武有力
洗 si，追述
准 cunz，坠
穷胎 gyoenz-daiz，桌台
敀丑 ngoenz-cuj，子丑日
棇案 cung-an，总案
宜 nyiz，总宜
行 haengj，阻挡
行 haengj，阻止
美 maeh，作乐
嘆 mo，做麽

8. 7个抄本中，抄本20《呼社布洛陀》独有的词共546个，占该类内容抄本词量的10.8%。

表6-23

能心	naek-saem，安心	崴	saez，财礼
共	gungx，凹的	有心	cauq-saem，操心
發	fag，把	存	caengz，层
愽	bog，把手	茶	caz，茶水
大炮	dah-bauz，白白	牙	ya，查找
好口	hau-byanz，白芬芬	遼	riux，掺
號花利	hau-va-liz，白花梨	作	coj，常
好佟	hau-dum，白茫茫	錢	sienh，沉闷
非汪	faex-vak，柏木	而	naek，沉重
汪	vak，柏树	偉	vae，称谓
拉作	nda-coq，摆放	作	soh，诚实
掃提	sauj-dih，坟地	乙凉	yiet-liengz，乘凉
合	lib，板栗	池	ciz，池
對	doih，伴	牙	ngaz，齿
邦	bang，帮	共	gungz，愁
邦	bang，帮助	吉吉	gyiz-gyiz，处处
從	suk，包	元	gangj，传报
萬	vanz，报答	遼	riuz，传扬
冼	si，报	拉	nda，创建
报奴	bauq-naeuz，报说	之	ciq，创制
互	nda，背带	誰	cuih，锤子
慢	manh，焙制	君	gywn，椿树
本份	baenj-faenh，本分	克	giengx，聪敏
本	baenj，本	川	cuenq，打转
洛	ndoj，避	沙	saq，大锯
天	bien，边远	太洛	daih-loh，大路
片	bienq，变样	洪	hung，大声
簫	seuq，遍	台同冬一	daih-doengz-du-hiz，大同都邑
黑	hek，宾客	臺限	daih-hanh，大限
把	baj，伯娘	春	cunj，代
歪	vaeq，簸	永	yoen，带路
央	yaengj，卜算	得	dwz，待
否外	mbaeuh-vaij，不过	央	yap，担
否義	mbaeuh-nyiz，不料	卡	gah，单
哎	aij，不论	但	danh，但
用	yoengh，用	公	goeng，弹
六	loek，布机	刀	dauq，倒
不師	bux-sae，布师	刀十	dauq-cih，倒是
腹	buh，步	托吉	doh-gyiz，到处
彩	caij，猜疑	類	hwnj，登
央	yaengj，才是	那農	naj-nuengx，弟妹

太三 daih-sam，第三
乾 gap，点灯
另 ningq，点
定 dimz，点饰
田 demh，垫子
敬 gyaed，靛木
辯 banz，碟子
考各 gauj-gueg，定做
從 congh，洞口
加 gyaek，陡
卡 gah，独自
對内外 doiq-ndaej-vaij，对得起
對 doiq，碓子
定 dingh，踱
弄 ndoj，躲
恩 aen，恩德
恩尼 aen-nih，恩谊
二 nyih，二
坡 boek，翻身
生 saemq，凡
土 duh，烦劳
却勿 gyongz-fwx，饭桌
劳 lauh，访
排 baiz，纺纱机
用 yok，纺线
得烈 dwz-rengz，费力
本 baen，分解
存 caengz，分
忙 mbak，分手
慢三 banh-sanq，芬芳
分 faenh，份
排 baih，风箱
封 foeng，封话
任 nyib，缝
福 fuz，浮
五 u，抚育
禮 ndi，富翁
改 gaij，改
却恩 gyo-aen，感恩
却 gyo，感谢
米 mbi，橄榄
洛 roz，干枯
鋼 gang，钢
鋼發 gang-faz，钢铁
没 moek，高过

后鳯 haeux-foengh，高梁
后逢 haeux-foengh，高粱
吉 gyiz，各方
庚 gwnh，庚
同齊 doengz-caez，共同
同意 doengz-hiq，共助
朝六 ciuh-nduj，先祖
后那 haeux-naz，谷田
牙可黑 yah-go-hwx，谷雨婆
郎 ndang，骨肉
刮 gvah，刮子
尼 nih，挂念
念 niemh，挂牵
爱 ngaih，关系
卷 hak，管家
乾 ganq，管
養 yan，光
刀白 dauq-bwengz，归阴
利 lih，规律
癸 gvae，癸
外洛 vaij-loh，过路
行立 cwnh-lix，还是
成立 cwnh-lix，还要
論 ndum，寒
立 rih，旱地
擺 byaij，行走
禮 ndi，好事
號 hauh，号角
合 hob，合适
哥 goj，合作
禮 ndij，和
花不 va-mbu，荷花
花红 va-hoengz，红花
雨 yuj，红艳
温 un，后悔
而 laeng，后来
作 coz，后生
窮 gyuh，忽
乾各 ganq-gueg，护理
坡 bop，花花
牙中楼 yah-coeng-laeuz，花林婆
勇 yungj，怀抱
義 nyiz，怀疑
文 vuen，欢
完 vuenh，换

汪 vaeng，慌
合 hop，回
卡女 gah-nih，回忆
誰 coih，婚酒
丘 gyaux，混合
久 hong，活
房肥 fangz-fiz，火鬼
结 gyaeq，鸡蛋
楼 laeuz，鸡窝
故很 guq-haen，急事
已 gyij，己
官 guenj，计较
記 gyiq，记住
記作 gyiq-coq，寄放
家當 gyaq-dangq，家产
藍 ranz，家人
加双 gah-cangj，嫁妆
金 gyenq，坚固
弄 ndongj，坚硬
難 nanh，艰难
金作 gyip-coq，捡放
桥 gyeuz，剪刀
很 haenq，健壮
春 cunz，交往
梨 liz，脚犁
齐 nyaex，搅和
義 nyiz，觉察
孟 mboek，阶
强欠 gyaeg-gyiemx，节日
好 hau，洁净
结 gyuih，结块
結 gyiet，结
笨打 bwn-da，眼睫毛
皮 bix，姐姐
税 yuiq，金刚树
衡 haen，紧绷
故央 gu-yaengq，紧事
官 guenj，尽管
共 gungz，尽头
近 gyawj，近
乾 ganj，茎杆
兜 ngwengh，敬让
能 naek，敬重
藍 nanz，久长
把 baj，舅娘
腊 nax，舅爷
共 gungz，绝径
三朝 sad-ciuh，绝世
之 ciq，开创
召 caux，开垦
類類 laeq-laeq，看看
雷 laeq，看望
能 raemz，糠
引 ing，靠背
禮结 ndij-gyaez，可爱
禮脚 ndij-gyoh，可怜
禮却 ndij-gyoh，可惜
汪 vangq，空白
功烈 goeng-rengz，苦力
衡 haenh，夸
流 riuz，快
窮 gyongq，筐
達 daz，拉手
腊 yieng，蜡烛
劳 lauh，来往
却勇 gyog-yum，蓝靛草
君 gyaemq，蓝
朝門 ciuh-maenx，老辈
六同 ga-doengz，老庚
太伍 daih-haj，老五
非累 faex-luij，檑树
俾 bae，离开
立 liz，梨子
而民 lwg-mingz，黎民
禮的 lij-dij，礼节
没 mbung，礼箩
烈 lex，礼貌
而指 lih-ci，荔枝
同對 doengz-doih，连续
羊衡 nganz-haemh，连夜
面那 naj-mienh，脸面
那得米 naj-dwk-mij，脸抹灰
連 lienh，练
連心 liengz-saem，良心
后 haeux，粮食
乾 ganq，料理
文 vingx，吝
良為 liengh-vih，灵位
専 cuenh，流传
馬安 mak-nganx，龙眼

哥 goj，露出
窮 gyongq，箩
機 gyij，骡
六甲 lox-gap，洛甲
洛馬 roengz-ma，下来
權 gyuenz，码
托托 doh-doq，满满
洛月 rog-ndwen，满月
麽很涯 mo-hwnj-yaiq，麽恒涯
媒 moiz，媒人
良立 liengz-lih，美好
農腊 nuengx-raz，妹小
龍 rongh，蒙亮
念 net，密实
提 dih，密
江 gyangq，棉桃
外 vaiq，棉絮
外魚 vaiq-ngvih，棉籽
共 goek，苗根
苗 miuh，庙堂
份 faenh，名分
安作 an-coh，命名
界 gaiq，莫要
毛丹 mauh-dan，牡丹
納奶 nah-manx，纳曼
納三 nah-sak，纳桑
納牙 nah-yaj，纳雅
錢 sienh，耐
内切祖林 ndaw-ceh-cu-limz，内切祖林
内祖七铁 ndaw-cu-caet-deq，内州七铁
年 nienz，年纪
比 bi，年岁
娘兵 niengz-bengz，娘贵
藍 ranz，娘家
牛 nyaeuz，牛洞
外 vaiz，牛崽
很烈 haen-rengz，努力
烈 rengz，努力
牙買 yah-maij，女友
歐機 ngaeuq-gyiq，怄气
腰非 yauq-faenz，耙齿
腰 yauq，耙子
連 lienz，排
抱 bauz，刨刀
中 cuengq，跑

辩 banx，陪伴
朋反 bungh-yux，朋友
巴利 baq-rih，坡地
坡巴 bo-baq，坡岭
合 hoemq，铺盖
弄 ndong，戚
吉乙 gyiz-eq，旗红
很 hwnq，起床
涯 yaiq，千层皮
腊官 rah-gonq，从前
孟 mbuk，襁褓
正 cin，亲人
更 gaenx，勤
好誼 heu-nyiz，青草
好衡 heu-haenz，青绿
好 heu，青皮
清明 cieng-mingz，清明
加根 gyang-haet，清早
朋必 bongh-bih，蜻蜓
情 cingz，情
烈 rengx，晴
俾 bae，去
不不 bux-bux，人人
修 siuj，忍
那 naj，认识
内 naeh，溶烂
弄 rongh，润滑
窮 gyongq，三朝酒
强三牙 gyamh-sam-ngaz，三齿耙
掃墓 sauj-dih，扫幕
沙六 saj-loek，纱纺机
另 lwg，纱
萧 saux，晒杆
弄 rungh，山弄
歹 doemq，伤
很提 hwnj-dih，上坟
很洛 hwnj-roengz，上下
類些 ndaej-sej，舍得
任 nyingz，射击
郎 ndang，身心
却 gyongz，神桌
斗 daeuj，生来
半 buenq，生意
頭領 daeuz-lingx，牲畜
作 coq，施

十分 cib-faen，十分
十全 cib-cuenz，十全
則 cieg，石
没 mwh，时节
腊立 rah-rix，时令
時時 cwz-cwz，时时
是習 ci-sih，世袭
金 gyeng，手锄
修 siuj，守孝
丘橋 gyaeu-gyiuz，寿桥
内 yuq，舒服
圭宜内 cug-nyih-nywiz，熟透透
非劳 faex-laux，树大
公 goek，树根
非 faex，树木
打 da，树眼
雙降 cangq-gyang，霜降
利 lih，顺利
洗 si，丝线
想 siengq，思考
王 vongz，死亡
麻 myaz，酸枣树
連 riengz，随
禮同 ndij-doengz，随同
内 naez，碎土
念 net，踏实
淋 raemx，汤
條 deuz，逃离
講 gyangj，桃子
點 dien，提倡
丁悶 din-mbwn，天边
牙悶 yah-mbwn，天宫婆
出 cih，天角
猺 iu，调皮
義洗 nyi-si，听说
多 doq，挺
同劳 doengh-laux，同大
同齊 doengz-caez，同齐
以 i，同意
元 nyuenz，铜鼓
動 doengj，桶
界 gai，筒
坤心 goenq-saem，痛心
硬 ngoemx，偷偷
汪 vak，突然
鬼 goi，涂沫
土界 du-gai，土街
難結 namh-gyaeq，土结
洛到 ronh-daux，脱道衣
腰很 yauq-hwnj，脱孝
悶 mbwt，挖
合元 hob-yuenz，完满
王 yangz，王族
玩類 honq-ndwi，枉费
界馬 gaiq-maz，为什么
則類 caengz-ndaej，未得
麽那 moq-naj，未来
長米 caengz-miz，未有
更 gaem，握手
誰 coih，喜酒
衡打 aet-da，显眼
卷元 hak-yuenh，县官
板尼 ban-nix，现今
類洗 mae-si，线丝
同龍 doh-ruengx，相念
同陽 doengz-yaiz，相送
托冬 doh-doeng，相通
托衆 doh-coengz，相议
乜龍 meh-rumz，箱风
念 niemh，想好
更 gaet，小锯
遼 liuz，小婶
色 saek，些
乙奶 yiet-naiq，歇息
却恩 gyo-aen，谢恩
心次 saem-swh，心事
心 saem，心意
辛 sinh，辛
誰麽 coih-moq，新婚酒
信能 seq-naenq，信能
松用 sung-yungz，幸福
誰 coih，修理
緊佈 gyen-buh，衣袖
以 i，许愿
春 cunz，巡游
劳 lauh，巡走
交 gyauq，驯养
等 don，阉
快 gvaiz，宴
念 niemh，验看

洛 yiuz，窑子
衡打 aet-da，耀眼
百 bak，一百
乾 yamq，一步
勿 fwx，一餐
正 cieng，一春
代 daih，一代
生 saenj，一根
可 go，一棵
苗 miuz，一苗
群 gyoengq，一群
玩 ngoenz，一天
同 doengz，一同
故尼 guq-nix，这样
散 sat，一阵
乙 yez，乙
尼 nih，谊
為 vih，因
銀强 ngaenz-gyangz，银两
足 cux，迎亲
本 baenj，永
用心 yoengh-saem，用心
甲一 gyah-hih，犹如
存 caemx，游水
諭劳 lod-lauh，游巡
春 cungz，游走
龍 ndong，友
米斉 miz-caez，都有
孟 mungz，芋叶
剛洛 gaeng-roz，猿猴
元單 yuenq-danq，怨诉
類 ndaej，孕得
故 guq，孕事
林 limz，杂木
冷 ndaem，栽种
修 siuq，凿子
立 rih，旱地
盆 baenj，早期
仇 caeux，早熟
衡恨 haemh-haet，早晚
房造 fangz-cauq，灶鬼
造之 caux-ciq，造制
各而 gueg-lawz，如何

哥 goj，沾
千巴 cien-daj，毡毯
那皮 naj-bix，长姐
是習 siz-sih，长久
皮 bix，长兄
是習 ci-sih，长远
拉 ya，找来
兆 cauq，赵
召夫 cauq-fuq，照顾
立 rix，这
正習 cingj-siz，整数
獨不 duz-bux，只公
十項 duz-hangh，只母
能 naek，只要
洗 si，蜘蛛网
削 soh，直接
的 dij，值
得钱 dij-cienz，值钱
江 gyang，中旬
劳 laux，终
冷 ndaem，种了
群 gyoengq，众
卷祖 hak-cu，州官
巴祖義 baq-cu-nyiz，州宜坡
足 suh，粥
注意 ciq-iq，主意
藍 ranz，住户
公合 gungq-hoh，祝贺
刀 dauq，转回
后 haeux，庄稼
界孩 gaz-haiz，琢磨
坤玉 goenh-yiq，镯玉
魚 ngvih，籽
君 gyaemq，紫色
劳 lauh，走访
擺巴楼 byaij-baz-laeuz，走蹒蹒
類 lui，族人
保 baeuq，祖父
份 faed，祖神
窮 gyongz，钻
黑 hengz，遵行
各官 gueg-gon，做通

6.4.2.2 杀牛祭祖，告诫人们要孝敬父母类

这类共包含两个抄本即《布洛陀孝亲唱本》（18）、《占殺牛祭祖宗》（19），共含词量 2488 个（序号为抄本编号，下同）。其中《布洛陀孝亲唱本》独有的词共 779 个，占该类内容抄本词量的 31.3%；《占殺牛祭祖宗》独有的词共 633 个，占该类内容抄本词量的 25.4%。两个抄本都有的词共 1077 个，占该类内容抄本词量的 43.3%。词见下。

6-24

達農	dah-nuengx，阿妹	化	vaj，笨
元	yuen，哀怨	必	bik，逼
吞	daemq，矮	敏	mid，匕首
花	nda，安	筆	bit，笔
安通	an-doeng，安通	房	fwengh，边
倴	vaengq，岸边	才	caih，编织
八	bet，八	囊	nangh，鞭打
焉	em，芭芒	扳部平	banj-buh-bingz，扁平平
畧	loek，拔	拜	banj，扁
好足	hau-cog，白花花	盆	baenz，变成
丕	bik，白	片	bienq，变
百	bak，百	到	dauq，遍
百姓	bek-singq，百姓	界	gaiq，别
俾	baiz，摆	良	liengz，冰凉
美	longh，摆弄	兵	bing，兵
单	dan，斑点	通	doek，播
旦	danq，斑	龍	lungz，伯父
台	daeh，搬	何天	hoz-iu，脖子
廷	dingz，半	結	gvez，跛脚
半夜	byoengh-hwnz，半夜	濃	ndoengj，簸箕
補	boengj，帮	否	mbaeuh，不
從	cug，绑	問	maen，不育
問	vaenj，包	楽	rox，知
房	fag，饱满	褒比朋	baeuq-bi-boengz，布比朋
任	imq，饱	桃	daux，布道
宝	bauj，宝	褒几可	baeuq-fanh-goj，布凡可
保	bauj，宝器	褒計梨	baeuq-gyiq-liz，布记犁
保朋証見	bauj-bungz-cingq-denh，保平正殿	褒記办	baeuq-gyiq-cienz，布记钱
報	bauq，报	褒結孟	baeuq-gyiet-mung，布结孟
翁	umj，抱	褒老陸	baeuq-laux-roeg，布老陆
盏	cenj，杯	褒楽案	baeuq-lox-anh，布洛案
北斗	baek-daeuj，北斗	仆楽板	baeuq-lox-ban，布洛班
那	nda，背带	仆楽癸	baeuq-lox-gviq，布洛癸
佩	bax，背	褒楽托	baeuq-lox-doz，布洛陀
蒙	moeg，被子	崩	baengz，布

褒万木 baeuq-fanh-baenz，布万本
褒左黄 baeuq-coj-vuengz，布祖王
囤 gyok，部族
向 yaengj，才
才 caiz，财
籠 longh，裁
竆 dumz，彩虹
荣 byaek，菜
園菜 swen-byaek，菜园
其求 gyiz-gyaeuz，灿灿
兆 cauz，槽
蚁荣 nywj-nyungq，草丛
力同 lwg-dumh，草莓
兄 yum，草
宛 hon，草席
結 gyiek，草鞋
尽 caengz，层
奔 baek，插
灵 lid，拆除
甲 gyax，柴刀
坟 funz，柴火
糞 funz，柴
榜 bangz，搀扶
興 cimz，尝
占 ciengq，唱
唤 vuen，唱歌
行 hangz，扯
辰 caenz，辰
恒 haenq，撑开
本 baenz，成
布 byoeg，成捆
耕 gwn，吃
粉 fwed，翅膀
丁 dingh，冲
断 duenh，绸缎
丑 cuj，丑
荷 ok，出
斗 daeuj，出来
恶丕 ok-bae，出去
恶 ok，出自
朝怒 ciuh-nduj，初代
禄 nduj，初
貢 guek，锄头
登 daenj，穿
全 cuenz，传
鲁 ruz，船
百當 bak-bangq，窗口
士 swj，窗
满 mbonq，床
后 haeuj，吹进
化 vaj，蠢
到 dauq，次
捻明 coeng-mingz，聪明
牌 baih，从
臘昆 rah-gonq，从前
夢 mboeng，丛林
荣 nyungq，丛
米 miq，醋
哢 luengq，村巷
慢 mbanj，村子
立 lix，存活
倫 laenh，搓
刁 dauz，锉刀
打拉 daj-laj，哒啦
筒 doz，搭在
喊 han，答
通 doek，打
令 ringx，打滚
的 diz，打架
得初 dwk-co，打猎
弄 lungz，大伯
向 yangj，大刀
閅 mbwk，大话
老 laux，大人
卡 ga，大腿
犬 cangx，大象
大 daih，大
狼 langh，代
唐 dangh，带
啼 daeh，带回
把 bax，戴
礼 mbi，胆
計 gyaeq，蛋
各 gueg，当
臺鐔 daih-dangq，当众
測 cw，挡
豚 daengz，到
贼 caeg，盗贼
道禮 dauh-lex，道理
永落 yoen-loh，道路

永 yoen，道
桃 daux，道衣
毛 mauh，稻草
粝 haeux，稻谷
粝散 haeux-san，稻米
后那 haeux-naz，稻田
係 yuq，得
加 gyaj，等
孔 gumj，低
啼達 diz-dah，嘀哒
羊 yag，滴
登 daemj，抵撞
體 dij，底
芒 mbangj，地方
地 dih，地
地王 dih-yangz，地王
地王氏 dih-yangz-ciq，地王氏
台八 daih-bet，第八
大二 daih-nyih，第二
台九 daih-guj，第九
台六 daih-yoek，第六
台七 daih-caet，第七
太三 daih-sam，第三
台拾 daih-cib，第十
台四 daih-siq，第四
台五 daih-haj，第五
大一 daih-it，第一
当 dangq，典当
殿 denh，殿
問 ven，吊
托 doek，掉落
登諧 duemj-gyaej，跌倒
的 deng，钉
廷 dingh，定
者 ce，丢在
介 gaiq，东西
楽 rox，懂
從 congh，洞穴
徒 duh，豆
獨 dog，独
肚 dungx，肚子
民 mid，短刀
刺 lai，多
漢 hanq，鹅
力 lwg，儿女
伯 bawx，儿媳
力 lwg，儿子
托 doh，而
耳 rwz，耳
宜 nyih，二
恒 hwnj，发
反国 fan-goeg，蕃国
必朋 biq-boenq，翻倒
崩 boek，翻
禄令 rux-ringx，翻滚
結 gyeh，繁衍
到 dauq，返
到馬 dauq-ma，返回
碍 ngaiz，饭
寵 rog，房
達 daz，纺
放 cuengq，放
重心 coek-saem，放心
坐 coq，放在
珉 mbin，飞
本 baen，分
坟扶 faengh-faengh，纷纷
地 dih，坟
風 rumz，风
崩 foeng，封在
克 gyeh，缝隙
普 boh，夫
伏儀 fuz-nyiz，伏羲
萬 van，斧头
普 boh，父
姝問 meh-mbwk，妇女
斗囊 doz-ndang，附身
福貴 fuk-gviq，富贵
盖 gaij，改
乇 daep，肝
恨 hwnj，赶
良 rengx，干旱
敢蘭 gan-ranz，干栏
楽 roz，干
罡 gang，钢
吾 ungq，缸
丧 sang，高
良利 liengh-lih，高兴
結 gyaeq，睾丸
跡 soq，告诉

登 daengj，搁放
獨 duz，个
海 hawj，给
更 go，根
念 nemz，跟随
常 cangh，工匠
弓 goeng，弓箭
貢道 goeng-dauh，道公
褒 baeuq，公公
德蛇 daeg-ngwz，公蛇
虫從 nengz-cungz，拱屎虫
翁 gungq，供
麻 ma，狗
甲 gyax，孤儿
囊娘 nangz-niengz，姑娘
西 nduj，古代
故習 guj-siz，古时
蒼 cang，谷仓
粝 haeux，谷
九 gyiu，股
骨 ndok，骨
諾 noh，骨肉
啞 nga，呱呱
牙賣 yah-maiq，寡妇
念 niemh，挂念
塊 gvai，乖
行 haeng，关
字 sae，官
嗐 hak，官人
加金 gyaq-cienz，棺材
所 so，管
酉 yuj，冠
冷 lwenj，光
規矩 gvaeq-gyij，规矩
法 fangz，鬼
松 sieng，柜子
龙 roengz，跪下
論 ringx，滚
照 cauq，锅
茫 mak，果
芒 mak，果树
粉 fongz，果子狸
虫雷 nengz-yui，蜾蜂
丕 bae，过
卦丕 gavq-bae，过去

可 goj，还
力 lwg，孩子
海 haij，海
亥 haix，亥
经 gyengx，寒冷
行 hangz，行
礼 ndi，好
耕 gwn，喝
粝 haeux，禾苗
头 doh，和
河池 hoz-ciz，河池
達 dah，河
凉 lienz，河滩
勒 laep，黑暗
色令 saek-nding，红色
訴 swz，红薯
女 ni，红水河
紅 hoengz，红
何誰 hoz-sae，喉管
何 hoz，喉咙
嗐 gaeng，猴子
勒 laeng，后面
甲 gyaz，忽
托 doh，互相
花 va，花
花 va，花纹
化 vaq，化
唔 gyoenz，话
凡 fanz，怀孕
松用 sung-yungz，欢乐
可 goj，环抱
向 henj，黄色
爱 ngvaix，灰黑
化 vad，挥
賠 baez，回
到蘭 dauq-ranz，回家
麻 ma，回来
到丕 dauq-bae，回去
落 rox，会
温豚 vwnh-dwnz，混沌
立 lix，活
非 fiz，火
喜 hiz，火灶
内 naeq，伙人
楽 rox，或

米没 miz-mued，叽叽
鶏 gaeq，鸡
力鶏 lwg-gaeq，鸡仔
兄 yom，积聚
口 gaeu，犄角
吼 hongj，激流
盂 mbaek，级
用 haenq，急
記 gyij，几
落王 rox-nyinh，记得
區 gyiq，记
世 ceq，祭祀
計 gyiq，寄养
卡 gaz，枷锁
家当 gyaq-dangq，家当
褒 baeuq，家公
苒 ranz，家
晋 goenz，夹
白 beh，假如
卡 gah，价钱
尖 soem，尖
見 gyenq，坚硬
扳 mbaq，肩膀
雖 saiq，捡
咬 gyeuz，剪刀
豚 daem，见底
显 yien，见
建 gyeu，件
劍 gyiemq，剑
那 naq，箭
吅 naeuz，讲
康喏 gangj-gyoenz，讲话
托 doek，降生
考春 gauq-cwn，交春
交 gyeu，交人
仰 nyamh，嚼喂
訁 cih，角
離 liz，脚犁
卡 ga，脚
雷 raez，叫
孫 son，教
足 cux，接
惰 doq，接话
足 cux，接收
足 cux，接替
結 gyiet，结
力 lwg，结果
咬 gyeuj，结交
迫尼 ngoenz-nix，今天
入 haeuj，进
候 haeuj，进入
年 nam，荆棘
献 yet，敬
作 coh，敬送
九 guj，九
九牙 gyiuj-nyaz，九圩
南 namz，久
陋 laeuj，酒
恩 cih，就
喏 gyoenz，句
鎖 saq，锯
用 yok，卷纱轮
拐 gyaix，掘
云 ywnz，均匀
木禄 mwh-nduj，开初
海 hae，开
開郎卬 hae-langh-ngin，形容开得很大
造 caux，开垦
皆厄 gaz-nyiek，开裂
分 faenz，砍
限 hanh，看
显 yien，看见
奌 ing，靠
哥 go，棵
紅郎 loz-langh，空空
登荒 daengj-langx，枯萎
啼 daej，哭
胎立連 daej-liz-lienz，哭连连
胎怨 daej-yuenq，哭诉
外 vaij，跨
界 gaiq，块
恨 hoemz，快
得 dwh，筷子
把 bah，宽
部 byoeg，捆
横 vaenj，捆扎
達 daz，拉
月臘 ndwen-lab，腊月
麻 ma，来
欄 riengh，栏圈

交 gyauj，老公
吼 guk，老虎
記宙頼 gyeq-siq-laih，老凄凄
怒 nu，老鼠
闷 mbwn，老天爷
老添 laux-dienq，老添
同 doengz，老同
記 gyeq，老
了 leux，了
⿰扌色 byaj，雷王
飞雷 faex-luij，檑树
西 cih，棱
⿱癶开 faz，篱笆
礼 lex，礼仪
倫 ndaw，里面
内 ndaw，里
了害 leuq-haiq，厉害
燈 daengj，立
連時 lienh-cwz，立即
火 hoj，利
危 ngvih，粒
宜吝 nyiz-nyin，连连
鸾 liemz，镰刀
那 naj，脸
⿱二山 cwiz，炼
粝 haeux，粮
双 song，两
諾 noh，猎物
奠 demh，临近
灵 lengh，另外
才 caih，留成
舍 ce，留在
各潦 gueg-riuz，流传
立輪 lih-linz，流
六 yoek，六个
六十 yoek-cib，六十
六 yoek，六
模 moj，隆起
伐 fag，楼板
楼 laeuz，楼
劉 liu，芦苇
落 loh，路
得 dwk，露
乱昆⿱亘又 luenh-gunj-byanz，乱纷纷
兄胃結 nyungq-vah-veh，乱蓬蓬
肉 nyungq，乱
乱昆榜 luenh-gunj-baet，乱糟糟
論 lwnh，论
雖 sae，螺蛳
托 doek，落
恓 saih，麻利
乃 ndaij，麻
馬 max，马
罵宜号 ndaq-nyih-nyauz，骂咧咧
更 gaem，埋
該 gai，卖
㒹 him，满
八 bah，忙
盆 bwn，毛
盆 bwn，毛穗
哥兄 go-yum，茅草
夘 maux，卯
牙 nya，茂密
墓陸甲 mo-lox-gap，麽渌甲
否 mbaeuh，没
否眉 mbaeuh-miz，没有
梁利 liengh-lih，美满
農 nuengx，妹
百土 bak-du，门口
寕散 nengz-sanq，米虫
粝粮 haeux-liengz，米粮
米 haeux，米
外 vaiq，棉花
祥 siengq，面相
庙 miuh，庙宇
⿱亘又 mbej，咩叫
作 coh，字
寕少 nengz-sa，螟虫
命 mingh，命
界 gaiq，莫
莫一大王 mo-it-daih-yangz，莫一大王
妹 meh，母虫
姝 meh，母亲
姝母 meh-mu，母猪
同 dongh，木棍
徒 dongh，木桩
得 dwz，拿
的馬 dwz-ma，拿来
提丕 dwz-bae，拿去
勒 lawz，哪

牌温 baih-unj，那边
牌 baih，那
土 duz，那个
昆 goenq，那块
炟 ngoengz，那日
篤 duz，那头
老 laux，那位
仆 bux，那些
絺 cij，奶头
仆腮 bux-sai，男子
非拉 faex-raq，楠树
非亢 faex-gangx，楠竹
囊 nangz，囊
囊娘 nangz-niengz，囊娘
囊仍 nangz-nungz，囊仍
琴 gyaengz，闹
内 ndaw，内
戾 ndaej，能
南 namh，泥土
名 mwngz，你
素 su，你们
年 nienz，年
左 coz，年轻
念 niemh，念
娘 niengz，娘
鳥 roeg，鸟
濃 nok，牛峰
牛 vaiz，牛
你 nwj，弩
有 yaeuj，暖和
力 lwg，女儿
女高鎖 nij-gauh-so，高索女，人名
妹閅 meh-mbwk，女孩
妹闷 meh-mbwk，女人
克 gwiz，女婿
娘 nangz，女子
恨 hwnj，爬上
盤古 buenz-guj，盘古
捞 bangx，旁边
褒 baeu，螃蟹
節 ceh，泡
佰 bag，劈
皮 naeng，皮
徒 duz，匹
片 benq，片
良 rengz，平坦
雲 ywnz，平
怕 baq，坡
下六甲 yah-lox-gap，婆渌甲
奷 yah，婆
奷祖宜 yah-cu-nyiz，婆祖宜
七百 caet-bak，七百
七十二 caet-cib-nyih，七十二
七 caet，七
妹 maex，妻子
讀 duh，栖息
良利 liengh-lih，齐全
疆 gyam，乞求
恨 hwnj，起
若 yo，扶
千 cien，千
朝叩 ciuh-gaeuq，前辈
那 naj，前方
貫 gonq，前
錢才 cienz-caiz，钱财
办 cienz，钱
嫩 ndaem，潜水
墻 ciengz，墙
孟 mbuk，襁褓
濃 nok，敲打
若 yoq，扶
照 ciuq，瞧
籠 ndong-saeu，亲家
聂 gvax，擒
頭類 daeuz-raez，青苔
吼 goep，青蛙
茂 mbaeu，轻浮
伯 bok，倾倒
点 diemj，清点
測 saw，清
延星 dingh-singj，清秀
酉 yux，情人
侒 ndit，晴
請 cingj，请
求 gyiuz，求
丕 bae，去
托 doh，全部
泉 mboq，泉
莫淋 mboq-raemx，泉水
了 lix，却副

力 bang，群
魄 beng，禳除
温 hunz，人类
仆艮 bux-mingz，人民
伝 hunz，人
那 naj，认
楽那 rox-naj，认识
印旗 yin-gyiz，任其
臣 caengh，日后
迠 ngoenz，日
头 daeuz，荣耀
偷 ndaen，容器
諾 noh，肉
好尼 hauh-nix，这样
以 i，如
白 beh，假如
圡厄 duz-ngweg，畾泥
外 vanq，撒
三百六 sam-bak-yoek，三百六
三百 sam-bak，三百
悮 ut，三角粽
琴 gyiengz，三脚灶
三十二 sam-cib-nyih，三十二
三十 sam-cib，三十
二 nyih，二
色 saek，色
弄 ndoeng，森林
殺 gaj，杀
沙 sa，纱
狼 langh，晒
曾 canz，晒台
咬 naux，山坳
陸 lueg，山地
岩 gamj，山洞
勒 lueg，山谷
龍 ndoeng，山林
怕 baq，山岭
岜 bya，山
坡 bo，山坡
善 sienh，善良
五 u，赡养
恨 hwnj，上
肯 gwnz，上方
肯丕 gwnz-bae，上去
肯 gwnz，上游
票 biu，烧
小 siuj，少
利 linx，舌头
志 cwx，社神
申 cwnq，申
囊 ndang，身
荒 vaengz，深潭
能 naek，深
夜 hwnz，深夜
一而 hih-rawz，什么
奔 faed，神
神農 caenz-nungz，神农
象位 liengh-vih，神位
臣祖 caenz-coj，神祖
恨 hwnj，升
恨 hwnj，升高
本 baenz，生成
悪 ok，生出
累 ndaej，生得
佩 bwi，生
生氣 seng-gyiq，生气
係 yuq，生在
本 baenz，生长
興 hing，声音
禄畜 lwg-duz，牲畜
生 seng，牲
生头 seng-daeuz，牲头
鄉 cag，绳
洗 sae，师
十二 cib-nyih，十二
十 cit，十
拾一 cib-it，十一
啀 yum，石碓
興 hin，石头
兴喜 hin-hij，石崖
喇 rah，时代
酋 yum，食槽
灰 haex，屎
生諧 seq-gaiq，世界
倫 lumj，似
故 guq，事
烈 leh，是
囊 langh，释放
能 naep，收
閔 gyen，手臂

分 fwngz，手
困 goenh，手镯
還 vang，守望
孝 yauq，守孝
字 sw，书
怒 nu，鼠
非 faex，树
雷 raez，竖
良 liengz，涮
懐 vai，水坝
南 namh，水底
淋 raemx，水
怌 vaiz，水牛
那 naz，水田
能 nwnz，睡
耨 naeuz，说
康 gangj，说话
細 si，丝
吋 gyaez，思虑
太 dai，死
巳 swq，巳
四百 siq-bak，四百
四十 siq-cib，四十
四 siq，四
送 soengq，送
占 ciengq，诵
吼 gungz，诉
米 miq，酸醋
力繆 lwg-myaz，酸枣果
到 dauq，反而
彼 bi，岁
燧巢 cae-cauz，燧巢
力藍 lwg-lan，孙儿
藍 lan，孙子
豆 daeuq，梭子
孫 saemq，所有
限素 hanh-soj，锁套
他 de，他
的 de，他们
的 de，它
的 de，她
太白金星 dai-bwz-gyinh-singh，太白金星
他廸 daeng-ngoenz，太阳
吜 naeuz，谈
瘟 un，谈论
當 dangq，堂屋
鐔 daemz，塘
條 deuz，逃走
力挑 lwg-dauz，桃子
作 coh，讨
類 lui，梯子
生 saenq，提醒
恆 haen，啼叫
黑 laep，天黑
天皆 dien-gaiq，天界
天 dien，天
天上 dienh-cang，天上
天王 dien-yangz，天王
白 bwengz，天下
同 doengh，田峒
那 naz，田
散 sat，舔
肚 duz，条
恨 hwnj，跳
門 maet，跳蚤
発 faz，铁
所 so，铁锹
當 dangq，厅堂
議 nyi，听见
对 doih，同伴
对傍 doiq-bangh，同辈
同 doengz，同
通 doengj，桶
諧 gai，筒
久 gyaeuj，头部
篤 duz，头
久 gyaeuj，头
土地 doj-dih，土地
害 haiz，吐
兎 duq，兔子
該 gyaiq，推
卡 ga，腿
对 doiq，退
基 gyi，挖
他 da，外公
落 rog，外面
太 daiq，外婆
角 gaeu，弯角
拜蘭 bah-lanz，完满
系了 seuq-leux，完全

存 caemz，玩要
求 gyaeuz，晚饭
恒 haemh，晚
碗 duix，碗
万 fanh，万
王 yangz，王
欠 gyiemq，危险
為 viz，韦
圩 hw，圩
否臣 mbaeuh-caengz，未曾
為 vih，未得
為 vih，未副
字 sw，文书
問 haemq，问
而 rongz，窝
古 gu，我
楼 raeuz，我们
呼 hu，乌龟
雅 a，乌鸦
罷 ruengq，屋檐
否 mbaeuh，无
力吾 lwg-nguh，无花果
哄 gungz，无奈
捞 mbangq，鼯鼠
非糯 faex-noenh，五倍子树
五富 uj-fu，五富
五 haj，五
午 uj，午
賀 hoq，膝盖
悶 mbinj，席子
白 bawx，媳妇
四 swiq，洗
臣 caemx，洗澡
昂 angq，喜欢
隋 doq，系
龍 roengz，下
喇 laj，下方
涮丁 laj-deng，下界
龍斗 roengz-daeuj，下来
喇 laj，下面
罷 roengz，下去
喇 laj，下游
仙 sien，仙界
仙 sien，仙
仙農 sien-nungz，仙农

仙 sien，仙人
敢 hamz，衔
头司 daeuz-miz，显功
你 nix，现在
顔 yuenh，献
托作 doh-coh，相架
托偶 doh-aeu，相交
托作 doh-coh，相接
托甲 doh-gap，相连
托窮 doh-gyungj，相碰
托通 doh-doeng，相通
作 coh，相迎
也 yaek，想
念吋 ndiep-gyaez，想念
丕 bae，向
盆 baenz，像
力宜 lwg-nyez，小孩
粝望 haeux-vuengj，小米谷
怒 nuh，小
孝 yauq，孝
灭 haiz，鞋子
買 mai，写
心 saem，心
暮 moq，新
鸾腦 rongh-ndau，星星
舆 hingq，兴起
社任 cwt-yuengh，兴旺
輝 vae，姓
性 singq，姓
輝 vae，姓氏
柏 beng，凶兆
必 bix，兄
美 mui，熊
惰 doq，修造
戌 sut，戌
儅 dat，悬崖
而 rod，削
倫 laenh，巡
辛 saenj，训
廷 dimz，压
必 bit，鸭子
寧而 nengz-law，蚜虫
衙 nyaz，衙门
耕 gamj，岩洞
他 da，眼睛

力打　lwg-da，眼珠
其疆　gyiz-gyanz，艳艳
羊　yuengz，羊
陽敢　yangz-gan，阳间
養　ciengx，养
養　ciengx，养命
古　guq，样
尧　iu，妖怪
堯　iu，妖精
黑　hwet，腰
耕　gwn，咬
德　daek，舀
囊　nyangq，药渣
也　yaek，要
困　gunz，鹞鹰
可　goj，也
叩　gaeuj，野狗
頼　raih，野猪
美　mbaw，叶
借　cek，页
恒　hwnz，夜间
恒　haemh，夜晚
半了　byoengh-ndeu，一半
志　caez，一起副
鳥　ndeu，一
甫　buh，衣服
隫　gvih，衣柜
爲　vae，仪规
逆　suk，移
之　cih，已
登　daengq，椅子
陰官　yinh-gun，阴官
用　yongq，阴间
苿　ndeuq，阴茎
借　cied，阴门
銀　ngaenz，银
为銀　cienz-ngaenz，银钱
毫　haux，淫水
寅　hinz，寅
引　hinx，引导
食　gwn，饮
印　inq，印把
應　inq，印
力紅　lwg-nding，婴儿
倫　roemh，鹰
足　cux，迎接
輪　lod，游
米　miz，有
酉　yux，酉
欲　yaeuh，又
卦　gvaz，右边
珠　cih，于是
抛　bya，鱼
魚怪　bya-gvaiq，鱼生
鐔办　daemz-bya，鱼塘
抛翁　bya-ungj，鱼汛
利　rih，畲地
里　ndij，与
琴　gyoep，雨帽
温　hun，雨
玉帝　yiq-diq，玉帝
柏　byok，芋头
牌蘭　nduen-bah-lanh，圆滚滚
楼　raeuz，圆滑
鵉　nduen，圆
月　ndwen，月份
哢月　rongh-ndwen，月亮
代　daiq，岳母
益　yied，越
呼　huj，云
月　ndwen，孕月
力　lwg，仔
到　dauq，再
係　yuq，在
葬　sangq，葬
恒　haet，早
巽　cuengq，造
落　rox，如何
送　soengq，赠送
合　hod，扎
查查　caq-caq，喳喳
財　cai，斋事
却　gyok，寨子
前　cien，毡子
松　soengz，站
皆厄　aq-nyiek，张开
非高　faex-gauj，樟树
盆　baenz，长
恨　hwnj，长起
雷　raez，长条

類	raez，长
肩	miz，长有
普	boh，丈夫
同	dongx，招呼
林	rib，爪
吓	ya，找
則	cw，遮盖
峩	ngod，折
你	nix，这
仆	bux，这个
言	nyienx，这样
坐	coq，斟
雖	swiz，枕头
隋	coih，整理
正	cin，正
月正	ndwen-cieng，正月
嗦	soh，正直
生	saenj，支
篤	duz，只
个	goj，只有
楽吅	rox-naeuz，知道
落	rox，知
從	cuengz，织布机
的	daemj，织
嗦	soh，直
沙	sa，纸
沙	sa，纸钱
治	ciq，制造
各	gueg，制作
鄉	gyang，中间
界	gaiq，种
盆	baenj，种子
伝頼	hunz-lai，众人
却	gyoengq，众
州	cu，州
母	mu，猪
朝掃	cauh-saux，竹竿
朝	cauh，竹
房	fag，竹榻
罵	mbat，竹筒
豚	ndoek，竹子
德	dieg，住地
係	yuq，住
得	dieg，住所
叟	saeu，柱子
甲	gaeb，抓
春	cunz，转
肚	dongh，桩
坐	coq，装
尅	gaeb，捉
力	lwg，子
司	sw，字
拜	byaij，走
丕	bae，走路
朝褒	ciuh-baeuq，祖辈
褒	baeuq，祖公
亞	yah，祖婆
祖臣	coj-caenz，祖神
左黄	coj-vuengz，祖王
祖宗	coq-coeng，祖宗
百	bak，嘴巴
雖	swix，左边
各	gueg，作
唓	ak，作乐
能	naengh，坐
各	gueg，做

6.4.2.3 汉王与祖王先兄弟相争的解兄弟冤经类

这类共包含两个抄本即《漢皇一科》（22）、《歴漢皇祖王一科》（23），共含词量2297个。其中《漢皇一科》独有的词共779个，占该类内容抄本词量的33.9%，《歴漢皇祖王一科》独有的词共633个，占该类内容抄本词量的27.6%。两个抄本都有的词，共649个，占该类内容抄本词量的28.3%。词见下。

6-25

篤	doeg，矮
買	maij，爱
定	dingh，安定
乃	nai，安慰

至	ciq，安置	貧	baenz，成
安	an，鞍	吽	gwn，吃
案	anh，案台	㓜	fwed，翅膀
八	bet，八	落	lag，冲
了	leux，吧	屋	og，出
連	lienz，白天	屋斗	og-daeuj，出来
好	hau，白	屋比	og-bae，出去
鴻還	loeg-venz，百灵鸟	亦	yag，锄头
百	bak，百	韋	vi，处
傍	bwengz，百姓	頣	daenj，穿
㓜	fwd，摆	憐	linh，穿山甲
盆	buen，搬	般	luz，船
唐	daem，拌	造	caux，创造
印	imh，饱	福	fuk，蠢
報	bauq，报	宜	nix，这
淂	dwg，被	倍	baez，次
鼻	ndaeng，鼻子	昨	cog，次日
貧	baenz，变成	里狼	lih-langh，匆匆
莫	moq，新的	水	coi，催
丐	gaij，别	晚	mbanx，村寨
娬	fwex，别人	刊	han，答应
妥	gyaej，病	偶	aeu，打
妑	baj，伯母	淂務	dwk-noh，打猎
苿何	sai-hoz，脖子	散	sanq，打算
仿	fong，补	㫰	lungz，大伯
冇	ndwi，不得	老伝	laux-hunz，大人
不	mbaeux，不	落	lag，大
布六塗	baeuq-lug-doz，布洛陀	代	daih，代
甫巫	bux-mo，布麽	爱	ae，带
限	yamh，步	㓜	faed，带子
國	guek，部族	臘	lap，担
造	caux，才	𠃊	gueg，当
茈	gyaek，菜	台	daiz，挡
荷	haz，草丛	咟	bak，刀口
左	cax，叉	左	cax，刀
北	baek，插	肛	daengz，到
茶	caz，茶	糗	haeux，稻谷
坆	fwnz，柴	礼	ndaex，得
腸	saej，肠子	傍	bwengz，地方
照	cauj，炒	地	dih，地
秤	caengh，称	徃	nuengx，弟

大二 daih-ngih，第二
大三 daih-sam，第三
大四 daih-siq，第四
大五 daih-haj，第五
大一 daih-it，第一
点 demj，点
強 giengh，掉
兜 doq，顶
盖 gaiq，东西
噜 lox，懂
同 doengh，峒
同那 doengh-naz，峒田
串 congh，洞穴
厄 gwz，独
肚 dungx，肚子
文 faenz，断
淂 dwk，对
頼 lai，多
岑 saemz，剁
亦 yag，恶
劧 lwg，儿
耳 lwez，耳
二 ngih，二
道 dauq，法事
兜陌 doq-bak，反正
到 dauq，返回
表 beu，犯
呆 ngaiz，饭
放 cuengq，放
比 bae，飞去
留 laeuq，吠
分 baen，分
槑 lumz，风
丹 gvan，夫
婁 bue，扶
萬 van，斧头
咀 naeuh，腐烂
召父 ciuh-boh，父辈
父 boh，父
父妹 boh-meh，父母
盆 bwnz，副
奉貴 fungh-gviq，富贵
肝 daep，肝
急 gyaep，赶
闭 lengx，干旱
蘭 lanz，干栏
桑 sang，高
甫 bux，泛指人
盖 gaiq，给
里 ndix，跟随
孛 coh，跟着
穹 goeng，弓
得猽 daeg-ma，公狗
淂 daeg，公
布奷 baeuq-yah，公婆
果 lomz，贡品
所 soq，供奉
罵 ma，狗
劧羅 lwg-laz，孤儿
娋 sau，姑娘
哂 ndux，古
杳糏 iux-haeux，谷仓
奷買 yah-maiq，寡妇
合 haep，关
干 ganq，管
到 dauq，归
鬼 gvij，鬼
妄 fangz，鬼神
跪 gvih，柜子
跪 gvih，跪
跪以油 gvih-yiz-yaeuz，跪直直
灶 cauq，锅
模 mak，果
卦 gvaq，过
还 vanz，还
里 lix，还
劧 lwg，孩子
害 haih，害
黎 laez，喊
漢王 hanq-vuengz，漢王
水 coij，行
唎 ndi，好

唎 ndi，好转
吨 gwn，喝
厚 haeux，禾苗
散 sanq，合计
麻 maz，何
里 ndix，和
駄 dah，河
啦 laep，黑暗
泣颜 laep-nyaenz，黑漆漆
纷 fonx，黑
含 haemz，狠毒
含 haemz，恨
闪 nding，红
胡 hoz，喉咙
灵增 lingz-gaeng，猴猿
捞 laeng，后背
捞 laeng，后
有 gyux，葫芦
花 va，花
埋 vaih，划
耗 hauq，话
迷域 maex-vak，桦木
位 vaih，坏
歆容 vuen-yungz，欢乐
梁 lieg，换
浮 fuz，荒芜
皇帝 vuengz-daeq，皇帝
皇 vuengz，黄猄
除 cwez，黄牛
到 dauq，回
罵 ma，回来
到比 dauq-bae，回去
楽 lox，会
勇 nyungq，混乱
里 lix，活的
笑 liu，火把
微 fiz，火
火 hoh，伙计
魯 lox，或
鸡 gaeq，鸡
劧鸡 lwg-gaeq，鸡仔
已 gij，几
散 sanq，计算
茉 ndieb，记
椄 ciep，继承
祭 caeq，祭
捞 laeng，家
茄 gya，架
心 soem，尖
贱 cen，煎
忻 haen，见
件 gienh，件
農 naq，箭
國 guek，疆域
耗地垯 hauq-dih-danz，讲喋喋
講 gangj，讲
刊地達 han-dih-dad，讲滔滔
罡之杀 gangj-cih-cad，讲喳喳
缴 geu，交人
添 din，脚
黎 laez，叫
咀 cux，接
寃 ien，解冤
你 nix，今天
后 haeuj，进
乖 gvai，精明
九 guj，九
酒 laeuj，酒
旧 gaeuq，旧
求 gyaeuq，救
之 cih，就
哼 coenz，句
軍 gun，军
闸 hai，开
禁 gyoemj，砍
法 faz，看
淂 dwg，靠
个 go，棵
刀大劳 gyuq-daz-lauz，空荡荡
啪 bak，口
力含 lwg-haemz，苦瓜
賴 laih，块

光 gvangq，宽
腊 lab，腊月
斗盯 daeuj-daengz，来到
獁 ma，来
斗里浪 daeuj-liz-langh，来速速
零 lengq，烂
记 geq，老的
谷 guk，老虎
奴 nu，老鼠
了 leux，了
岜 gyaj，雷神
落 lag，篱笆
闲 ndaw，里面
連 lienz，连
里律 lin-lid，连连
那 naj，脸
良 liengz，凉
双 song，两
弄 longh，亮
弄净 longh-cingh，亮光光
淝巴菜 lomh-bax-yai，亮蒙蒙
獁斗 ma-daeuq，猎狗
吉 gyaet，鳞
領 lingx，领
從 soengz，留宿
六 loek，六
片 benj，楼板
賊 caeg，掳掠
路 loh，路
芲羅 gyaek-nda，罗菜
篤 doek，落
律 laet，麻疹
馬 max，马
罵 ndah，骂
沓 daem，埋
界 gai，卖
陰 yaem，瞒
臨 lim，满
本 bwn，毛
荷泰 haz-haij，茅草
麽六甲 mo-lug-gyap，麽渌甲
不眉 mbaeux-miz，没有
暑 swq，媒
奷 yah，媒婆
暑 swq，媒人
昙 ngoenz，每日
圡 du，门
德 daek，蜢蚱
厚 haeux，米
敗 baih，面
末 mued，灭
名 mingz，名
初 coh，名字
昨 cog，明天
命 mingh，命
勿 fwed，抹
散 sanq，谋算
罵姆 ma-meh，母狗
妹捞 meh-laeng，后妈
妹老 meh-laux，母老
妹 meh，母
妹懐 meh-vaiz，母牛
木 maex，木
幢 dongh，木桩
偶 aeu，拿
黎 lawz，哪
敗 baih，那边
盖 gaiq，那
畾 duez，那头
甫 bux，那位
盖 gaiq，那些
淋呻 laemx-cij，奶水
孙媤 lwg-sai，男儿
亦 yag，难
埋 faiz，楠竹
闪 nding，嫩
眘 lox，能
眀 mwngz，你
助 su，你们
苿 ndiep，念
鴻 loeg，鸟
灰 hoiq，奴仆

劧婦　lwg-mbwk，女儿
孛奷　caeuz-yah，女人
娘　nangz，女子
劳　lau，怕
旁　bangx，旁边
拝　baij，披
遥　yaeuh，骗话
娋利　sau-ndi，漂亮
奷　yah，婆婆
亦　yag，破
七　caet，七
妑　baz，妻子
瀆　duh，栖息
齐　caez，齐
騎　gwih，骑
恨　hwnj，起
恨斗　hwnj-daeuj，起来
千　cien，千
青　cing，牵
那　naj，前面
貫　gonq，前
伏　fa，墙
乖　gvaiq，切
泣器　laep-heu，青黑
朴　gyoeg，青竹鱼
江乞　gyang-haet，清早
酉　yux，情人
請　cingj，请
穷　gungz，穷途
求　gyaeuz，求
偶　aeu，娶
批　bae，去
批里浪　bae-liz-langh，去速速
肛　daengz，全
列　lez，却
許　hawj，让
甫　bux，人
昙　ngoenz，日
肉　noh，肉
高宜　gauh-nix，如此
后　haeuj，入

弱　ngweg，蛊泥
初　cax，若
三盖　sam-gaiq，三界
三　sam，三
三王　sam-vuengz，三王
三月　sam-ngued，三月
卡　gaj，杀
托　dak，晒
残　canz，晒台
淥　lueg，山谷
樓　ndoeng，山林
破　bo，山岭
岜　gya，山
巴　baq，山坡
相　sweng，商量
忐　gwnz，上方
恨　hwnj，上来
硍比　hwnj-bae，上去
肛　ndaengx，烧
莱　gyai，梢
荅賴　dap-laih，申诉
帥寃　caiq-ien，申冤
当　ndang，身
勒　laeg，深
麻　maz，什么
床　coengz，神台
生　seng，生
叩　lwe，剩
畓　ndaek，湿
十　cib，十
硍　lin，石头
時　cwz，时辰
墨　mwh，时
屎　haex，屎
事　saeh，事
囗　gueg，是
偶　aeu，收
現　gen，手臂
𢫕　fwngz，手
囗　gueg，做
受　caeu，受

字 sw，书
所 soq，疏理
迷 maex，树
監 lamh，拴
双 song，双
埋 fai，水坝
陸 loek，水车
𣲩 laemx，水
懐 vaiz，水牛
那 naz，水田
眠 ninz，睡
呾 naeuz，说
㚏 dai，死
四盖 siq-gaiq，四界
四 siq，四
四王 siq-vuengz，四王
结 ge，松树
貪 daem，送
良 liengz，随
他 de，他
他 de，它
他 de，她
江昙 gyang-ngoenz，太阳
瘟 un，贪图
谭 damz，谈
當 dangq，堂屋
塘 daemz，塘
条 deuz，逃走
北黎 baek-lae，梯子
有 yaeux，提
唏 daez，蹄
天地 dien-dih，天地
毒 dok，天花
天 dien，天
忐 gwnz，天上
傍 bwengz，天下
峝 doengh，田峒
忻 haenz，田埂
那 naz，田
翻 lap，挑
失 saet，跳
蘇 so，铁锹
之 ci，听
淂哷 dwz-coenz，听话
同 doengz，同
吉 get，痛
吟 gyoem，头发
久 gyaeuj，头
王 vuengz，头人
使 saeq，土官
埔 namh，土
个 ga，腿
退 doiq，退
洛 lag，拖
心 soem，庹
斗 daeuq，挖
渌 log，外面
狼 nangh，外
閙 nauq，完
劳 liuh，玩
畬 haemh，晚
萬 fanh，万
王 vuengz，王
林 lumz，忘
令 ling，煨
𫩏 gueg，为
良 lieng，尾
不增 mbaeux-caengz，未曾
淂 dwk，喂
廉 liep，蚊帐
叁 cam，问
㝫 longz，窝
灰 hoiq，我
娄 laeuz，我们
渌 lug，卧房
鸦 a，乌鸦
阑 lanz，屋
五 haj，五
灵 lingz，午餐
漠 mok，雾
吽 gwn，吸
庫 hoq，膝盖

色 saeg，洗
沉 caemx，洗澡
忑行 laj-hangz，下巴
隆 loengz，下
忑 laj，下方
忑吞 laj-ndaen，下界
隆斗 loengz-daeuj，下来
忑 laj，下面
隆 loengz，下去
糈三 haeux-san，籼谷
度 dox，相
箱 sweng，箱
亦 yaek，想
貧 baenz，像
隆 loengz，消
貎 mbauh，小伙子
厚仿 haeux-fwengj，小米
内 noix，小
笑 liu，笑
咳 haiz，鞋子
來 laiz，写
莫 moq，新
劳唎 ndau-ndih，星星
肚莓 dungx-yak，凶恶
皮大 bix-daih，兄大
皮徃 bix-nuengx，兄弟
皮 bix，兄
皮王 bix-vuengz，兄王
罪 coih，修正
許 hawj，许
血 lwed，血
迫 bit，鸭子
吽 heuj，牙
沓 dumh，淹
感 gamj，岩洞
大 da，眼
羊 yuengz，羊
養 cwengx，养
养 ywengh，样
乞 hwet，腰
合 haeb，咬
德 daek，舀
偶 aeu，要
狼曜 langz-yiuh，鹞鹰
也 yej，也
墓舟 mu-dwenh，野猪
夻 haemh，夜
尋 caemh，一起
了 ndeu，一
羅 laq，一阵
吧布 mbah-bueh，衣服
倍 bueh，衣
梼旧 ywengh-gaeuq，依旧
銀 ngaenz，银
卬 inh，印
兊呈 lwg-cingq，婴儿
刊地達 han-dih-dad，应滔滔
提 dwz，用
炁 hiq，忧
器 hiuz，游
眉 miz，有
到 dauq，又
左 gvaz，右边
岜 gya，鱼
利 lih，畬地
玉帝 yi-daeq，玉帝
玉皇 yi-vangz，玉皇

6.4.2.4 在丧葬仪式上，供布麽为亡灵超度的经书

这类包含《麽送魈》（17）、《麽王曹科》（24）、《吆王曹吆塘》（25）、《麽荷泰》（26）、《正一刘事巫書觧五楼川送鸦到共集》（27）、《麽破塘》（28）共6个抄本。其中17号抄本《麽送魈》经书所涵盖的内容非常广泛，词量也非常丰富，是29个抄本中版本容量最大的抄本，词数高达29365个，是15号抄本词数（872个）的34倍。因此，为了能较为合理的反映超度亡灵类系列抄本的词汇差异情况，应将不具备可比性的17号特大抄本排除在外，而将其置于更宽范围进行比较。因此虽然超度亡灵类经书含6个抄本，但本研究将只对其他5抄本进行词汇比较统计。其次，在超度亡灵的大内容下，《麽王曹科》（24）、《吆王曹吆塘》（25）内容又更为紧密，均以叙述王曹的故事为主要内容。因此超度亡灵类分三个系统进行比较：17号抄本与超度亡灵类其他抄本进行比较，24号抄本与25号抄本进行比较，26、27、28号抄本进行比较。

第一，17号抄本与超度亡灵类其他抄本进行比较，二类抄本词量共5858个，其中二类都共有的词有1520个，占该类内容抄本总词量的26%。

表6-26

旦	damv，矮	木望	majr-vak，柏树
買	maic，安排	棑	baiz，摆
至	ciq，安置	儅	ndangh，斑纹
痕賢	haenz-henz，岸边	片	benj，板
岩	ngamz，坳	執	caep，办
八	bet，八	半痕	gyongh-hwnz，半夜
在	sai，扒	捉	cug，绑
伏	fek，芭芒	朔	suek，包
荅	daz，拔	宝	bauj，宝贝
吞	aen，把	抱	baox，保护
了	la，吧	抱	baox，保佑
冇	ndwi，白白	報	bauq，报
拷	kaoc，白净	寡	gvap，抱
口三	kawx-saanc，白米	覔	cenj，杯
好	hau，白	呻	dcooqc，杯子
拷	majv，白嫩	駝	togr，备办
昙	ngoenz，白天	执	caep，备
百	bak，百	�	laek，背
白姓	beg-singq，百姓	瓜	fa，被子

月	ciuh，辈
朗那	nangh-naj，本家
莫冇	mieh-ndwi，本来
泠	lak，崩塌
能	ndaeng，鼻子
了	leux，毕
亞	jav，庇护
艡	ndang，边
三	san，编
咑	fad，鞭打
便	bien，鞭
边貧	bienq-baenz，变成
边	bienq，变
打	daengz，便
収	saeuh，遍
被	bwez，辫子
卬	wnh，别的
盖	gaij，别
剥	gyag，别离
勿	fwex，别人
兵	bing，兵
哵	tcajx，病
落	log，剥
隆	lungz，伯父
妑	baj，伯娘
夭	yiu，脖子
其	gi，簸箕
旦	daanc，卜算
圪	buj，补
茂	mbaeux，不
福	fuk，不会
否	mbouh，不能
欗	lag，不要
否	mbouq，不再
甫道	bux-dauh，布道
瓜過	gugr-guk，布谷鸟
布渌途	baeuq-lug-doz，布洛陀
甫吆	bux-mo，布麽
凴	baengz，布
国	gyog，部族
造	caux，才
造	tsoux，才有
得	dwz，采纳
頼化	lai-vac，彩虹
咾	neb，踩
苝	gyaek，菜
武	fwx，餐
樮	ryauj，仓
槽	tsauz，槽
茶	caz，草丛
何	haz，草
民	mbinx，草席
城	gywngz，层
作	dcog，插
茶	caz，茶
察	caz，查
見	giemq，察看
增	faengz，缠
畢	bid，蝉
打辛	daj-saenz，颤抖
腘	saej，肠子
多	doq，唱
平	piengj，超度
孤	gav，超过
陊	loengz，朝
于	ves，朝向
失	cij，扯
昙	saenz，辰
竜	loq，沉
掌	dcaqs，称
净	cengq，撑
本	baenz，成
提	dwz，承传
十	sibr，承接
巾	gwn，吃
羽	fied，翅膀

虽	noonc，虫
由	yaeux，抽
闪	caeuz，愁
丑	byaeuj，丑
后	baeu，臭
出	og，出
鲁	ndouj，初始
孺	nduv，初世
斗	yak，锄头
吟	gyaem，雏
押	gab，穿
流	liuz，传
柳	liu，传说
般	luez，船
串	roir，串
當	daaqv，窗
破	boq，吹
派	baij，垂
己	get，醇
撞	dcog，戳
自	seyq，雌
你	nix，此
八	mbad，次
捞	laeng，次日
盈	ngingz，刺
耒	laj，刺
杼	mbouh，刺竹
刘憐	luh-lit，匆匆
苿	mbuh，葱
曾	rur，聪明
待	dajv，从
者	dcuz，从前
檂	ndoengz，丛林
助	coh，催促
出	cit，催
晚	mbanx，村寨
茶	cat，搓
八	bad，搭
跨	gas，搭设
耗	hauq，答
甲	yax，答话
的	dwk，打
国	gyuek，打滚
筭	suenq，打算
得	dwk，打中
龍	lungz，大伯
央	yangx，大刀
吰	rums，大地
充	hung，大
老	laux，大人
个	ga，大腿
代	daih，大
大	daih，代
準	cwnj，代替
比	bij，带
才	sai，带子
淂	dwk，戴
挑	dius，担
丹	danz，弹
蛋	tcaiv，蛋
国	gueg，当
當	daaq，挡
鉠	yangx，刀
到	dauq，倒
落	lak，倒塌
臨	laemx，倒下
到	daeux，到此
滕	daengz，到达
路	loh，道路
蹐	loen，道
粡	haeux，稻谷
粡那	haeux-naz，稻米
礼	ndaex，得到
燈	daeng，灯
踏	tax，等待
爹	deq，等

橙	daqv，凳子
斗	dazhx，低
䧢	hwq，堤岸
點	jagr，滴
怒	naeuq，底
低	ndind，底下
結	giez，地方
墋	ndwnz，地界
谷	guns，地面
地	dih，地
墋	ndwnz，地上
徃	nuengx，弟
大八	daih-bet，第八
大弍	daih-ngih，第二
大九	daih-guj，第九
大六	daih-loek，第六
大七	daih-caet，第七
大三	daih-sam，第三
大十	daih-cib，第十
大四	daih-siq，第四
大五	daih-haj，第五
代一	daih-it，第一
點	demj，点
抵	deemx，垫
殿	denh，殿
堕	dog，掉落
多	dogr，掉下
擺	baic，顶
打	daj，顶替
定	dingh，定
謝	ce，丢
八	bad，丢弃
阵	loengz，丢下
東方	dung-fueng，东方
胡	huj，东西
魯	roux，懂得
魯	lox，懂
諾	njuc，动
同那	doengh-naz，峒田
憧	congh，洞
嗾	dcooqs，洞穴
可	goj，都
丧	sangj，抖动
谨	goemz，毒
樰	ryauj，独脚仓
讀	dog，独
各	gag，独自
讀敇	dog-sw，读书
肚	dungx，肚子
朔	sok，渡口
頭	tuz，端
短	dinj，短
断	duenh，段
達	daet，断
工	gong，堆
髪	faks，对面
淂	dwg，对
頼頼	laic-laic，多多
頼	lai，多
变	mbenq，朵
庋	ndox，躲
漢	hanq，鹅
半	pak，额头
岳	yak，恶毒
幻	iek，饿
恩	aenz，恩情
犾	lug，儿辈
力	lwg，儿
罪	soij，耳环
耳	lwez，耳
双	song，二
生	seng，发
辛	saenz，发抖
當肘	daqx-dcawx，发髻
道	dauh，法事
倒	faanc，翻

别	bes，繁衍
反	fanj，反
到	dauq，反而
到	dauq，返
粡	haeux，饭
半	buenq，贩
崩	buqc，方
艹	lanz，房
房	ruzn，房屋
達	daz，纺
阿	ax，放出
初	coq，放
㳂	tsoengq，放开
謝	ce，放下
淂	dwk，放在
巴	bats，放置
玭	mbin，飞
阿欄	ac-lans，非常
貧	baenz，肥沃
後	hawv，吠
莒	baen，分
登	daengq，吩咐
娘地	nangh-dih，坟地
莒	faenh，份
風	lam，风
鳳貴	fungh-gviq，凤凰
奉	fungh，奉
茂	mbaeux，否
卄	gvan，夫
孖	fag，孵蛋
猓	gogr，孵
得	dwz，扶
代	dais，服侍
斧	kaanc，斧
府	fuj，府
竹博	dcur-bos，父辈
父	boh，父
闪娘	caeuz-nangz，妇女
伏	fuk，复
富貴	fungh-gviq，富贵
眉	miz，富
眉	meiz，富有
榜	bex，覆
品	baenz，该
舍	hoemq，盖
侵	coemj，盖上
泣	daep，肝
甘	gam，赶
干个	gamj-ga，敢卡
孺	rur，感觉
糧	leeqr，干旱
祛	hwq，干涸
秃	ndoh，干净
每	moix，干枯
蘭	lanz，干栏
虛	hwq，干
左貧	caj-baenh，刚才
匡	kaaqc，钢
丧	sang，高
嚶	angq，高兴
噃	naeuz，告诉
歌	goq，哥
瓜	gar，割
其	kenz，隔离
甫	bux，个
滕	daengz，各
各	gag，各自
盖	gaiq，给
谷	goek，根
良	liengz，跟
初	coh，跟随
更	geng，更
宫	goeng，弓箭
宫	goeng，弓
布	baeuq，公
怌淂	vaiz-daeg，公牛

德 daeg，公
工 giengq，拱
究 dcams，共同
八 bad，供
㧱 baiz，供奉
宗 dcooq，供桌
犸 ma，狗
度 doh，够
丞 gyax，孤儿
力 lwg，姑
娘 nangz，姑娘
𦕃 ndux，古代
召梻 ciuh-ndux，古世
要 jaox，谷仓
糏 haeux，谷
角 gok，谷子
竜 luq，股
骨 ndugr，骨
𩨘 ndug，骨头
或 gvet，刮
乖 gvai，乖
肘 dawr，拐杖
㤦 gvaiq，怪
閞 kadr，关
君 gun，官兵
郝 hak，官
吟 gaem，管
了 leux，光
連 lienz，光亮
魂 koenz，鬼魂
房 fangz，鬼
光 gvang，鬼神
弄 loengx，柜子
跪 gvih，跪
国 guek，滚
少 cauq，锅
菓 mak，果
結 giez，过
卦路 gvaq-loh，过路
卦 gvaq，过去
否 mbouh，还不

哩 lix，还
曾 tsaengz，还未
海 haix，海
黎 laez，喊
黎乞 laez-hit，喊叫
甫空 bux-hoeng，汉人
汗 hanh，汗水
漢王 hanq-vuengz，汉王
里 ndajc，好的
買 ma，好吗
槑貧 lumj-baenz，好像
利 ndi，好
号 hauh，号
巾 gwn，喝
達 dap，合拢
的意 dwg-iq，合意
里 ndix，和
送 sueng，河沟
達 das，河里
双 sueng，河
馱 dah，河水
沫 laiq，河滩
佃 hooq，河潭
立 laep，黑暗
點 ndaemz，黑
昿 laep，黑
横 vang，横
奔 buznc，横
罗 loh，烘
家 gyaq，烘篮
禁 gyaemq，红蓝草
闪 nding，红
胡 hoz，喉咙
低回 dix-liq，猴子
敗㖨 baih-laeng，后背
启㨢 ciuh-laeng，后代
㨢 laeng，后面
甫㨢 bux-laeng，后人
黎 laez，呼
黎嚣 laez-heuh，呼喊
黎嚣 laez-heuh，呼叫

嘐　lot，忽然
瓶　bengz，壶
化　vax，糊涂
董　dooq，互相
花　va，花
来　laiz，花纹
挐　gaocd，划
位或　vih-vaek，哗哗
畵　veh，画
晋　coenz，话
号　kaov，话语
間　get，怀孕
攏　rooq，坏
罨　lieg，换
黎　laez，唤
勒　rais，患
茺　fooq，荒芜
扶　fiez，荒
煩　fanz，黄猄
除　cwez，黄牛
虛　henj，黄
入　yob，挥
到　dauq，回
獁闌　ma-lanz，回家
斗　daeuj，回来
培　baez，回
鲁　lox，会
九　guh，魂
混六　konc-log，魂魄
烜斐　daeuh-faez，火灰
𤇰　fiz，火
𪗕　lox，或
魯除　lox-cih，或是
了　deqc，击
鸡　dcajv，鸡卜
鸡　gaeq，鸡
庫　kuh，犄角
利　ndi，吉利
菓　maks，吉祥
使　cih，即
提達　dih-dad，急急

掌　dcaaq，疾病
己十　gij-sup，几十
己　gij，几
貴　giq，记
提　teyz，记住
祭　caeq，祭
𠔻　baiz，祭供
龍　rums，祭品
駝　togr，祭祀
駝　togr，加
布　baeuq，家公
槤　ruenz，家里
捞　laeng，家门
蘭　lanz，家
槤　ruenz，家中
登　daengj，架
嫁　haq，嫁
亡　rim，尖
下　yaq，间
巴　mbav，肩
聾垻　rooqx-mbav，肩膀
急　gip，捡
吞　taenz，见
高　guh，件
賎　cienh，贱
官　giemq，剑
哪　naq，箭
𧗽　yie，江
忙　miengz，疆域
合　hap，讲
論　laemh，讲述
陉　loengz，降临
算　soonc，交代
考　gau，交
慮　lwh，交换
暗　nyamh，嚼喂
谷　gug，角落
牌　baiz，角
吞　din，脚
報　bauq，叫
黎乞　laez-hit，叫喊

器 heuh，叫唤
究 dciuv，轿子
栓 soonc，教导
遵 son，教
塘 dam，接
煞 sad，结束
彼 bix，姐姐
借 dcex，解除
界 gyaiq，界
斤 gaen，斤
你 nix，今
昙你 ngoenz-nix，今日
唫化 dcimc-vac，金花
金 gim，金
谨 gyaenj，紧
后 haeuj，进
書 sey，经书
愿 jen，敬
丟 diam，敬奉
上 kuznc，敬献
九 guj，九
难 nanz，久
娄 laeuj，酒
旧 gaeuq，旧
之 cih，就
到 dauq，就是
孺 juv，居住
養 jaqr，举
若 jos，举起
哊 coen，句话
山 gam，句
换 roenz，锯
呵 koj，聚
攏 rums，聚集
伽 gaz，卡
亥 hai，开
嫁 ax，开裂
愢 haenz，坎
肞 daet，砍
酉 yiuh，看
魯法 lox-faz，看见
養 jaqr，看望
忒 tuzc，扛
堕 dov，靠近
科 koq，科目
過 go，棵
漫 mad，颗
貧 baenz，可以
郝 hag，客人
魋 gaet，啃
空 bawv，空的
耒 ndaic，空
盟 maenj，恐吓
塿 doh，口
百 bak，口
乃 nai，口水
垢 tciuc，枯萎
啼 daej，哭
苦 kamc，苦
柨 mbouh，苦竹
化 vaq，裤子
坎 hamj，跨
孨 faj，块
千千 cedr-cedr，快快
壬 yaemz，快速
掇 soon，快
欄 laaqs，宽阔
光 gvangq，宽
水 gyoi，筐
臨 loem，亏
捉 cug，捆绑
敖 ngaux，拉
麻滕 ma-daengz，来到
猽 ma，来
斗立欄 dawx-le-laan，来速速
蘭 lanz，栏圈
測 gyaek，篮子
痓 yaiz，烂
朗漢 langh-hanq，人名
盖 gai，廊檐
民 maenq，牢固
字 suzc，老虎

妹	meh，老婆
已	geq，老
畐耀	duez-yiuh，老鹰
了	leux，了
岜	gyaj，雷
宜	naet，累
伏	faeg，擂
批	bae，离去
云	vwnx，犁
落	lag，篱笆
擒	lap，礼担
模忟	mak-maenj，李树
内	ndae，里面
落	lot，立即
連	lienz，连
的達	diz-daz，连续
伽	naj，脸
煉	lienh，炼
防甫	faengz-bux，恋人
侵	caemz，凉
倉	tcaaq，粮仓
粮	liengz，粮
二	song，两
亮	ruqs，亮
弄八時	longh-baz-ciz，亮蒙蒙
斗	daeuq，猎
肉	noh，猎物
咧	tiak，裂
梁利	liengz-lih，伶俐
灵牌	lingz-baiz，灵牌
灵位	lingz-vih，灵位
秋	tiuc，灵验
当	dangq，另
謝	ce，留
重	tsoeng，留放
播	box，留下
篟	soq，留宿
啫	sec，留着
耒	lajc，流
六十	loek-cib，六十
龍	lungz，龙
安	nganx，龙眼
龍	nuk，聋
櫳	longz，笼
筅	ruengz，笼子
班	bam，楼
炉	ruh，漏
峩	ngox，芦苇
垻落	bak-los，路口
路	lox，路
乱	luenh，乱
拳	taengz，落到
隆	loengz，落
毒	doek，落下
陸	loeg，绿的
隋	dov，马蜂
馬	max，马
罵	ndah，骂
卜	kamx，埋
買	sazr，买
闬	hai，迈
皆	gai，卖
茫	manz，蛮
臨	lim，满
边	been，蔓延
虎哈	hus-has，忙碌
巴	bah，忙
毛	konc，毛
笆何	yiej-haz，茅草
夘	maeuj，卯
時夘	dcuz-mawx，卯时
麽禄甲	mo-lug-gyap，麽渌甲
咒	caeu，麽
麽	moc，麽诵
茂	mbaeux，没
昙	ngoenz，每日
温	van，每天
晗	haemh，每晚
徃	nuengx，妹
度	du，门口
糏	haeux，米
棰	faiq，棉花

托 dub，苗
領 leen，瞄准
廟 mius，庙
初 coh，名字
黎 laez，鸣
命 mingh，命
听潘 tiqc-panc，磨刀石
盖 gaij，莫
乜郎 mes-laqc，母后
鸡乜 dcajv-mes，母鸡
妹老 meh-laux，母老
妹 meh，母
乜歪 mes-vai，母牛
乜猪 mes-muc，母猪
木 majr，木
提 dwz，拿
提犸 dwz-ma，拿来
提批 dwz-bae，拿去
黎 lawz，哪
恨 haenx，那边
地 deih，那处
結 giez，那
立 laeb，那方
吞 aen，那个
个 go，那棵
官 gonj，那块
他 de，那里
枉 vaaq，那片
貫 gon，那人
莫 mieh，那时
昙 vaenz，那天
督 du，只/头
老 laor，那位
盖 gaiq，那些
谢 cij，奶
兒男 luks-dcai，男儿
谷干把 gogr-gaanx-mbag，男根
男 dcai，男人
光 gvang，男子
难 nanz，难
菓 muiz，楠竹
内 ndae，内
雉 numh，嫩
貧 baenz，能
定国 dingh-guek，泥坑
土 naams，泥土
明 mwngz，你
彩 dcazc，你的
数 su，你们
年倫 bic-luzt，年后
脾 bi，年
相 seeqc，年轻
号 yaux，鲶鱼
麽 moc，念诵
娘 nangz，娘
雀 hog，鸟
夜 iak，牛轭
浪 laaqs，牛栏
懷 vaiz，牛
乱 luanv，弄
灰 koij，奴
行 hengh，弩
温 unv，暖和
炓 laeuj，暖
呆墻 ngaiz-cweng，糯米饭
登 naengj，糯米
兒女 luks-njiq，女儿
娘 nangz，女
牙 jas，女人
媢 mbwk，女子
梹 bin，爬
劳 lau，怕
督 doep，拍
買 maic，排
耒 laih，攀
寡 gvax，盘旋
勒 ragr，判定
望 muengh，盼望
傍 bangx，旁边
沓 dumh，泡
板 banx，陪
盆 buenz，培育

荅 dap，配
牙 ya，蓬乱
憧 cueng，碰见
叺 bag，劈
能 naeng，皮
低 dix，匹
枉 vaaq，片
查夏 caz-yaeuz，漂亮
平安 bingz-an，平安
坡 bo，坡
奷六甲 yah-log-gyap，婆渌甲
奷 yah，婆
奷 yah，婆婆
破 bueq，破
七十 caet-cib，七十
七 caet，七
七月 caet-ngued，七月
乃 naix，妻
牙 jas，妻子
及 cit，栖息
度 duh，齐全
斉 caez，齐
騎 gwih，骑
基 giz，旗
悓 hwnq，起
悓 hwnj，起来
短 duznv，起身
千 cien，千
中 dcuqc，牵
茉 ndiep，牵挂
启貫 ciuh-gonq，前辈
召貫 ciuh-gonq，前代
那 naj，前面
召貫 ciuh-gonq，前世
錢 cenz，钱
賊 caeg，强盗
墻 ciengz，墙
篤 dok，敲
橋 giuz，桥
乃 naix，妾
敗篩 baih-naj，亲家
慎 cin，亲戚
必弟 bis-nooqr，亲族
高 gabr，青蛙
喬 kiuz，青
輕 nazhx，轻
西 sae，清
婳 yux，情人
嚣 heuh，请
宛 vaan，请求
苦 hoj，穷
求 gyaeuz，求
旁 pangj，驱赶
叹 awc，取
要 awc，娶
批 bae，去
拜立欄 bajc-lidr-lans，去速速
何 hog，圈
嗙咧 boq-lec，全部
至 dciv，全
嗙咧 boq-lec，全体
騰 daengz，全
咘 mboh，泉
吒 hauq，劝说
子 cih，却
哉 dcaic，群
鋨 lap，燃烧
解 gyaij，禳除
兵 bin，禳解
許 haej，让
落 lak，绕
烮 ndad，热
箴 fwex，人家
倶貫 lugs-gon，人类
㝯 hunz，人
忍 yinx，忍
閨 yinh，认
美 maeh，任由
昙 ngoenz，日
暖 qais，容易
个龍 go-lungz，榕树
肉 noh，肉

䏚	ndangz，肉体
告你	gauh-nix，如此
考	gauh，如
入	haeuj，入
温	unq，软
弱	ngweg，畐泥
造	caux，若
淂	dwk，撒
調	diaqx，塞
三百	sam-bak，三百
京	giengz，三脚灶
三十而	saamc-sib-qis，三十二
三十	sam-cib，三十
三	sam，三
散	sanq，散
个	gaj，杀
个	ga，纱
篩	tcaqc，筛子
様	jaaqx，晒
栈	canz，晒台
絶	geuq，山坳
来	laj，山顶
纷	fien，山歌
渌	lueg，山谷
檂	ndoeng，山林
对	ndoiq，山岭
怕	baq，山
些羊	ceh-gyai，山寨
掓	saaqc，伤
㤇	hwnj，上
忐	gwnz，上方
恨犸	hwnj-ma，上来
耿門	guzn-mbuznc，上天
出	cwt，烧
茉	gyai，梢
雷	noix，少
領	linx，舌头
厄	ngwez，蛇
社	cex，社神
提	dwk，射
定	deng，射中
揚	yaengx，伸
䑜	ndang，身
江	gyaengz，呻吟
勒	laeg，深的
欄	laanv，深潭
秋	tciuc，深渊
勒	ndaek，深重
皆麻	gaiq-maz，什么
広佛	moq-baed，神界
床能	congz-naengh，神龛
配	bae，神
吓	yah，神婆
流	liuz，婶娘
肯	kuznx，升
貧病	baenz-bingh，生病
六出	lok-ok，生产
生	seng，生
䖸	ndwp，生
生	seng，生养
聲	sing，声音
牲	sing，牲
性頭	sing-daeuz，牲头
捻	cag，绳
崴	swiq，绳套
提	daek，盛
習	sajc，师傅
匿	ndaek，湿
十二	cib-ngih，十二
十	cib，十
十四	cib-siq，十四
十五	cib-haj，十五
十一	cib-it，十一
岜	gya，石山
吝	lin，石头
莫	mieh，时候
時	seiz，时节
時	cwz，时
路暮	lueq-mu，食槽猪
許	hoyj，使之
世	dcuz，世代
召	ciuh，世

貧 baenz，似
謹 gyaenx，事
盖 gaiq，事情
子 cih，是
収 caeu，收
見 gen，手臂
奉 fwngz，手
昆 goenh，手镯
断 donj，守
寿 saeuh，受
事 sw，书
奥 au，叔叔
武 fwez，梳篦
于 vic，梳
雷头 loi-gyaeuj，梳头
雷 loi，梳子
蔬 soq，疏理
刘 luh，赎
捉 cug，熟
祿 rog，束
欄 lams，述说
哥木 gogr-majr，树根
迷 maex，树
菲樧 byai-maex，树梢
之 giq，树枝
立 laeb，竖
悶陌 mwnj-bak，漱口
破 pugr，拴
双定 sooqc-dinc，双脚
双 sooqc，双
派 paiz，水坝
粣淰 kaeuj-naemx，水稻
登 dwngj，水口
淋 laemx，水
懐 vaiz，水牛
匿 nag，水獭
旺 vaengz，水潭
那 naz，水田
眠 ninz，睡
里 ndajc，顺利
吜 naeuz，说
嚕吒 naeuz-hauq，说话
迷 maeh，思念
台 dai，死
殆批 dai-bae，死去
四巳 siq-cih，四方
四十 siq-cib，四十
四 siq，四
得 dwk，送
譚 damz，诉
如奥 ih-aux，速速
何 ho，蒜
散 sanq，算
里 laeh，随
卑 bi，岁
孫 lan，孙
斗 daeuq，梭子
咧 le，所有
浸茶 caem-ca，索性
英炁 yieng-hiq，唢呐
他 de，他
武 huq，他们
但 danh，他人
他 de，它
他 de，她
踏 dieb，踏
若 joc，抬
平 piqc，太平
江昙 gyang-ngoenz，太阳
来 laiq，滩
个 gaq，坛
諭 lwnh，谈论
孖 vaengz，潭
當 dangz，堂屋
塘 daemz，塘
灵 lingx，躺
条 deuz，逃
扺 nei，逃走
樧桃 maex-dauz，桃树
茉 ndieb，疼爱
痞 get，疼痛
紋 laet，剔

黎 lae，梯子
吞 diem，提
忻 haen，啼
肉 noh，体
胠 laep，天黑
庅厷 moq-fax，天界
們 mbuznc，天空
昙 ngoenz，天
们 mbwn，天上
傍 bwengz，天下
洞 doengh，田峒
那 naz，田
萬 vaanc，甜
美 lap，挑
淋 laemx，挑水
畐 duez，条
黎 laez，调
吊 diuq，跳
鉄 legr，铁
蘇 so，铁锹
埧當 bak-daaqv，厅堂
耓 yie，听从
楽爺 lox-nyie，听到
魯 lox，听
哩爺 ndi-nyie，听见
仃 dingz，停
苧 daengx，停止
通 doeng，通
尋 caemh，同
两 leeq，铜铃
竜 luengz，铜
銭 cenz，铜钱
沙 saq，捅
朴 mbueg，筒
膑 in，痛
头 gyaeuj，头部
高苿 kawc-deq，头顶
今 gyoem，头发
王 vuengz，头人
都 doz，投宿
侵杀 caemh-ca，突然
土地 doj-dih，土地
使 saeq，土官
土 naams，土
使 saeq，土司
厄 ngog，推
黑 nab，推算
个 ga，腿
退 doiq，退
高 gaos，拖
跎 tot，脱下
怺 some，庹
控 kudr，挖
襪 mats，袜子
大 da，外公
狼捞 nangh-laeng，外家
楽 log，外面
北 baengh，外
泰 daiq，外婆
郭 goz，弯的
了 leux，完
沉 caemz，玩耍
保 baw，晚餐
受 caeuz，晚饭
晗 haemh，晚
萬 vaanv，碗
反 fanh，万
皇 vuengz，王
吡 mbaek，网
到捞 dauq-laeng，往后
啫 muzs，往
肯 kwnj，往上
多竜 do-loq，往下
望 muengh，望
朗 laaqc，望见
皆麻 gaiq-maz，为何
位 vi，为
街 hazhc，圩场
何 hoomr，围
良 lieng，尾巴
湯 tangz，尾
否 mbouh，未

普 pouj，位
聳 soq，位子
官 guenq，喂
文 maenz，文
文銭 maenz-cenz，文钱
事 sw，文书
棐 liep，蚊帐
八 bet，稳
懴 cam，问
玉 roic，窝
故 gu，我
娄 laeuz，我们
渌 lug，卧房
啚鸦 duez-a，乌鸦
牙 jas，巫婆
蘭 lanz，屋
亗 gyax，无
檤朔 maex-sog，无花果树
仁 yinz，无事
放 mbaaqv，鼯鼠
五 haj，五
令 lingz，午餐
呆 ngaiz，午饭
霧巴六 mok-baz-luz，雾蒙蒙
霧 mok，雾
里 lij，溪水
叩 kawv，膝盖
筷 fug，席子
兽 lu，媳妇
崴 swiq，洗
浿 saeg，洗衣
公 gungq，虾公
义 nyauh，虾
廖 leux，狭长
罡 gangz，下巴
拉 lax，下边
隆 loengz，下
丕 laj，下方
跪 gveih，下跪
氐 doyj，下界
丕 laj，下面

雨下 panc-loq，下雨
庅仙 moq-sien，仙界
生 sinc，仙
仙娘 sien-nangz，仙女
営 gonq，先
糈秥 haeux-ciem，籼谷
巨 geyx，现在
憧 cueng，相逢
同甲 doengz-gap，相会
同杀 doengz-cat，相交
同文 doengz-faenz，相砍
殺 kax，相杀
通 doeng，相通
执 coep，相遇
香 ciqc，香火
炉香 loz-hieng，香炉
香 hom，香
其 giz，想
迷 maeh，想念
到捞 dauq-laeng，向后
罧 lumj，像
退 doiq，消退
小 eeqc，小儿
貌 mbaeuq，小伙子
内 noih，小
笑 liu，笑
骸 haiz，鞋子
心 saem，心
苦 hoj，辛苦
鲜 moyq，新
信 sinq，信物
聖告 cinc-gaov，星高
烈 ndwed，兴旺
非 fae，姓
花化 vae-va，姓氏
莮 yak，凶恶
勇 mungh，凶兆
必弟 bis-nooqr，兄弟
妣 bix，兄
昧 mwi，熊
血乃 iet-naiq，休息

将 dcaaqc，修整
罪 coih，修正
戌 paet，戌
論 lwnh，叙说
伴破 panv-pok，旋转
列 leh，选
烈 lwed，血
巡 swnz，巡
巡 cinz，巡游
畢 bit，鸭子
文 faenz，牙
衙 nyaz，衙门
唅 vamz，言词
感 gamj，岩洞
模瞻 mak-da，眼睛
大 da，眼
邦 bang，殃怪
庯 juzq，羊
旦 ndet，阳光
腸间 yangz-genh，阳间
養 cwengx，养
盖 gaiq，样
養 ywengh，样子
絏 faed，腰带
乞 hwet，腰
得 duzgr，邀请
匡 tcawv，摇
哈 haeb，咬
歐 aeu，要
朗入 laaq-jus，鹞鹰
可 goj，也
憧 doengh，野兽
頼 laih，野猪
葉 mbazhc，叶
非 mbae，叶子
含 haemh，夜晚
意 ih，腋下
亭了 dingz-ndeu，一半
尋 caemh，一起
了 ndeu，一
臘 laq，一阵
祢 bieh，衣服
依 i，依
向旧 yiengh-gaeuq，依旧
提 dwz，依照
巴林 baz-linz，咿呀
太 tajv，移植
来 laic，遗漏
斗 yah，以为
隂 yaem，阴间
艮 ngaenz，银
馱 daz，引
領 ndidr，饮
孙闲 lwg-nding，婴儿
迭 dev，迎
侣 leiq，永远
要 awc，用
五 haj，油
劳 liuh，游荡
押 ab，游
劳 liuh，游走
眉 miz，有
酉 yux，酉
到 dauq，又
寡 gvaz，右边
祢子 bug-cij，柚子
造 tsoux，于是
魚 nywez，鱼
網 muengx，鱼网
利 lih，畲地
嚌 ndix，与
雨 panc，雨
占 dcamc，遇到
冲 cueng，遇
逢 bungz，遇见
算 suen，园子
同的 doengz-deih，原地
门 mwnz，圆
斗 dawx，源头
了 ndeuq，远处
郎 laqc，远方
廖 ndeuq，远

愿 ienq，怨
出 cux，愿
胳 ndwen，月
括 gas，越
罳 fiej，云
熬 sat，孕
凢 fanz，孕育
災难 cai-nanh，灾难
栽 ndamc，栽
孙 lwg，仔
重 cungz，再次
到 dauq，再
初 coq，在
猛 mong，脏
垄 tsangq，葬
賴 raix，糟糕
呆 ngaiz，早饭
乞 haet，早上
強 giengz，灶
造 caux，造
吕 lieg，择
贼 caeg，贼
呵勒 hog-razh，怎么
呵勒 hogr-razh，怎样
及 gyaeb，扎
時入 cih-caep，喳喳
当 dangq，栅栏
憂 iuc，摘
傷 sieng，寨
邦 gyok，寨子
轉 dcuanc，辗转
達 dwk，占卜
哈 hamj，占
胳 ndwn，站
引 ryinz，站立
槾 nungh，张
立領 lir-linr，张开
肩 mbenh，张
亞 dcaaqc，张罗
个考 go-gauj，樟树
媽 maj，长成
屋 ok，长出
老 laux，长大
恨 hwnj，长
难 nanz，长久
老 laux，长老
周 dcawc，长寿
黎 laez，长
今 gaem，掌管
丹 gvan，丈夫
紫 si，找
邪 yaz，遮盖
屡 gumr，遮护
哩 le，这才
你 nix，这
奥 au，这个
△布 pouj，这位
个 gaiq，这些
哩 le，这样
正 cingq，真
提 dwk，斟
随 swiz，枕头
芓 naengj，蒸的
甑 naqx，蒸
器 kyaez，蒸笼
婳 ndux，整
當 daq，整个
敬 ging，正
正 tswngq，正好
胙正 ndien-cieng，正月
信 saenj，支
晋 guenj，只管
畐 duez，只
利会 liz-lingh，吱喳
時足 cih-cuk，吱吱
已 giq，枝
魯那 lox-naj，知道
録 rux，知
魯那 rux-naj，知晓
塘 daemj，织
直 soh，直接
那 nax，直

沙 sa，纸
为馬 cenz-max，纸钱
寒 haanv，指定
吜 naeuz，指
甘 gaemh，指使
度 doq，制
乞 haet，制作
晉 goonx，治理
江 gyang，中间
分 faen，种子
覔頼 hunz-lai，众人
頼 laic，众
重 nagr，重
州 cu，州府
合 hop，周
故 kup，周期
个 go，株
狃 mu，猪
嘀喔 gau-saux，竹竿
告 gau，竹篙
領 linx，竹枧
朗 raq，竹笼
洒 sa，竹箩
作 sos，竹排
掌 naaq，竹笋
伏 fag，竹榻
帮咧 mbaqx-le，竹筒
煞 sat，竹席
弄梐 long-faiz，竹叶
守袮 tsaeuj-ruenz，主家
主 cwj，主
楚 suj，主人
守袮 suj-bieh，主衣
弄 lung，煮
登 daengq，嘱咐
纫 yuh，住
敵 dis，住所
纫 ryouh，驻留
玌 saeu，柱子
刕 lov，铸
陳 caenx，抓
或 vag，转
德 dwk，装
透 tawv，追猎
來 lajs，追逐
及 gaeb，捉
莊 dcooq，桌
重 tsongz，桌子
尞 leuh，啄
子 tseij，子
至 dciv，紫色
各 gag，自
旧 gaeuq，自己
真艡 cin-ndang，自身
跦 kaz，宗支
个 ga，宗族
総 cungj，总
來 laih，走
度 duh，足够
祖 tsoj，祖辈
布 bouq，祖父
布 bouq，祖公
亞 jas，祖婆
祖王 coj-vuengz，祖王
祖宗 coj-coeng，祖宗
比 bak，嘴巴
提 dwz，遵照
杉 swix，左边
座 naengh，坐
板 ban，做成
國 gueg，做
麼 moc，做麽

第二，24号《麽王曹科》与25号《吆王曹吆塘》进行比较，两者抄本词量共1532个；抄本24号独有的词共571个，占该类抄本内容词量的37.3%。抄本25号独有的词共1396，占该类抄本内容词量的91%；其中两者共有词达437个，占词量28.5%。

表 6-27

至	ciq，安置	刘憐	luh-lit，匆匆
安	an，鞍	出	cit，催
朴	mboek，岸	晚	mbanx，村寨
岩	ngamz，坳	耗	hauq，答
八	bet，八	限	han，答应
荅	daz，拔	的	dwk，打
冇	ndwi，白白	个	ga，大腿
百	bak，百	代王曹	daih-vuengz-cauz，大王曹
延	dingz，半	代	daih，大
捉	cug，绑	大	daih，代
報	bauq，报	凖	cwnj，代替
方東	fiengh-doeng，东方	比	bij，带
的	dwg，被	瞻	mbi，胆
被	bij，比照	丹	danz，弹
寒	hanz，扁担	臨	laemx，倒下
边貧	bienq-baenz，变成	滕	daengz，到
边	bienq，变	乱	lonh，道理
収	saeuh，遍	里	ndaex，得
叩	wnh，别的	票	beu，得罪
盖	gaij，别	結	giez，地方
勿	fwex，别人	大弍	daih-ngih，第二
兵	bing，兵	大三	daih-sam，第三
茂	mbaeux，不	代一	daih-it，第一
茂其	mbaeux-giz，不料	點	demj，点
布渌途	baeuq-lug-doz，布洛陀	謝	ce，丢
憑	baengz，布	急	gyoep，斗笠
造	caux，才	洞	dungx，肚子
芤	gyaek，菜	朔	sok，渡口
何	haz，草	達	daet，断
民	mbinx，草席	頼	lai，多
茶	caz，茶	漢	hanq，鹅
畢	bid，蝉	力	lwg，儿
貧	baenz，成	耳	lwez，耳
巾	gwn，吃	双	song，二
出	og，出	反	fanj，反
押	gab，穿	倒	dauq，返回
們	mbonh，床	粰合	haeux-hab，饭盒
告	caux，创造	粰	haeux，饭
破	boq，吹	達	daz，纺
八	mbad，次	初	coq，放

茛 baen，分
狼地 nangh-dih，坟山
茛 faenh，份
風流 fung-laeuz，风流
父 boh，父
伏 fuk，复
富貴 fungh-gviq，富贵
泣 daep，肝
甘 gam，赶
盖 gaiq，给
谷 goek，根
哩 ndix，跟
初 coh，跟随
宫 goeng，弓
猽 ma，狗
娘 nangz，姑娘
郝 hak，官
房 fangz，鬼
少 cauq，锅
結 giez，过
哩 lix，还
海 haij，海
黎 laez，喊
利 ndi，好
号 hauh，号
被 bij，禾笛
里 ndix，和
送 sueng，河沟
晆 laep，黑
家 gyaq，烘篮
闪 nding，红
合 hoz，喉
揆 laeng，后面
莆揆 bux-laeng，后人
召 ciuh-laeng，后世
昙 ngoenz-lwz，后天
黎 laez，呼
谷 guk，虎
花 va，花
茉 laiz，花
晋 coenz，话
間 get，怀孕
黎 laez，唤
除 cwez，黄牛
虚 henj，黄
到 dauq，回
獁 ma，回来
鲁 lox，会
九 guh，魂
微 fiz，火
魯 lox，或
鸡 gaeq，鸡
蘭 lanz，家
嫁 haq，嫁
忻 haen，见
官 giemq，剑
譴 gyaed，渐渐
哪 naq，箭
耗的坛 hauq-dih-danz，讲喋喋
合 hap，讲
考 gau，交
暗 nyamh，嚼喂
牌 baiz，角
吞 din，脚
報 bauq，叫
塘 dam，接
巾 gaen，巾
你 nix，今天
金 gim，金
后 haeuj，进
經 ging，京城
九 guj，九
九月 guj-ngued，九月
难 nanz，久
之 cih，就
哪 nax，舅
哰 coen，句话
軍 ginh，军
光 gvang，君
亥 hai，开
酉 yiuh，看
魯法 lox-faz，看见

過	go，棵
床	congh，孔
塽	doh，口
百	bak，口
啼	daej，哭
化	vaq，裤
外寛	vaih-vuet，快乐
流	liuz，快跑
羅	lax，框架
爲	viq，亏待
猽	ma，来
蘭	lanz，栏圈
得	daek，捞
芘	mbaek，捞网
蘭牢	lanz-lauz，牢房
蘭獄	lanz-yug，牢狱
勒	laeg，勒
落	lag，篱笆
㑚	naj，脸
提	dwk，练
二	song，两
斗	daeuq，猎
肉	noh，猎物
灵啤	lingz-baiz，灵牌
謝	ce，留
龍	lungz，龙
路	lox，路
隆	loengz，落
馬	max，马
罵	ndah，骂
皆	gai，卖
蠻	manz，蛮贼
臨	lim，满
荷	haz，茅草
凡	famh，冒犯
麽禄甲	mo-lug-gyap，麽渌甲
茂	mbaeux，没
桎	faiq，棉花
㑚	naj，面
黎	laez，鸣
命	mingh，命
盖	gaij，莫
妹	meh，母
提	dwz，拿
黎	lawz，哪
結	giez，那
呑	aen，那个
盖	gaiq，那些
畐	duez，那只
光	gvang，男子
明	mwngz，你
娘	nangz，娘
力媥	lwg-mbwk，女儿
娘	nangz，女
媥	mbwk，女子
礀	lanx，磐石
禹	ngwz，盼
盆	bwnz，盆
度	doh，批
被	biq，铺
七	caet，七
七月	caet-ngued，七月
乃	naix，妻
騎	gwih，骑
基	giz，旗
悭	hwnq，起
召貫	ciuh-gonq，前世
錢	cenz，钱
僑	giuz，桥
乃	naix，妾
頔	dwngh，琴
婳	yux，情人
嚣	heuh，请
批	bae，去
晃	gvaengh，圈套
騰	daengz，全
咘	mboh，泉
子	cih，却
㝯	hunz，人
昙	ngoenz，日
肉	noh，肉
考	gauh，如

入　haeuj，入
弱　ngweg，畐泥
造　caux，若
三盖　sam-gaiq，三界
三　sam，三
三萬　sam-fanh，三万
三王　sam-vuengz，三王
散　sanq，散
个　gaj，杀
絶　geuq，山坳
渌　lueg，山谷
岩　ngamz，山口
檂　ndoeng，山林
怕　baq，山
想　swengj，赏赐
恳　hwnj，上
忐　gwnz，上方
領　linx，舌头
提　dwk，射
定　deng，射中
艡　ndang，身
㔊　laeg，深
皆麻　gaiq-maz，什么
床能　congz-naengh，神龛
橙同　daengq-doengz，神台
流　liuz，婶娘
貧　baenz，生成
生　seng，生
聲　sing，声音
崴　swiq，绳套
時　cwz，时
召　ciuh，世
盖　gaiq，事情
子　cih，是
収　caeu，收
見　gen，手臂
奉　fwngz，手
昆　goenh，手镯
断　donj，守
事　sw，书
刘　luh，赎
迷　maex，树
閟咟　mwnj-bak，漱口
双　sueng，水沟
淋　laemx，水
懐　vaiz，水牛
那　naz，水田
眠　ninz，睡
吀　naeuz，说
台　dai，死
四盖　siq-gaiq，四界
四　siq，四
四王　siq-vuengz，四王
得　dwk，送
他　de，他
他　de，它
江昙　gyang-ngoenz，太阳
个　gaq，坛
塘　daemz，塘
灵　lingx，躺
条　deuz，逃
忻　haen，啼
侣　lwh，替
昙　ngoenz，天
傍　bwengz，天下
骨　goet，天性
洞　doengh，田峒
那　naz，田
畐　duez，条
楽爺　lox-nyie，听到
魯　lox，听
通　doeng，通
尋　caemh，同
銭　cenz，铜钱
膡　in，痛
头　gyaeuj，头
侵杀　caemh-ca，突然
使　saeq，土官
退　doiq，退
大　da，外公
狼掳　nangh-laeng，外家
了　leux，完

夻	haemh，晚上
王曹	vuengz-cauz，王曹
皇	vuengz，王
皆麻	gaiq-maz，为何
难	nanh，为难
官	guenq，喂
夻的坛	haemq-dih-danz，问喋喋
㦬	cam，问
㦬提坛	cam-dih-dad，问滔滔
故	gu，我
娄	laeuz，我们
家	gyaq，屋架
蘭	lanz，屋
烎	gyax，无
五	haj，五
五萬	haj-fanh，五万
呆	ngaiz，午饭
方西	fiengh-sae，西方
耳	lw，习惯
嵗	swiq，洗
义	nyauh，虾
隆	loengz，下
忑	laj，下方
其	giz，想
槑	lumj，像
行	hengh，小腿
内	noih，小
暮	moq，新
烈	ndwed，兴旺
非	fae，姓
㫻	mungh，凶兆
烈	lwed，血
畢	bit，鸭子
畓	dumh，淹没
感	gamj，岩洞
養	cwengx，养
歐	aeu，要
可	goj，也
追	gyaz，野芋
夻	haemh，夜
了	ndeu，一

限	han，应
限的坛	han-dih-dad，应滔滔
虛	hiq，忧
眉	miz，有
到	dauq，又
魚	nywez，鱼
嘀	ndix，与
算	suen，园子
直	gyae，远
胳	ndwen，月
初	coq，在
㦬	cam，簪
呆	ngaiz，早饭
乞	haet，早上
造	caux，造
及	gyaeb，扎
肩	mbenh，张
老	laux，长大
老	laux，长老
丹	gvan，丈夫
咗	cuenz，招
紫	si，找
你	nix，这
正	cingq，真
婚	ndux，整
敬	ging，正
畐	duez，只
屋	og，织出
塘	daemj，织
沙	sa，纸
度	doq，制
江	gyang，中间
㝂頼	hunz-lai，众人
州	cu，州府
合	hop，周岁
嗃喔	gau-saux，竹竿
伏	fag，竹榻
煞	sat，竹席
楚	suj，主人
幼	yuh，住
陳	caenx，抓

或	vag，转
德	dwk，装
急	gyaep，追
乃	gaeb，捉
各	gag，自
旧	gaeuq，自己
來	laih，走
祖宗	coj-coeng，祖宗
咟	bak，嘴
得	dwz，遵循
國	gueg，做

第三，26《麽荷泰》、27《正一刘事巫書解五楼川送鸦到共集》、28《麽破塘》三个抄本组合，共有词量3063个，其中三个抄本都有的词共197个，占该类内容词量的6.4%。

表6-28

好	kaoc，白
百	bak，百
把	ba，背
板	ban，变成
咀	dans，别人
嘐	tcajx，病
不	mbov，不
不六多	buv-log-do，布洛陀
竹	dcur，才
打	dub，缠
本	baenz，成
唅	dcinc，吃
兵	bigr，翅膀
馬	ma，出
重	dcor，床
占	mbat，次
者	dcuz，从前
逹	dap，搭
宏	huqc，大
耒	rais，倒
巻	taengz，到
口卦	kawx-gak，稻谷
得	ndajx，得
迭	dis，地方
地	ndinc，地
儂	nooqr，弟
待二	dais-qis，第二
待三	dais-saamc，第三
待四	dais-siv，第四
待五	dais-hax，第五
待一	dais-adr，第一
抵	deemx，垫
肚	dooqr，肚子
來	laic，多
鵝	haanv，鹅
兒	luks，儿
三	saamc，二
到	daos，返回
泠	ruzn，房子
阿	ax，放出
多	dor，放
博	bos，父
高	suqc，高处
安	anc，个
嚇	hazhx，给
德	daeg，公
灶	saoc，姑娘
批	pic，鬼
卦	gav，过
括	gas，还
哩	ndajc，好
逹	das，河
領	ndeqc，红
郎	laqc，后
花	ndok，花
斗	daeuj，回来
尔	rur，会
六	log，魂

鸡 gaeq，鸡
要 jaox，家
呑 taenz，见
説 lams，讲
闵 gak，角落
拷 kawc，角
哥 gogr，脚
借 dcex，解除
九 gawx，九
酒 lawx，酒
咧 le，就
開 ax，开
埧 bak，口
斗 dawx，来到
馬 ma，来
借 dcev，老
敵 ndic，里面
那 nax，脸
双 sooqc，两
流 sec，留
鹅 qor，芦苇
落 los，路
馬 mar，马
麽路甲 moc-los-gap，麽渌甲
播米 mbov-mi，没有
门 duc，门
六 log，命
乜 mes，母
又 awc，拿
勒 razh，哪
攏 bais，那
括 gas，那个
老 laor，那位
盖 booq，那些
赧 mbaov，男
赧 mbaov，男子
買 mazh，你
劳 laoc，怕
蔡 tcaaqx，旁边
望 vaaqv，平安
七 dcedr，七
牙 jas，妻子
納 nax，前面
請 tciqx，请
要 awc，娶
拜 bajc，去
榜咧 boq-lec，全部
波 mbov，泉
保 pux，人
宛 van，日子
肉 bajc，肉
口 kawx，入
三十 saamc-sib，三十
三 sam，三
開 kax，杀
箐 ndoqc，山林
播 mbov，山
波 boc，山坡
措 kuznx，上
耿 guzn，上方
湯 ndaaqc，身
拏 va，深
括朗 gaqc-laqc，什么
生 suznc，生
十二 sib-qis，十二
听 ndinc，石头
時辰 dcuz-sic，时辰
瘤 ndiuc，似
則 dcazhs，是
水 namr，水
歪 vai，水牛
那 na，水田
睡 noon，睡
五 har，说
太 taic，死
四 siv，四
的 dir，他
若 joc，抬
街 kuzc，塘
天 far，天
董 doqs，田峒
免 tuc，头

老	naov，完	斗	daos，又
了	leur，完全	地	rajs，畲地
兵	huq，王	月	nduznc，月
傀	koix，我	括	gas，越
央花	jair-vac，我们	茹	juv，在
朗阿	laaq-ac，乌鸦	交	dcaos，造
攏	loq，下	馬勞	max-laox，长大
腊	lav，下方	差	tcac，找
退	dcaj，消退	宜	najs，这
咧	ner，小	當	daq，整个
鮮	moyq，新	低	di，只
必	bis，兄	卦	ndev，知道
說	har，叙说	那	nax，直
血	luzts，血	錢子	cenz-cij，纸钱
盐	guzc，盐	押	dces，中间
庸	juzq，羊	摸	muc，猪
要	awc，要	孺	juv，住
朗入	laaq-jus，鹞鹰	破	pok，转
愿	eqv，也	告	gawv，自己
究	dcams，一起	丁	dinc，走
三	saamc，一	祖兵	suv-huq，祖王
子	suzx，衣服	巴	bak，嘴巴
銀	qan，银	呵	hogr，做
米	mi，有		

6.4.2.5 赎魂经类

讲述稻谷种的来历以及赎稻谷魂的过程，通过赎魂祈求五谷丰登，时代平安，共包含（11）《雜麽一共卷一科》、（12）《本麽叭》、（14）《闹涽懷一科》、（15）《麽叹魂糗一科》、（16）《贖魂糥呟》5个抄本，共有词量2721个，但15号抄本的词量最少，才393个，与其他抄本不具备可比性，因此将15号抄本另行比较。除15号抄本外，其他4个抄本共有词量2637个，4个抄本都有的词有100个，占该类抄本内容词量的3.8%。

表6-29

△	△，△	造	caux，才
特	dwk，安置	得	doek，插
比	bij，比照	貧	baenz，成
不	mbaeux，不	吽	gwn，吃
布渌途	baeuq-lug-doz，布洛陀	执	caep，筹备

造 caux，创造
茶 caz，大
召 ciuh，代
滕 daengz，到
糏 haeux，稻谷
礼 ndaex，得
地 dih，地
肚 dungx，肚子
二 ngih，二
得 dwk，放
許 haej，给
卦 gvaq，过
楞 laeng，后
咵 coenz，句话
罵 ma，回
麻 daeuj，回来
鲁 lox，会
古 guq，魂
蘭 lanz，家
講義仰 gangj-yih-yangz，讲喋喋
合 hap，讲
定 din，脚
歌 go，叫
你 nix，今天
後 haeuj，进
九 guj，九
千 cih，就
咵 coenz，句话
吟 yaemq，看
卜 bog，捆
斗 daeuj，来
个 ga，路
麽渌甲 mo-lug-gyap，麽渌甲
馬 ma，命
毆 aeu，拿
黎 laez，哪
难 nanh，难
同 doengz，齐
罶 naj，前
批 bae，去
甫 bux，人
告你 gauh-nix，如此
三盖 sam-gaiq，三界
三 sam，三
三王 sam-vuengz，三王
渌 lueg，山谷
仰黎 yiengh-laez，什么
旺 gueg，做
十 cib，十
全 cuenz，赎
嚠 naeuz，说
四盖 siq-gaiq，四界
四 siq，四
四王 siq-vuengz，四王
逊 deuz，逃
天 dien，天
峝 doengh，田峒
那 naz，田
勿 fwd，突然
到 dauq，完
皇 vuengz，王
北 bae，往
嗲 cam，问
灰 hoiq，我
个兠 gaiq-du，我们
五 haj，五
丕 laj，下方
退 doiq，消退
非 fae，姓
罪 coih，修正
鴨 bit，鸭子
毆 aeu，要
可 goj，也
炁 hiq，忧
眉 miz，有
魚 gya，鱼
遠 gyae，远
欲 uq，在
吃 haet，早上
造 caux，造
貧 baenz，长大
逻 la，找
你 nix，这
齣 duez，只

江　gyang，中间
蒨　gaeuq，自己
布　baeuq，祖公
旺　gueg，做

第一，4 个抄本中，抄本 11《雜麽一共卷一科》独有的词共 292 个，占该类内容抄本词量的 11.7%。

表 6-30

安　onx，安稳
朴　mboek，岸
榜八文　lauq-bet-faenz，八齿耙
防　fiengx，半边
執　caep，备好
木　moeg，被窝
夲　buenj，本
慢　manq，别忙
洁　get，病痛
退　doiq，病消
配　bwi，剥离
甫卦　boek-gvaq，卜卦
合　hab，卜算
甫金　bux-gimq，布巫
甫陽　bux-yangz，布觋
財　caiz，财
錢　sien，菜园
弗　fwx，餐
曹　cauz，槽厩
慕　moh，草盛
缴　gveuj，缠
逢彼　bongz-bih，菖蒲
栦　ndux，初
初三　co-sam，初三
栦　ndux，初始
初四　co-siq，初四
通　doeng，触动
書　ciq，传
流　liuz，传说
地鉄　dih-det，匆匆
盂　mbong，丛林
茶　caz，丛
个危　gaz-ngwz，粗粗
叩様　gaeu-yueng，粗藤
得　dwk，打得
垟　cinj，代替
扴　gaz，带枷
渌六　loeg-luek，戴帽鸟
淋達来　laemx-daz-laiz，倒直直
恳　hwnj，登
痕　haenz，堤
當命　dang-mingh，抵命
殿　denh，殿
淋達柰　laemx-daz-nai，跌绵绵
淋　laemx，跌
等　daengq，叮嘱
吞　aen，顶
界　gyai，顶
東曆　doengh-lig，东历
埇　congh，洞穴
个　go，兜
裙　gunz，短裙
昆　goenq，断根
椁　dwnx，墩
断　donq，顿
聏　liez，耳朵
二十六　ngih-cib-loek，二十六
生　seng，发烧
返　fonj，翻身
後　haeuj，犯
得　dwk，放给
攏　loengz，放下
礼　ndaex，分得
逢　bungz，逢
光　gvang，夫
作　yoek，扶
林　laemh，复
廖救　liu-gyaeuj，竿头

告 gauq，告
割宫 gat-goeng，割魂
現 hen，隔开
黎 laeq，耕
呁 hingh，更好
得 daeg，公狗
竜 lieng，谷穗
骨 ndok，骨头
朝 cauz，寡
鸡岜 gaeq-gya，黑白花鸡
美 maeq，红光
捞 laeng，后辈
斗 daeu，花轿
細 si，患
撵 vad，挥动
到麻 dauq-ma，回归
斗蘭 daeuj-lanz，回家
犸位物 ma-vih-vwd，回快快
會 hoiz，回
李 lix，活
濃 loengq，活套
或 vak，或
或魯 vak-lox，或者
利 ndi，吉
地得 dih-daet，急急
知 gyaej，疾病
秀 giq，记录
寄 gih，忌妒
姓 sing，祭牲
荅 dap，加
枷 gaz，枷锁
蘭 lanz，家门
提 dwz，夹
鳰陌类 loeg-bak-soem，尖嘴巴鸟
達 daet，剪断
達作 daet-cag，剪绳
吉 gyaed，渐
告 gau，交给
粡 muj，嚼
葉 ndiep，觉
轎 giuh，轿抬
界 gaij，解除
斤 gaen，斤
厚 haeuj，进来
敬 ging，惊动
任 yaemh，纠
把甲 bah-gaeb，咔嚓
把魯 bah-loh，咔啦
提 daez，看守
貧 baenz，可以
吟只洁 gaet-gyih-gyaet，啃吱吱
猪茶來 gyuq-caz-laiz，空浪浪
憧 congh，孔
个 ga，块
捉 cug，捆绑
斗的得 daeuj-dih-det，来急急
亦 gyaeg，捞
蘭劳 lanz-lauz，牢房
牢 lauz，牢
康扳林 angq-baz-linz，乐融融
柰 naiq，累
零 lengz，力气
煉 lienh，链
屺 get，烈
持 dwk，猎得
斗 daeuq，猎
凢 fanz，羚
舍 ce，留下
班 banh，流浪
六畓 loeg-dumh，六墟
六月 loeg-ngued，六月
遠 yienj，朧
衍 hangh，垄
京 ging，炉
氵卜 mboek，陆地
滕 daengz，轮到
細 si，麻烦
个 gai，买卖
蛮 manz，蛮人
犯 famh，冒犯
杳 iux，米仓
名初 mingz-coh，名字

母　meh，母狗
妹神農　meh-saenz-noengz，母神农
曺　cauz，木槽
黎　laez，哪条
好　hauq，喃麽
定　dingh，泥水
李　coz，年轻
炓　laeuj，暖
粡　haeux，糯饭
栫　dwngj，排水口
本使　bonq-saeq，判官
个仰　gaz-ngangh，庞然
䏲　naeng，皮带
畣　duez，匹
朗　langh，篇
平安　bingz-an，平安
梁　lengz，平
七牲　caet-seng，七牲
㤂　hwnq，起来
細　swi，气味
恩　aen，器皿
長　gyangz，强行
奷　yah，妾
當　ndang，亲自
茂　mbaeu，轻
領　lingq，倾斜
蚾　bih，蜻蜓
初　coh，求教
㦰　ciem，求签
黎　laeh，驱赶
利　ndi，痊愈
利　lih，筌
祸　muez，扰乱
蓉　yungz，茸草
様𦽀　yiengh-gaeuq，如旧
三牲　sam-seng，三牲
三祖　sam-coj，三祖
僧　caeng，僧
茶使　caz-saeq，煞官
煞　saz，煞神
岩　ngamz，山坳

勒　laeg，深
邦瑞　bang-coih，神龛修正
得　daek，盛
十三　cib-sam，十三
吝号　lin-hau，石白
碄　lin，石板
王　vuengz，首领
肉　noh，兽
䏲　naeng，兽皮
肉　noh，兽肉
好　hauj，帅
怌　vaiz，水年
沓　dumh，水淹
沗　ndaek，睡熟
哈㣲凢　hoed-fiz-fanh，说叨叨
太達烈　dai-daz-lied，死沉沉
㱠隆路　dai-loeng-loh，死错路
獏四忻　mu-siq-gaem，四拳猪
緋　yoengq，松开
絒　lih，松
摸牙　mak-nyaz，酸枣果
良粡　lieng-haeux，穗谷
㣺神農　lan-saenz-noengz，孙神农
短　dinj，缩短
諭　lwnh，谈论
譚仪欢　damz-yih-yangq，谈滔滔
隂　yaemq，探视
零　leng，躺下
班　banh，逃走
而當　lwh-ndang，替身
那　naz，田谷
請　giengh，跳到
錢竜　cenz-luengz，铜钱
退　doiq，退还
吟　gaemh，弯
王曺　vuengz-cauz，王曹
殿　denh，王座
难　nanh，为难
欣　haen，闻见
渌　lug，卧房
淶　laih，诬赖

獏五忻	mu-haj-gaem，五拳猪	办	cenz，银钱
淋霧	laemx-mok，雾水	吉臭	gyaet-gya，鱼鳞
使	sae，稀	粡粭	haeux-daeq，玉米
仙	sien，仙界	獄	yug，狱
限	hanh，限	採	ndai，耘
隣	limz，相思树	家	gyaq，灾祸
争	ceng，相争	呆	ngaiz，早餐
散	sanq，消散	羅	lag，张
得	dwz，信奉	配	mbae，张
煞	caz，凶煞	考	gauj，樟树
兇	hung，凶	惱	nauh，招引
見袮	gen-bieh，袖衣	趵	lib，爪
鸦	a，鸦	引	yinx，这样
嵩熾	swi-fiz，烟火	真	cin，真
徉凢	yuengz-fanz，羊羚	真心	cin-saem，真心
毆	aeu，要回	正	cingq，正是
蓴	dumh，野草莓	渡	doh，中
舞	fiex，野鬼	福	foeg，肿
欣	yaen，野狸	初	coq，种下
肉	noh，野兽	伏	fag，竹笆
怕	baq，野外	篤	lomz，竹篮
蒙	mungz，野芋	邦花	bang-va，主家的神龛
獏登	mu-dwenh，野猪	収	saeu，柱
百二	bak-ngih，一百二十	急	gyaep，追赶
百四	bak-siq，一百四十	犨	cinj，准
武	fwx，一餐	吒只者	dot-gyih-gyet，啄喳喳
會	hoiz，一回	千	cih，总
悲	bae，以后		

第二，4 个抄本中，抄本 12《雜麼一共卷一科》独有的词共 1329 个，占该类内容抄本词量的 50.4%。

第三，4 个抄本中，抄本 14《闹涽懷一科》独有的词共 94 个，占该类内容抄本词量的 3.6%。

表 6-31

得	dwz，把	賢	henz，边
燭	gyuk，白蚁	命	maen，不育的
執	caep，办	絞滰	geu-baengz，布卷
班	banq，半	盆	bwnz，菜盆
个	gaz，比	逻	nda，搭设
當	dang，庇护	旧	gaeuq，当初

戈紕娋 laemx-baz-cad，倒地吧喳
嚁 naeuz，祷祝
岩 ngiengx，顶
度 doh，渡
断 donh，段
那剥 naj-gyak，额头
儂腫乃 faenx-vuengz-gaiq，防王个
卦 gvaq，飞过
分 baen，分肉
可 goj，该
吅割 gaeu-gat，葛麻藤
恩 aen，根
懷特 vaiz-daeg，公牛
梻 ndux，古
黎乙 laezhit，喊叫
刭 ndi，好转
宜 ndix，和
黎器 laezheuh，呼喊
來 laiz，花纹
崩 bang，肩
决活 vaih-vuet，快乐
零 lengz，劳力
觋丐糎 angq-baz-linz，乐呵呵
勤萎 ndaek-ndaeu，莨薯
櫳 lomz，箩
龍兎 longz-doq，马蜂窝
蠛 moed，蚂蚁
壬壬 gyaed-gyaed，慢慢
毥 bwn，毛
貌 mbauq，年轻人
涽 hoen，牛魂
達 daz，耙
得那 dwz-naz，耙田
蚆 mbaq，膀
齐 caez，平整
夷 heh，剖开
了 leux，全
衆 gyongq，群
芽 yaz，人面
劳 lau，如果
絞埋 geu-faiq，纱股
灰鲃 gyai-gya，山顶
姓 sing，牲
在 sai，绳带
樂 loz，瘦
埒紕宅 dai-baz-lex，死去条条
春 con，套
謹喽沧 in-lih-linx，疼哀哀
碽 in，疼
雴 mbwn，天上
福 faek，调教
法 faz，铁块
吾垩 ngux-ngingz，挺挺
同退 doengzdoih，同伴
桐 dongz，桐树
最佯糎 get-lih-linz，痛连连
哼 nengh，拖
心 some，庹
隆 loengz，下去
蚁 yauh，小虾
栦丐帕 liu-baz-langx，笑嘻嘻
孔 oengx，胸带
頼頼 laih-laih，徐徐
諭 lwnh，叙
落 lak，悬崖
須妨 saej-fiengz，杨桃
櫳祔 lomz-bieh，衣箩
吃乞 hw-et，乙圩
缴 ced，阴部
蝞挑揭 han-diz-dad，应滔滔
礼 ndaex，予以
追 gyae，远处
得 dwk，扎
正 cingq，真正
叭 gyat，挣脱
闹 nauh，咒招
孙 lwg，珠子
符呷 fug-gyap，竹壳
谷奏 goek-saeu，柱根
兎 doq，装置
艡 ndang，自身
卬坈 yinz-gueng，棕木筋

第四，4 个抄本中，抄本 16《贖魂粰吰 》独有的词共 107 个，占该类内容抄本词量的 4.1%。

表 6-32

安寧	an-ningz，安宁	萼	yag，坏话
國	gueg，熬	噃	naeuz，唤
追	gyoij，芭蕉	如	siz，几乎
發	fek，芭芒	后批	haeuj-bae，进去
录	log，把	許	hawj，就让
亞	ax，掰	諭	lwnh，就说
好	hau，白净	冇	ndwi，空手
叩	wnh，别	廣	gvangq，宽广
不曾	mbaeux-caengz，不曾	勇護	yoeng-hoz，宽容
桥朋	giuz-baengz，布桥	赤里林	angh-lih-linz，乐陶陶
巡	cwnz，插完	杳	iux，粮囤
常	ciengz，常	蔦	doek，落到
屋	og，抽	栏荷	lanz-haz，茅屋
礼声	ndaex-hing，出声	和	hoz，米浆
道录甲	dauh-lug-gyap，道渌甲	妹畢	meh-bit，母鸭
粰	haeux，稻穗	嫩	net，年糕
梁	lieng，滴出	國	gueg，酿
挩	dot，叮啄	劜媢	lwg-mbwk，女孩
洞歷	doengh-lig，洞历	七十	caet-cib，七十
枯	go，蔸	嗔里林	gyaemq-lih-linz，青悠悠
二十	ngih-cib，二十	賴	laih，丘
肥	biz，肥	批里林	bae-lih-linz，去匆匆
尿	neuz，浮在	甫	bux，人们
朋	bongz，浮肿	合温	hoz-unh，软喉
蜚	lag，根须	把涯	baz-yaih，软瘫
礼	ndix，跟	三栏	sam-lanz，三家
弓	goeng，弓箭	三元	sam-nyuenz，三元
力委	lwg-gyax，孤儿	陌岩	bak-ngamz，山坳水口
粰	haeux，谷粒	陌籠	bak-lueg，山谷口
粰曽	haeux-caengx，谷屯	善	cench，善良
奷買	yah-maiq，寡妇	利	ndi，善
卦	gvaq，过了	中影	cuengq-yieng，上香
害	haih，害	時	cwz，时候
茶粰	caz-haeux，禾蔸	克	gaet，噬咬
召倫	ciuh-laeng，后代	界	gaiq，束
甫召倫	bux-ciuh-laeng，后人	淋	laemx，水米
桥賴	giuz-laih，花桥	四巳	siq-cih，四角

细地達	si-dih-dad，诉滔滔	界	ga，一片
通	doengz，随同	永	yinj，永
應	in，疼爱	閙	nauh，有好
當那	dangx-naz，田水口	㺢補	lwg-bug，柚子
魯斜	lox-nyie，听见	麻迫	mak-bug，柚子树
土公	doj-goeng，土地公公	逢	bung，遇
㺢依	lwg-ih，娃小	地	dih，匀
萬聖	fanh-singq，万众	恨	hwnj，长出
利	lix，惟	召你	ciuh-nix，这代
五栏	haj-lanz，五家	滕	daengz，整个
令	lingz，午饭	到	dauq，重新
甫衣	bux-ih，小人	㺢蘭	lwg-lan，子孙
笑巴仪	liu-baz-nyiq，笑盈盈	分	faen，籽
解他	gaiq-de，那些	足	cuk，足
学	coh，寻	同隊	doengz-doih，作伴
路路	loh-loh，样样		

第五，因为12号抄本共二十二章，是赎魂经内最大容量的抄本，为了能更准确地反映相同内容下词汇的异同，因此将12号抄本与其他4个赎魂经抄本进行比较，总词量2721个，两者都有的词有738个，占该类抄本总词量的27.12%。

第六，15号抄本与16号抄本均属于赎稻谷魂类，且抄本的词量也比较接近，16号抄本共有词量404个，抄本15共有词量393个，可比性较强；抄本合并后共有词量653个，其中两者都含有的词共144个，占该类内容抄本的22.1%。

表6-33

△	△，△	斜	nie，大江
至	ciq，安置	妹	meh，大
杠	caeng，稗草	騰	daengz，到
任	imh，饱	糗	haeux，稻谷
比	bij，比照	礼	ndaex，得
交	gyauq，播	地	dih，地
不	mbaeux，不	魯	lox，懂
布禄途	baeuq-lug-doz，布洛陀	肚	dungx，肚子
造	caux，才	衍	hangz，腭
倉	cang，仓	特	dwk，放
貧	baenz，成	許	haej，给
吅	gwn，吃	娋	sau，姑娘
造	caux，创造	倉	cang，谷仓
交	giuq，聪明	糗	haeux，谷

連 lienz，光亮
卦 gvaq，过
海 haij，海
常 cangz，喊
利 ndi，好转
麻 maz，何
及 gyaeb，和
駄 dah，河
立 laep，黑暗
美 maeq，红润
捞 laeng，后
花 va，花
吒 hauq，话
𠰳 coenz，话语
到 dauq，回
魯 lox，会
魂 hoen，魂
蘭 lanz，家
急 gab，夹
急 gab，夹子
吒 hauq，讲
講 gangj，讲话
常 cangz，叫
口 haeuj，进
九 guj，九
造 caux，就
𠰳 coenz，句话
閞 hai，开
羅 lah，看
冇 gyuq，空
斗 daeuj，来
怒 nu，老鼠
粒 naed，粒
那 naj，脸
禄途 lug-doz，洛陀
么禄甲 mo-lug-gyap，麽渌甲
糎 haeux，米
特 dwz，拿
獁 ma，拿来
梨 laez，哪个
苦 hoj，难
名 mwngz，你
鴗 loeg，鸟
粰出 haeux-cid，糯谷
七 caet，七
召貫 ciuh-gonq，前代
那 naj，前
甫召貫 bux-ciuh-gonq，前人
召貫 ciuh-gonq，前世
陰 yaemh，瞧
毆 aeu，取
批 bae，去
甫 bux，人
哀哀 ngaih-ngaih，容易
三盖 sam-gaiq，三界
三王 sam-vuengz，三王
散去 sanq-bae，散去
渌 lueg，山谷
𡑍 ndoi，山
忐 gwnz，上方
躺 ndang，身
様雷 yiengh-laez，什么
神農 saenz-noengz，神农
十 cib，十
収 caeu，赎
那 naz，水田
噃 naeuz，说
四盖 siq-gaiq，四界
四 siq，四
四王 siq-vuengz，四王
他 de，他
逃散 deuz-sanq，逃散
天 dien，天
垌 doengh，田峒
那 naz，田
嗱 yie，听
王 vuengz，王
不 mbaeux，未
唅 haemq，问
度 du，我们
忑 laj，下方
到 dauq，向

様	yiengh，像	造	caux，造
退	doiq，消退	搯	nauh，招
費	fae，姓	逻	la，找
逐	coih，修正	你	nix，这
鷝	bit，鸭子	畐	duez，只
得稼	dieg-gyaj，秧地	降	gyang，中间
歐	aeu，要	撈	laeng，肿
也	yej，也	種	ndaem，种
盾	miz，有	分	faen，种子
元	yienz，又	旧	gaeuq，自己
岜	gya，鱼	自在	siz-saih，自在
犁	lih，畲地	祖	coj，祖公
致	gyae，远	咟	bak，嘴巴
幼	uq，在	郭	gueg，做
吃	haet，早上		

6.4.2.6 禳解冤怪、殃怪类经书

这类共包含（5）、《九狼叺》（6）、《六造叽》（7）、《麽叽床䟗一科》（8）、《麽使亟郎甲科》（9）、《啞兵棹座敀科》（12）、《本麽叽》（13）《狼麽再宼》等7个抄本。其中，《九狼叺》（6）、《六造叽》（7）、《麽叽床䟗一科》（8）、《麽使亟郎甲科》（9）《啞兵棹座敀科》抄本以及12号抄本与15号抄本因为内容与容量更为贴近，因此将禳解冤怪类经书，分两个系列作词汇比较。

第一，6 ~ 9号抄本组合后，抄本词量共2780个，其中6 ~ 9号抄本共有的词汇有251个，占该类内容总词量的9%。

表6-34

至	ciq，安置	跟	gwn，吃
案	anh，案台	惡	og，出
百	bak，百	造	caux，创造
合	hab，摆	報	bauq，吹
貧	baenz，变成	到	dauq，次
界	gaij，别	貫	gonq，从前
勿	fwex，别人	晚	mbanx，村子
疤	gyaej，病	田	gueg，搭
不	mbaeux，不	算	suenq，打算
佈录途	baeuq-lug-doz，布洛陀	老	laux，大
朝	caux，才	田	gueg，当
茶	caz，茶	杀	cax，刀
平	baenz，成	恨	hwnj，上

糈 haeux，稻米
里 ndaex，得
橙 daengq，凳子
旁 bwengz，地方
地 dih，地
農 nuengx，弟
第二 daih-ngih，第二
第三 daih-sam，第三
大四 daih-siq，第四
大五 daih-haj，第五
第一 daih-it，第一
楽 lox，懂
疃 dungx，肚子
夛 do，多
勎 lwg，儿
馬 ma，返回
粳 ngaiz，饭
學 coq，放
脉 lumz，风
佈 boh，父
畐 duez，个
許 hawj，给
佈 baeuq，公公
獁 ma，狗
勎甲 lwg-gyax，孤儿
娐 sau，姑娘
倉糈 cang-haeux，谷仓
滕 dwngx，拐杖
鬼 gvij，鬼
卦 gvaq，过
不 boiz，还
里 ndi，好
哽 gwn，喝
達 dah，河
赖 laiq，河滩
立 laep，黑暗
英 nding，红
猤 lingz，猴子
楞 laeng，后
花 va，花
询 coenz，话
除 cwez，黄牛
馬 ma，回
鲁 lox，会
微 fiz，火
宿 saeuq，火灶
鴔 gaeq，鸡
儿 gij，几
欗 lanz，家
恨 haen，见
件 gienh，件
講 gangj，讲
交 gveuj，绞
骱 ga，脚
吽 heuh，叫
金 gim，金
后 haeuj，进
酒 laeuj，酒
旧 gaeuq，旧
造 caux，就
詢 coenz，句话
亥 hai，开
可 go，棵
敇 bak，口
恨 hanh，块
馬 ma，来
亮 lwengh，栏圈
了 leux，了
客 lag，篱笆
那 naj，脸
双 song，两
六 loek，六
笼 loengx，笼
娄 laeuz，笼子
勇 nyungq，乱
独 doek，落
馬 max，马
臨 lim，满
爺河 nywej-haz，茅草
麼录甲 mo-lug-gyap，麽渌甲
不屑 mbaeux-miz，没有
糈 haeux，米

姝	meh，母
梾	maex，木
更	gaem，拿
护	lawz，哪
敗	baih，那边
界	gaiq，那
劧	lwg，那个
老	laux，那位
名	mwngz，你
年	nienz，年
劧早	lwg-sau，女儿
谷	gwiz，女婿
盆可	buenz-goj，盘古
旁	bangx，旁边
急	gep，片
七	caet，七
娘	nangz，妻
騎	gwih，骑
千	cien，千
罾	naj，前
召老	ciuh-laux，前世
錢	cenz，钱
雷	laez，请
丕	bae，去
兵	beng，禳除
許	hawj，让
倆	bux，人
肉	noh，肉
任仪	nyinx-nix，如此
貧	baenz，如
達	dat，若
三盖	sam-gaiq，三界
三	sam，三
三皇	sam-vuengz，三王
加	gaj，杀
残	canz，晒台
录	lueg，山谷
檂	ndoeng，山林
加	gya，山
怺	hwnj，上
忐	gwnz，上方
冷	ndaengx，烧
躺	ndang，身
黎	lawz，什么
佛	baed，神龛
眉	miz，生
立	ndip，生
召	ciuh，世
手逢	fwngz，手
肥	maex，树
戠梾	gyai-maex，树梢
藍	fai，水坝
淋	laemx，水
怀	vaiz，水牛
匿	nag，水獭
那	naz，水田
吽	naeuz，说
臮	dai，死
四盖	siq-gaiq，四界
四	siq，四
四皇	siq-vuengz，四王
獮	lan，孙
他	de，他
当	dangq，堂屋
昙	ngoenz，天
天	dien，天上
房	bwengz，天下
条	deuz，条
同	doengz，同
吉	get，痛
久	gyaeuj，头
禄	log，外面
夭	leux，完
凡	fanh，万
王	vuengz，王
丕	bae，往
位	fih，未
問	haemq，问
灰	hoiq，我
娄	laeuz，我们
鸦	a，乌鸦
五	haj，五

里	lij，溪水	里	ndix，与
同	doek，下	脴	ndwen，月
忑	laj，下方	太	daiq，岳母
先	senq，先	孙	lwg，仔
托	dox，相	纫	yuh，在
貧	baenz，像	造	caux，造
退	doiq，消退	唱	cieng，章
力	lwg，小	馬	maj，长大
矅	moq，新	平	baenz，长
生	sing，姓	老	laux，长老
皮	bix，兄	拉	la，找
鴨	bit，鸭子	你	nix，这
叭	gyat，殃怪	元你	yienz-nix，这样
放	cuengq，养	姝	meh，只
樣	ywengh，样	江	gyang，中间
要	ya，要	狥	mu，猪
同	doengz，也	家主	gya-cwj，主家
礼	ndix，一起	守	suj，主
了	ndeu，一	祖普	suj-bueh，主衣
暗	ngaenz，银	纫	yuh，住
印	inh，印	邏	lax，抓
弄氻	longh-lib，萤火虫	泣	laeb，装
喊	han，应	床	congz，桌
眉	miz，有	加	gag，自
到	dauq，又	佈	baeuq，祖公
鲃	gya，鱼	能	naengh，坐
塘	daemz，鱼塘	田	gueg，做

第二，12号抄本与其他5号抄本词汇比较时，它们的总词量为4322个，抄本5号独有词1358个，占该类内容抄本词量的31.4%；抄本12号独有的词共1170个，占该类内容抄本词量的27%。其中两抄本都有的词有896个，占该类内容抄本词量的16.8%。

表6-35

△	△，△	案	anq，案台
丁	deng，挨	八	bet，八
塘	daemq，矮	哉	saiq，扒
安	an，安	六	loek，拔
始	ciq，安置	伯	bwij，吧
安	an，鞍	懐皓	vaiz-hau，白牛

連　lienz，白天
皓　hau，白
鴘元　loeg-venz，百灵鸟
百　bak，百
百姓　bek-singq，百姓
佛　baet，摆
拜　baiq，拜
鴘婁　loeg-laeu，斑鸠
�　hwnz，半夜
㑭　laengz，绑
伏　fag，饱满
飪　imq，饱
宝　bauj，宝
保　bauj，保
那哜　naz-ceh，保水田
爺　yiez，保佑
盏　cenj，杯
北方　bwz-fangh，北方
執　caep，备
襬　nda，背带
把　bax，背
旁　buengz，背篷
袓　mbuk，被子
召　ciuh，辈
呱　vax，笨
㴝　mbinq，崩
䆧　mid，匕首
比　bij，比照
畬　hoemq，庇护
方　diengx，边
發　fad，鞭打
寒　hanz，扁担
貧　baenz，变成
恨　wnq，别的
改　gaij，别
武　fiex，别人
瘊　gyaej，病
執　caep，播
隆　lungz，伯父
河　hoz，脖子
奉　fong，补
茂　mbaeuq，不
单　ndan，不育
道　dauh，布道
布淥啚　baeuq-log-doz，布洛陀
甫麽　bux-mo，布麽
馮　baengz，布
師　sae，布师
出　cit，擦
造　caux，才
裁　caiz，裁
得　dwz，采纳
荅　dab，踩
芲　gyaek，菜
倉　cang，仓
添　diem，藏
曺　cauz，槽
牙　ya，草丛
社　yiej，草
曾　caengz，曾
肉　yoeg，插
羅　la，查
罡　giengq，拆
焚　fwnz，柴
畢　bid，蝉
郭　gueg，唱
净　ceng，吵
啚　doeg，扯
平　baenz，成
提　bwz，承接
墻　ciengz，城墙
秤　caengh，秤
跟　gwn，吃
毴　fied，翅膀
塘　daemj，舂
蝏　nengz，虫
執　caep，筹备
後　haeu，臭
出　ok，出
閉　bae，出去
國　goek，橱柜
素　sak，杵

暖 ndonx，穿
林 limh，穿山甲
船 luez，船
問 mbonq，床
造 caux，创造
破 boq，吹
福 fuk，蠢
十 ciz，糍粑
你 nix，此
度 doh，次
昨 cog，次日
総明 coeng-mingz，聪明
貫 gonq，从前
収 caeuq，催
晩 mbanx，村子
弄 loengz，错
脱 doiq，答
嘆 han，答应
得 dwk，打
算 suenq，打算
鎊 yangx，大刀
獁 max，大块
老 laux，大人
个 ga，大腿
茶 caz，大
代 daih，代
在 sai，带子
累 loix，戴
担 lap，担
蛋 gyaeq，蛋
當 dang，当
要 cax，刀
到 dauq，倒
淋 laemx，倒下
滕 daengz，到
糎 haeux，稻谷
那 naz，稻田
礼 ndaex，得到
馿 lwz，的
佐 caj，等待
爹 deq，等

丁 daengq，凳子
邦 biengz，地方
吞 ndaen，地
往 nuengx，弟
太一 daih-bet，第八
太二 daih-ngih，第二
太六 daih-loek，第六
大七 daih-caet，第七
太三 daih-sam，第三
太四 daih-siq，第四
大五 daih-haj，第五
太一 daih-it，第一
業 ndiep，惦记
定 dingh，定
捨 ce，丢
東方 dungh-fangh，东方
介 gaiq，东西
魯 lox，懂
冲 congh，洞
法 faz，抖
句 gyoep，斗笠
啚 dog，独
肚 dungx，肚子
断 donq，断
得 dwk，对
𠈅 lai，多
漢 hanq，鹅
斉 caez，恶
力 lwg，儿
叻娋 lwg-sau，儿女
妣 baex，儿媳
二 ngih，二
舍 ceh，发达
恨 hwnj，发
甲 gyap，法事
舍 ceh，繁衍
呰 ceh，繁殖
返 fanj，反
到 dauq，返
獁 dauq，返回
糎 haeun，饭

半	buenq，贩子
方	fieng，方
禄	lug，房内
蘭	lanz，房子
得	dwk，放
助	coq，放在
飛	mbin，飞
分	baen，分
里礼	liz-laex，纷纷
地	dih，坟
墓	moh，坟墓
関妑	gvan-baz，夫妻
若	yo，扶持
萬	van，斧头
杬	nduk，腐朽
父	boh，父
父母	boh-meh，父母
妹姐	meh-mbwk，妇女
富	fungh，富
零	lengx，干旱
出	cid，干净
潮	cau，干枯
蘭	lanz，干栏
造	caux，刚
桑	sang，高
嬰	angq，高兴
葛	gat，割
甫	bux，个
許	haej，给
肉	noq，根
助	coh，跟
公堆	goeng-doi，公堆
布	baeuq，公公
布奵	baeuq-yah，公婆
得	daeg，公
助	coq，供
詞	swz，供奉
祭	caeq，供祭
叭	gyat，供品
獁	ma，狗
度	doh，够
娋	sau，姑娘
站	cang，谷仓
魂	hoen，谷魂
糔	haeux，谷
曲	gok，谷子
交	geu，股
怪	gvaiq，怪
郝	hak，官人
了	leux，光
花	vaq，归
鬼	gvij，鬼
防	fangz，鬼
櫃	gvih，柜
跪	gvih，跪
灶	cauq，锅
模	mak，果
卦	gvaq，过
里	lix，还
力	lwg，孩子
海	haij，海
常	cangz，喊
利	lih，旱地
利	ndi，好
跟	gwn，喝
合	hab，合
連	lienz，和
双	sueng，河沟
馱	dah，河
瀨	laiq，河滩
粒	laep，黑
鴻鶻	loeg-gut，红毛鸟
閔	nding，红
何	hoz，喉咙
狠	lingz，猴子
塄	laeng，后面
同	doengz，互相
捻	hoemq，护佑
花	va，花
來	laiz，花
眉八	biz-baz，哗哗
鴻朝	loeg-ciu，画眉

哊	coenz，话
外	vaih，坏
入	haeuj，换
患	vuen，患
王凡	vuengz-fanz，黄猄
除	ciez，黄牛
罵	ma，回
到	dauq，回来
甲	gap，汇合
鲁	lox，会
魂	hoen，魂
棺熾	goenq-fiz，火棍
熾	fiz，火
鶏	gaeq，鸡
鐿	lom，积
己	gij，几
特	dwk，祭
覴	bang，祭祀
蘭	lanz，家
奷	yah，家婆
江	gyang，家中
多	doq，架
嫁	haq，嫁
入	yaeb，捡
忻	haen，见
釖	giemq，剑
吉吉	gyaed-gyaed，渐渐
亦	yaek，将要
興	hing，姜
耗的	hauq-diz-danz，喋喋不休
啂	hauq，讲
講	gangj，讲话
告	gau，交
要甫	aeu-bux，交配
局	gug，角落
己	cih，角
絞	gveuj，绞
个	ga，脚
吽	heuh，叫
黎吃	laez-hit，叫喊
豆	daeu，轿子
噂	son，教
丑	cux，接
街	gai，街圩
出	cid，结实
已	gej，解
盖	gai，界
你	nix，今
金	gim，金
律	ndaet，紧
貫	guenj，尽管
口	haeuj，进
献	yienh，进献
糏追	haeux-gyoij，粳谷
敬	gingq，敬
九	guj，九
九腁	guj-ndien，九月
難	nanz，久
酒	laeuj，酒
舊	gaeuq，旧
千	cih，就
往	nuengx，舅
幼	uq，居住
哊	coenz，句
轉	gyonj，聚集
開	hai，开
造	caux，开始
得	dwk，砍
歸	gviq，看
助	coh，看望
邪	sez，烤
个	go，棵
客	hek，客人
丑	cux，肯
冇茶雷	ndwi-caz-lwz，空荡荡
曲茶流	gyuq-caz-liuh，空溜溜
咟	bak，口
灑	langj，枯萎
苦立亮	hoj-liz-liengz，苦连连
衾	haemz，苦难
苦	hoj，苦
化	vaq，裤

坎 hamj，跨
吞 aen，块
達 daz，拉
滕 daengz，来到
斗 daeuj，来
蘭 lanz，栏
亮 liengh，栏圈
藍 lomj，蓝靛
𧇼 guk，老虎
奴 nu，老鼠
紀 geq，老
嬰茶任 angq-caz-yaem，乐滋滋
了 leux，了
雷 byaj，雷
㭢 cae，犁
落 lag，篱笆
茶 caz，礼物
裹 ndae，里面
里 lix，里
連 lienz，连
那 naj，脸
深 caemx，凉
沓 yiux，粮仓
粮 liengz，粮
二 song，两
罧麻渥 lomh-baz-yaiz，亮蒙蒙
良利 liengz-lih，伶俐
灵牌 lingz-baiz，灵牌
放 cuengq，留
流 lae，流
六 loek，六
龍 lungz，龙
籠 loengq，笼
黎 lae，楼梯
美儀 maex-ngox，芦苇
渌甲 log-gyap，渌甲
路 loh，路
捧 fongz，乱
渌啚 log-doz，洛陀
瀆 doek，落下
素乃 cag-ndaix，麻绳
鞍 an，马鞍
多 doq，马蜂
馬 max，马
罵 ndaq，骂
該 gai，卖
林 lim，满
荷 haz，茅草
麽渌甲 mo-log-gyap，麽渌甲
麽 mo，麽
庇 bwi，麽诵
不 mbaeuq，没
福 fug，没有
司 swq，媒人
肚禄 du-lug，门房
吐 du，门
八涯 baz-yaiz，朦胧
佛 fwd，猛然
粡 haeux，米
末 mied，灭绝
命 mingh，命
字命 sw-mingh，命书
逻 lax，摸
磌平耍 lin-baenz-cax，磨刀石
魔难 muez-nanh，磨难
改 gaij，莫
墨 maeg，墨
鷄妹 gaeq-meh，母鸡
妹 meh，母
懷妹 vaiz-meh，母牛
妹 meh，母亲
栐 maex，木
得 dwz，拿
獁 ma，拿回
黎 laez，哪
他 de，那
敗 baih，那方
恩 aen，那个
甫 bux，那位
盖 gaiq，那些
峝那元 doengh-naz-yienh，那燕田峒
劲在 lwg-sai，男儿

貌 mbauq，男孩
南方 nanz-fangh，南方
难 nanh，难
内 ndae，内
明 mwngz，你
踈 su，你们
狼爀 nangh-laeng，娘家
妹 meh，娘
鴻 loeg，鸟
粉 faenj，捏
亮 liengh，牛栏
怌 vaiz，牛
劥 lwg，牛仔
奴 noz，奴隶
灰 hoiq，奴仆
糑出 haeux-cid，糯谷
劥妹姐 lwg-meh-mbwk，女儿
娘 nangz，女
力媪 lwg-mbwk，女人
客 gwiz，女婿
兵 bin，爬
劳 lauq，耙
劳 lau，怕
打 daj，拍
盤盅 buenz-guj，盘古
邦 bangx，旁边
盆 banz，盆
芽 ya，蓬乱
逄 bungz，碰到
劈 bag，劈
扒 gep，片
貌利 mbauq-ndi，漂亮
奷 yah，婆婆
淚 loih，破
七 caet，七
七月 caet-ngued，七月
妑 baz，妻子
都 duh，栖息
騎 gwih，骑
佷 hwnj，起
炁 hiq，气

千 cien，千
敗那 baih-naj，前面
貫 gonq，前
銭 cenz，钱
墙 ciengz，墙
謹 gingj，敲
橋 giuz，桥
啚 tuez，禽畜
西 sae，清
淭 lomh，清早
婣 yux，情人
請 cingj，请
求 gyaeuz，求
捭 bae，去
多 doh，全
咘 mboq，泉
苦 hoj，缺
是 cih，却
叭 gyat，禳解
許 haej，让
甫 bux，人
昙 ngoenz，日
還 vanj，榕树
肉 noh，肉
樣你 yiengh-nix，如此
貧 baenz，如
入 saeb，入
温 unq，软
厄 ngieg，䲉泥
茶 caj，若
萬 vanq，撒
强 giengz，三脚灶
三盖 sam-gaiq，三界
三 sam，三
三皇 sam-vuengz，三王
三月 sam-ngued，三月
殺 gaj，杀
山 canz，晒台
渌 lueg，山谷
檂 ndoeng，山林
墙 ndoi，山

破 bo，山坡
法 fa，扇
䊼 hwnj，上
忐 gwnz，上方
出 cit，烧
内 noih，少
蛇 ngiez，蛇
答 nda，设
社 ciex，社神
䠀 ndang，身体
嘗 cangz，呻吟
樣黎 yiengh-laez，什么
龕 ham，神龛
佛 baed，神
神農 caenz-noengz，神农
奷神農 yah-caenz-noengz，神农婆
社 ciex，神社
床能 congz-naengh，神台
病 bingh，生病
生 seng，生
牲 sing，牲畜
啚 duez，牲品
牲頭 sing-daeuz，牲头
素 cag，绳
里 lix，剩
消 siu，失
十六 cib-loek，十六
十 cib，十
磌 lin，石头
時 cwz，时
使 saej，使
使用 saej-yungh，使用
造 caux，始
召 ciuh，世代
貧 baenz，似
盖 gaiq，事
使 saej，侍候
千 cih，是
有 yaeux，收藏
馮 fwngz，手
見 gen，手腕
錕 goenh，手镯
字 sw，书
佛 fiez，梳篦
䟽 soq，疏理
要 aeu，赎
熟 cug，熟
細 si，述说
美 maex，树
攬 lamh，拴
外 fai，水坝
六 loek，水车
罵 maq，水沟
淋 laenx，水
懷 vaiz，水牛
淋孟 laemx-mieng，水渠
匿 nag，水獭
定 dingh，水潭
那 naz，水田
眠 ninz，睡
駠 lie，顺从
嚁 naeuz，说
漢哻 han-coenz，说话
業 ndiep，思虑
殆 dai，死
四方 siq-fieng，四方
四盖 siq-gaiq，四界
四 siq，四
四皇 siq-vuengz，四王
四月 siq-ngued，四月
四情 sih-singz，泗城
送 soengq，送
盖 ai，嗉囊
良 liengz，随
孫 lan，孙
亮炁 yieng-hiq，唢呐
他 de，他
他 de，它
塘 doemq，塌
答 dieb，踏
在 saih，太
丁昙 daeng-ngoenz，太阳

茶乃	caz-nai，瘫软
埕	cingz，坛
當	dangq，堂屋
塘	daemz，塘
逊	deuz，逃
莉	lae，梯子
忻	haen，啼
艡	ndang，体
天	dien，天
傍	biengz，天下
峝	doengh，田峒
等那	dwngj-naz，田埂
那	naz，田
萬	van，甜
歐	aeu，挑
褝	cuengz，条
失	saet，跳
定	dingq，听
亭	dingz，停
同	doengz，同
渌	lok，铜刀
龍	luengz，铜
目	mbok，筒
痞	get，痛
勒	laeg，偷
啚	duez，头
夂	gyaeuj，头
啚	doz，投宿
殺	caz，突然
土地	doj-dih，土地
使	saeq，土官
墑	namh，土
使	saeq，土司
往	yoengx，推
退	doiq，退
襪	mad，袜子
能楞	nangh-laeng，外家
斛	log，外面
落	log，外
孫	lan，外孙
了	leux，完
了	leux，完了
夻	haemh，晚上
累	fanh，万
皇	vuengz，王
網	muengx，网
麻	maz，为何
礼	ndix，为
不曽	mbaeuq-caengz，未曾
未	fih，未
巨	gie，喂
文錢	maenz-cenz，文钱
蚊	yungz，蚊子
参	cam，问
灰	hoiq，我
肚	du，我们
鸦	a，乌鸦
奷仱	yah-gimq，巫婆
蘭	lanz，屋
山	canh，屋檐
不	mbaeuq，无
五	haj，五
漠	mok，雾
方西	fiengx-sae，西方
跟	gwn，吸
里	lij，溪水
庫	hoq，膝盖
妣	baex，媳妇
洒	sah，洗
項	hangz，下巴
龍	loengz，下
忑	laj，下方
隆	loengz，下来
忑	laj，下面
忑	laj，下
糈仙	haeux-sien，籼谷
咸	hamz，咸
献	yienh，献
重	cueng，相逢
同	doengz，相
罵	ndaq，相骂
執	coep，相遇

香 yieng，香
箱 sieng，箱
厄 ngwz，想
様 yiengh，像
對 doiq，消除
消 siu，消
雷 lwi，消失
對 doiq，消退
姑 guex，小姑
貎 mbauq，小伙子
内 noih，小
喉 liu，笑
絞 giuj，鞋跟
鞋 haiz，鞋子
朱 cw，心
暮 moq，新
星告 singq-gauq，星高
蹺蹄 ndau-ndiq，星星
烈 ndiet，兴旺
非 fae，姓
彼往 bix-nuengx，兄弟
皮 bix，兄
罪 coih，修正
血 lied，血
滚 gunx，驯
鴨 bit，鸭子
文 faenz，牙
颜 yan，言
敢 gamj，岩洞
固 gue，盐
叭 gyat，殃怪
叭 gyat，殃及
稼 gyaj，秧苗
羊 yuengz，羊
寄凉栁 giq-liengz-lux，杨柳枝
養 ciengx，养
様 yiengh，样
啚 doz，妖惑
虚 hiq，妖
肐 hiet，腰
吽 heuh，邀
合 haeb，咬
亦 yaek，要
也 yej，也
荷 haq，野姜
弄 long，叶
痕 hwnz，夜里
啥 haemh，夜
一 ndeu，一
祢 bieh，衣
様舊 yiengh-gaeuq，依旧
貫 gonq，以前
位 vih，因为
銀 ngaenz，银
印 inq，印
漢 han，应声
提 dwz，用
淋懈 liz-linz，悠悠
五 haj，油
流 liuh，游
邦 mbangx，有的
眉 miz，有
西 yux，酉
到 dauq，又
開 hai，于是
利 lih，鱼簾
鮑 gya，鱼
塘 daemz，鱼塘
犁 lih，畲地
礼 ndix，与
唷 coenz，语
重 cueng，遇见
叭 gyat，冤怪
寃家 ien-gya，冤家
寃 ien，冤
蹊 gyae，远
胼 ndien，月
公大 goeng-da，岳父
奷太 yah-daiq，岳母
亦 yied，越
雲 fiej，云
災难 cai-nanh，灾难

狼	langz，仔
而	laeg，再
烏	uq，在
呆	ngaiz，早饭
吃	haet，早上
出	cwt，造出
造	caux，造
賊	caeg，贼
罵	max，债
頡	ndwn，站
狼	langh，章
平	baenz，长成
獁	maj，长大
黎	laez，长的
斗	daeuj，长
老	laux，长老
蕉	gyaeu，长寿
関	gvan，丈夫
鬧	nauh，招
邏	la，找
照	ciup，照
而	laek，折
你	nix，这
得	daek，斟
争	ceng，争
都	doh，整
罪	coih，整治
正	cingq，正
腆正	ndien-cieng，正月
清明	cing-mingz，证明
郭	gueg，挣
单	danq，只
啚	duez，只
魯	lox，知道
特	dwg，知
塘	daemj，织
座	soh，直
馬	max，纸马
沙	sa，纸
錢	cenz，纸钱
滕	daengz，至
造	caux，制造
答	dad，掷
江	gyang，中间
中央	gungh-yangh，中央
郭	gueg，种
那	naz，种田
分	faen，种子
伝探	hunz-lai，众人
重	naek，重
州	cu，州府
妑流	baj-liuz，妯娌
力	mieng，咒
狃	mu，猪
粒	laep，竹篓
卜	mbok，竹筒
蘇使	suj-saeq，主官
家主	gya-cwj，主家
守	suj，主
蘇袮	suj-bieh，主衣
煮	cwj，煮
登	daengq，嘱咐
纫	uq，住
収	saeu，柱子
乃	nai，祝颂
魯	lax，抓
得	dwz，抓去
貧	baenq，转
還	nda，装
塘	daemj，撞
急	gyaep，追
執	caep，准备
拎	gaeb，捉
床	congz，桌
得	dwk，啄
劲	lwg，子
各	gag，自己
在	saih，自在
字	cih，字
散	san，棕榈藤
解	gyaij，走
布	baeuq，祖公

祖师	coj-sae，祖师	得	dwz，遵照
祖宗	coj-coeng，祖宗	䠲	naengh，坐
咟	bak，嘴巴	様	yiengh，座
能得	naengh-dwz，遵循	郭	gueg，做

6.4.3 小结

以上是各大类内容中相同词与不同词的对比情况，通过对比可得出以下结论。

第一，“歌颂布洛陀造天地万物类抄本类”抄本共有词量 5049 个，而 7 个抄本间共有的词才 195 个，占该类内容抄本词量的 3.86%。

第二，“杀牛祭祖，告诫人们要孝敬父母类”总词量有 1489 个，两个抄本都有的词共 1077 个，占该类内容抄本总词量的 43.3%。

第三，“解兄弟冤经类”总词量有 2297 个，2 个抄本都有的词共 649 个，占该类内容抄本词量的 28.3%。

第四，超度亡灵类，24 号《麽王曹科》与 25 号《吆王曹吆塘》进行比较，抄本总词量共 1532 个，二者共有词达 437 个，占该类内容抄本词量的 28%；17 号抄本与该大类相比，超度亡灵大类内容相比，总词量共 5858 个，其中二者共有的词 1520 个，相同词占总词量的 26%。而超度亡灵类中，26 号《麽荷泰》、27 号《正一刄事巫書解五楼川送鸦到共集》、28 号《麽破塘》三个抄本组合，共有词量 3063 个，三个抄本都有的词共 197 个，占该类内容总词量的 6.4%。

第五，赎魂经分两类进行异同词统计。① 15 号抄本与 16 号抄本均属于赎稻谷魂类，抄本合并后共有词量 653 个，其中两者都含有的词共 144 个，占该类内容抄本的 22.1%；② 12 号又是赎魂经中最大型抄本，它与其他赎魂经抄本同比，总词量 2721 个，两者都有的词有 738 个，占该类抄本总词量的 27.12%。

第六，禳解殃怪与冤怪类经书，分了两类统计。① 6 ~ 9 号抄本容量相对一致的组合后，总词量共 2780 个，其中 6 ~ 9 号抄本都有的词 251 个，占该类内容总词量的 9%，相同词所占比重较低。② 12 号抄本与其他 5 号抄本词汇比较时，总词量为 4322 个，两抄本都有的词有 896 个，占该类内容抄本词量的 16.8%。

从以上各类内容抄本相同词与不同词的统计情况来看，相同词的比重都比较低，相同词量最高的第四大类“杀牛祭祖，告诫人们要孝敬父母类”，仅为 43.3%。这仅仅是各类内容抄本按词量统计比较的结果，其实各内容下抄本词汇的相同词覆盖率远远高于此，比如第三类“解兄弟冤经类”共包含 22《漢皇一室》与 23《歷漢皇祖王一科》两个抄本，总词量 2297 个，2 个抄本都有的词共 649 个，占该类内容抄本词量的

28.3%；但是从两抄本相同词的覆盖率来看，在抄本 22 号与抄本 23 号中覆盖率分别高达 78.26% 与 77.62%，这正好说明相同词出现的频率高，覆盖面广；而为了更直观、更经济地进行各抄本内容的词汇比较，我们选取词量比较法，但不能将词量所占的比重当成各抄本内容的绝对相似比重。

第七章 《麼经布洛陀》词汇文化意义分析

《麽经布洛陀》作为壮族文献的经典著作，描绘布洛陀开天辟地、创造天地万物波澜壮阔的宏阔场面，记叙壮族先民生动劳作生活的动人场景，包含丰富的壮族民俗文化，内容广泛，涉及神话、宗教、伦理、民俗，凝聚壮族宗教信仰、生活哲理、道德观念、民族心理、民间艺术等众多方面的内容，每一方面的内容都需要通过相关的词汇来表达，这为我们考察《麽经布洛陀》词汇的构成提供了一个新的角度，即从词义表达的内容来对《麽经布洛陀》词汇进行归类和分析。这种角度的划分将与《麽经布洛陀》内容紧密联系在一起，因而最能集中体现《麽经布洛陀》专书词汇特色。

《麽经布洛陀》词汇涉及的内容十分丰富，几乎涉及壮族生活中的方方面面。其中一部分的意义类别几乎为全人类所有民族所共有，具有大体一致的概念义和色彩意义；还有相当一部分词汇，受各民族历史文化、思想观念等的影响，在概念义和色彩义上表现出独特的民族性。本章主要选择六个很具内容典型性和词义（包括概念义和色彩义）民族独特性的部分来分析《麽经布洛陀》词汇的文化意义。需要说明的是，《麽经布洛陀》是壮族民间宗教文献，宗教方面的词汇非常具内容典型性和词义民族独特性，因此，将在下一章来专项分析归纳宗教词汇，并探讨宗教词汇对解读《麽经布洛陀》的作用。

7.1 动物词

《麽经布洛陀》中的动物词基本包含壮族日常生活最常见的家禽家畜、鸟类、鱼类、蛇类、虫类等。

7.1.1 动物词的特点

动物词的一个重要特色是一般要加量词头，例如篤－枉（duz-vaiz；那头－牛）；籠－盖（duez-gaeq；只－鸡）。另外，还有加小类词的，例如渌－燕（loeg-enh；鸟－燕子）；渌－陽－圭（loeg-yangz-gviq；鸟－鹦－鹉）；岜－敢（bya-gaq；鱼－鳜）；厄－扮（ngiez-faenz；蛇－吹风）；虫－類（nengz-yui；蜾－蜂）。其中，虫类的类别“虫（音，nengz）”是一个隐形类别，不独做“虫”译，如“虫－類（nengz-yui）”直接被译成“蜾蜂”。

一般情况下，加量词化词头，可以起到区别性质的作用。如“bit”，在没有上下文的情况下，一般很难确定其所指，但加上不同的量词便可明确——“bit”，加上gyi（支）来限定，通过“gyi-bit”可知“bit”是“笔”；同样，加上duez（只），“bit”就是“鸭子”。通过词头来明确意义已经成为壮语名称词命名的一个重要特点。

以上加词头的例子都是单音节词，在《麽经布洛陀》文本中没有出现双音节词加词头的形式。我们说加词头是为区别性质，明确所指，而加小类别也可起到明确种类的作用，二者具有不同的功能。事实上，二者若一起使用，如“鲢鱼”要说成“duz-gya-beg”（只鱼鲢）的形式，也是可以的。在《麽经布洛陀》中之所以没有出现前加（词头）后附（类名）的形式，一方面可能是由于需要特指的情况可以根据上下文来判断，故不需要通过词形来进一步明确；另一方面也可能是由于经书体式为五言诗歌体，出于篇幅布局等考虑，而在用词上尽量简约。

壮族对动物种属类别的基本判定是相当明确而且细致的，几乎每种动物都呈现出公母有别、成年幼年有别、阉割与否有别的对应体系。如“鸡”：鸡－從（gaeq-cungq；鸡－种）；鸡－代（gaeq-daeh；鸡－低）；鸡－淂（gaeq-daek；鸡－雄）；鸡－畓（gaeq-daemq；鸡－矮脚）；鸡－殿（gaeq-dienh；鸡－野生）；鸡－丹（gaeq-don；鸡－阉）；鸡－以（gaeq-e；鸡－原）；鸡－沸（gaeq-fonx；鸡－黑毛）；鸡－公（gaeq-gok；鸡－咯）；鸡－岜（gaeq-gya；鸡－黑白花）。壮语动物名称词内部区别之细腻，反映出畜牧养殖在壮族生活中的重要地位。

7.1.2 典型动物词文化意义分析

纵观《麽经布洛陀》29个抄本中所出现的动物词及其文化意义，下面从众多动物词中选取牛、蛙、鸟、畾泥、鸡、狗、鸭、虫这8个比较典型的动物词来展开具体的论述。

7.1.2.1 牛

“牛”（包括水牛和黄牛）是出现次数最多的动物词，表明牛在壮民族中的重要性。《麽经布洛陀》中很多地方都有崇牛思想的反映。表现之一是多个抄本中提到与牛有关的部族；表现之二是出现了关于牛的颜色、功用、种类等信息的词汇；表现之三是出现了造牛的过程及相关词语；表现之四是出现了赎牛魂的法事；表现之五是出现了专门的牛圩和产牛最多的村寨名称——郎中、郎在；表现之六是出现从事贩牛生意的人。

崇牛思想出现的原因主要是牛对壮族农事生产有重大贡献。壮族为稻作民族，靠牛力耕作，视牛为生计之本，对牛产生浓厚的感情和无限的敬仰，故珍牛崇牛成为壮族的传统观念和共同的文化心理。① 这一心理从"牛魂节"可以体现出来。

壮族有传统的"牛魂节"，又译称"敬牛节""脱轭节"，一般定在农历四月初八，有的又称"牛王生日"。民间习俗认为，牛常在田间拉犁耙劳作，因劳累或遭雷雨所袭而受惊悸，牛的魂魄会流落于田野而体弱成疾，会丧失劳力以致死亡。为此，每当四月农忙过后，秧苗返青，即择日为牛过节，招魂蓄魂。是日停止用牛劳役，将牛洗刷一新，并用糯米、稀饭、盐水、青草等饲牛以为犒劳，有的还牵着老牛绕餐桌唱"牛歌"，赞叹牛的劳苦功绩，并祭祀牛栏，祈将牛魂从田野赎回，使牛健壮兴旺。② 在这里，"牛魂节"的出现及延续从另一个角度说明了壮民对牛的崇拜和感激。

与牛相关的仪式有杀牛祭祖宗。杀牛祭祖宗是广西红水河两岸壮族地区规格最高、规模最大的传统祭神仪式，每隔三至五年举行一次。一般是选择在岁稔丰登、人畜安宁之年末岁首，以户或宗族为单位，举行杀牛祭祖宗仪式，也有遭受天灾人祸之人家，认为"得罪"祖宗，要择日杀牛祭祖宗"赎罪"，乞求日后平安。凡举行杀牛祭祖仪式者，都要请布麽来喃唱《占殺牛祭祖宗》经文，感谢始祖布洛陀的创世之恩和祖先护佑之德。人们杀猪宰牛而祭，欢歌狂舞而乐。祭仪时间少则一天一夜，多达三天三夜。据调查，杀牛祭祖宗活动至今犹存，只是以杀猪代替杀牛。③

7.1.2.2 蛙

这里讨论的"蛙"，包括青蛙和蚂蚜（蚂蚜为蛙类的一种，体小善跳）。虽然蛙出现的次数比较少，但却具有特殊文化意义。

《麼经布洛陀》中共有 3 个抄本提到与蛙有关的部族。在这里我们可以理解为蛙图腾。壮族先民信奉蛙图腾与稻作农业有关。稻作农业的丰歉，与气温及雨量有密切的关系。青蛙因其肺小且皮薄，吸氧有限，需要依靠表皮粘液帮助吸收氧气，而天之阴晴又影响到粘液浓度，若浓度大则妨碍吸氧，叫声变得沙哑不响亮，意味着天要大旱。

① 张声震．壮族麼经布洛陀影印译注［M］．南宁：广西民族出版社，2004：1347.

② 同上，P1348.

③ 同上，P2016-2017.

而天旱对稻作物是致命的威胁。[①] 壮族祖先当时不了解这些科学道理，以为蛙可呼风唤雨，灭虫除害，便尊其为图腾。

在红水河沿岸的东兰、巴马、凤山和天峨一带壮族地区流传着一年一度的祭祀蚂蜗的盛会——“蛙婆节”。壮族一般称青蛙为“蚂蜗”，但对于祭祀盛典中请来的青蛙则不叫“蚂蜗”而尊称为“蛙婆”。[②]“蛙婆”是吉祥的象征，非一般蚂蜗所能比拟。整个节日活动以祭祀“蛙婆”（亦称“青蛙姑娘”）为中心，并常持续达一月之久。“蛙婆节”作为地区独特的节日，积淀着丰富的文化内涵。其活动过程一般分为以下几种。找蛙婆（“青蛙姑娘”），壮语称“稚牙圭”；孝蛙婆，壮语称“腰牙圭”；陪蛙婆出游，壮语称“莫牙圭”；葬蛙婆，壮语称“肯牙圭”。

就整个“蛙婆节”而言，值得我们注意的是，作为主角的青蛙在人们心目中的地位以及找到第一只青蛙者的身份。在“蛙婆节”里，青蛙具有一定的独特性——不但具有神性，同时还被视为是女性——这在远古时代常是生育神的化身。第一个找到青蛙者被视为“青蛙姑娘”的配偶，拥有主持“蛙婆节”的神圣权力。这一活动实际上是围绕祈求农作物的丰收、六畜兴旺以及人类生命的健壮和寿命的延长来展开的。

7.1.2.3 鸟

在《麽经布洛陀》中共有 24 个抄本提到“鸟”（包括各种鸟），鸟在这里有特殊文化内蕴。《麽经布洛陀》中有多个抄本提到始祖布洛陀派出鸟去为人类找寻谷种的内容。在一定程度上说，壮族先民得以进入农耕时代，与鸟的努力分不开。

此外，《麽经布洛陀》中提到兄长汉王和弟弟祖王因争夺王位和财产继承权引发矛盾，相互残杀，结下冤仇。后来经乌鸦、鹞鹰充当“使者”调解，三番两次上天转达祖王悔罪求和之意，动之以情，晓之以理，最终使两兄弟解冤和好如初，天下太平。

接下来讨论鸟图腾。《麽经布洛陀》中有多个抄本提到鸟印，如《吆兵全卷》《九狼叺》《麽叺床跪一科》《本麽叺》《漢皇一科》《麽漢皇祖王一科》中提到印鸟百灵、印鸟黄莺，印斑鸠，印鸟红毛，印鸟水。印是权力的象征，在印上刻上鸟的形象，从这里可推测出鸟在壮族先民意识中是具有重要意义的。

丘振声在《壮族图腾考》中说：鸟纹装饰是鸟图腾的象征。这种刻有鸟纹样的印鉴，可能是某种权力的象征，因而人们才“争夺”与“珍藏”，也有一定的神圣性。在这样神圣的物体刻上鸟纹，正是鸟图腾民族的惯例，正如以龙为图腾的中华民族历代帝

① 梁庭望．壮族文化概论［M］．南宁：广西教育出版社，2000：454.

② 廖明君．壮族自然崇拜文化［M］．南宁：广西人民出版社，2002：392-393.

王在自己的玉玺上雕上龙纹一样。①

此外，《麽经布洛陀》中共有两个抄本提到与鸟（老鹰）有关的部族，这也进一步证明了鸟在壮族先民心目中具有重要地位。

关于鸟与氏族始祖，有相关的文献材料记载：越地深山有鸟如鸠，青色，名曰冶鸟……此鸟日见其形，鸟也；夜听其鸣，人也。时观乐便作人悲喜，形长三尺，涧中取石蟹就人火间炙之，不可犯也。越人谓此鸟为越祝之祖。②

在壮族地区至今仍可见到此种鸟类，更为重要的是，它道出了人鸟合一的根本所在。至于“越人谓此鸟为越祝之祖”一句更是值得玩味：“一是这里的‘越祝’似应为‘越族’；二是我们知道巫祝在古代社会中具有很高的地位，故‘越祝之祖’亦可视为有‘越族之祖’的内涵”。③

透过这种鸟人合一的现象，我们可以发现鸟曾被视为壮族先民的祖先。也就是说，在壮族传统文化中，鸟与始祖的诞生、繁衍有着很大的联系，具有生殖崇拜文化内涵的。

郭沫若曾指出：“鸟直到现在都是生殖器的别名，卵是睾丸的别名。”④

邢公畹认为“鸟”字可能自古就有两个意思，第一义是“鸟雀”，第二义是“男性生殖器”。⑤

壮族称为始祖母的姆六甲，原型属于鸟类。“姆六甲”实为壮语读音，“六甲”表示一种鸟，即“六甲鸟祖母”，⑥这显然是存在于母系氏族社会里。到了父系氏族社会，女性的地位降低，父权制取代了母权制，古壮族又出现万能的创世神——男性的布洛陀。

据专家考证，“布洛陀”是壮语译音，其在壮语中共有四种读音相近而含义有别的称谓：一是 bouq luegh daeuz，二是 bouq luegh doz，三是 bouq loegh daeuz，四是 bouq lox doh。其中 bouq 是壮族对祖辈老人尊称的专有冠词。⑦

上述四种称谓，第一个是“山里的头人”的意思，可能是原先人们对氏族或部落首领的称呼；第二个是“山里的老人”的意思，这是从壮族多居住于山区来取意，是对老人的尊称，有的译作“陆驮公公”；第三个是“鸟的首领”的意思，这可能是原

① 丘振声 . 壮族图腾考［M］. 南宁：广西人民出版社，2006：185-186.

② 转引自廖明君 . 壮族自然崇拜文化［M］. 南宁：广西人民出版社，2002：435.

③ 转引自廖明君 . 壮族自然崇拜文化［M］. 南宁：广西人民出版社，2002：435.

④ 郭沫若著作编辑出版委员会 . 郭沫若全集 · 历史编：第 1 卷［M］. 北京：人民出版社，1982：329.

⑤ 邢公畹 . 语言论集［M］. 北京：商务印书馆，1983：319.

⑥ 梁庭望 . 西瓯骆越关系考略［J］. 广西民族研究，1989（4）.

⑦ 转引自廖明君 . 壮族自然崇拜文化［M］. 南宁：广西人民出版社，2002：436.

先鸟图腾的氏族对其首领的称呼；第四个是“无事不知的老人”的意思，这是概括和创造出来的集体智慧的化身。此外，“布洛陀”还有一些别的称谓，如 bouq it（第一祖父）、bouq nduj（最初祖父）、bouq coj（祖父的祖父，或泛称老祖宗）、bouq couhbwengz（造天地的祖父）等①。

上述材料对“布洛陀”的种种称谓，最值得我们注意的当是“鸟的首领”这一称谓。我们以为，其他的那些称谓都是在此基础上随着社会的变化而扩展产生的。这就是说，“布洛陀”这一壮族男性生育神的称谓，蕴藏着壮族“鸟 + 先祖”的生殖文化意蕴，这恰好与上述“冶鸟”为越人之祖互为印证。②

7.1.2.4 𧊅泥

在《麽经布洛陀》中有 22 个抄本提到“𧊅泥”，𧊅泥有特殊的文化意义。在壮族创世神话《布洛陀》里，提到布洛陀有四兄弟，老大是雷王，老二是蛟龙，老三是老虎，老四是布洛陀。丘振声在《壮族图腾考》中提到蛟龙是想象中的图腾③，它的原型是鳄鱼④，在壮语里称为“𧊅泥”（“𧊅”是壮语中称禽畜时的词头——笔者注）。在《占殺牛祭祖宗》提到“日子 辰 （是）日子 𧊅泥”，而辰是地支的第五位，属龙。从这里也可以印证前面提到的信息。

𧊅泥是壮族民间敬奉的水神。壮族地区水源丰富，河流纵横。无论是以渔猎为主的氏族，还是以农业为主的部落，都无法摆脱对于水的依赖。《淮南子・原道训》中关于“陆事寡而水事众”⑤的记述，正是对壮族先民日常生活的概括。壮民在长期的生产实践中，认识到了水的重要性，于是产生了对水神的崇拜。

与𧊅泥相关的既有好的也有坏的，坏征兆如下。壮人有点谈鳄色变，他们都怀着一种恐惧的心理，描述自己想象的那个可怕的𧊅泥形象，说谁要是碰上𧊅泥，就不吉利，会倒霉。

传说的𧊅泥形似巨鳄、蟒蛇一类，颜色黝黑，长有火冠、四爪、鳞甲，居于江河深潭中，能呼风唤雨，造河沟造泉塘，还会变成人形与人交往。壮族民间认为，若𧊅泥变形出现，一般预示要发生灾变。在《麽经布洛陀》中也有体现，如《麽请布洛陀》说：𧊅泥相追逐（在）食槽 猪；《九狼叺》说：入山林得仔𧊅泥，入山林碰见仔𧊅泥；《六造叭》

① 欧阳若修，周作秋，黄绍清，等. 壮族文学史：第 1 册［M］. 南宁：广西人民出版社，1986：61.

② 转引自廖明君. 壮族自然崇拜文化［M］. 南宁：广西人民出版社，2002：437.

③ 丘振声. 壮族图腾考［M］. 南宁：广西人民出版社，2006：16.

④ 同③，235.

⑤ 转引自张声震. 壮族通史［M］. 北京：民族出版社，1997：231.

说：去山谷见仔厄是殃怪；《布洛陀孝亲唱本》说：畐泥来 打滚食槽猪 是 凶兆。上述各种现象都是不好的征兆，必须延期布麽来做相应的法事才可以禳解灾难。

虽说畐泥变形出现一般预示要发生灾变，但有时亦具有善良可亲、同情救助弱者的品格和神威。壮族民间广泛流传着有关畐泥变成俊男靓女，常在歌圩时节来与异性对歌谈情说爱和交换信物的故事。还说若当事者发现它的异常表征而探问，它就立即隐身于沟渠水塘或江河中，还会传来悠悠的山歌声。《麽经布洛陀》中说到有个姑娘因不满父母的包办婚姻到河边哀叹，畐泥同情她，变成美男子与她幽会。姑娘怀孕并产下“厄儿”，取名王曹。“厄儿”长大后受人欺侮，经其母明示，在水宫中寻求其父亲畐泥的神助，成为武艺超群的英雄，最后战死疆场，变成阴间野鬼的鬼王。

此外，在葬坟中会考虑坟地的位置与畐泥的关系，如《呼社布洛陀》说：脉 坟地出 嘴巴畐泥那边 来。在这些地点葬坟是好的，安葬完以后——“儿 孙 真 当成 土司，代 代 真 出 官，发达 十 全 天 下（《呼社布洛陀》）”。

7.1.2.5 鸡

《麽经布洛陀》29 个抄本都有提到“鸡”（包括各种鸡）。鸡在壮族地区颇受重视。它是祭祀时供鬼神、祖先享用的供品，也是举行相关法事仪式时常用到的动物。

先讨论鸡崇拜。《麽送魆》说：部族 一 像 只 鸡；《布洛陀孝亲唱本》说：部族 一 灰黑 像 鸡；《占殺牛祭祖宗》说：部族 一 灰黑 像 鸡；《庅呩佈洛陀》有“麽赎鴨雞鵝魂”篇章。此外，《本麽叭》“篇章 麽诵 魂 鸭 魂 鸡 共 全 科”也有类似的内容。这些都是壮族先民鸡图腾的反映。

接下来讨论与鸡相关的法术——鸡卜。在氏族社会里，人们生活在万物有灵观念的支配下，各种宗教行为实为其表现。占卜术，是最古老的宗教法术形式，我国北方商代甲骨卜极盛，周代筮占法流行，出现蓍占专书《易经》，在观测天象的基础上发展起来的占星术也在殷周时期兴盛。而先秦时期南越瓯骆人则盛行鸡卜，即鸡骨卜。[①]

据《史记·孝武本纪》记载：“是时既灭南越，越人勇之乃言：‘越人俗信鬼，而其祠皆见鬼，数有效。昔东瓯王敬鬼，寿至百六十岁。后世谩怠，故衰耗’。乃令越巫立越祝祠，安台无坛，亦祠天神上帝百鬼，而以鸡卜。上信之，越祠鸡卜始用焉。”[②]张守节正义：“鸡卜法，用鸡一狗一，生，祝愿讫，即杀鸡狗，煮熟，又祭，独取鸡

① 转引自张声震．壮族麽经布洛陀影印译注［M］．南宁：广西民族出版社，2004：总序 13.

② 转引自覃兆福，陈慕贞．壮族历代史料荟萃［M］．南宁：广西民族出版社，1986：1.

两股骨，上自有孔裂，似人物形则吉，不足则凶，今岭南犹行此法也。”[①] 壮族民间流传有抄本《鸡卜经》，其中绘有卦象逾四百。[②] 有关鸡骨卜之术，在宋代周去非《岭外代答》中有更详细的记载：“南人以鸡卜，其法以小雄鸡未孳尾者，执其两足，焚香祷祈，占而扑杀之，取腿骨洗净，以麻线束两骨之中，以竹梃插所束之处俾两腿骨相背于竹梃之端，执梃再祷。左骨为侬，侬者我也；右骨为人，人者所占之事也。乃视两骨之侧，所有细窍，以细竹梃长寸余者，遍插之。或斜，或直，或正，或偏，各随其斜直正偏，而定吉凶。其法有一十八变，大抵直而正，或附骨者多吉；曲而斜，或远骨者多凶。亦有用鸡卵卜者，焚香祷祝，书墨于卵，记其四维而煮之，熟乃横截，视当墨之处，辨其白之厚薄，而定侬人吉凶焉。”[③]

《麽经布洛陀》中有多个抄本提到鸡卜、鸡骨卜及相关卦象名称，如《麽荷泰》中详细讲述鸡卜的由来和怎样用鸡卜判卦辞；《麽叭科儀》说：要鸡种来占卜，要鸡孵蛋来卜问，王才占出卦象鸡卜，王才说出卦象鸡卜。抄本《麽送鲀》有“麽唱杀鸡用”：人哪个会插占鸡卜，儿王会插占鸡卜，鸡排列上面桌，鸡不是鸡无事的，鸡这鸡讲话，鸡杀放上面桌，（那）鸡不是杀白白地，鸡此鸡讲事。《正一刘事巫書觧五楼川送鸦到共集》说：拔鸡（毛）要（拔）得干净，骨鸡要取得块状（完整）。

其他的抄本如《麽请布洛陀》《九狼叺》《麽叭床蹤一科》《哑兵棹座啟科》《麽兵甲一科》《狼麽再冤》《呼社布洛陀》《哑双材》中都提到了鸡卜。

下面来看鸡骨卜卦象名称。《麽请布洛陀》说：鸡消。鸡消：报晓鸡。古代攻战，以攻破山寨获报晓鸡和守寨老奴表示胜利。《吆兵全卷》说：鸡贊：反毛鸡；鸡加：黑白花鸡；鸡陋：黄花鸡；鸡執：送礼鸡；鸡地：土鸡；鸡衫：插胞鸡。在一窝鸡仔中，有一只两只发育不良，生长缓慢，不能与同窝鸡仔依时离开母鸡去独立生活，又和下一窝鸡仔一起由母鸡照顾，这种鸡称插胞鸡。鸡龍：大伯鸡，即领头报晓的公鸡；鸡咟：嘴鸡，即凌晨领头啼鸣的公鸡，又称“鸡伯”，即大公鸡。《九狼叺》说：鸡德：孤儿鸡。孤儿鸡因无母鸡照顾，体弱多病，形影孤单，需主人特别的精心护理，用“德[tak^7]”即蚱蜢喂养才能长大，故称。《麽经布洛陀》中多个抄本出现鸡骨卜卦象名称，从一个侧面反映了鸡卜的盛行。

①② 转引自张声震 . 壮族麽经布洛陀影印译注 [M] . 南宁：广西民族出版社，2004：2871.

③ 转引自覃兆福，陈慕贞 . 壮族历代史料荟萃 [M] . 南宁：广西民族出版社，1986：60.

7.1.2.6 狗

在《麽经布洛陀》中共有 25 个抄本提到“狗”。壮族先民对狗怀有崇拜的感情。

关于狗图腾。狗崇拜在《麽经布洛陀》中的体现如下。《麽送魈》说：州 一 像 嘴巴 狗。《呼社布洛陀》说：州 一 （长）像 嘴巴 狗。《麽送魈》说造狗和狗的日子。此外，抄本《呼社布洛陀》中也有类似的内容。《占殺牛祭祖宗》中则说“日子 戌（是）日子 只 狗”。这些都是狗崇拜的表现。

此外，壮族有许多地区的人们是不吃狗肉的，这也是狗图腾禁忌的一种重要表现。

在以狗为图腾的壮族人看来，狗威严无比，一切妖魔鬼怪在它的面前都不敢作恶，就连它的血液、皮毛也能辟邪驱瘟。

人们还把石狗或放置在村口，或坐落在门户两边，或对着崩崖危山的所谓险恶的风水之地。总之，用它们来“守村护寨”“驱邪镇妖”，避免邪恶神怪进入村寨，保护人畜安宁。

据调查资料，石狗在桂西南、桂西北和桂中壮族聚居的地区有着广泛的存在。具体说，就是上思、崇左、大新、田阳、忻城、来宾、横县、宾阳、合山、上林、都安、象州、金秀、荔浦、博白、浦北，以及南宁市郊的扬美村等地都有。仅上思一县的石狗，其总数就在 100 尊以上。①

考古学者郑超雄说，他的家乡广西来宾县附近的壮族水落村，村中立有一座狗头雕像，吻部向前突出，眼睛张开，有一种随时准备对付一切袭击的姿态。当地人称这尊狗头像为“阿公”，即“爷爷”的意思。他们每逢春节、农历二月初二社日、七月十四、八月十五及村民生病者即用牛头等向其供奉。②很显然，在这里，人们把狗看成是与自己有着“血缘关系”的祖宗，也就是把狗作为自己的图腾。

这里讨论一下崇拜狗的原因。原始时代，人们过着渔猎与采集为主的生活。狗是人们最早驯养的牲畜之一，是人们进行狩猎时得力的助手。特别是对付凶猛的野兽，狗往往是人所不能替代的。由于人们对它的灵敏嗅觉、快捷的奔跑及其爱憎分明的特性无法理解，于是赋予其神秘的属性并加以崇拜，并以之作为氏族或部落的标志。在瓯骆人绘制的左江崖壁画上，狗图像位于画面的中心位置，形态雄健，众人围绕四周举手欢呼，生动地体现了它在人们心目中的崇高地位。

与狗相关的仪式如狗头判，狗头判为壮族布麽用狗头判别恶鬼驱妖的法事。抄本

① 转引自丘振声．壮族图腾考［M］．南宁：广西人民出版社，2006：290.

② 廖明君．壮族自然崇拜文化［M］．南宁：广西人民出版社，2002：284.

《狼麽再宽》中说“斷頭猲科（判 头 狗 科目）”，主要讲狗头判的来源；《麽王曹科》说用狗头赎魂；《麽荷泰》说求雨仪式。《麽荷泰》求雨仪式中提到“要 只 狗 背 轭，天 才 炸裂 响 轰隆”，这里之所以要狗去背轭，是因为壮民认为狗有灵性，可以驭神，能够通天，使天下雨。相关的求雨仪式在壮族农村也有流传。直到新中国成立前，壮族农村在大旱之年还用狗求雨。在环江毛南族自治县的壮族村寨称为“打龙潭”。具体做法是，在禾苗受旱严重时，人们将猫、狗各两只丢进深潭，据说，这样做三天后就会下雨。① 丘振声在《壮族图腾考》中也提到都安县一带的壮族在天旱时抬着狗和铜鼓去游村寨，祈求上天下雨。②

7.1.2.7 鸭

《麽经布洛陀》中每个抄本都提到说“鸭”。鸭在壮民家庭生活中也扮演着比较重要的角色。在祭祀中常用到鸭，主要是因为鸭会游水，能驮祭品到阴间给过世的先人。

《麽经布洛陀》中有多个地方体现鸭崇拜，例如，《麽送鮇》说：部族 一 扁 像 鸭子，部族 一 死 像 鸭子；《呼社布洛陀》说：部族 一 蜷缩 如 鸭子。《麽经布洛陀》中还有多个抄本提到用鸭来禳解、赎魂、祭祀的。

与鸭相关的节日是鬼节。《麽经布洛陀》中有几个抄本提到过七月十四节日，如《九狼叭》说：七 月 棑 十 四（七 月 祭 十 四）；《歴漢皇祖王一科》说：七 月 卑 十 四（七 月 祭 十 四）；《吆王曹吆塘》说：七 月 卑 十 四（七 月 祭供 十 四）。

七月十四俗称鬼节。鬼节有杀鸭的习俗。鸭肉是“鬼节”必备的祭祀食物，在七月十四这一天，真的可以说是“无鸭不成节”。壮族民间传说：鬼回家时都是从水上漂回来的，鸭子会游泳，能载着祖宗们回来，也可载着他们回去。③

《麽经布洛陀》中有与鸭相关的传说。《本麽叭》说：母 鸭 只 下 蛋，给 母 鸡 孵 仔。壮族民间传说因为布洛陀派人射太阳，太阳躲到海底去。布洛陀派鸡去叫喊，鸡不会游泳，派鸭来驮鸡。鸭和鸡约定：我今天驮你过海，以后你帮我孵蛋。鸡答应了，以后就成了惯例。④

7.1.2.8 虫

《麽经布洛陀》中有21个抄本提到“虫”（包括各种虫）。在这里主要讨论虫造字。

① 潘其旭，覃乃昌．壮族百科辞典［Z］．南宁：广西人民出版社，1993：364.

② 转引自丘振声．壮族图腾考［M］．南宁：广西人民出版社，2006：293.

③ 覃海恋．从壮族的信仰看文化的传播［J］．今日南国，2008（11）：11.

④ 张声震．壮族麽经布洛陀影印译注［M］．南宁：广西民族出版社，2004：1252.

《麽经布洛陀》中有多个抄本提到虫造字，如《麽请布洛陀》《吆兵全卷》《麽叭科儀》《麽兵甲一科》，这几个抄本中都有相似的虫造字的内容。

而《麽使虽朗甲科》中的内容则有些变化，文中说：

代（人）前聪明又聪明，
造三只螟蛉，
造七只螟虫，
啃稻糯王（的）干瘪，
……
我有宝贝一好，
我写个字贼，
我写个字红，
拿去放那边鱼塘，
三早王去窥探，
九早王去偷看，
就出个字反，
就成个字山歌。

据上文可知，“虫爬行的痕迹”就成为字。这可能是壮族先民关于文字的模糊记忆。从氏族部落时代开始，壮族及其先民就不断努力创造本民族的文字。[①] 方块壮字产生之前，壮族或曾有过自创文字，即 sawgoek（根源字）。sawgoek 是壮族先民从昆虫爬行时留下的痕迹中得到启发而创制的。后来由于一场意外的大火，sawgoek 的资料全部化为灰烬，此种文字也从此失传。

徐松石在广西桂平考察时，在合村灯芯坤的深山里发现一座刻有很多阴文符号巨石。这些刻画符号不仅像《麽经布洛陀》中所说的“虫爬行的痕迹”，而且有整齐的交叉和直角，据徐先生考证，它们很有可能就是壮族自创文字的雏形，如图（7-1）所示。[②]

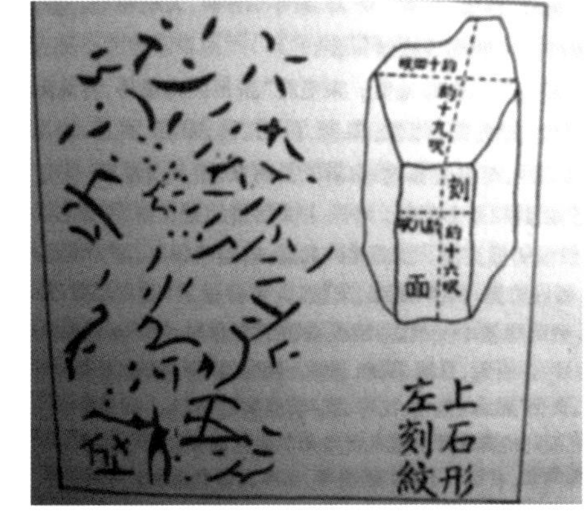

图 7-1

上述《麽使虽郎甲科》中说到：就成个字山歌。

① 张声震．壮族麽经布洛陀影印译注［M］．南宁：广西民族出版社，2004：总序 19.

② 徐松石．粤江流域人民史［M］// 徐松石．徐松石民族文学集．桂林：广西师范大学出版社，2005：168-169.

我们知道，“壮族是一个善歌唱的民族，壮乡号称歌海，被诗人称为铺满琴键的土地。”[①] 丘振声在《壮族图腾考》中也说：自古以来，壮族就热衷于歌唱。酬神还愿，求雨游神，驱邪逐灾等，无不歌唱。每一个人的生、老、病、死、婚、丧、嫁、娶，也都伴之以歌。[②] 从虫造出“字山歌”这里，我们可以追寻到壮族山歌的踪影。

◆ 7.2 植物词 ◆

7.2.1 植物词的特点

植物词中，谷物的种类齐全，包括水稻、黑米稻、糯米稻、粟米、籼米稻、粳米稻等，说明稻谷作为壮族主要的粮食作物，对壮语词汇的影响是巨大的。由稻谷一个“厚（音 haeux）”词，就可以囊括所有粮食；还能构造出其他非稻谷但与粮食种植相关名称，如玉米（音 haeux-yangz）、稗草（音 haeux-vaeng）等。

在植物词中，树类占多数，且大多数植物都属于亚热带植物，是壮族生活环境的直观反映。例如：美－苟（maex-gyaeuq；树－桐油），美－律（maex-loed；树－金竹），非－懷（faex-vak；树－柏），美－叁（maex-san；木－棕榈藤），美－顣（maex-yienq；木－宪）。

植物词一个重要特色也是一般要加量词词头，用法与动物名词相近。例如：阿－告（go-gauj；棵－樟树），阿－婁（go-laeu；棵－枫树），阿－垄（go-ndoek；棵－竹子）。

此外，植物名词还出现了半（byongh；芋头），郎（langz；笋），柳（liu；芦苇），册（fek；芭芒），基（gi；断肠草），鶻（gut；蕨草），何（haq；野姜），合（haz；茅草），熏（hing；姜），貸（ho；大蒜），汸－厄（lwg-nguh；果－无花），门（maenz；红薯），耒（ndaij；麻），笹（yiej；草），栮（laet；菌类、蘑菇、木耳）。这说明《麽经布洛陀》抄本书写的年代，壮族民间已经有笋、芋头、红薯、蘑菇（木耳）、大蒜、麻、姜，并且能用姜来区别另一类似物种野姜，从中也看出壮族民间对山林的认知是比较系统的。《麽经布洛陀》开篇起句“四盖四皇造”（siq gaiq siq vuengz caux；四 界 四（个）王 创造）中的“四界”指的就是天界、山界、水界和山林界。由此可见，山林观是壮族认知世界的一个重要视角。

① 梁庭望．壮族风俗志［M］．北京：中央民族学院出版社，1987：152.

② 丘振声．壮族图腾考［M］．南宁：广西人民出版社，2006：356.

7.2.2 典型植物词文化意义分析

纵观《麽经布洛陀》29 个抄本中所出现的植物词及其相关信息，下面从众多植物词中选取禾、树、花、草、竹这 5 个比较典型的植物词来展开比较具体的论述。

7.2.2.1 禾

《麽经布洛陀》中一共有 26 个抄本提到“禾”以及与禾相关的稻和谷。

珠江流域属亚热带，地理气候环境适宜水稻种植。壮族先民适应这一自然地理环境和气候特点，充分运用自己的知识和智慧，把野生稻驯化为水稻，进而形成以禾（水稻）崇拜为核心的独具特色的“那”（稻作）文化。禾崇拜文化是壮族那文化的植物体现。禾崇拜主要体现在以下几个方面。

1. 节庆中的祭品

（1）糯米饭。糯米饭有黏性，壮族人民视之为团结、亲和、情深意切的象征，在节日和婚丧嫁娶等重要的社会活动中，不仅作为主食食用，而且还作为祭祀神灵的祭品及馈赠亲友的礼品。[①] 五色糯米饭是用红兰草、紫番藤、黄花、枫树叶等捣烂取汁，分别浸泡糯米，经蒸熟而成。

抄本《九狼叺》提到“呆花针”：呆花针即紫红花糯米饭。用红兰草来浸泡糯米，着色后蒸熟即成。

（2）糍粑。糍粑是用蒸熟的糯米倒于石臼或木臼中经舂捣成软糕状，再分别揉捏成小团再摁压成一个个扁平圆形的饼。《麽请布洛陀》说：土司得管全地方，天下才软如糍粑。这里用“软如糍粑”来比喻天下民心归顺，人民服从统治。

（3）粽粑。《麽王曹科》说：粽 粑 儿 这个 摆。粽粑是壮族年节传统食品。用粽叶包糯米，中间放猪肉、绿豆。除夕前，壮族家家户户做粽粑，除夕摆在供台上祭祖，也称年粽。

2. 与禾相关的仪式

（1）赎禾魂仪式。抄本《麽収魂糎一科》为麽诵招赎稻谷魂的一个科目。《赎魂糎吰》则是赎稻谷魂麽经。《麽经布洛陀》中出现麽诵招赎稻谷魂的科目和专门的赎稻谷魂（禾魂）的篇章，从一个侧面说明了禾对人们的重要性。

壮族是古老的稻作民族，基于“万物有灵”的原始观念，认为稻种从发芽长成禾苗，到抽穗扬花，结成谷子，是一种生灵的生长还原过程，而其中是稻谷的“魂魄”起决定作用。故在壮族民间习俗中，尤为崇奉“稻谷魂”，从播种、插秧、护苗到收割、

① 戴光禄，何正廷．勐僚西尼故：壮族文化概览［M］．昆明：云南美术出版社，2005：57.

入仓等耕种收获过程，都有一系列的仪式，还立有传统的“稻魂节”。在稻禾即将抽穗时，备一些糯饭或糍粑祭品到田头，随之拔几根禾青捎回家中，挂于神龛，意为迎接“稻谷魂”回家供祭，以求丰稔。若遇旱、涝、虫害等灾变，或禾苗长势不好，便认为是殃怪作祟而使“稻谷魂”逃散所致，便延请布麽来做法事，麽诵赎稻魂经，意在把逃散的“稻谷魂”赎回来，祈求年景好转。

（2）“摆党那”。《本麽叭》说：党 那 罧 平 幸（水坎 田 崩 是 精怪）。“党那”意为稻田的进水口石坎，为灌溉的水利设施之一。在水渠灌区内，每块田都设有进水的石坎，其宽度及高低，均按田块所需的灌水量而设置，以合理分水，保障耕作灌溉。壮族农家在插秧后，有祭祀进水口石坎的习俗，称“摆党那”，以祈丰稔。这一习俗在《麽叹魂糎一科》中也有所反映，见下。

（一）只鸭和（一）只鸡，
尽力摆（供品）去赎魂，
只鸭子和只鱼，
拿去祭水口田。

（3）补粮仪式。《麽请布洛陀》说：书补粮娶媳妇（是）祖公创造。壮族民间认为，人到了36、49、61、73等年岁，养命的“粮”逐渐减少，需要补充粮食才能长寿。为此，都要由子孙们每人用白布缝一小袋，装上0.5公斤大米，送给到这些年岁的人，请布麽来举行补粮寿仪，念布洛陀麽经中的补粮经。

（4）“撒谷种”和“长寿饭”。《麽送鬿》说：派 小 孩 去 舂米。（在该文中指赶舂丧事用米。）

壮族丧俗，用三碗生米插九束香祭亡灵。出殡时，将蒸熟的糯米饭抛撒，谓之“撒谷种”，亲族争相捡取。葬毕，煮饭和豆腐、黄豆请亲邻享用，谓之“长寿饭”。

（5）寄养仪式。《布洛陀孝亲唱本》提到：丕 請 仆 褒 計（去 请 那位 公 寄养），丕 請 仆 女下 計（去 请 那位 婆 寄养）。

壮族生养习俗。旧时小孩多病，父母请来布麽推算生辰八字，认为孩子需吃两家饭才能消灾健体，于是请布麽找与孩子的命相合的别家父母来做小孩的寄父母。举行寄养仪式后，小孩便有了寄父母，往后每月初一、十五小孩可以到寄父母家拿米吃饭，每年春节大年初一小孩都要到寄父母家走亲戚，一直到十八岁。

3. 与禾相关的节日

与禾相关的节日是“尝新节”。尝新节为壮族传统节日。尝新节在农历九月初九日。相传很久以前，洪水淹没壮族村寨田园，谷物失收，饥荒逼人。谷神拯救万民，撒下谷种。

水退后，种子发芽，一天长几寸，第七天就抽穗结粒。百姓在谷子未全成熟时，即收嫩谷充饥，后演成节日。因而每年这一天，农家妇女便把露黄未退青的糯谷收割一些回来，脱粒后在热锅上炒熟，趁热配嫩姜叶冲筛，制成“糇口某”（意为“咀嚼的新米”）供祭谷神，并互送邻里尝新。[①] 以上种种，皆为禾（稻谷）崇拜的表现形式或其遗迹。

7.2.2.2 树

《麽经布洛陀》中一共有 27 个抄本提到“树”（包括各种树，如以“×× 树”的形式出现）以及“木”。

1. 树图腾

树图腾的产生，与壮族先民的巢居生活有着密切的关系。直到唐宋时期，岭南地区仍存在着巢居。赖以巢居的树木，一要高大，才能躲避野兽的侵袭。二要树叶繁茂，常年翠绿，才能避风雨。榕树、枫树与木棉是巢居最理想的树木。人们在这些“树屋”之上，生男育女，代代相传，无不受到树的荫护。同时人们还把树木当作气象变化的标志，以及进行农耕的依据。壮族的先人便把自己所依靠的大树看作庇护之所，并对它们产生一种亲近感、安全感，从而产生图腾崇拜的感情。这种反映至今仍有体现。

其一，“祖宗神树”。在南宁市武鸣区西北部和马山县东部，几乎每一个壮族村寨都有一棵被加以特殊保护的树木，俗称“祖宗神树”。“祖宗神树”一般以木棉树、榕树和枫树为最普遍。武鸣区两江镇那汉村的神树是木棉树。据当地的老人说，那汉村建于明万历十年（1528 年），这棵木棉树就是在建村的时候种下的，到现在已有 400 多年的历史了。全才村则是榕树。若无这三种树，也可以用其他大树木如松树来代替。[②]

当地壮族群众认为，这些被加以保护的树木有神灵附于其上，是神树，人们不能随意接近，更不允许乱加损伤砍伐，也不允许在其附近大小便，说一些亵渎神灵的话语，更不允许在附近发生两性关系，违禁者将会受到神灵的惩罚，轻者破财或生病，重者身体致残，甚至死亡。[③]

其二，“寄身树神”。在壮族地区，一直流传着“寄身树神”的生养习俗。这里的“树神”，指的是生长在村寨附近的榕树、枫树或者木棉树。由于神树能保护人畜禾苗的安好，壮族群众在小孩出生后，如果其经常体弱多病，经按生辰等推算，说这小孩五行中缺木，

①《中国各民族宗教与神话大词典》编审委员会 . 中国各民族宗教与神话大词典［Z］. 北京：学苑出版社，1990：777.

② 廖明君 . 壮族自然崇拜文化［M］. 南宁：广西人民出版社，2002：211.

③ 廖明君 . 壮族自然崇拜文化［M］. 南宁：广西人民出版社，2002：211.

便需拜寄树木为“契父母”来补全五行中所缺的木，这样才能消灾消难，顺利长大成人。

其三，树枝避邪。《麽送魃》提到布麽以枫树枝和樟树枝做青符。壮族民间视枫树和樟树为神树，常采其枝条作青符插于家门和栏圈门借以避邪。布麽以枫树枝和樟树枝做青符，以避邪驱妖，为亡灵铺路超度。此俗与这两棵树有消暑和保健药用有关。

在民间也有插树枝避邪的习俗。孩子出生时，为了保护母子平安，则在门框上插上柚子树枝。插在左边，表示生男孩子，插在右边则是生女孩。三天换一枝，换到满月为止。[①] 在广西巴马、东兰县一带壮乡，在婴儿出生时，产妇房门上要挂上一根榕树枝。其用意也是赶邪驱祟，防止鬼怪缠婴儿身。

2. 树与火的出现

《麽经布洛陀》中有抄本提到壮族始祖神布洛陀教人们用树（木）与树（木）相互摩擦，钻取火种。

抄本《麽请布洛陀》提到造火：

造火下面树无花果，
你割木为段，
你砍木为节，
两人做拖拉，
两人放艾花，
木块一在下面，
找块一放上面，
木拖去拉来，
木擦去擦来，
造火就成火，
制火就成火。

《吆兵全卷》有“麽造火”：

造火有何难，
造在根树毛竹，
造在尾树芦苇。

抄本《庅哄佈洛陀》说：

见棵樟树已弯（枯死），

① 梁庭望．壮族风俗志［Z］．北京：中央民族学院出版社，1987：75.

见棵枫树已枯干，
刀去砍做段，
三人拿面前，
五人拿面后，
根火出这来。

从上述内容可以看出，树与火的出现有密切关系。

3. 与树相关的说法、仪式

一是干栏［ka:n^{1}la:n^2］。《吆兵全卷》提到："司定杳定蘭（书定粮仓定干栏）"。干栏又称"麻栏"，是壮族传统的民居建筑形式。壮语干栏［ka:n^{1}la:n^2］中的"干"是"上面"或"架空"的意思；"栏"指"房子"。合起来即"建在架空平台上的房子"。《魏书·僚传》记载："依树积木，以居其上，名曰干阑。干阑大小，随其家口之数。"① 宋代周去非《岭外代答》记载："民编竹苫茅为两重，上以自处，下居鸡豚，谓之麻栏。"② 明代邝露《赤雅》记载："辑茅索绹，伐木架楹，人栖其上，牛羊犬豚畜其下，谓之麻栏。"③ 最初的干栏只是在大树桠上架木搭棚而居，结构简单，下层仅有几根柱子，无围篱。后来，下层围以竹、木，或砌石为墙，用于圈养牲畜。壮族干栏建筑不仅适应潮湿多雨、地势不平的南方山区，同时还便于防盗和防止野兽攻击。

二是隆黎［loŋ^{2}lai^1］。《九狼叺》提到"隆黎"。隆黎原意为下干栏楼梯。壮族传统民居为干栏建筑，上层为人居室，下层为禽畜栏圈，正门设梯子，出入家门沿梯子上下，女子出嫁须下干栏楼梯去夫家。"隆黎"含离家之意，故以此为女子出嫁的代称。正如闺阁是汉族姑娘的主要居室，汉族姑娘出嫁叫"出阁"，壮族姑娘出嫁则称为"隆黎"（下楼梯）。

三是律里［lit^{8}lai^1］、炁廖［hi^{5}li:u^1］。《吆兵全卷》提到律里［lit^{8}lai^1］、炁廖［hi^{5}li:u^1］。这两者均指布麽为排冤解邪举行的法事仪式。"律"指拆除，"炁"即拆断；"里"指干栏建筑的梯子；"廖"则指梯子的梯级。壮族民间称女子出嫁为"loŋ^{2}lai^1"（下楼梯），故"里"在此指代外家。壮族民间认为，女儿嫁至男家，可能会随之带来某种冤邪，须请布麽做"律里""炁廖"仪式驱邪。做法是布麽事先用芦苇制作一把小梯子，然后边喃诵除冤经文边逐格拆除梯级，拆一级表示排除一个冤源，直至拆除所有梯级，

① 转引自覃兆福，陈慕贞．壮族历代史料荟萃［M］．南宁：广西民族出版社，1986：9.

② 同①，P58.

③ 同①，P68.

即表示所有冤邪排除完毕。

4. 与树相关的传说

壮族地区流传有关于《祖宗神树》的传说：布伯以后，人口逐渐增多，在同一块土地上谋生已非常困难，为了部落的繁衍发展，大家便决定分头到各地去寻找生活。

这时有三个老人提出问题：我们现在分开了，将来子孙们互不认识，打起来怎么办？

于是，大家决定到山上去种三种树。第一个上山种上木棉树。到三月木棉花开时，满山红花，远远看去就像一丛丛火把。第二个则种上大榕树。大榕树根深叶茂，表示部落子孙繁荣昌盛。第三个种上枫树。人们用枫叶来染糯米饭，叫作精乌饭。后来又加上黄色、红色、紫色、白色，成为五色，表示五谷丰收。[①]

在传说中，壮族祖先是在农历三月三这一天上山种木棉、榕树和枫树的。据说从那天以后，壮族便把它们视为自己民族及性格的象征：木棉象征勇敢、坚强；榕树象征种族繁荣昌盛；枫树象征民族的苦难史。[②]

7.2.2.3 花

《麽经布洛陀》中每一个抄本都提到“花”（包括各种花）。在壮族先民采集野果及植物茎、根等为生活的食物时，首先为植物之花的色泽、形状所吸引。后来，他们逐渐注意到花对于植物繁殖具有的重要意义：绝大多数植物是通过开花、结果来繁衍下一代的。没有花朵，便没有果实，花朵开得不茂盛，果实就结得不多。因此，在人们的眼中，花是一个决定性的因素，花凋谢之后变成为果，也是十分神秘的。于是产生了对花的崇拜。花崇拜主要表现在以下两个地方。

一是与花相关的仪式。壮族民间有延请布麽或巫婆向花婆神祈祷生育和保佑孩子安康成长的“求花”“安花”“保花”祭祀仪式。

《吆兵全卷》提到“求花”。

“花”指孩子，“求花”即求子。壮族生育习俗，认为人的生育由花婆神来管理，孩子是花婆神花园里的花朵。人生孩子是花婆神送给的，送给白花就生男孩，送给红花就生女孩，给多少朵花就生多少个孩子，不送花就永世不生孩子。故壮族把求生育称为“求花”。

小孩出生时，要请巫婆到野外去请花摘一把野花放到生产妇女的床头来安花婆神位。从此，每逢初一、十五都要烧香祭拜花婆神，以保佑孩子健康，直到孩子长大结

① 转引自廖明君．壮族自然崇拜文化［M］．南宁：广西人民出版社，2002：208.

② 同①．

婚成家，母亲床头的花婆神位才能拆除。

二是“花婆节”。在壮族地区盛行的对于花的崇拜的浓厚的文化氛围中，左右着花的一切的花婆逐渐拥有至高无上的地位，成为具有特殊生殖力的生育神。刘锡蕃《岭表纪蛮》有相应的介绍：

壮俗祀“花母”，亦曰“花婆”。农历二月初二，为“花婆”诞期，搭彩楼，建斋醮，延师巫奉诵，男女聚者千数百人，歌颂叫号，二三日乃散，谓之“作星”。又，壮乏嗣，或子女多病，则延师巫“架红桥”“接彩花”，乞灵于“花婆”，期时亲朋皆贺。①

关于“花婆节”还有另外一种说法。蓝鸿恩提到：花王神是壮族信奉的司生育女神。壮族古代神话中的姆六甲，就是花王神的原型。姆六甲是从花朵中生出来的，人们都是姆六甲屋后花园里的花转到世上来的。没有生育的妇女，在花王神生日时，都到野外采花来戴。到妇女怀孕时，怕小孩出生没有灵魂，就要请师公到野外求花，还要在路边小沟做架桥仪式，把花从桥上接过来。生下小孩就请巫婆到野外去请花，摘一把野花放到出生妇女的床头来安花王神位。孩子长大到懂事，每月初一十五都要对花王神位跪拜作揖，以保佑小孩健康。直到这小孩长大结婚，母亲的床头神位才能拆除。据说旧历二月十九日是花王生日，所以壮族妇女在这一天过节，过节的仪式是村上同一辈的妇女结异姓姐妹，大家凑钱来置鸡鸭猪肉来供花王神，然后大家成群结队到野外摘花互戴。热闹非常，以佑养育之福。②

7.2.2.4 草

《麽经布洛陀》中一共有 28 个抄本提到“草”（包括种草）。草在壮族民间用途比较广泛。如具有乡规民约作用的茅草标；扎成人样为鬼魂引路的茅郎；用来占卦的茅草卜；《本麽叭》提到用茅草根和树叶结绳施行巫术，即放蛊。此外还有壮族农家建在田间地头的茅寮。茅寮的用处有三：一是人住在茅寮里看护庄稼，防偷盗或野兽侵害；二是设神台摆供品祭庄稼；三是劳作中休息的处所。

1. 与草相关的习俗

一是栽植长生草。《麽破塘》提到长生草。长生草是一种草本植物，叶长、丛生，药名叫小驳骨草。壮族民间视为“长生草”，如果孩子八字有不长寿预兆，在请布麽来做补命法事时就栽植此草，祈求孩子像“长生草”一样长命百岁。

二是别草避鬼。有的地方的壮族人，因为在日常的生活接触中逐渐发现茅草生命

① 转引自廖明君．壮族自然崇拜文化［M］．南宁：广西人民出版社，2002：270.

②《中国各民族宗教与神话大词典》编审委员会．中国各民族宗教与神话大词典［Z］．北京：学苑出版社，1990：762.

力强，其地下根交织如网，易长难除，便以为其灵最为强劲，晚上走路或者背小孩出远门，常会别一根在腰间，以期避百鬼。

2. 与草相关的说法

与草相关的说法有“服饰尚青”。此说与蓝靛草有关（《麽送魈》有提到）。蓝靛草，学名蓼蓝，一年生草本植物，用其叶子发酵取汁制成蓝靛，为深蓝色的有机染料，用来染布，颜色经久不退。古时壮族衣着喜用蓝靛（靛青）染制，历有“服饰尚青”之说。

3. 与草相关的传说

《布洛陀孝亲唱本》提到茅人。茅人为用稻草或茅草扎成之人形。壮族民间传说讲到，茅人是私生子，所以长大后为人奴仆，死后也成为死鬼的奴仆。昔时，凡是死了人，必扎一个茅人放进棺材或烧给死者，让死者在阴间也有仆人使唤。

7.2.2.5 竹

《麽经布洛陀》中一共有 24 个抄本提到“竹”（包括种竹）。竹在壮族人的日常生活中用途广泛。在《麽经布洛陀》中有很多个地方提到与竹相关的生活生产用具，如烘谷架（烘篮）、水车、筒车、水枧、竹筒等。

1. 竹崇拜

壮族人在日常生活中与竹接触较多，逐渐发现竹子有着强大的生命力，于是对竹产生崇拜。人们不仅对竹有着美好的感情，还把竹子神圣化和神秘化。他们把竹子当作生命的保护神。在广西红水河一带的壮族村寨，长期以来，流行着“架桥补命”和“种竹补命”的习俗。竹崇拜在《麽经布洛陀》中也有体现，表现在如下几个方面。

（1）铺路架桥。《吆兵全卷》提到铺路架桥。铺路架桥为壮族民间生育习俗之一，婚后日久不生育的夫妇，用长三十多厘米、宽三厘米多的竹木片，扎上布、红花，钉在村头路上，让行人往来走过，积功德以求子。

（2）架桥补命。《吆兵全卷》提到架桥补命。架桥补命为壮族生育习俗之一，流行于广西红水河一带。其做法是，生男育女之主家，在村头架座小桥，先扶小孩走过桥上，请布麽唱述主家心地仁慈，热心公益事，祈求小孩茁壮成才；然后立一小竹竿于桥头，从小竹竿拉一条红绳至主家房门，称“补命线”。在这里，立小竹竿有着一种寓意，即祈望小孩能像竹笋一样茁壮成长，经受得住风雨。

（3）“种竹补命”。“种竹补命”为壮族生养习俗之一。孩子饮食不佳，或瘦弱多病，父母则认为孩子命单薄，便请麽公来种竹，以增补孩子之命，求其如竹之生机勃勃。

种竹多是山竹、绵竹、南竹。种竹前，先由孩子的父兄在屋边或路口挖土开窝，选来一蔸健壮的嫩竹，摆好酒、米、肉、鸡、猪头肉、红蛋、红糯饭等熟食品，然后

请麽公唱念孩子命单体薄，依靠青竹赐给安康。念唱三遍后，麽公立竹并埋下一把土，随后由一位父母双全的男人继续培土，麽公撒几粒米及挂红纸条后，即领孩子回家。种竹后，主人要勤护理，包种包活，否则不吉利，要种第二次。①

2. 与竹相关的仪式、说法

（1）竹卜。竹卜是以一长一寸多的一节罗汉竹破为两半做法器，自一米高以上往地下掷，全开（阳）或全合（阴）为吉，一正一反为凶。

（2）法事用竹。在壮人心目中，竹子能通神。人死后，亡魂要通过竹子，才能升天。道公为死人做法事时，幡是必不可少的。上幡时，要到村边竹林中选砍三棵长得最茂盛的竹子，分别挂上幡龙，并在幡顶上挂上一对小鸡，表示天公地母接亡魂上路。②

（3）“独法”［$tok^7fa:k^8$］。抄本《麽请布洛陀》提到“独法”。“独法”直译是落下竹榻、竹楼板，意思是孕妇分娩产下婴儿。古代壮族居住的地理气候环境是高温多雨潮湿的热带亚热带地区，与此相适应，壮民族创造了干栏建筑，即用竹木搭建的楼房，家中的桌椅、卧床以及干栏二层楼板也都是用竹子、竹片加工而成的。竹片做成的楼板和卧榻叫［$fa:k^8$］。人们就“法”［$fa:k^8$］而卧，分娩时婴儿落在竹片、楼板或床板上，故将分娩称为“独法”，其词义与汉语的“呱呱坠地”相对应。

7.3 亲属称谓词

《麽经布洛陀》中有大量的亲属称谓词，这些亲属称谓词是研究《麽经布洛陀》称谓词的珍贵材料。相关的亲属称谓词参见下表。

表 7-1《麽经布洛陀》中表示人际关系（包括客友、亲属称谓等）的词③

敖 au 叔叔	凴 baengz 布	咘 baeuq 祖公	咘 baeuq 家公	婄 baex 媳妇
婄 baex 儿媳	妑 baj 伯娘、舅娘	娩 bawx 媳妇	娩 bawx 儿媳	偹 baz 妻子、妾

①《中国各民族宗教与神话大词典》编审委员会．中国各民族宗教与神话大词典［Z］．北京：学苑出版社，1990：765.

②《中国各民族宗教与神话大词典》编审委员会．中国各民族宗教与神话大词典［Z］．北京：学苑出版社，1990：753.

③有的词内部包含两类或两类以上关系，如丈夫－家公、媳妇－儿媳、婆婆－妻妾、情人－朋友、同伴－老同－老金等。由于义项之间有联系，在这里我们把它们看作一个词。

必 bis 兄长	被 bix 兄	被 bix 姐	被－貸 bix-daih 兄－长	被－農 bix-nuengx 兄－弟
愽 boh 父	愽 boh 丈夫	博 bos 父	俌 bux 公	齊 cij 子
婧 cing 孙	祖 coj 祖	祖－揔 coj-coeng 祖－宗	楝－揔 coq-coeng 祖－宗	殆 da 外公、外家
殆 da 岳父	泰 daiq 岳母	泰 daiq 外婆	篤－汸 duz-lwg 个－儿子	蓋－被 gaiq-bix 予－兄
穹 gungq 老人、公公、祖	閔 gvan 丈夫	閔－偹 gvan-baz 夫－妻	弩 goeng 公公	弩－殆 goeng-da 岳－父
曠 gvang 君、君王、夫君	曠 gvang 父亲	妃 gwiz 女婿	交 gyauj 丈夫	交－龍 gyiuq-ndong 亲－戚
江 gyueng 祖宗	栟 lan 孙子、外孙、孙	浪－楞 langh-laeng 外－家	梛 liuz 婶娘	梛 liuz 弟媳、妯娌
槑 lug 孩子	勒 luks 儿	竜 lungz 伯父	汸 lwg 孩子、禽仔、籽	汸－敉 lwg-ciengx 儿－养
汸－栟 lwg-lan 儿－孙	汸－輪 lwg-lwnz 仔－小	美 maex 妻、妾、母、姑	脳 mbwk 女人、女儿	庅 meh 母
庅 meh 母亲、岳母	庅－楞 meh-laeng 娘－后	媽 mes 母	乃 naix 妻、妾	浪－楞 nangh-laeng 外－家
徃 nangz 女儿、儿媳	徃 nangz 妻子	徃 nangz 妹	徃 nangz 娘	腊 nax 姨、舅娘、舅舅

龍	弟	蕽	蕽－腊	嗄
ndong	nooqr	nuengx	nuengx-nax	yah
亲家	弟	弟、妹	小－舅、小－姨	妻妾

嗄－泰	嗄－雌
yah-daiq	yah-swq
岳－母	婆－媒

《麽经布洛陀》亲属称谓词展现出壮语亲属称谓词不区别血亲和姻亲的特点，其中表现姻亲与血亲称谓一致的词：母亲（meh）——岳母（meh），孙子（lan）——外孙（lan），女儿（nangz）——儿媳（nangz），伯娘（baj）——舅娘（baj）。这可能是壮族与汉族曾经在相当长的一段时期内不同婚姻宗族制度、亲属关系和民族社会观念的一个反映。

这些一致性姻亲称谓可能与壮族历史上独特的婚姻方式有关。相传壮族民间曾有女子婚后不落夫家的风俗，女子出嫁不在夫家居住，而是仍然回娘家住，农忙时节或等到怀孕临产才到夫家居住。这样，婚姻对男女双方的生活没有太大的影响，不但没有束缚双方的生活方式，还多了一家亲戚。这种开放性的婚姻方式体现的是“大家庭”的观念。

当然，“女子婚后不落夫家”是古代曾经出现的婚姻方式，从称谓词的区分变化可以知道，这种方式随着社会的发展已经被人们淘汰了。例如：岳－母（yah-daiq）——婆婆（yah），岳－父（goeng-da）——公公（baeuq），女婿（gwiz）——儿（lwg），叔叔（au）——舅舅（nax），伯父（lungz）——舅舅（nax），舅娘（nax）——婶娘（liuz）。

《麽经布洛陀》还存在同辈关系间男女称谓不区分的情况，例如：姨、舅娘、舅舅，统称 nax；小舅、小姨，统称 nuengx-nax；弟、妹——侬（nuengx）；哥、姐——彼（bix）；儿（儿子、女儿）——沩（lwg）；孙（孙子、孙女）——婧（cing）或孙（lan）。这些称呼应该是现代壮语称呼的早期形式。后期出现的一些区别性称谓（附加性别成分）如“nax boh”表示舅舅，“nax meh”表示姨、舅娘，应该是借用汉语引起的变化。

词汇的亲属称谓是一定社会制度的写照，从亲属称谓词的角度进行分析，可以为《麽经布洛陀》的历史层面研究提供重要的考证线索。

◆7.4 方位词◆

《麽经布洛陀》中的方位词十分丰富，几乎涵盖壮语中所有的方位词，如下表。

表 7-2《麽经布洛陀》中的方位词

棑 - 寡 baih–gvaz 那 - 右边	棑 - 哏 baih–gwnz 那 - 上面、天上	棑 - 楞 baih–laeng 那 - 背后	棑 - 喇 baih–laj 那 - 下面	棑 - 面 baih–naj 那 - 前面
棑 - 洒 baih–swix 那 - 左边	汒 bangx 旁边	傍 biengh 边	必 - 方 bwz–fangh 北 - 方	棑 byai 尾稍
呈 - 佳 cingq–gyang 中 - 间	中 - 央 cungh–yangh 中 - 央	氐 daej 底	啫 dcaaqc 中间	埬 - 方 dungh–fangh 东 - 方
極 - 達 giez–de 地方 - 那	寡 gvaz 右边	哏 gwnz 上面、上游、上	哏 gwnz 上	哏 - 閂 gwnz–mbwn 上方 - 天
菜 gyai 尾、梢	佳 gyang 中间、里面	中 - 央 gyungh–yangh 中 - 央	臨 henz 旁边	泣 laeb 后面
楞 laeng 背后、后、后面	蜚 lag 天下、下面	喇 laj 低处、底下、下	喇 - 氐 laj–dih 下方 - 地上	喇 - 閂 laj–mbwn 下方 - 天
喇 - 侖 laj–ndaen 下方 - 地	鸞 lieng 末尾、尾巴	楽 log 外（外边、外面）	男 - 方 nanz–fangh 南 - 方	涙 ndae 里面、内
侖 ndaw 里面	内 ni 上面	箻 rog 外	獅 sae 西方	習 - 方 sih–fangh 西 - 方

《麽经布洛陀》的方位词中，有绝对方位的东南西北和相对方位的上、中、下、前、后、左、右、旁边。从读音来看，两者的来源可能不同。绝对方位的东、南、西、北，可能来自汉借词，相对方位的上、中、下、前、后、左、右、旁边属于民族词。民族词还有用动植物的部位来表示方位，如：- 口，- 根，- 脚，- 底，- 尾，等等。

汉借词“东、南、西、北”只能组合成合成词使用。例如：

东方：东方（dung-fueng），方东（fangh-dungh）

南方：南方（namz-fangh），方南（fangh-nanz）

西方：西方（sae-fueng），方西（fangh-sih）

北方：北方（baek-fueng），方北（fangh-bwz）

“东方、南方、西方、北方”都是汉语借词，而“方东、方南、方西、方北”应该是在壮汉合璧的时候，受壮语构词习惯而进行的改造。

自源词主要包括“上、中、下、前、后、左、右、内、外、旁边”以及动物、植物的指示部位，例如：栣－寡（baih-gvaz；那－右边）；栣－哏（baih-gwnz；边－上面）；栣－楞（baih-laeng；那－后）；傍（biengh；边）；淚（ndae；里面、内）；栣－洒（baih-swix；那－左边）；栣－喇（baih-laj；那－下面）；栣－那（baih-naj；那－前面）；呈－佳（cingq-gyang；中－间）；箬（rog；外）；氐（daej；底）；鸞（lieng；末尾、尾巴）；栣（byai；尾稍）。

值得一提的是，《麽经布洛陀》中的方位词还呈现出一定的指代意义。表示空间的“前后”可用来表示亲缘关系和时间先后。例如：栣－那（baih-naj）可指代夫家亲戚；栣－楞（baih-laeng）指代娘家亲戚。“栣－楞”还有“外婆”一说，用的就是“娘家”的引申义。又如：那（naj；“前”）可以表示将来时，比如表示“从今往后”，壮语表达为“mad nix bae naj”，直译为“现在往前”。壮语用“前”表示将来，与汉语相反；壮语的“楞”（laeng；“后”）也可用来表示将来，如后天说“ngonz laeng”（直译，天－后）；后年说“bi laeng”（直译，年－后）。

《麽经布洛陀》方位词的内部工对整齐且体系完备，说明在壮族的方位观中，无论是借用还是自用，都重视其平衡性。这种平衡方向感折射出壮族追求平衡、讲究和谐的民族心理，表现为对自家人、对亲家人都一样重视、一样尊重；对男儿、对女儿一视同仁——如《麽经布洛陀》中涉及麽解婆媳冤、解父子冤等内容，就是要纠正这些不平衡现象，教化人们要平和处事、平等待人。

7.5 表示性别的词

《麽经布洛陀》中表示性别的词较为丰富，如：淂（daeg；雄）——初（coh；雌）；布（bux、boh；公）——母 meh（母）；腮（sai；男孩）——曙（mbwk；女孩）；冐（mbauh；小伙子）——娋（sau；姑娘）；布（baeuq；男人）——奼（yah；女人）。这些表示性别的词，一般放在名词之后对这一名词起到限定性的作用。

7.5.1 表示公的、男性

（1）专指动物为公的，雄性。例如：淂 daeg ——獏淂（mu-daeg；公猪）；杯-淂（vaiz-daeg；公牛）；布 bux——鸡-布（gaeq-bux；公鸡）。

淂 daeg、布 bux 的差别在于，淂 daeg 多用于牲畜类，包括狗、猪、马、牛等，布 bux 多用于家禽类，如鸡、鸭、鹅。

（2）专指人为男性。例如：腮（sai）；貎（mbauh）；布（baeuq），三个词代表三个不同阶段的男人。

腮（sai），一般和“儿（lwg）”搭配，表示“男儿”；或前冠以表示人的量词词头“布（bux）”，构成“布腮（bux-sai）”泛称男人。

貎（mbauh），特指青年未婚男子，也形容男子面貌较好；布（baeuq）做性别词时，指中年以上男子，可以是已婚的，故妇女常用来做自家丈夫的自称；也可以指未婚而年长的男子。

（3）人和动物的都可。例如：父（boh；父）。

7.5.2 表示母的、女性

（1）专指动物为母的，雌性。家禽类与“布 bux”对应得上的性别词，可以是“meh”，可以是“项 hangz”（目前仅在鸡类使用），例如，“母鸡”可以说“鸡项”（gaeq-hangz），也可以说“鸡広”（gaeq-meh）。

（2）专指人为女性。主要有婳（mbwk；女孩）、娋（sau；姑娘）、妚（yah；女人）这三个词也区分年龄大小以及已婚、未婚，与男性词呈对应关系，语义范围、用法也均相同。

（3）人和动物的都可。例如：広（meh；母）。

从《麽经布洛陀》词汇整体上看，広 meh 还可以用作量词，例如：広-淂（meh-daek；蚱-蜢）；広-竜（meh-luemh；蚱-蜢）。

能做量词的性别词，除含有指示性别特征的功能，大多还具有“大”的含义，或起到强调、夸张的表达效果。这里的“大”是相对而言的，不是绝对的大小，主要用于做后附名词的同类比较，因此有学者认为性别词很可能曾经充当过性别量词。由于社会的发展，语言的表达更为精细，量词从性别词中分化出来，而性别词也将其承载的性别量词的功能部分转嫁给专门作为量词的词，使它在某种情况下仍可以充当性别词，但更多时候却不再使用这种功能。①《麽经布洛陀》中的性别词也体现了这一点。

① 蒙凤娇．七百弄壮语表示性别的词［J］．民族语文，2001（6）．

其性别词从内部区分上比较完善，对事物不仅有性别上的总体区分，个别系统还附带年龄、婚否等区别；个别性别词还能充当量词，具有一定的特殊意义。

由厷（meh；母的、母禽）还可以造出厷－妑（meh-baj；母－伯）；厷－畢（meh-bit；母－鸭）；厷－淂（meh-daek；蚱－蜢）；厷－盖（meh-gaeq；母－鸡）；厷－罫（meh-gvaq；大－卦）；厷－栁（meh-liuz；母－婶）；厷－栟（meh-lanz；主－房）；厷－咾（meh-laux；母－老）等词。“厷”不仅用以表示性别特征和女性亲属关系，还被用作名称词词头，表示“大”“主要”等意思。

《麽经布洛陀》性别词在形式上呈现出雄雌、公母、男女的对应，这体现出壮族以“公母”为二元认知系统①的世界观。

◆ 7.6 表示颜色的词 ◆

《麽经布洛陀》中的颜色词构词能力和词频概况详见下表。

表 7-3 《麽经布洛陀》中的颜色词构词能力和词频统计概况

颜色词	构成名词的词量 / 频次	构成形容词的词量 / 频次	构成副词的词量 / 频次	总的词数 / 词频
白	27/113	35/223	1/19	63/355
黑	14/96	15/220	0	29/293
红	32/194	12/176	0	44/370
黄	18/260	2/14	0	20/274
青	15/79	7/50	0	22/129
绿	3/13	4/16	0	7/29
蓝	3/19	0	0	3/19
紫	8/16	3/10	0	11/26
灰	4/6	2/3	0	6/9

《麽经布洛陀》中的颜色词，除了表示最基本的色谱意义，最大的特点是它们跟其他词的横向组合（即搭配）构成了新的词语。从表 7-3 可看出，“白色”的构词能力最强，跟别的词组合后能构成名词、形容词和副词，其他的颜色词大部分只能构成名词、形容词；白色构成的词量也是最多的，为 63 个；“红色”构成的词量比“白色”的少，但总频次是最多的；构词能力最弱的是“蓝色”，只构成名词；总频次最少的

① 黄桂秋. 壮族麽文化研究［M］. 北京：民族出版社，2006：17.

是“灰色”。由以上可以看出，《麽经布洛陀》中的色谱以白、黑、红、黄、青为主，白、黑、红的总频次居前三，说明在《麽经布洛陀》中这三色是主色。古今中外，“黑”“白”“红”似乎跟宗教、民俗中的喜庆、禁忌等文化有着千丝万缕的联系，成为《麽经布洛陀》中的三大主色，也显示了该书的宗教性质。

“白色”跟“光明”有关。在壮族人心中，“白色”是太阳发出来的光芒的颜色，代表着“光明”。白色还表示“吉利”“欢庆”的意义。《麽经布洛陀》提到，泉水边有凤凰、白鹤下来玩耍或盘旋，暗示着此地聚集着祥瑞之气，说明“凤凰”“白鹤”在壮族人心中是“吉祥”之物。此外，还提到喝喜酒、唱山歌或猜码的时候还缺鼓、锣、铜鼓、白花梨和红旗，说明这些都是节日欢庆时候助兴之物，在这里“白色（白花梨）”和“红色（红旗）”共同代表“吉庆”之物。白色还有“敬畏”与“崇拜”的文化意义。如《麽经布洛陀》说：上方流传白马能灭妖，（用）猪去祭供白马，拿进嘴巴水牛白色，魂进嘴巴牛白；第四卷 1264 页中对“白马”的解释是阴间凶恶的鬼魅； 1266 页中对 “白水牛”的解释：壮人当作神牛，常把白水牛用于驱鬼。“白马”是恶鬼，又能灭妖，在《麽经布洛陀》中，妖怪的产生经常是因为人们言行不慎，妖怪产生后要请布洛陀施法请神驱妖灭妖。一般以请神灭妖居多，请鬼来灭妖的情况很少见。“用猪祭供白马”，表现了壮族人既有对“白马能灭妖”的崇拜，所以祭拜它；又有对其“恶鬼”身份的敬畏；珍牛崇牛成为壮族的传统观念和共同的文化心理[①]，自然而然又引入“白水牛”来“驱鬼”，希望能得到他们崇拜珍视的“牛”的庇佑，以便“趋利避害”。从这里我们能看出壮族的动物崇拜文化，也能看出壮族人“万物利弊相随，相生相克”等朴素的哲学观念。

白色还跟丧葬、请神、驱鬼怪、祭拜有关。《麽经布洛陀》第五卷 1556 页下有一个注释：古时人类野蛮，杀父母要肉请人盖房子，杀孙子要肉送给岳父。有一个叫吝的孩子很孝顺，母亲死后他把不吃母亲肉的打算请教布洛陀，布洛陀要吝转告大家，父母亲死不但不能吃他们的肉，而且猪肉、牛羊肉之类的也暂时不吃，只能吃竹笋、木耳之类的素菜；要穿戴白衣、头扎白巾，虔诚跪拜、定期上香燃烛，于是从吝开始，人们遵从布洛陀的指教，不再吃父母亲的肉。可以看出，壮族人丧葬的时候要“烧白纸”、戴“白巾”、“戴白绳”等一系列跟“白”有关的东西，以示对死者的尊敬和哀念。

《麽经布洛陀》还说：在请神施法的时候要做一个挂有“白纸”的幡杆，这样才能达到仙界；在请神的时候，供桌要往前摆，桌上要有串联在一起的一打“白口碗”；

① 张声震．壮族麽经布洛陀影印译注［M］．南宁：广西民族出版社，2004：1347.

请神的时候需要的“白米” “白帕子（铺桌子前面）” “路口白米” “白头帕”等一定要备齐，否则会显得没有诚意，神不来。

白色还跟禁忌有关。《麽经布洛陀》说：

vuəŋ^{2} tai^{5} jak^{7} au^{1} pa^{2} 皇_帝_要_娶_妻

ka:m^{3} ka^{1} jak^{7} au^{1} pai^{4} 敢_卡_要_娶_媳妇

bau^{5} hai^{3} tan^{3} piə^{6} ja:u^{5} kva^{5} na^{2} 不_给_穿_衣_孝_过_水田

bau^{5} hai^{3} tan^{3} piə^{6} ha:u^{1} kva^{5} toŋ^{6} 不_给_穿_衣_白_过_田峒

ɕa:m^{5} va^{1} tɕam^{5} va^{1} o^{5} 插_花_紫_花_红

这说明“白色”的禁用场合，即娶妻、娶媳妇不能穿“孝衣” “白衣”过水田或田峒，否则会不吉利，而且插花要插“紫红色”表示喜庆、吉利。

作为形容词的“白”，还用来形容人面色白皙，也有形容植物“白”的特征，多为形容词“ABB”叠加式，如（棉花）开白像蛋壳鸡，棉花上面树白花花，花中间田峒白茫茫，三月花白芬芬。

由“白”的纯净引申为“干净”之意。如：洗做白净净，婆头（发）白跟去舂米，米就白花花。

蓝色是壮族人从一种叫“蓝靛草”的植物中分离出来的用于染布的染料，壮乡的妇女极喜爱这种用蓝靛染的布。《麽经布洛陀》第六卷中有“美不过蓝靛草”，说明在壮族人心中，蓝色是最美的颜色。蓝色的服装曾是壮族人区分本民族与外族的明显标志，出门在外，壮族人只要见到穿这种蓝色服饰的人，都会觉得像“贝侬”（亲戚）一样亲切。黄色、紫色也是壮民族的两种重要颜色。五色糯米饭是壮族人民特别喜爱的食品之一，五色中包含紫、黄两色，其中紫色是用一种叫红蓝草的植物染成的，黄色是用一种叫黄花的汁（壮族人叫“花迈”）染成的。蓝、黄、紫颜色在壮族人日常生活中深受壮族人喜爱，但它们在《麽经布洛陀》中的词频数却比较低，这是因为《麽经布洛陀》不是记录壮族人民生产生活的文献，它记录的是壮族麽教仪式、经文、教义，展示壮族先民的精神偶像布洛陀作为创世神、祖先神和宗教神的神格面貌及其演化过程，是一部宗教文献，日常生活中常出现的蓝、黄、紫颜色在《麽经布洛陀》中的词频比较低。

7.7 小结

语言与文化之间关系密切，文化包含并影响着语言，语言则是文化的重要组成部分，也是保存文化、交流文化和反映文化的不可缺少的工具。特定的民族文化总是将其丰

富的内涵深深地烙印在语言之中。其中最明显的就是表现在词汇上。一个民族语言的词汇系统，能最直接最敏感地反映该民族的文化价值取向及种种思想、意识、感情等，从词汇入手可以较好地研究一个民族的文化。

文化语言学关注的不再是结构、分类，而在于文化底蕴与语言单位的联系，挖掘蕴涵在语言单位里的文化。壮族文献材料极其薄弱，许多民族历史、文化等只能估摸着说，故本章采取定性定量相结合的研究方法，尝试从语言单位（词汇）中找到确证。本章就是在这个背景下，以《麽经布洛陀》为基础文本，从中提取出宗教词、动物词、植物词、亲属称谓词、方位词、性别词和颜色词并创建词库，采用宏观与微观相结合的方法，选取具有代表性的词来进行较为深入的分析，探索蕴涵其中的文化意义。这一研究有助于突破现代壮语口语资料的有限性；可以丰富壮语的词汇理论；有助于壮语词汇理论及语言学相关学科的发展；有助于人们对壮族文化的认识和了解。

所划分出来的六类词中——动物词、植物词、亲属称谓词、方位词、性别词和颜色词，与壮族先民日常联系密切，在发展过程中慢慢地被附加上文化含义。这些文化含义是蕴含在语言（特别是词汇）中的，不易发觉，因此从这些词入手进行文化方面的挖掘研究，比较可靠。透过《麽经布洛陀》这些词汇，我们可以了解到壮族以宇宙“三盖”［θa:m^{1}ka:i^{5}］（三界）说和万物“波乜”［po^{6}me^{6}］（公母）观为基础的朴素哲学思想、壮族颇具特色的丧葬风俗、壮民“万物有灵”的观念、壮民丰富的类比想象，壮民族来源于生活中直观经验的世界物质观、历史唯物观、事物辩证观等思维方式，壮族“以母为大”的价值观念、壮汉文化交流等方面丰富的文化意义。

第八章 《麼经布洛陀》宗教词汇研究

麽教是壮族特有的民间宗教之一，主要流传于“广西百色市、崇左市、河池市西部各县，云南文山壮族苗族自治州”[①]。《麽经布洛陀》是经典的麽教经书文献，其中包含有大量的麽教词汇，在分类、统计的基础上，对麽教词汇进行定量、定性的文化分析，对于深入解读《麽经布洛陀》的内容、全面了解麽教的宗教体系、对比研究壮汉等民族间的文化互动关系具有重要的作用。

按照词汇涉及的具体内容，我们将《麽经布洛陀》的宗教词汇主要分为五类：宗教神谱称谓词、宗教仪式词、宗教活动人员称谓词、宗教器物词、占卜卦象词。

其一，“从民间宗教的神谱来看，神、鬼、祖先是核心”[②]，将《麽经布洛陀》中所呈现出的麽教神谱大致分为神、鬼（怪）、祖先三类，神灵类又有本地神灵、外来神灵、其他神灵的区分，具体见8.1《麽经布洛陀》宗教神谱称谓词汇。其二，据《〈麽经布洛陀〉前言》介绍，壮族麽教的宗教仪式称为“古麽”，具体分为“麽哄”“麽呷”“麽叭”三大类。“麽哄”即驱除生活中不吉利的事像和不祥之兆；“呷”原义是粗大的鳞状附着物，经书中指各种冤鬼殃怪，“麽呷”即驱赶清除东南西北中各路冤鬼殃怪；“叭”原义为孵化的鸡仔脱壳，引申为隔开脱离，“麽叭”即灾难发生后举行的驱赶剥离砍断的仪式。“麽哄”“麽呷”“麽叭”均为驱邪逐鬼的内容，《麽经布洛陀》还呈现了众多麽教活动，根据仪式活动的内容及功能，我们将麽教仪式词汇具体分为解冤禳灾、赎魂、超度、祈福四大类别，具体见8.2《麽

① 梁庭望．壮族原生型民间宗教结构及其特点［J］．广西民族研究，2009（1）：67.

② 王铭铭．人类学讲义稿［M］．北京：世界图书出版公司北京公司，2011：270.

经布洛陀》宗教仪式词汇。其三，除麽教仪式词汇，分别统计了麽教活动人员称谓词汇，具体包括司职人员和做麽教法事的主人家两类；麽教活动中所使用的器物的词汇；以及麽教活动之一占卜的卦象词汇，具体见8.3《麽经布洛陀》宗教活动人员称谓词汇、8.4《麽经布洛陀》宗教器物词汇、8.5《麽经布洛陀》占卜卦象词汇。

词表中“名称”字段是对《麽经布洛陀》中意义相同的宗教词汇的名称概括；“方块壮字”字段为宗教词汇的方块壮字词形，宗教词表保留各异形词；“新壮文”“国际音标”字段与相应宗教词汇的方块壮字词形对应；“汉译”字段为各宗教词汇在《麽经布洛陀》正文中的汉语翻译；“页码”“抄本”字段为各宗教词汇在《麽经布洛陀》中的位置，以方便原文查询；“注释”字段主要为《麽经布洛陀》脚注内容对各宗教词汇的注解，本研究对相同注解进行了整合，并呈现有差别的解释项。

• 8.1 宗教神谱称谓词 •

8.1.1 本地神灵类

表8-1

名称	方块壮字	新壮文	国际音标	汉译	页码	抄本	注释
布洛陀	布渌畐	baeuq-lug-doz	$pau^5luk^8 to^2$	布洛陀	10	1	布洛陀。壮族麽教崇奉的男性祖神，亦是壮族神话传说中的创世神：其名称按壮族各地民间的解释主要有三说：（1）“布”即祖公；“洛”即河谷、山谷；“陀”意为法术、施法。“布洛陀”即河谷（山谷）中法术高强的祖神：（2）“布”指祖公；“洛”驱赶、驱除、剥离；“陀”指殃怪附着。“布洛陀”即善于驱除殃怪的祖神。（3）神话传说称其为［pau］（祖公）［lo^4］（通晓）［to^6］（足够、全部），意即知道事理最多的祖公，布洛陀。壮族麽教崇奉的男性祖神，亦是壮族神话传说中的创世神：其名称按壮族各地民间的解释主要有三说：（1）“布”即祖公；“洛”即河谷、山谷；“陀”意为法术、施法。“布洛陀”即河谷（山谷）中法术高强的祖神：（2）“布”
	布录途	baeuq-lug-doz	$pau^5luk^8 to^2$	布洛陀	329	4	
	布淥畐	baeuq-log-doz	$pau^5lo:k^8 to^2$	布洛陀	1122	12	
	褒楽托	baeuq-lox-doz	$pau^5lo^4to^2$	布洛陀	1844	18	
	布六塗	baeuq-lug-doz	$pau^5luk^8 to^2$	布洛陀	2388	22	

续表

名称	方块壮字	新壮文	国际音标	汉译	页码	抄本	注释
							指祖公；“洛”驱赶、驱除、剥离；“陀”指殃怪附着。“布洛陀”即善于驱除殃怪的祖神。（3）神话传说称其为［pau⁵］（祖公）［lo⁴］（通晓）［to⁶］（足够、全部），意即知道事理最多的祖公，是个无所不晓和无所不能的创世神。在麽经中，布洛陀是一位隐居于深山岩洞里的神人，他创造世界万物，创编麽经秘诀，善于辩明事理，通晓法术，善于施法，除妖解难，劝世降福。凡布麽举行法事仪式，必先祷请祖神布洛陀降临高台神位；布洛陀手持法杖应邀而至，助布麽显示神威。人世间凡遇灾殃或疑难不解之事，都要祷问祖神布洛陀及另一位大神麽禄甲，祈求释难解救，人们只要遵从布洛陀和麽禄甲的旨意去做，即可应验化解，脱离厄运，达其祈愿。广西田阳县的敢壮山，传说为远古时布洛陀和麽禄甲的居所，至今每年农历三月，当地及周边各县的壮族群众，都上山祭唱布洛陀。云南省文山壮族苗族自治州许多壮族村寨，也将村后山林中一棵高大的古树称为“布洛陀树”，视之为村寨的保护神，每年定期由布麽主持举祭，以祈生业兴旺，人畜安宁。布洛陀是由自然神演化而成的社会神，又是由创世神演化而成的民间宗教神，是自古以来壮族民间普遍信奉的创世神和劝世为善、驱恶消灾、济世降福的神
	布床能	baeuq-congz-naengh	$pau^5ɕo:ŋ^2$ $naŋ^6$	祖公神台	374	4	“布”即祖公、祖神。“床能”即案台神位。此为祖神布洛陀的简称和尊称。凡布麽举行法事仪式，必祷请祖神布洛陀降临，就坐于专设的“床能”，凭借其神威使布麽作法禳解灵验。“布床能”意为“坐在案台神位上的祖公神”，实指布洛陀

续表

<table>
<tr><th>名称</th><th>方块壮字</th><th>新壮文</th><th>国际音标</th><th>汉译</th><th>页码</th><th>抄本</th><th>注释</th></tr>
<tr><td rowspan="10"></td><td>布白罗</td><td>baeuq-bak-rox</td><td>pau^{5}pa:k^{7}ro^4</td><td>祖公嘴巴善辩</td><td>1561</td><td>17</td><td>“布”即祖公，此指祖神布洛陀。“百”原意为嘴，“罗”即广博善辩。“布白罗”意即能说善辩的祖公</td></tr>
<tr><td>故</td><td>gu</td><td>ku^1</td><td>我</td><td>1428</td><td>17</td><td>我。此为祖神布洛陀的自称。布麽做法事请祖神临位，并为之代言</td></tr>
<tr><td>仙</td><td>sien</td><td>θiən^1</td><td>仙人</td><td>2038</td><td>19</td><td>对布洛陀之尊称，民间不称姓道名，在众神前称为仙人</td></tr>
<tr><td rowspan="2">佈</td><td>baeuq</td><td>pau^5</td><td>祖公</td><td>621</td><td>6</td><td rowspan="7">指布洛陀</td></tr>
<tr><td>baeuq</td><td>pau^5</td><td>祖公</td><td>1427</td><td>17</td></tr>
<tr><td rowspan="2">布</td><td>baeuq</td><td>pau^5</td><td>祖公（的）</td><td>1122</td><td>12</td></tr>
<tr><td>baeuq</td><td>pau^5</td><td>祖公</td><td>3050</td><td>29</td></tr>
<tr><td>祖禄途</td><td>coj-lug-doz</td><td>ɕo^{3}luk^{8}to^2</td><td>祖公洛陀</td><td>1379</td><td>15</td></tr>
<tr><td>佈罗托</td><td>baeuq-lox-doz</td><td>pau^{5}lo^{4}to^2</td><td>布洛陀</td><td>1426</td><td>17</td></tr>
<tr><td>洛陀</td><td>lox-doz</td><td>lo^{4}to^2</td><td>洛陀</td><td>2296</td><td>21</td></tr>
<tr><td>布洛陀麽渌甲</td><td>仆皇</td><td>bux-yangz</td><td>pu^{4}jva:ŋ^2</td><td>人王</td><td>2140</td><td>19</td><td>指布洛陀和麽禄甲，他们开创天地日月，创造人类万物，被尊称为“仆皇”</td></tr>
<tr><td rowspan="5">麽渌甲</td><td>麽渌甲</td><td>mo-lug-gyap</td><td>mo^{1}luk^{8}tɕa:p^7</td><td>麽渌甲</td><td>10</td><td>1</td><td rowspan="5">麽渌甲亦称“姝渌甲”，由壮族神话传说中的创世女神演变而来。其名称按壮语本义，“麽”即喃诵施法或专事麽教法事者，俗称布麽；“姝”指祖母、女神。“渌甲”扩有两种解释，一是地名，即渌甲这个地方；二是“渌”即剥离、剥开，使两者脱离；“甲”即似鳞甲一类附着物，此指附着于人畜或物体上的殃怪、导致灾变的不祥之兆。“姝渌甲”意为施法剥离殃怪，消除灾祸。据此，“麽渌甲”即渌甲地方的布麽，或施法剥离殃怪的布麽。“姝渌甲”即施法剥离殃怪消除灾祸的母神。在麽经中，麽渌甲都是与布洛陀并列出现，是与布洛陀对应相配的神，凡遇殃怪疑难，必祷问布洛陀和麽渌甲，祈求释难解救。布麽做法事</td></tr>
<tr><td>麽录甲</td><td>mo-lug-gyap</td><td>mo^{1}luk^{8}tɕa:p^7</td><td>麽渌甲</td><td>330</td><td>4</td></tr>
<tr><td>麽涿甲</td><td>mo-log-gyap</td><td>mo^{1}lo:k^{8}tɕa:p^7</td><td>麽渌甲</td><td>1122</td><td>12</td></tr>
<tr><td>墓陸甲</td><td>mo-lox-gap</td><td>mo^{1}lo^{4}ka:p^7</td><td>麽渌甲</td><td>1845</td><td>18</td></tr>
<tr><td>麽六甲</td><td>mo-lug-gyap</td><td>mo^{1}luk^{8}tɕa:p^7</td><td>麽渌甲</td><td>2387</td><td>22</td></tr>
</table>

续表

名称	方块壮字	新壮文	国际音标	汉译	页码	抄本	注释
							仪式时，先祷请布洛陀和麽渌甲降临其神位。布洛陀正坐在专设的“床能”才即高台神位，故常以“布床能”意即“坐高台神位的祖公”为其代称；麽渌甲则坐在专设的“榜桐”即凳子座位，故常以“奷榜桐”意即“坐凳子神位的祖婆”为其代称，由此显示其地位的主次之别
	道录甲	dauh–lug–gyap	ta:u^{6}luk^{8} tɕa:p^{7}	道渌甲	655	6	道渌甲，即麽渌甲。为与上句末［ha:u^{5}］音形成押头脚韵，布麽在麽诵时改念“道渌甲”，实指麽渌甲
	奷登同	yah–daengq–doengz	ja^{6}taŋ^{5} toŋ^{2}	祖婆神龛	374	4	奷凳桐。“奷”即祖母、婆母。此指始祖母神麽渌甲。“凳桐”即凳子神位、窗口神位。凡布麽举行法事仪式，必祷请麽渌甲作为祖神布洛陀的陪神同时临场助威显灵。麽渌甲神位设置于窗口或侧门边的凳子神台。“奷凳桐”意为“坐在窗口凳子神位上的祖母神”，实指麽渌甲
	道渌甲	dauh–lug–gyap	ta:u^{6}lu k^{8}tɕa:p^{7}	道渌甲	442	5	
	布渌甲	baeuq–log–gyap	pau^{5}lo: k^{8}tɕa:p^{7}	布渌甲	1166	12	
	莫罗甲	mo–lox–gap	mo^{1}lo^{4} ka:p^{7}	麽渌甲	1426	17	
	六甲亨	loeg–gap–hengz	lok^{8}ka:p^{7} he:ŋ^{2}	布渌甲	1663	17	
	婭罗甲	yah–lox–gap	ja^{6}lo^{4} ka:p^{7}	婆渌甲	1708	17	指麽渌甲
	下六甲	yah–lox–gap	ja^{6}lo^{4} ka:p^{7}	婆渌甲	2010	18	
	娅六甲	yah–lox–gap	ja^{6}lo^{4} ka:p^{7}	婆渌甲	2130	19	
	農六甲	nuengx–lox–gap	nuəŋ^{4}lo^{4} ka:p^{7}	弟渌甲	2294	21	
	布六甲	baeuq–lug–gyap	pau^{5}luk^{8} tɕa:p^{7}	布渌甲	2387	22	

续表

名称	方块壮字	新壮文	国际音标	汉译	页码	抄本	注释
布洛陀的兄弟	布禄大	baeuq-lungz-daih	pau^{5}luŋ^{2} ta:i^{6}	祖公伯父大	1755	17	大伯父祖公，即指布任其
	卜六记	baeuq-lox-gyiq	pau^{5}lo^{4} tɕi^{5}	布洛记	1638	17	神名，是布洛陀的兄弟
	卜六班	baeuq-lox-ban	pau^{5}lo^{4} pa:n^{1}	布洛班	1638	17	
	邦可	bangh-goj	pa:ŋ^{6}ko^{3}	邦可	1628	17	
	印其	yin-gyiz	jin^{1}tɕi^{2}	任其	1629	17	
	凡可	fanh-goj	fa:n^{6}ko^{3}	凡可	2028	19	
	卜罗癸	baeuq-lox-gviq	pau^{5}lo^{4} kvi^{5}	布洛癸	1762	17	
	保土圭	baeuq-loeg-gviq	pau^{5}lok^{8} kvi^{5}	布洛癸	2292	21	
	保六班	baeuq-loeg-ban	pau^{5}lok^{8} pa:n^{1}	布洛班	2293	21	
	保辦可	baeuq-bangh-goj	pau^{5}pa:ŋ^{6} ko^{3}	布邦可	2293	21	
	麽很涯	mo-hwnj-yaiq	mo^{1}hɯn^{3} ja:i^{5}	麽恒涯	2294	21	
	保作王	baeuq-coj-yangz	pau^{5}ɕo^{3} jva:ŋ^{2}	布祖王	2293	21	
雷神	㟻	cuxgyaj	ɕu^{4}tɕa^{3}	雷王	21	1	雷神，又称雷王。壮族民间敬奉的天神。壮族神话说，雷王和𪚰𣳮、老虎、布洛陀是四兄弟，老大雷王管天界。壮族民间认为，雷王掌管天上的云雨，人们若得罪雷王，它就不降雨水而造成旱灾，颗粒无收；人如果做了伤天害理的事，就要被雷王劈死。出于对雷神的敬畏心理，不少地方建有雷王庙，并定期祭祀，以求雷王荫佑，使风调雨顺，五谷丰登。如逢久旱不雨，还要应时举行隆重的祭雷王求雨仪式
		gyaj	tɕa^{3}	雷王	331	4	
		buxbyaj	pu^{4}pja^{3}	雷公	1436	17	
	㧜	byaj	pja^{3}	雷王	1946	18	
	𪚰㟻	duez-gyaj	tuə^{2}tɕa^{3}	只雷神	2443	22	

续表

<table>
<tr><th>名称</th><th>方块壮字</th><th>新壮文</th><th>国际音标</th><th>汉译</th><th>页码</th><th>抄本</th><th>注释</th></tr>
<tr><td rowspan="13">水神</td><td>弱</td><td>ngweg</td><td>ŋɯək^{8}</td><td>畐泥</td><td>22</td><td>1</td><td rowspan="7">畐泥，壮族民间敬奉的水神。壮族神话说，畐泥和雷王、老虎、布洛陀是四兄弟，畐泥是老二，专管水界。传说的畐泥形似巨鳄、蟒蛇一类，颜色黝黑，长有火冠、四爪、鳞甲，居于江河或深潭中，能呼风唤雨、造河沟、造泉塘，可变成鱼、龙、蛇，还会变成人形与人交往。壮族民间认为，若畐泥变形出现，一般预示发生灾变。但畐泥变形有时亦具有善良可亲、同情救助弱者的品格和神威。壮族民间广泛流传着有关畐泥变成俊男靓女，常在歌圩时节来与异性对歌谈情说爱和交换信物的故事。还说若当事者发现它的异常表征而探问，它会立即隐身于沟渠水塘或江河中，还会传来悠悠的山歌声。在壮族麽经中，说到有个姑娘因不满父母的包办婚姻到河边哀叹，畐泥同情她，变成美男子与她幽会。姑娘怀孕并产下“泥儿”，取名叫王曹。“泥儿”长大后受人欺侮，经其母明示，在水宫中寻求其父亲泥的神助，成为武艺超群的英雄，最后战死疆场，变成阴间野鬼的鬼王</td></tr>
<tr><td>溺</td><td>ngweg</td><td>ŋɯək^{8}</td><td>畐泥</td><td>331</td><td>4</td></tr>
<tr><td>厄</td><td>ngieg</td><td>ŋiək^{8}</td><td>畐泥</td><td>1134</td><td>12</td></tr>
<tr><td>額</td><td>ngieg</td><td>ŋiək^{8}</td><td>畐泥</td><td>1320</td><td>13</td></tr>
<tr><td>阨</td><td>ngweg</td><td>ŋɯək^{8}</td><td>畐泥</td><td>1433</td><td>17</td></tr>
<tr><td>岩</td><td>ngweg</td><td>ŋɯək^{8}</td><td>畐泥</td><td>1523</td><td>17</td></tr>
<tr><td>弱</td><td>ngweg</td><td>ŋɯək^{8}</td><td>畐泥</td><td>2442</td><td>22</td></tr>
<tr><td>龙</td><td>loengz</td><td>loŋ^{2}</td><td>龙</td><td>2246</td><td>20</td><td>龙。来自汉族同时也为壮民族所敬奉的水神</td></tr>
<tr><td>龍</td><td>lungz</td><td>luŋ^{2}</td><td>龙</td><td>2641</td><td>24</td><td>龙，水中之神。这里实指畐泥</td></tr>
<tr><td>魚</td><td>nywez</td><td>ɲɯə^{2}</td><td>鱼</td><td>2644</td><td>24</td><td>鱼，这里实指畐泥</td></tr>
<tr><td>畐厄</td><td>duez-ngwez</td><td>tuə^{2}ŋɯə^{2}</td><td>条蛇</td><td>2645</td><td>24</td><td>蛇，这里实指畐泥</td></tr>
<tr><td>畐當</td><td>duez-dangh</td><td>tuə^{2}ta:ŋ^{6}</td><td>条蟒蛇</td><td>2646</td><td>24</td><td>大蟒蛇，这里是指畐泥的不同变体</td></tr>
<tr><td>龍神</td><td>lungz-caenz</td><td>luŋ^{2}ɕan^{2}</td><td>龙神</td><td>2981</td><td>28</td><td>这里指水中之神畐泥</td></tr>
<tr><td>老虎</td><td>谷</td><td>guk</td><td>kuk^{7}</td><td>老虎</td><td>1436</td><td>17</td><td>老虎。壮族神话说老虎和畐泥、雷神、布洛陀是四兄弟</td></tr>
</table>

续表

名称	方块壮字	新壮文	国际音标	汉译	页码	抄本	注释
三宝神	三寶	sam–bauj	ɬa:m^{1}pa:u^{3}	三宝	18	1	壮族民间尊称布洛陀、麽渌甲、布伯（雷神）为“三宝神”
	佛三保	baed–sam–bauj	pat^{8}θa:m^{1}pa:u^{3}	神三宝	1657	17	
	佛三宝	faed–sam–bauj	fat^{8}θa:m^{1}pa:u^{3}	三宝造	2234	20	
	三宝	sam–bauj	ɬa:m^{1}pa:u^{3}	三宝	2978	28	
三王	三皇	sam–vuengz	ɬa:m^{1}vuəŋ^{2}	三王	10	1	三王：管理上界的王为雷神，管理中界的王为布洛陀，管理下界的王为啚泥（水神）
	皇三	vuengz–sam	vuəŋ^{2}ɬa:m^{1}	王三	1127	12	
	三王	sam–yangz	θa:m^{1}jva:ŋ^{2}	三王	2290	21	
四王	四皇	siq–vuengz	ɬi^{5}vuəŋ^{2}	四王	10	1	四王：雷神、布洛陀、啚泥三王加森林王老虎。
	皇四	vuengz–siq	vuəŋ^{2}ɬi^{5}	王四	1127	12	
	四王	siq–yangz	θ i^{5}jva:ŋ^{2}	四王	2290	21	
母王	妹皇	meh–vuengz	me^{6}vuəŋ^{2}	母王	1854	18	母王，又称“娅王”（“奷王”）。其身份有三种说法：一是世上万物之母；二是布洛陀的妻子；三是天上玉皇之妻王母娘娘。据说大地上的动植物都是“娅王”（“奷王”）造的。传说每年农历七月十七“娅王”（“奷王”）开始生病，七月十八病重，七月十九去世，七月二十出殡安葬，七月二十一重又生还，年年如此。至今广西百色市右江区、西林县、田林县、田阳县等地壮族村寨还传承有“哭娅王（奷王）”并为其送葬的习俗。每年的农历七月十七至十八日，当地巫婆的信徒（全是女性）就集中到巫婆家，剪裁纸衣、纸裤、纸鞋、纸袜、纸帽、纸被子、纸蚊帐、纸枕头等冥品，然后把这些纸物冥品挂在巫婆家的神坛周围，接着在神坛前摆设香烛、糖果、饼干、水果、烟、酒等供品，坛前铺好两张席子。七月十九“娅王”（“奷王”）去世那天，巫婆及信徒就盘坐在席子上哭“娅王”
	奷皇	yah–vuengz	ja^{6}vuəŋ^{2}	奷王	1252	12	

续表

名称	方块壮字	新壮文	国际音标	汉译	页码	抄本	注释
							（“奷王”），为“娅王”（“奷王”）守灵，哭调与当地的人死后的哭丧一样。诉唱则是当地的山歌调，唱词包括巫婆叹身世、祖师哭诉、各种动植物哭诉等内容。哭诉的具体时间是从七月十九日凌晨鸡啼开始，一直到七月二十日早上“娅王”（“奷王”）出殡后结束。自始至终均由巫婆一个人哭诉，中间偶有信徒劝慰。壮族民间传说“娅王”（“奷王”）去世那天（即农历七月十九日）如果天下雨，则当年秋季就秋高气爽，天气晴好，有利于秋收。反之，如果天晴，当年秋季就会秋雨绵绵，影响秋收。以上活动在云南省文山壮族苗族自治州的壮族聚居地也有流传
	乜洪交	mes-huq-dcaos	$me^{3}1huŋ^{44}$ $tɕa:u^{31}$	母王创世的	2788	26	创世之母王
奷主宜	媠州宜	yah-cu-nyiz	$ja^{6}ɕu^{1}n̥i^{2}$	婆州宜	1677	17	又写作“奷主宜”，神名。“媠”（奷），即婆母、祖婆；“州”（主），即祖或主。“宜”即邑境，地域。“媠州宜”意为疆域内的祖母神，或地域里的女主神。与其相对的是“布（公）州宜”，即地域里的男祖（主）神。其地位高于“主那”即田之祖（主）神、“主畧”即畲地之祖（主）神、“主埛”即峒祖（主）神、“主板”即村寨之祖（主）神，为境内最高神灵之一
	奷祖	yah-cu	$ja^{6}ɕu^{1}$	婆祖	1869	18	
切肉的祖公、祖婆	牙先肉	jas-tcenv-nuzr	$ja^{31}tɕhɛn^{11}$ $nɯ^{55}$	祖婆切肉	2806	26	指切肉女神

续表

名称	方块壮字	新壮文	国际音标	汉译	页码	抄本	注释
	博先肉	bos-tcenv-nuzr	po^{31} tɕhɛn^{11} nɯ^{55}	祖公切肉的	2788	26	“博先肉”和“乜先肉”原意为切肉团的祖公和切肉团的祖婆，指人类的祖先神。麽经中称，在远古洪荒年代，生灵遭灭顶之灾，仅有躲在葫芦里的姑侄俩得以幸存。祖神布洛陀和麽禄甲要他们婚配，繁衍人类。他们生出一块像磨刀石的肉团，经布洛陀用刀斧切开肉团，丢撒各地，有的变成猿猴，有的变成人类，从此人类得以繁衍
	仆分力鸟	bux-faenz-lwg-ndeuq	pu^{4}fan^{2} lɯk^{8}de:u^{5}	那位砍人小	2002	18	指砍碎婴儿神。壮族神话传说：人类最初的祖先是一对兄妹，他们结婚后生下一块磨刀石，一位天神把磨刀石砍碎撒到野外，后繁衍成无数人类
花婆	乜老	meh-laux	me^{6}la:u^{4}	母老	1629	17	原指大祖母，后来一般指“花婆”，也叫“花婆圣母”“花王圣母”，是壮族民间信仰中司生育、保佑小孩健康生长的女神。“花王圣母”是借汉语，壮语叫“妹老”，即花婆神。壮族民间传说人类生儿育女都由花婆决定。花婆在花园中管花，她送给白花就生男孩，送给红花就生女孩，给多少朵花就生多少个孩子
	妹老	meh-laux	me^{6}la:u^{4}	母老	2390	22	
		meh-laux	me^{6}la:u^{4}	母老	199	2	
		meh-laux	me^{6}la:u^{4}	母老	2966	28	
		meh-laux	me^{6}la:u^{4}	祖母大	2568	23	
	花皇	vah-vangz	va^{6}va:ŋ^{2}	花王	2964	28	
	迷老	meh-laux	me^{6}la:u^{4}	母老	2423	22	原意为大祖母，此指司生育的花王始祖母神位，壮语称“娅花”，在壮族民居中堂祖宗神位的右下方，一般都设有用汉文译称的“花王圣母之神位”，加以供奉。如随便拿此神牌位来推搡敲打则是犯忌行为

续表

名称	方块壮字	新壮文	国际音标	汉译	页码	抄本	注释
	仙娄	sien-boz	θiən^{1}po^{2}	仙婆	1860	18	花婆。壮族民间信奉的司生育的女神，儿童的守护神。妇女生下小孩后，就在床头墙边，立一个花婆神位，插上一束从野外采来的花枝。壮族民间传说，不论男孩女孩，都是花婆家庭院里所种的神花的花朵，男孩是红花，女孩是白花。孩子一生下来，娘家就为这小外甥去请花婆；小孩生病了，做母亲的就要给花婆上供，还要请巫婆神游花婆的神园，看孩子是什么花，花上有没有虫，或者缺水枯萎了，还请巫婆代为除虫或淋水。小孩长大后，每年正月初一拜年时，一起床还得给花婆磕头作揖
生育神	观音	guen-yaem	kuən^{1} jam^{1}	观音	2965	28	佛教菩萨，佛教徒认为菩萨是救苦救难之神。这里指由佛教神转化而来的生育神
	押旹歪	yah-gwnz-mbwn	ja^{6}kɯn^{2} bɯn^{1}	婆上方天	2198	20	天婆神，司管人间生育
	牙閊	yah-mbwn	ja^{6}bɯn^{1}	婆天宫	2301	21	王母娘娘，道教视为天上长生不死的天神，司人间生育
花林婆	花林	va-limz	va^{1}lim^{2}	花林	1584	17	花林婆，又叫“中楼圣母”，壮族民间信奉的专司小孩健康，主管新生婴儿栽命补粮的女神。神位设于妇女卧房门背。敬祭时一般用十枝红纸花，十个小纸人，四个红鸡蛋和红糯饭，请布麽来做护命补粮，祈求小孩健康成长
	牙中楼	yah-coeng-laeuz	ja^{6}ɕoŋ^{1} lau^{2}	婆中楼	2301	21	
万岁婆王	万些	vanh-sae	va:n^{6}θai^{1}	万岁神	1860	18	又称“上楼圣母”。壮族信奉的女神，认为她能为人补年高寿。民间如有人年过三十六岁后病而无力的，就要请布麽来祭供万岁婆王，做补粮仪式，祈求病体康复，延年益寿

续表

名称	方块壮字	新壮文	国际音标	汉译	页码	抄本	注释
敢卡	敢歌	gamj-ga	$ka:m^3ka^1$	敢卡	41	1	又写作干个、甘歌，神名。有两种解释:1.敢卡为火神，男性。广西河池市东兰、巴马、凤山等地壮族传说，敢卡是创世神布洛陀的儿子。布洛陀吩咐他上山造火，敢卡用樟树搓榕树，三天三夜才搓出火种。后因敢卡把火种藏在屋檐下,引起火灾，敢卡被火烧死，变成火神。2.敢卡是生育大神，女性。此说源于壮族对岩洞的崇拜。“敢”即岩洞；“卡”即大腿。“敢卡”意为“大腿下的岩洞”。喻指女性生殖器。广西来宾市兴宾区桥巩乡麒麟山岩洞发现旧石器时代古人类化石，当地壮语称该岩洞为“卡敢切”，意译即“大腿女阴洞”。壮族神话传说，创世大神布洛陀是从岩洞中诞生的，创世女神麽禄甲的生殖器能变成一个大岩洞，专门让她的人类子孙和牛羊猪狗等牲畜进洞去避风躲雨。广西河池市东兰县红水河两岸的大同乡、四合乡壮族民间，每年农历七月十四过“岩育节”，由各村寨的青壮年男女抬着用20斤糯米包成的又长又大的粽把(象征男性生殖器)去祭岩洞(象征麽禄甲的生殖器)，祈求人丁兴旺。不少地方的壮族歌圩都在岩洞中或岩洞附近举行，如广西百色市田东的“敢仰歌牙”“敢床歌灯”，广西百色市田阳的“敢壮山歌牙”，广西柳州市的“鲤鱼岩歌好”等，都与敢卡有关。据此，“敢卡”应为生育神名。在壮族民间信仰观念中，生育神或火神均是与人类祈求生存繁衍有关的重要神灵。在壮族麽经里，一般都把敢卡与皇帝并列，可见对其地位之尊崇
	甘哥	lih-gamj-ga	$li^6ka:m^3ka^1$	敢卡	367	4	
	干卡	gamj-ga	$ka:m^3ka^1$	敢卡	1610	17	
	関卡	gamj-ga	$ka:m^3ka^1$	敢卡	2279	20	
	干敬	gamj-ga	$ka:m^3ka^1$	敢卡	2591	23	

续表

名称	方块壮字	新壮文	国际音标	汉译	页码	抄本	注释
三界公爷	公三界	baeuq-sam-gaiq	pau^{5} θa:m^{1} ka:i^{5}	公三界	1629	17	专管天界、地界、海河界之大神，壮族民间尊称为“三界公爷”，壮族家神台上写历代祖宗位前方特写“三界公爷神位”，至今仍流行
稻谷种神	娘冬呖	nangz-doengh-lib	na:ŋ^{2}toŋ^{6} lip^{8}	娘东历	581	5	东历，壮族传说中掌管稻谷种子的女神。壮族神话称其与神农婆共同管理野生稻种，人类因缺吃少穿派鸟和老鼠去索取稻种，人类始有稻种、有饭吃
	通领	doeng-lig	toŋ^{1}lik^{8}	东历	1803	17	
谷雨婆	牙可黑	yah-go-hwx	ja^{6}ko^{1}hɯ^{4}	婆谷雨	2349	21	牙可黑，谷雨婆。壮族民间认为，清明节挂纸钱祭先祖，到谷雨时，阴间派谷雨婆来验收，如不挂纸钱，就要受谷雨婆责怪处罚
造物神	甫六慮	bux-loek-lij-	pu^{4}lok^{7}li^{3}	公六虑	293	3	猪槽公公，传说中创造猪槽的人
	寮三妹	liuh-sanh-mei	li:u^{6}ɬa:n^{6} mei^{1}	僚三妹	1244	12	意即“好玩的三妹”。其始创对歌招郎之举，故又尊之为“造爱情”之祖
	卜丹卡	bux-dam-ga	pu^{4}ta:m^{1} ka^{1}	布丹卡	1721	17	造水塘之神
	卜闵卡	bux-gvanj-ga	pu^{4}kva:n^{3} ka^{1}	布关卡	2182	20	
	卜六癸	bux-loeg-gviq	pu^{4}lok^{8} kvi^{5}	布洛癸	1722	17	造水田之神
	卜禄癸	bux-loeg-gviq	pu^{4}lok^{8} kvi^{5}	布洛癸	2182	20	
	卜七娘	bux-caet-niengz	pu^{4}ɕat^{7} niəŋ^{2}	布七娘	1722	17	造舍地之神
	卜七能	bux-caet-naengz	pu^{4}ɕat^{7} naŋ^{2}	布七能	2182	20	
	烟守	yienz-caeuj	jiən^{2}ɕau^{3}	烟守	261	3	造鱼之神
	夜白布	yah-bak-buq	ja^{6}pa:k^{7} pu^{5}	婆百布	2182	20	造布之神

续表

名称	方块壮字	新壮文	国际音标	汉译	页码	抄本	注释
	王感路	vuengz-gam-loh	vuəŋ^{2} ka:m^{1}lo^{6}	王感路	22	1	感路王。壮族神话传说中造道路之神
	王甘露造踏	vuengz-gan-loh	vuəŋ^{2} ka:n^{1}lo^{6}	王甘露	341	4	
	甘路	gam-loh	ka:m^{1}lo^{6}	甘路	2481	22	
	龍九玖	lungz-guj-gyaeuj	luŋ^{2}ku^{3} tɕau^{3}	龙九头	22	1	九头龙（皇）。壮族神话中造江河的神。传说九头龙有九头九尾，每条尾巴有一把犁，它用这些犁开出红水河及其他河川。由于用犁的把数不同，开出河川的大小深浅也不同。壮族古歌有“一把犁出沟，三把犁出溪，五把犁出河，九把犁出江”的歌句
	龍九久	lungz-guj-gyaeuj	luŋ^{2}ku^{3} tɕau^{3}	龙九头	341	4	
	皇久玖	vuengz-guj-gyaeuj	vuəŋ^{2} ku^{3}tɕau^{3}	皇九头	685	7	
	皇	vuengz	vuəŋ^{2}	王	685	7	王。泛指开辟天地、造万物之神王
	上樑	cang-liengz-	ɕa:ŋ^{1}liəŋ^{2}	上樑	26	1	造物神
	山屋	can-uz-	ɕa:n^{1}u^{2}	山屋	27	1	
	僃放	bi-fang	pi^{1}fa:ŋ^{1}	备放	27	1	
	他業	dah-nez	ta^{6}ne^{2}	他业	27	1	
	落臘	loz-laz	lo^{2}la^{2}	落腊	27	1	
	奷天卜	yah-denh-bied	ja^{6}te:n^{6} piət^{8}	婆天卜	596	5	
	奷埬康	yah-dungh-gang	ja^{6}tuŋ^{6} ka:ŋ^{1}	婆栋康	597	5	
	卜花变	bux-va-bienq	pu^{4}va^{1} piən^{5}	布花变	1644	17	
	卜厾佛	bux-fwt-fuz	pu^{4}fɯt^{7} fu^{2}	布飞佛	1645	17	
	褒記夘	baeuq-gyiq-cienz	pau^{5}tɕi^{5} ɕiən^{2}	布记钱	1961	18	
神名	皇	vuengz	vuəŋ^{2}	王	10	1	指创造天地诸神的大神
	奷霄班	yah-mbwn-ban	ja^{6}bɯn^{1} pa:n^{1}	奶奶弪班	98	2	开天女神
	娘班叭	nangz-ban-gyat	na:ŋ^{2}pa:n^{1} tɕa:t^{7}	娘娘班叭	98	2	驱邪女神
	光寅	gvang-yinz	kva:ŋ^{1}jin^{2}	光寅	430	5	司时光之神

续表

名称	方块壮字	新壮文	国际音标	汉译	页码	抄本	注释
	妹床晚	meh-congz-mbanx	me^{6}ɕo:ŋ^{2}ba:n^{4}	母床晚	573	5	主管村寨祭台的女神
	妹床叭	nangz-congz-gyat	na:ŋ^{2}ɕo:ŋ^{2}tɕa:t^{7}	娘床叭	573	5	主管禳解法事祭台的女神
	王	vuengz	vuəŋ^{2}	王	1147	12	此指壮族宗教中的神王
	大王	daih-vuengz	ta:i^{6}vuəŋ^{2}	大王	2449	22	神的泛称
	牙陰央	jas-jamc-jinc	ja^{31}jam^{35}jin^{35}	祖婆隐央	2806	26	隐形女神
	博洪交	bos-huq-dcaos	po^{31}huŋ^{44}tɕa:u^{31}	父王创世的	2788	26	创世之父王
	牙相義	jas-ciqs-njic	ja^{31}ɕiŋ^{31}ŋi^{35}	祖婆相仪	2805	26	创世女神
	奷南堂	yah-nanz-dangz	ja^{6}na:n^{2}ta:ŋ^{2}	婆南堂	3014	28	传说中阴间的一个女神
	光寅	gvang-yinz	kva:ŋ^{1}jin^{2}	光寅	97	2	神名
	甫陸荷	bux-loeg-hoz-	pu^{4}lok^{8}ho^{2}	人陆荷	166	2	
	羅安太	laz-an-daih	la^{2}a:n^{1}ta:i^{6}	罗安太	166	2	
	布光	baeuq-gvang	pau^{5}kva:ŋ^{1}	祖公长老	167	2	
	娘奷	nangz-yah	na:ŋ^{2}ja^{6}	娘祖婆	167	2	
	上樑	cang-liengz	ɕa:ŋ^{1}liəŋ^{2}	上梁	345	4	
	布台奷	baeuq-daiz-yah	pau^{5}ta:i^{2}ja^{6}	布台奷	414	4	
	岑布奥	gaemz-baeuq-ngauz	kam^{2}pau^{5}ŋa:u^{2}	岑布敖	414	4	
	妹⿰木農班	meh-ndoeng-ban	me^{6}doŋ^{1}pa:n^{1}	母林班	405	4	
	王山屋	vuengz-can-uk	vuəŋ^{2}ɕa:n^{1}uk^{7}	王山屋	345	4	
	王偹放笼造	vuengz-bi-fang	vuəŋ^{2}pi^{1}fa:ŋ^{1}	王备放	345	4	
	王他列	vuengz-de-lez	vuəŋ^{2}te^{1}le^{2}	王他列	346	4	

续表

名称	方块壮字	新壮文	国际音标	汉译	页码	抄本	注释
	王落哩	vuengz-laz-lij	vuəŋ²la² li³	王落哩	346	4	
	長生	cangz-swnh	ɕa:ŋ²ɬɯn⁶	长生	580	5	
	布比倍	baeuq-bi-baez	pau⁵pi¹ pai²	布比倍	1639	17	
	卜芛忙	baeuq-ranz-mangz	pau⁵ra:n² ma:ŋ²	长江布兰忙造成	1639	17	
	卜芛篮	baeuq-ranz-lanz	pau⁵ra:n² la:n²	布兰篮	1638	17	
	卜三保	baeuq-sam-bauj	pau⁵θam¹ pa:u³	布三保	1638	17	
	胡肯法	fuz-gwnj-faz	fu²kɯn³ fa²	胡肯法	1629	17	
	布天公	baeuq-dien-goeng	pau⁵tiən¹ koŋ¹	布天工	1629	17	
	布杀沙	baeuq-ciemz-sa	pau⁵ ɕiəm²θa¹	布杀沙	1629	17	
	寅甲	hiz-gap	hi²ka:p⁷	寅甲	1629	17	
	王相	yangz-sieng	jva:ŋ² θiəŋ¹	王相	1594	17	
	壬癸	yin-gaez	jin¹kai²	壬癸	1685	17	
	卜六卡	baeuq-loeg-ga	pau⁵lok⁸ ka¹	布洛卡	1663	17	
	卜六記	baeuq-loeg-gyiq	pau⁵ lok⁸tɕi⁵	布洛记	1663	17	
	卜郎弓	baeuq-langz-goeng	pau⁵la:ŋ² koŋ¹	布郎弓	1663	17	
	卜三谋	baeuq-sam-maeuz	pau⁵θa:m¹ mau²	布三谋	1663	17	
	卜郎诺	baeuq-langz-noz	pau⁵la:ŋ²no²	布郎诺	1663	17	
	卜三雪	baeuq-sam-sen	pau⁵θa:m¹ θe:n¹	布三雪	1663	17	
	三十浪	sam-cib-liengz	θa:m¹ ɕip⁸liəŋ²	三十郎	1516	17	
	卜黄卡	bux-vuengz-gah	pu⁴vuəŋ²ka⁶	那位王卡	1797	17	
	丹故	gamj-gu	ka:m³ku¹	敢故	1611	17	
	夜罗任	yah-lox-nyih	ja⁶lo⁴ɲi⁶	婆罗任	1542	17	

续表

名称	方块壮字	新壮文	国际音标	汉译	页码	抄本	注释
	婭拉何	yah-laj-haz	$ja^6la^3ha^2$	婆拉何	1542	17	
	姝落叩	meh-lox-gaeuq	$me^6lo^4kau^5$	母洛叩	1516	17	
	牙罗海	yah-lox-hae	$ja^6lo^4hai^1$	婆罗海	1516	17	
	婭八斗	yah-bet-daeuj	$ja^6pe{:}t^7$ tau^3	婆八斗	1722	17	
	小卡翁	baeuq-ga-hung	pau^5 $ka^1huŋ^1$	布卡瓮	1664	17	
	壬臣生	nyinh-cwnh-seng	$ȵin^6$ $ɕɯn^6θe{:}ŋ^1$	壬臣生做衣柜	1968	18	
	壬四松	nyinh-siq-sung	$ȵin^6θi^5$ $θuŋ^1$	壬四松做背带	1968	18	
	壬四沙	nyinh-siq-caq	$ȵin^6θi^5ɕa^5$	壬四沙做襁褓	1968	18	
	佈此倍	baeuq-swz-boiq	$pau^5θɯ^2$ $po{:}i^5$	布慈陪	2236	20	
	乎肯法	huj-gwnj-fat	$hu^3kɯn^3$ $fa{:}t^7$	胡肯法	2236	20	
	総兵	cungj-bing	$ɕuŋ^3piŋ^1$	総兵	2512	23	
	龍辰	lungz-saenz	$luŋ^2ɬan^2$	龙辰	2750	25	
	牙差	jas-tcac	$ja^{31}tɕha^{35}$	牙差	2832	26	
	牙歒	jas-tcac	$ja^{31}tɕha^{35}$	牙差	2832	26	
	牙七雅	yas-dcedr-cex	$ja^{31}tɕɛt^{55}$ lau^{44}	牙七雅	2833	26	
	牙家寡	yas-ruzn-mazhv	$ja^{31}ti^{31}$ $zɯn^{44}$	牙家寡	2833	26	
	牙七屡	yas-dcedr-law	$ja^{31}tɕɛt^{55}$ lau^{44}	牙七屡	2833	26	
	牙淇忍	yas-dis-ruzn	$ja^{31}ti^{31}$ $zɯn^{44}$	牙其忍	2833	26	
	驢郎頼	luz-langz-laih	$lu^2la{:}ŋ^2$ $la{:}i^6$	卢郎赖	2948	28	
	天羅廣	dien-loz-gvangx	$tiən^1lo^2$ $kva{:}ŋ^4$	天罗广	2948	28	
	應歌	yingq-goq	$jiŋ^5ko^5$	应歌	2949	28	
	老寿	laux-daeuh	$la{:}u^4tau^6$	老寿	2968	28	
	羅三丙	loz-sam-bingj	$lo^2ɬa{:}m^1$ $piŋ^3$	罗三丙	2978	28	

续表

名称	方块壮字	新壮文	国际音标	汉译	页码	抄本	注释
	娘三丙	nangz-sam-bingj	na:ŋ^2 ɬa:m^{1}piŋ^3	女三丙	2978	28	
漢王	狼寒	langh-hanq	la:ŋ^{6}ha:n^5	郎漢	27	1	郎漢，所指有二：一为传说中具有神灵品格的首领，又称为“漢王”。“郎”原义为“连成串的”，此指“统领”“头领”。“漢”原为鹅、雁的通称。“天鹅”壮语南部方言称为“漢㐂”，壮语北部方言称为“漢門”，或“毕乎”（云中鸭）。“郎漢”即“领头雁”，壮族民间视之为大雁、天鹅之王。在麽经中称“郎漢楽浮”即“郎漢会飞升”，“郎漢”在遭受祖王迫害时得到雷王和畐沤救助，飞升至天上，因而被尊称为“漢王”。二为传说中的山名。因此山为郎漢所居，是洪荒时期唯一未被洪水淹没的最高山峰，被视为神灵圣地，故名。此处经文指神名，即郎漢王
	狼寒	langh-hanq	la:ŋ^{6}ha:n^5	郎漢	346	4	
	卜郎漢	baeuq-langh-hanq	pau^{5}la:ŋ^6 ha:n^5	布郎漢	1664	17	
	力漢	lwg-hanq	lɯk^{8}ha:n^5	儿漢王	1649	17	
	老漢	langh-hanq	la:ŋ^{6}ha:n^5	郎漢（的）	1427	17	
	老漢	laux-hanq	la:u^{4}ha:n^5	郎漢	2171	20	
	郎漢	langh-hanq	la:ŋ^{6}ha:n^5	郎漢	2388	22	
	郎漢	langh-hanq	la:ŋ^{6}ha:n^5	郎漢	2667	24	
漢王祖王	旱黄左黄	hanq-vuengz-coj-vuengz	ha:n^5 vuəŋ^{2}ɕo^3 vuəŋ^2	漢王祖王	1893	18	漢王祖王，传说祖王与漢王是两兄弟，因争家产争王位继承权而互相打杀。后来，祖王设计把漢王推下深井，祖王顺利掌管地方大权，而漢王被雷神救上天去主管天界。后人把祖王称为地王神，把漢王称为天王神
祖王	祖皇	coj-vuengz	ɕo^{3}vuəŋ^2	祖王	174	2	人名。麽经讲祖王和漢王是一对异父异母的冤家兄弟，祖王是后母的儿子，因继承家业、划分财产引起兄弟相争，仇深似海，后经调解重归于好，成为古今解决人际关系矛盾的典范，他们因此成为壮族民间崇奉之神。民间凡有兄弟相争、家庭失和的就请布麽喃唱这段经文解冤
	屰祖皇	yah-coj-vuengz	ja^{6}ɕo^3 vuəŋ^2	婆祖王	2953	28	祖王婆。别的抄本祖王是男性，这里把祖王当做女性

续表

<table>
<tr><th>名称</th><th>方块壮字</th><th>新壮文</th><th>国际音标</th><th>汉译</th><th>页码</th><th>抄本</th><th>注释</th></tr>
<tr><td rowspan="3">英雄神</td><td>春王</td><td>caenq-vuengz</td><td>ɕan⁵ vuəŋ²</td><td>逊王</td><td>267</td><td>3</td><td rowspan="2">岑逊王。壮族神话中开发红水河的英雄。传说壮族地区多山，每年河水暴涨，受山阻隔流不出去而泛滥。岑逊铸了一把大铁犁，疏通水路，形成红水河。他又打了一条扁担，把阻隔水路的山搬走，排列在红水河两岸。至今红水河两岸壮族聚居地还立有不少岑逊王庙</td></tr>
<tr><td>玄王</td><td>simh-yangz</td><td>θim⁶ jva:ŋ²</td><td>逊王</td><td>1858</td><td>18</td></tr>
<tr><td>莫一大王</td><td>mo-it-daih-yangz</td><td>mo¹it⁷ ta:u⁶jva:ŋ²</td><td>莫一大王</td><td>1887</td><td>18</td><td>壮族神话中的英雄神。传说莫一大王自幼家贫，因得其亡父神牛的相助，力大无比，武艺超人，在反抗封建王朝的斗争中，表现出不屈的斗志和非凡本领，后被招安在朝廷做官。千里迢迢他能朝赴夜返；能把升起的太阳压下去，延迟天亮；能用神鞭赶山围堵来进剿的皇兵；能在竹子里孕育兵马；自己的头被砍断，还会说话，能接复原；最后他的头又被砍再也接不了，放在缸里竟化成一群地龙蜂飞到京城，把皇帝和满朝文武官员蜇得四处逃窜。壮族民间对他尤为尊崇，称为莫一大王，立庙奉祀。在红水河流域壮族祖先神龛上，设有“本领通天莫一大王之神位”，常年供奉。壮族麽教奉莫一大王为本土神</td></tr>
<tr><td>能人</td><td>普拜更</td><td>pux-bais-guzn</td><td>phu³³pa:i³¹ kɯn⁴⁴</td><td>人那天上</td><td>2805</td><td>26</td><td>指承接天地的人，或指能通神的人</td></tr>
<tr><td rowspan="3">麽教祖神</td><td>請教</td><td>singj-gyauq</td><td>ɬiŋ³tɕa:u⁵</td><td>请教</td><td>429</td><td>5</td><td>指麽教祖神</td></tr>
<tr><td>祖教</td><td>coj-gyauq</td><td>ɕo³tɕa:u⁵</td><td>祖教</td><td>1191</td><td>12</td><td>祖师教主的简称</td></tr>
<tr><td>祖師</td><td>coj-sae</td><td>ɕo³ɬai¹</td><td>祖师</td><td>1191</td><td>12</td><td>道教尊黄帝为始祖；以阐扬道教精义之老子为道祖；以创成道教之张道陵为教祖，是谓道教之祖。此处为壮族布麽把道教三祖吸收为麽教的祖神</td></tr>
<tr><td>霹雳神</td><td>辟歷</td><td>biz-liz</td><td>pi²li²</td><td>霹雳</td><td>2948</td><td>28</td><td>传说是天上的一个神</td></tr>
</table>

续表

名称	方块壮字	新壮文	国际音标	汉译	页码	抄本	注释
月亮神	公推	goeng-doi	koŋ¹to:i¹	公堆	532	5	公堆。是壮族民间神话中拯救月亮的神。传说远古时，月亮和玉兔被狐狸精关押在山洞里，使得夜间的大地黑沉沉。年轻的公堆夫妇救出玉兔，又求助于山神杀死狐狸精，使月亮重现夜空。为此，月亮感激公堆夫妇，留他们永住月宫
	公隊	goeng-doi	koŋ¹to:i¹	公堆	739	7	
	公堆	goeng-doi	koŋ¹to:i¹	公堆	1177	12	
	貢對	goeng-doi	koŋ¹to:i¹	公堆	2952	28	
彩虹	黄	vuengz	vuəŋ²	王	1815	17	壮族崇拜的天神。传说彩虹经常下到河边或泉潭汲水，每当遇到此种情况，村民必须到河边或泉潭边祭祀，否则会招致灾祸
	龍鍊				1815	17	
	銅	dumz	tum²	彩虹	1978	18	
动物神	蝏黎	nengz-yae	ne:ŋ²jai¹	蜾蜂	19	1	蜾蜂，又称蜾蠃、细腰蜂，寄生蜂的一种。体青黑，细腰，用泥土在墙上或树枝上做窝。常捕捉螟蛉存放在窝里，在其体内产卵，卵孵化后就拿螟蛉作食物。壮人认为蜾蜂有符法，实则是蜾蜂的独特繁殖方式。蜾蜂在墙上用泥土构巢后，用其特有的麻毒针，把比它大数倍的昆虫如蜻蜓等蛰昏，然后带回巢内，在昆虫身内产卵，待孵化后，小虫即以麻醉了的昆虫作食物，成长为新一代蜾蜂。古人不明科学道理，以为蜾蜂拿昆虫作养子，用符咒化为小虫。蜾蜂是壮族民间信奉的动物神。传说天地未开辟之前，先有一团大气。后来大气越滚越大，越滚越实，推动这圆坨坨滚的是拱屎虫（俗称屎壳郎）。第一个爬到这圆坨坨滚的就是蜾蠃，它有坚硬的牙齿，每天叮咬着这圆坨坨，终于把这圆坨坨咬破。结果出现三个蛋黄，一个飞上去成天，一个飞下去成地，另一个飞出去成水
	蝏類	nengz-yui	ne:ŋ²juəi¹	蜾蜂	1660	17	
	虫雷	nengz-yui	ne:ŋ²juəi¹	蜾蜂	1956	18	

续表

名称	方块壮字	新壮文	国际音标	汉译	页码	抄本	注释
	蝏蝩	nengz-congz	ne:ŋ^{2} ɕo:ŋ^{2}	蜣螂	19	1	拱屎虫，又称屎壳郎，学名蜣螂。壮族信奉的动物神。壮族神话说，宇宙未成形的混沌时期，那滚动的圆坨坨是由它推动的，后来圆坨坨被蜾蜂咬破，上面成天，下边成水，中间成地。地上的人多了，把天熏得臭臭的，天神命屎壳郎下去传话，叫人三天吃一餐，可是屎壳郎传错了话，叫人一天吃三餐，结果天神罚屎壳郎去拱粪堆，成了拱屎虫
	娘虫	nengz-cungz	ne:ŋ^{2}ɕuŋ^{2}	拱屎虫	1660	17	
	虫從	nengz-cungz	ne:ŋ^{2}ɕuŋ^{2}	虫拱屎	1957	18	蜣螂。一种有甲壳和鞘翅的昆虫。黑色，会飞，吃动物尸体和粪便等。常把粪滚成珠形，在其中产卵。俗称屎壳郎或拱屎虫。壮族民众信奉的昆虫神。壮族民间传说，宇宙未成形的混沌时期,那滚动的圆坨坨是它推动的。天地形成后，由于天太矮，地上的人太多，人的排泄物把天熏得臭臭的。布洛陀便派屎壳郎下来传话：“人老就蜕皮，蛇老就死去；每天只准吃一餐饭。”而屎壳郎传话时却变成：“蛇老就蜕皮，人老就死去；每天可吃三餐饭。”结果地上的人死多了，饭吃多了拉的也多，臭气更大。布洛陀知道后便罚它去拱粪堆，屎壳郎就变成拱屎虫
神鸟	鴓九頭	loeg-guj-gyaeuj	lok^{8}ku^{3} tɕau^{3}	鸟九头	1244	12	长有九头的鸟，是壮族民间传说中的神鸟
	崇容	cih-yungz	ɕi:^{6}juŋ^{2}	崇容	2752	25	传说中的神鸟
	鴓山何	loeg-sanh-hoz	lok^{8}ɬa:n^{6} ho^{2}	鸟三合	2956	28	三合鸟，神鸟名
神牛	懐皓	vaiz-hau	va:i^{2}ha:u^{1}	水牛白色	1266	12	白水牛。壮人当作神牛，常把白水牛用于驱鬼
植物神	布可高	baeuq-go-gauj	pau^{5}ko^{1} ka:u^{3}	布可高	1629	17	樟树公，专司林木之神。樟树坚硬且有异香，为壮族民间所尊崇，故供奉为神

续表

名称	方块壮字	新壮文	国际音标	汉译	页码	抄本	注释
神树	个龍	go-lungz	$ko^{1}luŋ^{2}$	棵榕树	2947	28	大叶榕树的一种。壮族民间视大叶榕和小叶榕为神树，不可随便砍伐，否则就触犯神灵而遭受灾难
魂王	㗂王	hoen-vuengz	hon^{1} $vuəŋ^{2}$	魂王	588	5	此指稻谷的魂
地神	白馬	bwz-maj	$pə^{2}ma^{3}$	白马	1629	17	地神，白马仙娘
龙脉	龙没	loengz-maeg	$loŋ^{2}mak^{8}$	龙脉	1859	18	龙脉。本意指堪舆家所说的风水宝地，这里实指守护在祖宗坟地左右两边的神灵
石神	布楤宜	baeuq-cu-nyiz	$pau^{5}ɕu^{1}$ $ȵi^{2}$	布总宜	1709	17	与“布綁案”均指石神兄弟，壮族民间称为“万岁神”
楼梯神	定累	din-lae	$tin^{1}lai^{1}$	脚梯	139	2	原意为楼梯脚，此指楼梯神
	坵累	gyaeuj-lui	$tɕau^{3}luəi^{1}$	门梯（神）	1607	17	原意为门梯，此指楼梯神
柱礅神	社頡	ciex-doenh	$ɕiə^{4}ton^{6}$	社神栏圈	1365	14	干栏下层畜圈的柱礅神
三合神	三火	sanh-hoz	$ɬa:n^{6}ho^{2}$	三合	1205	12	有的写作“三合”“山合”“三何”。指三岔路口或三江汇合处的神灵，即三合神。壮族民间认为三岔路口或三江汇合处是鬼神出没聚集之所。壮族民间认为，人和鬼走到这里都容易迷路，人的魂容易被鬼勾走，需要有一个神来指点迷津，这个神就是三合神。故招魂赎魂必到就近的三岔路口去祭“三合神”，祈以招引散失的魂回归
	山何	sanh-hoz	$ɬa:n^{6}ho^{2}$	三合	2747	25	
河神	仆汰	bux-dah	$pu^{4}ta^{6}$	那位河（神）	1578	17	河神
	老八嗦	laux-bak-sok	$la:u^{4}pa:k^{7}$ $θo:k^{7}$	那位口渡	1998	18	司河水码头渡口的大神

8.1.2 外来神灵类

名称	方块壮字	新壮文	国际音标	汉译	页码	抄本	注释
伏羲	王伏儀	yangz-fuz-nyiz	jva:ŋ^{2}fu^2 ȵi^2	王伏羲	1927	18	中国神话中人类的始祖。传说人类由他和女娲氏兄妹成婚后产生。又传他教民结网，从事渔猎畜牧，反映中国原始时代开始渔猎畜牧的情况。传说八卦也出于他的制作。在壮族神话中，伏羲兄妹是洪水滔天后再造人类的始祖，是布伯的儿女。在布伯为雨水和雷王的斗争中，雷王被布伯擒拿，关在谷仓里，限定雷王如果不下雨就要把他杀掉分肉给众人吃。雷王设计逃出，趁布伯上街买盐时骗取伏羲兄妹的信任，让兄妹俩拿猪潲水和蓝靛水给他喝。雷王喝了这些水后，力气倍增，挣破谷仓，飞上天空，决计发大水淹死人类。临行前为了报恩，雷王从嘴里拔出一颗牙齿叫伏羲兄妹拿去种。一夜之间，竟种出一个大葫芦瓜，洪水来时伏羲兄妹便躲进大葫芦里，才逃得性命。洪水过后，天下只剩下伏羲兄妹，后来兄妹结婚，生下一个像磨刀石一样的胎儿。兄妹疑是妖怪，便拿刀来乱剁，把碎肉撒到野外，碎肉竟变出许许多多的人，人类重又繁衍。汉族亦有伏羲女娲兄妹再造人类的神话。唐代李冗《独异志》卷下：“昔宇宙初开之时，只有女娲兄妹二人，在昆仑山，而天下未有人民。议以为夫，又自羞耻。兄即与妹上昆仑山，咒曰：‘天若遣我兄妹二人为夫妻，而烟悉合，若不，使烟散’。于烟即合，其妹即来就兄。”

续表

<table>
<tr><th>名称</th><th>方块壮字</th><th>新壮文</th><th>国际音标</th><th>汉译</th><th>页码</th><th>抄本</th><th>注释</th></tr>
<tr><td rowspan="5">混沌</td><td>混沌</td><td>vun-dwnz</td><td>vun^{1}tɯn^{2}</td><td>混沌</td><td>26</td><td>1</td><td rowspan="4">亦称“浑沌”“帝鸿”“帝江”，在汉族神话中一指帝王名，二指宇宙形成前模糊一团的状态。壮族麽经中的“混沌”为汉文化传人壮族地区后移植过来的神，有时是男神，有时是女神</td></tr>
<tr><td>奼混沌</td><td>yah-vwn-dwnz-</td><td>ja^{6}vɯn^{1} tɯn^{2}</td><td>婆混沌</td><td>685</td><td>7</td></tr>
<tr><td>温沌</td><td>vwnh-dwnz</td><td>vɯn^{6}tɯn^{2}</td><td>混沌</td><td>1628</td><td>17</td></tr>
<tr><td>温豚</td><td>vwnh-dwnz</td><td>vɯn^{6}tɯn^{2}</td><td>混沌</td><td>1867</td><td>18</td></tr>
<tr><td>温頓</td><td>vun-dwnz</td><td>vun^{1}tɯn^{2}</td><td>混沌</td><td>345</td><td>4</td><td>温頓，亦称浑沌。《庄子·应常王》：“南海之帝为倏，北海之帝为忽，中央之帝为浑沌。”壮族的创世神为布洛陀，混沌是汉文化传人壮族地区后移植于麽经中的神。广西河池市东兰县壮族麽经记载：有一次混沌和祖宜婆在同一条河里洗澡，混沌的精水流进祖宜婆体内，后来祖宜婆生下布洛陀十二兄妹</td></tr>
<tr><td rowspan="7">神农</td><td>神農</td><td>saenz-noengz</td><td>ɬan^{2}noŋ^{2}</td><td>神农</td><td>556</td><td>5</td><td rowspan="7">在壮族麽经中，“神农”是位女神，称为“奼神农”，即神农婆，壮族民间传说中掌管稻谷种子的农业（女）神。壮族从前没有稻谷种，是布洛陀派鸟和老鼠爬山过海，去到神农居住的地方要来谷种，人类才开始种稻谷吃大米。在壮族神话中，田里的水稻是麽渌甲从山上采来野生稻栽培种植的。那时没有犁，人们用长石来耕田，说明壮族地区在新石器时代就有了原始稻作农业，并有本民族的女性农神。汉籍有神农氏，传说是农业和医药的发明者。相传远古人类过着采集、渔猎生活，他用木制作来招，教人民耕种生产，又传他曾尝百草，发现药材，教人治病。一说神农氏即炎帝。清马骕《绎史》卷四引《周书》：“神农之时，天雨粟。神农遂耕而种之，作陶冶斧斤，为耒耜助耨，以垦草莽。然后五谷兴助，百果藏实。”晋王嘉《拾遗记》卷一：“炎帝时有丹崖衔九穗禾，其坠地者，帝乃拾之，以植于田，食者老而不死。”</td></tr>
<tr><td>神農</td><td>caenz-noengz</td><td>ɕan^{2}noŋ^{2}</td><td>神农</td><td>1216</td><td>12</td></tr>
<tr><td>農皇帝</td><td>noengz-vuengz-daeq</td><td>noŋ^{2} vuəŋ^{2}tai^{5}</td><td>农皇帝</td><td>1216</td><td>12</td></tr>
<tr><td>神蕽</td><td>cwnz-nungz</td><td>ɕɯn^{2}nuŋ^{2}</td><td>神农</td><td>1803</td><td>17</td></tr>
<tr><td>王神農</td><td>yangz-caenz-nungz</td><td>jva:ŋ^{2}ɕan^{2} nuŋ^{2}</td><td>王神农</td><td>1942</td><td>18</td></tr>
<tr><td>王仙農</td><td>yangz-sien-nungz</td><td>jva:ŋ^{2} θiən^{1}nuŋ^{2}</td><td>王仙农</td><td>1951</td><td>18</td></tr>
<tr><td>奼神農</td><td>yah-saenz-nungz</td><td>ja^{6}ɬan^{2} nuŋ^{2}</td><td>婆神农</td><td>2965</td><td>28</td></tr>
</table>

续表

名称	方块壮字	新壮文	国际音标	汉译	页码	抄本	注释
天皇	天王氏	dien-yangz-ciq	tiən¹ jvaːŋ²ɕvi⁵	天王氏	1916	18	神名。又叫“天皇”，汉族神话有三皇，即天皇、地皇、人皇。唐司马贞《史记·补三皇本纪》:“天地初立，有天皇氏十二头，澹泊无所施为，而俗自化。木德王，岁起摄提，兄弟十二人，立各一万八千岁。”壮族麽经里的天王是造日月星辰的天神
地皇	地王氏	dih-yangz-ciq	ti⁶jvaːŋ² ɕvi⁵	地王氏	1923	18	神名。又叫“地皇”。汉族神话有三皇，即天皇、地皇、人皇。唐代司马贞《史记·补三皇本纪》:“地皇十一头，火德王。兄弟十一人，兴于熊耳、龙门等山，亦各万八千岁。”壮族麽经里的地王氏是造江河大地、安排万物的大神
巢氏王	王巢氏	yangz-cauz-ciq	jvaːŋ² ɕaːu²ɕi⁵	王巢氏	1929	18	巢氏王，神名。《庄子·盗跖》:“古者禽兽多而人民少，于是民皆巢居以避之。昼拾橡栗，暮栖木上，故命之曰:有巢之民。”壮族的“王巢氏”疑源于汉族的“有巢氏”
燧巢王	王燧巢	yangz-cae-cauz	jvaːŋ² ɕai¹ɕaːu²	王燧巢	1930	18	王燧巢:燧巢王，神名。《太平御览》卷七八引《礼含文嘉》:“燧人始钻木取火，炮生为熟，令人无腹疾，有异于禽兽，遂天之意，故为燧人。”壮族的燧巢王疑为从汉族的“燧人氏”衍变而来
社神土地神	社	cwex	ɕɯə⁴	社神	58	1	“社”原义指:（1）土地神；（2）祭祀土地神的地方；（3）古代基层行政单位；（4）节日。在壮族民间中泛指神灵。壮族信仰多神，其神灵观念源于自然崇拜，认为大榕树、深潭、高山、大石头、三岔路口、三江口等物象都是“社神”。壮族民间农历每月初一、十五，尤其二月初二，人们去烧香、贴纸、供祭，祈求“社”佑护人畜平安，攘除灾变

续表

名称	方块壮字	新壮文	国际音标	汉译	页码	抄本	注释
	社	ciex	ɕiə^{4}	社神	1185	12	指社神。壮族每个村庄都有一个神社，是全村人供奉的神。神社附近都长有大叶榕或小叶榕，有些榕树盖住神堂，有“个美龍夰社”即“榕树庇护社神”的说法
	土地	doj-dih	to^{3}ti^{6}	土地（神位）	1364	14	土地神，亦称社神、社王。壮族民间信奉的守护神。过去壮族村寨都立有社王神，一般建社庙在村头大树下。社王主宰全村祸福，有“社王不开口，老虎不吃猪”的说法。全村人在每年的春秋社日都集体祭祀社王。阴历二月初二春社许愿，八月初二秋社还愿，感谢神恩。有的地方则在每年农历除夕祭拜社王，祈求社王保佑风调雨顺，五谷丰登
	志	cwx	ɕɯ^{4}	社王	1860	18	
	則	cwx	ɕɯ^{4}	社神	1437	17	社神。壮族民间信奉的守护神，奉祭的对象一般是各村寨前面的大榕树或山上的百年老树
	多弓	doc-goqv	to^{35}kɔŋ^{11}	土（地）公	2861	26	指土地神，又称社神。是壮族民间信奉的地方保护神，壮族民间各村屯都设有土地庙，庙内置土地神木雕或泥塑像，认为土地神威灵者则虎豹不人境。土地神又司五谷和雨水，佑护农家年岁丰足
	土地	doj-dih	to^{3}ti^{6}	土地（神）	556	5	壮族麽教中的传话神，其职责是为布麽去向各路神祇传话
	多敵	doc-dis	to^{35}ti^{31}	土地（神）	2861	26	
灶神	布炏微	baeuq-lemj-fiz	pau^{5}le:m^{3} fi^{2}	公公烧火	61	1	烧火公公、火灰王、烧火祖公、火灶之王、灶王爷、边火公公均指灶神。专管烟火之阴神，极受尊敬，立位于灶旁，逢年过节要敬香火
	王熾斗	vuengz-fiz-daeuh	vuəŋ^{2}fi^{2} tau^{6}	王火灰	252	3	
	王北宿	vuengz-bak-saeuq	vuəŋ^{2} pa:k^{7}ɬau^{5}	王火灶	379	4	
	佈望非	baeuq-vongq-fiz	pau^{5}vo:ŋ^{5} fi^{2}	公公灶火	2134	19	
	保汪肥	baeuq-vongh-fiz	pau^{5}vo:ŋ^{6} fi^{2}	公公旁边火	2303	21	

续表

名称	方块壮字	新壮文	国际音标	汉译	页码	抄本	注释
	灶君	cauq-gun	ɕa:u^{5}kun^1	灶君	905	9	这里指壮族人奉祀的火神。壮族神话说，从前没有火，人类和其他动物一样吃生肉、生鱼、生果，既长不高又易生病。有一个叫卜冬寒的人依照布洛陀的吩咐到山上去造火，他用千年的樟树去搓万年的榕树，搓了三天三夜，搓出了火种，叫萤火虫帮把火种带回家来，做火灶收藏火种，被布洛陀封为火神
	房肥	fangz-fiz	fa:ŋ^{2}fi^2	鬼火	2301	21	火鬼、灶鬼、灶王神
八卦	八卦	bet-gvaq	pe:t^{7}kva^5	八卦	580	5	原指《周易》中乾、坤、离、坎、巽、震、艮、兑八种基本卦形。相传是伏羲所创，后道教经籍吸收阴阳八卦思想以衍经义，用以指导修炼内外丹。此处把"八卦"当作神灵
甲子	甲子	gyaz-swj	tɕa^{2}θɯ^3	甲子	1629	17	原为用于纪年的干支字轮一周之称，此为布麽将"甲子"作为司纪年的神名
玉皇大帝	玉帝	yi-di	ji^{1}ti^1	玉帝	189	2	玉皇大帝，道教信奉的最高天神。传说为总执天道最崇高之神，壮族麽教尊之为天王玉帝
	三宝玉皇	sam-bauj-yi-vuengz	ɬa:m^{1}pa:u^3 ji^{1}vuəŋ^2	三宝玉皇	199	2	
	玉对	yiq-diq	ʔjvi^{5}ti^5	玉帝	1587	17	
太上老君	老君	lauj-ginh	la:u^{3}kin^6	老君	18	1	老子，姓李，名耳，春秋时期的大思想家。老子的学说对中国哲学的发展有很大影响，后世很多学者都从不同角度吸取了他的思想。道教则奉为教主，尊之为太上老君。道教的主要经典《道德经》《老子五千文》，相传为老子所著
	太上老君	dai-cang-lauj-gywnh	ta:i^{1}ɕa:ŋ^1 la:u^3 tɕɯn^6	太上老君	1787	17	道教对老子的尊称。最早见于《魏书・释老志》。《老子内传》："太上老君，姓李名耳，字伯阳，一名重耳；生而白首，故号老子；耳有三漏，又号老聃。"

续表

名称	方块壮字	新壮文	国际音标	汉译	页码	抄本	注释
	老軍	laux-gun	$la:u^{4}kun^{1}$	老君	2949	28	老君，即太上老君。道教认为太上老君就是老子。东汉王阜《老子圣母碑》:“老子者道也。乃生于元形之先.起于太初之前，行于太素之元。浮游于虚，出人幽明，观混合之未别，窥清浊之未分。”相传为张道陵著的《老子想尔注》称“一散形为气，聚形为太上老君”，把太上老君作为元气之祖，天地之根。壮族造天造地的神是布洛陀。壮族的布麽接受道教观念后才派生出“老君”“老军”的这种说法
三元三圣三官	三元	sam-yienz	$ɬa:m^{1}jiən^{2}$	三元	11	1	又称“三元大帝”“三元真君”。指壮族师公奉祀的唐道相、葛定志和周护正三位祖师爷。布麽合称为“布三元”
	三官大帝	-sam-guen-daih-di	$ɬa:m^{1}kuən^{1}ta:i^{6}ti^{1}$	三官大帝	199	2	
	普三元	bux-sam-yied	$pu^{4}θa:m^{1}jiət^{8}$	布三元	1629	17	
	三清	sam-cing	$ɬa:m^{1}ɕiŋ^{1}$	三圣	2978	28	三圣。说法有二:一说指三祖圣神;二说指布麽和道公信奉的唐道相、葛定志、周护正三元神
	三官	sam-guen	$ɬa:m^{1}kuən^{1}$	三官	2987	28	三官神。说法有二:一指壮族师公奉祀的唐道相、葛定志、周护正三元神;二指天官、地官、水官为三官神
功曹	功曾	goeng-cauz	$koŋ^{1}ɕa:u^{2}$	公曹	199	2	道教神名，又称四值功曹。即年功曹、月功曹、日功曹、时功曹，均为值星之神（值年、值月、值日、值时的神）
	功曺	goeng-cauz	$koŋ^{1}ɕa:u^{2}$	功曹	1206	12	
玄武	真武	cinh-ux	$ɕin^{6}u^{4}$	真武	1203	12	玄武，道教所奉的护卫神

8.1.3 其他神灵类

表 8-2

名称	方块壮字	新壮文	国际音标	汉译	页码	抄本	注释
盘古	奷船盂	yah-buenz-guj	ja^{6}puən^{2} ku^{3}	婆盘古	1148	12	盘古（婆）。盘古为汉族神话中的开天辟地神，属男性。在壮族麽经里，盘古有时是男性神，有时是女性神
	奷盆盂	yah-buenz-guj	ja^{6}puən^{2} ku^{3}	婆盘古	2388	22	
		yah-buenz-guj	ja^{6}puən^{2} ku^{3}	婆盘古	2639	24	
	盆盂	buenz-guj	puən^{2}ku^{3}	盘古	540	5	
	盤古	buenz-guj	puən^{2}ku^{3}	盘古	1915	18	
财神	卜送⺼	bux-cienz-soengq	pu^{4}ɕiən^{2} θoŋ^{5}	那位钱送	1886	18	“卜送⺼”原抄本写为“卜⺼送”。指那位送钱的，即财神
爱情神	三台	sam-daiz	ɬa:m^{1}ta:i^{2}	山台	580	5	山台，梁山伯与祝英台的简称。汉族爱情故事《梁山伯与祝英台》在壮族地区广为流传，家喻户晓，壮族民间把梁山伯与祝英台当做神灵来崇拜
娘金仙	娘金仙	nangz-gim-sien	na:ŋ^{2} kim^{1}ɬiən^{1}	娘金仙	817	8	金仙娘，主管婚姻的仙女
智慧神	老落肚	laux-rox-dungx	la:u^{4}ro^{4} tuŋ^{4}	那位聪明肚	1998	18	“落”指聪明、明白、知道“肚”指心。心知肚明者，意指智慧大神
星神	五富	uj-fu	u^{3}fu^{1}	五富	44	1	是古代星占家所谓的每日当值的吉利星神。据朱权《癯仙肘后经》载，值日吉神名目繁多，共有115个，五富、要安为其中两个
	要安	yau-nganh	ja:u^{1}ŋa:n^{6}	要安	44	1	
	五富要安	uj-fu-ya-nganh	u^{3}fu^{1}ja:u^{1} ŋa:n^{6}	五福要安	370	4	
	北神	baek-saenz	pak^{7}ɬan^{2}	北神	429	5	北辰，北极星神
天上福德之神	天德	dien-daek	tiən^{1}tak^{7}	天德	97	2	丛辰名，天上福德之神，其所理之日可以兴土功，营宫室
	天得	dien-daek	tiən^{1}tak^{7}	天德	329	4	
大将军	大将軍	daih-cieng-gun	ta:i^{6}ɕiəŋ^{1} kun^{1}	大将军	157	2	丛辰名。常居于四正之位，三年一迁。壮族民间信仰中的方位神，属凶神。据说小孩外出时碰上大将军神，就会大病一场或不久会夭亡
	将軍	ciengh-gun	ɕiəŋ^{6}kun^{1}	将军	332	4	
	大将軍	daih-ciengq-gun	ta:i^{6}ɕiəŋ^{5} kun^{1}	大将军	1435	17	
岁神	大歳	daih-soiq	ta:i^{6}ɬo:i^{5}	太岁	332	4	太岁，岁神，须避讳
	卜可年	bux-goek-nienz	pu^{4}kok^{7} niən^{2}	那位末岁	1886	18	岁末神
煞神	三杀	sam-ca	θa:m^{1}ɕa^{1}	三煞	1450	17	三煞，即年煞、月煞、日煞，皆为凶神
	三煞	sam-caz	θa:m^{1}ɕa^{2}	三煞	2268	20	

8.1.4 鬼（怪）类

表 8-3

名称	方块壮字	新壮文	国际音标	汉译	页码	抄本	注释
怪	⿱丕女	gyax	tɕa^{4}	孤儿怪	805	8	原指孤儿，这里指因孤儿受尽虐待，冤怪附身，成了孤儿怪
	噫無	eq-uh	e^{5}u^{6}	怪物	1003	10	象声词，一种怪物叫的声音。这里指怪物
	狗角	gaeuj-god	kau^{3}ko:t^{8}	怪物	1003	10	
	出耳				1792	17	长木耳。瓦制酒缸本身不长木耳，此指其木盖、竹盖长出的木耳。制酒时把酒饼搅拌入米饭后装在缸内，用布或灰浆糊封缸口，布盖还压一块重板，密封三五个月甚至一两年才打开，时间长，酒气湿润盖板，有时长出木耳等菌类。这种现象少见，故视之为怪
	黄	vuengz	vuəŋ^{2}	王	1788	17	王，此指稻谷殃怪
	黄	vuengz	vuəŋ^{2}	王	1791	17	王。此指燕子殃怪
	黄	vuengz	vuəŋ^{2}	王	1793	17	王。此指鸡怪鸭怪
	黄	vuengz	vuəŋ^{2}	王	1800	17	王。此指鼠怪
	黄	vuengz	vuəŋ^{2}	王	1801	17	王。此指狗怪
	黄	vuengzj	vuəŋ^{2}	王	1805	17	王。此指猪怪
	黄	vuengz	vuəŋ^{2}	王	1819	17	王。此指蛇怪
	黄	vuengz	vuəŋ^{2}	王	1821	17	王。此指石怪
	黄	vuengz	vuəŋ^{2}	王	1826	17	王。此指牛怪
	黄	vuengz	vuəŋ^{2}	王	1828	17	王。此指猫怪
	黄	vueng	vuəŋ^{2}	王	1829	17	王。指蜂怪
	⿰王飞龍⿰王飞虎	dot-feih-lungz-feih-huj	fei^{6}luŋ^{2} fei^{6}hu^{3}	飞龙飞虎	3055	29	一种精怪
	大罡小罡	da-gangh-diuj-gangh	ta^{1}ka:ŋ^{6} ti:u^{3}ka:ŋ^{6}	大罡小罡	3055	29	
	大儉小儉	da-gen-siuj-gen	ta^{1}ke:n^{1} ɬi:u^{3}ke:n^{1}	大俭小俭	3055	29	
	鴉燎鴉到	yah-liuz-yah-dauh	ja^{6}li:u^{2}ja^{6} ta:u^{6}	鸦僚鸦道	3055	29	

续表

名称	方块壮字	新壮文	国际音标	汉译	页码	抄本	注释
	除	ciez	ɕiə^{2}	除怪	3056	29	除。古代术数家根据天文历法占测人事吉凶的一种方法，其以十二辰分别象征十二种人事的情况，即建、除、满、平、定、执、破、危、成、收、开、闭，俗称“十二踏建”。除日宜去旧迎新，其余不吉。此处的“除”取其名而非其义，指在除日引发灾病的妖孽、冤怪、祸根等，译作“除怪”
鬼	窚家	ien-gya	iən^{1}tɕa^{1}	冤家	56	1	指对人纠缠作祟造成灾变的鬼怪
	闫羅	yiemz-laz	jiəm^{2}la^{2}	阎罗	556	5	阎罗王、阎王。原为古印度神话中管理阴间之王。佛教沿用其说，称为管理地狱的魔王（神）
	閆羅	yiemz-laz	jiəm^{2}la^{2}	阎罗（王）	2966	28	
	白馬	beg-max	pe:k^{8}ma^{4}	白马	1264	12	与“覫立”“五海”“窚家”同类，都是阴间凶恶的鬼魅
	朗七	langz-caet	la:ŋ^{2}ɕat^{7}	郎七	1264	12	传说中凶恶的鬼魅之一
	仆得们	bux-dwz-mwengz	pu^{4}tɯ^{2} mɯəŋ^{2}	那位掌管疆域	1589	17	“们”意为疆域、城邦、邦国。“仆得们”意即掌管疆域的人，即地方官。此指管理阴界的神灵
	魴双罧	fangz-song-saemq	fa:ŋ^{2}ɬo:ŋ^{1} ɬam^{5}	鬼两重	2472	22	指两重鬼。壮族民间认为，在阳间死亡到阴间，为死鬼；在阴间再死一次，称为两重死鬼，即死两次之鬼
	甫头旛	bux-daeuz-fanz	pu^{4}tau^{2} fa:n^{2}	那个头目幡旗	2732	25	指阴间执令旗的鬼神小头目
	甫頭目国其	bux-daeuz-muz-goek-giz	pu^{4}tau^{2} mu^{2}kok^{7} ki^{2}	那个头目杆旗	2733	25	
	甫今字	bux-gaem-sw	pu^{4}kam^{1} ɬɯ^{1}	那个掌管书本	2733	25	指阴间阎罗王手下掌管生死薄的判官
	可	ko	kho^{1}	勾魂鬼	2933	27	原意为勾。壮族民间认为，有一种恶鬼专门勾取人的灵魂，使其卧病甚至死亡。此为避讳以“可”即勾作为勾魂鬼的代称
	帮	bang	pa:ŋ^{6}	那伙	2898	27	同伙，一帮。此指殃及主家的那伙凶鬼恶神

续表

名称	方块壮字	新壮文	国际音标	汉译	页码	抄本	注释
	王曺	vuengz-cauz	vuəŋ^{2} ɕa:u^{2}	王曹	2948	28	王曹。传说中在阴间专门管理非正常死亡鬼魂的鬼王
	邦	bang	pa:ŋ^{1}	邦	2974	28	一种鬼妖。壮族民间认为，一些人生下来，八字中带有某些灾难上身的鬼妖，如“邦火”（火鬼）、“邦淋”（水妖）等，如不禳解，这个人必死于火或死于水
	雌雄鸦	swj-yungz-a	ɬɯ^{3}juŋ^{2}a^{1}	雌雄鸦	3049	29	一种形似乌鸦的专吃人肉的恶鬼
	五鬼	ngox-gvij	ŋo^{4}kvi^{3}	五鬼	3054	29	指东南西北及中央五种恶鬼
	鬼傷	fangz-sieng	fa:ŋ^{2}ɬiəŋ^{1}	鬼伤	3054	29	伤鬼。壮族民间传说凡是非正常死亡的人死后就成为伤鬼，也是一种恶鬼
	妚総安	yah-cungq-ngamz	ja^{6}ɕuŋ^{5} ŋa:m^{2}	婆総安	2761	25	阴间女鬼
	妚総妚	yah-cungq-bing	ja^{6}ɕuŋ^{5} piŋ^{1}	婆総兵	2761	25	
	妚総州	yah-cungq-cu	ja^{6}ɕuŋ^{5} ɕu^{1}	婆総州	2761	25	
	妚総眉	yah-cungj-miz	ja^{6}ɕuŋ^{3} mi^{2}	婆总眉	2953	28	
	妚五符	yah-uj-fuz	ja^{6}u^{3}fu^{2}	婆五符	2965	28	
	妚塘桑	yah-daemz-sang	ja^{6}tam^{2} ɬa:ŋ^{1}	婆塘桑	2965	28	
	娘上晃	nangz-cang-gvangq	na:ŋ^{2}ɕa:ŋ^{1} kva:ŋ^{5}	妹上晃	2965	28	
	妚七煞	yah-caet-caz	ja^{6}ɕat^{7}ɕa^{2}	婆七煞	2965	28	
	妚八难	yah-bet-nanh	ja^{6}pe:t^{7} na:n^{6}	婆八难	2965	28	
	妚九难	yah-guj-caeu	ja^{6}ku^{3} ɕau^{1}	婆九秋	2965	28	
	妚十府	yah-cib-fuj	ja^{6}ɕip^{8}fu^{3}	婆十府	2965	28	
	四府	siq-fuj	ɬi^{5}fu^{3}	四府	2972	28	
妖	引	nyaen	ɲan^{1}	野猫	402	4	野猫，壮族民间认为是不祥之物，常以之为妖的代称

8.1.5 祖先神灵类

表 8-4

名称	方块壮字	新壮文	国际音标	汉译	页码	抄本	注释
祖先	奸界	yah-gyai	ja^{6}tɕa:i^{1}	祖婆远始	414	4	远始祖婆，即排行最前的祖婆
	五代	ngox-daih	ŋo^{4}ta:i^{6}	五代	39	1	泛指祖先神灵
	三祖	sam-coj	ɬa:m^{1}ɕo^{3}	三祖	39	1	
	布一朗	baeuq-it-langz	pau^{5}it^{7} la:ŋ^{2}	公一郎	140	2	
	三鲜	sam-sien	θa:m^{1} θiən^{1}	三仙	1876	18	
	放所能	fangz-suj-naengh	fa:ŋ^{2}θu^{3} naŋ^{6}	神主座	1652	17	指列于主座的神，一般为祖宗神
	佈棇宜	baeuq-cung-nyiz	pau^{5}ɕuŋ^{1} ȵi^{2}	布总宜	2169	20	祖先神名
	佈棇案	baeuq-cung-an	pau^{5}ɕuŋ^{1} a:n^{1}	布总安	2169	20	

◆ 8.2 宗教仪式词汇 ◆

8.2.1 解冤禳灾类

表 8-5

名称	方块壮字	新壮文	国际音标	汉译	页码	抄本	注释
律莉	律里	lid-lae	lit^{8}lai^{1}	拆除梯子	189	2	“律”原义指拆除，“莉”为干栏建筑的梯子。“律莉”即拆除梯子的梯级，为壮族麽教排冤解邪的法事仪式之一。举行此法事仪式时，布麽事先用芦苇制作一把小梯子，代表除冤对象，做法事时边喃诵经文边逐格拆除芦苇梯子梯级，拆一级表示排除一个冤怪，直至拆除所有梯级即表示所有冤邪排除完毕
	律樛	lid-liu	lit^{8}li:u^{1}	拆芦苇	931	9	
	律	lid	lit^{8}	拆除	1188	12	
	律莉	lid-lae	lit^{8}lai^{1}	拆除梯子	1195	12	

续表

<table>
<tr><th>名称</th><th>方块壮字</th><th>新壮文</th><th>国际音标</th><th>汉译</th><th>页码</th><th>抄本</th><th>注释</th></tr>
<tr><td rowspan="2">破蛋</td><td>巴追</td><td>baq-gyaeq</td><td>pa^{5}tɕai^{5}</td><td>破蛋</td><td>189</td><td>2</td><td rowspan="2">意为破蛋，此指壮族麽教的破蛋解冤法事仪式之一。其法是：用煮熟的鸡蛋数枚，经祷诵作法后，将蛋逐个破开，展示蛋白蛋黄以示各自分明，让当事者消除疑团误解，随之布麽当场将蛋分给家人共享以为和解</td></tr>
<tr><td>班蛋</td><td>baq-gyaeq</td><td>pa^{5}tɕai^{5}</td><td>破蛋</td><td>1286</td><td>12</td></tr>
<tr><td>破木</td><td>怕昧</td><td>baq-maex</td><td>pa^{5}mai^{4}</td><td>破木</td><td>1196</td><td>12</td><td>破木。壮族麽教除冤法事仪式之一</td></tr>
<tr><td>断冤</td><td>坤</td><td>goenq</td><td>kon^{5}</td><td>断冤</td><td>2632</td><td>23</td><td>断、砍断。这里指砍断冤根。壮族麽教法事仪式之一。布麽通过举行一定的法事仪式，达到禳除冤怪、砍断冤根的目的</td></tr>
<tr><td rowspan="4">叺</td><td>叭</td><td>gyat</td><td>tɕa:t^{7}</td><td>禳解</td><td>225</td><td>3</td><td rowspan="3">本意指鸡仔脱壳，即鸡仔从蛋壳孵化出，它脱离蛋壳的行为称为“叭”。在壮族麽经中引申义有二：一作名词，是殃怪、妖精、灾祸、冤孽、凶兆、霉气等；二作动词，在麽教术语中引申为禳解、分解、脱离、剥离、隔开、砍断等，是壮族麽教的法事仪式之一，为消除灾难，剥离冤怪而举行。壮族民间认为，生活中发生某种灾祸，为了阻止灾祸继续蔓延扩展，必须举行“叭”仪式，截断灾源，结束灾祸</td></tr>
<tr><td>郭叭</td><td>gueg-gyat</td><td>kuək^{8}tɕa:t^{7}</td><td>做禳解</td><td>403</td><td>4</td></tr>
<tr><td>叺</td><td>gyat</td><td>tɕa:t^{7}</td><td>禳解</td><td>2389</td><td>22</td></tr>
<tr><td>叺六</td><td>bet-log</td><td>pɛt^{11}lɔk^{44}</td><td>剥离魂</td><td>2804</td><td>26</td><td>“叺”指剥离、分离；“六”指灵魂、魂魄。“叺六”意即剥离鬼魂</td></tr>
<tr><td rowspan="2">[口兵]</td><td>兵</td><td>beng</td><td>pe:ŋ^{1}</td><td>禳除</td><td>102</td><td>2</td><td>原义指棒打、驱赶，在壮族麽经中，指为化解凶兆、避免灾祸而举行的法事仪式，可译为“禳除”</td></tr>
<tr><td>栢</td><td>beng</td><td>pe:ŋ^{1}</td><td>凶兆</td><td>1846</td><td>18</td><td>原义指棒打、驱赶，是壮族麽教的法事仪式之一，旨在截断凶兆，避免灾祸发生。此为名词，指不祥之兆、凶兆</td></tr>
</table>

续表

名称	方块壮字	新壮文	国际音标	汉译	页码	抄本	注释
麽	麽茄	mo-gej	mo^{1}ke^{3}	麽解开	71	1	“麽”，做麽；“茄” “己”原义是解开绳结、线疙瘩。“麽己” “麽茄”意为做麽理顺灾事，解除祸害，是壮族麽教的法事仪式之一
	麽己	mo-gej	mo^{1}ke^{3}	麽解开	387	4	
	磨茶従	mo-caz-soengz	mo^{1}ɕa^{2}ɬoŋ^{2}	麽站立	102	2	站立着做麽，是麽教法事仪式之一
	麽	mo	mo^{1}	麽	2387	22	指做麽的法事仪规
祷祝	帮	bang	pa:ŋ^{1}	祷祝	101	2	壮族麽教法事仪式之一。壮族麽教认为，人生下来身上就带有某种灾厄，随时会捉弄人使人患病或发生灾难，必须请布麽驱除禳解。做邦的规模比做麽要小，一般在野外进行
除怪	解邦	gyaij-bang	tɕa:i^{3}pa:ŋ^{1}	除怪	3009	28	指解除灾祸、殃怪等不祥之物
狗头判	斷頭獁	donh-gyaeuj-ma	to:n^{6}tɕau^{3} ma^{1}	判头狗	1337	13	狗头判。为壮族布麽用狗头判别恶鬼驱妖的法事。壮族自古崇狗，认为狗有灵性，是狩猎的好帮手，又是守家防盗的卫士，遂视之为村寨的保护神。至今壮族的一些村头仍立有一对石狗。民间有杀狗和用狗血驱邪避妖的习俗
造禁戒三支箭	造禁三心那	tsauh-gyaemq-sam-saenj-nah	tsa:u^{6} kjam^{5} sam^{1} san^{3}na^{6}	造禁戒三支箭	2934	27	指布麽法事，以三支箭戒鬼驱邪，解难除凶
疏理	所	soq	ɬo^{5}	疏理	364	4	又写“亢” “所” “苏”。原指疏理、理顺，是壮族麽教法事仪式之一。此指出现凶兆或遭遇灾祸而延请布麽作法，祈祷祖神布洛陀降临来辨明原由，疏通并调解人与人、人与各种殃怪的关系，禳除灾祸，祈安求福
	数	soq	θo^{5}	疏理	2175	20	
	疏	soq	ɬo^{5}	疏理	2572	23	

续表

名称	方块壮字	新壮文	国际音标	汉译	页码	抄本	注释
扶持	窈	yo	jo^{1}	扶助	71	1	壮语原意指举起、抬高、升起，在壮族麽经中引申为扶持、支持、神助，麽喃祷祝，为麽教法事仪式之一，目的在于祈求神助消灾祛邪。又指社会生活中人与人之间互相帮助、互相支持的道德规范
	凼	yo	jo^{1}	扶持	536	5	
	若	yo	jo^{1}	扶持	1183	12	
解冤	究	ien	iən^{1}	解冤	2389	22	原指冤鬼来捉弄，造成人与人之间的冤仇。此指举行解冤仪式
调解	和	hoz	ho^{2}	调解	2393	22	和解，调和。此指发生家庭纠纷而积怨结冤，造成家业破败，延请布麽作法，祷问祖神布洛陀为之解冤、调和。其法是要求晚辈主动备酒肉供奉祖先，向祖先表示忏悔改过，向长辈赔礼道歉，并设宴聚餐以示孝敬，借此取得谅解，消除冤仇而和好如初，祈得家业兴旺。此仪俗称“�何”，意即吃和解宴
修正	瑞哸	coih-coenz	ɕo:i^{6}ɕon^{2}	修正言语	953	10	“瑞”指修整、纠正；“哸”指招致灾祸的言行。“瑞哸”就是修正引起灾祸的言行。壮族麽教法事仪式之一
	誰	coih	ɕo:i^{6}	修正	2228	20	含整治、修正、祛除之义。此意指主家因言行犯忌而出现不祥之兆或遭遇灾殃，需请布麽做法，祷问祖神布洛陀为之辨明原由，修正言行，消除灾祸。为壮族麽教法事仪式之一
	罪	coih	ɕo:i^{6}	修正	2623	23	

8.2.2 赎魂类

表 8-6

名称	方块壮字	新壮文	国际音标	汉译	页码	抄本	注释
招生人魂	黄魄佩	vad–hoen–bwi	va:t⁸hon¹ pɯəi¹	招魂生	2001	18	指做招生人魂。壮族古老仪俗。人未死，便要为之招魂。如小孩不慎落水受惊，染有小疾，人们便认为是水鬼勾魂所致。这时，母亲就得为儿子举行招魂仪式。其过程是：母亲用一竹篮盛一斤白米，上置熟鸡蛋一个，来到小孩落水的地方，燃香烧纸钱，撒米于水中，并叩拜三下，然后念招魂咒语。念毕又手持点燃的稻草火把，边往家走边沿途撒米，嘴里同时念引魂咒语，到家门口时，母亲迅速从篮里拿出鸡蛋，将剩余的米全部撒在屋外，最后将火把熄灭。进屋后反手关紧门，急忙把蛋送给受惊的小孩吃。据说这样即可还魂，第二天小孩便可痊愈

8.2.3 超度类

表 8-7

名称	方块壮字	新壮文	国际音标	汉译	页码	抄本	注释
招魂	哱九	cuenz–guh	ɕuən²ku⁶	招魂	2669	24	壮族民间一种招魂的宗教法事
做炼	國煉	gueg–lienh	ku:e⁸liən⁶	做炼	236	3	壮族麽教中为解救伤死者的灵魂而做的破狱法事
做斋	作齋	gueg–cai	kuək⁸ɕa:i¹	做斋	103	2	为成年死者超度亡灵的丧仪活动
移植	太	tajv	thai¹¹	移植	2830	26	原指移植、移栽，此处引申为超度，即把亡者灵魂引渡归宗。也称“荷泰”

续表

名称	方块壮字	新壮文	国际音标	汉译	页码	抄本	注释
解五方阴森荒野	鲜五楼川	gyaij-haj-laeuz-ciem	kja:i³ha³ lau²ɕi:m¹	解五方阴森荒野	2891	27	意为诵经解除散落于五方阴森荒野的亡魂，而求度归宗
剪绳子	達作	daet-cag	tat⁷ɕa:k⁸	剪绳子	1098	11	直译剪绳子，此指剪断魂线，使魂不常来往
割魂	割宫	gat-goeng	ka:t⁷koŋ¹	割魂	1098	11	直译割魂，此指割断生者与死者灵魂的联系，使其不骚扰家人
绞	絞	gveuj	kve:u³	绞	208	2	原义指缠绕。此指相互联系、密不可分、相依共存的事象以及亲密和谐的关系，是壮族麽教法事仪式之一
	缴	geuj	ke:u³	绞	532	5	又写作“绞”，壮语原意指缠绕。这里指聚拢。即人的魂魄散了，要请布麽做“绞”（聚拢）仪式，把魂魄收拢回来

8.2.4 祈福类

表 8-8

名称	方块壮字	新壮文	国际音标	汉译	页码	抄本	注释
拉线过桥	隆煉卦桥	loengz-lienh-gvaq-giuz	loŋ²liən⁶ kva⁵ki:u²	书拉线过桥祖公造	431	5	拉线过桥。壮族民间求子仪式。壮族布麽在做这一仪式时，拉一根红线过小沟，以代替搭桥，因而称“拉线过桥”
求花	求花	gyaeuz-va	tɕau²va¹	求花	143	2	“花”指孩子，“求花”即求子。壮族生育习俗，认为人的生育由花婆神来管理，孩子是花婆神花园里的花朵。人生孩子是花婆神送给的，送给白花就生男孩，送给红花就生女孩，不送花就永世不生孩子。故壮族把求生育称为“求花”。民间有延请布麽或巫婆向花婆神祈祷生育和保佑孩子安康成长的“求花”“安花”“保花”祭祀仪式

续表

名称	方块壮字	新壮文	国际音标	汉译	页码	抄本	注释
送花	送花	soengq-va	ɬoŋ⁵va¹	送花	552	5	送子。壮族民间一种求子仪式。壮族用"花"指代孩子，白花为男，红花为女。壮族民间各种求子仪式如"架桥求子""铺路求子""送花"等均需由岳母来亲自操办
接粮补命	接粱甫命	ciep-liengz-buj-mingh	ɕiəp⁷liəŋ² pu³miŋ⁶	接粮补命	949	10	接粮补命，是为老人补寿的法事仪式。老人身体衰弱，布麽认为是这人的粮仓空了，寿命不长，应给予送粮补寿。送粮的方法是，老人的子孙亲戚每人做一小袋米，一斤或几两不等，写上名字送给老人，并说祝福长寿的话
麽长寿	麽蒨	mo-gyaeu	mo¹tɕau¹	麽长寿	1174	12	壮族民间风俗没有做生日的习惯，但祈求健康长寿，却是人类共同的愿望。有钱人家为了子女得到长寿，往往在生日时请布麽来念诵长寿经文，哪一年的生日都可做。这种宗教仪式不是每年生日都做，而是选择有条件或喜庆的时候来举行
做法事	郭星	gueg-seng	kuək⁸ɬe:ŋ¹	做星	1123	12	年三十晚请布麽到村里的神社来摆祭品、做法事，以示全村人辞旧岁，迎新春
做法事	斋	cai	ɕa:i¹	斋醮	1123	12	为让村里的神社保佑全村人四季平安，规定若干年请布麽到村里的神社来做一次法事，有时还舞狮唱戏

续表

名称	方块壮字	新壮文	国际音标	汉译	页码	抄本	注释
舍	舍	lwg–laez–maij–aeu–hoemq	lɯk^{8}lai^{2} ma:i^{3}au^{1} hom^{5}	儿喊爱要庇护	537	5	又写作“䨲”，壮语原意为遮盖，引申为庇护、保佑。壮族宗教仪式之一。有两层意思：一是指对体弱多病的小孩通过请布麽来做“舍”仪式，达到祈福保佑、健康成长的目的。二是指社会生活中人们的一种祈神求福、请神庇护、平安无事的普遍心理。这种宗教仪式并不一定是在出现某种征兆或灾祸时才举行，可以预先举行，以祈求神灵护佑，避免灾祸发生。它属祈祷性的宗教仪式
		hoemq	hom^{5}	佑护	1185	12	

• 8.3 宗教活动人员称谓词汇 •

8.3.1 司职人员

表 8-9

名称	方块壮字	新壮文	国际音标	汉译	页码	抄本	注释
布道	甫道	bux–dauh	pu^{4}ta:u^{6}	布道	15	1	原意是布道，实指布麽，俗称道公，壮族民间行道教法事的神职人员。壮族布麽一般分为五个级别，由低到高依次是玄、文、道、天、善。绝大多数布麽一生中只能升到“道”这一级别，故常把布麽也称为“布道”
		bux–dauh	pu^{4}ta:u^{6}	布道	544	5	
		bux–dauh	pu^{4}ta:u^{6}	布道	1227	12	
		bux–dauh	pu^{4}ta:u^{6}	布道	2393	22	
	卜道	bux–daux	pu^{4}ta:u^{4}	布道	2012	18	
	不道	bux–daux	pu^{4}ta:u^{4}	布道	2162	20	
	道	daux	ta:u^{4}	布道	1456	17	道士。壮族部分布麽亦信奉道教，从道习经，以至麽经中融入一些道教的教义及用语，有的布麽亦从事道教法事活动，如打醮、超度、做道场等。在麽经中往往将麽、道并提
		dauh	ta:u^{6}	布道	2897	27	
		dauh	ta:u^{6}	布道	2897	27	

续表

名称	方块壮字	新壮文	国际音标	汉译	页码	抄本	注释
布麽	甫麽	bux-mo	pu^{4}mo^{1}	布麽	15	1	布麽，俗称麽公。壮族民间对从事麽教法事神职人员的称呼
	不莫	bux-mo	pu^{4}mo^{1}	布麽	2162	20	
	師	sae	ɬai^{1}	师傅	544	5	直译为布师。“师”指师傅，实指布麽。在壮族民间，人们习惯上把从事宗教法事活动的人称为“师傅”，以示尊敬，壮语即“布师”
	寸師	bux-sae	pu^{4}ɬai^{1}	布师	845	9	
	甫師	bux-sae	pu^{4}ɬai^{1}	布师	1227	12	
	卜師	bux-sae	pu^{4}θai^{1}	那位师傅	1613	17	
	師	sae	ɬai^{7}	布麽	2413	22	
	尚邦	cangh-bang	ɕa:ŋ^{6}pa:ŋ^{1}	匠师法事	1433	17	“尚”即匠师，此指专事麽教活动者；“邦”原为麽教法事神祇牌位。“尚邦”意即麽教法事匠师，为法事主持者即布麽的别称
	上邦	cangh-bang	ɕa:ŋ^{6}pa:ŋ^{1}	匠师法事	2252	20	指麽教法事匠师，为法事主持者即布麽的别称
	啪叭	bak-gyat	pa:k^{7}tɕa:t^{7}	嘴（人）禳解	1225	12	“啪”原意为嘴巴，此代指说话的人。“叭”此为禳解。“啪叭”意为司禳解者，即布麽
	啪鬧	bak-nauh	pa:k^{7}na:u^{6}	嘴（人）念咒	1225	12	意指祈祷念咒的人，即布麽
	宜郎	nyih-langz	ȵi^{6}la:ŋ^{2}	宜郎	2244	20	人名，传说中法术高强灵验的布麽
	北倍	bij-boiq	pi^{3}po:i^{5}	北倍	2244	20	
	光	gvang	kva:ŋ^{1}	能人	1123	12	指有才智、有本事和具有特定身份而受敬重的能人。此指布麽。“光”亦包含对丈夫、男情人、神仙、官吏、君子等的尊称
	老卡寧	laux-ga-ning	la:u^{4}ka^{1} niŋ^{1}	那位脚摆动	1660	17	那位脚摆动的，此指布麽。因其做法事时，双脚时而抖动时而轻轻摆动，故称
	老卡恨	laux-ga-saenq	la:u^{4}ka^{1} θan^{5}	那位脚抖动	1463	17	那位抖脚的，指巫师、布麽。因其在做法事时，手持铜铃，两裸脚套有数个铜环，作法时，两脚有节奏地抖动，发出唧唧之声，故名
	老叩谟	laux-gueg-mo	la:u^{4} kuək^{8}mo^{1}	那位做麽	1463	17	那位做麽教法事者，即布麽
	灰	hoiq	ho:i^{5}	我	96	2	奴婢。此为布麽面对神灵的自称，亦为“我”的卑称，表示对祖公布洛陀的恭敬
		koij	kho:i^{3}	奴（我）	2891	27	

续表

名称	方块壮字	新壮文	国际音标	汉译	页码	抄本	注释
巫	禁	gyimq	tɕim^5	巫婆	1461	17	也称“牙禁”，即巫婆
	牙	jas	ja^{31}	巫婆	2865	26	
	卜先	bux-sien	pu^{4}θiən^1	布仙	2012	18	布仙。“仙”原义指仙公仙婆，这里泛指行巫做道的人
	不没	bux-moed	pu^{4}mot^8	布巫	2162	20	布巫。壮族巫教的从业者，俗称巫公，女性称牙禁或包末，亦称仙婆
	甫哼古	bux-cuengz-guh	pu^{4}ɕuən^{2}ku^6	人招魂	166	2	做招魂仪式之人
	仆提	bux-dwk	pu^{4}tɯk^7	人卜算	1602	17	指占卦之人，即算命、占卜先生
	仆巷	bux-hak	pu^{4}ha:k^7	那位客官	1613	17	客官，即卜测坟地的地理先生
	僧	saeng	saŋ^1	僧	2897	27	原指佛教僧徒。但壮族民间往往道、佛不分，把专事道场者称为“道僧”，一些具有麽公布道双重身份的人，亦有自诩为“僧”或“僧徒”的

8.3.2 主家

表 8-10

名称	方块壮字	新壮文	国际音标	汉译	页码	抄本	注释
王	王	vuengz	vuəŋ^2	王	1136	12	直译为王。这里指事主，即要办麽教法事仪式的主人家
	皇	vuengz	vuəŋ^2	王	136	2	王，是麽经中布麽对主家的尊称。在此指当事者儿子
	父王	boh-vuengz	po^{6}vuəŋ^2	父王	3050	29	意即王之父。在壮族麽经中，将主事家人尊称为“王”或“父王”
儿辈	劧内	lwg-noih	lɯk^{8}no:i^6	儿辈小	1167	12	意为小儿辈。此为布麽代表主家向祖神祈求佑护的自称
	劧	lwg	lɯk^8	儿辈	1174	12	儿辈。此为布麽代表主家人而面对祖公神布洛陀的自称
	孙	lug	luk^8	儿辈（我）	2895	27	孩儿辈。此为布麽面对神灵的自称，含“我”之意
家孝	艿孝	ranz-yauq	ra:n^{2}ja:u^5	家孝	1571	17	戴孝之家，指有丧事的主家

续表

名称	方块壮字	新壮文	国际音标	汉译	页码	抄本	注释
花姓	華姓	va-singq	va^{1}ɬiŋ^{5}	花姓	363	4	花姓，布麽对主家姓氏的尊称。此尊称来源于“求花得子”的习俗，有花必有果。壮族把求生育称为“求花”，即祈求花婆赐予“花朵”（孩子），故常以“花”作为姓氏的代称，含子嗣兴旺之意
	化姓	va-singq	va^{1}ɬiŋ^{5}	花姓	1165	12	
	花	va	va^{1}	主家	2355	21	
主衣	守褸	suj-bueh	ɬu^{3}puə^{6}	主衣	529	5	主衣，主人之衣。布麽做法事仪式时，必须拿主家家长或病人的一件衣服来放在祭坛上，对着这件衣服诵经，意欲消除衣上的鬼魂和邪气。其行以衣代人之法，故称为“主衣”，即主人、主家
	祖普	suj-bueh	ɬu^{3}puə^{6}	主衣	626	6	
	蘇袮	suj-bieh	ɬu^{3}piə^{6}	主衣	1187	12	
	守袮	suj-bieh	ɬu^{3}piə^{6}	主衣	1270	12	
	索部	suj-buh	θu^{3}pu^{6}	主衣	1623	17	
	守变	suj-bieh	ɬu^{3}piə^{6}	主衣	3048	29	
	䏧守袮	ndang-suj-bieh	da:ŋ^{1}ɬu^{3}piə^{6}	身主衣	1270	12	主人自身
	肉守袮	noh-suj-bieh	no^{6}ɬu^{3}piə^{6}	肉主衣	1271	12	主人的身体
主肉	守肉	suj-noh	ɬu^{3}no^{6}	主肉	699	7	原指主家供奉之肉，此指代办法事的主人
	守肉	suj-noh	ɬu^{3}no^{6}	主肉	2746	25	
主酒	守酒	suj-laeuj	ɬu^{3}lau^{3}	主酒	437	5	原指主家供奉之酒，此指代做法事的主人
	守炓	suj-laeuj	ɬu^{3}lau^{3}	主酒	2746	25	
	守酒	tsaeuj-laeuj	tsau^{3}lau^{3}	主家酒宴	2899	27	原指主人之酒，此指设牲品酒宴以祭祀鬼神的主家
主法事	守邦	suj-bang	ɬu^{3}pa:ŋ^{1}	主法事	2685	25	做法事仪式之主，即主家人
		suj-bang	ɬu^{3}pa:ŋ^{1}	主法事	2977	28	主家神龛，此指代请布麽做法事赎魂的主家人
主眼	守眼	suj-da	ɬu^{3}ta^{1}	主眼	3048	29	原指主人的眼睛，这里指代主人

◆8.4 宗教器物词汇◆

表 8-11

名称	方块壮字	新壮文	国际音标	汉译	页码	抄本	注释
麽教经书	司雜良	sw-cab-liengz	łɯ^{1}ɕa:p^{8} liəŋ^{2}	书补粮	12	1	司雜良：补粮书，指补粮经。壮族民间认为，人到了36、49、61、73等年岁，养命的“粮”逐渐减少，需要补充粮食才能长寿。为此，要由子孙每人用白布缝一小袋，装上1斤大米，送给到这些年岁的人，请布麽来举行补粮寿仪，念布洛陀麽经中的补粮经
	司隆煉隆桥	sw-loengz-lienh-loengz-giuz	łɯ^{1}loŋ^{2}liən^{6} loŋ^{2}ki:u^{2}	书修路搭桥	12	1	补桥书，指补桥经。壮族民间认为，人年纪越老，其命就像桥梁一样会破损歪斜，需要修补桥梁，请布麽来办补桥寿仪，念补桥经
	司京	sw-ging	łɯ^{1}kiŋ^{1}	书经	499	5	经书，即布麽的经本—麽经
	字掌	sw-cieng	łɯ^{1}ɕiəŋ^{1}	书匠	1123	12	“掌”原指掌握某种专业技能的人。此指从事麽教业者。“字掌”意为麽教经书
历书	甲子司	gyaz-swj-sw	tɕa^{2}łɯ^{3}łɯ^{1}	甲子书	40	1	甲子书。甲为十干首位，子为十二支首位，干支依次相配，统称甲子，其六十次轮一遍，称六十甲子。古人主要用于纪日纪年。道家、阴阳家用以占测吉凶。“甲子书”即历书
	甲子	gyap-cij	tɕa:p^{7}ɕi^{3}	甲子	366	4	
	雜良	cab-liengz	ɕa:p^{8}liəŋ^{2}	杂良	661	6	指择日辰的历书
	字孶	sw-hak	łɯ^{1}ha:k^{7}	书官	1123	12	直译为“官书”，此指官方历书
	字歷	sw-lig	łɯ^{1}lik^{8}	书历	1220	12	历书
	字儀	sw-ngih	łɯ^{1}ŋi^{6}	书仪	1220	12	有关农事的历书
	士恩綠	sw-aen-yienz	łɯ^{1}an^{1}jiən^{2}	书恩缘	842	9	恩缘书，指嫁娶用的书

续表

名称	方块壮字	新壮文	国际音标	汉译	页码	抄本	注释
做法道具	犽杀	yah-caq	ja^{6}ɕa^{5}	犽摠	333	4	指布麽用稻草、烂布制作的装扮鬼神的道具
	犽下	yah-ya	ja^{6}ja^{1}	犽下	333	4	
	㑚外	naj-vaiz	na^{3}va:i^{2}	脸牛	333	4	指画有牛头的面具
	鏡釘法	giengq-dingh-fap	kiəŋ^{5}tiŋ^{6} fa:p^{7}	镜定法	333	4	指降妖镜
	呀拇賴	nga-mu-laih	ŋa^{1}mu^{1}la:i^{6}	獠牙猪野	333	4	指野猪獠牙
	麽漂直	mo-beu-cik	mo^{1}pe:u^{1} ɕik^{7}	麽笏尺	333	4	指茹尺，用来画符、撩火灰、洒酒等
	三杀	sam-caq	ɬa:m^{1}ɕa^{5}	三叉戟	332	4	三叉戟，布麽用来赶鬼之道具
	録	lok	lo:k^{7}	铜刀	935	9	铜刀，布麽用来赶鬼除妖的法器
	渌	lok	lo:k^{7}	铜刀	1207	12	
	丙	leeq	le:ŋ^{44}	铜铃	2797	26	铜铃。布麽做法事仪式时用的道具
	隴蝏[illegible]	longz-nengz-nauh	lo:ŋ^{2}ne:ŋ^{2} na:u^{6}	笼宁瑙	1266	12	一说为布麽做法的法具，二说为世传宝物。此处似为一种法具
	卬	inq	in^{5}	印	1807	17	指布麽做法事盖在符箓上以示避邪的印章
	大告	daih-gauq	ta:i^{6}ka:u^{5}	星高	436	5	星高，壮族布麽占卜用具。用竹片或水牛角制成，长约 10 厘米，宽约 3 厘米，一面平，一面凸圆。占卜时，平面着地为阴，凸圆面着地为阳，以此定吉凶
	聖告	cinc-gaov	ɕin^{35}ka:u^{11}	星高	2791	26	
	星告	singq-gauq	ɬiŋ^{5}ka:u^{5}	星高	1180	12	
	戥高	singq-gauq	ɬiŋ^{5}ka:u^{5}	星高	2567	23	壮族布麽占卜凶吉的一种卜具。用竹片或牛角制成，分阴阳两面，掷下时两面同时为阴或为阳者为吉，一面为阴一面为阳者则为凶
	梾大考	maex-dah-gauq	mai^{4}ta^{6}ka:u^{5}	木大考	16	1	壮族布麽占卜法具，亦称“星高”。用一根约 3 厘米宽、10 厘米长的圆木，正中劈成两半边制作而成。布麽边喃边把这“梾大考”轻掷于桌面或簸箕上，木打开则表示吉利

续表

名称	方块壮字	新壮文	国际音标	汉译	页码	抄本	注释
神龛	邦法	bang-va	$pa:ŋ^1va^1$	神龛主家	1141	12	“邦”原义为撑挂的竹笆。此指为布麽作法事仪式专设的小块竹笆神灵牌位，译为神位或神龛。“花（法）”原义为花，引申指姓氏。壮族民间认为，人的生育由“奷花”即花婆神来主宰。每个孩子都是花婆神管理的花园中的一朵花，男孩是白花，女孩是红花（有的地方认为红花为男孩，白花为女孩）。壮族把求生育称为“求花”，即祈求花婆赐予“花朵”（孩子），故常以“花”作为姓氏的代称。麽经中常以“花”作为布麽对主家姓氏的尊称。“邦花”意即“主家神龛”，“立邦花”意为“设立主家神龛”。此类神龛是主家为祈禳而临场设置的，其场地位置按布麽的旨意而定，作法事毕即拆弃或焚毁
	邦花	bang-va	$pa:ŋ^1va^1$	神龛花	2745	25	
	邦花	bang-va	$pa:ŋ^1va^1$	神龛花	400	4	
	邦叭	bang-gyat	$pa:ŋ^1tɕa:t^7$	神龛禳解	1141	12	“邦”即竹笆神灵牌位，指神位或神龛。“叭”意即剥离、解脱、禳解、祈禳。“邦叭”意为“祈禳用的神龛”。此类神龛是针对祈禳的对象（如解冤、赎魂等）而设置，其场地位置按布麽的旨意而定，如赎牛魂仪式设于牛栏。解冤仪式设于门角或屋外，作法事毕即拆弃或焚毁
	邦所	bang-soq	$pa:ŋ^1ɬo^5$	神龛疏理	400	4	即疏理神龛。此类神龛为调解人与人、人与各种灾祸、殃怪之间关系，达到禳除灾祸、祈安求福的目的而设置
	邦鬧	bang-nauh	$pa:ŋ^1na:u^6$	神龛招（魂）	1250	12	用以招魂的神龛

续表

名称	方块壮字	新壮文	国际音标	汉译	页码	抄本	注释
神台	床踚	congz-naengh	ɕo:ŋ^{2}naŋ^{6}	神台	48	1	“床”即桌子。“踚”原义为坐，此指降神座位。“床踚”意为案台神位或高台神位。在壮族民间，主家延请布麽来做麽教法事仪式时，在堂屋神完前的供桌上加置一个小案台，作为祖神布洛陀的座位，这个专设的高台座位称为“床踚”。布麽每做较重要的法事仪式，开场时必先祈请麽教祖神布洛陀降临，在“床踚”就坐，让布洛陀在做法事过程中给布麽以神助，以使布麽所做的法事灵验，成功驱邪消灾。“床踚”是麽教法事仪式中的主神位，民间亦习惯地泛称堂屋神翕前的供桌为“床踚”
	登橦	daengq-doengz	taŋ^{5}toŋ^{2}	神龛	48	1	“登”即凳子；“橦”即窗口或侧门亮处。“登橦”原义为窗口或侧门的凳子。此指向着窗口或置于侧门边的用凳子设置的小神台，以供祭屋外神灵。“凳”与“桌”相对，故“登橦”为次于“床踚”之神位。译为凳子神位，或窗口神台
	水府王冠	cuij-fuj-vangz-guen	ɕuəi^{3}fu^{3} va:ŋ^{2}kuən^{1}	水府王冠	2480	22	指做法事仪式安插的牌位、神台等

• 8.5 占卜卦象词汇 •

表 8-12

<table>
<tr><th>名称</th><th>方块壮字</th><th>新壮文</th><th>国际音标</th><th>汉译</th><th>页码</th><th>抄本</th><th>注释</th></tr>
<tr><td rowspan="10">鸡骨卜卦象</td><td>鷄代</td><td>gaeq-daih</td><td>kai^{5}ta:i^{6}</td><td>鸡代</td><td>62</td><td>1</td><td rowspan="7">壮族古代鸡骨卜的一种卦象。鸡骨卜，简称鸡卜。主要方法是取完整的鸡股骨插孔而卜之，为壮族先民古越人占卜方法之一。《史记·孝武本纪》:“乃令越巫立越祝祠，安台无坛，亦祠天神上帝百鬼，而以鸡卜。”张守节正义:“鸡卜法，用鸡一狗一，生，祝愿讫，即杀鸡狗，煮熟，又祭，独取鸡两股骨，上自有孔裂，似人物形则吉，不足则凶，今岭南犹行此法也。”壮族民间流传有古本《鸡卜经》，其中绘有卦象逾四百。有关鸡卜之法，在宋代范成大《桂海虞衡志》中有详细记述:“鸡卜，南人占法，以雄鸡雏，执其两足，焚香祷所占，扑鸡杀之，拔两股骨，净洗，线束之，以竹筵插束处，使两骨相背于筵端，执竹再祝。左骨为侬，侬，我也；右骨为人，人，所占事也。视两骨之侧所有细窍，以细竹筵长寸余遍插之，斜直偏正，各随窍之自然，以定吉凶。法有十八变，大抵直而正或近骨者多吉；曲而斜或远骨者多凶。亦有用鸡卵卜者，握卵以卜，书墨于壳，记其四维；煮熟横截，视当墨处，辨壳中白之厚薄，以定侬、人吉凶。”</td></tr>
<tr><td>鷄鵦</td><td>gaeq-loeg</td><td>kai^{5}lok^{8}</td><td>鸡䴪</td><td>62</td><td>1</td></tr>
<tr><td>鸡加</td><td>gaeq-gya</td><td>kai^{5}tɕa^{1}</td><td>鸡黑白花</td><td>159</td><td>2</td></tr>
<tr><td>离</td><td>liz</td><td>li^{2}</td><td>鸡卜</td><td>387</td><td>4</td></tr>
<tr><td>鸡娄</td><td>gaeq-laeu</td><td>kai^{5}lau^{1}</td><td>鸡黑白花</td><td>517</td><td>5</td></tr>
<tr><td>鷄奂</td><td>gaeq-gya</td><td>kai^{5}tɕa^{1}</td><td>鸡黑白花</td><td>1330</td><td>13</td></tr>
<tr><td>骨鸡</td><td>ndugr-dcajv</td><td>duk^{55} tɕai^{11}</td><td>骨鸡</td><td>2871</td><td>26</td></tr>
<tr><td>那离</td><td>naj-liz</td><td>na^{3}li^{2}</td><td>脸鸡虱</td><td>62</td><td>1</td><td>“离”为寄生在鸡身上的鸡虱。“那离”原义指鸡虱的脸。此外用于指代鸡脸，疑为鸡骨卜的卦象</td></tr>
<tr><td>鸡消</td><td>gaeq-siu</td><td>kai^{5}ɬi:u^{1}</td><td>鸡报晓</td><td>62</td><td>1</td><td rowspan="2">报晓鸡、土鸡。古代攻战，以攻破山寨获报晓鸡和守寨老奴表示胜利。疑为鸡骨卜的一种卦象</td></tr>
<tr><td>鸡消鸡地</td><td>gaeq-siu-gaeq-dih</td><td>kai^{5}ɬi:u^{1} kai^{5}ti^{6}</td><td>鸡报晓鸡土</td><td>161</td><td>2</td></tr>
</table>

续表

名称	方块壮字	新壮文	国际音标	汉译	页码	抄本	注释
	鸡龍	gaeq–lungz	kai^{5}luŋ^{2}	鸡大伯	162	2	大伯鸡，即领头报晓的公鸡，壮族古代鸡骨卜卦象名称之一
	鸡衫	gaeq–semz	kai^{5}ɬe:m^{2}	鸡插胞	162	2	插胞鸡。在一窝鸡仔中，有一只两只发育不良，生长缓慢，不能与同窝鸡仔依时离开母鸡去独立生活，又和下一窝鸡仔一起由母鸡照顾，这种鸡称插胞鸡。是壮族古代鸡骨卜卦象名称之一
	鸡叁	gaeq–semz	kai^{5}ɬe:m^{2}	鸡插胞	518	5	
	鸡咟	gaeq–bak	kai^{5}pa:k^{7}	鸡嘴	234	3	嘴鸡，即凌晨领头啼鸣的公鸡，又称“鸡伯”，即大公鸡。疑为壮族古代鸡骨卜卦象之一
	鸡亶	gaeq–lungz	kai^{5}luŋ^{2}	鸡大公	518	5	大公鸡，即领头啼叫的鸡。疑为壮族古代鸡骨卜卦象之一
	鸡槗	gaeq–yau	kai^{5}ja:u^{1}	鸡未净	519	5	阉未净的公鸡，疑为壮族古代鸡骨卜卦象之一
	鸡溏鸡唏	ndaex–gaeq–daemq–gaeq–daeh	dai^{4}kai^{5} tam^{5}kai^{5} tai^{6}	得鸡矮鸡小	520	5	鸡矮鸡小，即矮小鸡，疑为壮族古代鸡骨卜卦象之一
	那鸡	naj–gaeq	na^{3}kai^{5}	脸鸡	62	1	壮族古代鸡骨卜的一种卦象
	鸡赞	gaeq–canz	kai^{5}ɕa:n^{2}	鸡反毛	139	2	
	鸡陑	gaeq–laeu	kai^{5}lau^{1}	鸡黄花	160	2	
	鸡執	gaeq–caep	kai^{5}ɕap^{7}	鸡送礼	160	2	
	鸡岜	gaeq–gya	kai^{5}tɕa^{1}	鸡黄花	517	5	
	鸡俏	gaeq–nyoed	kai^{5}ȵot^{8}	鸡雏	519	5	
	鸡楼	dcajv–raw	tɕai^{11}zau^{44}	鸡楼	2881	26	
铜钱卜卦象	妹艮	meh–ngaenz	me^{6}ŋan^{2}	母银	2517	23	指用铜钱来卜卦的一种卦象。铜钱卜法为以六枚铜钱置于竹筒内，祝祷后，连摇数次，使铜钱在筒内翻动，然后倒出，排成长行，视六枚铜钱的背和字的排列次序，以推断吉凶祸福

◆8.6 小结◆

从 8.1 宗教神谱称谓词汇可知，麽教神谱系统较为庞大，呈现出多神崇拜的特点，以布洛陀、麽渌甲、岜（雷神）、whose（水神）等为主要神祇；但也见麽教的神灵体系并不严密，除部分神祇有明确的司职，许多神灵只有名称而无实职，处于游离和分散状态。

《麽经布洛陀》呈现了众多本地神灵，展现了壮族古人认识世界、顺应自然、敬畏生命的方式和态度。首先，布洛陀和麽渌甲是壮族麽教最主要的神灵，其信仰范围广，程度深。布洛陀创造万物，通晓法术，降妖解难，降福济世，是麽教的上神；麽渌甲与布洛陀相配，禳灾除祸。大凡举行法事仪式，首先要请布洛陀和麽渌甲降神，“去问布洛陀，去问麽渌甲，布洛陀就答，麽渌甲就说”成为《麽教布洛陀》的固定范式。在 29 个抄本中，因各地方言的差异，“布洛陀”和“麽渌甲”的读音有异，方块壮字的书写也不尽相同；同时，受壮语五言或七言诗体格式的限制，麽经中常出现二者的简称，“布洛陀”一般简称为“洛陀”“布”“佈”等；“麽渌甲”简称为“渌甲”。据统计数据显示，“布洛陀”和“麽渌甲”两词在《麽经布洛陀》抄本中的分布度均为 29，即两词在 29 个抄本中均有出现。由此可见，布洛陀和麽渌甲信仰在麽经流传地区具有非常高的普遍性。

其次，麽教的雷神和whose（水神）崇拜是壮族稻作农耕文化的集中体现。《麽经布洛陀》每章的开头均有“三界三王置，四界四王造”两句经诗。据统计，“三王”“四王”两词在抄本中的分布度均为 23。“三王”即雷神、布洛陀和whose（水神），“四王”是三王加上老虎，他们分别管理上界（天）、中界（地）、下界（水域）、森林，雷神、水神、老虎被尊为与布洛陀齐平的麽教主神。其中，雷神专司行云作雨，水神掌管江河水情，二者都与水有关。壮族人民傍水而居，水稻种植成为最主要的生产活动，稻作农耕经济对水的依赖性特别大，壮民族对司雨司水之神也尤为崇拜，足见壮族人民对稻作农耕文化的高度重视。

再次，麽教中司生育之神众多，祈求多子长寿是壮民族普遍的生命观念。8.1 宗教神谱称谓词汇显示，麽教中司生育、司小孩健康之神主要有花婆、花林婆、万岁婆王、敢卡、天婆神等本地神灵，以及道教中的王母娘娘和佛教中的观音。其中，“敢卡”的壮语原义为“两腿间的岩穴”，喻指女阴，麽禄甲“是由‘敢卡’神演化而来”[①]；

① 潘其旭．壮族《麽经布洛陀》的文化价值［J］．广西民族研究，2003（4）：70.

而花婆被“认为是从壮族创世女神姆洛甲转化而来”[①]的，可见，麽教始祖麽禄甲也是壮民族所崇拜的生育女神。对众多司生育之神灵的广泛崇拜，集中展现了壮族人民对生命起源的独特理解方式，敬畏生命和尊重生命的态度，以及祈求多子多福、祈盼健康长寿的集体愿望。

《麽经布洛陀》所显示出的麽教神谱具有很强兼容性，即除本地神灵之外，麽教还吸收众多道教、佛教、儒教等文化中的神祇，如玉帝、太上老君、伏羲、浑沌、神农、社神、灶神、阎罗王等；提及较多主要有汉文化中的社神（土地神）、神农、伏羲以及道教中的太上老君、玉帝。“社神”“土地神”“神农”“伏羲”“太上老君”“玉帝”六个词在抄本中的分布度分别为 11、17、9、2、6、7。其中，汉族神话中的神农和伏羲为经诗大段赞颂，神农给壮民族带来稻谷，被奉为“农神”；伏羲兄妹生下磨刀石后砍碎抛撒造人，被壮民族奉为祖先神，有时又被称为“切肉的祖公（婆）”“砍碎婴儿神”。道教的“太上老君”在《麽经布洛陀》多次被提及，经诗常唱道：“代古未曾制定，老君造天地，老君制定阴阳，老君巡六国。”以此可见神农、伏羲、太上老君等神灵在麽教神谱中的重要性，以及汉族文化对壮族文化的影响之深。

许多外来神灵在经过不断地本土化改造之后，被赋予许多壮族地区的特质，具有较强的文化识别性。部分原本为男性的神灵在《麽经布洛陀》中具有男女双重性别，如混沌、神农、盘古等。混沌、神农、盘古在汉文化中均为男神，而在经诗中三者有时是男神，有时是女神，又有“混沌婆”“神农婆”“盘古婆”之称，三词在抄本中的分布度分别为 5、5、7，足见混沌、神农、盘古的女性身份在壮族地区有一定的共识性，也可以窥见女性在壮民族文化中占有较高的地位。

据 8.2 宗教仪式词汇，壮族麽教活动的内容及形式是十分丰富的，其中又以解冤、驱邪、禳灾的内容为主。壮族麽教认为，冤怪、灾祸的来源主要有两种，一种是与生俱来、自然产生的，人们无法回避；另一种来自人类本身，产生于人际交往活动中。有了冤怪、灾祸必须请布麽主持解冤禳灾仪式，否则将会给个人、家庭及社会带来灾难。其中，“坤”“叺”“帮”“哄”等主要为解自然冤怪的法事，而“所”“踈”“竻”“㐫”“宽”“和”“瑞咵”等主要是调解人与人交往矛盾的法事。

从 8.3 宗教活动人员称谓词汇可见，壮族麽教的司职人员主要是布麽，又有“布道”“师傅”“布师”之称。由于麽教对道教文化、佛教文化的吸收借鉴，麽教司职人员也有“僧”“僧徒”“道僧”的称谓，但数量较少，仅在《麽经布洛陀》的 8、11、27

① 黄桂秋．论布洛陀的陪神麽渌甲：壮族麽文化研究系列论文之二［J］．广西右江民族师专学报，2006，19（1）：6.

号抄本中出现 4 次。做麽教法事的主家一般被称为“王”“皇”，以示尊敬；或以“花姓”指代，此说法源于壮族民间“求花得子”习俗，蕴含子嗣兴旺之意；或用“主衣”“主酒”“主神龛”等来指代。“花姓”“主衣”“主酒”“主神龛”四个词在《麽经布洛陀》抄本中的分布度分别为 11、13、4、5，这说明以“花姓”“主衣”指代做麽教法事的主家更加普遍。

作为经典的麽教经书文献，《麽经布洛陀》集中了是云南文山，广西巴马、田东、田阳、那坡、右江、东兰、大化 8 个壮族分布地区的 29 个麽经抄本内容，其中包含大量的壮族麽教词汇。通过对《麽经布洛陀》宗教词汇的分类、统计和呈现，不仅可以对麽教活动自身的内容及形式，不同壮族分布地区麽教活动的异同，以及麽教与其他宗教文化的联系等有更为直观的认识；通过具体的数据统计、对比和分析，还能增强《麽经布洛陀》以及麽教活动更深层文化意义的解读力。

参考文献

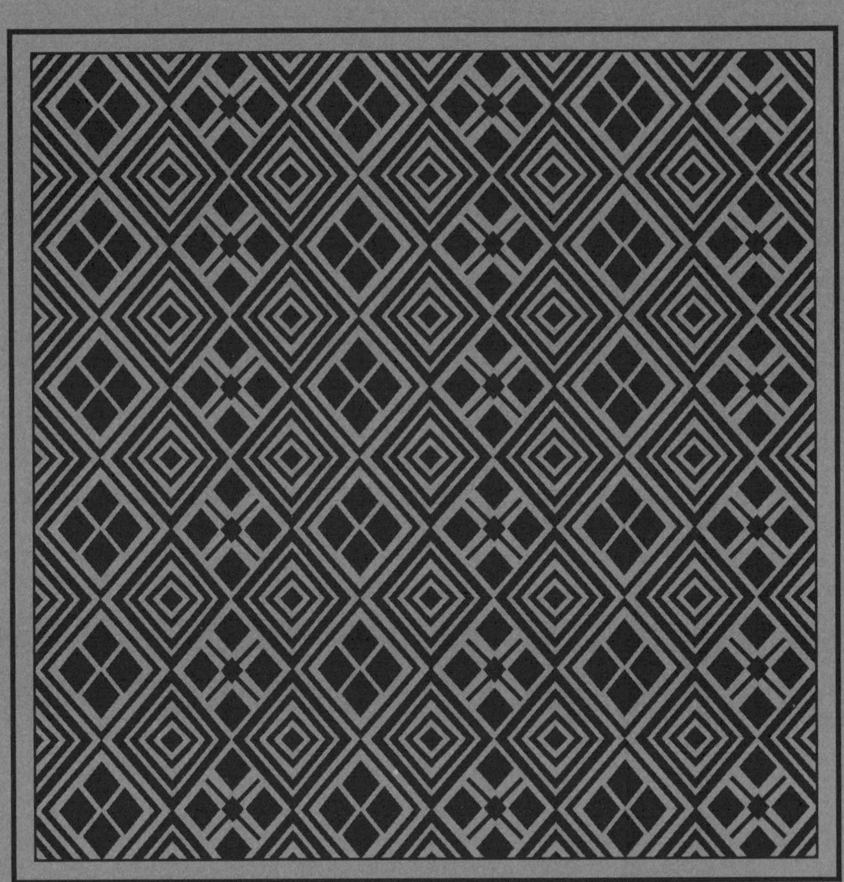

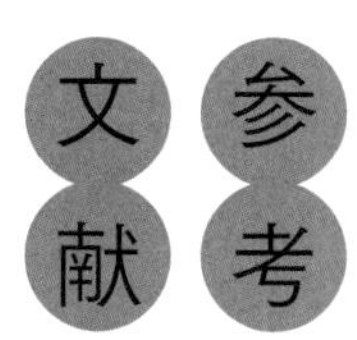

1. Holm D.Mapping the Old Zhuang Character Script: A Vernacular Writing System from Southern China［M］.Leiden & Boston: Bril，2013.

2. Milliken M. 三种壮文的比较研究［J］. 广西民族研究，1999（2）.

3.［苏］阿甫基耶夫 . 古代东方史［M］. 王以铸，译 . 北京：三联书店，1957.

4. 班弨 . 邕宁壮语植物名称词探析［J］. 民族语文，2000（3）.

5. 班弨 . 壮语描写词汇学［M］. 北京：民族出版社，2010.

6. 薄文泽 . 壮语量词的语法双重性［J］. 民族语文，2003（6）.

7. 北京书同文数字化技术有限公司 . 古籍汉字字频统计［M］. 北京：商务印书馆，2008.

8. 岑贤安 . 壮族麽教信仰探析［J］. 经济与社会发展，2003（12）.

9. 常敬宇 . 汉语词汇与文化［M］. 北京：北京大学出版社，1995.

10. 陈竹林 . 论壮族的文字［G］// 覃乃昌，潘其旭 . 壮学论集 . 南宁：广西民族出版社，1995.

11. 大庆市语言文字工作委员会 . 语言文字规范化指南［M］. 北京：教育科学出版社，1995.

12. 戴光禄，何正廷 . 勐僚西尼故：壮族文化概览［M］. 昆明：云南美术出版社，2005.

13. 戴昭铭 . 文化语言学导论［M］. 北京：语文出版社，1996.

14. 党怀兴 . 宋元明六书学研究［M］. 北京：中国社会科学出版社，2003.

15. 杜海萍 . 我国民族古文字电脑处理技术的新突破［J］. 计算机世界，1994（1）.

16. 段宝林 . 神话史诗《布洛陀》的世界意义［J］. 广西民族研究，2006（1）.

17. 范成大 . 桂海虞衡志辑佚校注［M］. 胡起望，覃光广，校注 . 成都：四川人民出版社，1986.

18. 范宏贵，顾有识，等 . 壮族历史与文化［M］. 南宁：广西民族出版社，1997.

19. 费锦昌 . 常用字的性质、特点及其选取标准［J］. 语文学习，1988（9）.

20. 冯天瑜 . 中华文化辞典［Z］. 武汉 : 武汉大学出版社，2001.

21. 冯志伟 . 计算语言学基础［M］. 北京 : 商务印书馆，2001.

22. 符淮青 . 现代汉语词汇［M］. 增订本 . 北京 : 北京大学出版社，2004.

23. 傅永和 . 汉字的笔画［J］. 语文建设，1992（1）.

24. 傅永和 . 现代汉语常用字表的研制：附录 : 常用字、次常用字［J］. 语文建设，1988（2）.

25. 高更生 . 汉字研究［M］. 济南 : 山东教育出版社，2000.

26. 高家莺，范可育，费锦昌 . 现代汉字学［M］. 北京 : 高等教育出版社，1993.

27. 高魏，黄南津 . 从字频看壮族传统文字的效用特点——以方块壮字和汉字的字频比较为基点［J］. 广西师范学院学报（哲学社会科学版），2015，36（3）.

28. 高魏，黄南津 . 方块壮字笔画计量分析与输入法编码设计［J］. 中国文字学报：第 7 辑，2017.

29. 高魏，黄南津 . 方块壮字音形码输入法的设计与实现［J］. 中国文字研究：第 24 辑，2016（2）.

30. 高魏，王丹 . 方块壮字俗借字的产生方式［J］. 民族语文，2020（4）.

31. 高魏，张显成 . 论方块壮字同形字的产生途径：以《麽经》为新材料［J］. 中央民族大学学报（哲学社会科学版），2018，45（3）.

32. 高魏 . 从壮族典籍看方块壮字同形字的形成机制［J］. Journal of Chinese Writing Systems《中国文字》，2019（4）.

33. 广西壮族自治区编辑组 . 广西壮族社会历史调查：第 7 册［M］. 南宁 : 广西民族出版社，1987.

34. 广西壮族自治区民族事务委员会 . 广西壮族自治区少数民族简介［M］. 南宁 : 广西人民出版社，1963.

35. 广西壮族自治区少数民族古籍整理出版规划领导小组 . 古壮字字典［Z］. 南宁 : 广西民族出版社，1989.

36. 广西壮族自治区少数民族语言文字工作委员会研究室 . 壮汉词汇［Z］. 南宁 : 广西民族出版社，1984.

37. 郭沫若著作编辑出版委员会 . 郭沫若全集　历史编：第 1 卷［M］. 北京 : 人民出版社，1982.

38. 郭曙纶，朴贞姬 .《GB13000.1 字符集：汉字字序（笔画序）规范》笔画［J］. 现代语文，2006（11）.

39. 郭作飞．历史文献专书词汇研究方法新探［J］．社会科学论坛，2009（9）．

40. 国家语言文字工作委员会．GB13000.1 字符集汉字字序（笔画序）规范［M］．上海：上海教育出版社，2000.

41. 国家语言文字工作委员会政策法规室．语言文字工作百题［M］．北京：语文出版社，1995.

42. “中国语言生活状况报告”课题组．中国语言生活状况报告（2008）［R］．北京：商务印书馆，2009.

43. 全国术语标准化研究委员会．GB/T19103-2003 辞书编纂的一般原则与方法［S］．北京：中国标准出版社，2003.

44. 过伟．壮族人文始祖论［J］．广西民族研究，2005（4）．

45. 韩伟．“六书”研究的历史演变［J］．山西师大学报（社会科学版），2004，31（1）．

46. 韩伟．指示符号是“指事”的根本标志［J］．信阳师范学院学报（哲学社会科学版），1997，17（4）．

47. 汉字字序规范课题组．《GB13000.1 字符集汉字字序（笔画序）规范》的研制［J］．语文建设，1999（5）．

48. 何琼．西部民族文化研究［M］．北京：民族出版社，2004.

49. 何新．龙：神话与真相［M］．上海：上海人民出版社，1989.

50. 贺大卫．传统方块壮字的区域性［J］．广西民族大学学报（哲学社会科学版），2011，33（2）．

51. 贺大卫，蒙元耀．壮语稻作词汇及其文化内涵试析［J］．广西民族研究，2004（3）．

52. 胡大雷．粤西文化与中华文化研究［M］．桂林：广西师范大学出版社，1993.

53. 湖北语言文字工作委员会．语言文字规范简明读本［M］．武汉：武汉大学出版社，2002.

54. 华东师范大学中国文字研究与应用中心．中国文字研究［M］．南宁：广西教育出版社，2002.

55. 怀特．文化科学：人和文明的研究［M］．曹锦清，等译．杭州：浙江人民出版社，1988.

56. 黄必庄．古壮字浅说［G］//覃乃昌，潘其旭．壮学论集．南宁：广西民族出版社，1995.

57. 黄德宽．论形声结构的组合关系、特点和性质［J］．安徽大学学报（哲学社会科学版），1997（3）．

58. 黄革 . 上林地区壮族方块字的构造［J］. 民族语文，1982（2）.

59. 黄桂秋 . 论布洛陀的陪神麽渌甲：壮族麽文化研究系列论文之二［J］. 广西右江民族师专学报，2006，19（1）.

60. 黄桂秋 . 壮族民间麽教与布洛陀文化［J］. 广西民族研究，2003（3）.

61. 黄桂秋 . 壮族麽文化研究［M］. 北京：民族出版社，2006.

62. 黄烈 . 中国古代民族史研究［M］. 北京：人民出版社，1987.

63. 黄南津，高魏，陈华萍 . 方块壮字文献生存及传承状况调查分析：以龙州、象州、忻城三县为例［J］. 广西民族研究，2010（2）.

64. 黄南津，蒋艳萍 .《麽经布洛陀》版本研究方法梳理［J］. 百色学院学报，2016，29（3）.

65. 黄南津，唐未平 . 当代壮族群体使用汉字、古壮字情况调查与分析［J］. 广西大学学报（哲学社会科学版），2007，29（4）.

66. 黄南津，唐未平 . 社会文化环境对古壮字生存、发展的影响［J］. 中央民族大学学报（哲学社会科学版），2008，35（4）.

67. 黄南津，唐未平 . 壮族民间群体古壮字使用状况的调查与分析［J］. 暨南学报（哲学社会科学版），2008（1）.

68. 黄绍清 . 壮族方块字的创造和运用［J］. 广西师范学院学报（哲学社会科学版），1982（3）.

69. 黄现璠，黄增庆，张一民，等 . 壮族通史［M］. 南宁：广西民族出版社，1988.

70. 黄笑山 . 方块壮字的声旁和汉语中古韵母［M］// 浙江大学汉语史研究中心 . 中古近代汉语研究第 1 辑 . 上海：上海教育出版社，2000.

71. 黄行 . 中国少数民族语言活力研究［M］. 北京：中央民族大学出版社，2000.

72. 蒋明智 .《布洛陀》与壮民族文化精神［J］. 广西民族大学学报（哲学社会科学版），2008，30（2）.

73. 教育部，国家语言文字工作委员会 . 通用规范汉字表（征求意见稿）.2009.

74. 蓝利国 . 方块壮字探源［J］. 广西民族学院学报（哲学社会科学版），1995（S1）.

75. 蓝庆元 . 壮语方言颜色词考源［J］. 民族语文，2007（5）.

76. 李滨英，吴维 . 中华汉字对周边少数民族创制文字的影响［J］. 黑龙江民族丛刊，1995（4）.

77. 李波 . 史记字频研究［M］. 北京：商务印书馆，2006.

78. 李方桂 . 武鸣壮语［M］. 北京：中国科学院出版社，1958.

79. 李富强 . 壮族文字的产生、消亡与再造［J］. 广西民族研究，1996（2）.

80. 李国英，周晓文 . 汉字字频统计方法的改进［J］. 北京师范大学学报（社会科学版），2011（6）.

81. 李国英，周晓文 . 字料库建设的必要性与可行性［J］. 北京师范大学学报（社会科学版），2009（5）.

82. 李乐毅 . 方块壮字与喃字的比较研究［J］. 民族语文，1987（4）.

83. 李小文 . 壮族麽经布洛陀文本产生的年代及其“当代情境”［J］. 中央民族大学学报（哲学社会科学版），2005（6）.

84. 李兆麟 . 汉语计量研究与语文辞书编纂［J］. 辞书研究，1991（3）.

85. 李志辉，罗平 .PASW/SPSSStatistics 统计分析教程（中文版）［M］. 3 版. 北京：电子工业出版社，2010.

86. 梁梅 . 试评《汉语大字典・异体字表》［J］. 广西大学学报（哲学社会科学版），1998，20（5）.

87. 梁庭望 . 古壮字结出的硕果：对《壮族麽经布洛陀影印译注》的初步研究［J］. 广西民族研究，2005（1）.

88. 梁庭望 . 汉族题材少数民族叙事诗译注：壮族卷［M］. 北京：民族出版社，2009.

89. 梁庭望 . 西瓯骆越关系考略［J］. 广西民族研究，1989（4）.

90. 梁庭望 . 壮族风俗志［M］. 北京：中央民族学院出版社，1987.

91. 梁庭望 . 壮族三种文字的嬗变及其命运的思考［J］. 三月三，1999（S）.

92. 梁庭望 . 壮族文化概论［M］. 南宁：广西教育出版社，2000.

93. 梁庭望 . 壮族原生型民间宗教结构及其特点［J］. 广西民族研究，2009（1）.

94. 梁宗奎，王一全，胡法伦 . 汉字“六书”与“三书”新议［J］. 临沂师范学院学报，2000，22（2）.

95. 廖明君 . 万古传扬创世歌：广西田阳布洛陀文化考察札记［M］. 南宁：广西人民出版社，2006.

96. 廖明君 . 壮族自然崇拜文化［M］. 南宁：广西人民出版社，2002.

97. 林亦 . 百年来的东南方音史研究［M］. 南京：南京大学出版社，2004.

98. 林亦 . 古壮字与广西粤语方音史研究［M］// 中国音韵学研究会，石家庄师范专科学校 . 音韵论丛 . 济南：齐鲁书社，2004.

99. 林亦 . 谈利用古壮字研究广西粤语方音［J］. 民族语文，2004（3）.

100. 林仲湘 . 语言文字论稿［M］. 桂林：广西师范大学出版社，2007.

101. 刘坚 . 二十世纪的中国语言学［M］. 北京：北京大学出版社，1998.

102. 刘兴均 . 壮语通用词汇中的动物名词音义关系考察［J］. 广西师范大学学报：哲学社会科学版，2006，42（1）.

103. 陆发圆 . 方块壮字的萌芽和发展［J］. 广西民族研究，1999（3）.

104. 陆锡兴 . 汉字传播史［M］. 北京：语文出版社，2002.

105. 陆瑛 . 浅谈"方块壮字"［J］. 三月三，1984（2）.

106. 罗常培 . 语言与文化［M］. 北京：语文出版社，1989.

107. 罗秋平 . 阻碍壮文推广的成因及对策初探［J］. 广西大学梧州分校学报，2004，14（1）.

108. 马海江 . 古汉字中象义造字法构形特点新探［J］. 东北师大学报（哲学社会科学版），2005（6）.

109. 蒙凤姣 . 七百弄壮语表示性别的词［J］. 民族语文，2001（6）.

110. 蒙萌昭，梁全进 . 广西教育史［M］. 南宁：广西人民出版社，1999.

111. 蒙元耀 . 论《布洛陀经诗》的语言价值［J］. 民族语文，1995（1）.

112. 蒙元耀 . 壮族古籍与古文字［M］. 南宁：广西民族出版社，2016.

113. 莫俊卿 . 左江崖壁画的主体探讨［J］. 民族研究，1986（6）.

114. 牟钟鉴 . 从宗教学看壮族布洛陀信仰［J］. 广西民族研究，2005（2）.

115. 欧阳秋婕 . 古壮字的产生年代分析［J］. 广西民族学院学报（哲学社会科学版），2006（S1）.

116. 欧阳若修，周作秋，黄绍清，等 . 壮族文学史：第 1 册［M］. 南宁：广西人民出版社，1986.

117. 潘其旭，覃乃昌 . 壮族百科辞典［Z］. 南宁：广西人民出版社，1993.

118. 潘其旭 .《麽经布洛陀》与壮族观念文化体系［J］. 广西民族研究，2004（1）.

119. 潘其旭 . 壮族《麽经布洛陀》的文化价值［J］. 广西民族研究，2003（4）.

120. 丘振声 . 壮族图腾考［M］. 南宁：广西人民出版社，2006.

121. 裘锡圭 . 文字学概要［M］. 北京：商务印书馆，1988.

122. 山石 .《现代汉语常用字表》和《现代汉语通用字表》［J］. 语文建设，2001（5）.

123. 商务印书馆编辑部 .21 世纪的中国语言学［M］. 北京：商务印书馆，2006.

124. 邵敬敏 . 现代汉语通论［M］. 上海：上海教育出版社，2001.

125. 申小龙 . 语言与文化的现代思考［M］. 郑州：河南人民出版社，2000.

126. 沈光海 . 关于六书的界说：读《说文解字研究法》札记之二［J］. 湖州师专学报（哲学社会科学），1998，20（2）.

127. 盛玉麒 . 语言文字信息处理［M］. 济南 : 山东大学出版社，2006.

128. 史继忠 . 少数民族文字比较探源［J］. 贵州民族研究，1994（2）.

129. 宋继华，王强军，杨尔弘 . 中文信息处理教程［M］. 北京 : 高等教育出版社，2011.

130. 苏培成 . 现代汉字学纲要［M］. 北京 : 北京大学出版社，1994.

131. 苏新春 . 当代中国词汇学［M］. 广州 : 广东教育出版社，1995.

132. 谈琪 . 壮族土司制度［M］. 南宁 : 广西人民出版社，1995.

133. 覃德民 . 关于《壮文方案》（修订案）隔音符号的表述问题［J］. 广西民族研究，1997（2）.

134. 覃凤余 . 壮语方位词［J］. 民族语文，2005（1）.

135. 覃国生，韦庆稳 . 壮语简志［M］. 北京 : 民族出版社，1980.

136. 覃国生 . 关于方块壮字［J］. 广西民族学院学报（哲学社会科学版），1986（4）.

137. 覃海恋 . 从壮族的信仰看文化的传播［J］. 今日南国，2008（11）.

138. 覃乃昌 . 布洛陀文化体系述论［J］. 广西民族研究，2003（3）.

139. 覃乃昌 . 布洛陀寻踪：广西田阳敢壮山布洛陀文化考察与研究［M］. 南宁 : 广西民族出版社，2004.

140. 覃勤 . 先秦古籍字频分析［J］. 语言研究，2005，25（4）.

141. 覃晓航，孙文玲 . 方块壮字研究史略［J］. 广西民族研究，2007（1）.

142. 覃晓航，壮文教育史略［J］. 民族教育研究，2004，15（3）.

143. 覃晓航 . 方块壮字经久不绝却难成通行文字的原因［J］. 广西民族研究，2008（3）.

144. 覃晓航 . 方块壮字研究［M］. 北京 : 民族出版社，2010.

145. 覃兆福，陈慕贞 . 壮族历代史料荟萃［M］. 南宁 : 广西民族出版社，1986.

146. 王彩 . 方块壮文构造法与理据性新探［J］. 湖州师范学院学报，2005，27（6）.

147. 王丹，高魏，张显成 . 麽经整理及壮族宗教用语研究综述［J］. 中央民族大学学报（哲学社会科学版），2017，44（1）.

148. 王光荣，黄鹏 . 论布洛陀文化的凝聚力［J］. 南宁师范高等专科学校学报，2006，23（2）.

149. 王建新 . 计算机语料库的建设与应用［M］. 北京 : 清华大学出版社，2005.

150. 王剑峰 . 在象征与现实之间：壮族布洛陀信仰的人类学解析［J］. 云南师范大

学学报，2005，37（4）.

151. 王力 . 龙虫并雕斋文集［M］. 北京：中华书局，1980.

152. 王敏 . 新中国常用字问题研究概述［J］. 语言文字应用，2007（2）.

153. 王铭铭 . 人类学讲义稿［M］. 北京：世界图书出版公司北京公司，2011.

154. 王宁 . 二十世纪汉字问题的争论与跨世纪的汉字研究［J］. 中国社会科学，1997（1）.

155. 王宁 . 汉字构形理据与现代汉字部件拆分［J］. 语文建设，1997（3）.

156. 王宁 . 汉字学概要［M］. 北京：北京师范大学出版社，2001.

157. 王式杰，郝健，薛炳南 . 汉字录入与编辑技术［M］.5 版 . 北京：电子工业出版社，2008.

158. 王元鹿 . 比较文字学［M］. 南宁：广西教育出版社，2001.

159. 韦达 . 壮族古壮字的文化色彩［J］. 广西师范大学学报（哲学社会科学版），2002，38（4）.

160. 韦达 . 壮语称谓与壮族精神文明［J］. 贵州民族学院学报（哲学社会科学版），2002（6）.

161. 韦达 . 壮语地名的文化色彩：壮族语言文化系列研究之一［J］. 中南民族学院学报（人文社会科学版），2001，21（4）.

162. 韦达 . 壮语动词的前冠后附构词法［J］. 民族语文，1997（4）.

163. 韦达 . 壮语汉借词及其文化心理透视［J］. 广西民族研究，1999（2）.

164. 韦达 . 壮语修辞及其表达效果［J］. 中南民族大学学报（人文社会科学版），2005，25（1）.

165. 韦达 . 壮族古壮字的文化色彩［J］. 广西师范大学学报（哲学社会科学版），2002，38（4）.

166. 韦景云，覃晓航 . 壮语通论［M］. 北京：中央民族大学出版社，2006.

167. 韦景云 . 那新壮语的描绘词［J］. 中央民族大学学报（社会科学版），1997（4）.

168. 韦名应 . 壮文编码的必要性［J］. 少数民族语文，2003（3）.

169. 韦其麟 . 壮族民间文学概观［M］. 南宁：广西人民出版社，1988.

170. 王钧，等 . 壮侗语族语言简志［M］. 北京：民族出版社，1984.

171. 韦庆稳 . 广西壮族的方块文字［M］// 谢启晃，郭在忠，莫俊卿，等 . 岭外壮族汇考 . 南宁：广西民族出版社，1989.

172. 韦树关 . 从古壮字中的借形字和形声字谈古壮字创制的年代［C］// 覃乃昌，

覃彩銮 . 壮学第四次学术研讨会论文集 . 南宁 : 广西民族出版社，2008.

173. 张元生，梁庭望，韦星朗 . 古壮字文献选注［M］. 天津 : 天津古籍出版社，1992.

174. 尉迟治平，汤勤 . 论中文字符集、字库及输入法的研制［J］. 语言研究，2006，26（3）.

175. 魏忠 . 中国的多种民族文字及文献［M］. 北京 : 民族出版社，2004.

176. 吴良占，沈美莉 . 现代汉字输入法［M］. 杭州 : 浙江科学技术出版社，1999.

177. 吴长安 . 汉字走上形声化道路的社会文化原因［J］. 东北师大学报（哲学社会科学版），1998（5）.

178. 夏露 . 字喃 : 越南人无法抛弃的遗产［J］. 汉字文化，2000（4）.

179. 谢多勇 .《布洛陀经诗》中的古壮字和壮语词汇［J］. 广西社会科学，2007（1）.

180. 邢福义 . 文化语言学［M］. 武汉 : 湖北教育出版社，2000.

181. 邢公畹 . 语言论集［M］. 北京 : 商务印书馆，1983.

182. 徐赣丽 . 壮族古代社会发展的真实图景：《布洛陀经诗》文化意蕴之二［J］. 广西民族研究，1999（1）.

183. 徐赣丽 . 壮族先民以神谕人的社会教化准则:《布洛陀经诗》文化意蕴之四［J］. 广西民族研究，1999（4）.

184. 徐松石 . 粤江流域人民史［M］// 徐松石 . 徐松石民族学文集 . 桂林 : 广西师范大学出版社，2005.

185. 许嘉璐，王福祥，刘润清 . 中国语言学现状与展望［M］. 北京 : 外语教学与研究出版社，1996.

186. 许威汉 . 二十世纪的汉语词汇学［M］. 太原 : 书海出版社，2000.

187. 尹斌庸，方世增 . 词频统计的新概念和新方法［J］. 语言文字应用，1994（2）.

188. 尤中 . 中国西南的古代民族［M］. 昆明 : 云南人民出版社，1980.

189. 游汝杰 . 中国文化语言学引论［M］. 修订版 . 上海 : 上海辞书出版社，2003.

190. 于根元 . 二十世纪的中国语言应用研究［M］. 太原 : 书海出版社，1996.

191. 于根元 . 中国现代应用语言学史纲［M］. 北京 : 中国经济出版社，2005.

192. 语文出版社 . 语言文字规范手册［M］. 北京 : 语文出版社，2006.

193. 玉时阶 . 壮族民间宗教文化［M］. 北京 : 民族出版社，2004.

194. 张公瑾，丁石庆 . 文化语言学教程［M］. 北京 : 教育科学出版社，2004.

195. 张人石 . 反切造字法初探［J］. 邵阳学院学报（社会科学），2003，2（3）.

196. 张声震 . 壮族民歌古籍集成：情歌（一）嘹歌［M］. 南宁 : 广西人民出版社，1997.

197. 张声震 . 壮族麽经布洛陀影印译注［M］. 南宁 : 广西民族出版社，2004.

198. 张声震 . 壮族通史［M］. 北京 : 民族出版社，1997.

199. 张双棣 . 吕氏春秋词汇研究［M］. 北京 : 商务印书馆，2008.

200. 张永言 . 词汇学简论［M］. 武昌 : 华中工学院出版社，1982.

201. 张元生 . 壮族人民的文化遗产：方块壮字［M］// 中国民族古文字研究会 . 中国民族古文字研究 . 北京 : 科学出版社，1984.

202. 张再兴 . 从字频看西周金文文字系统的特点［J］. 语言研究，2004，24（1）.

203. 张增业 . 壮—汉语比较简论［M］. 南宁 : 广西民族出版社，1998.

204. 赵学清 ."六书" 理论的历史回顾及其在当代的发展［J］. 聊城师范学院学报（哲学社会科学版），1998（3）.

205. 赵振铎 . 字典论［M］. 上海 : 上海辞书出版社，2001.

206. 郑贻青 . 靖西方块壮字试析［J］. 民族语文，1988（4）.

207. 郑贻青 . 壮族文化的宝贵遗产：《古壮字字典》读后［J］. 民族语文，1991（1）.

208. 郑振峰 . 从汉字构形的发展看汉字的性质［J］. 古汉语研究，2002（3）.

209.《中国各民族宗教与神话大词典》编审委员会 . 中国各民族宗教与神话大词典［Z］. 北京 : 学苑出版社，1990.

210. 中国社会科学院语言文字应用研究所 . 汉字问题学术讨论会论文集［C］. 北京 : 语文出版社，1988.

211. 周明甫，金星华 . 中国少数民族文化简论［M］. 北京 : 民族出版社，2006.

212. 周有光 . 比较文字学初探［M］. 北京 : 语文出版社，1998.

213. 周有光 . 汉字型文字的综合观察［J］. 中国社会科学，1998（2）.

214. 周有光 . 圣书字和汉字的 "六书" 比较："六书有普通适用性" 例证之一［J］. 语言文字应用，1995（1）.

215. 周有光 . 文字发展规律的新探索［J］. 民族语文，1999（1）.

216. 周有光 . 文字类型学初探—文字 "三相" 说［J］. 民族语文，1987（6）.

217. 周有光 . 现代汉字学发凡［J］. 语文现代化第 2 辑，1980（2）.

218. 周有光 . 周有光语言学论文集［G］. 北京 : 商务印书馆，2004.

219. 周振鹤，游汝杰 . 方言与中国文化［M］.2 版 . 上海 : 上海人民出版社，2006.

220. 朱岩 . 中国古籍用字字频与分布统计分析［J］. 国家图书馆学刊，2004（3）.

221.《壮族简史》编写组 . 壮族简史［M］. 南宁 : 广西人民出版社，1980.

222. 资中勇 . 语言规划［M］. 上海 : 上海大学出版社，2008.

附录

附录 1：方块壮字字频表

一、方块壮字字频表凡例

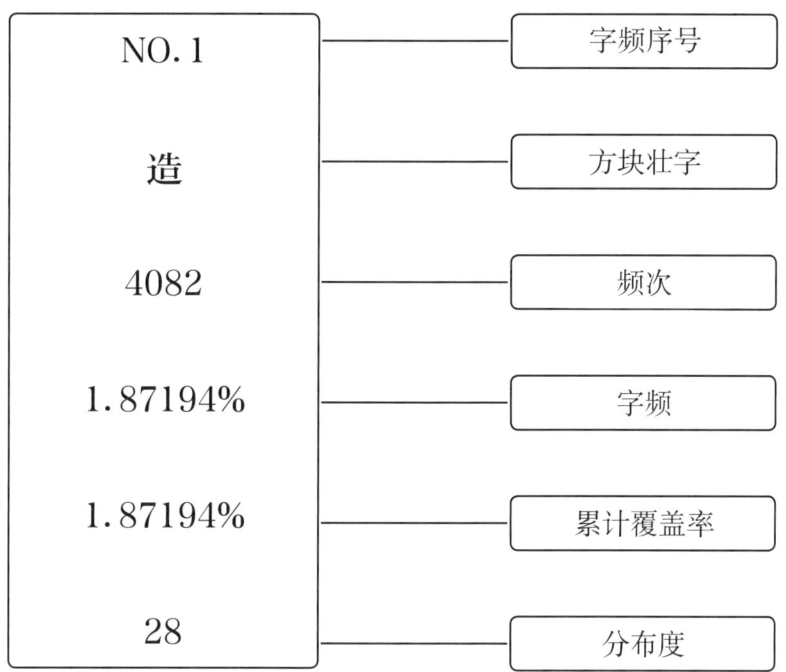

二、字频表（见下页）

NO.1 造 4082 1.87194% 1.87194% 28	NO.11 你 1385 0.63514% 10.47867% 27	NO.21 得 1112 0.50995% 16.26693% 28	NO.31 麻 901 0.41319% 20.68311% 29	NO.41 双 773 0.35449% 24.46093% 28	NO.51 妹 675 0.30954% 27.80081% 29	NO.61 立 610 0.27974% 30.77473% 29	NO.71 纫 565 0.25910% 33.47763% 20	NO.81 黎 533 0.24443% 35.99389% 21	NO.91 娄 466 0.21370% 38.25793% 25
NO.2 不 2783 1.27624% 3.14819% 28	NO.12 布 1357 0.62230% 11.10097% 29	NO.22 皇 1040 0.47693% 16.74386% 24	NO.32 故 886 0.40631% 21.08941% 28	NO.42 哏 772 0.35403% 24.81496% 16	NO.52 仆 675 0.30954% 28.11035% 5	NO.62 比 605 0.27744% 31.05218% 26	NO.72 糎 563 0.25818% 33.73582% 22	NO.82 哘 523 0.23984% 36.23373% 22	NO.92 昙 461 0.21141% 38.46933% 23
NO.3 斗 2363 1.08364% 4.23182% 29	NO.13 那 1326 0.60808% 11.70906% 29	NO.23 盖 1039 0.47647% 17.22033% 29	NO.33 四 870 0.39897% 21.48838% 29	NO.43 扔 757 0.34715% 25.16211% 15	NO.53 黄 673 0.30863% 28.41898% 7	NO.63 明 605 0.27744% 31.32962% 20	NO.73 國 559 0.25635% 33.99217% 26	NO.83 亦 517 0.23709% 36.47082% 15	NO.93 獁 459 0.21049% 38.67983% 17
NO.4 王 2341 1.07355% 5.30537% 29	NO.14 之 1312 0.60166% 12.31072% 23	NO.24 眉 984 0.45125% 17.67158% 23	NO.34 各 861 0.39484% 21.88323% 25	NO.44 利 751 0.34440% 25.50651% 28	NO.54 托 672 0.30817% 28.72715% 23	NO.64 隆 597 0.27378% 31.60340% 24	NO.74 父 558 0.25589% 34.24806% 25	NO.84 罗 509 0.23342% 36.70424% 14	NO.94 也 455 0.20866% 38.88848% 26
NO.5 丕 1783 0.81766% 6.12303% 8	NO.15 名 1295 0.59387% 12.90459% 22	NO.25 吅 979 0.44895% 18.12053% 6	NO.35 同 838 0.38429% 22.26752% 27	NO.45 六 737 0.33798% 25.84448% 26	NO.55 偶 660 0.30267% 29.02982% 9	NO.65 本 593 0.27194% 31.87534% 18	NO.75 江 555 0.25451% 34.50257% 28	NO.85 傍 504 0.23113% 36.93537% 26	NO.95 卦 449 0.20590% 39.09439% 29
NO.6 到 1739 0.79748% 6.92051% 28	NO.16 貧 1280 0.58699% 13.49158% 22	NO.26 召 962 0.44116% 18.56169% 28	NO.36 里 815 0.37375% 22.64127% 27	NO.46 累 731 0.33523% 26.17971% 17	NO.56 叭 650 0.29808% 29.32790% 17	NO.66 古 592 0.27148% 32.14682% 22	NO.76 娘 555 0.25451% 34.75709% 25	NO.86 灰 504 0.23113% 37.16649% 21	NO.96 二 445 0.20407% 39.29846% 28
NO.7 批 1618 0.74199% 7.66250% 22	NO.17 力 1280 0.58699% 14.07856% 25	NO.27 十 952 0.43657% 18.99827% 27	NO.37 卜 813 0.37283% 23.01410% 24	NO.47 海 719 0.32972% 26.50943% 23	NO.57 塘 650 0.29808% 29.62598% 25	NO.67 可 589 0.27011% 32.41693% 27	NO.77 吞 548 0.25130% 35.00839% 25	NO.87 作 502 0.23021% 37.39670% 22	NO.97 魯 441 0.20224% 39.50069% 23
NO.8 甫 1609 0.73786% 8.40036% 26	NO.18 他 1268 0.58149% 14.66005% 28	NO.28 提 942 0.43199% 19.43025% 26	NO.38 老 796 0.36503% 23.37913% 28	NO.48 大 719 0.32972% 26.83916% 27	NO.58 的 638 0.29258% 29.91856% 24	NO.68 恨 586 0.26873% 32.68566% 22	NO.78 貫 542 0.24855% 35.25695% 27	NO.88 馬 474 0.21737% 37.61407% 27	NO.98 奷 436 0.19994% 39.70064% 24
NO.9 否 1592 0.73007% 9.13043% 9	NO.19 礼 1253 0.57461% 15.23466% 27	NO.29 地 919 0.42144% 19.85169% 29	NO.39 甲 793 0.36366% 23.74279% 29	NO.49 兵 717 0.32881% 27.16796% 21	NO.59 度 636 0.29166% 30.21022% 23	NO.69 土 582 0.26690% 32.95255% 19	NO.79 月 540 0.24764% 35.50458% 26	NO.89 滕 469 0.21508% 37.82915% 18	NO.99 郭 434 0.19903% 39.89966% 9
NO.10 三 1555 0.71310% 9.84353% 29	NO.20 了 1139 0.52233% 15.75699% 29	NO.30 馬 912 0.41823% 20.26992% 13	NO.40 个 793 0.36366% 24.10645% 27	NO.50 許 705 0.32330% 27.49126% 24	NO.60 淋 621 0.28478% 30.49500% 26	NO.70 嚁 580 0.26598% 33.21853% 21	NO.80 忑 534 0.24488% 35.74947% 20	NO.90 尼 469 0.21508% 38.04423% 6	NO.100 請 434 0.19903% 40.09869% 23

NO.101 祖 433 0.19857% 40.29725% 26	NO.111 分 384 0.17610% 42.13756% 27	NO.121 郎 355 0.16280% 43.80635% 25	NO.131 八 334 0.15317% 45.38617% 28	NO.141 特 316 0.14491% 46.87428% 17	NO.151 交 308 0.14124% 48.30461% 19	NO.161 元 291 0.13345% 49.66615% 25	NO.171 劳 269 0.12336% 50.94010% 25	NO.181 温 250 0.11465% 52.11729% 23	NO.191 好 238 0.10914% 53.23440% 23
NO.102 卡 415 0.19031% 40.48757% 11	NO.112 百 380 0.17426% 42.31182% 26	NO.122 介 354 0.16234% 43.96869% 5	NO.132 徃 333 0.15271% 45.53888% 20	NO.142 蘭 316 0.14491% 47.01920% 17	NO.152 論 308 0.14124% 48.44585% 28	NO.162 外 286 0.13116% 49.79731% 21	NO.172 仙 267 0.12244% 51.06254% 23	NO.182 酉 249 0.11419% 52.23148% 21	NO.192 係 237 0.10868% 53.34309% 5
NO.103 后 413 0.18940% 40.67696% 14	NO.113 啫 379 0.17380% 42.48562% 4	NO.123 能 354 0.16234% 44.13103% 22	NO.133 天 333 0.15271% 45.69159% 28	NO.143 丁 316 0.14491% 47.16411% 24	NO.153 怌 304 0.13941% 48.58526% 13	NO.163 朝 284 0.13024% 49.92754% 20	NO.173 罵 263 0.12061% 51.18315% 17	NO.183 普 245 0.11235% 52.34383% 11	NO.193 畐 235 0.10777% 53.45085% 18
NO.104 拉 409 0.18756% 40.86452% 9	NO.114 太 368 0.16876% 42.65438% 24	NO.124 屋 352 0.16142% 44.29245% 21	NO.134 [illegible] 330 0.15133% 45.84293% 2	NO.144 耗 314 0.14400% 47.30811% 20	NO.154 良 302 0.13849% 48.72376% 27	NO.164 送 282 0.12932% 50.05686% 24	NO.174 [illegible] 261 0.11969% 51.30284% 13	NO.184 逻 245 0.11235% 52.45618% 18	NO.194 定 234 0.10731% 53.55816% 28
NO.105 漢 409 0.18756% 41.05209% 25	NO.115 平 364 0.16693% 42.82131% 25	NO.125 九 351 0.16096% 44.45341% 27	NO.135 達 329 0.15087% 45.99380% 25	NO.145 酒 314 0.14400% 47.45210% 20	NO.155 連 297 0.13620% 48.85996% 28	NO.165 床 280 0.12840% 50.18527% 19	NO.175 司 259 0.11877% 51.42161% 12	NO.185 退 245 0.11235% 52.56854% 27	NO.195 絞 233 0.10685% 53.66501% 12
NO.106 五 408 0.18710% 41.23919% 29	NO.116 伝 361 0.16555% 42.98686% 24	NO.126 合 344 0.15775% 44.61117% 29	NO.136 正 326 0.14950% 46.14330% 26	NO.146 眉 313 0.14354% 47.59564% 15	NO.156 茶 296 0.13574% 48.99570% 26	NO.166 當 280 0.12840% 50.31367% 27	NO.176 鸡 259 0.11877% 51.54039% 15	NO.186 至 245 0.11235% 52.68089% 24	NO.196 家 231 0.10593% 53.77095% 28
NO.107 米 397 0.18206% 41.42125% 13	NO.117 界 360 0.16509% 43.15195% 21	NO.127 而 343 0.15729% 44.76846% 15	NO.137 拜 323 0.14812% 46.29142% 19	NO.147 奴 311 0.14262% 47.73826% 14	NO.157 怗 295 0.13528% 49.13098% 19	NO.167 粝 279 0.12795% 50.44162% 6	NO.177 内 256 0.11740% 51.65779% 25	NO.187 渌 244 0.11189% 52.79278% 17	NO.197 頼 231 0.10593% 53.87688% 26
NO.108 未 396 0.18160% 41.60285% 20	NO.118 岜 358 0.16417% 43.31612% 23	NO.128 千 339 0.15546% 44.92392% 27	NO.138 花 320 0.14675% 46.43817% 27	NO.148 社 310 0.14216% 47.88042% 19	NO.158 勿 293 0.13437% 49.26535% 23	NO.168 宜 274 0.12565% 50.56727% 18	NO.178 肛 252 0.11556% 51.77335% 7	NO.188 麽 243 0.11144% 52.90422% 15	NO.198 其 230 0.10547% 53.98235% 14
NO.109 落 392 0.17977% 41.78261% 26	NO.119 忻 357 0.16371% 43.47984% 18	NO.129 一 339 0.15546% 45.07938% 26	NO.139 生 318 0.14583% 46.58400% 26	NO.149 咟 309 0.14170% 48.02212% 23	NO.159 時 292 0.13391% 49.39925% 28	NO.169 茂 273 0.12519% 50.69246% 12	NO.179 中 250 0.11465% 51.88800% 22	NO.189 出 242 0.11098% 53.01520% 25	NO.199 萬 228 0.10456% 54.08691% 25
NO.110 口 390 0.17885% 41.96146% 25	NO.120 七 357 0.16371% 43.64355% 27	NO.130 芇 335 0.15363% 45.23301% 4	NO.140 道 317 0.14537% 46.72937% 24	NO.150 盆 308 0.14124% 48.16337% 24	NO.160 成 291 0.13345% 49.53270% 11	NO.170 歐 271 0.12428% 50.81674% 18	NO.180 佈 250 0.11465% 52.00264% 8	NO.190 皮 240 0.11006% 53.12526% 18	NO.200 捞 227 0.10410% 54.19101% 17

NO.201 舍 226 0.10364% 54.29465% 18	NO.211 敗 217 0.09951% 55.30537% 26	NO.221 吓 209 0.09584% 56.28124% 10	NO.231 刘 198 0.09080% 57.20391% 14	NO.241 罪 191 0.08759% 58.09219% 23	NO.251 板 184 0.08438% 58.95479% 16	NO.261 所 178 0.08163% 59.78162% 21	NO.271 冷 170 0.07796% 60.57452% 7	NO.281 養 166 0.07613% 61.34265% 19	NO.291 吓 161 0.07383% 62.09335% 6
NO.202 洛 226 0.10364% 54.39829% 12	NO.212 登 217 0.09951% 55.40488% 24	NO.222 鸡 204 0.09355% 56.37479% 20	NO.232 歐 197 0.09034% 57.29426% 16	NO.242 吉 191 0.08759% 58.17978% 22	NO.252 母 184 0.08438% 59.03917% 20	NO.262 化 175 0.08025% 59.86187% 27	NO.272 乱 170 0.07796% 60.65247% 23	NO.282 要 165 0.07567% 61.41831% 19	NO.292 流 161 0.07383% 62.16718% 24
NO.203 勒 224 0.10272% 54.50101% 19	NO.213 吜 217 0.09951% 55.50440% 20	NO.223 蘭 203 0.09309% 56.46789% 13	NO.233 莫 196 0.08988% 57.38414% 21	NO.243 初 191 0.08759% 58.26737% 22	NO.253 多 182 0.08346% 59.12263% 17	NO.263 耒 175 0.08025% 59.94213% 16	NO.273 向 169 0.07750% 60.72998% 14	NO.283 龍 165 0.07567% 61.49398% 21	NO.293 邦 159 0.07292% 62.24010% 16
NO.204 保 221 0.10135% 54.60236% 21	NO.214 淂 216 0.09905% 55.60345% 12	NO.224 旧 203 0.09309% 56.56098% 22	NO.234 白 195 0.08942% 57.47356% 18	NO.244 方 190 0.08713% 58.35450% 25	NO.254 牙 182 0.08346% 59.20610% 16	NO.264 犸 174 0.07979% 60.02192% 13	NO.274 头 169 0.07750% 60.80748% 11	NO.284 康 165 0.07567% 61.56965% 13	NO.294 病 159 0.07292% 62.31301% 22
NO.205 守 221 0.10135% 54.70371% 16	NO.215 己 215 0.09860% 55.70205% 26	NO.225 久 202 0.09263% 56.65361% 23	NO.235 却 194 0.08897% 57.56253% 15	NO.245 文 189 0.08667% 58.44118% 22	NO.255 急 181 0.08300% 59.28910% 23	NO.265 当 174 0.07979% 60.10171% 13	NO.275 打 168 0.07704% 60.88452% 18	NO.285 谷 164 0.07521% 61.64485% 26	NO.295 求 159 0.07292% 62.38593% 20
NO.206 迷 220 0.10089% 54.80460% 18	NO.216 愢 212 0.09722% 55.79927% 17	NO.226 乜 202 0.09263% 56.74625% 5	NO.236 杀 194 0.08897% 57.65149% 17	NO.246 銀 188 0.08621% 58.52739% 23	NO.256 光 180 0.08255% 59.37165% 26	NO.266 助 173 0.07934% 60.18105% 16	NO.276 肯 167 0.07658% 60.96110% 4	NO.286 存 164 0.07521% 61.72006% 15	NO.296 位 158 0.07246% 62.45838% 20
NO.207 邦 220 0.10089% 54.90549% 14	NO.217 放 212 0.09722% 55.89649% 23	NO.227 使 201 0.09218% 56.83842% 21	NO.237 何 194 0.08897% 57.74046% 24	NO.247 央 188 0.08621% 58.61361% 13	NO.257 [illegible] 179 0.08209% 59.45373% 11	NO.267 代 173 0.07934% 60.26038% 23	NO.277 年 167 0.07658% 61.03769% 23	NO.287 様 164 0.07521% 61.79527% 17	NO.297 賊 158 0.07246% 62.53084% 18
NO.208 狼 219 0.10043% 55.00592% 15	NO.218 畐 211 0.09676% 55.99325% 9	NO.228 咘 200 0.09172% 56.93014% 14	NO.238 林 193 0.08851% 57.82897% 26	NO.248 怕 187 0.08576% 58.69936% 23	NO.258 呌 179 0.08209% 59.53582% 20	NO.268 任 173 0.07934% 60.33972% 17	NO.278 没 167 0.07658% 61.11427% 8	NO.288 北 164 0.07521% 61.87048% 21	NO.298 金 157 0.07200% 62.60284% 24
NO.209 非 218 0.09997% 55.10589% 23	NO.219 尔 210 0.09630% 56.08955% 7	NO.229 妣 200 0.09172% 57.02186% 16	NO.239 条 192 0.08805% 57.91701% 23	NO.249 字 187 0.08576% 58.78512% 21	NO.259 郭 179 0.08209% 59.61791% 4	NO.269 途 171 0.07842% 60.41814% 18	NO.279 宾 166 0.07613% 61.19040% 1	NO.289 山 163 0.07475% 61.94523% 25	NO.299 用 157 0.07200% 62.67484% 18
NO.210 殆 218 0.09997% 55.20586% 11	NO.220 安 209 0.09584% 56.18540% 26	NO.230 雷 199 0.09126% 57.11311% 25	NO.240 楼 191 0.08759% 58.00460% 18	NO.250 班 186 0.08530% 58.87041% 26	NO.260 見 179 0.08209% 59.69999% 24	NO.270 結 171 0.07842% 60.49656% 23	NO.280 奥 166 0.07613% 61.26652% 1	NO.290 講 162 0.07429% 62.01952% 21	NO.300 若 157 0.07200% 62.74683% 10

NO.301 畣 157 0.07200% 62.81883% 1	NO.311 微 151 0.06925% 63.52230% 11	NO.321 跟 148 0.06787% 64.20238% 12	NO.331 色 144 0.06604% 64.87008% 24	NO.341 又 141 0.06466% 65.52357% 8	NO.351 鲁 136 0.06237% 66.15641% 12	NO.361 降 132 0.06053% 66.77321% 13	NO.371 娋 128 0.05870% 67.36845% 18	NO.381 通 123 0.05641% 67.94352% 23	NO.391 眉 120 0.05503% 68.49887% 6
NO.302 獁 157 0.07200% 62.89083% 4	NO.312 羅 149 0.06833% 63.59063% 21	NO.322 阑 147 0.06741% 64.26979% 6	NO.332 皆 144 0.06604% 64.93612% 17	NO.342 妑 140 0.06420% 65.58777% 23	NO.352 入 136 0.06237% 66.21878% 21	NO.362 児 132 0.06053% 66.83374% 5	NO.372 宗 128 0.05870% 67.42715% 21	NO.382 去 122 0.05595% 67.99947% 9	NO.392 坛 120 0.05503% 68.55390% 17
NO.303 坐 155 0.07108% 62.96191% 6	NO.313 行 149 0.06833% 63.65896% 23	NO.323 𧘂 147 0.06741% 64.33721% 16	NO.333 叺 144 0.06604% 65.00216% 7	NO.343 楽 140 0.06420% 65.65197% 16	NO.353 加 136 0.06237% 66.28115% 20	NO.363 卬 131 0.06007% 66.89382% 19	NO.373 號 127 0.05824% 67.48539% 4	NO.383 吒 122 0.05595% 68.05542% 9	NO.393 为 119 0.05457% 68.60847% 8
NO.304 沙 155 0.07108% 63.03299% 20	NO.314 冇 149 0.06833% 63.72729% 26	NO.324 观 146 0.06695% 64.40416% 6	NO.334 必 143 0.06558% 65.06773% 10	NO.344 則 139 0.06374% 65.71571% 20	NO.354 恒 135 0.06191% 66.34306% 10	NO.364 呼 131 0.06007% 66.95389% 5	NO.374 肯 127 0.05824% 67.54363% 5	NO.384 麽 122 0.05595% 68.11136% 10	NO.394 半 119 0.05457% 68.66304% 17
NO.305 命 155 0.07108% 63.10407% 24	NO.315 法 148 0.06787% 63.79516% 23	NO.325 問 146 0.06695% 64.47111% 8	NO.335 把 143 0.06558% 65.13331% 21	NO.345 巴 139 0.06374% 65.77946% 15	NO.355 帝 135 0.06191% 66.40497% 19	NO.365 房 131 0.06007% 67.01397% 18	NO.375 峝 127 0.05824% 67.60187% 19	NO.385 养 122 0.05595% 68.16731% 17	NO.395 楞 119 0.05457% 68.71761% 15
NO.306 姓 153 0.07016% 63.17423% 26	NO.316 恶 148 0.06787% 63.86303% 5	NO.326 懐 146 0.06695% 64.53807% 16	NO.336 在 143 0.06558% 65.19889% 23	NO.346 銭 138 0.06328% 65.84274% 20	NO.356 𥻗 135 0.06191% 66.46688% 3	NO.366 丑 130 0.05962% 67.07358% 20	NO.376 耕 125 0.05732% 67.65920% 5	NO.386 括 121 0.05549% 68.22280% 1	NO.396 彼 119 0.05457% 68.77218% 16
NO.307 国 153 0.07016% 63.24440% 10	NO.317 恩 148 0.06787% 63.93090% 21	NO.327 馬 146 0.06695% 64.60502% 3	NO.337 者 142 0.06512% 65.26401% 14	NO.347 伏 138 0.06328% 65.90603% 24	NO.357 克 135 0.06191% 66.52879% 9	NO.367 肉 130 0.05962% 67.13320% 17	NO.377 貴 125 0.05732% 67.71652% 24	NO.387 弄 121 0.05549% 68.27829% 17	NO.397 弄 118 0.05411% 68.82630% 12
NO.308 罵 152 0.06970% 63.31410% 10	NO.318 䯦 148 0.06787% 63.99877% 18	NO.328 路 145 0.06649% 64.67152% 23	NO.338 坡 142 0.06512% 65.32913% 19	NO.348 長 137 0.06283% 65.96885% 17	NO.358 桑 134 0.06145% 66.59024% 15	NO.368 除 129 0.05916% 67.19236% 18	NO.378 散 124 0.05686% 67.77339% 20	NO.388 高 121 0.05549% 68.33378% 22	NO.398 下 118 0.05411% 68.88041% 19
NO.309 心 152 0.06970% 63.38381% 25	NO.319 叩 148 0.06787% 64.06664% 17	NO.329 執 145 0.06649% 64.73801% 17	NO.339 对 142 0.06512% 65.39425% 17	NO.349 蘇 137 0.06283% 66.03168% 8	NO.359 巾 134 0.06145% 66.65169% 14	NO.369 兆 128 0.05870% 67.25106% 10	NO.379 脾 124 0.05686% 67.83025% 12	NO.389 州 120 0.05503% 68.38881% 21	NO.399 晋 118 0.05411% 68.93452% 21
NO.310 腊 151 0.06925% 63.45305% 13	NO.320 台 148 0.06787% 64.13451% 17	NO.330 浔 144 0.06604% 64.80405% 5	NO.340 嘇 141 0.06466% 65.45891% 14	NO.350 喇 136 0.06237% 66.09405% 4	NO.360 寒 133 0.06099% 66.71268% 15	NO.370 閉 128 0.05870% 67.30976% 6	NO.380 龙 124 0.05686% 67.88711% 4	NO.390 魚 120 0.05503% 68.44384% 14	NO.400 獁 118 0.05411% 68.98864% 2

NO.401 争 117 0.05365% 69.04229% 11	NO.411 駄 112 0.05136% 69.56645% 15	NO.421 西 109 0.04999% 70.07181% 20	NO.431 松 106 0.04861% 70.56571% 6	NO.441 郝 104 0.04769% 71.04539% 17	NO.451 闷 100 0.04586% 71.51315% 5	NO.461 涿 98 0.04494% 71.96485% 2	NO.471 吽 96 0.04402% 72.40876% 3	NO.481 陋 92 0.04219% 72.83938% 12	NO.491 鴨 90 0.04127% 73.25577% 13
NO.402 農 117 0.05365% 69.09595% 16	NO.412 獨 112 0.05136% 69.61782% 10	NO.422 永 109 0.04999% 70.12180% 8	NO.432 禄 106 0.04861% 70.61432% 18	NO.442 宪 104 0.04769% 71.09308% 10	NO.452 肚 99 0.04540% 71.55855% 19	NO.462 様 98 0.04494% 72.00980% 12	NO.472 旦 96 0.04402% 72.45279% 9	NO.482 陀 92 0.04219% 72.88157% 5	NO.492 戻 90 0.04127% 73.29704% 2
NO.403 佛 116 0.05320% 69.14914% 22	NO.413 播 112 0.05136% 69.66918% 2	NO.423 來 109 0.04999% 70.17179% 21	NO.433 住 106 0.04861% 70.66293% 3	NO.443 都 103 0.04723% 71.14032% 16	NO.453 孟 99 0.04540% 71.60395% 13	NO.463 侖 98 0.04494% 72.05474% 5	NO.473 黎 95 0.04357% 72.49635% 5	NO.483 公 92 0.04219% 72.92376% 16	NO.493 问 90 0.04127% 73.33832% 6
NO.404 唎 115 0.05274% 69.20188% 11	NO.414 馱 111 0.05090% 69.72008% 16	NO.424 烈 108 0.04953% 70.22131% 26	NO.434 荷 105 0.04815% 70.71108% 18	NO.444 浪 103 0.04723% 71.18755% 18	NO.454 女 99 0.04540% 71.64935% 19	NO.464 殺 97 0.04448% 72.09922% 18	NO.474 厄 95 0.04357% 72.53992% 20	NO.484 寮 91 0.04173% 72.96549% 17	NO.494 及 90 0.04127% 73.37959% 15
NO.405 曾 115 0.05274% 69.25462% 9	NO.415 害 111 0.05090% 69.77098% 1	NO.425 開 108 0.04953% 70.27084% 18	NO.435 們 105 0.04815% 70.75923% 11	NO.445 吃 102 0.04678% 71.23433% 18	NO.455 頭 99 0.04540% 71.69475% 20	NO.465 敀 97 0.04448% 72.14370% 3	NO.475 △ 94 0.04311% 72.58303% 19	NO.485 变 91 0.04173% 73.00722% 19	NO.495 笃 90 0.04127% 73.42086% 7
NO.406 律 114 0.05228% 69.30689% 14	NO.416 才 110 0.05044% 69.82143% 12	NO.426 破 108 0.04953% 70.32037% 23	NO.436 磺 104 0.04769% 70.80693% 19	NO.446 義 102 0.04678% 71.28110% 7	NO.456 难 99 0.04540% 71.74015% 18	NO.466 春 97 0.04448% 72.18819% 13	NO.476 怒 94 0.04311% 72.62613% 15	NO.486 零 91 0.04173% 73.04895% 20	NO.496 数 89 0.04081% 73.46168% 11
NO.407 黑 114 0.05228% 69.35917% 10	NO.417 足 110 0.05044% 69.87187% 16	NO.427 德 108 0.04953% 70.36989% 21	NO.437 乃 104 0.04769% 70.85462% 20	NO.447 茄 102 0.04678% 71.32788% 10	NO.457 晚 98 0.04494% 71.78509% 17	NO.467 胼 97 0.04448% 72.23267% 16	NO.477 引 94 0.04311% 72.66924% 17	NO.487 嘇 91 0.04173% 73.09068% 9	NO.497 恶 89 0.04081% 73.50249% 3
NO.408 記 114 0.05228% 69.41145% 21	NO.418 工 109 0.04999% 69.92186% 17	NO.428 救 107 0.04907% 70.41896% 14	NO.438 孫 104 0.04769% 70.90231% 8	NO.448 左 102 0.04678% 71.37465% 18	NO.458 窗 98 0.04494% 71.83003% 15	NO.468 木 96 0.04402% 72.27669% 16	NO.478 類 94 0.04311% 72.71235% 4	NO.488 倍 90 0.04127% 73.13195% 9	NO.498 押 89 0.04081% 73.54330% 16
NO.409 告 114 0.05228% 69.46373% 22	NO.419 倫 109 0.04999% 69.97184% 22	NO.429 埇 107 0.04907% 70.46803% 18	NO.439 鷄 104 0.04769% 70.95001% 12	NO.449 干 101 0.04632% 71.42097% 19	NO.459 鳰 98 0.04494% 71.87497% 13	NO.469 乙 96 0.04402% 72.32072% 14	NO.479 还 93 0.04265% 72.75500% 22	NO.489 褒 90 0.04127% 73.17323% 4	NO.499 官 89 0.04081% 73.58412% 18
NO.410 悶 112 0.05136% 69.51509% 13	NO.420 嚇 109 0.04999% 70.02183% 1	NO.430 竜 107 0.04907% 70.51710% 14	NO.440 列 104 0.04769% 70.99770% 19	NO.450 弓 101 0.04632% 71.46729% 13	NO.460 豚 98 0.04494% 71.91991% 2	NO.470 覔 96 0.04402% 72.36474% 6	NO.480 姝 92 0.04219% 72.79719% 5	NO.490 哑 90 0.04127% 73.21450% 2	NO.500 刀 88 0.04036% 73.62447% 12

NO.501 断 88 0.04036% 73.66483% 24	NO.511 考 86 0.03944% 74.06334% 22	NO.521 哉 84 0.03852% 74.45130% 9	NO.531 算 83 0.03806% 74.83422% 13	NO.541 腮 81 0.03715% 75.21026% 14	NO.551 剥 78 0.03577% 75.57759% 15	NO.561 哙 77 0.03531% 75.93299% 1	NO.571 朋 75 0.03439% 76.28152% 12	NO.581 模 73 0.03348% 76.61995% 20	NO.591 神 72 0.03302% 76.95426% 16
NO.502 ⿱艹北 88 0.04036% 73.70518% 11	NO.512 株 85 0.03898% 74.10232% 8	NO.522 点 84 0.03852% 74.48982% 16	NO.532 陸 83 0.03806% 74.87228% 18	NO.542 銅 81 0.03715% 75.24741% 11	NO.552 栟 78 0.03577% 75.61336% 2	NO.562 ⿺辶丕 77 0.03531% 75.96830% 8	NO.572 脱 74 0.03394% 76.31545% 14	NO.582 䰾 73 0.03348% 76.65343% 9	NO.592 臣 72 0.03302% 76.98728% 5
NO.503 ⿰扌尽 88 0.04036% 73.74554% 10	NO.513 胡 85 0.03898% 74.14130% 11	NO.523 禮 84 0.03852% 74.52835% 7	NO.533 曜 83 0.03806% 74.91035% 6	NO.543 就 81 0.03715% 75.28455% 1	NO.553 南 78 0.03577% 75.64913% 21	NO.563 仰 77 0.03531% 76.00361% 13	NO.573 罧 74 0.03394% 76.34939% 13	NO.583 細 73 0.03348% 76.68691% 17	NO.593 庚 72 0.03302% 77.02030% 17
NO.504 墓 88 0.04036% 73.78590% 14	NO.514 曺 85 0.03898% 74.18028% 11	NO.524 諾 84 0.03852% 74.56687% 5	NO.534 買 82 0.03760% 74.94795% 14	NO.544 民 81 0.03715% 75.32170% 19	NO.554 貨 78 0.03577% 75.68490% 4	NO.564 宰 77 0.03531% 76.03892% 15	NO.574 福 74 0.03394% 76.38332% 18	NO.584 孤 73 0.03348% 76.72038% 1	NO.594 记 72 0.03302% 77.05332% 6
NO.505 蝏 87 0.03990% 73.82579% 12	NO.515 坧 85 0.03898% 74.21926% 3	NO.525 令 84 0.03852% 74.60539% 18	NO.535 色 82 0.03760% 74.98555% 1	NO.545 夜 80 0.03669% 75.35838% 13	NO.555 水 78 0.03577% 75.72067% 13	NO.565 皆 76 0.03485% 76.07378% 12	NO.575 篤 74 0.03394% 76.41726% 11	NO.585 防 73 0.03348% 76.75386% 15	NO.595 亢 72 0.03302% 77.08633% 6
NO.506 耳 87 0.03990% 73.86569% 17	NO.516 散 85 0.03898% 74.25824% 17	NO.526 危 84 0.03852% 74.64391% 11	NO.536 軍 82 0.03760% 75.02316% 16	NO.546 ⿰犭羊 80 0.03669% 75.39507% 15	NO.556 侵 78 0.03577% 75.75644% 13	NO.566 事 76 0.03485% 76.10863% 18	NO.576 路 74 0.03394% 76.45119% 14	NO.586 许 73 0.03348% 76.78734% 5	NO.596 舍 72 0.03302% 77.11935% 15
NO.507 請 87 0.03990% 73.90559% 1	NO.517 幼 85 0.03898% 74.29722% 14	NO.527 炁 83 0.03806% 74.68197% 17	NO.537 武 82 0.03760% 75.06076% 18	NO.547 尽 80 0.03669% 75.43176% 7	NO.557 朗 77 0.03531% 75.79175% 7	NO.567 诺 76 0.03485% 76.14348% 2	NO.577 節 74 0.03394% 76.48513% 3	NO.587 弟 73 0.03348% 76.82081% 12	NO.597 ⿰女畐 72 0.03302% 77.15237% 14
NO.508 九 86 0.03944% 73.94502% 12	NO.518 盏 84 0.03852% 74.33574% 9	NO.528 茫 83 0.03806% 74.72003% 11	NO.538 門 82 0.03760% 75.09837% 17	NO.548 杳 80 0.03669% 75.46844% 17	NO.558 篭 77 0.03531% 75.82706% 2	NO.568 配 76 0.03485% 76.17833% 11	NO.578 豆 74 0.03394% 76.51906% 13	NO.588 孺 73 0.03348% 76.85429% 1	NO.598 強 72 0.03302% 77.18539% 16
NO.509 更 86 0.03944% 73.98446% 17	NO.519 灵 84 0.03852% 74.37426% 20	NO.529 闌 83 0.03806% 74.75810% 7	NO.539 為 82 0.03760% 75.13597% 2	NO.549 已 80 0.03669% 75.50513% 17	NO.559 吝 77 0.03531% 75.86237% 10	NO.569 坐 75 0.03439% 76.21273% 6	NO.579 亮 74 0.03394% 76.55300% 16	NO.589 乞 73 0.03348% 76.88777% 15	NO.599 為 72 0.03302% 77.21841% 5
NO.510 ⿰口参 86 0.03944% 74.02390% 9	NO.520 火 84 0.03852% 74.41278% 19	NO.530 ⿰木農 83 0.03806% 74.79616% 19	NO.540 俐 81 0.03715% 75.17312% 8	NO.550 周 80 0.03669% 75.54182% 8	NO.560 笑 77 0.03531% 75.89768% 15	NO.570 贫 75 0.03439% 76.24712% 5	NO.580 上 73 0.03348% 76.58648% 17	NO.590 日 73 0.03348% 76.92124% 17	NO.600 骨 71 0.03256% 77.25097% 17

NO.601 群 71 0.03256% 77.28352% 9	NO.611 暮 69 0.03164% 77.60545% 11	NO.621 獨 67 0.03073% 77.91867% 11	NO.631 就 67 0.03073% 78.22592% 5	NO.641 洞 65 0.02981% 78.52721% 17	NO.651 雩 64 0.02935% 78.82254% 7	NO.661 沙 62 0.02843% 79.11053% 7	NO.671 汉 61 0.02797% 79.39393% 18	NO.681 懐 60 0.02752% 79.67275% 4	NO.691 ⿱艹寺 59 0.02706% 79.94607% 11
NO.602 哽 71 0.03256% 77.31608% 4	NO.612 橙 69 0.03164% 77.63709% 15	NO.622 閔 67 0.03073% 77.94939% 11	NO.632 蕚 66 0.03027% 78.25618% 11	NO.642 壬 65 0.02981% 78.55702% 20	NO.652 悲 64 0.02935% 78.85189% 6	NO.662 茂 62 0.02843% 79.13896% 5	NO.672 亗 61 0.02797% 79.42191% 4	NO.682 嫁 60 0.02752% 79.70027% 17	NO.692 納 59 0.02706% 79.97313% 11
NO.603 苦 71 0.03256% 77.34864% 17	NO.613 咧 69 0.03164% 77.66874% 1	NO.623 鮑 67 0.03073% 77.98012% 6	NO.633 洗 66 0.03027% 78.28645% 16	NO.643 来 65 0.02981% 78.58682% 18	NO.653 欧 63 0.02889% 78.88078% 2	NO.663 東 62 0.02843% 79.16739% 21	NO.673 排 61 0.02797% 79.44988% 16	NO.683 應 60 0.02752% 79.72778% 7	NO.693 娍 59 0.02706% 80.00018% 1
NO.604 岩 71 0.03256% 77.38120% 22	NO.614 眼 69 0.03164% 77.70038% 8	NO.624 昆 67 0.03073% 78.01084% 18	NO.634 籠 66 0.03027% 78.31672% 18	NO.644 煉 65 0.02981% 78.61663% 16	NO.654 亡 63 0.02889% 78.90967% 8	NO.664 逢 62 0.02843% 79.19583% 19	NO.674 国 61 0.02797% 79.47785% 4	NO.684 叁 60 0.02752% 79.75530% 6	NO.694 旁 59 0.02706% 80.02724% 13
NO.605 富 71 0.03256% 77.41376% 21	NO.615 痕 69 0.03164% 77.73202% 18	NO.625 凡 67 0.03073% 78.04157% 10	NO.635 ⿰犭母 66 0.03027% 78.34698% 5	NO.645 哩 65 0.02981% 78.64644% 8	NO.655 恩 63 0.02889% 78.93856% 10	NO.665 街 62 0.02843% 79.22426% 17	NO.675 容 61 0.02797% 79.50583% 20	NO.685 鴉 60 0.02752% 79.78281% 18	NO.695 并 59 0.02706% 80.05430% 5
NO.606 礼 70 0.03210% 77.44586% 4	NO.616 献 68 0.03118% 77.76320% 13	NO.626 独 67 0.03073% 78.07229% 8	NO.636 ⿰氵莆 66 0.03027% 78.37725% 13	NO.646 ⿰口晋 64 0.02935% 78.67579% 6	NO.656 猪 63 0.02889% 78.96745% 12	NO.666 今 62 0.02843% 79.25269% 13	NO.676 芶 61 0.02797% 79.53380% 1	NO.686 玖 60 0.02752% 79.81033% 6	NO.696 血 59 0.02706% 80.08135% 18
NO.607 全 70 0.03210% 77.47796% 17	NO.617 騰 68 0.03118% 77.79439% 8	NO.627 從 67 0.03073% 78.10302% 15	NO.637 炓 66 0.03027% 78.40752% 12	NO.647 子 64 0.02935% 78.70514% 21	NO.657 基 63 0.02889% 78.99634% 5	NO.667 曹 62 0.02843% 79.28112% 8	NO.677 洪 61 0.02797% 79.56178% 7	NO.687 执 60 0.02752% 79.83784% 10	NO.697 魄 59 0.02706% 80.10841% 2
NO.608 闭 70 0.03210% 77.51007% 2	NO.618 呆 68 0.03118% 77.82557% 14	NO.628 艮 67 0.03073% 78.13374% 12	NO.638 荅 66 0.03027% 78.43778% 13	NO.648 喊 64 0.02935% 78.73449% 7	NO.658 暑 63 0.02889% 79.02523% 2	NO.668 廖 62 0.02843% 79.30955% 13	NO.678 旺 61 0.02797% 79.58975% 17	NO.688 罡 59 0.02706% 79.86490% 15	NO.698 華 59 0.02706% 80.13547% 16
NO.609 星 70 0.03210% 77.54217% 16	NO.619 畓 68 0.03118% 77.85676% 16	NO.629 部 67 0.03073% 78.16447% 8	NO.639 限 65 0.02981% 78.46759% 17	NO.649 叺 64 0.02935% 78.76384% 1	NO.659 录 62 0.02843% 79.05366% 7	NO.669 孝 62 0.02843% 79.33799% 14	NO.679 達 61 0.02797% 79.61772% 6	NO.689 訴 59 0.02706% 79.89196% 5	NO.699 桐 58 0.02660% 80.16206% 10
NO.610 ⿰口留 69 0.03164% 77.57381% 3	NO.620 反 68 0.03118% 77.88794% 16	NO.630 哥 67 0.03073% 78.19519% 10	NO.640 呵 65 0.02981% 78.49740% 4	NO.650 改 64 0.02935% 78.79319% 12	NO.660 関 62 0.02843% 79.08210% 12	NO.670 舆 61 0.02797% 79.36596% 13	NO.680 案 60 0.02752% 79.64524% 18	NO.690 領 59 0.02706% 79.91901% 18	NO.700 痦 58 0.02660% 80.18866% 12

NO.701 埧 58 0.02660% 80.21526% 1	NO.711 蚁 57 0.02614% 80.47803% 6	NO.721 渌 56 0.02568% 80.73621% 4	NO.731 傀 55 0.02522% 80.98981% 1	NO.741 兄 54 0.02476% 81.23790% 6	NO.751 吃 52 0.02385% 81.48004% 13	NO.761 怀 52 0.02385% 81.71850% 7	NO.771 廸 51 0.02339% 81.95376% 1	NO.781 貝 50 0.02293% 82.18351% 10	NO.791 寡 49 0.02247% 82.40913% 12
NO.702 繳 58 0.02660% 80.24186% 10	NO.712 困 57 0.02614% 80.50417% 5	NO.722 几 56 0.02568% 80.76189% 6	NO.732 貌 55 0.02522% 81.01503% 14	NO.742 癸 53 0.02431% 81.26221% 7	NO.752 魹 52 0.02385% 81.50388% 13	NO.762 盞 52 0.02385% 81.74235% 7	NO.772 圡 51 0.02339% 81.97714% 6	NO.782 哄 50 0.02293% 82.20644% 7	NO.792 雲 49 0.02247% 82.43160% 9
NO.703 号 58 0.02660% 80.26846% 15	NO.713 殿 57 0.02614% 80.53031% 16	NO.723 以 56 0.02568% 80.78757% 16	NO.733 翻 54 0.02476% 81.03980% 7	NO.743 夭 53 0.02431% 81.28651% 12	NO.753 淥 52 0.02385% 81.52773% 3	NO.763 蔺 52 0.02385% 81.76619% 3	NO.773 想 50 0.02293% 82.00007% 12	NO.783 糐 50 0.02293% 82.22937% 1	NO.793 意 48 0.02201% 82.45361% 17
NO.704 治 58 0.02660% 80.29505% 6	NO.714 失 57 0.02614% 80.55645% 10	NO.724 泣 56 0.02568% 80.81325% 13	NO.734 犭 54 0.02476% 81.06456% 4	NO.744 獁 53 0.02431% 81.31082% 3	NO.754 宝 52 0.02385% 81.55158% 16	NO.764 户 52 0.02385% 81.79004% 4	NO.774 穷 50 0.02293% 82.02300% 7	NO.784 依 49 0.02247% 82.25184% 17	NO.794 賠 48 0.02201% 82.47563% 11
NO.705 增 57 0.02614% 80.32119% 12	NO.715 宿 56 0.02568% 80.58213% 13	NO.725 啼 55 0.02522% 80.83848% 16	NO.735 吟 54 0.02476% 81.08932% 10	NO.745 竹 53 0.02431% 81.33512% 6	NO.755 扳 52 0.02385% 81.57542% 11	NO.765 枯 51 0.02339% 81.81343% 9	NO.775 量 50 0.02293% 82.04593% 15	NO.785 蜡 49 0.02247% 82.27431% 2	NO.795 掃 48 0.02201% 82.49764% 7
NO.706 素 57 0.02614% 80.34733% 12	NO.716 噐 56 0.02568% 80.60781% 10	NO.726 棑 55 0.02522% 80.86370% 6	NO.736 風 54 0.02476% 81.11409% 13	NO.746 如 53 0.02431% 81.35943% 10	NO.756 是 52 0.02385% 81.59927% 18	NO.766 很 51 0.02339% 81.83682% 2	NO.776 吩 50 0.02293% 82.06886% 5	NO.786 膀 49 0.02247% 82.29678% 2	NO.796 汏 48 0.02201% 82.51965% 2
NO.707 某 57 0.02614% 80.37347% 6	NO.717 曾 56 0.02568% 80.63349% 6	NO.727 晩 55 0.02522% 80.88892% 5	NO.737 先 54 0.02476% 81.13885% 13	NO.747 萑 53 0.02431% 81.38373% 2	NO.757 唐 52 0.02385% 81.62312% 15	NO.767 呈 51 0.02339% 81.86020% 14	NO.777 師 50 0.02293% 82.09179% 15	NO.787 墨 49 0.02247% 82.31925% 15	NO.797 活 48 0.02201% 82.54166% 12
NO.708 寃 57 0.02614% 80.39961% 3	NO.718 雞 56 0.02568% 80.65917% 3	NO.728 觧 55 0.02522% 80.91414% 14	NO.738 滕 54 0.02476% 81.16361% 1	NO.748 鴨 53 0.02431% 81.40804% 14	NO.758 魂 52 0.02385% 81.64696% 5	NO.768 旗 51 0.02339% 81.88359% 5	NO.778 倿 50 0.02293% 82.11472% 4	NO.788 屡 49 0.02247% 82.34172% 3	NO.798 蛋 48 0.02201% 82.56367% 10
NO.709 别 57 0.02614% 80.42575% 10	NO.719 俾 56 0.02568% 80.68485% 4	NO.729 有 55 0.02522% 80.93937% 11	NO.739 角 54 0.02476% 81.18838% 15	NO.749 董 53 0.02431% 81.43234% 1	NO.759 扲 52 0.02385% 81.67081% 9	NO.769 占 51 0.02339% 81.90698% 11	NO.779 羊 50 0.02293% 82.13765% 12	NO.789 和 49 0.02247% 82.36419% 14	NO.799 巷 48 0.02201% 82.58569% 5
NO.710 怪 57 0.02614% 80.45189% 11	NO.720 鸦 56 0.02568% 80.71053% 13	NO.730 门 55 0.02522% 80.96459% 12	NO.740 客 54 0.02476% 81.21314% 14	NO.750 粉 52 0.02385% 81.45619% 8	NO.760 雅 52 0.02385% 81.69466% 14	NO.770 闪 51 0.02339% 81.93037% 11	NO.780 们 50 0.02293% 82.16058% 5	NO.790 昱 49 0.02247% 82.38666% 12	NO.800 闹 48 0.02201% 82.60770% 5

<table>
<tr><td>NO.801
士
48
0.02201%
82.62971%
5</td><td>NO.811
跪
47
0.02155%
82.84846%
10</td><td>NO.821
除
46
0.02109%
83.06262%
9</td><td>NO.831
常
45
0.02064%
83.27173%
12</td><td>NO.841
溏
44
0.02018%
83.47626%
7</td><td>NO.851
陽
44
0.02018%
83.67804%
17</td><td>NO.861
讀
43
0.01972%
83.87569%
14</td><td>NO.871
答
42
0.01926%
84.07104%
9</td><td>NO.881
勒
41
0.01880%
84.26227%
6</td><td>NO.891
吆
41
0.01880%
84.45029%
3</td></tr>
<tr><td>NO.802
報
48
0.02201%
82.65172%
13</td><td>NO.812
助
47
0.02155%
82.87001%
5</td><td>NO.822
共
46
0.02109%
83.08371%
8</td><td>NO.832
结
45
0.02064%
83.29237%
6</td><td>NO.842
⿱彐夕
44
0.02018%
83.49644%
5</td><td>NO.852
厚
44
0.02018%
83.69821%
4</td><td>NO.862
凼
43
0.01972%
83.89541%
3</td><td>NO.872
欄
42
0.01926%
84.09030%
3</td><td>NO.882
翁
41
0.01880%
84.28108%
15</td><td>NO.892
架
41
0.01880%
84.46910%
14</td></tr>
<tr><td>NO.803
鴻
48
0.02201%
82.67373%
8</td><td>NO.813
⿵冂从
47
0.02155%
82.89156%
4</td><td>NO.823
净
46
0.02109%
83.10481%
9</td><td>NO.833
领
45
0.02064%
83.31300%
3</td><td>NO.843
広
44
0.02018%
83.51661%
3</td><td>NO.853
賫
43
0.01972%
83.71793%
9</td><td>NO.863
⿰足昏
43
0.01972%
83.91513%
2</td><td>NO.873
望
42
0.01926%
84.10957%
12</td><td>NO.883
錢
41
0.01880%
84.29988%
2</td><td>NO.893
性
41
0.01880%
84.48790%
7</td></tr>
<tr><td>NO.804
⿵门开
48
0.02201%
82.69575%
11</td><td>NO.814
乎
47
0.02155%
82.91312%
5</td><td>NO.824
早
46
0.02109%
83.12590%
13</td><td>NO.834
支
45
0.02064%
83.33364%
2</td><td>NO.844
玉
44
0.02018%
83.53679%
15</td><td>NO.854
過
43
0.01972%
83.73765%
12</td><td>NO.864
匿
43
0.01972%
83.93484%
14</td><td>NO.874
冲
42
0.01926%
84.12883%
17</td><td>NO.884
牌
41
0.01880%
84.31868%
10</td><td>NO.894
漏
41
0.01880%
84.50670%
9</td></tr>
<tr><td>NO.805
勘
48
0.02201%
82.71776%
1</td><td>NO.815
盤
47
0.02155%
82.93467%
9</td><td>NO.825
敏
46
0.02109%
83.14699%
5</td><td>NO.835
庫
45
0.02064%
83.35428%
15</td><td>NO.845
残
44
0.02018%
83.55697%
3</td><td>NO.855
相
43
0.01972%
83.75737%
15</td><td>NO.865
沌
43
0.01972%
83.95456%
5</td><td>NO.875
低
42
0.01926%
84.14809%
1</td><td>NO.885
達
41
0.01880%
84.33748%
12</td><td>NO.895
型
41
0.01880%
84.52550%
8</td></tr>
<tr><td>NO.806
追
48
0.02201%
82.73977%
15</td><td>NO.816
芽
47
0.02155%
82.95622%
13</td><td>NO.826
礼
46
0.02109%
83.16809%
1</td><td>NO.836
毒
45
0.02064%
83.37491%
12</td><td>NO.846
紅
44
0.02018%
83.57715%
15</td><td>NO.856
墻
43
0.01972%
83.77709%
10</td><td>NO.866
跟
43
0.01972%
83.97428%
4</td><td>NO.876
欽
42
0.01926%
84.16735%
11</td><td>NO.886
喜
41
0.01880%
84.35628%
7</td><td>NO.896
添
41
0.01880%
84.54430%
15</td></tr>
<tr><td>NO.807
⿱⺶木
48
0.02201%
82.76178%
9</td><td>NO.817
藍
47
0.02155%
82.97778%
1</td><td>NO.827
查
46
0.02109%
83.18918%
7</td><td>NO.837
片
45
0.02064%
83.39555%
11</td><td>NO.847
社
44
0.02018%
83.59733%
1</td><td>NO.857
慢
43
0.01972%
83.79681%
13</td><td>NO.867
無
43
0.01972%
83.99400%
11</td><td>NO.877
君
42
0.01926%
84.18661%
14</td><td>NO.887
⿱癶廾
41
0.01880%
84.37509%
10</td><td>NO.897
議
40
0.01834%
84.56265%
5</td></tr>
<tr><td>NO.808
坆
48
0.02201%
82.78380%
12</td><td>NO.818
艾
47
0.02155%
82.99933%
1</td><td>NO.828
沉
45
0.02064%
83.20982%
6</td><td>NO.838
蒙
44
0.02018%
83.41573%
14</td><td>NO.848
蘭
44
0.02018%
83.61750%
1</td><td>NO.858
苗
43
0.01972%
83.81653%
13</td><td>NO.868
磨
42
0.01926%
84.01326%
7</td><td>NO.878
姝
42
0.01926%
84.20587%
6</td><td>NO.888
曾
41
0.01880%
84.39389%
3</td><td>NO.898
奉
40
0.01834%
84.58099%
14</td></tr>
<tr><td>NO.809
消
47
0.02155%
82.80535%
10</td><td>NO.819
粮
46
0.02109%
83.02043%
14</td><td>NO.829
㴱
45
0.02064%
83.23046%
12</td><td>NO.839
根
44
0.02018%
83.43590%
8</td><td>NO.849
近
44
0.02018%
83.63768%
6</td><td>NO.859
兒
43
0.01972%
83.83625%
4</td><td>NO.869
梅
42
0.01926%
84.03252%
7</td><td>NO.879
榜
41
0.01880%
84.22467%
10</td><td>NO.889
⿰口乃
41
0.01880%
84.41269%
3</td><td>NO.899
巳
40
0.01834%
84.59933%
12</td></tr>
<tr><td>NO.810
崩
47
0.02155%
82.82690%
14</td><td>NO.820
憐
46
0.02109%
83.04152%
17</td><td>NO.830
等
45
0.02064%
83.25109%
14</td><td>NO.840
伕
44
0.02018%
83.45608%
5</td><td>NO.850
諧
44
0.02018%
83.65786%
2</td><td>NO.860
業
43
0.01972%
83.85597%
16</td><td>NO.870
丹
42
0.01926%
84.05178%
6</td><td>NO.880
索
41
0.01880%
84.24347%
15</td><td>NO.890
亥
41
0.01880%
84.43149%
13</td><td>NO.900
菜
40
0.01834%
84.61768%
10</td></tr>
</table>

NO.901 宛 40 0.01834% 84.63602% 4	NO.911 混 40 0.01834% 84.81946% 13	NO.921 信 39 0.01788% 85.00060% 15	NO.931 言 39 0.01788% 85.17944% 9	NO.941 霄 38 0.01743% 85.35417% 6	NO.951 彭 37 0.01697% 85.52659% 9	NO.961 盃 37 0.01697% 85.69627% 9	NO.971 憑 36 0.01651% 85.86274% 8	NO.981 曾 36 0.01651% 86.02783% 10	NO.991 射 35 0.01605% 86.18833% 6
NO.902 夏 40 0.01834% 84.65436% 9	NO.912 初 40 0.01834% 84.83780% 12	NO.922 重 39 0.01788% 85.01848% 10	NO.932 必 39 0.01788% 85.19733% 1	NO.942 坤 38 0.01743% 85.37159% 15	NO.952 轉 37 0.01697% 85.54356% 12	NO.962 塗 37 0.01697% 85.71324% 2	NO.972 末 36 0.01651% 85.87925% 10	NO.982 万 35 0.01605% 86.04388% 8	NO.992 章 35 0.01605% 86.20438% 7
NO.903 酒 40 0.01834% 84.67271% 2	NO.913 请 40 0.01834% 84.85614% 6	NO.923 斤 39 0.01788% 85.03637% 17	NO.933 脴 38 0.01743% 85.21476% 9	NO.943 槗 38 0.01743% 85.38902% 2	NO.953 惱 37 0.01697% 85.56053% 7	NO.963 芒 37 0.01697% 85.73021% 5	NO.973 䟽 36 0.01651% 85.89575% 2	NO.983 贞 35 0.01605% 86.05993% 1	NO.993 圩 35 0.01605% 86.22043% 12
NO.904 様 40 0.01834% 84.69105% 4	NO.914 慕 40 0.01834% 84.87449% 3	NO.924 寅 39 0.01788% 85.05425% 14	NO.934 敵 38 0.01743% 85.23218% 1	NO.944 欲 38 0.01743% 85.40644% 10	NO.954 狗 37 0.01697% 85.57750% 12	NO.964 偕 37 0.01697% 85.74717% 4	NO.974 待 36 0.01651% 85.91226% 1	NO.984 艚 35 0.01605% 86.07598% 8	NO.994 陳 35 0.01605% 86.23648% 10
NO.905 怨 40 0.01834% 84.70939% 11	NO.915 慱 40 0.01834% 84.89283% 2	NO.925 捉 39 0.01788% 85.07214% 14	NO.935 吋 38 0.01743% 85.24961% 5	NO.945 往 38 0.01743% 85.42387% 6	NO.955 件 37 0.01697% 85.59446% 9	NO.965 哈 36 0.01651% 85.76368% 12	NO.975 接 36 0.01651% 85.92877% 11	NO.985 黎 35 0.01605% 86.09203% 1	NO.995 寃 35 0.01605% 86.25253% 1
NO.906 貢 40 0.01834% 84.72774% 10	NO.916 炉 40 0.01834% 84.91117% 11	NO.926 尋 39 0.01788% 85.09002% 13	NO.936 美 38 0.01743% 85.26703% 10	NO.946 快 38 0.01743% 85.44130% 14	NO.956 美 37 0.01697% 85.61143% 12	NO.966 差 36 0.01651% 85.78019% 9	NO.976 念 36 0.01651% 85.94528% 11	NO.986 川 35 0.01605% 86.10808% 10	NO.996 灶 35 0.01605% 86.26858% 11
NO.907 害 40 0.01834% 84.74608% 10	NO.917 主 39 0.01788% 84.92906% 15	NO.927 从 39 0.01788% 85.10791% 2	NO.937 畚 38 0.01743% 85.28446% 14	NO.947 涽 38 0.01743% 85.45872% 6	NO.957 肘 37 0.01697% 85.62840% 1	NO.967 朔 36 0.01651% 85.79670% 12	NO.977 鶏 36 0.01651% 85.96179% 3	NO.987 玩 35 0.01605% 86.12413% 1	NO.997 感 35 0.01605% 86.28463% 12
NO.908 雖 40 0.01834% 84.76442% 5	NO.918 黎 39 0.01788% 84.94694% 2	NO.928 刹 39 0.01788% 85.12579% 6	NO.938 譚 38 0.01743% 85.30189% 9	NO.948 胎 37 0.01697% 85.47569% 8	NO.958 鳥 37 0.01697% 85.64537% 6	NO.968 斉 36 0.01651% 85.81321% 9	NO.978 教 36 0.01651% 85.97830% 12	NO.988 倉 35 0.01605% 86.14018% 14	NO.998 魂 35 0.01605% 86.30069% 6
NO.909 歪 40 0.01834% 84.78277% 7	NO.919 座 39 0.01788% 84.96483% 11	NO.929 略 39 0.01788% 85.14367% 8	NO.939 丘 38 0.01743% 85.31931% 7	NO.949 度 37 0.01697% 85.49266% 2	NO.959 取 37 0.01697% 85.66233% 5	NO.969 姶 36 0.01651% 85.82972% 4	NO.979 贯 36 0.01651% 85.99481% 6	NO.989 種 35 0.01605% 86.15623% 7	NO.999 愿 35 0.01605% 86.31674% 4
NO.910 吊 40 0.01834% 84.80111% 8	NO.920 㑚 39 0.01788% 84.98271% 7	NO.930 祸 39 0.01788% 85.16156% 11	NO.940 掿 38 0.01743% 85.33674% 1	NO.950 吒 37 0.01697% 85.50963% 3	NO.960 句 37 0.01697% 85.67930% 10	NO.970 囊 36 0.01651% 85.84623% 2	NO.980 廣 36 0.01651% 86.01132% 15	NO.990 邦 35 0.01605% 86.17228% 4	NO.1000 瀆 34 0.01559% 86.33233% 6

NO.1001 𣇵 34 0.01559% 86.34792% 9	NO.1011 憧 34 0.01559% 86.50384% 12	NO.1021 煩 34 0.01559% 86.65976% 7	NO.1031 或 33 0.01513% 86.81109% 12	NO.1041 勒 33 0.01513% 86.96242% 1	NO.1051 谁 32 0.01467% 87.10917% 2	NO.1061 誰 32 0.01467% 87.25592% 8	NO.1071 博 31 0.01422% 87.39854% 3	NO.1081 晗 31 0.01422% 87.54070% 1	NO.1091 節 30 0.01376% 87.68194% 4
NO.1002 婳 34 0.01559% 86.36351% 12	NO.1012 洒 34 0.01559% 86.51943% 10	NO.1022 伐 33 0.01513% 86.67489% 6	NO.1032 兰 33 0.01513% 86.82622% 3	NO.1042 笼 32 0.01467% 86.97710% 1	NO.1052 箱 32 0.01467% 87.12385% 13	NO.1062 持 32 0.01467% 87.27059% 3	NO.1072 城 31 0.01422% 87.41275% 15	NO.1082 娈 31 0.01422% 87.55492% 12	NO.1092 社 30 0.01376% 87.69570% 5
NO.1003 捧 34 0.01559% 86.37910% 8	NO.1013 舍 34 0.01559% 86.53502% 3	NO.1023 香 33 0.01513% 86.69002% 17	NO.1033 斉 33 0.01513% 86.84136% 10	NO.1043 啢 32 0.01467% 86.99177% 1	NO.1053 砦 32 0.01467% 87.13852% 5	NO.1063 哎 31 0.01422% 87.28481% 1	NO.1073 恐 31 0.01422% 87.42697% 2	NO.1083 愿 31 0.01422% 87.56913% 5	NO.1093 奔 30 0.01376% 87.70946% 7
NO.1004 含 34 0.01559% 86.39470% 4	NO.1014 髙 34 0.01559% 86.55061% 7	NO.1024 阑 33 0.01513% 86.70516% 3	NO.1034 梨 33 0.01513% 86.85649% 7	NO.1044 槗 32 0.01467% 87.00645% 13	NO.1054 雨 32 0.01467% 87.15319% 6	NO.1064 婄 31 0.01422% 87.29903% 4	NO.1074 寿 31 0.01422% 87.44119% 11	NO.1084 驴 31 0.01422% 87.58335% 5	NO.1094 帮 30 0.01376% 87.72322% 7
NO.1005 朴 34 0.01559% 86.41029% 14	NO.1015 埋 34 0.01559% 86.56621% 14	NO.1025 衡 33 0.01513% 86.72029% 1	NO.1035 究 33 0.01513% 86.87162% 11	NO.1045 窮 32 0.01467% 87.02112% 8	NO.1055 發 32 0.01467% 87.16787% 8	NO.1065 煞 31 0.01422% 87.31324% 13	NO.1075 置 31 0.01422% 87.45540% 5	NO.1085 茂 31 0.01422% 87.59756% 4	NO.1095 屈 30 0.01376% 87.73697% 9
NO.1006 鬼 34 0.01559% 86.42588% 9	NO.1016 小 34 0.01559% 86.58180% 16	NO.1026 唤 33 0.01513% 86.73542% 6	NO.1036 猍 33 0.01513% 86.88676% 10	NO.1046 幻 32 0.01467% 87.03580% 2	NO.1056 啫 32 0.01467% 87.18254% 10	NO.1066 寃 31 0.01422% 87.32746% 1	NO.1076 府 31 0.01422% 87.46962% 15	NO.1086 自 31 0.01422% 87.61178% 18	NO.1096 巡 30 0.01376% 87.75073% 10
NO.1007 賀 34 0.01559% 86.44147% 5	NO.1017 久 34 0.01559% 86.59739% 7	NO.1027 手 33 0.01513% 86.75056% 6	NO.1037 魂 33 0.01513% 86.90189% 9	NO.1047 辞 32 0.01467% 87.05047% 2	NO.1057 微 32 0.01467% 87.19722% 6	NO.1067 夫 31 0.01422% 87.34167% 15	NO.1077 謝 31 0.01422% 87.48383% 10	NO.1087 畲 31 0.01422% 87.62600% 1	NO.1097 抗 30 0.01376% 87.76449% 1
NO.1008 難 34 0.01559% 86.45706% 4	NO.1018 㑩 34 0.01559% 86.61298% 1	NO.1028 赧 33 0.01513% 86.76569% 1	NO.1038 般 33 0.01513% 86.91702% 10	NO.1048 男 32 0.01467% 87.06515% 11	NO.1058 丧 32 0.01467% 87.21189% 9	NO.1068 㐬 31 0.01422% 87.35589% 1	NO.1078 样 31 0.01422% 87.49805% 3	NO.1088 謹 31 0.01422% 87.64021% 9	NO.1098 邏 30 0.01376% 87.77825% 11
NO.1009 冬 34 0.01559% 86.47265% 6	NO.1019 斐 34 0.01559% 86.62857% 2	NO.1029 扶 33 0.01513% 86.78082% 11	NO.1039 迭 33 0.01513% 86.93216% 2	NO.1049 人 32 0.01467% 87.07982% 10	NO.1059 梛 32 0.01467% 87.22657% 11	NO.1069 肸 31 0.01422% 87.37011% 3	NO.1079 畚 31 0.01422% 87.51227% 5	NO.1089 眠 31 0.01422% 87.65443% 9	NO.1099 馿 30 0.01376% 87.79200% 6
NO.1010 禁 34 0.01559% 86.48825% 13	NO.1020 皓 34 0.01559% 86.64417% 11	NO.1030 硋 33 0.01513% 86.79596% 3	NO.1040 泰 33 0.01513% 86.94729% 10	NO.1050 儒 32 0.01467% 87.09450% 1	NO.1060 究 32 0.01467% 87.24124% 8	NO.1070 壃 31 0.01422% 87.38432% 12	NO.1080 涕 31 0.01422% 87.52648% 7	NO.1090 坎 30 0.01376% 87.66819% 12	NO.1100 梁 30 0.01376% 87.80576% 8

NO.1101 栢 30 0.01376% 87.81952% 3	NO.1111 楚 30 0.01376% 87.95709% 6	NO.1121 荅 29 0.01330% 88.09329% 5	NO.1131 署 29 0.01330% 88.22628% 8	NO.1141 勒 29 0.01330% 88.35927% 1	NO.1151 網 28 0.01284% 88.48814% 9	NO.1161 将 28 0.01284% 88.61654% 9	NO.1171 救 27 0.01238% 88.74173% 1	NO.1181 陋 27 0.01238% 88.86555% 7	NO.1191 秋 26 0.01192% 88.98754% 8
NO.1102 瘟 30 0.01376% 87.83328% 8	NO.1112 畢 30 0.01376% 87.97085% 12	NO.1122 歪 29 0.01330% 88.10659% 6	NO.1132 河 29 0.01330% 88.23958% 11	NO.1142 葉 29 0.01330% 88.37257% 7	NO.1152 办 28 0.01284% 88.50098% 6	NO.1162 琴 28 0.01284% 88.62938% 8	NO.1172 財 27 0.01238% 88.75412% 14	NO.1182 知 27 0.01238% 88.87793% 5	NO.1192 鄉 26 0.01192% 88.99946% 5
NO.1103 吾 30 0.01376% 87.84703% 8	NO.1113 田 30 0.01376% 87.98461% 8	NO.1123 紒 29 0.01330% 88.11989% 4	NO.1133 勞 29 0.01330% 88.25288% 7	NO.1143 京 28 0.01284% 88.38541% 12	NO.1153 閙 28 0.01284% 88.51382% 6	NO.1163 迯 28 0.01284% 88.64222% 7	NO.1173 亞 27 0.01238% 88.76650% 6	NO.1183 弱 27 0.01238% 88.89032% 9	NO.1193 勇 26 0.01192% 89.01138% 8
NO.1104 計 30 0.01376% 87.86079% 9	NO.1114 現 30 0.01376% 87.99837% 11	NO.1124 輊 29 0.01330% 88.13319% 7	NO.1134 阑 29 0.01330% 88.26618% 6	NO.1144 婠 28 0.01284% 88.39825% 1	NO.1154 能 28 0.01284% 88.52666% 1	NO.1164 篭 28 0.01284% 88.65506% 1	NO.1174 佳 27 0.01238% 88.77888% 2	NO.1184 演 27 0.01238% 88.90270% 8	NO.1194 漠 26 0.01192% 89.02331% 13
NO.1105 丐 30 0.01376% 87.87455% 5	NO.1115 死 30 0.01376% 88.01212% 10	NO.1125 筆 29 0.01330% 88.14649% 9	NO.1135 表 29 0.01330% 88.27948% 9	NO.1145 微 28 0.01284% 88.41109% 1	NO.1155 務 28 0.01284% 88.53950% 3	NO.1165 敢 27 0.01238% 88.66744% 10	NO.1175 咞 27 0.01238% 88.79126% 8	NO.1185 犯 27 0.01238% 88.91508% 10	NO.1195 显 26 0.01192% 89.03523% 4
NO.1106 留 30 0.01376% 87.88831% 6	NO.1116 印 30 0.01376% 88.02588% 12	NO.1126 牛 29 0.01330% 88.15979% 11	NO.1136 欠 29 0.01330% 88.29278% 7	NO.1146 佞 28 0.01284% 88.42393% 2	NO.1156 挹 28 0.01284% 88.55234% 2	NO.1166 豈 27 0.01238% 88.67983% 3	NO.1176 丈 27 0.01238% 88.80364% 7	NO.1186 稼 27 0.01238% 88.92746% 8	NO.1196 凉 26 0.01192% 89.04715% 10
NO.1107 勾 30 0.01376% 87.90206% 9	NO.1117 供 30 0.01376% 88.03964% 8	NO.1127 夭 29 0.01330% 88.17309% 5	NO.1137 蘇 29 0.01330% 88.30608% 1	NO.1147 杔 28 0.01284% 88.43677% 2	NO.1157 汶 28 0.01284% 88.56518% 3	NO.1167 偹 27 0.01238% 88.69221% 10	NO.1177 龙 27 0.01238% 88.81602% 2	NO.1187 恳 27 0.01238% 88.93984% 3	NO.1197 錕 26 0.01192% 89.05907% 8
NO.1108 拳 30 0.01376% 87.91582% 1	NO.1118 节 30 0.01376% 88.05340% 2	NO.1128 壹 29 0.01330% 88.18639% 4	NO.1138 迫 29 0.01330% 88.31938% 2	NO.1148 柳 28 0.01284% 88.44962% 10	NO.1158 騰 28 0.01284% 88.57802% 1	NO.1168 肚 27 0.01238% 88.70459% 10	NO.1178 點 27 0.01238% 88.82841% 4	NO.1188 虽 26 0.01192% 88.95177% 10	NO.1198 輝 26 0.01192% 89.07100% 7
NO.1109 参 30 0.01376% 87.92958% 8	NO.1119 且 29 0.01330% 88.06670% 5	NO.1129 品 29 0.01330% 88.19969% 7	NO.1139 此 29 0.01330% 88.33268% 7	NO.1149 侙 28 0.01284% 88.46246% 4	NO.1159 儀 28 0.01284% 88.59086% 12	NO.1169 听 27 0.01238% 88.71697% 9	NO.1179 懐 27 0.01238% 88.84079% 1	NO.1189 肉 26 0.01192% 88.96369% 5	NO.1199 晒 26 0.01192% 89.08292% 2
NO.1110 粒 30 0.01376% 87.94334% 7	NO.1120 聖 29 0.01330% 88.08000% 12	NO.1130 照 29 0.01330% 88.21299% 9	NO.1140 桃 29 0.01330% 88.34597% 10	NO.1150 阿 28 0.01284% 88.47530% 8	NO.1160 伯 28 0.01284% 88.60370% 6	NO.1170 将 27 0.01238% 88.72935% 8	NO.1180 帥 27 0.01238% 88.85317% 3	NO.1190 漫 26 0.01192% 88.97561% 5	NO.1200 尾 26 0.01192% 89.09484% 10

NO.1201 詠 26 0.01192% 89.10677% 1	NO.1211 欄 25 0.01146% 89.22554% 2	NO.1221 擂 25 0.01146% 89.34019% 8	NO.1231 哀 25 0.01146% 89.45483% 6	NO.1241 艾 24 0.01101% 89.56581% 4	NO.1251 旨 24 0.01101% 89.67587% 2	NO.1261 條 24 0.01101% 89.78593% 7	NO.1271 叅 23 0.01055% 89.89462% 5	NO.1281 燧 23 0.01055% 90.00009% 2	NO.1291 响 23 0.01055% 90.10557% 2
NO.1202 懇 26 0.01192% 89.11869% 5	NO.1212 臨 25 0.01146% 89.23701% 8	NO.1222 詢 25 0.01146% 89.35165% 1	NO.1232 𧮪 25 0.01146% 89.46630% 1	NO.1242 义 24 0.01101% 89.57682% 6	NO.1252 要 24 0.01101% 89.68688% 6	NO.1262 真 24 0.01101% 89.79694% 10	NO.1272 後 23 0.01055% 89.90516% 10	NO.1282 况 23 0.01055% 90.01064% 4	NO.1292 門 22 0.01009% 90.11566% 2
NO.1203 齊 26 0.01192% 89.13061% 13	NO.1213 掌 25 0.01146% 89.24847% 3	NO.1223 辰 25 0.01146% 89.36312% 13	NO.1233 畨 25 0.01146% 89.47776% 4	NO.1243 啥 24 0.01101% 89.58782% 8	NO.1253 云 24 0.01101% 89.69788% 8	NO.1263 賣 24 0.01101% 89.80794% 8	NO.1273 岡 23 0.01055% 89.91571% 1	NO.1283 波 23 0.01055% 90.02119% 5	NO.1293 屛 22 0.01009% 90.12574% 3
NO.1204 柰 26 0.01192% 89.14254% 6	NO.1214 賂 25 0.01146% 89.25994% 2	NO.1224 们 25 0.01146% 89.37458% 4	NO.1234 䘮 24 0.01101% 89.48877% 6	NO.1244 狼 24 0.01101% 89.59883% 2	NO.1254 隨 24 0.01101% 89.70889% 9	NO.1264 忙 24 0.01101% 89.81895% 6	NO.1274 摳 23 0.01055% 89.92626% 2	NO.1284 會 23 0.01055% 90.03173% 1	NO.1294 哑 22 0.01009% 90.13583% 4
NO.1205 遂 26 0.01192% 89.15446% 4	NO.1215 柳 25 0.01146% 89.27140% 8	NO.1225 蜜 25 0.01146% 89.38605% 5	NO.1235 符 24 0.01101% 89.49978% 10	NO.1245 浰 24 0.01101% 89.60984% 5	NO.1255 夘 24 0.01101% 89.71990% 5	NO.1265 農 24 0.01101% 89.82996% 1	NO.1275 婆 23 0.01055% 89.93681% 3	NO.1285 只 23 0.01055% 90.04228% 6	NO.1295 苟 22 0.01009% 90.14592% 8
NO.1206 油 26 0.01192% 89.16638% 12	NO.1216 疏 25 0.01146% 89.28286% 5	NO.1226 動 25 0.01146% 89.39751% 11	NO.1236 灌 24 0.01101% 89.51078% 1	NO.1246 冠 24 0.01101% 89.62084% 7	NO.1256 癖 24 0.01101% 89.73090% 5	NO.1266 臘 24 0.01101% 89.84096% 4	NO.1276 巢 23 0.01055% 89.94735% 2	NO.1286 短 23 0.01055% 90.05283% 7	NO.1296 扱 22 0.01009% 90.15601% 1
NO.1207 屎 26 0.01192% 89.17831% 10	NO.1217 鲃 25 0.01146% 89.29433% 2	NO.1227 汇 25 0.01146% 89.40898% 5	NO.1237 李 24 0.01101% 89.52179% 5	NO.1247 美 24 0.01101% 89.63185% 5	NO.1257 觧 24 0.01101% 89.74191% 6	NO.1267 還 24 0.01101% 89.85197% 5	NO.1277 墜 23 0.01055% 89.95790% 4	NO.1287 𨑕 23 0.01055% 90.06338% 5	NO.1297 迁 22 0.01009% 90.16610% 7
NO.1208 志 26 0.01192% 89.19023% 3	NO.1218 闵 25 0.01146% 89.30579% 8	NO.1228 患 25 0.01146% 89.42044% 8	NO.1238 山 24 0.01101% 89.53279% 1	NO.1248 書 24 0.01101% 89.64285% 10	NO.1258 習 24 0.01101% 89.75291% 6	NO.1268 發 24 0.01101% 89.86297% 7	NO.1278 强 23 0.01055% 89.96845% 10	NO.1288 蹅 23 0.01055% 90.07392% 7	NO.1298 鬼 22 0.01009% 90.17619% 12
NO.1209 前 26 0.01192% 89.20215% 5	NO.1219 貫 25 0.01146% 89.31726% 4	NO.1229 吐 25 0.01146% 89.43190% 6	NO.1239 堂 24 0.01101% 89.54380% 11	NO.1249 涯 24 0.01101% 89.65386% 11	NO.1259 髈 24 0.01101% 89.76392% 10	NO.1269 孛 23 0.01055% 89.87352% 7	NO.1279 为 23 0.01055% 89.97900% 1	NO.1289 脱 23 0.01055% 90.08447% 4	NO.1299 扮 22 0.01009% 90.18628% 1
NO.1210 碍 26 0.01192% 89.21408% 7	NO.1220 溂 25 0.01146% 89.32872% 3	NO.1230 紛 25 0.01146% 89.44337% 8	NO.1240 票 24 0.01101% 89.55481% 11	NO.1250 贼 24 0.01101% 89.66487% 5	NO.1260 枝 24 0.01101% 89.77493% 7	NO.1270 置 23 0.01055% 89.88407% 2	NO.1280 虫 23 0.01055% 89.98954% 10	NO.1290 丹 23 0.01055% 90.09502% 11	NO.1300 敀 22 0.01009% 90.19637% 2

NO.1301 隂 22 0.01009% 90.20646% 9	NO.1311 託 22 0.01009% 90.30734% 4	NO.1321 蛮 22 0.01009% 90.40823% 9	NO.1331 兑 21 0.00963% 90.50637% 5	NO.1341 世 21 0.00963% 90.60267% 7	NO.1351 跪 21 0.00963% 90.69898% 8	NO.1361 谟 20 0.00917% 90.79482% 1	NO.1371 癸 20 0.00917% 90.88654% 7	NO.1381 迫 20 0.00917% 90.97825% 6	NO.1391 匠 20 0.00917% 91.06997% 5
NO.1302 囚 22 0.01009% 90.21654% 6	NO.1312 茹 22 0.01009% 90.31743% 1	NO.1322 莉 22 0.01009% 90.41832% 3	NO.1332 风 21 0.00963% 90.51600% 2	NO.1342 奶 21 0.00963% 90.61230% 8	NO.1352 毫 21 0.00963% 90.70861% 8	NO.1362 乐 20 0.00917% 90.80399% 2	NO.1372 佰 20 0.00917% 90.89571% 3	NO.1382 身 20 0.00917% 90.98743% 7	NO.1392 灾 20 0.00917% 91.07914% 6
NO.1303 礻 22 0.01009% 90.22663% 2	NO.1313 牲 22 0.01009% 90.32752% 6	NO.1323 ⿵门丙 22 0.01009% 90.42841% 3	NO.1333 护 21 0.00963% 90.52563% 5	NO.1343 愛 21 0.00963% 90.62193% 5	NO.1353 桥 21 0.00963% 90.71824% 9	NO.1363 弗 20 0.00917% 90.81316% 4	NO.1373 準 20 0.00917% 90.90488% 9	NO.1383 第 20 0.00917% 90.99660% 5	NO.1393 腱 20 0.00917% 91.08831% 3
NO.1304 倒 22 0.01009% 90.23672% 11	NO.1314 陋 22 0.01009% 90.33761% 6	NO.1324 冐 22 0.01009% 90.43850% 6	NO.1334 晃 21 0.00963% 90.53526% 5	NO.1344 姐 21 0.00963% 90.63156% 3	NO.1354 赦 21 0.00963% 90.72787% 6	NO.1364 勒 20 0.00917% 90.82233% 7	NO.1374 羣 20 0.00917% 90.91405% 4	NO.1384 申 20 0.00917% 91.00577% 9	NO.1394 丙 20 0.00917% 91.09749% 3
NO.1305 ⿰木迷 22 0.01009% 90.24681% 2	NO.1315 凹 22 0.01009% 90.34770% 6	NO.1325 颱 22 0.01009% 90.44859% 8	NO.1335 斛 21 0.00963% 90.54489% 10	NO.1345 臨 21 0.00963% 90.64119% 3	NO.1355 旗 21 0.00963% 90.73750% 6	NO.1365 劍 20 0.00917% 90.83151% 5	NO.1375 闵 20 0.00917% 90.92322% 6	NO.1385 欄 20 0.00917% 91.01494% 4	NO.1395 亗 20 0.00917% 91.10666% 4
NO.1306 伸 22 0.01009% 90.25690% 1	NO.1316 盍 22 0.01009% 90.35779% 11	NO.1326 ⿰口毛 21 0.00963% 90.45822% 4	NO.1336 扳 21 0.00963% 90.55452% 10	NO.1346 頼 21 0.00963% 90.65082% 3	NO.1356 暗 21 0.00963% 90.74713% 9	NO.1366 畬 20 0.00917% 90.84068% 2	NO.1376 熾 20 0.00917% 90.93240% 2	NO.1386 残 20 0.00917% 91.02411% 6	NO.1396 功 20 0.00917% 91.11583% 14
NO.1307 但 22 0.01009% 90.26699% 7	NO.1317 啟 22 0.01009% 90.36788% 3	NO.1327 獺 21 0.00963% 90.46785% 5	NO.1337 免 21 0.00963% 90.56415% 3	NO.1347 攏 21 0.00963% 90.66045% 1	NO.1357 褐 21 0.00963% 90.75676% 1	NO.1367 另 20 0.00917% 90.84985% 4	NO.1377 旼 20 0.00917% 90.94157% 4	NO.1387 寄 20 0.00917% 91.03328% 4	NO.1397 边 20 0.00917% 91.12500% 4
NO.1308 津 22 0.01009% 90.27708% 4	NO.1318 物 22 0.01009% 90.37797% 10	NO.1328 傘 21 0.00963% 90.47748% 7	NO.1338 增 21 0.00963% 90.57378% 3	NO.1348 瀬 21 0.00963% 90.67008% 6	NO.1358 珉 21 0.00963% 90.76639% 10	NO.1368 满 20 0.00917% 90.85902% 9	NO.1378 乾 20 0.00917% 90.95074% 5	NO.1388 咭 20 0.00917% 91.04246% 5	NO.1398 仍 20 0.00917% 91.13417% 5
NO.1309 清 22 0.01009% 90.28717% 9	NO.1319 鳳 22 0.01009% 90.38805% 10	NO.1329 刊 21 0.00963% 90.48711% 2	NO.1339 毛 21 0.00963% 90.58341% 7	NO.1349 荣 21 0.00963% 90.67971% 11	NO.1359 䓁 21 0.00963% 90.77602% 5	NO.1369 頭 20 0.00917% 90.86819% 4	NO.1379 墮 20 0.00917% 90.95991% 2	NO.1389 囊 20 0.00917% 91.05163% 4	NO.1399 惡 20 0.00917% 91.14334% 4
NO.1310 情 22 0.01009% 90.29725% 6	NO.1320 含 22 0.01009% 90.39814% 8	NO.1330 孔 21 0.00963% 90.49674% 6	NO.1340 兎 21 0.00963% 90.59304% 3	NO.1350 埊 21 0.00963% 90.68935% 8	NO.1360 増 21 0.00963% 90.78565% 1	NO.1370 印 20 0.00917% 90.87737% 7	NO.1380 姑 20 0.00917% 90.96908% 11	NO.1390 刋 20 0.00917% 91.06080% 2	NO.1400 秀 20 0.00917% 91.15252% 12

NO.1401 祭 20 0.00917% 91.16169% 8	NO.1411 唱 19 0.00871% 91.25019% 11	NO.1421 隋 19 0.00871% 91.33733% 3	NO.1431 躘 19 0.00871% 91.42446% 4	NO.1441 岑 19 0.00871% 91.51159% 9	NO.1451 吡 18 0.00825% 91.59780% 2	NO.1461 失 18 0.00825% 91.68035% 1	NO.1471 輪 18 0.00825% 91.76289% 5	NO.1481 撈 18 0.00825% 91.84544% 5	NO.1491 順 18 0.00825% 91.92798% 8
NO.1402 肥 20 0.00917% 91.17086% 7	NO.1412 器 19 0.00871% 91.25891% 9	NO.1422 儸 19 0.00871% 91.34604% 3	NO.1432 崴 19 0.00871% 91.43317% 9	NO.1442 皆 19 0.00871% 91.52030% 5	NO.1452 魴 18 0.00825% 91.60606% 2	NO.1462 敖 18 0.00825% 91.68860% 6	NO.1472 遜 18 0.00825% 91.77115% 2	NO.1482 勤 18 0.00825% 91.85369% 5	NO.1492 袋 18 0.00825% 91.93624% 2
NO.1403 謀 20 0.00917% 91.18003% 9	NO.1413 冤 19 0.00871% 91.26762% 4	NO.1423 學 19 0.00871% 91.35475% 5	NO.1433 忌 19 0.00871% 91.44188% 2	NO.1443 屓 19 0.00871% 91.52901% 4	NO.1453 郊 18 0.00825% 91.61431% 2	NO.1463 嘆 18 0.00825% 91.69686% 5	NO.1473 擺 18 0.00825% 91.77940% 2	NO.1483 蘭 18 0.00825% 91.86195% 6	NO.1493 廷 18 0.00825% 91.94449% 7
NO.1404 戾 20 0.00917% 91.18920% 2	NO.1414 恠 19 0.00871% 91.27633% 11	NO.1424 朱 19 0.00871% 91.36347% 7	NO.1434 厖 19 0.00871% 91.45060% 1	NO.1444 建 19 0.00871% 91.53773% 12	NO.1454 吼 18 0.00825% 91.62257% 2	NO.1464 弘 18 0.00825% 91.70511% 5	NO.1474 少 18 0.00825% 91.78766% 9	NO.1484 脾 18 0.00825% 91.87020% 5	NO.1494 青 18 0.00825% 91.95275% 6
NO.1405 巫 19 0.00871% 91.19792% 3	NO.1415 寸 19 0.00871% 91.28505% 9	NO.1425 燈 19 0.00871% 91.37218% 7	NO.1435 禳 19 0.00871% 91.45931% 1	NO.1445 担 19 0.00871% 91.54644% 7	NO.1455 摳 18 0.00825% 91.63082% 2	NO.1465 材 18 0.00825% 91.71337% 3	NO.1475 顔 18 0.00825% 91.79591% 7	NO.1485 叻 18 0.00825% 91.87846% 2	NO.1495 兜 18 0.00825% 91.96100% 2
NO.1406 艮 19 0.00871% 91.20663% 1	NO.1416 泓 19 0.00871% 91.29376% 7	NO.1426 音 19 0.00871% 91.38089% 7	NO.1436 卅 19 0.00871% 91.46802% 2	NO.1446 孝 19 0.00871% 91.55515% 6	NO.1456 曾 18 0.00825% 91.63908% 6	NO.1466 借 18 0.00825% 91.72162% 6	NO.1476 辛 18 0.00825% 91.80417% 8	NO.1486 徵 18 0.00825% 91.88671% 2	NO.1496 談 18 0.00825% 91.96926% 5
NO.1407 聝 19 0.00871% 91.21534% 1	NO.1417 磅 19 0.00871% 91.30247% 6	NO.1427 吕 19 0.00871% 91.38960% 5	NO.1437 横 19 0.00871% 91.47674% 10	NO.1447 湯 19 0.00871% 91.56387% 2	NO.1457 裙 18 0.00825% 91.64733% 9	NO.1467 獄 18 0.00825% 91.72987% 6	NO.1477 啫 18 0.00825% 91.81242% 2	NO.1487 犿 18 0.00825% 91.89497% 1	NO.1497 卬 17 0.00780% 91.97705% 5
NO.1408 硌 19 0.00871% 91.22406% 5	NO.1418 橦 19 0.00871% 91.31119% 1	NO.1428 目 19 0.00871% 91.39832% 10	NO.1438 具 19 0.00871% 91.48545% 2	NO.1448 唧 19 0.00871% 91.57258% 5	NO.1458 騎 18 0.00825% 91.65558% 7	NO.1468 猫 18 0.00825% 91.73813% 6	NO.1478 嗼 18 0.00825% 91.82067% 5	NO.1488 修 18 0.00825% 91.90322% 6	NO.1498 洫 17 0.00780% 91.98485% 4
NO.1409 閅 19 0.00871% 91.23277% 2	NO.1419 埜 19 0.00871% 91.31990% 5	NO.1429 委 19 0.00871% 91.40703% 3	NO.1439 炭 19 0.00871% 91.49416% 2	NO.1449 面 19 0.00871% 91.58129% 11	NO.1459 針 18 0.00825% 91.66384% 5	NO.1469 始 18 0.00825% 91.74638% 4	NO.1479 岳 18 0.00825% 91.82893% 5	NO.1489 衍 18 0.00825% 91.91147% 7	NO.1499 [illegible] 17 0.00780% 91.99264% 3
NO.1410 丐 19 0.00871% 91.24148% 2	NO.1420 恃 19 0.00871% 91.32861% 1	NO.1430 蕚 19 0.00871% 91.41574% 5	NO.1440 鸺 19 0.00871% 91.50288% 1	NO.1450 會 18 0.00825% 91.58955% 3	NO.1460 数 18 0.00825% 91.67209% 2	NO.1470 氏 18 0.00825% 91.75464% 6	NO.1480 須 18 0.00825% 91.83718% 8	NO.1490 敬 18 0.00825% 91.91973% 8	NO.1500 鄰 17 0.00780% 92.00044% 4

NO.1501 玘 17 0.00780% 92.00824% 2	NO.1511 蓮 17 0.00780% 92.08620% 7	NO.1521 藍 17 0.00780% 92.16416% 8	NO.1531 碗 17 0.00780% 92.24211% 6	NO.1541 武 16 0.00734% 92.31732% 3	NO.1551 犂 16 0.00734% 92.39070% 1	NO.1561 鳶 16 0.00734% 92.46407% 6	NO.1571 拾 16 0.00734% 92.53744% 5	NO.1581 對 15 0.00688% 92.60898% 4	NO.1591 蛇 15 0.00688% 92.67777% 7
NO.1502 使 17 0.00780% 92.01603% 2	NO.1512 幸 17 0.00780% 92.09399% 3	NO.1522 秤 17 0.00780% 92.17195% 9	NO.1532 洁 17 0.00780% 92.24991% 4	NO.1542 蒨 16 0.00734% 92.32466% 4	NO.1552 愛 16 0.00734% 92.39803% 4	NO.1562 灯 16 0.00734% 92.47141% 7	NO.1572 宫 16 0.00734% 92.54478% 3	NO.1582 総 15 0.00688% 92.61586% 6	NO.1592 戌 15 0.00688% 92.68465% 9
NO.1503 恓 17 0.00780% 92.02383% 2	NO.1513 亨 17 0.00780% 92.10179% 4	NO.1523 [illegible] 17 0.00780% 92.17975% 1	NO.1533 [illegible] 17 0.00780% 92.25771% 2	NO.1543 敀 16 0.00734% 92.33200% 1	NO.1553 脚 16 0.00734% 92.40537% 12	NO.1563 [illegible] 16 0.00734% 92.47874% 2	NO.1573 妄 16 0.00734% 92.55212% 2	NO.1583 薩 15 0.00688% 92.62274% 1	NO.1593 爭 15 0.00688% 92.69153% 1
NO.1504 显 17 0.00780% 92.03162% 3	NO.1514 爲 17 0.00780% 92.10958% 9	NO.1524 夽 17 0.00780% 92.18754% 4	NO.1534 稔 17 0.00780% 92.26550% 6	NO.1544 [illegible] 16 0.00734% 92.33933% 1	NO.1554 抱 16 0.00734% 92.41271% 2	NO.1564 龍 16 0.00734% 92.48608% 2	NO.1574 奇 16 0.00734% 92.55946% 4	NO.1584 [illegible] 15 0.00688% 92.62962% 7	NO.1594 話 15 0.00688% 92.69841% 6
NO.1505 域 17 0.00780% 92.03942% 2	NO.1515 栈 17 0.00780% 92.11738% 7	NO.1525 親 17 0.00780% 92.19534% 4	NO.1535 溂 17 0.00780% 92.27330% 2	NO.1545 會 16 0.00734% 92.34667% 4	NO.1555 柸 16 0.00734% 92.42005% 6	NO.1565 傍 16 0.00734% 92.49342% 2	NO.1575 鸡 16 0.00734% 92.56679% 5	NO.1585 空 15 0.00688% 92.63650% 9	NO.1595 丈 15 0.00688% 92.70529% 3
NO.1506 闪 17 0.00780% 92.04722% 7	NO.1516 夸 17 0.00780% 92.12518% 6	NO.1526 逢 17 0.00780% 92.20313% 4	NO.1536 [illegible] 16 0.00734% 92.28064% 6	NO.1546 慈 16 0.00734% 92.35401% 3	NO.1556 寶 16 0.00734% 92.42738% 7	NO.1566 墻 16 0.00734% 92.50076% 3	NO.1576 [illegible] 16 0.00734% 92.57413% 6	NO.1586 派 15 0.00688% 92.64338% 8	NO.1596 變 15 0.00688% 92.71216% 3
NO.1507 娬 17 0.00780% 92.05501% 3	NO.1517 食 17 0.00780% 92.13297% 4	NO.1527 午 17 0.00780% 92.21093% 11	NO.1537 妖 16 0.00734% 92.28797% 7	NO.1547 測 16 0.00734% 92.36135% 8	NO.1557 監 16 0.00734% 92.43472% 4	NO.1567 茉 16 0.00734% 92.50809% 7	NO.1577 蹄 16 0.00734% 92.58147% 6	NO.1587 鉄 15 0.00688% 92.65026% 5	NO.1597 果 15 0.00688% 92.71904% 3
NO.1508 叔 17 0.00780% 92.06281% 4	NO.1518 我 17 0.00780% 92.14077% 9	NO.1528 思 17 0.00780% 92.21873% 7	NO.1538 芘 16 0.00734% 92.29531% 7	NO.1548 沬 16 0.00734% 92.36868% 7	NO.1558 止 16 0.00734% 92.44206% 1	NO.1568 能 16 0.00734% 92.51543% 2	NO.1578 羅 15 0.00688% 92.58835% 3	NO.1588 陰 15 0.00688% 92.65713% 11	NO.1598 门 15 0.00688% 92.72592% 1
NO.1509 溺 17 0.00780% 92.07060% 6	NO.1519 閙 17 0.00780% 92.14856% 6	NO.1529 詞 17 0.00780% 92.22652% 4	NO.1539 [illegible] 16 0.00734% 92.30265% 2	NO.1549 [illegible] 16 0.00734% 92.37602% 1	NO.1559 汰 16 0.00734% 92.44940% 2	NO.1569 畋 16 0.00734% 92.52277% 1	NO.1579 [illegible] 15 0.00688% 92.59523% 3	NO.1589 科 15 0.00688% 92.66401% 6	NO.1599 [illegible] 15 0.00688% 92.73280% 1
NO.1510 蕽 17 0.00780% 92.07840% 1	NO.1520 貎 17 0.00780% 92.15636% 1	NO.1530 属 17 0.00780% 92.23432% 3	NO.1540 婁 16 0.00734% 92.30999% 7	NO.1550 柙 16 0.00734% 92.38336% 1	NO.1560 德 16 0.00734% 92.45673% 5	NO.1570 淰 16 0.00734% 92.53011% 3	NO.1580 丟 15 0.00688% 92.60210% 2	NO.1590 愁 15 0.00688% 92.67089% 10	NO.1600 従 15 0.00688% 92.73968% 5

NO.1601 祢 15 0.00688% 92.74656% 6	NO.1611 佐 15 0.00688% 92.81535% 5	NO.1621 甘 15 0.00688% 92.88413% 6	NO.1631 门 14 0.00642% 92.95063% 3	NO.1641 令 14 0.00642% 93.01483% 2	NO.1651 癸 14 0.00642% 93.07903% 5	NO.1661 照 14 0.00642% 93.14323% 7	NO.1671 童 14 0.00642% 93.20744% 6	NO.1681 婁 14 0.00642% 93.27164% 3	NO.1691 透 13 0.00596% 93.33217% 5
NO.1602 与 15 0.00688% 92.75344% 1	NO.1612 籠 15 0.00688% 92.82222% 1	NO.1622 臨 15 0.00688% 92.89101% 6	NO.1632 于 14 0.00642% 92.95705% 1	NO.1642 报 14 0.00642% 93.02125% 6	NO.1652 癖 14 0.00642% 93.08545% 1	NO.1662 宴 14 0.00642% 93.14965% 1	NO.1672 仁 14 0.00642% 93.21386% 11	NO.1682 惱 14 0.00642% 93.27806% 1	NO.1692 呀 13 0.00596% 93.33813% 3
NO.1603 惱 15 0.00688% 92.76032% 5	NO.1613 㖒 15 0.00688% 92.82910% 3	NO.1623 栲 15 0.00688% 92.89789% 5	NO.1633 歌 14 0.00642% 92.96347% 6	NO.1643 摹 14 0.00642% 93.02767% 2	NO.1653 對 14 0.00642% 93.09187% 6	NO.1663 汪 14 0.00642% 93.15607% 2	NO.1673 池 14 0.00642% 93.22028% 7	NO.1683 樛 14 0.00642% 93.28448% 1	NO.1693 固 13 0.00596% 93.34409% 3
NO.1604 由 15 0.00688% 92.76719% 10	NO.1614 濃 15 0.00688% 92.83598% 4	NO.1624 晚 15 0.00688% 92.90477% 1	NO.1634 凂 14 0.00642% 92.96989% 5	NO.1644 煑 14 0.00642% 93.03409% 6	NO.1654 點 14 0.00642% 93.09829% 4	NO.1664 晃 14 0.00642% 93.16250% 3	NO.1674 昙 14 0.00642% 93.22670% 3	NO.1684 名 13 0.00596% 93.29044% 2	NO.1694 衣 13 0.00596% 93.35006% 7
NO.1605 𤈦 15 0.00688% 92.77407% 4	NO.1615 魯 15 0.00688% 92.84286% 2	NO.1625 罶 15 0.00688% 92.91165% 2	NO.1635 究 14 0.00642% 92.97631% 2	NO.1645 尚 14 0.00642% 93.04051% 8	NO.1655 雜 14 0.00642% 93.10471% 10	NO.1665 蜆 14 0.00642% 93.16892% 1	NO.1675 培 14 0.00642% 93.23312% 6	NO.1685 墻 13 0.00596% 93.29640% 4	NO.1695 梯 13 0.00596% 93.35602% 3
NO.1606 昨 15 0.00688% 92.78095% 9	NO.1616 英 15 0.00688% 92.84974% 9	NO.1626 兎 15 0.00688% 92.91853% 8	NO.1636 齐 14 0.00642% 92.98273% 3	NO.1646 祥 14 0.00642% 93.04693% 4	NO.1656 褒 14 0.00642% 93.11113% 1	NO.1666 貪 14 0.00642% 93.17534% 7	NO.1676 暗 14 0.00642% 93.23954% 4	NO.1686 廷 13 0.00596% 93.30236% 2	NO.1696 約 13 0.00596% 93.36198% 4
NO.1607 扒 15 0.00688% 92.78783% 5	NO.1617 哥 15 0.00688% 92.85662% 2	NO.1627 猿 14 0.00642% 92.92495% 2	NO.1637 柯 14 0.00642% 92.98915% 2	NO.1647 離 14 0.00642% 93.05335% 5	NO.1657 鷝 14 0.00642% 93.11755% 7	NO.1667 樏 14 0.00642% 93.18176% 3	NO.1677 料 14 0.00642% 93.24596% 8	NO.1687 頡 13 0.00596% 93.30833% 4	NO.1697 逃 13 0.00596% 93.36794% 5
NO.1608 恩 15 0.00688% 92.79471% 2	NO.1618 雌 15 0.00688% 92.86350% 2	NO.1628 牢 14 0.00642% 92.93137% 3	NO.1638 奏 14 0.00642% 92.99557% 4	NO.1648 廟 14 0.00642% 93.05977% 8	NO.1658 奈 14 0.00642% 93.12397% 4	NO.1668 拁 14 0.00642% 93.18818% 6	NO.1678 侵 14 0.00642% 93.25238% 4	NO.1688 災 13 0.00596% 93.31429% 7	NO.1698 磊 13 0.00596% 93.37390% 5
NO.1609 葛 15 0.00688% 92.80159% 5	NO.1619 悪 15 0.00688% 92.87038% 4	NO.1629 陒 14 0.00642% 92.93779% 1	NO.1639 便 14 0.00642% 93.00199% 6	NO.1649 切 14 0.00642% 93.06619% 3	NO.1659 懷 14 0.00642% 93.13039% 1	NO.1669 燎 14 0.00642% 93.19460% 7	NO.1679 焚 14 0.00642% 93.25880% 2	NO.1689 拎 13 0.00596% 93.32025% 2	NO.1699 每 13 0.00596% 93.37986% 5
NO.1610 鸾 15 0.00688% 92.80847% 5	NO.1620 鵝 15 0.00688% 92.87726% 4	NO.1630 楤 14 0.00642% 92.94421% 2	NO.1640 擇 14 0.00642% 93.00841% 1	NO.1650 飛 14 0.00642% 93.07261% 4	NO.1660 纷 14 0.00642% 93.13681% 6	NO.1670 覺 14 0.00642% 93.20102% 4	NO.1680 赫 14 0.00642% 93.26522% 4	NO.1690 侣 13 0.00596% 93.32621% 6	NO.1700 莊 13 0.00596% 93.38583% 1

NO.1701 揚 13 0.00596% 93.39179% 4	NO.1711 偷 13 0.00596% 93.45140% 4	NO.1721 矣 13 0.00596% 93.51102% 2	NO.1731 棘 12 0.00550% 93.56926% 1	NO.1741 畜 12 0.00550% 93.62429% 5	NO.1751 橦 12 0.00550% 93.67932% 6	NO.1761 尊 12 0.00550% 93.73435% 5	NO.1771 夾 12 0.00550% 93.78938% 1	NO.1781 時 12 0.00550% 93.84441% 2	NO.1791 浸 12 0.00550% 93.89944% 4
NO.1702 帖 13 0.00596% 93.39775% 2	NO.1712 般 13 0.00596% 93.45737% 1	NO.1722 雄 13 0.00596% 93.51698% 2	NO.1732 區 12 0.00550% 93.57476% 3	NO.1742 躰 12 0.00550% 93.62979% 4	NO.1752 里 12 0.00550% 93.68482% 1	NO.1762 艹 12 0.00550% 93.73985% 3	NO.1772 脊 12 0.00550% 93.79488% 2	NO.1782 帮 12 0.00550% 93.84991% 3	NO.1792 奥 12 0.00550% 93.90494% 9
NO.1703 玄 13 0.00596% 93.40371% 6	NO.1713 罗 13 0.00596% 93.46333% 1	NO.1723 懷 13 0.00596% 93.52294% 7	NO.1733 爹 12 0.00550% 93.58027% 8	NO.1743 婌 12 0.00550% 93.63530% 3	NO.1753 剎 12 0.00550% 93.69033% 4	NO.1763 货 12 0.00550% 93.74536% 2	NO.1773 耗 12 0.00550% 93.80039% 2	NO.1783 鸟 12 0.00550% 93.85542% 2	NO.1793 係 12 0.00550% 93.91045% 5
NO.1704 衙 13 0.00596% 93.40967% 9	NO.1714 踣 13 0.00596% 93.46929% 5	NO.1724 筒 13 0.00596% 93.52890% 3	NO.1734 嫩 12 0.00550% 93.58577% 7	NO.1744 巧 12 0.00550% 93.64080% 6	NO.1754 抗 12 0.00550% 93.69583% 3	NO.1764 耨 12 0.00550% 93.75086% 2	NO.1774 間 12 0.00550% 93.80589% 8	NO.1784 隆 12 0.00550% 93.86092% 1	NO.1794 鸲 12 0.00550% 93.91595% 1
NO.1705 肝 13 0.00596% 93.41563% 7	NO.1715 弔 13 0.00596% 93.47525% 3	NO.1725 份 13 0.00596% 93.53487% 1	NO.1735 助 12 0.00550% 93.59127% 1	NO.1745 牙 12 0.00550% 93.64630% 4	NO.1755 理 12 0.00550% 93.70133% 7	NO.1765 被 12 0.00550% 93.75636% 4	NO.1775 共 12 0.00550% 93.81139% 1	NO.1785 耍 12 0.00550% 93.86642% 2	NO.1795 胯 12 0.00550% 93.92145% 1
NO.1706 歷 13 0.00596% 93.42160% 6	NO.1716 農 13 0.00596% 93.48121% 2	NO.1726 卷 13 0.00596% 93.54083% 6	NO.1736 憑 12 0.00550% 93.59678% 4	NO.1746 察 12 0.00550% 93.65181% 7	NO.1756 帽 12 0.00550% 93.70684% 4	NO.1766 哂 12 0.00550% 93.76187% 4	NO.1776 棱 12 0.00550% 93.81690% 3	NO.1786 劉 12 0.00550% 93.87193% 4	NO.1796 摓 12 0.00550% 93.92696% 5
NO.1707 斥 13 0.00596% 93.42756% 2	NO.1717 弱 13 0.00596% 93.48717% 3	NO.1727 昴 13 0.00596% 93.54679% 2	NO.1737 業 12 0.00550% 93.60228% 1	NO.1747 扭 12 0.00550% 93.65731% 5	NO.1757 庙 12 0.00550% 93.71234% 4	NO.1767 碧 12 0.00550% 93.76737% 3	NO.1777 朧 12 0.00550% 93.82240% 1	NO.1787 惰 12 0.00550% 93.87743% 3	NO.1797 右 11 0.00504% 93.93200% 5
NO.1708 倨 13 0.00596% 93.43352% 1	NO.1718 斛 13 0.00596% 93.49313% 3	NO.1728 宜 13 0.00596% 93.55275% 1	NO.1738 乖 12 0.00550% 93.60778% 4	NO.1748 摓 12 0.00550% 93.66281% 2	NO.1758 替 12 0.00550% 93.71784% 4	NO.1768 唓 12 0.00550% 93.77287% 4	NO.1778 櫂 12 0.00550% 93.82790% 1	NO.1788 數 12 0.00550% 93.88293% 2	NO.1798 配 11 0.00504% 93.93705% 2
NO.1709 品 13 0.00596% 93.43948% 2	NO.1719 拷 13 0.00596% 93.49910% 2	NO.1729 船 12 0.00550% 93.55825% 3	NO.1739 鴉 12 0.00550% 93.61328% 2	NO.1749 枉 12 0.00550% 93.66831% 3	NO.1759 迎 12 0.00550% 93.72334% 8	NO.1769 叱 12 0.00550% 93.77837% 4	NO.1779 仿 12 0.00550% 93.83341% 5	NO.1789 妄 12 0.00550% 93.88844% 1	NO.1799 超 11 0.00504% 93.94209% 1
NO.1710 爺 13 0.00596% 93.44544% 3	NO.1720 秀 13 0.00596% 93.50506% 2	NO.1730 粈 12 0.00550% 93.56376% 1	NO.1740 罟 12 0.00550% 93.61879% 2	NO.1750 咬 12 0.00550% 93.67382% 7	NO.1760 忠 12 0.00550% 93.72885% 5	NO.1770 該 12 0.00550% 93.78388% 5	NO.1780 虎 12 0.00550% 93.83891% 4	NO.1790 媟 12 0.00550% 93.89394% 2	NO.1800 热 11 0.00504% 93.94713% 1

NO.1801 嗉 11 0.00504% 93.95218% 2	NO.1811 犬 11 0.00504% 94.00262% 2	NO.1821 曆 11 0.00504% 94.05307% 4	NO.1831 祏 11 0.00504% 94.10351% 3	NO.1841 粬 11 0.00504% 94.15396% 4	NO.1851 程 11 0.00504% 94.20440% 5	NO.1861 熾 11 0.00504% 94.25484% 3	NO.1871 站 10 0.00459% 94.30162% 4	NO.1881 凍 10 0.00459% 94.34748% 5	NO.1891 狂 10 0.00459% 94.39334% 6
NO.1802 兎 11 0.00504% 93.95722% 4	NO.1812 冎 11 0.00504% 94.00767% 2	NO.1822 單 11 0.00504% 94.05811% 1	NO.1832 捨 11 0.00504% 94.10856% 2	NO.1842 丈 11 0.00504% 94.15900% 6	NO.1852 啞 11 0.00504% 94.20945% 4	NO.1862 滿 11 0.00504% 94.25989% 5	NO.1872 涯 10 0.00459% 94.30621% 4	NO.1882 筭 10 0.00459% 94.35207% 2	NO.1892 罒 10 0.00459% 94.39792% 1
NO.1803 貟 11 0.00504% 93.96227% 2	NO.1813 以 11 0.00504% 94.01271% 3	NO.1823 酸 11 0.00504% 94.06316% 4	NO.1833 井 11 0.00504% 94.11360% 2	NO.1843 垌 11 0.00504% 94.16405% 2	NO.1853 車 11 0.00504% 94.21449% 9	NO.1863 総 11 0.00504% 94.26493% 3	NO.1873 巨 10 0.00459% 94.31079% 7	NO.1883 裂 10 0.00459% 94.35665% 4	NO.1893 碌 10 0.00459% 94.40251% 2
NO.1804 榯 11 0.00504% 93.96731% 6	NO.1814 隆 11 0.00504% 94.01776% 1	NO.1824 騎 11 0.00504% 94.06820% 6	NO.1834 曲 11 0.00504% 94.11865% 3	NO.1844 气 11 0.00504% 94.16909% 3	NO.1854 遠 11 0.00504% 94.21953% 7	NO.1864 濟 10 0.00459% 94.26952% 2	NO.1874 局 10 0.00459% 94.31538% 3	NO.1884 捲 10 0.00459% 94.36124% 1	NO.1894 咀 10 0.00459% 94.40710% 2
NO.1805 茾 11 0.00504% 93.97236% 1	NO.1815 鏾 11 0.00504% 94.02280% 1	NO.1825 會 11 0.00504% 94.07325% 7	NO.1835 夏 11 0.00504% 94.12369% 2	NO.1845 次 11 0.00504% 94.17413% 1	NO.1855 啥 11 0.00504% 94.22458% 6	NO.1865 壇 10 0.00459% 94.27411% 4	NO.1875 窈 10 0.00459% 94.31996% 1	NO.1885 汝 10 0.00459% 94.36582% 5	NO.1895 糖 10 0.00459% 94.41168% 4
NO.1806 则 11 0.00504% 93.97740% 6	NO.1816 兜 11 0.00504% 94.02785% 1	NO.1826 完 11 0.00504% 94.07829% 4	NO.1836 騎 11 0.00504% 94.12873% 3	NO.1846 僕 11 0.00504% 94.17918% 2	NO.1856 回 11 0.00504% 94.22962% 4	NO.1866 亞 10 0.00459% 94.27869% 2	NO.1876 改 10 0.00459% 94.32455% 3	NO.1886 窖 10 0.00459% 94.37041% 6	NO.1896 價 10 0.00459% 94.41627% 6
NO.1807 吙 11 0.00504% 93.98245% 1	NO.1817 丙 11 0.00504% 94.03289% 10	NO.1827 賴 11 0.00504% 94.08333% 8	NO.1837 燒 11 0.00504% 94.13378% 4	NO.1847 时 11 0.00504% 94.18422% 6	NO.1857 蓬 11 0.00504% 94.23467% 6	NO.1867 硬 10 0.00459% 94.28328% 4	NO.1877 秀 10 0.00459% 94.32914% 2	NO.1887 糠 10 0.00459% 94.37499% 1	NO.1897 惟 10 0.00459% 94.42085% 4
NO.1808 庚 11 0.00504% 93.98749% 3	NO.1818 珠 11 0.00504% 94.03793% 7	NO.1828 踏 11 0.00504% 94.08838% 3	NO.1838 丙 11 0.00504% 94.13882% 1	NO.1848 棚 11 0.00504% 94.18927% 2	NO.1858 喪 11 0.00504% 94.23971% 2	NO.1868 櫃 10 0.00459% 94.28786% 6	NO.1878 吃 10 0.00459% 94.33372% 3	NO.1888 缴 10 0.00459% 94.37958% 2	NO.1898 務 10 0.00459% 94.42544% 6
NO.1809 毪 11 0.00504% 93.99253% 1	NO.1819 徒 11 0.00504% 94.04298% 3	NO.1829 亶 11 0.00504% 94.09342% 1	NO.1839 戥 11 0.00504% 94.14387% 5	NO.1849 休 11 0.00504% 94.19431% 7	NO.1859 刮 11 0.00504% 94.24476% 3	NO.1869 烼 10 0.00459% 94.29245% 3	NO.1879 斗 10 0.00459% 94.33831% 1	NO.1889 鱼 10 0.00459% 94.38417% 4	NO.1899 胃 10 0.00459% 94.43002% 4
NO.1810 養 11 0.00504% 93.99758% 2	NO.1820 忽 11 0.00504% 94.04802% 3	NO.1830 蕚 11 0.00504% 94.09847% 3	NO.1840 埘 11 0.00504% 94.14891% 2	NO.1850 鞋 11 0.00504% 94.19936% 6	NO.1860 喽 11 0.00504% 94.24980% 3	NO.1870 彩 10 0.00459% 94.29703% 7	NO.1880 丧 10 0.00459% 94.34289% 4	NO.1890 經 10 0.00459% 94.38875% 7	NO.1900 渭 10 0.00459% 94.43461% 1

<table>
<tr><td>NO.1901
墳
10
0.00459%
94.43920%
6</td><td>NO.1911
雲
10
0.00459%
94.48505%
6</td><td>NO.1921
⿰丨卑
10
0.00459%
94.53091%
2</td><td>NO.1931
龍
10
0.00459%
94.57677%
1</td><td>NO.1941
堯
10
0.00459%
94.62263%
5</td><td>NO.1951
韋
10
0.00459%
94.66849%
5</td><td>NO.1961
亭
10
0.00459%
94.71435%
6</td><td>NO.1971
移
9
0.00413%
94.75608%
1</td><td>NO.1981
蔺
9
0.00413%
94.79735%
1</td><td>NO.1991
执
9
0.00413%
94.83862%
2</td></tr>
<tr><td>NO.1902
寨
10
0.00459%
94.44378%
1</td><td>NO.1912
崔
10
0.00459%
94.48964%
5</td><td>NO.1922
叽
10
0.00459%
94.53550%
5</td><td>NO.1932
䟽
10
0.00459%
94.58136%
4</td><td>NO.1942
門
10
0.00459%
94.62722%
1</td><td>NO.1952
⿰口皮
10
0.00459%
94.67307%
3</td><td>NO.1962
禄
10
0.00459%
94.71893%
3</td><td>NO.1972
亊
9
0.00413%
94.76021%
4</td><td>NO.1982
经
9
0.00413%
94.80148%
2</td><td>NO.1992
犁
9
0.00413%
94.84275%
3</td></tr>
<tr><td>NO.1903
兆
10
0.00459%
94.44837%
4</td><td>NO.1913
純
10
0.00459%
94.49423%
1</td><td>NO.1923
茉
10
0.00459%
94.54008%
1</td><td>NO.1933
⿱冈木
10
0.00459%
94.58594%
2</td><td>NO.1943
涞
10
0.00459%
94.63180%
5</td><td>NO.1953
昂
10
0.00459%
94.67766%
4</td><td>NO.1963
亭
9
0.00413%
94.72306%
3</td><td>NO.1973
准
9
0.00413%
94.76433%
3</td><td>NO.1983
益
9
0.00413%
94.80561%
3</td><td>NO.1993
例
9
0.00413%
94.84688%
3</td></tr>
<tr><td>NO.1904
尺
10
0.00459%
94.45295%
5</td><td>NO.1914
嫽
10
0.00459%
94.49881%
3</td><td>NO.1924
屎
10
0.00459%
94.54467%
3</td><td>NO.1934
㓜
10
0.00459%
94.59053%
3</td><td>NO.1944
纯
10
0.00459%
94.63639%
1</td><td>NO.1954
船
10
0.00459%
94.68225%
4</td><td>NO.1964
頡
9
0.00413%
94.72719%
3</td><td>NO.1974
魋
9
0.00413%
94.76846%
2</td><td>NO.1984
刻
9
0.00413%
94.80973%
2</td><td>NO.1994
箩
9
0.00413%
94.85101%
1</td></tr>
<tr><td>NO.1905
嬰
10
0.00459%
94.45754%
2</td><td>NO.1915
抵
10
0.00459%
94.50340%
1</td><td>NO.1925
勺
10
0.00459%
94.54926%
2</td><td>NO.1935
暗
10
0.00459%
94.59512%
3</td><td>NO.1945
媽
10
0.00459%
94.64097%
5</td><td>NO.1955
拿
10
0.00459%
94.68683%
2</td><td>NO.1965
丹
9
0.00413%
94.73131%
5</td><td>NO.1975
廿
9
0.00413%
94.77259%
1</td><td>NO.1985
林
9
0.00413%
94.81386%
4</td><td>NO.1995
尖
9
0.00413%
94.85513%
5</td></tr>
<tr><td>NO.1906
貸
10
0.00459%
94.46213%
2</td><td>NO.1916
欣
10
0.00459%
94.50798%
3</td><td>NO.1926
衫
10
0.00459%
94.55384%
3</td><td>NO.1936
着
10
0.00459%
94.59970%
3</td><td>NO.1946
孑
10
0.00459%
94.64556%
1</td><td>NO.1956
⿰氵申
10
0.00459%
94.69142%
3</td><td>NO.1966
⿰丁立
9
0.00413%
94.73544%
2</td><td>NO.1976
懺
9
0.00413%
94.77671%
2</td><td>NO.1986
琪
9
0.00413%
94.81799%
3</td><td>NO.1996
壇
9
0.00413%
94.85926%
5</td></tr>
<tr><td>NO.1907
葆
10
0.00459%
94.46671%
3</td><td>NO.1917
伴
10
0.00459%
94.51257%
3</td><td>NO.1927
裡
10
0.00459%
94.55843%
6</td><td>NO.1937
蒲
10
0.00459%
94.60429%
1</td><td>NO.1947
割
10
0.00459%
94.65015%
5</td><td>NO.1957
浬
10
0.00459%
94.69600%
3</td><td>NO.1967
犯
9
0.00413%
94.73957%
1</td><td>NO.1977
⿰口礼
9
0.00413%
94.78084%
1</td><td>NO.1987
兇
9
0.00413%
94.82211%
2</td><td>NO.1997
基
9
0.00413%
94.86339%
5</td></tr>
<tr><td>NO.1908
進
10
0.00459%
94.47130%
5</td><td>NO.1918
歹
10
0.00459%
94.51716%
3</td><td>NO.1928
補
10
0.00459%
94.56301%
5</td><td>NO.1938
⿰⿱立月尤
10
0.00459%
94.60887%
1</td><td>NO.1948
氏
10
0.00459%
94.65473%
4</td><td>NO.1958
幹
10
0.00459%
94.70059%
2</td><td>NO.1968
攷
9
0.00413%
94.74370%
1</td><td>NO.1978
微
9
0.00413%
94.78497%
4</td><td>NO.1988
洁
9
0.00413%
94.82624%
5</td><td>NO.1998
免
9
0.00413%
94.86751%
5</td></tr>
<tr><td>NO.1909
鞍
10
0.00459%
94.47588%
4</td><td>NO.1919
巽
10
0.00459%
94.52174%
3</td><td>NO.1929
返
10
0.00459%
94.56760%
4</td><td>NO.1939
⿰日立
10
0.00459%
94.61346%
4</td><td>NO.1949
氣
10
0.00459%
94.65932%
7</td><td>NO.1959
腊
10
0.00459%
94.70518%
2</td><td>NO.1969
弩
9
0.00413%
94.74782%
5</td><td>NO.1979
願
9
0.00413%
94.78910%
3</td><td>NO.1989
⿰米皆
9
0.00413%
94.83037%
3</td><td>NO.1999
席
9
0.00413%
94.87164%
1</td></tr>
<tr><td>NO.1910
杷
10
0.00459%
94.48047%
2</td><td>NO.1920
哠
10
0.00459%
94.52633%
1</td><td>NO.1930
校
10
0.00459%
94.57219%
4</td><td>NO.1940
冤
10
0.00459%
94.61804%
3</td><td>NO.1950
両
10
0.00459%
94.66390%
2</td><td>NO.1960
廉
10
0.00459%
94.70976%
3</td><td>NO.1970
𫄨
9
0.00413%
94.75195%
1</td><td>NO.1980
⿰糸山
9
0.00413%
94.79322%
2</td><td>NO.1990
紉
9
0.00413%
94.83450%
2</td><td>NO.2000
衆
9
0.00413%
94.87577%
6</td></tr>
</table>

NO.2001 新 9 0.00413% 94.87990% 4	NO.2011 ⿸疒吉 9 0.00413% 94.92117% 2	NO.2021 ⿰犭褱 9 0.00413% 94.96244% 1	NO.2031 配 9 0.00413% 95.00371% 1	NO.2041 戍 9 0.00413% 95.04499% 8	NO.2051 枇 9 0.00413% 95.08626% 5	NO.2061 欄 9 0.00413% 95.12753% 4	NO.2071 褢 8 0.00367% 95.16605% 1	NO.2081 臭 8 0.00367% 95.20274% 2	NO.2091 省 8 0.00367% 95.23943% 5
NO.2002 汗 9 0.00413% 94.88402% 4	NO.2012 ⿰犭墓 9 0.00413% 94.92530% 2	NO.2022 龙 9 0.00413% 94.96657% 5	NO.2032 流 9 0.00413% 95.00784% 1	NO.2042 鏡 9 0.00413% 95.04911% 5	NO.2052 底 9 0.00413% 95.09039% 3	NO.2062 枷 9 0.00413% 95.13166% 4	NO.2072 緑 8 0.00367% 95.16972% 3	NO.2082 ⿵風林 8 0.00367% 95.20641% 2	NO.2092 ⿱一㠯 8 0.00367% 95.24310% 1
NO.2003 樓 9 0.00413% 94.88815% 5	NO.2013 猛 9 0.00413% 94.92942% 7	NO.2023 走 9 0.00413% 94.97070% 4	NO.2033 纳 9 0.00413% 95.01197% 3	NO.2043 塊 9 0.00413% 95.05324% 5	NO.2053 索 9 0.00413% 95.09451% 3	NO.2063 途 9 0.00413% 95.13579% 3	NO.2073 ⿱𠆢石 8 0.00367% 95.17339% 1	NO.2083 怨 8 0.00367% 95.21008% 2	NO.2093 榜 8 0.00367% 95.24676% 3
NO.2004 即 9 0.00413% 94.89228% 5	NO.2014 背 9 0.00413% 94.93355% 2	NO.2024 鐘 9 0.00413% 94.97482% 3	NO.2034 乖 9 0.00413% 95.01610% 3	NO.2044 睦 9 0.00413% 95.05737% 3	NO.2054 閂 9 0.00413% 95.09864% 2	NO.2064 浮 9 0.00413% 95.13991% 5	NO.2074 包 8 0.00367% 95.17706% 6	NO.2084 尨 8 0.00367% 95.21375% 1	NO.2094 源 8 0.00367% 95.25043% 1
NO.2005 攻 9 0.00413% 94.89641% 2	NO.2015 猺 9 0.00413% 94.93768% 2	NO.2025 ⿰目丂 9 0.00413% 94.97895% 1	NO.2035 咒 9 0.00413% 95.02022% 5	NO.2045 贵 9 0.00413% 95.06150% 4	NO.2055 ⿰亻妥 9 0.00413% 95.10277% 2	NO.2065 为 9 0.00413% 95.14404% 1	NO.2075 匡 8 0.00367% 95.18073% 2	NO.2085 厘 8 0.00367% 95.21742% 5	NO.2095 斋 8 0.00367% 95.25410% 6
NO.2006 運 9 0.00413% 94.90053% 3	NO.2016 爱 9 0.00413% 94.94181% 7	NO.2026 膝 9 0.00413% 94.98308% 1	NO.2036 賽 9 0.00413% 95.02435% 3	NO.2046 鑼 9 0.00413% 95.06562% 4	NO.2056 盟 9 0.00413% 95.10690% 5	NO.2066 宛 8 0.00367% 95.14771% 4	NO.2076 ⿰冫念 8 0.00367% 95.18440% 1	NO.2086 泥 8 0.00367% 95.22108% 2	NO.2096 龙 8 0.00367% 95.25777% 2
NO.2007 殁 9 0.00413% 94.90466% 3	NO.2017 被 9 0.00413% 94.94593% 6	NO.2027 难 9 0.00413% 94.98721% 1	NO.2037 俚 9 0.00413% 95.02848% 2	NO.2047 篩 9 0.00413% 95.06975% 1	NO.2057 瀆 9 0.00413% 95.11102% 3	NO.2067 卧 8 0.00367% 95.15138% 2	NO.2077 貪 8 0.00367% 95.18807% 3	NO.2087 雪 8 0.00367% 95.22475% 4	NO.2097 紀 8 0.00367% 95.26144% 2
NO.2008 厠 9 0.00413% 94.90879% 2	NO.2018 出 9 0.00413% 94.95006% 4	NO.2028 折 9 0.00413% 94.99133% 4	NO.2038 间 9 0.00413% 95.03261% 3	NO.2048 ⿰糸冊 9 0.00413% 95.07388% 3	NO.2058 眯 9 0.00413% 95.11515% 2	NO.2068 ⿸广共 8 0.00367% 95.15505% 2	NO.2078 勺 8 0.00367% 95.19173% 1	NO.2088 笼 8 0.00367% 95.22842% 4	NO.2098 挪 8 0.00367% 95.26511% 2
NO.2009 駝 9 0.00413% 94.91291% 1	NO.2019 溺 9 0.00413% 94.95419% 3	NO.2029 仰 9 0.00413% 94.99546% 5	NO.2039 腰 9 0.00413% 95.03673% 2	NO.2049 控 9 0.00413% 95.07801% 1	NO.2059 味 9 0.00413% 95.11928% 5	NO.2069 漂 8 0.00367% 95.15872% 4	NO.2079 算 8 0.00367% 95.19540% 4	NO.2089 髮 8 0.00367% 95.23209% 2	NO.2099 泉 8 0.00367% 95.26878% 2
NO.2010 專 9 0.00413% 94.91704% 5	NO.2020 黿 9 0.00413% 94.95831% 1	NO.2030 串 9 0.00413% 94.99959% 7	NO.2040 釖 9 0.00413% 95.04086% 4	NO.2050 离 9 0.00413% 95.08213% 4	NO.2060 ⿰口立 9 0.00413% 95.12341% 4	NO.2070 羅 8 0.00367% 95.16239% 3	NO.2080 ⿱罒贝 8 0.00367% 95.19907% 1	NO.2090 嘿 8 0.00367% 95.23576% 1	NO.2100 败 8 0.00367% 95.27245% 2

NO.2101	停	8	0.00367%	95.27611%	4
NO.2102	虎	8	0.00367%	95.27978%	4
NO.2103	系	8	0.00367%	95.28345%	2
NO.2104	帛	8	0.00367%	95.28712%	4
NO.2105	旱	8	0.00367%	95.29079%	1
NO.2106	遥	8	0.00367%	95.29446%	5
NO.2107	觀	8	0.00367%	95.29813%	5
NO.2108	粘	8	0.00367%	95.30179%	4
NO.2109	撞	8	0.00367%	95.30546%	3
NO.2110	忒	8	0.00367%	95.30913%	2
NO.2111	録	8	0.00367%	95.31280%	3
NO.2112	霧	8	0.00367%	95.31647%	5
NO.2113	箐	8	0.00367%	95.32014%	1
NO.2114	紡	8	0.00367%	95.32381%	3
NO.2115	訢	8	0.00367%	95.32748%	5
NO.2116	歌	8	0.00367%	95.33114%	4
NO.2117	昔	8	0.00367%	95.33481%	5
NO.2118	吞	8	0.00367%	95.33848%	2
NO.2119	努	8	0.00367%	95.34215%	2
NO.2120	技	8	0.00367%	95.34582%	2
NO.2121	將	8	0.00367%	95.34949%	2
NO.2122	流	8	0.00367%	95.35316%	3
NO.2123	騎	8	0.00367%	95.35683%	4
NO.2124	然	8	0.00367%	95.36049%	3
NO.2125	美	8	0.00367%	95.36416%	2
NO.2126	翻	8	0.00367%	95.36783%	1
NO.2127	㑩	8	0.00367%	95.37150%	2
NO.2128	憐	8	0.00367%	95.37517%	2
NO.2129	耶	8	0.00367%	95.37884%	3
NO.2130	直	8	0.00367%	95.38251%	1
NO.2131	青	8	0.00367%	95.38617%	1
NO.2132	謟	8	0.00367%	95.38984%	1
NO.2133	㚤	8	0.00367%	95.39351%	2
NO.2134	筂	8	0.00367%	95.39718%	3
NO.2135	臉	8	0.00367%	95.40085%	1
NO.2136	橫	8	0.00367%	95.40452%	4
NO.2137	真	8	0.00367%	95.40819%	2
NO.2138	滤	8	0.00367%	95.41186%	1
NO.2139	呷	8	0.00367%	95.41552%	1
NO.2140	愣	8	0.00367%	95.41919%	1
NO.2141	仅	8	0.00367%	95.42286%	4
NO.2142	埜	8	0.00367%	95.42653%	3
NO.2143	忟	8	0.00367%	95.43020%	4
NO.2144	䶬	8	0.00367%	95.43387%	1
NO.2145	䀯	8	0.00367%	95.43754%	2
NO.2146	頓	8	0.00367%	95.44120%	4
NO.2147	推	8	0.00367%	95.44487%	2
NO.2148	荒	8	0.00367%	95.44854%	5
NO.2149	聀	8	0.00367%	95.45221%	1
NO.2150	點	8	0.00367%	95.45588%	1
NO.2151	闪	8	0.00367%	95.45955%	4
NO.2152	罘	8	0.00367%	95.46322%	1
NO.2153	鄰	8	0.00367%	95.46689%	1
NO.2154	𦔻	8	0.00367%	95.47055%	2
NO.2155	畐	8	0.00367%	95.47422%	2
NO.2156	瘤	8	0.00367%	95.47789%	1
NO.2157	爺	8	0.00367%	95.48156%	3
NO.2158	埇	8	0.00367%	95.48523%	2
NO.2159	謂	8	0.00367%	95.48890%	3
NO.2160	画	8	0.00367%	95.49257%	4
NO.2161	鸞	8	0.00367%	95.49624%	3
NO.2162	盘	8	0.00367%	95.49990%	1
NO.2163	儅	8	0.00367%	95.50357%	3
NO.2164	侁	8	0.00367%	95.50724%	3
NO.2165	肱	8	0.00367%	95.51091%	1
NO.2166	单	8	0.00367%	95.51458%	5
NO.2167	鶵	8	0.00367%	95.51825%	1
NO.2168	奚	8	0.00367%	95.52192%	5
NO.2169	儂	8	0.00367%	95.52558%	2
NO.2170	嘐	8	0.00367%	95.52925%	3
NO.2171	移	8	0.00367%	95.53292%	3
NO.2172	犾	8	0.00367%	95.53659%	1
NO.2173	𤏸	8	0.00367%	95.54026%	1
NO.2174	越	8	0.00367%	95.54393%	2
NO.2175	猖	8	0.00367%	95.54760%	4
NO.2176	宠	8	0.00367%	95.55127%	1
NO.2177	甫	8	0.00367%	95.55493%	5
NO.2178	哇	8	0.00367%	95.55860%	2
NO.2179	母	8	0.00367%	95.56227%	3
NO.2180	草	7	0.00321%	95.56548%	1
NO.2181	眠	7	0.00321%	95.56869%	2
NO.2182	歲	7	0.00321%	95.57190%	3
NO.2183	頂	7	0.00321%	95.57511%	6
NO.2184	壳	7	0.00321%	95.57832%	4
NO.2185	戓	7	0.00321%	95.58153%	1
NO.2186	或	7	0.00321%	95.58474%	3
NO.2187	草	7	0.00321%	95.58795%	3
NO.2188	细	7	0.00321%	95.59116%	6
NO.2189	囂	7	0.00321%	95.59437%	3
NO.2190	胖	7	0.00321%	95.59758%	1
NO.2191	雲	7	0.00321%	95.60079%	2
NO.2192	叩	7	0.00321%	95.60400%	3
NO.2193	冺	7	0.00321%	95.60721%	3
NO.2194	獺	7	0.00321%	95.61042%	3
NO.2195	爺	7	0.00321%	95.61363%	1
NO.2196	炟	7	0.00321%	95.61684%	3
NO.2197	困	7	0.00321%	95.62005%	1
NO.2198	㚦	7	0.00321%	95.62326%	1
NO.2199	刚	7	0.00321%	95.62647%	2
NO.2200	蹊	7	0.00321%	95.62968%	2

NO.2201 譴 7 0.00321% 95.63289% 1	NO.2211 伍 7 0.00321% 95.66499% 7	NO.2221 胆 7 0.00321% 95.69710% 5	NO.2231 壮 7 0.00321% 95.72920% 4	NO.2241 摸 7 0.00321% 95.76130% 3	NO.2251 深 7 0.00321% 95.79340% 5	NO.2261 廉 7 0.00321% 95.82550% 3	NO.2271 筹 7 0.00321% 95.85760% 2	NO.2281 轎 7 0.00321% 95.88970% 3	NO.2291 聖 7 0.00321% 95.92180% 1
NO.2202 虽 7 0.00321% 95.63610% 2	NO.2212 奠 7 0.00321% 95.66820% 3	NO.2222 拐 7 0.00321% 95.70031% 4	NO.2232 看 7 0.00321% 95.73241% 3	NO.2242 簡 7 0.00321% 95.76451% 2	NO.2252 笏 7 0.00321% 95.79661% 1	NO.2262 尞 7 0.00321% 95.82871% 1	NO.2272 关 7 0.00321% 95.86081% 1	NO.2282 綿 7 0.00321% 95.89291% 4	NO.2292 夗 7 0.00321% 95.92501% 1
NO.2203 蛀 7 0.00321% 95.63931% 1	NO.2213 濁 7 0.00321% 95.67141% 3	NO.2223 刑 7 0.00321% 95.70352% 6	NO.2233 潦 7 0.00321% 95.73562% 3	NO.2243 錠 7 0.00321% 95.76772% 1	NO.2253 嚂 7 0.00321% 95.79982% 1	NO.2263 還 7 0.00321% 95.83192% 2	NO.2273 頓 7 0.00321% 95.86402% 1	NO.2283 量 7 0.00321% 95.89612% 3	NO.2293 啥 7 0.00321% 95.92822% 1
NO.2204 塔 7 0.00321% 95.64252% 5	NO.2214 瑞 7 0.00321% 95.67462% 5	NO.2224 補 7 0.00321% 95.70673% 3	NO.2234 忌 7 0.00321% 95.73883% 3	NO.2244 嘹 7 0.00321% 95.77093% 4	NO.2254 喪 7 0.00321% 95.80303% 1	NO.2264 哪 7 0.00321% 95.83513% 2	NO.2274 社 7 0.00321% 95.86723% 1	NO.2284 册 7 0.00321% 95.89933% 4	NO.2294 升 7 0.00321% 95.93143% 1
NO.2205 額 7 0.00321% 95.64573% 2	NO.2215 蒼 7 0.00321% 95.67783% 6	NO.2225 泿 7 0.00321% 95.70994% 3	NO.2235 簣 7 0.00321% 95.74204% 4	NO.2245 蚆 7 0.00321% 95.77414% 4	NO.2255 妹 7 0.00321% 95.80624% 2	NO.2265 賣 7 0.00321% 95.83834% 3	NO.2275 蹈 7 0.00321% 95.87044% 2	NO.2285 寃 7 0.00321% 95.90254% 2	NO.2295 清 7 0.00321% 95.93464% 1
NO.2206 蜊 7 0.00321% 95.64894% 3	NO.2216 丧 7 0.00321% 95.68104% 3	NO.2226 燕 7 0.00321% 95.71315% 5	NO.2236 餓 7 0.00321% 95.74525% 5	NO.2246 窕 7 0.00321% 95.77735% 3	NO.2256 帽 7 0.00321% 95.80945% 3	NO.2266 沩 7 0.00321% 95.84155% 4	NO.2276 若 7 0.00321% 95.87365% 3	NO.2286 仇 7 0.00321% 95.90575% 5	NO.2296 処 7 0.00321% 95.93785% 1
NO.2207 瘓 7 0.00321% 95.65215% 1	NO.2217 僧 7 0.00321% 95.68425% 3	NO.2227 機 7 0.00321% 95.71636% 2	NO.2237 馱 7 0.00321% 95.74846% 5	NO.2247 玘 7 0.00321% 95.78056% 4	NO.2257 冷 7 0.00321% 95.81266% 1	NO.2267 捞 7 0.00321% 95.84476% 3	NO.2277 论 7 0.00321% 95.87686% 3	NO.2287 船 7 0.00321% 95.90896% 2	NO.2297 兑 7 0.00321% 95.94106% 4
NO.2208 再 7 0.00321% 95.65536% 4	NO.2218 升 7 0.00321% 95.68747% 3	NO.2228 語 7 0.00321% 95.71957% 2	NO.2238 鲜 7 0.00321% 95.75167% 2	NO.2248 溏 7 0.00321% 95.78377% 2	NO.2258 懷 7 0.00321% 95.81587% 1	NO.2268 馬 7 0.00321% 95.84797% 1	NO.2278 壇 7 0.00321% 95.88007% 1	NO.2288 虛 7 0.00321% 95.91217% 3	NO.2298 樂 7 0.00321% 95.94427% 4
NO.2209 删 7 0.00321% 95.65857% 2	NO.2219 忍 7 0.00321% 95.69068% 4	NO.2229 説 7 0.00321% 95.72278% 4	NO.2239 测 7 0.00321% 95.75488% 4	NO.2249 偊 7 0.00321% 95.78698% 2	NO.2259 叹 7 0.00321% 95.81908% 1	NO.2269 囊 7 0.00321% 95.85118% 1	NO.2279 究 7 0.00321% 95.88328% 1	NO.2289 闭 7 0.00321% 95.91538% 5	NO.2299 龕 7 0.00321% 95.94748% 4
NO.2210 鲁 7 0.00321% 95.66178% 4	NO.2220 峃 7 0.00321% 95.69389% 1	NO.2230 煮 7 0.00321% 95.72599% 5	NO.2240 筈 7 0.00321% 95.75809% 3	NO.2250 無 7 0.00321% 95.79019% 1	NO.2260 闵 7 0.00321% 95.82229% 4	NO.2270 晗 7 0.00321% 95.85439% 5	NO.2280 阵 7 0.00321% 95.88649% 1	NO.2290 赤 7 0.00321% 95.91859% 4	NO.2300 勝 7 0.00321% 95.95069% 6

NO.2301 隊 7 0.00321% 95.95390% 5	NO.2311 追 7 0.00321% 95.98600% 1	NO.2321 [illegible] 7 0.00321% 96.01810% 3	NO.2331 仴 7 0.00321% 96.05021% 4	NO.2341 旬 6 0.00275% 96.07956% 3	NO.2351 兎 6 0.00275% 96.10707% 1	NO.2361 斬 6 0.00275% 96.13459% 4	NO.2371 疟 6 0.00275% 96.16210% 2	NO.2381 偏 6 0.00275% 96.18962% 4	NO.2391 烟 6 0.00275% 96.21713% 5
NO.2302 贊 7 0.00321% 95.95711% 5	NO.2312 盇 7 0.00321% 95.98921% 1	NO.2322 解 7 0.00321% 96.02132% 5	NO.2332 啥 7 0.00321% 96.05342% 2	NO.2342 隆 6 0.00275% 96.08231% 1	NO.2352 石 6 0.00275% 96.10982% 5	NO.2362 园 6 0.00275% 96.13734% 3	NO.2372 闹 6 0.00275% 96.16485% 5	NO.2382 劝 6 0.00275% 96.19237% 1	NO.2392 叶 6 0.00275% 96.21988% 3
NO.2303 论 7 0.00321% 95.96032% 1	NO.2313 [illegible] 7 0.00321% 95.99242% 4	NO.2323 装 7 0.00321% 96.02453% 2	NO.2333 鸦 7 0.00321% 96.05663% 2	NO.2343 俻 6 0.00275% 96.08506% 2	NO.2353 凳 6 0.00275% 96.11257% 1	NO.2363 勤 6 0.00275% 96.14009% 3	NO.2373 堅 6 0.00275% 96.16760% 2	NO.2383 寬 6 0.00275% 96.19512% 4	NO.2393 耿 6 0.00275% 96.22263% 1
NO.2304 萝 7 0.00321% 95.96353% 3	NO.2314 [illegible] 7 0.00321% 95.99563% 2	NO.2324 [illegible] 7 0.00321% 96.02774% 1	NO.2334 吃 7 0.00321% 96.05984% 2	NO.2344 [illegible] 6 0.00275% 96.08781% 3	NO.2354 肩 6 0.00275% 96.11532% 3	NO.2364 鈌 6 0.00275% 96.14284% 4	NO.2374 䣯 6 0.00275% 96.17036% 1	NO.2384 復 6 0.00275% 96.19787% 5	NO.2394 佑 6 0.00275% 96.22539% 4
NO.2305 善 7 0.00321% 95.96674% 5	NO.2315 [illegible] 7 0.00321% 95.99884% 1	NO.2325 [illegible] 7 0.00321% 96.03095% 4	NO.2335 [illegible] 7 0.00321% 96.06305% 1	NO.2345 冋 6 0.00275% 96.09056% 2	NO.2355 迓 6 0.00275% 96.11808% 5	NO.2365 菓 6 0.00275% 96.14559% 1	NO.2375 焚 6 0.00275% 96.17311% 4	NO.2385 师 6 0.00275% 96.20062% 2	NO.2395 紼 6 0.00275% 96.22814% 2
NO.2306 曰 7 0.00321% 95.96995% 4	NO.2316 夲 7 0.00321% 96.00205% 4	NO.2326 [illegible] 7 0.00321% 96.03416% 1	NO.2336 蕭 6 0.00275% 96.06580% 1	NO.2346 [illegible] 6 0.00275% 96.09331% 1	NO.2356 因 6 0.00275% 96.12083% 3	NO.2366 瀨 6 0.00275% 96.14834% 1	NO.2376 狄 6 0.00275% 96.17586% 3	NO.2386 湾 6 0.00275% 96.20337% 4	NO.2396 兹 6 0.00275% 96.23089% 2
NO.2307 蟻 7 0.00321% 95.97316% 2	NO.2317 虗 7 0.00321% 96.00526% 5	NO.2327 曜 7 0.00321% 96.03737% 1	NO.2337 亩 6 0.00275% 96.06855% 4	NO.2347 氷 6 0.00275% 96.09606% 2	NO.2357 物 6 0.00275% 96.12358% 2	NO.2367 畜 6 0.00275% 96.15109% 1	NO.2377 舫 6 0.00275% 96.17861% 1	NO.2387 无 6 0.00275% 96.20612% 2	NO.2397 僚 6 0.00275% 96.23364% 5
NO.2308 魔 7 0.00321% 95.97637% 4	NO.2318 亭 7 0.00321% 96.00847% 2	NO.2328 宠 7 0.00321% 96.04058% 1	NO.2338 梢 6 0.00275% 96.07130% 1	NO.2348 [illegible] 6 0.00275% 96.09882% 1	NO.2358 踏 6 0.00275% 96.12633% 2	NO.2368 栏 6 0.00275% 96.15385% 1	NO.2378 [illegible] 6 0.00275% 96.18136% 1	NO.2388 嘩 6 0.00275% 96.20888% 5	NO.2398 賛 6 0.00275% 96.23639% 4
NO.2309 跎 7 0.00321% 95.97958% 1	NO.2319 娘 7 0.00321% 96.01168% 1	NO.2329 直 7 0.00321% 96.04379% 2	NO.2339 崴 6 0.00275% 96.07405% 1	NO.2349 絺 6 0.00275% 96.10157% 3	NO.2359 眠 6 0.00275% 96.12908% 1	NO.2369 拼 6 0.00275% 96.15660% 2	NO.2379 谢 6 0.00275% 96.18411% 1	NO.2389 擬 6 0.00275% 96.21163% 1	NO.2399 贖 6 0.00275% 96.23914% 3
NO.2310 莾 7 0.00321% 95.98279% 4	NO.2320 [illegible] 7 0.00321% 96.01489% 1	NO.2330 見 7 0.00321% 96.04700% 1	NO.2340 [illegible] 6 0.00275% 96.07680% 1	NO.2350 彦 6 0.00275% 96.10432% 2	NO.2360 凌 6 0.00275% 96.13183% 3	NO.2370 象 6 0.00275% 96.15935% 4	NO.2380 頎 6 0.00275% 96.18686% 1	NO.2390 学 6 0.00275% 96.21438% 4	NO.2400 祐 6 0.00275% 96.24189% 1

NO.2401 枰 6 0.00275% 96.24465% 2	NO.2411 祝 6 0.00275% 96.27216% 6	NO.2421 振 6 0.00275% 96.29968% 2	NO.2431 瞞 6 0.00275% 96.32719% 2	NO.2441 肯 6 0.00275% 96.35471% 1	NO.2451 鶤 6 0.00275% 96.38222% 2	NO.2461 究 6 0.00275% 96.40974% 4	NO.2471 禒 6 0.00275% 96.43725% 1	NO.2481 咊 6 0.00275% 96.46477% 4	NO.2491 筫 6 0.00275% 96.49228% 4
NO.2402 阨 6 0.00275% 96.24740% 1	NO.2412 卑 6 0.00275% 96.27491% 3	NO.2422 疤 6 0.00275% 96.30243% 3	NO.2432 齊 6 0.00275% 96.32994% 1	NO.2442 竈 6 0.00275% 96.35746% 1	NO.2452 聃 6 0.00275% 96.38497% 3	NO.2462 壞 6 0.00275% 96.41249% 1	NO.2472 敕 6 0.00275% 96.44000% 4	NO.2482 内 6 0.00275% 96.46752% 1	NO.2492 㦬 6 0.00275% 96.49503% 1
NO.2403 於 6 0.00275% 96.25015% 6	NO.2413 鐔 6 0.00275% 96.27766% 2	NO.2423 跳 6 0.00275% 96.30518% 1	NO.2433 迎 6 0.00275% 96.33269% 2	NO.2443 骨 6 0.00275% 96.36021% 2	NO.2453 颱 6 0.00275% 96.38772% 1	NO.2463 龍 6 0.00275% 96.41524% 1	NO.2473 肱 6 0.00275% 96.44275% 5	NO.2483 眏 6 0.00275% 96.47027% 1	NO.2493 菓 6 0.00275% 96.49779% 1
NO.2404 溂 6 0.00275% 96.25290% 1	NO.2414 耐 6 0.00275% 96.28042% 2	NO.2424 咄 6 0.00275% 96.30793% 2	NO.2434 器 6 0.00275% 96.33545% 3	NO.2444 凑 6 0.00275% 96.36296% 1	NO.2454 付 6 0.00275% 96.39048% 3	NO.2464 封 6 0.00275% 96.41799% 3	NO.2474 咦 6 0.00275% 96.44551% 2	NO.2484 怒 6 0.00275% 96.47302% 1	NO.2494 獏 6 0.00275% 96.50054% 1
NO.2405 隘 6 0.00275% 96.25565% 5	NO.2415 興 6 0.00275% 96.28317% 4	NO.2425 龍 6 0.00275% 96.31068% 1	NO.2435 式 6 0.00275% 96.33820% 3	NO.2445 樓 6 0.00275% 96.36571% 2	NO.2455 疏 6 0.00275% 96.39323% 1	NO.2465 粕 6 0.00275% 96.42074% 1	NO.2475 找 6 0.00275% 96.44826% 1	NO.2485 县 6 0.00275% 96.47577% 3	NO.2495 音 6 0.00275% 96.50329% 2
NO.2406 馮 6 0.00275% 96.25840% 3	NO.2416 仍 6 0.00275% 96.28592% 4	NO.2426 賴 6 0.00275% 96.31343% 1	NO.2436 傷 6 0.00275% 96.34095% 3	NO.2446 离 6 0.00275% 96.36846% 3	NO.2456 筷 6 0.00275% 96.39598% 1	NO.2466 宋 6 0.00275% 96.42349% 1	NO.2476 柏 6 0.00275% 96.45101% 3	NO.2486 獬 6 0.00275% 96.47852% 1	NO.2496 釵 6 0.00275% 96.50604% 2
NO.2407 體 6 0.00275% 96.26116% 2	NO.2417 闌 6 0.00275% 96.28867% 2	NO.2427 格 6 0.00275% 96.31619% 3	NO.2437 憂 6 0.00275% 96.34370% 4	NO.2447 真 6 0.00275% 96.37122% 3	NO.2457 达 6 0.00275% 96.39873% 2	NO.2467 靠 6 0.00275% 96.42625% 2	NO.2477 唔 6 0.00275% 96.45376% 3	NO.2487 猿 6 0.00275% 96.48128% 1	NO.2497 害 6 0.00275% 96.50879% 3
NO.2408 竉 6 0.00275% 96.26391% 5	NO.2418 徵 6 0.00275% 96.29142% 1	NO.2428 乚 6 0.00275% 96.31894% 2	NO.2438 丈 6 0.00275% 96.34645% 1	NO.2448 欺 6 0.00275% 96.37397% 3	NO.2458 寡 6 0.00275% 96.40148% 1	NO.2468 剪 6 0.00275% 96.42900% 3	NO.2478 貪 6 0.00275% 96.45651% 1	NO.2488 蓋 6 0.00275% 96.48403% 4	NO.2498 勤 6 0.00275% 96.51154% 3
NO.2409 澇 6 0.00275% 96.26666% 3	NO.2419 贖 6 0.00275% 96.29417% 2	NO.2429 晤 6 0.00275% 96.32169% 1	NO.2439 卯 6 0.00275% 96.34920% 6	NO.2449 寡 6 0.00275% 96.37672% 1	NO.2459 夣 6 0.00275% 96.40423% 3	NO.2469 瓶 6 0.00275% 96.43175% 5	NO.2479 舞 6 0.00275% 96.45926% 4	NO.2489 罵 6 0.00275% 96.48678% 5	NO.2499 聾 5 0.00229% 96.51384% 1
NO.2410 謨 6 0.00275% 96.26941% 2	NO.2420 標 6 0.00275% 96.29692% 3	NO.2430 姆 6 0.00275% 96.32444% 3	NO.2440 悔 6 0.00275% 96.35195% 3	NO.2450 欖 6 0.00275% 96.37947% 2	NO.2460 睨 6 0.00275% 96.40699% 2	NO.2470 嗎 6 0.00275% 96.43450% 2	NO.2480 誦 6 0.00275% 96.46202% 3	NO.2490 狠 6 0.00275% 96.48953% 3	NO.2500 郊 5 0.00229% 96.51613% 4

NO.2501 睹 5 0.00229% 96.51842% 1	NO.2511 執 5 0.00229% 96.54135% 1	NO.2521 收 5 0.00229% 96.56428% 2	NO.2531 [illegible] 5 0.00229% 96.58721% 1	NO.2541 播 5 0.00229% 96.61014% 4	NO.2551 媒 5 0.00229% 96.63307% 1	NO.2561 罷 5 0.00229% 96.65600% 4	NO.2571 刚 5 0.00229% 96.67893% 4	NO.2581 候 5 0.00229% 96.70186% 4	NO.2591 獜 5 0.00229% 96.72478% 2
NO.2502 閥 5 0.00229% 96.52071% 3	NO.2512 阴 5 0.00229% 96.54364% 3	NO.2522 炒 5 0.00229% 96.56657% 4	NO.2532 [illegible] 5 0.00229% 96.58950% 1	NO.2542 宛 5 0.00229% 96.61243% 1	NO.2552 蜀 5 0.00229% 96.63536% 3	NO.2562 疆 5 0.00229% 96.65829% 3	NO.2572 並 5 0.00229% 96.68122% 2	NO.2582 对 5 0.00229% 96.70415% 1	NO.2592 還 5 0.00229% 96.72708% 2
NO.2503 䟽 5 0.00229% 96.52301% 2	NO.2513 友 5 0.00229% 96.54594% 3	NO.2523 蔭 5 0.00229% 96.56887% 2	NO.2533 济 5 0.00229% 96.59179% 2	NO.2543 总 5 0.00229% 96.61472% 1	NO.2553 薩 5 0.00229% 96.63765% 4	NO.2563 延 5 0.00229% 96.66058% 3	NO.2573 过 5 0.00229% 96.68351% 2	NO.2583 塗 5 0.00229% 96.70644% 1	NO.2593 恢 5 0.00229% 96.72937% 3
NO.2504 鎖 5 0.00229% 96.52530% 3	NO.2514 襬 5 0.00229% 96.54823% 2	NO.2524 赖 5 0.00229% 96.57116% 2	NO.2534 具 5 0.00229% 96.59409% 2	NO.2544 涼 5 0.00229% 96.61702% 3	NO.2554 瓦 5 0.00229% 96.63995% 2	NO.2564 店 5 0.00229% 96.66288% 3	NO.2574 鄧 5 0.00229% 96.68580% 2	NO.2584 鴨 5 0.00229% 96.70873% 3	NO.2594 西 5 0.00229% 96.73166% 2
NO.2505 督 5 0.00229% 96.52759% 1	NO.2515 闩 5 0.00229% 96.55052% 3	NO.2525 華 5 0.00229% 96.57345% 1	NO.2535 乀 5 0.00229% 96.59638% 1	NO.2545 妻 5 0.00229% 96.61931% 3	NO.2555 罕 5 0.00229% 96.64224% 3	NO.2565 殃 5 0.00229% 96.66517% 4	NO.2575 潤 5 0.00229% 96.68810% 2	NO.2585 詐 5 0.00229% 96.71103% 4	NO.2595 還 5 0.00229% 96.73396% 2
NO.2506 閔 5 0.00229% 96.52989% 2	NO.2516 費 5 0.00229% 96.55282% 3	NO.2526 寻 5 0.00229% 96.57574% 1	NO.2536 胼 5 0.00229% 96.59867% 1	NO.2546 寧 5 0.00229% 96.62160% 2	NO.2556 戊 5 0.00229% 96.64453% 5	NO.2566 银 5 0.00229% 96.66746% 4	NO.2576 収 5 0.00229% 96.69039% 1	NO.2586 屯 5 0.00229% 96.71332% 2	NO.2596 门 5 0.00229% 96.73625% 4
NO.2507 雀 5 0.00229% 96.53218% 2	NO.2517 [illegible] 5 0.00229% 96.55511% 1	NO.2527 北 5 0.00229% 96.57804% 1	NO.2537 乇 5 0.00229% 96.60097% 1	NO.2547 圭 5 0.00229% 96.62390% 1	NO.2557 昏 5 0.00229% 96.64683% 4	NO.2567 遍 5 0.00229% 96.66975% 4	NO.2577 絕 5 0.00229% 96.69268% 3	NO.2587 銭 5 0.00229% 96.71561% 1	NO.2597 坭 5 0.00229% 96.73854% 4
NO.2508 楚 5 0.00229% 96.53447% 2	NO.2518 遼 5 0.00229% 96.55740% 1	NO.2528 美 5 0.00229% 96.58033% 2	NO.2538 叟 5 0.00229% 96.60326% 3	NO.2548 泥 5 0.00229% 96.62619% 3	NO.2558 帥 5 0.00229% 96.64912% 2	NO.2568 紫 5 0.00229% 96.67205% 3	NO.2578 换 5 0.00229% 96.69498% 2	NO.2588 即 5 0.00229% 96.71791% 3	NO.2598 卩 5 0.00229% 96.74084% 1
NO.2509 枝 5 0.00229% 96.53676% 2	NO.2519 [illegible] 5 0.00229% 96.55969% 1	NO.2529 管 5 0.00229% 96.58262% 1	NO.2539 么 5 0.00229% 96.60555% 2	NO.2549 穿 5 0.00229% 96.62848% 3	NO.2559 携 5 0.00229% 96.65141% 2	NO.2569 季 5 0.00229% 96.67434% 5	NO.2579 捲 5 0.00229% 96.69727% 1	NO.2589 算 5 0.00229% 96.72020% 2	NO.2599 疤 5 0.00229% 96.74313% 1
NO.2510 易 5 0.00229% 96.53906% 5	NO.2520 潭 5 0.00229% 96.56199% 3	NO.2530 類 5 0.00229% 96.58492% 2	NO.2540 硯 5 0.00229% 96.60785% 2	NO.2550 兼 5 0.00229% 96.63077% 2	NO.2560 邪 5 0.00229% 96.65370% 3	NO.2570 販 5 0.00229% 96.67663% 2	NO.2580 歸 5 0.00229% 96.69956% 2	NO.2590 遻 5 0.00229% 96.72249% 1	NO.2600 蜉 5 0.00229% 96.74542% 2

NO.2601 様 5 0.00229% 96.74771% 3	NO.2611 两 5 0.00229% 96.77064% 5	NO.2621 銀 5 0.00229% 96.79357% 1	NO.2631 素 5 0.00229% 96.81650% 1	NO.2641 壘 5 0.00229% 96.83943% 3	NO.2651 笼 5 0.00229% 96.86236% 2	NO.2661 農 5 0.00229% 96.88529% 1	NO.2671 扑 5 0.00229% 96.90822% 3	NO.2681 速 5 0.00229% 96.93115% 4	NO.2691 惱 5 0.00229% 96.95408% 1
NO.2602 宏 5 0.00229% 96.75001% 1	NO.2612 徵 5 0.00229% 96.77294% 1	NO.2622 罷 5 0.00229% 96.79587% 1	NO.2632 卪 5 0.00229% 96.81879% 1	NO.2642 亮 5 0.00229% 96.84172% 1	NO.2652 玘 5 0.00229% 96.86465% 2	NO.2662 鸡 5 0.00229% 96.88758% 1	NO.2672 埕 5 0.00229% 96.91051% 3	NO.2682 項 5 0.00229% 96.93344% 3	NO.2692 這 5 0.00229% 96.95637% 2
NO.2603 原 5 0.00229% 96.75230% 2	NO.2613 峩 5 0.00229% 96.77523% 4	NO.2623 嘘 5 0.00229% 96.79816% 2	NO.2633 殑 5 0.00229% 96.82109% 3	NO.2643 恒 5 0.00229% 96.84402% 1	NO.2653 苔 5 0.00229% 96.86695% 2	NO.2663 賤 5 0.00229% 96.88988% 4	NO.2673 面 5 0.00229% 96.91280% 1	NO.2683 槍 5 0.00229% 96.93573% 1	NO.2693 兑 5 0.00229% 96.95866% 3
NO.2604 賊 5 0.00229% 96.75459% 2	NO.2614 崇 5 0.00229% 96.77752% 1	NO.2624 籠 5 0.00229% 96.80045% 1	NO.2634 莒 5 0.00229% 96.82338% 4	NO.2644 吃 5 0.00229% 96.84631% 1	NO.2654 瞥 5 0.00229% 96.86924% 1	NO.2664 蹄 5 0.00229% 96.89217% 3	NO.2674 証 5 0.00229% 96.91510% 3	NO.2684 欵 5 0.00229% 96.93803% 2	NO.2694 嘎 5 0.00229% 96.96096% 4
NO.2605 櫳 5 0.00229% 96.75689% 4	NO.2615 綳 5 0.00229% 96.77981% 2	NO.2625 沌 5 0.00229% 96.80274% 3	NO.2635 銭 5 0.00229% 96.82567% 2	NO.2645 梇 5 0.00229% 96.84860% 2	NO.2655 啫 5 0.00229% 96.87153% 1	NO.2665 烈 5 0.00229% 96.89446% 1	NO.2675 糞 5 0.00229% 96.91739% 3	NO.2685 受 5 0.00229% 96.94032% 4	NO.2695 狝 5 0.00229% 96.96325% 1
NO.2606 乱 5 0.00229% 96.75918% 2	NO.2616 潘 5 0.00229% 96.78211% 3	NO.2626 髪 5 0.00229% 96.80504% 2	NO.2636 筊 5 0.00229% 96.82797% 1	NO.2646 影 5 0.00229% 96.85090% 3	NO.2656 低 5 0.00229% 96.87382% 1	NO.2666 虽 5 0.00229% 96.89675% 1	NO.2676 起 5 0.00229% 96.91968% 2	NO.2686 丿 5 0.00229% 96.94261% 1	NO.2696 启 5 0.00229% 96.96554% 1
NO.2607 禝 5 0.00229% 96.76147% 2	NO.2617 㤠 5 0.00229% 96.78440% 1	NO.2627 闷 5 0.00229% 96.80733% 4	NO.2637 頑 5 0.00229% 96.83026% 4	NO.2647 荳 5 0.00229% 96.85319% 2	NO.2657 夾 5 0.00229% 96.87612% 1	NO.2667 旺 5 0.00229% 96.89905% 1	NO.2677 承 5 0.00229% 96.92198% 1	NO.2687 悁 5 0.00229% 96.94491% 2	NO.2697 訨 5 0.00229% 96.96783% 1
NO.2608 獮 5 0.00229% 96.76376% 2	NO.2618 舡 5 0.00229% 96.78669% 2	NO.2628 喊 5 0.00229% 96.80962% 1	NO.2638 曆 5 0.00229% 96.83255% 3	NO.2648 鋤 5 0.00229% 96.85548% 1	NO.2658 冐 5 0.00229% 96.87841% 2	NO.2668 管 5 0.00229% 96.90134% 1	NO.2678 糯 5 0.00229% 96.92427% 4	NO.2688 端 5 0.00229% 96.94720% 5	NO.2698 撗 5 0.00229% 96.97013% 1
NO.2609 錐 5 0.00229% 96.76606% 2	NO.2619 龍 5 0.00229% 96.78899% 1	NO.2629 甲 5 0.00229% 96.81192% 1	NO.2639 乾 5 0.00229% 96.83485% 1	NO.2649 啪 5 0.00229% 96.85777% 1	NO.2659 斋 5 0.00229% 96.88070% 3	NO.2669 凴 5 0.00229% 96.90363% 3	NO.2679 陪 5 0.00229% 96.92656% 1	NO.2689 夷 5 0.00229% 96.94949% 5	NO.2699 礶 5 0.00229% 96.97242% 2
NO.2610 先 5 0.00229% 96.76835% 2	NO.2620 尼 5 0.00229% 96.79128% 2	NO.2630 鳳 5 0.00229% 96.81421% 4	NO.2640 寡 5 0.00229% 96.83714% 3	NO.2650 咄 5 0.00229% 96.86007% 4	NO.2660 亜 5 0.00229% 96.88300% 3	NO.2670 鎖 5 0.00229% 96.90593% 3	NO.2680 庇 5 0.00229% 96.92886% 3	NO.2690 首 5 0.00229% 96.95178% 3	NO.2700 吳 5 0.00229% 96.97471% 1

NO.2701 坏 5 0.00229% 96.97701% 2	NO.2711 椂 5 0.00229% 96.99994% 2	NO.2721 吆 4 0.00183% 97.02195% 2	NO.2731 简 4 0.00183% 97.04029% 1	NO.2741 滅 4 0.00183% 97.05863% 2	NO.2751 𧿹 4 0.00183% 97.07698% 1	NO.2761 臛 4 0.00183% 97.09532% 1	NO.2771 癔 4 0.00183% 97.11366% 1	NO.2781 什 4 0.00183% 97.13201% 2	NO.2791 媚 4 0.00183% 97.15035% 1
NO.2702 雙 5 0.00229% 96.97930% 3	NO.2712 蓓 5 0.00229% 97.00223% 2	NO.2722 鼉 4 0.00183% 97.02378% 4	NO.2732 𤝞 4 0.00183% 97.04213% 1	NO.2742 殳 4 0.00183% 97.06047% 1	NO.2752 娌 4 0.00183% 97.07881% 1	NO.2762 咽 4 0.00183% 97.09716% 1	NO.2772 遭 4 0.00183% 97.11550% 2	NO.2782 宁 4 0.00183% 97.13384% 3	NO.2792 柜 4 0.00183% 97.15219% 2
NO.2703 慪 5 0.00229% 96.98159% 1	NO.2713 歛 5 0.00229% 97.00452% 2	NO.2723 蚟 4 0.00183% 97.02562% 3	NO.2733 笨 4 0.00183% 97.04396% 2	NO.2743 𥹅 4 0.00183% 97.06230% 4	NO.2753 黎 4 0.00183% 97.08065% 2	NO.2763 搪 4 0.00183% 97.09899% 3	NO.2773 仰 4 0.00183% 97.11733% 2	NO.2783 税 4 0.00183% 97.13568% 1	NO.2793 纽 4 0.00183% 97.15402% 1
NO.2704 炳 5 0.00229% 96.98389% 2	NO.2714 眠 5 0.00229% 97.00681% 2	NO.2724 毧 4 0.00183% 97.02745% 3	NO.2734 潢 4 0.00183% 97.04579% 1	NO.2744 徵 4 0.00183% 97.06414% 1	NO.2754 絅 4 0.00183% 97.08248% 3	NO.2764 刁 4 0.00183% 97.10082% 2	NO.2774 嗟 4 0.00183% 97.11917% 1	NO.2784 嗣 4 0.00183% 97.13751% 1	NO.2794 禍 4 0.00183% 97.15585% 2
NO.2705 爱 5 0.00229% 96.98618% 2	NO.2715 蓦 5 0.00229% 97.00911% 1	NO.2725 竟 4 0.00183% 97.02929% 2	NO.2735 昇 4 0.00183% 97.04763% 1	NO.2745 叮 4 0.00183% 97.06597% 1	NO.2755 画 4 0.00183% 97.08432% 1	NO.2765 狳 4 0.00183% 97.10266% 1	NO.2775 闫 4 0.00183% 97.12100% 1	NO.2785 旯 4 0.00183% 97.13935% 1	NO.2795 煉 4 0.00183% 97.15769% 3
NO.2706 𦙶 5 0.00229% 96.98847% 1	NO.2716 獭 5 0.00229% 97.01140% 2	NO.2726 袙 4 0.00183% 97.03112% 1	NO.2736 棍 4 0.00183% 97.04946% 4	NO.2746 盤 4 0.00183% 97.06781% 2	NO.2756 懐 4 0.00183% 97.08615% 2	NO.2766 嵬 4 0.00183% 97.10449% 1	NO.2776 佞 4 0.00183% 97.12284% 1	NO.2786 鴉 4 0.00183% 97.14118% 1	NO.2796 密 4 0.00183% 97.15952% 3
NO.2707 奎 5 0.00229% 96.99076% 2	NO.2717 礻 5 0.00229% 97.01369% 1	NO.2727 捶 4 0.00183% 97.03295% 1	NO.2737 衍 4 0.00183% 97.05130% 3	NO.2747 翹 4 0.00183% 97.06964% 3	NO.2757 哉 4 0.00183% 97.08798% 1	NO.2767 疏 4 0.00183% 97.10633% 2	NO.2777 網 4 0.00183% 97.12467% 2	NO.2787 迄 4 0.00183% 97.14301% 1	NO.2797 棺 4 0.00183% 97.16136% 2
NO.2708 物 5 0.00229% 96.99306% 1	NO.2718 惱 5 0.00229% 97.01599% 2	NO.2728 响 4 0.00183% 97.03479% 1	NO.2738 棹 4 0.00183% 97.05313% 1	NO.2748 杆 4 0.00183% 97.07148% 3	NO.2758 唬 4 0.00183% 97.08982% 1	NO.2768 却 4 0.00183% 97.10816% 2	NO.2778 拈 4 0.00183% 97.12651% 2	NO.2788 催 4 0.00183% 97.14485% 3	NO.2798 典 4 0.00183% 97.16319% 2
NO.2709 魝 5 0.00229% 96.99535% 4	NO.2719 卤 5 0.00229% 97.01828% 3	NO.2729 傌 4 0.00183% 97.03662% 2	NO.2739 栰 4 0.00183% 97.05497% 3	NO.2749 欄 4 0.00183% 97.07331% 2	NO.2759 榣 4 0.00183% 97.09165% 1	NO.2769 發 4 0.00183% 97.11000% 1	NO.2779 膳 4 0.00183% 97.12834% 2	NO.2789 壶 4 0.00183% 97.14668% 1	NO.2799 傳 4 0.00183% 97.16503% 4
NO.2710 檑 5 0.00229% 96.99764% 3	NO.2720 栏 4 0.00183% 97.02011% 1	NO.2730 綖 4 0.00183% 97.03846% 1	NO.2740 攬 4 0.00183% 97.05680% 2	NO.2750 卡 4 0.00183% 97.07514% 1	NO.2760 芉 4 0.00183% 97.09349% 1	NO.2770 韻 4 0.00183% 97.11183% 1	NO.2780 糾 4 0.00183% 97.13017% 1	NO.2790 谭 4 0.00183% 97.14852% 2	NO.2800 栈 4 0.00183% 97.16686% 1

NO.2801 钦 4 0.00183% 97.16870% 1	NO.2811 園 4 0.00183% 97.18704% 3	NO.2821 隔 4 0.00183% 97.20538% 3	NO.2831 栊 4 0.00183% 97.22373% 1	NO.2841 孟 4 0.00183% 97.24207% 1	NO.2851 咲 4 0.00183% 97.26041% 4	NO.2861 綀 4 0.00183% 97.27876% 1	NO.2871 攔 4 0.00183% 97.29710% 1	NO.2881 卞 4 0.00183% 97.31544% 1	NO.2891 足 4 0.00183% 97.33379% 1
NO.2802 琶 4 0.00183% 97.17053% 4	NO.2812 昇 4 0.00183% 97.18887% 2	NO.2822 聰 4 0.00183% 97.20722% 3	NO.2832 啥 4 0.00183% 97.22556% 2	NO.2842 杉 4 0.00183% 97.24390% 2	NO.2852 釵 4 0.00183% 97.26225% 2	NO.2862 猫 4 0.00183% 97.28059% 2	NO.2872 嬰 4 0.00183% 97.29893% 3	NO.2882 賢 4 0.00183% 97.31728% 4	NO.2892 噌 4 0.00183% 97.33562% 1
NO.2803 集 4 0.00183% 97.17236% 4	NO.2813 醉 4 0.00183% 97.19071% 4	NO.2823 闌 4 0.00183% 97.20905% 1	NO.2833 柒 4 0.00183% 97.22739% 2	NO.2843 衽 4 0.00183% 97.24574% 2	NO.2853 兎 4 0.00183% 97.26408% 1	NO.2863 砵 4 0.00183% 97.28242% 3	NO.2873 扲 4 0.00183% 97.30077% 1	NO.2883 甚 4 0.00183% 97.31911% 1	NO.2893 頒 4 0.00183% 97.33745% 3
NO.2804 詔 4 0.00183% 97.17420% 1	NO.2814 遵 4 0.00183% 97.19254% 4	NO.2824 埬 4 0.00183% 97.21088% 2	NO.2834 仪 4 0.00183% 97.22923% 2	NO.2844 宰 4 0.00183% 97.24757% 1	NO.2854 𦕒 4 0.00183% 97.26592% 2	NO.2864 罗 4 0.00183% 97.28426% 3	NO.2874 蟪 4 0.00183% 97.30260% 1	NO.2884 龐 4 0.00183% 97.32095% 1	NO.2894 雷 4 0.00183% 97.33929% 2
NO.2805 判 4 0.00183% 97.17603% 3	NO.2815 俸 4 0.00183% 97.19438% 2	NO.2825 燭 4 0.00183% 97.21272% 4	NO.2835 憐 4 0.00183% 97.23106% 1	NO.2845 黒 4 0.00183% 97.24941% 2	NO.2855 欄 4 0.00183% 97.26775% 1	NO.2865 闬 4 0.00183% 97.28609% 2	NO.2875 鴻 4 0.00183% 97.30444% 3	NO.2885 擒 4 0.00183% 97.32278% 1	NO.2895 蠻 4 0.00183% 97.34112% 1
NO.2806 孕 4 0.00183% 97.17787% 3	NO.2816 聚 4 0.00183% 97.19621% 1	NO.2826 顧 4 0.00183% 97.21455% 1	NO.2836 毡 4 0.00183% 97.23290% 4	NO.2846 與 4 0.00183% 97.25124% 2	NO.2856 瀆 4 0.00183% 97.26958% 2	NO.2866 龍 4 0.00183% 97.28793% 2	NO.2876 炶 4 0.00183% 97.30627% 2	NO.2886 懐 4 0.00183% 97.32461% 1	NO.2896 魑 4 0.00183% 97.34296% 1
NO.2807 認 4 0.00183% 97.17970% 3	NO.2817 婆 4 0.00183% 97.19804% 2	NO.2827 囂 4 0.00183% 97.21639% 3	NO.2837 墙 4 0.00183% 97.23473% 3	NO.2847 祖 4 0.00183% 97.25307% 2	NO.2857 芎 4 0.00183% 97.27142% 1	NO.2867 亏 4 0.00183% 97.28976% 1	NO.2877 卡 4 0.00183% 97.30811% 3	NO.2887 勇 4 0.00183% 97.32645% 1	NO.2897 父 4 0.00183% 97.34479% 1
NO.2808 張 4 0.00183% 97.18154% 3	NO.2818 輕 4 0.00183% 97.19988% 3	NO.2828 腦 4 0.00183% 97.21822% 3	NO.2838 踰 4 0.00183% 97.23657% 1	NO.2848 勾 4 0.00183% 97.25491% 3	NO.2858 独 4 0.00183% 97.27325% 1	NO.2868 頓 4 0.00183% 97.29160% 1	NO.2878 背 4 0.00183% 97.30994% 1	NO.2888 喙 4 0.00183% 97.32828% 1	NO.2898 谿 4 0.00183% 97.34663% 1
NO.2809 政 4 0.00183% 97.18337% 3	NO.2819 過 4 0.00183% 97.20171% 4	NO.2829 献 4 0.00183% 97.22006% 1	NO.2839 硫 4 0.00183% 97.23840% 1	NO.2849 魅 4 0.00183% 97.25674% 1	NO.2859 龍 4 0.00183% 97.27509% 3	NO.2869 圤 4 0.00183% 97.29343% 2	NO.2879 踏 4 0.00183% 97.31177% 2	NO.2889 欗 4 0.00183% 97.33012% 2	NO.2899 變 4 0.00183% 97.34846% 1
NO.2810 佩 4 0.00183% 97.18520% 2	NO.2820 喈 4 0.00183% 97.20355% 1	NO.2830 肖 4 0.00183% 97.22189% 2	NO.2840 揽 4 0.00183% 97.24023% 1	NO.2850 鐔 4 0.00183% 97.25858% 1	NO.2860 皇 4 0.00183% 97.27692% 4	NO.2870 臨 4 0.00183% 97.29526% 2	NO.2880 幾 4 0.00183% 97.31361% 2	NO.2890 毌 4 0.00183% 97.33195% 1	NO.2900 鋊 4 0.00183% 97.35029% 2

NO.2901 幔 4 0.00183% 97.35213% 1	NO.2911 儌 4 0.00183% 97.37047% 1	NO.2921 [illegible] 4 0.00183% 97.38882% 1	NO.2931 瓜 4 0.00183% 97.40716% 1	NO.2941 [illegible] 4 0.00183% 97.42550% 2	NO.2951 究 4 0.00183% 97.44385% 2	NO.2961 穴 4 0.00183% 97.46219% 3	NO.2971 扢 4 0.00183% 97.48053% 2	NO.2981 苦 4 0.00183% 97.49888% 2	NO.2991 [illegible] 4 0.00183% 97.51722% 1
NO.2902 夾 4 0.00183% 97.35396% 1	NO.2912 筅 4 0.00183% 97.37231% 1	NO.2922 [illegible] 4 0.00183% 97.39065% 1	NO.2932 囉 4 0.00183% 97.40899% 3	NO.2942 竿 4 0.00183% 97.42734% 1	NO.2952 傀 4 0.00183% 97.44568% 1	NO.2962 睡 4 0.00183% 97.46402% 2	NO.2972 味 4 0.00183% 97.48237% 4	NO.2982 [illegible] 4 0.00183% 97.50071% 1	NO.2992 [illegible] 4 0.00183% 97.51905% 1
NO.2903 强 4 0.00183% 97.35580% 1	NO.2913 [illegible] 4 0.00183% 97.37414% 4	NO.2923 抬 4 0.00183% 97.39248% 3	NO.2933 [illegible] 4 0.00183% 97.41083% 2	NO.2943 班 4 0.00183% 97.42917% 2	NO.2953 篤 4 0.00183% 97.44751% 1	NO.2963 熟 4 0.00183% 97.46586% 3	NO.2973 [illegible] 4 0.00183% 97.48420% 3	NO.2983 [illegible] 4 0.00183% 97.50255% 1	NO.2993 嗳 4 0.00183% 97.52089% 1
NO.2904 棫 4 0.00183% 97.35763% 2	NO.2914 [illegible] 4 0.00183% 97.37598% 3	NO.2924 [illegible] 4 0.00183% 97.39432% 1	NO.2934 桲 4 0.00183% 97.41266% 1	NO.2944 [illegible] 4 0.00183% 97.43101% 2	NO.2954 欲 4 0.00183% 97.44935% 2	NO.2964 菊 4 0.00183% 97.46769% 1	NO.2974 悟 4 0.00183% 97.48604% 2	NO.2984 [illegible] 4 0.00183% 97.50438% 2	NO.2994 氏 4 0.00183% 97.52272% 1
NO.2905 旧 4 0.00183% 97.35947% 2	NO.2915 [illegible] 4 0.00183% 97.37781% 2	NO.2925 [illegible] 4 0.00183% 97.39615% 1	NO.2935 為 4 0.00183% 97.41450% 1	NO.2945 頋 4 0.00183% 97.43284% 4	NO.2955 [illegible] 4 0.00183% 97.45118% 1	NO.2965 阳 4 0.00183% 97.46953% 2	NO.2975 獖 4 0.00183% 97.48787% 2	NO.2985 [illegible] 4 0.00183% 97.50621% 1	NO.2995 仇 4 0.00183% 97.52456% 2
NO.2906 賊 4 0.00183% 97.36130% 1	NO.2916 仪 4 0.00183% 97.37964% 1	NO.2926 [illegible] 4 0.00183% 97.39799% 1	NO.2936 [illegible] 4 0.00183% 97.41633% 1	NO.2946 昌 4 0.00183% 97.43467% 3	NO.2956 箕 4 0.00183% 97.45302% 1	NO.2966 辨 4 0.00183% 97.47136% 4	NO.2976 [illegible] 4 0.00183% 97.48970% 1	NO.2986 微 4 0.00183% 97.50805% 2	NO.2996 [illegible] 4 0.00183% 97.52639% 1
NO.2907 葛 4 0.00183% 97.36314% 2	NO.2917 犴 4 0.00183% 97.38148% 1	NO.2927 伤 4 0.00183% 97.39982% 1	NO.2937 恓 4 0.00183% 97.41817% 2	NO.2947 [illegible] 4 0.00183% 97.43651% 2	NO.2957 磂 4 0.00183% 97.45485% 2	NO.2967 状 4 0.00183% 97.47320% 1	NO.2977 哂 4 0.00183% 97.49154% 3	NO.2987 [illegible] 4 0.00183% 97.50988% 1	NO.2997 纫 4 0.00183% 97.52823% 2
NO.2908 攞 4 0.00183% 97.36497% 2	NO.2918 [illegible] 4 0.00183% 97.38331% 1	NO.2928 [illegible] 4 0.00183% 97.40166% 2	NO.2938 鞋 4 0.00183% 97.42000% 1	NO.2948 [illegible] 4 0.00183% 97.43834% 1	NO.2958 傅 4 0.00183% 97.45669% 2	NO.2968 俄 4 0.00183% 97.47503% 2	NO.2978 [illegible] 4 0.00183% 97.49337% 2	NO.2988 [illegible] 4 0.00183% 97.51172% 1	NO.2998 狠 4 0.00183% 97.53006% 2
NO.2909 糧 4 0.00183% 97.36680% 1	NO.2919 篡 4 0.00183% 97.38515% 1	NO.2929 吥 4 0.00183% 97.40349% 1	NO.2939 勒 4 0.00183% 97.42183% 2	NO.2949 桎 4 0.00183% 97.44018% 3	NO.2959 縣 4 0.00183% 97.45852% 2	NO.2969 閔 4 0.00183% 97.47686% 3	NO.2979 [illegible] 4 0.00183% 97.49521% 1	NO.2989 [illegible] 4 0.00183% 97.51355% 1	NO.2999 玞 4 0.00183% 97.53189% 1
NO.2910 旨 4 0.00183% 97.36864% 2	NO.2920 僕 4 0.00183% 97.38698% 1	NO.2930 捎 4 0.00183% 97.40533% 1	NO.2940 [illegible] 4 0.00183% 97.42367% 1	NO.2950 色 4 0.00183% 97.44201% 4	NO.2960 绣 4 0.00183% 97.46036% 1	NO.2970 冤 4 0.00183% 97.47870% 3	NO.2980 莒 4 0.00183% 97.49704% 2	NO.2990 [illegible] 4 0.00183% 97.51539% 1	NO.3000 [illegible] 4 0.00183% 97.53373% 2

NO.3001 籮 4 0.00183% 97.53556% 1	NO.3011 成 4 0.00183% 97.55391% 1	NO.3021 肥 3 0.00138% 97.57133% 2	NO.3031 垢 3 0.00138% 97.58509% 2	NO.3041 囘 3 0.00138% 97.59885% 1	NO.3051 怨 3 0.00138% 97.61261% 1	NO.3061 讲 3 0.00138% 97.62636% 2	NO.3071 蘭 3 0.00138% 97.64012% 3	NO.3081 钱 3 0.00138% 97.65388% 3	NO.3091 圖 3 0.00138% 97.66764% 2
NO.3002 嘝 4 0.00183% 97.53740% 1	NO.3012 禄 4 0.00183% 97.55574% 1	NO.3022 毽 3 0.00138% 97.57271% 1	NO.3032 假 3 0.00138% 97.58647% 2	NO.3042 碱 3 0.00138% 97.60022% 1	NO.3052 烏 3 0.00138% 97.61398% 2	NO.3062 伸 3 0.00138% 97.62774% 2	NO.3072 歡 3 0.00138% 97.64150% 3	NO.3082 榮 3 0.00138% 97.65525% 2	NO.3092 詩 3 0.00138% 97.66901% 1
NO.3003 轉 4 0.00183% 97.53923% 3	NO.3013 奍 4 0.00183% 97.55758% 2	NO.3023 搶 3 0.00138% 97.57408% 2	NO.3033 伻 3 0.00138% 97.58784% 1	NO.3043 缞 3 0.00138% 97.60160% 1	NO.3053 尼 3 0.00138% 97.61536% 1	NO.3063 憦 3 0.00138% 97.62911% 1	NO.3073 抄 3 0.00138% 97.64287% 2	NO.3083 盐 3 0.00138% 97.65663% 3	NO.3093 浴 3 0.00138% 97.67039% 1
NO.3004 闩 4 0.00183% 97.54107% 2	NO.3014 寄 4 0.00183% 97.55941% 3	NO.3024 辰 3 0.00138% 97.57546% 1	NO.3034 哖 3 0.00138% 97.58922% 2	NO.3044 粤 3 0.00138% 97.60298% 2	NO.3054 爹 3 0.00138% 97.61673% 1	NO.3064 憐 3 0.00138% 97.63049% 2	NO.3074 桶 3 0.00138% 97.64425% 3	NO.3084 洋 3 0.00138% 97.65801% 3	NO.3094 施 3 0.00138% 97.67176% 1
NO.3005 勤 4 0.00183% 97.54290% 1	NO.3015 墻 4 0.00183% 97.56124% 2	NO.3025 菓 3 0.00138% 97.57684% 1	NO.3035 鲁 3 0.00138% 97.59059% 1	NO.3045 廉 3 0.00138% 97.60435% 1	NO.3055 獴 3 0.00138% 97.61811% 1	NO.3065 见 3 0.00138% 97.63187% 3	NO.3075 痛 3 0.00138% 97.64562% 3	NO.3085 婚 3 0.00138% 97.65938% 1	NO.3095 誇 3 0.00138% 97.67314% 1
NO.3006 导 4 0.00183% 97.54473% 1	NO.3016 藏 4 0.00183% 97.56308% 3	NO.3026 膿 3 0.00138% 97.57821% 2	NO.3036 发 3 0.00138% 97.59197% 1	NO.3046 哺 3 0.00138% 97.60573% 3	NO.3056 足 3 0.00138% 97.61948% 1	NO.3066 侯 3 0.00138% 97.63324% 2	NO.3076 蛙 3 0.00138% 97.64700% 2	NO.3086 慎 3 0.00138% 97.66076% 1	NO.3096 煙 3 0.00138% 97.67451% 3
NO.3007 歪 4 0.00183% 97.54657% 1	NO.3017 欢 4 0.00183% 97.56491% 2	NO.3027 壇 3 0.00138% 97.57959% 2	NO.3037 舵 3 0.00138% 97.59335% 2	NO.3047 雷 3 0.00138% 97.60710% 1	NO.3057 霞 3 0.00138% 97.62086% 2	NO.3067 喙 3 0.00138% 97.63462% 2	NO.3077 蚊 3 0.00138% 97.64838% 2	NO.3087 野 3 0.00138% 97.66213% 1	NO.3097 腷 3 0.00138% 97.67589% 1
NO.3008 搜 4 0.00183% 97.54840% 1	NO.3018 助 4 0.00183% 97.56675% 1	NO.3028 敬 3 0.00138% 97.58096% 1	NO.3038 睭 3 0.00138% 97.59472% 1	NO.3048 剁 3 0.00138% 97.60848% 1	NO.3058 黙 3 0.00138% 97.62224% 1	NO.3068 悮 3 0.00138% 97.63599% 2	NO.3078 蠻 3 0.00138% 97.64975% 1	NO.3088 卬 3 0.00138% 97.66351% 1	NO.3098 烛 3 0.00138% 97.67727% 3
NO.3009 調 4 0.00183% 97.55024% 3	NO.3019 拳 4 0.00183% 97.56858% 1	NO.3029 跑 3 0.00138% 97.58234% 1	NO.3039 吃 3 0.00138% 97.59610% 1	NO.3049 淚 3 0.00138% 97.60985% 1	NO.3059 虞 3 0.00138% 97.62361% 2	NO.3069 渤 3 0.00138% 97.63737% 2	NO.3079 骸 3 0.00138% 97.65113% 2	NO.3089 妙 3 0.00138% 97.66488% 2	NO.3099 團 3 0.00138% 97.67864% 2
NO.3010 奎 4 0.00183% 97.55207% 1	NO.3020 溢 3 0.00138% 97.56996% 1	NO.3030 哑 3 0.00138% 97.58371% 2	NO.3040 摸 3 0.00138% 97.59747% 1	NO.3050 迪 3 0.00138% 97.61123% 1	NO.3060 歐 3 0.00138% 97.62499% 1	NO.3070 跨 3 0.00138% 97.63874% 1	NO.3080 孩 3 0.00138% 97.65250% 2	NO.3090 盈 3 0.00138% 97.66626% 1	NO.3100 護 3 0.00138% 97.68002% 3

NO.3101 庄 3 0.00138% 97.68139% 1	NO.3111 趙 3 0.00138% 97.69515% 1	NO.3121 違 3 0.00138% 97.70891% 1	NO.3131 淚 3 0.00138% 97.72267% 2	NO.3141 鴦 3 0.00138% 97.73642% 2	NO.3151 乤 3 0.00138% 97.75018% 1	NO.3161 蚍 3 0.00138% 97.76394% 1	NO.3171 憑 3 0.00138% 97.77770% 2	NO.3181 粱 3 0.00138% 97.79145% 3	NO.3191 局 3 0.00138% 97.80521% 2
NO.3102 溝 3 0.00138% 97.68277% 2	NO.3112 糠 3 0.00138% 97.69653% 3	NO.3122 禾 3 0.00138% 97.71028% 1	NO.3132 妃 3 0.00138% 97.72404% 1	NO.3142 蒷 3 0.00138% 97.73780% 2	NO.3152 刅 3 0.00138% 97.75156% 1	NO.3162 毬 3 0.00138% 97.76531% 1	NO.3172 嗎 3 0.00138% 97.77907% 2	NO.3182 着 3 0.00138% 97.79283% 1	NO.3192 婢 3 0.00138% 97.80659% 1
NO.3103 犇 3 0.00138% 97.68414% 1	NO.3113 匪 3 0.00138% 97.69790% 1	NO.3123 吋 3 0.00138% 97.71166% 1	NO.3133 珀 3 0.00138% 97.72542% 2	NO.3143 冼 3 0.00138% 97.73918% 2	NO.3153 繳 3 0.00138% 97.75293% 2	NO.3163 頗 3 0.00138% 97.76669% 2	NO.3173 䙕 3 0.00138% 97.78045% 1	NO.3183 疾 3 0.00138% 97.79421% 1	NO.3193 裉 3 0.00138% 97.80796% 2
NO.3104 貞 3 0.00138% 97.68552% 2	NO.3114 兽 3 0.00138% 97.69928% 3	NO.3124 爛 3 0.00138% 97.71304% 1	NO.3134 殄 3 0.00138% 97.72679% 1	NO.3144 嗔 3 0.00138% 97.74055% 2	NO.3154 恆 3 0.00138% 97.75431% 1	NO.3164 犯 3 0.00138% 97.76807% 2	NO.3174 沛 3 0.00138% 97.78182% 1	NO.3184 寡 3 0.00138% 97.79558% 1	NO.3194 銮 3 0.00138% 97.80934% 1
NO.3105 経 3 0.00138% 97.68690% 2	NO.3115 撒 3 0.00138% 97.70065% 1	NO.3125 彫 3 0.00138% 97.71441% 1	NO.3135 隴 3 0.00138% 97.72817% 1	NO.3145 済 3 0.00138% 97.74193% 2	NO.3155 無 3 0.00138% 97.75568% 3	NO.3165 勘 3 0.00138% 97.76944% 1	NO.3175 杣 3 0.00138% 97.78320% 2	NO.3185 漾 3 0.00138% 97.79696% 1	NO.3195 逼 3 0.00138% 97.81071% 3
NO.3106 堕 3 0.00138% 97.68827% 1	NO.3116 綻 3 0.00138% 97.70203% 1	NO.3126 藥 3 0.00138% 97.71579% 2	NO.3136 綉 3 0.00138% 97.72954% 2	NO.3146 眠 3 0.00138% 97.74330% 1	NO.3156 吃 3 0.00138% 97.75706% 1	NO.3166 杚 3 0.00138% 97.77082% 2	NO.3176 盤 3 0.00138% 97.78458% 1	NO.3186 咸 3 0.00138% 97.79833% 2	NO.3196 惱 3 0.00138% 97.81209% 1
NO.3107 爻 3 0.00138% 97.68965% 2	NO.3117 偏 3 0.00138% 97.70341% 1	NO.3127 鈎 3 0.00138% 97.71716% 1	NO.3137 顯 3 0.00138% 97.73092% 2	NO.3147 臨 3 0.00138% 97.74468% 1	NO.3157 押 3 0.00138% 97.75844% 1	NO.3167 觓 3 0.00138% 97.77219% 3	NO.3177 顛 3 0.00138% 97.78595% 3	NO.3187 贖 3 0.00138% 97.79971% 1	NO.3197 硃 3 0.00138% 97.81347% 1
NO.3108 貰 3 0.00138% 97.69102% 3	NO.3118 撻 3 0.00138% 97.70478% 2	NO.3128 鈴 3 0.00138% 97.71854% 2	NO.3138 裁 3 0.00138% 97.73230% 3	NO.3148 愠 3 0.00138% 97.74605% 2	NO.3158 侁 3 0.00138% 97.75981% 2	NO.3168 枒 3 0.00138% 97.77357% 1	NO.3178 形 3 0.00138% 97.78733% 3	NO.3188 獮 3 0.00138% 97.80108% 2	NO.3198 號 3 0.00138% 97.81484% 1
NO.3109 副 3 0.00138% 97.69240% 3	NO.3119 归 3 0.00138% 97.70616% 1	NO.3129 楊 3 0.00138% 97.71991% 1	NO.3139 乳 3 0.00138% 97.73367% 2	NO.3149 葬 3 0.00138% 97.74743% 1	NO.3159 角 3 0.00138% 97.76119% 1	NO.3169 笼 3 0.00138% 97.77494% 1	NO.3179 蝎 3 0.00138% 97.78870% 3	NO.3189 耔 3 0.00138% 97.80246% 1	NO.3199 唔 3 0.00138% 97.81622% 2
NO.3110 霹 3 0.00138% 97.69378% 2	NO.3120 慈 3 0.00138% 97.70753% 3	NO.3130 蛤 3 0.00138% 97.72129% 2	NO.3140 逆 3 0.00138% 97.73505% 1	NO.3150 拱 3 0.00138% 97.74881% 2	NO.3160 碰 3 0.00138% 97.76256% 2	NO.3170 露 3 0.00138% 97.77632% 3	NO.3180 癸 3 0.00138% 97.79008% 1	NO.3190 媤 3 0.00138% 97.80384% 3	NO.3200 呼 3 0.00138% 97.81759% 1

NO.3201 宪 3 0.00138% 97.81897% 2	NO.3211 葛 3 0.00138% 97.83273% 1	NO.3221 審 3 0.00138% 97.84648% 1	NO.3231 紡 3 0.00138% 97.86024% 2	NO.3241 斉 3 0.00138% 97.87400% 1	NO.3251 旱 3 0.00138% 97.88776% 1	NO.3261 肩 3 0.00138% 97.90151% 1	NO.3271 爱 3 0.00138% 97.91527% 2	NO.3281 基 3 0.00138% 97.92903% 1	NO.3291 杭 3 0.00138% 97.94279% 1
NO.3202 陕 3 0.00138% 97.82034% 1	NO.3212 吭 3 0.00138% 97.83410% 1	NO.3222 闵 3 0.00138% 97.84786% 3	NO.3232 歐 3 0.00138% 97.86162% 1	NO.3242 诺 3 0.00138% 97.87537% 1	NO.3252 焉 3 0.00138% 97.88913% 1	NO.3262 區 3 0.00138% 97.90289% 2	NO.3272 沐 3 0.00138% 97.91665% 3	NO.3282 笈 3 0.00138% 97.93041% 3	NO.3292 哂 3 0.00138% 97.94416% 1
NO.3203 讀 3 0.00138% 97.82172% 3	NO.3213 備 3 0.00138% 97.83548% 2	NO.3223 儉 3 0.00138% 97.84924% 2	NO.3233 犭 3 0.00138% 97.86299% 1	NO.3243 叔 3 0.00138% 97.87675% 1	NO.3253 興 3 0.00138% 97.89051% 1	NO.3263 扲 3 0.00138% 97.90427% 1	NO.3273 杤 3 0.00138% 97.91802% 1	NO.3283 征 3 0.00138% 97.93178% 1	NO.3293 穹 3 0.00138% 97.94554% 2
NO.3204 閆 3 0.00138% 97.82310% 3	NO.3214 講 3 0.00138% 97.83685% 1	NO.3224 示 3 0.00138% 97.85061% 3	NO.3234 刷 3 0.00138% 97.86437% 1	NO.3244 實 3 0.00138% 97.87813% 1	NO.3254 柱 3 0.00138% 97.89188% 1	NO.3264 旺 3 0.00138% 97.90564% 2	NO.3274 肉 3 0.00138% 97.91940% 2	NO.3284 噔 3 0.00138% 97.93316% 3	NO.3294 埝 3 0.00138% 97.94691% 1
NO.3205 螺 3 0.00138% 97.82447% 3	NO.3215 歲 3 0.00138% 97.83823% 1	NO.3225 禄 3 0.00138% 97.85199% 2	NO.3235 擸 3 0.00138% 97.86574% 3	NO.3245 蘿 3 0.00138% 97.87950% 2	NO.3255 性 3 0.00138% 97.89326% 1	NO.3265 舟 3 0.00138% 97.90702% 1	NO.3275 郡 3 0.00138% 97.92077% 2	NO.3285 碍 3 0.00138% 97.93453% 1	NO.3295 卵 3 0.00138% 97.94829% 1
NO.3206 窮 3 0.00138% 97.82585% 1	NO.3216 歲 3 0.00138% 97.83961% 3	NO.3226 虎 3 0.00138% 97.85336% 2	NO.3236 挦 3 0.00138% 97.86712% 3	NO.3246 残 3 0.00138% 97.88088% 1	NO.3256 達 3 0.00138% 97.89464% 1	NO.3266 吒 3 0.00138% 97.90839% 1	NO.3276 欖 3 0.00138% 97.92215% 1	NO.3286 旺 3 0.00138% 97.93591% 1	NO.3296 纷 3 0.00138% 97.94967% 1
NO.3207 豸 3 0.00138% 97.82722% 1	NO.3217 蕚 3 0.00138% 97.84098% 1	NO.3227 莫 3 0.00138% 97.85474% 1	NO.3237 外 3 0.00138% 97.86850% 1	NO.3247 𡧯 3 0.00138% 97.88225% 2	NO.3257 换 3 0.00138% 97.89601% 1	NO.3267 刀 3 0.00138% 97.90977% 1	NO.3277 霽 3 0.00138% 97.92353% 2	NO.3287 哺 3 0.00138% 97.93728% 1	NO.3297 夏 3 0.00138% 97.95104% 2
NO.3208 芬 3 0.00138% 97.82860% 2	NO.3218 朧 3 0.00138% 97.84236% 1	NO.3228 颻 3 0.00138% 97.85611% 2	NO.3238 軻 3 0.00138% 97.86987% 1	NO.3248 負 3 0.00138% 97.88363% 1	NO.3258 昂 3 0.00138% 97.89739% 1	NO.3268 歃 3 0.00138% 97.91114% 1	NO.3278 朔 3 0.00138% 97.92490% 1	NO.3288 飔 3 0.00138% 97.93866% 1	NO.3298 帮 3 0.00138% 97.95242% 3
NO.3209 乐 3 0.00138% 97.82997% 1	NO.3219 务 3 0.00138% 97.84373% 2	NO.3229 居 3 0.00138% 97.85749% 3	NO.3239 吟 3 0.00138% 97.87125% 2	NO.3249 道 3 0.00138% 97.88501% 1	NO.3259 享 3 0.00138% 97.89876% 1	NO.3269 耽 3 0.00138% 97.91252% 1	NO.3279 妥 3 0.00138% 97.92628% 1	NO.3289 爛 3 0.00138% 97.94004% 3	NO.3299 努 3 0.00138% 97.95379% 1
NO.3210 櫳 3 0.00138% 97.83135% 1	NO.3220 鸗 3 0.00138% 97.84511% 1	NO.3230 孔 3 0.00138% 97.85887% 2	NO.3240 舡 3 0.00138% 97.87262% 1	NO.3250 闩 3 0.00138% 97.88638% 2	NO.3260 眂 3 0.00138% 97.90014% 1	NO.3270 擒 3 0.00138% 97.91390% 2	NO.3280 訂 3 0.00138% 97.92765% 2	NO.3290 旿 3 0.00138% 97.94141% 1	NO.3300 丙 3 0.00138% 97.95517% 1

NO.3301 究 3 0.00138% 97.95654% 1	NO.3311 研 3 0.00138% 97.97030% 1	NO.3321 擃 3 0.00138% 97.98406% 2	NO.3331 兎 3 0.00138% 97.99782% 1	NO.3341 起 3 0.00138% 98.01157% 1	NO.3351 招 3 0.00138% 98.02533% 2	NO.3361 悪 3 0.00138% 98.03909% 1	NO.3371 离 3 0.00138% 98.05285% 2	NO.3381 需 3 0.00138% 98.06660% 1	NO.3391 録 3 0.00138% 98.08036% 1
NO.3302 卞 3 0.00138% 97.95792% 3	NO.3312 毡 3 0.00138% 97.97168% 3	NO.3322 燋 3 0.00138% 97.98544% 1	NO.3332 粮 3 0.00138% 97.99919% 1	NO.3342 唵 3 0.00138% 98.01295% 3	NO.3352 扳 3 0.00138% 98.02671% 3	NO.3362 蒙 3 0.00138% 98.04047% 2	NO.3372 籠 3 0.00138% 98.05422% 2	NO.3382 唠 3 0.00138% 98.06798% 2	NO.3392 禹 3 0.00138% 98.08174% 2
NO.3303 壣 3 0.00138% 97.95930% 1	NO.3313 猪 3 0.00138% 97.97305% 2	NO.3323 披 3 0.00138% 97.98681% 3	NO.3333 灰 3 0.00138% 98.00057% 3	NO.3343 徒 3 0.00138% 98.01433% 2	NO.3353 懶 3 0.00138% 98.02808% 2	NO.3363 吧 3 0.00138% 98.04184% 3	NO.3373 執 3 0.00138% 98.05560% 1	NO.3383 極 3 0.00138% 98.06936% 2	NO.3393 话 3 0.00138% 98.08311% 2
NO.3304 嫗 3 0.00138% 97.96067% 1	NO.3314 蒔 3 0.00138% 97.97443% 2	NO.3324 獼 3 0.00138% 97.98819% 3	NO.3334 夏 3 0.00138% 98.00194% 1	NO.3344 愛 3 0.00138% 98.01570% 3	NO.3354 尭 3 0.00138% 98.02946% 3	NO.3364 摇 3 0.00138% 98.04322% 2	NO.3374 緾 3 0.00138% 98.05697% 2	NO.3384 些 3 0.00138% 98.07073% 1	NO.3394 濽 3 0.00138% 98.08449% 1
NO.3305 直 3 0.00138% 97.96205% 2	NO.3315 哎 3 0.00138% 97.97581% 1	NO.3325 晗 3 0.00138% 97.98956% 2	NO.3335 寬 3 0.00138% 98.00332% 3	NO.3345 脾 3 0.00138% 98.01708% 1	NO.3355 虎 3 0.00138% 98.03084% 3	NO.3365 扱 3 0.00138% 98.04459% 2	NO.3375 戒 3 0.00138% 98.05835% 3	NO.3385 裏 3 0.00138% 98.07211% 2	NO.3395 猓 3 0.00138% 98.08587% 1
NO.3306 看 3 0.00138% 97.96342% 2	NO.3316 惠 3 0.00138% 97.97718% 3	NO.3326 味 3 0.00138% 97.99094% 2	NO.3336 汜 3 0.00138% 98.00470% 2	NO.3346 威 3 0.00138% 98.01845% 2	NO.3356 暗 3 0.00138% 98.03221% 3	NO.3366 曷 3 0.00138% 98.04597% 2	NO.3376 僧 3 0.00138% 98.05973% 1	NO.3386 固 3 0.00138% 98.07348% 2	NO.3396 注 3 0.00138% 98.08724% 2
NO.3307 喬 3 0.00138% 97.96480% 3	NO.3317 境 3 0.00138% 97.97856% 2	NO.3327 喋 3 0.00138% 97.99231% 3	NO.3337 宄 3 0.00138% 98.00607% 1	NO.3347 蔴 3 0.00138% 98.01983% 1	NO.3357 罕 3 0.00138% 98.03359% 1	NO.3367 昆 3 0.00138% 98.04734% 1	NO.3377 霜 3 0.00138% 98.06110% 3	NO.3387 拔 3 0.00138% 98.07486% 2	NO.3397 壽 3 0.00138% 98.08862% 3
NO.3308 襲 3 0.00138% 97.96617% 1	NO.3318 倡 3 0.00138% 97.97993% 1	NO.3328 繒 3 0.00138% 97.99369% 2	NO.3338 憐 3 0.00138% 98.00745% 1	NO.3348 焼 3 0.00138% 98.02120% 2	NO.3358 貎 3 0.00138% 98.03496% 1	NO.3368 録 3 0.00138% 98.04872% 1	NO.3378 顺 3 0.00138% 98.06248% 3	NO.3388 亚 3 0.00138% 98.07624% 2	NO.3398 轟 3 0.00138% 98.08999% 1
NO.3309 鸂 3 0.00138% 97.96755% 1	NO.3319 月 3 0.00138% 97.98131% 2	NO.3329 瓜 3 0.00138% 97.99507% 3	NO.3339 吲 3 0.00138% 98.00882% 1	NO.3349 昨 3 0.00138% 98.02258% 2	NO.3359 蛊 3 0.00138% 98.03634% 1	NO.3369 嗔 3 0.00138% 98.05010% 2	NO.3379 餘 3 0.00138% 98.06385% 1	NO.3389 削 3 0.00138% 98.07761% 2	NO.3399 邛 3 0.00138% 98.09137% 1
NO.3310 凭 3 0.00138% 97.96893% 1	NO.3320 為 3 0.00138% 97.98268% 1	NO.3330 吼 3 0.00138% 97.99644% 2	NO.3340 顯 3 0.00138% 98.01020% 3	NO.3350 耴 3 0.00138% 98.02396% 1	NO.3360 令 3 0.00138% 98.03771% 1	NO.3370 牒 3 0.00138% 98.05147% 3	NO.3380 遭 3 0.00138% 98.06523% 1	NO.3390 塞 3 0.00138% 98.07899% 2	NO.3400 超 3 0.00138% 98.09274% 2

<table>
<tr><td>NO.3401
期
3
0.00138%
98.09412%
2</td><td>NO.3411
岂
3
0.00138%
98.10788%
1</td><td>NO.3421
吟
3
0.00138%
98.12164%
1</td><td>NO.3431
持
3
0.00138%
98.13539%
2</td><td>NO.3441
素
3
0.00138%
98.14915%
1</td><td>NO.3451
比
3
0.00138%
98.16291%
1</td><td>NO.3461
攄
3
0.00138%
98.17667%
1</td><td>NO.3471
吒
3
0.00138%
98.19042%
1</td><td>NO.3481
捐
2
0.00092%
98.20051%
1</td><td>NO.3491
嫵
2
0.00092%
98.20968%
1</td></tr>
<tr><td>NO.3402
喑
3
0.00138%
98.09550%
2</td><td>NO.3412
辣
3
0.00138%
98.10925%
3</td><td>NO.3422
刼
3
0.00138%
98.12301%
1</td><td>NO.3432
講
3
0.00138%
98.13677%
1</td><td>NO.3442
送
3
0.00138%
98.15053%
1</td><td>NO.3452
余
3
0.00138%
98.16428%
2</td><td>NO.3462
蟬
3
0.00138%
98.17804%
2</td><td>NO.3472
仰
3
0.00138%
98.19180%
1</td><td>NO.3482
戀
2
0.00092%
98.20143%
1</td><td>NO.3492
步
2
0.00092%
98.21060%
2</td></tr>
<tr><td>NO.3403
寡
3
0.00138%
98.09687%
1</td><td>NO.3413
忣
3
0.00138%
98.11063%
1</td><td>NO.3423
蛇
3
0.00138%
98.12439%
1</td><td>NO.3433
窂
3
0.00138%
98.13814%
2</td><td>NO.3443
咲
3
0.00138%
98.15190%
1</td><td>NO.3453
𨉷
3
0.00138%
98.16566%
1</td><td>NO.3463
哂
3
0.00138%
98.17942%
1</td><td>NO.3473
𥇖
3
0.00138%
98.19317%
2</td><td>NO.3483
札
2
0.00092%
98.20235%
2</td><td>NO.3493
抷
2
0.00092%
98.21152%
2</td></tr>
<tr><td>NO.3404
咱
3
0.00138%
98.09825%
1</td><td>NO.3414
禽
3
0.00138%
98.11200%
3</td><td>NO.3424
曣
3
0.00138%
98.12576%
2</td><td>NO.3434
抽
3
0.00138%
98.13952%
3</td><td>NO.3444
濾
3
0.00138%
98.15328%
2</td><td>NO.3454
蹈
3
0.00138%
98.16704%
2</td><td>NO.3464
嵗
3
0.00138%
98.18079%
1</td><td>NO.3474
訪
2
0.00092%
98.19409%
1</td><td>NO.3484
朣
2
0.00092%
98.20326%
1</td><td>NO.3494
囤
2
0.00092%
98.21243%
1</td></tr>
<tr><td>NO.3405
蕩
3
0.00138%
98.09962%
2</td><td>NO.3415
噇
3
0.00138%
98.11338%
2</td><td>NO.3425
墻
3
0.00138%
98.12714%
3</td><td>NO.3435
漄
3
0.00138%
98.14090%
1</td><td>NO.3445
单
3
0.00138%
98.15465%
1</td><td>NO.3455
阶
3
0.00138%
98.16841%
2</td><td>NO.3465
桂
3
0.00138%
98.18217%
2</td><td>NO.3475
精
2
0.00092%
98.19501%
2</td><td>NO.3485
課
2
0.00092%
98.20418%
1</td><td>NO.3495
扁
2
0.00092%
98.21335%
1</td></tr>
<tr><td>NO.3406
涙
3
0.00138%
98.10100%
3</td><td>NO.3416
痐
3
0.00138%
98.11476%
2</td><td>NO.3426
槝
3
0.00138%
98.12851%
3</td><td>NO.3436
淔
3
0.00138%
98.14227%
1</td><td>NO.3446
玖
3
0.00138%
98.15603%
1</td><td>NO.3456
狁
3
0.00138%
98.16979%
1</td><td>NO.3466
竜
3
0.00138%
98.18354%
1</td><td>NO.3476
蜂
2
0.00092%
98.19593%
2</td><td>NO.3486
諫
2
0.00092%
98.20510%
1</td><td>NO.3496
憹
2
0.00092%
98.21427%
1</td></tr>
<tr><td>NO.3407
脾
3
0.00138%
98.10237%
1</td><td>NO.3417
总
3
0.00138%
98.11613%
2</td><td>NO.3427
芴
3
0.00138%
98.12989%
2</td><td>NO.3437
脷
3
0.00138%
98.14365%
3</td><td>NO.3447
見
3
0.00138%
98.15740%
2</td><td>NO.3457
熾
3
0.00138%
98.17116%
3</td><td>NO.3467
碓
3
0.00138%
98.18492%
1</td><td>NO.3477
铁
2
0.00092%
98.19684%
2</td><td>NO.3487
搀
2
0.00092%
98.20601%
2</td><td>NO.3497
历
2
0.00092%
98.21519%
1</td></tr>
<tr><td>NO.3408
遨
3
0.00138%
98.10375%
1</td><td>NO.3418
洈
3
0.00138%
98.11751%
1</td><td>NO.3428
銭
3
0.00138%
98.13127%
1</td><td>NO.3438
錢
3
0.00138%
98.14502%
2</td><td>NO.3448
摐
3
0.00138%
98.15878%
1</td><td>NO.3458
旺
3
0.00138%
98.17254%
2</td><td>NO.3468
肩
3
0.00138%
98.18630%
1</td><td>NO.3478
礦
2
0.00092%
98.19776%
2</td><td>NO.3488
矢
2
0.00092%
98.20693%
1</td><td>NO.3498
朵
2
0.00092%
98.21610%
2</td></tr>
<tr><td>NO.3409
尅
3
0.00138%
98.10513%
3</td><td>NO.3419
鞍
3
0.00138%
98.11888%
1</td><td>NO.3429
論
3
0.00138%
98.13264%
1</td><td>NO.3439
叟
3
0.00138%
98.14640%
1</td><td>NO.3449
徉
3
0.00138%
98.16016%
3</td><td>NO.3459
楆
3
0.00138%
98.17391%
1</td><td>NO.3469
啥
3
0.00138%
98.18767%
2</td><td>NO.3479
杂
2
0.00092%
98.19868%
1</td><td>NO.3489
叮
2
0.00092%
98.20785%
2</td><td>NO.3499
酋
2
0.00092%
98.21702%
1</td></tr>
<tr><td>NO.3410
唎
3
0.00138%
98.10650%
1</td><td>NO.3420
妕
3
0.00138%
98.12026%
1</td><td>NO.3430
美
3
0.00138%
98.13402%
3</td><td>NO.3440
学
3
0.00138%
98.14777%
1</td><td>NO.3450
蛟
3
0.00138%
98.16153%
1</td><td>NO.3460
柆
3
0.00138%
98.17529%
2</td><td>NO.3470
様
3
0.00138%
98.18905%
1</td><td>NO.3480
栽
2
0.00092%
98.19959%
1</td><td>NO.3490
謁
2
0.00092%
98.20877%
1</td><td>NO.3500
矩
2
0.00092%
98.21794%
2</td></tr>
</table>

NO.3501 壁 2 0.00092% 98.21886% 1	NO.3511 笄 2 0.00092% 98.22803% 1	NO.3521 冒 2 0.00092% 98.23720% 2	NO.3531 薬 2 0.00092% 98.24637% 1	NO.3541 錫 2 0.00092% 98.25554% 2	NO.3551 槁 2 0.00092% 98.26471% 2	NO.3561 臘 2 0.00092% 98.27389% 2	NO.3571 鶴 2 0.00092% 98.28306% 1	NO.3581 簣 2 0.00092% 98.29223% 2	NO.3591 虛 2 0.00092% 98.30140% 2
NO.3502 阻 2 0.00092% 98.21977% 2	NO.3512 叫 2 0.00092% 98.22894% 1	NO.3522 裙 2 0.00092% 98.23812% 2	NO.3532 徵 2 0.00092% 98.24729% 2	NO.3542 逍 2 0.00092% 98.25646% 2	NO.3552 它 2 0.00092% 98.26563% 2	NO.3562 啃 2 0.00092% 98.27480% 1	NO.3572 肺 2 0.00092% 98.28397% 1	NO.3582 嚶 2 0.00092% 98.29315% 2	NO.3592 遥 2 0.00092% 98.30232% 1
NO.3503 柹 2 0.00092% 98.22069% 2	NO.3513 喋 2 0.00092% 98.22986% 1	NO.3523 擢 2 0.00092% 98.23903% 1	NO.3533 甥 2 0.00092% 98.24820% 1	NO.3543 遐 2 0.00092% 98.25738% 1	NO.3553 隤 2 0.00092% 98.26655% 2	NO.3563 辱 2 0.00092% 98.27572% 2	NO.3573 眼 2 0.00092% 98.28489% 1	NO.3583 儂 2 0.00092% 98.29406% 1	NO.3593 喱 2 0.00092% 98.30323% 1
NO.3504 檢 2 0.00092% 98.22161% 1	NO.3514 汉 2 0.00092% 98.23078% 1	NO.3524 搃 2 0.00092% 98.23995% 2	NO.3534 鈎 2 0.00092% 98.24912% 1	NO.3544 吹 2 0.00092% 98.25829% 1	NO.3554 隥 2 0.00092% 98.26747% 1	NO.3564 仟 2 0.00092% 98.27664% 1	NO.3574 冉 2 0.00092% 98.28581% 2	NO.3584 源 2 0.00092% 98.29498% 1	NO.3594 称 2 0.00092% 98.30415% 1
NO.3505 刺 2 0.00092% 98.22252% 1	NO.3515 櫃 2 0.00092% 98.23170% 1	NO.3525 湖 2 0.00092% 98.24087% 2	NO.3535 腐 2 0.00092% 98.25004% 1	NO.3545 稳 2 0.00092% 98.25921% 1	NO.3555 曉 2 0.00092% 98.26838% 2	NO.3565 蛉 2 0.00092% 98.27755% 1	NO.3575 謗 2 0.00092% 98.28673% 1	NO.3585 蔦 2 0.00092% 98.29590% 1	NO.3595 噭 2 0.00092% 98.30507% 1
NO.3506 柳 2 0.00092% 98.22344% 1	NO.3516 壤 2 0.00092% 98.23261% 2	NO.3526 吭 2 0.00092% 98.24178% 1	NO.3536 汜 2 0.00092% 98.25096% 1	NO.3546 茆 2 0.00092% 98.26013% 1	NO.3556 缴 2 0.00092% 98.26930% 1	NO.3566 產 2 0.00092% 98.27847% 2	NO.3576 蹄 2 0.00092% 98.28764% 2	NO.3586 綉 2 0.00092% 98.29681% 1	NO.3596 怗 2 0.00092% 98.30599% 1
NO.3507 楪 2 0.00092% 98.22436% 1	NO.3517 刺 2 0.00092% 98.23353% 2	NO.3527 染 2 0.00092% 98.24270% 1	NO.3537 浩 2 0.00092% 98.25187% 2	NO.3547 噥 2 0.00092% 98.26105% 1	NO.3557 聲 2 0.00092% 98.27022% 1	NO.3567 鬧 2 0.00092% 98.27939% 2	NO.3577 栖 2 0.00092% 98.28856% 1	NO.3587 遁 2 0.00092% 98.29773% 2	NO.3597 萠 2 0.00092% 98.30690% 1
NO.3508 坪 2 0.00092% 98.22528% 1	NO.3518 懕 2 0.00092% 98.23445% 1	NO.3528 歷 2 0.00092% 98.24362% 2	NO.3538 楼 2 0.00092% 98.25279% 1	NO.3548 廊 2 0.00092% 98.26196% 1	NO.3558 祜 2 0.00092% 98.27113% 1	NO.3568 麟 2 0.00092% 98.28031% 1	NO.3578 赞 2 0.00092% 98.28948% 1	NO.3588 荼 2 0.00092% 98.29865% 1	NO.3598 财 2 0.00092% 98.30782% 2
NO.3509 妨 2 0.00092% 98.22619% 2	NO.3519 較 2 0.00092% 98.23536% 2	NO.3529 束 2 0.00092% 98.24454% 1	NO.3539 渥 2 0.00092% 98.25371% 2	NO.3549 涡 2 0.00092% 98.26288% 1	NO.3559 斯 2 0.00092% 98.27205% 2	NO.3569 鳩 2 0.00092% 98.28122% 2	NO.3579 葬 2 0.00092% 98.29039% 1	NO.3589 講 2 0.00092% 98.29957% 1	NO.3599 漢 2 0.00092% 98.30874% 2
NO.3510 曠 2 0.00092% 98.22711% 1	NO.3520 萎 2 0.00092% 98.23628% 2	NO.3530 釘 2 0.00092% 98.24545% 2	NO.3540 錦 2 0.00092% 98.25462% 2	NO.3550 肩 2 0.00092% 98.26380% 2	NO.3560 楫 2 0.00092% 98.27297% 1	NO.3570 鴛 2 0.00092% 98.28214% 2	NO.3580 讚 2 0.00092% 98.29131% 2	NO.3590 笏 2 0.00092% 98.30048% 1	NO.3600 曙 2 0.00092% 98.30966% 1

NO.3601 犿 2 0.00092% 98.31057% 1	NO.3611 炁 2 0.00092% 98.31974% 1	NO.3621 溙 2 0.00092% 98.32892% 1	NO.3631 ⿰金齐 2 0.00092% 98.33809% 1	NO.3641 酉 2 0.00092% 98.34726% 1	NO.3651 桑 2 0.00092% 98.35643% 1	NO.3661 嵗 2 0.00092% 98.36560% 1	NO.3671 盤 2 0.00092% 98.37477% 1	NO.3681 勳 2 0.00092% 98.38395% 1	NO.3691 哪 2 0.00092% 98.39312% 1
NO.3602 犯 2 0.00092% 98.31149% 2	NO.3612 鸛 2 0.00092% 98.32066% 1	NO.3622 开 2 0.00092% 98.32983% 1	NO.3632 疊 2 0.00092% 98.33900% 1	NO.3642 阜 2 0.00092% 98.34818% 1	NO.3652 戓 2 0.00092% 98.35735% 1	NO.3662 蜡 2 0.00092% 98.36652% 1	NO.3672 囊 2 0.00092% 98.37569% 1	NO.3682 拦 2 0.00092% 98.38486% 1	NO.3692 庚 2 0.00092% 98.39403% 1
NO.3603 ⿰火林 2 0.00092% 98.31241% 1	NO.3613 船 2 0.00092% 98.32158% 1	NO.3623 讒 2 0.00092% 98.33075% 2	NO.3633 灙 2 0.00092% 98.33992% 1	NO.3643 實 2 0.00092% 98.34909% 1	NO.3653 丄 2 0.00092% 98.35827% 1	NO.3663 錢 2 0.00092% 98.36744% 1	NO.3673 瓜 2 0.00092% 98.37661% 1	NO.3683 蓦 2 0.00092% 98.38578% 1	NO.3693 煠 2 0.00092% 98.39495% 1
NO.3604 箴 2 0.00092% 98.31332% 1	NO.3614 鬼 2 0.00092% 98.32250% 1	NO.3624 卟 2 0.00092% 98.33167% 2	NO.3634 ⿰犭亥 2 0.00092% 98.34084% 2	NO.3644 攡 2 0.00092% 98.35001% 1	NO.3654 嵌 2 0.00092% 98.35918% 1	NO.3664 奂 2 0.00092% 98.36835% 1	NO.3674 湎 2 0.00092% 98.37753% 1	NO.3684 拆 2 0.00092% 98.38670% 2	NO.3694 找 2 0.00092% 98.39587% 2
NO.3605 冤 2 0.00092% 98.31424% 1	NO.3615 阳 2 0.00092% 98.32341% 1	NO.3625 指 2 0.00092% 98.33258% 2	NO.3635 要 2 0.00092% 98.34176% 1	NO.3645 還 2 0.00092% 98.35093% 1	NO.3655 移 2 0.00092% 98.36010% 1	NO.3665 吻 2 0.00092% 98.36927% 1	NO.3675 炔 2 0.00092% 98.37844% 1	NO.3685 骨 2 0.00092% 98.38761% 1	NO.3695 置 2 0.00092% 98.39679% 2
NO.3606 潼 2 0.00092% 98.31516% 1	NO.3616 ⿰口班 2 0.00092% 98.32433% 1	NO.3626 縣 2 0.00092% 98.33350% 2	NO.3636 瀾 2 0.00092% 98.34267% 1	NO.3646 ⿰瓦无 2 0.00092% 98.35184% 1	NO.3656 莪 2 0.00092% 98.36102% 2	NO.3666 醒 2 0.00092% 98.37019% 1	NO.3676 隣 2 0.00092% 98.37936% 1	NO.3686 罵 2 0.00092% 98.38853% 1	NO.3696 挬 2 0.00092% 98.39770% 1
NO.3607 她 2 0.00092% 98.31608% 2	NO.3617 ⿰𧾷典 2 0.00092% 98.32525% 1	NO.3627 遷 2 0.00092% 98.33442% 1	NO.3637 緑 2 0.00092% 98.34359% 1	NO.3647 獨 2 0.00092% 98.35276% 2	NO.3657 槙 2 0.00092% 98.36193% 1	NO.3667 龙 2 0.00092% 98.37111% 1	NO.3677 ⿰犭罢 2 0.00092% 98.38028% 2	NO.3687 ⿰犭家 2 0.00092% 98.38945% 1	NO.3697 䰟 2 0.00092% 98.39862% 2
NO.3608 ⿰衤豪 2 0.00092% 98.31699% 1	NO.3618 笏 2 0.00092% 98.32616% 2	NO.3628 ⿰米家 2 0.00092% 98.33534% 1	NO.3638 寧 2 0.00092% 98.34451% 1	NO.3648 爪 2 0.00092% 98.35368% 1	NO.3658 低 2 0.00092% 98.36285% 1	NO.3668 萬 2 0.00092% 98.37202% 1	NO.3678 徃 2 0.00092% 98.38119% 1	NO.3688 假 2 0.00092% 98.39037% 1	NO.3698 ⿰米男 2 0.00092% 98.39954% 1
NO.3609 闲 2 0.00092% 98.31791% 1	NO.3619 ⿰木是 2 0.00092% 98.32708% 1	NO.3629 亨 2 0.00092% 98.33625% 1	NO.3639 兄 2 0.00092% 98.34542% 1	NO.3649 ⿰瓦禾 2 0.00092% 98.35460% 1	NO.3659 齋 2 0.00092% 98.36377% 2	NO.3669 鋏 2 0.00092% 98.37294% 1	NO.3679 夢 2 0.00092% 98.38211% 2	NO.3689 卬 2 0.00092% 98.39128% 1	NO.3699 ⿰目兑 2 0.00092% 98.40045% 1
NO.3610 偪 2 0.00092% 98.31883% 1	NO.3620 烜 2 0.00092% 98.32800% 1	NO.3630 挺 2 0.00092% 98.33717% 1	NO.3640 浅 2 0.00092% 98.34634% 2	NO.3650 炤 2 0.00092% 98.35551% 1	NO.3660 ⿰角去 2 0.00092% 98.36469% 1	NO.3670 ⿰金義 2 0.00092% 98.37386% 2	NO.3680 投 2 0.00092% 98.38303% 2	NO.3690 痕 2 0.00092% 98.39220% 1	NO.3700 ⿱癶見 2 0.00092% 98.40137% 1

NO.3701 ⿰忄⿱旦又 2 0.00092% 98.40229% 1	NO.3711 ⿰氵⿱宀工 2 0.00092% 98.41146% 1	NO.3721 墻 2 0.00092% 98.42063% 1	NO.3731 ⿸疒兼 2 0.00092% 98.42980% 1	NO.3741 炎 2 0.00092% 98.43898% 1	NO.3751 状 2 0.00092% 98.44815% 2	NO.3761 笏 2 0.00092% 98.45732% 1	NO.3771 杤 2 0.00092% 98.46649% 1	NO.3781 樑 2 0.00092% 98.47566% 2	NO.3791 迫 2 0.00092% 98.48483% 1
NO.3702 ⿱竹伏 2 0.00092% 98.40321% 1	NO.3712 ⿰氵垩 2 0.00092% 98.41238% 2	NO.3722 ⿰舟谷 2 0.00092% 98.42155% 1	NO.3732 ⿰扌昊 2 0.00092% 98.43072% 1	NO.3742 ⿰車乔 2 0.00092% 98.43989% 1	NO.3752 恼 2 0.00092% 98.44906% 1	NO.3762 ⿰金乔 2 0.00092% 98.45824% 1	NO.3772 檻 2 0.00092% 98.46741% 1	NO.3782 ⿰⺈早 2 0.00092% 98.47658% 1	NO.3792 温 2 0.00092% 98.48575% 1
NO.3703 鑲 2 0.00092% 98.40412% 1	NO.3713 党 2 0.00092% 98.41330% 2	NO.3723 默 2 0.00092% 98.42247% 1	NO.3733 丹 2 0.00092% 98.43164% 1	NO.3743 弄 2 0.00092% 98.44081% 1	NO.3753 ⿱⺌火 2 0.00092% 98.44998% 2	NO.3763 妗 2 0.00092% 98.45915% 1	NO.3773 ⿰忄夅 2 0.00092% 98.46833% 1	NO.3783 遊 2 0.00092% 98.47750% 2	NO.3793 仇 2 0.00092% 98.48667% 2
NO.3704 衆 2 0.00092% 98.40504% 1	NO.3714 乞 2 0.00092% 98.41421% 2	NO.3724 ⿰忄罗 2 0.00092% 98.42338% 1	NO.3734 錢 2 0.00092% 98.43256% 1	NO.3744 揥 2 0.00092% 98.44173% 2	NO.3754 啤 2 0.00092% 98.45090% 1	NO.3764 荒 2 0.00092% 98.46007% 1	NO.3774 錯 2 0.00092% 98.46924% 1	NO.3784 ⿱癶兄 2 0.00092% 98.47841% 1	NO.3794 蘇 2 0.00092% 98.48759% 2
NO.3705 ⿰口晋 2 0.00092% 98.40596% 1	NO.3715 敵 2 0.00092% 98.41513% 1	NO.3725 擦 2 0.00092% 98.42430% 1	NO.3735 ⿰犭人 2 0.00092% 98.43347% 1	NO.3745 ⿰犭鼠 2 0.00092% 98.44264% 1	NO.3755 ⿱竹護 2 0.00092% 98.45182% 1	NO.3765 槽 2 0.00092% 98.46099% 1	NO.3775 惱 2 0.00092% 98.47016% 1	NO.3785 叫 2 0.00092% 98.47933% 1	NO.3795 莱 2 0.00092% 98.48850% 2
NO.3706 魯 2 0.00092% 98.40688% 2	NO.3716 潮 2 0.00092% 98.41605% 2	NO.3726 绞 2 0.00092% 98.42522% 2	NO.3736 苳 2 0.00092% 98.43439% 1	NO.3746 弍 2 0.00092% 98.44356% 1	NO.3756 ⿰土否 2 0.00092% 98.45273% 1	NO.3766 ⿰糸來 2 0.00092% 98.46191% 1	NO.3776 嗘 2 0.00092% 98.47108% 1	NO.3786 葛 2 0.00092% 98.48025% 1	NO.3796 ⿰犭子 2 0.00092% 98.48942% 2
NO.3707 竇 2 0.00092% 98.40779% 2	NO.3717 畫 2 0.00092% 98.41696% 1	NO.3727 霧 2 0.00092% 98.42614% 1	NO.3737 曆 2 0.00092% 98.43531% 1	NO.3747 伙 2 0.00092% 98.44448% 1	NO.3757 塔 2 0.00092% 98.45365% 2	NO.3767 咯 2 0.00092% 98.46282% 1	NO.3777 还 2 0.00092% 98.47199% 1	NO.3787 脾 2 0.00092% 98.48117% 2	NO.3797 隋 2 0.00092% 98.49034% 1
NO.3708 熾 2 0.00092% 98.40871% 1	NO.3718 龙 2 0.00092% 98.41788% 1	NO.3728 威 2 0.00092% 98.42705% 1	NO.3738 貎 2 0.00092% 98.43622% 1	NO.3748 姤 2 0.00092% 98.44540% 1	NO.3758 ⿱艹禰 2 0.00092% 98.45457% 1	NO.3768 蘘 2 0.00092% 98.46374% 1	NO.3778 麵 2 0.00092% 98.47291% 1	NO.3788 寅 2 0.00092% 98.48208% 2	NO.3798 佔 2 0.00092% 98.49125% 1
NO.3709 銼 2 0.00092% 98.40963% 2	NO.3719 拳 2 0.00092% 98.41880% 1	NO.3729 ⿸疒由 2 0.00092% 98.42797% 1	NO.3739 倉 2 0.00092% 98.43714% 1	NO.3749 ⿰火力 2 0.00092% 98.44631% 1	NO.3759 砟 2 0.00092% 98.45549% 1	NO.3769 ⿱罒下 2 0.00092% 98.46466% 1	NO.3779 盤 2 0.00092% 98.47383% 1	NO.3789 蘇 2 0.00092% 98.48300% 1	NO.3799 ⿱⺮年 2 0.00092% 98.49217% 1
NO.3710 ⿰女買 2 0.00092% 98.41054% 1	NO.3720 献 2 0.00092% 98.41972% 1	NO.3730 賢 2 0.00092% 98.42889% 2	NO.3740 笼 2 0.00092% 98.43806% 1	NO.3750 歎 2 0.00092% 98.44723% 1	NO.3760 寃 2 0.00092% 98.45640% 1	NO.3770 賀 2 0.00092% 98.46557% 1	NO.3780 黨 2 0.00092% 98.47475% 1	NO.3790 褲 2 0.00092% 98.48392% 1	NO.3800 叨 2 0.00092% 98.49309% 1

NO.3801 螳 2 0.00092% 98.49401% 1	NO.3811 韦 2 0.00092% 98.50318% 1	NO.3821 盛 2 0.00092% 98.51235% 1	NO.3831 諧 2 0.00092% 98.52152% 1	NO.3841 ⿰忄又 2 0.00092% 98.53069% 1	NO.3851 騍 2 0.00092% 98.53986% 1	NO.3861 賎 2 0.00092% 98.54904% 1	NO.3871 憐 2 0.00092% 98.55821% 1	NO.3881 惱 2 0.00092% 98.56738% 1	NO.3891 ⿰石感 2 0.00092% 98.57655% 2
NO.3802 罷 2 0.00092% 98.49492% 1	NO.3812 鴂 2 0.00092% 98.50410% 1	NO.3822 ⿰月民 2 0.00092% 98.51327% 1	NO.3832 ⿰礻廷 2 0.00092% 98.52244% 1	NO.3842 憶 2 0.00092% 98.53161% 1	NO.3852 ⿰火𡿺 2 0.00092% 98.54078% 1	NO.3862 吃 2 0.00092% 98.54995% 2	NO.3872 残 2 0.00092% 98.55913% 1	NO.3882 歡 2 0.00092% 98.56830% 1	NO.3892 ⿱艹开 2 0.00092% 98.57747% 1
NO.3803 蹊 2 0.00092% 98.49584% 2	NO.3813 塘 2 0.00092% 98.50501% 1	NO.3823 轉 2 0.00092% 98.51418% 1	NO.3833 記 2 0.00092% 98.52336% 1	NO.3843 鴞 2 0.00092% 98.53253% 1	NO.3853 ⿰口壬 2 0.00092% 98.54170% 1	NO.3863 料 2 0.00092% 98.55087% 1	NO.3873 邑 2 0.00092% 98.56004% 1	NO.3883 船 2 0.00092% 98.56921% 2	NO.3893 挑 2 0.00092% 98.57839% 2
NO.3804 财 2 0.00092% 98.49676% 1	NO.3814 喇 2 0.00092% 98.50593% 1	NO.3824 焉 2 0.00092% 98.51510% 1	NO.3834 蒦 2 0.00092% 98.52427% 1	NO.3844 勑 2 0.00092% 98.53344% 2	NO.3854 民 2 0.00092% 98.54262% 1	NO.3864 捅 2 0.00092% 98.55179% 1	NO.3874 物 2 0.00092% 98.56096% 2	NO.3884 果 2 0.00092% 98.57013% 1	NO.3894 氻 2 0.00092% 98.57930% 2
NO.3805 茰 2 0.00092% 98.49767% 1	NO.3815 搜 2 0.00092% 98.50685% 1	NO.3825 喚 2 0.00092% 98.51602% 2	NO.3835 郊 2 0.00092% 98.52519% 1	NO.3845 ⿰木鳥 2 0.00092% 98.53436% 1	NO.3855 畋 2 0.00092% 98.54353% 1	NO.3865 頓 2 0.00092% 98.55271% 1	NO.3875 撚 2 0.00092% 98.56188% 1	NO.3885 暖 2 0.00092% 98.57105% 2	NO.3895 碗 2 0.00092% 98.58022% 1
NO.3806 懈 2 0.00092% 98.49859% 2	NO.3816 鴛 2 0.00092% 98.50776% 1	NO.3826 斧 2 0.00092% 98.51694% 1	NO.3836 棒 2 0.00092% 98.52611% 1	NO.3846 雅 2 0.00092% 98.53528% 1	NO.3856 又 2 0.00092% 98.54445% 1	NO.3866 應 2 0.00092% 98.55362% 1	NO.3876 舌 2 0.00092% 98.56279% 1	NO.3886 生 2 0.00092% 98.57197% 1	NO.3896 塊 2 0.00092% 98.58114% 1
NO.3807 凤 2 0.00092% 98.49951% 1	NO.3817 慾 2 0.00092% 98.50868% 1	NO.3827 熵 2 0.00092% 98.51785% 1	NO.3837 憮 2 0.00092% 98.52702% 1	NO.3847 贵 2 0.00092% 98.53620% 1	NO.3857 鋼 2 0.00092% 98.54537% 1	NO.3867 苏 2 0.00092% 98.55454% 1	NO.3877 偉 2 0.00092% 98.56371% 2	NO.3887 畱 2 0.00092% 98.57288% 1	NO.3897 萝 2 0.00092% 98.58205% 1
NO.3808 巢 2 0.00092% 98.50043% 2	NO.3818 沓 2 0.00092% 98.50960% 2	NO.3828 橋 2 0.00092% 98.51877% 1	NO.3838 随 2 0.00092% 98.52794% 2	NO.3848 垗 2 0.00092% 98.53711% 1	NO.3858 栏 2 0.00092% 98.54629% 1	NO.3868 臘 2 0.00092% 98.55546% 1	NO.3878 棘 2 0.00092% 98.56463% 1	NO.3888 耷 2 0.00092% 98.57380% 1	NO.3898 哉 2 0.00092% 98.58297% 1
NO.3809 援 2 0.00092% 98.50134% 1	NO.3819 滿 2 0.00092% 98.51052% 2	NO.3829 散 2 0.00092% 98.51969% 1	NO.3839 卓 2 0.00092% 98.52886% 1	NO.3849 縉 2 0.00092% 98.53803% 1	NO.3859 宠 2 0.00092% 98.54720% 1	NO.3869 怩 2 0.00092% 98.55637% 1	NO.3879 尝 2 0.00092% 98.56555% 2	NO.3889 隆 2 0.00092% 98.57472% 1	NO.3899 痼 2 0.00092% 98.58389% 1
NO.3810 碹 2 0.00092% 98.50226% 1	NO.3820 鬏 2 0.00092% 98.51143% 1	NO.3830 獨 2 0.00092% 98.52060% 1	NO.3840 仰 2 0.00092% 98.52978% 1	NO.3850 牌 2 0.00092% 98.53895% 2	NO.3860 ⿰𧾷力 2 0.00092% 98.54812% 1	NO.3870 咾 2 0.00092% 98.55729% 2	NO.3880 桃 2 0.00092% 98.56646% 1	NO.3890 裘 2 0.00092% 98.57563% 2	NO.3900 庫 2 0.00092% 98.58481% 1

NO.3901 ⿰口由 2 0.00092% 98.58572% 1	NO.3911 婧 2 0.00092% 98.59490% 2	NO.3921 慱 2 0.00092% 98.60407% 1	NO.3931 寛 2 0.00092% 98.61324% 1	NO.3941 裹 2 0.00092% 98.62241% 1	NO.3951 蘇 2 0.00092% 98.63158% 2	NO.3961 ⿰犭蘭 2 0.00092% 98.64075% 2	NO.3971 顛 2 0.00092% 98.64993% 2	NO.3981 榴 2 0.00092% 98.65910% 2	NO.3991 ⿰忄冬 2 0.00092% 98.66827% 1
NO.3902 泞 2 0.00092% 98.58664% 1	NO.3912 ⿰口普 2 0.00092% 98.59581% 1	NO.3922 染 2 0.00092% 98.60498% 1	NO.3932 跰 2 0.00092% 98.61416% 1	NO.3942 ⿱能几 2 0.00092% 98.62333% 1	NO.3952 ⿰忄有 2 0.00092% 98.63250% 1	NO.3962 ⿱兹女 2 0.00092% 98.64167% 1	NO.3972 ⿰毛民 2 0.00092% 98.65084% 1	NO.3982 臘 2 0.00092% 98.66001% 1	NO.3992 ⿱宀麦 2 0.00092% 98.66919% 1
NO.3903 欖 2 0.00092% 98.58756% 1	NO.3913 齐 2 0.00092% 98.59673% 1	NO.3923 指 2 0.00092% 98.60590% 1	NO.3933 寘 2 0.00092% 98.61507% 1	NO.3943 值 2 0.00092% 98.62424% 1	NO.3953 溯 2 0.00092% 98.63342% 1	NO.3963 魔 2 0.00092% 98.64259% 1	NO.3973 吔 2 0.00092% 98.65176% 1	NO.3983 認 2 0.00092% 98.66093% 1	NO.3993 ⿰口公 2 0.00092% 98.67010% 1
NO.3904 问 2 0.00092% 98.58847% 1	NO.3914 嘲 2 0.00092% 98.59765% 2	NO.3924 瘼 2 0.00092% 98.60682% 1	NO.3934 菓 2 0.00092% 98.61599% 1	NO.3944 询 2 0.00092% 98.62516% 1	NO.3954 吞 2 0.00092% 98.63433% 2	NO.3964 茭 2 0.00092% 98.64351% 2	NO.3974 篤 2 0.00092% 98.65268% 1	NO.3984 微 2 0.00092% 98.66185% 1	NO.3994 ⿰土比 2 0.00092% 98.67102% 2
NO.3905 垢 2 0.00092% 98.58939% 2	NO.3915 囂 2 0.00092% 98.59856% 1	NO.3925 ⿰⻊卑 2 0.00092% 98.60774% 1	NO.3935 ⿰口典 2 0.00092% 98.61691% 1	NO.3945 ⿰石⿱亡土 2 0.00092% 98.62608% 1	NO.3955 ⿰口普 2 0.00092% 98.63525% 1	NO.3965 ⿱雨皿 2 0.00092% 98.64442% 1	NO.3975 規 2 0.00092% 98.65359% 2	NO.3985 咶 2 0.00092% 98.66277% 1	NO.3995 肥 2 0.00092% 98.67194% 1
NO.3906 鴉 2 0.00092% 98.59031% 1	NO.3916 婁 2 0.00092% 98.59948% 1	NO.3926 ⿰糸来 2 0.00092% 98.60865% 1	NO.3936 拙 2 0.00092% 98.61782% 1	NO.3946 凸 2 0.00092% 98.62700% 1	NO.3956 助 2 0.00092% 98.63617% 2	NO.3966 飪 2 0.00092% 98.64534% 1	NO.3976 ⿰虫同 2 0.00092% 98.65451% 1	NO.3986 完 2 0.00092% 98.66368% 2	NO.3996 ⿱日系 2 0.00092% 98.67285% 1
NO.3907 营 2 0.00092% 98.59123% 2	NO.3917 ⿱宀虫 2 0.00092% 98.60040% 1	NO.3927 降 2 0.00092% 98.60957% 1	NO.3937 忊 2 0.00092% 98.61874% 1	NO.3947 恳 2 0.00092% 98.62791% 1	NO.3957 服 2 0.00092% 98.63708% 2	NO.3967 ⿰忄立 2 0.00092% 98.64626% 1	NO.3977 覆 2 0.00092% 98.65543% 1	NO.3987 鵝 2 0.00092% 98.66460% 1	NO.3997 獄 2 0.00092% 98.67377% 1
NO.3908 漸 2 0.00092% 98.59214% 1	NO.3918 边 2 0.00092% 98.60132% 1	NO.3928 僧 2 0.00092% 98.61049% 2	NO.3938 餜 2 0.00092% 98.61966% 1	NO.3948 ⿰纟力 2 0.00092% 98.62883% 1	NO.3958 懷 2 0.00092% 98.63800% 1	NO.3968 砍 2 0.00092% 98.64717% 2	NO.3978 秃 2 0.00092% 98.65635% 1	NO.3988 ⿱罒⿰貝目 2 0.00092% 98.66552% 1	NO.3998 笠 2 0.00092% 98.67469% 2
NO.3909 观 2 0.00092% 98.59306% 2	NO.3919 鹹 2 0.00092% 98.60223% 1	NO.3929 ⿰口巳 2 0.00092% 98.61140% 1	NO.3939 扠 2 0.00092% 98.62058% 2	NO.3949 ⿰月啬 2 0.00092% 98.62975% 2	NO.3959 ⿰犭勿 2 0.00092% 98.63892% 2	NO.3969 ⿰歹攵 2 0.00092% 98.64809% 1	NO.3979 紓 2 0.00092% 98.65726% 1	NO.3989 涒 2 0.00092% 98.66643% 1	NO.3999 少 2 0.00092% 98.67561% 1
NO.3910 易 2 0.00092% 98.59398% 1	NO.3920 渡 2 0.00092% 98.60315% 2	NO.3930 跤 2 0.00092% 98.61232% 1	NO.3940 ⿱宀乎 2 0.00092% 98.62149% 1	NO.3950 船 2 0.00092% 98.63066% 1	NO.3960 犁 2 0.00092% 98.63984% 2	NO.3970 焞 2 0.00092% 98.64901% 1	NO.3980 椃 2 0.00092% 98.65818% 1	NO.3990 畨 2 0.00092% 98.66735% 1	NO.4000 腦 2 0.00092% 98.67652% 1

NO.4001 苒 2 0.00092% 98.67744% 2	NO.4011 帲 2 0.00092% 98.68661% 1	NO.4021 濃 2 0.00092% 98.69578% 1	NO.4031 寡 2 0.00092% 98.70496% 1	NO.4041 膵 2 0.00092% 98.71413% 1	NO.4051 杜 2 0.00092% 98.72330% 1	NO.4061 胛 2 0.00092% 98.73247% 1	NO.4071 奀 2 0.00092% 98.74164% 1	NO.4081 鵬 2 0.00092% 98.75081% 2	NO.4091 岔 2 0.00092% 98.75999% 1
NO.4002 謹 2 0.00092% 98.67836% 1	NO.4012 朔 2 0.00092% 98.68753% 1	NO.4022 寃 2 0.00092% 98.69670% 1	NO.4032 究 2 0.00092% 98.70587% 1	NO.4042 厙 2 0.00092% 98.71504% 1	NO.4052 勤 2 0.00092% 98.72422% 1	NO.4062 咳 2 0.00092% 98.73339% 2	NO.4072 交 2 0.00092% 98.74256% 2	NO.4082 嬢 2 0.00092% 98.75173% 1	NO.4092 智 2 0.00092% 98.76090% 2
NO.4003 肩 2 0.00092% 98.67927% 2	NO.4013 紩 2 0.00092% 98.68845% 1	NO.4023 覃 2 0.00092% 98.69762% 2	NO.4033 鞴 2 0.00092% 98.70679% 1	NO.4043 岸 2 0.00092% 98.71596% 2	NO.4053 厎 2 0.00092% 98.72513% 1	NO.4063 蚾 2 0.00092% 98.73430% 1	NO.4073 亅 2 0.00092% 98.74348% 1	NO.4083 决 2 0.00092% 98.75265% 2	NO.4093 諫 2 0.00092% 98.76182% 1
NO.4004 勤 2 0.00092% 98.68019% 1	NO.4014 得 2 0.00092% 98.68936% 1	NO.4024 澟 2 0.00092% 98.69854% 1	NO.4034 時 2 0.00092% 98.70771% 2	NO.4044 芞 2 0.00092% 98.71688% 1	NO.4054 桐 2 0.00092% 98.72605% 1	NO.4064 恓 2 0.00092% 98.73522% 1	NO.4074 鎵 2 0.00092% 98.74439% 2	NO.4084 坥 2 0.00092% 98.75357% 2	NO.4094 佘 2 0.00092% 98.76274% 1
NO.4005 苒 2 0.00092% 98.68111% 2	NO.4015 论 2 0.00092% 98.69028% 1	NO.4025 躯 2 0.00092% 98.69945% 1	NO.4035 睛 2 0.00092% 98.70862% 1	NO.4045 芈 2 0.00092% 98.71780% 1	NO.4055 掑 2 0.00092% 98.72697% 1	NO.4065 焚 2 0.00092% 98.73614% 1	NO.4075 色 2 0.00092% 98.74531% 1	NO.4085 牢 2 0.00092% 98.75448% 2	NO.4095 繆 2 0.00092% 98.76365% 2
NO.4006 罠 2 0.00092% 98.68203% 1	NO.4016 专 2 0.00092% 98.69120% 1	NO.4026 凡 2 0.00092% 98.70037% 2	NO.4036 跨 2 0.00092% 98.70954% 1	NO.4046 蝟 2 0.00092% 98.71871% 1	NO.4056 壟 2 0.00092% 98.72788% 1	NO.4066 嘘 2 0.00092% 98.73706% 1	NO.4076 叫 2 0.00092% 98.74623% 1	NO.4086 誨 2 0.00092% 98.75540% 1	NO.4096 嫗 2 0.00092% 98.76457% 1
NO.4007 就 2 0.00092% 98.68294% 1	NO.4017 襶 2 0.00092% 98.69212% 1	NO.4027 庅 2 0.00092% 98.70129% 1	NO.4037 笼 2 0.00092% 98.71046% 1	NO.4047 漏 2 0.00092% 98.71963% 1	NO.4057 嘐 2 0.00092% 98.72880% 1	NO.4067 貌 2 0.00092% 98.73797% 1	NO.4077 佾 2 0.00092% 98.74715% 1	NO.4087 淫 2 0.00092% 98.75632% 1	NO.4097 娃 2 0.00092% 98.76549% 1
NO.4008 堯 2 0.00092% 98.68386% 2	NO.4018 界 2 0.00092% 98.69303% 2	NO.4028 捧 2 0.00092% 98.70220% 1	NO.4038 臘 2 0.00092% 98.71138% 1	NO.4048 鬥 2 0.00092% 98.72055% 1	NO.4058 貼 2 0.00092% 98.72972% 2	NO.4068 咼 2 0.00092% 98.73889% 1	NO.4078 蝼 2 0.00092% 98.74806% 2	NO.4088 污 2 0.00092% 98.75723% 1	NO.4098 姣 2 0.00092% 98.76641% 1
NO.4009 㬎 2 0.00092% 98.68478% 1	NO.4019 隴 2 0.00092% 98.69395% 1	NO.4029 寝 2 0.00092% 98.70312% 1	NO.4039 豊 2 0.00092% 98.71229% 1	NO.4049 抲 2 0.00092% 98.72146% 1	NO.4059 人 2 0.00092% 98.73064% 1	NO.4069 坦 2 0.00092% 98.73981% 2	NO.4079 荒 2 0.00092% 98.74898% 1	NO.4089 傑 2 0.00092% 98.75815% 1	NO.4099 枋 2 0.00092% 98.76732% 1
NO.4010 馱 2 0.00092% 98.68569% 2	NO.4020 嗍 2 0.00092% 98.69487% 1	NO.4030 単 2 0.00092% 98.70404% 1	NO.4040 景 2 0.00092% 98.71321% 1	NO.4050 猩 2 0.00092% 98.72238% 1	NO.4060 鎊 2 0.00092% 98.73155% 1	NO.4070 烪 2 0.00092% 98.74073% 1	NO.4080 追 2 0.00092% 98.74990% 1	NO.4090 設 2 0.00092% 98.75907% 2	NO.4100 红 2 0.00092% 98.76824% 2

NO.4101 唑 2 0.00092% 98.76916% 2	NO.4111 葉 2 0.00092% 98.77833% 1	NO.4121 睦 2 0.00092% 98.78750% 1	NO.4131 扌化 2 0.00092% 98.79667% 1	NO.4141 㝵 2 0.00092% 98.80584% 1	NO.4151 蟆 2 0.00092% 98.81502% 1	NO.4161 劊 2 0.00092% 98.82419% 1	NO.4171 嗨 2 0.00092% 98.83336% 2	NO.4181 禽 2 0.00092% 98.84253% 1	NO.4191 肥 2 0.00092% 98.85170% 1
NO.4102 霸 2 0.00092% 98.77007% 1	NO.4112 夢 2 0.00092% 98.77925% 1	NO.4122 廋 2 0.00092% 98.78842% 1	NO.4132 獺 2 0.00092% 98.79759% 2	NO.4142 砱 2 0.00092% 98.80676% 1	NO.4152 汑 2 0.00092% 98.81593% 1	NO.4162 寻 2 0.00092% 98.82510% 1	NO.4172 嚚 2 0.00092% 98.83428% 1	NO.4182 撤 2 0.00092% 98.84345% 1	NO.4192 吸 2 0.00092% 98.85262% 2
NO.4103 瑟 2 0.00092% 98.77099% 2	NO.4113 呫 2 0.00092% 98.78016% 1	NO.4123 玖 2 0.00092% 98.78934% 1	NO.4133 鈔 2 0.00092% 98.79851% 1	NO.4143 鷊 2 0.00092% 98.80768% 1	NO.4153 軏 2 0.00092% 98.81685% 1	NO.4163 辧 2 0.00092% 98.82602% 1	NO.4173 磵 2 0.00092% 98.83519% 1	NO.4183 繒 2 0.00092% 98.84437% 1	NO.4193 樗 2 0.00092% 98.85354% 2
NO.4104 錁 2 0.00092% 98.77191% 1	NO.4114 萊 2 0.00092% 98.78108% 1	NO.4124 佣 2 0.00092% 98.79025% 1	NO.4134 撮 2 0.00092% 98.79942% 1	NO.4144 綻 2 0.00092% 98.80860% 2	NO.4154 亭 2 0.00092% 98.81777% 1	NO.4164 綽 2 0.00092% 98.82694% 1	NO.4174 闲 2 0.00092% 98.83611% 1	NO.4184 浥 2 0.00092% 98.84528% 1	NO.4194 曜 2 0.00092% 98.85445% 1
NO.4105 瞞 2 0.00092% 98.77283% 1	NO.4115 虰 2 0.00092% 98.78200% 1	NO.4125 訓 2 0.00092% 98.79117% 2	NO.4135 柰 2 0.00092% 98.80034% 1	NO.4145 寰 2 0.00092% 98.80951% 1	NO.4155 窀 2 0.00092% 98.81868% 2	NO.4165 直 2 0.00092% 98.82786% 1	NO.4175 啍 2 0.00092% 98.83703% 1	NO.4185 竈 2 0.00092% 98.84620% 1	NO.4195 硐 2 0.00092% 98.85537% 2
NO.4106 朦 2 0.00092% 98.77374% 1	NO.4116 侕 2 0.00092% 98.78291% 1	NO.4126 鮑 2 0.00092% 98.79209% 1	NO.4136 前 2 0.00092% 98.80126% 1	NO.4146 烺 2 0.00092% 98.81043% 1	NO.4156 讱 2 0.00092% 98.81960% 1	NO.4166 槽 2 0.00092% 98.82877% 2	NO.4176 呀 2 0.00092% 98.83795% 2	NO.4186 蕊 2 0.00092% 98.84712% 2	NO.4196 耀 2 0.00092% 98.85629% 1
NO.4107 暧 2 0.00092% 98.77466% 1	NO.4117 宧 2 0.00092% 98.78383% 1	NO.4127 閇 2 0.00092% 98.79300% 2	NO.4137 者 2 0.00092% 98.80218% 1	NO.4147 县 2 0.00092% 98.81135% 2	NO.4157 嗵 2 0.00092% 98.82052% 2	NO.4167 咩 2 0.00092% 98.82969% 1	NO.4177 畣 2 0.00092% 98.83886% 1	NO.4187 婭 2 0.00092% 98.84803% 1	NO.4197 傾 2 0.00092% 98.85721% 1
NO.4108 烧 2 0.00092% 98.77558% 2	NO.4118 毱 2 0.00092% 98.78475% 1	NO.4128 概 2 0.00092% 98.79392% 1	NO.4138 喭 2 0.00092% 98.80309% 2	NO.4148 奥 2 0.00092% 98.81226% 2	NO.4158 莊 2 0.00092% 98.82144% 1	NO.4168 泊 2 0.00092% 98.83061% 1	NO.4178 愿 2 0.00092% 98.83978% 1	NO.4188 会 2 0.00092% 98.84895% 2	NO.4198 榄 2 0.00092% 98.85812% 1
NO.4109 尭 2 0.00092% 98.77649% 2	NO.4119 東 2 0.00092% 98.78567% 1	NO.4129 墶 2 0.00092% 98.79484% 1	NO.4139 孤 2 0.00092% 98.80401% 1	NO.4149 岸 2 0.00092% 98.81318% 1	NO.4159 翁 2 0.00092% 98.82235% 1	NO.4169 崩 2 0.00092% 98.83152% 1	NO.4179 蛸 2 0.00092% 98.84070% 2	NO.4189 祈 2 0.00092% 98.84987% 1	NO.4199 佳 2 0.00092% 98.85904% 2
NO.4110 擯 2 0.00092% 98.77741% 1	NO.4120 晋 2 0.00092% 98.78658% 1	NO.4130 莭 2 0.00092% 98.79576% 2	NO.4140 狮 2 0.00092% 98.80493% 1	NO.4150 牙 2 0.00092% 98.81410% 1	NO.4160 农 2 0.00092% 98.82327% 1	NO.4170 嘿 2 0.00092% 98.83244% 1	NO.4180 并 2 0.00092% 98.84161% 1	NO.4190 扬 2 0.00092% 98.85079% 1	NO.4200 貌 2 0.00092% 98.85996% 1

NO.4201 鼦 2 0.00092% 98.86087% 2	NO.4211 齋 2 0.00092% 98.87005% 2	NO.4221 杏 2 0.00092% 98.87922% 1	NO.4231 秧 2 0.00092% 98.88839% 1	NO.4241 蛪 2 0.00092% 98.89756% 1	NO.4251 儿 2 0.00092% 98.90673% 2	NO.4261 爹 2 0.00092% 98.91590% 1	NO.4271 亩 2 0.00092% 98.92508% 1	NO.4281 晒 2 0.00092% 98.93425% 1	NO.4291 豊 1 0.00046% 98.94067% 1
NO.4202 榛 2 0.00092% 98.86179% 2	NO.4212 浅 2 0.00092% 98.87096% 1	NO.4222 墟 2 0.00092% 98.88014% 2	NO.4232 砼 2 0.00092% 98.88931% 1	NO.4242 酬 2 0.00092% 98.89848% 1	NO.4252 同 2 0.00092% 98.90765% 2	NO.4262 幽 2 0.00092% 98.91682% 1	NO.4272 娱 2 0.00092% 98.92599% 1	NO.4282 平 2 0.00092% 98.93517% 1	NO.4292 贩 1 0.00046% 98.94113% 1
NO.4203 灑 2 0.00092% 98.86271% 2	NO.4213 駕 2 0.00092% 98.87188% 1	NO.4223 靴 2 0.00092% 98.88105% 2	NO.4233 蟑 2 0.00092% 98.89022% 1	NO.4243 視 2 0.00092% 98.89940% 1	NO.4253 膔 2 0.00092% 98.90857% 1	NO.4263 沂 2 0.00092% 98.91774% 1	NO.4273 壞 2 0.00092% 98.92691% 1	NO.4283 價 2 0.00092% 98.93608% 1	NO.4293 墓 1 0.00046% 98.94159% 1
NO.4204 杶 2 0.00092% 98.86363% 1	NO.4214 罫 2 0.00092% 98.87280% 1	NO.4224 頊 2 0.00092% 98.88197% 1	NO.4234 蛫 2 0.00092% 98.89114% 2	NO.4244 暖 2 0.00092% 98.90031% 2	NO.4254 爸 2 0.00092% 98.90948% 1	NO.4264 棉 2 0.00092% 98.91866% 2	NO.4274 坻 2 0.00092% 98.92783% 1	NO.4284 度 2 0.00092% 98.93700% 1	NO.4294 鳴 1 0.00046% 98.94204% 1
NO.4205 幔 2 0.00092% 98.86454% 1	NO.4215 陰 2 0.00092% 98.87371% 2	NO.4225 弱 2 0.00092% 98.88289% 1	NO.4235 赛 2 0.00092% 98.89206% 1	NO.4245 蟧 2 0.00092% 98.90123% 2	NO.4255 砙 2 0.00092% 98.91040% 1	NO.4265 郴 2 0.00092% 98.91957% 1	NO.4275 挠 2 0.00092% 98.92875% 1	NO.4285 蔡 2 0.00092% 98.93792% 1	NO.4295 嗂 1 0.00046% 98.94250% 1
NO.4206 籠 2 0.00092% 98.86546% 1	NO.4216 笼 2 0.00092% 98.87463% 1	NO.4226 槐 2 0.00092% 98.88380% 1	NO.4236 础 2 0.00092% 98.89298% 1	NO.4246 嘀 2 0.00092% 98.90215% 2	NO.4256 诉 2 0.00092% 98.91132% 2	NO.4266 暗 2 0.00092% 98.92049% 1	NO.4276 燩 2 0.00092% 98.92966% 1	NO.4286 燎 1 0.00046% 98.93838% 1	NO.4296 淝 1 0.00046% 98.94296% 1
NO.4207 臨 2 0.00092% 98.86638% 2	NO.4217 穢 2 0.00092% 98.87555% 1	NO.4227 督 2 0.00092% 98.88472% 2	NO.4237 撫 2 0.00092% 98.89389% 1	NO.4247 声 2 0.00092% 98.90306% 2	NO.4257 啥 2 0.00092% 98.91224% 2	NO.4267 寝 2 0.00092% 98.92141% 1	NO.4277 煡 2 0.00092% 98.93058% 1	NO.4287 竝 1 0.00046% 98.93883% 1	NO.4297 娴 1 0.00046% 98.94342% 1
NO.4208 嗔 2 0.00092% 98.86729% 1	NO.4218 明 2 0.00092% 98.87647% 1	NO.4228 擾 2 0.00092% 98.88564% 1	NO.4238 襪 2 0.00092% 98.89481% 1	NO.4248 噂 2 0.00092% 98.90398% 1	NO.4258 還 2 0.00092% 98.91315% 2	NO.4268 亮 2 0.00092% 98.92232% 1	NO.4278 圳 2 0.00092% 98.93150% 1	NO.4288 痓 1 0.00046% 98.93929% 1	NO.4298 齊 1 0.00046% 98.94388% 1
NO.4209 懇 2 0.00092% 98.86821% 1	NO.4219 蘭 2 0.00092% 98.87738% 1	NO.4229 美 2 0.00092% 98.88656% 1	NO.4239 嬗 2 0.00092% 98.89573% 1	NO.4249 猡 2 0.00092% 98.90490% 1	NO.4259 庸 2 0.00092% 98.91407% 2	NO.4269 斷 2 0.00092% 98.92324% 1	NO.4279 扨 2 0.00092% 98.93241% 1	NO.4289 咦 1 0.00046% 98.93975% 1	NO.4299 逞 1 0.00046% 98.94434% 1
NO.4210 弥 2 0.00092% 98.86913% 1	NO.4220 亭 2 0.00092% 98.87830% 2	NO.4230 濛 2 0.00092% 98.88747% 2	NO.4240 栌 2 0.00092% 98.89664% 2	NO.4250 耀 2 0.00092% 98.90582% 2	NO.4260 宄 2 0.00092% 98.91499% 1	NO.4270 恒 2 0.00092% 98.92416% 2	NO.4280 乃 2 0.00092% 98.93333% 1	NO.4290 淮 1 0.00046% 98.94021% 1	NO.4300 乖 1 0.00046% 98.94480% 1

NO.4301 吪 1 0.00046% 98.94525% 1	NO.4311 梼 1 0.00046% 98.94984% 1	NO.4321 藤 1 0.00046% 98.95443% 1	NO.4331 厓 1 0.00046% 98.95901% 1	NO.4341 瓬 1 0.00046% 98.96360% 1	NO.4351 輿 1 0.00046% 98.96818% 1	NO.4361 衮 1 0.00046% 98.97277% 1	NO.4371 市 1 0.00046% 98.97736% 1	NO.4381 趐 1 0.00046% 98.98194% 1	NO.4391 畜 1 0.00046% 98.98653% 1
NO.4302 库 1 0.00046% 98.94571% 1	NO.4312 遏 1 0.00046% 98.95030% 1	NO.4322 烽 1 0.00046% 98.95488% 1	NO.4332 噩 1 0.00046% 98.95947% 1	NO.4342 層 1 0.00046% 98.96406% 1	NO.4352 𧉅 1 0.00046% 98.96864% 1	NO.4362 毬 1 0.00046% 98.97323% 1	NO.4372 衰 1 0.00046% 98.97781% 1	NO.4382 摜 1 0.00046% 98.98240% 1	NO.4392 悉 1 0.00046% 98.98699% 1
NO.4303 方 1 0.00046% 98.94617% 1	NO.4313 爺 1 0.00046% 98.95076% 1	NO.4323 乇 1 0.00046% 98.95534% 1	NO.4333 燁 1 0.00046% 98.95993% 1	NO.4343 伞 1 0.00046% 98.96451% 1	NO.4353 夸 1 0.00046% 98.96910% 1	NO.4363 𥹥 1 0.00046% 98.97369% 1	NO.4373 腹 1 0.00046% 98.97827% 1	NO.4383 頸 1 0.00046% 98.98286% 1	NO.4393 猗 1 0.00046% 98.98744% 1
NO.4304 毯 1 0.00046% 98.94663% 1	NO.4314 鋉 1 0.00046% 98.95122% 1	NO.4324 筐 1 0.00046% 98.95580% 1	NO.4334 聨 1 0.00046% 98.96039% 1	NO.4344 就 1 0.00046% 98.96497% 1	NO.4354 招 1 0.00046% 98.96956% 1	NO.4364 茎 1 0.00046% 98.97414% 1	NO.4374 耨 1 0.00046% 98.97873% 1	NO.4384 劔 1 0.00046% 98.98332% 1	NO.4394 𡒄 1 0.00046% 98.98790% 1
NO.4305 赖 1 0.00046% 98.94709% 1	NO.4315 淳 1 0.00046% 98.95167% 1	NO.4325 縑 1 0.00046% 98.95626% 1	NO.4335 膀 1 0.00046% 98.96085% 1	NO.4345 綁 1 0.00046% 98.96543% 1	NO.4355 呷 1 0.00046% 98.97002% 1	NO.4365 懂 1 0.00046% 98.97460% 1	NO.4375 很 1 0.00046% 98.97919% 1	NO.4385 冥 1 0.00046% 98.98378% 1	NO.4395 踏 1 0.00046% 98.98836% 1
NO.4306 螝 1 0.00046% 98.94755% 1	NO.4316 弄 1 0.00046% 98.95213% 1	NO.4326 葸 1 0.00046% 98.95672% 1	NO.4336 貌 1 0.00046% 98.96130% 1	NO.4346 罔 1 0.00046% 98.96589% 1	NO.4356 谨 1 0.00046% 98.97048% 1	NO.4366 婁 1 0.00046% 98.97506% 1	NO.4376 虻 1 0.00046% 98.97965% 1	NO.4386 慣 1 0.00046% 98.98423% 1	NO.4396 頓 1 0.00046% 98.98882% 1
NO.4307 唀 1 0.00046% 98.94801% 1	NO.4317 斧 1 0.00046% 98.95259% 1	NO.4327 憶 1 0.00046% 98.95718% 1	NO.4337 標 1 0.00046% 98.96176% 1	NO.4347 龍 1 0.00046% 98.96635% 1	NO.4357 叉 1 0.00046% 98.97093% 1	NO.4367 孛 1 0.00046% 98.97552% 1	NO.4377 笆 1 0.00046% 98.98011% 1	NO.4387 腊 1 0.00046% 98.98469% 1	NO.4397 簀 1 0.00046% 98.98928% 1
NO.4308 遞 1 0.00046% 98.94846% 1	NO.4318 壮 1 0.00046% 98.95305% 1	NO.4328 呼 1 0.00046% 98.95764% 1	NO.4338 擔 1 0.00046% 98.96222% 1	NO.4348 瓶 1 0.00046% 98.96681% 1	NO.4358 挟 1 0.00046% 98.97139% 1	NO.4368 澗 1 0.00046% 98.97598% 1	NO.4378 酓 1 0.00046% 98.98057% 1	NO.4388 昆 1 0.00046% 98.98515% 1	NO.4398 鄞 1 0.00046% 98.98974% 1
NO.4309 蟜 1 0.00046% 98.94892% 1	NO.4319 凳 1 0.00046% 98.95351% 1	NO.4329 嫌 1 0.00046% 98.95809% 1	NO.4339 鞋 1 0.00046% 98.96268% 1	NO.4349 萘 1 0.00046% 98.96727% 1	NO.4359 乞 1 0.00046% 98.97185% 1	NO.4369 楚 1 0.00046% 98.97644% 1	NO.4379 烝 1 0.00046% 98.98102% 1	NO.4389 响 1 0.00046% 98.98561% 1	NO.4399 仮 1 0.00046% 98.99020% 1
NO.4310 臺 1 0.00046% 98.94938% 1	NO.4320 橑 1 0.00046% 98.95397% 1	NO.4330 歇 1 0.00046% 98.95855% 1	NO.4340 鞍 1 0.00046% 98.96314% 1	NO.4350 已 1 0.00046% 98.96772% 1	NO.4360 龙 1 0.00046% 98.97231% 1	NO.4370 窃 1 0.00046% 98.97690% 1	NO.4380 翻 1 0.00046% 98.98148% 1	NO.4390 趙 1 0.00046% 98.98607% 1	NO.4400 蓁 1 0.00046% 98.99065% 1

NO.4401 炷 1 0.00046% 98.99111% 1	NO.4411 霧 1 0.00046% 98.99570% 1	NO.4421 卽 1 0.00046% 99.00028% 1	NO.4431 澖 1 0.00046% 99.00487% 1	NO.4441 槑 1 0.00046% 99.00946% 1	NO.4451 𩚬 1 0.00046% 99.01404% 1	NO.4461 咗 1 0.00046% 99.01863% 1	NO.4471 戢 1 0.00046% 99.02321% 1	NO.4481 寺 1 0.00046% 99.02780% 1	NO.4491 畾 1 0.00046% 99.03239% 1
NO.4402 環 1 0.00046% 98.99157% 1	NO.4412 腰 1 0.00046% 98.99616% 1	NO.4422 揚 1 0.00046% 99.00074% 1	NO.4432 萃 1 0.00046% 99.00533% 1	NO.4442 丂 1 0.00046% 99.00991% 1	NO.4452 蕃 1 0.00046% 99.01450% 1	NO.4462 错 1 0.00046% 99.01909% 1	NO.4472 痕 1 0.00046% 99.02367% 1	NO.4482 瀆 1 0.00046% 99.02826% 1	NO.4492 經 1 0.00046% 99.03284% 1
NO.4403 鴲 1 0.00046% 98.99203% 1	NO.4413 乡 1 0.00046% 98.99662% 1	NO.4423 沺 1 0.00046% 99.00120% 1	NO.4433 貌 1 0.00046% 99.00579% 1	NO.4443 长 1 0.00046% 99.01037% 1	NO.4453 絣 1 0.00046% 99.01496% 1	NO.4463 忙 1 0.00046% 99.01954% 1	NO.4473 糢 1 0.00046% 99.02413% 1	NO.4483 後 1 0.00046% 99.02872% 1	NO.4493 肣 1 0.00046% 99.03330% 1
NO.4404 迷 1 0.00046% 98.99249% 1	NO.4414 壓 1 0.00046% 98.99707% 1	NO.4424 报 1 0.00046% 99.00166% 1	NO.4434 恥 1 0.00046% 99.00625% 1	NO.4444 尋 1 0.00046% 99.01083% 1	NO.4454 貌 1 0.00046% 99.01542% 1	NO.4464 呷 1 0.00046% 99.02000% 1	NO.4474 彭 1 0.00046% 99.02459% 1	NO.4484 𥼺 1 0.00046% 99.02918% 1	NO.4494 踠 1 0.00046% 99.03376% 1
NO.4405 宰 1 0.00046% 98.99295% 1	NO.4415 溢 1 0.00046% 98.99753% 1	NO.4425 武 1 0.00046% 99.00212% 1	NO.4435 硃 1 0.00046% 99.00670% 1	NO.4445 契 1 0.00046% 99.01129% 1	NO.4455 嘅 1 0.00046% 99.01588% 1	NO.4465 緩 1 0.00046% 99.02046% 1	NO.4475 縊 1 0.00046% 99.02505% 1	NO.4485 縱 1 0.00046% 99.02963% 1	NO.4495 鋼 1 0.00046% 99.03422% 1
NO.4406 昝 1 0.00046% 98.99341% 1	NO.4416 舉 1 0.00046% 98.99799% 1	NO.4426 螺 1 0.00046% 99.00258% 1	NO.4436 傲 1 0.00046% 99.00716% 1	NO.4446 婆 1 0.00046% 99.01175% 1	NO.4456 殑 1 0.00046% 99.01633% 1	NO.4466 濃 1 0.00046% 99.02092% 1	NO.4476 邊 1 0.00046% 99.02551% 1	NO.4486 殄 1 0.00046% 99.03009% 1	NO.4496 韶 1 0.00046% 99.03468% 1
NO.4407 留 1 0.00046% 98.99386% 1	NO.4417 究 1 0.00046% 98.99845% 1	NO.4427 貶 1 0.00046% 99.00304% 1	NO.4437 眷 1 0.00046% 99.00762% 1	NO.4447 桊 1 0.00046% 99.01221% 1	NO.4457 尨 1 0.00046% 99.01679% 1	NO.4467 潧 1 0.00046% 99.02138% 1	NO.4477 唔 1 0.00046% 99.02597% 1	NO.4487 胞 1 0.00046% 99.03055% 1	NO.4497 屺 1 0.00046% 99.03514% 1
NO.4408 蕩 1 0.00046% 98.99432% 1	NO.4418 慣 1 0.00046% 98.99891% 1	NO.4428 臨 1 0.00046% 99.00349% 1	NO.4438 貌 1 0.00046% 99.00808% 1	NO.4448 流 1 0.00046% 99.01267% 1	NO.4458 喚 1 0.00046% 99.01725% 1	NO.4468 覽 1 0.00046% 99.02184% 1	NO.4478 笼 1 0.00046% 99.02642% 1	NO.4488 回 1 0.00046% 99.03101% 1	NO.4498 溇 1 0.00046% 99.03560% 1
NO.4409 尿 1 0.00046% 98.99478% 1	NO.4419 眷 1 0.00046% 98.99937% 1	NO.4429 鋋 1 0.00046% 99.00395% 1	NO.4439 墟 1 0.00046% 99.00854% 1	NO.4449 犿 1 0.00046% 99.01312% 1	NO.4459 芈 1 0.00046% 99.01771% 1	NO.4469 迳 1 0.00046% 99.02230% 1	NO.4479 微 1 0.00046% 99.02688% 1	NO.4489 討 1 0.00046% 99.03147% 1	NO.4499 們 1 0.00046% 99.03605% 1
NO.4410 甬 1 0.00046% 98.99524% 1	NO.4420 匣 1 0.00046% 98.99983% 1	NO.4430 潜 1 0.00046% 99.00441% 1	NO.4440 瞶 1 0.00046% 99.00900% 1	NO.4450 巽 1 0.00046% 99.01358% 1	NO.4460 揆 1 0.00046% 99.01817% 1	NO.4470 煞 1 0.00046% 99.02275% 1	NO.4480 朧 1 0.00046% 99.02734% 1	NO.4490 范 1 0.00046% 99.03193% 1	NO.4500 㴐 1 0.00046% 99.03651% 1

NO.4501 鑼 1 0.00046% 99.03697% 1	NO.4511 嚴 1 0.00046% 99.04156% 1	NO.4521 喙 1 0.00046% 99.04614% 1	NO.4531 熚 1 0.00046% 99.05073% 1	NO.4541 砜 1 0.00046% 99.05531% 1	NO.4551 俌 1 0.00046% 99.05990% 1	NO.4561 苾 1 0.00046% 99.06449% 1	NO.4571 等 1 0.00046% 99.06907% 1	NO.4581 [illegible] 1 0.00046% 99.07366% 1	NO.4591 [illegible] 1 0.00046% 99.07824% 1
NO.4502 麻 1 0.00046% 99.03743% 1	NO.4512 乔 1 0.00046% 99.04202% 1	NO.4522 染 1 0.00046% 99.04660% 1	NO.4532 邦 1 0.00046% 99.05119% 1	NO.4542 巴 1 0.00046% 99.05577% 1	NO.4552 枊 1 0.00046% 99.06036% 1	NO.4562 敢 1 0.00046% 99.06494% 1	NO.4572 異 1 0.00046% 99.06953% 1	NO.4582 驗 1 0.00046% 99.07412% 1	NO.4592 捍 1 0.00046% 99.07870% 1
NO.4503 鎗 1 0.00046% 99.03789% 1	NO.4513 嗷 1 0.00046% 99.04247% 1	NO.4523 廬 1 0.00046% 99.04706% 1	NO.4533 奮 1 0.00046% 99.05165% 1	NO.4543 猿 1 0.00046% 99.05623% 1	NO.4553 睦 1 0.00046% 99.06082% 1	NO.4563 櫝 1 0.00046% 99.06540% 1	NO.4573 以 1 0.00046% 99.06999% 1	NO.4583 梼 1 0.00046% 99.07458% 1	NO.4593 吁 1 0.00046% 99.07916% 1
NO.4504 万 1 0.00046% 99.03835% 1	NO.4514 戈 1 0.00046% 99.04293% 1	NO.4524 倫 1 0.00046% 99.04752% 1	NO.4534 還 1 0.00046% 99.05210% 1	NO.4544 桥 1 0.00046% 99.05669% 1	NO.4554 崗 1 0.00046% 99.06128% 1	NO.4564 梠 1 0.00046% 99.06586% 1	NO.4574 体 1 0.00046% 99.07045% 1	NO.4584 消 1 0.00046% 99.07503% 1	NO.4594 褖 1 0.00046% 99.07962% 1
NO.4505 鏫 1 0.00046% 99.03881% 1	NO.4515 蘇 1 0.00046% 99.04339% 1	NO.4525 綏 1 0.00046% 99.04798% 1	NO.4535 旁 1 0.00046% 99.05256% 1	NO.4545 讲 1 0.00046% 99.05715% 1	NO.4555 艆 1 0.00046% 99.06173% 1	NO.4565 吴 1 0.00046% 99.06632% 1	NO.4575 享 1 0.00046% 99.07091% 1	NO.4585 磌 1 0.00046% 99.07549% 1	NO.4595 釣 1 0.00046% 99.08008% 1
NO.4506 罕 1 0.00046% 99.03926% 1	NO.4516 瞞 1 0.00046% 99.04385% 1	NO.4526 嗔 1 0.00046% 99.04844% 1	NO.4536 剪 1 0.00046% 99.05302% 1	NO.4546 懦 1 0.00046% 99.05761% 1	NO.4556 笼 1 0.00046% 99.06219% 1	NO.4566 贵 1 0.00046% 99.06678% 1	NO.4576 蓑 1 0.00046% 99.07137% 1	NO.4586 [illegible] 1 0.00046% 99.07595% 1	NO.4596 補 1 0.00046% 99.08054% 1
NO.4507 勤 1 0.00046% 99.03972% 1	NO.4517 劣 1 0.00046% 99.04431% 1	NO.4527 罡 1 0.00046% 99.04889% 1	NO.4537 沵 1 0.00046% 99.05348% 1	NO.4547 襪 1 0.00046% 99.05807% 1	NO.4557 楨 1 0.00046% 99.06265% 1	NO.4567 读 1 0.00046% 99.06724% 1	NO.4577 襄 1 0.00046% 99.07182% 1	NO.4587 [illegible] 1 0.00046% 99.07641% 1	NO.4597 茉 1 0.00046% 99.08100% 1
NO.4508 聡 1 0.00046% 99.04018% 1	NO.4518 乞 1 0.00046% 99.04477% 1	NO.4528 眹 1 0.00046% 99.04935% 1	NO.4538 关 1 0.00046% 99.05394% 1	NO.4548 搖 1 0.00046% 99.05852% 1	NO.4558 斘 1 0.00046% 99.06311% 1	NO.4568 肋 1 0.00046% 99.06770% 1	NO.4578 晒 1 0.00046% 99.07228% 1	NO.4588 叙 1 0.00046% 99.07687% 1	NO.4598 聕 1 0.00046% 99.08145% 1
NO.4509 疏 1 0.00046% 99.04064% 1	NO.4519 備 1 0.00046% 99.04523% 1	NO.4529 舊 1 0.00046% 99.04981% 1	NO.4539 [illegible] 1 0.00046% 99.05440% 1	NO.4549 擒 1 0.00046% 99.05898% 1	NO.4559 [illegible] 1 0.00046% 99.06357% 1	NO.4569 浍 1 0.00046% 99.06815% 1	NO.4579 瀧 1 0.00046% 99.07274% 1	NO.4589 扠 1 0.00046% 99.07733% 1	NO.4599 氣 1 0.00046% 99.08191% 1
NO.4510 驗 1 0.00046% 99.04110% 1	NO.4520 嚟 1 0.00046% 99.04568% 1	NO.4530 霤 1 0.00046% 99.05027% 1	NO.4540 约 1 0.00046% 99.05486% 1	NO.4550 兆 1 0.00046% 99.05944% 1	NO.4560 畣 1 0.00046% 99.06403% 1	NO.4570 祭 1 0.00046% 99.06861% 1	NO.4580 篓 1 0.00046% 99.07320% 1	NO.4590 椋 1 0.00046% 99.07779% 1	NO.4600 祘 1 0.00046% 99.08237% 1

NO.4601 里 1 0.00046% 99.08283% 1	NO.4611 體 1 0.00046% 99.08742% 1	NO.4621 滙 1 0.00046% 99.09200% 1	NO.4631 蓑 1 0.00046% 99.09659% 1	NO.4641 櫳 1 0.00046% 99.10117% 1	NO.4651 訢 1 0.00046% 99.10576% 1	NO.4661 獲 1 0.00046% 99.11034% 1	NO.4671 掕 1 0.00046% 99.11493% 1	NO.4681 忝 1 0.00046% 99.11952% 1	NO.4691 厄 1 0.00046% 99.12410% 1
NO.4602 蓑 1 0.00046% 99.08329% 1	NO.4612 宅 1 0.00046% 99.08787% 1	NO.4622 腖 1 0.00046% 99.09246% 1	NO.4632 聲 1 0.00046% 99.09705% 1	NO.4642 怌 1 0.00046% 99.10163% 1	NO.4652 堤 1 0.00046% 99.10622% 1	NO.4662 罠 1 0.00046% 99.11080% 1	NO.4672 恭 1 0.00046% 99.11539% 1	NO.4682 媽 1 0.00046% 99.11998% 1	NO.4692 锫 1 0.00046% 99.12456% 1
NO.4603 猉 1 0.00046% 99.08375% 1	NO.4613 華 1 0.00046% 99.08833% 1	NO.4623 蚅 1 0.00046% 99.09292% 1	NO.4633 匙 1 0.00046% 99.09750% 1	NO.4643 虎 1 0.00046% 99.10209% 1	NO.4653 拿 1 0.00046% 99.10668% 1	NO.4663 起 1 0.00046% 99.11126% 1	NO.4673 隋 1 0.00046% 99.11585% 1	NO.4683 夏 1 0.00046% 99.12043% 1	NO.4693 荟 1 0.00046% 99.12502% 1
NO.4604 㥜 1 0.00046% 99.08421% 1	NO.4614 拔 1 0.00046% 99.08879% 1	NO.4624 革 1 0.00046% 99.09338% 1	NO.4634 洖 1 0.00046% 99.09796% 1	NO.4644 喟 1 0.00046% 99.10255% 1	NO.4654 肓 1 0.00046% 99.10713% 1	NO.4664 㭫 1 0.00046% 99.11172% 1	NO.4674 底 1 0.00046% 99.11631% 1	NO.4684 闫 1 0.00046% 99.12089% 1	NO.4694 鋃 1 0.00046% 99.12548% 1
NO.4605 黽 1 0.00046% 99.08466% 1	NO.4615 竇 1 0.00046% 99.08925% 1	NO.4625 从 1 0.00046% 99.09384% 1	NO.4635 霝 1 0.00046% 99.09842% 1	NO.4645 窐 1 0.00046% 99.10301% 1	NO.4655 唀 1 0.00046% 99.10759% 1	NO.4665 萎 1 0.00046% 99.11218% 1	NO.4675 粣 1 0.00046% 99.11676% 1	NO.4685 奎 1 0.00046% 99.12135% 1	NO.4695 腦 1 0.00046% 99.12594% 1
NO.4606 飽 1 0.00046% 99.08512% 1	NO.4616 麗 1 0.00046% 99.08971% 1	NO.4626 離 1 0.00046% 99.09429% 1	NO.4636 鄉 1 0.00046% 99.09888% 1	NO.4646 斐 1 0.00046% 99.10347% 1	NO.4656 橈 1 0.00046% 99.10805% 1	NO.4666 鼬 1 0.00046% 99.11264% 1	NO.4676 棲 1 0.00046% 99.11722% 1	NO.4686 寔 1 0.00046% 99.12181% 1	NO.4696 鋤 1 0.00046% 99.12640% 1
NO.4607 挖 1 0.00046% 99.08558% 1	NO.4617 梗 1 0.00046% 99.09017% 1	NO.4627 乞 1 0.00046% 99.09475% 1	NO.4637 休 1 0.00046% 99.09934% 1	NO.4647 史 1 0.00046% 99.10392% 1	NO.4657 绸 1 0.00046% 99.10851% 1	NO.4667 兮 1 0.00046% 99.11310% 1	NO.4677 與 1 0.00046% 99.11768% 1	NO.4687 青 1 0.00046% 99.12227% 1	NO.4697 闩 1 0.00046% 99.12685% 1
NO.4608 𨓚 1 0.00046% 99.08604% 1	NO.4618 挂 1 0.00046% 99.09063% 1	NO.4628 呲 1 0.00046% 99.09521% 1	NO.4638 型 1 0.00046% 99.09980% 1	NO.4648 啾 1 0.00046% 99.10438% 1	NO.4658 放 1 0.00046% 99.10897% 1	NO.4668 嫌 1 0.00046% 99.11355% 1	NO.4678 掉 1 0.00046% 99.11814% 1	NO.4688 玻 1 0.00046% 99.12273% 1	NO.4698 鋸 1 0.00046% 99.12731% 1
NO.4609 屈 1 0.00046% 99.08650% 1	NO.4619 斧 1 0.00046% 99.09108% 1	NO.4629 蹌 1 0.00046% 99.09567% 1	NO.4639 堋 1 0.00046% 99.10026% 1	NO.4649 罟 1 0.00046% 99.10484% 1	NO.4659 烱 1 0.00046% 99.10943% 1	NO.4669 辰 1 0.00046% 99.11401% 1	NO.4679 砵 1 0.00046% 99.11860% 1	NO.4689 奥 1 0.00046% 99.12319% 1	NO.4699 佺 1 0.00046% 99.12777% 1
NO.4610 按 1 0.00046% 99.08696% 1	NO.4620 浔 1 0.00046% 99.09154% 1	NO.4630 昆 1 0.00046% 99.09613% 1	NO.4640 合 1 0.00046% 99.10071% 1	NO.4650 煎 1 0.00046% 99.10530% 1	NO.4660 恕 1 0.00046% 99.10989% 1	NO.4670 踪 1 0.00046% 99.11447% 1	NO.4680 澪 1 0.00046% 99.11906% 1	NO.4690 與 1 0.00046% 99.12364% 1	NO.4700 眴 1 0.00046% 99.12823% 1

NO.4701 虡 1 0.00046% 99.12869% 1	NO.4711 撿 1 0.00046% 99.13327% 1	NO.4721 香 1 0.00046% 99.13786% 1	NO.4731 恒 1 0.00046% 99.14245% 1	NO.4741 ⿰衤朋 1 0.00046% 99.14703% 1	NO.4751 紡 1 0.00046% 99.15162% 1	NO.4761 昙 1 0.00046% 99.15620% 1	NO.4771 ⿰忄悶 1 0.00046% 99.16079% 1	NO.4781 晒 1 0.00046% 99.16537% 1	NO.4791 憣 1 0.00046% 99.16996% 1
NO.4702 罙 1 0.00046% 99.12915% 1	NO.4712 ⿰亻当 1 0.00046% 99.13373% 1	NO.4722 宇 1 0.00046% 99.13832% 1	NO.4732 嶺 1 0.00046% 99.14290% 1	NO.4742 笇 1 0.00046% 99.14749% 1	NO.4752 琪 1 0.00046% 99.15208% 1	NO.4762 切 1 0.00046% 99.15666% 1	NO.4772 裹 1 0.00046% 99.16125% 1	NO.4782 须 1 0.00046% 99.16583% 1	NO.4792 ⿰石萑 1 0.00046% 99.17042% 1
NO.4703 骨 1 0.00046% 99.12961% 1	NO.4713 橋 1 0.00046% 99.13419% 1	NO.4723 粯 1 0.00046% 99.13878% 1	NO.4733 傳 1 0.00046% 99.14336% 1	NO.4743 鎮 1 0.00046% 99.14795% 1	NO.4753 傏 1 0.00046% 99.15253% 1	NO.4763 芳 1 0.00046% 99.15712% 1	NO.4773 殘 1 0.00046% 99.16171% 1	NO.4783 剖 1 0.00046% 99.16629% 1	NO.4793 輓 1 0.00046% 99.17088% 1
NO.4704 惱 1 0.00046% 99.13006% 1	NO.4714 墻 1 0.00046% 99.13465% 1	NO.4724 岽 1 0.00046% 99.13924% 1	NO.4734 哄 1 0.00046% 99.14382% 1	NO.4744 ⿰扌忍 1 0.00046% 99.14841% 1	NO.4754 蹇 1 0.00046% 99.15299% 1	NO.4764 脉 1 0.00046% 99.15758% 1	NO.4774 猥 1 0.00046% 99.16216% 1	NO.4784 鈥 1 0.00046% 99.16675% 1	NO.4794 熛 1 0.00046% 99.17134% 1
NO.4705 怒 1 0.00046% 99.13052% 1	NO.4715 囊 1 0.00046% 99.13511% 1	NO.4725 ⿸丆毛 1 0.00046% 99.13969% 1	NO.4735 鍊 1 0.00046% 99.14428% 1	NO.4745 仃 1 0.00046% 99.14887% 1	NO.4755 插 1 0.00046% 99.15345% 1	NO.4765 怕 1 0.00046% 99.15804% 1	NO.4775 恭 1 0.00046% 99.16262% 1	NO.4785 蜼 1 0.00046% 99.16721% 1	NO.4795 值 1 0.00046% 99.17180% 1
NO.4706 敘 1 0.00046% 99.13098% 1	NO.4716 尭 1 0.00046% 99.13557% 1	NO.4726 霫 1 0.00046% 99.14015% 1	NO.4736 楥 1 0.00046% 99.14474% 1	NO.4746 憨 1 0.00046% 99.14932% 1	NO.4756 潧 1 0.00046% 99.15391% 1	NO.4766 ⿱⺈鬼 1 0.00046% 99.15850% 1	NO.4776 ⿱穴各 1 0.00046% 99.16308% 1	NO.4786 槽 1 0.00046% 99.16767% 1	NO.4796 哭 1 0.00046% 99.17225% 1
NO.4707 能 1 0.00046% 99.13144% 1	NO.4717 欗 1 0.00046% 99.13603% 1	NO.4727 昂 1 0.00046% 99.14061% 1	NO.4737 ⿰禾兼 1 0.00046% 99.14520% 1	NO.4747 猫 1 0.00046% 99.14978% 1	NO.4757 晒 1 0.00046% 99.15437% 1	NO.4767 ⿰耳閑 1 0.00046% 99.15895% 1	NO.4777 尭 1 0.00046% 99.16354% 1	NO.4787 研 1 0.00046% 99.16813% 1	NO.4797 敀 1 0.00046% 99.17271% 1
NO.4708 詰 1 0.00046% 99.13190% 1	NO.4718 搂 1 0.00046% 99.13648% 1	NO.4728 适 1 0.00046% 99.14107% 1	NO.4738 逄 1 0.00046% 99.14566% 1	NO.4748 羡 1 0.00046% 99.15024% 1	NO.4758 ⿰女闌 1 0.00046% 99.15483% 1	NO.4768 ⿰風巴 1 0.00046% 99.15941% 1	NO.4778 懷 1 0.00046% 99.16400% 1	NO.4788 省 1 0.00046% 99.16859% 1	NO.4798 页 1 0.00046% 99.17317% 1
NO.4709 需 1 0.00046% 99.13236% 1	NO.4719 跳 1 0.00046% 99.13694% 1	NO.4729 然 1 0.00046% 99.14153% 1	NO.4739 兮 1 0.00046% 99.14611% 1	NO.4749 ⿰虫真 1 0.00046% 99.15070% 1	NO.4759 塻 1 0.00046% 99.15529% 1	NO.4769 閉 1 0.00046% 99.15987% 1	NO.4779 耆 1 0.00046% 99.16446% 1	NO.4789 鎈 1 0.00046% 99.16904% 1	NO.4799 ⿰氵忘 1 0.00046% 99.17363% 1
NO.4710 ⿱宀面 1 0.00046% 99.13282% 1	NO.4720 誇 1 0.00046% 99.13740% 1	NO.4730 ⿰口恶 1 0.00046% 99.14199% 1	NO.4740 ⿰石耑 1 0.00046% 99.14657% 1	NO.4750 降 1 0.00046% 99.15116% 1	NO.4760 蒹 1 0.00046% 99.15574% 1	NO.4770 啤 1 0.00046% 99.16033% 1	NO.4780 贡 1 0.00046% 99.16492% 1	NO.4790 而 1 0.00046% 99.16950% 1	NO.4800 铸 1 0.00046% 99.17409% 1

NO.4801 覀 1 0.00046% 99.17455% 1	NO.4811 佟 1 0.00046% 99.17913% 1	NO.4821 慽 1 0.00046% 99.18372% 1	NO.4831 墨 1 0.00046% 99.18830% 1	NO.4841 廳 1 0.00046% 99.19289% 1	NO.4851 雅 1 0.00046% 99.19748% 1	NO.4861 忸 1 0.00046% 99.20206% 1	NO.4871 緞 1 0.00046% 99.20665% 1	NO.4881 助 1 0.00046% 99.21123% 1	NO.4891 皆 1 0.00046% 99.21582% 1
NO.4802 髙 1 0.00046% 99.17501% 1	NO.4812 漠 1 0.00046% 99.17959% 1	NO.4822 矣 1 0.00046% 99.18418% 1	NO.4832 擄 1 0.00046% 99.18876% 1	NO.4842 與 1 0.00046% 99.19335% 1	NO.4852 寉 1 0.00046% 99.19793% 1	NO.4862 階 1 0.00046% 99.20252% 1	NO.4872 鐙 1 0.00046% 99.20711% 1	NO.4882 咪 1 0.00046% 99.21169% 1	NO.4892 敗 1 0.00046% 99.21628% 1
NO.4803 蚌 1 0.00046% 99.17546% 1	NO.4813 丹 1 0.00046% 99.18005% 1	NO.4823 照 1 0.00046% 99.18464% 1	NO.4833 徐 1 0.00046% 99.18922% 1	NO.4843 空 1 0.00046% 99.19381% 1	NO.4853 貎 1 0.00046% 99.19839% 1	NO.4863 蒲 1 0.00046% 99.20298% 1	NO.4873 蝩 1 0.00046% 99.20756% 1	NO.4883 缘 1 0.00046% 99.21215% 1	NO.4893 院 1 0.00046% 99.21674% 1
NO.4804 泛 1 0.00046% 99.17592% 1	NO.4814 怪 1 0.00046% 99.18051% 1	NO.4824 滅 1 0.00046% 99.18509% 1	NO.4834 黙 1 0.00046% 99.18968% 1	NO.4844 类 1 0.00046% 99.19427% 1	NO.4854 嗃 1 0.00046% 99.19885% 1	NO.4864 箭 1 0.00046% 99.20344% 1	NO.4874 圆 1 0.00046% 99.20802% 1	NO.4884 萘 1 0.00046% 99.21261% 1	NO.4894 砯 1 0.00046% 99.21720% 1
NO.4805 異 1 0.00046% 99.17638% 1	NO.4815 沿 1 0.00046% 99.18097% 1	NO.4825 貨 1 0.00046% 99.18555% 1	NO.4835 後 1 0.00046% 99.19014% 1	NO.4845 悈 1 0.00046% 99.19472% 1	NO.4855 爐 1 0.00046% 99.19931% 1	NO.4865 舊 1 0.00046% 99.20390% 1	NO.4875 鼻 1 0.00046% 99.20848% 1	NO.4885 胭 1 0.00046% 99.21307% 1	NO.4895 抑 1 0.00046% 99.21765% 1
NO.4806 歳 1 0.00046% 99.17684% 1	NO.4816 漢 1 0.00046% 99.18143% 1	NO.4826 涽 1 0.00046% 99.18601% 1	NO.4836 蛴 1 0.00046% 99.19060% 1	NO.4846 絡 1 0.00046% 99.19518% 1	NO.4856 俾 1 0.00046% 99.19977% 1	NO.4866 仨 1 0.00046% 99.20435% 1	NO.4876 吒 1 0.00046% 99.20894% 1	NO.4886 愷 1 0.00046% 99.21353% 1	NO.4896 渡 1 0.00046% 99.21811% 1
NO.4807 桼 1 0.00046% 99.17730% 1	NO.4817 掃 1 0.00046% 99.18188% 1	NO.4827 闡 1 0.00046% 99.18647% 1	NO.4837 槐 1 0.00046% 99.19106% 1	NO.4847 发 1 0.00046% 99.19564% 1	NO.4857 晏 1 0.00046% 99.20023% 1	NO.4867 禄 1 0.00046% 99.20481% 1	NO.4877 劫 1 0.00046% 99.20940% 1	NO.4887 章 1 0.00046% 99.21399% 1	NO.4897 将 1 0.00046% 99.21857% 1
NO.4808 漠 1 0.00046% 99.17776% 1	NO.4818 洗 1 0.00046% 99.18234% 1	NO.4828 才 1 0.00046% 99.18693% 1	NO.4838 倉 1 0.00046% 99.19151% 1	NO.4848 技 1 0.00046% 99.19610% 1	NO.4858 黎 1 0.00046% 99.20069% 1	NO.4868 亶 1 0.00046% 99.20527% 1	NO.4878 扐 1 0.00046% 99.20986% 1	NO.4888 圓 1 0.00046% 99.21444% 1	NO.4898 靈 1 0.00046% 99.21903% 1
NO.4809 慽 1 0.00046% 99.17822% 1	NO.4819 弄 1 0.00046% 99.18280% 1	NO.4829 贺 1 0.00046% 99.18739% 1	NO.4839 慢 1 0.00046% 99.19197% 1	NO.4849 攏 1 0.00046% 99.19656% 1	NO.4859 賒 1 0.00046% 99.20114% 1	NO.4869 殇 1 0.00046% 99.20573% 1	NO.4879 倉 1 0.00046% 99.21032% 1	NO.4889 簡 1 0.00046% 99.21490% 1	NO.4899 聾 1 0.00046% 99.21949% 1
NO.4810 宗 1 0.00046% 99.17867% 1	NO.4820 亲 1 0.00046% 99.18326% 1	NO.4830 唊 1 0.00046% 99.18785% 1	NO.4840 坞 1 0.00046% 99.19243% 1	NO.4850 拼 1 0.00046% 99.19702% 1	NO.4860 昴 1 0.00046% 99.20160% 1	NO.4870 賽 1 0.00046% 99.20619% 1	NO.4880 椓 1 0.00046% 99.21077% 1	NO.4890 筵 1 0.00046% 99.21536% 1	NO.4900 袞 1 0.00046% 99.21995% 1

NO.4901 御 1 0.00046% 99.22041% 1	NO.4911 威 1 0.00046% 99.22499% 1	NO.4921 繞 1 0.00046% 99.22958% 1	NO.4931 變 1 0.00046% 99.23416% 1	NO.4941 蓋 1 0.00046% 99.23875% 1	NO.4951 雉 1 0.00046% 99.24333% 1	NO.4961 类 1 0.00046% 99.24792% 1	NO.4971 宋 1 0.00046% 99.25251% 1	NO.4981 岔 1 0.00046% 99.25709% 1	NO.4991 裳 1 0.00046% 99.26168% 1
NO.4902 龙 1 0.00046% 99.22086% 1	NO.4912 是 1 0.00046% 99.22545% 1	NO.4922 蕭 1 0.00046% 99.23004% 1	NO.4932 鈞 1 0.00046% 99.23462% 1	NO.4942 梩 1 0.00046% 99.23921% 1	NO.4952 喧 1 0.00046% 99.24379% 1	NO.4962 妥 1 0.00046% 99.24838% 1	NO.4972 亶 1 0.00046% 99.25296% 1	NO.4982 扎 1 0.00046% 99.25755% 1	NO.4992 憎 1 0.00046% 99.26214% 1
NO.4903 國 1 0.00046% 99.22132% 1	NO.4913 胖 1 0.00046% 99.22591% 1	NO.4923 民 1 0.00046% 99.23049% 1	NO.4933 讯 1 0.00046% 99.23508% 1	NO.4943 攬 1 0.00046% 99.23967% 1	NO.4953 棵 1 0.00046% 99.24425% 1	NO.4963 羌 1 0.00046% 99.24884% 1	NO.4973 覓 1 0.00046% 99.25342% 1	NO.4983 驕 1 0.00046% 99.25801% 1	NO.4993 絉 1 0.00046% 99.26260% 1
NO.4904 国 1 0.00046% 99.22178% 1	NO.4914 劳 1 0.00046% 99.22637% 1	NO.4924 搜 1 0.00046% 99.23095% 1	NO.4934 歹 1 0.00046% 99.23554% 1	NO.4944 将 1 0.00046% 99.24012% 1	NO.4954 枚 1 0.00046% 99.24471% 1	NO.4964 騏 1 0.00046% 99.24930% 1	NO.4974 瘄 1 0.00046% 99.25388% 1	NO.4984 挏 1 0.00046% 99.25847% 1	NO.4994 踚 1 0.00046% 99.26305% 1
NO.4905 缚 1 0.00046% 99.22224% 1	NO.4915 緊 1 0.00046% 99.22683% 1	NO.4925 僈 1 0.00046% 99.23141% 1	NO.4935 塗 1 0.00046% 99.23600% 1	NO.4945 厷 1 0.00046% 99.24058% 1	NO.4955 熏 1 0.00046% 99.24517% 1	NO.4965 窨 1 0.00046% 99.24975% 1	NO.4975 婭 1 0.00046% 99.25434% 1	NO.4985 穢 1 0.00046% 99.25893% 1	NO.4995 踉 1 0.00046% 99.26351% 1
NO.4906 恼 1 0.00046% 99.22270% 1	NO.4916 将 1 0.00046% 99.22728% 1	NO.4926 遼 1 0.00046% 99.23187% 1	NO.4936 頓 1 0.00046% 99.23646% 1	NO.4946 卄 1 0.00046% 99.24104% 1	NO.4956 駱 1 0.00046% 99.24563% 1	NO.4966 啲 1 0.00046% 99.25021% 1	NO.4976 蠢 1 0.00046% 99.25480% 1	NO.4986 湾 1 0.00046% 99.25938% 1	NO.4996 匱 1 0.00046% 99.26397% 1
NO.4907 厲 1 0.00046% 99.22316% 1	NO.4917 互 1 0.00046% 99.22774% 1	NO.4927 嘗 1 0.00046% 99.23233% 1	NO.4937 央 1 0.00046% 99.23691% 1	NO.4947 岸 1 0.00046% 99.24150% 1	NO.4957 㠯 1 0.00046% 99.24609% 1	NO.4967 愌 1 0.00046% 99.25067% 1	NO.4977 蜓 1 0.00046% 99.25526% 1	NO.4987 偲 1 0.00046% 99.25984% 1	NO.4997 喓 1 0.00046% 99.26443% 1
NO.4908 髮 1 0.00046% 99.22362% 1	NO.4918 敌 1 0.00046% 99.22820% 1	NO.4928 華 1 0.00046% 99.23279% 1	NO.4938 潑 1 0.00046% 99.23737% 1	NO.4948 亠 1 0.00046% 99.24196% 1	NO.4958 歹 1 0.00046% 99.24654% 1	NO.4968 償 1 0.00046% 99.25113% 1	NO.4978 迺 1 0.00046% 99.25572% 1	NO.4988 詰 1 0.00046% 99.26030% 1	NO.4998 驮 1 0.00046% 99.26489% 1
NO.4909 学 1 0.00046% 99.22407% 1	NO.4919 传 1 0.00046% 99.22866% 1	NO.4929 龟 1 0.00046% 99.23325% 1	NO.4939 撕 1 0.00046% 99.23783% 1	NO.4949 陵 1 0.00046% 99.24242% 1	NO.4959 歆 1 0.00046% 99.24700% 1	NO.4969 涯 1 0.00046% 99.25159% 1	NO.4979 犯 1 0.00046% 99.25617% 1	NO.4989 尗 1 0.00046% 99.26076% 1	NO.4999 雙 1 0.00046% 99.26535% 1
NO.4910 慢 1 0.00046% 99.22453% 1	NO.4920 墻 1 0.00046% 99.22912% 1	NO.4930 滄 1 0.00046% 99.23370% 1	NO.4940 雍 1 0.00046% 99.23829% 1	NO.4950 监 1 0.00046% 99.24288% 1	NO.4960 撖 1 0.00046% 99.24746% 1	NO.4970 亶 1 0.00046% 99.25205% 1	NO.4980 冈 1 0.00046% 99.25663% 1	NO.4990 美 1 0.00046% 99.26122% 1	NO.5000 嗯 1 0.00046% 99.26581% 1

NO.5001 ⿰目立 1 0.00046% 99.26626% 1	NO.5011 管 1 0.00046% 99.27085% 1	NO.5021 蜈 1 0.00046% 99.27544% 1	NO.5031 马 1 0.00046% 99.28002% 1	NO.5041 爹 1 0.00046% 99.28461% 1	NO.5051 槓 1 0.00046% 99.28919% 1	NO.5061 ⿱癶否 1 0.00046% 99.29378% 1	NO.5071 釖 1 0.00046% 99.29836% 1	NO.5081 ⿰角巴 1 0.00046% 99.30295% 1	NO.5091 讓 1 0.00046% 99.30754% 1
NO.5002 ⿱宀可 1 0.00046% 99.26672% 1	NO.5012 降 1 0.00046% 99.27131% 1	NO.5022 ⿱⺮盆 1 0.00046% 99.27589% 1	NO.5032 珐 1 0.00046% 99.28048% 1	NO.5042 橫 1 0.00046% 99.28507% 1	NO.5052 ⿰米寻 1 0.00046% 99.28965% 1	NO.5062 夜 1 0.00046% 99.29424% 1	NO.5072 ⿱艹垚 1 0.00046% 99.29882% 1	NO.5082 啦 1 0.00046% 99.30341% 1	NO.5092 ⿰月犀 1 0.00046% 99.30799% 1
NO.5003 揁 1 0.00046% 99.26718% 1	NO.5013 ⿺辶宣 1 0.00046% 99.27177% 1	NO.5023 畱 1 0.00046% 99.27635% 1	NO.5033 洛 1 0.00046% 99.28094% 1	NO.5043 鴿 1 0.00046% 99.28552% 1	NO.5053 ⿱髟見 1 0.00046% 99.29011% 1	NO.5063 椛 1 0.00046% 99.29470% 1	NO.5073 遱 1 0.00046% 99.29928% 1	NO.5083 扈 1 0.00046% 99.30387% 1	NO.5093 孛 1 0.00046% 99.30845% 1
NO.5004 閧 1 0.00046% 99.26764% 1	NO.5014 獥 1 0.00046% 99.27223% 1	NO.5024 留 1 0.00046% 99.27681% 1	NO.5034 昼 1 0.00046% 99.28140% 1	NO.5044 梁 1 0.00046% 99.28598% 1	NO.5054 着 1 0.00046% 99.29057% 1	NO.5064 实 1 0.00046% 99.29515% 1	NO.5074 良 1 0.00046% 99.29974% 1	NO.5084 涥 1 0.00046% 99.30433% 1	NO.5094 ⿰石蘭 1 0.00046% 99.30891% 1
NO.5005 捨 1 0.00046% 99.26810% 1	NO.5015 拸 1 0.00046% 99.27268% 1	NO.5025 墻 1 0.00046% 99.27727% 1	NO.5035 眼 1 0.00046% 99.28186% 1	NO.5045 ⿰糹共 1 0.00046% 99.28644% 1	NO.5055 貘 1 0.00046% 99.29103% 1	NO.5065 畜 1 0.00046% 99.29561% 1	NO.5075 妠 1 0.00046% 99.30020% 1	NO.5085 莘 1 0.00046% 99.30478% 1	NO.5095 妒 1 0.00046% 99.30937% 1
NO.5006 玄 1 0.00046% 99.26856% 1	NO.5016 腾 1 0.00046% 99.27314% 1	NO.5026 旺 1 0.00046% 99.27773% 1	NO.5036 ⿰耳兑 1 0.00046% 99.28231% 1	NO.5046 闩 1 0.00046% 99.28690% 1	NO.5056 城 1 0.00046% 99.29149% 1	NO.5066 ⿰彳呆 1 0.00046% 99.29607% 1	NO.5076 牵 1 0.00046% 99.30066% 1	NO.5086 卧 1 0.00046% 99.30524% 1	NO.5096 羅 1 0.00046% 99.30983% 1
NO.5007 觧 1 0.00046% 99.26902% 1	NO.5017 腈 1 0.00046% 99.27360% 1	NO.5027 腩 1 0.00046% 99.27819% 1	NO.5037 瞻 1 0.00046% 99.28277% 1	NO.5047 庭 1 0.00046% 99.28736% 1	NO.5057 怭 1 0.00046% 99.29194% 1	NO.5067 圬 1 0.00046% 99.29653% 1	NO.5077 覔 1 0.00046% 99.30112% 1	NO.5087 踏 1 0.00046% 99.30570% 1	NO.5097 疏 1 0.00046% 99.31029% 1
NO.5008 隅 1 0.00046% 99.26947% 1	NO.5018 炮 1 0.00046% 99.27406% 1	NO.5028 巻 1 0.00046% 99.27865% 1	NO.5038 冷 1 0.00046% 99.28323% 1	NO.5048 遥 1 0.00046% 99.28782% 1	NO.5058 怄 1 0.00046% 99.29240% 1	NO.5068 於 1 0.00046% 99.29699% 1	NO.5078 敢 1 0.00046% 99.30157% 1	NO.5088 螗 1 0.00046% 99.30616% 1	NO.5098 懃 1 0.00046% 99.31075% 1
NO.5009 憂 1 0.00046% 99.26993% 1	NO.5019 ⿰糹余 1 0.00046% 99.27452% 1	NO.5029 ⿰禾丙 1 0.00046% 99.27910% 1	NO.5039 桃 1 0.00046% 99.28369% 1	NO.5049 權 1 0.00046% 99.28828% 1	NO.5059 究 1 0.00046% 99.29286% 1	NO.5069 添 1 0.00046% 99.29745% 1	NO.5079 坰 1 0.00046% 99.30203% 1	NO.5089 哆 1 0.00046% 99.30662% 1	NO.5099 涯 1 0.00046% 99.31121% 1
NO.5010 需 1 0.00046% 99.27039% 1	NO.5020 辟 1 0.00046% 99.27498% 1	NO.5030 阜 1 0.00046% 99.27956% 1	NO.5040 畀 1 0.00046% 99.28415% 1	NO.5050 哈 1 0.00046% 99.28873% 1	NO.5060 折 1 0.00046% 99.29332% 1	NO.5070 ⿰舟翟 1 0.00046% 99.29791% 1	NO.5080 慢 1 0.00046% 99.30249% 1	NO.5090 扎 1 0.00046% 99.30708% 1	NO.5100 ⿱罒昌 1 0.00046% 99.31166% 1

NO.5101 桋 1 0.00046% 99.31212% 1	NO.5111 晲 1 0.00046% 99.31671% 1	NO.5121 给 1 0.00046% 99.32129% 1	NO.5131 邐 1 0.00046% 99.32588% 1	NO.5141 咖 1 0.00046% 99.33047% 1	NO.5151 鴠 1 0.00046% 99.33505% 1	NO.5161 嗯 1 0.00046% 99.33964% 1	NO.5171 探 1 0.00046% 99.34422% 1	NO.5181 對 1 0.00046% 99.34881% 1	NO.5191 襟 1 0.00046% 99.35339% 1
NO.5102 痁 1 0.00046% 99.31258% 1	NO.5112 仮 1 0.00046% 99.31717% 1	NO.5122 昦 1 0.00046% 99.32175% 1	NO.5132 籃 1 0.00046% 99.32634% 1	NO.5142 呷 1 0.00046% 99.33092% 1	NO.5152 拂 1 0.00046% 99.33551% 1	NO.5162 崖 1 0.00046% 99.34010% 1	NO.5172 猍 1 0.00046% 99.34468% 1	NO.5182 閔 1 0.00046% 99.34927% 1	NO.5192 絨 1 0.00046% 99.35385% 1
NO.5103 龍 1 0.00046% 99.31304% 1	NO.5113 添 1 0.00046% 99.31763% 1	NO.5123 跓 1 0.00046% 99.32221% 1	NO.5133 吆 1 0.00046% 99.32680% 1	NO.5143 馮 1 0.00046% 99.33138% 1	NO.5153 兔 1 0.00046% 99.33597% 1	NO.5163 甗 1 0.00046% 99.34055% 1	NO.5173 祩 1 0.00046% 99.34514% 1	NO.5183 眼 1 0.00046% 99.34973% 1	NO.5193 尭 1 0.00046% 99.35431% 1
NO.5104 傻 1 0.00046% 99.31350% 1	NO.5114 暏 1 0.00046% 99.31808% 1	NO.5124 乡 1 0.00046% 99.32267% 1	NO.5134 显 1 0.00046% 99.32726% 1	NO.5144 覆 1 0.00046% 99.33184% 1	NO.5154 飯 1 0.00046% 99.33643% 1	NO.5164 伤 1 0.00046% 99.34101% 1	NO.5174 淯 1 0.00046% 99.34560% 1	NO.5184 捚 1 0.00046% 99.35018% 1	NO.5194 盒 1 0.00046% 99.35477% 1
NO.5105 素 1 0.00046% 99.31396% 1	NO.5115 誠 1 0.00046% 99.31854% 1	NO.5125 嗅 1 0.00046% 99.32313% 1	NO.5135 楳 1 0.00046% 99.32771% 1	NO.5145 能 1 0.00046% 99.33230% 1	NO.5155 擺 1 0.00046% 99.33689% 1	NO.5165 挨 1 0.00046% 99.34147% 1	NO.5175 跨 1 0.00046% 99.34606% 1	NO.5185 囮 1 0.00046% 99.35064% 1	NO.5195 頓 1 0.00046% 99.35523% 1
NO.5106 徤 1 0.00046% 99.31442% 1	NO.5116 昉 1 0.00046% 99.31900% 1	NO.5126 狂 1 0.00046% 99.32359% 1	NO.5136 梯 1 0.00046% 99.32817% 1	NO.5146 杖 1 0.00046% 99.33276% 1	NO.5156 旁 1 0.00046% 99.33734% 1	NO.5166 姜 1 0.00046% 99.34193% 1	NO.5176 蔭 1 0.00046% 99.34652% 1	NO.5186 曷 1 0.00046% 99.35110% 1	NO.5196 茬 1 0.00046% 99.35569% 1
NO.5107 粤 1 0.00046% 99.31487% 1	NO.5117 淀 1 0.00046% 99.31946% 1	NO.5127 砎 1 0.00046% 99.32405% 1	NO.5137 肆 1 0.00046% 99.32863% 1	NO.5147 帳 1 0.00046% 99.33322% 1	NO.5157 寘 1 0.00046% 99.33780% 1	NO.5167 龐 1 0.00046% 99.34239% 1	NO.5177 电 1 0.00046% 99.34697% 1	NO.5187 臆 1 0.00046% 99.35156% 1	NO.5197 咼 1 0.00046% 99.35615% 1
NO.5108 樂 1 0.00046% 99.31533% 1	NO.5118 魅 1 0.00046% 99.31992% 1	NO.5128 擁 1 0.00046% 99.32450% 1	NO.5138 徙 1 0.00046% 99.32909% 1	NO.5148 谨 1 0.00046% 99.33368% 1	NO.5158 聾 1 0.00046% 99.33826% 1	NO.5168 僳 1 0.00046% 99.34285% 1	NO.5178 撨 1 0.00046% 99.34743% 1	NO.5188 肩 1 0.00046% 99.35202% 1	NO.5198 聱 1 0.00046% 99.35661% 1
NO.5109 矶 1 0.00046% 99.31579% 1	NO.5119 虮 1 0.00046% 99.32038% 1	NO.5129 般 1 0.00046% 99.32496% 1	NO.5139 腡 1 0.00046% 99.32955% 1	NO.5149 痓 1 0.00046% 99.33413% 1	NO.5159 胠 1 0.00046% 99.33872% 1	NO.5169 猤 1 0.00046% 99.34331% 1	NO.5179 詹 1 0.00046% 99.34789% 1	NO.5189 茌 1 0.00046% 99.35248% 1	NO.5199 呀 1 0.00046% 99.35706% 1
NO.5110 紋 1 0.00046% 99.31625% 1	NO.5120 從 1 0.00046% 99.32084% 1	NO.5130 龙 1 0.00046% 99.32542% 1	NO.5140 徊 1 0.00046% 99.33001% 1	NO.5150 繞 1 0.00046% 99.33459% 1	NO.5160 徽 1 0.00046% 99.33918% 1	NO.5170 瞙 1 0.00046% 99.34376% 1	NO.5180 徭 1 0.00046% 99.34835% 1	NO.5190 斜 1 0.00046% 99.35294% 1	NO.5200 憲 1 0.00046% 99.35752% 1

NO.5201 搭 1 0.00046% 99.35798% 1	NO.5211 无 1 0.00046% 99.36257% 1	NO.5221 啥 1 0.00046% 99.36715% 1	NO.5231 萁 1 0.00046% 99.37174% 1	NO.5241 扪 1 0.00046% 99.37632% 1	NO.5251 胹 1 0.00046% 99.38091% 1	NO.5261 微 1 0.00046% 99.38550% 1	NO.5271 皆 1 0.00046% 99.39008% 1	NO.5281 射 1 0.00046% 99.39467% 1	NO.5291 息 1 0.00046% 99.39925% 1
NO.5202 兗 1 0.00046% 99.35844% 1	NO.5212 ⿰風林 1 0.00046% 99.36303% 1	NO.5222 是 1 0.00046% 99.36761% 1	NO.5232 殍 1 0.00046% 99.37220% 1	NO.5242 列 1 0.00046% 99.37678% 1	NO.5252 穢 1 0.00046% 99.38137% 1	NO.5262 降 1 0.00046% 99.38595% 1	NO.5272 ⿰犭朝 1 0.00046% 99.39054% 1	NO.5282 腰 1 0.00046% 99.39513% 1	NO.5292 ⿰虫鳥 1 0.00046% 99.39971% 1
NO.5203 蹈 1 0.00046% 99.35890% 1	NO.5213 驢 1 0.00046% 99.36348% 1	NO.5223 浆 1 0.00046% 99.36807% 1	NO.5233 ⿰目立 1 0.00046% 99.37266% 1	NO.5243 炒 1 0.00046% 99.37724% 1	NO.5253 脒 1 0.00046% 99.38183% 1	NO.5263 櫟 1 0.00046% 99.38641% 1	NO.5273 ⿰犭泉 1 0.00046% 99.39100% 1	NO.5283 遠 1 0.00046% 99.39558% 1	NO.5293 茤 1 0.00046% 99.40017% 1
NO.5204 勇 1 0.00046% 99.35936% 1	NO.5214 蕓 1 0.00046% 99.36394% 1	NO.5224 頓 1 0.00046% 99.36853% 1	NO.5234 ⿰土巨 1 0.00046% 99.37311% 1	NO.5244 波 1 0.00046% 99.37770% 1	NO.5254 垩 1 0.00046% 99.38229% 1	NO.5264 ⿰口中 1 0.00046% 99.38687% 1	NO.5274 ⿱父示 1 0.00046% 99.39146% 1	NO.5284 顯 1 0.00046% 99.39604% 1	NO.5294 ⿰糸留 1 0.00046% 99.40063% 1
NO.5205 迴 1 0.00046% 99.35982% 1	NO.5215 股 1 0.00046% 99.36440% 1	NO.5225 苜 1 0.00046% 99.36899% 1	NO.5235 慕 1 0.00046% 99.37357% 1	NO.5245 縣 1 0.00046% 99.37816% 1	NO.5255 灷 1 0.00046% 99.38274% 1	NO.5265 务 1 0.00046% 99.38733% 1	NO.5275 圍 1 0.00046% 99.39192% 1	NO.5285 ⿰木冒 1 0.00046% 99.39650% 1	NO.5295 脝 1 0.00046% 99.40109% 1
NO.5206 栅 1 0.00046% 99.36027% 1	NO.5216 還 1 0.00046% 99.36486% 1	NO.5226 莠 1 0.00046% 99.36945% 1	NO.5236 ⿰口叔 1 0.00046% 99.37403% 1	NO.5246 局 1 0.00046% 99.37862% 1	NO.5256 壳 1 0.00046% 99.38320% 1	NO.5266 得 1 0.00046% 99.38779% 1	NO.5276 ⿰女罢 1 0.00046% 99.39237% 1	NO.5286 泓 1 0.00046% 99.39696% 1	NO.5296 銛 1 0.00046% 99.40155% 1
NO.5207 ⿰氵⿱罒林 1 0.00046% 99.36073% 1	NO.5217 狂 1 0.00046% 99.36532% 1	NO.5227 頤 1 0.00046% 99.36990% 1	NO.5237 翁 1 0.00046% 99.37449% 1	NO.5247 攬 1 0.00046% 99.37908% 1	NO.5257 ⿰魚羌 1 0.00046% 99.38366% 1	NO.5267 葉 1 0.00046% 99.38825% 1	NO.5277 盧 1 0.00046% 99.39283% 1	NO.5287 緫 1 0.00046% 99.39742% 1	NO.5297 脆 1 0.00046% 99.40200% 1
NO.5208 ⿰自目 1 0.00046% 99.36119% 1	NO.5218 執 1 0.00046% 99.36578% 1	NO.5228 农 1 0.00046% 99.37036% 1	NO.5238 桂 1 0.00046% 99.37495% 1	NO.5248 ⿰日色 1 0.00046% 99.37953% 1	NO.5258 ⿰女畐 1 0.00046% 99.38412% 1	NO.5268 練 1 0.00046% 99.38871% 1	NO.5278 膝 1 0.00046% 99.39329% 1	NO.5288 哜 1 0.00046% 99.39788% 1	NO.5298 唀 1 0.00046% 99.40246% 1
NO.5209 ⿰目客 1 0.00046% 99.36165% 1	NO.5219 ⿰幸九 1 0.00046% 99.36624% 1	NO.5229 桊 1 0.00046% 99.37082% 1	NO.5239 傘 1 0.00046% 99.37541% 1	NO.5249 嘌 1 0.00046% 99.37999% 1	NO.5259 忇 1 0.00046% 99.38458% 1	NO.5269 想 1 0.00046% 99.38916% 1	NO.5279 [illegible] 1 0.00046% 99.39375% 1	NO.5289 褶 1 0.00046% 99.39834% 1	NO.5299 斥 1 0.00046% 99.40292% 1
NO.5210 吡 1 0.00046% 99.36211% 1	NO.5220 爱 1 0.00046% 99.36669% 1	NO.5230 焯 1 0.00046% 99.37128% 1	NO.5240 熛 1 0.00046% 99.37587% 1	NO.5250 密 1 0.00046% 99.38045% 1	NO.5260 了 1 0.00046% 99.38504% 1	NO.5270 撈 1 0.00046% 99.38962% 1	NO.5280 傲 1 0.00046% 99.39421% 1	NO.5290 英 1 0.00046% 99.39879% 1	NO.5300 恃 1 0.00046% 99.40338% 1

NO.5301 吞 1 0.00046% 99.40384% 1	NO.5311 歐 1 0.00046% 99.40843% 1	NO.5321 䛥 1 0.00046% 99.41301% 1	NO.5331 𠱓 1 0.00046% 99.41760% 1	NO.5341 㖺 1 0.00046% 99.42218% 1	NO.5351 界 1 0.00046% 99.42677% 1	NO.5361 伲 1 0.00046% 99.43135% 1	NO.5371 桅 1 0.00046% 99.43594% 1	NO.5381 蠓 1 0.00046% 99.44053% 1	NO.5391 掛 1 0.00046% 99.44511% 1
NO.5302 炠 1 0.00046% 99.40430% 1	NO.5312 戓 1 0.00046% 99.40888% 1	NO.5322 喱 1 0.00046% 99.41347% 1	NO.5332 瀾 1 0.00046% 99.41806% 1	NO.5342 噻 1 0.00046% 99.42264% 1	NO.5352 囊 1 0.00046% 99.42723% 1	NO.5362 快 1 0.00046% 99.43181% 1	NO.5372 吤 1 0.00046% 99.43640% 1	NO.5382 㝵 1 0.00046% 99.44098% 1	NO.5392 碮 1 0.00046% 99.44557% 1
NO.5303 縭 1 0.00046% 99.40476% 1	NO.5313 蒟 1 0.00046% 99.40934% 1	NO.5323 胴 1 0.00046% 99.41393% 1	NO.5333 賠 1 0.00046% 99.41851% 1	NO.5343 旱 1 0.00046% 99.42310% 1	NO.5353 妥 1 0.00046% 99.42769% 1	NO.5363 仔 1 0.00046% 99.43227% 1	NO.5373 糯 1 0.00046% 99.43686% 1	NO.5383 攏 1 0.00046% 99.44144% 1	NO.5393 袙 1 0.00046% 99.44603% 1
NO.5304 根 1 0.00046% 99.40522% 1	NO.5314 礶 1 0.00046% 99.40980% 1	NO.5324 斉 1 0.00046% 99.41439% 1	NO.5334 蜢 1 0.00046% 99.41897% 1	NO.5344 磅 1 0.00046% 99.42356% 1	NO.5354 息 1 0.00046% 99.42814% 1	NO.5364 蝏 1 0.00046% 99.43273% 1	NO.5374 敄 1 0.00046% 99.43732% 1	NO.5384 甲 1 0.00046% 99.44190% 1	NO.5394 徵 1 0.00046% 99.44649% 1
NO.5305 仗 1 0.00046% 99.40567% 1	NO.5315 裱 1 0.00046% 99.41026% 1	NO.5325 鶵 1 0.00046% 99.41485% 1	NO.5335 綠 1 0.00046% 99.41943% 1	NO.5345 爰 1 0.00046% 99.42402% 1	NO.5355 聕 1 0.00046% 99.42860% 1	NO.5365 捻 1 0.00046% 99.43319% 1	NO.5375 踚 1 0.00046% 99.43777% 1	NO.5385 偮 1 0.00046% 99.44236% 1	NO.5395 緬 1 0.00046% 99.44695% 1
NO.5306 闯 1 0.00046% 99.40613% 1	NO.5316 费 1 0.00046% 99.41072% 1	NO.5326 踣 1 0.00046% 99.41530% 1	NO.5336 碑 1 0.00046% 99.41989% 1	NO.5346 嘔 1 0.00046% 99.42448% 1	NO.5356 爻 1 0.00046% 99.42906% 1	NO.5366 杋 1 0.00046% 99.43365% 1	NO.5376 杞 1 0.00046% 99.43823% 1	NO.5386 仰 1 0.00046% 99.44282% 1	NO.5396 晧 1 0.00046% 99.44740% 1
NO.5307 袍 1 0.00046% 99.40659% 1	NO.5317 爀 1 0.00046% 99.41118% 1	NO.5327 跌 1 0.00046% 99.41576% 1	NO.5337 汶 1 0.00046% 99.42035% 1	NO.5347 且 1 0.00046% 99.42493% 1	NO.5357 皇 1 0.00046% 99.42952% 1	NO.5367 汑 1 0.00046% 99.43411% 1	NO.5377 釋 1 0.00046% 99.43869% 1	NO.5387 碘 1 0.00046% 99.44328% 1	NO.5397 疏 1 0.00046% 99.44786% 1
NO.5308 鸭 1 0.00046% 99.40705% 1	NO.5318 腦 1 0.00046% 99.41164% 1	NO.5328 媢 1 0.00046% 99.41622% 1	NO.5338 愿 1 0.00046% 99.42081% 1	NO.5348 肉 1 0.00046% 99.42539% 1	NO.5358 梧 1 0.00046% 99.42998% 1	NO.5368 鉅 1 0.00046% 99.43456% 1	NO.5378 焉 1 0.00046% 99.43915% 1	NO.5388 砡 1 0.00046% 99.44374% 1	NO.5398 省 1 0.00046% 99.44832% 1
NO.5309 宋 1 0.00046% 99.40751% 1	NO.5319 膑 1 0.00046% 99.41209% 1	NO.5329 様 1 0.00046% 99.41668% 1	NO.5339 蚑 1 0.00046% 99.42127% 1	NO.5349 㧥 1 0.00046% 99.42585% 1	NO.5359 歷 1 0.00046% 99.43044% 1	NO.5369 哺 1 0.00046% 99.43502% 1	NO.5379 歹 1 0.00046% 99.43961% 1	NO.5389 趴 1 0.00046% 99.44419% 1	NO.5399 練 1 0.00046% 99.44878% 1
NO.5310 捞 1 0.00046% 99.40797% 1	NO.5320 面 1 0.00046% 99.41255% 1	NO.5330 㖃 1 0.00046% 99.41714% 1	NO.5340 翠 1 0.00046% 99.42172% 1	NO.5350 龙 1 0.00046% 99.42631% 1	NO.5360 郎 1 0.00046% 99.43090% 1	NO.5370 龍 1 0.00046% 99.43548% 1	NO.5380 𧯴 1 0.00046% 99.44007% 1	NO.5390 蝛 1 0.00046% 99.44465% 1	NO.5400 踏 1 0.00046% 99.44924% 1

NO.5401 啄 1 0.00046% 99.44970% 1	NO.5411 絺 1 0.00046% 99.45428% 1	NO.5421 ⿰讠昌 1 0.00046% 99.45887% 1	NO.5431 ⿺辶各 1 0.00046% 99.46346% 1	NO.5441 蚾 1 0.00046% 99.46804% 1	NO.5451 窑 1 0.00046% 99.47263% 1	NO.5461 樂 1 0.00046% 99.47721% 1	NO.5471 謾 1 0.00046% 99.48180% 1	NO.5481 憮 1 0.00046% 99.48638% 1	NO.5491 膀 1 0.00046% 99.49097% 1
NO.5402 ⿰月閒 1 0.00046% 99.45016% 1	NO.5412 ⿱几六 1 0.00046% 99.45474% 1	NO.5422 圪 1 0.00046% 99.45933% 1	NO.5432 淪 1 0.00046% 99.46391% 1	NO.5442 暖 1 0.00046% 99.46850% 1	NO.5452 鮑 1 0.00046% 99.47309% 1	NO.5462 降 1 0.00046% 99.47767% 1	NO.5472 弹 1 0.00046% 99.48226% 1	NO.5482 縣 1 0.00046% 99.48684% 1	NO.5492 ⿰土曹 1 0.00046% 99.49143% 1
NO.5403 盂 1 0.00046% 99.45061% 1	NO.5413 机 1 0.00046% 99.45520% 1	NO.5423 间 1 0.00046% 99.45979% 1	NO.5433 殿 1 0.00046% 99.46437% 1	NO.5443 覺 1 0.00046% 99.46896% 1	NO.5453 絺 1 0.00046% 99.47354% 1	NO.5463 ⿰王乇 1 0.00046% 99.47813% 1	NO.5473 ⿰足雷 1 0.00046% 99.48272% 1	NO.5483 并 1 0.00046% 99.48730% 1	NO.5493 ⿰日秀 1 0.00046% 99.49189% 1
NO.5404 糆 1 0.00046% 99.45107% 1	NO.5414 魁 1 0.00046% 99.45566% 1	NO.5424 普 1 0.00046% 99.46025% 1	NO.5434 聚 1 0.00046% 99.46483% 1	NO.5444 ⿱竹危 1 0.00046% 99.46942% 1	NO.5454 巴 1 0.00046% 99.47400% 1	NO.5464 鞭 1 0.00046% 99.47859% 1	NO.5474 碍 1 0.00046% 99.48317% 1	NO.5484 雪 1 0.00046% 99.48776% 1	NO.5494 叽 1 0.00046% 99.49235% 1
NO.5405 紳 1 0.00046% 99.45153% 1	NO.5415 ⿰火鸟 1 0.00046% 99.45612% 1	NO.5425 懰 1 0.00046% 99.46070% 1	NO.5435 皆 1 0.00046% 99.46529% 1	NO.5445 赖 1 0.00046% 99.46988% 1	NO.5455 补 1 0.00046% 99.47446% 1	NO.5465 兆 1 0.00046% 99.47905% 1	NO.5475 魔 1 0.00046% 99.48363% 1	NO.5485 ⿰氵卜 1 0.00046% 99.48822% 1	NO.5495 ⿰耳音 1 0.00046% 99.49280% 1
NO.5406 ⿰氵悳 1 0.00046% 99.45199% 1	NO.5416 嗟 1 0.00046% 99.45658% 1	NO.5426 牧 1 0.00046% 99.46116% 1	NO.5436 貌 1 0.00046% 99.46575% 1	NO.5446 渶 1 0.00046% 99.47033% 1	NO.5456 香 1 0.00046% 99.47492% 1	NO.5466 羅 1 0.00046% 99.47951% 1	NO.5476 ⿰火中 1 0.00046% 99.48409% 1	NO.5486 ⿰糸卜 1 0.00046% 99.48868% 1	NO.5496 榛 1 0.00046% 99.49326% 1
NO.5407 圾 1 0.00046% 99.45245% 1	NO.5417 ⿰歹又 1 0.00046% 99.45704% 1	NO.5427 ⿰冫耒 1 0.00046% 99.46162% 1	NO.5437 泠 1 0.00046% 99.46621% 1	NO.5447 鹅 1 0.00046% 99.47079% 1	NO.5457 搡 1 0.00046% 99.47538% 1	NO.5467 軍 1 0.00046% 99.47996% 1	NO.5477 螟 1 0.00046% 99.48455% 1	NO.5487 ⿰角巛 1 0.00046% 99.48914% 1	NO.5497 咆 1 0.00046% 99.49372% 1
NO.5408 掇 1 0.00046% 99.45291% 1	NO.5418 ⿰犭闌 1 0.00046% 99.45749% 1	NO.5428 革 1 0.00046% 99.46208% 1	NO.5438 ⿰木禺 1 0.00046% 99.46667% 1	NO.5448 乒 1 0.00046% 99.47125% 1	NO.5458 ⿰木養 1 0.00046% 99.47584% 1	NO.5468 聳 1 0.00046% 99.48042% 1	NO.5478 楼 1 0.00046% 99.48501% 1	NO.5488 経 1 0.00046% 99.48959% 1	NO.5498 ⿰氵牙 1 0.00046% 99.49418% 1
NO.5409 儂 1 0.00046% 99.45337% 1	NO.5419 籼 1 0.00046% 99.45795% 1	NO.5429 ⿱彐女 1 0.00046% 99.46254% 1	NO.5439 爈 1 0.00046% 99.46712% 1	NO.5449 汤 1 0.00046% 99.47171% 1	NO.5459 櫂 1 0.00046% 99.47630% 1	NO.5469 顶 1 0.00046% 99.48088% 1	NO.5479 内 1 0.00046% 99.48547% 1	NO.5489 函 1 0.00046% 99.49005% 1	NO.5499 欯 1 0.00046% 99.49464% 1
NO.5410 罵 1 0.00046% 99.45383% 1	NO.5420 ⿰衤羅 1 0.00046% 99.45841% 1	NO.5430 皇 1 0.00046% 99.46300% 1	NO.5440 窮 1 0.00046% 99.46758% 1	NO.5450 餋 1 0.00046% 99.47217% 1	NO.5460 捉 1 0.00046% 99.47675% 1	NO.5470 竜 1 0.00046% 99.48134% 1	NO.5480 蘇 1 0.00046% 99.48593% 1	NO.5490 ⿱罒耳 1 0.00046% 99.49051% 1	NO.5500 畐 1 0.00046% 99.49510% 1

NO.5501 鼃 1 0.00046% 99.49556% 1	NO.5511 桂 1 0.00046% 99.50014% 1	NO.5521 吊 1 0.00046% 99.50473% 1	NO.5531 碑 1 0.00046% 99.50931% 1	NO.5541 球 1 0.00046% 99.51390% 1	NO.5551 獮 1 0.00046% 99.51849% 1	NO.5561 迏 1 0.00046% 99.52307% 1	NO.5571 忮 1 0.00046% 99.52766% 1	NO.5581 盖 1 0.00046% 99.53224% 1	NO.5591 穢 1 0.00046% 99.53683% 1
NO.5502 丢 1 0.00046% 99.49601% 1	NO.5512 渥 1 0.00046% 99.50060% 1	NO.5522 粤 1 0.00046% 99.50519% 1	NO.5532 鵲 1 0.00046% 99.50977% 1	NO.5542 扯 1 0.00046% 99.51436% 1	NO.5552 不 1 0.00046% 99.51894% 1	NO.5562 角 1 0.00046% 99.52353% 1	NO.5572 逗 1 0.00046% 99.52812% 1	NO.5582 互 1 0.00046% 99.53270% 1	NO.5592 胦 1 0.00046% 99.53729% 1
NO.5503 雰 1 0.00046% 99.49647% 1	NO.5513 蹎 1 0.00046% 99.50106% 1	NO.5523 拮 1 0.00046% 99.50565% 1	NO.5533 啤 1 0.00046% 99.51023% 1	NO.5543 爱 1 0.00046% 99.51482% 1	NO.5553 呱 1 0.00046% 99.51940% 1	NO.5563 黎 1 0.00046% 99.52399% 1	NO.5573 祖 1 0.00046% 99.52857% 1	NO.5583 碇 1 0.00046% 99.53316% 1	NO.5593 采 1 0.00046% 99.53775% 1
NO.5504 系 1 0.00046% 99.49693% 1	NO.5514 澔 1 0.00046% 99.50152% 1	NO.5524 緻 1 0.00046% 99.50610% 1	NO.5534 冶 1 0.00046% 99.51069% 1	NO.5544 鵝 1 0.00046% 99.51528% 1	NO.5554 狗 1 0.00046% 99.51986% 1	NO.5564 攬 1 0.00046% 99.52445% 1	NO.5574 蕭 1 0.00046% 99.52903% 1	NO.5584 楊 1 0.00046% 99.53362% 1	NO.5594 歸 1 0.00046% 99.53820% 1
NO.5505 奶 1 0.00046% 99.49739% 1	NO.5515 漠 1 0.00046% 99.50198% 1	NO.5525 募 1 0.00046% 99.50656% 1	NO.5535 九 1 0.00046% 99.51115% 1	NO.5545 呷 1 0.00046% 99.51573% 1	NO.5555 児 1 0.00046% 99.52032% 1	NO.5565 吃 1 0.00046% 99.52491% 1	NO.5575 紧 1 0.00046% 99.52949% 1	NO.5585 晜 1 0.00046% 99.53408% 1	NO.5595 攬 1 0.00046% 99.53866% 1
NO.5506 炁 1 0.00046% 99.49785% 1	NO.5516 墻 1 0.00046% 99.50244% 1	NO.5526 吐 1 0.00046% 99.50702% 1	NO.5536 伶 1 0.00046% 99.51161% 1	NO.5546 俁 1 0.00046% 99.51619% 1	NO.5556 茂 1 0.00046% 99.52078% 1	NO.5566 晗 1 0.00046% 99.52536% 1	NO.5576 褖 1 0.00046% 99.52995% 1	NO.5586 湔 1 0.00046% 99.53454% 1	NO.5596 棱 1 0.00046% 99.53912% 1
NO.5507 膝 1 0.00046% 99.49831% 1	NO.5517 採 1 0.00046% 99.50289% 1	NO.5527 藕 1 0.00046% 99.50748% 1	NO.5537 亱 1 0.00046% 99.51207% 1	NO.5547 覔 1 0.00046% 99.51665% 1	NO.5557 盐 1 0.00046% 99.52124% 1	NO.5567 厭 1 0.00046% 99.52582% 1	NO.5577 罡 1 0.00046% 99.53041% 1	NO.5587 鐶 1 0.00046% 99.53499% 1	NO.5597 墟 1 0.00046% 99.53958% 1
NO.5508 憮 1 0.00046% 99.49877% 1	NO.5518 烤 1 0.00046% 99.50335% 1	NO.5528 忍 1 0.00046% 99.50794% 1	NO.5538 牙 1 0.00046% 99.51252% 1	NO.5548 螃 1 0.00046% 99.51711% 1	NO.5558 踏 1 0.00046% 99.52170% 1	NO.5568 従 1 0.00046% 99.52628% 1	NO.5578 伵 1 0.00046% 99.53087% 1	NO.5588 瀑 1 0.00046% 99.53545% 1	NO.5598 坑 1 0.00046% 99.54004% 1
NO.5509 撫 1 0.00046% 99.49922% 1	NO.5519 畢 1 0.00046% 99.50381% 1	NO.5529 嚣 1 0.00046% 99.50840% 1	NO.5539 结 1 0.00046% 99.51298% 1	NO.5549 恒 1 0.00046% 99.51757% 1	NO.5559 弶 1 0.00046% 99.52215% 1	NO.5569 徥 1 0.00046% 99.52674% 1	NO.5579 逃 1 0.00046% 99.53133% 1	NO.5589 柄 1 0.00046% 99.53591% 1	NO.5599 陕 1 0.00046% 99.54050% 1
NO.5510 离 1 0.00046% 99.49968% 1	NO.5520 烈 1 0.00046% 99.50427% 1	NO.5530 伕 1 0.00046% 99.50886% 1	NO.5540 顯 1 0.00046% 99.51344% 1	NO.5550 夙 1 0.00046% 99.51803% 1	NO.5560 蟧 1 0.00046% 99.52261% 1	NO.5570 塱 1 0.00046% 99.52720% 1	NO.5580 亘 1 0.00046% 99.53178% 1	NO.5590 枓 1 0.00046% 99.53637% 1	NO.5600 硍 1 0.00046% 99.54096% 1

NO.5601 穋 1 0.00046% 99.54141% 1	NO.5611 瞙 1 0.00046% 99.54600% 1	NO.5621 叻 1 0.00046% 99.55059% 1	NO.5631 聆 1 0.00046% 99.55517% 1	NO.5641 有 1 0.00046% 99.55976% 1	NO.5651 踞 1 0.00046% 99.56434% 1	NO.5661 嗔 1 0.00046% 99.56893% 1	NO.5671 號 1 0.00046% 99.57352% 1	NO.5681 虗 1 0.00046% 99.57810% 1	NO.5691 礼 1 0.00046% 99.58269% 1
NO.5602 胸 1 0.00046% 99.54187% 1	NO.5612 寒 1 0.00046% 99.54646% 1	NO.5622 褰 1 0.00046% 99.55105% 1	NO.5632 纸 1 0.00046% 99.55563% 1	NO.5642 捭 1 0.00046% 99.56022% 1	NO.5652 𨭌 1 0.00046% 99.56480% 1	NO.5662 蛬 1 0.00046% 99.56939% 1	NO.5672 禹 1 0.00046% 99.57397% 1	NO.5682 斥 1 0.00046% 99.57856% 1	NO.5692 晚 1 0.00046% 99.58315% 1
NO.5603 嘇 1 0.00046% 99.54233% 1	NO.5613 睄 1 0.00046% 99.54692% 1	NO.5623 间 1 0.00046% 99.55150% 1	NO.5633 籠 1 0.00046% 99.55609% 1	NO.5643 抖 1 0.00046% 99.56068% 1	NO.5653 㒩 1 0.00046% 99.56526% 1	NO.5663 寛 1 0.00046% 99.56985% 1	NO.5673 旺 1 0.00046% 99.57443% 1	NO.5683 為 1 0.00046% 99.57902% 1	NO.5693 潾 1 0.00046% 99.58360% 1
NO.5604 螮 1 0.00046% 99.54279% 1	NO.5614 麽 1 0.00046% 99.54738% 1	NO.5624 華 1 0.00046% 99.55196% 1	NO.5634 苶 1 0.00046% 99.55655% 1	NO.5644 莒 1 0.00046% 99.56113% 1	NO.5654 吧 1 0.00046% 99.56572% 1	NO.5664 嗅 1 0.00046% 99.57031% 1	NO.5674 眴 1 0.00046% 99.57489% 1	NO.5684 真 1 0.00046% 99.57948% 1	NO.5694 致 1 0.00046% 99.58406% 1
NO.5605 鮑 1 0.00046% 99.54325% 1	NO.5615 珹 1 0.00046% 99.54784% 1	NO.5625 圇 1 0.00046% 99.55242% 1	NO.5635 槛 1 0.00046% 99.55701% 1	NO.5645 寡 1 0.00046% 99.56159% 1	NO.5655 罨 1 0.00046% 99.56618% 1	NO.5665 聯 1 0.00046% 99.57076% 1	NO.5675 彭 1 0.00046% 99.57535% 1	NO.5685 硒 1 0.00046% 99.57994% 1	NO.5695 禄 1 0.00046% 99.58452% 1
NO.5606 佪 1 0.00046% 99.54371% 1	NO.5616 郝 1 0.00046% 99.54829% 1	NO.5626 蝌 1 0.00046% 99.55288% 1	NO.5636 椋 1 0.00046% 99.55747% 1	NO.5646 肶 1 0.00046% 99.56205% 1	NO.5656 乎 1 0.00046% 99.56664% 1	NO.5666 逭 1 0.00046% 99.57122% 1	NO.5676 睹 1 0.00046% 99.57581% 1	NO.5686 性 1 0.00046% 99.58039% 1	NO.5696 會 1 0.00046% 99.58498% 1
NO.5607 从 1 0.00046% 99.54417% 1	NO.5617 昭 1 0.00046% 99.54875% 1	NO.5627 礻 1 0.00046% 99.55334% 1	NO.5637 綻 1 0.00046% 99.55792% 1	NO.5647 堀 1 0.00046% 99.56251% 1	NO.5657 僨 1 0.00046% 99.56710% 1	NO.5667 虎 1 0.00046% 99.57168% 1	NO.5677 綐 1 0.00046% 99.57627% 1	NO.5687 巳 1 0.00046% 99.58085% 1	NO.5697 仲 1 0.00046% 99.58544% 1
NO.5608 頓 1 0.00046% 99.54462% 1	NO.5618 夓 1 0.00046% 99.54921% 1	NO.5628 裹 1 0.00046% 99.55380% 1	NO.5638 紙 1 0.00046% 99.55838% 1	NO.5648 暗 1 0.00046% 99.56297% 1	NO.5658 扡 1 0.00046% 99.56755% 1	NO.5668 睅 1 0.00046% 99.57214% 1	NO.5678 冯 1 0.00046% 99.57673% 1	NO.5688 鑪 1 0.00046% 99.58131% 1	NO.5698 訧 1 0.00046% 99.58590% 1
NO.5609 陵 1 0.00046% 99.54508% 1	NO.5619 楼 1 0.00046% 99.54967% 1	NO.5629 坷 1 0.00046% 99.55426% 1	NO.5639 粍 1 0.00046% 99.55884% 1	NO.5649 珢 1 0.00046% 99.56343% 1	NO.5659 迋 1 0.00046% 99.56801% 1	NO.5669 搸 1 0.00046% 99.57260% 1	NO.5679 闵 1 0.00046% 99.57718% 1	NO.5689 坴 1 0.00046% 99.58177% 1	NO.5699 穐 1 0.00046% 99.58636% 1
NO.5610 囚 1 0.00046% 99.54554% 1	NO.5620 眠 1 0.00046% 99.55013% 1	NO.5630 缘 1 0.00046% 99.55471% 1	NO.5640 蹗 1 0.00046% 99.55930% 1	NO.5650 还 1 0.00046% 99.56389% 1	NO.5660 霖 1 0.00046% 99.56847% 1	NO.5670 傾 1 0.00046% 99.57306% 1	NO.5680 戀 1 0.00046% 99.57764% 1	NO.5690 宸 1 0.00046% 99.58223% 1	NO.5700 瑟 1 0.00046% 99.58681% 1

NO.5701 丈 1 0.00046% 99.58727% 1	NO.5711 骨 1 0.00046% 99.59186% 1	NO.5721 憾 1 0.00046% 99.59645% 1	NO.5731 舟 1 0.00046% 99.60103% 1	NO.5741 猧 1 0.00046% 99.60562% 1	NO.5751 樻 1 0.00046% 99.61020% 1	NO.5761 ⿰亻引 1 0.00046% 99.61479% 1	NO.5771 沃 1 0.00046% 99.61937% 1	NO.5781 纏 1 0.00046% 99.62396% 1	NO.5791 胛 1 0.00046% 99.62855% 1
NO.5702 閑 1 0.00046% 99.58773% 1	NO.5712 ⿰目各 1 0.00046% 99.59232% 1	NO.5722 稔 1 0.00046% 99.59690% 1	NO.5732 ⿰礻立 1 0.00046% 99.60149% 1	NO.5742 桮 1 0.00046% 99.60608% 1	NO.5752 ⿰扌聿 1 0.00046% 99.61066% 1	NO.5762 ⿱山电 1 0.00046% 99.61525% 1	NO.5772 坙 1 0.00046% 99.61983% 1	NO.5782 欝 1 0.00046% 99.62442% 1	NO.5792 环 1 0.00046% 99.62900% 1
NO.5703 䒭 1 0.00046% 99.58819% 1	NO.5713 ⿰口毛 1 0.00046% 99.59278% 1	NO.5723 抹 1 0.00046% 99.59736% 1	NO.5733 ⿰扌北 1 0.00046% 99.60195% 1	NO.5743 叉 1 0.00046% 99.60653% 1	NO.5753 脊 1 0.00046% 99.61112% 1	NO.5763 華 1 0.00046% 99.61571% 1	NO.5773 ⿱尚耳 1 0.00046% 99.62029% 1	NO.5783 ⿰口卯 1 0.00046% 99.62488% 1	NO.5793 搬 1 0.00046% 99.62946% 1
NO.5704 ⿰耳閒 1 0.00046% 99.58865% 1	NO.5714 笞 1 0.00046% 99.59323% 1	NO.5724 ⿰巾式 1 0.00046% 99.59782% 1	NO.5734 悖 1 0.00046% 99.60241% 1	NO.5744 澤 1 0.00046% 99.60699% 1	NO.5754 ⿰纟車 1 0.00046% 99.61158% 1	NO.5764 ⿰扌⿱田女 1 0.00046% 99.61616% 1	NO.5774 ⿱穴齐 1 0.00046% 99.62075% 1	NO.5784 ⿰冫麦 1 0.00046% 99.62534% 1	NO.5794 ⿰身才 1 0.00046% 99.62992% 1
NO.5705 嗙 1 0.00046% 99.58911% 1	NO.5715 廷 1 0.00046% 99.59369% 1	NO.5725 似 1 0.00046% 99.59828% 1	NO.5735 圭 1 0.00046% 99.60287% 1	NO.5745 梹 1 0.00046% 99.60745% 1	NO.5755 ⿺辶王 1 0.00046% 99.61204% 1	NO.5765 ⿰冫匕 1 0.00046% 99.61662% 1	NO.5775 兊 1 0.00046% 99.62121% 1	NO.5785 備 1 0.00046% 99.62579% 1	NO.5795 蕪 1 0.00046% 99.63038% 1
NO.5706 昇 1 0.00046% 99.58957% 1	NO.5716 皆 1 0.00046% 99.59415% 1	NO.5726 睦 1 0.00046% 99.59874% 1	NO.5736 ⿰忄帝 1 0.00046% 99.60332% 1	NO.5746 臨 1 0.00046% 99.60791% 1	NO.5756 盃 1 0.00046% 99.61250% 1	NO.5766 肔 1 0.00046% 99.61708% 1	NO.5776 龍 1 0.00046% 99.62167% 1	NO.5786 ⿰类页 1 0.00046% 99.62625% 1	NO.5796 橋 1 0.00046% 99.63084% 1
NO.5707 ⿰火非 1 0.00046% 99.59002% 1	NO.5717 腸 1 0.00046% 99.59461% 1	NO.5727 浡 1 0.00046% 99.59920% 1	NO.5737 桯 1 0.00046% 99.60378% 1	NO.5747 ⿰口丹 1 0.00046% 99.60837% 1	NO.5757 觔 1 0.00046% 99.61295% 1	NO.5767 ⿰木屏 1 0.00046% 99.61754% 1	NO.5777 聂 1 0.00046% 99.62213% 1	NO.5787 ⿰衤幾 1 0.00046% 99.62671% 1	NO.5797 ⿱皆石 1 0.00046% 99.63130% 1
NO.5708 ⿰米母 1 0.00046% 99.59048% 1	NO.5718 ⿰女酉 1 0.00046% 99.59507% 1	NO.5728 呀 1 0.00046% 99.59966% 1	NO.5738 華 1 0.00046% 99.60424% 1	NO.5748 孃 1 0.00046% 99.60883% 1	NO.5758 ⿰木寺 1 0.00046% 99.61341% 1	NO.5768 ⿵冂开 1 0.00046% 99.61800% 1	NO.5778 竟 1 0.00046% 99.62258% 1	NO.5788 ⿱雨电 1 0.00046% 99.62717% 1	NO.5798 晉 1 0.00046% 99.63176% 1
NO.5709 叹 1 0.00046% 99.59094% 1	NO.5719 囪 1 0.00046% 99.59553% 1	NO.5729 ⿰魚局 1 0.00046% 99.60011% 1	NO.5739 砦 1 0.00046% 99.60470% 1	NO.5749 ⿰金義 1 0.00046% 99.60929% 1	NO.5759 伈 1 0.00046% 99.61387% 1	NO.5769 ⿰米頁 1 0.00046% 99.61846% 1	NO.5779 ⿰石盆 1 0.00046% 99.62304% 1	NO.5789 潾 1 0.00046% 99.62763% 1	NO.5799 丐 1 0.00046% 99.63221% 1
NO.5710 ⿱艹⿰阝襄 1 0.00046% 99.59140% 1	NO.5720 綢 1 0.00046% 99.59599% 1	NO.5730 噢 1 0.00046% 99.60057% 1	NO.5740 ⿸虍皿 1 0.00046% 99.60516% 1	NO.5750 楠 1 0.00046% 99.60974% 1	NO.5760 蘘 1 0.00046% 99.61433% 1	NO.5770 ⿱尸貝 1 0.00046% 99.61892% 1	NO.5780 鵬 1 0.00046% 99.62350% 1	NO.5790 篁 1 0.00046% 99.62809% 1	NO.5800 尾 1 0.00046% 99.63267% 1

NO.5801 歃 1 0.00046% 99.63313% 1	NO.5811 蒹 1 0.00046% 99.63772% 1	NO.5821 蛒 1 0.00046% 99.64230% 1	NO.5831 窃 1 0.00046% 99.64689% 1	NO.5841 办 1 0.00046% 99.65148% 1	NO.5851 茉 1 0.00046% 99.65606% 1	NO.5861 转 1 0.00046% 99.66065% 1	NO.5871 偏 1 0.00046% 99.66523% 1	NO.5881 扳 1 0.00046% 99.66982% 1	NO.5891 畣 1 0.00046% 99.67440% 1
NO.5802 焼 1 0.00046% 99.63359% 1	NO.5812 輩 1 0.00046% 99.63818% 1	NO.5822 抑 1 0.00046% 99.64276% 1	NO.5832 超 1 0.00046% 99.64735% 1	NO.5842 迮 1 0.00046% 99.65193% 1	NO.5852 杤 1 0.00046% 99.65652% 1	NO.5862 庋 1 0.00046% 99.66111% 1	NO.5872 偏 1 0.00046% 99.66569% 1	NO.5882 閨 1 0.00046% 99.67028% 1	NO.5892 蛤 1 0.00046% 99.67486% 1
NO.5803 笋 1 0.00046% 99.63405% 1	NO.5813 蜜 1 0.00046% 99.63863% 1	NO.5823 殃 1 0.00046% 99.64322% 1	NO.5833 過 1 0.00046% 99.64781% 1	NO.5843 煸 1 0.00046% 99.65239% 1	NO.5853 軑 1 0.00046% 99.65698% 1	NO.5863 呾 1 0.00046% 99.66156% 1	NO.5873 洔 1 0.00046% 99.66615% 1	NO.5883 昢 1 0.00046% 99.67074% 1	NO.5893 械 1 0.00046% 99.67532% 1
NO.5804 唉 1 0.00046% 99.63451% 1	NO.5814 緫 1 0.00046% 99.63909% 1	NO.5824 鸐 1 0.00046% 99.64368% 1	NO.5834 娟 1 0.00046% 99.64827% 1	NO.5844 蜼 1 0.00046% 99.65285% 1	NO.5854 炫 1 0.00046% 99.65744% 1	NO.5864 村 1 0.00046% 99.66202% 1	NO.5874 吩 1 0.00046% 99.66661% 1	NO.5884 換 1 0.00046% 99.67119% 1	NO.5894 泣 1 0.00046% 99.67578% 1
NO.5805 狗 1 0.00046% 99.63497% 1	NO.5815 聍 1 0.00046% 99.63955% 1	NO.5825 扼 1 0.00046% 99.64414% 1	NO.5835 害 1 0.00046% 99.64872% 1	NO.5845 繒 1 0.00046% 99.65331% 1	NO.5855 恨 1 0.00046% 99.65790% 1	NO.5865 唵 1 0.00046% 99.66248% 1	NO.5875 噫 1 0.00046% 99.66707% 1	NO.5885 枂 1 0.00046% 99.67165% 1	NO.5895 督 1 0.00046% 99.67624% 1
NO.5806 埂 1 0.00046% 99.63542% 1	NO.5816 哮 1 0.00046% 99.64001% 1	NO.5826 魄 1 0.00046% 99.64460% 1	NO.5836 弍 1 0.00046% 99.64918% 1	NO.5846 盐 1 0.00046% 99.65377% 1	NO.5856 吅 1 0.00046% 99.65835% 1	NO.5866 脖 1 0.00046% 99.66294% 1	NO.5876 聆 1 0.00046% 99.66753% 1	NO.5886 嗝 1 0.00046% 99.67211% 1	NO.5896 哪 1 0.00046% 99.67670% 1
NO.5807 贫 1 0.00046% 99.63588% 1	NO.5817 襟 1 0.00046% 99.64047% 1	NO.5827 窟 1 0.00046% 99.64506% 1	NO.5837 脾 1 0.00046% 99.64964% 1	NO.5847 宫 1 0.00046% 99.65423% 1	NO.5857 粑 1 0.00046% 99.65881% 1	NO.5867 却 1 0.00046% 99.66340% 1	NO.5877 咮 1 0.00046% 99.66798% 1	NO.5887 憐 1 0.00046% 99.67257% 1	NO.5897 昷 1 0.00046% 99.67716% 1
NO.5808 封 1 0.00046% 99.63634% 1	NO.5818 外 1 0.00046% 99.64093% 1	NO.5828 龍 1 0.00046% 99.64551% 1	NO.5838 昢 1 0.00046% 99.65010% 1	NO.5848 凨 1 0.00046% 99.65469% 1	NO.5858 相 1 0.00046% 99.65927% 1	NO.5868 跨 1 0.00046% 99.66386% 1	NO.5878 槽 1 0.00046% 99.66844% 1	NO.5888 懶 1 0.00046% 99.67303% 1	NO.5898 蓉 1 0.00046% 99.67761% 1
NO.5809 杆 1 0.00046% 99.63680% 1	NO.5819 揵 1 0.00046% 99.64139% 1	NO.5829 爾 1 0.00046% 99.64597% 1	NO.5839 碓 1 0.00046% 99.65056% 1	NO.5849 跖 1 0.00046% 99.65514% 1	NO.5859 抻 1 0.00046% 99.65973% 1	NO.5869 昌 1 0.00046% 99.66432% 1	NO.5879 鹅 1 0.00046% 99.66890% 1	NO.5889 若 1 0.00046% 99.67349% 1	NO.5899 潰 1 0.00046% 99.67807% 1
NO.5810 嗹 1 0.00046% 99.63726% 1	NO.5820 閠 1 0.00046% 99.64184% 1	NO.5830 叟 1 0.00046% 99.64643% 1	NO.5840 挪 1 0.00046% 99.65102% 1	NO.5850 獦 1 0.00046% 99.65560% 1	NO.5860 票 1 0.00046% 99.66019% 1	NO.5870 蛚 1 0.00046% 99.66477% 1	NO.5880 苪 1 0.00046% 99.66936% 1	NO.5890 擩 1 0.00046% 99.67395% 1	NO.5900 癹 1 0.00046% 99.67853% 1

NO.5901 乇 1 0.00046% 99.67899% 1	NO.5911 縵 1 0.00046% 99.68358% 1	NO.5921 䲧 1 0.00046% 99.68816% 1	NO.5931 樻 1 0.00046% 99.69275% 1	NO.5941 拖 1 0.00046% 99.69733% 1	NO.5951 靇 1 0.00046% 99.70192% 1	NO.5961 耦 1 0.00046% 99.70651% 1	NO.5971 孬 1 0.00046% 99.71109% 1	NO.5981 迣 1 0.00046% 99.71568% 1	NO.5991 釋 1 0.00046% 99.72026% 1
NO.5902 獁 1 0.00046% 99.67945% 1	NO.5912 籠 1 0.00046% 99.68403% 1	NO.5922 胋 1 0.00046% 99.68862% 1	NO.5932 喔 1 0.00046% 99.69321% 1	NO.5942 嗛 1 0.00046% 99.69779% 1	NO.5952 咀 1 0.00046% 99.70238% 1	NO.5962 績 1 0.00046% 99.70696% 1	NO.5972 嘵 1 0.00046% 99.71155% 1	NO.5982 柫 1 0.00046% 99.71614% 1	NO.5992 汾 1 0.00046% 99.72072% 1
NO.5903 敹 1 0.00046% 99.67991% 1	NO.5913 漾 1 0.00046% 99.68449% 1	NO.5923 哄 1 0.00046% 99.68908% 1	NO.5933 唭 1 0.00046% 99.69367% 1	NO.5943 特 1 0.00046% 99.69825% 1	NO.5953 登 1 0.00046% 99.70284% 1	NO.5963 霊 1 0.00046% 99.70742% 1	NO.5973 榑 1 0.00046% 99.71201% 1	NO.5983 瀬 1 0.00046% 99.71659% 1	NO.5993 堆 1 0.00046% 99.72118% 1
NO.5904 跨 1 0.00046% 99.68037% 1	NO.5914 略 1 0.00046% 99.68495% 1	NO.5924 哓 1 0.00046% 99.68954% 1	NO.5934 帰 1 0.00046% 99.69412% 1	NO.5944 垈 1 0.00046% 99.69871% 1	NO.5954 誼 1 0.00046% 99.70330% 1	NO.5964 腷 1 0.00046% 99.70788% 1	NO.5974 連 1 0.00046% 99.71247% 1	NO.5984 栏 1 0.00046% 99.71705% 1	NO.5994 啌 1 0.00046% 99.72164% 1
NO.5905 畓 1 0.00046% 99.68082% 1	NO.5915 络 1 0.00046% 99.68541% 1	NO.5925 族 1 0.00046% 99.69000% 1	NO.5935 糠 1 0.00046% 99.69458% 1	NO.5945 奇 1 0.00046% 99.69917% 1	NO.5955 莟 1 0.00046% 99.70375% 1	NO.5965 垛 1 0.00046% 99.70834% 1	NO.5975 嚕 1 0.00046% 99.71293% 1	NO.5985 傲 1 0.00046% 99.71751% 1	NO.5995 喏 1 0.00046% 99.72210% 1
NO.5906 拨 1 0.00046% 99.68128% 1	NO.5916 徯 1 0.00046% 99.68587% 1	NO.5926 棋 1 0.00046% 99.69046% 1	NO.5936 最 1 0.00046% 99.69504% 1	NO.5946 逯 1 0.00046% 99.69963% 1	NO.5956 犁 1 0.00046% 99.70421% 1	NO.5966 嫩 1 0.00046% 99.70880% 1	NO.5976 怶 1 0.00046% 99.71338% 1	NO.5986 蚓 1 0.00046% 99.71797% 1	NO.5996 溢 1 0.00046% 99.72256% 1
NO.5907 来 1 0.00046% 99.68174% 1	NO.5917 掠 1 0.00046% 99.68633% 1	NO.5927 唅 1 0.00046% 99.69091% 1	NO.5937 矾 1 0.00046% 99.69550% 1	NO.5947 呃 1 0.00046% 99.70009% 1	NO.5957 僯 1 0.00046% 99.70467% 1	NO.5967 痜 1 0.00046% 99.70926% 1	NO.5977 蚴 1 0.00046% 99.71384% 1	NO.5987 儔 1 0.00046% 99.71843% 1	NO.5997 挩 1 0.00046% 99.72301% 1
NO.5908 砜 1 0.00046% 99.68220% 1	NO.5918 獅 1 0.00046% 99.68679% 1	NO.5928 埛 1 0.00046% 99.69137% 1	NO.5938 檄 1 0.00046% 99.69596% 1	NO.5948 瀟 1 0.00046% 99.70054% 1	NO.5958 门 1 0.00046% 99.70513% 1	NO.5968 皱 1 0.00046% 99.70972% 1	NO.5978 牸 1 0.00046% 99.71430% 1	NO.5988 黜 1 0.00046% 99.71889% 1	NO.5998 恐 1 0.00046% 99.72347% 1
NO.5909 呱 1 0.00046% 99.68266% 1	NO.5919 鸛 1 0.00046% 99.68724% 1	NO.5929 仪 1 0.00046% 99.69183% 1	NO.5939 噛 1 0.00046% 99.69642% 1	NO.5949 㒵 1 0.00046% 99.70100% 1	NO.5959 拴 1 0.00046% 99.70559% 1	NO.5969 肯 1 0.00046% 99.71017% 1	NO.5979 沸 1 0.00046% 99.71476% 1	NO.5989 朽 1 0.00046% 99.71935% 1	NO.5999 穹 1 0.00046% 99.72393% 1
NO.5910 茈 1 0.00046% 99.68312% 1	NO.5920 炻 1 0.00046% 99.68770% 1	NO.5930 沙 1 0.00046% 99.69229% 1	NO.5940 考 1 0.00046% 99.69688% 1	NO.5950 凹 1 0.00046% 99.70146% 1	NO.5960 納 1 0.00046% 99.70605% 1	NO.5970 狔 1 0.00046% 99.71063% 1	NO.5980 根 1 0.00046% 99.71522% 1	NO.5990 晓 1 0.00046% 99.71980% 1	NO.6000 晚 1 0.00046% 99.72439% 1

NO.6001 皐 1 0.00046% 99.72485% 1	NO.6011 兎 1 0.00046% 99.72943% 1	NO.6021 頭 1 0.00046% 99.73402% 1	NO.6031 續 1 0.00046% 99.73861% 1	NO.6041 勤 1 0.00046% 99.74319% 1	NO.6051 暖 1 0.00046% 99.74778% 1	NO.6061 銈 1 0.00046% 99.75236% 1	NO.6071 搭 1 0.00046% 99.75695% 1	NO.6081 桴 1 0.00046% 99.76154% 1	NO.6091 钮 1 0.00046% 99.76612% 1
NO.6002 梢 1 0.00046% 99.72531% 1	NO.6012 衸 1 0.00046% 99.72989% 1	NO.6022 唿 1 0.00046% 99.73448% 1	NO.6032 栀 1 0.00046% 99.73907% 1	NO.6042 𥐘 1 0.00046% 99.74365% 1	NO.6052 埃 1 0.00046% 99.74824% 1	NO.6062 瘢 1 0.00046% 99.75282% 1	NO.6072 鑨 1 0.00046% 99.75741% 1	NO.6082 跎 1 0.00046% 99.76199% 1	NO.6092 尼 1 0.00046% 99.76658% 1
NO.6003 圓 1 0.00046% 99.72577% 1	NO.6013 茉 1 0.00046% 99.73035% 1	NO.6023 確 1 0.00046% 99.73494% 1	NO.6033 迁 1 0.00046% 99.73952% 1	NO.6043 㢐 1 0.00046% 99.74411% 1	NO.6053 攬 1 0.00046% 99.74870% 1	NO.6063 垒 1 0.00046% 99.75328% 1	NO.6073 入 1 0.00046% 99.75787% 1	NO.6083 仰 1 0.00046% 99.76245% 1	NO.6093 虬 1 0.00046% 99.76704% 1
NO.6004 㖃 1 0.00046% 99.72622% 1	NO.6014 茼 1 0.00046% 99.73081% 1	NO.6024 吂 1 0.00046% 99.73540% 1	NO.6034 甕 1 0.00046% 99.73998% 1	NO.6044 梡 1 0.00046% 99.74457% 1	NO.6054 摟 1 0.00046% 99.74915% 1	NO.6064 䑛 1 0.00046% 99.75374% 1	NO.6074 瓶 1 0.00046% 99.75833% 1	NO.6084 桅 1 0.00046% 99.76291% 1	NO.6094 甪 1 0.00046% 99.76750% 1
NO.6005 鞋 1 0.00046% 99.72668% 1	NO.6015 熾 1 0.00046% 99.73127% 1	NO.6025 嘩 1 0.00046% 99.73585% 1	NO.6035 爱 1 0.00046% 99.74044% 1	NO.6045 瑫 1 0.00046% 99.74503% 1	NO.6055 欗 1 0.00046% 99.74961% 1	NO.6065 觖 1 0.00046% 99.75420% 1	NO.6075 籾 1 0.00046% 99.75878% 1	NO.6085 沾 1 0.00046% 99.76337% 1	NO.6095 橃 1 0.00046% 99.76796% 1
NO.6006 咯 1 0.00046% 99.72714% 1	NO.6016 雩 1 0.00046% 99.73173% 1	NO.6026 矶 1 0.00046% 99.73631% 1	NO.6036 䐲 1 0.00046% 99.74090% 1	NO.6046 逺 1 0.00046% 99.74549% 1	NO.6056 𥾛 1 0.00046% 99.75007% 1	NO.6066 逐 1 0.00046% 99.75466% 1	NO.6076 拂 1 0.00046% 99.75924% 1	NO.6086 笼 1 0.00046% 99.76383% 1	NO.6096 濃 1 0.00046% 99.76841% 1
NO.6007 曼 1 0.00046% 99.72760% 1	NO.6017 粘 1 0.00046% 99.73219% 1	NO.6027 虛 1 0.00046% 99.73677% 1	NO.6037 帋 1 0.00046% 99.74136% 1	NO.6047 荏 1 0.00046% 99.74594% 1	NO.6057 雲 1 0.00046% 99.75053% 1	NO.6067 甑 1 0.00046% 99.75512% 1	NO.6077 鎔 1 0.00046% 99.75970% 1	NO.6087 真 1 0.00046% 99.76429% 1	NO.6097 枚 1 0.00046% 99.76887% 1
NO.6008 笵 1 0.00046% 99.72806% 1	NO.6018 斌 1 0.00046% 99.73264% 1	NO.6028 凛 1 0.00046% 99.73723% 1	NO.6038 恸 1 0.00046% 99.74182% 1	NO.6048 膝 1 0.00046% 99.74640% 1	NO.6058 棟 1 0.00046% 99.75099% 1	NO.6068 鴶 1 0.00046% 99.75557% 1	NO.6078 䃰 1 0.00046% 99.76016% 1	NO.6088 飧 1 0.00046% 99.76475% 1	NO.6098 畲 1 0.00046% 99.76933% 1
NO.6009 齗 1 0.00046% 99.72852% 1	NO.6019 滚 1 0.00046% 99.73310% 1	NO.6029 濹 1 0.00046% 99.73769% 1	NO.6039 粨 1 0.00046% 99.74228% 1	NO.6049 鮈 1 0.00046% 99.74686% 1	NO.6059 盇 1 0.00046% 99.75145% 1	NO.6069 泷 1 0.00046% 99.75603% 1	NO.6079 房 1 0.00046% 99.76062% 1	NO.6089 铜 1 0.00046% 99.76520% 1	NO.6099 単 1 0.00046% 99.76979% 1
NO.6010 垚 1 0.00046% 99.72898% 1	NO.6020 穴 1 0.00046% 99.73356% 1	NO.6030 嚝 1 0.00046% 99.73815% 1	NO.6040 鮠 1 0.00046% 99.74273% 1	NO.6050 䘵 1 0.00046% 99.74732% 1	NO.6060 㦽 1 0.00046% 99.75191% 1	NO.6070 纲 1 0.00046% 99.75649% 1	NO.6080 要 1 0.00046% 99.76108% 1	NO.6090 骨 1 0.00046% 99.76566% 1	NO.6100 × 1 0.00046% 99.77025% 1

NO.6101 戾 1 0.00046% 99.77071% 1	NO.6111 犭奉 1 0.00046% 99.77529% 1	NO.6121 垫 1 0.00046% 99.77988% 1	NO.6131 侁 1 0.00046% 99.78446% 1	NO.6141 踺 1 0.00046% 99.78905% 1	NO.6151 桯 1 0.00046% 99.79364% 1	NO.6161 汭 1 0.00046% 99.79822% 1	NO.6171 叧 1 0.00046% 99.80281% 1	NO.6181 嘖 1 0.00046% 99.80739% 1	NO.6191 咼 1 0.00046% 99.81198% 1
NO.6102 枀 1 0.00046% 99.77117% 1	NO.6112 笴 1 0.00046% 99.77575% 1	NO.6122 熬 1 0.00046% 99.78034% 1	NO.6132 諍 1 0.00046% 99.78492% 1	NO.6142 罶 1 0.00046% 99.78951% 1	NO.6152 沃 1 0.00046% 99.79410% 1	NO.6162 栅 1 0.00046% 99.79868% 1	NO.6172 胄 1 0.00046% 99.80327% 1	NO.6182 咪 1 0.00046% 99.80785% 1	NO.6192 槐 1 0.00046% 99.81244% 1
NO.6103 笏 1 0.00046% 99.77162% 1	NO.6113 昌 1 0.00046% 99.77621% 1	NO.6123 猫 1 0.00046% 99.78080% 1	NO.6133 骿 1 0.00046% 99.78538% 1	NO.6143 涤 1 0.00046% 99.78997% 1	NO.6153 眠 1 0.00046% 99.79455% 1	NO.6163 婴 1 0.00046% 99.79914% 1	NO.6173 倆 1 0.00046% 99.80373% 1	NO.6183 勒 1 0.00046% 99.80831% 1	NO.6193 獖 1 0.00046% 99.81290% 1
NO.6104 卡 1 0.00046% 99.77208% 1	NO.6114 佃 1 0.00046% 99.77667% 1	NO.6124 祠 1 0.00046% 99.78125% 1	NO.6134 摞 1 0.00046% 99.78584% 1	NO.6144 秘 1 0.00046% 99.79043% 1	NO.6154 搽 1 0.00046% 99.79501% 1	NO.6164 器 1 0.00046% 99.79960% 1	NO.6174 蜜 1 0.00046% 99.80418% 1	NO.6184 浭 1 0.00046% 99.80877% 1	NO.6194 忌 1 0.00046% 99.81336% 1
NO.6105 硴 1 0.00046% 99.77254% 1	NO.6115 鴿 1 0.00046% 99.77713% 1	NO.6125 臭 1 0.00046% 99.78171% 1	NO.6135 摽 1 0.00046% 99.78630% 1	NO.6145 行 1 0.00046% 99.79089% 1	NO.6155 腦 1 0.00046% 99.79547% 1	NO.6165 踼 1 0.00046% 99.80006% 1	NO.6175 撵 1 0.00046% 99.80464% 1	NO.6185 肐 1 0.00046% 99.80923% 1	NO.6195 銭 1 0.00046% 99.81381% 1
NO.6106 渦 1 0.00046% 99.77300% 1	NO.6116 粓 1 0.00046% 99.77759% 1	NO.6126 绋 1 0.00046% 99.78217% 1	NO.6136 吪 1 0.00046% 99.78676% 1	NO.6146 棵 1 0.00046% 99.79134% 1	NO.6156 讯 1 0.00046% 99.79593% 1	NO.6166 茛 1 0.00046% 99.80052% 1	NO.6176 渑 1 0.00046% 99.80510% 1	NO.6186 飔 1 0.00046% 99.80969% 1	NO.6196 粱 1 0.00046% 99.81427% 1
NO.6107 涽 1 0.00046% 99.77346% 1	NO.6117 均 1 0.00046% 99.77804% 1	NO.6127 桓 1 0.00046% 99.78263% 1	NO.6137 貌 1 0.00046% 99.78722% 1	NO.6147 欲 1 0.00046% 99.79180% 1	NO.6157 髓 1 0.00046% 99.79639% 1	NO.6167 糀 1 0.00046% 99.80097% 1	NO.6177 繪 1 0.00046% 99.80556% 1	NO.6187 梘 1 0.00046% 99.81015% 1	NO.6197 罨 1 0.00046% 99.81473% 1
NO.6108 旺 1 0.00046% 99.77392% 1	NO.6118 螝 1 0.00046% 99.77850% 1	NO.6128 搥 1 0.00046% 99.78309% 1	NO.6138 䒵 1 0.00046% 99.78768% 1	NO.6148 獏 1 0.00046% 99.79226% 1	NO.6158 属 1 0.00046% 99.79685% 1	NO.6168 懃 1 0.00046% 99.80143% 1	NO.6178 茴 1 0.00046% 99.80602% 1	NO.6188 烈 1 0.00046% 99.81060% 1	NO.6198 佛 1 0.00046% 99.81519% 1
NO.6109 了 1 0.00046% 99.77438% 1	NO.6119 填 1 0.00046% 99.77896% 1	NO.6129 頌 1 0.00046% 99.78355% 1	NO.6139 瞳 1 0.00046% 99.78813% 1	NO.6149 猿 1 0.00046% 99.79272% 1	NO.6159 贪 1 0.00046% 99.79731% 1	NO.6169 梛 1 0.00046% 99.80189% 1	NO.6179 模 1 0.00046% 99.80648% 1	NO.6189 砎 1 0.00046% 99.81106% 1	NO.6199 湲 1 0.00046% 99.81565% 1
NO.6110 喺 1 0.00046% 99.77483% 1	NO.6120 浴 1 0.00046% 99.77942% 1	NO.6130 掍 1 0.00046% 99.78401% 1	NO.6140 歆 1 0.00046% 99.78859% 1	NO.6150 荒 1 0.00046% 99.79318% 1	NO.6160 胎 1 0.00046% 99.79776% 1	NO.6170 関 1 0.00046% 99.80235% 1	NO.6180 荸 1 0.00046% 99.80694% 1	NO.6190 蹬 1 0.00046% 99.81152% 1	NO.6200 粭 1 0.00046% 99.81611% 1

NO.6201 离 1 0.00046% 99.81657% 1	NO.6211 眣 1 0.00046% 99.82115% 1	NO.6221 昗 1 0.00046% 99.82574% 1	NO.6231 曑 1 0.00046% 99.83032% 1	NO.6241 甾 1 0.00046% 99.83491% 1	NO.6251 松 1 0.00046% 99.83950% 1	NO.6261 拼 1 0.00046% 99.84408% 1	NO.6271 派 1 0.00046% 99.84867% 1	NO.6281 欖 1 0.00046% 99.85325% 1	NO.6291 鍇 1 0.00046% 99.85784% 1
NO.6202 攂 1 0.00046% 99.81702% 1	NO.6212 黺 1 0.00046% 99.82161% 1	NO.6222 桥 1 0.00046% 99.82620% 1	NO.6232 䟴 1 0.00046% 99.83078% 1	NO.6242 酸 1 0.00046% 99.83537% 1	NO.6252 覔 1 0.00046% 99.83995% 1	NO.6262 欲 1 0.00046% 99.84454% 1	NO.6272 陁 1 0.00046% 99.84913% 1	NO.6282 節 1 0.00046% 99.85371% 1	NO.6292 鶓 1 0.00046% 99.85830% 1
NO.6203 岦 1 0.00046% 99.81748% 1	NO.6213 綾 1 0.00046% 99.82207% 1	NO.6223 枱 1 0.00046% 99.82665% 1	NO.6233 筈 1 0.00046% 99.83124% 1	NO.6243 暞 1 0.00046% 99.83583% 1	NO.6253 廂 1 0.00046% 99.84041% 1	NO.6263 楕 1 0.00046% 99.84500% 1	NO.6273 技 1 0.00046% 99.84958% 1	NO.6283 縣 1 0.00046% 99.85417% 1	NO.6293 歲 1 0.00046% 99.85876% 1
NO.6204 㥂 1 0.00046% 99.81794% 1	NO.6214 恾 1 0.00046% 99.82253% 1	NO.6224 嘘 1 0.00046% 99.82711% 1	NO.6234 擸 1 0.00046% 99.83170% 1	NO.6244 粧 1 0.00046% 99.83629% 1	NO.6254 断 1 0.00046% 99.84087% 1	NO.6264 鐮 1 0.00046% 99.84546% 1	NO.6274 羽 1 0.00046% 99.85004% 1	NO.6284 賣 1 0.00046% 99.85463% 1	NO.6294 蓄 1 0.00046% 99.85921% 1
NO.6205 竟 1 0.00046% 99.81840% 1	NO.6215 紗 1 0.00046% 99.82299% 1	NO.6225 醒 1 0.00046% 99.82757% 1	NO.6235 潘 1 0.00046% 99.83216% 1	NO.6245 啓 1 0.00046% 99.83674% 1	NO.6255 慣 1 0.00046% 99.84133% 1	NO.6265 蔭 1 0.00046% 99.84592% 1	NO.6275 豈 1 0.00046% 99.85050% 1	NO.6285 旨 1 0.00046% 99.85509% 1	NO.6295 曺 1 0.00046% 99.85967% 1
NO.6206 有 1 0.00046% 99.81886% 1	NO.6216 絹 1 0.00046% 99.82344% 1	NO.6226 壞 1 0.00046% 99.82803% 1	NO.6236 䙺 1 0.00046% 99.83262% 1	NO.6246 掾 1 0.00046% 99.83720% 1	NO.6256 騎 1 0.00046% 99.84179% 1	NO.6266 弱 1 0.00046% 99.84637% 1	NO.6276 廦 1 0.00046% 99.85096% 1	NO.6286 貌 1 0.00046% 99.85555% 1	NO.6296 夨 1 0.00046% 99.86013% 1
NO.6207 煞 1 0.00046% 99.81932% 1	NO.6217 扣 1 0.00046% 99.82390% 1	NO.6227 𥓓 1 0.00046% 99.82849% 1	NO.6237 忿 1 0.00046% 99.83307% 1	NO.6247 歲 1 0.00046% 99.83766% 1	NO.6257 咶 1 0.00046% 99.84225% 1	NO.6267 害 1 0.00046% 99.84683% 1	NO.6277 鬂 1 0.00046% 99.85142% 1	NO.6287 龍 1 0.00046% 99.85600% 1	NO.6297 托 1 0.00046% 99.86059% 1
NO.6208 蠦 1 0.00046% 99.81978% 1	NO.6218 纙 1 0.00046% 99.82436% 1	NO.6228 嗑 1 0.00046% 99.82895% 1	NO.6238 膀 1 0.00046% 99.83353% 1	NO.6248 朩 1 0.00046% 99.83812% 1	NO.6258 僧 1 0.00046% 99.84271% 1	NO.6268 𦏼 1 0.00046% 99.84729% 1	NO.6278 嚌 1 0.00046% 99.85188% 1	NO.6288 蠂 1 0.00046% 99.85646% 1	NO.6298 擅 1 0.00046% 99.86105% 1
NO.6209 鍋 1 0.00046% 99.82023% 1	NO.6219 濼 1 0.00046% 99.82482% 1	NO.6229 议 1 0.00046% 99.82941% 1	NO.6239 呟 1 0.00046% 99.83399% 1	NO.6249 膽 1 0.00046% 99.83858% 1	NO.6259 谍 1 0.00046% 99.84316% 1	NO.6269 礪 1 0.00046% 99.84775% 1	NO.6279 假 1 0.00046% 99.85234% 1	NO.6289 綵 1 0.00046% 99.85692% 1	NO.6299 隆 1 0.00046% 99.86151% 1
NO.6210 芈 1 0.00046% 99.82069% 1	NO.6220 匡 1 0.00046% 99.82528% 1	NO.6230 螞 1 0.00046% 99.82986% 1	NO.6240 希 1 0.00046% 99.83445% 1	NO.6250 摍 1 0.00046% 99.83904% 1	NO.6260 就 1 0.00046% 99.84362% 1	NO.6270 叹 1 0.00046% 99.84821% 1	NO.6280 泾 1 0.00046% 99.85279% 1	NO.6290 婢 1 0.00046% 99.85738% 1	NO.6300 曝 1 0.00046% 99.86197% 1

NO.6301 霄 1 0.00046% 99.86242% 1	NO.6311 婁 1 0.00046% 99.86701% 1	NO.6321 訖 1 0.00046% 99.87160% 1	NO.6331 寰 1 0.00046% 99.87618% 1	NO.6341 缯 1 0.00046% 99.88077% 1	NO.6351 甑 1 0.00046% 99.88535% 1	NO.6361 緞 1 0.00046% 99.88994% 1	NO.6371 寘 1 0.00046% 99.89453% 1	NO.6381 舖 1 0.00046% 99.89911% 1	NO.6391 蚤 1 0.00046% 99.90370% 1
NO.6302 坋 1 0.00046% 99.86288% 1	NO.6312 攔 1 0.00046% 99.86747% 1	NO.6322 緒 1 0.00046% 99.87205% 1	NO.6332 闻 1 0.00046% 99.87664% 1	NO.6342 柪 1 0.00046% 99.88123% 1	NO.6352 槐 1 0.00046% 99.88581% 1	NO.6362 碎 1 0.00046% 99.89040% 1	NO.6372 帅 1 0.00046% 99.89498% 1	NO.6382 皂 1 0.00046% 99.89957% 1	NO.6392 狂 1 0.00046% 99.90416% 1
NO.6303 洦 1 0.00046% 99.86334% 1	NO.6313 吕 1 0.00046% 99.86793% 1	NO.6323 釗 1 0.00046% 99.87251% 1	NO.6333 谓 1 0.00046% 99.87710% 1	NO.6343 阰 1 0.00046% 99.88169% 1	NO.6353 篡 1 0.00046% 99.88627% 1	NO.6363 蟲 1 0.00046% 99.89086% 1	NO.6373 諒 1 0.00046% 99.89544% 1	NO.6383 鬼 1 0.00046% 99.90003% 1	NO.6393 蚌 1 0.00046% 99.90461% 1
NO.6304 蜜 1 0.00046% 99.86380% 1	NO.6314 躮 1 0.00046% 99.86839% 1	NO.6324 庶 1 0.00046% 99.87297% 1	NO.6334 鍾 1 0.00046% 99.87756% 1	NO.6344 屁 1 0.00046% 99.88214% 1	NO.6354 咞 1 0.00046% 99.88673% 1	NO.6364 杰 1 0.00046% 99.89132% 1	NO.6374 鶻 1 0.00046% 99.89590% 1	NO.6384 揤 1 0.00046% 99.90049% 1	NO.6394 鴉 1 0.00046% 99.90507% 1
NO.6305 龑 1 0.00046% 99.86426% 1	NO.6315 专 1 0.00046% 99.86884% 1	NO.6325 吏 1 0.00046% 99.87343% 1	NO.6335 杵 1 0.00046% 99.87802% 1	NO.6345 壁 1 0.00046% 99.88260% 1	NO.6355 远 1 0.00046% 99.88719% 1	NO.6365 酹 1 0.00046% 99.89177% 1	NO.6375 棟 1 0.00046% 99.89636% 1	NO.6385 魔 1 0.00046% 99.90095% 1	NO.6395 搕 1 0.00046% 99.90553% 1
NO.6306 讬 1 0.00046% 99.86472% 1	NO.6316 桀 1 0.00046% 99.86930% 1	NO.6326 兇 1 0.00046% 99.87389% 1	NO.6336 菲 1 0.00046% 99.87847% 1	NO.6346 祇 1 0.00046% 99.88306% 1	NO.6356 築 1 0.00046% 99.88765% 1	NO.6366 麦 1 0.00046% 99.89223% 1	NO.6376 产 1 0.00046% 99.89682% 1	NO.6386 燎 1 0.00046% 99.90140% 1	NO.6396 臃 1 0.00046% 99.90599% 1
NO.6307 炣 1 0.00046% 99.86518% 1	NO.6317 橅 1 0.00046% 99.86976% 1	NO.6327 鉢 1 0.00046% 99.87435% 1	NO.6337 玲 1 0.00046% 99.87893% 1	NO.6347 愆 1 0.00046% 99.88352% 1	NO.6357 昊 1 0.00046% 99.88811% 1	NO.6367 厭 1 0.00046% 99.89269% 1	NO.6377 惮 1 0.00046% 99.89728% 1	NO.6387 悁 1 0.00046% 99.90186% 1	NO.6397 歌 1 0.00046% 99.90645% 1
NO.6308 漆 1 0.00046% 99.86563% 1	NO.6318 觜 1 0.00046% 99.87022% 1	NO.6328 誉 1 0.00046% 99.87481% 1	NO.6338 汱 1 0.00046% 99.87939% 1	NO.6348 碓 1 0.00046% 99.88398% 1	NO.6358 飲 1 0.00046% 99.88856% 1	NO.6368 跑 1 0.00046% 99.89315% 1	NO.6378 栈 1 0.00046% 99.89774% 1	NO.6388 挤 1 0.00046% 99.90232% 1	NO.6398 洿 1 0.00046% 99.90691% 1
NO.6309 曾 1 0.00046% 99.86609% 1	NO.6319 載 1 0.00046% 99.87068% 1	NO.6329 谋 1 0.00046% 99.87526% 1	NO.6339 埌 1 0.00046% 99.87985% 1	NO.6349 倡 1 0.00046% 99.88444% 1	NO.6359 朵 1 0.00046% 99.88902% 1	NO.6369 欖 1 0.00046% 99.89361% 1	NO.6379 毒 1 0.00046% 99.89819% 1	NO.6389 臨 1 0.00046% 99.90278% 1	NO.6399 斑 1 0.00046% 99.90737% 1
NO.6310 硅 1 0.00046% 99.86655% 1	NO.6320 篮 1 0.00046% 99.87114% 1	NO.6330 芋 1 0.00046% 99.87572% 1	NO.6340 噴 1 0.00046% 99.88031% 1	NO.6350 磙 1 0.00046% 99.88490% 1	NO.6360 頼 1 0.00046% 99.88948% 1	NO.6370 淡 1 0.00046% 99.89407% 1	NO.6380 都 1 0.00046% 99.89865% 1	NO.6390 壞 1 0.00046% 99.90324% 1	NO.6400 板 1 0.00046% 99.90782% 1

NO.6401 ⿰口毛 1 0.00046% 99.90828% 1	NO.6411 嚣 1 0.00046% 99.91287% 1	NO.6421 㦨 1 0.00046% 99.91745% 1	NO.6431 湊 1 0.00046% 99.92204% 1	NO.6441 ⿰黑本 1 0.00046% 99.92663% 1	NO.6451 冤 1 0.00046% 99.93121% 1	NO.6461 聆 1 0.00046% 99.93580% 1	NO.6471 奪 1 0.00046% 99.94038% 1	NO.6481 仰 1 0.00046% 99.94497% 1	NO.6491 歡 1 0.00046% 99.94956% 1
NO.6402 ⿰月鼠 1 0.00046% 99.90874% 1	NO.6412 垙 1 0.00046% 99.91333% 1	NO.6422 亰 1 0.00046% 99.91791% 1	NO.6432 挟 1 0.00046% 99.92250% 1	NO.6442 蜓 1 0.00046% 99.92708% 1	NO.6452 仉 1 0.00046% 99.93167% 1	NO.6462 况 1 0.00046% 99.93626% 1	NO.6472 订 1 0.00046% 99.94084% 1	NO.6482 ⿰女酉 1 0.00046% 99.94543% 1	NO.6492 丐 1 0.00046% 99.95001% 1
NO.6403 灵 1 0.00046% 99.90920% 1	NO.6413 ⿰氵吞 1 0.00046% 99.91379% 1	NO.6423 慶 1 0.00046% 99.91837% 1	NO.6433 冉 1 0.00046% 99.92296% 1	NO.6443 ⿰火要 1 0.00046% 99.92754% 1	NO.6453 酌 1 0.00046% 99.93213% 1	NO.6463 哨 1 0.00046% 99.93672% 1	NO.6473 泯 1 0.00046% 99.94130% 1	NO.6483 濱 1 0.00046% 99.94589% 1	NO.6493 渾 1 0.00046% 99.95047% 1
NO.6404 隆 1 0.00046% 99.90966% 1	NO.6414 檬 1 0.00046% 99.91424% 1	NO.6424 迅 1 0.00046% 99.91883% 1	NO.6434 犴 1 0.00046% 99.92342% 1	NO.6444 ⿰扌𠬶 1 0.00046% 99.92800% 1	NO.6454 ⿰石犬 1 0.00046% 99.93259% 1	NO.6464 圣 1 0.00046% 99.93717% 1	NO.6474 ⿱宀男 1 0.00046% 99.94176% 1	NO.6484 覔 1 0.00046% 99.94635% 1	NO.6494 諸 1 0.00046% 99.95093% 1
NO.6405 刹 1 0.00046% 99.91012% 1	NO.6415 ⿱艹肙 1 0.00046% 99.91470% 1	NO.6425 ⿰丬爪 1 0.00046% 99.91929% 1	NO.6435 冒 1 0.00046% 99.92387% 1	NO.6445 逓 1 0.00046% 99.92846% 1	NO.6455 壶 1 0.00046% 99.93305% 1	NO.6465 嘓 1 0.00046% 99.93763% 1	NO.6475 嶷 1 0.00046% 99.94222% 1	NO.6485 砍 1 0.00046% 99.94680% 1	NO.6495 笑 1 0.00046% 99.95139% 1
NO.6406 盈 1 0.00046% 99.91058% 1	NO.6416 ⿰忄卜 1 0.00046% 99.91516% 1	NO.6426 濕 1 0.00046% 99.91975% 1	NO.6436 娒 1 0.00046% 99.92433% 1	NO.6446 ⿰氵厶 1 0.00046% 99.92892% 1	NO.6456 遐 1 0.00046% 99.93351% 1	NO.6466 ⿱罒冬 1 0.00046% 99.93809% 1	NO.6476 媽 1 0.00046% 99.94268% 1	NO.6486 ⿱⺮⿰食先 1 0.00046% 99.94726% 1	NO.6496 毯 1 0.00046% 99.95185% 1
NO.6407 脂 1 0.00046% 99.91103% 1	NO.6417 ⿰口凡 1 0.00046% 99.91562% 1	NO.6427 敉 1 0.00046% 99.92021% 1	NO.6437 ⿱艹量 1 0.00046% 99.92479% 1	NO.6447 壊 1 0.00046% 99.92938% 1	NO.6457 棋 1 0.00046% 99.93396% 1	NO.6467 岡 1 0.00046% 99.93855% 1	NO.6477 躘 1 0.00046% 99.94314% 1	NO.6487 ⿱雨亶 1 0.00046% 99.94772% 1	NO.6497 咲 1 0.00046% 99.95231% 1
NO.6408 ⿸虍皿 1 0.00046% 99.91149% 1	NO.6418 ⿰口殳 1 0.00046% 99.91608% 1	NO.6428 甑 1 0.00046% 99.92066% 1	NO.6438 榙 1 0.00046% 99.92525% 1	NO.6448 鮠 1 0.00046% 99.92984% 1	NO.6458 校 1 0.00046% 99.93442% 1	NO.6468 杰 1 0.00046% 99.93901% 1	NO.6478 縤 1 0.00046% 99.94359% 1	NO.6488 ⿰米月 1 0.00046% 99.94818% 1	NO.6498 ⿰礻弟 1 0.00046% 99.95277% 1
NO.6409 ⿰石尼 1 0.00046% 99.91195% 1	NO.6419 負 1 0.00046% 99.91654% 1	NO.6429 踩 1 0.00046% 99.92112% 1	NO.6439 洸 1 0.00046% 99.92571% 1	NO.6449 扐 1 0.00046% 99.93030% 1	NO.6459 ⿰亻闌 1 0.00046% 99.93488% 1	NO.6469 ⿰月匿 1 0.00046% 99.93947% 1	NO.6479 伏 1 0.00046% 99.94405% 1	NO.6489 旡 1 0.00046% 99.94864% 1	NO.6499 ⿱宀皿 1 0.00046% 99.95322% 1
NO.6410 式 1 0.00046% 99.91241% 1	NO.6420 遮 1 0.00046% 99.91700% 1	NO.6430 卌 1 0.00046% 99.92158% 1	NO.6440 桌 1 0.00046% 99.92617% 1	NO.6450 組 1 0.00046% 99.93075% 1	NO.6460 靓 1 0.00046% 99.93534% 1	NO.6470 碓 1 0.00046% 99.93993% 1	NO.6480 憓 1 0.00046% 99.94451% 1	NO.6490 否 1 0.00046% 99.94910% 1	NO.6500 損 1 0.00046% 99.95368% 1

NO.6501 ⿰犭署 1 0.00046% 99.95414% 1	NO.6511 扫 1 0.00046% 99.95873% 1	NO.6521 厨 1 0.00046% 99.96331% 1	NO.6531 厘 1 0.00046% 99.96790% 1	NO.6541 嵩 1 0.00046% 99.97248% 1	NO.6551 隣 1 0.00046% 99.97707% 1	NO.6561 芋 1 0.00046% 99.98166% 1	NO.6571 ⿰月朋 1 0.00046% 99.98624% 1	NO.6581 聕 1 0.00046% 99.99083% 1	NO.6591 豹 1 0.00046% 99.99541% 1
NO.6502 仇 1 0.00046% 99.95460% 1	NO.6512 醫 1 0.00046% 99.95919% 1	NO.6522 船 1 0.00046% 99.96377% 1	NO.6532 湯 1 0.00046% 99.96836% 1	NO.6542 坭 1 0.00046% 99.97294% 1	NO.6552 ⿰車畾 1 0.00046% 99.97753% 1	NO.6562 鑨 1 0.00046% 99.98212% 1	NO.6572 洽 1 0.00046% 99.98670% 1	NO.6582 肩 1 0.00046% 99.99129% 1	NO.6592 真 1 0.00046% 99.99587% 1
NO.6503 溶 1 0.00046% 99.95506% 1	NO.6513 吕 1 0.00046% 99.95964% 1	NO.6523 覚 1 0.00046% 99.96423% 1	NO.6533 糞 1 0.00046% 99.96882% 1	NO.6543 ⿰牜犬 1 0.00046% 99.97340% 1	NO.6553 柤 1 0.00046% 99.97799% 1	NO.6563 ⿰月咎 1 0.00046% 99.98257% 1	NO.6573 腿 1 0.00046% 99.98716% 1	NO.6583 躬 1 0.00046% 99.99175% 1	NO.6593 裸 1 0.00046% 99.99633% 1
NO.6504 仉 1 0.00046% 99.95552% 1	NO.6514 苭 1 0.00046% 99.96010% 1	NO.6524 租 1 0.00046% 99.96469% 1	NO.6534 萝 1 0.00046% 99.96927% 1	NO.6544 会 1 0.00046% 99.97386% 1	NO.6554 吡 1 0.00046% 99.97845% 1	NO.6564 ⿰衤莽 1 0.00046% 99.98303% 1	NO.6574 眺 1 0.00046% 99.98762% 1	NO.6584 深 1 0.00046% 99.99220% 1	NO.6594 ⿰米夜 1 0.00046% 99.99679% 1
NO.6505 亂 1 0.00046% 99.95598% 1	NO.6515 羌 1 0.00046% 99.96056% 1	NO.6525 鎖 1 0.00046% 99.96515% 1	NO.6535 嘴 1 0.00046% 99.96973% 1	NO.6545 抪 1 0.00046% 99.97432% 1	NO.6555 粮 1 0.00046% 99.97891% 1	NO.6565 啄 1 0.00046% 99.98349% 1	NO.6575 祖 1 0.00046% 99.98808% 1	NO.6585 ⿰8攵 1 0.00046% 99.99266% 1	NO.6595 做 1 0.00046% 99.99725% 1
NO.6506 奄 1 0.00046% 99.95643% 1	NO.6516 啇 1 0.00046% 99.96102% 1	NO.6526 桅 1 0.00046% 99.96561% 1	NO.6536 扼 1 0.00046% 99.97019% 1	NO.6546 懐 1 0.00046% 99.97478% 1	NO.6556 莛 1 0.00046% 99.97936% 1	NO.6566 酪 1 0.00046% 99.98395% 1	NO.6576 㖊 1 0.00046% 99.98854% 1	NO.6586 嵬 1 0.00046% 99.99312% 1	NO.6596 鮮 1 0.00046% 99.99771% 1
NO.6507 弘 1 0.00046% 99.95689% 1	NO.6517 樚 1 0.00046% 99.96148% 1	NO.6527 浔 1 0.00046% 99.96606% 1	NO.6537 ⿺辶定 1 0.00046% 99.97065% 1	NO.6547 橊 1 0.00046% 99.97524% 1	NO.6557 ⿰王乞 1 0.00046% 99.97982% 1	NO.6567 瓦 1 0.00046% 99.98441% 1	NO.6577 碮 1 0.00046% 99.98899% 1	NO.6587 免 1 0.00046% 99.99358% 1	NO.6597 鄧 1 0.00046% 99.99817% 1
NO.6508 機 1 0.00046% 99.95735% 1	NO.6518 ⿰火聿 1 0.00046% 99.96194% 1	NO.6528 扛 1 0.00046% 99.96652% 1	NO.6538 ⿰虫麻 1 0.00046% 99.97111% 1	NO.6548 漴 1 0.00046% 99.97569% 1	NO.6558 尧 1 0.00046% 99.98028% 1	NO.6568 ⿰类页 1 0.00046% 99.98487% 1	NO.6578 睐 1 0.00046% 99.98945% 1	NO.6588 慮 1 0.00046% 99.99404% 1	NO.6598 ⿱冖男 1 0.00046% 99.99862% 1
NO.6509 ⿺风鬼 1 0.00046% 99.95781% 1	NO.6519 垷 1 0.00046% 99.96240% 1	NO.6529 ⿸尸番 1 0.00046% 99.96698% 1	NO.6539 涯 1 0.00046% 99.97157% 1	NO.6549 垙 1 0.00046% 99.97615% 1	NO.6559 衿 1 0.00046% 99.98074% 1	NO.6569 瀛 1 0.00046% 99.98533% 1	NO.6579 ⿰纟射 1 0.00046% 99.98991% 1	NO.6589 肚 1 0.00046% 99.99450% 1	NO.6599 △布 1 0.00046% 99.99908% 1
NO.6510 哓 1 0.00046% 99.95827% 1	NO.6520 滑 1 0.00046% 99.96285% 1	NO.6530 腸 1 0.00046% 99.96744% 1	NO.6540 爛 1 0.00046% 99.97203% 1	NO.6550 修 1 0.00046% 99.97661% 1	NO.6560 旺 1 0.00046% 99.98120% 1	NO.6570 押 1 0.00046% 99.98578% 1	NO.6580 槓 1 0.00046% 99.99037% 1	NO.6590 皆 1 0.00046% 99.99496% 1	NO.6600 △光 1 0.00046% 99.99954% 1

NO.6601
△父
1
0.00046%
100%
1

附录 2：各抄本字表

由于篇幅有限，各抄本的字表只列出字形不重复的单字及其出现的频次，频次位于相应字形后。

一、《麽请布洛陀》

造 312　貧 146　不 144　郭 110　王 109　布 104　批 81　甫 75　你 66　盖 66　召 61
斗 56　眉 52　度 51　叭 49　明 49　得 48　礼 48　魯 45　蘭 41　提 40　三 39　微 38
司 37　傍 35　甲 32　隆 32　滕 32　噹 31　貫 31　四 30　至 30　渌 29　麻 29　利 29
皇 29　地 28　江 27　社 27　猛 27　喙 27　畐 25　忻 24　纫 24　逻 24　力 24　里 23
他 23　黎 23　歐 23　老 23　哏 22　到 21　增 21　㹦 21　那 20　俐 20　馱 20　蜉 20
十 20　屋 19　六 19　故 18　哂 18　谿 18　罪 18　五 18　定 17　哼 16　株 16　毒 16
脾 16　大 16　麽 16　樣 16　正 16　急 15　時 15　許 15　方 15　彭 15　可 15　妹 14
帝 14　引 14　吊 14　狼 14　則 13　劳 13　麽 13　吞 13　奸 13　霄 13　立 13　未 13
累 12　捞 12　双 12　枯 12　淋 12　粡 12　七 12　使 11　眃 11　除 11　晚 11　論 11
都 11　跟 11　昙 11　隆 11　鴨 11　个 11　晗 11　天 11　特 10　落 10　合 10　鲃 10
連 10　口 10　㝃 10　羅 10　針 10　同 10　纫 10　千 10　父 10　國 10　閉 10　道 10
迷 9　脊 9　干 9　塘 9　磺 9　佛 9　咘 9　苔 9　吼 9　開 9　籠 9　業 9　貝 9　娄 9
唐 8　九 8　出 8　路 8　鸡 8　舍 8　憐 8　妑 8　坡 8　淰 8　卦 8　沙 8　晋 8　邦 8
婆 8　勺 8　所 8　送 8　雲 8　祖 7　桑 7　墒 7　杀 7　龍 7　妣 7　保 7　之 7　達 7
徃 7　度 7　凷 7　拎 7　床 7　爺 7　銀 7　記 7　通 7　比 7　百 7　楞 7　灰 7　还 7
丁 7　花 7　痕 7　胖 7　爈 7　桊 6　恨 6　吞 6　髮 6　歐 6　萬 6　閲 6　臨 6　恩 6
山 6　隆 6　雲 6　把 6　仙 6　貴 6　墨 6　茶 6　守 6　哥 6　癖 6　錢 6　押 6　北 6
条 6　演 6　侵 6　當 6　君 6　祸 6　安 5　稔 5　蔏 5　碧 5　吃 5　豆 5　姓 5　温 5
火 5　兆 5　囂 5　聾 5　丑 5　放 5　家 5　二 5　旧 5　州 5　病 5　從 5　葛 5　譚 5
武 5　歷 5　歪 5　卜 5　天 5　還 5　巾 5　求 5　己 5　八 5　了 5　兇 5　頼 5　初 5
退 5　感 5　篤 4　蹄 4　畢 4　細 4　痦 4　盵 4　蹭 4　啼 4　着 4　枷 4　哅 4　焃 4
夏 4　昇 4　艄 4　捉 4　具 4　俻 4　各 4　南 4　下 4　主 4　福 4　門 4　路 4　西 4
踈 4　浰 4　請 4　谷 4　凌 4　賊 4　海 4　様 4　鷄 4　玖 4　酒 4　輊 4　筆 4　網 4
懇 4　例 4　携 4　顧 4　代 4　行 4　報 4　事 4　溺 4　談 4　剥 4　一 4　結 4　仿 4
泣 4　左 4　反 4　皆 4　欽 4　彼 4　追 4　零 4　非 4　勝 4　心 4　宗 4　們 4　籮 4
臘 4　甫 4　無 4　良 3　婳 3　標 3　拜 3　㚻 3　宿 3　雷 3　荷 3　冤 3　會 3　隂 3
素 3　貪 3　恠 3　紒 3　執 3　量 3　榜 3　慇 3　枒 3　唥 3　碱 3　敢 3　母 3　講 3
兎 3　禄 3　東 3　苦 3　漂 3　綳 3　射 3　憑 3　玄 3　斛 3　望 3　太 3　△3　詩 3
眠 3　土 3　泓 3　途 3　尋 3　闌 3　乱 3　耶 3　任 3　炷 3　化 3　勒 3　内 3　橦 3
元 3　杤 3　檂 3　弱 3　幼 3　雪 3　溧 3　佛 3　程 3　嚟 3　崗 3　渌 3　謹 3　富 3

中3　登3　央3　猵3　罡3　敗3　颴3　蛵3　蒲3　坟3　陽3　添3　楼3　廣3
長2　碹2　扁2　衍2　琪2　和2　索2　歌2　邱2　東2　偹2　直2　礀2　頙2
哩2　鑃2　邛2　打2　眉2　模2　茄2　箕2　鷴2　年2　子2　小2　消2　吽2
船2　淰2　光2　用2　字2　变2　軍2　涒2　脾2　全2　炔2　壬2　嫁2　鴉2
師2　惱2　包2　乞2　生2　計2　孤2　木2　舍2　經2　即2　復2　湾2　香2
邪2　澇2　啫2　賁2　啦2　禍2　俸2　脴2　蕚2　唎2　混2　秋2　葉2　鈌2
何2　上2　缴2　好2　犯2　杚2　河2　烞2　懐2　還2　鳰2　壇2　若2　朝2
分2　盆2　藍2　甕2　查2　來2　鴐2　栫2　沌2　本2　梆2　破2　丈2　嬇2
考2　啫2　弔2　只2　碯2　魔2　已2　葍2　民2　在2　白2　忑2　擂2　角2
死2　午2　見2　岩2　离2　高2　玖2　能2　移2　栲2　廉2　鎝2　算2　壛2
馬2　碍2　炥2　焞2　裂2　者2　侵2　色2　猤2　駕2　哃2　蘭2　蟑2　硇2
朔2　存2　唅2　雨1　寿1　府1　鱻1　靁1　灵1　財1　緉1　齊1　津1　清1
姑1　弘1　氏1　爲1　寶1　尚1　廟1　畐1　収1　耸1　纆1　総1　泯1　墳1
進1　雲1　竇1　郊1　伍1　霧1　沃1　伝1　夸1　助1　伏1　寛1　庫1　冇1
於1　隘1　泥1　戊1　箉1　米1　殃1　訢1　季1　烏1　噇1　晱1　閔1　虞1
椋1　托1　𤞑1　催1　将1　煉1　琶1　集1　辰1　輕1　蒙1　囂1　圖1　巡1
哺1　逢1　撻1　令1　叮1　步1　杳1　較1　裙1　鍚1　欏1　嗂1　满1　霤1
冈1　豹1　舉1　養1　囉1　观1　煞1　索1　真1　滣1　紡1　蓋1　巨1　煉1
與1　丙1　憲1　觔1　亠1　防1　瀑1　蹝1　䙓1　散1　翁1　樣1　炒1　犯1
寃1　孀1　勾1　降1　欜1　也1　唎1　総1　降1　逼1　罵1　焊1　漢1　嵗1
眦1　門1　頡1　酉1　忍1　罵1　猫1　沩1　咀1　㺯1　磅1　銼1　委1　波1
迋1　祎1　颱1　間1　粭1　依1　林1　相1　脱1　栫1　滮1　鑼1　状1　對1
刘1　樑1　还1　賢1　縣1　竻1　兎1　耒1　雜1　向1　児1　加1　區1　祎1
怕1　流1　發1　扳1　昆1　盅1　華1　汭1　及1　殺1　勞1　躬1　忐1　命1
肚1　扶1　凴1　京1　欲1　作1　奈1　魄1　牌1　初1　啥1　鉅1　帮1　裙1
劲1　晗1　汶1　覩1　鬼1　辰1　列1　礣1　厭1　辻1　仰1　銅1　桎1　扳1
日1　裹1　空1　掵1　被1　春1　郝1　號1　儀1　現1　坤1　印1　糙1　紛1
忙1　油1　屎1　弄1　建1　桥1　惡1　鵝1　池1　要1　戌1　氣1　敕1　搯1
旺1　平1　洁1　亢1　的1　郎1　洁1　淚1　耗1　頂1　含1　吨1　悶1　抽1
唱1　德1　灶1　扳1　孬1　寒1　埃1　凶1　符1　嗄1　暗1　嘘1　官1　容1
寒1　金1　美1　洡1　抮1　邋1　亭1　法1　炒1　吧1　朴1　礼1　鑼1　芽1
缃1　烈1　漫1　樽1　縎1　蚢1　礶1　讀1　楽1　灑1　盧1　咕1　件1　鳥1
潹1　婁1　檄1　躬1　准1　珠1　冬1　欖1　粮1　禁1　箱1　寧1　徉1　狂1
自1　華1　筕1　泓1　班1　鋥1　梂1　万1　椃1　懦1　吉1　架1　泰1　亂1
醫1　還1　梢1

二、《吆兵全卷》

不 259 造 255 成 204 皇 176 兵 139 甫 128 斗 122 孙 120 你 114 作 114
去 107 叭 107 到 100 布 90 哏 88 三 84 刘 79 盖 74 特 70 可 70 召 69
罵 68 鸡 63 利 63 名 60 那 60 傍 59 提 58 哰 56 貫 55 肛 54 父 53 也 53
忑 53 四 52 度 52 眉 51 纫 51 偶 49 嚐 48 他 48 淂 48 溛 47 而 45 同 45
司 45 恨 44 千 43 微 43 太 43 初 43 請 42 隆 41 救 39 掿 38 后 37 至 37
老 37 許 35 淋 35 粰 35 吆 35 祎 35 故 34 狕 32 忻 32 舍 32 了 32 晗 31
祖 30 地 30 駡 30 酒 30 阑 29 奷 28 弄 28 論 28 鮑 28 个 28 配 28 怌 28
床 27 嗲 27 甲 27 梅 26 引 26 淂 25 立 25 大 25 定 24 萬 24 肩 24 卦 24
五 23 屋 23 多 23 逻 23 能 23 里 22 途 22 塘 22 遂 22 廖 22 麻 21 头 21
郎 21 使 20 妹 20 含 20 六 20 代 20 咟 19 杀 19 婄 19 托 19 生 19 十 19
娄 19 忐 18 乐 18 双 18 頼 18 家 17 登 17 阑 17 元 17 已 17 律 16 時 16
脾 16 吒 16 佚 16 蘭 16 巴 16 玘 15 乱 15 講 15 与 15 茶 14 帝 14 徃 14
蟟 14 二 14 合 14 犸 14 安 14 比 14 岗 13 晚 13 落 13 梟 13 姓 13 王 13
来 13 墮 13 内 13 及 13 当 13 雴 13 盏 13 根 12 恩 12 楚 12 劳 12 光 12
竜 12 癖 12 彼 12 追 12 昙 12 天 12 鸭 12 呰 11 胬 11 訴 11 艄 11 連 11
馱 11 達 11 温 11 苌 11 邦 11 蘭 11 銀 11 賊 11 拎 11 助 11 一 11 華 11
侵 11 花 11 宗 11 金 10 啷 10 捞 10 奈 10 散 10 未 10 献 10 談 10 細 10
消 10 江 10 烝 10 旧 10 陋 10 様 10 病 10 荷 10 出 10 平 10 宝 10 蕁 10
道 10 馬 10 焼 10 百 10 七 10 灰 10 埘 10 阑 10 皆 10 丁 10 活 9 槑 9
軲 9 保 9 火 9 方 9 晉 9 坤 9 叔 9 告 9 送 9 养 9 力 9 还 9 伝 9 胖 9
祸 9 喪 8 撻 8 路 8 △8 龍 8 痦 8 絞 8 班 8 敗 8 裘 8 执 8 収 8 岜 8
漢 8 拜 8 貴 8 墻 8 厠 8 伏 8 九 8 好 8 煉 8 求 8 娋 8 九 8 古 8 死 8
退 8 央 8 會 7 行 7 晾 7 朝 7 工 7 曾 7 改 7 得 7 國 7 社 7 流 7 桑 7
従 7 何 7 和 7 非 7 八 7 檂 7 兊 7 印 7 丹 7 杳 7 烈 7 霆 7 侙 6 谷 6
怕 6 舆 6 馬 6 帮 6 沙 6 加 6 听 6 賠 6 女 6 变 6 軍 6 笑 6 血 6 男 6
哂 6 咘 6 媪 6 事 6 衍 6 腮 6 勒 6 劍 6 在 6 闪 6 擂 6 灵 6 旺 6 的 6
貪 6 零 6 富 6 宪 6 心 6 洁 5 月 5 之 5 正 5 覔 5 宿 5 器 5 鮑 5 自 5
年 5 仙 5 母 5 開 5 孫 5 所 5 芽 5 轉 5 筆 5 冲 5 良 5 莫 5 崴 5 獲 5
争 5 鴻 5 銭 5 厄 5 殿 5 吞 5 反 5 犯 5 郝 5 領 5 跪 5 啵 5 周 5 除 4
羅 4 更 4 怒 4 者 4 腊 4 硯 4 裙 4 呈 4 甗 4 闵 4 芭 4 量 4 放 4 則 4
中 4 東 4 累 4 命 4 州 4 記 4 通 4 苦 4 壬 4 風 4 玉 4 依 4 幸 4 埫 4
枰 4 主 4 牙 4 惱 4 鸦 4 刕 4 衫 4 奀 4 琪 4 盆 4 西 4 菜 4 結 4 沌 4
字 4 匆 4 快 4 北 4 条 4 扳 4 已 4 界 4 儀 4 奉 4 哀 4 垓 4 眠 4 德 4
福 4 颱 4 攪 4 泰 4 佛 3 兇 3 燋 3 橙 3 各 3 山 3 乃 3 腂 3 槗 3 法 3

鏫 3　菒 3　丑 3　将 3　欢 3　匠 3　官 3　毒 3　捉 3　庫 3　豨 3　容 3　師 3　慢 3
苗 3　射 3　逢 3　吃 3　邏 3　尾 3　理 3　鞍 3　霧 3　栈 3　訢 3　卜 3　施 3　違 3
養 3　伐 3　南 3　硃 3　納 3　笼 3　尿 3　㮶 3　急 3　臨 3　独 3　化 3　执 3　唫 3
曆 3　破 3　乙 3　押 3　林 3　仰 3　文 3　叩 3　荣 3　案 3　粮 3　此 3　真 3　屎 3
坡 3　岩 3　料 3　浬 3　满 3　猍 3　獱 3　骨 3　昙 3　吝 3　仇 3　交 3　當 3　陸 3
頡 3　比 3　廣 3　砙 2　坐 2　寅 2　占 2　绷 2　蕚 2　要 2　先 2　奔 2　挺 2　啼 2
把 2　魚 2　農 2　足 2　禄 2　都 2　坎 2　頑 2　磅 2　鸡 2　籠 2　恒 2　街 2　嫁 2
礼 2　鴉 2　怪 2　鮮 2　台 2　墨 2　蛋 2　搪 2　值 2　洒 2　剃 2　徉 2　武 2　府 2
齊 2　姑 2　亨 2　廟 2　末 2　肝 2　限 2　糖 2　尺 2　英 2　答 2　煮 2　嘩 2　長 2
溺 2　蕚 2　嚅 2　課 2　矢 2　匿 2　称 2　束 2　楫 2　世 2　娘 2　串 2　罪 2　打 2
尞 2　胬 2　癸 2　嘿 2　潼 2　下 2　恢 2　鬧 2　禬 2　牲 2　存 2　攔 2　子 2　呆 2
荳 2　星 2　咄 2　殆 2　妑 2　椛 2　雪 2　本 2　頂 2　峉 2　泣 2　瀆 2　執 2　派 2
左 2　吜 2　炒 2　晗 2　失 2　民 2　曜 2　吼 2　溧 2　改 2　踏 2　性 2　蒙 2　荒 2
現 2　隨 2　鹹 2　鳳 2　油 2　裉 2　建 2　詞 2　燎 2　鞋 2　龕 2　画 2　贊 2　俄 2
伴 2　倫 2　迸 2　暮 2　京 2　假 2　掑 2　教 2　硶 2　凶 2　乞 2　寒 2　吆 2　神 2
佐 2　数 2　晃 2　曾 2　秋 2　侵 2　笼 2　穢 2　茫 2　客 2　躯 2　感 2　倉 1　适 1
拂 1　傳 1　集 1　㑋 1　煙 1　烛 1　目 1　剥 1　向 1　隂 1　蛤 1　詐 1　礦 1　騎 1
繒 1　叮 1　虽 1　用 1　牑 1　混 1　是 1　冒 1　逃 1　婟 1　土 1　闵 1　艮 1　毡 1
抬 1　碎 1　做 1　筐 1　毬 1　沺 1　蕃 1　胞 1　朔 1　係 1　冐 1　黎 1　慣 1　珠 1
捘 1　鋤 1　撿 1　跳 1　鎮 1　插 1　撕 1　駱 1　錐 1　斤 1　強 1　悶 1　頭 1　櫃 1
勾 1　撨 1　捚 1　巨 1　犯 1　倿 1　酉 1　闽 1　哉 1　鬼 1　腦 1　沓 1　亥 1　净 1
緑 1　趈 1　疣 1　斜 1　捧 1　囊 1　勑 1　汑 1　疏 1　蜼 1　杞 1　業 1　巾 1　讀 1
覀 1　門 1　紅 1　縣 1　鵠 1　臯 1　錕 1　尋 1　信 1　逐 1　閆 1　分 1　房 1　芬 1
付 1　賊 1　外 1　曣 1　公 1　党 1　美 1　口 1　搋 1　瀾 1　潯 1　散 1　禁 1　船 1
粒 1　鐘 1　蓋 1　憧 1　苗 1　色 1　卯 1　照 1　雜 1　格 1　门 1　聖 1　喊 1　巧 1
災 1　梆 1　鼻 1　培 1　几 1　穷 1　扛 1　易 1　沯 1　馱 1　捨 1　亮 1　郎 1　宜 1
槺 1　票 1　虎 1　啦 1　拔 1　境 1　入 1　仇 1　貝 1　糎 1　服 1　丙 1　城 1　煞 1
寿 1　欸 1　鴻 1　排 1　閔 1　崀 1　瘟 1　知 1　唟 1　桊 1　扐 1　蜓 1　開 1　禽 1
楼 1　畢 1　兎 1　但 1　頗 1　疏 1　省 1　練 1　踏 1　啄 1　補 1　耳 1　練 1　殺 1
緣 1　面 1　朱 1　抲 1　輪 1　恭 1　斬 1　湎 1　香 1　断 1　夷 1　爲 1　齐 1　吐 1
磌 1　日 1　功 1　蓮 1　擋 1　等 1　毫 1　上 1　啲 1　少 1　蛮 1　午 1　敬 1　闹 1
袋 1　桥 1　枱 1　粉 1　悪 1　沐 1　車 1　咒 1　戍 1　氣 1　經 1　扐 1　弄 1　蝗 1
閔 1　智 1　尭 1　翁 1　味 1　尖 1　汗 1　見 1　考 1　念 1　冠 1　对 1　形 1　磨 1
壖 1　卷 1　篏 1　衣 1　艿 1　傘 1　蹄 1　辰 1　狄 1　旛 1　旗 1　熣 1　妖 1　漏 1
没 1　嗲 1　坐 1　冇 1　拸 1　首 1　桃 1　浪 1　樽 1　佈 1　洗 1　魂 1　摽 1　胆 1
燕 1　噔 1　算 1　美 1　小 1　裓 1　壮 1　孟 1　索 1　餓 1　復 1　腴 1　迂 1　測 1

批 1　烟 1　难 1　嗟 1　嵭 1　㸑 1　楽 1　䶨 1　僚 1　憐 1　齋 1　曾 1　磋 1　熾 1
庚 1　緒 1　鉢 1　朶 1　麥 1　篤 1　雷 1　寵 1　遍 1　捌 1　燎 1　亭 1　壞 1　省 1
茂 1　灵 1　圾 1　兜 1　熾 1　蹦 1　貌 1　枂 1　陽 1　添 1　笏 1　沵 1　蛬 1　畐 1
禄 1　莇 1

三、《広㖿佈洛陀》

造 204　王 169　丕 147　馬 143　他 101　粰 95　各 93　甫 82　提 82　道 81　斗 79
貧 78　布 68　礼 67　三 67　否 66　嚁 64　召 60　盖 60　六 58　兵 56　欧 56　那 54
灰 52　哏 49　贫 48　古 48　眉 44　丕 44　未 43　里 42　吞 41　特 41　四 40　个 40
了 40　劧 38　利 38　隆 37　鸡 37　畐 37　批 36　十 36　篤 36　地 35　妹 35　寃 35
怀 35　双 34　猬 31　兰 31　立 31　忐 28　広 28　样 28　宜 28　同 27　可 27　贯 27
甲 26　嗲 26　邦 25　狼 24　鲃 24　置 24　肛 23　忻 23　國 23　二 23　变 23　淋 22
鲁 22　恳 22　曽 22　楞 22　皇 22　奷 21　养 21　五 21　昙 20　殆 20　国 20　就 20
口 19　老 18　化 18　及 18　伝 18　犽 18　月 17　家 17　許 17　覔 17　丁 17　也 17
砦 17　托 17　角 17　旁 16　字 16　九 16　粒 16　位 16　姓 15　蛋 15　闩 15　七 15
茂 15　天 15　莫 14　江 14　黎 14　吃 14　父 14　陀 14　助 14　貫 14　淥 14　麻 14
的 14　哼 13　屋 13　班 13　茫 12　罗 12　寮 12　碽 12　之 12　考 12　卦 12　久 12
洌 12　旧 12　花 12　蹠 12　在 12　郎 12　花 12　鸭 12　朥 12　合 12　咟 11　初 11
出 11　芽 11　酒 11　良 11　太 11　百 11　怒 10　敗 10　散 10　躺 10　△10　劳 10
囼 10　丑 10　名 10　吉 10　垌 10　門 10　恛 9　迷 9　烈 9　谷 9　浪 9　塘 9　元 9
坡 9　達 9　峇 9　温 9　纫 9　柳 9　凡 9　度 9　覔 9　或 9　灭 9　幼 9　叭 9　将 9
能 9　退 9　皓 9　祖 8　除 8　荷 8　型 8　海 8　墻 8　耍 8　萬 8　妣 8　若 8　刮 8
贼 8　第 8　伏 8　力 8　条 8　急 8　盘 8　降 8　追 8　當 8　笼 8　桑 7　蚌 7　落 7
槑 7　論 7　雷 7　吒 7　駄 7　畓 7　冲 7　翁 7　閅 7　胖 7　庚 7　沵 7　酸 7　龙 7
挪 7　败 7　巴 7　獁 7　無 7　床 7　柰 7　行 7　闵 7　论 7　娄 7　炉 7　剥 6　木 6
凑 6　虽 6　傍 6　嚐 6　路 6　獏 6　時 6　瀨 6　峝 6　阿 6　纷 6　引 6　枯 6　粘 6
䣼 6　任 6　邦 6　晩 6　硑 6　齐 6　茂 6　官 6　许 6　貴 6　结 6　帝 6　偶 6　法 6
粉 6　八 6　左 6　列 6　当 6　怕 6　廉 6　猿 6　羔 6　茶 6　心 6　票 5　溏 5　赫 5
滕 5　燹 5　中 5　狝 5　方 5　朝 5　安 5　沌 5　溏 5　定 5　烞 5　虽 5　母 5　光 5
配 5　玉 5　少 5　无 5　卜 5　肉 5　混 5　勾 5　祎 5　畲 5　己 5　请 5　达 5　文 5
昨 5　乖 5　鸡 5　供 5　曹 5　恶 5　寻 5　陸 5　孟 5　言 5　龍 4　橙 4　連 4　常 4
金 4　笼 4　伤 4　导 4　䛐 4　猿 4　裂 4　収 4　鈄 4　佞 4　竿 4　寅 4　用 4　州 4
申 4　弄 4　狳 4　记 4　苦 4　雞 4　墻 4　城 4　强 4　逢 4　粘 4　桹 4　漠 4　媚 4
钦 4　聚 4　硫 4　揽 4　蚆 4　鸦 4　律 4　旦 4　桐 4　还 4　令 4　越 4　泓 4　埋 4
春 4　贵 4　岩 4　显 4　謹 4　賴 4　痕 4　荪 4　颱 4　熾 4　君 4　累 3　㵾 3　等 3
踏 3　续 3　遨 3　更 3　撻 3　断 3　罷 3　奎 3　沙 3　曾 3　得 3　架 3　寘 3　疏 3

乱3 蚊3 盅3 忟3 兎3 以3 泯3 奏3 篂3 梨3 千3 侖3 杀3 漢3
送3 銀3 蚍3 記3 禄3 耶3 病3 全3 血3 经3 早3 数3 射3 憧3
武3 財3 蛇3 末3 胃3 汗3 鬼3 发3 柜3 婆3 該3 廉3 艮3 义3
大3 几3 琏3 埜3 一3 封3 问3 佛3 比3 内3 蹈3 妑3 勿3 往3
民3 神3 肙3 刹3 兖3 悪3 涞3 后3 念3 朋3 高3 旗3 拉3 浤3
栲3 膳3 量3 寒3 銭3 論3 初3 湅3 林3 粝3 宗3 索3 掌3 坟3
貌3 陋3 祸3 呈2 晉2 山2 听2 细2 姐2 呆2 斛2 自2 倫2 故2
壊2 乐2 胡2 猖2 狒2 麬2 陰2 界2 日2 坤2 偠2 献2 岑2 洛2
苏2 煞2 农2 半2 社2 棒2 平2 通2 来2 街2 容2 怪2 刀2 慢2
苗2 狗2 件2 徉2 生2 夭2 涯2 某2 蜌2 傘2 胬2 睦2 毒2 遥2
奉2 测2 叶2 寵2 宁2 朔2 把2 渕2 叫2 爻2 霹2 雀2 浅2 杂2
历2 汉2 匿2 媉2 是2 祜2 蛉2 謗2 宠2 峈2 者2 恩2 誹2 取2
群2 煉2 阑2 憑2 炁2 鹳2 寃2 阳2 牲2 模2 乃2 分2 号2 房2
裡2 歌2 劝2 娟2 门2 妖2 本2 途2 登2 衍2 猪2 伸2 齐2 今2
罗2 吝2 已2 使2 闭2 肚2 怨2 蹈2 冤2 荣2 楚2 盃2 印2 弱2
顺2 时2 休2 间2 瓶2 硭2 睡2 雅2 欽2 青2 昂2 想2 歹2 乙2
片2 侵2 天2 所2 桃2 零2 焚2 富2 丹2 勒2 拦2 貢2 擂2 鸭2
付2 晃2 夸2 依2 芒2 廣2 朧2 慮2 墻2 兎1 支1 鮮1 懶1 蒼1
僧1 韙1 唪1 沐1 寸1 刑1 她1 学1 烟1 关1 脱1 绞1 守1 殃1
戳1 禀1 啫1 栈1 顔1 獏1 砚1 草1 加1 仙1 形1 离1 魄1 麼1
窖1 桶1 钱1 坎1 恠1 兽1 嗯1 湊1 赖1 蔼1 巨1 涞1 督1 铁1
忱1 札1 流1 马1 工1 却1 壊1 衸1 焯1 杆1 浩1 由1 量1 汤1
采1 代1 畓1 悁1 猈1 墙1 技1 式1 哨1 贩1 斧1 匣1 韶1 才1
埕1 女1 则1 下1 煎1 兇1 虞1 橋1 憨1 缘1 恼1 传1 厷1 帮1
軍1 怌1 扳1 财1 笈1 夜1 倉1 銅1 懐1 朽1 非1 干1 号1 肚1
仰1 外1 都1 漶1 圾1 罵1 焻1 嗎1 涞1 佈1 偲1 我1 爈1 毙1
鹅1 燒1 艾1 派1 鄉1 巾1 有1 从1 門1 儆1 蟒1 香1 正1 振1
歐1 克1 帮1 吕1 痦1 菖1 凢1 逶1 共1 間1 洞1 案1 骨1 盆1
裑1 唧1 危1 姆1 㞥1 噔1 卡1 从1 迺1 脾1 晗1 防1 呼1 獭1
祷1 虢1 放1 执1 逓1 耗1 唐1 盅1 憎1 庫1 風1 宝1 若1 伶1
呲1 羊1 墨1 拨1 句1 僧1 需1 帅1 巷1 岸1 宪1 貝1 作1 忟1
叩1 子1 巧1 洪1 鸿1 狐1 翟1 殿1 拜1 脐1 跻1 墣1 露1 嘆1
蹝1 迁1 踞1 咄1 兲1 改1 瞑1 惱1 哑1 闵1 踏1 昙1 鄰1 丙1
遯1 素1 郝1 亖1 圩1 板1 琴1 芘1 屎1 蛮1 边1 午1 腮1 思1
秀1 祭1 气1 鸛1 燎1 魯1 点1 告1 僯1 鹗1 罡1 空1 贊1 炻1
蹄1 寿1 拔1 牢1 設1 接1 年1 府1 担1 坛1 皓1 奇1 亥1 旺1

欲1 腼1 尾1 栈1 櫳1 泥1 砦1 卷1 宼1 炓1 淆1 埾1 訓1 稼1
蒙1 虫1 炷1 住1 渌1 過1 寡1 漏1 熾1 但1 总1 苛1 情1 石1
挪1 昙1 了1 猫1 爲1 頌1 解1 台1 摞1 脚1 耕1 罷1 吽1 裝1
娓1 聆1 猿1 茪1 朴1 蚪1 鳇1 了1 报1 排1 意1 糀1 遁1 祘1
驮1 蚌1 寺1 暀1 錢1 仨1 忿1 呟1 巛1 川1 垫1 娶1 胖1 涸1
衙1 等1 园1 橅1 槐1 产1 皮1 理1 限1 庙1 臁1 尊1 煾1 枦1
遭1 兄1 陽1 威1 倵1 西1 狂1 恨1 硐1 犁1 感1 壇1 吃1 曽1
恙1 转1

四、《麽叭科儀》

造300 貧178 茂170 王130 批113 你112 布96 郭84 甫75 故70 盖69
斗69 明68 度64 召62 眉58 力54 渌48 叭47 三44 國44 傍43 提43
逻41 嚁39 淋38 貫38 歐37 吘36 微36 江35 黎35 甲34 哼34 礼33
淂33 滕32 篼32 老31 四31 麽31 了31 司30 到30 里29 咟29 地29
忻28 俐27 不27 嗲27 纫27 請27 大26 妹26 許26 利26 那25 株25
五25 䝟25 特24 暏24 蘭24 奷23 口23 十23 嗇23 屋22 途22 狼22
隆22 罪22 祉22 至22 昙21 狥21 恨21 得21 双21 鲁21 他21 馱20
啚20 脾19 猽19 蟟19 貝19 礼18 講18 雩18 父17 歪17 可17 所16
魯16 瀆16 千16 太16 正16 記15 个15 卜15 久15 天15 帝14 都14
鮱14 妭14 麻14 欽14 定13 紟13 撈13 床13 劳13 粡13 樣13 立13
彼13 炓13 同12 祖12 除12 晉12 六12 妑12 何12 七12 条12 弄12
吞12 胙12 守12 急11 論11 磺11 覔11 方11 乱11 旧11 道11 猽11
八11 北11 干10 時10 家10 敗10 連10 使10 哏10 屈10 浌10 也10
送10 軍10 代10 皆10 呀10 元10 杀10 丁9 路9 萬9 子9 枯9 蔺9
含9 竜9 变9 出9 譚9 箩9 巴9 欂9 亦8 炑8 落8 楼8 班8 保8
羅8 㭪8 沙8 卦8 吃8 行8 抣8 国8 貴8 通8 合8 則8 零8 宼8
退8 宗8 霒8 痕8 埔7 增7 △7 畢7 之7 往7 邛7 思7 畐7 考7
咘7 丑7 二7 九7 病7 武7 生7 氏7 笏7 闲7 賂7 葛6 福6 碧6
擂6 龍6 橙6 細6 瀨6 社6 引6 安6 扳6 滐6 琁6 哩6 邦6 嗲6
肋6 㕣6 宿6 蘭6 放6 浰6 淂6 耒6 樣6 籠6 墨6 業6 信6 射6
分6 楞6 結6 改6 茶6 的6 洁6 德6 當6 直6 祸6 憐5 吃5 眉5
㕂5 坡5 加5 勒5 鸡5 浸5 温5 嘧5 吽5 各5 山5 宄5 仙5 塘5
銀5 光5 谷5 佛5 板5 争5 平5 捉5 計5 丧5 及5 銭5 泓5 押5
幼5 辻5 反5 踏5 枷5 油5 旺5 侵5 富5 頼5 拜5 屓4 年4 達4
幔4 断4 長4 亮4 楞4 曆4 頟4 梼4 甕4 曾4 啥4 箕4 下4 乞4
扃4 執4 齖4 打4 火4 夾4 恩4 向4 流4 州4 林4 苦4 宝4 芽4

鮨4 陳4 阑4 憧4 箱4 闬4 筆4 網4 报4 例4 停4 甘4 兎4 求4
尋4 灰4 犯4 勿4 弱4 还4 演4 夆4 廖4 绣4 晗4 推4 初4 朔4
娄4 花4 柳4 爱4 苔4 添4 無4 廣4 塔3 貪3 姓3 翁3 俻3 票3
吃3 鬼3 吃3 僧3 任3 皮3 巳3 佛3 彭3 玘3 事3 晚3 命3 南3
琪3 貨3 字3 蹄3 從3 来3 征3 入3 贼3 免3 會3 娘3 寧3 什3
滂3 杳3 目3 唅3 混3 遭3 繳3 霄3 溺3 哥3 懐3 癹3 百3 一3
盆3 扶3 法3 内3 闷3 剥3 破3 湳3 晾3 泣3 毒3 殿3 列3 在3
忑3 鸡3 吐3 时3 阳3 怕3 模3 点3 朝3 寒3 非3 滷3 錄3 皇3
陸3 楽3 厘3 嗪3 海3 泰3 椂3 鏌2 呈2 乃2 素2 緉2 疊2 依2
吜2 闵2 郊2 登2 纫2 專2 漢2 叴2 倫2 咭2 桑2 賠2 焿2 賊2
却2 养2 吟2 禄2 禮2 阴2 旹2 弟2 全2 愢2 壬2 录2 街2 嫁2
存2 好2 粮2 良2 散2 崩2 丈2 呰2 騰2 常2 增2 磅2 闹2 尺2
尖2 汉2 笏2 伏2 湾2 泥2 鵃2 架2 密2 倖2 撻2 藥2 匿2 土2
強2 談2 買2 崴2 鸦2 癹2 漭2 遵2 亨2 笼2 還2 丄2 斛2 乱2
衍2 己2 中2 散2 还2 返2 化2 來2 京2 祎2 仰2 本2 梆2 令2
華2 忎2 久2 腊2 東2 句2 救2 煡2 厄2 左2 凸2 色2 已2 匠2
失2 白2 消2 溏2 畓2 角2 飈2 現2 将2 则2 裙2 叽2 廷2 烈2
拔2 枋2 橦2 垓2 昂2 見2 岩2 天2 郎2 底2 和2 猑2 奚2 嘐2
能2 漏2 慝2 謹2 魂2 辰2 廉2 捅2 裹2 罍2 碙2 却2 西2 鴻2
漂2 央2 們2 鎝2 鸭2 隨2 箕2 弱2 標2 途2 炁2 孝2 綉2 魂2
位2 潘1 嚶1 丙1 告1 夰1 助1 啼1 補1 燕1 煮1 簣1 蚡1 贊1
於1 妻1 聂1 雷1 戊1 携1 季1 离1 磡1 闵1 嗷1 罗1 灵1 祝1
交1 苧1 蛴1 政1 畧1 蛙1 洋1 爻1 兽1 雪1 蕚1 哇1 炒1 硫1
傥1 詐1 蜂1 步1 豆1 朴1 巡1 較1 釘1 産1 錕1 秋1 租1 層1
世1 睦1 吉1 河1 乚1 上1 寔1 鋸1 斤1 细1 云1 勾1 煉1 孔1
藕1 母1 蛹1 喱1 嚣1 哞1 噌1 荷1 曽1 巾1 烞1 鎈1 紅1 叶1
蜞1 禹1 眗1 闵1 為1 鐱1 釵1 縣1 収1 咄1 蝸1 用1 符1 凄1
睦1 鯿1 聇1 悕1 叅1 瀰1 臨1 临1 耗1 神1 扒1 嫌1 勒1 虚1
防1 賓1 衰1 銼1 公1 别1 華1 蜜1 恠1 悁1 肚1 沕1 鐸1 妝1
藍1 樑1 洫1 開1 昆1 卯1 壹1 校1 派1 祧1 漠1 蜞1 髮1 冈1
门1 胎1 銅1 绋1 许1 磨1 脱1 嘅1 暗1 衵1 金1 穆1 牌1 真1
瞎1 寮1 灑1 欺1 溺1 仿1 贫1 炭1 唤1 唾1 鎔1 今1 笺1 蝼1
潭1 仅1 硯1 快1 先1 弓1 洁1 朗1 髻1 臨1 主1 楪1 飈1 要1
雷1 闬1 彦1 路1 豞1 间1 窮1 盐1 由1 箚1 国1 坓1 唵1 血1
兖1 船1 華1 師1 办1 鸖1 荣1 香1 春1 郝1 眞1 限1 酉1 净1
岑1 界1 功1 紛1 忙1 肉1 午1 建1 順1 仍1 冇1 碗1 碙1 程1

鸡 1 哑 1 懷 1 戌 1 鏡 1 睦 1 瓶 1 哈 1 冬 1 禹 1 喪 1 啫 1 伝 1 婆 1
美 1 蝩 1 啥 1 栰 1 肐 1 朋 1 外 1 麽 1 準 1 行 1 侶 1 乙 1 府 1 莫 1
啌 1 趾 1 欠 1 婧 1 日 1 眠 1 寡 1 誦 1 涯 1 頂 1 教 1 玆 1 虫 1 孬 1
莒 1 慌 1 嗱 1 未 1 小 1 蓬 1 津 1 具 1 解 1 迫 1 哺 1 湣 1 泣 1 台 1
輪 1 痦 1 沃 1 眠 1 搽 1 嘴 1 罡 1 自 1 燳 1 湲 1 婳 1 尚 1 米 1 祥 1
每 1 骈 1 旁 1 鬖 1 搥 1 心 1 唐 1 �震 1 理 1 难 1 奥 1 惿 1 凌 1 顕 1
榛 1 器 1 經 1 颱 1 缯 1 嗔 1 攊 1 務 1 涔 1 又 1 進 1 谢 1 脂 1 穹 1
硯 1 嚣 1 浯 1 檬 1 還 1 敢 1 踩 1 垃 1 蒙 1 栌 1 貌 1 樓 1 官 1 領 1
纷 1 姝 1 夏 1 排 1 伍 1 歡 1 笑 1 唉 1 衣 1 露 1 屑 1

五、《九狼叺》

造 402 不 376 王 312 甫 225 孙 161 比 155 貧 155 叩 152 盖 148 屑 147
斗 147 布 138 猽 133 叺 132 隆 130 粡 119 明 111 阑 107 床 106 三 103
你 101 地 97 到 92 礼 92 偶 91 累 89 度 84 肛 79 哏 77 鸡 76 唎 75
后 70 那 69 提 68 力 68 逻 64 召 62 許 62 傍 62 纫 62 淥 62 特 61 忑 60
娍 59 咴 58 耗 58 灰 58 忻 56 老 54 畬 54 請 54 酒 54 闭 54 大 53 岜 53
父 53 畐 52 淂 52 里 51 他 50 淋 48 四 48 个 48 十 48 馬 48 妹 46 叁 46
得 44 黎 44 能 44 奷 43 咔 43 捞 43 論 43 娘 41 玖 41 狼 40 悲 40 甲 39
囪 39 咟 39 恨 39 臰 39 了 39 屋 38 六 38 絞 37 宛 37 銀 37 故 35 塗 35
闬 35 踏 35 道 35 懐 34 夵 33 迷 32 連 32 合 32 利 32 晚 31 至 31 出 31
叻 31 条 31 娄 31 昙 30 麽 30 茶 29 双 29 暮 29 梯 29 批 29 退 29 妣 28
達 28 二 28 己 28 江 27 取 27 急 26 吞 25 踉 25 兠 25 养 25 篙 25 家 24
腮 24 久 24 皮 24 千 24 贫 24 天 24 敗 23 檷 23 同 23 卦 23 執 23 鲁 23
金 22 使 22 呰 22 馱 22 良 22 貫 22 塘 21 罪 21 字 21 媍 21 養 21 麻 21
伝 21 北 21 鳰 21 曽 21 亦 20 增 20 劳 20 忐 20 之 20 行 20 賁 20 吽 20
冇 20 宜 20 初 20 散 19 所 19 刊 19 酒 19 溏 19 林 19 送 19 墜 19 土 19
立 19 可 19 頼 19 暑 19 垓 19 落 18 惃 18 月 18 肉 18 旧 18 打 18 曽 18
泣 18 德 18 咘 17 对 17 徃 17 鮀 17 量 17 覔 17 五 17 也 17 蜜 17 供 17
鷄 17 當 17 荷 16 時 16 朴 16 吡 16 告 16 講 16 賊 16 病 16 助 16 杀 16
求 16 内 16 勿 16 神 16 墓 16 难 16 橙 15 吃 15 印 15 羅 15 跪 15 勒 15
各 15 防 15 星 15 桐 15 参 15 孭 15 列 15 改 15 郝 15 妄 15 正 15 社 15
保 14 域 14 方 14 妑 14 九 14 净 14 一 14 奴 14 烈 14 奝 13 △13 姓 13
座 13 丐 13 放 13 生 13 怒 13 分 13 丁 13 乞 13 失 13 孬 13 闷 13 埔 12
安 12 雷 12 萬 12 長 12 呆 12 吅 12 彭 12 宝 12 瘟 12 丐 12 監 12 丕 12
匿 12 夾 12 祖 12 花 12 朔 11 墸 11 耈 11 杰 11 非 11 命 11 入 11 杯 11
繳 11 亶 11 華 11 破 11 加 11 属 11 陸 11 泰 11 崗 10 蒙 10 乃 10 答 10

谷10　肚10　記10　禄10　倍10　顔10　七10　孟10　農10　民10　霄10　媟10
心10　陽10　添10　蕚9　磺9　磨9　班9　案9　骨9　孝9　臨9　蓖9　冂9
恩9　�9　耷9　強9　罵9　倫9　娋9　化9　結9　棚9　暗9　守9　好8　哋8
沙8　温8　台8　路8　护8　光8　耒8　勇8　聖8　苦8　箱8　桑8　寅8　苪8
吕8　夈8　律8　檷8　百8　剥8　沉8　官8　咭8　古8　吐8　旺8　高8　榜7
肥7　亮7　眠7　脴7　胡7　漢7　母7　洞7　鮮7　師7　芽7　匠7　巴7　哽7
定7　懐7　苟7　捘7　界7　盆7　噎7　西7　槑7　樔7　位7　文7　聖7　桥7
詞7　片7　福7　廣7　曽7　牸6　馬6　断6　存6　洛6　邪6　棑6　墻6　除6
腊6　呈6　元6　錕6　除6　半6　笑6　貴6　筆6　朱6　末6　伏6　畓6　辛6
涕6　徵6　途6　杈6　木6　八6　弱6　死6　躲6　怨6　亭6　宗6　感6　補5
巫5　登5　婁5　棱5　皃5　憑5　考5　乖5　針5　事5　川5　般5　睹5　豸5
齐5　吋5　國5　耳5　杳5　水5　哈5　街5　蛋5　牂5　葆5　羅5　塗5　卡5
呻5　都5　其5　賸5　篁5　法5　作5　殿5　头5　修5　農5　筐5　現5　消5
哀5　槍5　欽5　恓5　周5　乙5　廖5　牙5　叩5　胻5　ネ5　毋5　垄4　叅4
茄4　啈4　把4　撈4　推4　器4　朝4　罡4　闫4　侖4　火4　和4　叔4　闵4
嘝4　色4　蓮4　啚4　才4　足4　燒4　许4　眼4　惱4　冬4　憧4　米4　城4
弘4　戥4　尊4　贖4　嗳4　卜4　従4　斤4　潢4　闹4　檑4　芎4　京4　冼4
姆4　托4　樓4　則4　请4　鸾4　愛4　香4　又4　甘4　年4　蔭4　在4　汇4
白4　司4　患4　枝4　绣4　园4　离4　瀆4　啦4　鴨4　盏4　無4　祸4　玘3
晁3　豁3　騎3　樸3　乱3　豆3　山3　撻3　唫3　橋3　冠3　剁3　夫3　工3
東3　哄3　近3　溘3　丈3　扶3　俏3　需3　嫪3　憐3　流3　貝3　竜3　变3
平3　全3　容3　墨3　部3　墻3　讀3　牌3　重3　件3　我3　凭3　海3　灵3
粱3　第3　猫3　懣3　帽3　忠3　狂3　惟3　即3　執3　畢3　谭3　野3　漫3
偈3　嚅3　禾3　彫3　妃3　喪3　還3　陋3　日3　寡3　漾3　瀆3　赎3　捉3
房3　圤3　卵3　差3　朔3　爹3　秤3　猪3　影3　闌3　潽3　表3　納3　寡3
坤3　仰3　闷3　歌3　真3　巳3　小3　程3　咒3　魔3　見3　荳3　悟3　懐3
危3　唎3　盏3　虚3　零3　富3　寒3　宨3　葉3　外3　押3　炉3　音3　串2
哵2　中2　必2　蘇2　哉2　宺2　庫2　後2　菜2　子2　或2　弟2　关2　壬2
自2　奉2　先2　領2　調2　早2　结2　玉2　業2　微2　圩2　洒2　男2　旁2
棘2　威2　邏2　脱2　斛2　財2　尾2　但2　姑2　聣2　叱2　少2　离2　歴2
奂2　永2　勮2　墳2　炁2　系2　升2　叶2　枰2　妻2　歪2　隂2　判2　認2
抄2　妙2　檵2　目2　曺2　晋2　珀2　娖2　詐2　嫵2　楪2　曠2　令2　混2
藥2　汜2　稳2　涡2　代2　埋2　毛2　艮2　昔2　何2　報2　佛2　妖2　頭2
煉2　霄2　祭2　鸦2　豣2　相2　嗎2　成2　深2　坎2　阑2　娣2　澜2　綠2
寧2　恠2　酉2　闪2　阜2　實2　頚2　尋2　宛2　寸2　茉2　公2　透2　講2
斋2　干2　竹2　夏2　髪2　梅2　闷2　纳2　梆2　几2　帝2　蔺2　吉2　盂2

啥2 孔2 嚚2 要2 犇2 喋2 以2 粤2 南2 莫2 厄2 仅2 亭2 細2

寃2 限2 莳2 邱2 基2 曜2 勒2 灯2 当2 狠2 堯2 亜2 恼2 認2

買2 招2 春2 鞋2 猓2 烟2 嗤2 弱2 微2 紛2 思2 秀2 童2 争2

婟2 車2 曰2 穹2 事2 佘2 亥2 青2 吟2 岩2 侁2 郎2 歐2 辰2

墶2 秋2 教2 追2 救2 滺2 亅2 潭2 瘷2 却2 闲2 彩2 央2 意2

屈2 們2 素2 吣2 潲2 緫2 還2 貌2 孝2 枯2 鸡2 喠2 君2 衾2

鈒2 信1 是1 冒1 旼1 方1 錦1 譚1 狗1 它1 实1 嘆1 胃1 嗾1

章1 眧1 嗼1 谍1 校1 罔1 市1 冥1 牤1 蟲1 空1 堂1 鷄1 女1

咾1 凡1 繳1 泛1 威1 监1 棵1 犄1 怚1 衍1 者1 点1 添1 肤1

姜1 洸1 貌1 岕1 灶1 蕊1 魔1 猸1 惱1 軍1 暖1 纷1 乾1 恢1

墙1 憑1 亡1 賠1 巾1 槽1 雯1 敭1 包1 湔1 進1 盃1 崑1 门1

發1 傾1 員1 喽1 哩1 狡1 将1 孙1 听1 溶1 丐1 贠1 棠1 莭1

爾1 娟1 枇1 浅1 進1 熓1 篤1 唵1 板1 昌1 偏1 偏1 茫1 共1

換1 嗝1 憏1 懶1 談1 網1 鲐1 械1 牛1 督1 啷1 架1 咾1 湞1

臯1 吃1 埿1 汾1 梶1 嗹1 陰1 强1 扳1 况1 送1 通1 身1 踬1

昷1 眹1 闵1 走1 宰1 占1 燈1 粒1 氿1 冲1 賣1 倉1 龎1 嘲1

牒1 廬1 上1 涣1 壹1 爲1 來1 雜1 脚1 嫻1 覃1 夆1 门1 戍1

执1 責1 涞1 尚1 朗1 舍1 丈1 用1 美1 们1 霾1 短1 巡1 庚1

记1 赤1 德1 玄1 及1 肝1 亭1 兵1 素1 粤1 欲1 器1 弱1 逪1

錢1 桃1 達1 丑1 爻1 仰1 媳1 丟1 今1 臚1 會1 品1 罗1 唠1

录1 蛨1 究1 頓1 歪1 吒1 基1 浮1 痓1 更1 恒1 費1 丧1 樍1

巳1 嫁1 闸1 吧1 聆1 狄1 申1 龍1 田1 杳1 稔1 仇1 夛1 機1

嘩1 闭1 冬1 独1 勤1 反1 輓1 徵1 渫1 鸟1 刘1 毒1 魁1 於1

嗟1 矾1 氾1 暖1 特1 逄1 血1 蹈1 角1 性1 殃1 盃1 遍1 逢1

咄1 秀1 性1 巳1 鴉1 迶1 婿1 凹1 啫1 此1 拉1 壘1 毬1 檀1

丹1 瀟1 賣1 跪1 否1 油1 瀨1 建1 太1 欸1 咦1 躲1 爱1 欝1

碗1 肋1 仁1 矣1 奇1 杖1 碧1 鲁1 喉1 鏡1 贵1 兑1 勝1 起1

琶1 罗1 縣1 州1 獮1 辨1 砍1 烧1 漾1 掠1 柔1 埬1 僴1 担1

昆1 萘1 英1 準1 冄1 盤1 裙1 朋1 轎1 護1 底1 究1 副1 晉1

登1 斌1 余1 霹1 兽1 逐1 任1 歷1 寡1 誦1 辣1 嘩1 康1 櫝1

深1 下1 鬼1 窮1 厶1 瘬1 伕1 賴1 巨1 鞋1 嘐1 寵1 涡1 災1

吧1 碍1 蓬1 嗄1 垢1 尭1 馱1 寃1 頼1 歆1 属1 贪1 顚1 美1

听1 猶1 味1 牢1 侖1 龎1 總1 椋1 鬼1 音1 藥1 细1 喧1 凉1

裁1 督1 王1 奥1 痕1 楽1 絛1 徹1 颱1 蟲1 甫1 交1 领1 息1

敔1 宿1 剁1 皿1 摚1 阻1 仆1 吼1 嘎1 惆1 垃1 姆1 鍘1 様1

客1 頭1 愿1 傍1 士1 入1 猍1 茂1 凹1 某1 遁1 丐1 名1 扑1

奄1　仙1　哧1　鎖1　續1　拜1　别1

六、《六造叭》

皇95　不90　丕74　佈69　造59　栟48　口46　甫45　孙44　叭43　礼41　馬41
他38　斗38　分35　平34　提34　偶33　到30　三30　急29　酒29　了29　忑29
四28　詢25　灰24　貧23　楽23　你22　株21　的21　眉20　立20　愢19　盖19
之19　同18　名18　那18　許18　漢18　录18　里17　妹17　祖17　鲃17　甲17
肛16　吽16　床16　伕16　也16　馬16　界15　朝15　五15　双15　㹨15　条15
吞14　六14　卜14　位13　昙13　独13　嗲13　后13　粡13　託13　麻13　可13
皮13　娄13　故12　途12　王12　貫12　怌12　姝12　司11　雷11　忐11　出11
琅11　父11　講11　微11　旁10　勒10　班10　忻10　弄10　肉10　卡10　學10
百10　托10　楞10　佛10　及10　恨9　累9　得9　比9　吒9　老9　勺9　惡9
召9　哽8　增8　良8　吉8　江8　天8　纫8　二8　穠8　加8　茶7　敗7　地7
艄7　保7　奸7　達7　者7　淋7　久7　更7　畐7　頙7　放7　州7　十7　嚁7
祎7　内7　安7　処7　伝7　能7　初7　晃7　谷6　凉6　収6　腊6　山6　叫6
兎6　千6　耳6　普6　麼6　淂6　農6　鴨6　病6　守6　太6　架6　退6　告6
救5　岳5　達5　𨁃5　冷5　案5　西5　亮5　法5　哂5　罵5　涕5　金5　几5
凹5　利5　合5　印5　德5　花5　㴱5　躰4　肥4　漠4　啷4　隨4　醑4　事4
巳4　口4　定4　喊4　劳4　兲4　怨4　羅4　哉4　芘4　臨4　邦4　旬4　卦4
橋4　洛4　仙4　枺4　母4　板4　貴4　壬4　来4　好4　大4　虫4　小4　屋4
共4　艮4　字4　世4　道4　報4　布4　強4　其4　独4　盆4　噌4　櫎4　以4
勿4　古4　赤4　椁4　含4　莫4　富4　乙4　無4　脊3　楼3　河3　疕3　护3
徃3　腮3　年3　唹3　台3　特3　執3　粿3　吅3　請3　銀3　鸡3　問3　模3
時3　桑3　生3　雨3　財3　杀3　第3　峇3　騎3　尖3　逻3　娘3　魯3　匿3
黎3　鳰3　買3　色3　粡3　娋3　猫3　龙3　力3　沩3　吃3　奴3　除3　都3
錢3　表3　民3　当3　害3　吶3　盃3　郝3　隆3　鸡3　鑼3　郎3　天3　皓3
胙3　等3　猍3　鴨3　鮋3　曽3　肚2　過2　鬼2　乱2　各2　柳2　妑2　乃2
冇2　肸2　先2　哖2　离2　至2　蹭2　鲁2　养2　樣2　夜2　塘2　聖2　昆2
庚2　苦2　籠2　黑2　叁2　師2　盤2　害2　信2　鳥2　人2　箱2　凫2　邏2
府2　牛2　拼2　熊2　歪2　駄2　漏2　路2　播2　胆2　歐2　否2　问2　滕2
政2　们2　鶱2　吹2　論2　交2　擂2　斤2　度2　紅2　㺜2　瓶2　残2　爪2
局2　瓶2　求2　移2　欖2　低2　火2　嬰2　己2　一2　还2　化2　潘2　雜2
七2　外2　旦2　罪2　使2　依2　八2　泣2　坎2　梨2　月2　北2　冒2　已2
要2　亜2　汜2　笼2　闵2　長2　姓2　真2　連2　鵝2　爺2　敇2　伴2　周2
询2　臨2　落2　总2　暗2　頼2　算2　明2　羙2　硬2　宗2　陸2　难2　余2
婁2　峩2　客2　孝2　康2　票2　烜1　对1　怕1　朱1　材1　枉1　愁1　祥1

貫 1　迎 1　酸 1　英 1　價 1　崔 1　準 1　虎 1　帛 1　毒 1　菜 1　伏 1　襟 1　煮 1
涼 1　学 1　烟 1　疆 1　曽 1　元 1　亥 1　敢 1　妖 1　林 1　棺 1　判 1　國 1　歡 1
蚊 1　糠 1　倫 1　眉 1　考 1　濛 1　儿 1　踉 1　形 1　鴛 1　稼 1　味 1　酌 1　喲 1
闷 1　雀 1　福 1　朓 1　堂 1　正 1　绸 1　啤 1　巡 1　磺 1　兵 1　頭 1　坤 1　煉 1
鸦 1　等 1　踏 1　料 1　喓 1　尪 1　瑪 1　敕 1　啋 1　旧 1　椶 1　獨 1　梩 1　遠 1
莂 1　籠 1　光 1　畬 1　伙 1　沙 1　帰 1　龍 1　蓍 1　納 1　用 1　洗 1　罗 1　满 1
瓶 1　旁 1　踓 1　樻 1　毽 1　箟 1　木 1　骨 1　單 1　虞 1　朵 1　活 1　房 1　俏 1
唐 1　與 1　有 1　半 1　赖 1　足 1　橙 1　问 1　琚 1　粮 1　禄 1　竹 1　子 1　女 1
竿 1　家 1　方 1　哏 1　勇 1　行 1　唱 1　水 1　盏 1　領 1　後 1　拉 1　恒 1　櫳 1
照 1　微 1　則 1　滿 1　獁 1　呀 1　脱 1　今 1　臣 1　夛 1　米 1　作 1　任 1　背 1
牙 1　左 1　從 1　甘 1　馱 1　啥 1　迷 1　断 1　白 1　亶 1　并 1　宪 1　晋 1　闷 1
椢 1　答 1　覺 1　由 1　赖 1　鸦 1　夢 1　怪 1　荣 1　胗 1　皆 1　鸡 1　儀 1　灵 1
弱 1　枝 1　芽 1　毫 1　净 1　敬 1　批 1　秀 1　涞 1　仁 1　早 1　办 1　車 1　猸 1
讀 1　穴 1　阳 1　蟑 1　念 1　蓋 1　譚 1　狗 1　卷 1　凡 1　件 1　片 1　埘 1　覆 1
誰 1　追 1　種 1　墓 1　碍 1　冬 1　議 1　寒 1　禁 1　晚 1　宰 1　孬 1　昨 1　呾 1
虮 1　抽 1　槗 1　萬 1　堅 1　爱 1　俌 1　登 1　沫 1　始 1　轉 1　箴 1　煞 1　右 1
玲 1　鄰 1　箕 1　丑 1　烈 1　爰 1　唅 1　迅 1　坟 1　荅 1　輝 1　齊 1　强 1　意 1
廣 1　脴 1　桅 1

七、《麽叭床蹝一科》

造 280　王 210　麻 152　不 138　批 131　貧 124　叭 113　到 110　力 110　兵 105
甫 88　國 87　个 81　斗 74　名 71　布 69　未 68　你 63　魯 61　也 61　貫 61　父 59
三 56　礼 55　老 53　巾 53　雞 50　歐 49　滕 49　妣 48　肩 48　召 45　皇 45　粡 44
那 43　黎 42　蘭 40　渌 40　妹 39　特 38　盖 38　之 38　司 35　嚠 35　利 35　除 34
慏 34　兆 33　訴 32　口 31　四 31　度 30　迷 28　麽 28　狃 28　了 28　他 28　微 27
龍 27　救 27　懐 27　立 27　哱 26　茂 26　恐 26　逻 26　床 25　昙 25　的 25　吞 24
社 24　祖 24　捞 24　冇 24　缴 24　屋 23　塘 23　馱 23　甲 23　纫 23　千 23　生 23
途 22　双 22　奷 21　脾 21　酒 21　弄 21　退 21　哂 20　罪 20　覔 20　忻 20　卦 20
郎 20　劵 19　鮑 19　使 18　故 18　連 18　把 18　天 18　地 17　佤 17　家 17　觬 17
淋 17　同 17　貴 17　和 16　嗲 16　許 16　罵 16　急 15　茶 15　守 15　悹 15　様 15
噃 15　傍 15　幼 15　炓 15　晩 15　大 14　鲍 14　黎 14　漢 14　至 14　提 14　安 14
娄 14　里 13　耗 13　往 13　旧 13　銀 13　江 13　養 13　蹝 13　分 13　伝 13　花 13
帝 12　愿 12　篤 12　馬 12　拎 12　合 12　怕 12　禮 12　病 12　玖 12　懇 12　太 12
兎 12　度 12　炉 12　腮 11　獁 11　軠 11　鳰 11　殆 11　鴉 11　執 11　講 11　十 11
何 11　求 11　内 11　五 11　此 11　得 10　落 10　献 10　萬 10　各 10　邦 10　光 10
笑 10　洞 10　儸 10　代 10　陋 10　娋 10　天 10　背 9　楚 9　坡 9　収 9　犯 9　谷 9

啚9 賊9 散9 配9 富9 當9 侵9 浪8 咘8 粿8 論8 行8 劧8 會8
卬8 金8 淋8 邦8 宿8 山8 九8 請8 送8 伏8 七8 蘭8 可8 勿8
已8 俚8 爈8 宪8 淰7 歪7 好7 痞7 娱7 保7 忐7 社7 犁7 捧7
丑7 透7 州7 竜7 女7 媥7 芲7 道7 百7 喪7 墻7 郭7 祎7 踣7
狦7 含7 盎7 宗7 曜7 定7 杳6 增6 飑6 消6 瀨6 獷6 方6 羅6
叻6 崴6 頗6 凳6 六6 二6 养6 軍6 從6 男6 律6 争6 将6 闌6
叻6 挳6 灰6 快6 尔6 忑6 皆6 郝6 灵6 演6 雲6 曽6 龇5 罾5
鶒5 出5 斛5 月5 位5 勒5 考5 岜5 殺5 吔5 眠5 歌5 畓5 紒5
限5 仙5 刘5 胡5 多5 烈5 耒5 通5 風5 入5 年5 哩5 弘5 歪5
癸5 活5 疤5 袹5 委5 己5 一5 敗5 㔫5 北5 条5 樈5 辻5 文5
聋5 蕚5 廖5 頼5 林5 元4 娘4 枯4 這4 納4 埜4 閔4 托4 助4
姓4 嘕4 成4 畜4 献4 晉4 猸4 比4 稼4 正4 主4 骨4 擂4 磌4
流4 命4 告4 開4 埇4 東4 玉4 煩4 呰4 謝4 輝4 亮4 �櫗4 匿4
土4 時4 頭4 拜4 勾4 恩4 頓4 匠4 剥4 在4 雷4 拳4 患4 赦4
属4 浬4 能4 謹4 吉4 呌4 撻4 陸4 們4 楽4 交4 蕾4 逹4 逹3
埕3 沛3 颵3 憑3 久3 噐3 乱3 隆3 啥3 扭3 吅3 橋3 路3 泯3
蹊3 稔3 加3 母3 攞3 班3 記3 怒3 巳3 鴨3 配3 庚3 籠3 容3
血3 去3 宝3 盤3 業3 譚3 便3 發3 馿3 姑3 寶3 德3 南3 兹3
親3 卜3 綻3 獨3 依3 吃3 是3 艮3 喽3 洛3 打3 馳3 豆3 惱3
傍3 偊3 呼3 衫3 鵉3 叽3 自3 鸡3 干3 横3 模3 橙3 華3 旧3
結3 攄3 作3 古3 左3 畢3 殿3 民3 迊3 盤3 苟3 憐3 暮3 盃3
貌3 物3 涞3 龕3 垃3 周3 究3 品3 舞3 由3 嗐3 寒3 庫3 央3
心3 佛3 胖3 哂3 崴3 貧2 灯2 朝2 亥2 改2 沩2 刊2 工2 奉2
放2 蘭2 牙2 中2 云2 晚2 貪2 蚿2 色2 冠2 隨2 弗2 普2 事2
桑2 辻2 嵩2 向2 星2 被2 答2 蕩2 紃2 俐2 夫2 平2 憐2 聋2
苦2 辰2 礀2 解2 羊2 蛋2 苗2 非2 美2 圩2 憧2 皮2 猊2 嗔2
武2 踖2 頗2 福2 齊2 書2 朱2 餜2 科2 愁2 變2 末2 屈2 鞍2
衆2 即2 助2 累2 潦2 簣2 寬2 妻2 悶2 座2 禍2 葉2 幽2 膧2
混2 棲2 磊2 埋2 伙2 温2 報2 砮2 斤2 馱2 霄2 漠2 吽2 劏2
酉2 須2 謀2 或2 蕚2 崴2 蠕2 銭2 疤2 唔2 呦2 醒2 尨2 藏2
萬2 甏2 △2 箬2 公2 炤2 龙2 鵃2 劳2 哈2 敬2 爺2 井2 倒2
化2 奶2 沌2 鄰2 踈2 洫2 盅2 補2 及2 登2 以2 法2 仿2 看2
八2 泣2 虽2 扢2 夰2 册2 擾2 楼2 嗵2 台2 肙2 反2 紨2 祎2
微2 畨2 褒2 睰2 角2 想2 嬞2 鞋2 上2 冤2 姣2 萊2 相2 所2
高2 丁2 猑2 侵2 教2 乞2 追2 首2 螗2 滘2 鑲2 寕2 脱2 羔2
妃2 令2 存2 錢2 杔2 轉2 共2 滿2 龂2 怨2 廣2 感2 梐2 嘘2

椂2 寄2 剛1 笈1 畬1 吕1 啼1 凉1 夜1 嘔1 集1 醉1 遵1 輕1
蘭1 桶1 貰1 魸1 銅1 溏1 賚1 顯1 墟1 貢1 示1 朵1 嗔1 翁1
尞1 絞1 沙1 銈1 逍1 斯1 綢1 咖1 微1 浧1 戒1 差1 逃1 惮1
香1 瀆1 臨1 勅1 買1 刀1 西1 壖1 坐1 型1 徐1 絡1 爐1 胭1
滄1 弟1 均1 侊1 申1 涄1 煉1 防1 獯1 全1 量1 粮1 日1 興1
啼1 壬1 門1 紅1 蝎1 壇1 英1 獨1 来1 粘1 蟜1 砙1 旺1 溺1
齋1 万1 對1 関1 伉1 街1 羢1 毲1 瞳1 踪1 罍1 綀1 腦1 莪1
髝1 伬1 鴉1 畐1 蜜1 繪1 飑1 貆1 蚁1 傘1 擡1 竟1 蠦1 黔1
綾1 紈1 絹1 纙1 濼1 壊1 踬1 擯1 酸1 炣1 覓1 螃1 海1 鐮1
栫1 冤1 彭1 嚌1 縣1 曹1 墨1 曝1 霌1 尽1 閆1 哂1 獯1 燹1
否1 投1 茉1 閎1 巷1 别1 芽1 蘿1 炁1 乞1 發1 喪1 兒1 間1
蚌1 木1 覓1 件1 凴1 經1 盆1 将1 懈1 榜1 陳1 还1 棋1 賢1
洒1 休1 煦1 傳1 來1 初1 人1 箱1 剃1 証1 瑭1 署1 本1 鐩1
腊1 奴1 梁1 救1 祥1 穢1 酒1 美1 絉1 崩1 雙1 阑1 曆1 蓿1
蜜1 領1 照1 扶1 憐1 錢1 宜1 兊1 窖1 句1 闌1 城1 轎1 鮑1
俏1 置1 官1 貝1 魄1 邏1 盏1 府1 嘹1 瘟1 颱1 獨1 計1 玘1
獺1 獺1 枝1 夷1 堂1 毥1 失1 澌1 天1 牛1 動1 扐1 寅1 灰1
靠1 任1 恠1 涯1 俔1 羅1 刹1 身1 面1 聡1 蟆1 魡1 唵1 恨1
巧1 暯1 昵1 荣1 唉1 穢1 慕1 睰1 祛1 時1 火1 究1 現1 扳1
丈1 印1 琴1 昨1 排1 鳳1 功1 离1 屎1 襲1 艙1 禽1 童1 炁1
車1 案1 要1 隊1 速1 関1 罗1 廟1 肚1 緔1 雅1 期1 最1 舍1
約1 見1 岩1 供1 朋1 受1 字1 根1 少1 邪1 闩1 鴿1 農1 倉1
玄1 理1 問1 酸1 鴻1 蘇1 坐1 旗1 縁1 寡1 漏1 凛1 誰1 覴1
騎1 惟1 墳1 半1 仰1 断1 架1 零1 良1 盟1 暗1 晗1 樓1 粉1
鉠1 攔1 就1 呀1 厠1 初1 伍1 茫1 遥1 奠1 吃1 婁1 叩1 蒙1
蜳1 界1 对1 蓮1 象1 皓1 奥1 嘀1 禄1 痕1 斷1 鉄1 粘1 派1
陁1 刑1 鷄1 跪1 等1 猥1 壁1 磔1 頼1 陰1 徉1 变1 熾1 盞1
覓1 佑1 黙1 蛇1 孝1 聆1 陽1 添1 君1 朴1 彌1 穿1 持1 呆1
婟1 蜳1 哂1 昏1 逼1 狼1 訢1 劍1 蝌 睐1 竟1

八、《麽使盂郎甲科》

造93 不65 斗49 王48 三44 甫42 貧39 礼39 你38 國37 批36 到35
国33 宜30 大29 召27 口25 六25 比24 力24 古24 丑23 送23 他22
名22 伻22 娘22 巾21 麻21 布21 娄21 黎20 闌20 皇20 麽19 了19
忑19 得18 眉18 許17 四17 千17 立17 利17 脾16 忻16 甲15 冠15
妹14 故14 途14 論14 淋14 个14 太14 嚁14 勿14 使13 宿13 吞12

老12 鲁12 滕12 盖12 忐12 粡12 那12 地12 知12 邦11 各11 鏾11
也11 录11 耗11 律10 双10 犸10 龍10 皆10 花10 旁9 隆9 磌9
虽9 九9 怪9 邏9 度9 咘8 逢8 殺8 欲8 斘8 龍8 存8 劧8 之8
字8 父8 樣8 七8 元8 天8 忽7 啚7 家7 敗7 罪7 吃7 達7 徃7
鸡7 懐7 閅7 流7 微7 生7 道7 貫7 房7 可7 列7 初7 退7 嗪7
嚠6 卬6 同6 蟳6 怕6 二6 請6 巧6 至6 貇6 逻6 好6 跳6 一6
鐘6 楞6 阑6 高6 德6 零6 賴6 熾6 持6 歳5 歐5 罶5 班5 恩5
羅5 船5 排5 乱5 執5 光5 来5 嫁5 里5 尚5 婳5 何5 馬5 袹5
盆5 化5 五5 奷5 干5 条5 帝5 在5 吉5 見5 郎5 當5 登4 楚4
路4 蟌4 歐4 萬4 妣4 吃4 界4 除4 培4 馬4 林4 黎4 姓4 为4
昙4 苧4 川4 闵4 以4 氷4 托4 拜4 国4 州4 通4 籠4 定4 苗4
譚4 入4 十4 闌4 夆4 養4 茶4 迷4 闵4 棹4 作4 夂4 幼4 文4
闵4 浩4 能4 傍4 慕4 引3 佛3 獴3 出3 艡3 合3 勒3 鸡3 满3
甕3 岜3 卦3 晚3 杀3 正3 箕3 叔3 肩3 枇3 恶3 罵3 鲁3 水3
病3 急3 洞3 壬3 九3 血3 壗3 △3 金3 府3 憑3 務3 壇3 卜3
費3 土3 坎3 江3 門3 祖3 細3 結3 留3 落3 只3 犯3 檂3 殿3
連3 宄3 咱3 量3 行3 浬3 塘3 皮3 胼3 派3 荅3 貌3 客3 廣3
屈2 久2 剥2 後2 愍2 會2 悬2 嗿2 浮2 纫2 呆2 香2 呾2 囸2
月2 吩2 初2 阑2 上2 閂2 社2 莫2 漢2 櫳2 仙2 主2 旧2 講2
命2 奡2 海2 半2 厚2 变2 駄2 配2 弟2 撚2 床2 哈2 宝2 師2
業2 轉2 濃2 酒2 武2 闬2 色2 寿2 梁2 時2 弄2 僧2 倫2 伏2
昏2 鈴2 訪2 謁2 拁2 繳2 罵2 杳2 鸦2 動2 其2 点2 龍2 扒2
尋2 欣2 盤2 囊2 爪2 湎2 伄2 所2 还2 娋2 毒2 执2 柰2 舊2
觧2 敢2 献2 八2 杤2 沓2 散2 墒2 宄2 阿2 坤2 演2 物2 鑼2
画2 霸2 雅2 炁2 炓2 福2 丁2 曹2 侵2 旗2 凶2 牙2 宗2 皓2
霠2 忓2 戼2 專2 言2 星2 達2 害1 踉1 温1 狗1 陳1 玖1 兎1
槁1 蝼1 叭1 却1 城1 椁1 等1 閔1 裉1 瘟1 恳1 量1 齊1 書1
强1 虫1 身1 冇1 舍1 晲1 緻1 闹1 鱼1 揚1 會1 糖1 綻1 鑨1
即1 闩1 没1 踈1 眉1 語1 僚1 魂1 银1 販1 拈1 飛1 乞1 陋1
殁1 遵1 隔1 鲃1 蘭1 阴1 慈1 総1 拎1 札1 嗔1 浰1 是1 逍1
獏1 埋1 狦1 桅1 溢1 旁1 畢1 猪1 梨1 凡1 報1 虚1 蜓1 康1
漢1 肉1 扑1 崴1 荷1 過1 火1 占1 仍1 顯1 且1 板1 蟳1 案1
丢1 烈1 百1 中1 成1 器1 鑨1 妑1 斋1 郲1 鋪1 鬼1 搽1 臨1
蚤1 膅1 板1 啭1 隆1 盧1 馀1 荕1 貟1 賀1 蕫1 楁1 嗵1 讀1
壊1 帽1 組1 夢1 櫳1 亭1 悉1 波1 公1 涛1 羙1 雷1 己1 打1
鬼1 東1 隨1 憂1 刘1 多1 限1 遊1 來1 砦1 未1 年1 耒1 奴1

内1 獨1 堯1 窮1 纷1 谕1 办1 賊1 破1 以1 站1 亦1 蜐1 仰1
翁1 咭1 告1 厄1 快1 由1 伝1 葉1 畬1 两1 册1 北1 鸿1 囬1
工1 兵1 婟1 消1 浪1 塔1 竜1 白1 赤1 反1 蝛1 珠1 刹1 窮1
更1 鲍1 押1 賎1 覃1 蹄1 眉1 開1 晿1 沙1 拾1 搪1 時1 印1
笑1 條1 山1 含1 哀1 屎1 建1 竒1 休1 割1 釰1 氣1 安1 糞1
埇1 隊1 共1 贊1 辨1 注1 弄1 橦1 怒1 昡1 断1 岩1 念1 逊1
的1 槑1 差1 肓1 沺1 昆1 斉1 桐1 猑1 劳1 笠1 洗1 舞1 巳1
寡1 事1 喭1 教1 恠1 粉1 魂1 湣1 粅1 洛1 闩1 明1 哏1 夫1
翏1 活1 瀨1 心1 容1 陸1 难1 聖1 鴉1 騎1 岂1 愢1 瞒1 救1
甫1 鸭1 庫1 蛇1 嚚1 熾1 嘆1 鲃1 降1 君1 羊1 梚1 感1 泰1
憐1 則1

九、《啞兵棹座啟科》

造274 兵157 到145 未143 皇141 斗132 貧111 獁111 不93 批91
布87 礼87 國73 你70 許63 叭60 他60 眉56 个55 盖53 忑53 甫52
梨52 三50 粡50 提47 力46 蘭44 就44 茂43 己42 利40 里37 四37
那36 嚁36 同35 也35 昙32 絞32 太32 故31 騰31 王31 樣31 口30
灰30 酒29 隆28 六28 正28 曾27 召27 床25 十25 了25 妹24 父24
請24 踈24 歐23 老23 麻23 傍22 地22 置21 晃21 丘21 哏20 律20
得20 江20 跡20 賴20 當20 哼19 茶19 祖19 聝19 過19 旧19 妳19
恃19 唫18 忻18 方18 二18 魚18 士18 貫18 若17 倻17 桐17 罪17
双17 蘭17 千17 㵘17 臨17 屋16 鸡16 淋16 岂16 跟16 名16 北16
們16 特15 磺15 甲15 立15 娋15 郎15 畬14 累14 敗14 塘14 杳14
傍14 開14 癖14 天14 樛14 要13 恩13 落13 路13 麽13 鶏13 安13
養13 胖13 根12 合12 助12 鴨12 通12 能12 楞12 猪12 殺11 守11
五11 吝11 肩11 忐11 馬11 岜11 告11 度11 猲11 盏11 急10 荷10
愢10 連10 萬10 婚10 枯10 使10 纫10 漢10 畐10 銀10 貴10 病10
庚10 苦10 百10 良10 可10 錢10 已10 盃10 富10 初10 配9 畐9
甕9 執9 将9 亮9 活9 配9 丐9 獴9 吉9 結9 晗9 金8 模8 吞8
鵢8 卬8 兆8 元8 講8 微8 街8 俾8 谷8 源8 兎8 社8 勾8 株8
殆8 袮8 夂8 栲8 花8 怕7 聖7 献7 駄7 偷7 痦7 閔7 勤7 滌7
外7 褫7 佛7 㕛7 罡7 呆7 母7 禄7 軍7 芽7 墻7 徉7 行7 懷7
七7 柰7 䍊7 九7 檂7 辶7 鵝7 緋7 周7 群6 毣6 賠6 論6 篤6
細6 案6 劳6 啞6 烝6 邦6 沙6 唱6 令6 吅6 東6 耒6 州6 竜6
瘠6 蛋6 轉6 儸6 蛇6 録6 伏6 代6 桑6 求6 龍6 又6 一6 埔6
纫6 壞6 瞎6 郝6 池6 眏6 零6 素6 娄6 痕6 客6 梅5 雷5 達5

颰5 乀5 胠5 庾5 美5 缘5 打5 对5 年5 仙5 娀5 多5 光5 依5

限5 女5 籠5 洞5 庫5 風5 師5 撈5 財5 猫5 寶5 夻5 浪5 窕5

出5 拯5 内5 快5 莫5 救5 列5 文5 睨5 旺5 欽5 丿5 淥5 增5

墓5 逢5 楼5 退5 宗5 楽5 吒4 坡4 脱4 徃4 押4 工4 脾4 傘4

除4 宿4 者4 鬼4 冕4 帝4 山4 以4 洡4 量4 坵4 任4 駡4 倵4

位4 板4 獜4 流4 耳4 畓4 記4 躺4 瀆4 除4 鴉4 犇4 煩4 刹4

廟4 跡4 巴4 肛4 迄4 槞4 埋4 道4 伝4 頭4 懐4 尋4 賊4 榜4

叜4 間4 掃4 蘭4 盅4 八4 在4 仰4 捎4 兖4 枝4 哀4 順4 菊4

笷4 昆4 嘹4 干4 事4 傺4 稼4 贯4 曽4 玫4 釼4 想3 欖3 河3

閅3 喃3 庚3 號3 晋3 糫3 恠3 槗3 栈3 放3 泓3 杉3 而3 至3

卬3 樤3 祛3 橊3 柏3 中3 平3 橙3 宝3 墨3 班3 定3 信3 散3

生3 入3 城3 邏3 西3 齊3 書3 意3 愁3 袁3 葆3 裂3 趙3 喇3

匿3 南3 般3 海3 丁3 強3 朝3 螺3 櫳3 衫3 葛3 娘3 保3 龍3

講3 歲3 毒3 散3 盆3 咘3 來3 恩3 骨3 賚3 破3 妑3 恨3 勿3

古3 殿3 民3 火3 奱3 斛3 砬3 究3 紛3 断3 莉3 贵3 接3 逊3

炓3 猥3 住3 鞍3 叱3 明3 羗3 托3 弄3 央3 奥3 妣3 欄3 咟2

豆2 灶2 嫽2 弄2 粘2 杣2 獭2 禮2 蟬2 憐2 默2 送2 暀2 寸2

变2 蔓2 云2 柳2 約2 寢2 唐2 雞2 獨2 悶2 繒2 抬2 座2 盤2

早2 玉2 苗2 枇2 陳2 人2 栰2 呇2 賁2 胳2 動2 筆2 萶2 墜2

科2 硌2 温2 吃2 會2 橦2 鳶2 虎2 閺2 刑2 僚2 垗2 卜2 磅2

沲2 寝2 肚2 媪2 混2 槐2 舆2 拱2 芲2 自2 所2 源2 迷2 繒2

侊2 煉2 溺2 摇2 須2 坭2 羅2 分2 茉2 倉2 嚚2 猭2 玘2 假2

痕2 哪2 庚2 煠2 搸2 桐2 糊2 睨2 凳2 慢2 勤2 砟2 衆2 谿2

媨2 酧2 嵩2 暮2 楚2 壖2 杈2 眠2 欖2 頒2 台2 九2 糘2 狼2

奔2 虎2 時2 灩2 泣2 作2 万2 林2 条2 失2 阿2 上2 籠2 嘆2

荣2 埊2 烈2 嵗2 瞙2 哄2 演2 慈2 遂2 油2 屎2 程2 謂2 跪2

彼2 如2 篝2 泙2 耗2 侵2 能2 漏2 耆2 追2 昙2 翁2 滕2 軽2

寕2 陰2 昌2 勒2 陸2 凛2 难2 皓2 姓2 捧2 臘2 庚2 籠2 荅2

陽2 言2 炉2 月2 湾1 麽1 浔1 壇1 啫1 顔1 丞1 昌1 折1 潮1

張1 遵1 妙1 賁1 副1 封1 糠1 乃1 粫1 橧1 扳1 鈴1 濕1 備1

詐1 精1 蜂1 搀1 歆1 壊1 我1 寅1 腮1 錫1 槁1 辱1 謾1 粉1

唓1 毛1 毡1 逞1 比1 萃1 咗1 聡1 用1 命1 崩1 魞1 何1 鵬1

魂1 婧1 屈1 梩1 才1 蚆1 考1 滐1 界1 漢1 猤1 出1 △1 煞1

杚1 哥1 爂1 勾1 需1 惱1 炁1 蓮1 焼1 浅1 斌1 道1 兎1 陀1

柳1 鑊1 帽1 屈1 孖1 螺1 号1 炼1 屠1 龍1 搥1 銅1 眉1 柤1

鑨1 瀟1 户1 凴1 爹1 两1 扶1 蚷1 真1 剥1 粎1 鄧1 蜉1 京1

騎1 襏1 倫1 找1 墓1 䳌1 嗂1 滝1 癖1 齊1 置1 乖1 吪1 贫1
裡1 毯1 旗1 蝇1 啺1 遨1 蛴1 怒1 槈1 遏1 爺1 鍃1 淳1 弄1
听1 壮1 凳1 閅1 灵1 熽1 從1 曠1 纏1 葸1 憶1 牙1 嫊1 礶1
英1 啼1 熽1 嫁1 膈1 貌1 檦1 血1 鞋1 鞍1 欄1 唓1 或1 蘫1
蹄1 窮1 懃1 粤1 有1 肯1 炷1 鎗1 賷1 藍1 回1 还1 彭1 化1
恒1 曑1 卦1 奶1 毯1 沌1 邦1 米1 闷1 蠓1 琥1 旺1 冲1 蕚1
本1 㒒1 吘1 倒1 朴1 堂1 弗1 𥂝1 襪1 相1 若1 閧1 琲1 鵬1
爛1 梾1 龍1 秤1 俰1 慢1 繬1 香1 業1 讀1 哈1 絟1 緬1 茄1
佐1 呷1 厄1 波1 啟1 蚕1 占1 男1 月1 只1 别1 怮1 左1 聏1
妖1 瘩1 啥1 鶽1 嚣1 鸘1 籼1 田1 兮1 皮1 迋1 交1 蚂1 被1
白1 夫1 大1 碮1 沾1 害1 橃1 闺1 垢1 蕣1 汝1 奪1 呰1 濕1
梹1 杤1 咈1 瀬1 睄1 郝1 眠1 劯1 蹃1 角1 抲1 闵1 蹈1 巠1
途1 虎1 暗1 潾1 殍1 亊1 綗1 伯1 肉1 亞1 條1 偹1 糠1 满1
乱1 色1 畜1 芘1 燎1 仁1 悪1 蜥1 磊1 虫1 媽1 俚1 各1 情1
姑1 極1 话1 壽1 設1 莞1 㖂1 鼈1 把1 旺1 見1 家1 供1 朋1
愿1 的1 橑1 灾1 學1 畢1 棖1 高1 脚1 懐1 閅1 苟1 粉1 遡1
刀1 廖1 端1 料1 辣1 德1 漠1 虽1 狗1 嘮1 却1 粡1 獱1 僉1
㒨1 枚1 舍1 嚣1 肝1 康1 蓓1 劧1 吃1 迎1 時1 弓1 奉1 朔1
倍1 肥1 凍1 闪1 粭1 廬1 下1 逼1 筶1 免1 即1 停1 錕1 樽1
霡1 魯1 廂1 遥1 溺1 癖1 雙1 望1 假1 櫳1 欖1 爺1 逻1 賣1
皆1 貌1 龍1 蝢1 緤1 艦1 鵡1 歲1 弩1 吏1 墎1 厭1 扳1 坟1
坎1 貌1 斛1 釰1 糊1 君1 睑1 唉1 覓1 魂1 朔1 慮1 和1 復1
嘵1 還1 垸1 喋1 蓝1 玭1 嚙1

十、《歷兵甲一科》

造 266 不 155 貧 155 王 138 批 113 甲 111 猯 111 甫 100 到 99 兵 88
度 80 力 77 你 74 肎 74 布 66 絞 65 礼 64 盖 64 國 60 那 59 司 55 貫 55
郭 52 斗 52 召 51 老 51 鸡 51 三 50 吨 48 皇 48 滕 46 利 46 淂 44 麻 42
救 41 得 40 父 39 名 38 也 38 傍 36 嚅 36 黎 35 个 35 曽 35 口 32 粡 32
立 32 哼 29 魯 29 他 29 微 28 六 28 酒 28 迷 27 歐 27 四 27 千 27 未 27
地 27 明 27 大 26 猪 26 了 26 姝 26 怕 25 尨 25 忈 25 羅 24 生 24 連 23
弄 22 殆 22 卦 22 合 22 守 21 途 21 纫 21 至 21 馬 20 提 20 里 19 定 19
峊 19 麽 19 愢 18 論 18 五 18 忻 18 逻 18 娄 18 帝 17 許 17 祖 16 時 16
淋 16 蝏 16 晚 16 吞 16 怀 16 干 15 同 15 使 15 山 15 增 15 安 15 能 15
洛 14 双 14 塘 14 九 14 帮 14 蘭 14 十 14 懐 14 幼 14 頼 14 厚 13 呰 13
罪 13 鳿 13 往 13 叅 13 乱 13 代 13 肯 12 恩 12 屋 12 狼 12 盏 12 捞 12

萬12 武12 旧12 銀12 吟12 内12 可12 悪12 的12 零12 花12 恩11
登11 耗11 兕11 之11 工11 㯿11 名11 𧺆11 送11 貴11 床11 昙11
煉11 执11 此11 當11 茶10 庫10 𠷈10 駄10 卬10 賊10 配10 伏10
㯿10 喪10 已10 奷10 北10 莉10 侵10 故10 宗10 落9 献9 躺9
篤9 谷9 消9 保9 劳9 录9 讀9 卜9 何9 还9 勒9 華9 銭9 高9
丁9 家8 敗8 暮8 賠8 雷8 哂8 婄8 達8 捧8 呾8 請8 漢8 仙8
光8 林8 助8 墻8 参8 奢8 出8 郝8 雅8 約8 使7 梨7 煩7 上7
奉7 㔚7 忐7 宠7 姓7 恨7 邦7 硲7 好7 踬7 社7 丑7 杀7 万7
二7 女7 笑7 譚7 射7 伝7 免7 弘7 唐7 抗7 官7 律7 年7 求7
兼7 一7 作7 檂7 斛7 兖7 除7 杳7 陸7 吉7 福6 鲃6 細6 酉6
児6 賨6 沙6 甕6 夆6 外6 下6 挑6 冇6 主6 母6 州6 禄6 宝6
月6 語6 媪6 百6 押6 娋6 七6 江6 阑6 脾6 闬6 文6 弱6 金6
郎6 猑6 怒6 天6 退6 烈5 行5 妣5 班5 西5 貭5 坡5 方5 物5
初5 断5 跪5 東5 正5 宿5 急5 會5 踉5 路5 良5 佛5 朔5 养5
磊5 軍5 容5 埔5 男5 剃5 武5 入5 索5 托5 土5 芘5 養5 火5
吞5 頭5 屎5 陑5 黎5 犯5 祔5 柰5 八5 剥5 反5 依5 演5 惱5
慪5 泰5 蕚5 元4 龍4 数4 滐4 星4 脾4 駡4 溏4 莫4 灵4 各4
或4 斉4 囚4 獭4 隆4 用4 命4 槎4 通4 癹4 從4 壬4 鲜4 人4
瘟4 筆4 玄4 墳4 汗4 混4 是4 道4 闰4 亮4 匠4 攔4 褐4 蘭4
兂4 活4 散4 眠4 破4 經4 今4 勿4 非4 民4 在4 槑4 枷4 納4
倫4 渌4 廖4 霙4 湣4 富4 吽4 玞4 憐4 心4 腮4 楽4 胻4 祸4
成4 稔4 座3 脴3 芋3 小3 脩3 憑3 噐3 嫗3 慈3 逢3 冒3 晋3
妑3 日3 淥3 告3 闵3 玖3 急3 陋3 旁3 普3 刘3 向3 流3 桐3
鴨3 骨3 病3 平3 来3 痦3 血3 蛆3 師3 净3 苗3 狗3 存3 冬3
憧3 佯3 姑3 歴3 兔3 拜3 吊3 肖3 領3 署3 埋3 交3 洗3 衽3
巾3 字3 疤3 蕚3 臘3 委3 捉3 柱3 灰3 罡3 狲3 南3 結3 炁3
貝3 左3 条3 殿3 白3 刹3 △3 儀3 丹3 真3 咒3 睦3 縣3 夏3
埪3 呿3 旺3 岩3 彼3 炓3 移3 霄3 沌3 初3 胡3 叭3 香3 央3
啼3 炉3 灯3 付3 曽3 将2 阑2 茂2 英2 咘2 中2 温2 茄2 珠2
畓2 兒2 多2 講2 梼2 攎2 昹2 国2 摳2 魚2 農2 半2 記2 竜2
鷄2 恳2 我2 苦2 缴2 凨2 街2 嫁2 腊2 鸦2 墨2 玉2 慢2 圩2
過2 裙2 亥2 境2 邏2 府2 輝2 清2 殺2 猫2 科2 果2 尚2 雲2
鵶2 瑞2 淀2 馱2 泥2 遍2 虞2 俐2 溝2 毡2 杏2 捐2 冼2 笋2
従2 朝2 柒2 留2 吩2 毒2 昔2 夫2 垢2 柳2 斤2 灾2 尒2 摸2
歳2 稼2 砵2 分2 房2 唔2 粮2 熾2 事2 公2 畫2 龙2 献2 墻2
颬2 禄2 愣2 虎2 霧2 颬2 痼2 揁2 盆2 藍2 鐘2 辰2 化2 雜2

忟2 本2 海2 歪2 及2 寡2 厗2 更2 凼2 祈2 噹2 宜2 位2 頓2
厄2 往2 坐2 快2 透2 打2 模2 陋2 橦2 当2 貢2 擂2 険2 板2
得2 埅2 娘2 呈2 九2 意2 屎2 建2 童2 时2 要2 程2 車2 遠2
屈2 媽2 魔2 嫗2 動2 荷2 耳2 髮2 鸡2 劳2 扢2 德2 孬2 暗2
暗2 悲2 寒2 捀2 乞2 天2 量2 叺2 门2 鴻2 碇2 貌2 孝2 扳2
馱2 縈1 盐1 自1 弄1 委1 獨1 唎1 榜1 汪1 耀1 精1 殃1 朵1
絺1 豆1 捍1 匿1 掾1 弟1 蹄1 记1 歷1 釘1 曉1 梁1 蘸1 全1
淂1 狂1 毡1 墙1 讚1 渾1 損1 硃1 相1 尅1 畐1 挦1 晍1 謀1
枷1 梗1 闫1 頓1 所1 篷1 京1 漠1 义1 鴿1 羣1 梅1 哥1 吲1
勤1 增1 起1 泓1 蒬1 須1 門1 指1 两1 久1 狡1 坤1 釋1 尋1
考1 勤1 傍1 法1 空1 讀1 料1 盤1 螺1 号1 卧1 找1 瓣1 旗1
砙1 去1 傘1 就1 歲1 魯1 龍1 瓶1 蓀1 满1 想1 蚪1 竇1 招1
俾1 玘1 豥1 燎1 岂1 龙1 素1 轉1 浸1 栈1 塔1 趙1 畜1 悉1
聖1 壜1 踉1 頓1 貿1 臨1 伖1 蓁1 覓1 顚1 皓1 闵1 凨1 營1
留1 蕩1 斛1 甬1 霧1 腴1 乡1 壚1 飈1 洒1 鵮1 憒1 蒼1 丙1
磘1 擴1 般1 谁1 武1 蠂1 貶1 臨1 鋌1 箱1 闹1 賢1 貌1 婴1
棍1 僘1 沯1 貌1 墟1 蹟1 檷1 弓1 矿1 尋1 岀1 媢1 子1 這1
踮1 刀1 玖1 伐1 嗯1 檑1 砦1 卯1 折1 驫1 楞1 引1 乃1 牙1
劍1 橙1 妹1 禽1 披1 擒1 蚂1 蘭1 物1 案1 掍1 洁1 城1 橫1
寿1 驴1 真1 曲1 羅1 叽1 岳1 計1 艚1 牛1 毬1 蜢1 標1 滿1
仰1 齊1 冲1 粭1 泣1 戱1 涯1 仅1 虫1 憶1 情1 嗜1 加1 鬼1
古1 迫1 河1 身1 助1 犸1 搬1 比1 攔1 面1 田1 稺1 宛1 畢1
賀1 欢1 修1 獄1 鸛1 爲1 攞1 尖1 凨1 蘭1 不1 戌1 長1 枓1
穢1 闵1 陰1 珢1 奏1 盃1 皆1 龍1 禄1 凴1 丙1 窩1 黄1 死1
秋1 患1 将1 磺1 獜1 哈1 條1 物1 功1 硖1 含1 舆1 蛮1 鈌1
午1 敬1 擱1 桥1 赦1 秀1 燎1 想1 尊1 經1 池1 會1 肚1 石1
鳶1 礁1 氏1 氣1 爹1 滗1 执1 敕1 龙1 接1 脏1 扶1 欽1 摳1
味1 虎1 伍1 見1 变1 侊1 蒼1 供1 壛1 周1 噫1 牆1 捞1 悟1
吃1 膀1 螞1 魜1 發1 屚1 虽1 漏1 刑1 迁1 教1 闵1 追1 堂1
栲1 説1 苦1 穷1 獵1 晋1 碍1 帮1 解1 則1 偏1 喋1 復1 雪1
銅1 寕1 蘭1 戊1 色1 羡1 蟬1 叹1 芶1 葛1 舡1 剛1 冠1 电1
根1 累1 歹1 奥1 痕1 敖1 婶1 蓄1 添1 失1 柳1 擅1 覓1 皂1
侵1 熾1 阶1 特1 集1 客1 政1 添1 無1 君1 猛1 斋1 梧1 偕1
廣1 问1 醉1 猿1 戈1 寄1 痛1

十一、《雜麽一共卷一科》

王 105　造 102　不 74　糎 64　甫 61　斗 56　到 51　� 47　貧 43　同 42　争 39
批 36　你 36　郭 35　他 32　那 32　得 32　歐 32　吽 30　使 29　个 29　可 29　召 28
比 28　嚠 28　礼 28　北 28　魯 27　蔺 27　利 26　黎 25　執 25　持 25　明 24　三 23
四 22　許 21　各 21　六 21　肩 20　覓 20　麽 20　貫 19　滕 18　父 18　哂 17　途 17
家 17　哊 16　布 16　盖 16　達 16　名 15　刘 15　病 15　呾 14　合 14　双 14　茶 13
甲 13　宜 13　宪 13　論 12　肉 12　度 12　渌 12　隆 12　老 11　捞 11　妣 11　皀 11
九 11　十 11　初 11　祖 10　五 10　呏 10　母 10　配 10　怌 10　七 10　鸿 10　忑 10
渌 10　昙 9　旁 9　猀 9　鸡 9　卦 9　乱 9　様 9　力 9　告 9　退 9　屋 8　時 8　喳 8
班 8　往 8　淋 8　排 8　千 8　多 8　講 8　录 8　獏 8　吞 8　惱 8　分 8　罶 8　林 8
知 8　神 7　欣 7　東 7　定 7　散 7　脾 7　稼 7　量 7　啚 7　農 7　了 7　月 7　埇 7
郎 7　料 7　頼 7　當 7　宗 7　痕 7　怒 6　粈 6　位 6　傍 6　罪 6　罶 6　正 6　馱 6
忐 6　忻 6　弗 6　炁 6　姓 6　为 6　猛 6　肚 6　蓿 6　九 6　奷 6　國 6　厚 6　譚 6
道 6　鬧 6　賴 6　麻 6　灰 6　古 6　杳 6　已 6　闬 6　埊 6　逊 6　洁 6　登 5　恩 5
黎 5　△5　細 5　北 5　収 5　後 5　幼 5　曺 5　呆 5　妹 5　也 5　普 5　非 5　艮 5
百 5　立 5　安 5　金 5　楞 5　奴 5　崩 5　八 5　作 5　在 5　仰 5　猑 5　墓 5　丟 5
花 5　派 5　嗏 5　地 5　耗 4　哈 4　犻 4　方 4　哉 4　馬 4　芘 4　長 4　逢 4　嗟 4
座 4　芓 4　箑 4　印 4　放 4　炯 4　斉 4　二 4　送 4　至 4　交 4　貴 4　全 4　恳 4
袁 4　巴 4　太 4　何 4　元 4　練 4　界 4　抣 4　墒 4　本 4　拎 4　結 4　条 4　宫 4
割 4　的 4　怀 4　塘 4　吉 4　难 4　引 3　會 3　旺 3　孢 3　倫 3　床 3　断 3　勒 3
蔴 3　脱 3　豸 3　沙 3　災 3　吝 3　奐 3　而 3　托 3　闵 3　敗 3　吒 3　請 3　伝 3
銀 3　枷 3　光 3　笑 3　平 3　灵 3　籠 3　武 3　生 3　邏 3　獄 3　鵉 3　逻 3　拈 3
代 3　仪 3　妑 3　吃 3　号 3　房 3　梅 3　欲 3　毆 3　犭3　粒 3　娋 3　化 3　梆 3
海 3　纫 3　柰 3　連 3　捉 3　勿 3　列 3　晚 3　現 3　患 3　敬 3　桥 3　休 3　昡 3
見 3　良 3　廖 3　零 3　富 3　娄 3　衍 3　鴨 3　熾 3　出 3　客 3　竜 3　眊 3　眠 3
冲 2　芈 2　啚 2　型 2　椁 2　殺 2　魮 2　岜 2　美 2　唱 2　台 2　器 2　限 2　怕 2
巧 2　徖 2　除 2　伐 2　隣 2　呈 2　歌 2　挘 2　防 2　有 2　算 2　� 2　肚 2　劳 2
胬 2　漢 2　吟 2　江 2　淂 2　旧 2　烈 2　恨 2　崗 2　命 2　魚 2　足 2　竜 2　鴨 2
好 2　苦 2　憐 2　故 2　狗 2　圩 2　徉 2　跏 2　梁 2　栢 2　懇 2　書 2　話 2　果 2
舍 2　揚 2　猪 2　蒼 2　望 2　穿 2　南 2　孟 2　龍 2　任 2　提 2　舆 2　勾 2　牲 2
岑 2　葉 2　或 2　銭 2　狄 2　蓤 2　曆 2　貎 2　倉 2　笓 2　炎 2　轿 2　超 2　散 2
啤 2　憂 2　來 2　晗 2　祎 2　横 2　执 2　福 2　保 2　鸢 2　錢 2　久 2　索 2　煞 2
急 2　厄 2　木 2　只 2　娘 2　昆 2　把 2　闵 2　榜 2　物 2　真 2　含 2　建 2　莫 2
秀 2　蒙 2　巳 2　救 2　昨 2　畓 2　高 2　曹 2　事 2　畴 2　活 2　領 2　畐 2　未 2
貪 2　天 2　特 2　眉 2　胖 2　犯 2　曆 2　苔 2　模 2　祸 2　路 2　名 2　聕 2　亯 2

邦 2　酡 2　熾 2　尾 1　夫 1　湮 1　微 1　愁 1　兎 1　杣 1　謀 1　香 1　闹 1　喊 1
玄 1　抗 1　迎 1　墳 1　丑 1　粘 1　霧 1　瑞 1　叫 1　紡 1　蚾 1　檑 1　助 1　逫 1
伏 1　嘩 1　殿 1　昏 1　季 1　亦 1　牙 1　得 1　嶺 1　年 1　卜 1　候 1　痛 1　目 1
匿 1　是 1　萎 1　浩 1　斯 1　脆 1　攏 1　纸 1　酉 1　䲴 1　蓉 1　苗 1　簣 1　乔 1
唐 1　� 1　者 1　茂 1　渡 1　斤 1　叔 1　頭 1　罡 1　擁 1　煉 1　繳 1　隆 1　扳 1
呀 1　鴉 1　危 1　霜 1　採 1　还 1　獺 1　嗹 1　西 1　逺 1　外 1　唔 1　裙 1　响 1
啼 1　朝 1　裡 1　居 1　棉 1　雷 1　羅 1　流 1　犴 1　凍 1　鈷 1　日 1　絣 1　貌 1
嗎 1　挽 1　尨 1　嚛 1　垟 1　歐 1　鴻 1　鉄 1　托 1　咀 1　斋 1　濃 1　潽 1　仙 1
先 1　紡 1　工 1　瘛 1　糢 1　脾 1　縊 1　罵 1　唔 1　箟 1　獭 1　後 1　己 1　察 1
绅 1　盆 1　屺 1　谷 1　湮 1　岁 1　忥 1　覔 1　还 1　返 1　孝 1　賢 1　数 1　豸 1
查 1　独 1　亡 1　聏 1　浪 1　门 1　吃 1　类 1　睑 1　由 1　泥 1　懺 1　仇 1　曉 1
内 1　勤 1　噔 1　宛 1　華 1　子 1　向 1　骨 1　破 1　猪 1　考 1　流 1　欲 1　仿 1
滿 1　根 1　廉 1　主 1　鸡 1　养 1　快 1　短 1　对 1　欲 1　拜 1　記 1　汴 1　梘 1
痦 1　欕 1　埜 1　星 1　殿 1　捻 1　头 1　寛 1　溯 1　吤 1　当 1　黎 1　文 1　刹 1
過 1　佛 1　攬 1　眨 1　晗 1　晲 1　従 1　偍 1　兖 1　啦 1　樓 1　性 1　禄 1　培 1
儀 1　朴 1　隂 1　丹 1　鴻 1　磺 1　肐 1　蛮 1　罕 1　叱 1　罕 1　粡 1　通 1　涞 1
悪 1　綁 1　遠 1　癸 1　迷 1　隊 1　牢 1　揮 1　喋 1　岩 1　彼 1　裙 1　康 1　寄 1
舔 1　叩 1　来 1　大 1　楼 1　訓 1　听 1　嫁 1　舞 1　宪 1　寡 1　夲 1　鈷 1　觟 1
泦 1　搒 1　容 1　諍 1　晗 1　悲 1　李 1　寒 1　鴉 1　就 1　師 1　墨 1　慢 1　業 1
倉 1　隣 1　牌 1　頑 1　皇 1　粉 1　献 1　心 1　和 1　嗅 1　奥 1　駡 1　哺 1　僧 1
隆 1　美 1　中 1　粥 1　憧 1　系 1　直 1　京 1　箱 1　熾 1　爹 1　慕 1　坡 1　法 1
入 1　寄 1　邦 1　恒 1　垙 1　隨 1　鲃 1　財 1　腡 1　鋜 1

十二、《本麽叭》

不 286　造 255　平 203　斗 193　孙 165　得 163　罵 145　批 140　郭 137　王 129
叭 125　布 124　糎 118　你 112　畐 112　閉 110　蘭 101　甫 97　要 93　同 91　眉 91
娘 90　噹 90　礼 89　那 88　淥 87　里 85　隆 85　許 79　到 78　哰 77　纫 77　三 77
明 77　他 75　召 71　絞 71　个 67　灰 67　皇 65　太 64　黎 63　父 62　舍 58　利 58
樣 57　妹 55　哏 54　故 53　滕 52　提 52　狃 51　蕉 51　恨 48　四 48　淋 47　懐 45
立 45　力 45　盖 43　鷄 43　歐 42　獨 42　膀 42　忑 42　送 41　助 40　貫 38　茶 37
入 37　奷 36　老 36　地 36　争 36　合 36　忐 36　甲 35　酒 35　了 35　刀 34　魯 33
大 33　馬 33　銀 33　伝 33　吞 32　殆 32　貧 32　傍 32　麽 32　双 32　宛 31　吃 31
宛 30　己 29　叫 28　妣 28　執 28　錢 28　千 28　屋 27　塘 27　連 27　方 27　五 27
咟 26　邦 26　江 26　能 26　論 25　出 25　十 25　一 25　昙 24　荷 24　殺 24　莓 24
忻 24　多 24　頭 24　扠 24　魂 24　法 23　漢 23　麽 23　度 23　往 23　花 23　晚 22
敗 22　魚 22　土 22　内 22　郎 22　定 21　狼 21　家 21　跟 21　若 21　鴻 21　卦 21

武21 吉21 迗21 在21 未20 路20 六20 養20 魂20 可20 彼20 落19
熾19 口19 二19 請19 弄19 母19 禳19 麻19 八19 當19 脱18 姐18
九18 分18 字18 亮17 時17 答17 丑17 亦17 使17 令17 馱16 痦16
萬16 肉16 数16 妑16 金16 鬧16 七16 胻16 律15 罪15 㖸15 各15
鴨15 憑15 煉15 霄15 任15 丁15 客15 肚14 保14 卬14 嘇14 床14
籠14 轉14 始14 怌14 茂14 天14 埇13 怨13 臾13 烝13 良13 流13
祖13 伯13 峝13 心13 俐13 累12 腮12 鳮12 鋸12 菜12 甃12 也12
苦12 嫁12 生12 幸12 摹12 伏12 是12 改12 魯12 皆12 頼12 楽12
龍11 耗11 䲃11 迷11 講11 命11 農11 開11 外11 蛋11 佛11 桐11
闌11 公11 而11 見11 倉11 嗱11 散10 洗10 養10 粉10 拎10 美10
位10 久10 光10 信10 守10 逻10 杳10 林10 捨10 还10 袮10 月10
破10 厄10 娄10 退10 难10 元9 瀆9 橙9 閔9 西9 除9 婁9 净9
重9 變9 涕9 牲9 扒9 爺9 梆9 莉9 皓9 盞9 磌8 雷8 乃8 達8
型8 姓8 呰8 介8 若8 曲8 發8 冇8 却8 國8 养8 貴8 洒8 舍8
磅8 桑8 行8 對8 娋8 尞8 數8 両8 魂8 素8 貌8 曽8 瘯7 頡7
岜7 神7 関7 色7 仙7 南7 非7 夜7 笑7 壬7 騈7 網7 浪7 年7
海7 求7 谷7 達7 耍7 懈7 回7 北7 角7 郝7 儀7 槑7 的7 烈7
佐7 脾7 司7 社6 急6 活6 茄6 安6 跪6 福6 座6 蓿6 過6 稼6
晉6 放6 脔6 告6 模6 咘6 孟6 賊6 樣6 正6 特6 庫6 全6 血6
鴉6 師6 献6 墻6 恩6 株6 肝6 嬰6 紀6 祐6 艮6 道6 跲6 残6
齊6 △6 楞6 奴6 怕6 白6 接6 担6 追6 寕6 哏6 坟6 東6 賠6
数5 朝5 断5 坎5 苔5 消5 蹠5 牙5 下5 囚5 旧5 孫5 初5 病5
�THE5 主5 邦5 箱5 音5 强5 末5 嘆5 收5 目5 代5 埋5 芃5 成5
斤5 豆5 尋5 盆5 粒5 化5 句5 如5 堅5 檂5 列5 寄5 危5 登5
順5 鏡5 鮀5 猥5 侵5 寡5 零5 比5 額5 罗5 颱5 癸4 細4 恠4
鶗4 蹊4 坤4 押4 纙4 州4 女4 弄4 庚4 奉4 芽4 慢4 業4 狌4
朱4 倒4 寶4 獱4 騎4 撞4 望4 没4 並4 嗣4 常4 交4 中4 班4
何4 宰4 蹝4 羅4 婟4 百4 丧4 有4 脾4 還4 越4 啥4 欺4 結4
尔4 文4 墇4 鳳4 櫃4 詞4 釰4 氣4 樂4 酉4 畓4 宼4 劳4 算4
拜4 痕4 礶4 我4 禄4 畢3 山3 呆3 螃3 邦3 吅3 橋3 将3 叽3
盤3 昈3 至3 鬼3 収3 察3 用3 蘇3 半3 足3 軍3 冲3 令3 单3
羊3 苗3 凉3 香3 置3 邏3 疤3 亞3 齊3 儸3 成3 賁3 迎3 壇3
鞍3 樓3 觀3 把3 啞3 絶3 杭3 棺3 殄3 隴3 毬3 灶3 強3 悶3
躬3 葛3 隨3 裙3 舡3 帝3 防3 鮑3 及3 秤3 買3 錢3 古3 更3
久3 失3 意3 吐3 屎3 祭3 池3 陰3 鷥3 庇3 旺3 先3 臨3 嘐3
德3 桃3 盟3 解3 祖3 斛3 央3 仰3 証3 子3 熾3 窖3 荅3 貢3

符3 聖2 鏉2 街2 容2 應2 嫩2 怪2 觧2 阿2 㠿2 沙2 早2 貪2
玉2 盛2 飪2 牌2 難2 圩2 城2 寿2 懇2 祎2 被2 爲2 温2 蛇2
路2 喙2 酸2 瀨2 狂2 糖2 辰2 寅2 停2 粆2 躭2 燒2 馱2 馮2
罷2 鄧2 都2 烏2 圳2 顔2 卜2 票2 囂2 蚊2 骸2 榮2 样2 捧2
蛤2 淚2 曜2 顯2 乳2 檢2 匿2 混2 劈2 逢2 災2 日2 曾2 灾2
木2 哥2 興2 深2 星2 扣2 螺2 裡2 昧2 散2 備2 瞞2 簍2 塔2
蘏2 案2 寃2 笏2 鏉2 藍2 昨2 事2 鬼2 曺2 好2 斉2 柰2 盂2
漠2 踏2 倫2 乙2 勞2 巨2 哉2 勿2 亥2 干2 凡2 夭2 田2 弩2
小2 修2 蹄2 納2 襠2 燒2 蠕2 隴2 氈2 拾2 掃2 物2 真2 油2
午2 建2 焚2 楧2 时2 乱2 善2 極2 裹2 固2 雅2 站2 火2 点2
叩2 禮2 片2 灵2 廖2 教2 謹2 首2 水2 猸2 寒2 勒2 還2 鲁2
緾2 斋2 宗2 噂2 雲2 粬2 配2 筫2 掌2 旺2 孝2 添2 祸2 等2
搀1 籦1 清1 婳1 情1 牒1 姑1 庥1 渥1 槁1 閙1 弹1 昆1 觋1
巡1 該1 彿1 讚1 腿1 擔1 楚1 劔1 環1 昔1 兵1 材1 偹1 総1
宝1 報1 鵬1 河1 匙1 琪1 嘗1 救1 引1 艹1 倍1 蚆1 領1 板1
宿1 鷄1 盒1 塔1 篮1 脚1 考1 崴1 馬1 巾1 暖1 耳1 科1 其1
紅1 粮1 局1 謀1 坭1 螃1 愁1 眼1 栀1 齋1 吟1 疤1 砵1 省1
眠1 房1 拆1 墨1 波1 欲1 虻1 党1 参1 莫1 浮1 褄1 捧1 走1
檑1 菖1 弓1 空1 廟1 吝1 嚴1 綿1 藏1 僃1 嘐1 喙1 愢1 嘌1
垢1 硋1 墖1 群1 睒1 舊1 霤1 壇1 害1 畓1 還1 舊1 忟1 歷1
理1 冉1 吟1 砜1 齊1 葛1 嗼1 敢1 會1 返1 蕩1 埕1 卯1 貽1
來1 奶1 索1 滿1 則1 蕪1 横1 從1 洁1 加1 價1 頒1 依1 鬍1
托1 鳶1 蚿1 咸1 壇1 兔1 照1 衆1 問1 暮1 以1 殁1 乎1 给1
搭1 巧1 孪1 梸1 脾1 蹊1 禁1 憧1 篩1 表1 粘1 陋1 共1 或1
册1 霧1 濁1 船1 獱1 条1 打1 已1 留1 朔1 對1 幼1 畐1 珡1
湣1 仰1 鐶1 亐1 丙1 贱1 顕1 鵜1 篤1 户1 兖1 暭1 唤1 歸1
擥1 梭1 墟1 坑1 歌1 碨1 胆1 刑1 煮1 捭1 扳1 烟1 春1 槟1
霖1 居1 尭1 會1 蹄1 爹1 患1 将1 記1 丹1 佑1 唱1 功1 罡1
臨1 郊1 鎖1 蜀1 敬1 戊1 邪1 惡1 後1 烞1 童1 仁1 界1 矗1
鞋1 輊1 嚚1 限1 楼1 自1 塊1 鑼1 遮1 龕1 勝1 瓶1 名1 兟1
曰1 魔1 顺1 滐1 項1 熟1 虽1 宁1 蒼1 壽1 傒1 獅1 吃1 兎1
欽1 啫1 垓1 陀1 鎵1 完1 迯1 懈1 吸1 飛1 淚1 高1 腡1 砍1
奚1 皮1 榜1 祝1 鸡1 潮1 吼1 梨1 滚1 辣1 擂1 杆1 见1 亭1
孕1 銅1 虛1 墓1 滔1 嘹1 聰1 暗1 嫪1 晗1 富1 瘟1 吾1 憐1
眯1 坡1 扳1 副1 对1 羌1 盏1 蒙1 营1 躲1 牛1 崩1 朗1 肖1
頼1 旁1 辛1 賷1 骨1 堆1 楕1 韶1 灑1 通1 徵1 渊1 贫1 甑1

築1 鵠1 㹶1 尾1 忍1 犴1 翁1 官1 砍1 瞚1 康1 闪1 陽1 洞1
裁1 炉1 廣1 感1 耨1 胎1 涯1 尧1 衿1 芋1 啄1 瓦1 祖1

十三、《狼麽再宪》

得95 不94 批89 造67 甫55 亶49 父48 同44 斗41 妹39 王38 那37
故37 許36 郭36 娘35 罵34 㽞32 明32 幻31 啚30 里28 三28 亦27
蘭26 个26 嚁26 㺅24 黎24 樣24 皇24 眉23 哰22 淋22 双22 殆21
魯21 利21 宪21 殺20 跟20 肉19 馬19 平19 立19 到18 畬18 茶18
塘18 滕18 他18 力18 恨17 脱17 隆17 提17 貌17 漢16 助16 而15
哂15 糗15 耗15 布15 爭15 太15 頭15 吉14 歐14 礼14 入14 退14
争13 昙13 弓13 守13 忻13 錢13 丁13 馱12 連12 歐12 之12 四12
執12 銀12 鷄12 兵12 忑12 要11 屋11 盖11 涿11 冇11 甲11 十11
一11 灰11 家10 傍10 卅10 刀10 忐10 久10 重10 分10 祎10 八10
牙9 召9 䱏9 章9 郝9 江8 痦8 方8 美8 丑8 流8 魚8 酒8 你8
懐8 蕚8 七8 勞8 郎8 眯8 敗7 五7 㽷7 吞7 䱍7 崗7 發7 奥7
比7 二7 賊7 開7 兒7 吃7 憑7 貫7 怨7 麻7 定7 可7 往7 大7
海6 晚6 伝6 䑬6 賠6 如6 荷6 等6 槑6 邦6 嗲6 麽6 千6 使6
㹙6 能6 心6 痕6 罪5 萬5 乃5 口5 素5 壇5 甕5 卦5 眠5 麽5
苦5 狗5 咘5 殁5 養5 楞5 内5 結5 句5 白5 告5 客5 妑4 肚4
把4 杳4 出4 落4 絞4 菜4 涼4 除4 揰4 陋4 叭4 囚4 婁4 光4
講4 命4 笑4 合4 籠4 蛋4 變4 狼4 路4 佛4 良4 斤4 残4 冲4
迎4 字4 耍4 厄4 条4 在4 角4 詞4 數4 鸞4 寄4 渌4 賴4 谷4
地4 當4 嗪4 案3 達3 罗3 床3 羅3 行3 疾3 呰3 座3 拎3 蓿3
畓3 晉3 山3 呆3 鴻3 時3 六3 老3 登3 論3 磌3 骨3 倍3 憐3
令3 微3 鋥3 血3 墻3 騙3 科3 舍3 壇3 撞3 妳3 廉3 卜3 蠻3
報3 霄3 急3 牲3 尋3 色3 㚇3 已3 還3 㧐3 娋3 祖3 破3 腮3
細3 凡3 魯3 懷3 見3 彼3 狠3 侵3 桃3 主3 颱3 酉2 閔2 非2
眠2 数2 小2 相2 坤2 叩2 蟀2 糗2 我2 哩2 涿2 茄2 覓2 灵2
菖2 準2 乙2 肩2 符2 也2 嗲2 至2 去2 事2 养2 東2 烈2 㾑2
弄2 壬2 街2 嫁2 瀆2 害2 信2 好2 洒2 未2 箱2 㹞2 武2 生2
献2 酹2 戌2 晋2 摹2 獨2 鞍2 額2 紀2 九2 罝2 伏2 煮2 寸2
薩2 攬2 漸2 騰2 炁2 煉2 外2 斷2 櫃2 是2 麟2 肺2 埋2 掌2
踣2 任2 包2 其2 成2 坎2 斧2 懞2 吟2 於2 累2 吊2 瘼2 执2
朔2 秤2 林2 作2 灶2 蝹2 性2 皆2 儀2 印2 吐2 油2 両2 担2
岩2 零2 盟2 懶2 回2 正2 天2 花2 脾2 宿2 曽2 埏2 府1 尾1
涯1 强1 面1 燈1 獄1 始1 幸1 寶1 嚚1 調1 脒1 防1 送1 髀1

器1　肝1　狂1　葛1　哉1　閡1　儔1　改1　濁1　朋1　緾1　鎵1　餓1　馱1
恩1　墧1　银1　朴1　蘇1　祝1　閉1　汝1　危1　聰1　矏1　磅1　钱1　賁1
目1　樣1　綉1　墟1　再1　柿1　匿1　各1　女1　鴨1　夜1　鸡1　库1　揆1
法1　何1　彩1　胦1　亥1　涕1　堤1　靈1　攬1　病1　引1　強1　考1　断1
櫃1　界1　耳1　點1　紅1　票1　坭1　蹤1　百1　姓1　墻1　庚1　鲁1　旬1
揥1　探1　梳1　散1　寅1　粒1　對1　捨1　全1　龍1　魂1　仰1　元1　榕1
崩1　都1　呈1　还1　容1　照1　來1　愢1　般1　社1　應1　本1　散1　爹1
頒1　雷1　盅1　鴉1　妖1　蜜1　茂1　鮮1　嫩1　帝1　欺1　微1　踣1　盤1
了1　羊1　袓1　墨1　収1　义1　古1　鸚1　欉1　幼1　蓮1　獯1　昆1　班1
工1　胸1　嘇1　啦1　模1　倉1　業1　春1　昨1　哈1　鎖1　捙1　鳳1　轉1
順1　蕚1　仁1　后1　拎1　年1　爺1　姐1　庇1　接1　胠1　族1　雅1　侣1
沙1　圩1　則1　怕1　究1　庫1　脩1　篩1　意1　康1　頡1　卬1　手1　南1
算1　輊1　寕1　迓1　娄1　短1　拜1　金1　逼1　焚1　貪1　捉1　皓1　閟1
妣1　枷1　甫1　箕1　旺1　月1　祸1　置1　婟1　裗1　谿1　害1

十四、《闹涽懷一科》

造60　皇47　懷40　批39　歐26　涽26　不20　你20　得20　郭18　畐16　礼14
貧13　甫13　弄13　猲13　那12　布12　口12　个12　時11　召11　嚁11　斗11
隆10　也10　陀10　双9　纫9　四9　三9　麼9　脾8　黎8　鄰8　碌8　呷8
猲7　兎7　卦7　助7　碌7　到6　路6　班6　貫6　度6　麻6　可6　条6　哷5
呰5　躺5　眉5　執5　請5　正5　太5　社5　提5　涕5　䜭5　楞5　昙5　五5
懷5　索4　地4　常4　墒4　勤4　滕4　論4　耗4　絞4　盖4　冲4　貴4　養4
道4　柳4　立4　忑4　賣4　使3　達3　傍3　塘3　良3　吃3　茶3　妑3　西3
劳3　嵇3　叩3　嘇3　怨3　糈3　吅3　蘭3　二3　銀3　命3　樣3　合3　法3
愁3　逻3　埬3　土3　苍3　東3　灰3　跡3　宜3　八3　里3　歪3　春3　廖3
追3　苦3　零3　九3　退3　當3　存2　烈2　奉2　劧2　色2　忟2　許2　卬2
閡2　鐐2　方2　炁2　断2　鸡2　欖2　楞2　姓2　臨2　晃2　拔2　捞2　硌2
頡2　鮑2　排2　軏2　江2　跟2　嗲2　叩2　亥2　父2　國2　晚2　旧2　様2
变2　敗2　恩2　皮2　壬2　箱2　吾2　罪2　穿2　潤2　妹2　依2　埋2　特2
求2　分2　齊2　己2　散2　盆2　模2　斉2　非2　畬2　魯2　結2　古2　列2
埊2　凂2　勝2　蟻2　欽2　岩2　郎2　乙2　雩2　碍2　暗2　賴2　嚀2　娄2
櫳2　心2　痕2　欄2　鴨2　防1　想1　槓1　様1　必1　鲁1　記1　桐1　啼1
㑳1　和1　酉1　微1　唉1　連1　容1　鴉1　蚁1　芽1　邦1　棍1　菜1　學1
崩1　寸1　衆1　令1　肚1　伏1　篪1　蜀1　棑1　翁1　十1　剥1　燭1　歡1
櫳1　耳1　乳1　妨1　是1　蔞1　鬧1　元1　岸1　簣1　孔1　殺1　般1　殆1
故1　福1　蚆1　榜1　繳1　哥1　吲1　大1　叭1　閙1　須1　欄1　残1　同1

百 1　闌 1　温 1　螺 1　置 1　斘 1　比 1　落 1　一 1　頋 1　禨 1　賢 1　化 1　南 1
來 1　奏 1　金 1　祎 1　垛 1　符 1　谷 1　領 1　久 1　秤 1　吽 1　亮 1　艡 1　捉 1
了 1　厄 1　貝 1　老 1　眦 1　左 1　甲 1　欀 1　咄 1　还 1　在 1　灰 1　文 1　家 1
蹄 1　鲍 1　談 1　堯 1　荷 1　活 1　功 1　浪 1　毯 1　割 1　樂 1　邦 1　淋 1　决 1
雅 1　馬 1　保 1　的 1　有 1　噌 1　曹 1　磌 1　德 1　教 1　願 1　△1　龍 1　崖 1
獨 1　蘭 1　王 1　乞 1　富 1　字 1　吞 1　夫 1　嬰 1　噐 1　寕 1　笞 1　天 1　伝 1
夷 1　月 1　音 1　定 1　至 1　安 1　貌 1　曽 1　欃 1

十五、《麽叹魂糏一科》

造 47　批 41　王 27　郭 25　歐 23　吨 17　那 16　糏 16　特 15　甫 15　不 14　鴻 12
怌 12　召 11　糠 10　到 9　貫 9　嚁 8　他 8　禄 8　哼 7　騰 7　畐 7　怒 6　礼 6
四 6　忑 6　你 5　神 5　粉 5　敗 5　常 5　許 5　捞 5　獁 5　魯 5　磌 5　口 5　吒 5
忐 5　温 5　蘭 5　至 5　刘 5　様 5　農 5　度 5　了 5　利 5　客 5　魂 5　名 4　眉 4
途 4　倉 4　得 4　箽 4　脾 4　双 4　班 4　甲 4　牙 4　位 4　个 4　苦 4　可 4　斗 4
九 4　使 3　株 3　貧 3　交 3　艄 3　奷 3　論 3　獨 3　吆 3　月 3　咟 3　眊 3　馱 3
劳 3　達 3　茶 3　么 3　岜 3　礼 3　乱 3　三 3　父 3　肚 3　逃 3　通 3　逻 3　布 3
獁 3　散 3　娋 3　八 3　幼 3　娄 3　花 3　地 3　傍 2　塘 2　愢 2　模 2　稼 2　吉 2
索 2　扭 2　憐 2　時 2　坎 2　任 2　定 2　法 2　盖 2　吃 2　合 2　叩 2　之 2　方 2
急 2　鸡 2　痈 2　羅 2　磿 2　邦 2　嗲 2　叹 2　翁 2　亭 2　海 2　卦 2　捧 2　冇 2
勒 2　也 2　請 2　仙 2　初 2　母 2　多 2　光 2　未 2　流 2　良 2　鲁 2　竜 2　病 2
籠 2　叁 2　鴉 2　美 2　網 2　舍 2　十 2　視 2　道 2　托 2　降 2　分 2　立 2　丧 2
紡 2　力 2　盆 2　粒 2　魂 2　梨 2　晗 2　祖 2　及 2　結 2　快 2　杳 2　活 2　闬 2
在 2　反 2　埅 2　含 2　哀 2　脸 2　岩 2　賴 2　寕 2　堉 2　痕 2　等 2　出 2　柳 2
痐 1　獏 1　旁 1　夫 1　講 1　陰 1　馬 1　烝 1　號 1　养 1　妑 1　半 1　足 1　除 1
雷 1　迷 1　署 1　平 1　争 1　里 1　連 1　容 1　姓 1　費 1　蛋 1　業 1　馱 1　種 1
禁 1　吾 1　謝 1　媂 1　愁 1　乞 1　兆 1　年 1　伏 1　胆 1　季 1　什 1　太 1　壗 1
去 1　衍 1　致 1　兎 1　花 1　巨 1　何 1　自 1　萎 1　架 1　林 1　勾 1　徤 1　唎 1
元 1　馬 1　家 1　号 1　比 1　犁 1　排 1　剥 1　妹 1　娘 1　川 1　风 1　揺 1　憂 1
还 1　酉 1　伐 1　麻 1　七 1　跟 1　五 1　磿 1　屯 1　踣 1　茂 1　破 1　呾 1　鹎 1
冲 1　枉 1　路 1　彩 1　囚 1　放 1　瓜 1　斘 1　千 1　谷 1　文 1　行 1　垌 1　𡗶 1
闷 1　尭 1　丹 1　遂 1　木 1　△1　建 1　順 1　劉 1　唅 1　坛 1　朏 1　屋 1　渌 1
嗱 1　烈 1　涤 1　踼 1　蔑 1　呀 1　怀 1　茂 1　同 1　天 1　恩 1　退 1　唥 1　麽 1
毒 1　荅 1　貌 1　旧 1　昙 1　香 1　膳 1

十六、《贖魂糏吰》

造 54　不 37　糏 36　批 33　王 28　礼 22　利 22　你 21　分 21　哽 18　獁 17　那 15

甫 15　盖 15　三 14　國 14　录 13　斗 13　到 11　特 11　粝 11　卦 11　召 10　怒 10
魯 10　鳰 10　故 9　四 9　魂 9　地 8　許 8　肩 8　嚁 8　忑 8　皇 8　布 7　欧 7
里 7　様 7　湳 7　吽 6　林 6　昙 6　栏 6　海 6　十 6　貫 6　度 6　梛 6　老 5　峝 5
屋 5　貧 5　得 5　劧 5　岜 5　出 5　五 5　桥 5　頼 5　途 5　哊 4　肚 4　神 4　倫 4
倉 4　郭 4　隆 4　傍 4　甲 4　吒 4　后 4　栏 4　發 4　農 4　販 4　土 4　立 4　力 4
同 4　麻 4　押 4　炓 4　高 4　富 4　伝 3　時 3　途 3　唐 3　夆 3　落 3　路 3　憁 3
罪 3　月 3　耳 3　論 3　耗 3　妹 3　肛 3　黎 3　曆 3　畐 3　上 3　貴 3　芽 3　学 3
名 3　婳 3　哪 3　道 3　弓 3　克 3　啠 3　七 3　界 3　拉 3　娄 3　明 3　退 3　曽 3
而 2　滕 2　黎 2　畢 2　訂 2　羅 2　班 2　保 2　枯 2　啼 2　忐 2　卬 2　達 2　櫃 2
栏 2　衍 2　姓 2　加 2　朴 2　噐 2　纫 2　爱 2　執 2　吅 2　冇 2　美 2　嗔 2　六 2
他 2　二 2　安 2　記 2　平 2　洞 2　来 2　種 2　生 2　始 2　憑 2　灶 2　叶 2　隔 2
家 2　世 2　蔦 2　喳 2　开 2　己 2　散 2　荒 2　櫝 2　奸 2　良 2　吃 2　爱 2　泣 2
勿 2　快 2　条 2　幼 2　列 2　自 2　凴 2　祭 2　遠 2　隊 2　嗎 2　朋 2　丁 2　亭 2
托 2　㥁 2　天 2　心 2　冲 2　無 2　魂 2　撓 2　哭 1　△1　獨 1　蘭 1　彭 1　登 1
放 1　輩 1　元 1　赖 1　比 1　杳 1　連 1　父 1　聖 1　萬 1　送 1　至 1　旧 1　光 1
講 1　命 1　茶 1　哏 1　况 1　足 1　笑 1　斉 1　个 1　叭 1　通 1　籠 1　挩 1　荷 1
令 1　應 1　觧 1　肥 1　害 1　鳥 1　巳 1　定 1　梁 1　閙 1　亞 1　尾 1　迫 1　身 1
腮 1　氏 1　依 1　歴 1　瑞 1　餓 1　索 1　如 1　呵 1　巴 1　把 1　亦 1　護 1　栏 1
数 1　声 1　讲 1　好 1　娘 1　代 1　仪 1　尿 1　鸡 1　梯 1　之 1　坡 1　虚 1　江 1
深 1　續 1　馱 1　敗 1　叜 1　公 1　常 1　方 1　昨 1　淋 1　恨 1　馬 1　愿 1　娋 1
化 1　煦 1　查 1　牒 1　要 1　蕊 1　灰 1　内 1　羅 1　華 1　宜 1　衣 1　八 1　了 1
影 1　買 1　竜 1　灾 1　永 1　嫩 1　闲 1　補 1　収 1　在 1　赤 1　嗔 1　佃 1　荒 1
巡 1　勇 1　温 1　气 1　逄 1　發 1　九 1　善 1　糯 1　熟 1　垓 1　岩 1　防 1　点 1
恩 1　所 1　德 1　追 1　对 1　拜 1　觧 1　川 1　莒 1　葶 1　合 1　和 1　中 1　色 1
架 1　當 1　涯 1　淡 1　広 1　�1　听 1　廣 1　细 1　喜 1　吸 1　押 1

十七、《麽送鲂》

丕 735　否 687　名 656　馬 623　卜 541　之 516　皿 516　累 371　罗 361　黄 356
到 354　力 343　他 338　海 324　土 314　亦 311　哏 305　肸 284　布 282　尼 280
托 274　本 266　提 263　故 258　了 258　芔 246　介 244　那 239　斗 232　礼 221
三 209　偶 204　造 201　卡 195　拉 193　老 187　奴 183　酉 181　十 178　舆 166
江 161　侖 157　恨 156　肩 148　作 146　大 144　啫 142　粝 141　其 141　尔 138
恶 136　双 132　肯 131　可 122　娄 122　勿 119　月 118　乜 116　坐 115　蘇 115
元 115　害 111　盖 109　观 109　號 109　怌 108　四 107　外 107　中 106　邦 103
后 102　甲 102　耒 102　住 102　莫 99　淋 99　児 99　呼 98　克 98　得 97　徃 97
比 96　仙 94　吓 94　拜 92　朝 92　哑 89　係 89　利 87　正 86　你 85　敀 85　当 85

普84　没83　丁83　地83　牙83　見83　同83　好82　龍81　召80　落80　能80
交79　吞79　垢79　勒78　百77　冷75　腊75　诺75　却72　必72　八71　者69
郎69　兵68　良68　九68　古68　達67　仆67　母67　对67　社66　長64　放64
二64　伝64　六63　非61　陋61　温61　貨60　分60　恒59　岜59　文59　杀58
办57　记57　沙56　七56　工55　尽55　登54　義54　并54　眉54　米53　化53
白53　若52　九52　算52　乙51　字51　雷50　覓49　五49　永49　用48　板48
立48　倍47　盏47　些47　艾47　寒47　魯46　叭46　礼46　部45　浪45　保45
亢45　眼45　一45　社44　支44　胡43　坡43　斉43　法43　足43　旦43　治43
皆43　巷42　领42　公42　头42　花42　洪41　班41　亡41　賊41　生41　黑40
合40　吩39　半39　寻38　所37　棑37　几37　困37　色36　時36　則36　林36
松36　太36　橋36　天36　贞35　癸35　卦35　怕35　残35　内35　闷35　送34
汏34　養34　道34　麻34　偕34　桑33　成33　弄33　结33　耳33　别32　龙32
孟31　臣31　谁31　碇31　始31　今31　豆31　任31　漏31　塘30　連30　口30
沌30　斐30　栟30　年30　才30　辞30　有30　门30　近30　朋30　州29　蘇29
久28　婠28　户28　倿28　问28　篭28　娘27　火27　宊27　穷26　叩26　呏26
乎26　们26　為26　哄26　寍26　灵25　的25　散24　灌24　亡24　冇24　平24
晒24　艮24　仰24　心24　丹23　台23　國23　記23　个23　为23　佳23　又23
點23　敏23　掃22　與22　佛22　街22　条22　很21　方21　喜21　行21　全21
手21　北21　春21　兄21　谟20　定20　风20　病20　皮20　请20　高20　难20
萬19　王19　請19　津19　厖19　番18　漢18　谷18　女18　種18　迷18　先18
思18　脊18　雅18　寡18　考17　梨17　位17　加17　遜17　興17　袋17　路17
襛17　眉17　千16　而16　孫16　况16　強16　厄16　姝16　打16　危15　埔15
篩15　夭15　吋15　通15　容15　汰15　弓15　奔15　孝15　安14　崩14　惱14
根14　陁14　茶14　排14　各14　向14　汶14　從14　来14　尾14　報14　求14
夘14　恩14　齐14　金14　汇14　逢14　般14　芒14　显13　乱13　蘭13　弟13
羊13　楚13　丈13　干13　門13　旼13　愛13　表13　貝13　晚13　迯13　宜13
灾12　闸12　山12　降12　斥12　惱12　愛12　令12　里12　闹12　鬼12　乃12
茫12　矣12　接12　昜12　等12　且11　馬11　翁11　壬11　苗11　狗11　逢11
吾11　办11　欲11　贼11　亨11　卬11　帖11　未11　吊11　品11　祖11　滿11
只11　索11　宗11　断10　佚10　日10　鶏10　寄10　要10　罒10　渭10　里10
葉10　黙10　妹10　切10　銭10　句10　敖10　令10　膧10　蒲10　孑10　劳9
秽9　鄉9　灶9　依9　变9　共9　庚9　嫁9　墨9　美9　緍9　卅9　揚9　席9
委9　隆9　須9　把9　來9　点9　以9　木9　引9　論9　退9　为9　買8　笑8
唤8　猺8　烈8　符8　貸8　攻8　帝8　甫8　初8　子8　直8　还8　田8　河8
羔8　耕7　姓7　奉7　准7　処7　恩7　流7　軍7　便7　架7　雖7　丘7　押7
情7　糌7　满7　是7　錠7　丞7　盆7　夏7　骨7　亡7　騎7　跪7　肚7　曹7

臨7 奸7 宿6 限6 娘6 消6 丑6 準6 稼6 禄6 諾6 逃6 独6 侖6
怪6 盤6 早6 经6 圩6 簡6 牂6 兇6 虫6 猫6 告6 鱼6 删6 差6
帽6 庙6 货6 佈6 谢6 劝6 阨6 梢6 亮6 習6 署6 不6 丈6 返6
東6 済6 宜6 弍6 占6 存6 丙6 死6 将6 敬6 廷6 秀6 李6 案6
都6 底6 呉6 蓮6 刚6 装6 昆6 椶6 芋5 劍5 伍5 領5 血5 城5
灯5 第5 離5 每5 下5 糖5 惟5 補5 师5 巴5 何5 罵5 洗5 筱5
冒5 着5 护5 賣5 赫5 同5 華5 若5 乚5 仰5 快5 上5 知5 坤5
纳5 改5 虽5 毫5 叻5 哥5 宫5 箅5 蟻5 承5 青5 拿5 父5 西5
德5 桃5 彦5 昗5 坟5 洞4 悁4 信4 戥4 禁4 意4 府4 敢4 筶4
錐4 褒4 爲4 康4 替4 尺4 虎4 狄4 壮4 因4 瓦4 过4 赖4 喊4
纽4 混4 代4 争4 荷4 和4 柳4 背4 粮4 悔4 照4 類4 倫4 禮4
欠4 列4 脱4 仒4 拼4 油4 蛮4 賽4 川4 昂4 岩4 念4 家4 敗4
動4 辰4 燒4 简4 魂4 福4 音4 怨4 壳4 楼4 鸭4 添4 君4 欷3
書3 强3 岑3 仇3 脚3 話3 少3 呈3 命3 听3 刷3 忠3 胃3 進3
崔3 兔3 殁3 拐3 蟀3 簣3 兹3 蜀3 囬3 罕3 尨3 孔3 獨3 嘆3
漼3 斤3 则3 嫩3 肉3 釵3 魚3 努3 重3 小3 寅3 叟3 斉3 诺3
叙3 残3 肚3 奶3 执3 烎3 品3 献3 哉3 破3 足3 事3 佐3 云3
專3 省3 親3 邦3 册3 左3 已3 弩3 民3 陳3 勇3 拾3 荣3 研3
伯3 患3 印3 鳳3 忙3 鞋3 轟3 柳3 着3 磺3 移3 誰3 墓3 床3
罪3 臭3 計3 謝3 謨3 客3 輝3 伽3 店2 姤2 相2 暮2 墻2 玉2
蛙2 卑2 污2 界2 屡2 扁2 柳2 坪2 妃2 染2 腐2 缴2 仟2 印2
毛2 墙2 泊2 社2 尚2 另2 懐2 舍2 残2 扒2 歌2 裡2 眼2 艾2
惱2 迎2 啗2 蓑2 罘2 賀2 徳2 檻2 柯2 悻2 惱2 还2 麺2 様2
衙2 胎2 爱2 横2 唱2 貢2 魯2 笨2 蜩2 迎2 救2 么2 螳2 色2
問2 猪2 尘2 收2 雪2 友2 等2 面2 虽2 借2 急2 嗽2 堂2 罫2
想2 蒙2 滅2 谕2 被2 篭2 現2 宛2 斬2 弱2 功2 思2 碗2 惰2
万2 刁2 腰2 戌2 糯2 亚2 塞2 俄2 话2 傑2 朦2 担2 淂2 旺2
供2 罡2 奈2 酒2 節2 赞2 傍2 寔2 星2 讱2 霞2 迹2 味2 喇2
常2 當2 陸2 謀2 烟2 佑2 光2 陽2 言2 博2 廣2 沍2 墻2 晒2
平2 價2 㡯2 参1 抑1 哈1 虎1 龙1 帮1 己1 清1 細1 单1 賴1
门1 斑1 倉1 柳1 胎1 惱1 杯1 笼1 婁1 穷1 轉1 舍1 岗1 敢1
櫃1 刀1 慈1 贵1 读1 珀1 浍1 声1 等1 昗1 櫃1 儿1 抷1 蘘1
襄1 晒1 如1 敢1 摇1 驗1 樗1 消1 磺1 砌1 阻1 叙1 叙1 宣1
衩1 包1 苜1 祿1 許1 砫1 士1 聑1 氣1 郎1 里1 蓑1 慢1 帽1
忽1 陌1 济1 约1 卯1 申1 飯1 敉1 石1 愁1 傏1 蹇1 晒1 斥1
鳳1 篓1 黎1 箭1 於1 琶1 禄1 砍1 賽1 姑1 臘1 歸1 濟1 諸1

仗 1　费 1　翠 1　冈 1　鞭 1　粪 1　頑 1　细 1　顶 1　来 1　夆 1　件 1　国 1　桂 1
报 1　神 1　嗊 1　墻 1　結 1　勺 1　務 1　軒 1　晃 1　群 1　過 1　候 1　麪 1　蛒 1
壘 1　园 1　往 1　讀 1　養 1　界 1　毡 1　檻 1　雲 1　鑲 1　隔 1　弘 1　基 1　傘 1
逕 1　务 1　蘇 1　列 1　讯 1　站 1　殿 1　侈 1　瓜 1　茎 1　契 1　杋 1　覽 1　范 1
驗 1　運 1　隅 1　豖 1　修 1　硔 1　反 1　夜 1　皆 1　誯 1　傲 1　间 1　普 1　皆 1
苒 1　愛 1　涯 1　堯 1　咮 1　昔 1　怓 1　逳 1　祖 1　倫 1　槑 1　祿 1　垩 1　佨 1
水 1　吽 1　盖 1　互 1　碇 1　昭 1　褰 1　京 1　拷 1　觀 1　瑞 1　料 1　詵 1　石 1
瑟 1　丈 1　廷 1　皆 1　厗 1　闬 1　洽 1　桶 1　升 1　此 1　貫 1　望 1　肩 1　琴 1
訢 1　枝 1　丹 1　條 1　防 1　洋 1　針 1　观 1　吉 1　啈 1　博 1　午 1　羣 1　喟 1
貴 1　霜 1　增 1　益 1　抹 1　獲 1　羡 1　恭 1　休 1　贡 1　車 1　懷 1　媽 1　聲 1
须 1　溂 1　釰 1　異 1　鏡 1　塊 1　贵 1　勝 1　贊 1　善 1　假 1　人 1　劫 1　裏 1
煙 1　削 1　橙 1　樗 1　螗 1　龙 1　籃 1　红 1　唑 1　瑟 1　肆 1　剖 1　槽 1　筒 1
覆 1　崖 1　晚 1　袾 1　扳 1　箱 1　玖 1　彼 1　團 1　籠 1　弅 1　若 1　我 1　輿 1
器 1　武 1　卷 1　沸 1　淚 1　滕 1　苟 1　也 1　歲 1　素 1　宧 1　曼 1　某 1　捉 1
虽 1　確 1　宫 1　看 1　犴 1　追 1　貞 1　直 1　扼 1　蘇 1　官 1　入 1　慣 1　鴿 1
講 1　零 1　發 1　贖 1　目 1　易 1　怀 1　旦 1　曹 1　寸 1　初 1　龍 1　她 1　明 1
儌 1　宅 1　南 1　礷 1　隘 1　猛 1　多 1　兎 1　復 1　议 1　串 1　讀 1　拼 1　絛 1
農 1　籃 1　庶 1　兇 1　谋 1　寰 1　谓 1　杵 1　汱 1　碓 1　杰 1　諒 1　囊 1　蘭 1
扭 1　蛇 1　贊 1　絲 1　耗 1　倒 1　贯 1　牛 1　贖 1　迁 1　投 1　噻 1　屋 1　滑 1
途 1　房 1　彭 1　香 1　粮 1　類 1　皆 1　龍 1　歲 1　� 1　糀 1　酓 1

十八、《布洛陀孝亲唱本》

仆 276　丕 260　各 254　否 244　之 240　的 182　斗 174　黄 155　力 153　了 146
海 139　造 138　界 136　啫 125　盆 116　三 109　托 94　古 92　麻 90　月 89　那 87
請 87　得 85　肩 77　本 72　向 71　米 69　同 67　名 67　褒 66　十 65　吜 64　到 63
偶 62　妹 61　戾 61　百 61　老 59　落 59　豚 59　係 59　一 59　耕 58　四 58　尼 56
康 55　交 54　楼 54　卡 54　比 53　粝 53　蘭 53　王 53　旨 53　喇 52　分 51　生 50
恨 49　勒 48　闷 47　地 47　節 46　立 46　里 45　他 45　乱 44　楽 44　侖 43　累 43
故 41　淋 41　非 40　内 39　利 39　放 38　任 38　双 38　左 38　良 37　伝 37　礼 37
朝 37　漢 37　坐 36　仙 36　才 35　问 35　當 35　登 34　六 34　孫 34　怌 34　馬 34
八 34　獨 33　怕 32　祖 32　甲 32　喊 32　温 32　二 32　九 32　从 32　雷 30　外 30
台 30　普 30　諾 30　墓 30　也 29　銅 29　結 29　拉 28　哏 28　恒 28　国 28　能 28
魄 28　宜 28　娘 27　蜡 27　送 27　為 27　而 26　應 26　卜 26　文 26　好 25　后 25
七 25　沙 24　查 24　農 24　丁 23　用 23　禄 23　没 23　中 23　為 23　头 23　白 23
天 23　所 22　姝 22　肸 22　必 22　危 22　退 22　苒 22　茫 21　倫 21　恶 21　江 21
性 21　坟 21　諧 21　独 20　議 20　呉 20　請 20　日 20　春 20　皇 20　吽 19　素 19

松 19　閦 19　大 19　艮 19　邦 19　吞 19　打 19　臣 19　囊 19　伏 19　土 19　旗 19
達 18　昆 18　旦 18　貫 18　把 18　五 18　達 18　拜 17　凘 17　成 17　叩 17　通 17
害 17　点 17　其 17　对 16　論 16　你 16　板 16　問 16　酒 16　太 16　則 16　來 16
作 16　年 16　篙 16　連 15　正 15　義 15　蚁 15　雖 15　永 15　壹 15　貺 15　籠 15
見 15　粉 14　盏 14　西 14　林 14　萬 14　馬 14　類 14　迋 14　龙 14　亥 14　羣 14
風 14　牌 14　迫 14　房 14　押 14　可 14　時 14　寕 14　臘 14　凘 14　言 14　安 13
更 13　開 13　却 13　女 13　倿 13　讀 13　罗 13　求 13　反 13　條 13　志 13　旗 13
宗 13　巢 12　榜 12　喪 12　坐 12　狼 12　魚 12　洞 12　盤 12　燧 12　万 12　発 12
敏 12　牙 12　鶏 12　德 12　兄 12　塘 11　模 11　罯 11　母 11　足 11　扳 11　羊 11
鳥 11　輝 11　何 11　色 11　家 11　字 11　鳥 11　娄 11　如 11　拙 11　魯 10　龍 10
卬 10　岜 10　黑 10　莫 10　嫁 10　若 10　輪 10　養 10　号 10　化 10　夏 10　勿 10
殿 10　金 10　署 10　亣 10　哄 10　前 10　賴 10　陸 10　濃 9　謀 9　路 9　酉 9
吋 9　欠 9　南 9　棑 9　介 9　恓 9　显 9　部 9　品 9　傍 9　短 9　夜 9　亢 9　意 9
雨 9　栢 9　計 9　隋 9　望 9　道 9　恴 9　己 9　者 9　賀 9　肯 9　凹 9　嘆 9　碗 9
雅 9　啫 9　還 9　蒙 8　工 8　断 8　姓 8　孔 8　卦 8　磨 8　加 8　布 8　云 8　從 8
怪 8　人 8　旱 8　怒 8　神 8　杀 8　克 8　青 8　謟 8　门 8　汶 8　弓 8　帝 8　拾 8
琴 8　岩 8　堂 8　誰 8　猌 8　墓 8　碍 8　孝 8　欲 7　叓 7　坡 7　夏 7　清 7　肚 7
庚 7　些 7　行 7　敢 7　夫 7　鄉 7　流 7　記 7　隆 7　早 7　美 7　掃 7　訴 7　福 7
耨 7　食 7　提 7　保 7　龍 7　凡 7　奷 7　昄 7　馬 7　囊 7　啼 7　鸾 7　破 7　厄 7
肚 7　泠 7　念 7　郎 7　呼 7　怀 7　宪 7　法 7　胎 7　菜 6　夭 6　山 6　嗦 6　賊 6
命 6　貴 6　病 6　平 6　迷 6　星 6　庚 6　煩 6　墨 6　窮 6　美 6　吾 6　牛 6　學 6
祥 6　系 6　鲜 6　凘 6　位 6　骨 6　哥 6　吓 6　唐 6　勒 6　肯 6　籠 6　冷 6　豆 6
吼 6　陋 6　仰 6　奔 6　崩 6　祭 6　覺 6　惰 6　僕 6　筒 6　朋 6　别 6　片 6　能 6
为 6　花 6　且 6　下 5　孟 5　粮 5　多 5　農 5　半 5　鐔 5　弟 5　壬 5　頁 5　恩 5
豸 5　種 5　恐 5　梁 5　託 5　細 5　苧 5　離 5　帛 5　乃 5　物 5　代 5　罵 5　佈 5
帽 5　囊 5　司 5　龍 5　定 5　銀 5　罷 5　華 5　罪 5　勞 5　元 5　今 5　令 5　篤 5
弔 5　闲 5　改 5　丹 5　賣 5　啞 5　旺 5　犬 5　去 5　喜 5　火 5　歐 5　木 5　献 5
陽 5　納 5　銀 4　旼 4　眉 4　州 4　寅 4　烈 4　都 4　區 4　益 4　弄 4　全 4　亡 4
卡 4　慢 4　苗 4　唤 4　錢 4　臾 4　習 4　姑 4　兒 4　燈 4　翁 4　價 4　犁 4　運 4
泉 4　匡 4　奠 4　乜 4　喈 4　嘆 4　世 4　荷 4　強 4　門 4　申 4　汝 4　徒 4　巳 4
能 4　有 4　子 4　散 4　硬 4　藍 4　式 4　箬 4　籠 4　厄 4　懷 4　舅 4　不 4　奴 4
卡 4　潲 4　千 4　搒 4　尭 4　限 4　官 4　存 4　儀 4　伯 4　考 4　傘 4　高 4　肉 4
教 4　桃 4　劍 4　初 4　氏 4　鵬 4　退 4　常 4　君 4　徃 3　測 3　畜 3　圩 3　吊 3
寿 3　梅 3　虫 3　罡 3　回 3　借 3　每 3　玄 3　忠 3　鷄 3　樓 3　看 3　潦 3　延 3
卭 3　巽 3　时 3　毛 3　吝 3　倉 3　珠 3　頭 3　咲 3　紅 3　流 3　糸 3　公 3　未 3
蘭 3　道 3　旱 3　嚨 3　焉 3　盖 3　丑 3　事 3　召 3　呃 3　錢 3　社 3　排 3　困 3

笼3 谷3 当3 夏3 旁3 帮3 角3 荣3 皆3 耳3 乎3 仍3 廷3 過3
塊3 項3 刀3 上3 卷3 洛3 相3 房3 玉3 令3 未3 算3 吟3 動3
業3 心3 合3 添3 芒3 嘲3 嗙2 主2 觀2 由2 悮2 兵2 涙2 偏2
涼2 體2 疆2 银2 紫2 膳2 佩2 園2 買2 腦2 辰2 爸2 隥2 啃2
格2 埋2 殺2 水2 斤2 察2 謝2 馬2 興2 办2 个2 嫩2 桃2 夘2
散2 該2 芬2 况2 皮2 肉2 逢2 要2 被2 橋2 臘2 蘇2 晒2 褲2
迫2 齊2 温2 長2 隋2 包2 丧2 扶2 筆2 罷2 街2 財2 黄2 儅2
援2 韦2 塘2 根2 奶2 穷2 横2 㝵2 歐2 尽2 重2 葉2 欄2 猪2
咬2 灵2 鎖2 旨2 卬2 表2 手2 桐2 亦2 北2 夂2 位2 癸2 悃2
戍2 濃2 話2 荒2 象2 農2 桑2 却2 等2 敗2 物2 毫2 午2 劉2
鱼2 剪2 善2 誨2 諫2 帖2 夢2 垃2 昂2 國2 虹2 巷2 彼2 衙2
庙2 達2 閔2 亮2 祥2 蘇2 夲2 冑2 治2 兆2 蓬2 盟2 富2 雲2
浪2 基2 摸2 依2 晚2 唱2 洪2 罵2 新2 茂2 柏2 滿2 陋2 咸2
劳2 無2 信2 刘2 边2 班1 怌1 虎1 寅1 汭1 口1 侯1 東1 候1
城1 訢1 变1 拿1 经1 哢1 干1 仇1 放1 爛1 蘇1 胡1 踏1 禮1
桸1 豸1 賴1 轉1 无1 書1 闩1 诉1 章1 隋1 底1 恩1 樓1 與1
捍1 铜1 群1 冇1 媽1 夏1 矩1 冼1 綏1 青1 混1 奠1 與1 厖1
锛1 揔1 懈1 腦1 但1 闩1 巢1 佺1 晌1 徵1 賠1 骨1 惱1 怒1
敎1 能1 諾1 需1 宙1 办1 俏1 隤1 墻1 囊1 尭1 欄1 纔1 嘩1
諺1 霫1 或1 臘1 测1 雑1 容1 笼1 庭1 紙1 似1 冲1 梛1 几1
扱1 舟1 帮1 刻1 初1 僚1 及1 近1 差1 面1 秤1 鴉1 以1 箕1
去1 覚1 报1 兼1 梁1 欄1 漠1 蒫1 唠1 巽1 貫1 恕1 吳1 尅1
頂1 証1 桓1 嶤1 久1 便1 報1 絺1 先1 宿1 已1 愠1 旱1 𤤶1
愛1 鋃1 且1 洗1 抆1 宇1 告1 串1 民1 亨1 鍊1 赫1 嘲1 勒1
膶1 盂1 皆1 監1 俾1 逄1 淪1 顯1 蛇1 枚1 愛1 眉1 罕1 罷1
籠1 無1 宝1 救1 宛1 会1 丈1 規1 挑1 扫1 虎1 色1 苛1 唠1
则1 蒼1 财1 度1 勾1 蛋1 将1 啦1 丹1 誠1 舟1 功1 甫1 跪1
晉1 引1 鴉1 建1 舍1 糌1 叹1 犯1 耗1 怨1 仁1 少1 過1 池1
村1 遠1 賽1 戍1 氣1 發1 糞1 显1 画1 厘1 糯1 叉1 冤1 須1
筆1 繆1 瑟1 接1 微1 丧1 国1 欄1 犯1 様1 峩1 歪1 回1 京1
領1 夣1 受1 姶1 腮1 逬1 補1 右1 奚1 完1 笼1 飛1 叟1 髏1
羅1 籠1 漫1 門1 案1 財1 因1 俟1 单1 濃1 衣1 卡1 火1 零1
然1 衰1 坦1 柜1 綿1 见1 肥1 丧1 咪1 兎1 兒1 尖1 煞1 仇1
阿1 明1 婁1 讒1 夔1 料1 入1 免1 訂1 陰1 嗔1 埊1 歲1 恭1
鬼1 粰1 緞1 過1 虧1 占1 河1 沉1 庫1 叟1 籠1 降1 猬1 贯1
冐1 閔1 卯1 悔1 索1 囘1 糞1 扼1 婁1 鮮1

十九、《占殺牛祭祖宗》

仆228 丕221 各189 之168 否168 斗116 造116 的115 力105 盆99
請98 托91 甲85 海83 了80 三79 月75 喇74 界72 麻69 古68 耕58
百58 啫57 為55 肩53 那52 姝51 廹51 得50 本50 落48 係48 一48
悶47 名46 偶46 吅46 到45 勒44 向44 卡44 他43 楼43 王43 怀43
四42 六41 恨40 豚39 同38 地37 米37 馬37 黄37 里36 康36 十35
伝34 老34 粝34 礼33 獨33 能33 仙32 孫32 任32 楽32 銅31 魄31
非30 諾30 累29 介29 蘭29 戾29 立29 昔29 基29 放28 旗28 久28
國27 皇27 交26 二26 節26 應26 登25 坐25 坐24 農24 生24 吉23
呑23 台23 岡23 問23 諧23 蜡22 雷22 淋22 危22 作22 胎21 普21
扳21 双21 问21 五21 七21 八21 利21 拉20 哏20 喊20 呉20 江20
也20 臣20 結20 娘19 乱19 通19 鳥19 栢19 芀19 点18 倫18 永18
褒18 而18 盤18 没18 分18 房18 内18 朋18 天18 當18 孝18 搥17
議17 恶17 吽17 丁17 義17 囊17 伏17 九17 良17 戾17 比17 民17
恒16 才16 昆16 土16 外16 松16 头16 祖15 打15 你15 成15 甫15
年15 牌15 雖15 酒15 大15 宜15 白15 見15 粉14 篤14 朝14 夏14
林14 如14 侖14 拜14 闷14 褒14 達14 論13 尼13 魚13 風13 貫13
求13 查13 性13 頼13 則12 連12 佈12 温12 廷12 吼12 却12 開12
禄12 女12 蚁12 壹12 朧12 茫12 可12 時12 琴12 片12 德12 盏12
怕12 芒12 巢11 路11 酉11 姓11 办11 邦11 若11 必11 害11 燧11
故11 板11 所11 亥11 囊11 破11 反11 碍11 暮10 更10 用10 庚10
怒10 龍10 法10 字10 圡10 前10 嗟9 模9 橙9 叩9 尨9 記9 足9
鷄9 劄9 日9 正9 殿9 還9 塘8 弓8 黑8 冷8 啼8 押8 万8 褭8
把8 恓8 魋8 旦8 鄉8 元8 好8 罵8 流8 弄8 賀8 怪8 發8 梁8
食8 敏8 丧8 捞8 安8 罷8 云8 閂8 佞8 陸8 兄8 对7 蒙7 金7
苧7 沙7 显7 行7 呼7 從7 羊7 美7 南7 吾7 亞7 膂7 妹7 太7
道7 何7 欠7 化7 勿7 肸7 当7 迠7 志7 童7 急7 岩7 磨7 桃7
寧7 后6 丹6 犬6 恩6 類6 妹6 色6 孔6 徒6 岜6 扳6 煩6 下6
申6 送6 賊6 豆6 隨6 亢6 崩6 肚6 魯6 計6 歐6 隋6 祥6 望6
吋6 養6 哥6 其6 門6 萬6 神6 奴6 家6 猪6 孬6 恒6 弔6 龍6
筒6 青6 郎6 乃6 宗6 陽6 穷5 沙5 乇5 堯5 者5 福5 狼5 該5
榜5 云5 孟5 蘇5 讀5 独5 叓5 齊5 燈5 輪5 耨5 是5 世5 提5
克5 然5 己5 凡5 籠5 早5 素5 门5 帝5 厄5 寸5 星5 灭5 眉5
僕5 夫5 念5 寅5 布5 花5 嗪5 言5 限4 鐔4 傍4 巳4 意4 仪4
火4 烈4 洪4 千4 羣4 司4 伐4 肩4 半4 肉4 測4 殺4 益4 細4

洞4 玉4 圩4 人4 入4 寿4 區4 牛4 輝4 堂4 話4 犁4 運4 泉4
劍4 乜4 髙4 體4 兼4 素4 加4 紅4 欲4 西4 耳4 献4 品4 肯4
藍4 都4 來4 况4 華4 位4 牙4 湳4 咬4 北4 春4 哄4 賣4 祭4
覺4 惰4 啞4 氏4 旺4 定4 教4 初4 考4 坆4 恆3 命3 州3 洛3
閔3 部3 夜3 貴3 平3 籠3 壬3 乎3 依3 保3 咦3 喚3 美3 徉3
雨3 卬3 畜3 財3 夭3 虫3 右3 亨3 爲3 庙3 辰3 常3 卦3 吓3
巽3 嗼3 坡3 頭3 弇3 夘3 窮3 号3 占3 署3 翁3 丑3 有3 啢3
散3 窮3 貽3 興3 乖3 性3 散3 昌3 換3 昂3 未3 與3 傘3 中3
事3 盖3 虎3 灵3 困3 陋3 左3 察3 怨3 竟3 災3 荣3 濃3 亮3
伯3 物3 子3 午3 仍3 碗3 帮3 洗3 凹3 塊3 糞3 剪3 画3 邛3
索3 銀3 断3 奔3 犽3 喜3 長3 蓬3 怀3 光3 官3 心3 送3 欄3
掃3 添3 裙3 荷3 令2 戍2 買2 離2 舍2 衙2 个2 胃2 兆2 貸2
進2 雲2 尖2 基2 奠2 腦2 逃2 刁2 潦2 偏2 晉2 寧2 山2 疆2
紫2 膳2 相2 耗2 卜2 佩2 侯2 候2 经2 目2 皮2 象2 諫2 囤2
兵2 代2 埋2 毛2 主2 治2 報2 崩2 汝2 扭2 將2 全2 佛2 勤2
街2 間2 扨2 被2 社2 鎖2 闩2 唬2 喇2 雜2 罡2 焉2 去2 巷2
橋2 蔬2 敵2 獨2 後2 早2 观2 往2 唐2 斉2 蘭2 请2 勞2 業2
召2 菜2 珠2 不2 陋2 莫2 闬2 琵2 要2 滅2 仰2 種2 角2 凉2
拾2 些2 皆2 浪2 枝2 様2 粮2 跪2 建2 亡2 廷2 漢2 梅2 訴2
茂2 兄2 旼2 熟2 筆2 雅2 办2 垃2 小2 英2 上2 奚2 人2 母2
变2 嫩2 謀2 癸2 强2 魂2 嘻2 富2 谷2 禽2 娄2 耒2 奸2 託2
莖2 碰2 佔2 君2 敗2 借2 唱1 嫁1 帥1 罷1 根1 賠1 廟1 兂1
逭1 延1 蛇1 補1 杔1 皿1 料1 合1 蘇1 俾1 过1 夏1 崔1 懈1
巢1 鐔1 粿1 勒1 尅1 霌1 帛1 達1 然1 嘌1 丧1 宝1 顔1 滿1
柏1 蒜1 完1 叨1 票1 脉1 怕1 印1 瞷1 闷1 閔1 喚1 惱1 弄1
號1 猲1 糌1 客1 尭1 懹1 催1 典1 晒1 鱼1 園1 篭1 雌1 橝1
硔1 省1 差1 而1 憍1 鳯1 過1 熛1 値1 罪1 敢1 贞1 先1 叟1
横1 嫲1 岡1 侣1 腦1 帛1 旬1 愛1 慢1 蒼1 鸾1 照1 秤1 動1
以1 尾1 辛1 銭1 胡1 叟1 罗1 靴1 規1 卞1 信1 重1 厘1 今1
硬1 羅1 丹1 扶1 喪1 单1 扻1 微1 另1 丘1 尽1 矩1 墻1 士1
刺1 田1 肚1 卡1 搃1 徵1 旡1 斬1 隤1 文1 皆1 顯1 峩1 肩1
苻1 章1 改1 角1 閪1 口1 荣1 焉1 呈1 讒1 偉1 荒1 替1 存1
坤1 迁1 色1 瞷1 習1 别1 死1 爱1 忠1 慶1 條1 订1 鳳1 緩1
銭1 毫1 油1 敢1 夵1 拱1 拐1 刀1 祭1 劉1 説1 粧1 降1 仁1
悮1 雄1 骨1 池1 除1 懷1 遠1 黎1 戌1 氣1 昆1 韋1 樂1 瘟1
偷1 干1 鸞1 善1 糯1 忝1 固1 逄1 繆1 昴1 緞1 歌1 隆1 逢1

𡿨1 曾1 宿1 彼1 美1 歐1 絺1 劳1 興1 達1 合1 價1 誰1 須1 儅1 頪1 引1 書1 佮1 嘩1 墓1 索1 学1 测1 肥1 陰1 恨1 夢1 案1 盏1 爲1 宛1 报1 眼1 明1 空1 宝1 木1 但1 寇1 櫃1 龍1 难1 姑1 杀1 傢1 罯1 甫1 面1 芠1 令1 犯1 敨1 河1 貢1 包1 媺1 閔1 竉1 炉1 頂1 偕1 泰1 魂1 卮1 怕1 皀1 惱1 害1

二十、《呼社布洛陀》

否240 丕213 𠀉170 之158 名127 社120 佈118 黄116 古114 累109 馬102 仆99 得93 的92 海86 了86 召84 力82 本82 那81 里81 卜81 斗81 到79 三72 哏70 龙69 罗68 作68 偶64 介64 尼62 康57 啫55 月54 而51 眉51 恶51 朝50 吓49 道49 迷48 芛48 四47 十47 卡46 麻46 肦46 托45 亦44 立44 礼43 土42 交41 江40 后40 係40 外40 大38 中38 双38 粝37 叭36 凡36 奴36 邦34 岀34 丁32 旨32 侖31 冷31 观31 他31 其31 八31 尔31 事30 老30 造30 好29 圡29 必28 七28 娄28 杔27 又27 皆27 若26 黑26 不26 位25 六25 甲25 温24 九24 蚁23 没23 号23 一23 当23 仰23 郎23 扮22 仙22 伝22 户22 地22 能22 旼21 怌21 白21 却21 美21 同20 恒20 莫20 落20 山20 二20 向20 艾20 勿20 佛20 恨19 拜19 論19 盖19 淋19 荨19 各19 兵19 賊19 呼18 独18 台18 沙18 吞18 用18 色18 茫17 正17 則17 魯17 方17 來17 任17 文17 五16 柙16 都16 腊16 苋16 下16 旼16 布16 故15 賀15 母15 提15 以15 宜15 皆15 未14 叩14 犭14 諾14 乎14 惱14 字14 汏14 可14 利14 恩13 羅13 耒13 国13 貨13 美13 行13 年13 良12 眉12 登12 穷12 柯12 松12 妹12 比12 困12 你12 合12 天12 茶11 桑11 雷11 班11 孟11 徃11 勒11 令11 亡11 送11 危11 弟11 早11 何11 克11 為11 錢11 湳11 厄11 法11 見11 高11 酉10 馬10 出10 打10 問10 亢10 怪10 純10 几10 内10 纯10 寕10 敗9 腱9 治9 旦9 押9 养9 州9 足9 生9 委9 百9 分9 公9 惡9 花9 們9 喇8 塘8 者8 吝8 显8 長8 樬8 卦8 日8 普8 多8 半8 才8 个8 尽8 倿8 降8 歪8 残8 律8 官8 句8 誰8 点8 心8 兄8 耳7 訴7 楼7 福7 賠7 加7 保7 妼7 升7 時7 常7 癸7 考7 料7 近7 闲7 对7 至7 永7 孫7 発7 容7 狗7 涮7 嗼7 代7 門7 喜7 板7 关7 请7 結7 南7 陃7 从7 头7 春7 朋7 界7 娘7 零7 初7 恩7 勒7 領6 汶6 吃6 眉6 崩6 上6 飳6 冇6 請6 漢6 林6 禄6 悶6 记6 從6 葉6 清6 货6 浪6 求6 娘6 有6 走6 笼6 筹6 狼6 成6 歹6 内6 米6 占6 君6 芒6 擮5 坡5 灵5 素5 断5 限5 筭5 卩5 吊5 夭5 子5 後5 些5 祖5 �5 放5 王5 國5 拉5 西5 唐5

義5 女5 軍5 笑5 倫5 洪5 圩5 杷5 对5 屡5 獁5 残5 振5 己5

旼5 节5 磺5 安5 今5 歐5 角5 印5 鬼5 烈5 德5 寒5 倏5 丹5

達5 濟4 怕4 火4 過4 枝4 盞4 川4 萬4 千4 弓4 亮4 農4 開4

絺4 夜4 病4 洛4 倍4 洞4 来4 嫁4 部4 肚4 苗4 酒4 歐4 洗4

崔4 升4 忌4 壺4 巽4 佳4 衣4 品4 貫4 豆4 工4 流4 亏4 乃4

且4 元4 足4 金4 耗4 横4 论4 空4 屯4 敖4 扳4 寸4 李4 賽4

別4 念4 护4 冐4 因4 宗4 陸4 連4 烟4 區4 数3 蘭3 丑3 莫3

丈3 音3 漠3 銀3 干3 沙3 通3 迁3 風3 羊3 玫3 洒3 博3 庚3

發3 牛3 理3 經3 進3 忒3 泿3 潤3 網3 夫3 吋3 昇3 浴3 庄3

归3 混3 忽3 取3 黑3 懐3 刀3 馬3 煞3 審3 欗3 始3 昭3 共3

亭3 瓩3 肩3 扲3 舟3 牙3 排3 驴3 照3 破3 格3 軻3 賫3 则3

辰3 久3 謨3 乱3 汒3 岂3 谷3 仁3 釰3 濽3 木3 恶3 寡3 前3

魂3 富3 算3 味3 退3 當3 䓁3 溂3 買3 孝3 右2 應2 血2 搜2

将2 墨2 盤2 兴2 领2 慢2 雖2 丘2 邦2 辞2 和2 乾2 丹2 城2

置2 計2 謝2 强2 虫2 託2 愛2 成2 話2 傍2 把2 碌2 曲2 猩2

瑞2 望2 髙2 佑2 賛2 訢2 剛2 皮2 巴2 太2 佐2 狠2 威2 貞2

甫2 美2 辛2 杀2 闵2 赛2 酬2 憹2 刺2 甽2 是2 噥2 凡2 艮2

昔2 強2 頭2 路2 崴2 所2 柳2 耶2 紅2 杳2 争2 褒2 敏2 丢2

裡2 小2 龙2 引2 散2 盆2 问2 傾2 还2 化2 竹2 閔2 案2 諧2

倒2 記2 郊2 區2 旺2 抲2 憮2 口2 雅2 贵2 兴2 擒2 繒2 驒2

熘2 姝2 更2 記2 寅2 猪2 親2 捉2 岺2 往2 朗2 柳2 变2 北2

龍2 陋2 橙2 列2 先2 恓2 汝2 鎖2 現2 患2 将2 枝2 物2 賣2

跪2 廷2 貴2 纳2 韋2 贊2 穴2 閔2 淫2 迯2 印2 吉2 平2 路2

牙2 怗2 祛2 類2 听2 并2 愠2 庚2 央2 盞2 敢2 陽2 粱1 伩1

肩1 産1 憾1 晋1 達1 虽1 讀1 埜1 讬1 专1 壶1 裸1 歇1 潜1

縱1 借1 仇1 示1 議1 定1 搂1 贺1 圆1 院1 类1 斤1 欲1 遜1

無1 吉1 害1 妒1 乡1 淂1 脚1 罵1 柸1 寶1 鸦1 翁1 愁1 須1

桅1 濱1 陋1 斐1 丈1 每1 耕1 汰1 根1 勇1 夘1 刪1 衙1 房1

騎1 歷1 歲1 非1 講1 参1 咳1 儉1 增1 帽1 替1 間1 艆1 卡1

兴1 迎1 防1 艹1 美1 對1 妖1 宝1 價1 務1 流1 悔1 厄1 墳1

切1 沌1 犯1 喚1 尺1 鳳1 浤1 鍺1 覃1 髙1 愛1 菜1 筈1 咸1

粲1 漠1 慽1 彭1 佟1 漠1 丹1 怪1 凇1 漠1 掃1 洗1 弄1 羔1

慽1 矣1 照1 滅1 貨1 東1 閔1 才1 裏1 咴1 墨1 擄1 徒1 欠1

俊1 攻1 樎1 等1 慢1 坞1 伍1 與1 窄1 楚1 慽1 禁1 发1 技1

攏1 拼1 雅1 寉1 家1 门1 丧1 坤1 差1 执1 巳1 騎1 爱1 察1

意1 憤1 章1 圆1 簡1 筵1 皆1 敀1 观1 食1 抑1 手1 将1 拐1

瓏1　衰1　御1　龙1　國1　国1　騎1　兎1　厲1　髮1　斈1　慢1　壯1　雷1
戥1　華1　弩1　鲜1　動1　偏1　爱1　湾1　凉1　准1　攢1　奶1　昇1　奉1
僚1　肯1　斋1　渡1　磊1　卞1　喬1　昆1　贖1　礼1　簡1　告1　挖1　隘1
貝1　尚1　罕1　罷1　堂1　延1　左1　店1　濃1　银1　殿1　斋1　夂1　申1
民1　貧1　閑1　达1　界1　亥1　要1　旼1　再1　楼1　卤1　散1　憮1　縣1
并1　苒1　逢1　兖1　夏1　濟1　父1　尭1　色1　昇1　云1　哄1　儀1　孃1
死1　此1　考1　便1　肉1　街1　巧1　见1　認1　亳1　油1　梧1　張1　猽1
时1　休1　囚1　醉1　丹1　塊1　過1　被1　顺1　钱1　塞1　蒙1　因1　决1
结1　红1　接1　雅1　垓1　旺1　莞1　崇1　顛1　駃1　騰1　弄1　劳1　逃1
吾1　臨1　串1　随1　漏1　另1　培1　仇1　玉1　暗1　萸1　財1　尼1　靴1
甲1　填1　漂1　诺1　輝1　頼1　尾1　殺1　勒1　星1　蹬1　桅1　诉1　忌1
臣1　庸1　体1　胎1　掃1　皇1　齊1　斥1　贼1　兰1　显1　显1　圓1　芥1
住1　頑1　扫1　彐1　訖1　噴1　酹1　跑1　鮮1　易1　全1　眼1　刺1　弄1
添1　存1　炉1　肉1　醫1　掎1　懷1　柨1　母1

二十一、《佈洛陀造方唱本》

洛161　米159　十159　各156　央151　而135　不127　丕121　得110　否103
本95　六93　同85　界85　立84　偶82　劳81　托78　斗78　類72　甲70　拉70
陀66　作66　后62　禮62　月58　尼57　麽57　数53　保53　他52　三50　那49
龍48　藍47　吉46　俾46　奴45　冷44　外43　召41　肉40　農40　哽38　佈38
愽38　又36　皮35　交35　玩35　白35　官33　衡33　了33　儒32　乜32　群31
哎31　朝31　更31　却30　合30　很30　馬30　西30　牙30　巴30　獨29　用28
元28　春28　楼27　王27　造27　刀26　漢26　問26　共25　海25　江25　岜25
中25　文25　冬24　心24　想23　坡23　難23　結23　之22　松22　生22　門22
能22　花22　故21　板21　孟20　納20　卡20　腊20　慢20　可20　恨19　地19
下19　太19　利18　民18　當18　達18　窮17　年17　正17　九17　代17　打17
兜17　娘16　另16　排16　四16　號16　比16　非16　永16　恩15　悶15　沙15
二15　土15　烈15　勿15　古15　黑14　温14　足14　任14　乾14　發14　没14
斉14　色13　洗13　盖13　汪13　千13　送13　份13　盆13　長12　命12　弄12
眼12　涯12　提12　分12　櫂12　郎12　等11　則11　對11　丁11　習11　情11
單11　次11　金11　引10　淋10　邦10　半10　桑10　擺10　馬10　内10　哥10
的10　高10　片10　掃9　連9　萬9　意9　好9　水9　久9　丈9　強9　五9
來9　七9　幹9　無9　加9　雷8　祖8　把8　出8　點8　記8　良8　完8　毛8　臉8
修8　論8　誰8　君8　南8　呵7　先7　也7　仙7　口7　義7　牛7　勇7　百7
一7　且7　以7　錢7　八7　腰7　念7　算7　乱6　站6　蕭6　恒6　多6　動6
燈6　機6　晚6　克6　公6　哄6　條6　卷6　天6　領6　乙5　橋5　安5　國5

方5　母5　光5　福5　凉5　開5　從5　羊5　丘5　浪5　雨5　遼5　兆5　圭5
媒5　老5　欠5　是5　養5　頭5　紅5　乾5　存5　零5　肥5　言5　才4　全4
師4　面4　抗4　茶4　換4　税4　布4　房4　瞞4　查4　宜4　為4　改4　敬4
思4　姓4　起4　明4　卦4　銀4　坤3　哎3　洞3　嫁3　小3　吭3　閙3　清3
流3　报3　妹3　爛3　鈎3　硬3　崴3　魚3　閿3　奶3　收3　斉3　别3　表3
林3　蓮3　反3　傅3　些3　朋3　買3　切3　大3　時2　散2　笨2　話2　價2
拐2　定2　涼2　初2　必2　孩2　團2　目2　洪2　吭2　鈞2　逢2　友2　歐2
兵2　号2　有2　木2　歹2　苗2　麻2　鳳2　彩2　令2　旁2　東2　民2　畋2
又2　鋼2　為2　降2　愛2　者2　快2　困2　歪2　喊2　左2　成2　枉2　佟2
鬼2　丹2　徃2　油2　女2　辦2　削2　注2　瞒2　雅2　班2　旦2　家2　嗄2
双2　刮2　雙2　偷1　衙1　豊1　臺1　挟1　长1　邊1　該1　扣1　闈1　蒲1
抽1　無1　倫1　结1　莫1　碰1　指1　求1　自1　超1　考1　財1　玉1　偉1
名1　迓1　己1　力1　断1　衆1　新1　點1　化1　仇1　咬1　限1　近1　伍1
觀1　幾1　梨1　信1　丙1　誼1　是1　圍1　劳1　緊1　怕1　互1　累1　但1
墻1　霜1　蕭1　民1　搜1　優1　遂1　貯1　爱1　龟1　戊1　變1　鈎1　讯1
歹1　剛1　狗1　弟1　勤1　爛1　腹1　以1　球1　治1　美1　刚1　殺1　路1
子1　艾1　独1　癸1　封1　夫1　并1　北1　田1　要1　卜1　壬1　勒1　所1
行1　乒1　迁1　巴1　挂1　招1　荣1　扳1　色1　石1　亮1　辛1　功1　真1
忙1　主1　山1　孫1　猺1　粮1　仁1　池1　两1　講1　手1　項1　裁1　铁1
辨1　礦1　鈞1　哓1　脚1　見1　抱1　美1　鋼1　沉1　梯1　藏1　你1　仈1
按1　端1　到1　爱1　前1　墓1　它1　權1　翻1　専1　炮1　变1　掛1　旁1
萧1　是1　火1　松1　庚1　釗1　誉1　陽1　蒙1　登1　川1　台1　達1

二十二、《漢皇一科》

王230　不144　比141　造136　皮107　皿94　耗90　斗75　到74　肛73　漢73
盖72　丕71　地68　里67　古66　度65　哼64　淂63　傍62　许61　貧58　礼58
犻58　甫58　兖55　罵55　祖53　那52　黎52　大52　徃51　双48　三48　你47
肩46　明46　娄45　隆44　暑44　奷43　十42　忐40　宜40　纫39　吽37　淋37
狼36　了36　矅34　呻33　之33　卦33　吞32　妹32　含32　鸦32　畬31　哏30
他30　后30　灰30　偶29　台29　召29　父29　助29　旧28　亦27　捞27　伝27
麻27　同27　昙26　劳25　畐25　分25　退25　所24　罡24　許24　左24　垓24
厚23　曾23　馬23　老22　四22　獁22　鸡21　渌21　星20　弄20　晋20　六20
二20　们20　在20　正19　萬19　七19　恨18　家18　散18　達18　杀18　岜18
懐18　提18　勿18　列18　吟17　故17　㕕17　講17　唎17　求17　百17　沉17
買16　恳16　忻16　个16　刊16　闭16　咟15　時15　乞15　命15　巴15　抯15
務15　可15　悲15　洛14　妑14　花14　倍13　净13　般13　屋12　落12　連12

凫 12　䍦 12　茉 12　各 12　千 12　养 12　阑 12　苔 12　娍 11　岿 11　㶷 11　呆 11
冇 11　酒 11　定 11　雩 11　司 11　心 11　娘 10　江 10　卬 10　羅 10　糗 10　𠵇 10
笑 10　末 10　逻 10　使 10　道 10　為 10　泣 10　条 10　令 10　頼 10　天 10　當 10
塘 9　親 9　班 9　畬 9　兒 9　敬 9　良 9　𢒼 9　請 9　安 9　竜 9　冐 9　瘟 9　呌 9
恩 9　強 9　破 9　气 9　竒 9　墓 9　鴨 9　皀 8　貟 8　罘 8　缴 8　長 8　踬 8　呈 8
谷 8　茄 8　五 8　闵 8　蘇 8　件 8　累 8　字 8　踖 8　甲 8　癹 8　还 8　砦 8　吐 8
花 8　骨 7　菜 7　吉 7　貪 7　沙 7　灶 7　律 7　佛 7　尞 7　也 7　干 7　桑 7　光 7
告 7　加 7　己 7　散 7　胡 7　躺 7　相 7　頙 7　色 7　利 7　北 7　灵 7　能 7　皇 7
位 6　棱 6　林 6　留 6　合 6　啼 6　答 6　跪 6　姓 6　米 6　耳 6　月 6　阑 6　願 6
國 6　仙 6　用 6　布 6　鮮 6　莫 6　丐 6　清 6　噹 6　艮 6　出 6　懐 6　怕 6　却 6
一 6　久 6　來 6　杳 6　鴻 6　当 6　白 6　旺 6　郎 6　德 6　陸 6　叺 6　茶 5　方 5
李 5　勤 5　丹 5　圡 5　器 5　慈 5　執 5　路 5　徵 5　京 5　九 5　床 5　拜 5　才 5
軍 5　名 5　容 5　叁 5　乃 5　墨 5　牂 5　入 5　尊 5　楼 5　髙 5　限 5　傘 5　牙 5
代 5　埋 5　敗 5　罧 5　立 5　馱 5　扶 5　奴 5　扳 5　作 5　改 5　聣 5　功 5　占 5
岩 5　侊 5　初 5　宪 5　荷 5　难 5　模 4　脩 4　唐 4　欵 4　防 4　木 4　曺 4　丑 4
放 4　毌 4　犯 4　法 4　楚 4　年 4　送 4　叱 4　水 4　病 4　平 4　玉 4　讀 4　武 4
梁 4　朱 4　舍 4　迷 4　伏 4　哂 4　帥 4　太 4　丈 4　匿 4　媢 4　報 4　取 4　祭 4
毒 4　阑 4　公 4　叻 4　盆 4　娋 4　肚 4　父 4　畧 4　仿 4　湳 4　仅 4　犴 4　子 4
樏 4　头 4　殳 4　現 4　屎 4　朴 4　行 4　畓 4　廖 4　誦 4　瀆 4　福 4　脌 4　笃 4
得 4　泰 4　害 4　麽 3　蓬 3　彑 3　刀 3　增 3　齐 3　蕚 3　香 3　浮 3　火 3　咄 3
剥 3　通 3　记 3　壬 3　馬 3　師 3　炁 3　急 3　乖 3　書 3　脚 3　或 3　卜 3　点 3
鸭 3　啤 3　托 3　穷 3　憐 3　咘 3　域 3　罪 3　先 3　鬧 3　仍 3　還 3　和 3　閙 3
獵 3　煦 3　内 3　雷 3　押 3　妥 3　基 3　秤 3　脴 3　農 3　失 3　文 3　外 3　赦 3
接 3　下 3　廉 3　斋 3　周 3　高 3　庫 3　兵 3　咊 3　夲 3　闳 3　零 3　喜 3　除 3
宗 3　豪 3　梼 3　缌 3　陽 3　音 3　弟 2　庚 2　滐 2　血 2　遥 2　案 2　早 2　结 2
業 2　惱 2　狗 2　塗 2　章 2　禁 2　憧 2　断 2　鸡 2　闲 2　財 2　巳 2　迫 2　面 2
鬼 2　監 2　责 2　會 2　葆 2　忌 2　符 2　顔 2　奉 2　黑 2　卡 2　辛 2　们 2　倒 2
綉 2　撫 2　迓 2　何 2　貫 2　頭 2　蒯 2　中 2　繳 2　寵 2　排 2　守 2　佩 2　参 2
有 2　力 2　亡 2　都 2　化 2　纷 2　好 2　勤 2　賎 2　尋 2　倫 2　應 2　臑 2　怩 2
霻 2　憐 2　残 2　皀 2　暗 2　樏 2　朔 2　盅 2　華 2　惱 2　论 2　歎 2　果 2　八 2
途 2　表 2　帮 2　啦 2　又 2　倉 2　已 2　危 2　銀 2　吔 2　仰 2　闭 2　汇 2　磺 2
嘇 2　宄 2　昨 2　埊 2　郝 2　印 2　琴 2　意 2　婁 2　向 2　祭 2　堂 2　棚 2　间 2
氏 2　韋 2　曰 2　啮 2　流 2　青 2　外 2　山 2　記 2　勇 2　前 2　碍 2　唪 2　媟 2
座 2　簋 2　上 2　怒 2　帝 2　溏 2　痕 2　眠 2　雙 2　考 2　貌 2　添 2　炉 2　感 2
跟 2　工 2　眼 2　毋 2　雞 1　納 1　灯 1　闷 1　顕 1　門 1　保 1　来 1　瀆 1　臯 1
洗 1　技 1　漠 1　肉 1　原 1　茉 1　滕 1　垄 1　妣 1　部 1　圤 1　墜 1　磨 1　馱 1

宋1 �1 乱1 墻1 姆1 藍1 騰1 弍1 身1 自1 翁1 竹1 尼1 苗1
酉1 雜1 猫1 闷1 横1 珠1 本1 冲1 倉1 臨1 武1 塗1 憑1 央1
闩1 莞1 纫1 蘭1 巫1 吃1 戍1 爻1 肉1 岸1 徙1 茫1 総1 騎1
陰1 南1 頂1 肝1 昨1 㿝1 歹1 歆1 凴1 經1 妥1 狂1 牌1 罵1
惟1 害1 淮1 㿝1 崇1 㿝1 覓1 瑭1 例1 蠢1 物1 蒼1 啟1 蠻1
殺1 夏1 美1 憂1 需1 管1 降1 逭1 獤1 至1 船1 腈1 㹶1 鸞1
离1 頡1 煞1 以1 西1 論1 魋1 餓1 拉1 今1 鴉1 昆1 亏1 绞1
唱1 非1 甘1 或1 東1 吧1 雷1 对1 賴1 囬1 恠1 風1 知1 界1
後1 妥1 刘1 爻1 皇1 基1 宝1 領1 民1 护1 消1 穽1 呗1 谭1
傳1 判1 認1 滝1 灰1 反1 昇1 賎1 夫1 勸1 孩1 盐1 娆1 護1
角1 闵1 要1 貫1 男1 旺1 虎1 彭1 稔1 儀1 耒1 箱1 弱1 茂1
猶1 真1 賣1 埔1 桥1 事1 妄1 秀1 派1 拳1 乖1 収1 量1 器1
是1 戌1 湖1 渥1 速1 辨1 智1 络1 金1 錦1 辱1 串1 腸1 旦1
見1 賊1 射1 受1 岑1 烈1 究1 挪1 快1 片1 朝1 州1 捧1 寡1
彭1 出1 教1 渠1 蘭1 耻1 孨1 旁1 虛1 邦1 亭1 咳1 女1 某1
解1 養1 耍1 特1 乾1 芽1 助1 味1 有1 睟1 乞1 單1 逢1 涕1
关1 戒1 彩1 阿1 腊1 牆1 們1 斤1 媤1 怼1 膦1 佳1 楽1 生1
貴1 楝1 爱1 叭1 議1 坟1 冠1 邏1 孝1 涽1 莪1 府1 窕1 奥1
弘1 菎1 爭1 绀1 聍1 哩1 降1

二十三、《歷漢皇祖王一科》

不254 王201 批188 皇174 甫146 你127 斗124 許120 存117 造115
漢100 郭100 明100 祖98 故90 地89 到87 双82 魯82 礼81 个80 蘭76
卜76 猲74 三73 里71 孖71 肩71 麻69 耗66 了65 郎61 度59 隆58
哉58 奷55 纫55 忑55 黎54 嚁54 灰54 滕54 吞48 那46 妣46 老45
妹45 也45 代45 哏44 可44 利44 得43 吒43 他42 傍42 曜40 馬40
分40 十39 条39 彼39 昙38 貧38 犁37 吽36 娘36 卦36 盖35 國35
買34 達33 岜33 旧33 散33 退33 亦32 防32 良31 忐31 徃31 淋31
巟31 房31 口30 梟30 卬30 百30 刹30 娄30 敗29 哈29 提29 狼28
翻28 鴉27 士27 猲27 大26 垓26 屋25 劳25 丁25 尔25 元25 吉24
忻24 四24 二24 国24 驴24 八24 勿24 粯23 講23 已23 嵩22 茶22
累22 捞22 落22 悋22 摳22 兆22 却21 貢20 啟20 巴20 皮20 能20
罗19 之19 件19 吲19 賴19 荅19 久18 江18 滕18 陳18 何18 求18
嗆17 伝17 丑17 还17 來17 恨16 槑16 鴳16 摳16 連16 跟16 犇16
病16 们16 除15 特15 同15 萬15 限15 千15 七15 司15 聪15 貌15
五14 畐14 送14 軍14 觧14 太14 懷14 当14 的14 墓14 所14 楼13

都13 案13 羅13 杀13 炁13 禄13 射13 馿13 内13 罗13 哂13 渌13
當13 班12 溏12 捧12 貫12 祢12 已12 宗12 月11 篤11 合11 猸11
弗11 毡11 晋11 茄11 正11 刘11 国11 布11 吟11 名11 扨11 務11
甲11 穠11 色11 登10 数10 馱10 鴻10 竉10 脴10 淂10 呈10 安10
鴨10 捲10 迷10 畚10 莱10 盆10 畓10 古10 在10 昡10 点10 腮9
艄9 蒔9 差9 温9 噐9 六9 賊9 唐9 井9 睎9 膝9 难9 銭9 天9
墒8 位8 九8 等8 刻8 把8 慈8 隂8 阂8 妖8 銀8 州8 吃8 怪8
召8 啤8 養8 如8 竹8 濾8 結8 还8 文8 屎8 見8 胘8 帝8 律8
初8 干8 雲8 溺7 毒7 細7 栈7 朝7 拜7 颱7 碚7 頔7 卧7 各7
下7 時7 梼7 怨7 喽7 玉7 禁7 砦7 苝7 怒7 占7 繳7 定7 暗7
常7 壇7 宪7 破7 失7 闪7 現7 旺7 出7 雩7 献7 䰾6 相6 絞6
折6 急6 票6 亭6 巡6 腊6 丐6 會6 涯6 或6 河6 徉6 酒6 岑6
使6 浪6 倍6 茉6 林6 脾6 躲6 骨6 寡6 燎6 型6 阔6 花6 活6
客6 領5 兵5 馱5 哈5 詛5 跪5 収5 般5 呆5 執5 路5 有5 至5
多5 命5 养5 日5 憧5 武5 闬5 家5 濁5 索5 捲5 耐5 媪5 耳5
癸5 其5 立5 交5 崇5 踈5 亭5 勤5 亮5 恒5 吃5 鮮5 轎5 呻5
行5 剥5 达5 米5 陪5 岩5 舍5 想5 捉5 陸5 索4 令4 姓4 舡4
哉4 墙4 兇4 星4 鸦4 拎4 门4 畚4 咘4 瘥4 斉4 煩4 乃4 準4
蒸4 眠4 而4 磅4 外4 罡4 恩4 和4 記4 足4 竜4 变4 寮4 夜4
発4 叁4 血4 谷4 師4 蹐4 生4 办4 增4 末4 嬰4 高4 斜4 獨4
憐4 晋4 報4 煉4 鸦4 原4 一4 途4 英4 化4 甚4 楞4 叱4 漫4
强4 离4 賊4 真4 帥4 翻4 今4 北4 争4 磊4 列4 非4 鞋4 韋4
萝4 澀4 接4 廖4 湣4 算4 們4 楽4 康4 炉4 感4 曽4 薝3 武3
磨3 傍3 守3 闩3 曺3 貪3 昆3 耽3 茫3 闵3 郭3 工3 淂3 婄3
光3 耒3 流3 用3 農3 笑3 畚3 配3 風3 害3 轉3 箱3 庫3 獵3
鸡3 網3 齊3 面3 德3 遥3 啼3 伻3 邏3 助3 伏3 李3 啫3 吕3
典3 婚3 啤3 肚3 吃3 道3 斤3 踣3 苟3 依3 尋3 倫3 跑3 傷3
娋3 敬3 梆3 屈3 隨3 碍3 雷3 真3 即3 颼3 綿3 埝3 脾3 杳3
泣3 押3 厄3 扶3 鴻3 要3 民3 白3 闷3 耽3 班3 角3 增3 油3
乖3 鸡3 割3 鑼3 担3 幾3 高3 猑3 莫3 凹3 俐3 宪3 講3 床3
心3 叩3 难3 胖3 鴨3 救3 請2 則2 麼2 坤2 騎2 脾2 丧2 怨2
封2 字2 籠2 街2 容2 答2 柆2 勦2 墻2 美2 事2 唠2 熗2 発2
城2 寿2 棫2 碍2 憑2 少2 勒2 使2 衙2 鳶2 新2 粘2 乱2 望2
川2 奎2 泿2 燕2 賛2 馮2 殃2 歪2 或2 檔2 式2 催2 凉2 唎2
景2 戀2 遐2 土2 埋2 鲁2 黑2 荼2 繳2 怌2 算2 意2 肉2 楻2
屎2 門2 紅2 要2 坎2 騎2 旗2 勤2 委2 去2 灵2 鈔2 勒2 灾2

奶2　加2　社2　肉2　们2　漂2　神2　嚭2　臘2　㝃2　蜜2　碗2　塊2　貪2
萝2　哉2　怕2　浮2　呻2　踏2　糗2　涥2　浛2　鵶2　柳2　以2　眃2　夏2
論2　䏲2　蘭2　叅2　引2　作2　托2　囚2　梋2　殿2　幼2　放2　呀2　謹2
苄2　蹄2　総2　官2　盃2　㝃2　兗2　死2　弱2　丹2　測2　烈2　鞋2　隊2
兎2　沙2　欽2　灯2　念2　子2　供2　願2　毱2　歐2　弓2　衍2　德2　誰2
追2　暗2　憐2　偣2　考2　吩2　路2　灶2　痕2　煞2　凶2　粮2　曽2　亮2
䴵1　傳1　婆1　燭1　痛1　洋1　股1　烛1　守1　壬1　莭1　来1　瓩1　猛1
啓1　鴨1　濛1　妑1　躬1　唅1　△1　搃1　箹1　是1　裙1　鳩1　攪1　断1
戒1　畓1　㝃1　蛚1　艮1　旯1　厨1　翅1　鄞1　討1　長1　枇1　擒1　菈1
挦1　法1　罪1　嫽1　鬼1　佛1　呲1　恕1　砞1　焚1　陵1　抖1　沐1　斷1
宝1　頭1　匱1　向1　帳1　黒1　扉1　専1　寬1　欣1　懐1　駡1　羊1　閅1
净1　馬1　闹1　仍1　圡1　拙1　深1　群1　留1　慢1　讀1　门1　陑1　臯1
泓1　牌1　台1　砵1　山1　号1　辰1　臨1　火1　旺1　針1　刮1　牙1　魯1
粁1　孛1　淌1　砙1　徦1　参1　章1　黄1　坦1　捞1　颴1　浸1　勦1　疏1
墖1　恳1　永1　袦1　崩1　陋1　年1　漠1　脾1　遊1　綻1　踚1　校1　男1
龍1　雜1　栟1　湝1　昌1　縺1　门1　婢1　賒1　梛1　哷1　本1　挖1　桯1
叻1　酉1　唅1　吃1　秋1　模1　罵1　嗲1　誥1　盂1　挏1　華1　吓1　啦1
樠1　比1　居1　䍃1　留1　吚1　入1　哂1　巹1　眃1　暈1　袅1　旧1　落1
亯1　苂1　聣1　蘇1　香1　脾1　畀1　豸1　樍1　汸1　梁1　綝1　恠1　肉1
遥1　府1　哈1　笼1　兔1　䴵1　着1　丐1　城1　旡1　怄1　宊1　折1　𦥑1
夜1　斋1　鵶1　畜1　徦1　乞1　冲1　喜1　謀1　墜1　蒩1　津1　魚1　娀1
奪1　覔1　燈1　肏1　慢1　鮑1　脚1　涥1　莗1　卧1　愛1　柸1　嗲1　發1
讓1　脾1　孛1　磡1　寶1　疏1　監1　蛇1　猪1　郎1　橋1　鼾1　拮1　尚1
坦1　帮1　糘1　煞1　仲1　爹1　吤1　攆1　夷1　量1　方1　局1　貝1　槓1
戥1　九1　海1　左1　鍋1　緂1　咭1　除1　卽1　孝1　腊1　闹1　初1　符1
開1　岑1　艹1　婀1　未1　示1　莱1　赤1　漊1　皆1　絺1　惱1　牧1　荃1
宪1　夛1　壘1　坒1　炖1　主1　唵1　蹦1　絰1　騎1　罤1　嘮1　壇1　睛1
叽1　聕1　榛1　咆1　尺1　歇1　透1　嵬1　忑1　雲1　愛1　究1　冠1　枷1
聆1　灣1　晴1　攢1　坣1　败1　皆1　罨1　償1　搽1　云1　瞎1　綂1　涄1
旺1　戀1　粦1　耦1　録1　此1　印1　禮1　演1　恒1　物1　功1　遂1　貘1
畜1　順1　桥1　廷1　秀1　碗1　痦1　更1　休1　殺1　毦1　舨1　鏡1　尨1
翁1　兑1　剪1　水1　樅1　天1　庇1　壋1　圳1　貴1　閦1　告1　呃1　壮1
輊1　彩1　濾1　寬1　顛1　於1　茫1　薩1　納1　寵1　炓1　棉1　稔1　通1
巨1　曹1　綱1　抻1　獚1　舞1　閉1　朴1　華1　味1　打1　脷1　孨1　将1
虚1　迓1　腩1　暗1　着1　富1　攏1　唱1　宰1　炒1　黜1　离1　苦1　顏1
鮠1　脱1　驫1　霞1　扳1　南1　坋1　攔1　豆1　满1　乙1　叺1　跟1　矾1

焼 1　隂 1　榛 1　烍 1　丙 1　齋 1　嗱 1　闻 1　鍾 1　菲 1　衹 1　愆 1　哘 1　飲 1
陰 1　篤 1　孟 1　熾 1　祝 1　剟 1　咬 1　鬆 1　孝 1　贯 1　無 1　君 1　自 1　姝 1
偺 1　漂 1　泰 1　蟜 1　倒 1　唅 1　從 1　䟫 1　哻 1　獮 1

二十四、《麽王曹科》

王 87　批 59　茂 57　造 54　明 50　娘 34　得 34　黎 29　妹 25　獁 24　斗 24　力 23
昙 22　盖 22　到 21　父 21　个 21　古 21　大 21　馬 19　提 19　礼 18　双 18　國 18
兵 17　蘭 17　度 17　歐 16　三 16　久 16　貧 15　魯 15　許 14　淋 14　故 13　屋 13
呾 13　普 13　郝 13　的 13　曹 13　哩 12　時 12　騰 12　結 12　你 11　合 11　掰 11
愳 11　達 11　卦 11　毥 11　刘 11　八 11　佘 10　忐 10　艢 10　畐 10　噐 10　蘭 10
魚 10　垓 10　咟 9　乞 9　落 9　耗 9　肩 9　忻 9　四 9　粡 9　押 9　召 9　平 9
忑 9　弱 9　哊 8　鳮 8　他 8　后 8　皀 8　羅 8　懺 8　脴 8　吞 8　尨 8　生 8　出 8
麻 8　破 8　把 8　晠 8　劉 8　暗 8　怒 7　那 7　九 7　塘 7　嚁 7　肉 7　連 7　乃 7
被 7　屈 7　纫 7　里 7　謹 7　橥 7　了 7　皆 7　宫 7　初 7　培 6　隆 6　想 6　憐 6
子 6　各 6　老 6　江 6　流 6　報 6　巾 6　可 6　畓 6　侵 6　賴 6　烈 5　急 5　暮 5
妣 5　限 5　酉 5　考 5　岀 5　二 5　旧 5　命 5　禄 5　伏 5　葶 5　媪 5　何 5　地 5
繳 5　懐 5　獁 5　百 5　七 5　灰 5　及 5　边 5　爺 5　路 4　馱 4　歐 4　茶 4　雷 4
耳 4　班 4　五 4　蠻 4　侣 4　執 4　麽 4　使 4　凢 4　罵 4　閉 4　軍 4　布 4　� 4
業 4　哪 4　入 4　謝 4　代 4　狼 4　其 4　騎 4　一 4　还 4　錢 4　骨 4　条 4　头 4
反 4　蛮 4　能 4　渌 4　荷 4　花 4　皇 4　存 3　京 3　朔 3　不 3　啼 3　家 3　床 3
之 3　勁 3　位 3　怕 3　媨 3　孪 3　甲 3　断 3　長 3　収 3　桼 3　沙 3　灵 3　湅 3
壶 3　海 3　妑 3　乱 3　摸 3　杀 3　呆 3　槑 3　冇 3　定 3　準 3　眠 3　也 3　漢 3
光 3　講 3　倒 3　月 3　官 3　水 3　洞 3　净 3　爲 3　基 3　逻 3　盈 3　臨 3　荪 3
貫 3　斤 3　煉 3　分 3　公 3　立 3　盆 3　囊 3　昈 3　散 3　作 3　利 3　虚 3　橙 3
勒 3　丹 3　氏 3　見 3　岩 3　德 3　莒 3　界 3　娄 3　迷 3　陸 3　肖 3　頣 2　昆 2
谷 2　後 2　宛 2　傍 2　萬 2　涯 2　山 2　劳 2　除 2　色 2　架 2　丁 2　外 2　腮 2
桎 2　木 2　送 2　茂 2　煞 2　至 2　朗 2　鲁 2　意 2　箴 2　貴 2　微 2　通 2　疨 2
葛 2　牌 2　譚 2　人 2　直 2　獄 2　迎 2　霞 2　卜 2　方 2　常 2　唎 2　弥 2　嗔 2
聲 2　柒 2　啤 2　行 2　養 2　或 2　崴 2　恢 2　龙 2　陋 2　尋 2　号 2　房 2　委 2
相 2　論 2　更 2　亮 2　横 2　咘 2　蘭 2　晋 2　告 2　龍 2　今 2　厄 2　甫 2　芘 2
比 2　北 2　礀 2　檂 2　勷 2　闵 2　桐 2　紛 2　廷 2　捉 2　鲁 2　禹 2　期 2　事 2
偭 2　受 2　畢 2　扳 2　弌 2　嘻 2　寒 2　算 2　法 2　牢 2　祖 2　當 2　央 2　难 2
楽 2　途 2　感 2　曽 2　墻 2　燈 1　橋 1　絞 1　愁 1　尚 1　憑 1　少 1　末 1　金 1
經 1　斉 1　挪 1　圭 1　食 1　晚 1　旁 1　紫 1　絶 1　壹 1　啫 1　量 1　祝 1　哈 1
傳 1　醉 1　燭 1　放 1　卑 1　獨 1　鉄 1　茼 1　衫 1　噃 1　鈫 1　妨 1　县 1　匿 1
同 1　干 1　卬 1　瞻 1　朝 1　增 1　羊 1　千 1　椡 1　膽 1　朴 1　丹 1　兆 1　泠 1

晃1 登1 東1 芳1 驣1 工1 強1 猛1 料1 夆1 任1 曜1 悶1 歲1
逄1 索1 要1 點1 寡1 台1 渌1 良1 敖1 𦢊1 蒔1 㵳1 罡1 义1
婁1 簾1 苿1 洗1 黄1 闵1 有1 間1 夫1 陑1 們1 奷1 竵1 点1
娋1 離1 化1 潘1 來1 炁1 嗃1 加1 律1 梆1 塿1 内1 奉1 斉1
盄1 華1 殺1 眥1 領1 懃1 星1 以1 △1 曷1 賊1 票1 除1 泣1
勿1 踏1 州1 閔1 足1 正1 竜1 陋1 痦1 谷1 啷1 膹1 獨1 幼1
民1 在1 闭1 好1 文1 补1 霫1 摸1 檺1 和1 肙1 粨1 膎1 憮1
撫1 离1 苺1 渥1 黎1 湉1 漠1 墻1 珹1 蹈1 佲1 模1 安1 則1
虛1 所1 姓1 賁1 櫳1 惠1 敬1 弄1 被1 秀1 毒1 覺1 非1 樂1
尞1 瓶1 亚1 亢1 壽1 脸1 唐1 喔1 欽1 来1 涅1 窖1 嫁1 供1
風1 交1 炓1 高1 甘1 亥1 齊1 烈1 嗒1 跟1 廖1 派1 咊1 謹1
追1 過1 钜1 邦1 棑1 富1 陳1 部1 嘴1 憧1 寕1 伸1 武1 乖1
吊1 楚1 口1 退1 測1 嘀1 宗1 座1 們1 城1 叺1 奥1 痕1 寬1
筆1 荅1 添1 涯1 清1 迫1

二十五、《吆王曹吆塘》

批159 王136 塘130 甫111 不110 斗94 个82 到81 造80 名75 黎72
恨69 地66 娘63 刘56 三55 噃55 礼54 灰52 大51 你50 許49 同48
故48 土47 提47 了45 头45 娄45 里44 妹44 隆43 眉43 度43 布42
茄42 那40 昙40 忐39 纫39 也39 国39 他38 孙37 光37 殆36 父36
馬36 麻36 滕35 四34 十34 执34 初34 降33 口33 办33 的33 吒32
淂32 卦32 淂31 曹31 犸30 利30 双29 艹29 何29 咵28 騰28 傍27
奷26 歐25 達25 嗲25 召25 兵24 出24 畐24 魯23 忑23 貧22 淋22
魚22 作22 墓22 鸡21 慝21 哂20 守20 江20 忻19 六19 二19 可19
幼19 論18 夨18 弓18 娋18 化18 花18 捞17 沉17 内17 罗16 時16
姓16 山16 糏16 芤16 巾16 倫15 罪15 艄15 盖15 年15 茂15 至15
古15 垓15 荅15 岜14 路14 貫14 昿13 屋13 勒13 磨13 龍13 鄰13
良13 咘13 叻13 一13 七13 已13 炓13 告13 思12 登12 騰12 后12
巡12 亦12 正12 全12 立12 杀12 闲12 吞12 退12 祖11 洛11 犸11
义11 馬11 千11 变11 合11 五11 煉11 紅11 百11 闲11 妑11 列11
渌11 謹11 頼11 甲11 难11 伝10 班10 劳10 呆10 邦10 斗10 獄10
艹10 助10 艮10 破10 茶10 胙10 連9 吽9 对9 廿9 冇9 旧9 非9
頭9 失9 当9 流9 郎9 零9 恩8 獨8 洗8 踏8 家8 防8 炁8 沙8
騎8 九8 吉8 谷8 寿8 尋8 分8 及8 八8 毫8 紛8 安8 德8 馱7
徃7 長7 天7 乱7 曺7 途7 胡7 蘭7 多7 老7 賊7 命7 者7 州7
墻7 憧7 珉7 厄7 晗7 追7 能7 雲7 篤7 貌7 △6 畓6 京6 乃6

位6 军6 賠6 囚6 灵6 送6 金6 耒6 眠6 平6 入6 舍6 紡6 伏6
巴6 養6 架6 胬6 其6 己6 祎6 結6 陋6 郝6 賣6 数6 迷6 皇6
鸡6 総6 感6 酉5 羅5 牙5 吃5 噐5 各5 羪5 洡5 浸5 放5 逢5
漢5 林5 所5 养5 蕚5 通5 使5 武5 生5 脊5 吕5 夆5 匿5 罵5
捉5 力5 盆5 丁5 急5 真5 快5 条5 莫5 改5 蛮5 赦5 竒5 间5
睦5 床5 丧5 启5 昆5 天5 陸5 得5 鴨5 暮5 如4 美4 槑4 除4
子4 晉4 跟4 請4 豰4 母4 向4 半4 才4 足4 竜4 孫4 貴4 病4
歪4 弄4 鲜4 早4 禁4 落4 府4 报4 月4 望4 芐4 卜4 们4 甘4
蹌4 比4 交4 牲4 悉4 咽4 还4 刋4 蜜4 坡4 宜4 叭4 今4 在4
反4 唫4 物4 聏4 暑4 富4 羡4 心4 宗4 工4 痕4 臘4 婳4 法4
廣4 則4 劔4 下3 怕3 啼3 自3 量3 扑3 罕3 吆3 帝3 跪3 駡3
定3 愢3 鰟3 講3 腮3 禄3 鴨3 軍3 水3 配3 来3 国3 容3 血3
宝3 師3 人3 砦3 網3 啫3 柳3 腽3 朗3 怀3 雷3 懐3 斧3 西3
畬3 丧3 來3 楞3 鮮3 纷3 阑3 肚3 官3 奉3 虚3 啷3 唎3 眉3
脾3 斛3 朔3 真3 纷3 順3 思3 岩3 方3 敗3 暗3 悲3 断3 久3
様3 元2 刅2 流2 鉠2 黑2 行2 搃2 邱2 更2 万2 洫2 笑2 寅2
依2 魚2 籠2 從2 壬2 咀2 并2 橋2 乛2 蘭2 音2 托2 隆2 厘2
城2 謝2 骨2 办2 面2 少2 嫛2 帽2 狂2 霧2 馱2 逻2 寛2 畢2
丑2 孕2 芧2 除2 媥2 茒2 道2 阴2 強2 主2 丈2 由2 卓2 粖2
株2 求2 品2 散2 闌2 墒2 徃2 号2 茉2 温2 波2 弃2 庳2 逌2
歡2 煞2 紡2 门2 符2 灶2 梆2 中2 或2 点2 们2 胬2 请2 驴2
活2 秤2 郭2 嚣2 婁2 蜜2 吆2 佾2 閔2 檂2 咬2 殿2 荷2 叨2
膿2 民2 烈2 仰2 玘2 文2 吰2 賎2 帰2 獄2 少2 罷2 就2 過2
胬2 丈2 蔘2 㬚2 好2 啤2 兖2 険2 絞2 睨2 死2 弱2 令2 國2
脾2 神2 涞2 燎2 媽2 杏2 兑2 敕2 河2 啵2 旺2 吃2 追2 妣2
蓬2 朝2 乞2 賠2 當2 們2 皓2 漠2 器2 楽2 拳2 先2 駉2 陽2
泰2 徴2 曽2 尚2 海2 瓩1 羽1 雉1 熏1 騏1 風1 奂1 某1 砜1
出1 曾1 蹤1 呞1 崇1 微1 愣1 狦1 祭1 鸦1 徴1 则1 榡1 硭1
仍1 顕1 礶1 蓦1 慢1 門1 讀1 叶1 门1 信1 重1 轉1 桎1 狗1
美1 流1 克1 陳1 颱1 栈1 洒1 幻1 公1 乞1 板1 芘1 賢1 龙1
许1 叩1 印1 之1 囊1 万1 英1 倒1 弍1 吐1 加1 坤1 脾1 查1
聖1 晗1 準1 行1 却1 答1 吕1 辰1 象1 年1 餈1 吟1 猥1 尾1
贼1 小1 斉1 忍1 般1 曽1 達1 舆1 氏1 甕1 踣1 柸1 爛1 嚣1
樂1 屈1 抛1 狂1 災1 县1 句1 類1 送1 臈1 裥1 乎1 啤1 犸1
農1 能1 夏1 末1 谨1 痓1 已1 脾1 蒲1 晃1 喬1 惠1 犯1 腊1
勿1 腾1 表1 夆1 路1 衣1 上1 弎1 尔1 庋1 迎1 尊1 庫1 斧1

紉1　務1　票1　仔1　壇1　停1　伍1　特1　考1　皴1　庚1　闭1　膰1　覔1
磪1　捉1　樂1　降1　梹1　坒1　兜1　羅1　軍1　座1　便1　部1　营1　碍1
佛1　馱1　想1　畢1　烈1　师1　粤1　昏1　宁1　尭1　澇1　慮1　粮1　囂1
佚1　碑1　東1　啤1　冶1　九1　笠1　馱1　牙1　结1　顯1　逢1　太1　爱1
鵝1　弄1　茉1　兖1　眨1　班1　性1　洞1　祢1　密1　暗1　霊1　琴1　園1
演1　遵1　鳳1　功1　抄1　杳1　尞1　孟1　骸1　凉1　煙1　桥1　艡1　秀1
祭1　疰1　烛1　舆1　車1　懷1　遠1　咒1　目1　样1　貺1　斛1　勝1　萝1
顺1　穴1　速1　賴1　烧1　略1　冲1　喇1　内1　見1　耀1　念1　彼1　挦1
吡1　西1　羅1　高1　凢1　嗒1　臨1　福1　恶1　旗1　量1　敖1　啥1　夲1
卬1　膝1　罧1　盟1　仙1　晗1　呈1　短1　寒1　従1　就1　美1　怀1　裙1
湖1　煞1　影1　猛1　坐1　字1　增1　亭1　開1　台1　却1　磊1　曉1　峩1
叺1　碑1　函1　罵1　檣1　膀1　衍1　懐1　晚1　厓1　杌1　魔1　耳1　沙1
谨1　肩1　客1　圣1　君1　姝1　排1　日1　焷1　亭1　禄1　寸1　語1　察1
腸1　厍1　皮1　爛1

二十六、《麽荷泰》

兵 166　拜 133　括 121　嚇 109　播 103　六 99　馬 96　拉 86　不 81　唅 77　斗 77
孤 73　孺 73　多 71　咧 69　朗 67　問 65　叺 64　請 61　宜 61　板 60　們 60　口 59
埧 58　寒 57　呵 56　三 55　傀 55　米 54　周 54　董 53　流 49　木 49　那 47　普 47
乜 46　鸡 45　竜 45　水 43　低 42　又 42　屡 42　温 40　當 40　必 39　太 39　哥 39
竹 39　敵 38　房 38　交 37　肘 37　天 37　哩 36　貫 36　待 36　到 35　兒 34　赧 33
勒 33　叩 32　唡 32　四 31　卡 31　迭 31　月 30　的 29　勒 29　花 29　弟 28　夜 27
博 27　安 27　双 25　高 25　欄 24　卦 24　麼 24　把 24　好 24　谷 23　肯 23　得 23
半 23　嵒 23　响 22　掇 22　漢 22　茹 22　年 22　定 21　掌 21　攏 21　賴 21　粮 20
甲 20　章 20　七 20　保 19　酒 19　在 19　郎 19　占 18　波 18　炭 18　八 18　要 17
漫 17　者 17　至 17　秋 16　牙 16　二 16　止 16　十 16　土 16　門 16　納 15　領 15
達 15　断 15　薩 15　打 15　耒 15　抱 15　及 15　蒲 15　田 15　寡 15　教 15　祖 14
湯 14　路 14　擇 14　丢 14　晋 14　个 14　生 14　身 14　地 14　于 14　愿 13　阿 13
差 13　中 13　銅 13　莊 13　啫 13　立 13　化 13　丙 13　悶 12　骨 12　萬 12　哈 12
共 12　老 12　弓 12　歪 12　鴨 12　亞 12　怕 12　五 12　晃 12　拷 12　勒 11　干 11
殺 11　丙 11　吭 11　腊 11　里 11　出 11　平 11　洒 11　雨 11　果 11　飛 11　肚 11
鉄 10　坐 10　听 10　千 10　寨 10　抵 10　先 10　時 10　梯 10　杜 9　洗 9　控 9
哉 9　勒 9　旦 9　山 9　放 9　買 9　元 9　血 9　九 9　借 9　駝 9　短 9　巴 9　他 9
混 9　何 9　頭 9　龍 9　奏 9　白 9　哀 9　篩 9　若 8　黑 8　大 8　難 8　入 8　擺 8
咀 8　嘿 8　箐 8　妹 8　背 8　一 8　边 8　瘤 8　岩 8　盖 7　别 7　美 7　草 7　戓 7
下 7　叹 7　手 7　办 7　墮 7　相 7　度 7　黄 7　來 7　奶 7　楼 7　患 7　跎 7　宗 7

肉6 莯6 傘6 船6 洪6 榜6 開6 家6 找6 正6 種6 鬧6 舍6 望6
擬6 耿6 箥6 坎6 代6 百6 勞6 虎6 了6 作6 列6 反6 紛6 志6
伴6 菓6 刀5 啪5 告5 銭5 各5 達5 死5 父5 法5 銀5 母5 光5
樣5 敢5 苦5 男5 華5 書5 南5 落5 忒5 苟5 葉5 踏5 養5 其5
柳5 宏5 海5 散5 本5 靠5 猪5 布5 鋤5 江5 厄5 尔5 劳5 草5
鸡5 鵝5 拿5 吩5 心5 蒙4 庫4 雀4 匡4 曺4 济4 回4 皃4 鷄4
女4 諾4 笑4 空4 發4 来4 街4 重4 孫4 香4 傀4 隋4 点4 右4
灶4 新4 詔4 獨4 乃4 忍4 外4 儂4 分4 夘4 倒4 嘹4 髮4 内4
以4 茶4 糧4 丁4 欖4 儆4 登4 利4 只4 左4 吓4 宛4 瓜4 将4
思4 鸡4 媽4 亮4 嗎4 状4 担4 扭4 鬼4 奔4 央4 吖4 难4 兄4
西3 单3 遭3 跨3 早3 鳥3 摸3 辰3 壘3 赫3 胎3 都3 務3 想3
説3 看3 餓3 鄧3 貢3 孝3 卜3 誇3 犇3 堕3 撒3 卑3 毛3 世3
賠3 提3 算3 與3 求3 上3 迪3 号3 押3 敵3 破3 句3 非3 王3
丙3 究3 猛3 旨3 崩3 勇3 虽3 兔3 另3 盃3 皆3 覺3 猓3 接3
見3 蛇3 初3 批3 去3 病2 攬2 門2 廟2 欠2 卡2 胆2 坡2 店2
輕2 嫁2 鮮2 橋2 綿2 唎2 秧2 襪2 蔡2 栽2 是2 濟2 垢2 彩2
風2 羊2 巡2 儂2 满2 點2 门2 单2 閔2 克2 合2 然2 敵2 扡2
己2 對2 點2 憂2 氷2 而2 潘2 曾2 吒2 雜2 门2 擦2 石2 桑2
倉2 貨2 字2 愽2 哂2 斬2 染2 措2 旨2 橙2 凢2 踔2 嘐2 菧2
月2 汇2 旧2 小2 鵝2 荒2 牛2 跨2 官2 錯2 雷2 午2 休2 故2
睡2 岔2 娃2 錁2 後2 兎2 丈2 末2 撮2 桃2 莊2 兵2 魂2 火2
斧2 撒2 味2 自2 動2 日2 皃2 贯2 宂2 吉1 發1 凹1 成1 煞1
補1 燕1 扒1 轉1 凡1 雖1 義1 麽1 玄1 搭1 吊1 拆1 两1 暖1
参1 恒1 喻1 薩1 有1 走1 離1 咾1 扳1 密1 備1 使1 斧1 眼1
折1 怨1 洞1 暖1 吅1 丟1 冲1 麻1 脚1 奔1 蘭1 挨1 奴1 歡1
勒1 盐1 從1 孬1 透1 熬1 更1 萁1 友1 奈1 般1 免1 亡1 擺1
溝1 寘1 聾1 易1 拴1 渡1 叁1 吊1 糠1 蔭1 ×1 吪1 傈1 賴1
卞1 莫1 申1 坳1 唱1 跨1 蔭1 肝1 鸭1 詹1 簷1 對1 閔1 眼1
帮1 散1 寅1 惠1 棍1 叫1 快1 龍1 我1 子1 庸1 险1 如1 坦1
已1 久1 瓜1 泠1 吞1 昆1 仰1 傍1 調1 修1 佃1 崔1 跨1 掇1
儂1 習1 陰1 過1 呱1 謝1 廿1 对1 衆1 寛1 暗1 倫1 肩1 蔭1
聖1 省1 賣1 叵1 革1 宛1 聳1 澤1 喪1 仍1 赦1 秀1 再1 夫1
華1 莫1 車1 咒1 帛1 割1 叭1 用1 謀1 傅1 埋1 命1 浪1 撞1
嘴1 藤1 伕1 雅1 哩1 只1 味1 咀1 夸1 冷1 究1 错1 潑1 昌1
必1 喏1 片1 端1 咬1 氏1 星1 咊1 方1 甑1 虬1 蛋1 有1 姑1
墓1 幹1 壳1 蓑1 抬1 算1 啾1 則1 鉄1 玻1 胖1 取1 挑1 退1

皮1 様1 串1 魯1 所1 卬1 呫1 轉1 玉1 載1 枷1 倡1 远1 昊1
鴨1 甑1 卅1 硛1 乱1 學1 陽1 出1 廣1 冉1 昏1 呻1 湯1 吟1

二十七、《正一文事巫書解五楼川送鸦到共集》

麻92 色82 否81 造77 苟61 㝵54 某51 可44 加41 妹41 打36 吔33
召31 皇31 地30 犾30 纫30 佯30 叁30 眉29 到28 許28 个28 你26
普26 詠26 父24 斗24 送23 褪21 守20 歐20 魂20 大20 布19 屋19
樬19 槤19 三19 鴴19 礼18 貫18 昙17 乞17 留17 叩17 下17 同17
灰17 分16 忙16 的16 広15 呾15 六15 流15 但15 立15 失15 郎15
弓15 貧14 罶14 都14 邦14 提14 叜14 錢14 蜈14 了14 △14 林13
咟13 巫13 十13 佀13 合12 魯12 𡚒12 粡12 辣12 川12 古12 盃12
仍12 雌12 雄12 煞11 郝11 達10 歐10 乃10 猿10 頭10 正10 咭10
那10 帮10 旹10 魂10 咼9 恩9 㧯9 播9 紒8 途8 論8 江8 吓8
里8 双8 王8 二8 生8 愣8 八8 北8 刭7 淰7 噓7 罕7 罗7 荢7
沙7 晋7 刘7 命7 五7 酒7 氐7 道7 吉7 陊7 赦7 鷄7 中7 當7
咢7 𡘙6 模6 猕6 犍6 連6 馬6 各6 四6 凫6 甲6 平6 武6 逢6
替6 高6 頭6 度6 一6 而6 德6 啥6 鸦6 落5 湯5 瘀5 唷5 敊5
儅5 方5 刕5 掕5 督5 神5 倫5 記5 開5 病5 圩5 入5 科5 杷5
九5 卜5 架5 吞5 者5 娋5 鶤5 品5 狦5 檂5 在5 奷5 垃5 天5
儂4 罾4 偷4 坡4 鱸4 荅4 故4 侣4 斐4 备4 拎4 國4 請4 相4
鮮4 重4 娌4 僧4 朧4 胡4 歸4 賴4 辛4 嵬4 七4 本4 蹈4 及4
筅4 䑵4 妑4 鲅4 列4 文4 真4 襁4 难4 痕4 丕4 炉4 袙4 獮4
惱4 班3 引3 駄3 饒3 急3 酉3 亦3 芘3 角3 陜3 𨚗3 時3 翁3
㛷3 䎺3 卦3 憁3 山3 執3 涞3 至3 銀3 䆀3 必3 养3 州3 半3
寮3 義3 女3 变3 香3 美3 男3 祖3 亞3 他3 書3 却3 每3 曾3
黙3 楊3 逆3 南3 荓3 路3 斤3 尽3 斉3 照3 社3 以3 壣3 巨3
嫂3 瀏3 利3 民3 角3 蛮3 定3 色3 謹3 刼3 托3 垄3 還3 萬3
狘3 樓3 光2 悶2 眲2 枯2 偹2 肚2 癸2 啼2 笆2 岜2 凡2 妣2
梯2 恙2 縁2 約2 近2 踌2 壟2 或2 啊2 路2 彭2 冇2 丑2 鎖2
苗2 千2 勒2 蹈2 也2 潭2 仙2 蹢2 閉2 筷2 様2 禄2 鷄2 貴2
紩2 通2 庚2 全2 壬2 来2 血2 信2 律2 乾2 未2 府2 丐2 谷2
棫2 趆2 廟2 理2 敗2 忠2 咀2 楼2 雲2 崩2 邪2 老2 吕2 省2
圖2 酋2 壁2 擢2 廊2 栢2 塘2 肥2 噿2 嘐2 巾2 紅2 月2 百2
若2 骨2 叫2 丧2 鉄2 轉2 乙2 秃2 肥2 憶2 更2 結2 界2 跪2
降2 蚊2 劚2 跤2 寛2 蹨2 寘2 菓2 踋2 澥2 庫2 眉2 降2 索2
娘2 姓2 枷2 岳2 云2 琴2 功2 跪2 漠2 則2 料2 属2 曰2 暧2

嗒2 見2 朋2 杆2 佛2 西2 奚2 爹2 片2 烜2 岸2 盖2 蓬2 綃2
富2 擿2 花2 央2 東2 皓2 踏2 嬸2 孝2 迭2 奉2 貪2 隆2 乃2
腱1 呈1 塔1 汗1 遥1 録1 浪1 蹌1 工1 朴1 伏1 馱1 於1 隘1
漢1 換1 丁1 不1 罡1 跸1 憐1 樸1 琶1 罵1 丙1 腦1 嚕1 顛1
緢1 烈1 申1 畐1 栜1 恨1 扵1 鳩1 糀1 代1 埋1 把1 埿1 桌1
竝1 嬸1 向1 何1 辰1 黙1 橈1 奎1 廳1 缚1 繞1 垭1 皃1 蜈1
蹯1 位1 啰1 衽1 扎1 魅1 煉1 惱1 鴉1 吶1 其1 窂1 齜1 罪1
習1 细1 号1 才1 廷1 禄1 家1 嬰1 已1 動1 踠1 爱1 點1 还1
枰1 化1 寅1 降1 鸓1 京1 攏1 栈1 銅1 啳1 奴1 納1 子1 苟1
陰1 船1 針1 断1 紋1 破1 昉1 自1 良1 踪1 句1 買1 培1 腩1
票1 臆1 僧1 瞙1 派1 襟1 絨1 呵1 看1 頓1 火1 骨1 器1 呀1
除1 喬1 楝1 苦1 邻1 逥1 朋1 乱1 蓢1 嘹1 街1 温1 雷1 粉1
細1 松1 厄1 表1 瘟1 主1 由1 怪1 条1 悖1 岑1 头1 牌1 祖1
莽1 鸜1 亜1 俣1 究1 察1 紏1 丘1 烞1 嗅1 聹1 退1 骨1 哄1
儀1 禁1 鳳1 媽1 還1 鴛1 婭1 暖1 午1 倉1 陜1 準1 炫1 童1
仁1 治1 車1 戍1 栰1 寃1 唅1 縵1 烘1 之1 凌1 味1 跣1 彼1
披1 發1 蹈1 高1 吾1 計1 槽1 財1 侵1 梢1 渌1 端1 海1 口1
栲1 桃1 跘1 梩1 厘1 墓1 涯1 咬1 迓1 莖1 出1 獄1 晚1 朔1
退1 旁1 輪1 心1 粓1 灬1 奥1 蹼1 淋1 楽1 鰦1 芋1 膻1 檖1
叹1 助1 荅1 墻1 覃1 揚1 陽1 添1 祸1 康1 衙1 吐1 淀1 嵩1
久1 外1 㕕1 蒐1 袍1 騎1 肚1 △布1 △光1 △父1

二十八、《麽破塘》

塘267 批167 滕134 猺117 咘115 斗112 你109 不106 娘104 吞85
甫80 大79 箢75 地71 纫65 守63 造62 十61 他60 降60 卦59 灰57
奷54 力54 邦50 噃50 里49 愢48 屋47 同46 三45 土45 皇44 个41
命40 闌40 閲39 覔39 双38 妹37 二37 了36 殆35 黎35 徃35 馬35
何35 祢35 慕35 昙34 魯34 偻34 盖33 閔33 助33 錢33 國32 迓32
茶30 歐30 淋30 上30 花30 出29 時29 剥29 山29 天29 光28 到27
国27 娋27 許26 群26 畐26 妑25 四25 頼25 嗦25 茄24 篩24 艄24
礼24 六24 貫24 麻24 勒23 傍23 侵23 貧22 伐22 猲22 哊21 桑21
敗21 九21 屑21 嚚21 兆21 閂20 得20 提20 究20 夜19 巾19 鴉18
耗17 召17 楞17 忻17 五17 名17 敀16 芲16 一16 娄16 老15 晃15
馱15 茆15 彼15 咟14 路14 那14 仙14 入14 七14 俐13 啥13 啼13
江13 位13 樣13 唤13 伏13 百13 利13 肚13 洫12 把12 兵12 乙12
伝12 巳12 扶12 千12 未12 度12 立12 定12 布12 媎11 謝11 杀11

亦11　踖11　晗11　难11　㤖11　叩10　合10　李10　正10　冈10　狼10　也10
故10　至10　鴨10　生10　肴10　可10　已10　枝10　久10　當10　咭9　甲9
篤9　岳9　之9　鸡9　総9　岜9　吜9　庚9　助9　髙9　金9　能9　谷9　冤8
△8　口8　羅8　烝8　呈8　月8　弄8　紉8　夵8　元8　八8　厄8　郝8　淥8　貌8
家7　吉7　义7　論7　龍7　橙7　乃7　㺀7　莫7　嫽7　沙7　父7　旧7　多7
開7　女7　武7　德7　良7　烎7　盆7　吽7　帝7　髀7　的7　泙7　卡7　退7
痕7　紃7　蹄6　畬6　連6　劳6　姓6　冲6　罪6　而6　豆6　将6　請6　养6
蘽6　寿6　落6　啫6　勾6　俀6　紅6　泣6　踈6　船6　鳳6　边6　憎6　瀬5
萬5　引5　鳰5　坡5　行5　祖5　吃5　考5　仆5　曺5　𨁈5　槑5　托5　吟5
半5　倍5　晚5　蚁5　鮮5　人5　胡5　府5　梁5　強5　溺5　來5　盂5　界5
結5　肯5　寃5　鴻5　殿5　列5　白5　欽5　旺5　林5　心5　法5　細4　婁4
磌4　巡4　榀4　踬4　晉4　屌4　粡4　含4　擒4　社4　忟4　壬4　師4　緲4
枯4　綍4　巴4　求4　南4　斉4　妐4　篡4　玘4　矅4　春4　伯4　株4　愿4
爹4　廖4　零4　对4　袮4　畓4　添4　無4　賌3　蒙3　各3　聖3　偒3　烈3
達3　路3　冇3　西3　淚3　王3　子3　日3　稔3　母3　講3　班3　州3　脱3
煞3　軍3　貴3　通3　從3　容3　鴉3　厾3　洒3　寅3　酒3　煩3　音3　網3
强3　衆3　测3　太3　慎3　匪3　哢3　都3　則3　公3　急3　非3　内3　騎3
干3　散3　勿3　墒3　左3　為3　臨3　陋3　啞3　在3　改3　色3　含3　兑3
符3　悲3　明3　雷3　感3　咘3　观2　紉2　婬2　㚏2　舆2　災2　漢2　送2
駡2　杜2　橦2　猽2　豨2　賊2　泓2　星2　窮2　魯2　魚2　告2　碿2　案2
依2　朴2　騎2　苦2　籠2　洞2　方2　應2　血2　墸2　保2　律2　宝2　苗2
信2　重2　惱2　陳2　禁2　領2　夆2　倫2　年2　涯2　末2　望2　逻2　崩2
燕2　隘2　聰2　唎2　鶴2　所2　漠2　堂2　哥2　懐2　俙2　絞2　㛿2　昜2
葛2　苿2　畣2　丙2　呆2　粒2　傷2　肥2　化2　安2　床2　吡2　由2　狼2
以2　宜2　蝟2　模2　欖2　忓2　祔2　䣕2　歌2　神2　救2　坎2　篙2　長2
蘿2　陰2　跪2　船2　㤃2　溯2　檂2　官2　紩2　皆2　儀2　将2　埊2　我2
毫2　忙2　蛮2　潩2　秀2　仁2　萝2　速2　雅2　㕣2　岩2　郎2　使2　高2
偪2　点2　節2　登2　架2　綵2　寕2　初2　對2　丁2　枇2　痼2　陸2　奥2
䫃2　鴨2　放2　荅2　陽2　言2　佛2　浮1　燭1　噩1　闉1　辛1　微1　秋1
慈1　淚1　鵞1　啥1　啤1　従1　歴1　鴛1　䫃1　平1　代1　㹮1　乇1　笆1
啊1　泯1　会1　埔1　忻1　階1　羌1　斤1　隆1　頭1　怨1　露1　楳1　煉1
犯1　壄1　咞1　全1　猽1　偶1　銀1　深1　沉1　門1　夷1　玘1　幟1　啰1
溏1　来1　蕚1　耗1　閂1　敏1　房1　天1　史1　暡1　丧1　有1　間1　己1
并1　耒1　短1　憧1　對1　貢1　还1　便1　灯1　吃1　晗1　臐1　芽1　篝1
怮1　早1　打1　茫1　蝏1　敖1　搪1　讀1　离1　破1　必1　相1　捞1　猛1
件1　丘1　驢1　薹1　空1　㸑1　陇1　執1　䡌1　轎1　唅1　仰1　㯢1　頓1

撈1　煞1　頤1　袰1　桊1　浪1　昧1　肉1　苟1　農1　恠1　自1　男1　怕1
酉1　蓁1　樌1　頚1　撈1　皆1　瀰1　猔1　棍1　门1　嬫1　辟1　害1　矗1
㑹1　躲1　腰1　遠1　顋1　包1　泓1　發1　嗜1　褶1　英1　記1　鵝1　匮1
繙1　膞1　鍎1　才1　蘇1　城1　悙1　吞1　瀆1　荅1　犂1　条1　瞃1　逢1
橋1　基1　民1　乞1　忛1　臙1　攏1　文1　馱1　囼1　易1　温1　恅1　㑴1
茂1　盐1　踏1　彈1　蟧1　迠1　頤1　杆1　角1　荣1　慞1　僂1　奔1　睨1
晚1　暏1　呢1　箟1　財1　現1　死1　鶔1　印1　足1　排1　清1　功1　跪1
朱1　量1　始1　脚1　胎1　意1　祭1　衙1　时1　鞋1　懷1　比1　龕1　謂1
瓶1　騎1　撈1　胋1　墙1　觀1　扡1　青1　骨1　見1　囉1　草1　馱1　嘤1
茂1　莒1　唐1　耐1　片1　東1　板1　笓1　舵1　美1　端1　寡1　漏1　德1
飈1　濹1　謹1　昜1　昨1　嗄1　刑1　舟1　瀆1　随1　忌1　簣1　梁1　孟1
苹1　㤖1　祛1　好1　傌1　嘲1　惄1　哂1　薩1　妹1　叺1　皓1　季1　罵1
蹌1　並1　欄1　峉1　飈1　阣1　屁1　篡1　捉1　徉1　圪1　丈1　小1　客1
祝1　等1　扱1　嫩1　中1　廣1　孕1　啥1　危1　椌1　鸦1　萝1　憐1　犾1
会1　橎1

二十九、《哑双材》

不47　昙47　批32　名31　殆30　猦30　王26　除25　你24　嚁24　布23　國23
双21　貫21　召20　達19　甫18　未18　脱16　犂16　材16　斗16　造16　蘭15
他14　卦13　礼12　盖12　花12　急11　免11　力11　尽10　故10　哑10　个10
楞10　麻10　伝10　到9　丁9　妹9　得9　守9　槵9　林8　哼8　滕8　瘖8
父8　禁8　唎8　提8　勿8　渌8　嗲8　無8　論7　鲁7　变7　灰7　時6　許6
江6　偣6　咅6　畐6　下6　千6　那6　幼6　剥5　敗5　貧5　楼5　久5　等5
面5　合5　旧5　貴5　弟5　助5　祎5　可5　利5　老5　䔊5　謂5　退5　大4
乙4　柳4　歐4　良4　眉4　好4　再4　羅4　邛4　勣4　界4　三4　茂4　罵4
光4　槵4　眼4　里4　唤4　衣4　地4　鬼4　髙4　甲4　涕4　巾4　癖4　还4
化4　㸃4　僕4　谷4　嫣4　晚4　告4　連3　妑3　撈3　五3　傍3　奸3　色3
量3　至3　恩3　銀3　敺3　鸦3　入3　驴3　罪3　金3　婳3　出3　鸡3　勾3
号3　立3　歐3　破3　了3　架3　樌3　欜3　在3　建3　雌3　遠3　的3　賴3
天3　字3　孝3　雄3　对2　脴2　萬2　咼2　畣2　侶2　四2　歌2　罡2　螿2
蒿2　囉2　也2　二2　莫2　外2　多2　塘2　用2　開2　鴨2　把2　庚2　洞2
街2　陳2　嘆2　財2　卬2　烈2　説2　紼2　馮2　張2　細2　道2　何2　谷2
群2　脊2　紅2　暮2　儉2　一2　干2　小2　凍2　北2　噌2　舆2　篤2　懷2
落2　帝2　条2　郝2　鳳2　含2　紛2　達2　娘2　見2　高2　初2　明2　㷫2
皇2　心2　皓2　胮2　玐2　滿2　咟2　言2　座2　風1　業1　牌1　信1　轉1
難1　洗1　鄉1　路1　男1　武1　斛1　披1　服1　邏1　忐1　謝1　放1　鬧1

齊1　享1　第1　槑1　借1　脚1　離1　闹1　免1　樓1　紡1　夲1　棱1　数1
伏1　肚1　莱1　安1　寵1　瓦1　絶1　煉1　密1　頡1　獨1　蘭1　意1　背1
媤1　是1　残1　代1　淮1　踏1　愢1　比1　晃1　侢1　閔1　殘1　強1　頭1
登1　六1　非1　門1　兰1　尋1　分1　俏1　房1　妣1　伈1　排1　茶1　囬1
傷1　阿1　瞉1　仙1　岑1　般1　横1　想1　斉1　黎1　華1　祎1　驴1　伏1
猪1　銭1　徃1　俌1　快1　作1　涯1　浪1　啚1　沓1　頼1　案1　助1　保1
息1　蹊1　捞1　歐1　戎1　蔺1　礪1　裱1　晉1　姘1　犳1　犂1　面1　誚1
蘭1　腹1　亢1　山1　蘭1　跌1　媌1　栈1　灵1　咆1　瀾1　賠1　相1　馬1
神1　列1　更1　黎1　閉1　庀1　印1　聖1　初1　女1　柳1　思1　摟1　燎1
啞1　良1　韋1　勝1　粡1　魔1　唑1　緋1　旺1　夜1　彼1　臨1　究1　水1
佛1　臨1　岳1　荏1　桃1　奄1　筒1　富1　妹1　算1　倒1　沙1　口1　礼1
平1　龍1　當1　配1　难1　秘1　罵1　執1　嗜1　闵1　汉1　俐1　祸1　容1
姝1　除1

附录 3：方块壮字异体字表 

组号	正体	异体	意义	读音
1	牙	牙哑	墩	a^{1}
2	鸦	鸦鸦鸦鸦鸦鸦鵶雅哑阿	乌鸦	a^{1} a^{35}
3	亞	亞亜唖哑噁呀恶悪雅鸦凹開祸嫁皆阿	开，叉开，打开	a^{3} a^{4} a^{5} a^{33}
4	夏	夏牙	使	a^{4}
5	芽	芽汀	撬，撬开	a^{4}
6	腊	腊耒	吧[语气词]	a^{5}
7	嗳	嗳爱底盖	嗦囊	$a{:}i^{1}$
8	嗳	嗳夃	咳嗽	ai^{1}
9	艾	艾艾哎哎愛愛爱爱亥	不管，不论	$a{:}i^{3}$
10	隘	隘爱盖	隘口	$a{:}i^{5}$ $a{:}i^{6}$
11	躯	躯肥垢厄隘胸兄	胸，胸口，胸腔	ak^{7} ak^{55}
12	彦	彦暗聕	饭，干饭	$a{:}m^{1}$
13	扣	扣暗唅恩	交配	am^{5}
14	口	口侖岩暗唵	一口[数量]	$a{:}m^{5}$ $a{:}m^{6}$
15	不	不吟聕	背	am^{6} am^{5}
16	安	安案按	安；祭，祭品	$a{:}n^{1}$
17	鞍	鞍安鞍恩	鞍，马鞍	$a{:}n^{1}$
18	恩	恩恩思思桓吞	恩德，恩情；月	an^{1}
19	吞	吞吝谷案恩思恩忌	那；器皿	an^{1}
20	恩	恩恩思嗯吞吞吝硆个安保咘	个，块，支[量词]；果，果子	an^{1} an^{35}
21	安	安恩吞恩	把	an^{1} an^{35}
22	漢	漢安	累	$a{:}n^{3}$
23	昂	昂昻昜昂盎央唤抗亢婴嘤叜兇喑仰行康罡赤恩	高兴，欢乐，喜欢；作乐	$a{:}ŋ^{5}$ $a{:}ŋ^{6}$
24	合	合嘩華寒漢託話	回答；讲，说	$a{:}p^{7}$
25	浾	浾押	游泳	$a{:}p^{7}$ $a{:}p^{8}$
26	一	一於	一	at^{55}
27	恩	恩恩恩恩而	茂密；鲜艳；兴旺	at^{7}
28	恒	恒衡	耀	at^{7}
29	偶	偶要欧	交汇；收，收获	au^{1}
30	嫗	嫗歐歐欧歐摳偶要	娶	au^{1}
31	摳	摳摳歐偶	挑；舀	au^{1}
32	歐	歐歐歐歐歐欧怄摳慪嫗嫗摳區區偶淋要取有罗又叹	要；拿，拿来；取，招取	au^{1} au^{2} au^{35}
33	要	要歐又偶呞叹	用；赎，赎要	au^{1} au^{35}
34	敖	敖好奥皓貌亜	叔叔，叔父	$a{:}u^{1}$ $a{:}u^{6}$
35	罵	罵罵麻馬馬馬	张[量词]	ba^{1}

36	虴	虴蟖螞馬麻㞎	蝴蝶	ba⁴ ba³
37	肥	肥虴把吧巴板援扳蔴麻怕伯八罵肩垻罷	肩，肩膀	ba⁵ ba⁶ ba¹¹ ba³¹
38	葉	葉肩某首非片埋乙美没怕吒杢敏而	叶，叶子	bai¹ baɯ¹ baɯ³⁵
39	槓	槓埋歪	竹筒	ba:i⁴
40	孟	孟㲳	级	bak⁷
41	叭	叭八没埧	砍，砍杀	ba:k⁷ ba:k¹¹
42	芃	芃芘吡把	网，捞网	bak⁷ bak⁴⁴
43	貝	貝具	碎屑	baɯ¹
44	片	片配蒖没	张[量词]	baɯ¹ bai¹
45	慢	慢板	簸箕	ba:n¹
46	板	板扳技坡晚晩睌睕晥睌晩晥晚晩輓睌脱班班寨保們慢褸㲳㲳	村，村寨	ba:n² ba:n³ ba:n⁴ ba:n³³
47	崩	崩盟蒙	诅咒	ban⁴
48	班	班慢	缺，缺口	ba:n⁵
49	哘	哘㱑	崩	ba:n⁶
50	茫	茫望芒	地方	ba:ŋ³
51	芒	芒茫王	那，那些；一些	ba:ŋ³ ba:ŋ³³
52	邦	邦邦邦䨿芒汇仿	有	ba:ŋ³ ba:ŋ⁴ ba:ŋ⁶
53	望	望㑂	忽然	ba:ŋ⁴
54	狮	狮䨿邦邦螃榜搒放鵬捧忙	鼯鼠	ba:ŋ⁴ ba:ŋ⁵ ba:ŋ⁶ ba:ŋ¹¹
55	侊	侊凭崩没汶	竹筒	baŋ⁶ baŋ⁵
56	罵	罵罵蜜	竹筒	ba:t⁷
57	蜜	蜜畢	筒[量词]	bat⁷ bat⁸
58	八	八叭巴板慢蜜占埧拜	次	ba:t⁷ ba:t⁸ bat¹¹
59	茂	茂茂茂茂浮否褒孟冇	轻的	bau¹ bau⁶
60	栢	栢保謀盃	葫芦	bau³³ bau³
61	否	否不吥㕵丕⺈礻⺬䶹系系茂茂茂花播搭潘莫勿没謀恕甫累毛	不，没有	bau⁴ bau⁵ bau⁶ bou⁶ bo¹¹
62	冒	冒冒卯	情人	ba:u⁵ ba:u⁶
63	貌	貌皃皃貌貌貌貌貌貌貌貌貌貌冒冒㡌胴悁帽帽骨㕧冒毛梚皂畧赧的抱赦	小伙子，青年；	ba:u⁶ ba:u⁵ ba:u¹¹
64	㒶	㒶㒶	轰隆	bɔm³⁵
65	乜	乜妹	开，散开	be¹
66	咩	咩㲳噴	咩叫	be⁴
67	边	边辨变	朵	be:n⁵
68	片	片遍霌	片	be:n⁵
69	胆	胆腁脾膽脩嘀米礼肩	胆	bi¹
70	迷	迷恞	绿	bi¹
71	玭	玭飛㐲飍颮䎽㐲䎽䎽䎽泯民吩敏悔品数	飞	bin¹ ban³⁵ bin²
72	箟	箟眠民敏悶命	席子，竹席	bin³ bin⁴

73	密	密峦	绿	bit^{7}
74	媥	媥媸腷問閂閔閟闷闩闩姐女没殁提	大，　大的；女性	bɯk^{7}
75	闷	闷閉	地	bɯn^{1}
76	門	門閟	界	bɯn^{1}
77	歪	歪丕天霄雩两霄苘們们们佾嘣闷闩閂闩閂閂閂闩閦己門门门	天，上天，天空	bɯn^{1}　bɯn^{35}
78	吻	吻本陽	坛子	bɯn^{33}
79	沛	沛咘㳍布漠莫京磨泉播波你	泉，泉水	bo^{6}　bo^{5}　bo^{11}
80	朴	目朴	筒[量词]	bo:k^{7}
81	仆	仆扑朴卜陸睦	浅岸	bok^{7}
82	伏	仆伏	浅	bok^{7}
83	卟	卟卧朴卜目	干涸	bok^{7}
84	汁	汁卜扑	陆地	bok^{7}
85	脚	脚焖睄䁅瞷腡眳闷落茫逬芒	说，讲，谈论	bon^{1}
86	茫	茫菰猛孟夢夢	丛林	bo:n^{1}　bo:ŋ^{1}
87	們	們昫們閟闷問閂滿蒲满咊絲夲褸半完床䄸	床	bo:n^{5}　bo:n^{6}
88	孟	孟猛冲蒙	草丛	bo:ŋ^{1}
89	崩	崩朋孟	敲，敲打	boŋ^{3}
90	蜢	蜢蚌孟逢蒙	（蝴）蝶	bo:ŋ^{5}　buŋ^{6}
91	甫	甫不	人	bu^{4}　bau^{4}
92	苿	苿墓慕暮	葱	bu^{5}　bu^{6}
93	袓	袓袓目袱补孟蒙獄木紩没	被褥；襁褓	buk^{7}
94	孟	孟猛溋濛蒙杖檘崩	竹篓；篓[量词]	buŋ^{1}
95	差	差杀	差错	ɕa^{1}
96	花	花刷	花	ɕa^{1}
97	义	义下	抓	ɕa^{1}
98	殺	殺杀茶杳叭社	突然，忽然	ɕa^{1}　ɕa^{2}　ɕa^{6}
99	茶	茶杀查叺	丛，草丛，丛林	ɕa^{2}
100	察	察茶杀	嚓，喳[拟声词]	ɕa^{2}
101	查	查茶杀察	查，查看，查问	ɕa^{2}
102	煞	煞煞茶	大	ɕa^{2}
103	妻	妻左	怪	ɕa^{2}
104	沙	沙沙	沙	ɕa^{2}
105	察	察茶	说	ɕa^{2}
106	杳	杳茶	原	ɕa^{2}
107	涤	涤茶	竹篓	ɕa^{2}
108	煞	煞煞茶杀殺	煞	ɕa^{2}　ɕa^{1}
109	杀	杀茶殺	茶，茶水；梳；荡；溜；众人	ɕa^{2}　ɕa^{4}
110	下	下茶	粗糙	ɕa^{2}　ɕa^{4}
111	甲	甲茶才杀则	乎，哗[拟声词]	ɕa^{2}　ɕa^{6}

112	才	才茶左	悠悠	ɕa^{2}　ɕa^{6}
113	佐	佐左杀茶差刹	等，等待，等候	ɕa^{3}
114	刹	刹殺杀鎈釵要茶刀佐作要左	刀	ɕa^{4}
115	殺	殺茶要	禳解，禳除	ɕa^{4}
116	左	左茶在搀初杀	如果，若	ɕa^{4}　ɕa^{3}
117	下	下社茶	祭祀	ɕa^{4}　ɕa^{5}
118	沙	沙紗	纱	ɕa^{5}
119	社	社左查察夏	喳［拟声词］	ɕa^{5}　ɕa^{1}
120	敘	敘殺杀茶箩造要察雜	垫	ɕa^{6}
121	才	才杀茶則	鼓	ɕa^{6}
122	則	則杀茶	稀，稀疏，稀薄	ɕa^{6}　ɕa^{4}
123	差	差灾斋	差遣	ɕa:i^{1}
124	斋	斋斋齋齋齊灾災哉财財才赛賽需	斋，斋事，斋醮	ɕa:i^{1}
125	鍗	鍗榗榗脊齊齊犁楼棲遂睡妻千解至使	犁	ɕai^{1}
126	灾	灾災炎哉斋齋需赛生	灾，灾祸，灾难	ɕa:i^{1}　ɕa:i^{5}
127	在	在帅	寨	ɕa:i^{1}　ɕa:i^{5}
128	材	材才	材	ɕa:i^{2}
129	財	財财才常仈	财产	ɕa:i^{2}
130	裁	裁吋才裱	裁，裁剪	ɕa:i^{2}
131	材	材林	棺材	ɕa:i^{2}
132	脊	脊斋	都	ɕai^{2}
133	斉	斉齐脊齊齊齊齊霽済濟渏济济隨墜才才誰家些罪崔醉尽其志省	平整；齐全，一起；完	ɕai^{2}
134	失	失脊	推	ɕai^{2}　ɕai^{4}
135	察	察賽	踩	ɕa:i^{3}
136	才	才杀	糟蹋	ɕa:i^{3}
137	哉	哉在戟哉茶才	若	ɕa:i^{4}
138	茶	茶才恠	歪，歪斜	ɕa:i^{4}
139	再	再在戟是	再	ɕa:i^{5}
140	祭	祭祭之哉灾在斋	祭，祭祀，祭品	ɕai^{5}　ɕa:i^{1}
141	才	才是之財	任由	ɕa:i^{6}
142	則	則色	测知；感到	ɕak^{7}
143	叶	叶卓則色	滴［量词］；滴水	ɕak^{7}
144	刻	刻則	级	ɕak^{7}
145	墹	墹測則	台阶	ɕak^{7}　ɕak^{8}
146	索	索繂素作	串	ɕa:k^{8}
147	索	索素	索	ɕa:k^{8}
148	繂	繂掾索素索長差常鄉搶作纚沙則杀祥专	绳子	ɕa:k^{8}
149	賊	賊賊贼賊賊賊賊則丈	贼，强盗；掳掠	ɕak^{8}
150	作	作素叕寸賊	喳、叽…［拟声］	ɕa:k^{8}　ɕa:k^{7}
151	衫	衫衫	插胞鸡	ɕa:m^{1}

152	嗲	嗲嗲嗲嗲嗲嗲叁参叅荃差屾间山儳	问	ɕa:m^{1}
153	喳	喳嗲参叅	求婚	ɕa:m^{1}
154	仍	仍参儳	簪	ɕa:m^{1}
155	浸	浸埐侵尋沉存治山	沉，沉没	ɕam^{1} ɕam^{2}
156	侵	侵埐浸寻尋畓陳成存沉	玩，玩耍	ɕam^{2}
157	潯	潯浸侵	静	ɕam^{4}
158	深	深侵浸	凉	ɕam^{4}
159	沉	沉臣成残寸生存	洗澡，游泳	ɕam^{4}
160	攕	攕仍鏨簪山	插	ɕa:m^{5}
161	尋	尋侵嗲	踩	ɕam^{5}
162	山	山残赞賛	裁	ɕa:m^{6}
163	站	站長	修	ɕa:m^{6}
164	侵	侵埐浸寑寻尋尋沉順舍同	共用，一起	ɕam^{6}
165	埐	埐侵浸沉深况尋	突然	ɕam^{6}
166	寸	寸沉	也	ɕam^{6}
167	埐	埐尋嗔	深	ɕam^{6} ɕam^{1}
168	残	残盏産参	忽（然）	ɕa:n^{2}
169	栈	栈栈棧棧残残浅拨残残殘盞盏盏賛山 晒散纔讒曾斬替贊站晝潜潰讃	晒台；栈台	ɕa:n^{2}
170	辰	辰辰	辰	ɕan^{2}
171	神	神臣辰振	神	ɕan^{2}
172	山	山盏	餐	ɕa:n^{3}
173	篡	篡讃	层	ɕa:n^{5}
174	春	春順	逊，王的名称	ɕan^{5}
175	臣	臣成王呈寸	催；派	ɕan^{6}
176	搀	搀刪	赶	ɕan^{6}
177	尽	尽刪陳	驱逐，驱赶	ɕan^{6}
178	哜	哜陳	推	ɕan^{6}
179	装	装双	扮	ɕa:ŋ^{1}
180	倉	倉蒼倉倉倉蒼槍上站桑乡眼春山喪	仓，谷仓，米桶	ɕa:ŋ^{1}
181	上	上尚長	上面；尚；烧	ɕa:ŋ^{1}
182	尚	尚上	尚	ɕa:ŋ^{1}
183	向	向上	烧	ɕa:ŋ^{1}
184	長	長章	纸幛	ɕa:ŋ^{1}
185	壮	壮壮上蒼尚	装	ɕa:ŋ^{1}
186	藏	藏桑床常	藏	ɕa:ŋ^{2}
187	常	常長	常；留宿	ɕa:ŋ^{2}
188	床	床強	床	ɕa:ŋ^{2}
189	両	両刄長丙	两[量词]	ɕa:ŋ^{2}
190	常	常長床嘗	呻吟	ɕa:ŋ^{2}
191	成	成城增尽存	层	ɕaŋ^{2}
192	曾	曾曾曾曽會僧増增增魯升升斥斥昇长 長存成臣則央承尽為	未曾	ɕaŋ^{2}

193	城	城成	堵	ɕaŋ^{2}
194	噌	噌增增曽	恨，憎恨	ɕaŋ^{2}
195	啭	啭尚長壮常	喳、呱…［拟声］	ɕa:ŋ^{2} ɕa:ŋ^{4} ɕa:ŋ^{6}
196	掌	掌長章犬	大象	ɕa:ŋ^{4}
197	象	象掌丈全	象	ɕa:ŋ^{4}
198	霜	霜雙	霜	ɕa:ŋ^{5}
199	榾	榾增增	蒸笼，蒸桶	ɕaŋ^{5}
200	匠	匠強强向尚阊長常上	工匠	ɕa:ŋ^{6}
201	請	請青	请	ɕa:ŋ^{6}
202	長	長将匠	善于，擅长	ɕa:ŋ^{6}
203	秤	秤枰秤粁枰增噌增增戥	秤	ɕaŋ^{6}
204	臣	臣成	日后	ɕaŋ^{6}
205	執	執执执寻執熟扏	办，筹备，准备	ɕap^{7}
206	执	执执執	送，送礼	ɕap^{7}
207	執	執執今	相遇，遇到	ɕap^{7}
208	榝	榝杀煞指沙	擦，刷	ɕa:t^{7}
209	桑	桑杀	动	ɕa:t^{7}
210	杀	杀茶	喳、沙［拟声词］	ɕa:t^{8}
211	收	收収就求	收	ɕau^{1}
212	受	受秋	受	ɕau^{1}
213	収	収収	赎	ɕau^{1}
214	曹	曹曺曹曺	曹［姓氏］	ɕa:u^{2}
215	槽	槽槽槽曺曹兆朝	槽，马槽；马厩	ɕa:u^{2}
216	巣	巣巢	巢	ɕa:u^{2}
217	少	少抄	大	ɕa:u^{2}
218	仇	仇朝囚	仇	ɕau^{2}
219	愁	愁仇仇执酧囚冈	愁	ɕau^{2}
220	冈	冈茶酧孪	妇女	ɕau^{2}
221	囚	囚冈嫩嫩求受	晚饭	ɕau^{2}
222	炒	炒炒沙抄灶炤召昭照潮逍	炒	ɕa:u^{3}
223	首	首手	首	ɕau^{3}
224	造	造朝告曹召則照招	造；生火；开始	ɕa:u^{4}
225	召	召造	织；开垦	ɕa:u^{4}
226	就	就就造道超助取受召昨朝少	刚刚，刚才；就	ɕa:u^{4}
227	到	到造	又	ɕa:u^{4}
228	奏	奏冈愁酧	早	ɕau^{4}
229	才	才造在左招朝靠就召	才	ɕa:u^{4}
230	鈔	鈔灶燒烧少告孝窖社早照召造照瀄	锅，锅头	ɕa:u^{5}
231	灶	灶孝造	灶	ɕa:u^{5}
232	少	少造朝	拉	ɕa:u^{6} ɕa:u^{4}
233	捨	捨舍啫者敕赦射砦社且謝寺	丢，丢下	ɕe^{1}

234	者	者捨舍設射這斉且謝	放，放下，放在	ɕe^{1}
235	舍	舍捨且且者啫唱昌射社昔車置借謝赦考	留，留下	ɕe^{1}
236	支	支赦	舍	ɕe^{1}
237	射	射砦者	剩余，遗留	ɕe^{1}
238	啥	啥啫唓	激扬	ɕe^{3} ɕi^{3}
239	啫	啫唓車謝乳舍	奶，奶头	ɕe^{3} ɕi^{3}
240	社	社社祛謝谢祭祭切世	祭奠，祭祀	ɕe^{5}
241	砦	砦砦砦切借	保水	ɕe^{6}
242	砦	砦砦砦砦舍射	繁殖，繁衍	ɕe^{6}
243	節	節祭砦砦砦車	泡，浸	ɕe^{6}
244	砦	砦砦砦砦皆箠社社祛批祭舍切	山，山寨	ɕe^{6}
245	煵	煵賎賎	煎	ɕe:n^{1}
246	錢	錢銭钱錢錢錢錢錢ネ尒豕彡ネ办办刄亣送千	钱，钱财；纸钱	ɕe:n^{2} ɕiən^{2}
247	盏	盏盞残盃覔占岴行春杀千	杯[量词]；杯子	ɕe:n^{3}
248	啳	啳呼净争爭請諍	争吵	ɕe:ŋ^{1}
249	净	净争情	撑	ɕe:ŋ^{5}
250	正	正前	照	ɕe:ŋ^{6}
251	書	書主	吹	ɕi^{1}
252	是	是之	拉	ɕi^{1}
253	氏	氏氏	氏	ɕi^{1}
254	世	世是朱之至居恥取	推	ɕi^{1}
255	支	支至指	枝	ɕi^{1}
256	除	除迮	除	ɕi^{2}
257	池	池十什离离蕊戥賀借	糍粑	ɕi^{2}
258	時	時之十佘池知	喳，吱[拟声词]	ɕi^{2} ɕi^{4}
259	支	支絺絺取	乳头	ɕi^{3}
260	池	池之舆	只	ɕi^{3}
261	帋	帋絺是子	纸	ɕi^{3}
262	子	子了犾	词缀，-子	ɕi^{3}
263	使	使子	紫	ɕi^{3}
264	只	只之至佘時十池知	叽，吱…[拟声]	ɕi^{4} ɕi^{2}
265	置	置置置造至処已書始	置，安置	ɕi^{5}
266	使	使出	彩	ɕi^{5}
267	至	至余書	传	ɕi^{5}
268	至	至置置塊造処始治	创，造，制	ɕi^{5}
269	舆	舆至	便	ɕi^{6}
270	千	千之十子了舆舆是尽治始	才	ɕi^{6}
271	已	已巳矢使亖	处	ɕi^{6}
272	字	字書十	单，单字	ɕi^{6}
273	尽	尽只之	都	ɕi^{6}

274	巳	巳己書字出	方	ɕi^{6}
275	詩	詩除字十巳	个，个个	ɕi^{6}
276	巳	巳己巳屬十取字朱咝世斯	棱，角；角落	ɕi^{6}
277	之	之舆舆舁舁十拾只知巳己巳卪卪恩恩始治千至真是子即亦敇以絺豈叱池造尽七了請時正支轉系世前志户内係全習出失直土羊使	就，即	ɕi^{6}
278	子	子至是舆	却	ɕi^{6}
279	是	是之至十屋千舆治子除	是	ɕi^{6}
280	赤	赤舆舆	要	ɕi^{6}
281	前	前之云	也	ɕi^{6}
282	硃	硃珠朱巳	一角	ɕi^{6}
283	舆	舆舆舁舁之千應	已	ɕi^{6}
284	尺	尺之尽	又	ɕi^{6}
285	主	主之至	刚	ɕi^{6} ɕi^{4}
286	社	社社社謝	遮护	ɕiə^{1}
287	除	除除	除怪；黄牛；叫	ɕiə^{2}
288	乳	乳射	奶头	ɕiə^{3}
289	社	社社社徐謝則志	社神	ɕiə^{4} ɕɯə^{4} ɕɯ^{4}
290	則	則哄丈	石	ɕiək^{8}
291	着	着着覔尚	野芭蕉	ɕiək^{8}
292	占	占懺	求签	ɕiəm^{1}
293	粘	粘畓千粨	籼谷	ɕiəm^{1}
294	千	千毡斤仟十	千	ɕiən^{1}
295	毡	毡前千	毡子	ɕiən^{1}
296	轉	轉轉转銭占千善先顕存顺	转，辗转	ɕiən^{5} ɕiən^{6}
297	賎	賎賎賎則	贱，贫贱	ɕiən^{6}
298	清	清正	清	ɕiəŋ^{1}
299	正	正勝	正月	ɕiəŋ^{1}
300	将	将将將将将	将，将军	ɕiəŋ^{1} ɕiəŋ^{5}
301	常	常長	常	ɕiəŋ^{2}
302	祥	祥常長	场	ɕiəŋ^{2}
303	墻	墻墻墻墻墻墻墻墻墻墻呈程正星城長振寸	墙，城墙，墙壁	ɕiəŋ^{2} ɕɯəŋ^{2} ɕɯə^{2}
304	養	養养養丈丈丈丈丈又又则則将溽将正敉長旬	养	ɕiəŋ^{4} ɕɯəŋ^{4}
305	唱	唱占長養	唱，唱诵	ɕiəŋ^{5}
306	仗	仗將丈	仗	ɕiəŋ^{5}
307	状	状丈	状	ɕiəŋ^{6}
308	長	長朝	长	ɕiəŋ^{6} ɕiəŋ^{4}
309	丈	丈丈	丈	ɕiəŋ^{6} ɕɯəŋ^{4}
310	接	接椄節闌帖	接，承接，继承	ɕiəp^{7} ɕiəp^{5}

311	膳	膳借則節	阴门	ɕiət^{8}
312	尺	尺直尽冬尽	尺，尺子	ɕik^{7}
313	尽	尽尺	热	ɕik^{7}
314	真	真臣沉顺春	看	ɕim^{1}
315	食	食哷臣昗與	尝	ɕim^{2}
316	親	親真真真顺正類慎	亲，亲戚，亲人	ɕin^{1}
317	順	順寸	顺	ɕin^{1}
318	真	真直青青真请清正與尽親順	真	ɕin^{1}
319	辰	辰長	辰	ɕin^{2}
320	巡	巡顺順	探望	ɕin^{2}
321	準	準埣	代替	ɕin^{3}
322	進	進真增尽	（忽）然	ɕin^{5} ɕin^{1}
323	嗔	嗔真真真真認行甚	醒	ɕin^{6}
324	順	順春	穿	ɕiŋ^{1}
325	婧	婧精幸殄磌	精怪	ɕiŋ^{1}
326	净	净清	骏	ɕiŋ^{1}
327	清	清请請青青青勝滕聖貞與	牵，牵手	ɕiŋ^{1}
328	圣	圣聖清	圣	ɕiŋ^{1}
329	婧	婧精青聖正與	孙子	ɕiŋ^{1}
330	昗	昗與	弯	ɕiŋ^{1}
331	成	成呈程	成	ɕiŋ^{2}
332	呈	呈成	呈文	ɕiŋ^{2}
333	城	城城呈程声	城	ɕiŋ^{2}
334	程	程呈星	大的；阉，阉的	ɕiŋ^{2}
335	情	情成呈	情	ɕiŋ^{2}
336	埕	埕碮程呈成情春	水缸，坛子	ɕiŋ^{2} ɕiŋ^{1}
337	井	井清青政升心	井	ɕiŋ^{3}
338	请	请請請清清歐正節斥昇	请	ɕiŋ^{3}
339	提	提正	真	ɕiŋ^{5}
340	証	証正清	证	ɕiŋ^{5}
341	正	正政証昗與與情請请清青即主丁尽	正好，正是；是	ɕiŋ^{5} ɕiŋ^{3}
342	唀	唀真真	喳[拟声词]	ɕiŋ^{6} ɕiŋ^{4}
343	十	十拾千	十	ɕip^{8}
344	卞	卞卡	十一	ɕip^{8}it^{7}
345	卞	卞卡	十二	ɕip^{8}ȵi^{6}
346	咄	咄吃叱食出直真汒七寔切参時	（突）然	ɕit^{7}
347	叱	叱出出	霎时	ɕit^{7}
348	燒	燒出	烧	ɕit^{7}
349	粃	粃粃糯除出屈	糯	ɕit^{8}
350	鴖	鴖鳿照朝交秋召	画眉	ɕi:u^{1}
351	召	召启朝造	招呼	ɕi:u^{1}
352	廟	廟朝	海洋	ɕi:u^{2}

353	照	照聇昭照㷖召朝叏	看，瞧，望	$ɕi:u^{5}$
354	秀	秀召照朝燒	照看	$ɕi:u^{5}$
355	召	召照照超赹趙貟启朝造九月早世盲	辈，代，一世	$ɕi:u^{6}$
356	咮	咮朱時則	心	$ɕɯ^{1}$
357	則	則除子	遮	$ɕɯ^{1}$
358	珠	珠朱则則罪	珠	$ɕɯ^{1}$
359	除	除時	除，除掉	$ɕɯ^{2}$
360	時	時时時時除暑甫你則	时，时辰，时候	$ɕɯ^{2}$
361	主	主此	主，主人	$ɕɯ^{3}$
362	煑	煑煮炷主除時	煮	$ɕɯ^{3}$
363	買	買則賒住主除	买	$ɕɯ^{4}$
364	狳	狳㹶㹶除除時叽則则才処仇倿牛舍	黄牛	$ɕɯə^{2}$　$ɕɯ^{2}$　$ɕɯ^{44}$
365	准	准準春寸	代替	$ɕɯn^{3}$
366	準	準杵	准	$ɕɯn^{3}$
367	尽	尽行成	还	$ɕɯn^{6}$
368	春	春鍗楚	淡	$ɕɯt^{7}$
369	恩	恩出	结实	$ɕɯt^{7}$
370	烧	烧出晒	烧	$ɕɯt^{7}$
371	出	出出	造出	$ɕɯt^{7}$
372	亡	亡屈出出	糯	$ɕɯt^{8}$
373	初	初初祖	初	$ɕo^{1}$
374	孝	孝作學左	年轻	$ɕo^{2}$
375	祖	祖祖初初佐左宜媨作	祖宗	$ɕo^{3}$　$ɕo^{5}$
376	作	作初初坐坐助助租學罪才着中左水取	放，放置	$ɕo^{5}$
377	初	初坐助作	供	$ɕo^{5}$
378	坐	坐坐	捆	$ɕo^{5}$
379	作	作坐	留	$ɕo^{5}$
380	作	作坐初	送	$ɕo^{5}$
381	坐	坐作	套，套在	$ɕo^{5}$
382	學	學着	填	$ɕo^{5}$
383	庄	庄作	往	$ɕo^{5}$
384	坐	坐坐初初助着作足學	在	$ɕo^{5}$
385	取	取初	着	$ɕo^{5}$
386	坐	坐坐座作孝	斟	$ɕo^{5}$
387	唦	唦初初助助助取坐坐孝作棟	装，盛，装在	$ɕo^{5}$
388	助	助孝佐祖初	才	$ɕo^{6}$
389	初	初學助樎	宠爱	$ɕo^{6}$
390	生	生初助	到	$ɕo^{6}$
391	助	助取助助助坐座作初祖	向，对着	$ɕo^{6}$
392	助	助助助助助紡初初祖座学學作孝取	跟，跟随；雌性	$ɕo^{6}$
393	祖	祖助	就	$ɕo^{6}$
394	取	取作助	看望	$ɕo^{6}$

395	助	助助座	来	ɕo^{6}
396	作	作初取助助学學	名字	ɕo^{6}
397	作	作助孝初初	求，讨教	ɕo^{6}
398	所	所初助取幻坐	问，说	ɕo^{6}
399	坐	坐作	喂，喂养	ɕo^{6}
400	助	助助	要	ɕo^{6}
401	助	助助助助初作	接	ɕo^{6} ɕo^{5}
402	催	催瑞追遂水累誰斉	催	ɕo:i^{1}
403	川	川水	行	ɕo:i^{3}
404	漼	漼譜	纺	ɕo:i^{6}
405	谁	谁漼罪	祭	ɕo:i^{6}
406	虽	虽些	麽诵	ɕo:i^{6}
407	谁	谁为	禳解	ɕo:i^{6}
408	罪	罪谁些歲	疏理	ɕo:i^{6}
409	罪	罪憶遂醉誰谁雖修祭瑞水逐追	纠正；修理	ɕo:i^{6}
410	罪	罪水	罪	ɕo:i^{6}
411	作	作坐	错误	ɕo:k^{7}
412	獨	獨蜀畜	畜栏	ɕok^{7}
413	足	足作祝	栏圈	ɕok^{7}
414	濁	濁昨屈	冲	ɕo:k^{8}
415	昨	昨聍詐作濁孝捉	次日，明天	ɕo:k^{8}
416	熟	熟足從	熟	ɕo:k^{8}
417	合	合作	拆	ɕok^{8}
418	侵	侵㑴浸	损失	ɕom^{1}
419	挰	挰侵	陷，下陷	ɕom^{1}
420	燒	燒憎尋深	烧	ɕom^{6}
421	穿	穿川春順	穿	ɕo:n^{1}
422	哊	哊咘噃询詢旬存笋陳晋句罪	话，话语，言语	ɕon^{2}
423	聰	聰総緫总揔	聪	ɕoŋ^{1}
424	総	総宗	袋	ɕoŋ^{1}
425	宗	宗牛中	宗	ɕoŋ^{1}
426	從	從祖	从	ɕo:ŋ^{2}
427	床	床孨憧	神	ɕo:ŋ^{2}
428	棹	棹床麻	桌子；桌，台[量]	ɕo:ŋ^{2}
429	埇	埇捅憧童冲中串忠甲兄從孔	洞，洞穴	ɕo:ŋ^{6}
430	哺	哺憧床冲	孔	ɕo:ŋ^{6}
431	從	從冲	山	ɕo:ŋ^{6}
432	執	執䋻執䋻执叔	相遇	ɕop^{7}
433	執	執执執集賊急轉	倒，塌陷	ɕop^{8}
434	咄	咄屈出	绝	ɕo:t^{8}
435	出	出屈	尾	ɕo:t^{8}
436	州	州祖	鬼楼	ɕu^{1}

437	卅	卅州	阴府	ɕu^{1}
438	州	州卅周祖	州	ɕu^{1}
439	総	総正	总	ɕu^{1}
440	厨	厨足	拔毛	ɕu^{2}
441	紬	紬晒州	绸	ɕu^{2}
442	吜	吜丑罪	乘	ɕu^{4}
443	丑	丑周	放	ɕu^{4}
444	扭	扭吜吜丑捉足㠯是贖初就叔	接，迎接	ɕu^{4}
445	初	初丑	就	ɕu^{4}
446	叔	叔吜丑足竹作出	肯	ɕu^{4}
447	足	足丑力	娶	ɕu^{4}
448	㕛	㕛丑吜	赎	ɕu^{4}
449	周	周丑	住	ɕu^{4}
450	吜	吜丑州召周足兦球日	装	ɕu^{4}
451	足	足是	准备	ɕu^{4}
452	丑	丑吜	铸	ɕu^{5}
453	說	說捉提足雜丑	说，谈	ɕuə^{4}
454	传	传傳全	传；巡	ɕuən^{2}
455	存	存哊全川𡶀傳	赎；招	ɕuən^{2}
456	全	全從中川	全；转	ɕuən^{6}
457	串	串專	柜子	ɕuəŋ^{1}
458	撞	撞憧鐘中冲重放防傘牛	碰见，相逢	ɕuəŋ^{1}
459	張	張褃	件	ɕuəŋ^{2}
460	床	床憧	水槽	ɕuəŋ^{2}
461	王	王黄	王	ɕuəŋ^{2}
462	放	放放将將将松粉唱中兄佛霜床	放	ɕuəŋ^{5}
463	放	放中	落	ɕuəŋ^{5}
464	中	中轉	铸	ɕuəŋ^{5}
465	中	中放忠重	讲，说	ɕuəŋ^{5}
466	畜	畜捉	舂	ɕuk^{7}
467	捉	捉足祝畜	筑	ɕuk^{7}
468	綀	綀縱續綼從捉足𧾷酬中手	绑，捆	ɕuk^{8}
469	熟	熟热叔從圭捉凹	熟的	ɕuk^{8}
470	捉	捉從	捉	ɕuk^{8}
471	属	属属	包	ɕum^{6}
472	春	春準川	穿；代替	ɕun^{1}ɕuən^{1}
473	舆	舆春准	巡	ɕun^{2}
474	冲	冲中	冲；敬	ɕuŋ^{1}
475	蝩	蝩虫虽	虫	ɕuŋ^{2}
476	從	從虽	拱屎	ɕuŋ^{2}
477	虽	虽虫	虹	ɕuŋ^{2}
478	冲	冲中兄重	种	ɕuŋ^{3}

479	総	総从	总	ɕuŋ3
480	中	中冲鎗衆牛	枪	ɕuŋ5
481	蘇	蘇初	吸	ɕup7
482	出	出𠚤𠚤㞢春	出，生出	ɕut7
483	装	装壮粧庄	装	ɕva:ŋ1
484	書	書主	吹进	ɕvi1
485	治	治之志	安置	ɕvi5
486	至	至則治之志世足是置知	制，做，造	ɕvi5
487	出	出𠚤㞢厲	方	ɕvi6
488	𠚤	𠚤𠚤㞢出支西除子	角	ɕvi6
489	挪	挪那逻儸穋罗花達	安	da1
490	拖	拖𢵧拉逻邏羅假雅腊蜡	架，摆，摆设	da1
491	儸	儸假逻	办	da1
492	襹	襹逻㘃那互拉	背带	da1
493	攞	攞拶䙨儸逻邏羅腊籮萝下拉答	搭，搭设	da1
494	逻	逻腊	收	da1
495	囉	囉逻罗馱	挑	da1
496	拉	拉腊	制	da1
497	𢵧	𢵧攞逻還	装	da1
498	羅	羅逻邏	准备；做	da1
499	罵	罵罵罵嗎獁猲挪𢵧邌逻儸羅腊雅杀	骂	da6 da5
500	採	採柰	耘	da:i1
501	闪	闪閄内肉吞裏裡吝黎	内，里面	dai1
502	㔻	㔻乃	没事	da:i2
503	戾	戾戾	见	dai3
504	里	里礼	去到	dai3
505	亦	亦累	却	dai3
506	累	累戾	听	dai3
507	累	累戾戾淂類礼	生，生得	dai3 dai4
508	好	好哩里	好，吉利；平安	dai35
509	淂	淂得礼	要；有	dai4
510	㭢	㭢𥿑仍乃綵柰麻列賴耒來	麻，麻绳	da:i4 da:i3
511	禮	禮吼礼礼礼禮淂淂淂得戾戾房贫里利至累壘侣黎雷恩屡類内你	得，得到	dai4 dai3
512	礼	礼礼戾戾得累里過	能	dai4 dai3
513	能	能𠅋	块	dak7
514	沧	沧測畓匿黷得	湿	dak7
515	埜	埜畬侖夾夾冷種碏蟒塘点能垄	种	dam1
516	内	内闪闷倫論淪畬侖勒勤勒裹袠里人人礼利冷比地	里，内，里面	daɯ1
517	黕	黕黑黒點里赫	黑	dam1 dam2
518	垳	垳吞塔天畬	地	dan1

519	侖	侖畲龠倫吞恩臉另冷恩	个	dan^{1}
520	吞	吞龠天	界，下界	dan^{1}
521	龠	龠侖論	全	dan^{1}
522	論	論偷	容器	dan^{1}
523	躺	躺艡鄉狼浪郎躰身囊囊囊當当良裏根浪娘	身，身体，亲身	$da:ŋ^{1}$
524	䶎	䶎能㔥鼻阜單	鼻子	$daŋ^{1}$
525	澇	澇能	碱	$daŋ^{4}$
526	熊	熊僜嫩燈登冷肛	烧	$daŋ^{4}$
527	昈	昈䀚	除夕	dap^{7}
528	泣	泣䀚竝拉立勒滅	灭，熄灭	dap^{7}
529	昈	昈立	月	dap^{7}
530	律	律窒	哽咽	dat^{7}
531	陋	陋陃蒲漏	薯莨	dau^{1}
532	嘮	嘮𪖐蟧勝劳腦腦腦星害老江惱	星，星星	$da:u^{1}$ $da:u^{35}$
533	筬	筬波	簸箕	$dəŋ^{33}$
534	咧	咧列啷夜㕭畚筆卦	（知）道	de^{5} de^{11}
535	了	了鳥㐁燎寮天弔吊天一你廖料旡	一	$de:u^{1}$
536	鳥	鳥㐁	小	$de:u^{5}$
537	業	業蔾	阴茎	$de:u^{5}$
538	忊	忊廖	远	$de:u^{5}$
539	腡	腡胆唎利莿	胆	di^{1}
540	俐	俐唎娳莉悡利礼礼礼禮裡理哩里剢剢立唎依累好讯倒	好，吉利；好转，痊愈	di^{1}
541	哩	哩里	听	di^{1}
542	唎	唎利	想	di^{1}
543	唎	唎利剢里	要，将要	di^{1}
544	擬	擬利	个	di^{11}
545	敵	敵及低	里面	di^{35}
546	哩	哩里礼	给，得	di^{4}
547	俚	俚哩里你尔累宜女礼如利㤡	跟，跟随	di^{4}
548	浰	浰你里	汇	di^{4}
549	里	里与礼宜你	一起	di^{4}
550	里	里裡哩礼礼禮利你宜尔与	和，同	di^{4} di^{3}
551	礼	礼与你里	为（了）；沿着	di^{4} di^{3}
552	与	与與俚里礼礼你宜利以嚌	与	di^{4} di^{3}
553	礼	礼利	碓	di^{5}
554	瓈	瓈蹄䁻里䮑你立唎利	（星）星	di^{6}
555	脔	脔胨胳伄月脾脾鸾鸾𦡻臉同	月，月份，月亮	$diən^{1}$ $duən^{1}$
556	業	業葉菾莗	爱，怜爱	$diəp^{7}$
557	菾	菾蔾	感	$diəp^{7}$
558	念	念業葉業葉業葉業葉	想，思念	$diəp^{8}$ $diəp^{7}$

559	烮	烮烈列烈	兴旺	diət[7]　duɯət[8]
560	烈	烈列烮闪	热闹	diət[8]　diət[7]
561	地	地低	地	din[35]
562	閔	閔闪闪苪英领領令佡寕煉倿灵紅零	红，红色	diŋ[1]
563	紅	紅闪閔寕	婴（儿）	diŋ[1]
564	闪	闪閔	鱼	diŋ[1]
565	立	玣炶吝竝劝立業生眣	生［不熟］	dip[7]
566	唎	唎利	小绿豆	dit[44]
567	倿	倿倿吝眣	晴	dit[7]
568	烈	烈烈闪吝令冷律烸林另禮晽	阳光，太阳	dit[7]
569	瘤	瘤对尔	如，像	diu[35]
570	勒	勒晃	酒糟	duɯ[5]
571	雷	雷冇磊累	的	duɯəi[1]
572	冇	冇冂冇肙眉内累壨雷吕	空，白白；没有	duɯəi[1]
573	累	累冇	事	duɯəi[1]
574	脴	踚踚倫脴吞頡	站	duɯn[1]
575	洽	洽郎	吞	duɯn[3]
576	诺	诺弄洛	躲	do[3]
577	壨	壨雷纇内祼	岭，山岭	do:i[1]
578	檑	檑擂壨羼雷雷累对	打	do:i[6]　do:i[5]
579	陸	陸睦輊匿竹雷六豚	刺竹	dok[7]
580	坴	坴陸	塘角	dok[7]
581	骨	骨嗀嗀榾滑骨六斛	骨头	do:k[8]　do:k[7]　duk[8]
582	穿	穿暖	穿	do:n[4]
583	嬝	嬝濃檂農農龍籠籠弄美	亲家，亲戚	do:ŋ[1]
584	農	農農弄籠	腌	do:ŋ[1]
585	檂	檂檂檂攏農杹笼笼笼笼槞梳篭籠龍龍籠攏龙龙厐筭美弄弄弃佟宠孟	树林，森林	doŋ[1]
586	梇	梇哢哢農濃濃檂	簸箕	doŋ[3]
587	農	農檂	硬	do:ŋ[4]
588	鲁	鲁魯柳柳栁初初哂酉六奴怒	古，古代	du[3]
589	哂	哂哂酉柳栁柳刘	前	du[4]
590	栁	栁栁柳鲁魯怒酉户礼	先	du[4]
591	柳	柳栁栁掷哂哂酉魯鲁魯初禄怒丑	初，初始	du[4]　du[3]
592	禄	禄陸	圆圆	du[6]
593	鵉	鵉鸾乱	圆	duən[1]
594	圥	圥杶陸睦飈	腐	duk[7]
595	梔	梔厄老	牛轭	e:k[7]
596	暗	暗焉焉	芭芒	e:m[1]
597	嬰	嬰嬰	婴儿	e:ŋ[1]
598	發	發癹	板	fa[1]
599	髮	髮萃花法	扇	fa[1]

600	摒	摒𢗯	竹隔板	fa^{1}
601	琶	琶把法癹𤼵癹發伐戈放	篱笆，竹笆	fa^{1}　fa^{2}
602	伐	法癹	见	fa^{2}
603	𤼵	𤼵𤼵癹癸發伐法	铁	fa^{2}
604	克	克法	终	fa^{2}
605	癹	癹𤼵花扶	块	fa^{3}
606	伐	伐法	针	fa^{4}
607	天	天法	天	fa^{55}
608	洂	洂澭㩧蓋𦬼苵𧀄洷絓桂歪壞壞懐外逊快埋	坝，河坝	fa:i^{1}
609	悲	悲非位胃輝逃費謂	姓氏	fai^{1}
610	桂	桂歪梩埋槐快怌外𧀄苵排逛	竹子，南竹	fa:i^{2}
611	𤋱	𤋱𤉸非𤓰微𤒣𤏸𤒣𤓰𤑕𤏸𤓰𤒻微徵微微𡾟𡾟微魂肥火	火	fai^{2}　fi^{2}
612	非	非斐未费𤤻𢫬	树，木	fai^{4}
613	洷	洷怀	粳	fa:i^{5}
614	蓋	蓋桂洷歪外埋	棉，棉花	fa:i^{5}
615	伏	伏癹法	巴掌	fa:k^{7}
616	伏	伏或𢘇	教，驯	fak^{7}
617	方	方防法發伏伏戾房如癹雷	把[量词]	fa:k^{8}
618	房	房防伏或	饱满	fa:k^{8}
619	戾	戾房	生长	fa:k^{8}
620	伏	伏方扶放法戾房	竹榻，竹板	fa:k^{8}
621	砆	砆砆	打	fak^{8}
622	伏	伏𠰳	冬瓜	fak^{8}
623	伐	伐伏朋法	孵化	fak^{8}
624	犯	犯犯犯犯亢	犯，冒犯	fa:m^{6}
625	蕃	蕃亢犯	屋檐，厢房	fa:m^{6}
626	凡	凡亢	事	fa:n^{1}
627	纷	纷粉问	本（本钱）	fan^{1}
628	技	技分	分，分开	fan^{1}
629	粉	粉紛分乡文仇	种，种子	fan^{1}
630	凢	凢凡	抽穗	fa:n^{2}
631	凡	凡萬	烦	fa:n^{2}
632	亢	亢凡煩万癹發反房㦦	怀，怀孕，孕育	fa:n^{2}
633	玑	玑𡒄凡万煩班亢膰	黄猄	fa:n^{2}
634	坟	坟文	场	fan^{2}
635	份	份非文	齿	fan^{2}
636	扮	扮份吩粉坟文闵分奔勿本盆	砍	fan^{2}
637	份	份文	挖	fan^{2}
638	文	文𩑈	牙	fan^{2}
639	返	返亙	反	fa:n^{3}

640	佛	佛粉	捏	fan^3
641	坟	坟分	梳	fan^4
642	凡	凡几	凡	$fa:n^6$
643	万	万凡九萬萬累反丏	万	$fa:n^6$
644	份	份分芬莔潘品	分，份	fan^6
645	分	分份	名分	fan^6
646	魴	魴魙魙魙魙魙魙魙鬼放防房方妄旙瓶兵啵癹法	鬼；神	$fa:ŋ^2$
647	增	增望	缠	$faŋ^2$
648	房	房逢	惶（惶）	$faŋ^2$
649	仿	仿方侊分	岸	$faŋ^5$
650	芬	芬九枋房	野芋	$faŋ^6$
651	發	發𤼵癹發癹杀分	发，发派	$fa:t^7$
652	芴	芴勿	牛蒡草	fat^7
653	伐	伐癹𤼵發板九勿发法	鞭打，抽打	$fa:t^8$
654	法	法發	收割	$fa:t^8$
655	绋	绋佛笏物物忿勿	带子	fat^8
656	佛	佛分奔	神	fat^8
657	吩	吩粉份分文坟枚佛	说	fat^8
658	𤼵	𤼵𤼵珀伏	芭芒	$fe:k^7$
659	鵬	鵬册鵡	鹧鸪	$fe:k^7$
660	微	微熾	赤	fi^2
661	熾	熾熾	声貌	fi^2
662	燉	燉㵟微	火灶	fi^2
663	肥	肥微微	醉	fi^2
664	未	未微微微爲位	不，未，未曾	fi^6
665	非	非丟	什（么）	fi^6
666	雲	雲雲雲罻灭娬娬武火凬	云	$fiə^3$ $fuɯə^3$
667	偩	偩娬娬武武武或箴覂雲伏怄勿法坪忽	人，别人	$fiə^4$ $fuɯə^4$ $fuɯ^4$
668	唤	吩唤纷紛份	山歌	$fiən^1$
669	粭	粭粉防訪方	粟，小米	$fiəŋ^3$
670	伏	伏放	地方	$fiəŋ^4$
671	傍	傍防	一半	$fiəŋ^4$
672	翐	翐𦐇翅𦐇物玳飛粉羽弗勿	翅膀	$fiət^8$ $fuɯət^8$
673	玳	玳飛	丢弃	fit^8
674	物	物勿乎扶滕	荒芜	$fuɯ^2$ $fiə^2$
675	偩	偩武武弗勿忽扶舞	餐	$fuɯ^4$ $fuɯə^4$
676	嫵	嫵娬武佛勿忽扶夫福	梳篦	$fuɯə^2$ $fiə^2$
677	匪	匪非費肥	叶	$fuɯəi^6$
678	防	防仿旺	小米	$fuɯəŋ^3$
679	仿	仿房	边	$fuɯəŋ^6$

680	焚	焚杦汶坟汶捧逢糞糞賁馮霎覆復风勿户分	柴，柴火	fɯn^{2}
681	揰	揰艂逢逄艂蓬奉伏憑憑凴憑裞連凴馮手奸汶朋文坟分粉扮勿放方	手，脚，掌	fɯŋ^{2}　fɯəŋ^{2}　fəŋ^{44}
682	文	文勿	纷（纷）	fɯt^{8}
683	佛	佛弗勿	回应，说	fɯt^{8}
684	勿	勿物物弗拂佛刎武非	猛地，突然	fɯt^{8}
685	伏	伏復	繁殖	fo:k^{7}
686	黺	黺黖黑紛纷粉吩坋份分佛沸坟伏文勿紩	黑，黑色	fo:n^{4}
687	捧	捧奉防枋仿方旺玨閔	补	fo:ŋ^{1}
688	朋	崩朋遜	封	foŋ^{1}
689	奉	奉逄	供奉	foŋ^{1}
690	狰	狰俸逢捀防彷风房粉風	果子狸	fo:ŋ^{2}
691	蓬	蓬逢逄	缝	foŋ^{2}
692	夫	夫富微	搓	fu^{1}
693	富	富夫副	富	fu^{1}
694	伕	伕福	成	fu^{2}
695	扶	扶护户補胡	扶，扶持	fu^{2}
696	符	符福	浮	fu^{2}
697	浮	浮伏	惶（惶）	fu^{2}
698	夫	夫父	彷（徨）	fu^{2}
699	無	無伕夫福元	无	fu^{2}
700	府	府虎	府衙	fu^{3}
701	付	付夫富	副	fu^{5}
702	腐	腐廋福	腐	fu^{6}
703	方	方放	方	fuəŋ^{1}
704	捧	捧房	分	fuəŋ^{2}
705	戻	戻房	同辈	fuəŋ^{2}
706	伏	伏福	不	fuk^{7}
707	復	復福	逆规	fuk^{7}
708	福	福逢逄逢獲奉鳳當風	福，富	fuk^{7}　fuŋ^{6}
709	服	服復	服从	fuk^{8}
710	風	風凨夙奉富	风	fuŋ^{1}
711	奉	奉鳳	欢	fuŋ^{1}
712	棒	棒奉伏	乌杨	fuŋ^{1}
713	蜂	蜂風	丰，丰裕	fuŋ^{6}
714	鳳	鳳凰	凤凰	fuŋ^{6}
715	荷	荷河何夏夏夏慕芽呀牙下吓合五哑	草，茅草	ha^{2}
716	伍	伍五	粘	ha^{3}
717	嫁	嫁家妹何泙價	出嫁	ha^{5}
718	荷	荷何祸夏夏	野生	ha^{5}

719	下	下夏夏	下	ha^6
720	夏	夏下	夏	ha^6
721	開	開闬闬闬閈咳亥害害害开海	打开；放（开）	$ha:i^1$
722	吻	吻宫害害限	吐	$ha:i^2$
723	鞋	鞋鞋鞋鞋鞋雑骸孩咳亥挂灰害	鞋	$ha:i^2$
724	海	海灾	海	$ha:i^3$
725	许	许許詐該亥给海喜糏來个圩闬害灭嘿黑寒哈呵革得草赫嚇	给	hai^3 $hauu^3$ $hauu^{33}$
726	糏	糏糞屎礼亥灰	屎	hai^4
727	害	害亥	害	$ha:i^6$
728	郝	郝赦郝赫嗐巷孛黑哑官卷里	官，客官，官人	$ha:k^7$
729	龕	龕龍	龛	$ha:m^1$
730	埳	埳埳含含畲舍	埋	ham^1
731	咸	咸鹹	咸	$ha:m^2$
732	畲	畲舍	瓜	ham^2
733	恨	恨哏唅嗆唅晗唅含畲含舍	狠毒，怨恨	ham^2
734	唅	唅嗆唅捦含畲舍痕恒恨苦	苦	ham^2
735	坎	坎憨敢緬	过	$ha:m^3$
736	嗐	嗐喊寒恒坎	跨	$ha:m^3$
737	海	海許许	叫；要	$hauu^3$
738	許	海許许何嚇	让，许	$hauu^3$ $hauu^{33}$
739	嗆	嗆唅唅晗唅含畲舍含畲舍問问问閅門衝问	问	ham^5
740	鐔	鐔鐔限寒	缸，坛	$ha:m^6$
741	腤	腤晗晗唅晗晗晗瞄瞎瞎瞎瞎瞎瞎聆唅唅嗆含畲含畲舍恒恨黑晚旺夜衡暗耗念旺紅恆黑	夜，晚上	ham^6
742	吽	吽吽吽刊刊喊唅嘆漢湨僕罕叅限吽哏吽	（回）答，应（声）	$ha:n^1$
743	忻	忻訢忻折听欣斤恨恒悃熉限見見演	见	han^1
744	欣	欣忻恒悃恨	绷紧	han^1
745	哏	哏恨恒黑	怒气；生气	han^1
746	嗯	嗯痕吽恨忻忻恒恆很限漢寒刊	啼叫	han^1
747	恨	恨痕熉瘧限艮忻碍寒恒寅行	坎，田埂	han^2
748	恒	恒恆	恒	han^2
749	寒	寒恒	强壮	han^{35}
750	熉	熉恨忻	那边	han^4
751	鵝	鵝鵝漢漢湨漠旱旱旱限	鹅	$ha:n^5$
752	漢	漢汉漢湨漠嘆寒寒旱旱限	漢	$ha:n^5$
753	恒	恒恨	撑开	han^5
754	倫	倫用	急	han^5
755	汗	汗限寒漢害	汗，汗水	$ha:n^6$
756	限	限寒汗	焊，焊接	$ha:n^6$

757	巷	巷康間閿	生（铁）	ha:ŋ^{1}
758	忻	忻圻	紧	haŋ^{1}
759	項	項昂昂行行衎衎強弘	腭，下巴	ha:ŋ^{2}
760	行	行衎弘扨巷	行	ha:ŋ^{2}
761	行	行向	篱笆	haŋ^{3}
762	巷	巷行	项	ha:ŋ^{6}
763	畣	畣合	击	ha:p^{7}
764	吒	吒合華華	讲，说	ha:p^{7}　hap^{31}
765	合	合或	拦	hap^{7}
766	吓	吓下	吓	hap^{7}
767	圅	圅合	筑	hap^{7}
768	合	合害	合	ha:p^{8}
769	盒	盒哈合荷	盒	ha:p^{8}
770	哈	哈含合畣寒得	咬	hap^{8}
771	喊	喊憾或客	吼，吆喝	ha:t^{7}
772	昖	昖旽耴耴耴耴耴耴吃吃吃乞黑黑里恨限恒早早早憾憾暗气	早上，早晨	hat^{7}
773	耴	耴耴昖吃旽乞气	竹鼠	hat^{7}
774	吃	吃郝	扎	hat^{8}
775	皓	皓晧浩虢虢號号奥粤好浟白毫	白，白色	ha:u^{1}
776	垢	垢后後候	臭	hau^{1}
777	口	口入后後伇後耗厚侯牛比候屋护丘	进，放入	hau^{3}
778	口	口后叩	里	hau^{3}
779	號	號毫好	鲶	ha:u^{4}
780	粝	粝糗糗糗糗后厚米候炻粮石支	稻谷；米饭	hau^{4}
781	粝	粝糗	早饭	hau^{4}
782	吒	吒嗃嗃呀哈呵耗耗托號皓号好許五説	讲，说，喃诵	ha:u^{5}
783	号	号號號虢耗	号	ha:u^{6}
784	呵	呵谷	做	hɔk^{55}
785	利	利黑	网	he^{1}
786	抽	抽烝合	割	he^{6}
787	客	客郝黑喏行	客人	he:k^{7}
788	伍	伍與音任認因	叫，喊	he:m^{5}
789	闵	闵現	隔	he:n^{1}
790	閂	閂愿	闩	he:n^{11}
791	引	引演寅臨臨臨碯煍栦林賢賢显昆闵恨行迷遠零仁	边，旁边	he:n^{2}
792	顕	顕顕顕顕顯濕濕賢显片限盧血向遠	黄（色）	he:n^{3}
793	杏	杏行與	砧板	he:ŋ^{1}
794	衎	衎行	小腿	he:ŋ^{6}
795	與	與異	刚才	he:t^{7}
796	囂	囂囂囂嚻嚻器嚻蠦休尭好要青烝	青（色）	he:u^{1}

797	噐	噐好	冷	he:u^{1}
798	呀	呀㕦㕦牙器噐朽好久斗	牙，牙齿	he:u^{3}
799	絞	絞㕦	缠	he:u^{4}
800	㕦	㕦器	扎	he:u^{4}
801	号	号號喊	称	he:u^{6}
802	器	器囂器嚣嚣噐嚣囂噐嚣㕦號号喊咸好烏吒叫休	喊，叫，呼唤	he:u^{6}
803	㕦	㕦囂號噐罡	请	he:u^{6}
804	喜	喜日亦秽	火灶	hi^{2}
805	秽	秽移穢穢壹夷以夷虛	脏，污垢，污秽	hi^{2}
806	㪅	㪅喜	打	hi^{3}
807	意	意亦氣	怕	hi^{5}
808	氣	氣菾炁圩亦於喜義意	气	hi^{5}
809	炁	炁炁炁炁悉意喜氣虛許	愁，担忧	hi^{5}
810	一	一亦尔	什（么）；是；这	hi^{6}
811	亦	亦之如以一只抑與壹系你日肉	就；却；也；又	hi^{6}
812	躭	躭肐吃吃乞䏶勒	腰	hiət^{7}
813	㒷	㒷㒷㒷滿滿畲林圩引任臨	满	him^{1}
814	嗔	嗔演磌砛寅幸㤱	妖怪	hin^{1}
815	磌	磌磌碤碤硍硍砛寅品㒷㒷引臨令興音任	石头	hin^{1}
816	寅	寅寅	寅	hin^{2}
817	引	引移	引	hin^{4}
818	㒷	㒷行興㒷興興興姜好任	姜	hiŋ^{1}
819	声	声㒷興興心音熏	声，声音	hiŋ^{1}
820	形	形情请	成	hiŋ^{2}
821	行	行形刑	赢	hiŋ^{2}
822	㒷	㒷㒷恩勒行	橱柜，碗架	hiŋ^{3}
823	興	興㒷	兴起	hiŋ^{5}
824	行	行㒷	过	hiŋ^{6}
825	吃	吃吃乞炁气㒷任乙欣乞	喊，叫	hit^{7}
826	杚	杚迄	架子	hit^{8}
827	乞	乞乞乙幸	卷	hit^{8}
828	物	物幸	掏	hit^{8}
829	虛	虛㾊	叫	hɯ^{1}
830	圩	圩墟墟虛虛虛墟吃黑	圩，街圩	hɯ^{1}
831	虛	虛㦽怖	堤岸	hɯ^{5}
832	㷥	㷥炁虛虛虛虛虛虛刑去器赫黑亦户	干，渴	hɯ^{5}
833	焞	焞亨亨烞	烘	hɯəŋ^{5}
834	䚉	䚉乞吃乞黑圩	腰	hɯət^{7}
835	痕	痕痕瘕恨恒怚眹夜里衡瞋	夜，深夜，晚上	hɯn^{2}
836	㥯	㥯貇很恨恳頪	登，登上	hɯn^{3}

837	𧾷	𧾷恨𢙾罵	来	$hɯn^3$
838	恨	恨𢙾𨑜𧾷𨑜𨑜𨑜狠报很根𢙾恒恨忐上黑闻	上，上来，上升；起，起来，起床	$hɯn^3$
839	恒	恒恨𢙾𧾷𨑜忻𨑜	生，生长	$hɯn^3$
840	很	很恨恒	发	$hɯn^3$
841	𨑜	𨑜恨𢙾很	往	$hɯn^3$
842	𢙾	𢙾𨑜	兴旺	$hɯn^3$
843	寒	寒𠴨	那里	$hɯn^{33}$
844	呼	呼户河貸火何	蒜	ho^1
845	合	合河火何	合	ho^2
846	和	和合何	和解，调解	ho^2
847	何	何胡	恼	ho^2
848	胋	胋胡货貨合合何河荷和咊活賀火落	脖子；喉咙	ho^2 ho^{44}
849	苦	苦苦苔𩨒虎兇凉火久户呵舞庫	苦，穷，缺	ho^3
850	货	货貨賀恒合物	东西，货物	ho^5
851	货	货貨庫	盖	ho^5
852	庫	庫苦	卧房	ho^5
853	合	合户賀貨貸货庫䕶	膝盖	ho^5
854	簑	簑和何	（竹）节	ho^6
855	回	回囬會會	回	$ho:i^2$
856	货	货貨灰為瑞黑和未久會侯	挂	$ho:i^3$
857	賀	賀貨	织	$ho:i^3$
858	恢	恢灰灰貨货货貸贺賀	奴，奴婢；我	$ho:i^5$
859	會	會會會會	汇合；慢；(这)样	$ho:i^6$
860	解	解斛圄空	财产	$ho:k^7$
861	圄	圄合斛斛栌無何路	栏，圈，笼，窝	$ho:k^8$
862	香	香哄	香	$ho:m^1$
863	畬	畬岩	卧	hom^3
864	含	含畬含合舍晗啥恨育温汶	盖，遮	hom^5
865	紅	紅宛	草席	$ho:n^1$
866	魂	魂魂魂𩲡冤冤冤冤冤冤冤冤冤冤婚湣𨂿昏粉𨂿昆文	魂，魂魄	hon^1
867	𨂿	𨂿𨂿婚湣婚婚昏路路	路，道路	hon^1
868	烟	烟昏云鴍湣	烟	hon^2
869	綜	綜綜紅江絤	绸缎	$ho:ŋ^1$
870	洪	洪哄久紅	农	$ho:ŋ^1$
871	哄	哄洪刑	响	$ho:ŋ^2$
872	吼	吼火𡍣	激流	$ho:ŋ^3$
873	空	空啌哄	空，空缺	$hoŋ^5$
874	䨔	䨔空	塌	$hoŋ^5$
875	洪	洪江紅红弘	(天)井，(庭)院	$ho:ŋ^6$
876	圄	圄合哈	周	$ho:p^7$

877	葛	葛活咵乞哈	段，节；结	ho:t^{7}
878	扬	扬物㧖	挖	ho:t^{8}
879	哈	哈活愧	说	hot^{8}
880	胡	胡無憮憮合㐬壶物	和解	hu^{2}
881	壶	壶胡五禾	壶	hu^{2}
882	无	无無舞	无	hu^{2}
883	雲	雲呼乎勿物無虎虎虎户㐬	云	hu^{3}
884	無	無無	双	hu^{5}
885	武	武加	他人	hu^{5}
886	户	户勿	一副	hu^{5}
887	畬	畬亨	痒	hum^{2}
888	圅	圅合了埳畬哄恒	圈围	hum^{4}
889	湣	湣温混瘟昏雨云雷霫衡婚	雨	hun^{1}
890	伝	伝仁仪任儒人亼冤冤冤冤冤魂魂魂云温撗横	人	hun^{2}
891	兖	兖兖兖兖兖兖齐兇兖哅凶哄洪厷护亡兄	大的	huŋ^{1}
892	哄	哄洪紅哎	大声	huŋ^{1}
893	玊	玊玊洪宏	王	huŋ^{44}
894	以	以衣	如	i^{1}
895	依	依衣矣意立易以一	依，依照	i^{1}
896	意	意異里	腋窝	i^{5}
897	依	依小一於意衣	小	i^{5} i^{6}
898	如	如依	形容词后缀，-匆	i^{6}
899	一	一㐅	一	i^{7}
900	脆	脆泿都約澇幻纫乙	饿	iək^{7}
901	惌	惌願	后悔	iən^{1}
902	烟	烟煙烟寃玄	烟	iən^{1}
903	冤	冤冤冤冤冤冤冤冤冤冤現烟	冤	iən^{1}
904	怨	怨怨怒愿愿願原願寃寃冤	怨	iən^{5}
905	乙	乙乚也一	伸	iət^{7}
906	血	血穴	休（息）	iət^{7}
907	印	印卬	雇请	im^{1}
908	根	根艮	阴（功）	im^{1}
909	飪	飪任印卬蔭陰	饱	im^{5} im^{6}
910	痐	痐痛應痛與引任印訓音碚膑粤	痛，病痛	in^{1}
911	引	引演印	泥鳅	in^{4}
912	印	印卬邱卬印與與任應	印，令印	in^{5} in^{6}
913	依	依任衣與與與英美意壹影	靠，靠着	iŋ^{1}
914	一	一壹壹乙乚直以圭	一，第一	it^{7}
915	言	言夭	伸	i:u^{1}
916	妖	妖夭堯堯尧堯	妖	i:u^{1}

917	沓	沓畓香腰要夭	谷仓，粮仓	$i{:}u^{3}$
918	芽	芽雅牙廾牙牙	草	ja^{1}
919	牙	牙牙	嚓[拟声词]	ja^{1}
920	絔	絔芽牙牙雅	蓬乱，散乱	ja^{1}
921	押	押雅雅雅牙吓炣亚腊甲耶柙	寻找	ja^{1}
922	枒	枒芽	粳	ja^{2}
923	吓	吓下	恐吓	ja^{2}
924	牙	牙芽牙	人面	ja^{2}
925	鸭	鸭柙押	鸭子	ja^{2}
926	夏	夏呀芽雅加揚向	恶，凶恶	ja^{4}
927	沙	沙沙	赶	ja^{4}
928	呀	呀芽	狠	ja^{4}
929	雅	雅呀牙夏	厉害，强	ja^{4}
930	吓	吓下可	说	ja^{4}
931	炣	炣下牙媎婭椏夜甫押雅習龤亞哈	妇女，婆婆；妻子	ja^{6}
932	廾	廾牙鴉	又	ja^{6}
933	涞	涞沫漾滐涯涯渥涯茉羗菜	形容词后缀，-蒙	$ja{:}i^{1}$
934	裡	裡黎	蜂	jai^{1}
935	偕	偕崔	蒸笼	jai^{1}
936	涯	涯嗒	孬	jai^{2}
937	濉	濉覽諧皆該	河滩	$ja{:}i^{5}$
938	濉	濉涯税	耙	jai^{5}
939	渥	渥涯	涯	$ja{:}i^{6}$
940	点	点點點	滴	jak^{55}
941	鍩	鍩岳蕚蕚恶廾	锄头	$ja{:}k^{7}$
942	蕚	蕚蕚	难（以）	$ja{:}k^{7}$
943	唖	唖亦許	想，欲	jak^{7}
944	亦	亦赤蕚蕚与勺恶許也岳色	将，要	jak^{7}
945	悪	悪恶蕚蕚蕚蘁押岳牙亦	恶，恶毒	$ja{:}k^{7}$ $ja{:}k^{8}$
946	蕚	蕚蕚蕚蕚蕚噩岳而亦	凶，凶恶，凶兆	$ja{:}k^{7}$ $ja{:}k^{8}$
947	淓	淓溢素作牙揚羊	滴	$ja{:}k^{8}$
948	啞	啞呀	滑	$ja{:}k^{8}$
949	蕚	蕚蕚牙亦	坏	$ja{:}k^{8}$
950	濼	濼作	酒	$ja{:}k^{8}$
951	音	音陰	瞒	jam^{1}
952	阴	阴隂陰音养	阴，阴间	jam^{1}
953	任	任壬	吊，放	jam^{2}
954	壬	壬任陰潤元	快	jam^{2}
955	隂	隂步蔭	步，跨步	$ja{:}m^{5}$
956	仰	仰任壬隂陰収吟音主	查看，探望	jam^{5}
957	喭	喭嘹噞咽揚	嚼喂	$ja{:}m^{6}$
958	涎	涎唅	晚上	jam^{6}

959	獱	獱演欣	野狸	jan^1
960	蚓	蚓螟獱恩	蝇	jan^1
961	引	引腮胭歆勨孕	种	jan^1
962	元	元顔	突然	$ja{:}n^2$
963	元	元英	发（火）	jan^5
964	禳	禳樣様	布央	$ja{:}ŋ^1$
965	典	典鄉	筛子	$jaŋ^1$
966	仰	仰昴	反	$ja{:}ŋ^2$
967	陽	陽阳阹腸	（阴）阳	$ja{:}ŋ^2$
968	拉	拉挧向	硬	$ja{:}ŋ^3$
969	向	向央應亨才用鄉	才	$jaŋ^3$
970	央	央向	刚	$jaŋ^3$
971	用	用向内吅鄉御央	就	$jaŋ^3$
972	仰	仰鄉渂亦僧殃养旁	占卜	$jaŋ^3$ $jaŋ^4$
973	様	様央	坛子	$ja{:}ŋ^{31}$
974	刾	刾鉠鏌鑲殃央鐌鎊鎊剗劃养	大刀	$ja{:}ŋ^4$
975	哑	哑浴	张开	$jaŋ^4$
976	養	養向	渣	$ja{:}ŋ^5$
977	央	央央	央	$ja{:}ŋ^6$
978	腊	腊元央郎養	担	$ja{:}p^7$
979	入	入楪	霎（时）	jap^7
980	葉	葉乙運永	蘑菇，木耳	jat^7
981	油	油要若	量[动词]	$ja{:}u^1$
982	要	要夭	要	$ja{:}u^1$
983	酉	酉有	斑鸠	jau^1
984	友	友伖有	枫树	jau^1
985	憂	憂収丘	忧	jau^1
986	由	由油	直	jau^2
987	有	有酉綏緩娄楼柳伝云收	暖	jau^3
988	抽	抽凶勺	办	jau^4
989	遊	遊凶由又有	抽，提	jau^4
990	幽	幽凶	扶持	jau^4
991	有	有憂	收藏	jau^4
992	腰	腰要刚多	耙	$ja{:}u^5$
993	孝	孝老教腰	孝，守孝	$ja{:}u^5$
994	佑	佑右若又有楼	叫，吠叫	jau^5
995	蚁	蚁义遥	虾	$ja{:}u^6$
996	遥	遥由	骗	jau^6
997	又	又友酉有由欲肉係	又	jau^6
998	爺	爺夜	爷	je^2
999	也	也耶爺爺可野乙叶	也，就	je^3
1000	愿	愿燕	敬	$jɛn^{44}$

1001	如	如召	或	ji^{2}
1002	儀	儀如	形容词后缀，-滔	ji^{2}
1003	禹	禹禹	霓	ji^{3}
1004	爺	爺耷爺爺啷	到	jiə^{1}
1005	爺	爺爺耷	江	jiə^{1}
1006	嗲	嗲爺耷耷斊啷也他夜名	听	jiə^{1}
1007	爺	爺爺爺	遮	jiə^{2}
1008	蕏	蕏語笹爺爺爺社义牙	草	jiə^{3}
1009	也	也乙	越	jiə^{8}
1010	餓	餓学	饿	jiək^{8}
1011	閆	閆闫闬	阎	jiəm^{2}
1012	見	見欠	危险	jiəm^{3}
1013	厭	厭閆顯言	罗盖	jiəm^{6}
1014	見	見见兒涀眼显显显顕硍臾献倫言恩	见， 看见	jiən^{1}
1015	玄	玄元	件，样	jiən^{2}
1016	元	元言	就，虽	jiən^{2}
1017	月	月血	味	jiən^{2}
1018	源	源渆源言玄元	又	jiən^{2}
1019	縁	縁縁玄	缘	jiən^{2}
1020	梘	梘硯視見遠逺元	朧木	jiən^{3}
1021	怨	怨惌願顀	怨	jiən^{5}
1022	燕	燕顀	大	jiən^{6}
1023	献	献献献縣現	供，献	jiən^{6}
1024	合	合言	人（情）	jiən^{6}
1025	县	县縣縣昙縣累景	县	jiən^{6}
1026	愿	愿願原怨	愿	jiən^{6}
1027	英	英央亮香	唢（呐）	jiəŋ^{1}
1028	香	香影查央養羊	香，香火	jiəŋ^{1}
1029	鴦	鴦陽	鸯	jiəŋ^{1}
1030	児	児臾	东西	jiəŋ^{6}
1031	羊	羊向	棺材	jiəŋ^{6}
1032	养	养様養様	像	jiəŋ^{6}
1033	様	様様鄉向養	模样，样子	jiəŋ^{6} jɯəŋ^{6}
1034	样	样様様梯様搽搽养養言元向洋因香仰	(这、那、怎)样	jiəŋ^{6} jɯəŋ^{6}
1035	梯	梯养样様様様樣羕養向仰亦羊餋陽	什（么）	jiəŋ^{6} jɯəŋ^{6}
1036	样	样様様养様梯養向	依（旧）	jiəŋ^{6} jɯəŋ^{6}
1037	葉	葉羔	蚊帐	jiəp^{7}
1038	歇	歇現显献乙月冉彦	歇	jiət^{7}
1039	吉	吉言	拉	jiət^{8}
1040	越	越仁壬乙也亦益	越	jiət^{8}
1041	任	任印卬印應户卩	任	jin^{1}
1042	寅	寅卬	筋	jin^{2}

1043	演	演引	此，这样	jin^{4}
1044	引	引闅	认（人）	jin^{6}
1045	阴	阴陰陰険	阴	jin^{6}
1046	猺	猺尧	暗爱的	ji:u^{1}
1047	笑	笑夭夭朝	笑	ji:u^{1}
1048	媱	媱娙	情人	ji:u^{2}
1049	遥	遥摇堯	瑶人	ji:u^{2}
1050	矅	矅妖夭夭曉撓尧望酉要	看	ji:u^{5}
1051	鷂	鷂鹞鷂鳴矅矅曜耀遥曉嘵堯尭尧夭夭窖由喓里	鹞鹰，鹰	ji:u^{6}
1052	魚	魚魚	鱼	jɯ^{2}
1053	相	相卬若以	看	jɯ^{3} jɯ^{4}
1054	蘂	蘂茹醫啤千	药	jɯə^{1}
1055	爺	爺尒	盖	jɯə^{2}
1056	乙	乙玉	看	jɯə^{3}
1057	㶉	㶉㶉羊陽用	羊	jɯəŋ^{2} juəŋ^{2}
1058	炴	炴阳	烤	jɯəŋ^{4}
1059	窈	窈初岳	补充	jo^{1}
1060	掿	掿若若窈窈箬約初舍畬岳凶拵	扶，扶持；抬	jo^{1}
1061	若	若箬初	起	jo^{1}
1062	诺	诺着	僵硬	jo^{3}
1063	若	若闬着	梳，梳子	jo:i^{1}
1064	落	落若用罗	纺，织布机	jo:k^{7}
1065	六	六用	六	jok^{7}
1066	路	路永畲	道	jon^{1}
1067	用	用兄	竹叶	jo:ŋ^{1}
1068	兄	兄永	踢	jo:ŋ^{3}
1069	又	又入	又	jou^{6}
1070	茹	茹孺有	在	ju^{11}
1071	孺	孺在	住	ju^{11}
1072	媨	媨媨媨酉柳	爱情；情人	ju^{4}
1073	孝	孝酉反	友	ju^{4}
1074	酉	酉酉西	酉	ju^{4}
1075	酉	酉佛	整	ju^{4}
1076	幼	幼纫幻纫欲酉	（什）么，怎样	ju^{5}
1077	座	座纫纫纫屎	居住	ju^{6}
1078	又	又由	又	ju^{6}
1079	纫	纫纫窈纫纫在	在	ju^{6}
1080	類	類雷	蜂	juəi^{1}
1081	全	全元	圆	juən^{2}
1082	缘	缘畓元	缘	juən^{2}
1083	涀	涀與元亢譜亥	递	juən^{6}

1084	元	元顔	献	juən^{6}
1085	而	而皃	穗	juəŋ^{1}
1086	尾	尾兄用	尾巴	juəŋ^{1}
1087	獄	獄獄獄獁獄獄	狱	juk^{8}
1088	弄	弄兄兇勇	草	jum^{1}
1089	兄	兄兇哃哃嚨任	石碓，石臼	jum^{1}
1090	欲	欲酉	食槽	jum^{1}
1091	兇	兇兄	野	jum^{1}
1092	云	云運	多	jun^{2}
1093	雲	雲云	均匀	jun^{2}
1094	彦	彦用央	蹲	juŋ^{1}
1095	勇	勇兇美兄用	煮	juŋ^{1}
1096	容	容用	福	juŋ^{2}
1097	荣	荣用容	乐，欢荣	juŋ^{2}
1098	雄	雄碓	雄	juŋ^{2}
1099	絧	絧絧容空用凶龍荣	混乱	juŋ^{5}
1100	漼	漼皆	塞给	jva:i^{2}
1101	行	行養	抬	jva:m^{1}
1102	王	王皇仆	王	jva:ŋ^{2}
1103	个	个卡	角；路；那（条）；只；宗族；-连[后缀]	ka^{1}
1104	卡	卡歌哥歌个敂丐	卡	ka^{1}
1105	六	六卡	老-[前缀]	ka^{1}
1106	卡	卡个哥	条	ka^{1}
1107	鸺	鸺鸦鸦	乌鸦	ka^{1}
1108	躰	躰个敂骿跤骱歌歌哥哥丐卡卡耳干沙介卩今卓杀啼跨跨脚千	腿，脚	ka^{1} kha^{35}
1109	卦	卦娃括	过	ka^{11}
1110	各	各个	别	ka^{2}
1111	犷	犷抲个卡枷	黄猄	ka^{2}
1112	枷	枷枷抲茄卡个	枷锁	ka^{2}
1113	枷	枷枷加扐搁	卡；上枷	ka^{2}
1114	皆	皆个	开	ka^{2}
1115	甲	甲个	快	ka^{2}
1116	粉	粉殺刹杀个卡卡歐敢敂丐丐丐架加斬仁開	杀	ka^{3} kha^{33}
1117	括	括果孤瓜	也，也是	ka^{44}
1118	可	可个	缸	ka^{5}
1119	架	架卡	架	ka^{5}
1120	敢	敢敗	梁柱	ka^{5}
1121	砎	砎个押	坛	ka^{5}
1122	開	開卡	巴	ka^{6}

1123	介	介卡	哗[拟声词]	ka^{6}
1124	價	價价㚘卡个價	价钱	ka^{6}
1125	街	街界皆盖	街，街圩	ka:i^{1}
1126	楷	楷偕諧皆該喈界	量米筒；筒	ka:i^{1}
1127	賣	賣賣賣街皆該該盖改介个閁解界界	卖	ka:i^{1}
1128	皆	皆喈	挑首	kai^{1}
1129	改	改盖階界	改	ka:i^{3}
1130	解	解嘴觧界皆買皆	解，解除，解救	ka:i^{3}
1131	改	嫁改	襶解	ka:i^{3}
1132	皆	皆改改敀觧解盖丐界各介覀罜開	别，莫，不要	ka:i^{3} ka:i^{5}
1133	卡	卡皆	划	ka:i^{35}
1134	盖	盖皆	如果；该	ka:i^{35} ka:i^{5}
1135	勤	勤唭唭鷄雞結	撬	kai^{4}
1136	掑	掑雞勤才	推	kai^{4}
1137	告	告盖	背	ka:i^{5}
1138	界	界觧解介个皆盖改	东西	ka:i^{5}
1139	个	介个皆諧謟盖改界怪開	个，块	ka:i^{5}
1140	介	介个皆盖改界丐少	给	ka:i^{5}
1141	界	界皆偕諧謟盖介懈	界	ka:i^{5}
1142	嗑	嗑盖蓋偕皆皆界計丐个介卡開改	那，这	ka:i^{5}
1143	盖	盖偕皆界界个介改刁累丐	什（么）、为（何）	ka:i^{5}
1144	几	几界盖卡丐皆介个	事，事情	ka:i^{5}
1145	解	解盖个	（那）些	ka:i^{5}
1146	个	个盖皆界開	我	ka:i^{5}
1147	介	介个界盖改皆庚养諧	样，件，块［量］	ka:i^{5}
1148	盖	盖介界	种[动词]	ka:i^{5}
1149	鸡	鸡鳮鷄鸡鷄雞盖盖界介界舉奚㕦乖該巨	鸡	kai^{5}
1150	克	克介	哗[拟声词]	ka:i^{6}
1151	更	更角	急	kak^{7}
1152	克	克壶	紧	kak^{7}
1153	各	各卡克个介加亢界盖	独，独自，自己	ka:k^{8}
1154	禁	禁吟	逼	kam^{1}
1155	吟	吟拎	叼	kam^{1}
1156	执	执仇	挥	kam^{1}
1157	拎	拎吟更庚艹	拿	kam^{1}
1158	針	針欽拎吟忻	拳	kam^{1}
1159	琴	琴凹拎捦欽	一把，一抓	kam^{1}
1160	拎	拎捦吟今钦欽岑衿錦耕更哽会	抓	kam^{1}
1161	扻	扻欽飲針更庚淋吟今	掌，掌管	kam^{1}
1162	盖	盖貫	遮盖	kam^{1}
1163	感	感康	衔	ka:m^{2}
1164	吟	吟肝	一口	kam^{2}

1165	敢	敢感千干竿甘丹関	敢	$ka:m^{3}$
1166	磡	磡碱噉感甘嵅敢降刚耕岩剛乾	岩洞	$ka:m^{3}$
1167	吟	吟吟	固执	kam^{6}
1168	更	更克	压	kam^{6}
1169	甘	甘吟拎	硬要	kam^{6}
1170	干	干千杆間敢看乾軋	干	$ka:n^{1}$
1171	間	間閖敢敢敨敨干	间	$ka:n^{1}$
1172	巾	巾斤耕吞哽	巾	kan^{1}
1173	斤	斤觔	斤	kan^{1}
1174	湮	湮斤今	蓄水	kan^{1}
1175	罡	个罡	赶	$ka:n^{3}$
1176	根	根庚个	根	kan^{3}
1177	肝	肝干千巾敢乾犴	管	$ka:n^{5}$
1178	幹	幹乾看干	护，护理	$ka:n^{5}$
1179	庚	庚庚更	管	kan^{5}
1180	便	便更庚庚耕	颈	kan^{5}
1181	抗	抗亢剛罡	撑，撑开	$ka:ŋ^{1}$
1182	江	江罡	挡	$ka:ŋ^{1}$
1183	鋼	鋼鋼罡庚	钢	$ka:ŋ^{1}$
1184	磘	磘罡罔康亢刚更	缸	$ka:ŋ^{1}$
1185	抗	抗江	装	$ka:ŋ^{1}$
1186	咦	咦唑更剛増	猴子	$kaŋ^{1}$
1187	刚	刚元	合欢树	$ka:ŋ^{2}$
1188	嗛	嗛吭吭咙嘴嘴溝講講講誁讲溝罡康巷抗亢元耨江剛刚	讲，说，讨论	$ka:ŋ^{3}$
1189	亢	亢講	鱼刺	$ka:ŋ^{3}$
1190	光	光匡	鹿	$ka:ŋ^{35}$
1191	康	康亢	楠竹	$ka:ŋ^{4}$
1192	甲	甲急	叠	$ka:p^{7}$
1193	押	押甲	合伙，伙同；竹片	$ka:p^{7}$
1194	搶	搶拮	夹子	kap^{7}
1195	押	押更	铁夹	kap^{7}
1196	押	押押甲急干	夹	$ka:p^{8}$
1197	器	器急	窄	kap^{8}
1198	拎	拎吟今克尅吸及决更甲急兼格	抓，捉	kap^{8}
1199	割	割葛	割	$ka:t^{7}$
1200	葛	葛葛个	葛	$ka:t^{7}$
1201	葛	葛機	芥	$ka:t^{7}$
1202	吉	吉割	把	kat^{7}
1203	杚	杚迄乞斤悳	段，节	kat^{7}
1204	吃	吃咭吤結吉魕克咒柜介哏	啃，咬	kat^{7}
1205	高	高考交告	回，次[量词]	$ka:u^{1}$

1206	交	交高考告	交	$ka:u^{1}$
1207	告	告高	说	$ka:u^{1}$
1208	勾	勾勾勺物勿狗角同叩口共邜扣	角，牛角，犄角	kau^{1}
1209	苟	苟叩邜勾郭口角	藤	kau^{1}
1210	芶	芶苟	我	kau^{1}
1211	叩	叩憂苟	抓	kau^{1}
1212	槁	槁告考	竿	$ka:u^{1}$ $ka:u^{6}$
1213	考	拷考高髙告好白	白（色）	$ka:u^{1}$ $kha:u^{35}$
1214	鈎	鈎勾	弯	kau^{2}
1215	交	交考	翻（滚）	$ka:u^{3}$
1216	考	考鬼	绞	$ka:u^{3}$
1217	栲	栲考	效仿	$ka:u^{3}$
1218	栲	栲考高髙髙可	樟树	$ka:u^{3}$
1219	狗	狗狗苟口叩	狗	kau^{3}
1220	口	口叩勾句苟狗哥	看	kau^{3}
1221	咒	咒叩苟	照	kau^{3}
1222	考	考高髙	抓；平	$ka:u^{3}$ $ka:u^{6}$
1223	好	好高	时候	$ka:u^{35}$
1224	箸	箸告	高	$ka:u^{5}$
1225	高	高交	立(春)	$ka:u^{5}$
1226	釣	釣鈎旧叩	（如）初	kau^{5}
1227	旧	旧舊舊舊九叩故勾	旧	kau^{5}
1228	叩	叩旧吅旧舊舊鈎釣	自己	kau^{5}
1229	造	造告高髙栲考	如（此）	$ka:u^{6}$
1230	高	高考栲告造國却	似	$ka:u^{6}$
1231	畐	畐髙高	事情	$ka:u^{6}$
1232	鮈	鮈勺勾勾苟猗狗旧个口垢句	鲭鱼	kau^{6}
1233	哥	哥谷呵括晉	根，根源	$kɔk^{55}$
1234	貢	貢哥	脚	$kɔk^{55}$
1235	谷	谷呵	做	$kɔk^{55}$
1236	贯	贯貫光擬晉	人类	$kɔn^{44}$
1237	杞	杞吧儀结幾	松树	ke^{1}
1238	解	解鲜觧玘記已茄加	解开	ke^{3}
1239	老記	老記耆老玘玘記记紀已己結者吉	老	ke^{5}
1240	茄	茄加	中间	ke^{6}
1241	吉	吉巨	现在	kei^{4}
1242	隔	隔偈偈偈	隔	$ke:k^{7}$
1243	及	及欽魁	片	$ke:m^{5}$
1244	見	見現堅眉见	手臂	$ke:n^{1}$
1245	更	更庚	段；更	$ke:ŋ^{1}$
1246	京	京更	岗	$ke:ŋ^{1}$
1247	庚	庚庚庚庚更	件，样；事情	$ke:ŋ^{1}$

1248	急	急及扒	块，片	$ke:p^{7}$
1249	痁	痁癤疘洁结洁結咭吉	痛，病痛	$ke:t^{7}$
1250	洁	洁啫己	醇	$ke:t^{7}$
1251	咭	咭結玘	吝啬	$ke:t^{8}$
1252	缴	缴繳傚絞霔交求陖	股	$ke:u^{1}$
1253	交	交绞絞缴繳缴繳繳	交	$ke:u^{1}$
1254	絞	絞繳	绞；剪刀；神	$ke:u^{2}$
1255	叫	叫則絞咬	嚼	$ke:u^{4}$
1256	姣	姣巧叫	亲	$ke:u^{5}$
1257	咬	咬絞交繳絶旧堯	山，山口	$ke:u^{5}$
1258	靠	靠好	话	$kha:u^{11}$
1259	叩	叩靠	膝（盖）	$khau^{11}$
1260	口	口拷	稻谷	$khau^{33}$
1261	魂	魂魂嵬混	魂	$khɔn^{35}$
1262	痎	痎瘀	疾病	$khjai^{3}$
1263	揩	揩肯肯肯	上（去），加上	$khɯn^{33}$
1264	傀	傀傀	我	$khoi^{33}$
1265	嵬	嵬嵬	木然	$kho:i^{6}$
1266	控	控鋤	挖	$khut^{55}$
1267	基	基其去句記依	簸箕	ki^{1}
1268	記	記句已	断肠草	ki^{1}
1269	期	期其	料	ki^{2}
1270	旗	旗旗其基	旗	ki^{2}
1271	吉	吉旗	鳍	ki^{2}
1272	圾	圾技结已已加其茄宜曰甲吉	地方	ki^{2}　$kiə^{2}$
1273	已	已已竒巳	黄猄	ki^{3}
1274	几	几儿己已巳記巴	几	ki^{3}
1275	記	記己巳	辈	ki^{5}
1276	知	知之	乖巧	ki^{5}
1277	計	計記誥	计	ki^{5}
1278	记	记記計許已寄忌守貴居秀	记，记得	ki^{5}
1279	寄	寄祈	酒坛	ki^{5}
1280	之	之記	树枝	ki^{5}
1281	枝	枝鸡支計寄已已	枝	ki^{5}
1282	吉	吉己已	叽，喳	ki^{6}
1283	鍋	鍋巨句去古客格柜克	喂	$kiə^{1}$　$kɯ^{1}$　$kɯə^{1}$
1284	琪	琪其茄期結	那	$kiə^{2}$
1285	極	極吉鏂	草鞋	$kiək^{8}$
1286	劍	劍劒劍釼鈉釖欽件官見	剑	$kiəm^{5}$
1287	撻	撻建群	播	$kiən^{2}$
1288	愿	愿頋	（阳）间	$kiən^{6}$
1289	件	件仲捲捲梗	件	$kiən^{6}$

1290	件	件浅	匹	kiən^{6}
1291	羌	羌更	黄姜	kiəŋ^{1}
1292	樣	樣强強	三脚灶	kiəŋ^{2}
1293	鏡	鏡境	镜	kiəŋ^{5}
1294	强	强弶	排	kiəŋ^{5}
1295	掔	掔強强	跳	kiəŋ^{6}
1296	結	結结纷	融合	kiət^{7}
1297	金	金今	金	kim^{1}
1298	钦	钦金令	巫婆	kim^{5}
1299	京	京經	京城	kiŋ^{1}
1300	经	经經經京	经，裂	kiŋ^{1}
1301	竟	竟竟丁	打滚	kiŋ^{3}
1302	笈	笈及針釵欽急	捡	kip^{7}
1303	桥	桥槗橋撟槗喬	桥	ki:u^{2}
1304	巧	巧桥九	后跟	ki:u^{3}
1305	較	較交	巧	ki:u^{3}
1306	叫	叫九	细小	ki:u^{5}
1307	轿	轿轎轎桥擒槗槗	轿	ki:u^{6}
1308	甲	甲合	甲	kja:p^{7}
1309	姓	姓却	宗姓	kjo:k^{8}
1310	鋸	鋸晛	锯	kɯ^{5}
1311	叵	叵厄居巨	胀，肿	kɯ^{6}
1312	孭	孭其妃谷隨孭客克偕姑	女婿	kɯəi^{2}
1313	騎	騎騏騎騎騎騎奇其克句何化	骑	kɯəi^{6}
1314	共	共局乙乚克	扛	kɯət^{8}
1315	吽	吽趼跡巾哏跟跟恨哽吃啃更𩜋食耕胳皆硬耳綿狄咬	吃，喝	kɯn^{1}
1316	跟	跟跟	坑害	kɯn^{1}
1317	歪	歪忑肯肯肯肯肯肯辶忐雫上群更恶霒皆背皆懃懃羣君呰庚哽	上，上面	kɯn^{2}
1318	肯	肯肯	肯	kɯn^{3}
1319	柯	柯枯格个可更古故各奇過梱國哥阿但谷却抲	根	ko^{1}
1320	盬	盬古過个故歌	叫	ko^{1}
1321	各	各哥国可郭	弯	ko^{2}
1322	古	古可	（盘）古；是	ko^{3}
1323	故	故歌歌古	故事	ko^{3}
1324	軻	軻可柯抲亢	(邦)可[神名称]	ko^{3}
1325	过	过過	惟有	ko^{3}
1326	个	个可過過	只	ko^{3}
1327	可	可古吉故个也括果	也	ko^{3} ko^{44}
1328	顧	顧可个	恭请	ko^{5}
1329	歌	歌哥	顾	ko^{5}

1330	哥	哥可	科目	ko^{5}
1331	谷	谷各角元菊刀曲公	谷	ko:k^{7}
1332	各	各工	本（钱）	kok^{7}
1333	谷	谷各孔根工可空公故艮洪國共	根部，根基，根源	kok^{7}
1334	工	工谷根	掌管	kok^{7}
1335	谷	谷工	种	kok^{7}
1336	冠	冠伩	半挑	ko:n^{2}
1337	碹	碹磻	一块	ko:n^{3}
1338	貫	貫贯𧵳貫貟實確礶觀观昆官宫営晉伩撈竇噴冠古光困孔歡確墒	前，从前	ko:n^{5}
1339	闲	闲困混裙昆坤断观晃	断，断绝	kon^{5}
1340	棍	棍混昆困毘工	根，块	kon^{5}
1341	困	困掍棍坤	树蔸	kon^{5}
1342	礶	礶渾坤	戽	ko:n^{6}
1343	錕	錕昆頙困坤	手镯	kon^{6}
1344	工	工貢故共	堆	ko:ŋ^{1}
1345	敢	敢弓公	弹	koŋ^{1}
1346	弓	弓穹杛弩吏庚功工用宫公	弓箭	koŋ^{1}
1347	工	工功	(布天)工，神名	koŋ^{1}
1348	公	公功貢叻吼	公，公公	koŋ^{1}
1349	功	功宫口公年	功，阴功	koŋ^{1}
1350	貢	貢工	进贡	koŋ^{5}
1351	空	空故	弯	koŋ^{5}
1352	蛤	蛤哈蛒格押吼魄	青蛙	kop^{7}
1353	骨	骨谷	天性	kot^{7}
1354	古	古姑故孤我奴盬	我	ku^{1}
1355	古	古盬故	古	ku^{3}
1356	九	九古九玖	九	ku^{3}
1357	庫	庫褲	仓库	ku^{5}
1358	故	故古	东西；什（么）；也；样	ku^{5}
1359	古	古故几過	事	ku^{5}
1360	骨	骨故	副	ku^{6}
1361	姑	姑祜故古九	魂	ku^{6}
1362	谷	谷故古	双	ku^{6}
1363	圤	圤𡓾盐埅烛課故固	盐	kuə^{1}
1364	祸	祸甲	污	kuə^{3}
1365	鋤	鋤國国貢吼光	锄头	kuək^{7}
1366	国	国國	疆域	kuək^{7}
1367	國	國国郭	坑	kuək^{7}
1368	各	各國国骨㬵郭郭作□可界	成	kuək^{8}
1369	郭	郭國国□	（造）出	kuək^{8}

1370	柯	柯可工尨古	锄头	kuək^{8}
1371	國	國□作郭	打	kuək^{8}
1372	□	□旺旺國国葛郭各	当	kuək^{8}
1373	郭	郭各	作（主）	kuək^{8}
1374	郭	郭國	搞；耕	kuək^{8}
1375	□	□國	赌（气）；酿；织	kuək^{8}
1376	郭	郭□	供；守（鳏寡）；煮	kuək^{8}
1377	各	各□	结（伴）；架；是；知（晓）；办	kuək^{8}
1378	各	各郭國	唱	kuək^{8}
1379	□	□郭作各國	建，起（房子）	kuək^{8}
1380	各	各□国	叫（作）	kuək^{8}
1381	國	國郭郭国	玩（耍）	kuək^{8}
1382	國	國郭□各	（成）为	kuək^{8}
1383	□	□郭作國郭各	（制）造，制作	kuək^{8}
1384	各	各郭國□	怎（么、样）	kuək^{8}
1385	郭	郭作各國□郭	种	kuək^{8}
1386	□	□□國国国郭郭㸯逪各旺旺故作初做名谷葛个可冬	做	kuək^{8}
1387	㖯	㖯官	哀求	kuən^{1}
1388	官	官冠軍观伩困坤闲	官	kuən^{1}
1389	毌	毌冠	贯	kuən^{1}
1390	寬	寬㖯	求	kuən^{2}
1391	觀	觀观伩灌昆㖯官	庭院	kuən^{2}
1392	㖯	㖯官	边	kuən^{3}
1393	貫	貫官	寡	kuən^{3}
1394	㖯	㖯晃干患	管	kuən^{3}
1395	观	观官貫伩碗患	尽管	kuən^{3}
1396	碏	碏官㖯	块	kuən^{3}
1397	观	观观㖯官患犮庚	只管	kuən^{3}
1398	貫	貫貴闵闵	贯	kuən^{5}
1399	晃	晃廣供	中间	kuəŋ^{6}
1400	虤	虤虤虤虤虤虤虤虤虤虎虎虎虎虎谷穷工吼孔空	老虎	kuk^{7}
1401	局	局局局谷	角落	kuk^{8}
1402	凹	裙凹宫耕	坑	kum^{2}
1403	功	功洪	朝向	kum^{3}
1404	庚	庚孔	低	kum^{3}
1405	軍	軍軍	军	kun^{1}
1406	君	君軍	君	kun^{1}
1407	裙	裙裙	裙	kun^{2}
1408	昆	昆㫓	纷（纷）	kun^{3}
1409	恐	恐共	愁	kuŋ^{2}

1410	恐	恐工	慌	kuŋ²
1411	穷	穷窮貢工㤨	穷， 穷途	kuŋ²
1412	吼	吼工	诉	kuŋ²
1413	哄	哄共孔工	无奈	kuŋ²
1414	工	工供	角落	kuŋ⁴
1415	供	供翁恭共	祭供	kuŋ⁵
1416	弓	弓互	弯	kuŋ⁵
1417	穹	穹供工公上	虾	kuŋ⁵
1418	公	公么工	祖父	kuŋ⁵
1419	共	共公	合拢	kuŋ⁶
1420	骨	骨鶻	红毛	kut⁷
1421	骨	骨昬骨過困乞	蕨草	kut⁷
1422	屈	屈屈吃骨屌古工故物	掘	kut⁸
1423	瓜	瓜㫰	瓜	kva¹
1424	寡	寡卦	锅头	kva¹
1425	卦	卦活	捞	kva¹
1426	割	割括	过	kva¹¹
1427	寡	寡㝾寡寡㝾寡适刮右古爪華卡左卦	右边	kva²
1428	㝾	㝾㝾	飞旋	kva⁴
1429	㝾	㝾寡㝾卦	抓	kva⁴
1430	卦	卦掛罫過過过爪瓜快个刮㝾	过，过去	kva⁵
1431	乖	乖乖乖塊怪諧介拐快	乖，乖巧，聪明	kva:i¹
1432	怪	怪怪恠快乖	怪	kva:i⁵
1433	恠	恠乖	砍	kva:i⁵
1434	怪	怪恠	生	kva:i⁵
1435	鬼	鬼鬼貴	掐算	kvai⁶
1436	跪	跪携貴	像	kvai⁶
1437	㖪	㖪國寡	地方	kva:k⁷
1438	△光	△光光	这方	kva:m⁶
1439	闵	闵闵閔閔門毋日丹廿茾关观公	丈夫	kva:n¹
1440	晉	晉看閔闵伩丹	管	kva:n³
1441	匡	匡匡况光	父	kva:ŋ¹
1442	光	光曠塊	官，大人	kva:ŋ¹
1443	廣	廣礦曠侊洸光先晃况見	广，宽阔	kva:ŋ⁵
1444	晃	晃光	圈套	kvaŋ⁶
1445	咬	咬高	柴草	kva:u⁵
1446	瓟	瓟瓟	水瓜	kve¹
1447	乖	乖結踬癸揆帰塊	跛，跛脚	kve²
1448	割	割結倍	割	kve³
1449	蜾	蜾塊㝾寡蛙貴别	青蛙	kve³
1450	鴂	鴂晃光	杜	kve:ŋ⁶
1451	缴	缴絞	缠	kve:u³

1452	施	施絞	卷	kve:u^{3}
1453	绞	绞絞交繳	绞	kve:u^{3}　kven^{3}
1454	卦	卦癸鬼貴喜	亏	kvi^{1}
1455	鬼	鬼鬼鬼記寄	鬼	kvi^{3}
1456	贵	贵貴癸	贵，富贵	kvi^{5}
1457	癸	癸圭	癸	kvi^{5}
1458	贵	贵貴鬼	记	kvi^{5}
1459	季	季貴	季	kvi^{5}
1460	癸	癸寶	鸟	kvi^{5}
1461	櫃	櫃櫃樻攂櫰樻柜簣簣匱貴跪桅危句鬼癸	柜	kvi^{6}
1462	跪	跪跪啘歸貴跑為	跪	kvi^{6}
1463	迓	迓儸	请	la^{1}
1464	逻	逻㑩罗罗落	择	la^{1}
1465	㑩	㑩㑩㑩㑩儸囉欏灑逻邏邏遻逻迓籮羅羅羅萝箩罗罗列拉楽洛腊	找	la^{1}
1466	蚄	蚄沙沙	虫	ɬa^{1}
1467	沙	沙沙	沙；痧	ɬa^{1}
1468	沙	沙沙纸	纸	ɬa^{1}
1469	罗	罗羅萝逻鑼	形容词后缀，-匆	la^{2}
1470	罗	罗羅羅臘	罗	la^{2}
1471	鑼	鑼羅州	锣	la^{2}
1472	儸	儸蘿累	鱼鹰	la^{2}
1473	腊	腊羅	柱子	la^{2}
1474	𠁼	𠁼𡗕	矮	la^{3}
1475	𡗕	𡗕迓𠁼吓忐辶下邏逻羅羅罗喇喇喇喇喇刺刺還遝還还拉腊永	下，下面，下方，天下	la^{3}
1476	拉	拉羅	拉	la^{3}
1477	啦	啦拉林	啦	la^{3}
1478	洒	洒鎖	纺纱机	ɬa^{3}
1479	疏	疏踈硫耍在	疏理	ɬa^{3}
1480	鎖	鎖鎖	锁	ɬa^{3}
1481	羅	羅落	快	la^{4}
1482	羅	羅罗	框架	la^{4}
1483	逻	逻邏羅魯	抓	la^{4}
1484	腊	腊羅	腊	la^{5}
1485	萝	萝箩籮羅邏逻撈撈臘	阵，一阵	la^{5}
1486	腊	腊邏罗羅萝	看	la^{6}
1487	洒	洒沙耍煞	洗，刷	ɬa^{6}
1488	秽	秽秽味踈搣涞莱來耒来頼賴赖赖頼猍猍聉化刺頳猍柬	多，众	la:i^{1}
1489	猍	猍猍耒	长	la:i^{1}
1490	梸	梸黎黎黎犁梨犂莉利累叫里	梯子，楼梯	lai^{1}

1491	流	流淚澳壖黎屁	流	lai^{1}
1492	在	在腮再若才	带子	ɬa:i^{1}
1493	腮	腮媤在男彩莅再采	男孩，男子	ɬa:i^{1}
1494	西	西師	螺蛳	ɬai^{1}
1495	思	思使除師西	清	ɬai^{1}
1496	师	师師皏使	师，师傅	ɬai^{1}
1497	西	西酉西	西	ɬai^{1}
1498	来	来來末耒浂求	来	la:i^{2}
1499	頼	頼来	形容词后缀，-直	la:i^{2}
1500	黎	黎梨累力	（为）何	lai^{2}
1501	梨	梨梨黎黎黎犂驴雷児累立尔嚟勒刘而	（什）么	lai^{2}
1502	俐	俐梨梨利黎黎犂黎吕呂羅累里刘力立	哪（个，里，样）	lai^{2}
1503	例	例嚟黎梨雷	请	lai^{2}
1504	累	累黎	说	lai^{2}
1505	涞	涞涞淶來耒来	纹，花纹	la:i^{2} ra:i^{2}
1506	耒	耒來来類	画，写	la:i^{2} ra:i^{2}
1507	淶	淶來	露水	la:i^{2} ra:i^{2}
1508	嚟	嚟嚟黎黎黎梨利嘿累雷味耒來刘力立而	喊，叫，啼，鸣	lai^{2} rai^{2}
1509	梨	梨黎礼礼雷雷來斉烈類屡	长	lai^{2} rai^{2}
1510	腴	腴腴腸使使虽西	肠	ɬai^{3}
1511	雷	雷理礼	鹅卵	lai^{4}
1512	礼	礼禮里理黎	礼，礼仪	lai^{4}
1513	例	例礼	理	lai^{4}
1514	礼	礼禮	凄	lai^{4}
1515	来	来耒頼	真	la:i^{4} ra:i^{4}
1516	瀨	瀨瀨瀨頼頼赖頼賴硹涞来	河滩	la:i^{5}
1517	犂	犂黎黎梨梨	耕	lai^{5}
1518	類	類類類類嚟梨礼戾雷累	看	lai^{5}
1519	累	累礼	栗	lai^{5}
1520	哉	哉哉在寀宰彩涯	扒	ɬa:i^{5}
1521	使	使使佞	官，土司	ɬai^{5}
1522	咊	咊頼	猜疑	la:i^{6}
1523	懒	懶瀨頼頼涞咊耒来來磊芐雷	爬	la:i^{6}
1524	頼	頼頼頼瀨	丘	la:i^{6}
1525	頼	頼頼	（控）诉；掌	la:i^{6}
1526	惆	惆懶	逃散	la:i^{6}
1527	來	來頼頼	走	la:i^{6}
1528	律	律梨犂黎黎黎黎嚟哂累耒	赶，驱赶	lai^{6}
1529	雷	雷礼	形容词后缀，-连	lai^{6}
1530	吼	吼黎例雷累	竖	lai^{6}
1531	例	例黎	直	lai^{6}

1532	黎	黎黎䄜黎黎黎黎黎綟累礼立犁	追，追逐	lai^{6}
1533	財	財哉	形容词后缀，-连	ɬa:i^{6}
1534	在	在侢	（自）在	ɬa:i^{6}
1535	事	事亊	法事；灾难	ɬai^{6}
1536	頼	頼来來賴頼瀨耒	块	la:i^{6} ra:i^{6}
1537	頼	頼來耒味	野（猪）	la:i^{6} ra:i^{6}
1538	拉	拉腊劳郎浪	拉	lak^{31} ra:k^{8}
1539	拉	拉欄蘭納腊	莫，不要	lak^{44}
1540	落	落降洛浪泠良朵伇律朗	崩，崩塌	la:k^{7}
1541	郎	郎即	陡壁	la:k^{7}
1542	萝	萝落	马上	la:k^{7}
1543	勒	勒而	带	lak^{7}
1544	勒	勒勒勒勒勒勳勒勃拆而落	断，折断	lak^{7}
1545	勒	勒勒	怀孕	lak^{7}
1546	而	而勒	原(来)	lak^{7}
1547	糠	糠素索索撚煞篤	杵，木杵	ɬa:k^{7}
1548	则	则色	如（何）	ɬak^{7}
1549	色	色则則	些，一些	ɬak^{7}
1550	洛	洛落罖	大	la:k^{8}
1551	�	灂勒勒洛落逻輩	根，根须	la:k^{8}
1552	乐	乐楽樂樂洛	乐	la:k^{8}
1553	洛	洛落	拖	la:k^{8}
1554	勒	勒勒	绑	lak^{8}
1555	勒	勒勒勒而	端	lak^{8}
1556	勒	勒勒勃	勒	lak^{8}
1557	沩	沩叻勒勒勒勒勒勒勃勳勒尅落而深	深	lak^{8}
1558	勒	勒勒勒勒勃而耒哂	要	lak^{8}
1559	叻	叻劝	孕育	lak^{8}
1560	而	而勒	再	lak^{8}
1561	作	作素	喳[拟声词]	ɬa:k^{8}
1562	测	测測则洗色	洗	ɬak^{8}
1563	雜	雜測	衣物	ɬak^{8}
1564	落	落洛浪浪立客逻	篱笆	la:k^{8} ra:k^{8}
1565	勒	勒勒勒勒晃而	偷	lak^{8} rak^{8}
1566	擔	擔揽攔藍磡	担，抬	la:m^{1}
1567	心	心伈信辛	心	ɬam^{1}
1568	而	而累刘利黎力晃	(如)何	laɯ^{2}
1569	尔	尔嚟黎累勒勒立而晃刘	（什）么	laɯ^{2}
1570	累	累黎黎勒勒刘雷立护耳尔而利吕力晃侣	哪(个、里、样…)	laɯ^{2}
1571	立	立黎	远	laɯ^{2}
1572	黎	黎累	怎（样）	laɯ^{2}

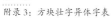

1573	彩	彩生	沾	ɬa:m^{3}
1574	槑	槑林淋臨臨臨倫侖㔩龍歐	倒下， 跌倒	lam^{4}
1575	淋	淋㵲㵲槑林淰淰稔澟澟憐臨立砵水倫論侖	水	lam^{4} ram^{4}
1576	岑	岑心	一些	ɬam^{5}
1577	揽	揽攬攬攬攬監欖檻	拴	la:m^{6}
1578	笼	笼林	复	lam^{6}
1579	林	林淋	阴	lam^{6}
1580	拦	拦攔攔攔攔攔攔攔攔攔拼攔孫爛爛爛瀾獮瀾嫻僩蘭蘭蘭蘭闌拼芀芀監监藍藍欖栟遜係并獺倫	孙子	la:n^{1}
1581	紃	紃杣山散散三川	编织	ɬa:n^{1}
1582	籼	籼山散	米	ɬa:n^{1}
1583	杣	杣山橵散散	棕榈藤	ɬa:n^{1}
1584	芀	芀蘭	啦	la:n^{2}
1585	并	并芀	蹦	la:n^{2}
1586	倫	倫侖論憐鄰粦	搓	lan^{2}
1587	辰	辰辰昙神	辰	ɬan^{2}
1588	欗	欗欄欄欖欄蘭蘭蘭蘭蘭蘭蘭闌闌闌闌闌闌栏栟梯芀芀藍丹并兰芀	房，房屋	la:n^{2} ra:n^{2}
1589	欄	欄欗欄欄攔攔蘭蘭蘭蘭蘭闌闌闌闌栟藍芀丹并兰	干栏	la:n^{2} ra:n^{2}
1590	蘭	蘭蘭蘭蘭蘭蘭蘭蘭莒欗欗欄欄欄攔欗栏栏栏栏闌闌闌闌闌闌闌栟拼藍芀芀芀芓芀芀芀芀舟芀丹丹并兰家房難	家	la:n^{2} ra:n^{2}
1591	侖	侖淋	重孙	lan^{3}
1592	根	根伸	根	ɬan^{3}
1593	砬	砬礸礀礀礀礀礀爛蘭	磐石	la:n^{4}
1594	散	散散失	打算	ɬa:n^{5}
1595	散	散散敗	散，消散	ɬa:n^{5}
1596	辛	辛生	抖	ɬan^{5}
1597	蔺	蔺蘭	滚	la:n^{6}
1598	憐	憐林倫	割	lan^{6}
1599	侖	侖倫	巡	lan^{6}
1600	三	三山	三	ɬa:n^{6}
1601	冷	冷浪捞楞	次日	laŋ^{1}
1602	捞	捞㧯楞罗冷冷汵肣勒勒郎浪后後尔而倫捞	后，背后，后面，以后	laŋ^{1}
1603	楞	楞捞㧯麻泠	家	laŋ^{1}
1604	楞	楞捞弄	筛子	laŋ^{1}
1605	冷	冷勒	也	laŋ^{1}
1606	澇	澇捞	遗漏	laŋ^{1}
1607	倫	倫捞楞能	胀	laŋ^{1}

1608	桑	桑磉喪喪丧丧丧喪丧忐辻上歪	高	ɬa:ŋ^{1}
1609	缯	缯繒繪緡縿增增湝僧昇竂尊	吊网	ɬaŋ^{1}
1610	狼	狼郎即阑	鹞（鹰）	la:ŋ^{2}
1611	狼	狼狼	人	la:ŋ^{2}
1612	郎	郎即即郎狼	乌（鸦）	la:ŋ^{2}
1613	郎	郎狼狠浪晃晃	竹笋	la:ŋ^{2} ra:ŋ^{2}
1614	浪	浪郎	牛栏	la:ŋ^{31}
1615	欄	欄郎	宽阔	la:ŋ^{31}
1616	朗	朗攬欄背	后	laŋ^{35}
1617	郎	郎朗	又	laŋ^{35}
1618	丧	丧丧丧桑藏滄	大	ɬa:ŋ^{5}
1619	槍	槍桑喪	米桶	ɬa:ŋ^{5}
1620	增	增曾	擤	ɬaŋ^{5}
1621	狼	狼郎	连	la:ŋ^{6}
1622	郎	郎浪	放养	la:ŋ^{6}
1623	浪	浪狼	飘；浪	la:ŋ^{6}
1624	浪	浪朗	激流	la:ŋ^{6}
1625	朗	朗郎狼浪浪	形容词后缀，-哈，-匆，-开等	la:ŋ^{6}
1626	勒	勒勒郎兒	宽	la:ŋ^{6}
1627	朗	朗狼狼浪老	郎	la:ŋ^{6}
1628	狼	狼狼浪娘郎朗良	章，篇章	la:ŋ^{6}
1629	囊	囊囊	释放	la:ŋ^{6}
1630	担	担擔押攔擒擸腊腊臘臘腊臘臘欄欄輻猟襹朝美立	担；挑	la:p^{7}
1631	晃	晃而勒	该	lap^{7}
1632	勒	勒勒	刚	lap^{7}
1633	暗	暗吱晾暗眩肱拉粒泣笠立勒勃勒涝冷黑里	黑，黑夜，黑暗	lap^{7}
1634	柆	柆泣粒立	笼，竹篓	lap^{7}
1635	腊	腊臘臘腊腊檻朝	腊，腊月	la:p^{8}
1636	泣	泣立得	该	lap^{8}
1637	立	立黑	立	lap^{8}
1638	立	立林	砌	lap^{8}
1639	泣	泣立	却	lap^{8}
1640	入	入入	入	ɬap^{8}
1641	羅	羅羅	抓	la:t^{7}
1642	律	律耳	麻疹	lat^{7}
1643	栮	栮耳律暗零	木耳，菌	lat^{7}
1644	煞	煞煞	竹席	ɬa:t^{7}
1645	失	失跳七柒	跳	ɬat^{7}
1646	愣	愣愣唠楞劳勞老毫	怕，哪怕	la:u^{1}
1647	娄	娄婁楼陋陋劉	斑鸠	lau^{1}

1648	楼	楼娄陋陋有刘流	枫	lau^{1}
1649	陋	陋陋陋㺨娄	黄花	lau^{1}
1650	繿	繿橊㥄娄	虱子	lau^{1}
1651	漏	漏漏娄	削	lau^{1}
1652	娋	娋消肖娋早造	姑娘	ɬa:u^{1}
1653	㕛	㕛㤩収凑凑奏修走	柱子	ɬau^{1}
1654	牢	牢窂罕罕罕劳	牢	la:u^{2}
1655	劳	劳老	形容词后缀，-森	la:u^{2}
1656	楼	楼樓搂娄楼陋	楼，楼房	lau^{2}
1657	流	流荣娄	流	lau^{2}
1658	楼	楼樓娄	笼	lau^{2}
1659	楼	楼娄	苇	lau^{2}
1660	撡	撡撡	打	ɬa:u^{2}
1661	溇	溇喽楼搂樓娄婁婁陋陋羅噹留	我们	lau^{2}　rau^{2}
1662	酒	酒酒炓料陋陋㥄㶆陋楼娄婁漏㹻	酒，酒席	lau^{3}
1663	炓	炓娄楼	暖，热	lau^{3}
1664	咾	咾老劳㽹唠䃕㥄大考尨落	大	la:u^{4}
1665	老	老劳	大人；去世；游	la:u^{4}
1666	草	草早捍㖭掃	竹竿	ɬa:u^{4}
1667	磅	磅劳㽹	缸，坛子	la:u^{5}
1668	榜	榜磅磅㽹劳	耙	la:u^{5}
1669	喽	喽娄陋留咒	吠	lau^{5}
1670	㽹	㽹老	跟随	la:u^{6}
1671	劳	劳另	走访	la:u^{6}
1672	陋	陋陋陋娄楼漏	多	lau^{6}
1673	蝼	蝼樓	荒	lau^{6}
1674	陋	陋娄	漏	lau^{6}
1675	寿	寿壽㕛受宁	遍	ɬau^{6}
1676	寿	寿㕛	受	ɬau^{6}
1677	吷	吷六	灵魂	lɔk^{44}
1678	下	下攏竜	下，下来	lɔŋ^{44}
1679	絧	絧唎利㓐烈列緾哩厘刘	拦江网，鱼网	le^{1}
1680	里	里累尔	却	lə^{1}
1681	而	而勒勒勒累冷色吟尔了也有	也	lə^{1}
1682	哩	哩里	就	le^{2}
1683	列	列耒	来	le^{2}
1684	烈	烈列也	-悠，-匆［后缀］	le^{2}
1685	雜	雜邪	烤	ɬe^{2}
1686	薩	薩雪	煨	ɬe^{2}
1687	耳	耳而	吧	le^{4}
1688	礼	礼禮立烈	道理	le^{4}
1689	礼	礼烈	礼仪	le^{4}

1690	列	列礼	呀	le^{4}
1691	咧	咧咮哩	才	le^{44}
1692	離	離難	还要	le^{44}
1693	咧	咧店與	也	le^{44}
1694	黎	黎列	鹅卵	le^{5}
1695	列	列刘	惨	le^{6}
1696	烈	烈列	是	le^{6}
1697	羗	羗烈列	选	le^{6}
1698	折	折撕稺糬即册昔	开裂	$ɬe{:}k^{7}$
1699	衫	衫衽仨叁散	插胞	$ɬe{:}m^{2}$
1700	烮	烮烈炑煉燵熍烧庾呫	烧	$le{:}m^{3}$
1701	煉	煉廉	苦楝	$le{:}n^{6}$
1702	零	零洄	躺下	$le{:}ŋ^{1}$
1703	姓	姓姝	道	$ɬe{:}ŋ^{1}$
1704	痜	痜生	发冷	$ɬe{:}ŋ^{1}$
1705	生	生申相	生	$ɬe{:}ŋ^{1}$
1706	牲	牲性姓星	牲	$ɬe{:}ŋ^{1}$
1707	伶	伶零	劳力	$le{:}ŋ^{2}$
1708	澪	澪零猂	强，强悍	$le{:}ŋ^{2}$
1709	鈴	鈴丙丙丙灵两回	铜铃	$le{:}ŋ^{2}$ $le{:}ŋ^{44}$
1710	力	力零良令烈	力	$le{:}ŋ^{2}$ $re{:}ŋ^{2}$
1711	零	零粱良連	平	$le{:}ŋ^{2}$ $re{:}ŋ^{2}$
1712	灵	灵闩闩閅零糧尔干旱早旱良	干旱	$le{:}ŋ^{4}$ $re{:}ŋ^{4}$ $le{:}ŋ^{55}$
1713	令	令佡良	各	$le{:}ŋ^{6}$
1714	另	另领領冷零令寗寗爂勒亮涼連乱良灵	另，另外	$le{:}ŋ^{6}$
1715	列	列刘	剪	$le{:}p^{7}$
1716	鍱	鍱説設雪茾先亅	钓，钓竿	$ɬe{:}t^{7}$
1717	寮	寮廖	竹笆	$le{:}u^{1}$
1718	捎	捎消哨	报晓	$ɬe{:}u^{1}$
1719	消	消捎肖	抵撞	$ɬe{:}u^{1}$
1720	寮	寮列	除	$le{:}u^{2}$
1721	了	了鳥鳥柳料晋夭留	了，完了，完全	$le{:}u^{4}$
1722	列	列了	缸	$le{:}u^{5}$
1723	料	料利了	厉（害）	$le{:}u^{5}$
1724	绣	绣秀	干净；清楚	$ɬe{:}u^{5}$
1725	立	立離离㑭离俐利犁莉淋理厘里黎刘礼吕力西之時	-连，-凄，-悠…[后缀]	li^{1} li^{2} li^{6} $ɬi^{6}$
1726	俐	俐利	麻烦	li^{1}
1727	俐	俐利	事	$ɬi^{1}$
1728	洗	洗細	祸	$ɬi^{1}$
1729	细	细細酉	讲，诉	$ɬi^{1}$
1730	示	示細紫	找	$ɬi^{1}$

1731	利	利梨離	脚犁	li^{2}
1732	離	離离立梨	离	li^{2}
1733	梨	梨利粒立縭	梨	li^{2}
1734	梨	梨立	荔（枝）	li^{2}
1735	里	里立力取齐七	嘤，呀[拟声词]	li^{2}
1736	自	自利齊時昔息	自	ɬi^{2}
1737	浰	浰唎利浬裡哩里厘	溪	li^{3}
1738	于	于立志	不	li^{31}
1739	立	立哩裡里禮礼梨犁利列离歷律肩雷宜李了力尼	还（有、要、在）	li^{4}
1740	李	李立利里	活	li^{4}
1741	利	利立了	就；已	li^{4}
1742	礼	礼禮	理	li^{4}
1743	哩	哩里利立	剩，余下	li^{4}
1744	了	了子立里	是	li^{4}
1745	里	里立利了	有	li^{4}
1746	歳	歳歲嵗嵗嵗䊀四	世	ɬi^{5}
1747	四	四皇昔西使	四	ɬi^{5}
1748	里	里立	哀	li^{6}
1749	蜱	蜱哩埘利	虫	li^{6}
1750	利	利尼	纺棉机	li^{6}
1751	利	利立	规矩；顺利	li^{6}
1752	利	利梨立	即	li^{6}
1753	利	利里	（痛）快	li^{6}
1754	里	里立地	宽	li^{6}
1755	唎	唎利	（伶）俐	li^{6}
1756	哩	哩里利礼	鱼簾	li^{6}
1757	淋	淋立	长	li^{6}
1758	力	力利	（完）整	li^{6}
1759	聚	聚褺	四	ɬi^{6}
1760	時	時細	（笑嘻）嘻	ɬi^{6}
1761	埘	埘唎䅄梨犂黎莉利捚里壘型地立津律	地，旱地，畲地	li^{6}　ri^{6}
1762	勒	勒耳驴	留	liə^{1}
1763	聑	聑聏而耳路倫罗赫	耳朵	liə^{2}　luə^{2}　rɯ^{2}
1764	厠	厠此社	屋檐	ɬiə^{3}
1765	此	此祍社	厢房	ɬiə^{3}
1766	錫	錫鑃掠畧	锡	liək^{7}
1767	襊	襊略畧桬列律此	换	liək^{8}
1768	枇	枇樜呲即宿	瓢，勺	ɬiək^{8}
1769	棱	棱接作䕘	滋	ɬiək^{8}
1770	鐮	鐮廉連乱鴦	镰刀	liəm^{2}
1771	廉	廉簾	鱼栅	liəm^{2}

1772	仙	仙傳先	仙人	ɬiən^{1}
1773	糢	糢算筭酸蟲园仙	粳	ɬiən^{1} ɬɯən^{1}
1774	酸	酸醉園园簒篔算銭箱仙光	菜园，园子	ɬiən^{1} ɬɯən^{1} ɬuən^{1}
1775	蓮	蓮連連	白天，光亮	liən^{2}
1776	連	連蓮	（浩）瀚；和	liən^{2}
1777	連	連元	就	liən^{2}
1778	連	連蓮嗹戀戀娘良諫諫	连	liən^{2} liən^{6}
1779	事	事先	事	ɬiən^{5}
1780	煉	煉蓮連	练，炼	liən^{6}
1781	煉	煉煉蓮	恋	liən^{6}
1782	摙	摙缏連捞乱煉鸁	筛	liən^{6} lɯən^{6}
1783	学	学相	赏赐	ɬiəŋ^{1}
1784	箱	箱相	箱子	ɬiəŋ^{1}
1785	郎	郎良毪鸞浪乱尾	穗	liəŋ^{1} lɯəŋ^{1}
1786	毪	毪踉娓尾良律弘	尾巴	liəŋ^{1} lɯəŋ^{1}
1787	相	相箱想	商量	ɬiəŋ^{1} ɬɯəŋ^{1}
1788	亮	亮良	形容词后缀，-连	liəŋ^{2}
1789	狠	狠良	鲢（鱼）	liəŋ^{2}
1790	良	良連	良	liəŋ^{2}
1791	凉	凉涼泞泞梁梁梁良灵龍	凉	liəŋ^{2}
1792	樑	樑良	梁	liəŋ^{2}
1793	粮	粮良粱根	粮	liəŋ^{2}
1794	量	量粮良粱	量	liəŋ^{2}
1795	粱	粱良	伶；破的	liəŋ^{2}
1796	亮	亮凉	另外	liəŋ^{2}
1797	粮	粮粱凉良	杨	liəŋ^{2}
1798	良	良良亮而而貽郎連烈	跟随	liəŋ^{2} lɯəŋ^{2} riəŋ^{2}
1799	想	想相	想	ɬiəŋ^{3}
1800	傘	傘傘凉諒亮良乱两	伞	liəŋ^{3} lɯəŋ^{3}
1801	浪	浪量	漱	liəŋ^{4}
1802	良	良粱	齐	liəŋ^{6}
1803	梲	梲亮亮欗欗欗欄橌爛栟拼梢量量龙究 奔良郎浪凉眉兖芀	栏，栏圈，牛栏	liəŋ^{6} lɯəŋ^{6} riəŋ^{6}
1804	襝	襝縑廉廉喋煠帳列棄	蚊帐	liəp^{7}
1805	洫	洫律	淋	liət^{8}
1806	失	失折	失	ɬiət^{8}
1807	血	血洫盌烈烈連礼勒	血	liət^{8} lɯət^{8}
1808	歷	歷曆曆曆位领	历（书）	lik^{8}
1809	歷	歷歷	竹笆	lik^{8}
1810	淋	淋溧藩演藩满槑林臨臨臨臨臨臨掕隣 領吝慎	满	lim^{1}
1811	零	零林	里	lim^{2}

1812	林	林淋隣人	相思树	lim²
1813	领	领饣舆	尝	lim⁶
1814	领	舆领	饮	lim⁶
1815	獜	獜憐憐麟㦬憐鄰粦退林灵	穿山甲	lim⁶ lin⁶
1816	磌	磌磵碄砱�䃘憐賢寅吝令令	石头，磐石	lin¹
1817	潾	潾㦬㦬㦬淋林令	水枧	lin²
1818	煎	煎信旬产	溅	ɬin²
1819	憐	憐憐鄰㦬㦬㦬粦粦臨臨臨离凌忻林令令	-连[后缀]	lin² lin⁶
1820	㒫	㒫鄰领領令今利林舆	舌头	lin⁴
1821	信	信新心	（相）信，信物	ɬin⁵
1822	炩	炩令	煨	liŋ¹
1823	聲	性聲	声音	ɬiŋ¹
1824	牲	牲姓徃性星	牲（畜）	ɬiŋ¹
1825	争	争爭净星性	争	ɬiŋ¹
1826	呤	呤冷	陡	liŋ¹¹
1827	猂	猂猂㧡灵零林	猴子	liŋ²
1828	灵	灵靈	灵	liŋ²
1829	零	零灵	铜铃	liŋ²
1830	城	城呈情	城	ɬiŋ²
1831	粠	粠猂靈灵领領令粮伙林	午餐	liŋ² riŋ²
1832	梁	梁領零令	橱柜	liŋ³
1833	零	零令凌灵	躺	liŋ⁴
1834	领	领領令灵	领	liŋ⁴
1835	令	令ㄋ会领零臨倫論	打滚	liŋ⁴ liŋ⁴
1836	领	领令	坡	liŋ⁵
1837	聖	聖聖勝請戥纫	星	ɬiŋ⁵
1838	清	清星	性	ɬiŋ⁵
1839	姓	姓徃聖聖	姓	ɬiŋ⁵
1840	令	令冷	另；再	liŋ⁶
1841	蚿	蚿蛴虮蠖蟷哨穴入	蜈蚣	ɬip⁷
1842	蛉	蛉蚿𤣷炶立𥫗氻	虫	lip⁸
1843	爪	爪𤣷	爪子	lip⁸
1844	厘	厘里憐鄰領立	形容词后缀，-匆	lit⁵⁵
1845	律	律勒灵	拆	lit⁸
1846	立	立力	粒	lit⁸
1847	津	津律	形容词后缀，-连	lit⁸
1848	林	林令	捡	lit⁸ rip⁷
1849	寮	寮刘	芭芒	li:u¹
1850	燎	燎笑	火把	li:u¹
1851	橑	橑橑廖刘劉	芦苇	li:u¹

1852	燎	燎燎潦	熟	li:u^1
1853	咲	咲咲嘹燎尞笑笑廖流	笑	li:u^1
1854	流	流流尞尞	传说	li:u^2
1855	嫽	嫽僚尞流	弟媳	li:u^2
1856	尞	尞流哩	妯娌	li:u^2
1857	流	流流刘栁	-连，-荡[后缀]	li:u^2
1858	燎	燎流	木炭	li:u^2
1859	柳	柳抝	（忽）然	li:u^2
1860	嫽	嫽僚遼尞尞流流流廖留了	婶母	li:u^2
1861	僚	僚嘹潦遼尞流流笑刘了	传，流传	li:u^2　ri:u^2
1862	流	流流	跑快	li:u^2　ri:u^2
1863	㚈	㚈小	少	ɬi:u^3
1864	鏽	鏽绣秀秋	凿	ɬi:u^5
1865	劳	劳廖畊流了	玩耍	li:u^6
1866	了	了廖料尞柳劳	游荡，游走	li:u^6
1867	司	司書事字士敇	书；文字	ɬɯ^1
1868	炉	炉驴	匆	lɯ^2
1869	佴	佴聏而耳	后天	lɯ^2
1870	驢	驢驴勒	驴	lɯ^2
1871	嗣	嗣詞	供奉	ɬɯ^2
1872	慈	慈兹自	像	ɬɯ^2
1873	暑	暑士汜司師	媒，媒人	ɬɯ^5
1874	慮	慮慮勒勒侣吕而利	代替，交换	lɯ^6
1875	吕	吕慮	为	lɯ^6
1876	厠	厠䟽死	屋檐	ɬɯə^3
1877	偲	偲死	篮子	ɬɯə^4
1878	蜂	蜂螺累	蜜蜂	lɯəi^1
1879	尔	尔利	有	lɯəi^1
1880	醉	醉嘴洗	烟	ɬɯəi^1
1881	屎	屎魋隨随	枕	ɬɯəi^2
1882	磊	磊累乎	烂	lɯəi^4
1883	左	左使隨磊最洒杉	左	ɬɯəi^4
1884	洗	洗洗汜歲嵗罪	洗	ɬɯəi^5
1885	罪	罪嵗	绳套	ɬɯəi^5
1886	蓮	蓮連	久	lɯən^4
1887	孙	孙㝃孖㝃㔹叻叻叨劝力㒫兗兗㒫㒫㒫兊見㒫㒫兔免勒勒㹨駱粡署倫侖立办而廾刀子林	儿，仔，孩子，儿女	lɯk^8
1888	力	力孙叻雷	个	lɯk^8
1889	孙	孙力二而	姑（娘）	lɯk^8
1890	而	而力孙	果，（苦）瓜	lɯk^8
1891	怭	怭孙㒫力人	人	lɯk^8

1892	倫	倫輪論侖侖孙㔭力勒勒皃見	小	lɯk⁸ lɯn²
1893	巡	巡旬	巡	ɬɯn²
1894	论	论谕谕詑論倫侖侖㗲㗲嚠誰吝	讲，说	lɯn⁶
1895	省	省省	野	ɬɯn⁶
1896	輪	輪論津律	形容词后缀，-连	lɯn⁶ lɯt⁸
1897	勒	勒勒	荡漾	lɯt³¹
1898	列	列律	小竹筒	lɯt⁷
1899	戌	戌戍	戌	ɬɯt⁷
1900	捙	捙辣	劫	lɯt⁸
1901	屈	屈戍	吸	ɬɯt⁸
1902	銼	銼鑼蕵蘇蕵蘇蕵蘇座坐坐素所	铁锹	ɬo¹
1903	炉	炉楽乐㑩罗羅罗落娄樂洛	干，干枯，枯萎	lo²
1904	乐	乐炉樂	骸；瘦	lo²
1905	罗	罗羅	箩	lo²
1906	索	索素	嗦	ɬo²
1907	罗	罗羅	罗	lo⁴
1908	魯	魯魯㔥	看	lo⁴
1909	畬	畬曾	没（有）	lo⁴
1910	魯	魯鲁㔥楽	听	lo⁴
1911	罗	罗羅羅䨣䨣䨣魯㔥魯魯噜落楽乐	聪（明）	lo⁴ ro⁴
1912	鲁	鲁魯魯鲁㔥畬畬畬㔥噜㔥曽曽曽羅囉羅罗㖊㖊爐炉驢驴落洛楽乐㤅而路娄生	懂，会，知道	lo⁴ ro⁴
1913	鲁	鲁魯魯噜㔥曽曽畬落洛楽葉而乐罗	或	lo⁴ ro⁴
1914	落	落夭	梦	lo⁵
1915	潧	潧路	檐	lo⁵
1916	所	所疏疏㐬䇘	供奉	ɬo⁵
1917	疏	疏疏踈踈䟽䟽䟽㐬訴訢数數数朔所	疏理	ɬo⁵
1918	数	数所䟽座	数	ɬo⁵
1919	所	所䟽	诉	ɬo⁵
1920	路	路路	本事；各样；如(何)	lo⁶
1921	罗	罗鲁	啦	lo⁶
1922	楽	楽路路	什（么）	lo⁶
1923	落	落路	事	lo⁶
1924	路	路路羅𨒪落罗	样，种	lo⁶
1925	所	所䟽疏素座	直，正直	ɬo⁶
1926	路	路路𨁴𨁴𨁴潞㧢羅落洛罗䍰作六	道（路）	lo⁶ lon¹
1927	落	落洛罗娄楽路	漏	lo⁶ ro⁶
1928	檑	檑壨雷淚類	梳，梳理	lo:i¹
1929	錑	錑錑墮罪	耳环	ɬo:i³
1930	壨	壨雷	擂	lo:i⁶
1931	落	落洛斛路楽	布	lo:k⁷

1932	録	録錶鎵陸棒溗渌洛剥录妟樂	铜刀	lo:k7
1933	絡	絡洛落辭斛樂	织布机	lo:k7
1934	勒	勒虩虩畧六	拔	lok7
1935	輇	輇輕睦睦陸楽六落	水车	lok7
1936	砵	砵朔朔索素	渡口	ɬo:k7
1937	禄	禄落楽罗畧	赶	lo:k8
1938	夌	夌滛	束	lo:k8
1939	樂	樂楽斛斛辭溗洛渌录六	窝	lo:k8
1940	陸	陸六	陆	lok8
1941	六	六鴻	鹿	lok8
1942	禄	禄溗录六	禄	lok8
1943	禄	禄禄祿陸隆落郎六	绿	lok8
1944	渌	渌凃碌啋禄溗溗禄碌录陸六罗落楽隆各	（麽）渌（甲）	lo:k8 luk8 lo4
1945	洛	洛落渌凃溗溗禄禄禄碌禄碌羅畧鲁六罗楽录土	（布）洛（陀、癸…）	lo:k8 luk8 lo4
1946	外	外外渌禄录落洛络路咯陸棒六魯鲁笼虩龙樀羅罗諾斛渥楽刘畧	外，外面	lo:k8 ro:k8
1947	鴻	鴻鴻鵜渌凃祿禄录鳥鳥鳥落陸罗六	鸟	lok8 rok8
1948	舂	舂乱鏡	积	lo:m1
1949	淋	淋乱	搜拢	lo:m1
1950	尖	尖类寸心付	尖	ɬom1
1951	心	心忎㕚尖忄	庹	ɬom1
1952	槑	槑罘果	贡品	lo:m2
1953	笼	笼櫳櫳籠罷舂	筐	lo:m2
1954	俰	俰舂	礼物	lo:m2
1955	藍	藍欙	蓝靛	lo:m3
1956	酸	酸準逭苋仙心	酸	ɬom3
1957	槑	槑淋	闯	lom4
1958	淭	淭槑淋滊崩	崩塌，塌陷	lom5
1959	槑	槑晘舂弄竜乱早	早	lo:m6
1960	噂	噂遵尊萛箕专	教	ɬo:n1
1961	落	落湣而	落	lon5
1962	哰	哰乱窩窩	道理	lo:n6
1963	梇	梇柄荓荓弄舂弄蕫竜隆	树叶	lo:ŋ1
1964	舂	舂舂弄弄美籠籠罷龓礱龐龍龓隆隆宠笼笼恐捞	错	loŋ1
1965	二	二双昌	二，两	ɬo:ŋ1
1966	宋	宋宗	肉	ɬoŋ1
1967	籠	籠籠龍虩笼宠	巢	lo:ŋ2
1968	龍	龍籠	毒	lo:ŋ2
1969	櫳	櫳桇桄龍	柱子	lo:ŋ2
1970	龙	龙隆	修	loŋ2

1971	從	從存従徔従送崇宗常巡丛	住，居住	ɬoŋ²
1972	籠	籠篭龍龍罷櫳隴龍笼筥筥宠宠宠龙亘亘從從隆	笼，笼子	lo:ŋ²　ɬo:ŋ²　loŋ⁵
1973	竉	竉罷罷羅籠篛籠龍龍笼笼笼筥筥亘宠宠龙龙弄隆落洛楼海諾罗署而	窝	lo:ŋ²　ro:ŋ²
1974	隆	隆隆隆隆隆隆隆降陈陇笼笼笼笼笼宠籠龍攏罷罷罷罷龍龍龍龍龍龍龍龍笼亘龙龙龙龙龙龙龙龙龙龙烯弄弄垄落洛就撞倫向忑罗六下良各	下，下来	loŋ²　roŋ²
1975	龍	龍龍龙龙	龙	loŋ²　roŋ²
1976	隆	隆隆	深	lo:ŋ⁴
1977	箻	箻笼笼笼筥簣簣箱籠籠籠罷罷龍龍弄弄松	柜子，箱子	loŋ⁴
1978	梇	梇梇弄弄美櫳	石臼	lo:ŋ⁴　lo:ŋ³
1979	送	送辣箱	送	ɬoŋ⁵
1980	弄	弄弄美烯	弄，摆弄	lo:ŋ⁶
1981	笼	笼罷籠罷	栽	lo:ŋ⁶
1982	簛	簛龍	砻	loŋ⁶
1983	烯	烯烬烯弄弄娄龙	萤火（虫）	lo:ŋ⁶　ro:ŋ⁶
1984	焥	焥烯烯烬㷲暁哢哢哢哢哢哢哢咲嚨弄弄弄弄㳥㳥㳥龍笼尾龙美亮㾺竜乱	亮，（天、照）亮	lo:ŋ⁶　ro:ŋ⁶　lo:m⁶
1985	竗	竗立	遇	lop⁸
1986	輪	輪論侖侖六	巡，游	lo:t⁸
1987	律	律㻐	金竹	lot⁸
1988	助	助肋助駉駉炉凑守初疏楚数	你们	ɬu¹
1989	索	索索㯈	形容词后缀，-滋	ɬu¹
1990	嫿	嫿嫿	媳妇	lu²
1991	魯	魯魯魯鲁刘	鸡冠	lu³
1992	守	守楚埜蘇初初祖贖主寿朩	主，主人	ɬu:³
1993	椡	椡柳魯	柳	lu⁴
1994	六	六刘利炉护椡	-匆，-溜［后缀］	lu⁶
1995	贖	贖贖贖𠎿魯魯兽曽兽柳椡祐佑刘列劉录	赎（魂）	lu⁶　ru⁶
1996	駉	駉炉爈慮橅無而乐科船酉欵欲	食槽，猪槽	luə¹　ru⁶
1997	船	船船船船舡舡般般舡舡股舨舿盤盤栌魯护六	船	luə²　lu²　ru²
1998	纇	纇累	户	luəi¹
1999	棃	棃纇屡頛累雷谁虽拼耒	楼梯，梯子	luəi¹
2000	屡	屡雷累	槅	luəi³
2001	渌	渌渌录綠卧六	戴帽	luək⁷
2002	禄	禄湪	红屁股	luək⁷
2003	朔	朔朔速束属素	包	ɬuək⁷
2004	作	作朔朔	渡口	ɬuək⁷
2005	素	素朔	路口	ɬuək⁷

2006	渌	渌淥禄禄碌剥滖渌涤碌祿㖞籠录陸袯六落谷弄𡦂竜桨勒龙兎	山谷，山沟	luək^{8}
2007	乱	乱𢊈鸞	-忡，-连[后缀]	luən^{2}
2008	𢊈	𢊈𨅶	爬	luən^{2}
2009	算	算筭算筫筭篹散散祘	打算，合计	łuən^{5}
2010	乱	乱乱亂	乱	luən^{6}
2011	双	双奴廂愢箱雙象送方	沟，河沟	łuəŋ^{1}
2012	鑨	鑨鑨鏦銅銧籠龍龍龍竜龙竜竜崑隆乱	铜	luəŋ^{2}
2013	良	良梁	滑润	luəŋ^{2}
2014	弄	弄宠	軏	luəŋ^{2}
2015	㖞	㖞㖞㖞㖞弄弄弄弄簕籠龍笼笼龙龙竜娄乱两良	村巷	luəŋ^{5}
2016	龍	龍龙	庭院	luəŋ^{5}
2017	𠯿	𠯿录	红屁股	luət^{7}
2018	㒳	㒳㒳	人	luk^{31}
2019	孙	孙勒勒兒炉	儿	luk^{31} luk^{8}
2020	禄	禄祿	椎	luk^{7}
2021	椂	椂禄禄渌滖滖渌洛哂乱房	房，房间	luk^{8}
2022	坴	坴禄䆊	蝌蚪	luk^{8}
2023	六	六渌	六	luk^{8}
2024	淋	淋㵉	隆隆	lum^{2}
2025	㵉	㵉㵉淋䆊颱颱林論侖竜电龍龙	忘，忘记	lum^{2}
2026	颱	颱颱㵉㵉䆊林凬风侖领仒凰龙龍	风	lum^{2} rum^{2}
2027	林	林淋㵉霖䆊𥧈罙倫論侖侖侩臨㖞括竜温哎冷宏	如，像，似	lum^{3} lum^{33}
2028	糏	𥧈䆊	纳贡	lum^{6}
2029	䆊	䆊淋臨侖温	端	lum^{6} rum^{6}
2030	竜	竜陝	大	luŋ^{1}
2031	龔	龔簕弄弄宠	煮	luŋ^{1}
2032	龍	龍龍龍龍龍㔽㔽㔽㔽㔽龙龙龙龙龙龙隆隆隆祿弄弄拢好	伯父，大伯	luŋ^{2}
2033	龙	龙龍	公的	luŋ^{2}
2034	弄	弄龙	舅	luŋ^{2}
2035	龙	龙龙龙龙龙龍䶬龍宠㔽㔽㔽竜隆	龙	luŋ^{2}
2036	櫳	櫳櫳櫳籠龍隆𩂯弄容	榕树	luŋ^{2} ruŋ^{2}
2037	龎	龎𨺗隆弄	怀抱	luŋ^{3}
2038	𥫽	𥫽籠籠簕籠笼龍龙乱弄	山峒，山弄	luŋ^{6} ruŋ^{6}
2039	麻	麻獁獁獁媽罵罵馬馬馬	到，去	ma^{1}
2040	獁	獁獁獁獁獁獁獁嗎罵罵罵罵罵馬馬馬马麻蔴到	回，返回，回来	ma^{1}
2041	罵	罵馬獁	给	ma^{1}
2042	獭	獭獁獁獁獁獁獁狗犸馬罵馬苟麻罵犬馬罵	狗	ma^{1}

2043	犸	犸犸犸犸獁獁媽犸嗎傌馬馬馬馬罵罵罵蔴麻墓斗床耒萬	来	ma^{1}
2044	馬	馬馬犸	命	ma^{1}
2045	麻	麻麻馬馬馬馬罵犸	（什）么	ma^{2}
2046	傌	傌傌媽犸犸獁犸罵罵馬馬馬	长，生长，长大	ma^{3}
2047	獁	獁罵馬馬	大块	ma^{4}
2048	骉	骉馬馬	脊梁	ma^{4}
2049	馬	馬馬馬馬脉麻艾好	马，纸马	ma^{4}
2050	罵	罵馬	债	ma^{4}
2051	媽	媽罵麻	浸泡	ma^{5}
2052	汒	汒茫芒亡	立即	ma^{6}
2053	澬	澬賫	竹架子	$ma:i^{1}$
2054	脒	脒迷美類	线	mai^{1}
2055	美	美梅妹	喜欢	mai^{2}
2056	買	買贸賣哎	爱	$ma:i^{3}$
2057	梅	梅迷	柴	mai^{4}
2058	楪	楪迷美	芦（苇）	mai^{4}
2059	妹	妹姝	母的	mai^{4}
2060	楪	楪林樸樸梅樧搛眯迷妹味美肥木才	木，树木，木头	mai^{4}
2061	姝	姝侮妹妹梅	妻子	mai^{4}
2062	嬇	嬇賫賣買	寡，鳏	$ma:i^{5}$
2063	美	美美美媚姝妹迷昧	（粉）红，红润	mai^{5}
2064	迷	迷美	想	mai^{6}
2065	暯	暯模	眼	$ma:k^{7}$
2066	模	模模棵摸挨漠漢茫没汒墨里莫菓果嗎媽馬麻芒亡李	果，果子	$ma:k^{7}$ mak^{11}
2067	墨	墨默黑黒魔魔騰透	黑	mak^{8}
2068	没	没馬	脉	mak^{8}
2069	新	新墓	新	$mauɯ^{11}$
2070	猛	猛買	你	$mauɯ^{44}$
2071	慢	慢漫曼	被子	$ma:n^{1}$
2072	脤	脤眠泯民们悶門闷慢清命	不育的	man^{1}
2073	民	民魂	大	man^{1}
2074	没	没黑門	鼓	man^{1}
2075	蛮	蛮蜜蜜蠻蜜茫還	蛮	$ma:n^{2}$
2076	民	民泯涽門门	红薯	man^{2}
2077	文	文门門	文	man^{2}
2078	门	门门門	圆拱	man^{2} mon^{2} $mɯn^{2}$
2079	汶	汶忟們悶闷	李子	man^{3}
2080	悶	悶求	臭	man^{35}
2081	幔	幔慢褄謾慢蛮	辣	$ma:n^{6}$
2082	慢	慢奶	慢	$ma:n^{6}$

2083	忟	忟牧文慢闷	稳	man^6
2084	茫	茫芒亡	难怪	$ma:ŋ^4$
2085	檂	檂禨蔑	竹管	$ma:t^7$
2086	䆿	䆿門	跳蚤	mat^7
2087	襪	襪襪襪慢摱漫曼靴	袜	$ma:t^8$
2088	嚁	嚁奴	说	mau^2
2089	吂	吂謀	贪	mau^2
2090	茆	茆峁	稻草	$ma:u^4$
2091	郊	郊郊夘卯	卯	$ma:u^4$
2092	帽	帽帽帽帽帽冒保毛某基謀	帽	$ma:u^6$ mau^2
2093	乜	乜妹	本	me^6
2094	妹	妹姝姝米母乜迷	大	me^6
2095	她	她姝妹姝姆娘媽妹慈媔迷米梅猸母墨也乜広力	母的；母亲	me^6
2096	姝	姝姝	祖母	me^6
2097	姝	姝妹姝母	只	me^6
2098	麥	麥瘄	麦	$me:k^8$
2099	猫	猫貓猿傲敖苗庙	猫	$me:u^2$
2100	眉	眉屑迷茉	没有，不	mi^2
2101	眉	眉屑眉屑肩肩肩肩肩米姝迷逕君密	有	mi^2 mei^2
2102	味	味迷米眉	醋	mi^5
2103	米	米姝	（来乎）乎	mi^6
2104	莫	莫黑	本（来）	$miə^6$
2105	莫	莫暮	时	$miə^6$
2106	麪	麪面那	面	$miən^6$
2107	盟	盟没末	咒术	$miəŋ^1$
2108	茫	茫綿们	水渠	$miəŋ^1$ $mɯəŋ^1$
2109	歿	歿没末未莫滅	灭，亡	$miət^8$
2110	民	民民艮	民	$miŋ^2$
2111	名	名明	名	$miŋ^2$
2112	明	明盟	明	$miŋ^2$
2113	命	命夼亡	命	$miŋ^6$
2114	鏥	鏥鎝窸密蜜蚤蘁夼命畢敏民艮七明	匕首，尖刀	mit^8
2115	苗	苗黄庙	禾苗	$mi:u^2$
2116	庙	庙庿廟妙苗	庙	$mi:u^6$
2117	繆	繆麻没	酸枣	mja^2
2118	孟	孟们亡	忽略	$mjaŋ^6$
2119	謀	謀某	鼻涕	$mji:u^2$
2120	偎	偎埋	去	$mɯ^{44}$
2121	木	木本	开	$mɯ^6$
2122	没	没茫漢墨皃眉	时（候）	$mɯ^6$
2123	昧	昧姝巠美每危门右	熊	$mɯəi^1$ $muəi^1$

2124	姝	姝妹	地方	mɯn^{5}
2125	汶	汶孟	漱	mɯn^{5}
2126	閔	閔門门明	小	mɯn^{6}
2127	名	名名各們们門门明你没之民不古句	你	mɯŋ^{2}
2128	明	明名	是	mɯŋ^{2}
2129	們	們猛	地方	mɯŋ^{44}
2130	温	温恩痕瘟	边	ɯn^{4}
2131	印	邙卬印仰瘟温恨衡方	别处	ɯn^{5}
2132	麽	麽麽麽磨魔魔魔谟謨嗼模摸墓暮莫莫吆吆呟吣唑啞広么巫布㐂	麽，布麽，麽诵	mo^{1}
2133	犺	犺摸模莫麽没玻	黄牛	mo^{2} mo^{44}
2134	莫	莫模	隆起	mo^{3}
2135	慕	慕莫莫暮墓摹檬模暯摸漠魔麽磨吆孟巫某目伙	新的	mo^{5}
2136	摹	摹暮莫模	再次，重新	mo^{5}
2137	慕	慕蓦	草盛	mo^{6}
2138	墓	墓嗼莫孟木	坟墓	mo^{6}
2139	漠	漠莫同孟	溷水	mo:k^{7}
2140	霧	霧霧霧務漠嗼孟墨莫	雾	mo:k^{7}
2141	塻	塻埜莫沐孟门門	埋	mok^{7}
2142	袓	袓目木	被窝	mok^{8}
2143	木	木兆	木	mok^{8}
2144	抹	抹袜	暴	mo:n^{2}
2145	门	门门門們	门	mo:n^{2}
2146	亡	亡孟猛	脏	mo:ŋ^{1}
2147	末	末密	米虫	mo:t^{8}
2148	蠖	蠖墨末	蚂蚁	mot^{8}
2149	巫	巫没朦	巫	mot^{8}
2150	狃	狃狃狃獏獏獏獏獏猪模墓暮慕莫謀蒙故呼舟母么月木丹本目	猪	mu^{1}
2151	㵹	㵹满	堆	mu^{5}
2152	磨	磨魔麽	磨	muə^{2}
2153	湳	湳腩	瞒	muən^{2}
2154	满	满湳湳	满	muən^{4}
2155	瞞	瞞瞞满湳望㞢忙	盼，盼望	muən^{6} muəŋ^{6}
2156	茫	茫芒	哗-	muəŋ^{2}
2157	芒	芒忙汒恾茫	芒	muəŋ^{2}
2158	没	没湳	忙	muəŋ^{2}
2159	蒲	蒲湳满	头晕	muəŋ^{2}
2160	網	網網網納㒺蒙孟没明芒	网	muəŋ^{4}
2161	沐	沐木	鼻涕	muk^{8}
2162	蒙	蒙猛夢	胡须	mum^{6}
2163	猛	猛勇夣	凶兆	muŋ^{6}

2164	蒙	蒙夢	做梦	muŋ^{6}
2165	那	那法麻	厚	na^{1}
2166	𤳉	𤳉埑那崗栏邦田	田	na^{2}
2167	𥬠	𥬠那	道；家	na^{3}
2168	𠊎	𠊎那	得	na^{3}
2169	𦣚	𦣚𦣚𥬠𠊎哪哪那難納邦面关	脸；前面	na^{3}
2170	那	那𠊎	晓	na^{3}
2171	𠊎	𠊎哪那腊	舅	na^{4}
2172	𠊎	𠊎那	姨	na^{4}
2173	𥬠	𥬠䋈箭𠊎梛哪挪那囊囊弩奶臾尔	箭	na^{5}
2174	叻	叻乃柰耐	安慰	na:i^{1}
2175	奈	奈柰叻乃乃	祷祝	na:i^{1}
2176	叻	叻乃褰寋奈	道谢	na:i^{1}
2177	艿	艿乃	花	na:i^{1}
2178	乃	乃耐	叫	na:i^{1}
2179	叻	叻乃柰	敬	na:i^{1}
2180	雪	雪霕泥坭怩	雪	nai^{1}
2181	狔	狔坭	狼	nai^{2}
2182	宜	宜寘哩内	这	nai^{31}
2183	叻	叻乃	姑娘；招呼	na:i^{4} na:i^{1}
2184	奈	奈柰乃奶耐	累	na:i^{5}
2185	奶	奶乃	小妾	na:i^{6}
2186	耐	耐叻乃	越	na:i^{6}
2187	能	能納	安（心）	nak^{7}
2188	而	而能	敬重	nak^{7}
2189	𦟜	𦟜匿能能寕或重	重，深重	nak^{7}
2190	獳	獳獳猪獭狼慝匿囊那纳南	水獭	na:k^{8}
2191	念	念稔騐	想	nam^{1} niəm^{6}
2192	水	水氺南	水	nam^{55}
2193	堷	堷南水土難	泥土	na:m^{6}
2194	难	难难難南	久	na:n^{2}
2195	南	南难	只要	na:n^{31}
2196	难	难难難南久	难，困难，灾难	na:n^{6}
2197	皮能	皮能皮能𡚒能能能皮	皮	naŋ^{1}
2198	𨖼	𨖼能	响	naŋ^{1}
2199	娘	娘娘狼囊囊浪	（姑）娘	na:ŋ^{2}
2200	娘	娘狼徃	妹	na:ŋ^{2}
2201	囊	囊囊囊娘南	囊	na:ŋ^{2}
2202	娘	娘妹男	妻	na:ŋ^{2}
2203	粡	粡橙登等能	糯米	naŋ^{3}
2204	苧	苧能能	蒸	naŋ^{3}
2205	能	能能	九层皮麻	na:ŋ^{4}

2206	囊	囊囊	鞭打	na:ŋ⁶
2207	囊	囊狼娘郎	坟	na:ŋ⁶
2208	郎	郎浪	山	na:ŋ⁶
2209	朗	朗郎娘狼囊曩能	外	na:ŋ⁶
2210	能	能娘	祖	na:ŋ⁶
2211	能	能骻	垫	naŋ⁶
2212	榳	榳笙蹝蹝能骻橺	凳，台	naŋ⁶
2213	蹝	蹝蹝蹝鬡笙能能骻能能坐橺座坐唑寕骻	坐	naŋ⁶
2214	橺	橺能	座	naŋ⁶
2215	能	能能能	收	nap⁷
2216	粒	粒泣能你匿律	颗	nat⁸
2217	吜	吜奴	传话	nau²
2218	嚁	嚁嚁吜丑	笛子	nau²
2219	吽	吽吗吜嚁嚁嚁噂嚁嚁畱畱畱畱留畱論怒奴耨扭纽丑屡弩嵠斗牛	讲，说	nau²
2220	吗	吗嚁噥奴	叫，喊	nau²
2221	嚁	嚁吜	就	nau²
2222	惱	惱惱惱惱惱卬咬閙	坡，山坳	na:u⁴
2223	闹	闹闹閙閙惱惱惱老	了，完	na:u⁵　na:u¹¹
2224	惱	惱惱惱惱闹闹閙閙闹閔闈圄纽	永远	na:u⁵　na:u⁶
2225	腦	腦惱惱	段	na:u⁶
2226	蟏	蟏惱懰	瑙	na:u⁶
2227	搖	搖惱惱閙闹闹	念咒，咒招	na:u⁶
2228	閙	閙闹	赎	na:u⁶
2229	訋	訋吜留陋尖惱	烂，腐烂	nau⁶
2230	年	年娘	和	ne:m¹
2231	羕	羕羕	近	ne:m¹
2232	念	念年	跟，跟随	ne:m²
2233	蚄	蚄蟐蟐寧寧寧寧寧虫零年娘	虫	ne:ŋ²
2234	净	净啈争	禽	ne:ŋ²
2235	拈	拈捻寧	拉	ne:ŋ⁶
2236	厄	厄尼	紧凑	ne:t⁷
2237	汝	汝你	欠	ni³
2238	你	你女	债	ni³
2239	你	你倿仔仪喧咻弥尔尼尼民演舆岂里利宜甫女内今	这	ni⁴
2240	尼	尼女	忆	ni⁶
2241	銗	銗銗節	江	niə¹
2242	年	年胙能伻	年	niən²
2243	眠	眠眠眠眠眠眠眠根铌民啤哖能能膟寧	睡	nin²
2244	寧	寧寧寧寧寧倿	动	niŋ¹
2245	宁	宁寧寧寧寧寧寧	宁	niŋ²

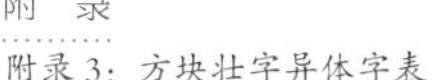

2246	倿	倿寕斉	小	$niŋ^5$
2247	砮	砮宜内你	砮	$nɯ^3$
2248	奴	奴匿奓	绷	$nɯ^6$
2249	能	能能能能寕兲年	睡	$nɯn^2$
2250	奴	奴怒	奴隶	no^2
2251	奓	奓奓奓奓奓奓怒怒奓诺诺諾諾若妠納肉内肉肉肉奴啫那罗日	肉	no^6
2252	奓	奓奓奓奓奓怒怒诺諾肉肉内	猎物，野兽	no^6
2253	宆	宆内闷雷	少，小	$no:i^4$
2254	虫	虫蝡暖	虫	$no:n^1$
2255	暖	暖暖	睡	$no:n^2$
2256	頓	頓儌倫能糯	五倍子	non^6
2257	农	农農農農農農蕽	农	$noŋ^2$
2258	怒	怒恕怒恕鼠努笯奴死鼡周	老鼠	nu^1
2259	徃	徃伕徃往彼姓妹濃濃農農蕽旺古	弟，妹	$nuəŋ^4$
2260	�	聾龍聴怒	聋	nuk^7
2261	稔	稔能能雉	雏	num^6
2262	儂	儂儂儂	穿	$nuŋ^{31}$
2263	糯	糯诺那的	糯	nva^6
2264	汝	汝女	红水河	nvi^1
2265	芽	芽衙牙	乱	$ŋa^1$
2266	押	押雅	呀	$ŋa^1$
2267	雅	雅芽	灾难	$ŋa^1$
2268	衙	衙茶	衙	$ŋa^2$
2269	夏	夏芽牙	只	$ŋa^5$
2270	牙	牙嗄	气	$ŋa^6$
2271	養	養仰	草	$ŋa:k^7$
2272	喑	喑喩暗賠養养顯眼仰向	嚼喂	$ŋa:m^6$
2273	猩	猩淫	妖	$ŋan^1$
2274	獱	獱狽螾引顔	野猫	$ŋan^1$
2275	顔	顔厭寅仁任	蝇	$ŋan^1$
2276	羊	羊衙	连（夜）	$ŋa:n^2$
2277	任	任囙	发火	$ŋan^5$
2278	囊	囊囊	药渣	$ŋa:ŋ^5$
2279	徉	徉常	（笑眯）眯	$ŋa:ŋ^6$
2280	纳	纳納業為	夹	$ŋap^8$
2281	爻	义尭尧要牛	虾	$ŋa:u^6$
2282	撮	撮錯	唆弄	$ŋɔk^{31}$
2283	宜	宜義蟻烈耸曰	“孩子”一词的后缀	$ŋe^2$ $ŋe^2$
2284	任	任仁迎	侧	$ŋe:ŋ^6$
2285	宜	宜宜義蚁	损	$ŋi^1$

2286	哪	哪耶嗱爺爺箳箳爺爷蚁蟻議義宜且你	（听）见	ȵi^{1}　ȵiə^{1}
2287	義	義羕	（不）料	ȵi^{2}
2288	儀	儀義	（伏）羲	ȵi^{2}
2289	宜	宜且直儀義皃	宜	ȵi^{2}
2290	蚁	蚁義	（纷）纷	ȵi^{5}
2291	以	以宜仪	-喳[后缀]	ȵi^{6}
2292	二	二式弍弎宜直且仪艹	二	ȵi^{6}　ŋi^{6}
2293	夜	夜箳	江	ȵiə^{1}
2294	仰	仰仰任侄仁眼眼然然狱因冈忻影演引认忍舆言卩	这，这样，如此	ȵiən^{4}　ȵin^{4}　ŋa:ŋ^{6}
2295	元	元遠	愿	ȵiən^{6}
2296	宜	宜蚁	人	ȵin^{2}
2297	任	任壬	得	ȵin^{6}
2298	釵	釵鑲	惦记	ȵin^{6}
2299	讱	讱扭	记（取）	ȵin^{6}
2300	仍	仍内王	认	ȵin^{6}
2301	認	認認	醒	ȵin^{6}
2302	迎	迎迎逊近今印仍	射	ȵiŋ^{2}
2303	任	任认養應入	缝	ȵip^{8}
2304	宜	宜蚁義	绕	ȵɯ^{4}
2305	苊	苊吔也箳爺義蚁义啤哑湡雨	草	ȵɯə^{3}　ȵɯ^{3}
2306	仰	仰仰将	乱	ȵɯəŋ^{1}
2307	閬	閬仰	散	ȵɯəŋ^{1}
2308	油	油欲	稻草	ȵu^{2}
2309	牛	牛欲酉	尿	ȵu^{6}
2310	元	元鄉養	铜鼓	ȵuən^{2}
2311	荣	荣容	茸草	ȵuŋ^{2}
2312	蚊	蚊溶	蚊子	ȵuŋ^{2}
2313	兄	兄容	草丛	ȵuŋ^{5}
2314	容	容穠	形容词后缀，-匆	ȵuŋ^{5}
2315	绸	绸綢勇啲哺佣用兇兇兄肉肉仰容拱	乱，混乱	ȵuŋ^{5}
2316	欲	欲洁	缩	ȵup^{7}
2317	牙	牙牙	牙	ŋa^{2}
2318	馊	馊爱愛愛愛爱碍碍孩亥餖哀呆海艾苂艾危	饭	ŋa:i^{2}
2319	餜	餜呆哀爱碍碍	早餐	ŋa:i^{2}
2320	岩	岩岸哀	午餐	ŋa:i^{44}
2321	艾	艾椋哀碍爱	艾（草）	ŋa:i^{6}
2322	艾	艾支	关	ŋa:i^{6}
2323	爱	爱爱爱愛愛碍哀呆	容易	ŋa:i^{6}
2324	愛	愛艾	受	ŋa:i^{6}
2325	艾	艾得	要紧	ŋa:i^{6}
2326	岸	岸岩案	山坳	ŋa:m^{2}

2327	岩	岩硆呑案艮	岩	ŋa:m^{2}
2328	厄	厄昻	弯的	ŋam^{2}
2329	银	银銀銀鋃錢跟哏艮暗民文仁	钱	ŋan^{2}
2330	眼	眼哴瞄岸岩案安	龙眼	ŋa:n^{4}
2331	暗	暗安	田州	ŋa:n^{4}
2332	昂	昂罡	叉	ŋa:ŋ^{6}
2333	芽	芽垒夾	发芽	ŋa:t^{8}
2334	敖	敖遨奥	敖	ŋa:u^{2}
2335	粤	粤㕦	狼	ŋa:u^{2}
2336	儀	儀仅	义	ŋi^{6}
2337	蚯	蚯蛫蛇蟆蛫冥厦虞虞阨陒厄它吾牂	蛇	ŋiə^{2} ŋɯə^{2} ŋɯ^{2}
2338	沲	沲浥溺溺蝲弱弱弱阨陒危厄厄額祸岩若	（畐）沲	ŋiək^{8} ŋɯək^{8}
2339	邛	邛邛	广	ŋin^{1}
2340	迎	迎迎壬	射	ŋiŋ^{2}
2341	厄	厄厄危禹机哂而召如	盼	ŋɯ^{2}
2342	昂	昂昻卬兜仰仰	敬，敬祭	ŋɯəŋ^{6}
2343	㭃	㭃餓俄峩我儀禍吾	芦苇	ŋo^{4}
2344	昙	昙昡暍旼旼旼迫退廼迫昙晃硬涽旼恒昙玩日	白天	ŋon^{2}
2345	昙	昙昡旼旼旼旼退迫廼玩日	（太）阳	ŋon^{2}
2346	鮀	鮀蚢魯魯午于	蛇	ŋu^{44}
2347	梧	梧㭃吾祸	无花果	ŋuə^{6}
2348	月	月吾玩	月	ŋuət^{8}
2349	磈	磈花	瓦	ŋva^{4}
2350	愛	愛爱	灰黑	ŋva:i^{4}
2351	域	域或	点头；翻然	ŋvak^{7}
2352	危	危位	核	ŋvi^{6}
2353	陒	陒危魚	粒	ŋvi^{6}
2354	了	了荷阿	背	o^{1}
2355	恶	恶厄	恶	o^{2}
2356	出	出亡亞亞恶恶惡恶荷呵阿何屋眉物勿屎	出，出来，出生	o:k^{7}
2357	巴	巴把妑𣗥扠扳到麻馬怕八	-沉，-蒙[后缀]	pa^{2}
2358	妑	妑妣叭把巴叭八扳扳托	妻子	pa^{2}
2359	妑	妑犯把巴	伯母	pa^{3}
2360	妑	妑巴	妯（娌）	pa^{3}
2361	扒	扒叭把佩腊怕琶巴白八	背	pa^{4}
2362	把	把八怕	带	pa^{4}
2363	妑	妑把欏擺八	怀孕	pa^{4}
2364	破	巴破怕班	破	pa^{5}
2365	岜	岜把杷怕柏栢榜怕佰佰恨罷罷罷類坡破邦爸巴	山，岭，坡	pa^{5}

2366	杷	杷佰怕	野外	pa^{5}
2367	刀	刀口把	刀（口）	pa^{55}
2368	八	八音	吧	pa^{6}
2369	八	八巴	忙	pa^{6}
2370	比	比闭	嫁	pai^{1}
2371	丕	丕皅批比閉北	走	pai^{1}
2372	批	批坒阰妣枇忛皆肯比閉闭闲闭去丕不盔抷否倍賠北北捭俾卑擺擺闌配叭米陪拜丢必皅彼派断貝悲破猏	去，往	pai^{1} bai^{1} pai^{35}
2373	排	排棑俾㷍碑俾牌碑㷍犁犁厙拜	摆；祭，供奉	pa:i^{2}
2374	排	排牌	办	pa:i^{2}
2375	倍	倍音棑	回	pa:i^{2}
2376	牌	牌牌㷍㷍㷍㷍㷍㷍犁厙排	牌，灵牌	pa:i^{2}
2377	排	排牌敗	排	pa:i^{2}
2378	倍	倍賠暗暗培陪聕批破彼丕音悲賠	次	pai^{2}
2379	派	派派敗	垂	pa:i^{3}
2380	㕷	㕷拜	披	pa:i^{3}
2381	擺	擺拜	顶	pa:i^{35}
2382	踱	踱擺	尖	pa:i^{35}
2383	妣	妣媬嫊媬媙媍媗批彼姶媨栢伯怕葆賠倍閉吧白百必	媳妇	pai^{4} paɯ^{4}
2384	拜	拜㕷排	拜	pa:i^{5}
2385	棑	棑敗败贩拜	边	pa:i^{6}
2386	牌	牌敗敗	从	pa:i^{6}
2387	敗	敗牌棑	地方	pa:i^{6}
2388	拜	拜邦敗败棑排攏擺批板販散散牌派捭乒化八卑	边，方，面	pa:i^{6}
2389	百	百陌白八兵北	百	pa:k^{7}
2390	北	北陌佰	火	pa:k^{7}
2391	百	百陌北	屋（堂）	pa:k^{7}
2392	批	批比北奔白	插	pak^{7}
2393	扎	扎北	打	pak^{7}
2394	菲	菲北	围场	pak^{7}
2395	陌	陌栢啺咱叭叩咀北北菲芘比盆剥敹帮邦埧把巴百白包色古畚卜八口	口，嘴	pa:k^{7} pak^{11}
2396	劈	劈霹帮佰怕佰酒陌傍旁剥帮扐拔叺八巴	劈，砍	pa:k^{8}
2397	吡	吡北	累	pak^{8}
2398	棢	棢班	楼	pa:m^{1}
2399	呏	呏呏呏㗅班叭砙九凡八賁贫盆篕板	笨，傻	pa:m^{2}
2400	姶	姶布白	妻子	paɯ^{4}
2401	分	分紛门	搓	pan^{1}
2402	班	班板扳	班	pa:n^{1}

2403	斑	斑班	辈	pa:n^{1}
2404	分	分本奔盆苩	分	pan^{1}
2405	盆	盆湓盤班斑辨半扳分	盘，盆	pa:n^{2}
2406	慢	慢班	斜	pa:n^{2}
2407	貧	貧贫成	出（事）	pan^{2}
2408	盆	盆贫平本	得	pan^{2}
2409	品	品貧	该	pan^{2}
2410	成	成本盆	结	pan^{2}
2411	研	研貧盆凴坟平本	磨，磨刀	pan^{2}
2412	貧	貧平本品	能，可以	pan^{2}
2413	貧	貧贫盆芿丹傰别朋平本木成	如，似，像	pan^{2}
2414	貧	貧贫本成平貧成盆貧	生，生病，生长	pan^{2}
2415	平	平貧	收成	pan^{2}
2416	盆	盆贫貧成畬平本	有	pan^{2}
2417	本	本貧	做	pan^{2}
2418	貧	貧貪贫償盆分榜傍墳平憑成本木八板办苩	成，成为，建成，长成，变成	pan^{2} pan^{44}
2419	板	板扳班拜棑变八	扁	pa:n^{3}
2420	扳	扳班	沾	pa:n^{3}
2421	本	本夲	本是	pan^{3}
2422	本	本分盆	种，种子	pan^{3}
2423	傍	傍盤班房	伴	pa:n^{4}
2424	板	板班	攀	pa:n^{4}
2425	辨	辨辦班办板	陪	pa:n^{4}
2426	半	半班	半	pa:n^{5}
2427	半	半本	纺	pan^{5}
2428	奔	奔墳濆賁貧盆厷分文本轉	转	pan^{5}
2429	班	班扳	流浪	pa:n^{6}
2430	边	边班斑办	散，逃散	pa:n^{6}
2431	办	办班	游	pa:n^{6}
2432	本	本扳扮贫貧墳平彭	（刚）才	pan^{6}
2433	邦	邦邦办	帮	pa:ŋ^{1}
2434	甕	甕甕帮邦邦	法事	pa:ŋ^{1}
2435	邦	邦邦	赶	pa:ŋ^{1}
2436	邦	邦邦邦傍甕	祭供	pa:ŋ^{1}
2437	帮	帮邦邦布力	群，伙	pa:ŋ^{1}
2438	榜	榜傍那拜邦邦邦帮帮	神龛	pa:ŋ^{1}
2439	绷	绷棚裲崩朋憑裭憑凴馮蓬縫邦姤帛布白不	布	paŋ^{2}
2440	旁	旁旁房撈榜傍邦邦邦拜帮捧逢伌俔劳平并	旁边	pa:ŋ^{4}
2441	傍	傍旁劳捧	伴	pa:ŋ^{6}
2442	邦	邦邦班辦	邦	pa:ŋ^{6}

2443	傍	傍旁彭白	辈	$pa:ŋ^{6}$
2444	朋	朋邦	对岸	$paŋ^{6}$
2445	崩	崩奔	（纷）纷	$paŋ^{6}$
2446	憑	憑凴憑	石头鱼	$pa:p^{8}$
2447	八	八叭	重叠	pat^{31}
2448	砵	砵矾叭扒扳叭	钵	$pa:t^{7}$
2449	叭	叭哈	摔	$pa:t^{7}$
2450	北	北奔	插	pat^{7}
2451	必	必八	扫	pat^{7}
2452	榜	榜傍	糟	pat^{7}
2453	扳	扳扳	摆	$pa:t^{8}$
2454	妑	妑巴	交配	$pa:t^{8}$
2455	扠	扠扳	爬	$pa:t^{8}$
2456	拔	拔扳	甩在	$pa:t^{8}$
2457	佛	佛本盆盖神	神	pat^{8}
2458	剖	剖褒	螃蟹	pau^{1}
2459	包	包色	形容词后缀，-白	pau^{2}
2460	柨	柨布褒畗	苦竹	pau^{2}
2461	宝	宝寶保	宝	$pa:u^{3}$
2462	保	保寶宝抱赧	保，保佑	$pa:u^{3}$ $pa:u^{33}$
2463	报	报報根赧抱包色色宝保	报，报讯	$pa:u^{5}$
2464	布	布佈拵咘褒褒褒保仆卜小卡不	布（洛陀）	pau^{5}
2465	佈	佈保仰仆僕褒褒褒婁晋普甫百布公父卜	公公，祖公	pau^{5}
2466	别	别本	繁殖	pe^{31}
2467	白	白百别必	如果	pe^{6}
2468	偹	偹偹彼妣批疵被比皮必	兄	pei^{6} pi^{4}
2469	百	百白	百	$pe:k^{7}$
2470	白	白迫别	白	$pe:k^{8}$
2471	板	板扳片	板，木板	$pe:n^{3}$
2472	片	片遍变珀班便	片	$pe:n^{5}$
2473	瓶	瓶瓶瓶瓶硑彭彭彭朔	瓶，瓶子	$pe:ŋ^{1}$
2474	哶	哶兵魄魂彭備罪奔貧你分	禳除；麽诵	$pe:ŋ^{1}$
2475	魄	魄栢兵	凶兆	$pe:ŋ^{1}$
2476	叭	叭叭	附着	$pɛt^{11}$
2477	八	八百	八	$pe:t^{7}$ $pɛt^{11}$
2478	標	標櫄椱漂票	标竹	$pe:u^{1}$
2479	摽	摽標漂票表	犯，得罪	$pe:u^{1}$
2480	邦	邦旁	驱赶	$pha:ŋ^{3}$
2481	鬼	鬼鬼	鬼邪	phi^{35}
2482	平	平批	平	$phiŋ^{35}$
2483	岜	岜山	山	$phja^{1}$

2484	皮	皮悲必	摆	pi¹
2485	比	比皮北	摇	pi¹
2486	𨋍	𨋍脾脾脾脾脾俾脾脾脾婢脾胼脾髀肶批比被年悲惮偹閉被生皮筆畢陪伻里秘	年	pi¹ pei¹ pi³⁵
2487	肥	肥瘟	肥	pi²
2488	妣	妣比被眉	-纷，-哗[后缀]	pi²
2489	彼	彼頗髲培皮必	扇子	pi²
2490	比	比妣批偹彼披悲被	比照	pi³
2491	被	被比皮	禾笛	pi³
2492	比	比被	山歌	pi³
2493	妣	妣彼皮必	姐	pi⁴
2494	姕	妣姕彼	嫂	pi⁴
2495	被	被皮	像	pi⁴
2496	被	被比悲	铺	pi⁵
2497	皮	皮偹	辫	piə²
2498	白	白婁	绞	piə²
2499	偹	偹備祊	备	piə⁶
2500	祊	祊祊補袹佈倍仆偹備婁部破普甫变布不卜	衣服	piə⁶ puə⁶ pu⁶
2501	便	便偏㛯騗	鞭	piən¹
2502	变	变𡢃變㛯偏便贫边品平片	变	piən⁵
2503	搬	搬盆班	留	piən⁶ puən⁶
2504	傍	傍𠋠傍榜搒旁𡧖房帮邦邦邦彭盆板那甫自白平	地方；天下	piəŋ² puɯəŋ²
2505	分	分兵吩	翅膀	pik⁵⁵
2506	迫	迫碧别	好	pik⁷
2507	碧	碧璧	青色	pik⁷
2508	兵	兵病栟	爬	pin¹
2509	兵	兵軍奸	兵	piŋ¹
2510	平	平朋殿	平	piŋ²
2511	平	平㪉	瓶子	piŋ²
2512	病	病𤈦	病	piŋ⁶
2513	筆	筆畢必品	笔	pit⁷
2514	𪀚	𪀚鷝鷝鷝𪀚鴨鴨鴨畢畢必八筆逼品兵迫	鸭子	pit⁷ pat⁵⁵
2515	氷	氷畢	背着	pit⁸
2516	蚌	蚌蚍蜱嗶畢品兵品必	蝉	pit⁸
2517	表	表票	单	piːu¹
2518	熛	熛燒票表税	烧	piːu¹
2519	岜	岜砽𢭃色巴山	山	pja¹
2520	鲃	鲃把𢭃岜巴魚鱼垻黄办	鱼	pja¹ pa³⁵
2521	䨐	䨐把𢭃岜巴	雷	pja³

2522	桂	桂荐拜邦擺	顶，梢	$pja:i^1$
2523	荐	荐拜拿尾尖羔桂敗	尾	$pja:i^1$
2524	拜	拜欏擺表走桂别邦	走	$pja:i^3$
2525	貝	貝次	鲤（鱼）	$pjai^4$
2526	北	北苩菜别白百耒芸	菜	$pjak^7$
2527	叓	叓夔	形容词后缀，-纷	$pja:n^2$
2528	倍	倍别白	祭	$pjo:i^1$
2529	倍	倍别	禳解	$pjo:i^1$
2530	柏	柏栢别白碌	芋头	$pjo:k^7$
2531	半	半邦尨	串	$pjoŋ^6$
2532	冇	冇漂炉护有	空，无	pju^5
2533	杯	杯閉	安抚	$pɯəi^1$
2534	配	配配配倍	剥离	$pɯəi^1$
2535	配	配配	掘	$pɯəi^1$
2536	庇	庇批貝具盃盃丕賠賠暗培倍配配配别	麽诵；禳除	$pɯəi^1$
2537	伯	伯佰音盃配	吧	$pɯəi^3$
2538	傍	傍摚	百姓	$pɯəŋ^2$
2539	楁	楁本	箭	$pɯn^1$
2540	毬	毬毯砵本夲盆奔苗兵毛	毛	$pɯn^1$
2541	品	品貧	张	$pɯn^2$
2542	笨	笨盆	肥沃的	$pɯn^6$
2543	盆	盆本	粪	$pɯn^6$
2544	坡	坡破波波僕婁簸拨車父不卜	坡，山坡	po^1 po^{35}
2545	婁	婁婁	婆	po^2
2546	吥	吥波破坡父卜婁	吹	po^5
2547	卜	卜仆頗	棍	po^6
2548	坡	坡吥破卜	种	po^6
2549	父	父父芆殳敀△父博慱傅播慱佈布仆卜甫普啚下不婆	父亲，父辈	po^6 po^{31}
2550	杯	杯丕盃	杯	$po:i^1$
2551	白	白部倍	形容词后缀，-净	$po:i^1$
2552	賠	賠甫不	还	$po:i^2$
2553	賠	賠倍賠	赔	$po:i^2$
2554	朴	朴甫	卜	pok^7
2555	坡	坡崩批北卜	翻，翻身	pok^7
2556	卜	卜堥	埋	pok^7
2557	慱	慱卜	扎	$po:k^8$
2558	朴	朴卜補補迫	柚子	$po:k^8$ puk^8
2559	本	本八	本	$po:n^3$
2560	奔	奔崩朋	移	$po:ŋ^1$
2561	榜	榜帮朋	浮肿	$po:ŋ^2$
2562	碰	碰邦朋蓬崩	鼓	$po:ŋ^2$

2563	蓬	蓬逢逄	烂泥	poŋ^{2}
2564	崩	崩朋	堆	poŋ^{3}
2565	朋	朋愽	拍	po:ŋ^{6}
2566	補	補甫	抱	pu^{1}
2567	部	部布	扶	pu^{1}
2568	補	補甫圪	补	pu^{3}
2569	布	布普甫寸卜不	布	pu^{4}
2570	俌	俌補哺甫亩僕佈伴保仆朴卜博部普布王父丕不人比夫	个（人）	pu^{4} phou^{3} phu^{33}
2571	甫	甫朴仆卜嚭普不父户	公的	pu^{4} po^{6}
2572	舖	舖補	铺	pu^{5}
2573	布	布部	袖	pu^{6}
2574	礳	礳盤盘磐盘班鉢盆	磨盘	puən^{2}
2575	哷	哷奔	搬	puən^{5}
2576	伴	伴判半	贩，贩卖	puən^{5}
2577	榜	榜幐傍仿朋板逢房	背篷	puəŋ^{2}
2578	盆	盆崩	鼓的	puət^{7}
2579	仆	仆卜	倒干	puk^{7}
2580	朋	朋逢凴	碰，遇见	puŋ^{2}
2581	腊	腊蜡臘臘臘喇皃殁納汇拉尔而勿下	时，时候	ra^{6}
2582	唻	唻雷	流过	ra:i^{6}
2583	而	而皃	野漆树	rak^{8}
2584	能	能林沉	糠	ram^{2}
2585	而	而勒	样	raɯ^{2}
2586	倫	倫輪侖勒	砍	ran^{6}
2587	楼	楼樓娄	（多，好）得很；多	rau^{6}
2588	立	立利律里如	这样	ri^{4}
2589	連	連蓮	幡	riəŋ^{2}
2590	令	令力吝	虫	rip^{8}
2591	罗	罗落	怎（样）	ro^{4}
2592	箄	箄篭篭籠籠龍籠就兀龙陸禄落弄罗可六	房，卧房	ro:k^{8}
2593	鴿	鴿侖倫侖合淋槛	老鹰	rom^{6}
2594	换	换倫	锯	ron^{2}
2595	楽	楽而落	削	ro:t^{8}
2596	乱	乱礼	唱歌	ruən^{6}
2597	令	令佮	倒	rviŋ^{4}
2598	散	散散	层	sam^{11}
2599	信	信心	支	san^{3}
2600	撒	撒参	嘱托	saŋ^{11}
2601	傘	傘洒	群	sap^{31}
2602	熬	熬放	孕	sat^{11}

2603	叁	叁遭	洗	sa:u^{44}
2604	相	相先	小伙子	sin^{35}
2605	袙	袙袙是子	衣服	sɯ^{33}　sɯ^{3}
2606	孝	孝算算	教	so:n^{35}
2607	掇	掇相想	想，欲	so:n^{44}
2608	双	双高	两	so:ŋ^{35}
2609	洗	洗掇	洗	sui^{11}
2610	高	高宗衰	高	suŋ^{35}
2611	大	大太	父	ta^{1}
2612	伵	伵他大太達達達	（外）公	ta^{1}
2613	大	大打	岳父	ta^{1}
2614	貑	貑家加架岜㚒魚	黑白花	tɕa^{1}
2615	家	家稼嫁察架	家；（冤）家	tɕa^{1}
2616	沙	沙家加	壳	tɕa^{1}
2617	魥	魥鮑鲃鲃鲃鲃鲃鲃鲃嚛㚒㚒魚嵩朝架家岜加	鱼	tɕa^{1}
2618	䀡	䀡䀡䀡眼眼他打大力太	眼睛	ta^{1}　tha^{35}
2619	達	達駄達	惨	ta^{2}
2620	達	達達夏蛇陀他荅	扯，抽，拔	ta^{2}
2621	大	大太達	当	ta^{2}
2622	大	大他駄駄達	-荡，-凄[后缀]	ta^{2}
2623	陀	陀達達	纺	ta^{2}
2624	塔	塔駄旦	快	ta^{2}
2625	大	大他駄駄	宽	ta^{2}
2626	拉	拉提他達達达達駄陀汏大	拉	ta^{2}
2627	达	达達達達駄	犁耙	ta^{2}
2628	駄	駄達	牵	ta^{2}
2629	大	大達駄	软（绵绵）	ta^{2}
2630	陀	陀达達達	拖	ta^{2}
2631	他	他達駄	硬	ta^{2}
2632	達	達大駄他	直	ta^{2}
2633	岜	岜魥	（相）吵	tɕa^{2}
2634	吓	吓刹依作	-喋，-咚[后缀]	tɕa^{2}
2635	抐	抐甲	交配	tɕa^{2}
2636	察	察茶	盘查	tɕa^{2}
2637	苩	苩甲追	野芋	tɕa^{2}
2638	打	打汏大達	打，敲打	ta^{3}
2639	佳	佳假罕加杀差八甲	等，等候	tɕa^{3}
2640	䨓	䨓颶雷岜雷家沙	雷，雷王	tɕa^{3}
2641	稼	稼稼粑岜家加佳甲	秧苗	tɕa^{3}
2642	釵	釵沙甲杀	刀，柴刀	tɕa^{4}
2643	假	假没	刚（才）	tɕa^{4}

2644	爻	爻爻伄甲雅加	孤儿	tɕa⁴
2645	架	架加家江	把[量词]	tɕa⁵
2646	架	架岶加嫁家價佳	烘篮，烘笼	tɕa⁵
2647	架	架家加	架，屋架	tɕa⁵
2648	逹	逹逹	（滴）哒	ta⁶
2649	馱	馱馱逹	（到）达	ta⁶
2650	大	大馱馱他达	大	ta⁶
2651	的	的逹逹	姑娘	ta⁶
2652	汏	汏汰河洪馱馱馱馱駄逹逹逹造	河	ta⁶
2653	台	台逹汏	位[量词]	ta⁶
2654	茉	茉耒耒耒耒業耒菜茉哉在界	顶（梢）	tɕa:i¹
2655	耒	耒耒菜華盖界追在	尾，结尾	tɕa:i¹
2656	蹈	蹈茉戒羊	晒	tɕa:i¹
2657	兼	兼耒	再	tɕa:i¹
2658	耒	耒在	寨	tɕa:i¹
2659	蹊	蹊蹊跢嵠嗳墜隊遂髪觧斛斛雞鷄鸡鸡偕皆皆直直肯涯強遠齊界結追知妥水金己	远，远处	tɕai¹
2660	皃	皃貏冶殆胎追逌台死太歹大代到耒	死，死亡	ta:i¹ tha:i³⁵
2661	抬	抬台	祭桌	ta:i²
2662	臺	臺臺	糯谷	ta:i²
2663	台	台胎臺臺臺	台	ta:i²
2664	台	台臺昷	推托	ta:i²
2665	揥	揥啼提弟	看，看守	tai²
2666	啼	啼咈涕得代	蹄	tai²
2667	吋	吋脊	念	tɕai²
2668	吋	吋叹结結偕皆財劫已	爱，疼爱	tɕai²
2669	吋	吋时嚌結	想	tɕai²
2670	粡	粡胎	粽子	ta:i³
2671	底	底低氐躰	底	tai³
2672	啼	啼咈帝涕弟胎台對对躰退哭氏	哭	tai³
2673	癬	癬癬癬瘄疾瘊瘊疤疤疤嶰觧觧斛偕諧喈哫吹叹皆背皆追遠鬖墜妥妥奚渣氾邔跪知	病，病痛	tɕai³
2674	觧	觧觧解嶰界拜	走，走路	tɕa:i³
2675	貸	貸代胎	带	ta:i⁵
2676	泰	泰代	母	ta:i⁵
2677	奼	奼太泰胎代	外婆	ta:i⁵
2678	奼	奼太泰代打	岳母	ta:i⁵
2679	蛋	蛋髪墜搥追螁直氾計結	蛋	tɕai⁵
2680	大	大太台臺臺代	大，大的	ta:i⁶
2681	代	代伐世袋貸大化	代	ta:i⁶

2682	第	第大太台臺弟代	第	ta:i^{6}
2683	太	太大	老；太	ta:i^{6}
2684	太	太大台	天（井）	ta:i^{6}
2685	大	大太	（兄）长	ta:i^{6}
2686	提	提蹄啼帝台的弟	搬	tai^{6}
2687	袋	袋啼蹄蹄㣼涕咈祶弟对代	袋子，布袋	tai^{6}
2688	咈	咈涕	提	tai^{6}
2689	断	断他	断	tak^{55}
2690	汏	汏達大	白净	ta:k^{7}
2691	当	当當答冬托得	晒	ta:k^{7}
2692	德	德淂的啫	打	tak^{7}
2693	德	德得	德	tak^{7}
2694	淂	淂淂得德德	孤儿	tak^{7}
2695	喝	喝得淂德德當	蝗虫	tak^{7}
2696	得	得淂淂德德	捞	tak^{7}
2697	提	提得得淂德德滤悳当定删	盛，舀，斟	tak^{7}
2698	得	得的	装	tak^{7}
2699	剥	剥加	额（头）	tɕa:k^{7}
2700	絅	絅剥	野麻	tɕa:k^{7}
2701	茈	茈芘菜莱呲北今	菜	tɕak^{7}
2702	江	江降	（空）空	tɕak^{7}
2703	特	特德滤㥀德得淂淂㝵㝵獨蹬提脐芓哈	公的（雄性）	tak^{8}
2704	作	作剥	离别	tɕa:k^{8}
2705	貪	貪貪	柄	ta:m^{1}
2706	旦	旦貪貪貪贪贪貪貧唐塘遖嗐荅答苮丹丹談召点贞生	接，接着，连接	ta:m^{1}
2707	蛋	蛋蜉	刨空的	ta:m^{1}
2708	溏	溏塘唐燈頟登提脉冲吞等	（舂）米	tam^{1}
2709	唐	唐塘	捅	tam^{1}
2710	搪	搪塘嗐溏唐貪當	送	tam^{1}
2711	江	江儉	讨	tɕa:m^{1}
2712	疆	疆江	乞求；-艳[后缀]	tɕa:m^{1}　tɕa:n^{2}
2713	談	談譚谭潭旦眪嘆壇	讲, 说, 喃诵	ta:m^{2}
2714	塘	塘溏溏傏嗐搪唐鐔鐔礦塘當庚垓那天天同	水塘	tam^{2}
2715	得	得特	守	taɯ^{2}
2716	塘	塘溏壇瘖唐毒篤吞登沓	碰，抵撞	tam^{3}
2717	登	登塘唐貨等涔荅吞天的	织，织布，编织	tam^{3}
2718	低	低斗	底	taɯ^{33}
2719	溏	溏塘遖唐鄧燈登沓吞亠丄打	矮	tam^{5}
2720	禁	禁茎	红蓝草	tɕam^{5}
2721	禁	禁襟	荆棘	tɕam^{5}

2722	禁	尋禁針今君	紫色	tɕam^{5}
2723	唐	唐塘	拌	ta:m^{6}
2724	達	達旦	送	ta:m^{6}
2725	溏	溏塘譚	篚	tam^{6}
2726	琴	琴強羣	共	tɕam^{6}
2727	群	群釗	和	tɕam^{6}
2728	但	但旦	吉利	ta:n^{1}
2729	旦	旦丹	收	ta:n^{1}
2730	唔	唔吞頭頭頭頡溏燈遁但丁	骂，咒骂	tan^{1}
2731	坛	坛丹	弹	ta:n^{2}
2732	坛	坛坦壇壜壇壇壿談淡担達	-喋，-喳［后缀］	ta:n^{2}
2733	頓	頓頤頓頭頓頭頭頡脱吞登等苧天	穿，戴	tan^{3}
2734	降	降近	嘱咐	tɕan^{4}
2735	丹	丹舟	丹	ta:n^{5}
2736	單	單旦	诉（说）	ta:n^{5}
2737	大	大達担	只	ta:n^{6}
2738	堂	堂歺	当	ta:ŋ^{1}
2739	灯	灯亇登燈	灯	taŋ^{1}
2740	大	大丁斗打	太	taŋ^{1}
2741	江	江加甲	白	tɕa:ŋ^{1}
2742	江	江甲家佳架加	半（夜），深（夜）	tɕa:ŋ^{1}
2743	江	江间	（中）间	tɕa:ŋ^{1}
2744	江	江幹	江	tɕa:ŋ^{1}
2745	江	江加	清（早）	tɕa:ŋ^{1}
2746	杖	杖丈	云杉	tɕa:ŋ^{1}
2747	江	江汪河汗涳埥增鄉強章降将壮灶長丈上中掌啫	中间	tɕa:ŋ^{1} tɕa:ŋ^{35}
2748	堂	堂断儅當当	堂，堂屋，厅堂	ta:ŋ^{2}
2749	肛	肛腭滕滕膝膝滕滕滕騰騰騰驣勝胎肸肸豚肱道達迋廷頊跨漢沌到訂灯得隆托橙听的登茶荨苧等鲞豢吞屯同	到，来	taŋ^{2}
2750	腭	腭滕	各（样）	taŋ^{2}
2751	肛	肛滕騰膝滕騰	连（同）	taŋ^{2}
2752	滕	滕滕膝騰騰滕滕肸肸肛腭腭肱苧荨停登等廷	齐全，全部；整（个、块）	taŋ^{2}
2753	丙	丙江強	两	tɕa:ŋ^{2}
2754	堂	堂唐	祖宗	ta:ŋ^{3}
2755	等	等荨苧	放	taŋ^{3}
2756	戥	戥登	干	taŋ^{3}
2757	肸	肸肸荨苧登當当	供，祭供	taŋ^{3}
2758	脴	脴苧荨	建	taŋ^{3}
2759	登	登燈桀等苧定丁斗	起，竖，立起	taŋ^{3}
2760	定	定奠奠寧丁廷苧	停，停止	taŋ^{4}

2761	儅	儅當当	窗口	ta:ŋ^5
2762	当	当當唐吞	各，各个	ta:ŋ^5
2763	凳	凳凳櫈櫈橙椄隥登荨等芧荨當议同吞丁	凳子	taŋ^5
2764	噔	噔橙隥椄滕登等荨芧当听當凳	叮嘱，交代	taŋ^5
2765	櫈	櫈橙椄登凳凳	神龛	taŋ^5
2766	櫈	櫈橙登	席	taŋ^5
2767	降	降降江	深渊	tɕa:ŋ^5
2768	堂	堂蕩	辈	ta:ŋ^6
2769	当	当唐	带	ta:ŋ^6
2770	蚼	蚼螗螳當堂	蛇	ta:ŋ^6
2771	蕩	蕩蕩堂当	糟蹋	ta:ŋ^6
2772	党	党當	种	ta:ŋ^6
2773	涒	涒征降逞灯上	段	tɕaŋ^6
2774	江	江強	深潭	tɕaŋ^6
2775	塔	塔荅答荅踏蹹達遝畓	安，搭	ta:p^7
2776	答	答荅	控（诉）	ta:p^7
2777	旦	旦荅	配	ta:p^7
2778	膳	膳脂肝脏荅蓍荅卷蹹琁昿泣立登吞使旦毛	肝	tap^7
2779	甲	甲呷押	甲	tɕa:p^7
2780	執	執報急急近捐	赶，追赶	tɕap^7
2781	答	答荅苔荅卷荅	答	ta:p^8
2782	達	達答龘	叠	ta:p^8
2783	苔	苔踏	侧房	tap^8
2784	達	達荅答	连，接着	tap^8
2785	達	達達勤	掐算	tap^8
2786	今	今及	系	tɕap^8
2787	急	急琴	相遇	tɕap^8
2788	及	及急	又；扎	tɕap^8
2789	達	達達荅	若	ta:t^7
2790	登	登談達苔偿儅	山崖，悬崖	ta:t^7
2791	脴	脴噠噠橽達達担扢乞斬得	剪，割，砍	tat^7
2792	叭	叭叺	(娘班)叭[神名]	tɕa:t^7
2793	叭	叭八甲叺	怪，殃怪，冤怪	tɕa:t^7
2794	叺	叺叭	祭供	tɕa:t^7
2795	叭	叭叺甲	禳解	tɕa:t^7
2796	結	結吉	鳞	tɕat^7
2797	垯	垯達達壇	打，击打	ta:t^8
2798	噠	噠墶達達達垯坦荅	-喋，-滔[后缀]	ta:t^8
2799	杀	杀刹下作交刀	-喳[后缀]	tɕa:t^8
2800	咭	咭洁結吉謹譆值之己	渐渐	tɕat^8

2801	旧	旧久	繁殖	tɕau^{1}
2802	伍	伍坵	老的	tɕau^{1}
2803	玖	玖久蒦蒦舊丘坵坡救救求頭寿旧早交九	长寿	tɕau^{1}
2804	刀	刀桃刁	锉刀	ta:u^{2}
2805	吊	吊迯	捆	ta:u^{2}
2806	桃	桃挑逃	桃子	ta:u^{2}
2807	夂	夂以从夫史矢久玖玖玖玖犰坵伍沍丘頭头救求迠灵周却丑交九掇教肘奏	头，首	tau^{2}
2808	求	求包坵	求	tɕau^{2}
2809	求	求坵	晚饭	tɕau^{2}
2810	头	头斗	发（亮）	tau^{3}
2811	斗	斗吗偶獨批比来耒到半头土牛	来，出来，回来	tau^{3}
2812	巧	巧圬	巧	tɕa:u^{3}
2813	坵	坵伍	门	tɕau^{3}
2814	久	久玖玖头坵	膝	tɕau^{3}
2815	倒	倒討	变形	ta:u^{4}
2816	逃	逃桃	布道	ta:u^{4}
2817	倒	倒到毳	扭曲	ta:u^{4}
2818	桃	桃毳	翘	ta:u^{4}
2819	斗	斗豆	顶；斗；轿子	tau^{4} tau^{3} tau^{1}
2820	到	到造	才	ta:u^{5}
2821	到	到刀	倒	ta:u^{5}
2822	到	到倒	到	ta:u^{5}
2823	到	到倒道斗回是刀	返，回，回来	ta:u^{5}
2824	道	道到	就；却	ta:u^{5}
2825	到	到倒造道赧就怕刀斗不	又，再	ta:u^{5}
2826	道	道到刀	往，向；转，转回	ta:u^{5}
2827	闬	闬閗抖斗墨透偷賣頭豆头	（打）猎	tau^{5}
2828	吞	吞豆偷斗	梭子	tau^{5}
2829	交	交校教票亷	播（撒）	tɕa:u^{5}
2830	救	救求	救	tɕau^{5}
2831	苟	苟蒦救救求周久	桐树	tɕau^{5}
2832	道	道道到桃送	道，法事	ta:u^{6}
2833	豆	豆荳托头	豆	tau^{6}
2834	烜	烜頭荳豆斗	火灰	tau^{6}
2835	岜	岜岜硙礚鲃鲃加家	山	tɕa^{1}
2836	價	價叭	价钱	tɕa^{5}
2837	菜	菜在	尾	tɕa:i^{1}
2838	蹊	蹊蹊瘯傒追致追	远的，远方	tɕai^{1}
2839	鸡	鸡鸡鸡鷄鳥	鸡	tɕai^{11}
2840	鮮	鮮觧解走	走	tɕa:i^{3}

2841	哉	哉再	解	tɕa:i⁵
2842	蛋	蛋追	蛋	tɕai⁵
2843	則	則折拆	是	tɕaɯ³¹
2844	心	心是	心	tɕaɯ³⁵
2845	啫	啫車	才	tɕaɯ⁴⁴
2846	吸	吸急	追	tɕap⁷
2847	求	求巧	求	tɕau²
2848	交	交高	青蛙	tɕau³¹
2849	穴	穴玄周	存活	tɕau³⁵
2850	叫	叫交	播	tɕa:u⁵
2851	咀	咀咒	（六）诏[地名]	tɕau⁵⁵
2852	啫	啫接押押結	中间	tɕe³¹　tɕe⁶
2853	差	差敵	（沙）沙	tɕha³³
2854	差	差敵	（牙）差[神名]	tɕha³⁵
2855	找	找差殺	找	tɕha³⁵　tɕa³⁵
2856	嗲	嗲彩病	病	tɕhai³³
2857	問	問三山	问	tɕha:m³⁵
2858	唱	唱薩	旁边	tɕha:ŋ³³
2859	奏	奏匡	摇	tɕhau¹¹
2860	請	請取	请	tɕhiŋ³³
2861	啾	啾秋	轿子	tɕhiu³⁵
2862	响	响叩想	响	tɕho:ŋ³⁵
2863	提	提天	干	tɕhu³³
2864	至	至志止	我	tɕi¹¹
2865	已	已巳	饭箕	tɕi⁴⁴
2866	正	正交	角	tɕim¹¹
2867	多	多啫	落	tɕɔk⁵⁵
2868	者	者只	时候	tɕɯ⁴⁴
2869	咀	咀口	嘴	tɕo:ŋ³¹
2870	莊	莊莊宗種	桌，供桌	tɕo:ŋ⁴⁴
2871	冲	冲中	半	tɕo:ŋ⁶
2872	代	代竹六	代，世	tɕu³¹
2873	冇	冇祖曲	空	tɕu⁵
2874	周	周竹啫肘初九	才；就	tɕu⁵⁵
2875	中	中學	杯	tɕuŋ³⁵
2876	他	他地的里得它帝	那，那些	te¹
2877	他	他佤化位嚕的達地弟斗帝得夜	他，他们	te¹
2878	大	大的	个	te²
2879	他	他爹爹爹多帝啼	等，等候	te⁵
2880	爹	爹爹	接	te⁵
2881	帝	帝弟	望	te⁵
2882	借	借結结經吉見老及至計杰	老，老人	tɕe⁵　tɕe¹¹

2883	打	打爹的	将	te6
2884	结	结結記記訖记其	繁衍，繁殖	tɕe6
2885	结	结克	缝隙	tɕe6
2886	地	地的	地	tei6
2887	錠	錠添的丁当占	干裂，开裂	te:k7
2888	踼	踼的	踢	te:k7
2889	点	点點占	点	te:m3
2890	添	添点	指	te:m3
2891	見	見兒间简簡閉	手臂	tɕe:n1
2892	简	简見	（衣）袖	tɕe:n1
2893	現	現見	卡（喉咙）	tɕe:n4
2894	殿	殿提挓垓丁四田	处，地方	te:n6
2895	殿	殿殿田見	殿	te:n6
2896	田	田点殿	（座）位	te:n6
2897	丁	丁提	被	te:ŋ1
2898	釘	釘地的	钉	te:ŋ1
2899	定	定丁頂	对	te:ŋ1
2900	丁	丁得定當听	击中，射中	te:ŋ1 tɛŋ35
2901	天	天丁	正遇，恰逢	te:ŋ1
2902	喋	喋谍	碟	te:p8
2903	蹈	蹈蹓蹈	追逐	tep8
2904	鉄	鉄得典	（匆）匆	te:t7
2905	見	見近	疼爱	tɕe:t7
2906	結	結見已金	痛，病痛	tɕe:t7
2907	者	者痦	-喳[后缀]	tɕe:t7
2908	交	交建	件	tɕe:u1
2909	倐	倐倐条逊逃得弔吊	逃，逃离	te:u2
2910	条	条倐倐毶逊	条	te:u2
2911	逊	逊逃	走开	te:u2
2912	咬	咬梂	剪刀	tɕe:u2
2913	交	交咬久	绞	tɕe:u3
2914	見	見晃	见	than35
2915	炭	炭湯到忒忒	到	thaŋ35 thaŋ44
2916	咧	咧列	裂	thiak11
2917	多	多頭	拉	tho35
2918	哺	哺湳洞哂同	淹没	thum33 tum4
2919	基	基起	挖	tɕi1
2920	提	提氏涕的啼迁	打	ti2
2921	啼	啼地的	嘀[拟声词]	ti2
2922	弟	弟替	（匆）忙	ti2
2923	提	提的	敲	ti2
2924	其	其吉	处	tɕi2

2925	其	其旗旗几支巽舟苋吉否	地方	tɕi^{2}
2926	計	計記	丁（当）	tɕi^{2}
2927	吉	吉曲	吉	tɕi^{2}
2928	其	其苋敵的	那，那里	tɕi^{2}
2929	其	其旗旗苋	其	tɕi^{2}
2930	底	底底髏體地的	底	ti^{3}
2931	已	已己	黄猄	tɕi^{3}
2932	几	几儿己记記記計兕幾起而	几	tɕi^{3}
2933	梯	梯敵	在	ti^{31}
2934	记	记記計區	记	tɕi^{5}
2935	知	知之	技（巧）	tɕi^{5}
2936	寄	寄记去記計諎	寄付，寄养	tɕi^{5}
2937	氣	氣機	气	tɕi^{5}
2938	枝	枝枝技记記支之氣機計	枝，树枝	tɕi^{5}
2939	低	低的哩	他，它	ti^{55}
2940	地	地的提	坟，坟地；急	ti^{6}
2941	忌	忌巳己	忌，忌讳	tɕi^{6}
2942	之	之已只	叽，喳[拟声词]	tɕi^{6}
2943	的	的地堤提啼弟替祇氐之	-匆，-喋[后缀]	ti^{6} ti^{2}
2944	地	地埊玐下他閦吞抵敵迭	（天）地，地上	ti^{6} ti^{31}
2945	埊	埊地垖墊得德特天	地，地方	tiək^{8} tɯək^{8}
2946	添	添殄	收藏	tiəm^{1}
2947	点	点吞添	提（脚）	tiəm^{1}
2948	点	点烸點點	点（火）；清点	tiəm^{3}
2949	劍	劍釰	剑	tɕiəm^{5}
2950	欠	欠見	危险	tɕiəm^{5}
2951	天	天丁	天	tiən^{1}
2952	填	填顛	填	tiən^{2}
2953	添	添奠	添	tiən^{5}
2954	断	断殿登丹	野生	tiən^{6}
2955	庚	庚卷	件	tɕiən^{6}
2956	江	江簡簡	争吵	tɕiəŋ^{1}
2957	亭	亭亭停騰	茅棚	tiəŋ^{2}
2958	琴	琴强強却結	三脚灶	tɕiəŋ^{2}
2959	鏡	鏡今	镜	tɕiəŋ^{5}
2960	帖	帖怗	请帖	tiəp^{7}
2961	踏	踏踏喋媟牒牒潭答帖潆登苛	踩，踏	tiəp^{8}
2962	今	今斥	大的	tɕim^{1}
2963	金	金今	针	tɕim^{1}
2964	添	添迋廷	压	tim^{2}
2965	琴	琴今乾	钳	tɕim^{2}
2966	禁	禁今針	巫婆	tɕim^{5}

2967	夰	夰丁䟒定	（天）边	tin^{1}
2968	肝	肝脚踋踁踉踶䟒碲梃吞恀涏添夰天鄧却定安𫝀丁了丙	脚，脚步	tin^{1}
2969	经	经金	（亲）戚	tɕin^{1}
2970	虰	虰蜓蝏蜓蛴顶廷定吞丁登	黄蜂	tin^{2}
2971	短	短忝動	短	tin^{3}
2972	闪	闪闪门领灵	红	tiŋ^{1}
2973	经	经金	经（书）	tɕiŋ^{1}
2974	丁	丁定廷廷廷庭亭亭	（一）半	tiŋ^{2}
2975	廷	廷廷㢟廷	廷	tiŋ^{2}
2976	仃	仃丁亭地	停	tiŋ^{2}
2977	頂	頂廷	头顶	tiŋ^{3}
2978	迪	迪敵	安静	tiŋ^{31}
2979	听	听得定丁	听	tiŋ^{5}
2980	敬	敬慶竟出	敬	tɕiŋ^{5}
2981	定	定釘丁廷廷廷廷迸	（决）定，主张	tiŋ^{6}
2982	定	定䛍丁	潭，泥坑	tiŋ^{6}
2983	児	児皆禁孑今句金	捡	tɕip^{7}
2984	九	九交	股[量词]	tɕiu^{1}
2985	橋	橋橋缴	桥	tɕi:u^{2}
2986	求	求救从九	求	tɕi:u^{2}
2987	弔	弔韦吊	跳	ti:u^{5}
2988	吊	吊彫	吊	ti:u^{6}
2989	條	條吊	调	ti:u^{6}
2990	撟	撟橋橋喬	抬，抬轿	tɕi:u^{6}
2991	提	提除	请	tɯ^{2}
2992	提	提得的	办；盛；合	tɯ^{2}
2993	挦	挦提捉	接	tɯ^{2}
2994	提	提得德	抬，挑	tɯ^{2}
2995	得	得提特	做，作	tɯ^{2}
2996	持	持特提淂	拉，牵	tɯ^{2}
2997	特	特提持得	犁[动词]	tɯ^{2}
2998	提	提得淂特	承传，继承	tɯ^{2}
2999	㝵	㝵得提弟	看，管，看守	tɯ^{2}
3000	除	除提持特得淂淂德	听，听从，依照	tɯ^{2}
3001	提	提得淂淂㝵特执榐德除	抓，捉	tɯ^{2}
3002	挦	挦淂淂提批持特德得代除恃忒的	拿，拿来	tɯ^{2} thɯ^{35}
3003	得	得提	划（船）；摇；捉；把，把握	tɯ^{2} tɯk^{7}
3004	提	提得淂淂	带，戴	tɯ^{2} tɯk^{7}
3005	得	得淂特提	得，该	tɯ^{2} tɯk^{8}
3006	榐	榐提得條条的狄斗	筷子	tɯ^{6}

3007	硊	硊腿硊对	碗	tɯəi^{4}
3008	提	提淂	斟	tɯk^{7}
3009	的	的特	糟蹋	tɯk^{7}
3010	淂	淂得	说	tɯk^{7}
3011	特	特得	填；推	tɯk^{7}
3012	得	得特	对着	tɯk^{7}
3013	淂	淂的	进（入）	tɯk^{7}
3014	德	德得的	露	tɯk^{7}
3015	特	特的得	骂	tɯk^{7}
3016	持	持淂淂	（相）争	tɯk^{7}
3017	打	打得提	（选）择	tɯk^{7}
3018	得	得特淂	咬	tɯk^{7}
3019	得	得淂特恃	摆，安放	tɯk^{7}
3020	的	的提特得	吵	tɯk^{7}
3021	淂	淂淂得特	吃	tɯk^{7}
3022	捍	捍淂淂得提托打特特他恃漶塗除德動時地土同忒的	打，打猎，攻打，打斗	tɯk^{7}
3023	遈	遈得淂淂恃特德提的	放，放在	tɯk^{7}
3024	得	得托的特	砍	tɯk^{7}
3025	淂	淂得提的	射（击）	tɯk^{7}
3026	德	德得淂的	挖	tɯk^{7}
3027	德	德的得特	赶	tɯk^{7}
3028	特	特得淂淂提	给	tɯk^{7}
3029	得	得淂淂特的	祭，祭供	tɯk^{7}
3030	特	特得淂的恃提	葬	tɯk^{7}
3031	特	特提打托	占，占卜	tɯk^{7}
3032	淂	淂淂特德得的	装	tɯk^{7}
3033	的	的得	属于；（显）现	tɯk^{8}
3034	导	导淂的得	中（意），如（意）	tɯk^{8}
3035	恃	恃得淂	好	tɯk^{8}
3036	淂	淂特得	知（道）	tɯk^{8}
3037	得	得的糈	受（到）	tɯk^{8}
3038	淂	淂淂得徥特的	被	tɯk^{8}
3039	得	得淂导淂的	对的	tɯk^{8}
3040	特	特提德得	感（到），觉得	tɯk^{8}
3041	得	得淂德德漶特提豚的恃托忒	是	tɯk^{8}
3042	踌	踌踌	脚跟	tɯn^{1}
3043	沌	沌沺纯純沺頡頓豚登	沌	tɯn^{2}
3044	渮	渮渮樗苛等托登	排水口	tɯŋ^{3}
3045	樗	樗樗樽持等戥滕桐	拐棍，拐杖	tɯŋ^{4}
3046	登	登頔	琴	tɯŋ^{6}
3047	多	多夛	多	to^{1}

3048	陀	陀度	驮	to^{1}
3049	佐	佐左却	多得	tɕo^{1}
3050	却	却刼覺覺誉脚着坐左阿	多亏，多谢	tɕo^{1}
3051	墮	墮多	到	to^{11}
3052	多	多斗头	附（身）	to^{2}
3053	畓	畓夛多惰	（累）积	to^{2}
3054	畓	畓托途塗	聚	to^{2}
3055	托	托夛	伸	to^{2}
3056	都	都托畓	投宿	to^{2}
3057	陀	陀畓畓畓圖途途塗塗塗托杔託讬甲批拉	（布洛）陀	to^{2}
3058	畓	畓畓面面咼啚塗途托	妖惑	to^{2}
3059	畓	畓畓	攒	to^{2}
3060	托	托途	找	to^{2}
3061	托	托畓奪途	挣	to^{2}
3062	土	土圡山	土	to^{3}
3063	睹	睹多兎土	诱捕	to^{3}
3064	都	都笃托畓同度	东（西）	to^{4}
3065	同	同托度度	向，往	to^{4}
3066	度	度度托託杔隋隋同夜多户	互，互相	to^{4} to^{6}
3067	托	托多夛兎兎兂兎兔兑隋隋隨度度督土	制作，建造	to^{5}
3068	兎	兎兎	（相）交	to^{5}
3069	兔	兔免兎兎兎兎兂兑兎祸多夛隋	马蜂	to^{5}
3070	杔	杔托	说	to^{5}
3071	託	託隋惰	系	to^{5}
3072	度	度托	遍（全）	to^{6}
3073	度	度圡	常（常）	to^{6}
3074	度	度托都	次	to^{6}
3075	杔	杔多	打	to^{6}
3076	托	托得多	而	to^{6}
3077	度	度度託托土用都	够	to^{6}
3078	托	托託对	回（来）	to^{6}
3079	隋	隋隋惰托杔兎免兔度度夛多	(相)接，连接	to^{6}
3080	墣	墣度	口	to^{6}
3081	途	途兎度多托	满	to^{6}
3082	杔	杔托兎兔免兂度土多各都	齐全，全部，整(个)	to^{6}
3083	头	头斗托杔多把	同，和	to^{6}
3084	度	度托	完	to^{6}
3085	头	头斗投托	在	to^{6}
3086	渡	渡度	中	to^{6}
3087	登	登托	众（人）	to^{6}
3088	托	托大	转	to^{6}

3089	多	多度兎托土	足，足够	to⁶
3090	却	却勒	思念	tɕo⁶
3091	度	度度	渡；争（吵）	to⁶ to⁴
3092	堆	堆推隊對	堆	to:i¹
3093	罪	罪近	背篓	tɕo:i¹
3094	追	追推	衣筐	tɕo:i¹
3095	蜼	蜼鮱追罪	芭蕉	tɕo:i³
3096	推	推對退雷	瘫软	to:i⁴
3097	对	对對兊兔退隊脱托	对，对答，对付	to:i⁵
3098	碓	碓对对對對吞	碓，碓子	to:i⁵
3099	退	退对對累还	退，消退	to:i⁵
3100	对	对對条	一双	to:i⁵
3101	退	退对	又	to:i⁵
3102	对	对對對都隊度退独兑	伴，同伴	to:i⁶
3103	篤	篤瀆毒	打	to:k⁷
3104	途	途篤	敲；碰着	to:k⁷
3105	途	途毒	生（根）	to:k⁷
3106	毒	毒讀	天花	to:k⁷
3107	托	托的	崩	tok⁷
3108	托	托扚笃篤瀆渎途途得啚通斗冬	播，撒，播种	tok⁷
3109	冬	冬得通	出，出生	tok⁷
3110	篤	篤啚托	到	tok⁷
3111	瀆	瀆篤笃托毒	滴	tok⁷
3112	篤	篤笃讀瀆渎独独獨托杔墮洛落蔦途通的毒朵啚叭斗冬同	落，掉落，落下	tok⁷
3113	篤	篤毒	接（着）	tok⁷
3114	毒	毒瀆	末（尾）	tok⁷
3115	惰	惰托	生	tok⁷
3116	掺	掺同	捅	tok⁷
3117	却	却穷	裹	tɕo:k⁷
3118	却	却郄脚覚覺窮穷朔昨可	寨子，村寨	tɕo:k⁷
3119	独	独獨獨徊蜀讀瀆瀆毒途虫篤啚	独，独个	to:k⁸
3120	讀	讀读誦	读	to:k⁸
3121	鲊	鲊鮓鲊卧朴扑叶卜鱺鯛瀛濡捉作則穷	青竹（鱼）	tɕok⁸
3122	国	国國国國咟囤	部族；疆域	tɕo:k⁸ tɕo:k⁷
3123	毶	毶吟品琴今	头发	tɕom¹
3124	塘	塘溏動燈	塌	tom⁵
3125	畓	畓貧	陷落	tom⁵
3126	断	断短等	阉	to:n¹
3127	串	串専門円	木片，木条	tɕo:n¹
3128	結	結強	榫头	tɕo:n¹
3129	啫	啫哏群君句简川	话，话语	tɕon²

3130	杔	杔沌	柱墩	ton^{3}
3131	現	現見	凑	tɕo:n^{3}
3132	断	断端川	餐，顿	to:n^{5}
3133	断	断困團	半	to:n^{6}
3134	断	断短	段，截	to:n^{6} to:n^{31}
3135	通	通冬	触动	toŋ^{1}
3136	[木農]	[木農]擃	山林	toŋ^{1}
3137	通	通誦東冬	通	toŋ^{1}
3138	鐘	鐘頌頗頗貢動工却	鼓	tɕo:ŋ^{1}
3139	供	供重	供奉	tɕoŋ^{1}
3140	同	同動多	和，同	toŋ^{2}
3141	桐	桐同橦童	龛	toŋ^{2}
3142	銅	銅同橦	铜	toŋ^{2}
3143	同	同通洞	一起，一同	toŋ^{2}
3144	同	同肚	作	toŋ^{2}
3145	穷	穷窮忠谁却郄從中	桌子	tɕo:ŋ^{2} tɕon^{2}
3146	同	同通托度啚對對	相（接）	toŋ^{2} to:ŋ^{35}
3147	桶	桶埇通筒動桐捅	桶	toŋ^{3}
3148	噇	噇憧童[口甬]通同動	打招呼	to:ŋ^{4}
3149	董	董多當	互相	to:ŋ^{44}
3150	等	等凍	面（前）	toŋ^{5}
3151	抻	抻盅忠中攬拱供穹宗哀害	篮子，竹篮	tɕo:ŋ^{5}
3152	群	群羣啹君綂総衆衆冲中穷却供	众（人），群	tɕoŋ^{5}
3153	肚	肚董洞	肚子	to:ŋ^{55}
3154	同	同通	杆	to:ŋ^{6}
3155	桐	桐同橦噇憧潼柬東東徒瀆肚塘通	木桩，柱子	to:ŋ^{6}
3156	垌	垌桐洞淌崗同凍埬東動通断甫用	田峒	toŋ^{6}
3157	憧	憧童	铜钱	toŋ^{6}
3158	凍	凍東	捅	toŋ^{6}
3159	托	托答夛	拍	to:p^{7}
3160	笈	笈笄[艹急]急急却執独足句竹琴脚	斗笠	tɕop^{7}
3161	及	及急	叠	tɕop^{8}
3162	啄	啄吒托託毒挩惰脱夛多兊	叮，叮啄	to:t^{7}
3163	脱	脱托短	脱	to:t^{7}
3164	洁	洁洁朴	冷	tɕot^{7}
3165	男	男才	男	tsa:i^{2}
3166	尽	尽真	消尽	tsan^{6}
3167	都	都土冬	都	tu^{1}
3168	门	门門肚肚度度[土兜][土兜]吐土圡上都工	门，门口	tu^{1}
3169	度	度都[土兜][土兜]肚杜吐土圡士工免讀	（我）们	tu^{1}

3170	徒	徒獨途塗度畓畓啚啚畣畣托獨独篤筸肚肚肚圡督督殅虫讀頭莫貧兎門杔个十的不头	头，匹，条，只[动物的量词]；个[用于人]	tu^2 $tuə^2$
3171	竹	竹有	葫芦	$tɕu^4$
3172	兔	兔白兎	兔子	tu^5
3173	门	门刀冇肙猪	白，空的	$tɕu^5$
3174	豆	豆土徒筸讀斗	豆	tu^6
3175	都	都土	逗留	tu^6
3176	独	独櫝讀瀆土畓都毒	栖息	tu^6
3177	渡	渡独讀	站	tu^6
3178	漼	漼雖潅崔諎謟瑞犁累皆才水	犁	$tɕuəi^1$
3179	瑞	瑞碗谁誰准魋同对	碗	$tuəi^4$
3180	却	却穷国	打滚	$tɕuək^7$
3181	登	登吞	跌（倒）	$tuəm^3$
3182	君	君群鈞	都	$tɕuən^3$
3183	緞	緞緞短團断	绸缎	$tuən^6$
3184	断	断同	断；公断	$tuən^6$
3185	團	團困	团	$tuən^6$
3186	土	土獨	朵	$tuəp^7$
3187	包	包讀瀆篤	包[动词]	tuk^7
3188	篤	篤通動轟	竹，竹篾	tuk^7
3189	脚	脚却	石臼	$tɕuk^7$
3190	窮	窮竆铜銅蛔	彩虹	tum^2
3191	潭	潭洞畓通同答	湿的	tum^2
3192	畓	畓通	炖	tum^5
3193	蕚	蕚同畓	草莓	tum^6
3194	湶	湶琴	然，…的样子	$tɕum^6$
3195	穷	穷却	孵蛋	$tɕuŋ^1$
3196	竆	竆窮	碰	$tɕuŋ^3$
3197	肚	肚肚腫膧曈憧動痛吐呿同度洞胡	肚子	$tuŋ^4$
3198	通	通東	通	$tuŋ^6$
3199	畕	畕督	捶打	tup^8
3200	呃	呃吾五烏	养，赡养	u^1
3201	武	武五	武	u^3
3202	污	污务務恶哑吾祸	污，玷污，污染	u^5
3203	呼	呼乎	呼呀	u^5
3204	纫	纫幻幼纷纫紉紡纫欲欿烏屋在初	在	u^5
3205	幼	幼纫纫幻紉纷紡欲欿座朔屋	住，居住	u^5
3206	勿	勿孛孛唤喚患	抹	$uət^7$ $ʔvuət^7$
3207	脳	脳屋六	脑髓	uk^7
3208	們	們哄用翁温	抱	um^3
3209	瘟	瘟温	贪图	un^1

3210	恒	恒恨	过去	un^3
3211	温	温温漫愠恒恨根恩恳恩恩卬仰慽衡户	那（边、个）	un^3
3212	温	温瘟瘟	软	un^6
3213	擁	擁翁翁宂	壅埋	$uŋ^1$
3214	物	物翁吾五	卷，弯	ut^7
3215	花	花茾華華画西化百	花	va^1
3216	花	花法	花样	va^1
3217	花	花化	双胞	va^1
3218	花	花化華法	主家	va^1
3219	化	化花下華	抓	va^2
3220	娃	娃化	憨	va^{33}
3221	吪	吪呩哶哶吪碊砙矾垸兂兂听嘩	笨，蠢	va^4
3222	化	化花擴文	裤子	va^5
3223	话	话話華化画	话；说	va^6
3224	外	外怀懐懷儂花	水坝	$va:i^1$
3225	怌	怌怌	藤	$va:i^1$
3226	委	委為為位尾輝花惟	姓氏	vai^1
3227	悔	悔尾	事	vai^1
3228	誨	誨爲	仪规	vai^1
3229	犷	犷懐犷犷獩獩獩獩怌怀懷懐懐懐懐懐懐儂憓怌懐懐愢壞壞槐杯抔外牛	牛	$va:i^2$
3230	位	位違惟爲	生殖器	vai^2
3231	仆	仆化為过	过[动词]	$va:i^3$
3232	往	往為	划	$va:i^3$
3233	壞	壞壊壊懷懐外外怌怀位	坏的	$va:i^6$
3234	外	外决快	快	$va:i^6$
3235	爲	爲為	慢慢	vai^6
3236	微	微徵	微	vai^6
3237	輝	輝尾	鱼腥	vai^6
3238	往	往汪懷勿	柏树	$va:k^7$
3239	棫	棫域或或荒	桦树	$va:k^7$
3240	勿	勿怌	杉树	$va:k^7$
3241	或	或或	一（时）	$va:k^7$
3242	往	往尾	（豆）荚	vak^7
3243	鐶	鐶環萬萬湾晩晚吕万还挟	斧头	$va:n^1$
3244	换	换萬	赶	$va:n^1$
3245	湾	湾萬患换翙还晚碗	甜	$va:n^1$
3246	文	文為粉叉问問	种子	van^1
3247	还	还萬	报答	$va:n^2$
3248	还	还遈還還逻不文	还，还愿	$va:n^2$
3249	晚	晚晩湾還	榕树	$va:n^3$
3250	汶	汶没	摆设	van^3

3251	横	横温唤嗔	扎，捆扎	van^{3}
3252	文	文汶姝	捏	van^{3}
3253	碗	碗碗宛湾换	碗	va:n^{3} ʔva:n^{3}
3254	耳	耳睆	鲩（鱼）	va:n^{4}
3255	温	温宛	今天	van^{44}
3256	温	温漫宛宛日	天，日子	van^{44}
3257	萬	萬外枉晚	撒	va:n^{5}
3258	王	王黄	摆	va:ŋ^{1}
3259	徃	徃黄	侧（面）	va:ŋ^{1}
3260	横	横徃往狂狂眊眊旺王望汶	横，横着	va:ŋ^{1}
3261	徃	徃往	迈（步）	va:ŋ^{1}
3262	横	横徃	绕	va:ŋ^{1}
3263	徃	徃望	移（动）	va:ŋ^{1}
3264	荒	荒枉横潢徃萬旺	稗草	vaŋ^{1}
3265	泓	泓滉潢汶茫萬荒横擴狂狂旺望徃弘閔文亡父	河潭，水潭	vaŋ^{2}
3266	汶	汶汪	空白	va:ŋ^{5}
3267	泓	泓侫徃眊旺望	岸，岸边	vaŋ^{5}
3268	方	方徃	田埂	vaŋ^{5}
3269	皇	皇徃	鸟套	va:ŋ^{6}
3270	網	網旺狂浪	网套	va:ŋ^{6}
3271	或	或或性	划	va:t^{8}
3272	勿	勿化	挥	va:t^{8}
3273	愠	愠温	绑着	vat^{8}
3274	蟧	蟧磅蟢勞	蝙蝠	va:u^{2}
3275	画	画悔咼	画	ve^{6}
3276	还	还问問文	吊，挂	ve:n^{1}
3277	䴅	䴅還還还鴻頑元	百灵（鸟）	ve:n^{2}
3278	丢	丢元	丢	ve:ŋ^{31}
3279	限	限兒	级	ve:ŋ^{6}
3280	位	位為	（难）为	vi^{1}
3281	韋	韋回回囘為	（姓）韦	vi^{2}
3282	渭	渭为	长	vi^{2}
3283	渭	渭威为徃尾韋	沟，河沟，沟渠	vi^{3}
3284	诅	诅勿	溪	vi^{3}
3285	于	于與	梳	vi^{35}
3286	为	为渭亦亏	指	vi^{4}
3287	敏	敏為	簸米	vi^{5}
3288	惟	惟違欺位惠為	负心，亏待	vi^{5}
3289	墇	墇韋	块	vi^{5}
3290	爲	爲為為為謂位	为，为此	vi^{6}
3291	未	未为爲为為為位係惟喟渭	未，未曾	vi^{6}

3292	位	位危為	位	vi^{6}
3293	裙	裙啹祠	裙子	vin^{3}
3294	吝	吝文	吝[人名]	$viŋ^{4}$
3295	罔	罔罔罔	童冈	$viŋ^{4}$
3296	混	混温问間门	混（沌）	$vɯn^{6}$　vun^{1}
3297	亡	亡王	亡故	$vo:ŋ^{2}$
3298	汪	汪望徃	旁边	$vo:ŋ^{5}$
3299	祸	祸涡弱貨科	破	$vuə^{5}$
3300	欢	欢歡歡欵歓歡文寛	欢	$vuən^{1}$
3301	换	换完免喚	换	$vuən^{6}$
3302	方	方匀	（四）方	$vuəŋ^{1}$
3303	茫	茫茫	慌	$vuəŋ^{1}$
3304	旺	旺旺	兴旺	$vuəŋ^{1}$
3305	黄	黄王皇	黄（猄）	$vuəŋ^{2}$
3306	王	王皇正丐黄	王，皇帝，首领	$vuəŋ^{2}$
3307	望	望徃	小米	$vuəŋ^{3}$
3308	文	文晚	铲	$vuət^{7}$
3309	活	活洛物非寛	（快）活	$vuət^{7}$
3310	唤	唤唤完	砍	$vuət^{7}$
3311	壘	壘地	畬地	zai^{31}
3312	勒	勒勒勒	（怎）么，怎样	$zaɯ^{44}$
3313	勒	勒勒勒勒叹	哪（个、里）	$zaɯ^{44}$
3314	朗	朗賴	什么	$zaŋ^{35}$
3315	房	房泠	房子	$zɯn^{44}$
3316	家	家忍房	家	$zɯn^{44}$
3317	吙	吙六祖初魯尔	懂，会	zu^{55}
3318	六	六龍	供品，祭品	zum^{31}
3319	夭	夭妖要	谷仓	$ʔi:u^{3}$
3320	仰	仰葉	恶	$ʔja:k^{7}$
3321	也	也向仰右央	想，要	$ʔjak^{7}$
3322	釰	釰養养鄉養向央	大刀	$ʔja:ŋ^{3}$
3323	欲	欲矣若以色	看，瞧	$ʔjɯ^{3}$
3324	若	若着	扶助	$ʔjo^{1}$
3325	住	住係酉欲浴肉内	住，居住	$ʔju^{5}$
3326	欸	欸欲	如（此）	$ʔju^{5}$
3327	係	係住欲西酉肉	在	$ʔju^{5}$
3328	冤	冤寃	冤	$ʔjuən^{1}$
3329	怨	怨元	怨	$ʔjuən^{5}$
3330	茫	茫芒	背	$ʔma^{5}$
3331	佞	佞佞倫你寕令𠆣另吝灵	小的，（一）些	$ʔniŋ^{5}$
3332	濃	濃濃	敲打	$ʔno:k^{7}$
3333	與	與義蚁厄印因	点，一点点	$ʔn̥it^{7}$

3334	哑	哑啞凹沙沙	呱呱，（咿）呀	ʔŋa¹
3335	化	化華馬画	笨，蠢	ʔva³
3336	汪	汪汶徃	慌	ʔvaŋ¹
3337	沙	沙少	螟（虫）	θa¹
3338	沙	沙褎	杉（树）	θa¹
3339	𥿡	𥿡沙沙所	纸，纸钱	θa¹
3340	沙	沙差	烤	θa²
3341	查	查沙沙嗄	竹排	θa²
3342	恓	恓晒洒才賽	带子	θa:i¹
3343	雖	雖雖	喉管	θa:i¹
3344	腮	腮晒晒晒恓洒賽才	男人	θa:i¹
3345	誰	誰些雖	管	θai¹
3346	师	师師洗字	师，师傅	θai¹
3347	雖	雖相歳色些	肠	θai³
3348	些	些歳歳同雖字	官，土官	θai⁵
3349	事	事些慈兹雖虽辞生能	事，古事	θai⁶
3350	色	色色鮮	色	θak⁷
3351	色	色色龟	（一）些	θak⁷
3352	測	測則雖些色	清，清澈	θaɯ¹
3353	孫	孫生	所有	θam⁵
3354	散	散增三山	编织	θa:n¹
3355	散	散散山三	（稻）米	θa:n¹
3356	辛	辛平	申	θan¹
3357	孫	孫遜生	根	θan³
3358	新	新辛	训	θan³
3359	遜	遜恨	抖	θan⁵
3360	桑	桑槡丧丧丧喪降	高，高处	θa:ŋ¹
3361	繒	繒遜色桑	网，鱼罾	θaŋ¹
3362	葬	葬葬	葬	θa:ŋ⁵
3363	丧	丧喪	沙	θa:ŋ⁶
3364	葬	葬葬	跳	θa:t⁷
3365	傘	傘喪丧	席子	θa:t⁷
3366	三	三散	一阵	θa:t⁷
3367	掃	掃椃叟归	姑娘	θa:u¹
3368	叟	叟叟	家	θau¹
3369	叟	叟叟髮搜搜宿受琉	柱子	θau¹
3370	萧	萧蕭掃扫归啃	竹竿	θa:u⁴
3371	世	世生細	世	θe⁵
3372	生	生各	（出）生	θe:ŋ¹
3373	生	生些	牲	θe:ŋ¹
3374	穴	穴情	行侠（事）	θe:t⁸
3375	笑	笑省萧赀	干净	θe:u⁵

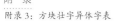

3376	細	細晒洗	丝	θi^{1}
3377	厄	厄厄	纸	θi^{1}
3378	昔	昔習	事	θi^{2}
3379	寚	寚寍	形容词后缀，-凄	θi^{5}
3380	四	四肆罒西	四	θi^{5}
3381	仙	仙鲜先洗	仙，仙界，仙人	θiən^{1}
3382	箱	箱松	箱子	θiəŋ^{1}
3383	想	想相	想	θiəŋ^{5}
3384	審	審須	审	θim^{3}
3385	星	星生正與	抢，争抢	θiŋ^{1}
3386	姓	姓性性	姓，姓名	θiŋ^{5}
3387	收	收消修	收	θiu^{1}
3388	小	小消蕭	少	θi:u^{3}
3389	字	字宇書死子志司	书，文字	θɯ^{1}
3390	诉	诉訴字次	红薯	θɯ^{2}
3391	辞	辞笫事	首	θɯ^{2}
3392	字	字死耳則	屋檐	θɯ^{3}
3393	色	色雖誰錐	枕	θɯəi^{2}
3394	呰	呰色誰雖歲	左边	θɯəi^{4}
3395	洗	洗洗先些呰谁誰恓心四	洗	θɯəi^{5}
3396	先	先省園	菜园，园子	θɯən^{1}
3397	素	素先洗	粳	θɯən^{1}
3398	所	所双	管	θo^{1}
3399	鎖	鎖鎻	锁	θo^{1}
3400	所	所蘇敘	起（名字）	θo^{5}
3401	蘇	蘇敘所数訴	疏理	θo^{5}
3402	数	数所敘左	数	θo^{5}
3403	索	索所	索	θo^{6}
3404	嗦	嗦索削所着作	直，正直	θo^{6}
3405	雖	雖巽所	耳环	θo:i^{3}
3406	嗦	嗦松	渡口	θo:k^{7}
3407	尖	尖松心孫	尖	θom^{1}
3408	拏	拏松嗦	庹	θom^{1}
3409	孫	孫係巽巽蘇鲜所算	教，指教	θo:n^{1}
3410	双	双松松扲所艹两	两，双	θo:ŋ^{1}
3411	松	松翁送	站	θoŋ^{2}
3412	送	送松孫	送	θoŋ^{5}
3413	数	数蘇蘇蘇蘇索索索素敘羔兰訴双敂	你们	θu^{1}
3414	蘇	蘇蘇蘇素索羔米户乎所	主，主人，主家	θu^{3}
3415	诉	诉訢訴	唤	θu^{5}
3416	松	松色宿	包	θuək^{7}
3417	松	松先	河沟	θuəŋ^{1}

3418	送	送远松	移（脚）	θuk^{7}
3419	戌	戌戍	戌	θut^{7}
3420	鎖	鎖鎖沙	锯	θva^{5}
3421	刷	刷下	洗	θva^{6}
3422	册	册哉褰	扒	θva:i^{5}
3423	算	算筭筭巽林巽	算，计算，打算	θva:n^{5}
3424	须	须須西洗虽色	讲，说，告诉	θvi^{1}

附录 4：方块壮字笔画顺序表 

说明：每个字后附笔画顺序代码。一（横）、丨（竖）、丿（撇）、丶（点）、乛（折）分别用 1、2、3、4、5 代表。

一画

一(1) 丨(2) 丿(3) 丶(4) ㇗(5) 乙(5)

二画

二(11) 丁(12) 十(12) 七(15) 丄(21) 卜(24) 冂(25) 冂(25) 八(34) 人(34) 入(34) ×(34) 儿(35) 几(35) 刀(35) 九(35) 亠(41) 刁(51) 了(52) 卩(52) 刀(53) 力(53) 乃(53) △(54) 又(54) 刁(54) 乡(54) 乜(55)

三画

三(111) 干(112) 于(112) 亏(115) 工(121) 土(121) 士(121) 卞(121) 卝(122) 才(123) 下(124) 寸(124) 艹(125) 亣(132) 大(134) 丈(134) 互(151) 万(153) 上(211) 小(234) 口(251) 山(252) 巾(252) 千(312) 乞(315) 乞(315) 乇(315) 川(322) 亢(335) 个(342) 入(344) 丹(351) 丏(353) 孓(353) 久(354) 么(354) 勺(354) 凡(354) 及(354) 尒(354) 乞(355) 勺(355) 亡(415) 门(425) 义(434) 卞(452) 之(454) 己(515) 已(515) 巳(515) 巳(515) 弓(515) 子(521) 孑(521) 礻(524) 了(524) 了(524) 也(525) 女(531) 乃(534) 以(534) 孓(534) 办(534) 办(534) 从(534) 久(534) 夭(534) 夭(534) 刃(534) 叉(544) 叉(544) 马(551) 母(551) 毌(551) 乡(553) 史(554)

四画

王(1121) 丐(1125) 开(1132) 井(1132) 天(1134) 夫(1134) 元(1135) 无(1135) 云(1154) 专(1154) 卡(1211) 玄(1214) 丐(1215) 考(1215) 圪(1215) 扎(1215) 卝(1221) 廿(1221) 木(1234) 才(1234) 五(1251) 权(1254) 支(1254) 卅(1322) 不(1324) 有(1325) 犬(1344) 太(1344) 丈(1344) 丈(1344) 丈(1344) 丈(1344) 历(1353) 龙(1353) 歹(1354) 歹(1354) 无(1354) 厷(1354) 友(1354) 厄(1355) 巨(1515) 己(1515) 牙(1523) 屯(1525) 戈(1534) 比(1535) 切(1553) 瓦(1554) 止(2121) 卡(2124) 少(2343) 曰(2511) 日(2511) 且(2511) 中(2512) 皿(2521) 岂(2525) 冈(2534) 冈(2534) 内(2534) 水(2534) 见(2535) 午(3112) 牛(3112) 手(3112) 气(3115) 毛(3115) 壬(3121) 升(3132) 夭(3134) 长(3154) 仁(3211) 什(3212) 仃(3212) 片(3215) 仆(3224) 化(3235) 仇(3235) 仍(3253) 仅(3254) 乇(3255) 斤(3312) 丸(3354) 爪(3354) 反(3354) 介(3432) 人(3433) 父(3434) 从(3434) 爻(3434) 今(3445) 分(3453) 劝(3453) 公(3454) 月(3511) 氏(3515) 丹(3531) 匆(3533) 豸(3534) 豸(3534) 豸(3534) 九(3534) 欠(3534) 风(3534) 氏(3534) 殳(3534) 殳(3534) 丹(3541) 印(3552) 勾(3554) 勾(3554) 氿(4115) 六(4134) 文(4134) 认(4134) 亢(4135) 方(4153) 沩(4153) 闩(4251) 闩(4254) 闩(4255) 火(4334) 为(4351) 为(4354) 门(4425) 斗(4452) 订(4512) 户(4513) 礼(4525) 必(4534) 心(4544) 月(5113) 尺(5134) 尼(5135) 引(5152) 弔(5152) 弔(5152) 丑(5211) 巴(5215) 孔(5215) 不(5234) 收(5254) 外(5324)

孑(5324) 办(5344) 为(5344) 刅(5353) 以(5434) 卬(5452) 劝(5453) 双(5454) 幻(5545) 㓜(5553)

五画

牙(11123) 弎(11154) 弍(11154) 玉(11214) 刊(11222) 未(11234) 末(11234) 示(11234) 𠀉(11252) 𠀉(11252)
夭(11344) 打(12112) 巧(12115) 圬(12115) 正(12121) 圤(12124) 扑(12124) 扒(12134) 㓛(12135) 圠(12135)
扎(12135) 丐(12151) 卭(12152) 邛(12152) 功(12153) 扐(12153) 去(12154) 甘(12211) 世(12215) 艾(12234)
艽(12234) 艾(12234) 古(12251) 艾(12254) 本(12341) 札(12345) 可(12512) 丙(12534) 丙(12554) 丙(12554)
左(13121) 丕(13241) 石(13251) 有(13251) 右(13251) 布(13252) 有(13254) 夲(13412) 夰(13452) 龙(13511)
龙(13511) 厄(13515) 戊(13534) 龙(13534) 瓦(13544) 龙(13544) 龙(13544) 龙(13551) 平(14312) 与(15122)
牙(15123) 互(15541) 卡(21124) 北(21135) 北(21135) 卡(21244) 占(21251) 凸(21251) 旧(22511) 四(22521)
帅(23252) 少(23434) 归(23511) 旦(25111) 目(25111) 且(25111) 叶(25112) 甲(25112) 申(25112) 叮(25112)
号(25115) 田(25121) 由(25121) 卟(25124) 只(25134) 叭(25134) 叺(25134) 叺(25134) 因(25134) 央(25134)
叱(25135) 兄(25135) 吃(25135) 叫(25152) 叩(25152) 叩(25152) 叨(25153) 叻(25153) 叻(25153) 另(25153)
叹(25154) 皿(25211) 冉(25211) 罒(25221) 同(25251) 凹(25251) 囚(25341) 囚(25341) 四(25351) 肉(25354)
肉(25354) 回(25515) 生(31121) 矢(31134) 失(31134) 利(31222) 禾(31234) 升(31324) 夭(31344) 发(31354)
仨(32111) 丘(32121) 付(32124) 伏(32134) 仗(32134) 代(32154) 仙(32252) 仟(32312) 仪(32344) 仉(32354)
仇(32354) 仇(32354) 们(32425) 仪(32434) 白(32511) 仔(32521) 他(32525) 内(32534) 佞(32554) 斥(33124)
斥(33124) 爪(33243) 瓜(33534) 丹(33541) 瓜(33544) 兮(34115) 合(34251) 乎(34312) 从(34341) 令(34414)
爻(34434) 介(34452) 令(34452) 介(34452) 令(34454) 今(34524) 用(35112) 乞(35135) 印(35152) 凤(35153)
氏(35154) 尔(35234) 乐(35234) 召(35251) 句(35251) 系(35324) 册(35351) 卯(35352) 犯(35355) 犯(35355)
歹(35412) 外(35424) 冬(35444) 卬(35452) 夗(35452) 邛(35452) 外(35452) 外(35452) 务(35453) 凤(35454)
迅(35454) 包(35515) 色(35515) 色(35515) 同(35515) 主(41121) 亡(41252) 市(41252) 収(41254) 立(41431)
玄(41554) 闩(42512) 氷(42534) 闩(42554) 兰(43111) 半(43112) 丹(43351) 斗(44123) 卜(44124) 头(44134)
沩(44153) 汯(44154) 汉(44154) 仆(44224) 闩(44251) 忉(44252) 忉(44253) 仍(44253) 忉(44254) 宁(44512)
穴(44534) 它(44535) 宂(44535) 礼(45245) 忣(45254) 讬(45315) 讯(45354) 必(45434) 记(45515) 永(45534)
司(51251) 尼(51335) 民(51515) 民(51515) 弗(51532) 艮(51534) 弘(51554) 孔(52153) 孙(52153) 出(52252)
阳(52533) 只(53134) 奶(53134) 奶(53153) 奴(53154) 她(53155) 加(53251) 召(53251) 吊(53252) 皮(53254)
册(53351) 边(53454) 孕(53521) 发(53544) 圣(54121) 对(54124) 台(54251) 忌(54544) 纫(55353) 幼(55353)
母(55414) 幻(55453) 幼(55453)

六画

弎(111154) 匡(111215) 耒(111234) 邦(111352) 邦(111352) 牙(112123) 弄(112132) 秀(112135) 式(112154) 刑(113222) 夸(113412)
丕(113421) 无(113511) 弘(115542) 圩(121112) 圭(121121) 扛(121121) 寺(121124) 吉(121251) 扣(121251) 扯(121252) 考(121315)
托(121315) 扢(121315) 老(121335) 扴(121342) 巩(121354) 执(121354) 执(121354) 扫(121511) 把(121515) 地(121525) 走(121525)
邦(121552) 耳(122111) 芊(122112) 芎(122125) 共(122134) 芋(122152) 芥(122234) 芎(122351) 芒(122415) 亚(122431) 苍(122525)
朽(123415) 朴(123424) 机(123434) 仍(123453) 还(124454) 过(124454) 甫(125112) 臣(125125) 吏(125134) 再(125211) 丙(125214)
两(125252) 西(125351) 处(125435) 戌(131534) 在(132121) 交(132434) 百(132511) 有(132511) 存(132521) 而(132522) 而(132522)

匠(133125) 夸(134115) 奎(134121) 否(134251) 灰(134334) 灰(134334) 达(134454) 成(134534) 尨(135111) 龙(135114) 尨(135115)
龙(135333) 龙(135333) 列(135422) 死(135435) 殁(135454) 龙(135514) 成(135534) 成(135534) 困(151234) 夷(151534) 邪(152352)
虎(153235) 至(154121) 赤(211234) 达(211454) 妻(211531) 些(212111) 卡(212124) 此(212135) 旧(225111) 师(231252) 尖(234134)
光(243135) 当(243511) 早(251112) 吐(251121) 刞(251122) 财(251123) 吓(251124) 时(251124) 闸(251132) 皃(251135) 助(251153)
但(251154) 甲(251211) 虫(251214) 曲(251221) 央(251234) 吅(251251) 吕(251251) 同(251251) 吅(251252) 吓(251252) 吊(251252)
吒(251315) 吃(251315) 叽(251335) 因(251341) 吟(251342) 兄(251351) 吆(251354) 吠(251354) 吼(251354) 吸(251354) 吃(251355)
吂(251415) 旦(251434) 叹(251434) 吆(251454) 吧(251515) 吧(251515) 咄(251525) 足(251534) 吆(251554) 出(252252) 回(252511)
岠(252515) 则(253422) 刚(253422) 肉(253434) 夾(253434) 夾(253434) 年(311212) 朱(311234) 廷(311254) 廷(311254) 邦(311352)
先(312135) 廷(312154) 丢(312154) 竹(312312) 迄(315454) 伕(321134) 伝(321154) 传(321154) 乒(321213) 休(321234) 伍(321251)
伏(321344) 伏(321344) 伐(321534) 佉(321534) 延(321554) 卅(322111) 仲(322512) 件(323112) 任(323121) 伤(323153) 份(323453)
仴(323511) 低(323515) 佹(323544) 仰(323552) 仰(323552) 仪(324134) 仿(324153) 伯(324251) 伙(324334) 们(324425) 伈(324544)
自(325111) 兊(325135) 兑(325135) 免(325135) 兕(325135) 侣(325152) 伲(325215) 侃(325215) 血(325221) 向(325251) 囟(325341)
似(325434) 斥(331211) 后(331251) 行(332112) 辰(333534) 舟(335414) 全(341121) 会(341154) 杀(341234) 合(341251) 兆(341534)
爷(343452) 会(344154) 兇(345235) 兇(345235) 兊(345435) 肋(351153) 凤(351154) 朵(351234) 危(351355) 旬(352511) 犴(353112)
犷(353342) 犯(353515) 犯(353515) 犽(353521) 狄(353534) 肝(354112) 名(354251) 名(354251) 各(354251) 多(354354) 処(354354)
争(355112) 色(355215) 壮(412121) 冲(412512) 页(412534) 庄(413121) 沃(413134) 亦(413234) 広(413354) 刘(413422) 齐(413432)
交(413434) 齐(413435) 卤(413452) 汵(413454) 衣(413534) 次(413534) 汶(414134) 产(414313) 灾(414334) 决(415134) 亥(415334)
妄(415531) 闫(425111) 闭(425123) 问(425251) 羊(431112) 并(431125) 并(431132) 关(431134) 并(431135) 关(431154) 米(431234)
并(431351) 灯(433412) 夵(433412) 州(434242) 為(435551) 汗(441112) 污(441115) 江(441121) 汏(441134) 汇(441415) 氾(441515)
氾(441515) 池(441525) 汝(441531) 汤(441533) 忙(442415) 闩(442512) 宇(445112) 生(445211) 守(445124) 宜(445254) 宅(445315)
玄(445354) 穹(445515) 字(445521) 安(445531) 讲(451132) 礼(452345) 补(452424) 礼(452445) 初(452453) 军(453112) 军(453112)
许(453112) 论(453435) 农(453534) 议(454134) 讯(455211) 也(455215) 寻(511124) 那(511352) 刍(511354) 灵(511434) 妥(511531)
艮(511534) 丞(512154) 启(513251) 肩(513251) 尽(513444) 民(515154) 孖(521251) 冃(521325) 阮(521355) 阤(521535) 忣(521545)
阳(522511) 收(523134) 阴(523511) 物(523533) 防(524153) 奸(531124) 朵(531234) 杂(531234) 如(531251) 妃(531515) 好(531521)
肥(535215) 关(541134) 羽(541541) 观(542535) △父(543434) 欢(543534) 红(551121) 枀(551234) 约(551354) 𢼌(553434)
纷(553453) 巡(555454)

七画

国(1112145) 邪(1112352) 寿(1113124) 弄(1121132) 美(1121134) 弄(1121135) 弄(1121135) 青(1121251) 玖(1121354)
玘(1121515) 玘(1121515) 玘(1121515) 玞(1121534) 玞(1121534) 形(1132333) 戒(1132534) 夼(1134124) 歪(1134211)
吞(1134251) 远(1135454) 扶(1211134) 馬(1211251) 馬(1211251) 技(1211254) 垢(1211355) 扼(1211355) 找(1211534)
坒(1211535) 批(1211535) 走(1212134) 抄(1212343) 抻(1212512) 贡(1212534) 托(1213115) 攻(1213134) 赤(1213234)
扻(1213235) 折(1213312) 扳(1213354) 拎(1213445) 坋(1213453) 扮(1213453) 扲(1213454) 孝(1213521) 扬(1213533)
坎(1213534) 均(1213541) 抑(1213552) 投(1213554) 坑(1214134) 坟(1214134) 抆(1214134) 抗(1214135) 扐(1214153)
抖(1214412) 护(1214513) 壳(1214535) 志(1214544) 扭(1215211) 声(1215213) 把(1215215) 丐(1215251) 报(1215254)
扡(1215324) 却(1215452) 郄(1215452) 劫(1215453) 苧(1221124) 苧(1221124) 芚(1221135) 助(1221153) 助(1221153)

叱(1221155) 茉(1221234) 芽(1221523) 芘(1221535) 花(1223235) 芠(1223434) 芬(1223453) 芛(1223514) 芴(1223533)
芶(1223554) 芳(1224153) 乎(1224352) 劳(1224553) 直(1225115) 克(1225135) 苏(1225344) 杆(1234112) 杜(1234121)
材(1234123) 村(1234124) 奔(1234132) 机(1234135) 杇(1234152) 杏(1234251) 杣(1234252) 杔(1234315) 杚(1234315)
巫(1234341) 松(1234354) 杞(1234515) 朽(1234515) 李(1234521) 枚(1234531) 求(1241344) 丁立(1241431) 忑(1244544)
車(1251112) 東(1251123) 甫(1251124) 匣(1251125) 更(1251134) 戓(1251154) 亜(1251221) 東(1251234) 吾(1251251)
豆(1251431) 两(1253434) 西(1253452) 酉(1253511) 辰(1311534) 奀(1324134) 否(1324251) 还(1324454) 矶(1325135)
夾(1343434) 龙(1351111) 龙(1351113) 龙(1351113) 龙(1351114) 辰(1351534) 列(1354221) 歹巾(1354252) 来(1431234)
事(1435112) 忒(1454454) 亘(1511155) 亘(1511511) 辰(1513234) 亘(1515111) 迓(1523454) 吉(2112511) 肯(2112511)
忐(2114544) 步(2121233) 肯(2121251) 児(2251135) 尖(2344334) 肖(2432511) 旱(2511112) 旺(2511121) 呈(2511121)
时(2511124) 早(2511124) 貝(2511134) 具(2511134) 呒(2511135) 見(2511135) 助(2511153) 助(2511153) 昙(2511154)
县(2511154) 里(2511211) 国(2511211) 吐(2511214) 国(2511214) 呆(2511234) 吾(2511251) 昌(2511251) 吃(2511315)
吓(2511324) 园(2511351) 鬼(2511354) 旿(2511355) 昀(2511355) 退(2511454) 呀(2511523) 吡(2511535) 呃(2511554)
足(2512134) 男(2512153) 困(2512341) 呻(2512512) 串(2512512) 品(2512521) 吗(2512541) 吘(2513112) 吒(2513115)
吐(2513121) 吽(2513132) 吪(2513235) 吕(2513251) 叹(2513254) 听(2513312) 呱(2513354) 吼(2513354) 吟(2513445)
吩(2513453) 吆(2513454) 吹(2513534) 吖(2514134) 吭(2514135) 叫(2514412) 卧(2515124) 吴(2515134) 吜(2515211)
吧(2515215) 吼(2515215) 囤(2515251) 别(2515322) 囬(2522111) 岑(2523445) 岜(2525215) 凹(2525251) 财(2534123)
贝(2534134) 类(2534134) 肉(2534354) 隼(3111112) 迁(3112454) 迁(3112454) 牧(3121134) 告(3121251) 牤(3121415)
迁(3121454) 我(3121534) 乱(3122515) 利(3123422) 秃(3123435) 秀(3123453) 乞(3144154) 每(3155414) 仮(3211354)
兵(3212134) 仰(3212152) 体(3212341) 何(3212512) 佐(3213121) 佑(3213251) 佈(3213252) 伻(3214312) 估(3221251)
但(3225111) 伸(3225112) 伸(3225112) 佃(3225121) 佪(3225511) 住(3231121) 作(3231211) 伉(3231235) 伍(3232121)
伯(3232511) 侄(3234121) 伶(3234454) 佩(3235112) 仰(3235152) 仰(3235152) 低(3235154) 你(3235234) 仰(3235452)
仰(3235452) 仰(3235452) 住(3241121) 位(3241431) 伴(3243112) 身(3251113) 迫(3251154) 虽(3251214) 兒(3251354)
兎(3251354) 兎(3251354) 佛(3251532) 迺(3255454) 近(3312454) 行(3321124) 舟(3354145) 返(3354454) 佘(3411234)
余(3411234) 侖(3412534) 再(3432521) 坐(3434121) 谷(3434251) 妥(3443531) 含(3445251) 岔(3453252) 肝(3511112)
肚(3511121) 肘(3511124) 肐(3511315) 肸(3511342) 退(3511454) 爯(3515252) 龟(3525115) 免(3525135) 狂(3531121)
狂(3531121) 狋(3531324) 狍(3533533) 狗(3533554) 犭方(3534153) 狄(3534334) 角(3535112) 角(3535112) 删(3535122)
犯(3535215) 犭母(3535521) 条(3541234) 卵(3543524) 热(3544444) 迎(3552454) 系(3554234) 言(4111251) 壮(4121214)
沾(4121251) 状(4121344) 状(4121344) 宜(4122111) 物(4123533) 夜(4123544) 直(4125111) 电(4125115) 况(4125135)
况(4125135) 亨(4125152) 床(4131234) 库(4131512) 庇(4131535) 底(4133534) 平(4134121) 对(4134124) 疤(4134155)
吝(4134251) 齐(4134324) 庋(4134354) 冷(4134454) 孛(4134521) 泣(4141431) 辛(4143112) 泯(4151515) 盲(4152511)
波(4153254) 㐬(4154325) 闬(4251132) 闬(4251132) 间(4252511) 间(4252511) 闪(4252534) 间(4253511) 闵(4253544)
闵(4254134) 闪(4254334) 闰(4254412) 闷(4254544) 羌(4311135) 米(4311234) 关(4311234) 关(4311234) 判(4311322)
叛(4311354) 并(4313521) 弥(4315524) 兑(4325135) 舟(4325414) 灶(4334121) 甬(4335112) 弟(4351523) 為(4354444)
汪(4411121) 沐(4411234) 沃(4411344) 汰(4411344) 泥(4411355) 冴(4411523) 沌(4411525) 沙(4412334) 沙(4412343)
汭(4412534) 汑(4413115) 沌(4413255) 泠(4413445) 汾(4413453) 泛(4413454) 沌(4413525) 没(4413554) 汶(4414134)
沉(4414535) 怀(4421324) 怖(4421325) 忱(4421535) 恒(4421551) 忻(4423312) 物(4423533) 忟(4424134) 忆(4424544)

闫(4425111) 闭(4425123) 快(4425134) 怚(4425211) 问(4425251) 怮(4425334) 完(4451135) 宋(4451234) 宏(4451354)
牢(4453112) 究(4453435) 穷(4453453) 灾(4454334) 宧(4455215) 良(4511534) 郎(4511552) 戾(4513134) 宠(4513533)
宠(4513534) 初(4523453) 衽(4524111) 社(4524121) 衫(4524333) 诉(4533124) 罕(4534112) 君(5113251) 灵(5114334)
即(5115452) 郎(5115452) 异(5122134) 屎(5131234) 屁(5131535) 肩(5132511) 尿(5132534) 尾(5133115) 局(5135251)
改(5153134) 忌(5154544) 狂(5211121) 孙(5211324) 阿(5212512) 怌(5213241) 孤(5213354) 犾(5214134) 阻(5225111)
性(5231121) 忻(5233124) 陀(5244535) 怪(5254121) 妖(5311344) 妣(5311535) 妙(5312343) 妖(5313134) 姛(5313511)
妨(5314153) 妒(5314513) 妑(5315215) 努(5315453) 还(5324454) 肤(5325134) 免(5325135) 厽(5325221) 於(5334454)
应(5341431) 边(5344454) 忍(5344544) △布(5413252) 矣(5431134) 鸡(5435451) 驮(5511344) 纯(5511525)
贯(5512534) 纳(5512534) 纷(5513453) 纸(5513515) 纽(5515211) 災(5554334)

八画

奉(11134112) 玩(11211135) 弄(11211321) 弄(11211324) 武(11212154) 武(11212154) 珐(11212154) 青(11212511)
青(11212511) 表(11213534) 玖(11213544) 盂(11225221) 孛(11245521) 忝(11342444) 春(11342511) 炁(11354444)
抹(12111234) 拔(12111354) 長(12111534) 卦(12112124) 抲(12112512) 技(12112544) 抷(12113241) 拵(12113252)
拔(12113544) 忑(12114544) 垭(12115544) 雩(12121151) 拈(12121251) 戓(12121534) 尭(12122135) 劳(12124553)
坦(12125111) 坥(12125111) 担(12125111) 坤(12125112) 抽(12125112) 押(12125112) 拐(12125153) 坰(12125251)
技(12131254) 扳(12131354) 坧(12132121) 者(12132511) 拖(12132525) 顶(12132534) 拆(12133124) 坉(12133511)
垄(12134121) 坪(12134312) 拎(12134414) 抵(12135154) 抑(12135452) 迣(12135454) 抱(12135515) 拉(12141431)
坛(12141554) 抎(12141554) 幸(12143112) 尧(12143135) 圭(12145121) 坭(12151335) 拂(12151532) 敌(12153134)
坷(12153251) 招(12153251) 抲(12153251) 坡(12153254) 披(12153254) 拨(12153544) 抬(12154251) 刼(12154534)
圾(12154354) 亞(12155121) 其(12211134) 耶(12211152) 助(12211153) 助(12211153) 取(12211154) 茉(12211234)
昈(12211315) 昈(12211315) 昈(12211315) 昈(12211355) 苓(12212124) 苦(12212251) 昔(12212511) 若(12213251)
若(12213251) 茂(12215534) 花(12221135) 苩(12225112) 萼(12225115) 苗(12225121) 苵(12225134) 英(12225134)
荟(12234111) 苟(12235251) 苒(12235414) 茆(12235452) 范(12244155) 直(12251111) 茄(12253251) 茎(12254121)
荔(12255453) 枉(12341121) 林(12341234) 枝(12341254) 杖(12341344) 柜(12341355) 梳(12341355) 柜(12341515)
枒(12341523) 枇(12341535) 杳(12342511) 杵(12343112) 枚(12343134) 板(12343354) 松(12343454) 枂(12343511)
杶(12343525) 柳(12343552) 杭(12344134) 校(12344134) 枋(12344153) 栏(12344311) 料(12344412) 杰(12344444)
栌(12344513) 杷(12345215) 根(12345254) 丧(12431534) 東(12511234) 或(12511534) 或(12511534) 画(12512152)
卧(12512524) 事(12515112) 亶(12515151) 刺(12523422) 雨(12524444) 虎(12533535) 酉(12535111) 厓(13121121)
还(13241454) 烎(13243434) 砍(13251134) 夏(13251154) 砙(13251155) 矿(13251342) 奈(13411234) 奔(13412132)
奇(13412512) 來(13434234) 欧(13453534) 殁(13543554) 戓(14544534) 妻(15112531) 亶(15115113) 亶(15115151)
皆(15152511) 转(15211154) 虎(15312135) 虎(15312135) 皆(15352511) 炁(15354444) 到(15412122) 非(21112111)
叔(21123454) 迲(21124454) 肯(21212511) 肯(21212511) 些(21213511) 卓(21251112) 虎(21531535) 呉(22151134)
晃(22511135) 晃(22511135) 晃(22511135) 省(23432511) 省(23432511) 帰(23511252) 尚(24325251) 旱(25111112)
旱(25111112) 旺(25111121) 旺(25111121) 呀(25111123) 呀(25111123) 导(25111124) 昊(25111134) 昿(25111154)
昙(25111154) 咗(25111214) 咧(25111222) 味(25111234) 果(25111234) 見(25111355) 胣(25111525) 昆(25111535)

里(25112111) 叮(25112112) 是(25112134) 是(25112134) 国(25112141) 哎(25112234) 哎(25112254) 𠯋(25112341)
昌(25112511) 冒(25112511) 冐(25112511) 門(25112511) 呵(25112512) 咗(25113121) 旺(25113121) 昇(25113132)
旼(25113134) 咘(25113252) 𣅀(25113252) 𡱝(25113511) 𡱝(25113511) 明(25113511) 易(25113533) 𠯇(25113544)
昂(25113552) 昦(25114124) 晈(25114134) 昀(25114254) 𣅝(25114334) 吡(25121135) 虰(25121412) 虮(25121434)
迪(25121454) 典(25122134) 固(25122511) 忠(25124544) 呾(25125111) 㫜(25125111) 咀(25125111) 呷(25125112)
呻(25125121) 咒(25125135) 唎(25131222) 𠰒(25131252) 咱(25132511) 晚(25133511) 坐(25134121) 呉(25134134)
哈(25134251) 呼(25134312) 吟(25134414) 呤(25134454) 㗐(25135112) 㖿(25135234) 啦(25141431) 吗(25144123)
𠯗(25145245) 𠱽(25152111) 咄(25152252) 啵(25153254) 崇(25211234) 果(25211234) 岸(25213112) 岸(25213112)
岩(25213251) 帖(25221251) 罗(25221354) 罗(25221354) 岂(25225111) 岜(25225115) 画(25251211) 峁(25253251)
岁(25342343) 败(25343134) 贩(25343354) 炎(25344334) 财(25351123) 岡(25431252) 罔(25431415) 思(25514544)
思(25514544) 骨(25545251) 知(31134251) 迭(31134454) 秤(31153445) 物(31153533) 物(31213533) 牧(31214134)
忎(31214544) 乖(31221135) 刮(31225122) 乱(31225145) 性(31231121) 怕(31232511) 和(31234251) 彩(31234333)
季(31234521) 委(31234531) 怩(31251335) 吞(31341251) 笃(31431453) 折(31513312) 佳(32121121) 岳(32121252)
供(32122134) 使(32125134) 俩(32125211) 俪(32132522) 似(32134334) 例(32135422) 兒(32151135) 叟(32151154)
优(32243135) 倘(32243511) 侣(32251251) 佬(32312135) 凭(32312135) 凭(32312135) 佩(32351252) 货(32352534)
修(32354333) 依(32413534) 倭(32415531) 鸟(32511151) 帛(32511252) 卑(32511312) 俾(32511352) 鬼(32511354)
的(32511354) 鬼(32511354) 迫(32511454) 虬(32512145) 鬼(32513511) 鬼(32513554) 兜(32522135) 粤(32525515)
與(32534134) 俊(32554354) 欣(33123534) 征(33212121) 徃(33231121) 衍(33241112) 往(33241121) 佛(33251532)
彼(33253254) 所(33513312) 舡(33541121) 舍(34112251) 金(34112431) 岩(34113251) 刹(34123422) 侖(34125122)
命(34125152) 畲(34125351) 舍(34243251) 尕(34342344) 斧(34343312) 爸(34345215) 采(34431234) 妥(34431531)
受(34434554) 争(34435112) 乳(34435215) 妥(34435314) 含(34454251) 念(34454544) 贫(34532534) 拿(34533112)
岔(34534544) 伞(34555512) 肚(35111214) 肚(35111214) 肺(35111252) 肥(35111355) 肶(35111535) 肸(35113432)
朋(35113511) 肥(35115215) 服(35115254) 周(35121251) 昏(35152511) 免(35251135) 鱼(35251211) 兔(35251354)
拜(35311112) 忽(35334544) 狗(35335251) 狂(35341121) 狔(35351335) 狦(35355414) 狦(35355414) 般(35413554)
斧(35424252) 逊(35424454) 迎(35452454) 涞(41111234) 洁(41121251) 茫(41122415) 亨(41221152) 变(41223454)
京(41251234) 洗(41312135) 店(41321251) 夜(41323544) 庙(41325121) 府(41332124) 底(41335154) 浍(41341154)
疤(41341515) 疤(41341515) 妦(41343112) 斉(41343211) 育(41343541) 究(41345235) 究(41345235) 究(41345235)
究(41345235) 究(41345235) 究(41345235) 究(41345235) 庚(41351134) 庚(41351134) 净(41355112) 渟(41412512)
音(41431251) 良(41511534) 放(41533134) 刻(41533422) 於(41533444) 闹(42515234) 闹(42541252) 美(43111234)
美(43111234) 美(43111234) 叛(43111354) 美(43112134) 苦(43112251) 若(43113251) 卷(43113455) 並(43122431)
凶(43123452) 谷(43134251) 弥(43135424) 弟(43135452) 弥(43155424) 单(43251112) 逆(43251454) 炫(43341154)
炒(43342343) 炉(43342512) 料(43344412) 炉(43344513) 為(43554444) 為(43554444) 浅(44111534) 洗(44112135)
法(44112154) 河(44112512) 沛(44113252) 流(44115325) 沙(44123434) 押(44125112) 沺(44125121) 油(44125121)
沃(44131344) 沍(44132121) 泊(44132511) 派(44133534) 泠(44134112) 冷(44134454) 泐(44135424) 注(44141121)
泣(44141431) 泥(44151335) 泯(44151515) 沸(44151532) 泓(44151554) 波(44153254) 治(44154251) 怀(44213241)
怙(44221251) 快(44225134) 性(44231121) 怕(44232511) 佟(44235444) 位(44241431) 闲(44251132) 闲(44251132)

闲(44251234) 闲(44252534) 怪(44254121) 闪(44254334) 闷(44254544) 学(44345521) 宝(44511214) 宗(44511234)
定(44512134) 守(44512512) 宠(44513534) 宜(44525111) 茂(12213534) 宪(44525135) 官(44525151) 窄(44534112)
空(44534121) 究(44534354) 穹(44534515) 宛(44535435) 宛(44535455) 实(44544134) 窈(44555453) 窈(44555453)
郎(45115452) 郎(45115452) 宾(45122134) 戾(45131344) 肩(45132511) 房(45134153) 社(45234121) 社(45241214)
社(45241214) 祈(45243312) 衿(45244134) 祒(45245152) 虎(45312135) 话(45312251) 罕(45341212) 询(45352511)
建(51111254) 录(51124134) 居(51312251) 局(51315251) 刷(51325222) 屈(51352252) 弥(51535234) 改(51543134)
敃(51543134) 承(52111534) 恒(52125111) 孟(52125221) 陋(52125345) 眉(52132511) 眉(52132511) 恒(52132511)
胃(52133511) 孤(52133544) 陁(52135111) 羊(52143111) 陁(52351355) 降(52354112) 降(52354152) 函(52413452)
年(52511124) 限(52511534) 妹(53111234) 姑(53112251) 姐(53125111) 姓(53131121) 始(53132511) 妗(53134414)
妅(53141431) 婊(53153254) 始(53154251) 弩(53154515) 姆(53155414) 兔(53251354) 趴(53412154) 叁(54134111)
参(54134333) △光(54243135) 虽(54251214) 追(54251454) 怼(54544544) 结(55121251) 细(55125121) 经(55154121)
贯(55212534) 纣(55444424) 纫(55444453) 纷(55444453) 纫(55444453) 绋(55451532)

九画

耗(111234315) 契(111253134) 奏(111341134) 春(111342511) 帮(111352252) 帮(111352252) 焘(111354444) 武(112121534)
班(112131121) 珀(112132511) 玲(112134454) 孛(112145521) 玻(112153254) 毒(112155414) 珢(112511534) 型(113222121)
畜(115425121) 挪(121111352) 找(121111534) 扳(121113544) 挂(121121121) 持(121121124) 封(121121124) 拮(121121251)
拷(121121315) 拱(121122134) 尧(121122135) 扼(121131534) 城(121135534) 城(121135534) 挟(121143134) 焉(121154444)
政(121213134) 尧(121221135) 英(121225134) 垣(121241515) 押(121251124) 押(121251211) 垌(121251251) 招(121251251)
挏(121251251) 哉(121251534) 哉(121251534) 挪(121311352) 括(121312251) 拨(121313544) 拨(121313544) 郝(121323452)
郝(121323452) 拙(121325221) 垢(121331251) 拴(121341121) 拾(121341251) 挑(121341534) 指(121352511) 垫(121354121)
拸(121354354) 拼(121431132) 拼(121431351) 起(121434515) 挖(121445345) 按(121445531) 垛(121451234) 排(121511112)
挪(121511352) 报(121511534) 敬(121513134) 拶(121513444) 埊(121525121) 拨(121545454) 旺(122111121) 旺(122111121)
茉(122111234) 茉(122111234) 某(122111234) 其(122111342) 甚(122111345) 耽(122111355) 等(122121124) 革(122125112)
草(122125112) 茂(122131534) 茈(122131535) 苜(122132511) 巷(122134515) 茂(122134534) 業(122151234) 草(122251112)
茶(122341234) 荅(122341251) 荒(122415325) 迣(122415454) 茴(122425111) 莱(122431234) 菘(122441345) 茫(122441415)
荣(122451234) 直(122511112) 真(122511134) 真(122511534) 真(122511534) 故(122513134) 胡(122513511) 茹(122531251)
南(122543112) 萦(122554234) 柰(123411234) 栈(123411534) 朽(123412115) 枝(123412154) 栏(123412211) 枯(123412251)
柯(123412512) 杯(123413241) 柿(123413252) 枰(123414312) 查(123425111) 相(123425111) 柙(123425112) 査(123425121)
板(123431354) 柏(123432511) 桴(123434312) 柳(123435352) 柳(123435452) 柳(123435452) 梛(123435452) 柱(123441121)
粒(123441431) 栏(123443111) 料(123444123) 柢(123451515) 梻(123451532) 枷(123453251) 枷(123455453) 刺(125123422)
勅(125123453) 區(125125115) 畐(125125121) 要(125221531) 岖(125322431) 迺(131152454) 咸(131251534) 威(131354534)
威(131531534) 歪(132412121) 平(132414312) 盃(132425221) 夏(132511154) 厘(132511211) 京(132511234) 砍(132511344)
矾(132511354) 矾(132511354) 夏(132511354) 厚(132511521) 砜(132511554) 砵(132512534) 砰(132513121) 砍(132513534)
砚(132515215) 面(132522111) 耐(132522124) 耍(132522513) 奎(134121121) 鳥(134254444) 尾(135115113) 残(135411534)
殃(135425134) 殄(135434333) 殆(135454251) 亶(151151511) 砦(153513251) 皆(153525111) 皆(153532511) 背(211352511)

兆(211354444) 肯(212125111) 貞(212511134) 贞(212514334) 点(212514444) 眞(221521134) 昙(225111154) 岬(232512112)
岬(232512131) 省(234325111) 削(243251122) 学(243453112) 旺(251111214) 味(251111234) 昧(251111234) 眹(251111344)
哪(251111352) 昪(251112124) 是(251112134) 呩(251112135) 唀(251112153) 敃(251113134) 則(251113422) 易(251113533)
晁(251121115) 咭(251121251) 哮(251121315) 咾(251121335) 哄(251122134) 異(251122134) 哑(251122431) 显(251122431)
冒(251125111) 門(251125111) 門(251125111) 門(251125111) 門(251125114) 門(251125115) 昷(251125221) 咼(251125251)
哂(251125351) 星(251131121) 昨(251131211) 昇(251131324) 昇(251131324) 啚(251132511) 哱(251132521) 哂(251132522)
曷(251135345) 昴(251135352) 咧(251135422) 昂(251135452) 昴(251135452) 晇(251135515) 昱(251141431) 昱(251141431)
眠(251151515) 昆(251211535) 呲(251212135) 趵(251212153) 胃(251212511) 贵(251212534) 畀(251213132) 畋(251213134)
界(251213432) 虻(251214415) 蚁(251214434) 蚜(251214534) 思(251214544) 盅(251225221) 罡(251251121) 罕(251251124)
虽(251251214) 品(251251251) 咽(251251341) 哞(251311212) 咮(251311234) 咭(251312154) 咶(251312251) 咖(251325221)
响(251325251) 呩(251331251) 垄(251341121) 哈(251341251) 哓(251351355) 咛(251355112) 呟(251413354) 咬(251413434)
哝(251413452) 咳(251415334) 蚒(251431252) 咻(251452445) 咧(251452453) 哪(251511352) 哏(251511534) 呀(251531521)
某(252111234) 是(252112134) 岸(252133112) 炭(252134334) 罘(252211234) 買(252212534) 界(252213432) 罗(252214153)
峝(252251251) 崇(252451234) 圆(252512534) 圙(253412511) 畚(253425121) 嵏(253434531) 岡(254311252) 岡(254311252)
里(254312111) 恩(255114544) 骨(255452511) 骨(255452511) 幽(255455452) 钦(311153534) 無(311222211) 拜(311311112)
看(311325111) 矩(311341515) 帮(311352252) 炁(311354444) 毡(311512132) 毪(311512341) 毡(311521251) 氓(311551515)
毬(311551532) 迕(312111454) 牪(312113241) 牲(312131121) 乘(312211351) 适(312251454) 香(312342511) 秋(312344334)
科(312344412) 重(312511211) 竿(314314112) 笁(314314315) 笈(314314354) 笆(314314525) 偶(321211251) 俌(321251124)
便(321251134) 使(321251234) 叟(321511254) 叟(321511531) 侉(322121233) 顺(322132534) 修(322354333) 俚(322511211)
保(322511234) 俄(323121534) 俐(323123422) 货(323525134) 倐(323541234) 係(323554234) 信(324111251) 皇(325111121)
皀(325111535) 皅(325112354) 泉(325112534) 皎(325113134) 倨(325113251) 鬼(325113554) 皎(325114134) 息(325114544)
侵(325114554) 皅(325115152) 皂(325121315) 皃(325121351) 衰(325123534) 禹(325125214) 侯(325131134) 臾(325134134)
帥(325151252) 追(325151454) 待(332121124) 得(332251123) 衍(332441112) 律(332511112) 很(332511534) 後(332553134)
後(332554354) 须(333132534) 般(335413554) 舡(335414121) 送(341135454) 会(341154251) 紒(341234342) 畣(341251221)
酓(341253511) 逃(341534454) 贪(342432534) 畬(342534251) 斧(343431324) 哥(344312512) 食(344511534) 倉(345113251)
盆(345325221) 肱(351112154) 肱(351112154) 胆(351125111) 胗(351134454) 胸(351135345) 胞(351135515) 脏(351141431)
胖(351143112) 脈(351151515) 豚(351152334) 胎(351154251) 奂(352534134) 猘(353111352) 剁(353123422) 独(353251214)
独(353251214) 風(353251214) 狐(353413354) 狡(353415334) 徉(353431112) 徉(353431112) 狳(353431234) 觔(353511253)
狠(353511534) 猋(353513444) 胋(354112251) 逄(354112454) 逄(354152454) 逄(354251454) 怒(354544544) 怨(354554544)
急(355114544) 訂(411125112) 計(411125112) 浯(411134252) 涛(411221124) 芈(412121121) 将(412354124) 得(412511124)
哀(412513534) 亭(412514512) 亮(412514535) 度(413122154) 度(413122154) 宣(413225111) 庭(413312154) 庥(413321234)
治(413454251) 庚(413511234) 庚(413521134) 染(413541234) 音(414312511) 奇(414312512) 爪(414313324) 彦(414313333)
竜(414325115) 竞(414325135) 帝(414345252) 放(415331344) 施(415331525) 梁(415341234) 梁(415341234) 畜(415425121)
愣(421224553) 闻(425122111) 闵(425431134) 美(431111234) 美(431112534) 差(431113121) 着(431113251) 养(431113432)
羌(431113544) 美(431121134) 姜(431121531) 叛(431121554) 芈(431122121) 吞(431134251) 送(431134454) 籸(431234111)
类(431234134) 籼(431234252) 迷(431234454) 籹(431234531) 娄(431234531) 前(431251122) 酋(431253511) 首(431325111)

茴(431325221) 荅(431341251) 荅(431341251) 逆(431523454) 兹(431554554) 单(432511312) 总(432514544) 炣(433412512)
炒(433423434) 炔(433425134) 炟(433425511) 炮(433435515) 炷(433441121) 炶(433441431) 炤(433453251) 焊(434251211)
急(435114544) 為(435554444) 涞(441111234) 浅(441111534) 洿(441113412) 洁(441121251) 洗(441121325) 洪(441122134)
洒(441125351) 洦(441132511) 柒(441151234) 流(441154325) 洸(441243135) 洞(441251251) 测(441253422) 洗(441312135)
活(441312251) 洫(441325221) 派(441333534) 洽(441341251) 染(441351234) 浇(441351355) 洛(441354251) 浂(441354444)
浥(441355215) 泞(441412512) 济(441413432) 洋(441431112) 浵(441431234) 涳(441445121) 津(441511112) 㴸(441511352)
浪(441511534) 悸(442113412) 恃(442121124) 恾(442122415) 恒(442125111) 恓(442125351) 恠(442132121) 恦(442132511)
恢(442134334) 恆(442141345) 恈(442354152) 恼(442413452) 恨(442511534) 闹(442541252) 宫(445112251) 害(445112251)
宫(445251251) 宫(445251251) 究(445325135) 穿(445341523) 窂(445343112) 客(445354251) 冠(451135124) 軍(451251112)
軍(451251112) 扁(451325122) 肩(452132511) 祜(452412251) 祐(452413251) 祷(452413252) 祖(452425111) 祖(452425111)
神(452425112) 祝(452425135) 衿(452434414) 祗(452435154) 袪(452441431) 被(452453254) 冤(453525135) 诏(455344544)
垩(511352121) 噚(511352515) 退(511534454) 剁(513123422) 屋(513154121) 屌(513215251) 屈(513252252) 屎(513431234)
巺(515122134) 巽(515122134) 㕸(515153533) 费(515322534) 孬(521132121) 韦(521251152) 恆(521253452) 陋(521253452)
陋(521253452) 阵(521315124) 眉(521325111) 娩(521325135) 陕(521351134) 将(521354124) 陕(521354134) 孩(521415334)
拼(521431132) 恐(521513444) 孨(521521521) 陖(521535434) 除(523411234) 除(523411234) 降(523541112) 降(523544412)
院(524451135) 犁(525121144) 妹(531111234) 娃(531121121) 姮(531132511) 娌(531251112) 妠(531253434) 姝(531311234)
姣(531413434) 姝(531431234) 娘(531511534) 努(531542534) 督(531542554) 怒(531544544) 貟(532511134) 架(532511234)
贺(532512534) 飛(534353432) 盈(535425221) 崙(541252511) 难(542121121) 胯(542511115) 观(542511135) 勇(542511253)
能(542511535) 能(542513535) 癸(543341132) 癹(543341132) 癸(543341134) 發(543341135) 弬(543345152) 豥(545425354)
结(551121251) 给(551341251) 络(551354251) 绞(551413434) 紅(554444121) 紬(554444252) 約(554444354) 紀(554444515)
單(555251211) 甾(555413452)

十画

耕(1112341132) 耗(1112343115) 泰(1113424134) 珠(1121311234) 班(1121431121) 敖(1121533134)
素(1121554234) 匿(1122132515) 祘(1123411234) 悉(1135434544) 盏(1153425221) 竟(1154251135)
匪(1211121115) 塔(1211134251) 堯(1211212135) 持(1211221124) 堯(1211221135) 尭(1211221135)
栽(1211234534) 駃(1211251134) 馬(1211254444) 馬(1211254444) 振(1211311534) 捒(1211431234)
起(1212134515) 盐(1212425221) 捎(1212432511) 捍(1212511112) 埕(1212511121) 貢(1212511134)
埧(1212511134) 埋(1212511211) 捚(1212511211) 掃(1212511252) 彭(1212511333) 捉(1212512134)
捐(1212512511) 敌(1212513134) 挹(1212525215) 埘(1213123422) 都(1213251152) 拡(1213312454)
耆(1213352511) 耇(1213432511) 换(1213525134) 逺(1213534454) 恐(1213544544) 挬(1214134521)
捝(1214325135) 壶(1214522431) 捩(1215114334) 掃(1215114554) 垠(1215133115) 斵(1215251342)
埇(1215425112) 捅(1215425112) 埃(1215431134) 挨(1215431134) 埿(1215451335) 旺(1221111121)
旺(1221111121) 珏(1221111214) 基(1221113412) 耿(1221114334) 耻(1221114544) 荛(1221121135)
華(1221122112) 聀(1221131234) 莅(1221141431) 莅(1221141431) 眠(1221151515) 眠(1221151515)
莽(1221212155) 華(1221221512) 荳(1221251431) 逑(1221324454) 郡(1221325152) 恭(1221342344)

茺(1221345325) 䓨(1221551234) 萦(1221554234) 莫(1222511134) 茈(1222511535) 莄(1222512134)
萸(1222512153) 莒(1222512521) 莪(1223121534) 莉(1223123422) 荷(1223212512) 萓(1223232511)
荒(1224154325) 晋(1224312511) 恶(1224314544) 真(1225111134) 真(1225111234) 莭(1225115452)
盂(1225125221) 尅(1225135124) 莊(1225213121) 荼(1225411234) 栈(1234111534) 桂(1234121121)
栲(1234121315) 栮(1234122111) 栏(1234122111) 柤(1234122111) 桓(1234125111) 楝(1234125234)
栢(1234132511) 梔(1234135115) 梠(1234251251) 桐(1234251251) 桥(1234313432) 梲(1234325135)
榇(1234341234) 柗(1234341251) 桃(1234341534) 尧(1234341534) 丧(1234341534) 桅(1234351355)
格(1234354251) 校(1234413434) 样(1234431112) 栟(1234431132) 株(1234431234) 梢(1234431351)
秾(1234453534) 梛(1234511352) 根(1234511534) 救(1241343134) 需(1245132522) 索(1245554234)
軏(1251112154) 連(1251112454) 哥(1251212512) 速(1251234454) 恧(1252214544) 覀(1252215211)
酌(1253511354) 配(1253511515) 配(1253511515) 辱(1311534124) 威(1314334534) 盃(1324125221)
孬(1324531521) 夏(1325111354) 砵(1325112341) 砜(1325113544) 勇(1325114553) 厓(1325121412)
硥(1325133511) 砛(1325134454) 砛(1325143111) 破(1325153254) 畜(1325225121) 原(1332511234)
厙(1332511312) 痓(1341121121) 奄(1344312512) 奄(1344325115) 逐(1353334454) 残(1354111534)
残(1354111534) 裂(1354224334) 烈(1354224444) 怱(1354224544) 殃(1354251214) 怒(1354544544)
淋(1512341234) 致(1541213134) 沓(2113532511) 背(2121153541) 皆(2121352511) 皆(2121532511)
桌(2125111234) 斈(2211245521) 监(2231425221) 㗐(2325121412) 啤(2332512152) 逍(2432511454)
党(2434525135) 尝(2434525151) 晧(2511112135) 時(2511121124) 哶(2511121132) 唉(2511121134)
哢(2511121135) 哢(2511121135) 逞(2511121454) 畢(2511122112) 显(2511122431) 晒(2511125351)
䀹(2511132525) 財(2511134123) 唔(2511134251) 貶(2511134454) 眝(2511141431) 眠(2511151515)
里(2511211121) 嗎(2511211251) 唠(2511224553) 哓(2511225135) 哑(2511234341) 鸭(2511235451)
晃(2511243135) 啤(2511251112) 哺(2511251124) 哽(2511251134) 閉(2511251135) 唖(2511251221)
昌(2511252511) 哂(2511253511) 唬(2511351115) 啄(2511353334) 晌(2511425354) 唻(2511431234)
眯(2511431234) 岀(2511432511) 昌(2511452511) 冎(2511452511) 眼(2511511534) 昭(2511532511)
照(2511534444) 赀(2512112534) 跡(2512121252) 界(2512134324) 罢(2512135444) 蚅(2512141355)
蚍(2512141535) 蚡(2512142343) 贵(2512142534) 蛟(2512143434) 蚊(2512144134) 蚂(2512145152)
蚆(2512145215) 胄(2512212511) 哨(2512432511) 哩(2512511211) 哭(2512511344) 國(2512511534)
婁(2512512531) 閔(2512515443) 過(2512534454) 喏(2513121251) 唎(2513123422) 哄(2513212134)
啊(2513212512) 啄(2513235234) 恩(2513414544) 盎(2513425221) 唑(2513434121) 呼(2513443124)
哕(2513443554) 哈(2513445251) 唤(2513525134) 唧(2513552454) 啼(2514351523) 唼(2514454334)
啫(2515113251) 哺(2515425112) 宸(2521311534) 迴(2522111454) 罡(2522112121) 嵬(2522511354)
嶯(2523121534) 圆(2525125341) 贼(2534113534) 刚(2543125222) 過(2552534454) 骨(2554525354)
骨(2554525354) 钱(3111511534) 铁(3111531134) 蚊(3112141431) 毒(3112155414) 炁(3112344544)
毬(3115111234) 氣(3115431234) 翃(3115541541) 特(3121121124) 造(3121251454) 乘(3122113511)
秤(3123414312) 型(3123422121) 帮(3123422252) 租(3123425111) 秧(3123425134) 称(3123435234)
秘(3123445434) 透(3123453454) 笑(3143141344) 笑(3143143134) 笏(3143143533) 竽(3143144412)

笲(3143145113) 特(3151121124) 俸(3211134112) 倵(3211212154) 借(3212212511) 值(3212251111)
値(3212251121) 㑣(3212341234) 倒(3215412122) 條(3223541234) 偍(3225111154) 倡(3225112511)
倡(3225112511) 侵(3225114554) 候(3225131134) 㑩(3225221354) 㑩(3225221354) 俾(3232511312)
傀(3232511354) 倫(3234125122) 傍(3235134153) 偹(3235425121) 倍(3241431251) 倿(3241431531)
俟(3245131344) 射(3251113123) 射(3251113124) 躭(3251113315) 躮(3251113342) 躬(3251113515)
息(3251114544) 臬(3251114553) 們(3251122511) 皀(3251135452) 烏(3251154444) 師(3251511252)
衮(3252213534) 徒(3321212134) 得(3322511124) 徍(3323121121) 徐(3323411234) 従(3324312134)
舡(3354135121) 船(3354135251) 船(3354143251) 般(3354143554) 舫(3354144154) 途(3411234454)
途(3411234454) 釘(3411243112) 針(3411243112) 釗(3411243122) 釖(3411243153) 敘(3412343134)
殺(3412343554) 倉(3415113251) 看(3431325111) 遥(3433215454) 爹(3434354354) 爹(3434511354)
爹(3434511354) 爱(3443134354) 爰(3443135111) 爱(3443451354) 豹(3443533354) 奚(3443554134)
倉(3445113251) 倉(3445113251) 翁(3454511511) 翁(3454533533) 翁(3454541541) 胯(3511113412)
胹(3511132522) 胖(3511153512) 胭(3511251341) 胙(3511311212) 胎(3511341251) 脆(3511351355)
脒(3511431234) 魚(3525121124) 奐(3525121134) 色(3525341535) 犸(3531211251) 犸(3531211251)
凰(3532511151) 猈(3532512152) 狳(3533411234) 狠(3533511534) 狝(3534421324) 狼(3534511534)
狼(3534511534) 猔(3535114334) 猔(3535114334) 逢(3541112454) 逨(3541234454) 畱(3545225121)
畱(3545225121) 留(3545325121) 留(3545325121) 盂(4111225221) 討(4111251124) 託(4111251315)
訖(4111251315) 訓(4111251322) 這(4111251454) 記(4111251515) 記(4111251515) 凭(4112112535)
凭(4112112535) 凌(4112134354) 冼(4112221135) 凐(4112251121) 凍(4112511234) 凓(4112523422)
涯(4113121121) 亭(4122114512) 亮(4122114535) 亮(4122114535) 将(4123443124) 半(4124112112)
衰(4125113534) 鬼(4125113544) 高(4125125251) 郭(4125152152) 亭(4125224512) 迶(4131112454)
席(4131221252) 庫(4131251112) 准(4132411121) 病(4134112534) 痼(4134125121) 淪(4134125122)
疾(4134131134) 斋(4134132522) 烈(4134224444) 齊(4134433211) 念(4134454544) 离(4134522553)
离(4134522554) 染(4135111234) 唐(4135112251) 涽(4135152511) 凉(4141251234) 站(4143121251)
竜(4143125115) 剖(4143125122) 部(4143125152) 竝(4143141431) 旁(4143454153) 渌(4151124134)
婆(4153254531) 竟(4154251135) 畜(4155425121) 闽(4251211251) 華(4311122112) 着(4311132511)
美(4311211234) 美(4311214334) 瓶(4311321135) 瓶(4311321354) 瓶(4311321554) 吞(4311341251)
拳(4311343112) 朔(4311343511) 牀(4312341234) 粉(4312343453) 粉(4312344153) 料(4312344412)
苗(4312512521) 朔(4312523511) 歃(4312523534) 益(4313425221) 兼(4315112234) 朔(4315233511)
朔(4315343511) 朔(4315343511) 得(4325111124) 烧(4334153135) 烛(4334251214) 烟(4334251341)
炻(4334331251) 烽(4334511112) 肖(4352132511) 清(4411121251) 漭(4411221124) 涭(4411251134)
酒(4411253511) 涞(4411431234) 消(4412432511) 淂(4412511124) 浬(4412511211) 湯(4412511533)
涡(4412512534) 浩(4413121251) 浰(4413123422) 海(4413155414) 浴(4413434251) 浮(4413443521)
浯(4413515251) 流(4414154325) 沄(4414154544) 涕(4414351523) 浪(4414511534) 淚(4414513134)
涒(4415113251) 浸(4415114554) 泓(4415151554) 梁(4415341234) 愣(4421224553) 悖(4421245521)
悟(4421251251) 恓(4421253452) 悮(4422511134) 惱(4422523452) 悔(4423155414) 悀(4423241431)

悢(4424511534) 悜(4425114554) 阓(4425251252) 闵(4425431134) 惯(4425512534) 惱(4425552534)
惱(4425553452) 惱(4425553452) 害(4451112251) 害(4451121251) 亭(4451252112) 亭(4451252212)
宙(4451325221) 宙(4451325221) 家(4451353334) 宜(4452511134) 害(4453121251) 宑(4453252212)
窃(4453412153) 窟(4453425115) 究(4453425135) 容(4453434251) 宛(4453525135) 宛(4453525135)
宰(4454143112) 宪(4454325135) 密(4454534252) 案(4455311234) 宻(4455443252) 请(4511212511)
朗(4511543511) 诺(4512213251) 袨(4523411534) 祷(4523413252) 袓(4523425111) 祖(4523425111)
袍(4523435515) 袮(4523443523) 被(4523453254) 補(4524125112) 袹(4524132511) 祩(4524311234)
袙(4524325111) 祥(4524431112) 谮(4525112511) 冥(4525114134) 谁(4532411121) 谕(4535125122)
冤(4535251354) 诺(4543113251) 書(5111212511) 閂(5112251112) 剥(5112413422) 恳(5115344544)
敢(5122113134) 弱(5151151511) 强(5151251214) 弱(5152512534) 弱(5154151511) 弱(5154151541)
骞(5211211251) 陆(5212134121) 陵(5212134354) 陳(5212511234) 隋(5213121251) 将(5213443124)
降(5213534124) 将(5213544124) 孫(5213554234) 陰(5234451154) 隆(5235411121) 隆(5235431121)
陪(5241431251) 惱(5255525341) 媽(5311211251) 媽(5311211251) 威(5311234534) 媨(5311253511)
娋(5312432511) 娌(5312511211) 娱(5312511234) 恕(5312514544) 娳(5313123422) 姆(5313155414)
媎(5314325121) 娘(5314511534) 怨(5315154544) 務(5315425354) 務(5315425354) 務(5315425354)
畓(5412522111) 桊(5413424134) 通(5425112454) 能(5425113535) 能(5425113535) 难(5432411121)
鸡(5432511151) 祭(5433411234) 發(5433441254) 蚤(5443251214) 豸(5443354354) 務(5452335453)
桑(5454541234) 桑(5454541234) 桑(5454541234) 桑(5454541234) 貫(5512511134) 貫(5512511134)
绣(5513123453) 紑(5513515252) 紩(5542341234) 纱(5542342334) 紩(5544441134) 純(5544441525)
納(5544442534) 紛(5544443453) 紙(5544443515) 紡(5544444153) 斜(5544444412) 巽(5552511135)

十一画

盏(11153425221) 球(11211241344) 現(11212511135) 理(11212511211) 素(11245554234) 規(11342511135) 覑(11542511354)
覔(11542511354) 叓(11542522154) 捧(12111134112) 捧(12111134152) 掛(12112112124) 掕(12112134354) 掑(12112211134)
掿(12112213251) 埬(12112511234) 馱(12112511344) 域(12112511534) 駇(12112513134) 馿(12112514513) 垩(12113435121)
排(12121112111) 焉(12121154444) 措(12121212511) 掃(12125111124) 掍(12125111535) 提(12125112134) 敢(12125113134)
揤(12125153251) 掕(12125221354) 敢(12125343134) 堥(12131211121) 遊(12131521454) 搜(12132151154) 赦(12132343134)
赧(12132345254) 堆(12132411121) 推(12132411121) 頂(12132511134) 塢(12132511151) 捭(12132511312) 垷(12132511351)
塊(12132511354) 掉(12132511412) 捨(12134112251) 埝(12134234251) 採(12134431234) 援(12134431354) 捻(12134454251)
捻(12134454544) 教(12135213134) 惡(12135544544) 掠(12141251234) 培(12141431251) 接(12141431531) 捞(12141434553)
執(12143112351) 執(12143112354) 執(12143112354) 達(12143112454) 達(12143112454) 捲(12143113455) 喆(12143443251)
控(12144534121) 探(12145341234) 索(12145554234) 掃(12151145252) 敬(12152513134) 掇(12154545454) 旺(12211111214)
睛(12211112135) 珹(12211113534) 時(12211121124) 時(12211121124) 昨(12211131211) 聃(12211132525) 基(12211134121)
眠(12211151515) 眠(12211151515) 眠(12211151515) 聉(12211152511) 菁(12211211324) 茺(12212121325) 萊(12212343434)
勒(12212511253) 勒(12212511253) 勒(12212511253) 勒(12212511253) 勒(12212511253) 黄(12212512134) 恭(12213424134)
萘(12215411234) 菲(12221112111) 菓(12225111234) 菓(12225111234) 莆(12225112511) 葛(12225113515) 莫(12225121134)

蕚(12225125115) 萝(12225221354) 萝(12225221354) 萎(12231234531) 菜(12234431234) 菊(12235431234) 萃(12241343412)
蔺(12242515234) 晋(12243125121) 莱(12245111234) 营(12245251251) 莑(12245431112) 真(12251112134) 乾(12251112315)
乾(12251112315) 萧(12251123234) 丧(12251341534) 喪(12251541534) 莊(12252131214) 萠(12252132511) 桃(12341113115)
栟(12341121132) 栟(12341121135) 柄(12341121324) 梧(12341134251) 梼(12341221124) 榜(12341224553) 埜(12341234121)
楚(12341234454) 梗(12341251134) 梧(12341251251) 栢(12341324251) 棱(12341341534) 梳(12341351113) 梢(12342432511)
桯(12342511121) 梘(12342511135) 梩(12342511211) 桐(12342512251) 栰(12343121534) 梸(12343123422) 梅(12343155414)
梹(12343212134) 裘(12343413534) 麦(12343434354) 梯(12344351523) 椎(12345151111) 桶(12345425112) 救(12413443134)
斬(12511123312) 專(12511214124) 曹(12512212511) 悪(12512214544) 敕(12512343134) 副(12512512122) 區(12512512515)
堅(12512554121) 票(12522111234) 𩁹(12524444211) 雩(12524444425) 配(12535111515) 覔(13242511135) 厠(13251113422)
夏(13251113453) 硫(13251113533) 砚(13251135435) 夏(13251145354) 硃(13251311234) 研(13251431132) 碇(13251445121)
碾(13251513533) 厓(13411211214) 奎(13443121121) 残(13541115344) 怨(13545154544) 盛(13553425221) 雷(14512125121)
雲(14524444115) 𩁱(14524444121) 雪(14524444511) 鸦(15233251151) 虛(15312122431) 虚(15312122431) 虘(15312125221)
虜(15312135334) 虜(15312135334) 鸭(15351235451) 皆(21211532511) 皆(21211535411) 砦(21213513251) 皆(21213525111)
虚(21531522431) 虞(21532511134) 景(22511135234) 賢(22542511134) 惵(23122151234) 㠥(23251211222) 帡(23325121412)
雀(23432411121) 堂(24345251121) 常(24345251252) 暁(25111121132) 暁(25111121135) 晒(25111125351) 匙(25111213435)
晒(25111253511) 敗(25111343134) 販(25111343354) 眼(25111511534) 哏(25112111534) 黒(25112114444) 野(25112115452)
啫(25112132511) 啦(25112141431) 啞(25112155121) 唧(25112211152) 喏(25112213251) 嗊(25112225134) 显(25112241341)
啚(25112252511) 閉(25112511123) 問(25112511251) 要(25112511531) 婁(25112512531) 曼(25112522154) 喇(25112523422)
喃(25112524444) 哂(25112535111) 晧(25113121251) 晗(25113445251) 晚(25113525135) 喙(25114312534) 晩(25114325135)
晩(25114325135) 眼(25114511534) 骈(25115331151) 嘫(25115354444) 異(25121122134) 啨(25121212511) 略(25121354251)
畧(25121354251) 蛉(25121434454) 蚊(25121441431) 蛘(25121443112) 蛀(25121444512) 蛇(25121444535) 蚾(25121453254)
累(25121554234) 農(25122113534) 哨(25123432511) 𠺌(25124325251) 哻(25125111124) 唱(25125112511) 國(25125115341)
患(25125124544) 留(25125125121) 啝(25131234251) 啤(25132511312) 嗅(25132534134) 嗅(25132534134) 啥(25134112251)
唫(25134112431) 喻(25134125152) 唅(25134243251) 唉(25134431134) 呼(25134435112) 啄(25134435335) 唅(25134454251)
唔(25135152511) 嚌(25141343211) 嚌(25141343511) 嗄(25141351134) 跣(25143115325) 跅(25143121124) 咲(25143125134)
嗲(25143134333) 喧(25144525111) 啌(25144534121) 啹(25151124134) 怨(25153444544) 唅(25154134111) 嗲(25154134333)
罵(25211211251) 幟(25211212154) 帳(25212111534) 崖(25213121121) 署(25221354251) 逻(25221354454) 帽(25225112511)
崔(25232411121) 崩(25235113511) 崇(25244511234) 過(25525251454) 骨(25545253134) 铜(31115251251) 银(31115511534)
铌(31121251515) 毬(31151241344) 毯(31153541234) 毪(31154511534) 悮(31212511134) 将(31213544124) 梨(31234221234)
犁(31234223112) 烈(31234224544) 移(31234354354) 秽(31234511354) 動(31251121153) 禹(31251125214) 秀(31342512534)
笨(31431412341) 笼(31431413511) 笼(31431413534) 笼(31431413554) 笆(31431421135) 符(31431432124) 笠(31431441431)
筠(31431445453) 第(31431451523) 笏(31431452453) 筊(31431453154) 敏(31554143134) 與(32112511134) 髮(32115111354)
備(32122135112) 做(32122513134) 牌(32152511312) 偕(32153532511) 袋(32154413534) 傕(32235425121) 偶(32251125214)
偲(32251214544) 傀(32325113554) 偷(32341251122) 倫(32342522111) 貨(32352511134) 進(32411121454) 停(32412514512)
偏(32451325122) 躯(32511131355) 鳥(32511154444) 阜(32511251112) 阜(32511251112) 魴(32511354153) 魁(32511354412)
娜(32511511352) 假(32512115154) 假(32512515154) 偉(32521251152) 衆(32522153534) 徒(33212212134) 得(33225111124)

得(33225111124) ⿰彳岡(33225431252) 從(33234342134) 従(33243112134) 御(33245115452) 徤(33251111254) 盘(33541425221)
船(33541435121) 船(33541435251) 船(33541443251) 斜(34112344412) 釣(34112431354) 釵(34112431434) 釖(34112431534)
釼(34112431534) 鈫(34112431534) 稀(34123413252) 盒(34125125221) ⿰亻鳥(34232511151) 贪(34241342534) 畬(34253425121)
⿱父車(34341251112) ⿱父車(34341251112) 欲(34342513534) 爺(34345115452) 彩(34431234333) 爱(34434511354) 爱(34434513544)
晉(34434525151) 爱(34434534354) 貪(34452511134) 领(34454132534) 貧(34532511134) 脿(35111121135) 胯(35111134112)
⿰月吞(35111134251) 脚(35111215452) 膀(35111224553) 豚(35111353334) 脾(35112511312) 脾(35112512114) 脾(35112512114)
脾(35112512152) ⿰月剌(35113123422) 脱(35114325135) 腦(35115552534) 腦(35115553452) 腦(35115553452) 彫(35121251333)
詹(35134111251) 鲁(35251212511) 奂(35251214334) 魚(35251214444) 象(35251353334) ⿰犭奉(35311134112) 猿(35311213534)
欸(35311343534) 猪(35312132511) 猪(35312213251) 猫(35312225121) 猫(35312225121) 猶(35312235251) 然(35313444444)
猓(35325111234) 猩(35334433121) ⿰角去(35351112154) 斛(35351124412) 猛(35352125221) 然(35413444444) 祭(35433411234)
祭(35445411234) 凑(41111341134) ⿰訁井(41112511132) 許(41112513112) 訢(41112513312) 訢(41112513312) 論(41112513435)
設(41112513554) 訪(41112514153) ⿰訁丑(41112515211) 凄(41125112531) 溂(41125123422) 洭(41131211214) 淫(41132412121)
湎(41132522111) 髙(41221125251) 郭(41221152152) 温(41251125221) 亶(41251212511) 亮(41251213544) 就(41251234354)
毫(41251453115) 庶(41312214444) 麻(41312341234) 庫(41312511124) 座(41325134121) ⿸疒圭(41341121121) ⿸疒吉(41341121251)
痼(41341251341) ⿸疒先(41341312135) 痕(41341511534) 廊(41345115452) 离(41345225354) 离(41345225354) 离(41345225354)
康(41351124134) 庸(41351125112) 齐(41354433211) 渡(41413122154) 章(41431251112) 章(41431251121) 竟(41431251135)
産(41431331121) 竜(41434525115) 涯(41513121121) 渥(41513154121) 族(41533131134) 望(41535111121) 竟(41542511354)
阑(42512511234) 善(43111225221) 着(43111325111) ⿱龹土(43111341121) 拳(43111343112) 剃(43111343222) 盖(43112125221)
瓶(43113211354) 瓶(43113211355) ⿱龹氺(43113424134) 華(43121135112) ⿰米平(43123414312) 粘(43123421251) 畨(43123425121)
⿰米卬(43123425152) ⿰米令(43123434154) ⿰米卯(43123435452) 粒(43123441431) 粗(43123452252) 断(43123453312) 粭(43123454251)
⿰米母(43123455414) 勤(43125112153) 剪(43125112253) 萝(43125221354) 道(43132511454) 面(43132522111) 欲(43134251354)
垄(43135435121) 兽(43251211251) 曾(43251212511) 魚(43251214444) 龟(43253435112) ⿰火丰(43341121132) ⿰火夫(43341121134)
烤(43341121135) ⿱父車(43341251112) ⿰火豆(43341251431) 烟(43341253452) 焞(43344125152) ⿰火录(43345114334) 能(43351123535)
斛(43351124412) 清(44111212511) 添(44111342444) 淋(44112341234) 酒(44112535111) 涯(44113121121) 清(44121212511)
⿰冫得(44123443124) 淂(44125111124) 混(44125111535) 溴(44125125134) 淮(44132411121) 淫(44134433121) 淰(44134454544)
湣(44135152511) 涼(44141251234) 済(44141342511) 済(44141343211) 済(44141343511) 洛(44141354251) 浴(44143134251)
淡(44143344334) 淀(44144512134) 涙(44145131344) 深(44145341234) 渌(44151124134) 温(44152125221) 婆(44153254531)
梁(44153441234) 涡(44154251251) 情(44211212511) ⿰忄胃(44225112511) ⿰忄胃(44225113511) 惱(44225213452) 愣(44225221354)
惟(44232411121) 惮(44243251112) 們(44251122511) 惱(44255525341) 逗(44512121454) 宰(44512143112) 宸(44512211534)
寅(44512512134) 寅(44512512134) 宰(44513252212) 寄(44513412512) 寘(44525111134) 逗(44532121454) 宿(44532132511)
寉(44532411121) 寕(44532522112) 寧(44532522452) 究(44534325135) 客(44534354251) ⿱宀朋(44535113511) 寃(44535251354)
密(44545434252) 蜜(44554251214) 恳(45115344544) 谋(45122111234) 谍(45122151234) 啟(45132513134) 啓(45133134251)
⿰衤自(45234325111) 補(45241251124) 視(45242511135) 裡(45242511211) 祸(45242512534) ⿰礻希(45243113252) ⿰礻次(45244313534)
裉(45244511534) 裙(45245113251) [illegible](45245531521) 谓(45251212511) 论(45341251221) 尋(51112115124) 畫(51112125221)
尋(51112135124) 閆(51122511111) 留(51135225121) 敢(51221113134) 層(51341253452) 張(51512111534) ⿰弓羽(51515541541)
弹(51543251112) 強(51554251214) ⿰子其(52112211134) 疏(52121154325) 隋(52131212511) 惐(52131354534) 堕(52132511121)

屓(52132511134) 随(52132511454) 㹁(52132522135) 將(52133443124) 蛋(52134251214) 㺜(52142515234) 孤(52152125221)
陏(52153532511) 陽(52251113533) 怈(52251114544) 慢(52251145354) 惘(52251212511) 懷(52252213534) 惱(52252413452)
憮(52311222211) 陰(52341211154) 隆(52354111252) 隆(52354111252) 隆(52354112152) 隆(52354121121) 降(52354131112)
隆(52354131121) 隊(52431353334) 娬(53111212154) 婧(53111212511) 婭(53112155121) 媎(53112535111) 婚(53112535111)
婢(53125121412) 婚(53135152511) 婈(53141323544) 婄(53141431251) 矞(53154253434) 媒(53254122134) 焊(53432511312)
畜(54132522111) 習(54154132511) 能(54251112154) 能(54251112154) 㲋(54251135435) 皱(54251153254) 㬃(54251452511)
発(54334125135) 發(54334141254) 網(55125431415) 綢(55135121251) 貫(55212511134) 鄉(55345115452) 紆(55444411123)
絑(55444412341) 組(55444425111) 細(55444425121) 紳(55444425121) 絧(55444435112) 紋(55444441431) 紼(55444451532)
経(55444454121) 巢(55525111234) 巢(55525111234)

十二画

秽(111234354354) 耪(111234511354) 素(111245554234) 琹(112111211121) 琴(112111213445) 琵(112111214544) 琶(112111215215)
琪(112112211134) 斑(112141341121) 素(112145554234) 替(113411342511) 奁(113444112154) 夓(115425221354) 㚔(115425224553)
魂(115432511354) 㝃(115432511354) 堯(121121121135) 堯(121121121135) 撓(121121122135) 塔(121122341251) 墒(121122543112)
遠(121123534454) 摳(121125125215) 項(121132511134) 越(121213415534) 超(121213453251) 貢(121222511134) 攬(121223142535)
堤(121251112134) 提(121251112134) 堋(121251113422) 揚(121251113533) 博(121251124124) 喜(121251431251) 彭(121251431333)
鼓(121251431534) 賣(121252212534) 撈(121252214153) 歌(121252513534) 插(121312321511) 捶(121312511211) 搜(121321511254)
堄(121325113535) 塊(121325113554) 煮(121325114334) 煮(121325114444) 搥(121325151454) 塔(121342534251) 搭(121342534251)
挽(121352513544) 換(121352534134) 換(121352534134) 搃(121355114544) 堎(121413122154) 裁(121413534534) 揥(121414345252)
塘(121423511234) 達(121431112454) 搽(121431113432) 捲(121431113455) 執(121431121351) 執(121431121354) 執(121431121354)
報(121431125254) 搭(121431234251) 㨿(121431234454) 摟(121431234531) 損(121432511134) 揔(121432514544) 壹(121451251431)
壺(121452155121) 墇(121521251152) 撰(121543341134) 惡(121551214544) 搯(121555413452) 聝(122111113534) 聨(122111121132)
聴(122111121135) 聴(122111121135) 聏(122111125351) 聑(122111132522) 聝(122111132534) 聬(122111213234) 斯(122111343312)
期(122111343511) 欺(122111343534) 䁖(122111511534) 華(122112135112) 睄(122112432511) 勒(122112511253) 晧(122113121251)
晗(122113445251) 晗(122113445251) 晚(122113525135) 晚(122113525135) 睌(122114325135) 睌(122114325135) 睌(122114325135)
睌(122114325135) 華(122121135112) 葉(122122111234) 勤(122122112153) 葉(122122151234) 勒(122125111253) 勒(122125111253)
勒(122125111253) 勤(122125112153) 勤(122125112153) 勤(122125112153) 散(122125113134) 散(122125113134) 朝(122125113511)
欸(122132513534) 封(122134121124) 菈(122135435121) 蔺(122142515234) 業(122143111234) 業(122143111234) 業(122154111234)
萛(122251113444) 萬(122251125214) 萵(122251125252) 葛(122251135345) 蓌(122251135444) 曹(122251212511) 蕚(122251251115)
茍(122251251251) 蕚(122251252115) 莨(122253413534) 菲(122311311112) 董(122312511211) 葆(122322511234) 敬(122352513134)
葸(122355114544) 萎(122431234531) 落(122441354251) 菌(122442515234) 朝(122511123511) 喪(122512511534) 喪(122513413534)
萺(122521325111) 桃(123411131115) 尭(123411131115) 棒(123411134112) 栋(123411213534) 桂(123412135121) 棋(123412211134)
椅(123412212124) 焚(123412344334) 焚(123412344444) 楝(123412511234) 棫(123412511534) 棲(123415112531) 棧(123415341534)
棑(123421112111) 棹(123421251112) 棵(123425111234) 棵(123425111234) 棍(123425111535) 棙(123425113132) 棲(123431234531)
槐(123432511354) 巫(123434343411) 棚(123435113511) 椋(123441251234) 椅(123441343211) 椅(123441343241) 棱(123441431531)
椿(123443113432) 棺(123444525151) 椂(123451124134) 椃(123451145252) 枩(123452251441) 極(123452251541) 楪(123453441234)

軻(125111212512) 惠(125112144544) 逼(125125121454) 覃(125221251112) 棘(125234125234) 頼(125234132534) 烎(125244444334)

厨(131251431124) 硒(132511134251) 磅(132511224553) 硬(132511251134) 砳(132511251251) 硃(132511431234) 碀(132512511121)

硯(132512511135) 碁(132512512134) 碑(132512512152) 础(132512525215) 碍(132512534124) 硍(132512534134) 砟(132513231211)

硫(132514154325) 磽(132514313511) 碇(132514455134) 惪(132522114544) 尞(134432511234) 奞(134432511234) 殘(135415341534)

烈(135422325221) 雄(135432411121) 需(145234132522) 雲(145244441154) 雳(145244442534) 雅(152332411121) 鸦(152332511151)

虚(153121122431) 虚(153121122431) 斐(211121114134) 悲(211121114544) 督(211234542511) 兆(211325113435) 輩(211351251112)

紫(212135554234) 累(225111554234) 掌(243452513112) 哷(251111234315) 唪(251111342511) 暑(251112132511) 墨(251112134121)

最(251112211154) 晤(251112212511) 量(251112511211) 嗦(251113424134) 貽(251113441431) 嘵(251121221135) 啢(251122125211)

喏(251122134515) 喋(251122151234) 嗔(251122511134) 喇(251123425111) 開(251125111132) 暟(251125111154) 間(251125112511)

閅(251125112534) 閔(251125113544) 閔(251125114134) 嬰(251125114134) 閃(251125114334) 悶(251125114544) 喇(251125123422)

嘍(251125221531) 喊(251131251534) 喱(251132511211) 畐(251132522111) 晗(251134112251) 晗(251134454251) 晗(251134454544)

景(251141251234) 暗(251141431251) 晩(251143125135) 睒(251144512134) 蛫(251151515115) 喈(251153532511) 跓(251212121124)

跑(251212135515) 跎(251212144535) 貴(251212511134) 唬(251212514444) 蛴(251214113412) 蛙(251214121121) 蛚(251214135422)

蚱(251214153512) 蛸(251214243511) 蜩(251214251251) 蜓(251214311254) 蛑(251214311352) 蜓(251214312154) 蛤(251214341251)

蛫(251214351355) 蛒(251214354251) 農(251221413534) 聑(251251122111) 喤(251251131121) 喟(251251212511) 喗(251251213432)

單(251251251112) 嗯(251255114544) 唷(251311325111) 啾(251312344334) 唸(251341154251) 啥(251342534251) 喙(251343124134)

喒(251344154251) 嗂(251344311252) 唉(251344331134) 嗅(251352511134) 唤(251352534134) 喑(251414312511) 喭(251414313333)

啼(251414345252) 喽(251431134111) 踈(251431154325) 喽(251431234531) 跖(251431331251) 踂(251431333534) 跪(251431351355)

路(251431354251) 跤(251431413434) 跟(251431511534) 蹈(251431555251) 臨(251513142521) 嘢(251543341132) 罵(252211211251)

買(252212511134) 還(252213534454) 帽(252251125111) 嵬(252325113554) 圓(252512511134) 崮(252521325111) 罧(253412341234)

黑(254312114444) 頓(255132511134) 圍(255212511521) 裴(311121114334) 螃(311211224553) 無(311222213434) 無(311222214444)

犇(311231213112) 短(311341251431) 智(311342512511) 氣(311534431234) 程(312342511121) 犁(312343533112) 税(312344325135)

裹(312511213534) 筐(314314111215) 等(314314121124) 筈(314314121251) 笼(314314135111) 笼(314314135113) 笼(314314135334)

笼(314314135334) 笼(314314135444) 筒(314314251251) 筵(314314321254) 筷(314314321344) 答(314314341251) 箣(314314452453)

筆(314314511112) 節(314314511352) 筦(314314521354) 傲(321121533134) 叟(321151111254) 偶(321211254444) 僕(321221251134)

備(321221325112) 傳(321251121124) 傅(321251124124) 偏(321251254312) 價(321252212534) 牌(321532511312) 貸(321542511134)

順(322132511134) 儠(323412343554) 傑(323541521234) 集(324111211234) 追(324111251454) 傭(324135112251) 傍(324143454153)

晧(325111224553) 韋(325111251211) 躰(325111312341) 兆(325112113535) 皓(325113121251) 魃(325113553254) 蛇(325121444535)

假(325125115154) 偘(325134253452) 衆(325221323334) 粵(325431234115) 奥(325431234134) 奥(325431234134) 遁(331225111454)

慫(331235344544) 街(332121121112) 偍(332251112134) 復(332312511354) 送(332431134454) 須(333132511134) 鉅(341124311515)

鈔(341124312343) 鋼(341124312534) 欽(341124313534) 鈎(341124313541) 鈞(341124313544) 鈎(341124313554) 會(341251122511)

會(341251212511) 會(341251212511) 貧(342432511134) 會(342512112511) 爺(343412211152) 兼(343412511234) 爺(343415115452)

傘(343434343412) 傘(343434343412) 爺(343445115452) 禽(344134522554) 阶(344312512342) 遥(344332121454) 爲(344335554444)

愛(344345113134) 愛(344345113544) 飪(344511543121) 飯(344511543354) 飲(344511543534) 貪(344542511134) 腊(351112212511)

腊(351112212511) 腒(351125112511) 腸(351125113533) 脾(351125121124) 腰(351132125134) 脾(351132511312) 脾(351132512114)

勝(351143113431) 勝(351143113453) 脂(351143134251) 腩(351143135112) 腒(351152132511) 膩(351355335112) 督(351512542511)

鲁(352512112511) 魞(352512113424) 鲃(352512115215) 鲁(352524312511) 角(352534135112) 狼(353325112534) 㺜(353431234531)

然(354413444444) 頙(355132511134) 証(411125112121) 詐(411125131211) 訴(411125133124) 該(411125141553) 詠(411125145534)

詞(411125151251) 詔(411125153251) 馮(411211254444) 婁(411251124531) 减(411331134534) 源(411332511234) 装(412121413534)

蛮(412234251214) 就(412512341354) 禀(412522111234) 曾(412524312511) 廂(413123425111) 庭(413235443121) 廬(413251125221)

斌(413411212154) 涂(413411234121) 塗(413411234121) 痕(413411511534) 痲(413412512341) 㾾(413415112234) 痦(413415112251)

痃(413415154444) 痛(413415425112) 鸿(413432511151) 斎(413443132522) 离(413452253434) 庾(413512213434) 溏(414135112251)

童(414312511211) 竟(414312511354) 旁(414313344153) 旁(414345253434) 旁(414345344153) 旗(415312211134) 旃(415331342512)

旅(415331344444) 齊(415333543211) 冤(415425113544) 冤(415425113554) 魂(415432511354) 傅(421251124124) 阑(425125431234)

善(431112431251) 羡(431121413534) 叁(431134154121) 普(431224312511) 粘(431234252252) 粑(431234311252) 粝(431234331251)

粦(431234354152) 粧(431234413121) 粮(431234511534) 道(431251112454) 萬(431251125214) 蕚(431251252115) 奠(431252211134)

尊(431253511124) 奠(431253511134) 道(431325111454) 欲(431342513534) 眷(431345113251) 遂(431353334454) 慈(431554244544)

曾(432512112511) 曾(432524312511) 烓(433411211321) 烓(433411211324) 焚(433412341234) 煉(433412511234) 焠(433421112111)

焯(433421251112) 鸠(433432511151) 勞(433443344553) 凑(441111341134) 添(441113424134) 渇(441121125125) 漠(441122251134)

漆(441122341234) 湖(441122513511) 凄(441125112531) 溂(441125123422) 涇(441132412121) 滞(441221511234) 測(441251113422)

湯(441251113533) 温(441251125221) 渭(441251212511) 澇(441252214153) 淌(441252251251) 渚(441253425121) 滑(441255452511)

淥(441343124134) 淥(441343124134) 涤(441354124134) 湾(441412234515) 渡(441413122154) 洋(441431111234) 溸(441431113432)

溇(441431234531) 湔(441431251122) 溪(441432511134) 渾(441451251112) 淚(441451331134) 渥(441513154121) 愊(442125125215)

惰(442131212511) 惱(442243413452) 愠(442251125221) 愦(442252134334) 悕(442414345252) 阑(442512511234) 惏(442543341132)

惱(442555325341) 惱(442555413452) 惱(442555413452) 覚(443452511135) 割(445111225122) 寒(445112213444) 褰(445112213534)

寛(445122511135) 富(445125125121) 寔(445251112134) 寡(445251113453) 寓(445251125251) 寧(445325224512) 寬(445342511135)

窟(445342514544) 窖(445343121251) 窕(445343525135) 寃(445352513554) 寄(445414312512) 害(445431121251) 讲(451122125211)

冯(451211254444) 谨(451221251121) 谟(451222511134) 運(451251112454) 肥(451325115215) 遍(451325122454) 補(452341251124)

裙(452345113251) 裱(452411213534) 褐(452412112535) 裸(452425111234) 禍(452425525251) 棚(452435113511) 禄(452451124134)

超(452511212134) 谢(453251113124) 尋(511121251124) 閃(511225111134) 閑(511225111234) 閏(511225114412) 敕(511241343134)

覓(511352251135) 毳(511354111234) 遐(512115154454) 属(513325125214) 屢(513431234531) 强(515251251214) 費(515322511134)

巽(515515122134) 疏(521214154325) 違(521251152454) 隔(521251254312) 隋(521312125111) 勇(521542511253) 険(523412111534)

隘(524313425221) 媙(531112121534) 婡(531112344544) 媒(531122111234) 媟(531122151234) 嫩(531122513134) 媪(531125125121)

嫗(531125125215) 媤(531251214544) 媒(531322511234) 婭(531344312121) 媗(531413225111) 媚(531521325111) 賀(532512511134)

飫(542511112154) 皐(542514554121) 鸡(543251154444) 凳(543341251135) 登(543341251431) 發(543345153554) 缌(551432514544)

绣(551542511253) 缘(551551353334) 絿(554444111234) 結(554444121251) 綎(554444122134) 緬(554444132522) 綑(554444135422)

納(554444253434) 絨(554444321534) 經(554444343121) 絡(554444354251) 絶(554444355215) 絞(554444413434) 絲(554444554234)

幾(554554134534) 断(555513453312)

十三画

瑟(1121112145434) 琉(1121214154325) 瑞(1121252132522) 遨(1121533134454) 頑(1135132511134) 憂(1154252245354)

夒(1154252245354) 冤(1154325113544) 魂(1154325113554) 冤(1154325113554) 髪(1211154333531) 肆(1211154511112)

攉 (1211221122112)	塻 (1211222511134)	摸 (1211222511134)	填 (1211225111134)	搸 (1211245554234)	捷 (1211251112454)
載 (1211251112534)	駄 (1211254444134)	翅 (1212134541541)	疏 (1212141154325)	鵈 (1212332511151)	損 (1212512511134)
摟 (1212512512531)	遠 (1212513234454)	髪 (1212513331354)	摜 (1212522511135)	盐 (1213121125221)	盐 (1213125125221)
攜 (1213241112153)	墝 (1213251135354)	起 (1213355154544)	摇 (1213443311252)	摓 (1213541112454)	塱 (1214125152152)
塘 (1214135112251)	搪 (1214135112251)	搒 (1214143454153)	逍 (1214342432511)	晒 (1221111253511)	聄 (1221111351113)
聖 (1221112511121)	聖 (1221112511121)	脱 (1221114325135)	華 (1221121135112)	聆 (1221134114544)	聆 (1221134243251)
聤 (1221141431251)	聤 (1221141431251)	基 (1221145154121)	業 (1221154111234)	業 (1221154111234)	對 (1221154121124)
萬 (1221211254444)	蓋 (1221215425221)	鄞 (1221251112152)	勤 (1221251112153)	蓮 (1221251112454)	勤 (1221251113453)
勤 (1221251113453)	靴 (1221251123235)	蒔 (1222511121124)	墓 (1222511134121)	慕 (1222511134234)	葛 (1222511352121)
夢 (1222522145354)	蓄 (1223424134251)	蒼 (1223445113251)	蓬 (1223541112454)	蓑 (1224125113534)	蒲 (1224411251124)
蓉 (1224453434251)	蒙 (1224511353334)	幹 (1225111234112)	献 (1225431121344)	献 (1225431121344)	献 (1225431121344)
蓋 (1225443251214)	楪 (1234122111234)	楼 (1234122121124)	楪 (1234122151234)	楷 (1234122341251)	禁 (1234123411234)
楚 (1234123452134)	楝 (1234125121531)	樱 (1234125221531)	榁 (1234132412121)	楨 (1234132511134)	械 (1234134334534)
楾 (1234251112134)	楊 (1234251113533)	想 (1234251114544)	楇 (1234251125214)	楞 (1234252214153)	楫 (1234255452511)
橋 (1234313412534)	槐 (1234325113554)	椋 (1234412513534)	榥 (1234412514535)	榇 (1234431113432)	椪 (1234431121134)
楼 (1234431234454)	楼 (1234431234531)	樬 (1234432514544)	轎 (1251112313432)	較 (1251112413434)	頼 (1251234132534)
賴 (1251234352534)	毆 (1251251153134)	歐 (1251252153534)	歐 (1252512153534)	酬 (1253511434242)	酹 (1253511445124)
感 (1312515344544)	奡 (1325111453453)	愿 (1325112344544)	碍 (1325125111124)	碍 (1325125341124)	碓 (1325132411121)
碓 (1325132411121)	碑 (1325132511312)	碎 (1325141343412)	磃 (1325142515234)	碰 (1325143122431)	碇 (1325144512134)
碹 (1325144525151)	碗 (1325144535455)	碌 (1325151124134)	登 (1344344534121)	鴉 (1412332511151)	雷 (1452444425121)
零 (1452444434454)	雅 (1512332411121)	雅 (1523132411121)	頓 (1525132511134)	厦 (1531212511134)	督 (2112345425111)
歲 (2121131233534)	歲 (2121311234534)	歲 (2121311234534)	觜 (2121353535112)	虞 (2153152511134)	業 (2243143111234)
對 (2243154121124)	量 (2251112511211)	當 (2434525125121)	睹 (2511112132511)	睦 (2511112134121)	嗤 (2511112343115)
嗤 (2511112343115)	啞 (2511121431121)	嗷 (2511121533134)	嗉 (2511121554234)	嘖 (2511122125211)	嬰 (2511125111531)
睡 (2511131212211)	賎 (2511134111534)	賊 (2511134113534)	賊 (2511134113534)	賘 (2511134243135)	暖 (2511134431354)
暗 (2511141431251)	嗎 (2511211254444)	嘩 (2511221122112)	嗼 (2511222511134)	嘈 (2511224312511)	嗔 (2511225111134)
嗔 (2511225112134)	鴨 (2511232511151)	嗹 (2511251112454)	閨 (2511251131214)	嘌 (2511252214544)	戥 (2511311211534)
嗄 (2511325111354)	嬰 (2511325111354)	晗 (2511342534251)	暖 (2511344311354)	唵 (2511344325115)	盟 (2511351125221)
晚 (2511352513554)	歇 (2511353453534)	暗 (2511414312511)	照 (2511432514444)	號 (2511515312135)	號 (2511521531535)
照 (2511532514444)	畢 (2512112143112)	嗊 (2512112511134)	跨 (2512121113412)	跨 (2512121134115)	蹠 (2512121154325)
跳 (2512121341534)	跪 (2512121351355)	路 (2512121354251)	跑 (2512121413515)	跟 (2512121511534)	蹈 (2512121555251)
園 (2512125132541)	魄 (2512132511354)	蛤 (2512141134251)	蟒 (2512141224553)	蜈 (2512142511134)	鯉 (2512142511211)
蜂 (2512143541112)	豊 (2512211251431)	農 (2512211311534)	費 (2512212513534)	粲 (2512234111234)	嗣 (2512512251251)
嘿 (2512522112121)	嗾 (2513143141344)	嗾 (2513143143134)	嗳 (2513443451354)	溪 (2513443554134)	嚠 (2513545325121)
嘀 (2514134522554)	嗐 (2514135112251)	唵 (2514143125115)	踏 (2514311134251)	踏 (2514312534251)	踏 (2514313515251)
踈 (2514314154325)	嗯 (2515115344544)	緊 (2515154554234)	嗡 (2515413424134)	蹴 (2521123413534)	頓 (2521132511134)

崴 (2521311234534)
崴 (2521312343534)
還 (2522111324454)
罫 (2522112112124)
置 (2522112251111)
置 (2522112251112)
罧 (2522112341234)
還 (2522113534454)
還 (2522115234454)
罪 (2522121112111)
蜀 (2522135251214)
错 (3111512212511)
雉 (3113432411121)
甏 (3113523251135)
辞 (3122514143112)
敌 (3123215113134)
歃 (3123215113534)
蛰 (3123422251214)
稔 (3123434454544)
犂 (3123435333112)
愁 (3123443344544)
裹 (3125112113534)
笄 (3143141121132)
筭 (3143141121135)
笿 (3143141134251)
篤 (3143141211251)
篭 (3143141351114)
篭 (3143141351134)
篭 (3143141351154)
篭 (3143141351154)
管 (3143141511155)
管 (3143141515111)
管 (3143141515151)
算 (3143142511132)
筫 (3143142511134)
算 (3143142511135)
筶 (3143143121251)
简 (3143144252511)
節 (3143145115452)
筒 (3143145212512)
篮 (3143145325221)
與 (3211151511134)
偶 (3212211254312)
傅 (3212511214124)
傲 (3212512343134)
牒 (3215122151234)
傾 (3215132511134)
備 (3221221335221)
傍 (3224143454153)
償 (3224345251121)
儂 (3225122113534)
催 (3225232411121)
傷 (3231251113533)
傲 (3232511133134)
僨 (3234532511134)
窰 (3235234355215)
僧 (3235251212511)
僂 (3243125221354)
僧 (3243251212511)
躺 (3251113243511)
躯 (3251113325221)
楽 (3251141341234)
舵 (3251214351355)
皐 (3251445154121)
頓 (3255132511134)
衙 (3321251251112)
徹 (3321252343134)
微 (3322521353134)
從 (3323143142134)
愆 (3324411124544)
飔 (3353432511354)
銀 (3411121511534)
钱 (3411243111534)
鉢 (3411243112341)
鉠 (3411243125134)
鉄 (3411243131134)
鈴 (3411243134454)
會 (3412524312511)
僉 (3412534343434)
劔 (3425213434534)
貪 (3425342511134)
爺 (3434112211152)
貇 (3434251511534)
歌 (3443125123534)
遥 (3443132121454)
亂 (3443251253445)
遥 (3443311252454)
愛 (3443454544354)
貌 (3443533251135)
頒 (3453132511134)
頌 (3454132511134)
腊 (3511122125121)
腊 (3511122341251)
腩 (3511122543112)
腷 (3511125125121)
腰 (3511125221531)
脾 (3511251213112)
腮 (3511251214544)
腹 (3511312511354)
腴 (3511321251234)
滕 (3511431113432)
腾 (3511431134551)
腿 (3511511534454)
腦 (3511555325341)
腦 (3511555413452)
臨 (3515123112521)
魞 (3525121444424)
頓 (3525132511134)
猩 (3531122132515)
猩 (3531122132515)
獁 (3531211254444)
獁 (3531211254444)
獏 (3531222511134)
鳩 (3532511154444)
獙 (3532521353135)
獅 (3533251511252)
猺 (3533443311252)
猭 (3534451353334)
觧 (3535112431112)
觧 (3535112431112)
解 (3535112533112)
狠 (3535115344544)
飈 (3545412341234)
煞 (3551131344444)
詩 (4111251121124)
誇 (4111251134115)
誠 (4111251135534)
話 (4111251312251)
詢 (4111251352511)
諍 (4111251355112)
該 (4111251415334)
憑 (4112112514544)
凄 (4112125221354)
裏 (4125112113534)
就 (4125123413533)
襄 (4134112213534)
瘼 (4134125125134)
廉 (4134315112234)
遮 (4135112251454)
新 (4143112343312)
龍 (4143125111335)
龍 (4143125111354)
龍 (4143125111354)
龍 (4143125111354)
歆 (4143125113534)
意 (4143125114544)
潧 (4143251212511)
漏 (4151314524444)
齊 (4152533343211)
齊 (4152543343211)
旁 (4153252214153)
夔 (4154252245354)
賨 (4252212511134)
粆 (4311134321344)
義 (4311213121534)
養 (4311344511534)
普 (4312243125121)
糑 (4312341121324)
糈 (4312341221124)
粳 (4312341251221)
粞 (4312341324251)
数 (4312341343134)
粑 (4312342525215)
粭 (4312343434251)
粦 (4312343544412)
粮 (4312344511534)
粶 (4312345114334)
数 (4312345313134)
煎 (4312511224444)
慈 (4315545544544)
燒 (4334121122135)
煠 (4334122151234)
煙 (4334125221121)
煉 (4334125431234)
煩 (4334132511134)
烧 (4334412514535)
烊 (4334431113432)
煵 (4334431251122)
熘 (4334555413452)
觧 (4335112431112)
煞 (4351131344444)
黾 (4351212512145)
溝 (4411122125211)
濫 (4411153425221)
满 (4411221253434)
漠 (4411222511134)
漠 (4411222511134)
漠 (4411222511134)
淳 (4411312511521)
滅 (4411314334534)
源 (4411332511234)
準 (4413241112112)
塗 (4413411234121)
溪 (4413443451354)
滄 (4413445113251)
滾 (4414134543534)
溏 (4414135112251)
溯 (4414312533511)
溢 (4414313425221)
渫 (4414334431234)
溶 (4414453434251)
溺 (4415151151511)
溺 (4415154151541)
㴰 (4415425113535)
㴰 (4415425113535)
慎 (4421225111134)
愽 (4421251124124)
憮 (4423112222134)
㥠 (4423443554134)
懇 (4425115344544)
闌 (4425125431234)
誉 (4431344111251)
塞 (4451122134121)
寒 (4451221113444)
寛 (4451222511135)
寯 (4451325114153)

寡(4451325114553) 寡(4453251113453) 窮(4453251113515) 寢(4454125114554) 旁(4454143454153) 蜜(4455443251214)
實(4455512511134) 謹(4512212511121) [illegible](4523412213432) 禄(4523451124134) 福(4524125125121) 祿(4524343124134)
祿(4524343124143) 禄(4524354124134) 閏(5112251111214) 閙(5112251141252) 群(5113251431112) 羣(5113251431112)
殿(5131221343554) 殿(5131221345154) 辟(5132514143112) 属(5133125125214) 弴(5155425121452) [illegible](5211211254444)
隔(5212211254312) 惐(5212514544534) 遜(5213554234454) 慢(5225114513544) 隣(5243123435452) 惱(5255552413452)
媽(5311211254444) 嫁(5314451353334) [illegible](5425113535121) [illegible](5425113535454) 臯(5425145154121) 鸡(5432511154444)
凳(5433412511135) 發(5433451531134) 续(5511245554234) 缚(5511251124124) 绑(5513251113124) [illegible](5531211254444)
樂(5532511551234) 緟(5541125112114) 經(5542341555121) 絹(5542342512511) 練(5544441251234) 經(5544441555121)
緾(5544442511211) 綻(5544442512134) [illegible](5544443123422) 綉(5544443123453) [illegible](5544443231211) 綏(5544443443531)
絺(5544443515252) 絺(5544443534252) 綐(5544444325135) 廉(4143135112234)

十四画

覂(11135232511354) 碧(11213251113251) 慝(11221325154544) 頡(11252132511134) 碚(11342511134251) 髮(12111543331354)
墶(12112143112454) 撻(12112143112454) 撗(12112212512134) 撈(12112225221354) 橊(12112243125121) 壞(12112252211534)
墙(12112431252511) 摳(12112512512515) 摽(12112522111234) 馱(12112544441344) 馿(12112544444513) 聶(12112544445454)
搊(12114521135334) 墟(12115312122431) 趙(12121342432511) 墟(12121531522431) 墟(12121531522431) 擄(12121531535334)
攄(12121531535435) 敢(12125111343134) 摱(12125112522154) 摞(12125121554234) 臺(12125145154121) 壹(12125145251431)
擾(12125221354454) 擒(12131342512534) 赫(12132341213234) 擯(12134452511134) 增(12135251212511) 擼(12135253435112)
搬(12135351123554) 境(12141431251135) 攔(12142512511234) 播(12143123425121) 撈(12143125221354) 增(12143251212511)
摍(12144532131511) 壽(12151211251124) 墹(12154431251122) 睦(12211112134121) [illegible](12211112225134) 聕(12211141431251)
聕(12211141431251) 聕(12211141431251) 聚(12211154323334) 聚(12211154413534) 聹(12211342534251) 聹(12211342534251)
聹(12211342534251) 聕(12211414312511) 聕(12211414312511) 蓑(12214512213534) 慕(12225111342444) 暮(12225111342511)
摹(12225111343112) 葛(12225125125115) 葶(12225125125152) 遱(12225221354454) 熬(12235431344444) 蔡(12235445411234)
蔴(12241312341234) 蘭(12242512511234) 蒲(12244112524134) 蕩(12244125113533) 葿(12251111325111) 蕭(12251143123432)
蔭(12252341211154) 蓬(12252354131121) 椏(12341121431121) 榛(12341121554234) 模(12341222511134) 槤(12341251112454)
檻(12342231425221) 槽(12342512212511) 樓(12342512512531) 橿(12342522112121) 槍(12343445113251) 椁(12344122114512)
槁(12344125125251) 榜(12344143454153) 樣(12344311212534) 榻(12345134125341) 榿(12345425113535) 輕(12511121555121)
輗(12511124325135) 匱(12512125111345) 歌(12512125123134) 歌(12512125123534) 黎(12512343533444) 監(12512531425221)
頤(12521132511134) 覃(12522111212154) 醆(12535111415334) 酹(12535113443124) 酸(12535115434354) 歷(13123412342121)
曆(13123412342511) 歷(13123412344544) 晳(13251112132511) 砯(13251123431251) 厭(13251125111344) 厭(13251125111344)
碱(13251131251534) 碍(13251253411124) 碌(13251343124134) 磡(13251442515234) 碗(13251445135455) 碾(13251511534454)
愿(13325112344544) 奪(13432411121124) 遼(13432511234454) 殡(13541311534124) 需(14524444132522) 雹(14524444341251)
虛(15312125134121) 鸭(15351232511151) 歲(21211311234534) 歲(21211311234534) 貲(21213512251111) 雌(21213532411121)
覚(22112452511135) 對(22431431121124) 蒙(22434511353334) 曼(22511252211254) 嘗(24345251352511) 賤(25111341115344)
賊(25111341132534) 賠(25111341251251) 瞎(25111342534251) 賠(25111343121251) 賖(25111343411234) 暖(25111344311354)
煦(25111354224444) 縣(25111543554234) 嗽(25112125343134) 噠(25112143112454) 嘆(25112212511134) 嚠(25112243125121)

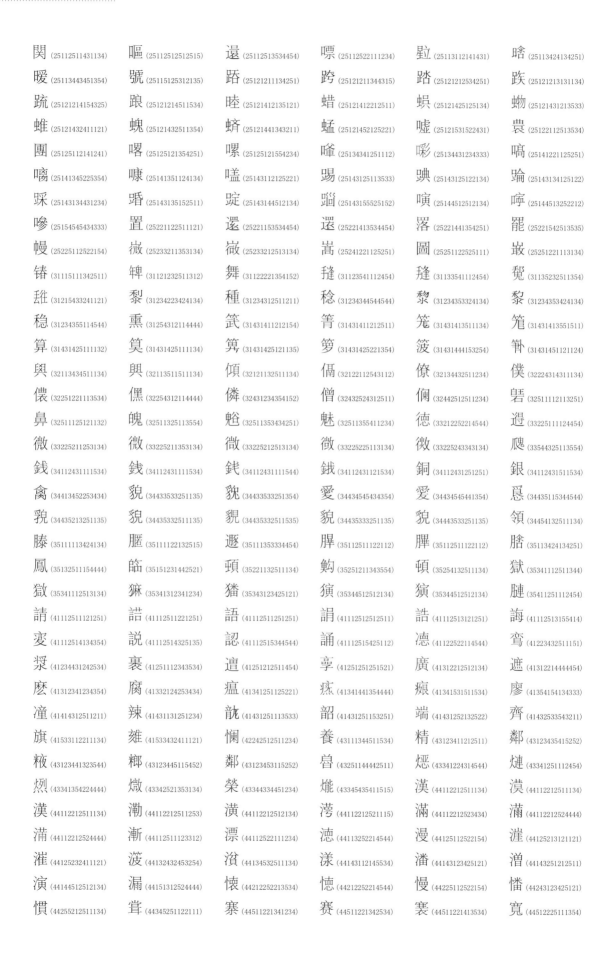

閿(25112511431134)	嘔(25112512512515)	還(25112513534454)	嘌(25112522111234)	跍(25113112141431)	晗(25113424134251)
暖(25113443451354)	虢(25115125312135)	踬(25121211134251)	跨(25121211344315)	踏(25121212534251)	跌(25121213131134)
蹠(25121214154325)	踉(25121214511534)	睦(25121412135121)	蜡(25121412212511)	蜈(25121425125134)	蜘(25121431213533)
蜼(25121432411121)	螝(25121432511354)	蛴(25121441343211)	蜢(25121452125221)	嘘(25121531522431)	農(25122112513534)
團(25125112141241)	噅(25125121354251)	嘿(25125121554234)	嗱(25134341251112)	嗲(25134431234333)	嗃(25141221125251)
嘀(25141345225354)	嗛(25141351124134)	嗟(25143112125221)	踼(25143125113533)	跙(25143125122134)	踚(25143134125122)
踩(25143134431234)	踏(25143135152511)	踪(25143144512134)	蹓(25143155525152)	嗔(25144512512134)	嗲(25144513252212)
嘐(25154545434333)	置(25221122511121)	還(25221153534454)	還(25221413534454)	罷(25221441354251)	罷(25221542513535)
幔(25225112522154)	崴(25233211353134)	嵗(25233212513134)	嵩(25241221125251)	圖(25251122525111)	嵌(25251221113134)
铸(31115111342511)	韡(31121232511312)	舞(31122221354152)	犍(31123541112454)	犍(31133541112454)	甦(31135232511354)
毪(31215433241121)	犁(31234223424134)	種(31234312511211)	稔(31234344544544)	黎(31234353324134)	黎(31234353424134)
稳(31234355114544)	熏(31254312114444)	箕(31431411212154)	箐(31431411212511)	笼(31431413511134)	箢(31431413551511)
算(31431425111132)	箕(31431425111134)	箅(31431425121135)	箩(31431425221354)	箥(31431444153254)	箝(31431451121124)
與(32113434511134)	興(32113511511134)	傾(32121132511134)	偶(32122112543112)	僚(32134432511234)	僕(32224314311134)
儂(32251221113534)	僳(32254312114444)	僯(32431234354152)	僧(32432524312511)	僩(32442512511234)	髻(32511112113251)
鼻(32511125121132)	魄(32511325113554)	蚣(32511353434251)	魅(32511355411234)	德(33212252214544)	遢(33225111124454)
微(33225211253134)	微(33225211353134)	微(33225212513134)	微(33225225113134)	微(33225243343134)	飔(33544325113554)
銭(34112431111534)	銭(34112431111534)	銭(34112431111544)	鉄(34112431121534)	銅(34112431251251)	銀(34112431511534)
禽(34413452253434)	貌(34433533251135)	貌(34433533251354)	愛(34434545434354)	爱(34434545441354)	恳(34435115344544)
貌(34435213251135)	貌(34435332511135)	貌(34435332511535)	貌(34435333251135)	貌(34443533251135)	領(34454132511134)
膝(35111113424134)	腫(35111122132515)	遯(35111353334454)	脾(35112511122112)	脾(35112511122112)	膾(35113424134251)
鳳(35132511154444)	臨(35151231442521)	頚(35221132511134)	鉤(35251211343554)	頓(35254132511134)	獄(35341112511344)
獄(35341112513134)	獼(35341312341234)	猪(35343123425121)	獚(35344512512134)	獚(35344512512134)	腱(35411251112454)
請(41112511121251)	諾(41112511221251)	語(41112511251251)	謂(41112512512511)	誥(41112513121251)	誨(41112513155414)
変(41112514134354)	説(41112514325135)	認(41112515344544)	誦(41112515425112)	德(41122522114544)	鸾(41223432511151)
浆(41234431242534)	裹(41251112343534)	遭(41251212511454)	享(41251251251521)	廣(41312212512134)	遮(41312214444454)
麽(41312341234354)	腐(41332124253434)	瘟(41341251125221)	痰(41341441354444)	瘊(41341531511534)	廖(41354154134333)
潼(41414312511211)	辣(41431131251234)	龍(41431251113533)	韶(41431251153251)	端(41431252132522)	齊(41432533543211)
旗(41533112211134)	雍(41533432411121)	懶(42242512511234)	養(43111344511534)	精(43123411212511)	鄰(43123435415252)
糀(43123441323544)	鄉(43123445115452)	鄰(43123453115252)	省(43251144442511)	熰(43341224314544)	熥(43341251112454)
烈(43341354224444)	熾(43342521353134)	榮(43344334451234)	熾(43345435411515)	漢(44112212511134)	漠(44112212511134)
漢(44112212511134)	潮(44112212511253)	潢(44112212512134)	湾(44112212521115)	滿(44112212523434)	滿(44112212524444)
満(44112212524444)	漸(44112511123312)	漂(44112522111234)	滤(44113252214544)	漫(44125112522154)	漼(44125213121121)
漼(44125232411121)	潑(44132432453254)	滑(44134532511134)	漾(44143112145534)	潘(44143123425121)	潧(44143251212511)
演(44144512512134)	漏(44151312524444)	懷(44212252213534)	憶(44212252214544)	慢(44225112522154)	憯(44243123425121)
慣(44255212511134)	嘗(44345251122111)	寨(44511221341234)	賽(44511221342534)	褰(44511221413534)	寬(44512225111354)

寡(44513251113453) 察(44535445411234) 寧(44545442522112) 寘(44552132511134) 渍(45121252212534) 谭(45125221251112)
祿(45234354124134) 禄(45243443124134) 祿(45243541124134) 褲(45244131251112) 罶(51135213252511) 㯕(52112242515234)
慽(52112514544534) 懐(52122522113534) 墮(52131212511121) 隨(52131212511454) 豰(52141112513134) 㵍(52142512511234)
慢(52251145413434) 隫(52251212511134) 憐(52431234354152) 隣(52431234354152) 墜(52431353334121) 隥(52543341251431)
嫩(53112512343134) 嫗(53112512512515) 頗(53254132511134) 翠(54154141343412) 熊(54251135354334) 凳(54334125143135)
鄧(54334125143152) 鄧(54334125143152) 缴(55132511133134) 樂(55325111551234) 綾(55423412134354) 綜(55423444534121)
緒(55444412132511) 練(55444412511234) 緙(55444413434234) 緅(55444421123454) 綱(55444425431252) 網(55444425431415)
綿(55444432511252) 縱(55444434342134) 綳(55444435113511) 綢(55444435121251) 綻(55444444535121) 緑(55444451124134)

十五画

鵝(111233251154444) 耨(111234131153425) 耦(111234251125214) 魏(111352325113554) 鬧(112121121241252) 賛(113411342511134)
鴻(113532511154444) 墳(121121222511134) 撕(121122111343312) 撒(121122125113134) 撒(121122125113134) 壞(121122522113534)
墙(121123434125121) 墻(121123434252511) 騎(121125113412512) 騐(121125134444544) 駝(121125444444535) 壵(121211212112121)
攢(121223142511135) 撮(121251112211154) 蕭(121251132431234) 賣(121252212511134) 撫(121311222214444) 熬(121323431344444)
撨(121324111214444) 覩(121325112511354) 擒(121344134522554) 撞(121414312511211) 搽(121431113424134) 墶(121431234354152)
增(121432524312511) 攔(121442512511234) 彭(121451251431333) 腰(122111125221531) 瞙(122111222511134) 聡(122111342534251)
聕(122113424134251) 鞋(122125112121121) 鞋(122125112121121) 鞍(122125112445531) 鞍(122125112445531) 歡(122132411213534)
䓣(122212121212121) 蕌(122251112511211) 蕚(122251251251115) 蕓(122251252211154) 蕪(122311222214444) 蕃(122343123425121)
蕩(122441251113533) 蘭(122442512511234) 蕊(122454445444544) 噩(122512511251251) 蔭(122523412111534) 槿(123412143112454)
槫(123412212512124) 横(123412212512134) 模(123412225111234) 欄(123412242515234) 檂(123412341311534) 楚(123412344512134)
櫃(123412512125345) 槽(123412512212511) 標(123412522111234) 槓(123413242511135) 樓(123425112512531) 槪(123425114325135)
櫰(123425122113534) 橋(123431342512534) 樣(123431431413511) 櫝(123441251212511) 欄(123442512511234) 樣(123443112113433)
樣(123443112124134) 樣(123443112145534) 櫬(123454334125135) 輊(125111212134121) 輪(125111234125122) 歐(125125125153534)
臨(125125312512521) 賢(125125542511134) 頼(125234132511134) 醉(125351141343412) 勵(131153412435424) 曆(131234123425111)
愿(131234251114544) 磊(132511325113251) 憂(132511454544354) 磪(132512521325121) 礩(132512522112121) 磡(132513251113124)
碵(132514452512134) 確(132514532411121) 磲(132515454541234) 遼(134432511234454) 豌(135454251135435) 霊(145121251214544)
雷(145244442525215) 霫(145244443432511) 鴉(152332511154444) 慮(153121251214544) 颱(153121353434251) 颱(153121353434251)
颬(153121353434251) 慮(215315251214544) 颱(215315353434251) 棠(224345112213534) 輝(243135451251112) 瞞(251111221253434)
瞙(251111222511134) 睦(251113412134121) 賠(251113441431251) 嘵(251121121121135) 噴(251121222511134) 噠(251121431112454)
嘲(251122511123511) 數(251125125313134) 嘘(251125312122431) 嘹(251134432511234) 影(251141251234333) 瞋(251144512512134)
𩒹(251155132511134) 踠(251212113425115) 跨(251212113443115) 踑(251212125122134) 踏(251212125342511) 踔(251212132511312)
踚(251212134125122) 踄(251212135152511) 踪(251212144511234) 蝛(251214131251534) 螺(251214251213432) 蝩(251214312511211)
蝿(251214325113554) 螃(251214414345252) 蝼(251214431234531) 蝶(251214532511234) 蝠(251214555413452) 噐(251251121251251)
嗰(251251125114544) 噐(251251125251251) 嗝(251251132522111) 器(251251134251251) 嘿(251254312114444) 嗶(251314314511112)
嚎(251325221353334) 噇(251414312511211) 噌(251431224312511) 噂(251431253511124) 跰(251431311311112) 蹌(251431344511534)
踉(251431351351534) 蹄(251431414345252) 跳(251431542511115) 嶒(251432524312511) 嘻(251445122511135) 噔(251543341251431)

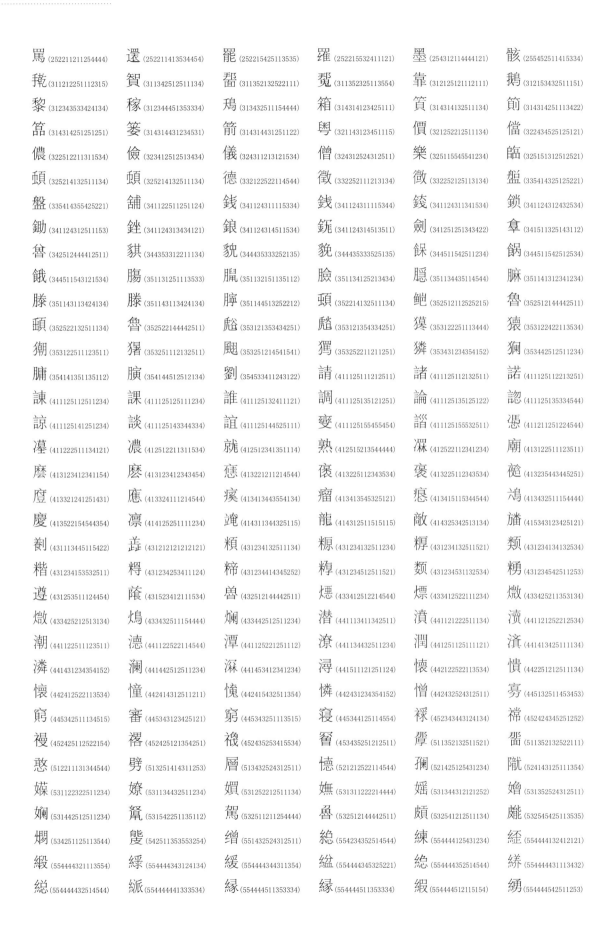

罵(252211211254444) 還(252211413534454) 罷(252215425113535) 羅(252215532411121) 墨(254312114444121) 骸(255452511415334)

𢫨(311212251112315) 賀(311342512511134) 畱(311352132522111) 覔(311352325113554) 靠(312125121112111) 鵝(312153432511151)

黎(312343533424134) 稼(312344451353334) 鳺(313432511154444) 箱(314314123425111) 筫(314314132511134) 箾(314314251113422)

筥(314314251251251) 篓(314314431234531) 箭(314314431251122) 粵(321143123451115) 價(321252212511134) 儅(322434525125121)

儂(322512211311534) 儉(323412512513434) 儀(324311213121534) 僧(324312524312511) 樂(325115545541234) 臨(325151312512521)

頔(325214132511134) 頔(325214132511134) 德(332122522114544) 徵(332252111213134) 徵(332252125113134) 盤(335414325125221)

盤(335414355425221) 鋪(341122511251124) 钱(341124311115334) 钱(341124311115344) 鋑(341124311341534) 鎖(341124312432534)

鋤(341124312511153) 銼(341124313434121) 鋃(341124314511534) 鋸(341124314513511) 劍(341251251343422) 拿(341511325143112)

畬(342512444412511) 䝑(344353312211134) 貌(344435333252135) 䝤(344435333525135) 餜(344511542511234) 餇(344511542512534)

餓(344511543121534) 腸(351131251113533) 腽(351132151135112) 臉(351134125213434) 臆(351134435114544) 䐄(351141312341234)

膝(351143113424134) 膝(351143113424134) 膟(351144513252212) 頙(352214132511134) 鲃(352512112525215) 魯(352512144442511)

頤(352522132511134) 魯(352522144442511) 鮯(353121353434251) 貉(353121354334251) 獏(353122251113444) 猿(353122422113534)

𤢜(353122511123511) 猬(353251112132511) 颬(353251214541541) 獁(353252211211251) 獜(353431234354152) 獺(353442512511234)

臃(354141351135112) 臏(354144512512134) 劉(354533411243122) 請(411125111212511) 諸(411125112132511) 諾(411125112213251)

諫(411125112511234) 課(411125125111234) 誰(411125132411121) 調(411125135121251) 論(411125135125122) 認(411125135334544)

諒(411125141251234) 談(411125143344334) 誼(411125144525111) 變(411125155455454) 謟(411125155532511) 憑(411211251224544)

墓(411222511134121) 濃(412512211311534) 就(412512341351114) 熟(412515213544444) 凚(412522112341234) 廟(413122511123511)

麿(413123412341154) 麼(413123412343454) 瘻(413221211214544) 瘰(413225112343534) 褒(413225112343534) 牄(413235443445251)

庢(413321241251431) 應(413324111214544) 瘵(413413443554134) 瘤(413413545325121) 瘪(413415115344544) 鴻(413432511154444)

慶(413522154544354) 凜(414125251111234) 遃(414311344325115) 龍(414312511515115) 敵(414325342513134) 旛(415343123425121)

剷(431113445115422) 壵(431212121212121) 頪(431234132511134) 糠(431234132511234) 糈(431234132511521) 類(431234134132534)

糌(431234153532511) 糏(431234253411124) 糘(431234414345252) 糐(431234512511521) 颣(431234531132534) 粡(431234542511253)

遵(431253511124454) 蔭(431523412111534) 曾(432512144442511) 熛(433412512214544) 熛(433412522111234) 熾(433425211353134)

熾(433425212513134) 熓(433432511154444) 爛(433442512511234) 潛(441113411342511) 漬(441121222511134) 瀆(441121252212534)

潮(441122511123511) 澺(441122522114544) 潭(441125221251112) 潦(441134432511234) 潤(441251125111121) 濟(441413425111134)

潾(441431234354152) 瀾(441442512511234) 淼(441453412341234) 潯(441511121251124) 懐(442122522113534) 憒(442251212511134)

懷(442412522113534) 憧(442414312511211) 懥(442415432511354) 憐(442431234354152) 憎(442432524312511) 寡(445132511453453)

竆(445342511134515) 審(445343123425121) 窮(445343251113515) 寢(445344125114554) 禄(452343443124134) 禣(452424345251252)

禝(452425112522154) 禇(452425121354251) 禐(452435253415534) 窬(453435251212511) 㞹(511352132511521) 畱(511352132522111)

憨(512211131344544) 劈(513251414311253) 層(513432524312511) 憄(521212522114544) 㺚(521425125431234) 隵(524143125111354)

嫝(531122322511234) 嫽(531134432511234) 嬇(531252212511134) 嫵(531311222214444) 嬈(531344312121252) 嬆(531352524312511)

孄(531442512511234) 翼(531542251135112) 駕(532511211254444) 魯(532512144442511) 頻(532541212511134) 龍(532545425113535)

燗(534251125113544) 襲(542511353553254) 缯(551432524312511) 絶(554234352514544) 練(554444125431234) 經(554444132412121)

緞(554444321113554) 綵(554444343124134) 緩(554444344311354) 緼(554444345325221) 総(554444352514544) 緋(554444431113432)

總(554444432514544) 緂(554444441333534) 縁(554444511353334) 縁(554444511353334) 緞(554444512115154) 緙(554444542511253)

十六画

鴩(1112332511154444)　耨(1112341311534124)　麵(1121354132522111)　撠(1211212211111534)　墙(1211225134125121)　壞(1211225221113534)

壞(1211225221413534)　墻(1211234341252511)　騨(1211251321251134)　騐(1211251344544544)　騎(1211251414312512)　駱(1211254444354251)

壇(1211325221112511)　壇(1211325251125111)　壖(1211452444425121)　擩(1211452444425121)　擩(1211452444435334)　擅(1212251112511211)

歆(1212511222513534)　擃(1212512211311534)　擇(1212522112143112)　擉(1212522135251214)　撿(1213412512513434)　擔(1213513344111251)

撚(1213551131344444)　壞(1214125221413534)　壇(1214125251125111)　擁(1214155332411121)　攔(1215552534135112)　暖(1221113443451354)

蘘(1221125221413534)　鳴(1221132511154444)　鞋(1221251112121121)　鞍(1221251112445531)　懃(1221251121534544)　懃(1221251121534544)

燕(1221251211354444)　歡(1221324111213534)　藍(1222515131425221)　舊(1223241112122511)　藥(1223251141341234)　蘇(1223525121131234)

蘇(1223525121312341)　䕭(1224553251131121)　蓑(1225234121113534)　薩(1225241431331121)　橈(1234121121121135)　櫝(1234121252212534)

橄(1234122125113134)　樣(1234122253413534)　標(1234125351111234)　橑(1234134432511234)　欖(1234223142511135)　樻(1234251212511134)

樝(1234251212511454)　樓(1234251221413534)　樌(1234252212511134)　橅(1234311222213434)　橋(1234313412512521)　橋(1234313412512534)

橋(1234313425125251)　樗(1234314314121124)　樮(1234314314135115)　樜(1234314314212135)　橦(1234414312511211)　樣(1234431113424134)

欄(1234442512511234)　橙(1234543341251431)　橃(1234543345153554)　機(1234554554134534)　轉(1251112125112124)　壘(1251212512125221)

賴(1251234132511134)　賴(1251234352511134)　頼(1251234532511134)　毆(1251251113453134)　臨(1251253142512521)　頭(1251431132511134)

囊(1252245122113534)　罷(1252343411212154)　爾(1252343425112511)　霆(1252444411212154)　霤(1252444425112511)　霙(1252444425125134)

颱(1253121353434251)　頤(1325111132511134)　磋(1325112143112454)　礶(1325112213121121)　礭(1325112232411121)　礪(1325112242515234)

磂(1325134434525151)　磺(1325144512512134)　歷(1331234312342121)　曆(1331234312342511)　霆(1452444411212154)　霽(1452444454433211)

廬(1511232512125221)　縣(2251111543554234)　憶(2344143125114544)　瞞(2511112212524444)　縣(2511112343554234)　曉(2511121121121135)

點(2511211212514444)　瞿(2511211251131121)　噶(2511222511134121)　鴨(2511232511154444)　嘲(2511251125113544)　嘮(2511311211224553)

喇(2511311213123422)　噉(2511312515344544)　踏(2512121122341251)　蹅(2512121123425111)　跨(2512121134343415)　踏(2512121253425121)

嘴(2512121353535112)　踰(2512121355114544)　蹄(2512121414345252)　螞(2512141211254444)　蝦(2512141221115454)　螘(2512141225112134)

蟬(2512142512112211)　螗(2512144135112251)　螃(2512144143454153)　螟(2512144525114134)　蟓(2512145154151541)　罵(2512511211254444)

器(2512511214251251)　器(2512511344251251)　噥(2512512211311534)　鴦(2513432511154444)　嘩(2513535112431112)　噫(2514143125114544)

噓(2514312243125121)　蹊(2514313443554134)　蹉(2514315425113535)　噢(2515235251214334)　還(2522112513234454)　羅(2522155132411121)

羅(2522155432411121)　瞶(2534121252212534)　默(2543121144441344)　黔(2543121144443453)　懷(3121225221113534)　贊(3121353121352534)

黎(3123435333424134)　憐(3124312343544412)　篤(3143141211254444)　簣(3143141212511134)　築(3143141213541234)　篮(3143142231425221)

篡(3143142511113454)　篩(3143143251511252)　颱(3153121353434251)　舉(3211152511134112)　興(3211251251511134)　與(3211325111511134)

學(3211343451145521)　儔(3212151211251124)　儒(3214524444132522)　儆(3243123435415252)　熱(3251113123414444)　頸(3251214132511134)

獨(3322522135251214)　徵(3322522514313134)　衡(3323525121134112)　盤(3354143525125221)　盤(3354144325125221)　錶(3411243112134121)

鋤(3411243112211153)　錯(3411243112212511)　鍈(3411243112225134)　錢(3411243115341534)　錁(3411243125111234)　錕(3411243125111535)

錫(3411243125113533)　鋼(3411243125431252)　鉆(3411243132121252)　錦(3411243132511252)　錡(3411243141343511)　鏟(3411243143113432)

錠(3411243144512134)　録(3411243151124134)　鋸(3411243151312251)　錘(3411243152251541)　劍(3412512513434534)　會(3425243144442511)

貌(3443125123251135)　貌(3443522513251135)　貌(3444353332522135)　臚(3511122522113534)　膦(3511251125113544)　膧(3511414312511211)

膳(3511431112431251)　滕(3511431113424134)　膜(3511431134431134)　臘(3511555253435112)　臘(3511555253435112)　皓(3515122342512521)

臨(3515123112512521)　鮑(3525121134355215)　鮑(3525121444435515)　魯(3525243144442511)　獲(3531212522113534)　獏(3531222511134121)

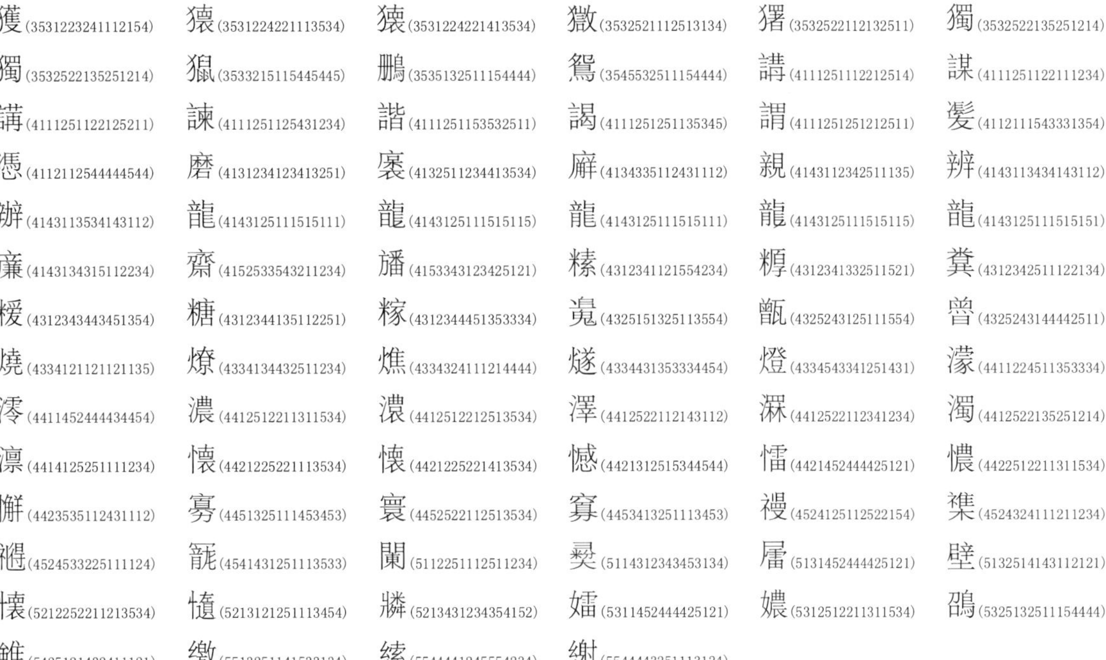

獲(3531223241112154) 獶(3531224221113534) 猿(3531224221413534) 獤(3532521112513134) 猰(3532522112132511) 獨(3532522135251214)
獨(3532522135251214) 獵(3533215115445445) 鵬(3535132511154444) 鴛(3545532511154444) 講(4111251112212514) 謀(4111251122111234)
講(4111251122125211) 諫(4111251125431234) 諧(4111251153532511) 謁(4111251251135345) 謂(4111251251212511) 鬓(4112111543331354)
憑(4112112544444544) 磨(4131234123413251) 褎(4132511234413534) 廨(4134335112431112) 親(4143112342511135) 辨(4143113434143112)
辦(4143113534143112) 龍(4143125111515111) 龍(4143125111515115) 龍(4143125111515111) 龍(4143125111515115) 龍(4143125111515151)
廉(4143134315112234) 齋(4152533543211234) 膰(4153343123425121) 糠(4312341121554234) 糐(4312341332511521) 糞(4312342511122134)
糉(4312343443451354) 糖(4312344135112251) 糠(4312344451353334) 覓(4325151325113554) 甑(4325243125111554) 曾(4325243144442511)
燒(4334121121121135) 燎(4334134432511234) 燋(4334324111214444) 燧(4334431353334454) 燈(4334543341251431) 濛(4411224511353334)
澪(4411452444434454) 濃(4412512211311534) 澴(4412512212513534) 澤(4412522112143112) 濈(4412522112341234) 濁(4412522135251214)
澟(4414125251111234) 懷(4421225221113534) 懐(4421225221413534) 憾(4421312515344544) 懦(4421452444425121) 憹(4422512211311534)
懈(4423535112431112) 寡(4451325111453453) 寰(4452522112513534) 窶(4453413251113453) 褸(4524125112522154) 襍(4524324111211234)
禫(4524533225111124) 寵(4541431251113533) 闌(5112251112511234) 燊(5114312343453134) 屨(5131452444425121) 壁(5132514143112121)
懁(5212252211213534) 憒(5213121251113454) 嶙(5213431234354152) 嬬(5311452444425121) 嬢(5312512211311534) 鴟(5325132511154444)
錐(5425121432411121) 缴(5513251141533134) 縩(5544441245554234) 緥(5544443251113124)

十七画

環 (11212522112513534) 擭 (12112225125211234) 墻 (12112251541252511) 壞 (12112252211213534) 墙 (12112343412522111)
擅 (12112512125111345) 壇 (12113252211125111) 壇 (12113252211125111) 擺 (12125221542511115) 擳 (12131122221354152)
攏 (12131431413511134) 擬 (12135311345452134) 擦 (12144535445411234) 聲 (12152133554122111) 墻 (12152251542522111)
擢 (12154154132411121) 聰 (12211132535414544) 聯 (12211251125113544) 聯 (12211251125113544) 藍 (12212512531425221)
蘘 (12212521112213534) 藏 (12213513125125534) 蘭 (12225125112511234) 歡 (12225211321213534) 蒨 (12232212112122511)
舊 (12232411121321511) 蘠 (12241112511251251) 櫃 (12341212522135112) 橪 (12341234123411234) 檽 (12341452444425121)
櫝 (12342512125111345) 檂 (12342512211311534) 檪 (12342522112341234) 檢 (12343412512513434) 櫳 (12344432522135112)
櫈 (12345433412511135) 轉 (12511121251211124) 臨 (12512531251251251) 醒 (12535111251131121) 磅 (13251433443344553)
龐 (13414312511151511) 龐 (13414312511355115) 頼 (13434234132511134) 霜 (14524444123425111) 霧 (14524444152335453)
霄 (14524444251125111) 靶 (14524444251215215) 雷 (14524444251251251) 霻 (14524444252211121) 霞 (14524444512115154)
盧 (21531212512125221) 顯 (22511154132511134) 鵜 (24313532511154444) 嬰 (25111342511134531) 嚇 (25112132341213234)
闌 (25112511125431234) 闈 (25112511521251152) 嚂 (25112512531425221) 蹼 (25121211222511134) 蹊 (25121213443554134)
蹤 (25121215425113535) 蟳 (25121414524444511) 蠦 (25121421531522431) 蟶 (25121424345251121) 螺 (25121425121554234)
蟵 (25121441312341234) 蟀 (25121444513252212) 蟵 (25121454154132511) 罷 (25125111212251511) 雖 (25125121432411121)
雖 (25125121432411121) 嚚 (25125125111251251) 嚟 (25131234223424134) 嚌 (25141432533543211) 羅 (25221554444211121)
嶺 (25234454132511134) 點 (25431211212514444) 黙 (25431211444412341) 點 (25431211444421251) 犞 (31211452444425121)
簦 (31213531213525111) 簦 (31213531213525221) 鵝 (31215343251154444) 穢 (31234252131233534) 黎 (31234352343424134)
勵 (31251251251454453) 簒 (31431425111343454) 邅 (31431425221354454) 輿 (32111251112511134) 優 (32213251114513544)
魋 (32511355432411121) 鐏 (32512144451252212) 歸 (32515113451145252) 徽 (33225212514313134) 黴 (33225213531344334)
聳 (33234342134122111) 餋 (33241121344511534) 鎳 (34112341325112534) 鍺 (34112431111342511) 錄 (34112431123412534)

鍊(34112431125431234) 鍾(34112431312511211) 鎝(34112431342534251) 鎈(34112431431113121) 鎊(34112431431113432)
鎵(34112431431353334) 鴿(34125132511154444) 貗(34435331252131134) 貇(34435335115344544) 餼(34451154412513534)
朦(35111224511353334) 膶(35112511251145434) 䑕(35113215115445445) 膽(35113513344111251) 臍(35114134433211234)
騰(35114311341211251) 臘(35114432522135112) 臘(35115552522135112) 臘(35115552534135112) 臘(35115552534135112)
臨(35151231251251251) 鮑(35251211342525215) 鮮(35251214311124444) 鮮(35251214444431112) 獲(35312225111342511)
獵(35325112511251211) 颵(35325121412341234) 講(41112511122125211) 謹(41112511221251121) 謹(41112511221251121)
謨(41112511222511134) 諧(41112512121352511) 謝(41112513251113124) 蠻(41112514134251214) 戀(41112515545544544)
瀆(41121252212511134) 鶯(41223432511154444) 魔(41312341234251135) 應(41332324111214544) 𤺺(41341554444121251)
䛫(41431251112111534) 龍(41431251115151113) 龍(41431251115155151) 糞(43123425121122134) 糍(43123441112513112)
糠(43123441351124134) 燭(43342522135251214) 熾(43343225212513134) 熾(43343322521353134) 爓(43343412512513434)
燡(43343535112431112) 濕(44125115545544444) 濃(44125122112513534) 𣾴(44141112511251251) 懷(44212125221413534)
憮(44231122221354152) 𢤱(44243123435415252) 黨(44345251251214444) 墓(44441222511134121) 賽(44511221342511134)
蹇(44511221342512134) 賽(44511221344511534) 讀(45121252212511134) 襪(45241222522113534) 禮(45242512211251431)
𥜌(45244134315112234) 龍(45414312511515115) 鵬(51135232511154444) 孄(52112242512511234) 孭(52112512522511134)
孺(52114524444132522) 懷(52122522111213534) 繙(55444412243125121) 縵(55444425112522154) 繳(55444432511133134)
繪(55444435251212511) 縭(55444441345225354) 繼(55444443123453312) 繒(55444443251212511) 繆(55444454154134333)

十八画

𢸑(121121211212112121) 墻(121122513412522111) 墻(121122515412522111) 騏(121125444412211134) 騎(121125444413412512)
騎(121125444414312512) 擺(121252215425113535) 攔(121431442512511234) 瞳(122111414312511211) 薑(122121211212112121)
鞋(122125111232121121) 鞳(122125111232411121) 鞭(122125112321251134) 蘘(122125221112213534) 蘒(122312343525121134)
舊(122323241112122511) 藥(122325115545541234) 藤(122351143113424134) 蘇(122352512113431234) 嚴(122431351221113134)
檬(123412225111342444) 欄(123412242512511234) 櫃(123412512125111345) 櫟(123412522112341234) 櫳(123425112522135112)
樛(123441354154134333) 𣛻(123443111344511534) 欖(123454334125143135) 鵝(124134432511154444) 轉(125111212511214124)
轎(125111231342512534) 覆(125221332312511354) 醫(131134535541253511) 鴻(132445432511154444) 𥖄(132511312515344544)
龐(134143125111515111) 靁(145244442512125221) 靁(145244442512125221) 霧(145244443123435453) 霖(145244444112341234)
霫(145244444135152511) 霿(145244445452335453) 穆(152332432425221354) 颱(152511252142525215) 縣(225115542343554234)
鶪(251112211232511151) 瞻(251113513344111251) 顥(251122431132511134) 蹄(251131121414345252) 曠(251141312212512134)
曜(251154154132411121) 壘(251212512125121121) 蟲(251214251214251214) 蟑(251214414312511211) 𧓍(251214543341251431)
嚚(251251132511251251) 嚚(251251412511251251) 嚟(251312343533424134) 嚕(251352512144442511) 罰(252212511134325111)
罷(252214143125113535) 𡽫(252332125131344334) 黜(254312114444325221) 鵠(312125132511154444) 鵝(312153432511154444)
穢(312342121131233534) 穢(312342521311234534) 釋(312342522112143112) 簡(314314251125112511) 簣(314314251212511134)
簞(314314414312511211) 簡(314314511225113511) 臯(321532511122151234) 雙(324111213241112154) 邊(325111445344153454)
魑(325113512212511121) 歸(325151212151145252) 徽(332252125131344334) 鎮(341124311225111134) 鎖(341124312432511134)
鐩(341124313123453121) 鎗(341124313445113251) 鎔(341124314455443252) 鎻(341124315552511134) 翻(343123425121541541)
鵅(343425132511154444) 雞(344355413432411121) 鷄(344355413432511151) 鮀(352512143342525215) 鮑(352512144442525215)

⿰犭暴(353122251113424134)　⿰犭罵(353252211211254444)　謹(411125112212511121)　謾(411125125112522154)　魔(413123412342511354)
癖(413413535112431112)　癖(413414335112431112)　雜(413434123432411121)　離(413452255432411121)　聲(414312511354122111)
顔(414313333132511134)　齋(414323433343211234)　類(431234531132511134)　⿰兑巴(431251211342525215)　⿰黑巴(432512144442525215)
燎(433413434342511234)　熾(433433225212513134)　⿰火寮(433444554542511234)　濳(441113411342511134)　⿰氵⿸厂⿱圭圭(441121211212112121)
瀆(441121252212511134)　瀨(441125234132511134)　濼(441325115545541234)　懴(442121211121111534)　⿰忄⿰束頁(442125234132511134)
⿰忄魯(442352512144442511)　⿱宀賣(445121252212511134)　憲(445341121251214544)　⿱穴蚤(445344543454251214)　額(445354251132511134)
襟(452341234123411234)　⿰衤幾(452344325341134534)　⿱冖龍(454143125111515111)　⿱冖龍(454143125111515115)　⿱冖龍(454143125111515115)
壁(513251414311211214)　⿰阝蘭(521122442512511234)　隴(524143125111515111)　⿰阝料(524312343541524412)　⿰女魯(531352512144442511)
繞(554444121121121135)　續(554444121252212534)　繒(554444431251212511)　繒(554444432524312511)　斷(554554155455453312)

十九画

⿰耒⿱北灬(1112341122441354444)　⿰扌⿱艹喿(1211222512512511234)　墻(1211231431412522111)　攬(1211251252342511135)　攬(1211251253142511135)
騎(1211254444414312512)　⿰赤鳥(1213412132511154444)　攏(1214143125111515111)　攏(1214143125111515115)　⿰弓鳥(1215512132511154444)
擸(1215552534154454454)　曜(1221154154132411121)　難(1221251113432411121)　蘭(1222511251112511234)　蘓(1223123435251214444)
蘓(1223123435251214444)　蘇(1223525121312344444)　蘇(1223525121444431234)　顛(1225111134132511134)　欗(1234122425125431234)
⿰林鳥(1234123432511154444)　⿰木磊(1234132511325113251)　⿰木罷(1234252215435411515)　櫳(1234414312511135344)　⿰或鳥(1251153432511154444)
囊(1251224525121413534)　礦(1325141312212512134)　願(1332511234132511134)　縣(2251115542343554234)　顕(2511122431132511134)
贖(2511134121252212534)　矌(2511141312212512134)　矅(2511154154132411121)　蠓(2512141224511353334)　⿰虫真(2512142153152511134)
蟻(2512144311213121534)　⿳吅古吅(2512511212511251251)　⿳吅自吅(2512511325111251251)　⿳吅自吅(2512511325111251251)　⿰哭灬(2512511344441354444)
⿳吅⿱亠曰吅(2512514125111251251)　羅(2522155444432411121)　贊(3121353121352511134)　穢(3123421211311234534)　⿱⺮就(3143144143125111354)
⿱⺮就(3143144143125111354)　⿰彳⿱⺮[?](3323143142134122111)　⿰金⿱罒各(3411243125121354251)　鏡(3411243141431251135)　鐔(3412121125221251112)
臘(3511555253415445445)　⿰角竜(3525121141251453115)　獺(3531251234352511134)　譚(4111251125221251112)　魔(4131234123432511354)
⿱亭虫(4141112514134251214)　蠻(4141112515555251214)　糧(4312341251112511211)　類(4312341344132511134)　⿰米覓(4312343143142511135)
⿱丷⿰魚禾(4313525121312344444)　⿱丷闌(4315112251112511234)　⿰黑耑(4325121252132514444)　瀨(4411251234132511134)　瀨(4411251234352511134)
瀾(4412511251112511234)　濕(4412511554444554444)　瀟(4414311125234343434)　懶(4421251234352511134)　懷(4424125221241343534)
⿰忄料(4424312343541524412)　竇(4453412252212511134)　寵(4454143125111515111)　襪(4523412225221134534)　彊(5151211251211251211)
⿰犭闌(5215112251112511234)　鸐(5415413241112135451)　鬘(5425113535122513411)　繪(5542343412512125111)　繳(5544443251114153134)
⿰糸廉(5544444134315112234)

二十画

⿰扌藍(12112212512531125221)　曝(12211122251113424134)　蘭(12225112511125431234)　蘇(12235251211312344444)　欖(12341251252112511135)
欖(12341251253142511135)　欄(12342511251112511234)　櫳(12344143125111515111)　櫳(12344143125111515111)　⿰東聶(12523425112522135112)
⿰石蘭(13251122142512511234)　⿰石蘭(13251122425125431234)　礛(13251335414355425221)　⿰𩂣巴(14524444251212525215)　⿱雨復(14524444332312511354)
鹹(21254312341131251534)　顯(22511122111132511134)　耀(24313554154132411121)　鷝(25121112221132511151)　⿰𧾷雷(25121211452444425121)
嚶(25125111342511134531)　⿰黑林(25431211123412344444)　鶻(25545251132511154444)　籃(31431412512531425221)　覺(32113434511452511135)
雙(32411121324111215454)　⿰身當(32511132434525125121)　⿰身⿱⺮吉(32512143143143121251)　鐔(34112431125221251112)　鐘(34112431414312511211)
釋(34312342522112143112)　騰(35114311341211254444)　⿰角扁(35251211345132135251)　⿰魚巳(35251214444251113544)　護(41112511223241112154)

謗(41112512511134341112)　議(41112514311213121534)　魔(41312341234325113554)　離(41345225343432411121)　襲(41431251115151114334)
糯(43123414524444132522)　蒦(43141112513241112154)　爈(43342153121251214544)　爐(43342153152512125221)　爛(43342511251112511234)
龍(44444143125111515111)　寶(44511213112522511134)　竇(44534121252212511134)　鶽(52125115232511154444)　孃(53141251251112213534)
繞(55444432511353251135)

二十一画

驫(12112511211251121251)　聰(122111344331125235451)　歡(122251251324111213534)　檻(123412212512531125221)　權(123412225125132411121)
欄(123425112511125431234)　欝(123435412344545115124)　櫳(123441431251115155151)　轟(125111212511121251112)　覽(125125314252212511135)
礪(132515112251112511234)　霸(145244441221251123511)　露(145244442512121354251)　霹(145244445132514143112)　鶤(251112211232511154444)
蠨(251214332122522114544)　囂(251251132511134251251)　噴(251431121252212511134)　籠(314314414312511515115)　儸(322522155444432411121)
鐮(341123414143135112234)　鐶(341124312522112513534)　鏴(341124312522112341234)　鐔(341124312522121112111)　鐱(341124314143125111354)
鑯(341124314311213121534)　鐪(341124314455443251214)　鷂(344331125232511154444)　鷄(344355413432511154444)　臙(351125125121432411121)
鮱(352512112511431113544)　讒(411125135251353525135)　燮(414111251433443344334)　甑(432524314444251113544)　爛(433425112511125431234)
瀟(441125112435251214444)　懽(442411125112212511121)　龍(444441431251115115151)　顧(451332411121132511134)　襴(452341222534352413414)
襪(452441251251112213534)　鶴(453241112132511154444)　續(554444121252212511134)

二十二画

攞(1212522155444432411121)　蘿(1222522155444432411121)　囊(1251245251251112213524)　礶(1325112225125132411121)
贖(2511134121252212511134)　囂(2512511212511134251251)　囉(2512522155444432411121)　邏(2522155444432411121454)
體(2554525112512211251431)　鷚(3123435342413432511151)　籠(3143144143125111515111)　籠(3143144143125111515111)
籠(3143144143125111515115)　籠(3143144143125111515115)　鑴(3411243143111344511534)　龕(3412514143125111515111)
龍(3525121444425111515111)　讚(4111251113411342511134)　讀(4111251121252212511134)　鶱(4111251413432511154444)
龔(4143125111515111122111)　龔(4143125111515111122111)　斴(4311211344143112343312)　灪(4411221251113432511151)
灑(4412522155444432411121)　鬮(4455213251113453412154)　攔(5211222511251112511234)　嬚(5313243244143135112234)
纏(5542341325112114444121)

二十三画

蠢(11134251214251214251214)　驢(12112511532112512125221)　攪(12132113434511452511135)
欗(12341222511251112511234)　欏(12342522155444432411121)　櫝(12343143142512125111345)
櫳(12343143144143125111354)　囊(12511245251251112213534)　囊(12511245251251112213534)
囊(12522145251251112213534)　顯(25115545544444132511134)　髖(25545251125122112513534)
籆(31431441112513241112154)　籠(31431441431251115155151)　變(41112515544445544443134)
戀(41112515544445544444544)　麟(41352211535431234354152)　羅(45242522155444432411121)
攔(52112225112511125431234)

二十四画

攬(121125125314252212511135)　觀(122251251324111212511135)　欖(123432113434511452511135)
靈(145244442512512511234341)　鸜(252211234123432511154444)　籠(314314123441431251113511)

鑨(341124314143125111515111)　鑨(341124314143125111515111)　讓(411125141324324112213534)
灜(4411225125221352512144444)　𧞫(452342522155444432411121)

二十五画

籮(3143142522155444432411121)　鱹(3525121444454154132411121)　蠻(4111251554444554444251214)
廳(4131221111121122522114544)　鸐(5415413241112132511154444)　纙(5542342522155444432411121)

二十六画

驣(12112544444311341211254444)

二十七画

鷰(122125121115444432511154444)　鑼(341124312522155444432411121)

二十八画

霻(1452444444112511123312122111)　邏(3143142522155444432411121454)

三十画

驫(121125444412112544441211254444)　鑲(341124311251245251251112213524)　鸞(411125155444455444432511154444)

附录 5：方块壮字常用字表

一、常用字

一画

一 乙

二画

二 丁 十 七 卜 八 人 入 几 九 了 刀
力 乃 △ 又 乜

三画

三 干 工 土 士 才 下 寸 大 万 上 小
口 山 巾 千 乞 川 九 个 丹 久 凡 及
尕 亡 门 义 之 己 已 巳 弓 子 也 女
办 久

四画

王 天 夫 元 云 圡 丏 木 五 不 冇 太
忒 厄 牙 比 少 日 中 皿 冈 内 水 午
牛 手 毛 壬 夭 仁 片 仆 化 仍 斤 反
介 父 今 分 公 月 勿 欠 丹 印 勾 六
文 亢 方 火 斗 户 心 引 丑 巴 孔 办
以 双

五画

玉 未 末 打 正 功 去 甘 世 古 本 可
丙 左 丕 布 平 卡 北 占 旧 旦 目 且
甲 申 号 田 由 只 叭 叺 央 兄 叩 叻
凹 囚 四 肉 生 失 夭 丘 代 仙 们 白
他 乎 令 用 印 氏 尔 句 犯 外 冬 叩
夘 邙 主 驭 立 半 头 礼 必 记 永 司
尼 民 弘 劢 出 奶 奴 加 召 皮 对 台
母 纫 幼

六画

耒 邦 邦 夸 圩 吉 考 托 老 执 地 耳
共 芛 芒 朴 迈 臣 西 在 百 有 存 而
匠 灰 戌 列 死 成 至 辻 岦 此 光 当
早 吐 吋 吓 虫 吕 同 吶 吊 吃 吆 肉
年 朱 邦 先 廷 竹 佚 伝 休 伏 伐 件
任 仰 自 兜 血 向 后 行 全 杀 合 危
肎 名 各 多 争 色 冲 亦 庅 刘 交 衣
亥 问 羊 并 米 灯 州 為 江 汏 汒 池
忙 守 字 安 礼 初 许 那 彐 艮 尽 防
奸 如 好 巡

七画

寿 弄 美 弄 玖 歪 吞 扶 馬 馬 批 扳
拎 孝 坎 坟 护 志 把 报 却 苛 芽 芘
花 劳 克 李 求 忑 車 甫 更 吾 豆 酉
辰 否 还 龙 来 忐 呈 貝 見 助 里 国
呆 吃 足 男 困 吽 吒 听 吟 吩 吗 吅
别 岑 岜 呉 迁 告 我 乱 利 秀 兵 何
佈 但 作 伯 你 住 位 身 虽 兎 佛 近
坐 谷 含 肝 肚 肣 角 条 迎 言 床 吝
冷 李 辛 闲 闵 闷 灶 弟 為 沌 沙 没
汶 沉 怀 忻 闭 快 穷 灾 良 戾 初 社
君 灵 尾 改 阿 陀 妣 妖 妃 鸡 纷 災

八画

奉 武 青 表 長 卦 担 坤 押 扳 坵 者
拉 垓 挧 坡 亞 其 助 取 苦 若 茂 芤
苗 英 苟 茄 林 枝 杳 板 松 東 或 事
雨 委 奔 來 欧 炁 到 非 肯 肯 晃 尚
旺 昙 咺 咧 昆 国 冒 門 呵 敀 咘 明
坐 呼 岩 罗 知 物 和 岳 供 使 兒 依

㑚 的 鬼 迫 臾 徃 衍 往 彼 所 舍 金
刹 侖 命 含 念 贫 肚 肣 朋 肥 周 狗
犸 犸 迸 变 京 夜 府 斉 究 究 庚 净
放 羊 凼 炓 炉 法 河 沙 油 泣 泓 波
治 怌 性 怕 闬 怪 闵 宝 宗 定 宜 茂
官 空 郎 兵 房 社 建 录 屈 孟 陋 眉
眉 降 限 妹 姑 姓 始 丢 叁 参 贯

九画

春 帮 城 哉 括 郝 坔 茉 某 等 巷 茂
茶 荅 茫 荣 故 胡 南 柰 枯 查 相 柳
柳 梛 要 歪 盃 厚 面 要 残 殆 皆 点
是 則 咭 哄 哑 显 星 昨 咟 咵 昱 界
蚁 思 品 哈 哞 咬 哏 峝 畓 恩 骨 拜
牲 香 秋 科 重 修 保 俐 係 信 皇 鬼
侵 臾 追 律 很 後 紒 畲 畬 哥 盆 胎
独 風 徉 怨 急 計 将 哀 亮 度 音 帝
闵 差 养 美 送 迷 娄 前 荅 洙 洪 洒
洞 洗 活 派 洛 恒 恠 恨 闹 害 客 冠
軍 祢 祖 神 退 屋 屎 陋 陋 眉 㧑 孨
除 除 姝 妹 怒 架 覌 勇 癸 癸 癹 结
紅

十画

耕 耗 泰 珠 班 敖 素 匿 盏 馬 貢 埋
捉 都 華 莫 荷 恶 真 盅 栈 栢 桐 桥
桃 栟 株 根 索 連 悪 配 夏 破 残 烈
時 畢 財 眠 哑 晃 哽 哩 過 唎 恩 唤
喏 罡 贼 毒 特 造 秤 型 笑 倵 借 倒
條 俾 倫 倍 倭 射 們 師 般 途 殺 爹
倉 翁 胖 色 獁 獁 狼 猍 逢 留 託 記
将 高 郭 庫 病 齊 唐 凉 竜 部 旁 渌
羙 粉 料 朔 酒 消 淂 浰 海 流 涕 浪
害 家 宽 容 寃 案 请 朗 诺 祢 書 剥
弱 陸 陳 孫 婳 娋 娘 務 参 通 能 难
鸡 桑 納 紛

十一画

盏 現 理 覔 捧 馱 驴 排 赦 教 接 執
達 達 掃 勒 勒 黄 菜 菛 晋 乾 喪 梅
救 曹 票 雩 眥 砦 眥 堂 常 敗 眼 啫
啷 啚 閉 問 晚 晚 署 蛇 累 唱 國 患
唫 嗆 嗲 逻 崩 梨 動 符 第 敏 偕 俻
偶 貨 鳥 得 從 輦 輋 欲 晋 貪 领 貧
脴 脚 豚 脱 魚 猪 猫 斛 祭 許 髙 郭
曺 毫 麻 座 痦 痕 康 章 望 阑 盖 粒
断 曽 清 添 淋 酒 涯 淂 混 涽 渌 梁
情 寅 宰 宿 窕 祸 裙 敢 強 員 蛋 陽
陰 隆 婄 貂 習 皃 貫 鄉 細

十二画

琴 魂 墒 提 喜 彭 捞 赍 達 報 壹 葉
勤 勤 散 散 萬 萼 敬 落 朝 喪 棑 硒
磅 尞 雅 鸦 悲 暑 開 間 閔 悶 喇 喊
啚 貴 喀 啼 跣 跪 路 跟 罵 買 黑 無
短 等 筅 答 筆 笳 牌 順 傍 挑 皓 奥
街 須 欽 傘 爲 腊 脾 脾 魯 訴 婁 蛮
就 鸿 溏 旗 魂 阑 普 粝 道 兽 曾 煉
勞 測 温 渌 渌 阑 惱 寒 富 禄 尋 屢
强 隂 媪 賀 登 發 結 絞

十三画

魂 遠 塘 搒 聖 基 蓮 墓 蒙 献 禁 楚
想 楞 榛 楼 歐 感 碍 碗 雷 零 業 量
當 賊 嗼 嘈 鴨 喀 暗 煕 號 照 跪 路
跟 農 嚠 踣 嗏 歳 置 罧 罪 稔 愁 篤
節 艄 楽 衙 微 會 貪 歌 腮 獁 獁 解
煞 話 訧 意 膀 義 粮 数 煩 胖 满 漠
準 溺 恳 蜜 福 閙 群 殿 嫁 鸡 發

十四画

覓 馱 驴 播 慕 暮 蕚 蔺 模 榜 樣 愿
嘆 嘞 関 蜡 踖 黎 種 算 魄 徵 錢 銅

銀 爱 貌 領 脾 鳳 獄 請 廣 麽 瘟 廖 齊 旗 養 漢 潲 漫 演 漏 慢 寡 察 隨 嫩 網

十五画

賣 增 蔄 横 槗 様 輊 歐 鵶 慮 颬 輝 賠 蹈 噐 罵 墨 黎 稼 箱 儀 皛 德 盤 錢 劍 滕 魯 猬 請 諾 誰 論 談 廟 麽 褒 鳰 粡 曽 熾 懐 憧 憐 窮 翻

十六画

墻 騎 壖 擂 橌 橙 頼 賴 頭 霊 雨 磺 鴨 勝 器 還 黎 篤 學 鋸 獨 謀 諧 憑 磨 龍 糲 曾 燎 燈 澀 懐 闌

十七画

藍 檂 臨 嚇 蝏 雖 貇 臘 鮑 講 謝 瀆 鴦 應 禮 孺 皦

十八画

蕉 轉 蹄 雞 鷄 鮑 獵 謹 癖 雜 顔 類

十九画

難 蘭 蘇 曜 羅 譚 瀨 懷 獺

二十画

艚 騰 議 寶

二十一画

鶹 鷄

二十二画

邏 籠 讀

二、次常用字

一画

丿 乀 乚

二画

冂 卩 刁 儿

三画

于 亏 卞 艹 艹 丈 么 勺 乞 勺 卞 孑 ネ 以 从 夬 母 毌

四画

井 无 卡 廿 支 卅 犬 丈 丈 歹 友 巨 屯 切 瓦 止 曰 见 气 升 什 仇 仅 乇 凢 爪 爻 氏 风 氏 殳 勾 沩 闩 闩 为 为 门 必 月 尺 弔 収 ネ 劝 幻 纫

五画

矛 式 刊 示 亓 亓 丕 巧 圤 扑 扒 芃 艾 支 札 丙 丙 石 右 夲 龙 厄 戊 龙 龙 与 北 叶 叮 卟 队 因 叱 叩 叻 另 叹 冉 罒 同 肉 刊 升 付 仇 仪 内 斥 舟 瓜 佘 令 乍 乐 册 卯 犯 邠 包 色 尻 㐬 玄 闩 氷 兰 斗 沩 闩 仍 宁 穴 它 弗 艮 她 边 孕 纫

六画

匡 寿 刑 丕 圭 扢 扴 执 艿 亚 芢 过 甫 再 两 夗 戌 交 夳 灰 达 厐 龙 困 夷 邪 妄 卡 旧 师 尖 見 助 妲 曲 咄 叽 因 呐 吸 吃 呟 出 回 则 刚 夾 廷 丢 迄 伍 延 伤 份 仴 仗 仿 们 兂 兕 兂 会 兆 兇 朵 旬 犴 犯 犯 名 処 壮

齐 卤 次 灰 决 妄 闭 汗 氾 汝 疘 礼
罕 论 寻 丟 启 𠇉 屌 阨 阳 收 阴 物
观 欢 红

七画

弄 青 玘 玘 玘 玞 形 戒 夻 垝 找 坒
走 抄 攻 赤 折 扮 投 拉 抗 扭 声 丐
却 苂 芬 苒 苭 芶 杆 材 奔 杣 杔 杚
巫 㘫 亜 两 酉 夾 事 忒 㫒 迓 㫖 步
肯 炎 肖 旱 时 早 具 助 昙 县 吥 园
旽 退 呀 串 吕 吙 吧 吼 田 财 每 佐
佑 伊 伸 性 伍 低 仰 仰 伴 兊 兎 返
余 岕 肘 免 狂 狋 犸 犻 狄 删 杰 系
状 状 宜 物 直 况 亨 庇 对 疕 泯 㐬
闲 间 闷 闵 闭 米 判 兑 汪 沐 汰 泹
沌 惚 忟 完 宏 牢 宠 宠 衽 衫 诉 罕
即 兵 屎 肩 忌 孤 犾 阻 忻 妖 妙 妨
忍 矣 纯 纳 纽

八画

玩 武 脊 抷 拔 拈 坦 坥 抽 拐 挍 拆
奎 拎 抵 抱 幸 坭 敃 招 披 抬 耶 助
昈 昈 昔 苭 直 枉 柜 枇 校 栌 杷 丧
或 画 卧 亶 刺 虎 奈 殁 忒 妻 虎 虎
叔 虎 見 見 呀 导 昡 味 果 見 里 哎
咻 昌 旺 昇 易 昂 旼 咊 咣 典 固 忠
咀 呷 咒 㒷 吟 啦 咄 咙 岸 帖 罗 画
败 思 恳 迭 铃 乖 刮 乱 杉 季 委 佳
例 优 侣 侊 佩 货 佞 鸟 帛 卑 兎 兜
欣 砉 岔 受 争 乳 拿 肥 服 昏 鱼 免
垪 忽 迎 洁 冼 店 庙 底 疕 疤 娃 究
究 宽 音 刻 於 闹 米 苦 若 卷 並 谷
郊 苏 单 炒 為 流 泙 泠 注 泥 闲 闲
闷 学 穹 宛 宛 窈 郎 戾 肩 社 社 话
居 局 改 攺 承 恒 陁 牟 姐 妵 姎 始
弩 姆 虽 追 细 经 纫 纺 纺

九画

耗 奏 帮 班 珀 找 持 封 拷 拱 尭 政
竞 垌 哉 拔 拔 垢 拾 挑 指 拼 挪 拨
旺 甚 草 草 荒 莱 直 真 茹 枝 柯 杯
柿 枰 柙 杳 柏 柆 栏 枷 勅 區 咸 威
乖 厘 夏 砍 耐 殃 背 旨 貞 贞 省 削
味 昧 咾 冒 門 門 門 門 哂 昪 咧 昜
胃 贵 虽 咽 咋 响 喃 咳 跡 吼 哪 実
炭 果 买 界 罗 囧 㝉 岡 骨 钦 無 看
矩 帮 毯 毡 犽 乖 竿 笈 偶 便 使 叟
顺 俚 俄 倏 泉 敀 倨 敂 兎 禹 侯 帥
待 衍 般 舡 逃 食 胚 胆 肚 孩 狴 狠
逢 訂 亭 度 庚 庚 奇 彦 愣 美 吝 首
荅 兹 总 烟 炷 急 浅 洁 柒 流 测 洫
济 洋 津 浪 恃 恓 恒 恢 恒 宫 宪 穿
牢 祐 祝 被 冤 弯 局 巽 韋 恓 阵 孩
妹 娘 努 努 飛 难 胻 能 绞 糾 約 紀

十画

持 尭 馬 振 起 盐 捎 埕 埧 捎 埘 换
恐 埇 旺 耿 聍 聍 眠 茾 荳 都 莒 莪
莉 真 莭 剋 莊 栲 栏 森 丧 格 样 梢
桹 救 哥 速 配 辱 砵 勇 原 裂 烈 怒
㞗 背 哷 逍 党 尝 哜 唊 显 晒 咄 唔
嗎 唠 鸭 啤 哑 昌 哂 唬 咪 跡 蚊 蚆
唁 盎 唑 啥 娣 哨 峩 刚 钱 铁 氣 纽
透 俸 侵 候 傍 傍 傀 傍 脩 躬 烏 徒
從 船 途 釘 針 看 爱 奚 肪 胖 鈄 臭
鳳 猃 狮 狼 猆 猛 訓 這 凭 凭 凌 涷
涮 涯 亭 亮 寃 席 准 斋 湌 离 站 畜
美 瓶 粏 粉 朗 益 兼 烧 烛 烟 清 涞
浬 浩 浮 涙 浸 粱 悟 悞 悔 闵 恼 害
宁 害 宁 劲 窟 宪 窑 祖 被 祏 祥 谁
论 冤 閂 恳 弱 强 陰 隆 陪 娌 娱 怨
努 能 祭 務 員 員 绣 綁 純

十一画

素 規 䰟 㚅 掿 埬 域 挦 攞 遊 赧 推
頂 捨 培 捲 赸 控 索 䁔 時 昨 聇 基
眠 眠 勒 勒 勒 菓 葛 萝 菊 茉 营 乾
喪 栟 栫 梼 埜 栰 衺 梯 桶 斬 專 悪
敕 副 區 堅 雴 配 厠 旁 夏 雷 雪 殦
虚 厲 皆 虛 賢 喋 雀 䁔 販 黒 啞 婁
𠰺 晗 蚔 蛀 農 啥 唅 啥 跅 啫 署 帽
崔 崇 過 银 𣯁 犁 恝 移 䅳 喬 笨 笼
笼 笠 笏 筊 牌 袋 傀 偷 進 停 偏 鲇
假 偉 徔 盘 船 船 鈫 釰 鈒 鸠 彩 爱
脾 脷 鲁 象 欵 猪 猫 猌 猛 凑 訢 設
訌 淛 痐 离 离 庸 渡 竟 産 寃 着 拳
剎 粘 粈 粗 粕 剪 面 堑 兽 烑 焼 畚
烟 斛 淦 涼 済 湇 淚 深 婆 悁 惟 寄
寃 密 啟 袙 補 裡 裉 裢 閆 留 扁 張
琪 隋 随 㹀 将 孟 隆 隆 隊 斌 婧 婉
畜 綢 綁 经 巢

十二画

琶 替 猛 寃 堯 塔 搵 項 越 超 貢 揽
揚 博 赍 捶 塊 煮 塔 換 搶 裁 揥 捲
執 揔 壺 埠 惡 聝 聏 聝 斯 期 欺 晚
睨 睨 睨 勒 勤 欲 墊 葉 葉 葛 菖 董
葆 萎 蔺 喪 葿 椌 焚 焠 棫 棧 棹 棍
棚 椄 棺 椂 極 棵 惠 逼 覃 灵 硬 硯
硫 硴 碇 奪 雄 雲 虛 督 紫 掌 量 貽
喒 喃 閅 閉 閔 晗 晗 晗 暗 喈 跎 蛙
蚰 蛤 蛫 農 單 嗜 啥 喚 喑 喭 喽 跲
遝 帽 嵬 罧 斐 無 智 程 犂 税 笼 筒
笏 筅 傌 僙 備 傅 貸 傚 集 躰 魃 衆
粵 奥 遁 復 會 會 貪 曾 爺 爺 禽 欱
爱 貪 勝 勝 鲃 然 証 詐 詠 詞 詔 馮
装 塗 痛 斋 童 善 叁 粦 尊 尊 奠 遂
慈 湖 渹 湮 湯 渭 澇 湾 渥 愊 惰 惱
愠 惱 惱 割 寧 窕 寄 讲 谟 運 遍 補
裙 褫 禍 谢 巯 属 費 異 疏 隔 隘 娀

媒 媟 媤 婠 媚 鸡 緫 绣 緕 絶 幾

十三画

瑟 瑞 頑 㚄 寃 寃 摸 馱 髪 携 摇 搒
搪 聖 華 勤 靴 蒔 夢 蒼 蓬 幹 献 楃
槁 榥 楧 椸 楤 較 赖 酻 碍 碰 碌 虞
督 歲 對 睹 睦 嗺 嗦 嗼 嬰 睡 賎 賊
暗 嗎 嘩 嗔 戥 嗄 暖 唵 盟 跪 蹈 園
蛒 蠎 蝘 蜂 嗣 嘆 嗳 嘀 嘧 路 跳 置
還 還 蜀 辞 犂 筭 筭 筵 笼 笼 筦 管
筭 筭 箸 简 與 傳 牒 傍 催 傷 僧 銀
鈌 鉄 鈴 劍 爺 遥 愛 頒 腊 腰 腦 觔
猩 獏 鳩 猺 解 詢 該 凴 裹 廉 新 龍
龍 齊 粠 養 数 粦 慈 燒 煙 煉 煞 溝
滅 源 塗 溏 溺 博 闌 塞 寛 寡 禄 禄
羣 遜 媽 皇 皇 媽 綀 經 緾 綢 綉 絺

十四画

碧 頡 髪 撻 擴 墻 摳 墟 摞 攜 赫 增
擒 境 增 壽 聚 瞭 瞭 暗 摹 蒲 蕭 蔭
蔭 榛 槤 槍 榜 槁 槞 輕 歌 監 頤 酸
歷 曆 碌 鴨 歲 雌 對 蒙 賊 賂 暖 懸
嗟 踭 踏 跪 蜈 農 團 嗱 嗔 置 還 罷
幔 嶺 圖 鞞 舞 撻 黎 箐 箕 箩 箙 僚
僕 僧 德 徵 微 錢 愛 慇 貌 膝 頓 獼
獍 膇 語 説 認 誦 鳶 遭 瘵 辣 端 精
鄰 鄰 熾 榮 漢 滷 潢 滿 滿 漂 滤 漼
潘 懷 寨 寬 寧 谭 禒 禒 罟 獼 墮 獮
隤 墜 頗 凳 鄧 缴 綱 綿 綳 綻

十五画

鬚 鬧 贊 鴻 墳 墻 墻 騎 駝 踸 撞 攔
鞋 鞍 蕁 蕩 蕊 蕽 楚 槽 標 樓 橥 櫓
欄 輪 臨 賢 賴 醉 磊 憂 遼 颱 颱 嘲
數 嘹 影 踏 螺 螻 蠑 器 嘿 嶂 蹌 蹄
踹 噌 嘵 噔 罷 羅 骸 靠 價 儅 儂 儉

欒 頣 徵 徵 銭 銼 酓 餓 臉 頭 魯 颱
猿 獜 劉 調 謟 憑 熟 㦥 褢 瘽 瘤 龍
敵 膰 糠 糌 締 糐 遵 潰 潮 澮 潭 潦
潤 滐 寡 禣 獮 嫽 頗 龖 綎 総 縁

十六画

鵇 耨 壞 壊 壇 擃 擇 壇 擳 燕 藍 蘇
薩 樓 樽 橦 機 轉 賴 臨 颱 頋 磰 歷
曆 瞞 縣 曉 點 㔌 嘁 蹄 蟬 蟵 罵 鴦
噼 蹊 蹤 羅 懷 憐 簣 篩 興 儒 頚 衡
盤 鋤 錢 錫 錦 錠 録 曾 膿 膶 膳 滕
臘 魯 獏 猿 猿 獨 鵬 鴛 謂 褭 親 辨
龍 龍 龍 簾 齋 膰 糖 燒 燧 濛 濃 濁
懷 褶 懐 錐

十七画

墻 墻 壇 壇 擬 聰 藏 舊 蒷 檑 櫳 霜
䣾 霞 嬰 闌 嚂 蹊 螺 點 點 罃 黎 篡
魋 徵 燓 鍩 鎵 騰 臨 鮮 飈 譁 謨 癤
龍 糞 糠 燭 熾 爈 懷 懈 賽 讀 籠 獮
繆

十八画

騎 騎 擺 藎 藥 欗 櫃 檽 樛 轎 礮 霧
鶤 顯 壘 嚟 鵝 簡 簣 歸 燓 鎖 鎖 癖
離 齋 熾 瀆 懴 憸 額 籠 籠 龍 繒

十九画

攬 鵨 攏 曜 蘇 顛 檑 欏 礦 願 顯 贖
蟻 贊 籠 鏡 鐔 臘 獺 糧 類 蘭 瀨 懶

懰 寵 疆 繳

二十画

蘭 蘇 欖 欄 櫳 䶬 嚶 覺 雙 鐔 鐘 護
魔 糯 爛

二十一画

歡 欄 礀 露 霹 蟌 囂 儸 鏾 龍 顧 䙪

二十二画

攞 蘿 囊 礶 贖 囂 囉 體 籠 籠 籠 龕
讚 聾 灑 獼

二十三画

欗 囊 囊 顯 變

二十四画

觀 䍦

二十五画

籮

二十七画

鑼

二十八画

靇

三十画

鸝 鸞

三、生僻字

一画

亅

二画

丄 冂 × 𠘧 亠 丂 乡

三画

𠂇 互 乞 乇 㔾 丏 㔿 巳 了 了 乃 尔
办 失 双 又 叉 马 乡 史

四画

丐 开 专 考 圪 扎 卄 才 仅 支 历 龙
歹 旡 厷 巳 戈 卡 且 岂 冈 长 仃 人
从 劝 丹 尔 纟 豕 九 父 氿 认 门 订
礼 尼 韦 不 外 岁 另 卬

五画

弍 巧 叨 比 扗 丐 印 邛 扐 艿 有 冇
乔 毛 瓦 毛 龙 牙 互 卡 凸 皿 帅 少
归 吃 叫 叨 ⺲ 因 冋 矢 禾 发 仁 伏
仗 仟 仪 仉 仇 仔 佟 斥 爪 爪 兮 合
从 令 爻 今 仡 夙 吕 系 夘 郊 务 凤
迅 色 市 闩 丹 汴 汯 汉 忭 忊 忉 忣
宄 忟 讫 讯 民 刃 阞 忈 奴 吊 册 发
圣 忌 幼

六画

弎 牙 弄 式 无 弘 扛 寺 扣 扯 圳 扫
扢 韦 邦 芋 芓 芁 朽 机 朷 吏 丙 而
夸 否 厇 龙 龙 歹 龙 成 虎 尗 时 时
冃 甲 央 吅 吒 吣 兄 吠 吀 旦 叹 吃
叱 吧 吔 足 屺 夹 廷 传 乒 伕 伎 卅
仲 低 侕 仰 佾 伙 伙 伨 把 佤 囟 似
厍 辰 舟 爷 会 兇 氽 肋 凬 犽 犽 狄
页 庄 沃 齐 汵 汉 产 闫 羊 关 兯 专
并 夺 污 汜 汤 闩 宇 尘 宅 玄 弓 讲
补 军 农 议 讯 包 灵 妟 肩 民 阢 怄
朵 杂 妃 肥 关 羽 △父 呆 约 纨 纷

七画

匡 邪 玖 远 技 扼 抻 贡 托 批 坋 拎
扐 均 抑 坑 扐 抖 壳 抛 劫 苓 吃 助
功 吃 苿 芳 弓 直 苏 杜 村 机 杍 杏
松 杞 杩 枚 東 匣 或 束 买 矶 尨 尨
尨 辰 列 殁 巳 辰 巳 肯 児 旺 吭 吐
国 呒 昌 鬼 吼 吡 呕 呻 呀 旺 呀 吡
吕 呶 呱 吼 吣 吹 吭 卧 吴 囤 四 类
肉 年 迕 犾 牤 迋 秃 岔 佊 仰 体 伻
估 佃 但 伉 佺 伶 佩 仰 仰 伽 迫 迺
行 舟 余 再 妥 岔 肞 退 昏 龟 狂 狗
角 犯 狃 卵 壮 冾 夜 电 况 库 底 辛
齐 皮 泣 肓 波 间 闰 闵 羌 兰 羌 叛
弃 汴 舟 角 汏 伢 沙 汭 汑 沌 泠 汾
泛 怖 忧 恆 忆 闫 怣 问 㤔 宋 究 㐌
即 即 屁 尿 局 狂 环 怄 性 怪 妫 妒
努 还 肤 免 㚗 於 疕 边 △布 驮 员
纸

八画

弄 弄 珐 青 玫 盂 孛 忝 忝 抹 拔 抲
技 拺 忑 坻 弯 或 尭 劳 坰 拖 顶 垙
坪 抑 逃 拡 尭 圭 拂 坳 拨 刼 圾 荣
耵 耵 芋 若 苹 苧 苵 荃 苑 范 茎 茐
杖 枙 栊 枒 柞 枚 枂 杶 柳 杭 枋 栏
料 杰 根 酉 厓 还 砍 夏 砙 矿 奇 巳
巳 皆 转 皆 述 些 卓 哫 省 省 帰 旱
旱 旺 呀 昊 貤 町 是 是 哎 冒 咗 㐌
咘 咘 呡 昇 昀 虹 虮 迪 咀 呾 呥 呞
呷 咱 咣 哈 呤 明 咴 呌 吡 咀 宗 果
岸 岂 崑 岩 岤 贩 炎 酎 岡 罔 骨 毯
牧 忝 性 怕 怩 香 笋 炘 佣 佲 佤 叟
佾 侻 凭 修 虱 兎 兎 粤 俊 征 佛 舡
侖 尒 斧 爸 采 妥 妥 忿 伞 肚 肺 肶
免 狂 狔 股 希 沫 泩 享 侩 斉 兇 兇
庚 渟 良 闹 米 叛 关 夯 迫 炫 炉 為
浅 洗 沛 洇 沃 沍 泊 派 泠 泐 泯 沸
怙 快 怪 怜 闲 夸 宠 宛 宰 究 实 窈
祈 祆 衻 虎 军 询 刷 弥 恒 肩 孤 陁
拦 降 函 妗 兔 △光 怒 结 紏 绋

九画

契 炁 武 玲 孛 玻 毒 珢 型 畗 挪 扳
挂 拮 扼 城 挟 焉 英 垭 押 押 挹 挏
挪 却 拁 拴 垫 拸 拼 起 挖 按 垪 挔
挜 敬 挦 旺 茉 荓 耽 革 茂 莀 苩 茱
迣 莒 莁 真 真 萘 栈 栲 栏 板 栫 柳
柱 枓 栣 梻 枷 剌 畐 瓬 迺 威 夏 京
砇 砜 砺 砥 砅 砽 砲 奎 奤 尾 殄 亶
呰 皆 韭 眞 昙 哶 咿 学 旺 昳 哪 咢
哤 哤 敃 易 昆 咾 昊 閂 昷 咼 昇 哂
曷 昴 昂 咆 昿 昵 昆 呲 趵 畀 畋 虻
蚥 盅 罡 罚 咮 咶 咕 咖 听 坴 咆 呟
哵 哘 是 岸 岽 圁 囼 罜 幽 炁 毡 毭
毯 迮 适 笁 笆 侢 叟 侎 货 皂 昀 息
皏 皂 衰 佭 後 须 迸 畣 酓 贪 斧 倉
胠 肣 朐 胞 胖 胝 豚 奂 狲 剁 独 狘
狇 觔 猍 胋 逄 逄 怒 湉 洊 垶 凕 疽
庭 庥 冶 染 爪 竜 竞 放 施 梁 梁 畜
闻 美 着 羌 姜 敘 莘 粔 类 籼 籹 酋
面 逆 单 炣 炒 炔 炮 炷 炤 炠 為 涥
流 洦 洸 洽 染 浇 炁 浥 涥 涤 泣 洐
悖 恺 恈 恼 宫 宫 軍 扁 肩 祜 祖 衿
祇 袦 诏 垩 剁 屈 巽 勊 费 孩 殃 陕
将 陕 姘 陟 降 降 院 耷 娃 姤 姆 娴
姣 負 贺 盈 卨 能 癹 癸 罖 给 络 单
甾

十画

莍 恣 覔 匪 培 堯 堯 栽 駄 捒 捍 捚
捐 彭 捐 敌 掋 者 省 逺 挬 捝 壶 捸
挰 捉 斘 捅 埃 挨 埌 旺 珏 基 耻 莽
莋 眠 莗 莯 恭 莐 茗 萦 茈 黄 莮 莅
荒 晋 荼 桂 栮 栣 桓 楝 棣 桕 椃 桻
栦 桅 校 梛 需 軑 覃 酌 咸 盃 孬 砙
厙 砒 砼 砝 畣 厘 痓 牵 奄 逐 残 殃
致 眥 眥 眥 桌 斈 监 哢 晎 哢 哢 逞
眝 眩 罣 哓 哺 阴 啄 响 哧 眧 昬 骨
眼 昭 煦 贵 畀 罗 蚯 蚍 蚪 贵 蚊 蚓
胄 哨 哭 國 娄 閔 哄 啊 哧 哷 唆 哋
唻 峎 迴 崑 圓 過 骨 骨 蚊 恣 毬 乘
帮 租 秧 称 秘 笑 笏 笮 笋 特 值 偵
俐 倱 倡 倨 倶 射 躬 躬 息 皂 皍 衆
得 徃 徐 般 船 舨 釗 釠 敎 倉 逕 爹
爹 爱 罨 豹 倉 翁 翁 脑 胭 脍 脆 脒
俾 郷 逸 留 留 留 討 訖 記 䓇 浊 亮
茔 衰 亭 迶 疝 淪 疾 烈 离 桒 涽 剖
竝 婆 竟 闾 華 着 瓶 瓶 眷 拳 朔 莒
歆 朔 朔 哥 炻 烓 肓 涛 浭 湯 涡 浴
涽 浛 涒 泓 㤂 悖 悃 恼 恡 恨 悜 閙
惯 惱 惱 亭 宿 宼 宾 宽 宰 密 衩 祖
袍 袖 補 袾 袙 诮 冥 诺 敃 弱 弱 矞
陵 陏 将 降 将 隆 惱 媽 媽 咸 恕 娴
娒 媌 胬 畣 癹 蚤 豸 罙 粲 罙 綝 紗
紩 紙 紡 紏 巽

十一画

球 捧 掛 掕 掑 駇 埊 焉 措 掍 捉 敌
掷 敵 埊 搜 堆 埚 捭 垸 塊 捍 埨 採
援 捨 捻 琭 掠 捞 執 執 探 敬 掇 瓩
珹 琡 珉 聦 莽 菻 莱 恭 蓁 菲 莫 茼
萸 萼 萝 萎 萃 菅 真 萧 莊 菁 棿 楠
椣 梧 埜 梗 梧 梠 棱 椛 梢 桯 梘 梩
梱 梸 槟 麥 槯 覔 硫 硪 硃 研 硿 硍
痓 奎 残 恝 盛 雷 雪 虚 虗 虜 鸭 虞
睏 啤 啤 晞 晒 匙 晒 啨 野 啦 喏 唝
昰 婯 曼 喇 唒 皓 睞 睌 哏 骈 晛 異
啨 略 蛉 蛘 蛂 啗 啁 啹 留 唰 啤 嗩
噢 唅 唳 唃 嗝 唔 唿 唷 咦 跍 唤 哆
啳 唪 啜 罵 帺 帳 崖 骨 铜 铌 毬 毯
粿 特 禹 笼 笓 笏 與 叟 備 做 偲 倫
躯 皐 畢 魁 哪 假 衆 得 徊 從 御 徤
般 斜 釣 鉢 秫 盒 貪 畣 節 爱 爱 腓

脝 朥 脾 脾 脾 腦 腦 腦 彫 詹 奐 猤
猿 猗 猓 猩 觓 然 祭 講 訢 論 訪 婁
涯 涇 湎 温 寃 就 庶 庫 痓 痜 廊 离
斉 章 竜 渥 渥 族 盖 差 瓶 瓶 桊 華
粁 畨 粭 粡 粫 勧 萝 道 欲 魚 觕 焿
焬 焞 焜 能 消 溽 淏 淮 淫 清 落 淊
淡 淀 溘 淌 惕 惱 愣 惮 們 惱 逭 宰
寔 寅 寘 逭 寉 寧 寕 客 寎 寖 悤 谋
谍 啓 視 祷 祴 谓 谕 尋 畫 尋 翅 弹
疏 惐 堕 猢 階 愢 慢 惆 愢 惱 憮 隆
隆 降 婭 婿 婿 婢 婚 娸 婢 蛣 蛣 皴
登 発 發 綱 綢 緋 絲 組 紳 紘 巢

十二画

秽 秽 素 琴 琵 琪 斑 素 夢 蕁 堯 撓
遠 堤 堋 鼓 歇 插 搜 搃 搥 搭 換 換
塿 塘 搽 執 執 搭 摋 搂 摸 揆 搖 睅
睛 睛 晒 睐 眼 華 睄 勒 晧 晗 晗 晩
睨 華 菓 勤 勤 勤 萠 葑 萷 葉 蓂 葛
葵 萱 葶 葭 葬 葱 桃 奔 棒 棱 棋 椅
楝 棲 棵 棵 榒 楼 槐 棬 椋 椅 椅 梯
棉 壺 軻 棘 赖 厨 晶 硃 碇 碘 碑 礎
碍 硯 碓 惠 殘 盈 需 雨 虛 斐 鼎 輩
暴 晠 啫 墨 最 喑 嗦 嘵 嚅 喋 嗔 曇
嬰 嘤 喱 景 晩 瞑 蠅 跐 跑 啮 蝽 蜊
蚌 蝸 蜓 螂 蜓 蛤 單 喔 嘈 嘩 嗯 啾
啥 喙 嗂 嗅 嗅 嗟 跖 跅 跤 臨 嚓 圓
嵋 幀 圍 嶗 犇 氣 裹 筐 箬 箞 箞 箞
筳 筷 傲 叟 傳 偏 價 傑 追 傭 嵄 韋
蛇 假 偪 慫 徥 徙 鉅 鈔 鋼 鈎 鈞 鈞
會 兼 爺 傘 逕 愛 飪 飯 飲 腊 腒 腸
腴 脾 腦 腩 腡 膕 腎 觔 曾 龜 猿 猴
頊 諺 滅 源 禀 曾 廂 诞 廬 斌 塗 痕
痫 瘷 瘩 痣 离 麽 竟 旁 商 旁 蒴 煞
齊 冤 冤 博 羨 粘 鄰 粧 粮 遒 萬 奥
欲 蒼 煒 煒 焠 焠 焯 鸠 湊 添 滬 漠

滐 婁 潾 淌 潘 滑 潒 渡 漾 漭 漤 湔
渶 渾 淚 慌 愔 愣 覚 寒 寬 寔 寡 寯
寬 窻 窖 寃 害 寫 谨 靶 袪 裸 裍 超
閃 閑 閗 救 覓 遐 違 隋 湧 慈 媺 嫗
媒 娅 皓 臯 覓 缘 綵 絠 緬 納 絨 經
絡 絲 斷

十三画

疏 遨 憂 髮 肆 揮 墣 填 搽 摝 截 翅
疏 鴉 損 摟 搅 搕 搕 塊 趍 墎 趙 晒
聽 睨 聰 聡 聦 聦 葉 葉 對 蔦 蓋 鄞
勳 勳 慕 葛 蓍 蓑 蒲 蓉 献 蔓 楳 椅
楪 榙 樓 櫻 楨 槭 榹 楊 楀 楫 槐 榱
轎 赖 毆 歐 酬 暑 愿 碓 碓 碑 碎 磵
碤 碚 瑩 鷂 雅 雅 頓 歳 歳 觜 虞 嚏
嘸 嗷 跳 暖 嗔 嗹 閩 嚜 嬰 晚 歇 號
畢 嘖 跨 跨 跳 跑 嘵 蜈 豊 農 棄 嚔
喉 嘆 嚵 踏 嗯 緊 戚 頓 歳 還 罪 错
雉 麵 敵 敵 盤 裹 箞 箞 箧 箕 筒 篮
偽 傲 傾 備 倘 儂 傲 儨 窑 傍 僧 軀
鵺 臯 領 傲 從 愆 爬 錢 鉢 僉 銀 遥
亂 貌 頌 腊 腩 腷 脾 腹 腴 滕 腾 腿
腦 临 頓 獮 徽 獅 豹 觧 懇 飈 詩 誇
誠 諍 凄 就 襃 瘼 遭 就 歆 滑 漏 齊
憂 寶 普 耩 粭 糎 粨 粑 粉 粿 煎 煠
熩 熯 熵 熘 蠆 溢 漠 漠 溥 溪 滄 滾
溯 溢 滦 溶 滤 滤 慎 憮 傒 誉 寒 寡
寡 窮 寢 滂 實 谨 袜 禄 祿 閨 殿 辟
屬 骋 瑪 隔 惐 慢 隣 懰 遲 寛 缕 缚
绯 樂 缅 經 絹 綻 緒 綏 絺 緹 廉

十四画

匽 碻 墶 撈 榴 壞 摽 聶 搗 墟 趙 墟
擄 攄 敺 摱 摞 臺 壹 擔 搬 攔 撈 擂
塴 睦 瞱 暗 暗 暗 聚 瞺 暗 蓑 葶 遱
熬 蔡 蘇 蕩 葍 榹 檻 槽 樓 樫 槾 輗

匱 歌 嫠 罻 酸 酹 歷 彗 硧 厭 厭 碱
碍 磡 碗 碨 奪 遼 殡 需 吞 廬 歲 眥
甍 曼 嘗 賤 睹 賠 賒 咧 噉 嘔 還 嘌
鼓 喈 暖 號 跨 跌 踉 睦 蝴 蛛 蜋 蛸
蝨 嘘 嘐 嘌 嘭 嗃 嘀 嗛 嗟 踢 踑 踚
踩 踪 蹈 嗥 嘇 還 罨 崴 嵩 嶡 锖 蹝
覓 跰 稔 黎 稳 熏 箴 篭 篬 篡 箉 與
興 傾 傷 儂 僄 僯 僩 鬐 鼻 鉿 魅 遢
微 微 飕 錢 鋨 禽 貌 貌 貌 貌 貌 臙
遯 脾 膳 臨 頭 魡 獄 猶 獖 諾 誚 誥
誨 夌 德 獎 裹 享 遮 腐 瘊 潼 鹹 韶
雜 憪 糁 鄉 曾 熛 煡 烈 熸 漠 漕 漸
澔 潑 湞 漾 潧 慄 懵 慣 嘗 赛 褱 寳
讀 祿 褲 憾 懷 敲 慢 憐 隣 隥 嫗 翠
熊 鄧 樂 綾 綄 緒 練 綵 緅 縱 綢 綠

十五画

鶕 耨 耦 撕 撒 撒 壞 驗 攬 撮 蕭 撫
熬 撨 覷 擒 搽 墡 彭 瞟 瞑 聤 聤 鞋
鞍 歡 蓝 蘴 蕓 蕪 蕃 噩 蔭 槿 樽 樸
槲 櫃 檟 槐 樣 樸 樣 櫈 勳 曆 懕 碪
磖 磡 碵 確 礤 殢 霬 雷 奮 豁 慮 糞
瞞 瞑 睦 曉 噴 嗟 嘘 瞋 頸 踠 跨 踑
踔 蹤 踪 蜮 蝩 螝 蝽 螺 嘓 踞 嗝 嘩
嘐 嘈 噂 踋 踉 還 鞦 賀 磊 覔 鵝 鴉
質 箭 篙 篓 箭 粵 僧 頓 艋 舖 錢 鎖
鋤 鋃 鋴 鳌 骐 貌 貌 餜 餇 腸 腽 臆
臁 膝 膊 鮑 頤 鮐 獏 獬 猪 颱 獮 臃
膑 諸 諫 課 認 諒 誼 變 潆 濃 就 潗
麼 禮 麿 靡 瘪 慶 凜 谶 劊 藎 糗 類
糩 類 糗 蔭 熛 熛 熾 熇 爛 潜 瀆 濱
潾 瀾 潯 憒 懷 憹 憎 窮 審 寢 祿 禚
褡 襁 磐 瓊 憨 劈 層 憶 隴 嫽 嫻 嫵
嬌 嬗 嫻 鶩 駕 疊 嫻 髮 繒 緫 練 緞
綠 緩 縊 總 緋 緬 緣 緞 緲

十六画

麺 撇 墙 驊 驗 駱 壇 擄 擂 歎 燭 撿
擔 撥 壞 擁 暖 蘘 鴨 鞋 鞍 懃 懃 歡
舊 藥 蘇 蘢 蔭 橈 檳 橄 機 標 橑 欖
櫝 樾 檟 橅 橋 橋 橋 橇 櫳 榛 橃 靈
甌 囊 罷 爾 霣 硅 礦 確 礪 霤 霄 廬
縣 憶 野 噹 嘲 踏 蹐 跨 踏 嘴 踮 螞
蠕 蜻 螗 螃 螟 器 噥 噫 噹 嘹 羅 贖
默 黔 赞 築 籃 篡 颱 舉 與 儔 儆 默
獨 徽 盤 錐 錯 錸 錁 鋼 鍩 鑽 錺 鋸
錘 劍 貌 貌 貌 膛 膜 臘 臨 臨 鮑 鮑
獴 獲 獵 猬 獥 講 講 諫 謁 鬘 癖 辦
龍 糠 糞 糉 糭 燾 甑 燋 澪 濃 澤 凜
憾 懦 憹 懈 寡 寰 窮 禮 樂 龍 燮 屜
壁 憶 孃 嬬 嬝 鴿 繳 縤 緻

十七画

環 擽 壞 擅 擺 擗 攏 擦 聲 墻 擢 瞷
瞷 蘘 蘭 歡 舊 櫺 櫟 櫃 櫳 檢 櫈 轉
醒 磅 靂 靂 賴 霧 霉 霝 霻 廬 顯 鴉
闌 蹊 蹤 蠕 蠕 螳 蟒 蝤 罷 雖 罵 嚟
嚌 羅 嶺 黙 犧 盤 鵝 穢 勳 邁 輿 優
蟀 歸 聳 饈 鎳 鑄 錄 錬 鍾 鎈 錺 鴿
貘 餘 朦 膕 臘 膽 臍 朧 臘 臘 鮮 獴
猫 謹 諧 蜜 戀 魔 謖 龍 糙 熾 懈 濕
濃 潞 憐 黨 墓 蹇 賽 襪 襝 鵬 擐 懷
縉 縵 繒 縭 斷 縉

十八画

擓 墻 墻 騏 擷 曈 鞬 鞬 鞭 蘘 穢 藤
蘇 嚴 櫟 櫟 櫳 櫈 鵝 覆 醫 鴟 麗 靈
靈 霧 霖 霫 穆 颱 縣 瞻 曠 曜 蟲 蟑
蹬 囂 囂 嚕 覇 羅 燹 黜 鵠 穢 穢 釋
簦 簡 朦 雙 邊 魑 鎮 鏤 鎗 鎔 翻 鴿
鮑 獴 謾 魔 聾 鼬 魮 燎 燎 瀆 瀧 瀨
濼 懶 賣 竄 竈 襟 禮 璧 擷 隴 懈 嬗

繞 繢 繒 斷

十九画

糕 撰 墻 攬 騎 攏 鵶 攦 蕪 蕪 欗 榪
櫗 螐 囊 縣 曠 蠓 蠖 嚣 嚣 嚣 黙 嚣
穢 篩 簷 鏴 鼈 魔 蠹 蠻 糢 蘇 鱗 瀾
濕 瀟 竇 襪 鸛 壟 繪 縑

二十画

擓 曝 欖 櫳 韂 礴 礴 礳 覆 鹹 顯 耀
鸜 蹯 黲 鶻 籃 蟢 釋 鰏 甑 譤 離 襲
蘡 爈 爐 龍 竇 鶘 孃 繞

二十一画

鷊 聰 檻 權 欝 櫳 轟 覽 霸 嚝 籠 鐮
鐶 鏫 鑼 鑲 鑹 鷄 臙 鱃 讒 爕 甗 爛
瀟 懂 襳 鶴 纘

二十二画

鷚 鑱 龕 鷰 韓 蘄 灩 龐 孅 纏

二十三画

蠢 驢 攪 欏 櫝 櫳 囊 體 籆 籠 戀 麟
攞 攔

二十四画

攬 欖 靈 鷊 穲 鑨 鑨 讓 灑

二十五画

鱹 蠻 廳 鸛 纙

二十六画

驣

二十七画

鸛

二十八画

邋

三十画

鑲

附录6：《麽经布洛陀》词表

词表说明：词表按《麽经布洛陀》的词类划分，由名词、动词、形容词、数词、量词、代词、副词、介词、连词、助词、语气词、拟声词共十二个子词表构成，每个词表都有“词号”“壮字”“新壮文”“音标”“词义”“频次”“词频”“分布度”“抄本号”。其中，“词号”是按某个词的词频降序排列的序号，“壮字”是词的方块壮字词形，“新壮文”是词的新壮文词形，“音标”是词的国际音标，“词义”是经过统一的词的意义，“频次”是词在《麽经布洛陀》中出现的次数，“词频”是某个词在《麽经布洛陀》中出现的次数与选定文本总词数之比（词频 = 单词频次 / 总频次），“分布度”是词分布的抄本数，几级分布度表示该词分布在几个抄本，“抄本号”则是词具体分布的抄本号。抄本号与对应的抄本名称如下。

01《麽请布洛陀》、02《兵全卷》、03《玄听佈洛陀》、04《麽叭科偻》、05《九狼叭》、06《六造叭》、07《麽叭床一科》、08《麽使重郎甲科》、09《哑兵棹座敢科》、10《麽兵甲一科》、11《刹麽一共卷一科》、12《本麽叭》、13《狼麽再宽》、14《闹滔坏一科》、15《麽权魂粮一科》、16《賟魂粮昡》、17《麽送魅》、18《布洛陀孝亲唱本》、19《占殺牛祭祖宗》、20《呼社布洛陀》、21《佈洛陀造方唱本》、22《漠皇一科》、23《瑟漠皇祖王一科》、24《麽王曹科》、25《I么王曹吆塘》、26《麽荷泰》、27《正一刘事巫書解五楼川送鸦到共集》、28《麽破塘》、29《哑双材》

另外，由于方块壮字的不规范性、随意性以及各方言区的差异性，词表中存在大量的异形词，而且记录读音的新壮文和国际音标也不一定相同，但是因为篇幅有限，难以把所有的词形和读音都列举出来，所以在不同的词形和读音的处理上，由计算机在词库中随机选取一个词形（方块壮字和新壮文）与读音作为举例。词表根据词义的音序排列。

词表见下页。

一、名词

词号	壮字	新壮文	音标	词义	频次	词频	分布度	抄本号
362	△	△	△	△	88	0.04561%	18	01;02;03;04;05;07;08;09;10;11;12;14;15;16;23;24;
4077	雌	swq	$sɯ^5$	阿雌	3	0.00156%	1	27;
813	加	gyax	kja^4	阿加	33	0.01711%	1	27;
4962	的涞	deh-laiz	$te^6la{:}i^2$	阿来	2	0.00104%	1	25;
4078	達農	dah-nuengx	$ta^6nuəŋ^4$	阿妹	3	0.00156%	2	18;19;
4963	阿米	ac-mi	$a^{35}mi^{44}$	阿米	2	0.00104%	1	26;
1558	詠	yungq	$juŋ^5$	阿咏	15	0.00778%	1	27;
3142	雄	yungz	$juŋ^2$	阿雄	5	0.00259%	1	27;
1479	正	cingq	$ɕiŋ^5$	阿正	16	0.00829%	1	09;
6631	以祖	e-coj	$e^1ɕo^3$	阿祖	1	0.00052%	1	23;
4081	塘	daemq	tam^5	矮脚	3	0.00156%	1	10;
4082	鸡溏鸡咈	gaeq-daemq-gaeq-daeh	$kai^5tam^5kai^5tai^6$	矮小鸡	3	0.00156%	1	05;
3509	床忑	congz-laj	$ɕo{:}ŋ^2la^3$	矮桌	4	0.00207%	1	05;
6634	哀火	ngaih-hox	$ŋa{:}i^6ho^4$	艾草	1	0.00052%	1	09;
4966	榱化	ngaih-va	$ŋa{:}i^6va^1$	艾花	2	0.00104%	1	01;
2816	哀火	ngaih-hoj	$ŋa{:}i^6ho^3$	艾绒	6	0.00311%	4	02;03;04;08;
4967	白艾	byaek-ngaih	$pjak^7ŋa{:}i^6$	艾叶	2	0.00104%	1	20;
3143	婟	yux	ju^4	爱情	5	0.00259%	2	05;17;
3144	偕	gyaez	$tɕai^2$	爱人	5	0.00259%	1	17;
4968	隘同	ngaih-dung	$ŋa{:}i^6tuŋ^1$	隘洞	2	0.00104%	2	17;20;
4083	隘	aih	$a{:}i^6$	隘口	3	0.00156%	2	27;28;
4086	酉	yux	ju^4	安全	3	0.00156%	1	20;
4971	安通	an-doeng	$a{:}n^1toŋ^1$	安通	2	0.00104%	2	18;19;
871	鞍	an	$a{:}n^1$	鞍	30	0.01555%	13	02;05;06;07;09;10;11;12;13;22;23;24;25;
1559	泓	vaengq	$vaŋ^5$	岸	15	0.00778%	9	03;08;11;13;19;22;24;25;
2322	往	vaengq	$vaŋ^5$	岸边	8	0.00415%	5	17;19;25;26;18;
6643	望磨	vaengq-mboq	$vaŋ^5bo^5$	岸边泉	1	0.00052%	1	19;
720	案	anq	$a{:}n^5$	案台	39	0.02022%	11	12;13;28;02;05;06;07;09;22;23;08;
4975	立	laep	lap^7	暗处	2	0.00104%	1	06;
6646	勒	laeg	lak^8	暗地	1	0.00052%	1	27;
2175	敖山	ngauz-canh	$ŋa{:}u^2ɕa{:}n^6$	敖山	9	0.00467%	3	17;20;03;
6650	敖	ngauh	$ŋa{:}u^6$	鳌	1	0.00052%	1	20;
2176	绞	gueg	$ke{:}u^5$	坳	9	0.00467%	5	02;20;17;25;24;
6651	榜八文	lauq-bet-faenz	$la{:}u^5pe{:}t^7fan^2$	八齿耙	1	0.00052%	1	11;
6652	婳八斗	yah-bet-daeuj	$ja^6pe{:}t^7tau^3$	八斗婆	1	0.00052%	1	17;
6653	渌缴	loeg-geuq	$lok^8ke{:}u^5$	八哥鸟	1	0.00052%	1	01;
3148	八卦	bet-gvaq	$pe{:}t^7kva^5$	八卦	5	0.00259%	5	01;02;04;05;10;
6654	模角	mak-gak	$ma{:}k^7ka{:}k^7$	八角	1	0.00052%	1	05;
6655	奷八难	yah-bet-nanh	$ja^6pe{:}t^7na{:}n^6$	八难婆	1	0.00052%	1	28;

词号	壮字	新壮文	音标	词义	频次	词频	分布度	抄本号
6657	武八	fiez-bet	fiə^{2}pe:t^{7}	八梳箆	1	0.00052%	1	13;
6659	八仙	bet-sien	pe:t^{7}ɬiən^{1}	八仙	1	0.00052%	1	25;
1480	八月	bet-ngued	pe:t^{7}ŋuət^{8}	八月	16	0.00829%	9	02;03;10;11;12;19;20;21;
6660	八月八	bet-ngued-bet	pe:t^{7}ŋuət^{8}pe:t^{7}	八月八	1	0.00052%	1	20;
3512	八字	bet-cih	pe:t^{7}ɕi^{6}	八字	4	0.00207%	2	12;22;
6661	禽	gimz	kim^{2}	八字架	1	0.00052%	1	10;
6663	巴根	bya-gaenq	pja^{1}kan^{5}	巴更	1	0.00052%	1	17;
6664	怕痗	baq-miuh	pa^{5}mi:u^{6}	巴庙	1	0.00052%	1	10;
3513	癹	fak	fa:k^{7}	巴掌	4	0.00207%	3	02;08;25;
6667	叭雷	bak-luiz	pa:k^{7}luəi^{2}	叭雷	1	0.00052%	1	10;
3514	蜼	gyoij	tɕo:i^{3}	芭蕉	4	0.00207%	4	02;05;16;25;
6668	鬼	goix	koi^{33}	芭蕉蕾	1	0.00052%	1	26;
1529	殺	fek	fe:k^{7}	芭芒	15	0.00778%	6	16;17;25;19;01;18;
6669	粺荷芒	haeux-haz-muengz	hau^{4}ha^{2}muəŋ^{2}	芭芒谷	1	0.00052%	1	03;
6670	怕荷忙	baq-haz-muengz	pa^{5}ha^{2}muəŋ^{2}	芭芒岭	1	0.00052%	1	04;
6671	杀丑	caz-cuj	ɕa^{2}ɕu^{3}	芭芒穗	1	0.00052%	1	17;
4978	分珀	faen-fek	fan^{1}fe:k^{7}	芭芒籽	2	0.00104%	1	05;
11145	癹	faz	fa^{2}	笆篱	1	0.00052%	1	18;
4091	罵	mba	ba^{1}	粑	3	0.00156%	1	05;
4981	發	fag	fa:k^{8}	把	2	0.00104%	1	21;
4982	根	gaenz	kan^{2}	把柄	2	0.00104%	2	17;22;
6673	伏	fag	fa:k^{8}	把刀	1	0.00052%	1	02;
6674	慱	bog	po:k^{8}	把手	1	0.00052%	1	21;
4092	㙗	fai	fa:i^{1}	坝	3	0.00156%	2	03;17;
4985	塟那	fai-naz	fa:i^{1}na^{2}	坝田	2	0.00104%	2	02;10;
1361	伍	haj	ha^{3}	白	18	0.00933%	7	07;09;10;12;17;19;25;
6676	外	vaiq	va:i^{5}	白板	1	0.00052%	1	17;
6677	㶣	baengz	paŋ^{2}	白布	1	0.00052%	1	19;
4987	犁皓	lih-hau	li^{6}ha:u^{1}	白地	2	0.00104%	1	12;
6679	好豆廋	hau-daeuh-fuh	ha:u^{1}tau^{6}fu^{6}	白豆腐	1	0.00052%	1	17;
6680	五	haj	ha^{3}	白垩	1	0.00052%	1	09;
6683	白娬	beg-fwh	pe:k^{8}fɯ^{6}	白伏	1	0.00052%	1	05;
4988	白扶	beg-fuh	pe:k^{8}fu^{6}	白扶	2	0.00104%	2	01;10;
6684	好	hau	ha:u^{1}	白光	1	0.00052%	1	19;
4989	白鶴	beg-hag	pe:k^{8}ha:k^{8}	白鹤	2	0.00104%	1	28;
4990	白虎	bwh-fu	pɯ^{6}fu^{1}	白虎	2	0.00104%	2	17;19;
6685	號花利	hau-va-liz	ha:u^{1}va^{1}li^{2}	白花梨	1	0.00052%	1	21;
6686	楙惱	maex-nauh	mai^{4}na:u^{6}	白浆树	1	0.00052%	1	27;
4095	根	gaen	kan^{1}	白巾	3	0.00156%	1	17;
6688	碗咟好	vanj-bak-hau	va:n^{3}pa:k^{7}ha:u^{1}	白口碗	1	0.00052%	1	05;
6690	補	bie	piə^{1}	白麻树	1	0.00052%	1	05;
1916	白馬	beg-max	pe:k^{8}ma^{4}	白马	11	0.00570%	3	12;13;17;
6691	冲	dcuk	tɕuk^{11}	白蚂蚁	1	0.00052%	1	26;

词号	壮字	新壮文	音标	词义	频次	词频	分布度	抄本号
1917	粡山	haeux-san	hau⁴ɬa:n¹	白米	11	0.00570%	6	05;16;17;11;26;27;
6694	鴻迫	loeg-beg	lok⁸pe:k⁸	白鸟	1	0.00052%	1	10;
3517	怀晧	vaiz-hau	va:i²ha:u¹	白牛	4	0.00207%	3	03;05;12;
6696	昙	ngoenz	ŋon²	白日	1	0.00052%	1	02;
4994	長	cag	ɕa:k⁸	白绳	2	0.00104%	1	17;
6697	台	dai	ta:i¹	白事	1	0.00052%	1	20;
579	昙	ngoenz	ŋon²	白天	50	0.02592%	19	01;02;04;05;07;09;10;11;12;13;17;20;21;22;23;25;28;29;18;
6699	鳥薩	nog-sac	nɔk⁴⁴sa³⁵	白鹇鸟	1	0.00052%	1	26;
6700	晧	hau	ha:u¹	白岩	1	0.00052%	1	12;
4995	爻	moed	mot⁸	白蚁	2	0.00104%	2	03;14;
2351	考	gauh	ka:u⁶	白纸	8	0.00415%	2	17;20;
6701	夜白布	yah-bak-buq	ja⁶pa:k⁷pu⁵	百布婆	1	0.00052%	1	20;
1481	頑	venz	ve:n²	百灵鸟	16	0.00829%	9	02;05;07;09;10;11;12;22;
6702	百温	bak-van	pak¹¹van⁴⁴	百日	1	0.00052%	1	26;
4097	八色	bak-saek	pa:k⁷θak⁷	百色	3	0.00156%	2	17;20;
408	百姓	bek-singq	pe:k⁷ɬiŋ⁵	百姓	76	0.03939%	16	02;03;06;07;09;10;11;12;13;17;18;19;22;23;28;05;
6703	非汪	faex-vak	fai⁴va:k⁷	柏木	1	0.00052%	1	21;
1814	往	vak	va:k⁷	柏树	12	0.00622%	4	17;21;19;26;
6707	敗氏	baih-ci	pa:i⁶ɕi¹	败氏	1	0.00052%	1	22;
2028	横	vaeng	vaŋ¹	稗草	10	0.00518%	5	11;15;16;17;20;
4998	粡问	haeux-vaeng	hau⁴vaŋ¹	稗谷	2	0.00104%	2	03;21;
6716	班法班伏	banj-fa-banj-fag	pa:n³fa¹pa:n³fa:k⁸	扳篱笆扳竹榻	1	0.00052%	1	02;
6717	娘班叭	nangz-ban-gyat	na:ŋ²pa:n¹tɕa:t⁷	班叭娘娘	1	0.00052%	1	02;
4899	旦	danq	ta:n⁵	斑	2	0.00104%	2	19;18;
4898	单	dan	ta:n¹	斑点	2	0.00104%	2	19;18;
6719	般	banq	pa:n⁵	斑痕	1	0.00052%	1	13;
6720	来	laiz	la:i²	斑花	1	0.00052%	1	28;
6722	鸡来	gaeq-laiz	kai⁵la:i²	斑花鸡	1	0.00052%	1	08;
1561	鴻娄	loeg-laeu	lok⁸lau¹	斑鸠	15	0.00778%	12	03;05;13;08;09;10;11;12;15;19;23;28;
6723	印鴻娄	inh-loeg-laeu	in⁶lok⁸lau¹	斑鸠印	1	0.00052%	1	05;
6725	儅	ndangh	da:ŋ⁶	斑色	1	0.00052%	1	27;
4999	耒	raiz	ra:i²	斑纹	2	0.00104%	2	17;27;
6726	立當	laet-ndangx	lat⁷da:ŋ⁴	斑纹菌	1	0.00052%	1	12;
2563	發	fa	fa¹	板	7	0.00363%	5	07;09;17;23;28;
6728	癶当	fa-dangq	fa¹ta:ŋ⁵	板窗	1	0.00052%	1	02;
3520	凳	daengq	taŋ⁵	板凳	4	0.00207%	3	07;09;17;
6729	合	lib	lip⁸	板栗	1	0.00052%	1	21;
3521	太	tajv	thai¹¹	板栗树	4	0.00207%	1	26;
6730	癶吐	fa-du	fa¹tu¹	板门	1	0.00052%	1	02;
5000	片木	benj-maex	pe:n³mai⁴	板木	2	0.00104%	2	05;27;

词号	壮字	新壮文	音标	词义	频次	词频	分布度	抄本号
5001	防	fiengx	fiəŋ^{4}	半边	2	0.00104%	2	11;13;
6733	糿江	kaeuj-gyang	khau^{3}kja:ŋ^{1}	半仓米	1	0.00052%	1	27;
6734	𮤳	honj	ho:n^{3}	半担	1	0.00052%	1	17;
5002	方	fiengx	fiəŋ^{4}	半个	2	0.00104%	2	12;13;
6735	託路	doh-loen	to^{6}lon^{1}	半路	1	0.00052%	1	06;
6736	半	byoengh	pjoŋ^{6}	半匹	1	0.00052%	1	17;
6737	茫	mbangj	ba:ŋ^{3}	半身	1	0.00052%	1	20;
4102	半旼	byoengh-ngoenz	pjoŋ^{6}ŋon^{2}	半天	3	0.00156%	1	17;
4103	冠	gonz	ko:n^{2}	半挑	3	0.00156%	2	05;17;
6738	江	gyang	tɕa:ŋ^{1}	半筒	1	0.00052%	1	22;
450	江晗	gyang-haemh	tɕa:ŋ^{1}ham^{6}	半夜	68	0.03525%	17	01;03;04;05;06;11;12;13;14;15;17;20;21;22;28;19;
2820	隊	doih	to:i^{6}	伴	6	0.00311%	5	08;09;12;21;22;
4104	邦	bang	pa:ŋ^{1}	邦	3	0.00156%	1	28;
2821	國	guek	ku:k^{7}	邦国	6	0.00311%	2	27;28;
1482	邦可	bangh-goj	pa:ŋ^{6}ko^{3}	邦可	16	0.00829%	2	17;20;
11147	托	doh	to^{6}	帮	1	0.00052%	1	18;
11148	同	doh	to^{6}	帮人	1	0.00052%	1	18;
4105	㖠	haemh	ham^{6}	傍晚	3	0.00156%	1	13;
1028	属	cumh	ɕum^{6}	包	25	0.01296%	2	05;21;
6739	獨	duk	tuk^{7}	包裹	1	0.00052%	1	24;
5005	篤巾	duk-gaen	tuk^{7}kan^{1}	包巾	2	0.00104%	1	29;
6740	宗司	coeng-sw	ɕoŋ^{1}ɬɯ^{1}	包书	1	0.00052%	1	04;
6741	布却丘	boeg-gyok-gyaeuj	pok^{8}tɕo:k^{7}tɕau^{3}	包头巾	1	0.00052%	1	17;
6742	叩	hawx	hau^{33}	苞	1	0.00052%	1	26;
6743	他	dah	ta^{6}	胞	1	0.00052%	1	19;
889	保	bauj	pa:u^{3}	宝	29	0.01503%	15	01;02;04;05;06;07;09;10;12;17;19;20;21;23;18;
831	宝	bauj	pa:u^{3}	宝贝	32	0.01659%	9	02;04;06;07;08;10;17;19;
6745	劍宝	giemq-bauj	kiəm^{5}pa:u^{3}	宝剑	1	0.00052%	1	25;
4900	保	bauj	pa:u^{3}	宝器	2	0.00104%	2	19;18;
3525	宝	bauj	pa:u^{3}	宝物	4	0.00207%	4	03;06;12;13;
6746	殿	denh	te:n^{6}	宝座	1	0.00052%	1	10;
5006	保朋証見	bauj-bungz-cingq-denh	pa:u^{3}buŋ^{2}ɕiŋ^{5}te:n^{5}	保平正殿	2	0.00104%	2	19;18;
2565	那呰	naz-ceh	na^{2}ɕe^{6}	保水田	7	0.00363%	3	05;12;22;
3154	鳮消	gaeq-siu	kai^{5}ɬi:u^{1}	报晓鸡	5	0.00259%	2	01;02;
6752	莊	omx	ɔm^{33}	抱褥	1	0.00052%	1	26;
6753	豹	bauq	pa:u^{5}	豹子	1	0.00052%	1	01;
6754	貢	gyong	tɕo:ŋ^{1}	杯	1	0.00052%	1	10;
3155	盏	cenj	ɕe:n^{3}	杯子	5	0.00259%	2	17;26;
6755	北倍	bij-boiq	pi^{3}po:i^{5}	北倍	1	0.00052%	1	20;
6756	北	baek	pak^{7}	北边	1	0.00052%	1	09;
5008	北辰	baek-caenz	pak^{7}ɕan^{2}	北辰	2	0.00104%	2	04;02;

词号	壮字	新壮文	音标	词义	频次	词频	分布度	抄本号
5009	北斗	baek-daeuj	pak⁷tau³	北斗	2	0.00104%	2	18;19;
6757	北膰國府	bwz-fanz-guek-fuj	pɯ²fa:n²kuək⁷fu³	北蕃国府	1	0.00052%	1	02;
753	北方	bwz-fangh	pɯ²fa:ŋ⁶	北方	37	0.01918%	14	01;02;04;05;07;09;10;11;12;21;22;27;24;25;
6758	北神	baek-saenz	pak⁷ɬan²	北神	1	0.00052%	1	05;
5010	偹放	bi-fang	pi¹fa:ŋ¹	备放	2	0.00104%	2	01;04;
5011	王偹放	vuengz-bi-fang	vuəŋ²pi¹fa:ŋ¹	备放王	2	0.00104%	2	01;04;
1251	帮	bang	pa:ŋ¹	背	20	0.01037%	14	01;02;04;07;09;10;11;12;17;19;22;26;28;29;
6759	立	lab	la:p⁸	背处	1	0.00052%	1	27;
1289	逻	nda	da¹	背带	19	0.00985%	6	05;12;19;21;26;18;
6760	五	oj	o³	背儿	1	0.00052%	1	17;
6761	怒	nok	no:k⁷	背峰	1	0.00052%	1	22;
6592	冷	laeng	laŋ¹	背后	2	0.00104%	1	18;
4109	罪	gyoi	tɕo:i¹	背篓	3	0.00156%	2	05;17;
1635	旁	buengz	puəŋ²	背篷	14	0.00726%	8	12;02;03;04;05;07;09;10;
4110	目	moeg	mok⁸	被	3	0.00156%	2	04;17;
6766	禡	man	ma:n¹	被面	1	0.00052%	1	09;
3529	獄	moeg	mok⁸	被褥	4	0.00207%	4	10;12;17;21;
2773	目	moeg	mok⁸	被窝	6	0.00311%	6	02;06;09;11;13;18;
787	木	moeg	mok⁸	被子	34	0.01762%	14	01;02;05;07;09;11;12;17;19;20;21;23;26;18;
467	召	ciuh	ɕi:u⁶	辈	66	0.03421%	15	03;04;05;07;10;11;12;13;17;21;28;29;20;16;18;
6767	早	sauh	ɬa:u⁶	辈分	1	0.00052%	1	25;
1614	本	bonj	po:n³	本	14	0.00726%	7	01;02;03;10;13;20;18;
1815	蛮	manz	ma:n²	本地	12	0.00622%	4	02;13;23;27;
3158	个楼	ga-laeuz	ka¹lau²	本家	5	0.00259%	3	04;17;25;
6773	路	loh	lo⁶	本领	1	0.00052%	1	02;
6774	本犭	baenj-cienz	pan³ɕiən²	本钱	1	0.00052%	1	18;
6775	盖	gaiq	ka:i⁵	本人	1	0.00052%	1	22;
2567	好	hauj	ha:u³	本事	7	0.00363%	4	01;02;08;10;
5014	妹罶	meh-naz	me⁶na²	本田	2	0.00104%	2	03;05;
5015	骨	ndok	do:k⁷	本性	2	0.00104%	1	25;
6776	母工	mu-goek	mu¹kok⁷	本猪	1	0.00052%	1	18;
6777	洪	huk	huk⁷	笨人	1	0.00052%	1	17;
6784	口丈	bak-ndaqc	pak¹¹daŋ³⁵	鼻孔	1	0.00052%	1	26;
4112	木	mug	muk⁸	鼻涕	3	0.00156%	3	01;02;23;
5016	力謀	lwg-myiuz	lɯk⁸mji:u²	鼻涕果	2	0.00104%	1	17;
4113	由	yaeuz	jau²	鼻涕果树	3	0.00156%	3	08;07;10;
2029	鼻	ndaeng	daŋ¹	鼻子	10	0.00518%	8	02;05;07;20;23;17;22;25;
1344	密	mid	mit⁸	匕首	18	0.00933%	9	02;03;04;05;08;12;19;21;
6785	叭民	bak-mid	pa:k⁷mit⁸	匕首口	1	0.00052%	1	20;
1531	筆	bit	pit⁷	笔	15	0.00778%	9	01;02;04;05;09;10;17;19;

词号	壮字	新壮文	音标	词义	频次	词频	分布度	抄本号
4114	筆墨	bit-maeg	pit⁷mak⁸	笔墨	3	0.00156%	2	04;09;
6788	筆墨叭	bit-maeg-bax	pit⁷mak⁸pa⁴	笔墨画	1	0.00052%	1	01;
6790	溺	ngieg	ŋiək⁸	畐泥	1	0.00052%	1	09;
6794	當	dang	ta:ŋ¹	庇护	1	0.00052%	1	14;
6795	現	gen	ke:n¹	臂	1	0.00052%	1	05;
394	仿	fwengh	fɯəŋ⁶	边	79	0.04095%	17	01;04;05;07;08;09;11;12;13;14;17;19;21;23;24;28;
6796	远	heen	he:n⁴⁴	边梗	1	0.00052%	1	26;
6797	病	bingh	piŋ⁶	边框	1	0.00052%	1	13;
6798	此	swej	łɯə³	边檐	1	0.00052%	1	02;
6799	天	bien	piən¹	边远	1	0.00052%	1	21;
2824	凶鴞	vongh-vauz	vo:ŋ⁶va:u²	蝙蝠	6	0.00311%	4	02;07;09;12;
2568	变	bien	piən¹	鞭	7	0.00363%	4	07;17;20;25;
6800	鞭	bien	piən¹	鞭子	1	0.00052%	1	17;
1413	寒	hanz	ha:n²	扁担	17	0.00881%	10	02;03;05;06;07;10;11;12;24;25;
5021	夘	mawx	mau³³	扁米	2	0.00104%	1	26;
5022	枯街	go-gai	ko¹ka:i¹	扁桃树	2	0.00104%	1	03;
6801	片	bemj	pe:m³	扁形	1	0.00052%	1	19;
2356	皮	biez	piə²	辫子	8	0.00415%	4	23;24;13;17;
3536	標	beu	pe:u¹	标竹	4	0.00207%	3	09;12;01;
6813	敢	fwe	fɯə¹	鳖	1	0.00052%	1	04;
3451	勿	fwx	fɯ⁴	别人	5	0.00259%	1	18;
6816	黑	hek	he:k⁷	宾客	1	0.00052%	1	21;
6817	必郎	bid-langz	pit⁸la:ŋ²	槟榔	1	0.00052%	1	20;
4119	泥	nae	nai¹	冰	3	0.00156%	3	01;08;10;
489	兵	bing	piŋ¹	兵	62	0.03214%	13	02;07;09;10;12;13;17;19;22;24;25;28;18;
6818	軍扐	bing-lwg	piŋ¹lɯk⁸	兵丁	1	0.00052%	1	12;
1123	兵馬	bing-max	piŋ¹ma⁴	兵马	23	0.01192%	3	13;17;20;
6819	兵	bing	piŋ¹	兵勇	1	0.00052%	1	17;
3161	丙	binj	pin³	丙	5	0.00259%	5	01;02;10;12;21;
6820	昙丙	ngoenz-bingj	ŋon²piŋ³	丙日	1	0.00052%	1	04;
5027	當	dangh	ta:ŋ⁶	秉性	2	0.00104%	1	10;
3162	見	gen	ke:n¹	柄	5	0.00259%	3	12;13;23;
164	癖	gyaej	tɕai³	病	191	0.09900%	22	01;02;03;04;05;06;07;08;09;10;11;12;13;17;20;22;23;26;27;28;29;18;
2569	病勒	bingh-lag	piŋ⁶la:k⁸	病根	7	0.00363%	2	05;09;
3163	命患	mingh-vuenh	miŋ⁶vuən⁶	病患	5	0.00259%	3	05;07;26;
6823	病偕	bingh-gyaij	piŋ⁶tɕa:i³	病疾	1	0.00052%	1	17;
6824	病	bingh	piŋ⁶	病人	1	0.00052%	1	04;
572	痞	get	ke:t⁷	病痛	51	0.02644%	14	01;02;03;05;09;10;11;17;20;22;26;29;07;18;
5031	合狼	hap-langh	ha:p⁷la:ŋ⁶	波浪	2	0.00104%	1	05;

词号	壮字	新壮文	音标	词义	频次	词频	分布度	抄本号
4120	扒	bat	$pa:t^{7}$	钵	3	0.00156%	2	08;01;
6829	百叭	bak-bat	$pa:k^{7}pa:t^{7}$	钵口	1	0.00052%	1	01;
2570	抜	bat	$pa:t^{7}$	钵头	7	0.00363%	4	10;23;24;26;
6830	陌扒	bak-bat	$pa:k^{7}pa:t^{7}$	钵头口	1	0.00052%	1	04;
6831	剥盖	bak-aih	$pa:k^{7}a:i^{6}$	剥隘	1	0.00052%	1	05;
788	龍	lungz	$luŋ^{2}$	伯父	34	0.01762%	18	04;09;10;11;12;17;28;02;05;06;08;13;19;21;23;25;
1637	妑	baj	pa^{3}	伯母	14	0.00726%	7	08;12;13;22;23;25;28;
1189	妑	baj	$pa:k^{3}$	伯娘	21	0.01089%	6	05;17;21;24;28;18;
6833	隆	lungz	$luŋ^{2}$	伯爷	1	0.00052%	1	24;
6834	罷	ba	pa^{1}	钹	1	0.00052%	1	12;
581	何夭	hoz-iu	$ho^{2}i:u^{1}$	脖子	50	0.02592%	14	19;18;12;14;17;20;23;25;26;28;03;05;22;18;
6835	奎	gvez	kve^{2}	跛子	1	0.00052%	1	28;
5033	歪	vaeq	vai^{5}	簸	2	0.00104%	1	21;
762	桥	ndoengj	$doŋ^{3}$	簸箕	36	0.01866%	13	01;02;04;10;12;17;19;20;21;23;24;26;18;
2827	敏	viq	vi^{5}	簸米	6	0.00311%	1	17;
5034	鈌	yaengx	$jaŋ^{4}$	卜	2	0.00104%	2	10;23;
6838	僧	yaengx	$jaŋ^{4}$	卜卦	1	0.00052%	1	08;
6841	司雜良	sw-cab-liengz	$ɬɯ^{1}ɕa:p^{8}liəŋ^{2}$	补粮书	1	0.00052%	1	01;
5036	司隆煉隆桥	sw-loengz-lienh-loengz-giuz	$ɬɯ^{1}lo\ ŋ^{2}liən^{6}lo\ ŋ^{2}ki:u^{2}$	补桥经书	2	0.00104%	2	01;06;
6852	莫民	mu-maen	$mu^{1}man^{1}$	不育的猪	1	0.00052%	1	03;
6853	狝慢	vaiz-maen	$va:i^{2}man^{1}$	不育牛	1	0.00052%	1	03;
276	绷	baengz	$paŋ^{2}$	布	114	0.05909%	21	01;02;04;05;06;07;09;10;11;12;17;19;20;21;22;24;25;26;28;29;18;
6855	布白罗	baeuq-baek-rox	$pau^{5}pak^{7}ro^{4}$	布白罗	1	0.00052%	1	17;
2571	布邦可	baeuq-bangh-goj	$pau^{5}pa:ŋ^{6}ko^{3}$	布邦可	7	0.00363%	3	17;20;21;
6856	布比倍	baeuq-bi-baez	$pau^{5}pi^{1}pai^{2}$	布比倍	1	0.00052%	1	17;
6857	卜比奔	bux-mbi-mboengz	$pu^{4}bi^{1}boŋ^{1}$	布比奔	1	0.00052%	1	17;
5042	褒比朋	baeuq-bi-boengz	$pau^{5}pi^{1}poŋ^{2}$	布比朋	2	0.00104%	2	18;19;
6858	佈此倍	baeuq-swz-boiq	$pau^{5}θɯ^{2}po:i^{5}$	布慈陪	1	0.00052%	1	20;
6859	佛	faed	$fa:t^{7}$	布带	1	0.00052%	1	12;
1362	啼	daeh	tai^{6}	布袋	18	0.00933%	6	01;02;03;05;08;17;
6860	卜丹卡	bux-dam-ga	$pu^{4}ta:m^{1}ka^{1}$	布丹卡	1	0.00052%	1	17;
316	甫道	bux-dauh	$pu^{4}ta:u^{6}$	布道	101	0.05235%	22	01;02;03;04;05;07;08;09;10;11;12;14;15;17;18;19;20;22;25;27;29;18;
6861	卜恩元	bux-aen-yuenz	$pu^{4}an^{1}juən^{2}$	布恩缘	1	0.00052%	1	17;
4124	褒几可	baeuq-fanh-goj	$pau^{5}fa:n^{6}ko^{3}$	布凡可	3	0.00156%	2	18;19;
6862	卜珡佛	bux-fwt-fuz	$pu^{4}fut^{7}fu^{2}$	布飞佛	1	0.00052%	1	17;
2572	瓜過	gugr-guk	$kuk^{55}kuk^{11}$	布谷鸟	7	0.00363%	4	26;17;20;21;
5044	不丹卡	bux-gvan-ga	$pu^{4}kva:n^{1}ka^{1}$	布关卡	2	0.00104%	2	17;20;

词号	壮字	新壮文	音标	词义	频次	词频	分布度	抄本号
6863	卜漢黄	baeuq-hanq-vuengz	pau^{5}ha:n^{5}vuəŋ^{2}	布漢王	1	0.00052%	1	17;
6864	卜花变	bux-va-bienq	pu^{4}va^{1}piən^{5}	布花变	1	0.00052%	1	17;
4125	卜黄囬	bux-vuengz-vix	pu^{4}vuəŋ^{2}vi^{4}	布黄回	3	0.00156%	1	17;
5045	布混沌	baeuq-vwnh-dwnz	pau^{5}vɯn^{6}tɯn^{2}	布混沌	2	0.00104%	2	17;20;
3454	六	loek	lok^{7}	布机	4	0.00207%	2	21;18;
5046	褒計犁	baeuq-gyiq-liz	pau^{5}tɕi^{5}li^{2}	布记犁	2	0.00104%	2	18;19;
5047	褒記边	baeuq-gyiq-cienz	pau^{5}tɕi^{5}ɕiən^{2}	布记钱	2	0.00104%	2	18;19;
5048	褒結孟	baeuq-gyiet-mung	pau^{5}tɕiət^{7}muŋ^{1}	布结孟	2	0.00104%	2	18;19;
6865	卜结米	bux-gengq-miz	pu^{4}ke:ŋ^{5}mi^{2}	布结米	1	0.00052%	1	17;
6866	卜结䊷	bux-gengq-ciq	pu^{4}ke:ŋ^{5}ɕi^{5}	布结纸	1	0.00052%	1	17;
6867	卜九鬼	bux-gyiuj-gvij	pu^{4}tɕi:u^{3}kvi^{3}	布九鬼	1	0.00052%	1	17;
4126	絞凴	geu-baengz	ke:u^{1}paŋ^{2}	布卷	3	0.00156%	2	14;27;
6868	小卡翁	baeuq-ga-hung	pau^{5}ka^{1}huŋ^{1}	布卡瓮	1	0.00052%	1	17;
6869	布可高	baeuq-go-gauj	pau^{5}ko^{1}ka:u^{3}	布可高	1	0.00052%	1	17;
6870	卜芛篮	baeuq-ranz-lanz	pau^{5}ra:n^{2}la:n^{2}	布兰篮	1	0.00052%	1	17;
6871	卜芛忙	baeuq-ranz-mangz	pau^{5}ra:n^{2}ma:ŋ^{2}	布兰忙	1	0.00052%	1	17;
6872	卜郎弓	baeuq-langz-goeng	pau^{5}la:ŋ^{2}koŋ^{1}	布郎弓	1	0.00052%	1	17;
6873	卜郎漢	baeuq-langhhanq	pau^{5}la:ŋ^{6}ha:n^{5}	布郎漢	1	0.00052%	1	17;
6874	卜郎诺	baeuq-langz-noz	pau^{5}la:ŋ^{2}no^{2}	布郎诺	1	0.00052%	1	17;
5049	褒老陸	baeuq-laux-roeg	pau^{5}la:u^{4}lok^{8}	布老陆	2	0.00104%	2	18;19;
6875	褒力刄	baeuq-lih-cienz	pau^{5}li^{6}ɕiən^{2}	布力钱	1	0.00052%	1	19;
2829	布渌甲	baeuq-lug-gyap	pau^{5}luk^{8}tɕa:p^{7}	布渌甲	6	0.00311%	6	02;07;12;17;21;22;
5050	褒楽案	baeuq-lox-anh	pau^{5}lo^{4}a:n^{6}	布洛案	2	0.00104%	2	18;19;
1252	卜六班	baeuq-lox-ban	pau^{5}lo^{4}pa:n^{1}	布洛班	20	0.01037%	5	17;18;19;20;21;
1253	卜六癸	bux-loeg-gviq	pu^{4}lok^{8}kvi^{5}	布洛癸	20	0.01037%	5	17;18;19;20;21;
2830	卜六记	baeuq-lox-gyiq	pau^{5}lo^{4}tɕi^{5}	布洛记	6	0.00311%	1	17;
6876	卜六卡	baeuq-loeg-ga	pau^{5}lok^{8}ka^{1}	布洛卡	1	0.00052%	1	17;
6877	佈羅託	baeuq-lox-doz	pau^{5}lo^{4}to^{2}	布洛托	1	0.00052%	1	20;
69	布渌啚	baeuq-lug-doz	pau^{5}luk^{8}to^{2}	布洛陀	416	0.21563%	29	01;02;03;04;05;06;07;08;09;10;11;12;13;14;15;16;17;18;19;20;21;22;23;24;25;26;27;28;29;
5051	本佈	baenj-baeuq	pan^{3}pau^{5}	布洛陀经本	2	0.00104%	1	20;
5052	字佈	sw-baeuq	θɯ^{1}pau^{5}	布洛陀书	2	0.00104%	1	20;
439	甫麽	bux-mo	pu^{4}mo^{1}	布麽	70	0.03628%	20	01;02;04;05;07;09;10;11;12;14;15;17;20;21;22;23;25;26;27;29;
6879	那	naj	na^{3}	布面	1	0.00052%	1	20;
6880	卜名造	bux-mingz-caux	pu^{4}miŋ^{2}ɕa:u^{4}	布名造	1	0.00052%	1	17;
5053	凴	baengz	paŋ^{2}	布匹	2	0.00104%	2	08;17;

词号	壮字	新壮文	音标	词义	频次	词频	分布度	抄本号
6881	卜七能	bux-caet-naengz	pu⁴ɕat⁷naŋ²	布七能	1	0.00052%	1	20;
6882	卜七娘	bux-caet-niengz	pu⁴ɕat⁷niəŋ²	布七娘	1	0.00052%	1	17;
4127	桥朋	giuz-baengz	ki:u²paŋ²	布桥	3	0.00156%	1	16;
2180	布壬癸	baeuq-yin-gaez	pau⁵jin¹kai²	布壬癸	9	0.00467%	1	17;
5054	布任其	baeuq-yin-gyiz	pau⁵jin¹tɕi²	布任其	2	0.00104%	2	17;20;
6883	卜三保	baeuq-sam-bauj	pau⁵θam¹pa:u³	布三保	1	0.00052%	1	17;
6884	卜三谋	baeuq-sam-maeuz	pau⁵θa:m¹mau²	布三谋	1	0.00052%	1	17;
6885	卜三雪	baeuq-sam-sen	pau⁵θa:m¹θe:n¹	布三雪	1	0.00052%	1	17;
6886	普三元	bux-sam-yied	pu⁴θa:m¹jiət⁸	布三元	1	0.00052%	1	17;
6887	良散	lwengj-san	lɯəŋ³ɬa:n¹	布伞	1	0.00052%	1	22;
6888	布杀沙	baeuq-ciemz-sa	pau⁵ɕiəm²θa¹	布杀沙	1	0.00052%	1	17;
1414	師	sae	ɬai⁷	布师	17	0.00881%	7	22;05;08;09;11;12;21;
6889	布台奷	baeuq-daiz-yah	pau⁵ta:i²ja⁶	布台奷	1	0.00052%	1	04;
6890	布天工	baeuq-dien-goeng	pau⁵tiən¹koŋ¹	布天工	1	0.00052%	1	17;
6891	卜天貢	bux-dien-gungx	pu⁴tiən¹kuŋ⁴	布天贡	1	0.00052%	1	17;
5055	褒万木	baeuq-fanh-baenz	pau⁵fa:n⁶pan²	布万本	2	0.00104%	2	18;19;
6892	褒万及	baeuq-fanh-gyiz	pau⁵fa:n⁶tɕi²	布万及	1	0.00052%	1	18;
3544	甫金	bux-gimq	pu⁴kim⁵	布巫	4	0.00207%	3	11;17;20;
5056	甫揚	bux-yangz	pu⁴ja:ŋ²	布觋	2	0.00104%	1	11;
5057	卜仙	bux-sien	pu⁴θiən¹	布仙	2	0.00104%	2	17;18;
6893	佳	gya	tɕa¹	布线	1	0.00052%	1	17;
766	甫禳	bux-yang	pu⁴ja:ŋ¹	布央	36	0.01866%	2	12;13;
4128	佈楤案	baeuq-cung-an	pau⁵ɕuŋ¹a:n¹	布总安	3	0.00156%	1	20;
4129	布楤案	baeuq-cu-nganx	pau⁵ɕu¹ŋa:n⁴	布总案	3	0.00156%	1	17;
2831	布楤宜	baeuq-cu-nyiz	pau⁵ɕu¹ȵi²	布总宜	6	0.00311%	2	17;20;
2573	布佐黄	baeuq-coj-vuengz	pau⁵ɕo³vuəŋ²	布祖王	7	0.00363%	5	17;18;19;20;21;
2832	腹	buh	pu⁶	步	6	0.00311%	3	21;27;28;
6895	那往	naj-nuengx	na³nuəŋ⁴	部下	1	0.00052%	1	13;
275	國	gyog	tɕo:k⁸	部族	115	0.05961%	12	03;06;08;10;17;19;20;22;23;25;28;18;
6896	部	buh	pu⁶	簿	1	0.00052%	1	25;
1345	財	caiz	ɕa:i²	财	18	0.00933%	8	03;06;09;11;17;19;21;18;
6899	寶	bauj	pa:u³	财宝	1	0.00052%	1	09;
2358	囼	hok	ho:k⁷	财产	8	0.00415%	5	03;07;10;12;22;
5058	歳	saez	θai²	财礼	2	0.00104%	1	21;
5059	才初	caiz-cuj	ɕa:i²ɕu³	财神	2	0.00104%	2	17;29;
6900	才	caiz	ɕa:i²	财物	1	0.00052%	1	17;
5060	讱	nyib	ȵip⁸	裁缝	2	0.00104%	2	17;20;
6901	勿绋	fwd-faed	fut⁸fat⁸	彩带	1	0.00052%	1	04;
459	同	doengz	toŋ²	彩虹	67	0.03473%	8	06;08;09;12;17;19;26;18;
2833	礼	laex	lai⁴	彩礼	6	0.00311%	5	12;22;10;02;04;
5061	呼	huj	hu³	彩云	2	0.00104%	2	19;26;

词号	壮字	新壮文	音标	词义	频次	词频	分布度	抄本号
269	菜	gyaek	tɕak⁷	菜	117	0.06065%	22	02;03;05;06;07;09;10;11;12;13;15;17;19;20;21;22;23;24;25;27;28;18;
5063	運	ywt	jɯt⁷	菜箕	2	0.00104%	2	17;19;
4130	盆	bwnz	pɯn²	菜盆	3	0.00156%	2	14;17;
1236	筭	suen	ɬuən¹	菜园	20	0.01037%	8	01;05;10;11;17;20;18;18;
1077	餂	fwex	fɯə⁴	餐	24	0.01244%	9	03;08;10;11;17;19;20;23;
6902	呆	ngaiz	ŋa:i²	餐饭	1	0.00052%	1	22;
11151	惈	hux	hu⁴	残脚	1	0.00052%	1	18;
6904	奷杀	yah-caq	ja⁶ɕa⁵	奷杀	1	0.00052%	1	04;
6905	奷皇	yah-vuengz	ja⁶vuəŋ²	奷王	1	0.00052%	1	12;
6906	奷下	yah-ya	ja⁶ja¹	奷下	1	0.00052%	1	04;
1078	槍	cang	ɕa:ŋ¹	仓	24	0.01244%	11	05;08;09;11;12;15;16;17;20;22;27;
3455	庫	hoq	ho⁵	仓库	4	0.00207%	2	25;18;
2575	班	bam	pa:m¹	仓楼	7	0.00363%	2	25;29;
6908	夭蘭	iuj-ranz	i:u³ra:n²	仓屋	1	0.00052%	1	18;
1921	蟀厭	nengz-nyaen	ne:ŋ²ȵan¹	苍蝇	11	0.00570%	6	01;05;06;07;10;19;
6909	拎	gaem	kam¹	操	1	0.00052%	1	02;
2576	亶	cauz	ɕa:u²	曹	7	0.00363%	2	13;24;
1057	双	sueng	ɬuəŋ¹	槽	24	0.01244%	9	02;03;12;19;23;27;05;17;
5065	双	sueng	ɬuəŋ¹	槽沟	2	0.00104%	1	07;
6913	梇	longj	lo:ŋ³	槽臼	1	0.00052%	1	01;
3552	槽	cauz	ɕa:u²	槽厩	4	0.00207%	3	09;10;11;
419	乂	nywej	ȵɯə³	草	73	0.03784%	20	03;05;06;07;09;10;12;13;14;16;17;19;20;21;22;24;25;26;28;18;
5066	福	fwt	fɯt⁷	草把	2	0.00104%	2	01;04;
582	芽	haz	ha²	草丛	50	0.02592%	15	03;05;09;11;12;13;15;17;18;19;20;22;23;28;18;
6914	通	doen	ton¹	草凳	1	0.00052%	1	17;
4132	枒	ya	ja¹	草地	3	0.00156%	3	12;15;20;
6916	行荷	hengh-haz	he:ŋ⁶ha²	草秆	1	0.00052%	1	22;
6917	可兄	go-yum	ko¹jum¹	草根	1	0.00052%	1	17;
6918	榾何	ndog-haz	do:k⁸ha²	草骨	1	0.00052%	1	01;
6919	後	haeuq	hau⁵	草果	1	0.00052%	1	05;
6920	佰荷汒	baq-haz-muengz	pa⁵ha²muəŋ²	草芒坡	1	0.00052%	1	05;
4034	畓	dumh	tum⁶	草莓	3	0.00156%	3	12;19;18;
6921	叩蛇	hawx-qu	hau³³ŋu⁴⁴	草莓蛇	1	0.00052%	1	26;
4901	堆	ndoi	do:i¹	草坡	2	0.00104%	2	05;18;
1787	眠	mbinj	bin³	草席	12	0.00622%	8	01;08;17;19;24;25;28;18;
3094	極	gieg	kiək⁸	草鞋	5	0.00259%	3	09;19;18;
6922	力分	lwg-vaet	lɯk⁸vat⁷	草籽	1	0.00052%	1	20;
5068	荅	daeb	tap⁸	侧房	2	0.00104%	1	29;

词号	壮字	新壮文	音标	词义	频次	词频	分布度	抄本号
6924	岑布奥	gaemz-baeuq-ngauz	kam²pau⁵ŋa:u²	岑布敖	1	0.00052%	1	04;
2834	讃	canq	ɕa:n⁵	层	6	0.00311%	3	12;21;28;
3553	硥	ngad	ŋa:t⁸	叉	4	0.00207%	3	04;22;23;
4134	个	ngaq	ŋa⁵	杈	3	0.00156%	2	25;28;
6927	帛	bakr	pak⁵⁵	插	1	0.00052%	1	26;
1209	衫	cam	ɕa:m¹	插胞鸡	21	0.01089%	6	09;02;03;05;07;10;
737	茶	caz	ɕa²	茶	38	0.01970%	18	02;04;05;06;07;08;09;10;17;19;20;21;22;23;24;25;
6934	杀五	caz-huz	ɕa²hu²	茶壶	1	0.00052%	1	18;
4137	茶	caz	ɕa²	茶水	3	0.00156%	2	17;21;
1169	床茶	congz-caz	ɕo:ŋ²ɕa²	茶桌	22	0.01140%	1	05;
2032	杀	ca	ɕa¹	差错	10	0.00518%	1	17;
3170	律里	lid-lae	lit⁸lai¹	拆梯	5	0.00259%	1	02;
890	汶	fwnz	fun²	柴	29	0.01503%	15	01;02;03;04;05;06;10;11;12;13;17;19;22;23;18;
5074	杈料	fwnz-liu	fun²li:u¹	柴草	2	0.00104%	2	09;25;
1011	甲	gyax	tɕa⁴	柴刀	25	0.01296%	5	17;19;20;21;18;
2835	放雭	fangz-funz	fa:ŋ²fun²	柴鬼	6	0.00311%	1	17;
2530	杈	fwnz	fun²	柴火	7	0.00363%	6	09;13;19;23;25;18;
6940	焚熧	fwnz-fangz	fun²fa:ŋ²	柴火鬼	1	0.00052%	1	12;
1255	嗶	bid	pit⁸	蝉	20	0.01037%	9	05;09;10;12;17;20;24;25;
5077	寧惱	nengz-nauh	ne:ŋ²na:u⁶	蝉虫	2	0.00104%	2	05;19;
6948	逢彼	bongz-bih	po:ŋ²pi⁶	菖蒲	1	0.00052%	1	11;
4035	腰	saej	łai³	肠	3	0.00156%	2	02;18;
776	虽	saej	łai³	肠子	35	0.01814%	14	03;07;10;12;15;20;21;22;23;11;14;17;19;27;
6950	亥	haih	ha:i⁶	场	1	0.00052%	1	07;
5078	那	naj	na³	场面	2	0.00104%	1	27;
1819	龍	longz	lo:ŋ²	巢	12	0.00622%	5	08;09;11;12;26;
6954	巢氏	cauz-ci	ɕa:u²ɕi¹	巢氏	1	0.00052%	1	19;
6955	朝	ciuz	ɕi:u²	朝	1	0.00052%	1	02;
1923	朝迋	cauz-dingz	ɕa:u²tiŋ²	朝廷	11	0.00570%	8	01;02;04;05;07;09;10;17;
6957	車	cie	ɕiə¹	车	1	0.00052%	1	07;
1291	辰	saenz	łan²	辰	19	0.00985%	12	01;02;04;07;10;12;17;19;25;26;27;18;
5083	早	cauz	ɕa:u²	沉疴	2	0.00104%	1	22;
3172	旧	gaeuq	kau⁵	陈年	5	0.00259%	3	07;09;10;
4143	吃	haet	hat⁷	晨	3	0.00156%	2	04;26;
6969	槑	lomh	lo:m⁶	晨光	1	0.00052%	1	12;
6970	增	caengh	ɕaŋ⁶	称	1	0.00052%	1	05;
6972	偉	vae	vai¹	称谓	1	0.00052%	1	21;
6976	康缦江廳	kang-manh-gyang-tiengz	kha:ŋ¹ma:n⁶kja:ŋ thi:ŋ²	撑缦中亭	1	0.00052%	1	27;

词号	壮字	新壮文	音标	词义	频次	词频	分布度	抄本号
4144	成	cingz	ɕiŋ^{2}	呈文	3	0.00156%	2	12;22;
1364	長	ciengz	ɕiəŋ^{2}	城	18	0.00933%	12	01;03;05;07;08;09;10;13;20;23;28;02;
6991	城皇	cingz-vuengz	ɕiŋ^{2}vuəŋ^{2}	城隍	1	0.00052%	1	09;
4145	口城	gaeu-singz	kau^{1}θiŋ^{2}	城角	3	0.00156%	2	17;20;
1820	墻	ciengz	ɕiəŋ^{2}	城墙	12	0.00622%	5	12;23;28;03;05;
6992	周王	cu-vuengz	ɕu^{1}vuəŋ^{2}	城王	1	0.00052%	1	22;
1638	枰	caengh	ɕaŋ^{6}	秤	14	0.00726%	8	02;05;06;10;12;14;19;20;
4147	増	caengh	ɕaŋ^{6}	秤杆	3	0.00156%	2	10;25;
6995	聖	caengh	ɕaŋ^{6}	秤头	1	0.00052%	1	09;
1924	哏	gwn	kɯn^{1}	吃的	11	0.00570%	6	02;04;10;12;17;20;
5095	廷	dingh	tiŋ^{6}	池	2	0.00104%	2	17;21;
4150	尺	cik	ɕik^{7}	尺	3	0.00156%	2	04;17;
5096	文	faenz	fan^{2}	齿	2	0.00104%	2	12;21;
7000	文劳	faenz-lauq	fan^{2}la:u^{5}	齿耙	1	0.00052%	1	03;
600	勿	fwed	fɯət^{8}	翅膀	48	0.02488%	16	17;20;21;02;05;07;09;12;19;22;23;25;26;27;28;18;
7001	敇氣	laeg-hiq	lak^{8}hi^{5}	敇气	1	0.00052%	1	10;
5100	葉	yie	jiə^{1}	舂	2	0.00104%	2	08;13;
5101	坤篤	hon-sak	ho:n^{1}ɬa:k^{7}	舂杵	2	0.00104%	2	03;10;
3174	对	doiq	to:i^{5}	舂碓	5	0.00259%	1	17;
7007	目	lum	lum^{1}	舂臼	1	0.00052%	1	07;
4889	登	daem	tam^{1}	舂米	3	0.00156%	1	18;
7008	足墻	cuk-cwengz	ɕu:^{7}ɕɯə^{2}	舂墙	1	0.00052%	1	05;
562	蜻	nengz	ne:ŋ^{2}	虫	52	0.02695%	14	01;02;03;04;05;07;10;12;17;20;21;26;09;18;
7010	蚆	mbax	ba^{4}	虫蛾	1	0.00052%	1	03;
6595	力	lwg	lɯk^{8}	虫仔	2	0.00104%	1	18;
4903	蜜	mod	mo:t^{8}	虫蛀	2	0.00104%	2	25;18;
7011	崇容	cih-yungz	ɕi^{6}juŋ^{2}	崇容	1	0.00052%	1	25;
5103	朝寃	caeuz-ien	ɕau^{2}iən^{1}	仇冤	2	0.00104%	1	02;
3458	綋	hong	ho:ŋ^{1}	绸	4	0.00207%	4	07;08;17;18;
7014	州	cuz	ɕu^{2}	绸带	1	0.00052%	1	17;
2143	綋纙	hong-lox	ho:ŋ^{1}lo^{4}	绸缎	9	0.00467%	5	07;17;19;23;18;
7015	州	cuz	ɕu^{2}	绸子	1	0.00052%	1	19;
1346	丑	cuj	ɕu^{3}	丑	18	0.00933%	9	01;02;04;10;12;17;19;27;
7018	伍	ux	u^{4}	臭	1	0.00052%	1	25;
5104	烈	lwed	lɯə^{8}	臭虫	2	0.00104%	2	05;24;
7019	候	haeu	hau^{1}	臭肉	1	0.00052%	1	19;
3561	出	ok	ɔk^{11}	出生	4	0.00207%	1	26;
7028	出炁	cwt-hiq	ɕɯt^{7}hi^{5}	出玉	1	0.00052%	1	04;
1058	初	co	ɕo^{1}	初	24	0.01244%	11	01;02;04;07;10;11;17;19;22;29;18;

词号	壮字	新壮文	音标	词义	频次	词频	分布度	抄本号
2842	朝門	ciuh-maenx	ɕi:u⁶man⁴	初辈	6	0.00311%	3	21;19;20;
1563	召哂	ciuh-ndux	ɕi:u⁶du⁴	初代	15	0.00778%	6	02;03;04;18;19;20;
7029	初二	co-ngih	ɕo¹ŋi⁶	初二	1	0.00052%	1	23;
5109	妑柳	baz-ndux	pa²du⁴	初妻	2	0.00104%	1	04;
5110	初三	co-sam	ɕo¹ɬa:m¹	初三	2	0.00104%	2	11;23;
1308	栁	ndux	du⁴	初始	19	0.00985%	11	01;03;09;11;17;21;27;28;29;19;25;
5111	魯	nduj	du³	初世	2	0.00104%	2	17;26;
7031	初四	co-siq	ɕo¹ɬi⁵	初四	1	0.00052%	1	11;
1926	初一	co-it	ɕo¹it⁷	初一	11	0.00570%	6	01;02;04;10;21;22;
7032	迮	ciz	ɕi²	除	1	0.00052%	1	05;
1084	除	ciz	ɕi²	除怪	24	0.01244%	2	01;29;
3564	除	ciz	ɕi²	除日	4	0.00207%	4	02;10;04;29;
4155	含泣	haemh-ndaep	ham⁶dap⁷	除夕	3	0.00156%	2	05;25;
7037	含趿	haemh-ndaep	ham⁶dap⁷	除夕夜	1	0.00052%	1	23;
5112	匠	cangh	ɕa:ŋ⁶	厨师	2	0.00104%	2	05;08;
7038	亦	yag	ja:k⁸	锄	1	0.00052%	1	05;
7039	几盖	mbaic-ganc	ba:i³⁵kan³⁵	锄把	1	0.00052%	1	26;
914	萼	yak	ja:k⁷	锄头	28	0.01451%	13	01;02;07;17;19;21;22;23;25;26;28;29;18;
7040	百吼	bak-guek	pa:k⁷kuək⁷	锄头口	1	0.00052%	1	19;
7041	稔	numh	num⁶	雏	1	0.00052%	1	10;
3565	鸡仴	gaeq-nyoed	kai⁵ɲot⁸	雏鸡	4	0.00207%	2	05;17;
7042	力盖能	lwg-gaeq-numh	lɯk⁸kai⁵num⁶	雏鸡仔	1	0.00052%	1	17;
2843	領	lingj	liŋ³	橱柜	6	0.00311%	4	04;05;12;17;
2844	索	sak	ɬa:k⁷	杵	6	0.00311%	6	01;05;06;08;12;13;
5113	榛	sak	ɬa:k⁷	杵杆	2	0.00104%	2	04;05;
710	已	cih	ɕi⁶	处	39	0.02022%	7	01;02;04;22;23;28;18;
4157	殿	denh	te:n⁶	处所	3	0.00156%	2	19;29;
7044	呏	cengz	ɕe:ŋ²	畜	1	0.00052%	1	05;
2579	畜	coek	ɕok⁷	畜栏	7	0.00363%	4	07;09;25;29;
7045	中生	cuk-seng	ɕuk⁷θe:ŋ¹	畜生	1	0.00052%	1	18;
7046	母重	me-cungj	me⁶ɕuŋ³	畜种	1	0.00052%	1	05;
959	憐	linh	lin⁶	穿山甲	27	0.01400%	7	05;08;09;12;13;22;23;
7051	洸	liuz	li:u²	传说	1	0.00052%	1	11;
2362	奃	liuz	li:u²	传言	8	0.00415%	1	24;
354	船	luez	luə²	船	89	0.04613%	22	01;02;03;04;05;07;08;09;10;12;14;17;19;20;21;22;23;25;26;28;29;18;
7056	嘲	cauz	ɕa:u²	船槽	1	0.00052%	1	05;
2144	冲	cueng	ɕuəŋ¹	窗	9	0.00467%	7	02;05;17;19;20;26;18;
2034	當	dangq	ta:ŋ⁵	窗口	10	0.00518%	5	13;17;01;18;19;
7060	當	dangq	ta:ŋ⁵	窗门	1	0.00052%	1	12;

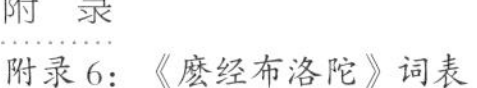

词号	壮字	新壮文	音标	词义	频次	词频	分布度	抄本号
789	財	caiz	ɕa:i²	床	34	0.01762%	19	01;04;05;07;09;10;12;13;19;20;21;22;24;25;26;27;28;06;18;
7061	伏	fag	fa:k⁸	床板	1	0.00052%	1	23;
7062	闶潲	ndaw-mbonh	daɯ¹bo:n⁶	床内	1	0.00052%	1	05;
4037	閍	mbonq	bo:n⁵	床铺	3	0.00156%	3	07;12;18;
5121	閍	mbonq	bo:n⁵	床上	2	0.00104%	2	12;13;
5122	久能	gyaeuj-nwnz	tɕau³nɯn²	床头	2	0.00104%	1	19;
7067	博洪交	bos-huq-dcaos	po³¹huŋ⁴⁴tɕa:u³¹	创世父王	1	0.00052%	1	26;
7068	乜洪交	mes-huq-dcaos	me³¹huŋ⁴⁴tɕa:u³¹	创世母王	1	0.00052%	1	26;
5123	誰	cuih	ɕuəi⁶	锤子	2	0.00104%	2	21;05;
3175	春	cwn	ɕɯn¹	春	5	0.00259%	3	03;05;21;
3569	正	cieng	ɕiəŋ¹	春节	4	0.00207%	1	25;
7069	春山	cinh-canh	ɕin⁶ɕa:n⁶	春山	1	0.00052%	1	28;
7070	春時	cwn-sia	ɕɯn¹θi²	春时	1	0.00052%	1	17;
7071	君	gywn	tɕɯn¹	椿树	1	0.00052%	1	21;
3570	凣	bamz	pa:m²	蠢话	4	0.00207%	3	02;05;07;
7073	化	vaj	ʔva³	蠢人	1	0.00052%	1	17;
4163	哊	coenz	ɕon²	词句	3	0.00156%	1	12;
7074	休	ciux	ɕiu³³	茨菇	1	0.00052%	1	26;
7075	辞	swh	θɯ⁶	辞	1	0.00052%	1	17;
3571	雌	swq	sɯ⁵	雌	4	0.00207%	1	27;
3572	雌	swq	sɯ⁵	雌鬼	4	0.00207%	1	27;
5124	犿祖	vaiz-coh	va:i²ɕo⁶	雌牛	2	0.00104%	2	03;02;
7077	助	coh	ɕo⁶	雌兽	1	0.00052%	1	05;
1170	助	coh	ɕo⁶	雌性	22	0.01140%	6	02;07;09;10;12;17;
7078	雌雄二鬼	swj-yungz-song-gvij	ɬɯ³juŋ²ɬo:ŋ¹kvi³	雌雄鬼	1	0.00052%	1	29;
7079	雌雄鸦	swj-yungz-a	ɬɯ³juŋ²a¹	雌雄鸦	1	0.00052%	1	29;
7080	雌	swq	sɯ⁵	雌仔	1	0.00052%	1	27;
1564	十	ciz	ɕi²	糍粑	15	0.00778%	6	02;05;09;12;16;17;
7081	粝戥	haeux-ciz	hau⁴ɕi²	糍粑米	1	0.00052%	1	17;
1030	捞	laeng	laŋ¹	次日	25	0.01296%	12	05;06;07;11;12;13;17;20;22;23;25;29;
7082	乞	haet	hat⁷	次早	1	0.00052%	1	05;
4164	罗	roeb	rop⁸	刺	3	0.00156%	3	17;22;26;
5125	笓	giz	ki²	刺丛	2	0.00104%	1	27;
1821	匿	ndoek	dok⁷	刺竹	12	0.00622%	5	04;05;17;22;27;
5126	株雷	maex-ndoek	mai⁴dok⁷	刺竹树	2	0.00104%	2	06;17;
7084	浪陸	rangz-ndoek	ra:ŋ²dok⁷	刺竹笋	1	0.00052%	1	17;
3176	慕	mbuq	bu⁵	葱	5	0.00259%	4	07;10;17;24;
109	貫	gonq	ko:n⁵	从前	288	0.14928%	25	01;02;03;04;05;06;07;08;09;10;11;12;13;15;17;18;19;20;21;23;26;27;28;29;
1699	茶	caz	ɕa²	从	13	0.00674%	9	07;11;19;20;21;24;03;06;

词号	壮字	新壮文	音标	词义	频次	词频	分布度	抄本号
3574	光	guengh	kuəŋ⁶	丛间	4	0.00207%	2	12;19;
1292	湊	mbong	bo:ŋ¹	丛林	19	0.00985%	7	11;13;17;19;23;27;18;
2775	甲	hyaz	ɕa²	丛中	6	0.00311%	2	19;18;
7090	叩樣	gaeu-yueng	kau¹juəŋ¹	粗藤	1	0.00052%	1	11;
2776	味	miq	mi⁵	醋	6	0.00311%	6	02;09;10;19;22;18;
7091	淋迷	laemx-miq	lam⁴mi⁵	醋水	1	0.00052%	1	05;
7094	吉利	gaet-lih	kat⁷li⁶	翠鸟	1	0.00052%	1	05;
4166	晚	mbanx	ba:n⁴	村老	3	0.00156%	2	05;07;
2366	晚	mbanx	ba:n⁴	村里	8	0.00415%	5	12;06;09;22;29;
7095	霻王	camh-vuengz	ɕa:m⁶vuəŋ²	村王	1	0.00052%	1	22;
849	乱	luengq	luəŋ⁵	村巷	31	0.01607%	14	02;04;06;07;09;10;12;13;17;19;20;21;22;18;
3575	北㝑	bak-luengq	pa:k⁷luəŋ⁵	村巷口	4	0.00207%	2	05;06;
239	晚	mbanx	ba:n⁴	村寨	131	0.06790%	17	01;05;07;10;12;14;17;19;20;21;22;23;24;25;26;28;
182	晚	mbanx	ba:n⁴	村子	168	0.08708%	23	01;04;08;20;21;22;23;28;05;29;02;03;06;07;09;10;11;12;13;14;19;25;18;
2777	桃	dauz	ta:u²	锉刀	6	0.00311%	3	13;19;18;
320	籠	loeng	loŋ¹	错	101	0.05235%	13	01;02;04;05;06;07;08;10;11;12;14;21;22;
1822	哼	coenz	ɕon²	错话	12	0.00622%	4	01;02;04;07;
7101	杀	ca	ɕa¹	错事	1	0.00052%	1	17;
2035	作	cok	ɕo:k⁷	错误	10	0.00518%	1	17;
7106	駄瀬	dah-laiq	ta⁶la:i⁵	达赖	1	0.00052%	1	28;
5128	達陸	dah-luz	ta⁶lu²	达陆	2	0.00104%	1	28;
4170	大	daih	ta:i⁶	大	3	0.00156%	2	17;25;
4171	大敗	daih-baih	ta:i⁶pa:i⁶	大败	3	0.00156%	3	01;10;29;
7118	大宝	daih-bauj	ta:i⁶pa:u³	大宝	1	0.00052%	1	05;
625	隆	lungz	luŋ²	大伯	46	0.02384%	15	01;02;04;05;08;09;11;13;15;17;19;22;23;28;18;
3179	鸡龍	gaeq-lungz	kai⁵luŋ²	大伯鸡	5	0.00259%	2	02;05;
4172	太朝	daih-cauz	ta:i⁶ɕa:u²	大朝	3	0.00156%	1	18;
3578	大荅	daih-dab	ta:i⁶ta:p⁸	大答	4	0.00207%	2	01;04;
564	鉠	yangx	ja:ŋ⁴	大刀	52	0.02695%	19	01;03;04;05;07;08;09;10;12;13;17;19;20;21;22;24;26;02;18;
7119	叭釖	bak-yangj	pa:k⁷ʔja:ŋ³	大刀口	1	0.00052%	1	20;
3579	傍	biengz	piəŋ²	大地	4	0.00207%	3	09;17;26;
2853	力大	lwg-daih	luk⁸ta:i⁶	大儿	6	0.00311%	3	04;05;23;
5136	罡	gang	ka:ŋ¹	大缸	2	0.00104%	2	01;02;
7121	大罡小罡	da-gangh-diuj-gangh	ta¹ka:ŋ⁶ti:u³ka:ŋ⁶	大罡小罡	1	0.00052%	1	29;
2186	皮台	bix-daih	pi⁴ta:i⁶	大哥	9	0.00467%	4	06;17;21;22;
3580	老	laux	la:u⁴	大个子	4	0.00207%	1	17;

词号	壮字	新壮文	音标	词义	频次	词频	分布度	抄本号
7122	妹卦	meh-gvaq	me⁶kva⁵	大卦	1	0.00052%	1	02;
5137	曠兇	gvang-hung	kva:ŋ¹huŋ¹	大官	2	0.00104%	1	05;
3581	妄老	fangz-laux	fa:ŋ²la:u⁴	大鬼	4	0.00207%	1	05;
3180	大恒	da-haenz	ta¹han²	大恒	5	0.00259%	1	18;
3181	大恒力	daih-haenz-lwg	ta:i⁶han²luɯk⁸	大恒儿	5	0.00259%	1	19;
4174	昙量	ngoenz-liengh	ŋon²liəŋ⁶	大后天	3	0.00156%	3	23;28;24;
2145	没	mbwk	buɯk⁷	大话	9	0.00467%	4	17;19;20;18;
7124	大儉小儉	da-gen-siuj-gen	ta¹ke:n¹ɬi:u³ke:n¹	大俭小俭	1	0.00052%	1	29;
4176	龻	nie	niə¹	大江	3	0.00156%	2	15;16;
7125	牙大江	yah-daih-gyang	ja⁶ta:i⁶tɕa:ŋ¹	大江婆	1	0.00052%	1	17;
1640	大将軍	daih-cieng-gun	ta:i⁶ɕiəŋ¹kun¹	大将军	14	0.00726%	6	02;03;07;09;10;17;
7126	糯悟	haeux-nguh	hau⁴ŋu⁶	大粳谷	1	0.00052%	1	05;
5138	沙	saq	θva⁵	大锯	2	0.00104%	1	21;
2854	太路	daih-loen	ta:i⁶lon¹	大路	6	0.00311%	3	06;21;19;
7129	板	mban	ba:n¹	大箩	1	0.00052%	1	17;
5139	馬落	max-lag	ma⁴la:k⁸	大马	2	0.00104%	2	05;24;
7130	肚	du	tu¹	大门	1	0.00052%	1	12;
7131	茈度厷	bak-du-hung	pa:k⁷tu¹huŋ¹	大门口	1	0.00052%	1	03;
7132	糯出台	haeux-cid-daiz	hau⁴ɕit⁸ta:i²	大米糯	1	0.00052%	1	25;
7133	妑	baj	pa³	大娘	1	0.00052%	1	24;
4177	糯外出	haeux-vaiz-cid	hau⁴va:i²ɕid⁸	大糯谷	3	0.00156%	2	03;05;
7134	荒	guaqc	kuaŋ³⁵	大片	1	0.00052%	1	26;
7135	太	daij	ta:i²	大青	1	0.00052%	1	07;
7136	哈	goep	kop⁷	大青蛙	1	0.00052%	1	09;
7137	蛇後	qu-hawv	ŋu⁴⁴hau¹¹	大箐蛇	1	0.00052%	1	26;
7138	君	gyoengq	tɕoŋ⁵	大群	1	0.00052%	1	19;
185	老	laux	la:u⁴	大人	165	0.08553%	21	01;02;03;05;07;09;10;12;17;19;20;21;22;23;28;29;04;06;16;18;18;
7139	榕	rungz	ruŋ²	大榕树	1	0.00052%	1	20;
7140	佛老	baed-laux	pat⁸la:u⁴	大神	1	0.00052%	1	02;
7141	太師	daih-sae	ta:i⁶ɬai¹	大师	1	0.00052%	1	06;
7142	大	daih	ta:i⁶	大事	1	0.00052%	1	17;
5140	栰	ho	ho¹	大蒜	2	0.00104%	1	09;
2778	大断	daih-dangz	ta:i⁶ta:ŋ²	大堂	6	0.00311%	3	17;20;18;
2368	太丁	daih-ding	ta:i⁶tiŋ¹	大厅	8	0.00415%	1	23;
7143	台同冬一	daih-doengz-du-hiz	ta:i⁶toŋ²tu¹hi²	大同都邑	1	0.00052%	1	21;
7144	埇睪	doengj-lag	toŋ³la:k⁸	大桶	1	0.00052%	1	08;
643	个	ga	ka¹	大腿	44	0.02281%	11	03;05;09;12;17;19;20;23;24;25;18;
2855	大王	daih-vuengz	ta:i⁶vuəŋ²	大王	6	0.00311%	3	03;07;22;
5141	代王曹	daih-vuengz-cauz	ta:i⁶vuəŋ²ɕa:u²	大王曹	2	0.00104%	2	24;25;
7145	臺限	daih-hanh	ta:i⁶ha:n⁶	大限	1	0.00052%	1	21;

词号	壮字	新壮文	音标	词义	频次	词频	分布度	抄本号
2779	掌	cangx	ɕa:ŋ^{4}	大象	6	0.00311%	4	13;17;19;18;
7146	大才	daih-caiz	ta:i^{6}ɕa:i^{2}	大秀才	1	0.00052%	1	05;
7147	鴻鴨	loeg-bit	lok^{8}pit^{7}	大雁	1	0.00052%	1	28;
7148	枯湾	go-vanj	ko^{1}va:n^{3}	大叶榕	1	0.00052%	1	01;
4905	卬	inq	in^{5}	大印	2	0.00104%	2	23;18;
7149	叺老	gyat-laux	tɕa:t^{7}la:u^{4}	大冤怪	1	0.00052%	1	05;
5142	眲大	ndaep-daih	dap^{7}ta:i^{6}	大月	2	0.00104%	2	02;05;
7150	苗达圆	miuh-dah-yienz	mi:u^{6}ta^{6}jiən^{2}	大云庙	1	0.00052%	1	20;
7151	犻大	lwg-daih	lɯk^{8}ta:i^{6}	大仔	1	0.00052%	1	02;
7152	中	gyoengq	tɕoŋ^{5}	大众	1	0.00052%	1	22;
7153	暮老	mu-laux	mu^{1}la:u^{4}	大猪	1	0.00052%	1	05;
5143	侊	mbaengh	baŋ^{6}	大竹筒	2	0.00104%	1	22;
5144	大䒗	daih-swh	ta:i^{6}θɯ^{6}	大兹	2	0.00104%	1	17;
225	代	daih	ta:i^{6}	代	137	0.07101%	24	02;04;05;07;08;09;10;11;12;14;16;17;19;20;21;22;23;24;25;26;28;29;03;18;
7157	鷄代	gaeq-daih	kai^{5}ta:i^{6}	代鸡	1	0.00052%	1	01;
7161	而双那	laek-song-naj	lak^{7}ɬo:ŋ^{1}na^{3}	带两脸	1	0.00052%	1	13;
866	在	sai	ɬa:i^{1}	带子	30	0.01555%	14	02;03;05;07;09;11;12;17;20;22;23;25;29;18;
7164	秤	caengh	ɕaŋ^{6}	贷	1	0.00052%	1	05;
1700	涕	daeh	tai^{6}	袋	13	0.00674%	6	05;17;20;01;04;18;
2036	啼	daeh	tai^{6}	袋子	10	0.00518%	5	01;05;06;08;17;
1927	鴻綠	loeg-luek	lok^{8}luək^{7}	戴帽鸟	11	0.00570%	8	02;05;07;08;10;11;17;20;
5149	丹卅	danq-cu	ta:n^{5}ɕu^{1}	丹州	2	0.00104%	2	17;20;
2187	担	lap	la:p^{7}	担	9	0.00467%	4	12;21;22;23;
4178	腊	lap	la:p^{7}	担子	3	0.00156%	3	02;04;06;
5153	冇	ndwi	dɯəi^{1}	单身	2	0.00104%	2	09;19;
7167	字	cih	ɕi^{6}	单字	1	0.00052%	1	05;
948	㑹	mbi	bi^{1}	胆	27	0.01400%	18	01;02;04;06;07;10;11;12;13;14;15;19;20;23;24;25;
7168	咧	ndi	di^{1}	胆汁	1	0.00052%	1	28;
472	髟	gyaeq	tɕai^{5}	蛋	65	0.03369%	15	01;02;03;05;07;09;12;13;15;17;19;21;22;26;18;
7172	濕蛋	henj-gyaeq	he:n^{3}tɕai^{5}	蛋黄	1	0.00052%	1	09;
7173	蛋	gyaeq	tɕai^{5}	蛋壳	1	0.00052%	1	09;
5156	大朝	dax-ciuz	ta^{4}ɕi:u^{2}	当朝	2	0.00104%	1	20;
3584	貫祖	gonq-coh	ko:n^{5}ɕo^{6}	当初	4	0.00207%	4	05;14;27;18;
7175	傍	bwengz	pɯəŋ^{2}	当地	1	0.00052%	1	22;
5157	當那	dang-naj	ta:ŋ^{1}na^{3}	当前	2	0.00104%	1	23;
5158	佡	nyangh	ŋ̥a:ŋ^{6}	当时	2	0.00104%	1	17;
3585	江眲	gyang-laep	tɕa:ŋ^{1}lap^{7}	当晚	4	0.00207%	1	01;
7177	啥	haemh	ham^{6}	当夜	1	0.00052%	1	05;
7178	降	gyang	kja:ŋ^{1}	当中	1	0.00052%	1	27;
5159	臺鐺	daih-dangq	ta:i^{6}ta:ŋ^{5}	当众	2	0.00104%	2	18;19;

词号	壮字	新壮文	音标	词义	频次	词频	分布度	抄本号
7180	宗	congh	ɕo:ŋ⁶	袑	1	0.00052%	1	23;
426	茶	cax	ɕa⁴	刀	72	0.03732%	17	02;04;05;06;07;08;09;10;12;13;17;20;22;23;25;26;
7181	申	saen	ɬan¹	刀背	1	0.00052%	1	03;
7182	养耷骨	yangx-dan-ndog	ja:ŋ⁴ta:m¹do:k⁸	刀柄骨	1	0.00052%	1	22;
1928	刹咟	cax-bak	ɕa⁴pa:k⁷	刀口	11	0.00570%	6	03;19;21;22;23;20;
7183	贼	caeg	ɕak⁸	刀枪	1	0.00052%	1	13;
7184	舟	paek	phak⁷	刀鞘	1	0.00052%	1	27;
4184	咟	bak	pa:k⁷	刀刃	3	0.00156%	3	04;21;23;
6597	白	bak	pa:k⁷	刀嘴	2	0.00104%	1	18;
5161	尭	yeuj	je:u³	导管	2	0.00104%	2	05;07;
5164	班硛	ban-cih	pa:n¹ɕi⁶	倒霉	2	0.00104%	2	04;05;
7200	戕	cangx	ɕa:ŋ⁴	祷文	1	0.00052%	1	01;
892	贼	caeg	ɕak⁸	盗贼	29	0.01503%	5	12;17;19;20;18;
893	踳	hoen	hon¹	道	29	0.01503%	11	02;03;04;07;12;17;19;21;24;28;18;
7207	常	cweng	ɕɯəŋ¹	道场	1	0.00052%	1	04;
5171	道	dauh	ta:u⁶	道公	2	0.00104%	1	23;
7208	冠	guen	kuən¹	道冠	1	0.00052%	1	07;
619	道	dauh	ta:u⁶	道理	47	0.02436%	15	01;02;04;07;08;10;11;12;14;15;18;19;21;24;25;
4186	道六甲	dauh-lug-gyap	ta:u⁶luk⁸tɕa:p⁷	道六甲	3	0.00156%	2	06;22;
1171	道渌甲	dauh-lug-gyap	ta:u⁶luk⁸tɕa:p⁷	道渌甲	22	0.01140%	5	05;06;09;16;23;
1886	踳	loen	lon¹	道路	11	0.00570%	7	01;08;17;19;27;28;18;
5172	外	ngyaih	ŋva:i⁶	道士	2	0.00104%	1	23;
4906	桃	daux	ta:u⁴	道衣	2	0.00104%	2	19;18;
627	糇	haeux	hau⁴	稻	46	0.02384%	9	03;05;08;12;15;16;17;20;
1887	油	nyuz	ȵu²	稻草	11	0.00570%	9	01;02;04;12;19;20;22;25;
1415	毛宜	mauh-nyinz	ma:u⁶ȵin²	稻草人	17	0.00881%	3	19;23;28;
7209	長欲	cag-nyuz	ɕa:k⁸ȵu²	稻草绳	1	0.00052%	1	17;
7210	無	fwz	fɯ²	稻草窝	1	0.00052%	1	03;
82	糇	haeux	hau⁴	稻谷	375	0.19438%	27	01;02;03;04;05;06;07;08;09;10;11;12;13;14;15;16;17;19;20;21;22;23;25;26;
7211	糇别	haeux-bad	hau⁴pa:t⁸	稻冠	1	0.00052%	1	05;
2861	糇	haeux	hau⁴	稻禾	6	0.00311%	3	03;10;17;
3590	糇	haeux	hau⁴	稻魂	4	0.00207%	2	12;16;
5173	糇枒	haeux-yaz	hau⁴ja²	稻粳	2	0.00104%	2	01;04;
591	糇散	haeux-san	hau⁴ɬa:n¹	稻米	50	0.02592%	18	02;03;06;07;08;09;10;11;12;13;17;18;19;20;21;23;
3591	糇浪	haeux-lweng	hau⁴lɯəŋ¹	稻穗	4	0.00207%	3	03;05;16;
916	糇那	haeux-naz	hau⁴na²	稻田	28	0.01451%	8	01;05;09;12;18;26;27;18;
5174	糇迷	haeux-miq	hau⁴mi⁵	稻籼	2	0.00104%	2	01;15;
7212	糇稼	haeux-gyaj	hau⁴tɕa³	稻秧	1	0.00052%	1	10;
7216	德姓	daek-singq	tak⁷θiŋ⁵	德胜	1	0.00052%	1	17;

词号	壮字	新壮文	音标	词义	频次	词频	分布度	抄本号
1929	登	daeng	taŋ^{1}	灯	11	0.00570%	6	05;13;17;23;24;28;
5177	蘿	nda	da^{1}	灯芯	2	0.00104%	2	07;22;
7217	諎蘿	yiej-nda	jiə^{3}da^{1}	灯芯草	1	0.00052%	1	07;
7218	灯台	daeng-daiz	taŋ^{1}ta:i^{2}	灯盏	1	0.00052%	1	17;
11158	等	daengj	taŋ^{3}	等级	1	0.00052%	1	18;
11159	隥	daengq	taŋ^{5}	凳	1	0.00052%	1	18;
5179	久橙	gyaeuj-daengq	tɕau^{3}taŋ^{5}	凳头	2	0.00104%	2	03;05;
440	櫈	daengq	taŋ^{5}	凳子	70	0.03628%	16	01;02;03;05;06;08;09;17;19;20;26;28;12;07;10;21;
5180	忢	laj	la^{3}	低处	2	0.00104%	2	03;17;
4188	地	dih	ti^{6}	低脚	3	0.00156%	1	10;
7223	迊	daemq	tam^{5}	低空	1	0.00052%	1	03;
3592	憐	lingq	liŋ^{5}	堤	4	0.00207%	4	04;11;24;28;
2590	恨	haenz	han^{2}	堤岸	7	0.00363%	4	10;17;25;28;
7226	瓩天	vaengq-daemz	vaŋ^{5}tam^{2}	堤塘	1	0.00052%	1	20;
7227	溢	yag	ja:k^{8}	滴	1	0.00052%	1	08;
7229	揚	yag	ya:k^{8}	滴浆	1	0.00052%	1	17;
7230	毒茶酒	doek-caz-laeuj	tok^{7}ɕa^{2}lau^{3}	滴酒篓	1	0.00052%	1	01;
3593	賊	caeg	ɕak^{8}	敌人	4	0.00207%	2	12;13;
2864	嚁	naeuz	nau^{2}	笛子	6	0.00311%	3	12;13;17;
1111	氐	daej	tai^{3}	底	23	0.01192%	12	01;02;04;05;06;17;19;21;23;24;26;18;
5185	底簣	dij-gvih	ti^{3}kvi^{6}	底柜	2	0.00104%	1	17;
7233	氐廊	doyj-langh	tɔi^{3}la:ŋ^{6}	底栏	1	0.00052%	1	27;
3185	夻	laj	la^{3}	底下	5	0.00259%	4	01;17;26;27;
56	坰	lih	li^{6}	地	464	0.24051%	28	02;01;03;04;05;06;07;08;09;10;11;12;13;14;15;16;17;19;20;21;22;23;25;26;27;28;29;18;
7234	增地	caengz-dih	ɕaŋ^{2}ti^{6}	地层	1	0.00052%	1	04;
7235	畣	ndaen	dan^{1}	地底	1	0.00052%	1	17;
24	地	dih	ti^{6}	地方	960	0.49761%	28	01;02;03;04;05;06;07;08;09;10;11;12;13;14;15;17;19;20;21;22;23;24;25;26;27;28;29;18;
3461	丁	din	tin^{1}	地基	4	0.00207%	2	07;18;
2865	地介	dih-gaiq	ti^{6}ka:i^{5}	地界	6	0.00311%	3	17;27;28;
4192	垈	lih	li^{6}	地里	3	0.00156%	3	07;10;17;
3186	埔	namh	na:m^{6}	地面	5	0.00259%	2	17;26;
1534	傍	bwengz	pɯəŋ^{2}	地盘	15	0.00778%	9	02;06;10;11;12;13;17;20;
1260	地	dih	ti^{6}	地上	20	0.01037%	10	01;02;04;06;08;09;17;19;22;27;
7236	地西	dih-siq	ti^{6}θi^{5}	地四	1	0.00052%	1	21;
7237	埅漏	dweg-laeuh	tɯək^{8}lau^{6}	地洼	1	0.00052%	1	03;
1125	地王	dih-yangz	ti^{6}jva:ŋ^{2}	地王	23	0.01192%	2	18;19;

词号	壮字	新壮文	音标	词义	频次	词频	分布度	抄本号
5186	地王氏	dih-yangz-ciq	ti⁶jva:ŋ²ɕvi⁵	地王氏	2	0.00104%	2	18;19;
2372	忑	laj	la³	地下	8	0.00415%	4	03;05;19;26;
5187	地猲	di-yug	ti¹juk⁸	地狱	2	0.00104%	1	25;
1367	邦	bwengz	puɯəŋ²	地域	18	0.00933%	4	20;21;26;27;
7238	宅	cwh	ɕɯ⁶	地址	1	0.00052%	1	17;
7239	汝	lih	li⁶	地中	1	0.00052%	1	09;
4193	地州	dih-cu	ti⁶ɕu¹	地州	3	0.00156%	2	17;20;
141	徃	nuengx	nuəŋ⁴	弟	225	0.11663%	21	02;03;04;05;06;07;08;09;10;11;12;13;17;21;22;23;25;26;27;28;18;
7240	徃	nuengx	nuəŋ⁴	弟辈	1	0.00052%	1	29;
3187	徃	nuengx	nuəŋ⁴	弟妹	5	0.00259%	4	05;17;21;21;
2591	尞	liuz	li:u²	弟媳	7	0.00363%	5	01;02;04;09;22;
2373	帝	daeq	tai⁵	帝	8	0.00415%	3	02;07;19;
5188	布一郎	baeuq-it-langh	pau⁵it⁷la:ŋ⁶	第一代祖公	2	0.00104%	1	10;
5189	头	daeuz	tau²	第一个	2	0.00104%	1	27;
5190	贯	gon	ko:n¹	巅	2	0.00104%	1	17;
5191	則	tsok	tso:k⁷	巅峰	2	0.00104%	1	27;
7248	定	dimz	tim²	点饰	1	0.00052%	1	21;
7250	咟補	bak-buq	pa:k⁷pu⁵	店铺	1	0.00052%	1	07;
7251	殺	cah	ɕa⁶	垫	1	0.00052%	1	19;
7253	田	demh	tem⁶	垫子	1	0.00052%	1	21;
1013	殿	denh	te:n⁶	殿	25	0.01296%	9	03;04;08;09;11;17;19;28;
7254	殿	denh	te:n⁶	殿堂	1	0.00052%	1	02;
7255	敬	gyaed	tɕat⁸	靛木	1	0.00052%	1	21;
2592	繒	saeng	ɬaŋ¹	吊网	7	0.00363%	3	01;09;12;
7259	説	set	ɬe:t⁷	钓	1	0.00052%	1	10;
3596	告先	gau-set	ka:u¹ɬe:t⁷	钓竿	4	0.00207%	3	02;05;09;
5193	吪	set	ɬe:t⁷	钓钩	2	0.00104%	1	09;
3190	班	banz	pa:n²	碟	5	0.00259%	2	05;23;
4038	媟	dieb	tiəp⁸	碟子	3	0.00156%	3	05;21;18;
4198	丁	dingh	tiŋ⁶	丁	3	0.00156%	3	02;12;21;
2038	界	gyai	tɕa:i¹	顶	10	0.00518%	6	02;11;17;19;26;29;
5197	酉	yuj	ju³	顶梢	2	0.00104%	1	17;
2533	釘	deng	te:ŋ¹	钉	7	0.00363%	4	10;19;27;18;
7265	定	ding	tiŋ¹	定	1	0.00052%	1	05;
7267	漢定庚	hanq-dingx-gieng	ha:n⁵tiŋ⁴kiəŋ¹	定庚鹅	1	0.00052%	1	25;
5199	漢定庚	hanq-dingh-geng	ha:n⁵tiŋ⁶ke:ŋ¹	定更鹅	2	0.00104%	1	22;
3192	定	dingh	tiŋ⁶	锭	5	0.00259%	5	01;12;13;23;25;
2867	東	doeng	toŋ¹	东	6	0.00311%	4	12;14;27;28;
996	東方	dungh-fangh	tuŋ⁶fa:ŋ⁶	东方	26	0.01348%	13	01;02;04;05;07;09;10;12;13;17;21;22;27;
5200	東蘭	doeng-lanz	toŋ¹la:n²	东兰	2	0.00104%	2	17;20;

词号	壮字	新壮文	音标	词义	频次	词频	分布度	抄本号
2191	冬啦	doengh-lib	toŋ^{6}lip^8	东历	9	0.00467%	2	05;11;
7277	黄通领	vuengz-doeng-lig	vuəŋ^{2}toŋ^{1}lik^8	东历王	1	0.00052%	1	17;
255	盖	gaiq	ka:i^5	东西	123	0.06376%	18	01;02;03;04;05;06;08;10;12;17;19;20;21;22;23;27;
2868	咈	faeg	fak^8	冬瓜	6	0.00311%	3	05;07;10;
7279	奷埬康	yah-dungh-gang	ja^{6}tuŋ^{6}ka:ŋ^1	栋康婆	1	0.00052%	1	05;
1348	总	soengj	ɬoŋ^3	峒	18	0.00933%	7	03;12;13;17;22;23;18;
4907	峝	doengh	toŋ^6	峒场	2	0.00104%	2	27;18;
1644	垌那	doengh-naz	toŋ^{6}na^2	峒田	14	0.00726%	7	03;06;12;17;22;23;25;
7280	尾同	byai-doengh	pja:i^{1}toŋ^6	峒尾	1	0.00052%	1	17;
873	感	gamj	ka:m^3	洞	30	0.01555%	12	02;03;04;05;07;11;12;14;17;19;25;26;
7281	從	congh	ɕo:ŋ^6	洞口	1	0.00052%	1	21;
3598	洞歷	doengh-lig	toŋ^{6}lik^8	洞历	4	0.00207%	1	16;
5203	若	gyoek	tɕok^7	洞锹	2	0.00104%	1	17;
1153	憧	congh	ɕo:ŋ^6	洞穴	22	0.01140%	8	05;11;17;19;22;23;26;18;
7282	童感	congh-gamj	ɕo:ŋ^{6}ka:m^3	洞岩	1	0.00052%	1	12;
7283	虫	congh	ɕo:ŋ^6	洞眼	1	0.00052%	1	06;
7284	冲度	congh-doh	ɕo:ŋ^{6}to^6	洞中	1	0.00052%	1	15;
7285	凹瀆	gumz-dongh	kum^{2}to:ŋ^6	洞柱	1	0.00052%	1	05;
4204	土一	du-hiz	tu^{1}hi^2	都邑	3	0.00156%	1	17;
5204	个	go	ko^1	兜	2	0.00104%	1	11;
2039	茶	caz	ɕa^2	蔸	10	0.00518%	3	07;16;17;
5205	忍	raanx	za:n^{33}	陡壁	2	0.00104%	1	26;
767	急	gyoep	tɕop^7	斗笠	36	0.01866%	14	02;03;04;05;06;07;09;10;11;12;23;24;25;26;
7288	傍	buengz	puəŋ^2	斗篷	1	0.00052%	1	05;
5207	街斗	huzc-daor	hɯ^{35}ta:u^{55}	斗圩	2	0.00104%	1	26;
1462	豆	daeuh	tau^6	豆	16	0.00829%	5	09;17;19;20;18;
3600	豆麿	daeuh-fuh	tau^{6}fu^6	豆腐	4	0.00207%	2	17;20;
4206	豆敖	duh-meuz	tu^{6}me:u^2	豆猫	3	0.00156%	1	17;
3193	荳芖	daeuh-ngad	tau^{6}ŋa:t^8	豆芽	5	0.00259%	2	05;17;
3194	托	doh	to^6	豆子	5	0.00259%	1	17;
7294	㔾	yie	jiə^1	毒药	1	0.00052%	1	25;
5208	夭	iuj	i:u^3	独脚仓	2	0.00104%	2	17;27;
7296	了	ndeu	de:u^1	独条	1	0.00052%	1	10;
7297	力途	lwg-dog	lɯk^{8}to:k^8	独仔	1	0.00052%	1	05;
5210	力毒	lwg-dog	lɯk^{8}to:k^8	独子	2	0.00104%	2	01;22;
5212	工	gongq	ko:ŋ^5	堵墙	2	0.00104%	1	17;
2379	晃貴	gvengh-gviq	kve:ŋ^{6}kvi^5	杜鹃	8	0.00415%	4	03;12;07;09;
6598	度	dungx	tuŋ^4	肚	2	0.00104%	1	18;
7299	肚虱	dooqr-noonc	to:ŋ^{55}no:n^{35}	肚虫	1	0.00052%	1	26;
7300	肚早	dungx-cauz	tuŋ^{4}ɕa:u^2	肚干	1	0.00052%	1	25;
5213	肚	dungx	tuŋ^4	肚里	2	0.00104%	2	17;28;

词号	壮字	新壮文	音标	词义	频次	词频	分布度	抄本号
7302	内	ndaw	daɯ1	肚内	1	0.00052%	1	17;
7303	宜	ndie	diə1	肚脐	1	0.00052%	1	25;
299	同	dungx	tuŋ4	肚子	107	0.05546%	29	02;05;07;08;12;19;21;26;27;28;01;03;04;06;09;10;11;13;14;15;16;17;20;22;23;24;25;29;18;
4210	般度	luez-doh	luə2to6	渡船	3	0.00156%	2	22;05;
962	度素	doh-sok	to6ɬo:k7	渡口	27	0.01400%	14	01;04;08;09;12;13;17;19;20;22;24;25;26;28;
7309	退五	doiq-ngux	to:i5ŋu4	端午	1	0.00052%	1	17;
4908	民	mid	mit8	短刀	2	0.00104%	2	19;18;
7311	裙	gunz	kun2	短裙	1	0.00052%	1	11;
7312	燋	cauq	ɕa:u5	短时	1	0.00052%	1	02;
1566	惱	naux	na:u4	段	15	0.00778%	4	07;10;14;02;
7314	活	hot	ho:t7	段话	1	0.00052%	1	09;
5215	坤	goenq	kon5	断	2	0.00104%	2	17;13;
2874	記	gi	ki1	断肠草	6	0.00311%	4	02;04;23;25;
1788	紡	fangj	fa:ŋ3	缎	12	0.00622%	8	01;07;08;09;13;25;28;18;
7317	紅陵	hong-lingz	ho:ŋ1liŋ2	缎绫	1	0.00052%	1	23;
7318	綜紗	hong-caq	ho:ŋ1ɕa5	缎纱	1	0.00052%	1	07;
7319	空	kooqc	kho:ŋ35	缎子	1	0.00052%	1	26;
4212	卧	bog	po:k8	堆	3	0.00156%	1	23;
3196	瘟	wnx	ɯn4	对岸	5	0.00259%	2	08;27;
7325	法	faak	fa:k11	对方	1	0.00052%	1	26;
5219	唤对	fien-doiq	fiən1to:i5	对歌	2	0.00104%	1	29;
2381	對	doiq	to:i5	对面	8	0.00415%	6	01;02;07;10;17;26;
1827	弄	longj	lo:ŋ3	碓	12	0.00622%	3	10;17;20;
7328	託	doiq	to:i5	碓房	1	0.00052%	1	19;
7329	簣	goek	kok7	碓根	1	0.00052%	1	17;
7330	麗	lum	lum1	碓臼	1	0.00052%	1	05;
7331	对	doiq	to:i5	碓里	1	0.00052%	1	17;
4213	拜	byai	pja:i1	碓尾	3	0.00156%	1	17;
5220	对	doiq	to:i5	碓子	2	0.00104%	2	19;21;
3605	憧	dongz	to:ŋ2	墩	4	0.00207%	4	07;11;23;29;
7335	待	dajc	tai35	盾牌	1	0.00052%	1	26;
7339	賴那	lai-naj	la:i1na3	多面	1	0.00052%	1	10;
7344	度	doh	to6	舵	1	0.00052%	1	08;
491	漢	hanq	ha:n5	鹅	62	0.03214%	20	01;02;03;05;06;07;09;10;12;17;19;20;21;23;24;25;26;27;28;18;
5223	理	laex	lai4	鹅卵	2	0.00104%	1	12;
2384	磷礼	lin-laex	lin1lai4	鹅卵石	8	0.00415%	5	14;03;06;11;15;
5224	餐漢	noh-hanq	no6ha:n5	鹅肉	2	0.00104%	2	04;05;
2877	孙漢	lwg-hanq	lɯk8ha:n5	鹅仔	6	0.00311%	3	03;18;23;

词号	壮字	新壮文	音标	词义	频次	词频	分布度	抄本号
7345	蚆	mbax	ba4	蛾虫	1	0.00052%	1	09;
2385	㑚剥	naj-gyak	na3tɕa:k7	额头	8	0.00415%	7	04;07;14;17;21;23;26;
7346	夜	ek	ɛk11	轭	1	0.00052%	1	26;
4215	放仰	fangz-yak	fa:ŋ2ʔja:k7	恶鬼	3	0.00156%	1	17;
5226	㕶	haemz	ham2	恶话	2	0.00104%	1	05;
7347	痕牙	hwnz-ya	hɯn2ja1	恶梦	1	0.00052%	1	09;
4216	㕶	haemz	ham2	恶语	3	0.00156%	2	05;17;
2878	衍	hangz	ha:ŋ2	腭	6	0.00311%	4	11;12;15;16;
4217	強	hangz	ha:ŋ2	颚	3	0.00156%	2	05;17;
1645	恩	aen	an1	恩	14	0.00726%	7	02;03;10;12;20;21;22;
2194	恩	aen	an1	恩德	9	0.00467%	1	21;
2386	仪	ngih	ŋi6	恩情	8	0.00415%	6	10;17;18;20;21;27;
5227	儀	ngih	ŋi6	恩义	2	0.00104%	2	10;27;
5228	恩尼	aen-nih	an1ni6	恩谊	2	0.00104%	1	21;
1888	恩縁	aen-yienz	an1jiən2	恩缘	11	0.00570%	6	02;07;09;10;27;18;
19	力	lwg	lɯk8	儿	1168	0.60543%	28	20;01;02;03;04;05;06;07;08;09;10;11;12;13;14;15;17;19;21;22;23;24;25;26;27;28;29;18;
441	孖	lwg	lɯk8	儿辈	70	0.03628%	8	01;02;04;05;12;17;22;27;
2596	郎	langz	la:ŋ2	儿郎	7	0.00363%	2	11;12;
1617	力	lwg	lɯk8	儿女	14	0.00726%	8	05;07;12;17;19;20;21;18;
7348	藍	lan	la:n1	儿孙	1	0.00052%	1	22;
528	妣	bawx	paɯ4	儿媳	57	0.02955%	14	01;02;04;05;08;09;10;12;17;19;20;23;29;18;
7349	泐	lwg	lɯk8	儿戏	1	0.00052%	1	06;
337	力	lwg	lɯk8	儿子	95	0.04924%	20	01;02;03;04;05;07;09;10;12;13;14;17;19;20;22;23;24;27;28;18;
613	耳	lwez	lɯə2	耳	47	0.02436%	14	02;06;12;13;14;17;19;20;22;23;24;25;03;18;
2534	聏	liez	liə2	耳朵	7	0.00363%	4	11;17;23;18;
1931	鉀	soij	ɬo:i3	耳环	11	0.00570%	8	01;02;12;13;17;19;25;26;
7351	窚	veenc	ve:n35	耳坠	1	0.00052%	1	26;
5231	光二召	gvang-ngih-ciuh	kva:ŋ1ŋi6ɕi:u6	二代官	2	0.00104%	1	02;
7352	二庚	nyih-geng	ȵi6ke:ŋ1	二更	1	0.00052%	1	20;
5232	元	yienz	jiən2	二胡	2	0.00104%	2	05;09;
5233	二六國	ngih-loek-guek	ŋi6lok7kuək7	二六部族	2	0.00104%	2	01;02;
5235	二十八宿	ngih-cib-bet-sug	ŋi6ɕip8pe:t7ɬuk8	二十八星宿	2	0.00104%	2	10;02;
5237	光二召	gvang-ngih-ciuh	kva:ŋ1ŋi6ɕi:u6	二世君	2	0.00104%	1	10;
2387	二月	ngih-ngued	ŋi6ŋuət8	二月	8	0.00415%	5	05;19;20;21;23;
7353	金	gyoem	tɕom1	发辫	1	0.00052%	1	05;
5240	坵	gyaeuj	tɕau3	发髻	2	0.00104%	2	17;26;
5244	法	fap	fa:p7	法	2	0.00104%	1	03;

词号	壮字	新壮文	音标	词义	频次	词频	分布度	抄本号
7365	保	bauj	pa:u³	法宝	1	0.00052%	1	04;
738	道	dauh	ta:u⁶	法事	38	0.01970%	11	05;07;08;09;10;12;17;22;23;27;29;
7366	上邦	cangh-bang	ɕa:ŋ⁶pa:ŋ¹	法事匠师	1	0.00052%	1	20;
5245	法	fap	fa:p⁷	法术	2	0.00104%	1	17;
3200	反国	fan-goeg	fa:n¹kok⁸	蕃国	5	0.00259%	2	18;19;
7367	旙	fanz	fa:n²	幡	1	0.00052%	1	04;
1828	同	dongh	to:ŋ⁶	幡杆	12	0.00622%	1	17;
7368	旙	fanz	fa:n²	幡旗	1	0.00052%	1	25;
1085	地	ndinc	din³⁵	凡间	24	0.01244%	2	26;27;
7376	凡可	fanh-goj	fa:n⁶ko³	凡可	1	0.00052%	1	19;
5250	芽	nya	ȵa¹	烦恼	2	0.00104%	1	03;
7378	事	saeh	ɬai⁶	烦事	1	0.00052%	1	02;
7379	芽	nya	ȵa¹	烦杂	1	0.00052%	1	01;
7384	反	fanj	fa:n³	反常	1	0.00052%	1	01;
7385	鸡賛	gaeq-canz	kai⁵ɕa:n²	反毛鸡	1	0.00052%	1	02;
136	糇	haeux	hau⁴	饭	237	0.12285%	25	01;02;03;04;05;06;07;08;09;10;11;12;13;14;17;19;20;21;22;23;24;25;26;27;
5254	勿	fwx	fu⁴	饭餐	2	0.00104%	2	20;27;
4225	糇合	haeux-hab	hau⁴ha:p⁸	饭盒	3	0.00156%	3	02;24;25;
5255	己	dci	tɕi⁴⁴	饭箕	2	0.00104%	1	26;
7389	温碍	vaenj-ngaiz	van³ŋa:i²	饭团	1	0.00052%	1	19;
4226	却勿	gyongz-fwx	tɕo:ŋ²fu⁴	饭桌	3	0.00156%	1	21;
2881	半	buenq	puən⁵	贩	6	0.00311%	4	08;10;12;15;
4227	判	buenq	puən⁵	贩子	3	0.00156%	3	05;10;12;
680	己	cih	ɕi⁶	方	41	0.02125%	16	01;03;04;05;07;09;10;12;13;14;17;20;21;26;28;18;
7391	法	faz	fa²	方法	1	0.00052%	1	01;
3611	松	sok	θo:k⁷	方角	4	0.00207%	1	19;
7392	㻏	baih	pa:i⁶	方位	1	0.00052%	1	22;
2388	向	ywengq	jɯəŋ⁵	方向	8	0.00415%	5	01;02;04;07;10;
7393	防王个	faenx-vuengz-gaiq	fan⁴vuəŋ²ka:i⁵	像牛胆的野果	1	0.00052%	1	14;
602	禽	limz	lim²	房	48	0.02488%	15	02;03;04;08;10;12;17;19;20;21;23;25;26;28;18;
2598	棣	lug	luk⁸	房间	7	0.00363%	5	04;05;07;17;29;
7394	七	caek	ɕak⁷	房廊	1	0.00052%	1	10;
7395	笼	rog	ro:k⁸	房里	1	0.00052%	1	17;
1646	渌	lug	luk⁸	房内	14	0.00726%	7	05;07;11;12;17;19;23;
473	蘭	lanz	la:n²	房屋	65	0.03369%	13	01;02;04;06;09;10;11;12;13;17;23;26;18;
7396	渌	lug	luk⁸	房中	1	0.00052%	1	28;
1213	阑	lanz	la:n²	房子	21	0.01089%	10	05;08;09;12;17;19;26;27;28;29;

词号	壮字	新壮文	音标	词义	频次	词频	分布度	抄本号
3613	若	yok	jo:k[7]	纺机	4	0.00207%	3	17;20;21;
5256	利	lih	li[6]	纺棉机	2	0.00104%	1	17;
3206	洒	saj	ɬa[3]	纺纱机	5	0.00259%	3	12;13;21;
7399	用	yok	jo:k[7]	纺线	1	0.00052%	1	21;
7402	現	hen	he:n[1]	放牧人	1	0.00052%	1	07;
4230	列	leq	le[5]	飞蛾	3	0.00156%	1	22;
7412	虻	mbangq	ba:ŋ[5]	飞虎	1	0.00052%	1	12;
7416	禿龍禿虎	feih-lungz-feih-huj	fei[6]luŋ[2]fei[6]hu[3]	飞龙飞虎	1	0.00052%	1	29;
7417	禿鸟	mbin-roeg	bin[1]rok[8]	飞鸟	1	0.00052%	1	18;
7425	肉瘟	noh-biz	no[6]pi[2]	肥肉	1	0.00052%	1	05;
5264	城	cingz	ɕiŋ[2]	匪	2	0.00104%	1	12;
2885	贼	caeg	ɕak[8]	匪盗	6	0.00311%	1	17;
3619	賊	caeg	ɕak[8]	匪贼	4	0.00207%	1	17;
5265	肺	bwt	put[7]	肺	2	0.00104%	1	13;
7429	法黑	faz-he	fa[2]he[1]	肺页	1	0.00052%	1	17;
7433	存	caengz	ɕaŋ[2]	分	1	0.00052%	1	21;
7443	分蔬	faen-soq	fan[1]ɬo[5]	分数	1	0.00052%	1	22;
7444	堂	dangx	ta:ŋ[4]	分水口	1	0.00052%	1	10;
7447	緒	cij	ɕi[3]	纷争	1	0.00052%	1	02;
634	地	dih	ti[6]	坟	45	0.02333%	15	01;02;04;05;06;07;09;10;12;17;19;20;21;29;18;
5271	地文	dih-faenz	ti[6]fan[2]	坟场	2	0.00104%	1	18;
431	地	dih	ti[6]	坟地	71	0.03680%	5	05;17;20;24;27;
2390	嗼	moh	mo[6]	坟墓	8	0.00415%	5	05;12;17;18;23;
2391	敀	dweg	tuɯək[8]	坟山	8	0.00415%	3	05;24;25;
7448	地	dih	ti[6]	坟头	1	0.00052%	1	17;
5272	恢	hoi	ho:i[1]	粉屑	2	0.00104%	1	04;
7450	分	faenh	fan[6]	份额	1	0.00052%	1	17;
2392	本	bwnh	pun[6]	粪	8	0.00415%	2	03;21;
7455	貧	baenz	pan[2]	丰收	1	0.00052%	1	10;
421	凬	fung	fuŋ[1]	风	72	0.03732%	17	02;03;04;05;06;07;08;09;10;17;19;20;21;22;23;26;
5274	领抹	rumz-monz	rum[2]mo:n[2]	风暴	2	0.00104%	1	17;
5275	飈勿舞	lumz-fwd-fwh	lum[2]fut[8]fu[6]	风拂拂	2	0.00104%	1	07;
5276	放风	fangz-rumz	fa:ŋ[2]rum[2]	风鬼	2	0.00104%	1	17;
7457	凬畀	lumz-cengx	lum[2]ɕe:ŋ[4]	风凉	1	0.00052%	1	23;
7458	依	ae	ai[1]	风凉话	1	0.00052%	1	07;
3208	畣	rumz	rum[2]	风水	5	0.00259%	1	17;
2393	枇	baeh	pai[6]	风箱	8	0.00415%	3	08;21;26;
997	刘	laeu	lau[1]	枫树	26	0.01348%	11	01;05;07;09;17;20;21;22;02;03;06;
5277	记有	gyiq-yeau	tɕi[5]jau[1]	枫树枝	2	0.00104%	1	17;
7459	勒娄	lwg-laeu	luk[8]lau[1]	枫树籽	1	0.00052%	1	03;

词号	壮字	新壮文	音标	词义	频次	词频	分布度	抄本号
5278	茶萎	caz-laeu	ɕa²lau¹	枫叶	2	0.00104%	2	02;03;
7463	危	ngoih	ŋo:i⁶	峰峦	1	0.00052%	1	17;
7465	咟	bak	pa:k⁷	锋口	1	0.00052%	1	17;
7466	涞	laj	lai⁴⁴	蜂刺	1	0.00052%	1	26;
7467	糖崔	dwengz-yui	tɯə:ŋ²juəi¹	蜂蜜糖	1	0.00052%	1	17;
11165	逢	foengz	foŋ²	缝	1	0.00052%	1	18;
3465	结	gyeh	tɕe⁶	缝隙	4	0.00207%	3	17;19;18;
7469	賣	maiq	ma:i⁵	讽刺	1	0.00052%	1	22;
5280	鳳	fungh	fuŋ⁶	凤	2	0.00104%	2	02;19;
1647	鳳	fungh	fuŋ⁶	凤凰	14	0.00726%	10	07;12;13;17;20;21;25;27;28;29;
7470	鳳魚	fungh-nywez	fuŋ⁶ȵɯə²	凤鱼	1	0.00052%	1	02;
7472	模奉	mak-fung	ma:k⁷fuŋ¹	奉果	1	0.00052%	1	09;
7473	火	faez	fai²	奉火	1	0.00052%	1	27;
7474	佛	baed	pat⁸	佛	1	0.00052%	1	03;
7475	佛山	fuz-canh	fu²ɕa:n⁶	佛山	1	0.00052%	1	10;
7476	佛	baed	pat⁸	佛事	1	0.00052%	1	27;
1063	関	gvan	kva:n¹	夫	24	0.01244%	14	02;03;05;08;09;11;17;19;22;23;25;28;29;18;
7477	闵	gvan	kva:n¹	夫家	1	0.00052%	1	08;
7478	夫晋	fu-laeuz	fu¹lau²	夫晋	1	0.00052%	1	24;
931	閂妑	gvan-baz	kva:n¹pa²	夫妻	28	0.01451%	12	01;02;03;04;05;10;11;12;19;21;22;28;
7480	鸡鴮	gaeq-hog	kai⁵ho:k⁸	孵蛋鸡	1	0.00052%	1	04;
7483	伏浅	fag-canj	fa:t⁸ɕa:n³	伏浅	1	0.00052%	1	05;
778	伏儀	fuz-nyiz	fu²ȵi²	伏羲	35	0.01814%	2	18;19;
7487	夫	fuz	fu²	扶手	1	0.00052%	1	19;
7488	北黎	bak-lae	pa:k⁷lai¹	扶梯	1	0.00052%	1	24;
2886	符	fuz	fu²	符	6	0.00311%	5	01;04;07;17;22;
4238	符	fuz	fu²	符法	3	0.00156%	1	17;
7491	字	sw	θɯ¹	符箓	1	0.00052%	1	17;
2041	字	sw	θɯ¹	符字	10	0.00518%	1	17;
2887	福	fuk	fuk⁷	福	6	0.00311%	4	05;10;17;19;
7492	風荣	fung-yungz	fuŋ¹juŋ²	福贵	1	0.00052%	1	09;
5285	福	fuk	fuk⁷	福神	2	0.00104%	1	12;
7493	福元	fuk-yuenz	fuk⁷juən²	福源	1	0.00052%	1	18;
7494	甫冠	bux-guen	pu⁴kuən¹	甫贯	1	0.00052%	1	10;
7495	甫所	bux-soj	pu⁴ɬo³	甫所	1	0.00052%	1	10;
1890	萬	van	va:n¹	斧	11	0.00570%	9	03;04;08;09;10;12;17;26;
5288	萬咟	van-bak	va:n¹pa:k⁷	斧口	2	0.00104%	2	03;22;
516	萬	van	va:n¹	斧头	59	0.03058%	16	02;03;05;06;07;09;10;12;17;19;20;21;22;23;26;18;
1932	府	fuj	fu³	府	11	0.00570%	9	01;02;03;07;10;13;17;28;
5289	府	fouj	fou³	府城	2	0.00104%	1	27;

词号	壮字	新壮文	音标	词义	频次	词频	分布度	抄本号
5290	虎	fuj	fu³	府衙	2	0.00104%	1	17;
38	父	boh	po⁶	父	662	0.34315%	28	02;03;04;05;06;07;08;09;10;11;12;13;14;15;17;19;20;21;22;23;24;25;26;27;28;29;01;18;
1154	父	boh	po⁶	父辈	22	0.01140%	14	01;02;04;05;06;07;12;17;20;22;23;26;27;18;
7499	父谷	boh-goek	po⁶kok⁷	父根	1	0.00052%	1	07;
4240	父阑	boh-lanz	po⁶la:n²	父家	3	0.00156%	1	05;
378	父母	boh-meh	po⁶me⁶	父母	83	0.04302%	12	01;02;04;05;06;12;17;19;20;21;22;23;
442	父	boh	po⁶	父亲	70	0.03628%	12	05;07;09;10;12;17;19;20;21;22;24;27;
5293	召父	ciuh-boh	ɕi:u⁶po⁶	父世	2	0.00104%	1	22;
684	父皇	boh-vuengz	po⁶vuəŋ²	父王	41	0.02125%	9	02;07;08;09;12;13;27;28;
4909	娘	nangz	na:ŋ²	妇	2	0.00104%	2	28;18;
932	造奷	sau-yah	ɬa:u¹ja⁶	妇女	28	0.01451%	12	03;05;10;11;12;16;17;18;19;20;23;28;
2888	妹	meh	me⁶	妇人	6	0.00311%	3	12;23;26;
5294	罵蘭	ma-lanz	ma¹la:n²	附房	2	0.00104%	1	12;
4242	鑼	lumx	lum⁴	赋税	3	0.00156%	3	01;12;02;
7502	礼	laex	lai⁴	富人	1	0.00052%	1	17;
7503	禮	ndi	di¹	富翁	1	0.00052%	1	21;
5299	茶	caz	ɕa²	盖	2	0.00104%	2	07;01;
5300	爺們	ywez-mbwn	juɯə²bɯn¹	盖天	2	0.00104%	2	01;04;
7506	琶	paz	pha²	盖子	1	0.00052%	1	27;
7507	甘路	gam-loh	ka:m¹lo⁶	甘路	1	0.00052%	1	22;
7508	王甘露	vuengz-gan-loh	vuəŋ²ka:n¹lo⁶	甘露王	1	0.00052%	1	04;
474	肝	daep	tap⁷	肝	65	0.03369%	21	02;01;03;04;06;07;10;11;12;13;14;15;17;19;20;22;23;24;25;26;18;
7509	苔	daep	tap⁷	肝脏	1	0.00052%	1	27;
2395	捍	saux	ɬa:u⁴	竿	8	0.00415%	4	10;12;13;19;
11167	掃	saux	θa:u⁴	竿高	1	0.00052%	1	18;
7510	廖救	liu-gyaeuj	li:u¹tɕau³	竿头	1	0.00052%	1	11;
3629	界	gyai	tɕa:i¹	杆	4	0.00207%	4	02;07;17;21;
3630	行	hengh	he:ŋ⁶	秆	4	0.00207%	3	08;12;26;
7511	油	yaeuz	jau²	秆茎	1	0.00052%	1	04;
815	敢歌	gamj-ga	ka:m³ka¹	敢卡	33	0.01711%	13	01;02;03;04;07;09;10;17;20;23;24;28;29;
7516	王感路	vuengz-gam-loh	vuəŋ²ka:m¹lo⁶	感路王	1	0.00052%	1	01;
3213	米	mbi	bi¹	橄榄	5	0.00259%	2	21;17;
7518	卜	mboek	bok⁷	干处	1	0.00052%	1	13;
3631	暗	am	a:m¹	干饭	4	0.00207%	1	05;
4246	舆少	hing-sauj	hiŋ¹θa:u³	干姜	3	0.00156%	1	17;

词号	壮字	新壮文	音标	词义	频次	词频	分布度	抄本号
198	蘭	lanz	la:n²	干栏	154	0.07983%	23	01;02;03;04;05;06;07;09;10;11;12;13;17;18;19;20;21;22;23;24;26;29;18;
7521	蘭王	lanz-vuengz	la:n²vuəŋ²	干栏王	1	0.00052%	1	12;
7522	柃	lengz	leŋ²	干粮	1	0.00052%	1	27;
7524	膜	gumq	kum⁵	肛	1	0.00052%	1	27;
2006	罡	gang	ka:ŋ¹	钢	10	0.00518%	5	19;21;26;17;18;
5308	元	nyuenz	ɲuən²	钢鼓	2	0.00104%	1	17;
5309	鋼發	gang-faz	ka:ŋ¹fa²	钢铁	2	0.00104%	2	21;17;
773	磅	lauq	la:u⁵	缸	35	0.01814%	10	02;04;05;07;09;10;17;19;22;18;
3632	京	geng	ke:ŋ¹	岗	4	0.00207%	1	25;
5310	庚	geng	keŋ¹	岗上	2	0.00104%	1	27;
7525	伉	hang	ha:ŋ¹	港	1	0.00052%	1	22;
7526	杆	ganz	ka:n²	杠杆	1	0.00052%	1	27;
7527	樫	gangq	kaŋ⁵	杠木	1	0.00052%	1	27;
7528	枯標	go-beu	ko¹pe:u¹	杠竹	1	0.00052%	1	04;
5311	高	suqc	suŋ³⁵	高	2	0.00104%	2	26;04;
1064	喪	sang	ɬa:ŋ¹	高处	24	0.01244%	12	02;04;05;09;12;17;23;25;26;27;28;18;
4248	傍桑	biengz-sang	piəŋ²ɬa:ŋ¹	高地	3	0.00156%	1	28;
7531	程	cingz	ɕiŋ²	高颈缸	1	0.00052%	1	01;
4249	桑	suqc	suŋ³⁵	高空	3	0.00156%	1	26;
7532	后凰	haeux-foengh	hau⁴foŋ⁶	高梁	1	0.00052%	1	21;
5313	后逢	haeux-foengh	hau⁴foŋ⁶	高粱	2	0.00104%	1	21;
3633	桑	sang	ɬa:ŋ¹	高山	4	0.00207%	2	06;17;
5314	桑	sang	ɬa:ŋ¹	高台	2	0.00104%	2	02;17;
4250	床桑	congz-sang	ɕo:ŋ²ɬa:ŋ¹	高桌	3	0.00156%	1	05;
7537	高祖	gauh-cuj	ka:u⁶ɕu³	高祖	1	0.00052%	1	03;
2781	結	gyaeq	tɕai⁵	睾丸	6	0.00311%	2	19;18;
7540	鸡鴿	gaeq-gok	kai⁵ko:k⁷	咯鸡	1	0.00052%	1	10;
1701	必	bix	pi⁴	哥	13	0.00674%	5	17;28;21;20;18;
4252	歌	go	ko¹	歌	3	0.00156%	3	01;05;22;
4253	角娄	goz-laeuz	ko²lau²	阁楼	3	0.00156%	1	23;
5319	徃	vaeg	vak⁸	格	2	0.00104%	1	17;
7544	偈断	gek-duenh	ke:k⁷tuən⁶	隔断	1	0.00052%	1	05;
5320	法任	faz-yongq	fa²jo:ŋ⁵	隔膜	2	0.00104%	2	17;20;
7545	邖割	gaeu-gat	kau¹ka:t⁷	葛麻藤	1	0.00052%	1	14;
2604	郭葛	gaeu-hot	kau¹ho:t⁷	葛藤	7	0.00363%	4	04;12;17;29;
5321	江	gyang	tɕa:ŋ¹	个人	2	0.00104%	1	20;
387	谷	goek	kok⁷	根	81	0.04199%	21	01;02;04;05;07;08;09;10;11;12;13;17;20;21;22;24;25;26;28;14;18;
1316	各	goek	kok⁷	根部	19	0.00985%	12	02;03;04;07;09;10;12;15;17;20;26;27;

词号	壮字	新壮文	音标	词义	频次	词频	分布度	抄本号
5323	國	goek	kok⁷	根底	2	0.00104%	1	29;
7548	卜谷	boh-goek	po⁶kok⁷	根父	1	0.00052%	1	04;
7549	工	goek	kok⁷	根干	1	0.00052%	1	17;
4255	根	goek	kok⁷	根基	3	0.00156%	2	17;20;
7550	敢	ganx	kan³³	根签	1	0.00052%	1	26;
7551	谷	goek	kok⁷	根薯	1	0.00052%	1	22;
5324	孔	goek	kok⁷	根下	2	0.00104%	1	17;
3637	洛	lag	la:k⁸	根须	4	0.00207%	3	10;16;17;
4256	丁	din	tin¹	根由	3	0.00156%	2	17;29;
509	谷	goek	kok⁷	根源	60	0.03110%	13	02;03;04;06;07;09;10;12;13;17;21;26;28;
5325	在	sai	ɬa:i¹	根子	2	0.00104%	1	12;
3638	良	liengz	liəŋ²	跟	4	0.00207%	3	11;14;15;
5329	庚	gwngh	kɯŋ⁶	庚	2	0.00104%	2	12;21;
7554	利	lih	li⁶	耕地	1	0.00052%	1	09;
3640	恨	haenz	han²	埂	4	0.00207%	4	07;09;10;19;
2891	庚	geng	ke:ŋ¹	更	6	0.00311%	3	20;17;24;
7558	界更	gyaiq-geng	tɕa:i⁵ke:ŋ¹	更界	1	0.00052%	1	24;
5331	洪	hong	ho:ŋ¹	工	2	0.00104%	2	17;23;
614	閪	cangh	ɕa:ŋ⁶	工匠	47	0.02436%	8	02;04;05;10;17;19;20;18;
338	弓	goeng	koŋ¹	弓	94	0.04872%	14	09;12;13;16;17;19;20;22;23;24;25;26;27;18;
1155	弓那	goeng-naq	koŋ¹na⁵	弓箭	22	0.01140%	9	13;16;17;19;20;24;26;27;
3216	弩直	nwj-nyib	nɯ³ȵip⁸	弓弩	5	0.00259%	2	17;27;
7560	皃	gyaeux	kjau⁴	弓身	1	0.00052%	1	27;
400	朴	boh	po⁶	公	77	0.03991%	18	01;02;04;05;09;10;11;12;17;19;20;21;22;23;25;28;
11168	褒	baeuq	pau⁵	公辈	1	0.00052%	1	18;
7561	普臣	baeuq-caenz	pau⁵ɕan²	公臣	1	0.00052%	1	18;
4258	貢道	goeng-dauh	koŋ¹ta:u⁶	公道	3	0.00156%	2	18;19;
3642	公推	goeng-doi	koŋ¹to:i¹	公堆	4	0.00207%	4	05;07;12;28;
245	布	baeuq	pau⁵	公公	128	0.06635%	17	01;02;03;04;05;06;07;08;09;10;12;17;19;20;21;29;
1729	特馬	daeg-ma	tak⁸ma¹	公狗	13	0.00674%	7	03;04;09;11;23;07;22;
1087	甫鸡	boh-gaeq	po⁶kai⁵	公鸡	24	0.01244%	11	03;16;02;07;08;10;11;22;25;26;05;
4259	仆龍	bux-loengz	pu⁴loŋ²	公龙	3	0.00156%	1	17;
4260	特馬	daeg-max	tak⁸ma⁴	公马	3	0.00156%	2	02;05;
1088	德則	daeg-cwz	tak⁸ɕɯ²	公牛	24	0.01244%	11	17;01;04;20;03;13;14;05;23;25;07;
816	布奸	baeuq-yah	pau⁵ja⁶	公婆	33	0.01711%	13	01;02;03;04;05;06;12;19;20;21;22;23;25;
7563	朴	boh	po⁶	公禽	1	0.00052%	1	04;
5332	德蛇	daeg-ngwz	tak⁸ŋɯ²	公蛇	2	0.00104%	2	18;19;
7564	公務	gungh-mu	kuŋ⁶mu¹	公务	1	0.00052%	1	04;

词号	壮字	新壮文	音标	词义	频次	词频	分布度	抄本号
4261	卜鴨	boh-bit	po⁶pit⁷	公鸭	3	0.00156%	2	01;04;
5333	咮德	raih-daeg	ra:i⁶tak⁸	公野猪	2	0.00104%	2	20;17;
7565	江	gyang	tɕa:ŋ¹	公证	1	0.00052%	1	06;
3217	獏特	mu-daeg	mu¹tak⁸	公猪	5	0.00259%	4	03;05;18;23;
2892	功曹	gungh-cauz	kuŋ⁶ɕa:u²	功曹	6	0.00311%	5	07;10;12;22;28;
5334	功德	goeng-daek	koŋ¹tak⁷	功德	2	0.00104%	2	04;22;
7566	口良	goeng-rengz	koŋ¹re:ŋ²	功劳	1	0.00052%	1	18;
7567	功曺	goeng-cauz	koŋ¹ɕa:u²	攻曹	1	0.00052%	1	02;
5335	殿	denh	te:n⁶	宫殿	2	0.00104%	1	07;
2202	蛿虫	nengz-cungz	ne:ŋ²ɕuŋ²	拱屎虫	9	0.00467%	5	03;18;19;20;04;
1730	罘	lomz	lo:m²	贡品	13	0.00674%	2	22;23;
5337	㞓	qai	ŋa:i⁴⁴	供饭	2	0.00104%	1	26;
5338	当	daengj	taŋ³	供奉	2	0.00104%	1	20;
1317	粮	leeq	le:ŋ⁴⁴	供粮	19	0.00985%	1	26;
1128	叺	gyat	tɕa:t⁷	供品	23	0.01192%	5	05;09;12;15;26;
7575	香	hieng	hi:ŋ¹	供香	1	0.00052%	1	27;
2203	耍床	saj-congz	ɬa³ɕo:ŋ²	供桌	9	0.00467%	4	03;05;17;26;
4262	可	ko	kho¹	勾	3	0.00156%	1	27;
7578	勾陳	gaeu-saenz	kau¹ɬan²	勾陈	1	0.00052%	1	28;
2894	可	ko	kho¹	勾魂鬼	6	0.00311%	1	27;
7579	可	ko	kho¹	勾子	1	0.00052%	1	27;
1650	双	sueng	ɬuəŋ¹	沟	14	0.00726%	6	01;02;04;12;17;20;
7580	双	sueng	ɬuəŋ¹	沟槽	1	0.00052%	1	05;
4263	孟	mieng	miəŋ¹	沟渠	3	0.00156%	2	12;17;
7581	双利	sueng-lij	ɬuəŋ¹li³	沟溪	1	0.00052%	1	05;
7582	叱	set	ɬe:t⁷	钩	1	0.00052%	1	09;
163	㹢	ma	ma¹	狗	192	0.09952%	24	01;02;03;05;06;07;08;09;10;11;12;13;17;19;20;21;22;23;24;25;26;27;29;18;
7583	独力	duz-lwg	tu²lɯk⁸	狗仔	1	0.00052%	1	18;
2047	木薩	majr-sac	mai⁵⁵sa³⁵	构皮树	10	0.00518%	1	26;
11169	獨	dog	to:k⁸	孤独	1	0.00052%	1	18;
208	児㚶	lwg-gyax	lɯk⁸tɕa⁴	孤儿	146	0.07568%	19	01;03;05;06;16;17;20;22;23;02;07;08;09;10;13;19;25;27;18;
7588	㚶	gyax	tɕa⁴	孤儿怪	1	0.00052%	1	08;
2606	鸡德	gaeq-daek	kai⁵tak⁷	孤儿鸡	7	0.00363%	1	05;
5340	伽	gyax	tɕa⁴	孤儿冤	2	0.00104%	1	08;
2607	姑	guex	kuə⁴	姑	7	0.00363%	4	07;10;17;28;
114	娘	nangz	na:ŋ²	姑娘	278	0.14410%	26	05;02;03;06;07;08;09;10;11;12;13;15;16;17;18;19;20;21;22;23;24;25;26;27;
5341	阿欄	ac-laanc	a³⁵la:n³⁵	姑侄	2	0.00104%	1	26;
7590	娅	yah	ja⁶	姑子	1	0.00052%	1	27;

词号	壮字	新壮文	音标	词义	频次	词频	分布度	抄本号
5343	哂	ndux	du^{4}	古	2	0.00104%	2	22;23;
3646	朝六	ciuh-nduj	ɕi:u^{6}du^{3}	古辈	4	0.00207%	1	21;
583	召老	ciuh-laux	ɕi:u^{6}la:u^{4}	古代	50	0.02592%	14	01;02;03;04;08;09;10;11;15;17;21;19;26;18;
7592	古郎	goj-langh	ko^{3}la:ŋ^{6}	古郎	1	0.00052%	1	17;
5344	古律	guj-liz	ku^{3}li^{2}	古律	2	0.00104%	1	20;
1651	伝朝魯	hunz-ciuh-nduj	hun^{2}ɕi:u^{6}du^{3}	古人	14	0.00726%	5	20;01;02;03;06;
663	柳	ndux	du^{4}	古时	43	0.02229%	9	03;04;05;17;18;19;20;15;
1569	召老	ciuh-laux	ɕi:u^{6}la:u^{4}	古世	15	0.00778%	5	02;04;10;17;24;
2048	古	goj	ko^{3}	古事	10	0.00518%	3	13;19;20;
7594	古昔	guj-siz	ku^{3}θvi^{2}	古昔	1	0.00052%	1	17;
530	糿	haeux	hau^{4}	谷	57	0.02955%	18	02;03;04;05;06;07;09;10;11;12;15;16;17;19;20;22;
2895	糿家	haeux-gyaq	hau^{4}tɕa^{5}	谷把	6	0.00311%	5	11;12;15;17;18;
327	倉糿	cang-haeux	ɕa:ŋ^{1}hau^{4}	谷仓	97	0.05028%	20	07;09;10;13;22;01;05;06;08;11;12;15;16;17;19;20;21;23;26;18;
7595	糿枰	haeux-caengh	hau^{4}ɕaŋ^{6}	谷秤	1	0.00052%	1	05;
7596	糿	haeux	hau^{4}	谷稻	1	0.00052%	1	28;
1790	淥	lueg	luək^{8}	谷地	12	0.00622%	5	12;22;27;28;18;
7597	肚糿	dungx-haeux	tuŋ^{4}hau^{4}	谷肚	1	0.00052%	1	12;
5345	魂	hoen	hon^{1}	谷魂	2	0.00104%	2	12;05;
7598	糿家	haeux-gyaq	hau^{4}tɕa^{5}	谷架	1	0.00052%	1	12;
7599	糿酸	haeux-swen	hau^{4}ɬɯən^{1}	谷粳	1	0.00052%	1	03;
3218	粒糿	naed-haeux	nat^{8}hau^{4}	谷粒	5	0.00259%	4	03;16;21;28;
4265	粝根	haeux-liengz	hau^{4}liəŋ^{2}	谷粮	3	0.00156%	1	19;
1351	糿	haeux	hau^{4}	谷米	18	0.00933%	9	02;03;05;06;09;17;19;20;
1535	良	lweng	lɯəŋ^{1}	谷穗	15	0.00778%	10	03;05;07;09;11;13;17;24;29;18;
7600	后那	haeux-naz	hau^{4}na^{2}	谷田	1	0.00052%	1	21;
4266	桑	sangq	ɬa:ŋ^{5}	谷桶	3	0.00156%	2	02;10;
7601	糿曾	haeux-caengx	hau^{4}ɕaŋ^{4}	谷屯	1	0.00052%	1	16;
5346	杳	iux	i:u^{4}	谷囤	2	0.00104%	1	05;
7602	糿楞	haux-laeng	hau^{4}laŋ^{1}	谷晚	1	0.00052%	1	03;
7603	弄后	long-haeux	lo:ŋ^{1}hau^{4}	谷叶	1	0.00052%	1	03;
4267	牙可黑	yah-go-hwx	ja^{6}ko^{1}hɯ^{4}	谷雨婆	3	0.00156%	1	21;
2400	糿	haeux	hau^{4}	谷种	8	0.00415%	4	03;05;07;10;
875	糿角	haeux-gok	hau^{4}ko:k^{7}	谷子	30	0.01555%	14	01;02;03;04;05;07;09;10;12;13;16;17;20;27;
5347	敢	gaan	ka:n^{44}	股杆	2	0.00104%	1	26;
7604	光	gvaqv	kvaŋ^{11}	股肱	1	0.00052%	1	26;
4268	骨叩	ndugr-kaov	duk^{55}kha:u^{11}	股骨	3	0.00156%	1	26;
7605	介	gaiq	ka:i^{5}	股纱	1	0.00052%	1	17;
1618	骨	ndok	do:k^{7}	骨	14	0.00726%	7	07;10;17;19;22;26;18;
4269	骨鷄	ndok-gaeq	do:k^{7}kai^{5}	骨卜鸡	3	0.00156%	1	13;

词号	壮字	新壮文	音标	词义	频次	词频	分布度	抄本号
7606	講	gangj	ka:ŋ^{3}	骨刺	1	0.00052%	1	28;
5348	骨乐	ndog-loz	do:k^{8}lo^{2}	骨骸	2	0.00104%	2	02;07;
7608	骨曰	goet-yiet	kot^{7}jiət^{7}	骨气	1	0.00052%	1	22;
2782	骴腇	ndang-noh	da:ŋ^{1}no^{6}	骨肉	6	0.00311%	4	07;19;21;18;
7609	危	ngviz	ŋvi^{2}	骨髓	1	0.00052%	1	12;
5349	骨	ndug	duk^{8}	骨体	2	0.00104%	1	27;
2007	骨	ndog	do:k^{8}	骨头	10	0.00518%	8	05;09;11;17;19;22;27;18;
11170	多	doz	to^{2}	蛊	1	0.00052%	1	18;
1293	頌	gyong	tɕo:ŋ^{1}	鼓	19	0.00985%	6	03;07;10;17;21;18;
7611	耳	liez	liə^{2}	鼓耳	1	0.00052%	1	09;
7612	頌皮	gyong-naeng	tɕo:ŋ^{1}naŋ^{1}	鼓皮	1	0.00052%	1	07;
7613	叩	gaeuq	kau^{5}	故	1	0.00052%	1	20;
5352	地	dih	ti^{6}	故地	2	0.00104%	2	19;23;
2049	故	goj	ko^{3}	故事	10	0.00518%	3	06;17;19;
4270	瓜	gva	kva^{1}	瓜	3	0.00156%	1	17;
7615	元	yuenh	juən^{6}	瓜瓤	1	0.00052%	1	17;
7616	茶逻	gya-la	tɕa^{1}la^{1}	呱啦棒	1	0.00052%	1	07;
5354	刮	gvah	kva^{6}	刮子	2	0.00104%	1	21;
3223	貫	guenj	kuən^{3}	寡	5	0.00259%	2	05;22;
685	奷買	yah-maiq	ja^{6}ma:i^{5}	寡妇	41	0.02125%	8	16;17;18;20;22;23;19;05;
7618	買妑	maiq-baz	ma:i^{5}pa^{2}	寡妻	1	0.00052%	1	22;
2609	卦	gvaq	kva^{5}	卦	7	0.00363%	6	01;04;07;08;10;12;
7619	那	naj	na^{3}	卦象	1	0.00052%	1	10;
7620	作	dcog	tɕɔk^{44}	卦像	1	0.00052%	1	26;
5356	盛	cing	ɕiŋ^{1}	乖儿	2	0.00104%	1	12;
7623	拐	gvai	kva:i^{1}	乖仔	1	0.00052%	1	17;
5357	斗	dawr	tau^{55}	拐	2	0.00104%	1	26;
4271	檸	dwngx	tɯŋ^{4}	拐棍	3	0.00156%	2	02;17;
1261	揨	dwngx	tɯŋ^{4}	拐杖	20	0.01037%	11	01;04;05;06;07;08;09;10;17;26;27;
723	怪	gvaiq	kva:i^{5}	怪	39	0.02022%	10	02;03;05;07;08;09;10;12;17;28;
7624	交孝	gyauj-nyauj	tɕa:u^{3}ʔɳa:u^{3}	怪鬼	1	0.00052%	1	17;
5358	姝	meh	me^{6}	怪母	2	0.00104%	1	29;
5359	噫無	eq-uh	e^{5}u^{6}	怪物	2	0.00104%	1	10;
7625	左仰	caz-nywengh	ɕa^{2}ɳɯə:ŋ^{6}	怪样	1	0.00052%	1	01;
7627	剥	bak	pa:k^{7}	关口	1	0.00052%	1	28;
7628	爱	ngaih	ŋa:i^{6}	关系	1	0.00052%	1	21;
3649	佛觀音	baed-guen-yaem	pat^{8}kuən^{1}jam^{1}	观音	4	0.00207%	2	28;12;
5362	婳觀音	yux-guenj-yaem	ju^{4}kuən^{3}jam^{1}	观音娘娘	2	0.00104%	2	12;28;
313	官	guen	kuən^{1}	官	102	0.05287%	21	01;02;03;04;07;08;09;10;11;12;13;16;17;19;20;22;24;25;26;28;18;
2610	軍兵	guen-bing	kuən^{1}piŋ^{1}	官兵	7	0.00363%	3	17;20;25;

词号	壮字	新壮文	音标	词义	频次	词频	分布度	抄本号
1570	府	fuj	fu³	官府	15	0.00778%	7	04;09;12;13;17;24;25;
7633	官務	guenh-mu	kuən⁶mu¹	官赋	1	0.00052%	1	25;
4273	郝	hak	ha:k⁷	官家	3	0.00156%	3	01;02;21;
5363	遵使	suj-saeq	łu³łai⁵	官吏	2	0.00104%	2	07;17;
5364	軍民	gun-minz	kun¹min²	官民	2	0.00104%	1	23;
547	郝	hak	ha:k⁷	官人	54	0.02799%	15	02;03;05;06;09;10;12;13;17;19;21;22;25;28;18;
7634	長甫郝	cwengz-bux-hak	ɕɯə²pu⁴ha:k⁷	官人墙	1	0.00052%	1	05;
5365	字赫	sw-hak	łɯ¹ha:k⁷	官书	2	0.00104%	2	03;12;
7635	細	saex	łai⁴	官司	1	0.00052%	1	04;
7636	衙	yaz	ja²	官衙	1	0.00052%	1	28;
7637	印	inq	in⁵	官印	1	0.00052%	1	12;
3650	櫃	gvih	kvi⁶	棺	4	0.00207%	1	17;
7638	品	benh	pe:n⁶	棺板	1	0.00052%	1	19;
933	棺材	guen-caiz	kuən¹ɕa:i²	棺材	28	0.01451%	6	06;12;17;18;19;29;
7639	様	maex	mai⁴	棺木	1	0.00052%	1	29;
2204	鸾	luenz	luən²	鳏	9	0.00467%	2	05;22;
7640	丹卡	gvan-gah	kva:n¹ka⁶	鳏夫	1	0.00052%	1	17;
7641	官	guenj	kuən³	鳏寡	1	0.00052%	1	05;
7642	乾	ganq	ka:n⁵	管	1	0.00052%	1	21;
4274	皆何	sai-hoz	θa:i¹ho²	管喉	3	0.00156%	1	20;
7643	卷	hak	ha:k⁷	管家	1	0.00052%	1	21;
7645	錢貫	cenz-guenq	ɕe:n²kuən⁵	贯钱	1	0.00052%	1	10;
2536	酉	yuj	ju³	冠	7	0.00363%	3	19;02;18;
7646	丁冠	ding-guenq	tiŋ¹kuən⁵	冠顶	1	0.00052%	1	02;
7648	樒	daeb	tap⁸	灌木	1	0.00052%	1	08;
7649	之近	gyiq-gyingx	tɕi⁵tɕiŋ⁴	灌木枝	1	0.00052%	1	17;
7652	个	gaq	ka⁵	罐	1	0.00052%	1	13;
3099	閙	nauq	na:u⁵	光	5	0.00259%	4	05;19;21;18;
5367	冇	ndwi	dɯəi¹	光棍	2	0.00104%	1	10;
7654	考咟暖	hauh-bak-luemj	ha:u⁶pa:k⁷luəm³	光口碗	1	0.00052%	1	05;
779	連	lienz	liən²	光亮	35	0.01814%	18	02;03;04;05;06;08;09;10;11;14;15;16;17;19;23;25;
4275	連	lienz	liən²	光明	3	0.00156%	3	05;08;28;
2611	光寅	gvang-yinz	kva:ŋ¹jin²	光寅	7	0.00363%	2	02;05;
3653	廣西	guengj-sae	kuəŋ³łai¹	广西	4	0.00207%	2	05;25;
7656	廣州	gvangq-cu	kva:ŋ⁵ɕu¹	广州	1	0.00052%	1	17;
3654	干	gaaq	ka:ŋ⁴⁴	桄榔树	4	0.00207%	1	26;
3655	貴德	gvei-dwz	kvei¹tɯ²	归德	4	0.00207%	3	12;14;27;
7657	貴洛	gviq-lag	kvi⁵la:k⁸	归乐	1	0.00052%	1	10;
7658	貴省	gvei-swngj	kvei¹łɯŋ³	归饶	1	0.00052%	1	12;
4278	貴順	gvaeq-cin	kvai⁵ɕin¹	归顺	3	0.00156%	3	04;12;14;
7660	侖	lwnh	lɯn⁶	规	1	0.00052%	1	19;
1194	道	dauh	ta:u⁶	规矩	21	0.01089%	6	04;07;18;19;21;18;

词号	壮字	新壮文	音标	词义	频次	词频	分布度	抄本号
7661	利	lih	li⁶	规律	1	0.00052%	1	21;
7662	除廣	ciz-gueng	ɕi²kuəŋ¹	规则	1	0.00052%	1	07;
7663	渌	lug	luk⁸	闺房	1	0.00052%	1	03;
5371	八都丁	bak-du-ding	pa:k⁷tu¹tiŋ¹	闺房门	2	0.00104%	1	20;
7664	丁	ding	tiŋ¹	闺女	1	0.00052%	1	17;
7665	什聂	cih-cag	ɕi⁶ɕa:k⁸	軌沙	1	0.00052%	1	04;
7666	什素	cih-soz	ɕi⁶ɬo²	軌嗦	1	0.00052%	1	04;
196	鬼	gvij	kvi³	鬼	155	0.08034%	27	01;02;03;04;05;06;07;08;09;10;11;12;13;16;17;19;20;21;22;23;24;25;26;27;
7667	非放霦	faex-fangz-funz	fai⁴fa:ŋ²fun²	鬼柴树	1	0.00052%	1	17;
7668	殿	demh	te:m⁶	鬼殿	1	0.00052%	1	05;
7669	非放风	faex-fangz-rumz	fai⁴fa:ŋ²rum²	鬼风树	1	0.00052%	1	17;
11173	壬	inq	in⁵	鬼符	1	0.00052%	1	18;
5372	鬼	gvij	kvi³	鬼怪	2	0.00104%	2	12;13;
3656	房	fangz	fa:ŋ²	鬼魂	4	0.00207%	3	08;17;27;
5373	微甃	fiz-fangz	fi²fa:ŋ²	鬼火	2	0.00104%	2	02;17;
3100	娄	laeu	lau¹	鬼楼	5	0.00259%	3	02;10;18;
7670	鬼	pic	phi³⁵	鬼魔	1	0.00052%	1	26;
1214	甃	fangz	fa:ŋ²	鬼神	21	0.01089%	8	02;09;12;17;20;22;23;25;
5374	事方	saeh-fangz	θai⁶fa:ŋ²	鬼事	2	0.00104%	1	20;
3657	鬼	pic	phi³⁵	鬼邪	4	0.00207%	1	26;
3658	甃	fangz	fa:ŋ²	鬼妖	4	0.00207%	2	13;17;
3659	妄茉	fangz-gyaiz	fa:ŋ²tɕa:i²	鬼仔	4	0.00207%	3	05;12;02;
2898	癸	gveiz	kvei²	癸	6	0.00311%	3	12;21;27;
1834	櫃	gvih	kvi⁶	柜	12	0.00622%	8	02;05;08;10;12;13;14;17;
7671	國	goek	kok⁷	柜厨	1	0.00052%	1	12;
5375	國	goek	kok⁷	柜角	2	0.00104%	1	12;
7672	跪庫	gvih-hoq	kvi⁶ho⁵	柜库	1	0.00052%	1	09;
7673	貴頭	gvih-daeuz	kvi⁶tau²	柜头	1	0.00052%	1	06;
5376	句	gvih	kvi⁶	柜中	2	0.00104%	1	17;
917	箱跪	sweng-gvih	ɬuəŋ¹kvi⁶	柜子	28	0.01451%	14	05;06;10;11;12;13;16;17;19;20;22;23;25;18;
3225	金	gim	kim¹	贵	5	0.00259%	1	12;
4911	金	gim	kim¹	贵儿	2	0.00104%	2	12;18;
7675	桂州	gvaeq-cu	kvai⁵ɕu¹	桂州	1	0.00052%	1	17;
7680	忠卡	bya-gaq	pja¹ka⁵	鳜鱼	1	0.00052%	1	20;
2899	頗	boh	po⁶	棍	6	0.00311%	4	02;06;07;13;
573	少	cauq	ɕa:u⁵	锅	51	0.02644%	17	05;06;07;10;12;13;16;17;19;20;21;22;23;24;25;28;
7682	咟少	bak-cauq	pa:k⁷ɕa:u⁵	锅口	1	0.00052%	1	05;
3661	灶	cauq	ɕa:u⁵	锅头	4	0.00207%	4	01;04;09;21;
2205	國	guek	kuək⁷	国	9	0.00467%	4	01;02;04;09;

词号	壮字	新壮文	音标	词义	频次	词频	分布度	抄本号
452	模	mak	ma:k^{7}	果	68	0.03525%	18	04;05;06;08;09;10;11;12;13;14;17;19;20;21;22;23;
7684	泣模	laep-mak	lap^{7}ma:k^{7}	果笼	1	0.00052%	1	22;
4279	力沙	lwg-sa	lɯk^{8}θa^{1}	果沙	3	0.00156%	1	17;
4280	模	mak	ma:k^{7}	果实	3	0.00156%	2	01;20;
791	模	mak	ma:k^{7}	果树	34	0.01762%	10	04;07;09;17;19;20;22;26;28;18;
7686	可没田	go-mak-diemz	ko^{1}ma:k^{7}tiəm^{2}	果甜的	1	0.00052%	1	17;
1016	莫	mak	ma:k^{7}	果子	25	0.01296%	12	02;05;06;07;10;12;17;19;20;22;26;18;
1195	俸	fongz	fo:ŋ^{2}	果子狸	21	0.01089%	11	01;02;03;04;10;11;12;17;19;20;18;
7687	力李	lwg-mak	lɯk^{8}ma:k^{7}	果子李	1	0.00052%	1	17;
3226	蜻黎	nengz-yae	ne:ŋ^{2}jai^{1}	蜾蜂	5	0.00259%	4	01;04;18;19;
7689	坐	cok	ɕo:k^{7}	过错	1	0.00052%	1	17;
7691	力齐	lwg-yae	lɯk^{8}jai^{1}	过继子	1	0.00052%	1	05;
3102	帽寘	nauh-gonq	na:u^{6}ko:n^{5}	过去	5	0.00259%	3	05;18;18;
4041	卜	bux	pu^{4}	孩	3	0.00156%	3	17;29;18;
1215	力	lwg	lɯk^{8}	孩儿	21	0.01089%	3	17;19;28;
7698	氐	ndiv	di^{11}	孩童	1	0.00052%	1	26;
584	孙况	lwg-ngez	lɯk^{8}ŋe^{2}	孩子	50	0.02592%	14	05;03;08;12;16;17;19;20;21;22;23;27;29;18;
7699	炉	loz	lo^{2}	骸	1	0.00052%	1	07;
7700	骨乐	goet-loz	kot^{7}lo^{2}	骸骨	1	0.00052%	1	02;
291	海	haix	ha:i^{33}	海	110	0.05702%	21	26;01;03;04;05;07;08;09;10;11;12;13;15;16;17;19;20;23;24;25;18;
7701	海南	haij-nanz	ha:i^{3}na:n^{2}	海南	1	0.00052%	1	01;
3231	海	haix	ha:i^{33}	海水	5	0.00259%	2	26;09;
5386	垄淰海	tsangq-naemx-haij	tsa:ŋ^{5}nam^{4}ha:i^{3}	海葬	2	0.00104%	1	27;
1536	亥	haih	ha:i^{6}	亥	15	0.00778%	6	07;10;12;14;19;18;
5387	方亥	fueng-haih	fuəŋ^{1}ha:i^{6}	亥方	2	0.00104%	2	02;05;
7702	昙亥	ngoenz-haih	ŋon^{2}ha:i^{6}	亥日	1	0.00052%	1	03;
5389	匿	ngoh	ŋo^{6}	含苞	2	0.00104%	2	03;23;
7703	署	suz	ɬu^{2}	涵洞	1	0.00052%	1	05;
7705	寒露	hanz-lox	ha:n^{2}lo^{4}	寒露	1	0.00052%	1	03;
7710	漢	han	ha:n^{1}	汉	1	0.00052%	1	12;
4288	兖	hoeng	hoŋ^{1}	汉人	3	0.00156%	3	09;17;28;
7711	漢皇	hanq-vuengz	ha:n^{5}vuəŋ^{2}	汉王	1	0.00052%	1	02;
1653	限	hanh	ha:n^{6}	汗	14	0.00726%	7	07;09;10;17;20;21;22;
1654	汗	hanh	ha:n^{6}	汗水	14	0.00726%	4	03;17;20;27;
7712	汗	hanh	ha:n^{6}	汗渍	1	0.00052%	1	10;
1066	梨	lih	li^{6}	旱地	24	0.01244%	9	06;05;09;11;12;16;17;21;
2900	糗型	haeux-lih	hau^{4}li^{6}	旱谷	6	0.00311%	3	03;05;02;

词号	壮字	新壮文	音标	词义	频次	词频	分布度	抄本号
5390	糧	leeqr	le:ŋ55	旱灾	2	0.00104%	1	26;
93	漢王	hanq-vuengz	ha:n5vuəŋ2	漢王	335	0.17365%	13	07;02;03;06;09;10;12;17;18;22;23;25;26;
2050	弘	hangz	ha:ŋ2	行	10	0.00518%	4	10;12;13;17;
7717	水	coij	ɕo:i3	行字	1	0.00052%	1	05;
7718	挨	qais	na:i31	蒿枝	1	0.00052%	1	26;
7719	界	kyaij	khja:i3	豪食	1	0.00052%	1	27;
7721	髓利	ndang-ndi	da:ŋ1di1	好的身躯	1	0.00052%	1	13;
4291	好漢	hauj-hanq	ha:u3ha:n5	好汉	3	0.00156%	3	02;05;06;
5394	礼	ndi	di1	好人	2	0.00104%	2	17;05;
5395	礼	ndi	di1	好事	2	0.00104%	2	17;21;
1938	號	hauh	ha:u6	号	11	0.00570%	8	01;04;10;17;20;21;24;25;
4293	號	hauh	ha:u6	号角	3	0.00156%	1	21;
7729	号	hauh	ha:u6	号名	1	0.00052%	1	19;
3667	糇	haeux	hau4	禾	4	0.00207%	3	07;10;17;
7733	欲	nyuz	ȵu2	禾把	1	0.00052%	1	02;
5397	抽	nyuz	ȵu2	禾草	2	0.00104%	2	01;09;
1939	被	bij	pi3	禾笛	11	0.00570%	2	24;25;
5398	茶糇	caz-haeux	ɕa2hau4	禾蔸	2	0.00104%	2	16;03;
4294	杳	iu	i:u1	禾秆	3	0.00156%	3	10;12;17;
7734	列	lep	le:p7	禾剪	1	0.00052%	1	03;
7735	何	hoh	ho6	禾节	1	0.00052%	1	20;
792	苗	miuz	mi:u2	禾苗	34	0.01762%	11	03;07;09;11;12;17;19;20;22;23;18;
7736	拜	byai	pja:i1	禾梢	1	0.00052%	1	20;
5399	竜	luemh	luəm6	禾叶	2	0.00104%	2	02;20;
7738	可元	go-gangz	ko1ka:ŋ2	合欢树	1	0.00052%	1	17;
7739	力刚	lwg-gangz	lɯk8ka:ŋ2	合欢树果	1	0.00052%	1	17;
7744	何良	hoz-liengz	ho2liəŋ2	何良	1	0.00052%	1	29;
7746	何陽	hoz-yangz	ho2ja:ŋ2	何阳	1	0.00052%	1	02;
103	馱	dah	ta6	河	304	0.15758%	27	01;02;03;04;05;06;07;08;09;10;11;12;13;15;16;17;19;20;21;22;23;24;25;26;
7748	徃	vaengq	vaŋ5	河岸	1	0.00052%	1	17;
1537	莊	fai	fa:i1	河坝	15	0.00778%	10	02;06;07;10;12;13;17;20;22;18;
2206	已馱	cih-dah	ɕi6ta6	河边	9	0.00467%	5	01;03;04;06;15;
5404	河池	hoz-ciz	ho2ɕvi2	河池	2	0.00104%	2	18;19;
7749	馱睬	dah-sa	ta6ɬa1	河床	1	0.00052%	1	04;
4295	双	sueng	ɬuəŋ1	河道	3	0.00156%	2	10;25;
3669	馱架	dah-gyaq	ta6tɕa5	河堤	4	0.00207%	3	05;08;22;
7750	汏	dah	ta6	河底	1	0.00052%	1	17;
834	双	sueng	ɬuəŋ1	河沟	32	0.01659%	15	01;03;04;05;06;09;10;12;13;17;19;20;22;24;25;
7751	陌馱	bak-dah	pa:k7ta6	河口	1	0.00052%	1	01;

词号	壮字	新壮文	音标	词义	频次	词频	分布度	抄本号
5405	達	das	ta^{31}	河里	2	0.00104%	2	26;17;
3234	馱	dah	ta^{6}	河流	5	0.00259%	3	09;12;26;
5406	達	dah	ta^{6}	河神	2	0.00104%	1	17;
1216	淋馱	laemx-dah	lam^{4}ta^{6}	河水	21	0.01089%	8	13;17;24;28;04;05;20;26;
603	頼	laiq	la:i^{5}	河滩	48	0.02488%	20	01;02;03;04;05;06;07;08;09;10;11;12;13;17;19;21;25;26;28;18;
7752	剥瀬	bak-laiq	pa:k^{7}la:i^{5}	河滩口	1	0.00052%	1	05;
2207	玖頼	gyaeuj-laiq	tɕau^{3}la:i^{5}	河滩头	9	0.00467%	7	01;04;05;06;17;19;23;
2208	横	vuengz	vuəŋ^{2}	河潭	9	0.00467%	4	20;03;17;26;
4296	潢	vaengz	vaŋ^{2}	河湾	3	0.00156%	2	05;20;
7753	馱王	dah-vuengz	ta^{6}vuəŋ^{2}	河王	1	0.00052%	1	22;
4913	黎	lij	li^{3}	河溪	2	0.00104%	2	05;18;
7754	達仙	dah-sien	ta^{6}θiən^{1}	河仙	1	0.00052%	1	17;
7755	啼	daeh	tai^{6}	荷包	1	0.00052%	1	05;
5407	花蔺	va-mbuez	va^{1}buə^{2}	荷花	2	0.00104%	2	05;21;
2901	危	ngvih	ŋvi^{6}	核	6	0.00311%	4	12;15;17;20;
3235	合	hab	ha:p^{8}	盒	5	0.00259%	3	10;13;24;
7757	哈糎	hab-haeux	ha:p^{8}hau^{4}	盒饭	1	0.00052%	1	04;
2612	合	hab	ha:p^{8}	盒子	7	0.00363%	5	02;07;09;12;27;
965	晢	laep	lap^{7}	黑	27	0.01400%	14	01;03;04;19;27;07;08;09;11;12;17;23;28;29;
908	加	gya	tɕa^{1}	黑白花鸡	29	0.01503%	10	07;10;02;13;03;05;08;09;11;22;
7758	勒	laep	lap^{7}	黑处	1	0.00052%	1	17;
7760	絛	biux	pi:u^{4}	黑蜂	1	0.00052%	1	08;
4297	猽透	ma-maeg	ma^{1}mak^{8}	黑狗	3	0.00156%	2	05;22;
7761	糎米	haeux-miq	hau^{4}mi^{5}	黑谷	1	0.00052%	1	04;
7764	鷄粉	gaeq-fonx	kai^{5}fo:n^{4}	黑毛鸡	1	0.00052%	1	12;
5409	妹猽黑	meh-ma-maeg	me^{6}ma^{1}mak^{8}	黑母狗	2	0.00104%	1	22;
7765	粭伏	daiz-fod	ta:i^{2}fo:t^{8}	黑糯	1	0.00052%	1	03;
7766	糎粭伏	haeux-daiz-fod	hau^{4}ta:i^{2}fo:t^{8}	黑糯谷	1	0.00052%	1	03;
7767	怀伏	vaiz-fonx	va:i^{2}fo:n^{4}	黑色牛	1	0.00052%	1	03;
7768	而	raeg	rat^{8}	黑膝树	1	0.00052%	1	20;
998	立	laep	lap^{7}	黑夜	26	0.01348%	14	01;02;04;05;07;10;11;12;13;21;22;27;28;29;
2406	夻	haemz	ham^{2}	恨毒	8	0.00415%	4	22;23;24;28;
7774	夻	haemz	ham^{2}	恨话	1	0.00052%	1	01;
2613	徃	vang	va:ŋ^{1}	横	7	0.00363%	4	01;04;05;25;
5412	灶横耳	cauq-vang-rwz	ɕa:u^{5}va:ŋ^{1}rɯ^{2}	横耳锅	2	0.00104%	1	17;
7778	轉蘭	gyon-lanz	tɕo:n^{1}la:n^{2}	横栏	1	0.00052%	1	12;
5413	箟	luh	lu^{6}	横梁	2	0.00104%	2	02;10;
5414	鳮	gae	kai^{1}	横木	2	0.00104%	1	10;
7781	旺箞	vang-loengz	va:ŋ^{1}loŋ^{2}	横生	1	0.00052%	1	04;

词号	壮字	新壮文	音标	词义	频次	词频	分布度	抄本号
7783	歡	huadr	huat[55]	横凸肉	1	0.00052%	1	26;
7785	哄	ung	uŋ[1]	轰声	1	0.00052%	1	17;
999	架	gyaq	tɕa[5]	烘篮	26	0.01348%	11	01;09;10;12;13;17;21;24;25;27;28;
2209	家	gyaq	tɕa[5]	烘笼	9	0.00467%	6	02;04;05;06;07;17;
6602	竫	nding	diŋ[1]	红	2	0.00104%	1	18;
7790	灵	nding	diŋ[1]	红板	1	0.00052%	1	17;
7791	紅	hoengz	hoŋ[2]	红包	1	0.00052%	1	28;
7793	糘迷	haeux-maeq	hau[4]mai[5]	红谷	1	0.00052%	1	10;
7794	美	maeq	mai[5]	红光	1	0.00052%	1	11;
7795	摸闵	mak-nding	ma:k[7]diŋ[1]	红果	1	0.00052%	1	10;
7797	花紅	va-hoengz	va[1]hoŋ[2]	红花	1	0.00052%	1	21;
7799	立閔	laet-nding	lat[7]diŋ[1]	红菌	1	0.00052%	1	12;
4300	茎	gyaemq	tɕam[5]	红蓝草	3	0.00156%	2	17;28;
7800	利	lih	li[6]	红利	1	0.00052%	1	09;
7801	閔	nding	diŋ[1]	红痢	1	0.00052%	1	25;
5417	紅蓮	hungz-lenz	huŋ[2]le:n[2]	红莲	2	0.00104%	2	02;07;
7802	末閔	moed-nding	mot[8]diŋ[1]	红蚂蚁	1	0.00052%	1	24;
3671	鸿骨	loeg-gut	lok[8]kut[7]	红毛鸟	4	0.00207%	4	05;07;12;10;
3672	埔闵	namh-nding	na:m[6]tiŋ[1]	红泥	4	0.00207%	4	03;04;05;17;
7803	除闵	cwez-nding	ɕɯə[2]diŋ[1]	红牛	1	0.00052%	1	03;
7804	糘餎除	haeux-noh-cwez	hau[4]no[6]ɕɯə[2]	红糯米	1	0.00052%	1	03;
3673	鸿录	loeg-luet	lok[8]luət[7]	红屁股鸟	4	0.00207%	3	06;10;12;
7805	正芵	cwengz-nding	ɕɯəŋ[2]diŋ[1]	红墙	1	0.00052%	1	05;
7806	餎闵	noh-nding	no[6]diŋ[1]	红肉	1	0.00052%	1	04;
7807	紅沙	hoengz-sa	hoŋ[2]ɬa[1]	红沙	1	0.00052%	1	29;
7808	立	lix	li[4]	红事	1	0.00052%	1	20;
1353	浯	maenz	man[2]	红薯	18	0.00933%	9	04;05;07;17;19;20;21;22;
656	女	ni	nvi[1]	红水河	43	0.02229%	5	17;19;20;21;18;
2902	龍	luengz	luəŋ[2]	红铜色	6	0.00311%	2	25;28;
5419	良闵	lweng-nding	lɯəŋ[1]diŋ[1]	红尾	2	0.00104%	2	04;01;
2327	流	laeuz	lau[2]	虹	8	0.00415%	3	05;26;18;
3674	銅	dumz	tum[2]	虹儿	4	0.00207%	1	19;
3675	淋	laemx	lam[4]	洪水	4	0.00207%	2	05;26;
7810	洪卅	hongz-cu	ho:ŋ[2]ɕu[1]	洪州	1	0.00052%	1	17;
835	河	hoz	ho[2]	喉	32	0.01659%	16	01;02;04;07;10;12;17;19;20;21;24;25;26;28;03;05;
1656	合	hoz	ho[2]	喉管	14	0.00726%	3	17;18;19;
5420	賀庚	hoz-gaenq	ho:[2]kan[5]	喉颈	2	0.00104%	1	18;
657	何	hoz	ho[2]	喉咙	43	0.02229%	16	02;05;07;10;12;16;17;19;20;21;22;23;25;26;28;18;
3676	河	hoz	ho[2]	喉气	4	0.00207%	1	23;
7816	灵	lingz	liŋ[2]	猴	1	0.00052%	1	19;
2903	掕更	lingz-gaeng	liŋ[2]kaŋ[1]	猴猿	6	0.00311%	5	10;12;22;23;26;

词号	壮字	新壮文	音标	词义	频次	词频	分布度	抄本号
5421	犳灵	lwg-lingz	lɯk⁸liŋ²	猴仔	2	0.00104%	2	23;05;
604	狑	lingz	liŋ²	猴子	48	0.02488%	18	01;02;04;05;06;07;08;09;10;11;12;13;14;19;22;26;
4302	足狑	sok-lingz	ɬo:k⁷liŋ²	猴子出没的路口	3	0.00156%	3	06;12;23;
7818	龍	longx	lo:ŋ⁴	吼声	1	0.00052%	1	03;
167	郎	laqc	laŋ³⁵	后	187	0.09693%	27	26;01;03;04;05;06;07;08;09;10;11;12;13;14;15;16;17;19;20;21;22;23;25;27;
598	立楞	laeb-laeng	lap⁸laŋ¹	后背	49	0.02540%	18	01;02;03;04;09;11;12;17;19;20;21;22;23;25;26;27;
1264	召捞	ciuh-laeng	ɕi:u⁶laŋ¹	后辈	20	0.01037%	6	05;11;17;20;21;03;
7819	欟捞	lad-laeng	la:t⁸laŋ¹	后层	1	0.00052%	1	23;
780	召捞	ciuh-laeng	ɕi:u⁶laŋ¹	后代	35	0.01814%	8	02;05;16;17;18;21;25;20;
4303	冷	laeng	laŋ¹	后方	3	0.00156%	3	17;20;21;
4304	桥	giuj	ki:u³	后跟	3	0.00156%	3	02;07;12;
2904	而	laeng	laŋ¹	后来	6	0.00311%	1	21;
470	罖	laeng	laŋ¹	后面	66	0.03421%	18	05;07;09;12;13;17;19;20;21;24;25;27;28;03;04;06;
5422	姝楞	meh-laeng	me⁶laŋ¹	后娘	2	0.00104%	1	06;
5423	奷肣	yah-laeng	ja⁶laŋ¹	后妻	2	0.00104%	1	06;
1265	甫召捞	bux-ciuh-laeng	pu⁴ɕi:u⁶laŋ¹	后人	20	0.01037%	9	04;16;20;25;24;23;17;21;
2614	貌	mbauq	ba:u⁵	后生	7	0.00363%	4	08;17;21;29;
7822	夜偗	yez-mbauq	je²ba:u⁵	后生爷	1	0.00052%	1	29;
1266	召捞	ciuh-laeng	ɕi:u⁶laŋ¹	后世	20	0.01037%	10	07;29;01;05;06;09;10;21;24;25;
1571	而	lwz	lɯ²	后天	15	0.00778%	7	23;29;14;16;25;28;24;
7824	之克	ciq-gad	ɕi⁵ka:t⁸	候鸟	1	0.00052%	1	17;
5424	蚌	bangh	pa:ŋ⁶	狐狸	2	0.00104%	2	09;17;
4309	胡肯法	fuz-gwnj-faz	fu²kun³fa²	胡肯法	3	0.00156%	2	17;20;
3469	夢	mumh	mum⁶	胡须	4	0.00207%	4	08;10;23;18;
2615	准	cingz	ɕiŋ²	壶	7	0.00363%	4	17;19;20;28;
1702	冇	gyux	tɕu⁴	葫芦	13	0.00674%	6	22;23;26;27;10;18;
7829	湖	huz	hu²	湖	1	0.00052%	1	25;
1942	孟蚆	mbungh-mbax	buŋ⁶ba⁴	蝴蝶	11	0.00570%	6	03;07;10;12;20;25;
2905	谷	guk	kuk⁷	虎	6	0.00311%	6	07;13;20;22;24;25;
3103	累	lui	luəi¹	户	5	0.00259%	3	20;21;18;
3679	渾	gonh	ko:n⁶	戽	4	0.00207%	3	10;12;23;
194	花	va	va¹	花	157	0.08138%	27	23;02;03;04;05;06;07;08;09;10;12;13;14;15;16;17;19;20;21;22;24;25;26;27;
7837	花	va	va¹	花斑	1	0.00052%	1	17;
5426	除浪	cwez-ndangh	ɕɯə²da:ŋ⁶	花斑牛	2	0.00104%	1	03;
7838	狃浪	mu-ndangh	mu¹da:ŋ⁶	花斑猪	1	0.00052%	1	03;

词号	壮字	新壮文	音标	词义	频次	词频	分布度	抄本号
3680	竒花	giq-va	ki⁵va¹	花朵	4	0.00207%	1	25;
7839	花翁	va-ongh	va¹o:ŋ⁶	花房	1	0.00052%	1	17;
4311	綵	laiz	la:i²	花格	3	0.00156%	2	28;29;
4312	模	mak	ma:k⁷	花果	3	0.00156%	2	09;10;
7841	寕頼	nengz-raih	ne:ŋ²ra:i⁶	花蝴蝶	1	0.00052%	1	17;
7842	坡	bop	po:p⁷	花花	1	0.00052%	1	21;
7843	花辰	va-saenz	va¹ɬan²	花卉	1	0.00052%	1	07;
7844	斗	daeu	tau¹	花轿	1	0.00052%	1	11;
7845	巾来	gaen-laiz	kan¹la:i²	花巾	1	0.00052%	1	04;
7847	牙中楼	yah-coeng-laeuz	ja⁶ɕoŋ¹lau²	花林婆	1	0.00052%	1	21;
7848	蛇薩	qu-sac	ŋu⁴⁴sa³⁵	花麻蛇	1	0.00052%	1	26;
5427	馬花	max-va	ma⁴va¹	花马	2	0.00104%	2	05;08;
7849	枺勒	maex-laeg	mai⁴lak⁸	花皮树	1	0.00052%	1	09;
4313	花婁	vah-boz	va⁶po²	花婆	3	0.00156%	2	25;28;
4314	桥頼	giuz-laih	ki:u²la:i⁶	花桥	3	0.00156%	2	16;07;
7850	傘涞	liengj-laiz	liəŋ³la:i²	花伞	1	0.00052%	1	09;
7852	花皇	vah-vangz	va⁶va:ŋ²	花王	1	0.00052%	1	28;
7853	花美	va-gyai	va¹tɕa:i¹	花尾	1	0.00052%	1	28;
1792	涞	laiz	la:i²	花纹	12	0.00622%	9	03;07;14;17;19;25;26;27;
699	華姓	va-singq	va¹ɬiŋ⁵	花姓	40	0.02073%	11	01;02;03;04;07;08;09;10;11;12;24;
4315	花	va	va¹	花样	3	0.00156%	2	17;19;
3243	班	banq	pa:n⁵	花鱼	5	0.00259%	4	03;23;25;28;
4316	光花	sien-va	ɬiən¹va¹	花园	3	0.00156%	2	12;26;
7854	花院	vah-yien	va⁶jiən¹	花院	1	0.00052%	1	20;
5429	花技	va-gyiq	va¹tɕi⁵	花枝	2	0.00104%	2	20;21;
7857	華盖	vaz-gaiq	va²ka:i⁵	华盖	1	0.00052%	1	04;
3681	法	fap	fa:p⁷	画符	4	0.00207%	3	05;17;19;
3682	鸿朝	loeg-ceu	lok⁸ɕe:u¹	画眉	4	0.00207%	4	05;12;17;20;
83	咟	coenz	ɕon²	话	375	0.19438%	26	02;01;04;05;06;07;08;09;10;11;12;13;14;15;16;17;19;20;21;22;23;24;25;26;
7862	界	gai	ka:i¹	话题	1	0.00052%	1	05;
7863	哼	haeng	haŋ¹	话音	1	0.00052%	1	27;
876	咟	coenz	ɕon²	话语	30	0.01555%	12	02;05;08;09;12;13;14;15;16;17;26;27;
5431	迷域	maex-vak	mai⁴va:k⁷	桦木	2	0.00104%	2	22;23;
2906	或	vak	va:k⁷	桦树	6	0.00311%	3	23;02;10;
7864	弄	lungj	luŋ³	怀	1	0.00052%	1	12;
2907	隴	lungj	luŋ³	怀抱	6	0.00311%	3	12;17;21;
5433	隆	lungj	luŋ³	怀里	2	0.00104%	2	05;10;
7866	夏遠	vah-yuenx	va⁶juən⁴	怀远	1	0.00052%	1	18;
3245	咟蕚	coenz-yag	ɕon²ja:k⁸	坏话	5	0.00259%	4	05;16;17;20;
7867	文	vuen	vuən¹	欢	1	0.00052%	1	21;

词号	壮字	新壮文	音标	词义	频次	词频	分布度	抄本号
7870	歓容	vuen-yungz	vuən¹juŋ²	欢容	1	0.00052%	1	05;
7871	笑	liu	li:u¹	欢笑	1	0.00052%	1	12;
7872	本	baenq	pan⁵	环形	1	0.00052%	1	27;
7873	還	vanz	va:n²	环周	1	0.00052%	1	27;
7875	細	si	ɬi¹	患	1	0.00052%	1	11;
7876	痖	kyaej	khjai³	患疾	1	0.00052%	1	27;
7877	情	cingz	ɕiŋ²	患情	1	0.00052%	1	17;
2908	狂	vanx	va:n⁴	鲩鱼	6	0.00311%	4	05;02;20;23;
5440	利樓	lih-laeuh	li⁶lau⁶	荒地	2	0.00104%	2	04;21;
7882	怕	baq	pa⁵	荒坡	1	0.00052%	1	17;
1943	地流川	deih-laeuz-ciem	tei⁶lau²ɕi:m¹	荒野	11	0.00570%	1	27;
1735	皇	vuengz	vuəŋ²	皇	13	0.00674%	6	01;02;07;09;10;24;
385	皇帝	vuengz-daeq	vuəŋ²tai⁵	皇帝	82	0.04250%	15	02;01;03;04;07;08;09;10;18;22;23;25;28;29;12;
7883	王暦	vuengz-lig	vuəŋ²lik⁸	皇历	1	0.00052%	1	04;
4319	顯	henj	he:n³	黄	3	0.00156%	3	12;03;06;
7884	豆	duh	tu⁶	黄豆	1	0.00052%	1	17;
1944	吞	dinz	tin²	黄蜂	11	0.00570%	10	01;02;04;05;07;08;09;17;19;23;
7885	落顶	rongz-dinz	ro:ŋ²tin²	黄蜂窝	1	0.00052%	1	17;
1091	陑	laeu	lau⁵	黄花鸡	24	0.01244%	6	10;02;07;03;05;09;
7886	未來	faex-ndaiq	fai⁴da:i⁵	黄花树	1	0.00052%	1	20;
7887	糠未	ram-moomx	zam⁴⁴mo:m³³	黄昏	1	0.00052%	1	26;
7888	羌	gieng	kiəŋ¹	黄姜	1	0.00052%	1	28;
379	王	vueng	vuəŋ¹	黄猄	83	0.04302%	16	01;03;04;05;07;08;09;10;11;12;13;17;19;22;23;28;
4320	劥已	lwg-gij	lɯk⁸ki³	黄猄仔	3	0.00156%	2	05;23;
7889	料霞	laeuj-haq	lau³ha⁵	黄酒	1	0.00052%	1	24;
5443	艾	ndaij	da:i³	黄麻	2	0.00104%	1	17;
5444	縣	henj	he:n³	黄毛	2	0.00104%	1	10;
267	除	cwez	ɕɯə²	黄牛	118	0.06116%	25	18;01;02;03;04;05;06;07;08;09;10;11;12;13;15;17;19;20;21;22;23;24;25;26;
7890	除狼	cwez-langh	ɕɯə²la:ŋ⁶	黄牛头领	1	0.00052%	1	01;
7891	茫墓	mak-moed	ma:k⁷mot⁸	黄皮果	1	0.00052%	1	17;
2783	血	henj	he:n³	黄色	6	0.00311%	5	09;12;17;19;18;
7892	印鴻逻	inh-loeg-laz	in⁶lok⁸la²	黄莺印	1	0.00052%	1	05;
1945	螃蜌	nengz-lih	ne:ŋ²li⁶	蝗虫	11	0.00570%	6	10;04;07;08;22;05;
5446	强	gieng	kiəŋ¹	谎	2	0.00104%	2	08;22;
5447	豆	daeuh	tau⁶	灰	2	0.00104%	1	12;
7896	滿	mon	mo:n¹	灰尘	1	0.00052%	1	05;
5448	岜米	bya-miq	pja¹mi⁵	灰鳞鱼	2	0.00104%	1	17;
7897	除孟	cwez-mong	ɕɯə²mo:ŋ¹	灰牛	1	0.00052%	1	03;
5455	回炁	hoiz-hiq	ho:i²hi⁵	回气	2	0.00104%	1	12;
7917	信	sinq	ɬin⁵	荤	1	0.00052%	1	06;

词号	壮字	新壮文	音标	词义	频次	词频	分布度	抄本号
4044	誰	coih	ɕo:i6	婚酒	3	0.00156%	2	21;18;
244	混沌	vun-dwnz	vun1tɯn2	混沌	129	0.06687%	12	01;02;03;04;05;07;09;10;17;18;19;20;
7919	混娘女	vwn-niengz-nwx	vɯn1niəŋ2nɯ4	混娘女	1	0.00052%	1	20;
86	古	guh	ku6	魂	356	0.18453%	21	02;03;05;06;07;09;10;11;12;13;14;15;16;17;19;20;24;25;26;27;28;
3685	魂	hoen	hon1	魂魄	4	0.00207%	4	12;17;26;27;
5458	踣王	hoen-vuengz	hon1vuəŋ2	魂王	2	0.00104%	1	05;
7921	阿磅	go-lauz	ko1la:u2	棍	1	0.00052%	1	12;
4326	斯	sw	ɬɯ1	活	3	0.00156%	2	07;21;
4327	先	sienq	ɬiən5	活路	3	0.00156%	2	12;17;
7922	梨	lix	li4	活人	1	0.00052%	1	17;
7923	濃	loengq	loŋ5	活套	1	0.00052%	1	11;
127	微	fiz	fi2	火	246	0.12751%	24	01;04;02;03;05;06;07;08;09;10;11;12;14;17;19;21;22;23;24;25;26;28;29;18;
1947	福容	fwt-yungz	fut7juŋ2	火把	11	0.00570%	4	07;22;23;25;
7924	父爔	boh-fiz	po6fi2	火棒	1	0.00052%	1	12;
7925	婆微	boh-fiz	po6fi2	火父	1	0.00052%	1	04;
7926	谷僌	goek-fiz	kok7fi2	火根	1	0.00052%	1	03;
7927	房肥	fangz-fiz	fa:ŋ2fi2	火鬼	1	0.00052%	1	21;
4328	卜微	boh-fiz	po6fi2	火棍	3	0.00156%	3	02;05;12;
7930	微飈	fiz-guk	fi2kuk7	火虎	1	0.00052%	1	02;
1492	豆微	daeuh-fiz	tau6fi2	火灰	16	0.00829%	10	01;04;27;02;05;07;10;17;19;21;
7931	王爔斗	vuengz-fiz-daeuh	vuəŋ2fi2tau6	火灰王	1	0.00052%	1	03;
11178	結	gyet	tɕe:t7	火辣	1	0.00052%	1	18;
4329	爔旹	fiz-gyaj	fi2tɕa3	火雷王	3	0.00156%	3	02;04;09;
7933	炉	loz	lo2	火炉	1	0.00052%	1	09;
7934	梅元	maex-yien	mai4jiən1	火麻木	1	0.00052%	1	02;
7935	六棐	roeg-fiz	rok8fi2	火鸟	1	0.00052%	1	17;
7936	望非	vongq-fiz	vo:ŋ5fi2	火旁边	1	0.00052%	1	19;
5462	朱	cw	ɕɯ1	火气	2	0.00104%	1	22;
7937	微燒怕	fiz-lemj-baq	fi2le:m3pa5	火烧山	1	0.00052%	1	22;
7938	微	fiz	fi2	火索	1	0.00052%	1	09;
3470	僌熰	fiz-oh	fi2o6	火炭	4	0.00207%	3	03;21;18;
7939	棐	faiz	fa:i2	火堂	1	0.00052%	1	27;
7940	微	fiz	fi2	火筒	1	0.00052%	1	05;
7941	拜	byai	pja:i1	火尾	1	0.00052%	1	19;
724	微	fiz	fi2	火星	39	0.02022%	7	01;02;04;07;08;09;10;
7942	烈	lwed	lɯət8	火焰	1	0.00052%	1	05;
7943	苶	siu	θi:u1	火药	1	0.00052%	1	20;
950	陌宿	bak-saeuq	pa:k7ɬau5	火灶	27	0.01400%	12	02;05;07;08;09;10;12;17;19;21;06;18;

词号	壮字	新壮文	音标	词义	频次	词频	分布度	抄本号
2910	卜宿	bak-saeuq	pa:k^{7}ɬau^{5}	火灶口	6	0.00311%	3	01;02;05;
4331	王北宿	vuengz-bak-saeuq	vuəŋ^{2}pa:k^{7}ɬau^{5}	火灶王	3	0.00156%	1	04;
1572	却	gyoq	tɕo^{5}	火种	15	0.00778%	6	04;01;02;03;07;10;
7944	烛	cuk	ɕuk^{7}	火烛	1	0.00052%	1	25;
3686	家	gya	tɕa^{1}	伙伴	4	0.00207%	3	08;22;27;
5463	火	hoh	ho^{6}	伙计	2	0.00104%	2	22;23;
4916	内	naeq	nai^{5}	伙人	2	0.00104%	2	19;18;
3688	貨	hoq	ho^{5}	货	4	0.00207%	1	17;
4045	賀	hoq	ho^{5}	货物	3	0.00156%	3	20;27;18;
3247	細	si	ɬi^{1}	祸	5	0.00259%	5	01;08;13;17;12;
3248	禍	ngoh	ŋo^{6}	祸害	5	0.00259%	3	07;09;10;
7948	庚	geng	ke:ŋ^{1}	机关	1	0.00052%	1	20;
54	鳮	gaeq	kai^{5}	鸡	495	0.25658%	28	28;01;02;03;04;05;06;07;08;09;10;11;12;13;14;15;17;19;20;21;22;23;24;25;26;27;29;18;
664	鳮	gaeq	kai^{5}	鸡卜	43	0.02229%	5	05;10;17;23;26;
4334	那鳮	naj-gaeq	na^{3}kai^{5}	鸡卜卦	3	0.00156%	2	02;04;
5465	蛋	gyaeq	tɕai^{5}	鸡蛋	2	0.00104%	2	05;21;
3249	骨雞	ndok-gaeq	do:k^{7}kai^{5}	鸡骨	5	0.00259%	4	07;10;26;27;
7949	骨鳮	ndog-gaeq	do:k^{8}kai^{5}	鸡骨卜	1	0.00052%	1	02;
2410	魯	luj	lu^{3}	鸡冠	8	0.00415%	4	05;28;07;10;
7950	箳鳮	naj-gaeq	na^{3}kai^{5}	鸡叫前	1	0.00052%	1	28;
7951	那鳮	naj-gaeq	na^{3}kai^{5}	鸡脸	1	0.00052%	1	01;
7952	鳮龍	dcajv-rumv	tɕai^{11}zum^{11}	鸡龙	1	0.00052%	1	26;
5466	娄鷄	laeuz-gaeq	lau^{2}kai^{5}	鸡笼	2	0.00104%	2	01;02;
7953	鷄鳰	gaeq-loeg	kai^{5}lok^{8}	鸡	1	0.00052%	1	01;
7954	鳮楼	dcajv-raw	tɕai^{11}zau^{44}	鸡楼	1	0.00052%	1	26;
3250	餒鳮	noh-gaeq	no^{6}kai^{5}	鸡肉	5	0.00259%	3	04;05;23;
5467	斛	hog	ho:k^{8}	鸡舍	2	0.00104%	2	12;04;
7955	那离	naj-liz	na^{3}li^{2}	鸡虱脸	1	0.00052%	1	01;
4335	毬	gyaeuj	tɕau^{3}	鸡头	3	0.00156%	2	02;13;
3251	个	ga	ka^{1}	鸡腿	5	0.00259%	1	01;
2912	鳮王	gaeq-vuengz	kai^{5}vuəŋ^{2}	鸡王	6	0.00311%	1	03;
7956	忒	tazhc	thaɯ^{35}	鸡胃	1	0.00052%	1	26;
7957	楼	laeuz	lau^{2}	鸡窝	1	0.00052%	1	21;
7958	鷄	gaeq	kai^{5}	鸡宴	1	0.00052%	1	27;
1950	鷄力	gaeq-lwg	kai^{5}lɯk^{8}	鸡仔	11	0.00570%	8	13;03;17;18;19;20;22;23;
4336	鳮胎	gaeq-daiz	kai^{5}ta:i^{2}	鸡种	3	0.00156%	3	04;12;18;
824	勾	gaeu	kau^{1}	犄角	32	0.01659%	11	07;09;10;11;12;15;17;19;23;27;18;
2538	浪	langh	la:ŋ^{6}	激流	7	0.00363%	4	17;19;20;18;
7960	俐	ndi	di^{1}	吉	1	0.00052%	1	04;

词号	壮字	新壮文	音标	词义	频次	词频	分布度	抄本号
5469	曲辰	gyiz-cinz	tɕi^{2}ɕin^{2}	吉辰	2	0.00104%	1	20;
7961	脾利	bi-ndi	pi^{1}ti^{1}	吉年	1	0.00052%	1	04;
2057	利	ndi	di^{1}	吉日	10	0.00518%	4	02;03;23;20;
4339	時旦	cwz-dan	ɕɯ^{2}ta:n^{1}	吉时	3	0.00156%	1	03;
7962	俐	ndi	di^{1}	吉祥	1	0.00052%	1	04;
7963	胖俐	ndwen-ndi	dɯən^{1}di^{1}	吉月	1	0.00052%	1	04;
5470	則	caek	ɕak^{7}	级	2	0.00104%	1	28;
7966	故很	guq-haen	ku^{5}han^{1}	急事	1	0.00052%	1	21;
7967	肉	rooq	zo:ŋ^{44}	急滩	1	0.00052%	1	26;
2212	癖	gyaej	tɕai^{3}	疾	9	0.00467%	5	01;02;03;04;17;
1037	追	gyaej	tɕai^{3}	疾病	25	0.01296%	10	03;05;07;09;11;17;20;26;27;29;
5475	己	gij	ki^{3}	己	2	0.00104%	2	12;21;
7971	時己	dcuz-sazhx	tɕɯ^{44}saɯ^{33}	己时	1	0.00052%	1	26;
7976	背	laqc	laŋ^{35}	脊背	1	0.00052%	1	26;
5476	馬	max	ma^{4}	脊梁	2	0.00104%	2	07;26;
7977	記	giq	ki^{5}	计	1	0.00052%	1	07;
7979	計	giq	ki^{5}	计谋	1	0.00052%	1	10;
5478	知教	gyiq-gyauq	tɕi^{5}tɕa:u^{5}	技巧	2	0.00104%	1	02;
7986	公	goeng	koŋ^{1}	技艺	1	0.00052%	1	17;
5479	己	gyih	tɕi^{6}	忌讳	2	0.00104%	2	19;20;
3693	苗	miuz	mi:u^{2}	季	4	0.00207%	2	12;28;
2619	時	cwz	ɕɯ^{2}	季节	7	0.00363%	4	03;12;20;26;
7988	監记	lan-giq	la:n^{1}ki^{5}	继孙	1	0.00052%	1	05;
7990	表	byauq	pja:u^{5}	祭表	1	0.00052%	1	27;
7991	龍	rums	zum^{31}	祭餐	1	0.00052%	1	26;
4341	恭	gungq	kuŋ^{5}	祭供	3	0.00156%	2	02;03;
7992	床叺	congz-gyat	ɕo:ŋ^{2}tɕa:t^{7}	祭供桌	1	0.00052%	1	05;
7993	酒	laeuj	lau^{3}	祭酒	1	0.00052%	1	27;
2149	叺	gyat	tɕa:t^{7}	祭品	9	0.00467%	4	05;17;26;18;
7994	章	dcaaqc	tɕa:n^{35}	祭日	1	0.00052%	1	26;
7995	暗	byoi	pjo:i^{1}	祭神	1	0.00052%	1	20;
7996	姓	sing	ɬiŋ^{1}	祭牲	1	0.00052%	1	11;
4342	床	gyongz	tɕo:ŋ^{2}	祭台	3	0.00156%	2	17;01;
3253	邦	bang	pa:ŋ^{1}	祭坛	5	0.00259%	2	01;27;
1424	床	congz	ɕo:ŋ^{2}	祭桌	17	0.00881%	6	01;02;05;06;09;20;
7999	劧齐	lwg-yae	lɯk^{8}jai^{1}	寄儿	1	0.00052%	1	05;
4343	狖記	lug-geiq	luk^{8}kei^{5}	寄子	3	0.00156%	2	27;05;
5483	庚久	geng-gyaeuj	ke:ŋ^{1}tɕau^{3}	髻头	2	0.00104%	1	29;
2414	枷	gaz	ka^{2}	枷	8	0.00415%	7	01;04;10;11;12;20;13;
3104	枷	gaz	ka^{2}	枷锁	5	0.00259%	4	11;19;25;18;

词号	壮字	新壮文	音标	词义	频次	词频	分布度	抄本号
26	蘭	lanz	la:n²	家	938	0.48621%	29	01;02;03;04;05;06;07;08;09;10;11;12;13;14;15;16;17;19;20;21;22;23;24;25;26;27;28;29;18;
8002	家保	gya-bauj	tɕa¹pa:u³	家保	1	0.00052%	1	06;
3255	當	dangq	ta:ŋ⁵	家产	5	0.00259%	4	05;13;21;22;
3694	家当	gyaq-dangq	tɕa⁵ta:ŋ⁵	家当	4	0.00207%	3	18;19;22;
8003	家夫	gya-fu	tɕa¹fu¹	家妇	1	0.00052%	1	05;
918	布	baeuq	pau⁵	家公	28	0.01451%	13	01;02;04;08;09;10;12;17;19;20;25;28;18;
2214	江	gyang	tɕa:ŋ¹	家伙	9	0.00467%	1	20;
1540	蔺	lanz	la:n²	家里	15	0.00778%	8	04;06;09;11;12;17;27;18;
755	阑	lanz	la:n²	家门	37	0.01918%	9	02;04;05;07;10;11;17;23;
5484	灰	hoiq	ho:i⁵	家奴	2	0.00104%	2	10;13;
687	奸	yah	ja⁶	家婆	41	0.02125%	8	02;05;08;12;19;25;27;28;
3695	家	gyaq	tɕa⁵	家人	4	0.00207%	3	13;21;25;
4344	放	fangz	fa:ŋ²	家神	3	0.00156%	2	17;23;
8004	蘭能	ranz-saeh	ra:n²θai⁶	家事	1	0.00052%	1	18;
2415	阑皇	lanz-vuengz	la:n²vuəŋ²	家王	8	0.00415%	3	02;03;12;
5485	芛仙	ranz-sien	ra:n²θiən¹	家仙	2	0.00104%	1	17;
8005	蘭	lanz	la:n²	家用	1	0.00052%	1	12;
2215	芇	lanz	la:n²	家中	9	0.00467%	6	05;09;12;13;17;27;
3696	芛	ranz	ra:n²	家族	4	0.00207%	2	17;22;
2913	甲	gab	ka:p⁸	夹	6	0.00311%	3	02;15;16;
2416	押	gab	ka:p⁸	夹子	8	0.00415%	6	01;05;11;15;16;23;
4345	往	vaek	vak⁷	荚	3	0.00156%	1	17;
3256	甲	gap	ka:p⁷	甲	5	0.00259%	4	03;12;21;27;
3697	甲子	gyap-cij	tɕa:p⁷ɕi³	甲子	4	0.00207%	4	02;06;17;23;
4346	甲子司	gyaz-swj-sw	tɕa²ɬɯ³ɬɯ¹	甲子书	3	0.00156%	3	01;04;10;
3698	強	gyangz	tɕa:ŋ²	假话	4	0.00207%	2	04;22;
3699	奸	gah	ka⁶	价	4	0.00207%	3	07;12;17;
1893	價	gyaq	tɕa⁵	价钱	11	0.00570%	5	12;19;20;21;18;
3700	合	hap	ha:p⁷	架	4	0.00207%	4	02;09;22;23;
2620	茶	caz	ɕa²	架子	7	0.00363%	4	06;07;09;23;
5490	茶礼	caz-laex	ɕa²lai⁴	嫁妆	2	0.00104%	2	12;21;
8016	擺	baic	pa:i³⁵	尖	1	0.00052%	1	26;
3257	羡密	gyai-mid	tɕa:i¹mit⁸	尖刀	5	0.00259%	4	03;05;07;21;
8018	鴻咟类	loeg-bak-soem	lok⁸pa:k⁷ɬom¹	尖嘴巴鸟	1	0.00052%	1	11;
3258	廣	guengh	kuəŋ⁶	间	5	0.00259%	4	03;17;22;27;
8025	刑	hen	he:n¹	间隔	1	0.00052%	1	12;
1951	把	mbah	ba⁶	肩	11	0.00570%	8	03;04;06;07;14;17;26;27;
4348	板甲	baanx-gap	pa:n³³kap¹¹	肩胛	3	0.00156%	1	26;
1620	吧	mbah	ba⁶	肩膀	14	0.00726%	9	05;07;09;11;14;17;19;26;
3701	怕	mbaq	ba⁵	肩上	4	0.00207%	3	09;12;19;

词号	壮字	新壮文	音标	词义	频次	词频	分布度	抄本号
5492	高𣗢	kawc-mbav	khau^{35}ba^{11}	肩头	2	0.00104%	2	26;27;
8029	列	lep	le:p^{7}	剪	1	0.00052%	1	12;
3105	缴	geuz	ke:u^{2}	剪刀	5	0.00259%	4	05;19;21;18;
8030	滐澇	laemx-ndaengx	lam^{4}daŋ^{4}	碱水	1	0.00052%	1	01;
3705	建	gen	ke:n^{1}	建日	4	0.00207%	4	02;10;04;29;
8034	牙	ya	ja^{1}	贱人	1	0.00052%	1	23;
711	劍	gemq	ke:m^{5}	剑	39	0.02022%	12	02;05;07;08;09;10;12;17;19;24;25;18;
3260	着	yog	ʔjo:k^{8}	剑戟	5	0.00259%	2	17;20;
3706	百劍	bak-gyiemq	pa:k^{7}tɕiəm^{5}	剑口	4	0.00207%	2	19;20;
460	弩	naq	na^{5}	箭	67	0.03473%	14	09;11;12;13;17;19;20;22;23;24;25;26;27;18;
8037	矟咟弓	noh-bak-goeng	no^{6}pa:k^{7}koŋ^{1}	箭弓肉口	1	0.00052%	1	25;
8038	皻咟那	naeng-bak-naq	naŋ^{1}pa:k^{7}na^{5}	箭口皮	1	0.00052%	1	25;
8039	奶内	naq-nwj	na^{5}nɯ^{3}	箭弩	1	0.00052%	1	18;
3707	䂇	naq	na^{5}	箭头	4	0.00207%	2	23;27;
1112	鄃	nie	niə^{1}	江	23	0.01192%	12	01;03;04;06;08;11;12;15;17;23;25;18;
8040	畬	nie	niə^{1}	江河	1	0.00052%	1	22;
5498	江	gyang	tɕa:ŋ^{1}	江木	2	0.00104%	1	06;
1838	将軍	ciengh-gun	ɕiəŋ^{6}kun^{1}	将军	12	0.00622%	4	04;05;17;20;
11180	将	seng	θe:ŋ^{1}	将领	1	0.00052%	1	18;
774	㒷	hing	hiŋ^{1}	姜	35	0.01814%	11	02;04;05;07;09;11;12;17;20;23;18;
1660	酒行	laeuj-hing	lau^{3}hiŋ^{1}	姜酒	14	0.00726%	4	05;10;02;07;
8042	彫	cag	ɕa:k^{8}	缰绳	1	0.00052%	1	05;
1038	国	gyog	tɕo:k^{8}	疆域	25	0.01296%	8	04;07;10;17;20;22;27;23;
5500	䜴	gangj	ka:ŋ^{3}	讲	2	0.00104%	1	03;
8050	枺槁	maex-gau	mai^{4}ka:u^{1}	桨木	1	0.00052%	1	09;
2419	匠	cangh	ɕa:ŋ^{6}	匠	8	0.00415%	3	02;07;08;
2914	尚	cangh	ɕa:ŋ^{6}	匠师	6	0.00311%	1	17;
2915	考春	gau-cin	ka:u^{1}ɕin^{1}	交春	6	0.00311%	4	05;17;18;19;
8057	坎垻	gaap-bak	ka:p^{11}pak^{11}	交媾地	1	0.00052%	1	26;
8058	缴黄	geu-vangz	ke:u^{1}va:ŋ^{2}	交黄	1	0.00052%	1	23;
8059	交記	gyau-giq	tɕa:u^{1}ki^{5}	交记	1	0.00052%	1	05;
8060	敢界	hamj-gaiq	ha:m^{3}ka:i^{5}	交界	1	0.00052%	1	17;
192	交	gyeu	tɕe:u^{1}	交人	158	0.08190%	7	17;19;20;22;23;03;18;
3109	交	gyeu	tɕe:u^{1}	交趾	5	0.00259%	2	17;18;
5510	忙跤	miengz-geu	mi:ŋ^{2}keu^{1}	交趾疆域	2	0.00104%	1	27;
8065	龍	lungz	luŋ^{2}	蛟龙	1	0.00052%	1	09;
8066	追	gyoij	tɕo:i^{3}	蕉叶	1	0.00052%	1	12;
8067	任	et	e:t^{7}	蕉叶粑	1	0.00052%	1	17;
339	已	cih	ɕi^{6}	角	94	0.04872%	23	03;01;02;04;05;06;07;09;12;13;14;15;17;19;20;21;23;24;25;26;27;28;18;

词号	壮字	新壮文	音标	词义	频次	词频	分布度	抄本号
1039	左	caz	ɕa²	角落	25	0.01296%	15	01;02;03;04;05;06;11;12;17;20;23;25;26;27;28;
5511	叩怌	gaeu-vaiz	kau¹va:i²	角牛	2	0.00104%	2	02;05;
5513	考	gauj	ka:u³	绞	2	0.00104%	1	17;
8069	考長沙	gauj-cangz-sa	ka:u³ɕa:ŋ²ɬa¹	绞肠痧	1	0.00052%	1	25;
81	夽	din	tin¹	脚	377	0.19542%	28	01;02;03;04;05;07;08;09;10;11;12;13;14;16;17;19;20;21;22;23;24;25;26;27;28;29;06;18;
4355	定	dinc	tin³⁵	脚步	3	0.00156%	1	26;
8071	晒	caz	ɕa²	脚蹬	1	0.00052%	1	17;
5514	对	doiq	to:i⁵	脚碓	2	0.00104%	1	17;
4356	低	dinc	tin³⁵	脚跟	3	0.00156%	2	26;27;
8073	光	gvaqv	kvaŋ¹¹	脚弓	1	0.00052%	1	26;
8074	傘	sanx	san³³	脚后	1	0.00052%	1	26;
8075	低朗	dinc-laqc	tin³⁵laŋ³⁵	脚后跟	1	0.00052%	1	26;
8076	褒	baeu	pau¹	脚踝	1	0.00052%	1	17;
2540	離	liz	li²	脚犁	7	0.00363%	3	19;21;18;
2622	哥	gogr	kɔk⁵⁵	脚下	7	0.00363%	1	26;
5515	呑	din	tin¹	脚掌	2	0.00104%	2	05;26;
8077	㹫	nda	da¹	脚爪	1	0.00052%	1	28;
8085	泥	ngej	ŋe³	叫声	1	0.00052%	1	03;
6606	槗	gyiuh	tɕi:u⁶	轿	2	0.00104%	1	18;
8088	轎	giuh	ki:u⁶	轿抬	1	0.00052%	1	11;
1174	豆	daeu	tau¹	轿子	22	0.01140%	7	12;23;26;05;11;17;28;
8091	教主	gyauq-cwj	tɕa:u⁵ɕɯ³	教主	1	0.00052%	1	08;
3715	孟	mboek	bok⁷	阶	4	0.00207%	1	21;
8094	接梁甫命	ciep-liengz-buj-mingh	ɕiəp⁷liəŋ²pu³miŋ⁶	接粮补命	1	0.00052%	1	10;
919	街	gai	ka:i¹	街	28	0.01451%	9	02;05;07;09;10;17;20;23;
3261	街	gai	ka:i¹	街道	5	0.00259%	1	17;
8098	皆	gai	ka:i¹	街的	1	0.00052%	1	17;
8099	街	gai	ka:i¹	街上	1	0.00052%	1	27;
1319	街	gai	ka:i¹	街圩	19	0.00985%	10	02;04;05;07;09;10;12;19;21;29;
8100	酒圩	laeuj-hw	lau³hɯ¹	街圩酒	1	0.00052%	1	05;
2219	征	gyaengh	tɕaŋ⁶	节	9	0.00467%	5	04;07;08;09;12;
2916	強欠	gyaeg-gyiemx	tɕak⁸tɕiəm⁴	节日	6	0.00311%	1	21;
8101	何	hoz	ho²	节头	1	0.00052%	1	04;
8102	達	da	ta¹	节眼	1	0.00052%	1	17;
8103	結	gyiet	tɕiət⁷	结	1	0.00052%	1	21;
8111	蒦	hoh	ho⁶	结节	1	0.00052%	1	09;
8112	結	gyuih	tɕuəi⁶	结块	1	0.00052%	1	21;
5520	春	cunz	ɕun²	结绳	2	0.00104%	1	17;

词号	壮字	新壮文	音标	词义	频次	词频	分布度	抄本号
4363	羌	gyai	tɕa:i^{1}	结尾	3	0.00156%	2	06;29;
2624	活	hot	ho:t^{7}	结子	7	0.00363%	2	09;12;
5522	笨打	bwn-da	pɯn^{1}ta^{1}	睫毛眼	2	0.00104%	1	21;
5523	必克	bix-gwiz	pi^{4}kɯəi^{2}	姐夫	2	0.00104%	2	17;20;
2421	妣	bix	pi^{4}	姐姐	8	0.00415%	6	07;12;21;25;28;17;
8118	災	cai	ɕa:i^{1}	戒斋	1	0.00052%	1	19;
5529	吡機	gyaek-gat	tɕak^{7}ka:t^{7}	芥菜	2	0.00104%	2	05;28;
8119	吡咭	gyaek-gat	tɕak^{7}ka:t^{7}	芥蓝菜	1	0.00052%	1	05;
920	盖	gaiq	ka:i^{5}	界	28	0.01451%	11	05;07;08;09;12;16;17;22;27;28;18;
8120	顏	yan	ja:n^{1}	疥疮	1	0.00052%	1	23;
984	巾	gaen	kan^{1}	巾	26	0.01348%	8	03;12;13;24;25;26;29;18;
8121	巾	gaen	kan^{1}	巾布	1	0.00052%	1	12;
209	你	nix	ni^{4}	今	146	0.07568%	13	04;05;07;08;10;12;17;20;21;22;28;29;18;
1267	脾你	bi-nix	pi^{1}ni^{4}	今年	20	0.01037%	6	09;10;17;18;20;29;
3717	甫召你	bux-ciuh-nix	pu^{4}ɕi:u^{6}ni^{4}	今人	4	0.00207%	4	01;02;03;06;
672	敋	ngoenz	ŋon^{2}	今日	42	0.02177%	10	20;02;03;04;05;07;17;18;21;25;
5530	召你	ciuh-nix	ɕi:u^{6}ni^{4}	今世	2	0.00104%	2	04;05;
226	你	nix	ni^{4}	今天	137	0.07101%	22	04;09;11;12;13;14;16;17;20;22;23;25;26;29;05;06;07;10;18;21;24;18;
629	晗你	haemh-nix	ham^{6}ni^{4}	今晚	46	0.02384%	3	01;02;04;
4366	吃你	haet-nix	hat^{7}ni^{4}	今早	3	0.00156%	1	04;
367	金	gim	kim^{1}	金	87	0.04510%	21	02;03;04;05;06;07;08;09;10;11;12;13;14;17;21;22;24;25;26;28;29;
4367	金殿	gim-demh	kim^{1}te:m^{6}	金殿	3	0.00156%	3	02;07;09;
8122	金罡	gim-gang	kim^{1}ka:ŋ^{1}	金刚	1	0.00052%	1	09;
8123	税	yuiq	juəi^{5}	金刚树	1	0.00052%	1	21;
8124	金鬼	gim-gvih	kim^{1}kvi^{6}	金龟	1	0.00052%	1	06;
5532	花金	va-gyim	va^{1}tɕim^{1}	金花	2	0.00104%	2	17;26;
8125	答恢	dab-hoij	ta:p^{8}hoi^{3}	金环蛇	1	0.00052%	1	05;
8126	除今	cwez-gim	ɕɯə^{2}kim^{1}	金牛	1	0.00052%	1	03;
8127	咘金	mboh-gim	bo^{6}kim^{1}	金泉	1	0.00052%	1	05;
8128	非習	faex-cij	fai^{4}ɕi^{3}	金丝李树	1	0.00052%	1	18;
5533	金星	gyinh-singh	tɕin^{6}θiŋ^{6}	金星	2	0.00104%	1	19;
2221	金艮	gyim-ngaenz	tɕim^{1}ŋan^{2}	金银	9	0.00467%	3	17;18;20;
2063	迷律	maex-loed	mai^{4}lot^{8}	金竹	10	0.00518%	4	05;09;18;23;
8129	朗湯	raqc-taaqc	zaŋ^{35}tha:ŋ^{35}	金竹笋	1	0.00052%	1	26;
8130	金	gim	kim^{1}	金子	1	0.00052%	1	09;
8132	寅	yinz	jin^{2}	筋	1	0.00052%	1	12;
4368	刼	nyinz	ȵin^{2}	筋弦	3	0.00156%	1	27;
8138	故央	gu-yaengq	ku^{5}jaŋ^{5}	紧事	1	0.00052%	1	21;

词号	壮字	新壮文	音标	词义	频次	词频	分布度	抄本号
2917	川	cod	ɕo:t⁸	尽头	6	0.00311%	2	17;21;
4371	叩	kaeuj	khau³	进	3	0.00156%	1	27;
8147	叩	kaeuj	khau³	进到	1	0.00052%	1	27;
3264	叩	kaeuj	khau³	进入	5	0.00259%	1	27;
4373	當	dangq	ta:ŋ⁵	进水口	3	0.00156%	3	03;04;09;
8153	追	gyaej	tɕai³	近处	1	0.00052%	1	23;
8155	羔祖	byai-coj	pja:i¹ɕo³	近祖	1	0.00052%	1	03;
4375	己	gyih	tɕi⁶	禁忌	3	0.00156%	2	19;20;
5540	工	gongq	ko:ŋ⁵	茎	2	0.00104%	1	17;
8160	乾	ganj	ka:n³	茎杆	1	0.00052%	1	21;
1795	京	ging	kiŋ¹	京城	12	0.00622%	6	05;22;09;24;25;18;
8161	經	ging	kiŋ¹	经	1	0.00052%	1	22;
3111	本	baenj	pan³	经本	5	0.00259%	3	17;20;18;
1577	本	baenj	pan³	经书	15	0.00778%	7	17;19;20;27;03;05;22;
8162	羅經	loz-ging	lo²kiŋ¹	经文	1	0.00052%	1	01;
8163	经	gyim	tɕim¹	经纸	1	0.00052%	1	17;
5541	茶襟	caz-gyaemq	ɕa²tɕam⁵	荆丛	2	0.00104%	1	06;
3474	容	nyungq	ɲuŋ⁵	荆棘	4	0.00207%	3	02;19;18;
5542	台	daiz	ta:i²	粳	2	0.00104%	2	07;08;
1001	糏怀	haeux-faiq	hau⁴fa:i⁵	粳谷	26	0.01348%	9	03;02;05;11;12;15;17;20;
11183	素	swen	θɯən¹	粳米	1	0.00052%	1	18;
1369	磌	hin	hin¹	精怪	18	0.00933%	4	08;10;12;13;
8165	肉沉	noh-cing	no⁶ɕiŋ¹	精瘦肉	1	0.00052%	1	05;
1578	政	cingj	ɕiŋ³	井	15	0.00778%	5	04;07;17;19;23;
8166	莊昌	tcooqs-tcaaqx	tɕha:ŋ³¹tɕho:ŋ³³	井边	1	0.00052%	1	26;
8167	淋清	raemx-cingj	ram⁴ɕiŋ³	井水	1	0.00052%	1	18;
2320	賀	hoz	ho²	颈	9	0.00467%	1	18;
8168	合張	hoz-cueng	ho²ɕuəŋ¹	颈部	1	0.00052%	1	20;
8170	料秀	laeuj-seuq	lau³ɬe:u⁵	净酒	1	0.00052%	1	24;
8171	淋色	raemx-saw	ram⁴θaɯ¹	净水	1	0.00052%	1	18;
2918	境	giengq	kiəŋ⁵	镜	6	0.00311%	4	02;05;17;23;
8175	鏡釘法	giengq-dingh-fap	kiəŋ⁵tiŋ⁶fa:p⁷	镜定法	1	0.00052%	1	04;
5545	境	giengq	kiəŋ⁵	镜子	2	0.00104%	1	10;
3724	案	anq	a:n⁵	纠纷	4	0.00207%	4	02;04;09;10;
8177	能	nangx	na:ŋ⁴	九层皮麻	1	0.00052%	1	19;
5547	楞九文	lauq-guj-faenz	la:u⁵ku³fan²	九齿耙	2	0.00104%	2	14;15;
8178	奸九秋	yah-guj-caeu	ja⁶ku³ɕau¹	九秋婆	1	0.00052%	1	28;
8179	九神	guj-baed	ku³pat⁸	九神	1	0.00052%	1	25;
5549	九久	guj-gyaeuj	ku³tɕau³	九头	2	0.00104%	1	08;
8180	鳰九頭	loeg-guj-gyaeuj	lok⁸ku³tɕau³	九头鸟	1	0.00052%	1	12;
8181	奸九頭	yah-guj-gyaeuj	ja⁶ku³tɕau³	九头婆	1	0.00052%	1	12;
5550	滄九久	ngweg-guj-gyaeuj	ŋɯək⁸ku³tɕau³	九头蛊沤	2	0.00104%	2	03;12;
5551	九牙	gyiuj-nyaz	tɕiu³ɲa²	九圩	2	0.00104%	2	18;19;

词号	壮字	新壮文	音标	词义	频次	词频	分布度	抄本号
936	九脺	guj-ndwen	ku³duɯən¹	九月	28	0.01451%	13	02;03;05;09;10;11;12;15;19;20;21;24;25;
8182	波斗們	boc-gawx-mbuznc	po³⁵kau³³bɯn³⁵	九重天山坡	1	0.00052%	1	26;
5552	九合	guj-hop	ku³ho:p⁷	九周	2	0.00104%	2	05;25;
4378	乎	huj	hu³	韭菜	3	0.00156%	1	17;
63	酒	laeuj	lau³	酒	439	0.22755%	25	12;05;01;02;03;04;06;07;08;09;10;11;13;16;17;19;20;21;22;23;25;26;27;28;
1371	盏酒	cenj-laeuj	ɕe:n³lau³	酒杯	18	0.00933%	3	09;10;05;
3725	罗	ndo	do¹	酒饼	4	0.00207%	1	17;
5555	陋表	laeuj-biu	lau³pi:u¹	酒单	2	0.00104%	1	17;
4379	康酒	gang-laeuj	ka:ŋ¹lau³	酒缸	3	0.00156%	3	06;09;19;
5556	没	mak	ma:k⁷	酒果	2	0.00104%	1	17;
4921	禾酒	huz-laeuj	hu²lau³	酒壶	2	0.00104%	2	05;18;
8185	鸡炓	gaeq-laeuj	kai⁵lau³	酒鸡	1	0.00052%	1	23;
5557	陋内	laeuj-ndwq	lau³duɯ⁵	酒醪糟	2	0.00104%	1	17;
1662	彭	beng	pe:ŋ¹	酒瓶	14	0.00726%	3	04;05;06;
4380	薬	ywe	jɯə¹	酒曲	3	0.00156%	2	05;10;
3267	酒呈	laeuj-cingz	lau³ɕiŋ²	酒坛	5	0.00259%	4	05;10;17;22;
3726	酒	laeuj	lau³	酒席	4	0.00207%	1	27;
4381	酒爻	laeuj-ai	lau³a:i¹	酒糟	3	0.00156%	2	03;17;
2066	台	daiz	ta:i²	酒桌	10	0.00518%	3	03;05;06;
8186	旧	gaeuq	kau⁵	旧	1	0.00052%	1	23;
3727	房旧	biengz-gaeuq	piəŋ²kau⁵	旧地	4	0.00207%	1	23;
5558	存旧	coenz-gaeuq	ɕon²kau⁵	旧话	2	0.00104%	1	23;
8187	朝叩	ciuh-gaeuq	ɕi:u⁶kau⁵	旧世代	1	0.00052%	1	19;
8188	梯旧	yiengh-gaeuq	jiəŋ⁶kau⁵	旧样	1	0.00052%	1	23;
8189	却	gyuk	tɕuk⁷	臼	1	0.00052%	1	17;
8198	呰賢	ciz-henz	ɕi²he:n²	就贤	1	0.00052%	1	10;
2010	那	nax	na⁴	舅	10	0.00518%	8	05;09;10;12;24;25;28;18;
3731	父那	boh-nax	po⁶na⁴	舅父	4	0.00207%	2	13;17;
4383	那	nax	na⁴	舅舅	3	0.00156%	1	25;
3112	囊	nangz	na:ŋ²	舅娘	5	0.00259%	3	17;21;18;
5564	那	nax	na⁴	舅爷	2	0.00104%	2	19;21;
8199	隆	lungz	luŋ²	舅子	1	0.00052%	1	27;
8200	車	gih	ki⁶	驹	1	0.00052%	1	10;
8201	花物	va-gut	va¹kut⁷	菊花	1	0.00052%	1	25;
8204	色	saek	ɬak⁷	句把	1	0.00052%	1	22;
46	吰	coenz	ɕon²	句话	606	0.31412%	28	01;02;03;04;05;06;07;08;09;10;11;12;13;14;15;16;17;19;20;21;22;23;24;25;27;28;29;18;
4384	吰	coenz	ɕon²	句子	3	0.00156%	1	01;
2919	鋸	gwq	kɯ⁵	锯	6	0.00311%	2	04;21;

词号	壮字	新壮文	音标	词义	频次	词频	分布度	抄本号
3732	鉅	gwq	kɯ^{5}	锯子	4	0.00207%	2	01;21;
8209	物	ut	ut^{7}	卷	1	0.00052%	1	10;
8210	棺杬	hon-lok	ho:n^{1}lo:k^{7}	卷布轴	1	0.00052%	1	12;
8212	工	gongz	ko:ŋ^{2}	卷曲	1	0.00052%	1	09;
4922	用	yok	jo:k^{7}	卷纱轮	2	0.00104%	2	19;18;
8213	曲	gut	kut^{7}	卷缩	1	0.00052%	1	10;
8214	蛚	leh	le^{6}	卷叶虫	1	0.00052%	1	23;
8215	絹	geng	ke:n^{1}	绢	1	0.00052%	1	07;
8217	共	gungz	kuŋ^{2}	绝经	1	0.00052%	1	21;
8218	共	gungz	kuŋ^{2}	绝径	1	0.00052%	1	21;
8219	昙槑	ngoenz-laemz	ŋon^{2}lam^{2}	绝日	1	0.00052%	1	29;
8221	芲骨	gyaek-gut	tɕak^{7}kut^{7}	蕨菜	1	0.00052%	1	28;
2425	骨	gut	kut^{7}	蕨草	8	0.00415%	5	09;12;20;22;28;
1425	軍	gun	kun^{1}	军	17	0.00881%	8	02;10;12;22;23;24;25;28;
3270	軍	gun	kun^{1}	军兵	5	0.00259%	1	23;
3733	軍馬	gun-max	kun^{1}ma^{4}	军马	4	0.00207%	1	23;
8222	軍民	ginh-minz	kin^{6}min^{2}	军民	1	0.00052%	1	07;
8223	永	yungj	juŋ^{3}	军士	1	0.00052%	1	17;
502	光	gvang	kva:ŋ^{1}	君	61	0.03162%	12	01;02;03;07;08;10;11;12;13;24;25;28;
8225	光	gvang	kva:ŋ^{1}	君王	1	0.00052%	1	08;
8226	光主	gvang-suj	kva:ŋ^{1}ɬu^{3}	君主	1	0.00052%	1	23;
3271	光	gvang	kva:ŋ^{1}	君子	5	0.00259%	4	07;09;17;06;
3272	珠	cw	ɕɯ^{1}	菌	5	0.00259%	4	01;07;10;26;
8227	耳	laet	lat^{7}	菌类	1	0.00052%	1	10;
8228	律腊	laet-lat	lat^{7}la:t^{7}	菌子	1	0.00052%	1	07;
3734	净花	cing-va	ɕiŋ^{1}va^{1}	骏马	4	0.00207%	2	24;22;
4386	木禄	mwh-nduj	mɯ^{6}du^{3}	开初	3	0.00156%	2	18;19;
8240	號	hauq	ha:u^{5}	开声	1	0.00052%	1	17;
8243	久	gyaeuj	tɕau^{3}	开头	1	0.00052%	1	17;
8245	龕	ham	ha:m^{1}	龛	1	0.00052%	1	07;
1955	限	haenz	han^{2}	坎	11	0.00570%	6	07;17;19;24;27;28;
2629	林	raemz	ram^{2}	糠	7	0.00363%	2	17;21;
8258	三官亢	san-gong-gangq	θa:n^{1}ko:ŋ^{1}ka:ŋ^{5}	糠米	1	0.00052%	1	20;
8260	魚差	bya-saz	pja^{1}θa^{2}	烤鱼	1	0.00052%	1	19;
4390	别	beg	pe:k^{8}	靠背	3	0.00156%	2	17;21;
700	科	goh	ko^{6}	科目	40	0.02073%	6	12;13;08;09;17;27;
8262	左仍	cax-yingz	ɕa^{4}jiŋ^{2}	颗颗	1	0.00052%	1	04;
8263	义	yeuh	je:u^{6}	颗粒	1	0.00052%	1	28;
4391	槑	lug	luk^{8}	蝌蚪	3	0.00156%	1	03;
4392	沙	gya	tɕa^{1}	壳	3	0.00156%	2	12;17;
8266	唭	get	tɕai^{1}	咳嗽	1	0.00052%	1	05;
2227	郝	hak	ha:k^{7}	客	9	0.00467%	5	05;08;09;15;27;
1269	观巷	guen-hak	kuən^{1}ha:k^{7}	客官	20	0.01037%	6	17;05;07;09;10;20;

词号	壮字	新壮文	音标	词义	频次	词频	分布度	抄本号
701	客	hek	he:k^{7}	客人	40	0.02073%	15	02;05;06;07;09;10;11;12;15;17;19;20;23;27;26;
1705	巾	gwn	kɯn^{1}	坑	13	0.00674%	8	01;02;06;11;14;15;17;18;
8276	冇	ndwi	dɯəi^{1}	空	1	0.00052%	1	02;
5584	坒	dweg	tɯək^{8}	空地	2	0.00104%	2	22;26;
8279	倉粌冇	cangq-kaeuj-byaeuq	ɕa:ŋ^{5}khau^{3}pjau^{5}	空谷仓	1	0.00052%	1	27;
5586	冇	ndwi	dɯəi^{1}	空话	2	0.00104%	1	07;
8281	泓	hoengq	hoŋ^{5}	空漏	1	0.00052%	1	10;
8283	寛	kooqs	ko:ŋ^{31}	空位	1	0.00052%	1	26;
5589	菜孟	gyaek-mbungx	tɕak^{7}buŋ^{4}	空心菜	2	0.00104%	1	12;
3275	哺	congh	ɕo:ŋ^{6}	孔	5	0.00259%	5	04;11;21;24;25;
8284	谷	gums	kum^{31}	孔间	1	0.00052%	1	26;
8285	哺	congh	ɕo:ŋ^{6}	孔钱	1	0.00052%	1	01;
176	何	hoz	ho^{2}	口	176	0.09123%	23	02;03;05;06;07;08;09;10;11;12;13;17;20;21;22;23;24;25;26;27;28;29;18;
2631	袋	daeh	tai^{6}	口袋	7	0.00363%	4	02;03;04;17;
2428	那	naiz	na:i^{2}	口水	8	0.00415%	4	02;17;20;26;
8291	北宿	baek-saeuq	pak^{7}ɬau^{5}	口灶神	1	0.00052%	1	04;
5592	斛炉	ndok-loz	do:k^{7}lo^{2}	枯骨	2	0.00104%	1	10;
5593	擟㑩	maex-loz	mai^{4}lo^{2}	枯树	2	0.00104%	1	03;
4400	力畬	lwg-haemz	lɯk^{8}ham^{2}	苦瓜	3	0.00156%	2	22;23;
8298	功烈	goeng-rengz	koŋ^{1}re:ŋ^{2}	苦力	1	0.00052%	1	21;
4401	美廉	maex-lenh	mai^{4}le:n^{6}	苦楝木	3	0.00156%	2	13;10;
3278	苦	haemz	ham^{2}	苦难	5	0.00259%	3	02;06;26;
3279	美𧘂	maex-baeuz	mai^{4}pau^{2}	苦竹	5	0.00259%	5	13;17;23;27;19;
2922	美柨	maex-baeuz	mai^{4}pau^{2}	苦竹树	6	0.00311%	4	13;12;18;26;
5599	界匿	gyai-ndoek	tɕa:i^{1}tok^{7}	苦竹尾	2	0.00104%	1	05;
2923	庫	hoq	ho^{5}	库	6	0.00311%	3	12;13;15;
8303	庫	kux	khu^{4}	库里	1	0.00052%	1	27;
1427	化	vaq	va^{5}	裤	17	0.00881%	10	01;02;04;05;12;20;21;23;24;25;
6608	恓	sai	θa:i^{1}	裤带	2	0.00104%	1	18;
8304	若	yoh	jo^{6}	裤裆	1	0.00052%	1	12;
8305	个	ga	ka^{1}	裤脚	1	0.00052%	1	23;
5600	化	vaq	va^{5}	裤里	2	0.00104%	1	17;
2924	化	vaq	va^{5}	裤子	6	0.00311%	5	05;10;17;22;25;
5602	个	ga	ka^{1}	块	2	0.00104%	1	11;
8311	頼光	laih-gvangq	la:i^{6}kva:ŋ^{5}	块宽广	1	0.00052%	1	12;
8312	看	ndoh	kha:n^{3}	块状	1	0.00052%	1	27;
3477	得	dwh	tɯ^{6}	筷	4	0.00207%	3	17;19;18;
5606	提	dwh	tɯ^{6}	筷条	2	0.00104%	2	12;17;
1706	狄	dwh	tɯ^{6}	筷子	13	0.00674%	5	17;19;20;23;18;

词号	壮字	新壮文	音标	词义	频次	词频	分布度	抄本号
4403	廣	gvangq	kva:ŋ^{5}	宽	3	0.00156%	2	04;25;
5607	廣	gvangq	kva:ŋ^{5}	宽处	2	0.00104%	2	02;09;
1895	孨	lomz	lo:m^{2}	筐	11	0.00570%	6	05;06;17;21;24;18;
5608	粒	laep	lap^{7}	筐里	2	0.00104%	2	12;28;
8317	貴	gvaeh	kvai^{6}	旷野	1	0.00052%	1	05;
8318	狂	faz	fa^{2}	矿	1	0.00052%	1	03;
3280	羅	lax	la^{4}	框架	5	0.00259%	2	24;25;
8320	坤讀	goenq-dog	kon^{5}to:k^{8}	坤读	1	0.00052%	1	10;
8321	虽	noonc	no:n^{35}	昆虫	1	0.00052%	1	26;
8328	穷	gungz	kuŋ^{2}	困难	1	0.00052%	1	02;
8334	林	linx	lin^{4}	拉杆	1	0.00052%	1	08;
8335	媠拉何	yah-laj-haz	ja^{6}la^{3}ha^{2}	拉何婆	1	0.00052%	1	17;
8341	羅蓬	laj-bungz	la^{3}puŋ^{2}	拉蓬	1	0.00052%	1	05;
8344	隆煉卦桥	loengz-lienh-gvaq-giuz	loŋ^{2}liən^{6}kva^{5}ki:u^{2}	拉线过桥	1	0.00052%	1	05;
5613	老霸	laz-ba	la^{2}pa^{1}	喇叭	2	0.00104%	1	08;
5614	肥腊	maex-laq	mai^{4}la^{5}	腊木	2	0.00104%	1	06;
5615	诺檻	noh-lab	no^{6}la:p^{8}	腊肉	2	0.00104%	1	17;
1579	腊	lab	la:p^{8}	腊月	15	0.00778%	7	06;17;22;23;05;18;19;
2633	腊	yieng	la:p^{8}	蜡烛	7	0.00363%	4	21;23;24;28;
4407	力慢	lwg-manh	lɯk^{8}ma:n^{6}	辣椒	3	0.00156%	2	10;17;
8347	糇	haeux	hau^{4}	来	1	0.00052%	1	02;
8351	斗渀澇	daeuj-yag-ndaengh	tau^{3}ja:k^{8}daŋ^{6}	来滴碱	1	0.00052%	1	04;
8358	斗	dawx	tau^{33}	来历	1	0.00052%	1	26;
5620	那	nax	na^{33}	来年	2	0.00104%	1	26;
8363	甲頼	gyap-laiq	tɕa:p^{7}la:i^{5}	赖树皮	1	0.00052%	1	12;
8364	花蘭	va-lamz	va^{1}la:m^{2}	兰花	1	0.00052%	1	05;
1498	絗	le	le^{1}	拦江网	16	0.00829%	9	01;02;04;09;12;13;20;24;
5623	却	gyon	tɕo:n^{1}	拦门杠	2	0.00104%	1	17;
1664	量	liengh	liəŋ^{6}	栏	14	0.00726%	10	02;05;08;09;11;12;13;17;20;21;
4410	蘭	lanz	la:n^{2}	栏房	3	0.00156%	2	12;29;
8369	欄杆	lanz-ganq	la:n^{2}ka:n^{5}	栏杆	1	0.00052%	1	28;
8370	良	riengh	riəŋ^{6}	栏廊	1	0.00052%	1	17;
5624	芦	ranz	ra:n^{2}	栏棚	2	0.00104%	2	17;29;
186	量	lwengh	lɯəŋ^{6}	栏圈	164	0.08501%	26	01;02;03;04;05;06;07;08;09;10;11;12;13;14;15;17;19;20;21;23;24;25;26;27;
8371	百良	bak-liengh	pa:k^{7}liəŋ^{6}	栏圈口	1	0.00052%	1	23;
3745	黎	lae	lai^{1}	栏梯	4	0.00207%	2	12;13;
5625	羅	laj	la^{3}	栏下	2	0.00104%	2	01;05;
8372	梡	lwengh	lɯəŋ^{6}	栏中	1	0.00052%	1	01;
4411	沌	dongh	to:ŋ^{6}	栏柱	3	0.00156%	1	02;

词号	壮字	新壮文	音标	词义	频次	词频	分布度	抄本号
4412	君	gyaemq	tɕam⁵	蓝	3	0.00156%	2	21;25;
1580	檁	lomj	lo:m³	蓝靛	15	0.00778%	7	01;04;05;12;17;18;22;
8373	却勇	gyog-yum	tɕo:k⁸jum¹	蓝靛草	1	0.00052%	1	21;
1429	監	lamz	la:m²	篮子	17	0.00881%	9	05;07;24;03;10;17;19;20;
8377	六	ndoks	dɔk³¹	烂衣	1	0.00052%	1	26;
1093	狼	langz	la:ŋ²	郎	24	0.01244%	8	05;09;11;13;14;25;27;28;
1218	郎汉	langh-hanq	la:ŋ⁶ha:n⁵	郎漢	21	0.01089%	8	03;04;06;17;20;22;24;26;
8378	王狼寒	vuengz-langh-hanq	vuəŋ²la:ŋ⁶ha:n⁵	郎漢王	1	0.00052%	1	01;
8379	光	gvang	kva:ŋ¹	郎君	1	0.00052%	1	25;
5626	郎頼	langz-laih	la:ŋ²la:i⁶	郎赖	2	0.00104%	1	09;
8380	郎老	langh-laux	la:ŋ⁶la:u⁴	郎老	1	0.00052%	1	03;
3746	郎七	langz-caet	la:ŋ²ɕat⁷	郎七	4	0.00207%	1	12;
8381	郎齊	langz-gyaez	la:ŋ²tɕai²	郎齐	1	0.00052%	1	12;
8382	詠㱓	yungq-tai	juŋ⁵tha:i¹	郎丧事	1	0.00052%	1	27;
8383	郎儀	langz-ngih	la:ŋ²ŋi⁶	郎仪	1	0.00052%	1	12;
8384	郎在	langz-cai	la:ŋ²ɕa:i¹	郎寨	1	0.00052%	1	03;
8385	圩郎在	hw-langh-cai	hɯ¹la:ŋ⁶ɕa:i¹	郎寨圩	1	0.00052%	1	03;
2634	郎章	langz-gyangh	la:ŋ²tɕa:ŋ⁶	郎章	7	0.00363%	1	13;
3747	郎中	langz-cung	la:ŋ²ɕuŋ¹	郎中	4	0.00207%	1	03;
5627	老漢	laux-hanq	la:u⁴ha:n⁵	郎漢	2	0.00104%	1	20;
4413	狔	naez	nai²	狼	3	0.00156%	3	03;05;13;
8386	獁狔	ma-naez	ma¹nai²	狼狗	1	0.00052%	1	05;
8387	狼漢	langh-hanq	la:ŋ⁶ha:n⁵	狼漢	1	0.00052%	1	01;
8388	郎	langz	la:ŋ²	廊	1	0.00052%	1	02;
11189	測	swj	θɯ³	廊房	1	0.00052%	1	18;
8389	疜兰	swej-lanz	ɬɯə³la:n²	廊屋	1	0.00052%	1	03;
4414	死	swj	θɯ³	廊檐	3	0.00156%	2	17;24;
8390	朗漢	laaq-haanv	la:ŋ⁴⁴ha:n¹¹	朗漢	1	0.00052%	1	26;
5628	朗先	laaq-sinc	la:ŋ⁴⁴sin³⁵	朗先	2	0.00104%	1	26;
5629	狼	langh	la:ŋ⁶	浪	2	0.00104%	1	22;
8391	甫郎家	bux-langz-gya	pu⁴la:ŋ²tɕa¹	浪家公	1	0.00052%	1	03;
8393	甫郎莫	bux-langz-mu	pu⁴la:ŋ²mu¹	浪莫公	1	0.00052%	1	03;
8394	得塘	dwk-daemz	tɯk⁷tam²	捞塘	1	0.00052%	1	12;
2635	茈	mbaek	bak⁷	捞网	7	0.00363%	3	24;25;28;
3282	伶	lengz	le:ŋ²	劳力	5	0.00259%	3	03;10;14;
2926	牢	lauz	la:u²	牢	6	0.00311%	2	11;25;
2636	蔺劳	lanz-lauz	la:n²la:u²	牢房	7	0.00363%	3	11;24;25;
8396	牢黙	lauz-ndaemz	la:u²dam²	牢黑	1	0.00052%	1	27;
8397	牢	lauz	la:u²	牢里	1	0.00052%	1	27;
8398	度牢	du-lauz	tu¹la:u²	牢门	1	0.00052%	1	25;
8399	牢午海	lauz-ngox-haij	la:u²ŋo⁴ha:i³	牢午海	1	0.00052%	1	03;
1959	蔺獄	lanz-yug	la:n²juk⁸	牢狱	11	0.00570%	3	24;25;27;
3749	朝稏	ciuh-yah	ɕi:u⁶ja⁶	老辈	4	0.00207%	2	17;21;

词号	壮字	新壮文	音标	词义	频次	词频	分布度	抄本号
8400	𠁴	yiez	jiə²	老伯	1	0.00052%	1	15;
8401	劳台	lauh-daih	la:u⁶ta:i⁶	老大	1	0.00052%	1	17;
8402	父記	boh-gaq	po⁶ke⁵	老父	1	0.00052%	1	01;
4416	通	doengz	toŋ²	老庚	3	0.00156%	3	08;21;22;
3479	交	gyauj	tɕa:u³	老公	4	0.00207%	2	19;18;
3750	布	baeuq	pau⁵	老公公	4	0.00207%	2	01;17;
376	𧆥	huk	kuk⁷	老虎	83	0.04302%	19	01;02;03;04;05;06;07;09;10;12;13;17;19;20;22;23;26;28;18;
5632	酒玘	laeuj-geq	lau³ke⁵	老酒	2	0.00104%	1	05;
1094	老君	lauj-ginh	la:u³kin⁶	老君	24	0.01244%	6	01;03;04;05;07;28;
8404	娘	nangz	na:ŋ²	老娘	1	0.00052%	1	22;
8405	灰記	hoiq-geq	ho:i⁵ke⁵	老奴	1	0.00052%	1	01;
1321	奶	naih	na:i⁶	老婆	19	0.00985%	8	12;13;15;17;18;20;27;28;
5633	疜	yah	ja⁶	老婆婆	2	0.00104%	2	01;18;
742	老	laux	la:u⁴	老人	38	0.01970%	12	03;07;17;20;21;23;01;02;04;05;06;19;
4417	老寿	laux-saeuh	la:u⁴ɬau⁶	老寿	3	0.00156%	2	08;28;
5635	老寿	laux-saeuh	la:u⁴ɬau⁶	老寿帽	2	0.00104%	1	12;
364	鼐	nu	nu:¹	老鼠	87	0.04510%	17	01;02;03;05;06;07;09;10;11;12;15;16;17;19;22;23;
5636	霌	mbwn	bɯn¹	老天	2	0.00104%	2	12;19;
4923	闷	mbwn	bɯn¹	老天爷	2	0.00104%	2	19;18;
2637	老添	laux-dienq	la:u⁴tiən⁵	老添	7	0.00363%	2	18;19;
1622	同	doengz	toŋ²	老同	14	0.00726%	4	03;19;27;18;
8407	布翁	bux-ongj	pu⁴o:ŋ³	老翁	1	0.00052%	1	20;
8408	太伍	daih-haj	ta:i⁶ha³	老五	1	0.00052%	1	21;
8409	劳寗	lauh-ningq	la:u⁶ʔniŋ⁵	老小	1	0.00052%	1	17;
8410	老𠁴	laux-yez	la:u⁴je²	老爷	1	0.00052%	1	17;
1665	鶔	loemh	lom⁶	老鹰	14	0.00726%	5	01;17;20;25;03;
8411	老式	laux-ngih	la:u⁴ŋi⁶	老账	1	0.00052%	1	22;
8412	㑄狼	mu-langz	mu¹la:ŋ²	老猪	1	0.00052%	1	01;
8413	亡切哄	mangh-cwz-hung	ma:ŋ⁶ɕɯ²huŋ¹	老祖先	1	0.00052%	1	17;
8417	亢	angq	a:ŋ⁵	乐事	1	0.00052%	1	01;
8419	陸	ndoek	dok⁷	簕竹	1	0.00052%	1	23;
713	雷	gyaj	tɕa³	雷	39	0.02022%	14	01;02;03;04;05;07;09;12;17;20;21;25;26;18;
4418	稼	gyaj	tɕa³	雷电	3	0.00156%	2	09;23;
3480	岜	gyaj	tɕa³	雷公	4	0.00207%	4	01;08;17;18;
4419	雷廟	ndoi-miuh	do:i¹mi:u⁶	雷庙	3	0.00156%	3	02;09;10;
8422	岜咭	gyaj-gyet	tɕa³tɕe:t⁷	雷鸣	1	0.00052%	1	01;
1960	岜	gyaj	tɕa³	雷神	11	0.00570%	2	22;23;
1114	岜	gyaj	tɕa³	雷王	23	0.01192%	7	01;04;08;09;12;19;18;
8423	雷州	lawz-cu	laɯ²ɕu¹	雷州	1	0.00052%	1	17;

词号	壮字	新壮文	音标	词义	频次	词频	分布度	抄本号
8424	雷	loiz	lo:i²	檑木	1	0.00052%	1	12;
3283	非屡	faex-luij	fai⁴luəi³	檑树	5	0.00259%	4	17;18;19;21;
3284	淋	laemx	lam⁴	泪水	5	0.00259%	1	22;
4421	淋大	laemx-da	lam⁴ta¹	泪水眼	3	0.00156%	1	23;
8428	壖莫	ndoi-mok	do:i¹mo:k⁷	累莫	1	0.00052%	1	05;
2791	西	cih	ɕvi⁶	棱	6	0.00311%	3	19;25;18;
4424	花梨	va-liz	va¹li²	梨花	3	0.00156%	3	03;09;21;
8437	迷粒	maex-liz	mai⁴li²	梨树	1	0.00052%	1	05;
5641	立	liz	li²	梨子	2	0.00104%	1	21;
895	遂	cae	ɕai¹	犁	29	0.01503%	12	02;03;04;05;07;10;11;12;13;14;15;18;
5644	齊	cae	ɕai¹	犁头	2	0.00104%	2	12;22;
4425	楼陌嘤	cae-bak-yiuh	ɕai¹pa:k⁷ji:u⁶	犁嘴鹰	3	0.00156%	3	06;11;12;
3751	而民	lwg-mingz	lɯk⁸miŋ²	黎民	4	0.00207%	1	21;
8438	亮唎	ruqs-ric	zuŋ³¹zi³⁵	黎明	1	0.00052%	1	26;
346	客	lag	la:k⁸	篱笆	92	0.04769%	21	06;23;01;02;03;04;05;07;08;09;10;12;13;17;19;20;22;24;25;27;18;
2930	法	fa	fa¹	篱墙	6	0.00311%	5	06;12;13;17;10;
1467	里	laex	lai⁴	礼	16	0.00829%	7	02;04;10;11;12;17;18;
2231	擸	lap	la:p⁷	礼担	9	0.00467%	6	07;10;12;17;21;28;
8441	禮的	lij-dij	li³ti³	礼节	1	0.00052%	1	21;
8442	没	mbung	buŋ¹	礼箩	1	0.00052%	1	21;
8443	烈	lex	le⁴	礼貌	1	0.00052%	1	21;
8444	状	dcooqv	tɕo:ŋ¹¹	礼品箩	1	0.00052%	1	26;
8445	價	gah	ka⁶	礼钱	1	0.00052%	1	17;
8446	籵	mbaih	ba:i⁶	礼肉	1	0.00052%	1	05;
2639	㖑	laex	lai⁴	礼物	7	0.00363%	5	01;05;07;12;28;
2153	乱	luenh	luən⁶	礼仪	9	0.00467%	8	02;08;10;12;19;21;22;18;
3752	模忟	mak-maenj	ma:k⁷man³	李树	4	0.00207%	3	28;17;07;
2232	力李	lwg-mak	lɯk⁸ma:k⁷	李子	9	0.00467%	3	17;19;20;
1541	邔	haeuj	hau³	里	15	0.00778%	10	01;02;03;04;05;12;16;19;28;18;
137	内	ndaw	daɯ¹	里面	235	0.12181%	22	01;02;04;05;06;07;09;10;12;13;16;17;19;20;21;22;23;25;26;27;28;18;
8447	裒心	ndaw-saem	daɯ¹ɬam¹	里面心	1	0.00052%	1	04;
8448	内栟	ndaw-lanz	daɯ¹la:n²	里屋	1	0.00052%	1	06;
2233	細	si	ɬi¹	理	9	0.00467%	7	01;04;07;10;12;19;23;
5647	礼乱	leix-loenh	lei⁴lon⁶	理论	2	0.00104%	1	27;
2234	乃	naez	nai²	鲤鱼	9	0.00467%	6	05;06;09;17;20;21;
3285	力	lengz	le:ŋ²	力	5	0.00259%	3	02;08;17;
4428	零	lengz	le:ŋ²	力气	3	0.00156%	3	11;04;21;
4429	曆	lig	lik⁸	历	3	0.00156%	3	02;04;10;
4430	召	ciuh	ɕi:u⁶	历代	3	0.00156%	2	13;17;

词号	壮字	新壮文	音标	词义	频次	词频	分布度	抄本号
2640	斗	daeuj	tau³	历来	7	0.00363%	1	27;
1742	歷	lig	lik⁸	历书	13	0.00674%	5	01;02;04;10;12;
3286	立春	laeb-cwn	lap⁸ɕɯn¹	立春	5	0.00259%	4	01;04;20;21;
5648	立冬	laeb-doeng	lap⁸toŋ¹	立冬	2	0.00104%	2	01;04;
8451	䨍立	fangz-ndaep	fa:ŋ²dap⁷	立鬼	1	0.00052%	1	12;
8452	立槗補命	laeb-giuz-buj-mingh	lap⁸ki:u²pu³miŋ⁶	立桥补命	1	0.00052%	1	02;
5650	立秋	laeb-caeu	lap⁸ɕau¹	立秋	2	0.00104%	2	01;04;
3753	立夏	laeb-yaq	lap⁸ja⁵	立夏	4	0.00207%	4	01;04;05;21;
11190	巷	hak	ha:k⁷	吏	1	0.00052%	1	18;
8456	利	lih	li⁶	利市	1	0.00052%	1	28;
4431	可立支	go-liz-ci	ko¹li²ɕi¹	荔枝	3	0.00156%	2	17;21;
8457	莉娄	lih-laeuz	li⁶lau²	莉娄	1	0.00052%	1	10;
5651	栥累	maex-laeq	mai⁴lai⁵	栗木	2	0.00104%	1	06;
5652	栥累	maex-laeq	mai⁴lai⁵	栗树	2	0.00104%	2	06;26;
5653	碳	hin	hin¹	砺石	2	0.00104%	1	17;
3287	粒糏	naed-haeux	nat⁸hau⁴	粒谷	5	0.00259%	3	03;05;20;
5654	匿糏	naed-haeux	nat⁸hau⁴	粒米	2	0.00104%	2	25;28;
8460	叩連	gaeu-lenz	kau¹le:n²	连藤	1	0.00052%	1	12;
8466	花蓮	va-lienz	va¹liən²	莲花	1	0.00052%	1	05;
8467	力連	lwg-lienz	lɯk⁸liən²	莲子果	1	0.00052%	1	08;
2011	祸	ngweg	ŋɯək⁸	沲	10	0.00518%	7	04;07;08;10;12;28;18;
8468	溺	ngieg	ŋiək⁸	沲的	1	0.00052%	1	28;
2931	劲沲	lwg-ngewg	lɯk⁸ŋɯək⁸	沲仔	6	0.00311%	3	03;06;05;
5656	鲃猔	gya-liengz	tɕa¹liəŋ²	鲢鱼	2	0.00104%	2	01;10;
5657	蟀蟠	nengz-nauh	ne:ŋ²na:u⁶	宁瑙	2	0.00104%	2	12;13;
2331	镰	liemz	liəm²	镰刀	8	0.00415%	7	07;11;12;17;19;20;18;
152	倻	naj	na³	脸	206	0.10678%	26	01;02;03;04;05;06;07;08;09;10;11;12;15;16;17;19;20;21;22;23;24;25;26;27;
11193	告	gau	ka:u¹	脸白	1	0.00052%	1	18;
2932	那	naj	na³	脸面	6	0.00311%	5	17;21;23;26;27;
8470	𦊱	naj	na³	脸皮	1	0.00052%	1	05;
8471	胬	noh	no⁶	脸肉	1	0.00052%	1	07;
11194	珠	saek	θak⁷	脸色	1	0.00052%	1	18;
8472	匠煉	cangh-lienh	ɕa:ŋ⁶liən⁶	练匠	1	0.00052%	1	10;
2642	偕	gyaez	tɕai²	恋人	7	0.00363%	2	17;25;
5658	煉	lienh	liən⁶	链	2	0.00104%	2	10;11;
8474	憐	lienh	liən⁶	链子	1	0.00052%	1	04;
8475	佳辰	gyah-saenz	tɕa⁶θan²	良辰	1	0.00052%	1	17;
4435	連心	liengz-saem	liəŋ²θam¹	良心	3	0.00156%	1	21;
2933	勤萋	ndaek-ndaeu	dak⁷dau¹	莨薯	6	0.00311%	4	14;17;19;20;
8476	涼奴	liengz-sueng	liəŋ²ɬuəŋ¹	凉沟	1	0.00052%	1	06;
8477	淋侵	laemx-caemx	lam⁴ɕam⁴	凉水	1	0.00052%	1	02;

词号	壮字	新壮文	音标	词义	频次	词频	分布度	抄本号
8478	黄淋涼	vad-raemx-liengz	va:t^{8}ram^{4}liəŋ^{2}	凉水画符	1	0.00052%	1	18;
3755	梁州	liengz-cu	liəŋ^{2}ɕu^{1}	凉州	4	0.00207%	1	08;
5660	槞	lungz	luŋ^{2}	梁	2	0.00104%	2	02;26;
8480	溏良	daemz-liengz	tam^{2}liəŋ^{2}	梁墩	1	0.00052%	1	05;
5661	栟良	lanz-liengz	la:n^{2}liəŋ^{2}	梁家	2	0.00104%	1	06;
8481	肱阑	gae-lanz	kai^{1}la:n^{2}	梁架房屋	1	0.00052%	1	05;
5662	敢	gaq	ka^{5}	梁柱	2	0.00104%	1	17;
586	粮	liengz	liəŋ^{2}	粮	50	0.02592%	18	01;02;03;04;05;09;10;11;12;13;17;19;20;21;23;25;
702	奋	iux	i:u^{4}	粮仓	40	0.02073%	13	02;03;04;05;07;10;11;12;17;19;20;22;26;
3756	粡粮	haeux-liengz	hau^{4}liəŋ^{2}	粮食	4	0.00207%	4	07;19;21;26;
8483	粝水	haeux-raemx	hau^{4}ram^{4}	粮水	1	0.00052%	1	18;
8484	㵘	lumh	lum^{6}	粮税	1	0.00052%	1	09;
4436	夭	iux	i:u^{4}	粮囤	3	0.00156%	2	03;16;
8485	槞	lungz	luŋ^{2}	梁	1	0.00052%	1	02;
3757	双敗	song-baih	ɬo:ŋ^{1}pa:i^{6}	两边	4	0.00207%	4	02;05;25;26;
8486	双甫客	song-bux-hek	ɬo:ŋ^{1}pu^{4}he:k^{7}	两个客人	1	0.00052%	1	12;
8487	双七月	song-caet-ngued	ɬo:ŋ^{1}ɕat^{7}ŋuət^{8}	两个七月	1	0.00052%	1	02;
5664	双家	song-gyaq	ɬo:ŋ^{1}tɕa^{5}	两架	2	0.00104%	1	28;
2934	双筇	song-naj	ɬo:ŋ^{1}na^{3}	两脸	6	0.00311%	1	28;
8488	双娘	song-nangz	ɬo:ŋ^{1}na:ŋ^{2}	两女	1	0.00052%	1	12;
5665	双臨	song-henz	θo:ŋ^{1}he:n^{2}	两旁	2	0.00104%	1	17;
8489	双坡	song-bo	ɬo:ŋ^{1}po^{1}	两坡	1	0.00052%	1	03;
8490	双甫	song-bux	ɬo:ŋ^{1}pu^{4}	两人	1	0.00052%	1	02;
8491	双宜	song-nix	ɬo:ŋ^{1}ni^{4}	两人这	1	0.00052%	1	02;
8492	双昙	song-ngoenz	ɬo:ŋ^{1}ŋon^{2}	两天	1	0.00052%	1	24;
8493	罵二久	ma-song-gyaeuj	ma^{1}ɬo:ŋ^{1}tɕau^{3}	两头狗	1	0.00052%	1	05;
8494	馬二尾	ma-song-lweng	ma^{1}ɬo:ŋ^{1}luəŋ^{1}	两尾狗	1	0.00052%	1	05;
8495	両艮	lingx-ngaenz	liəŋ^{4}ŋan^{2}	两银	1	0.00052%	1	17;
8496	良利	liengh-lih	liəŋ^{6}li^{6}	亮光	1	0.00052%	1	17;
2433	糌	gai	ka:i^{1}	量米筒	8	0.00415%	1	17;
8498	賌	liuz	li:u^{2}	僚人	1	0.00052%	1	07;
8499	賌三妹	liuh-sanh-mei	li:u^{6}ɬa:n^{6}mei^{1}	僚三妹	1	0.00052%	1	12;
8501	呀猸頼	nga-mu-laih	ŋa^{1}mu^{1}la:i^{6}	獠牙猪野	1	0.00052%	1	04;
8502	亭利	diengz-lih	tiəŋ^{2}li^{6}	寮篱	1	0.00052%	1	15;
8503	亭呀	diengz-haz	tiəŋ^{2}ha^{2}	寮茅	1	0.00052%	1	15;
8505	卜	bux	pu^{4}	列位	1	0.00052%	1	17;
4441	烈	ndit	dit^{7}	烈日	3	0.00156%	3	01;04;23;
4442	貉	noh	no^{6}	猎	3	0.00156%	2	04;19;
1500	獁斗	ma-daeuq	ma^{1}tau^{5}	猎狗	16	0.00829%	8	22;01;05;17;18;20;23;07;
922	斗	daeuq	tau^{5}	猎物	28	0.01451%	11	02;04;05;07;09;19;22;24;25;17;18;
8509	板芐	mbanj-ranz	ba:n^{3}ra:n^{2}	邻里	1	0.00052%	1	17;

词号	壮字	新壮文	音标	词义	频次	词频	分布度	抄本号
4050	檂	ndoeng	doŋ¹	林	3	0.00156%	3	02;17;18;
8510	檂地	ndoeng-dih	doŋ¹ti⁶	林地	1	0.00052%	1	05;
6611	篭	ndoeng	doŋ¹	林间	2	0.00104%	1	18;
8511	迷	maex	mai⁴	林中	1	0.00052%	1	15;
1666	吉	gyaet	ɕat⁷	鳞	14	0.00726%	8	03;08;09;12;13;22;23;26;
8516	吉	gyaet	ɕat⁷	鳞甲	1	0.00052%	1	22;
434	吝	vingx	viŋ⁴	吝	70	0.03628%	3	17;21;18;
8518	灵	lingz	liŋ²	灵	1	0.00052%	1	22;
8519	岳鲁	ryoz-luz	ʔjo²lu²	灵船	1	0.00052%	1	27;
8520	灵定	lingz-ding	liŋ²tiŋ¹	灵定	1	0.00052%	1	10;
5669	州	cu	ɕu¹	灵房	2	0.00104%	1	17;
8521	怪	gvaiq	kva:i⁵	灵怪	1	0.00052%	1	27;
1431	吙	log	lɔk⁴⁴	灵魂	17	0.00881%	2	26;27;
8523	枓禄	daeu-loeg	tau¹lok⁸	灵轿	1	0.00052%	1	27;
8524	灵黎	lingz-ling	liŋ²liŋ¹	灵令	1	0.00052%	1	17;
2645	楼	laeuz	lau²	灵楼	7	0.00363%	4	01;02;07;17;
8525	仁廟	saenz-miuh	san²mi:u⁶	灵庙	1	0.00052%	1	27;
1432	牌	baiz	pa:i²	灵牌	17	0.00881%	11	01;02;05;10;11;12;17;21;24;25;29;
8526	棢	ranz	ra:n²	灵棚	1	0.00052%	1	17;
8527	那	naj	na³	灵前	1	0.00052%	1	02;
2935	良危	liengz-vih	liəŋ²vi⁶	灵位	6	0.00311%	5	05;17;19;21;25;
8529	灵姓	lingh-singj	liŋ⁶θiŋ³	灵性	1	0.00052%	1	17;
3289	達	dat	ta:t⁷	灵崖	5	0.00259%	1	27;
4444	鈴	lengz	le:ŋ²	铃	3	0.00156%	2	09;26;
8530	滆	lomh	lo:m⁶	凌晨	1	0.00052%	1	09;
8531	罧	laemq	lam⁵	凌云	1	0.00052%	1	12;
8532	凢	fanz	fa:n²	羚	1	0.00052%	1	11;
8533	綋	hong	ho:ŋ¹	绫	1	0.00052%	1	07;
4445	凌	lingz	liŋ²	绫罗	3	0.00156%	2	01;07;
8535	鮋凌	gya-lingz	ɕa¹liŋ²	鲮鱼	1	0.00052%	1	04;
1355	曩	nangh	na:ŋ⁶	岭	18	0.00933%	7	02;05;07;17;20;21;18;
5670	坡	bo	po¹	岭神	2	0.00104%	1	17;
8537	谷	goek	kok⁷	领头	1	0.00052%	1	25;
5673	何	hoz	ho²	领子	2	0.00104%	1	25;
1961	應	inq	in⁵	令印	11	0.00570%	1	19;
5674	勿亶	fwed-lungz	fuət⁸luŋ²	刘海	2	0.00104%	2	05;08;
8546	流年	liuz-nienz	li:u²niən²	流年	1	0.00052%	1	20;
8548	斗湶澇	daeuj-caz-ndaengh	tau³ɕa²daŋ⁶	流竹篓碱水	1	0.00052%	1	01;
8549	魯	lux	lu⁴	柳	1	0.00052%	1	28;
8550	汏柳州	dah-liuh-cu	ta⁶li:u⁶ɕu¹	柳州河	1	0.00052%	1	20;
3763	六國	loeg-guek	lok⁸kuək⁷	六国	4	0.00207%	3	01;05;07;
8553	六害	loeg-haih	lok⁸ha:i⁶	六害	1	0.00052%	1	12;

词号	壮字	新壮文	音标	词义	频次	词频	分布度	抄本号
8554	禄郝	lueg-hak	luək⁸ha:k⁷	六郝	1	0.00052%	1	10;
4450	六耗	loeg-haux	lok⁸ha:u⁴	六耗	3	0.00156%	2	20;28;
8555	六害	loeg-hab	lok⁸ha:p⁸	六合	1	0.00052%	1	28;
8556	六甲	loeg-gab	lok⁸ka:p⁸	六甲	1	0.00052%	1	23;
5684	六國	loek-gyog	lok⁷tɕo:k⁸	六疆域	2	0.00104%	1	04;
8557	六畓	loeg-dumh	lok⁸tum⁶	六畓	1	0.00052%	1	11;
8558	甫六慮	bux-loek-lij	pu⁴lok⁷li³	六虑公	1	0.00052%	1	03;
4451	狢六拎	mu-loek-gaem	mu¹lok⁷kam¹	六拳猪	3	0.00156%	2	07;10;
2237	六壬	loeg-yaemz	lok⁸jam²	六壬	9	0.00467%	5	01;02;04;08;23;
5685	圩六	hw-loeg	hɯ¹lok⁸	六圩	2	0.00104%	1	17;
8562	六位	loeg-vih	lok⁸vi⁶	六位	1	0.00052%	1	12;
1963	六月	loeg-ngued	lok⁸ŋuət⁸	六月	11	0.00570%	8	11;19;20;21;23;27;28;05;
5686	六咀	lug-dcawr	luk⁴⁴tɕau⁵⁵	六诏	2	0.00104%	1	26;
636	䖄	lungz	luŋ²	龙	45	0.02333%	13	03;04;05;07;10;12;13;17;20;22;24;25;18;
8564	龍神	lungz-saenz	luŋ²ɬan²	龙辰	1	0.00052%	1	25;
8565	圩龙仙	hw-lungz-sien	hɯ¹luŋ²ɬiən¹	龙川圩	1	0.00052%	1	10;
8566	龙發	loengz-faz	loŋ²fa²	龙发	1	0.00052%	1	18;
8567	䖄仆	loengz-bux	loŋ²pu⁴	龙公	1	0.00052%	1	17;
5687	合龍	hoz-lungz	ho²luŋ²	龙喉	2	0.00104%	1	12;
8568	宠甲	lungz-gyaz	luŋ²tɕa²	龙甲	1	0.00052%	1	10;
1964	龍九玖	lungz-guj-gyaeuj	luŋ²ku³tɕau³	龙九头	11	0.00570%	7	01;02;03;04;07;10;12;
3291	罧绞鸡	lumz-gveuj-gaeq	lum²kve:u³kai⁵	龙卷风	5	0.00259%	3	22;02;10;
8569	龙没	loengz-maeg	loŋ²mak⁸	龙脉	1	0.00052%	1	18;
8570	䖄妹	loengz-meh	loŋ²me⁶	龙母	1	0.00052%	1	17;
8571	䖄	loengz	loŋ²	龙蛇	1	0.00052%	1	17;
8572	龍神	lungz-caenz	luŋ²ɕan²	龙神	1	0.00052%	1	28;
8573	掌	giengh	kiəŋ⁶	龙虱	1	0.00052%	1	12;
8574	籠交	yoengq-gyeu	joŋ⁵tɕe:u¹	龙套	1	0.00052%	1	18;
5688	以龍	gyaeuj-lungz	tɕau³luŋ²	龙头	2	0.00104%	1	03;
2437	模聄	mak-nganx	ma:k⁷ŋa:n⁴	龙眼	8	0.00415%	7	11;12;15;17;21;14;28;
5689	力䖄	lwg-lungz	lɯk⁸luŋ²	龙仔	2	0.00104%	2	03;18;
8575	在	saic	sa:i³⁵	咙	1	0.00052%	1	26;
5690	箭	loengh	loŋ⁶	砻	2	0.00104%	1	17;
8576	奴	nuk	nuk⁷	聋子	1	0.00052%	1	08;
658	宠	loengz	loŋ²	笼	43	0.02229%	17	03;05;06;07;08;09;10;11;12;13;17;20;23;24;27;18;
8577	籠	loengq	loŋ⁵	笼里	1	0.00052%	1	12;
8578	隴蛴蟠	longz-nengz-nauh	lo:ŋ²ne:ŋ²na:u⁶	笼宁瑙	1	0.00052%	1	12;
5692	猓	looq	lo:ŋ⁴⁴	笼头	2	0.00104%	1	26;
8579	籠箱	loengx-sieng	loŋ⁴ɬiəŋ¹	笼箱	1	0.00052%	1	12;
1323	娄	laeuz	lau²	笼子	19	0.00985%	14	02;03;04;06;07;08;09;10;12;17;19;23;27;22;
8581	隆安	lungz-an	luŋ²a:n¹	隆安	1	0.00052%	1	12;

词号	壮字	新壮文	音标	词义	频次	词频	分布度	抄本号
8582	遠	yienj	$jiən^{3}$	梡	1	0.00052%	1	11;
3764	現	hienj	$hiən^{3}$	梡木	4	0.00207%	3	05;11;14;
5693	衍	hangh	$ha:ŋ^{6}$	垄	2	0.00104%	2	11;23;
5694	隴	lungh	$luŋ^{6}$	崋场	2	0.00104%	1	12;
826	娄	laeuz	lau^{2}	楼	32	0.01659%	7	04;09;17;19;20;24;18;
2542	板	benj	$pe:n^{3}$	楼板	7	0.00363%	7	08;09;12;19;22;23;18;
4454	楼	laeuz	lau^{2}	楼房	3	0.00156%	3	01;09;17;
924	黎	lae	lai^{1}	楼梯	28	0.01451%	13	02;03;05;07;08;09;10;12;17;21;23;29;18;
5695	北黎	bak-lae	$pa:k^{7}lai^{1}$	楼梯口	2	0.00104%	1	05;
8584	蟪狗	daek-gaeuj	$tak^{7}kau^{3}$	蝼蛄	1	0.00052%	1	08;
8585	立	laep	lap^{7}	篓	1	0.00052%	1	12;
8586	粒	laep	lap^{7}	篓筐	1	0.00052%	1	12;
8589	驢郎頼	luz-langz-laih	$lu^{2}la:ŋ^{2}la:i^{6}$	卢郎赖	1	0.00052%	1	28;
606	俄	ngox	$ŋo^{4}$	芦苇	48	0.02488%	21	02;03;04;05;09;10;11;12;13;14;15;17;19;22;25;26;27;28;06;07;18;
8590	廖咟鉢	liu-bak-buenz	$li:u^{1}pa:k^{7}puən^{2}$	芦苇口盘	1	0.00052%	1	02;
8591	狼廖	langz-liu	$la:ŋ^{2}li:u^{1}$	芦苇笋	1	0.00052%	1	05;
5697	京	ging	$kiŋ^{1}$	炉	2	0.00104%	2	11;26;
5698	败	baij	$pa:i^{3}$	炉子	2	0.00104%	1	03;
8592	干	gaz	ka^{2}	鲈鱼	1	0.00052%	1	17;
4455	匠賊	cangh-caeg	$ɕa:ŋ^{6}ɕak^{8}$	掳掠匠	3	0.00156%	2	05;07;
8593	賊	caeg	$ɕak^{8}$	掳掠者	1	0.00052%	1	04;
3765	陸	loeg	lok^{8}	陆	4	0.00207%	4	06;08;19;20;
5699	汴	mboek	bok^{7}	陆地	2	0.00104%	2	11;25;
8594	尔	ndoic	doi^{35}	陆谷	1	0.00052%	1	26;
8595	陸何	luz-hoz	$lu^{2}ho^{2}$	陆何	1	0.00052%	1	10;
4456	蘭六	lanz-loeg	$la:n^{2}lok^{8}$	陆家	3	0.00156%	3	04;05;06;
8596	陸	loeg	lok^{8}	陆氏	1	0.00052%	1	02;
8597	六	loeg	lok^{8}	陆姓	1	0.00052%	1	17;
3766	鴻	loeg	lok^{8}	鹿	4	0.00207%	2	22;26;
1502	六甲	lug-gyap	$luk^{8}tɕa:p^{7}$	渌甲	16	0.00829%	10	01;02;04;05;06;08;09;12;21;23;
2238	禄存	loeg-conz	$lok^{8}ɕo:n^{2}$	禄存	9	0.00467%	5	01;02;04;10;23;
124	路	loen	lon^{1}	路	253	0.13114%	25	01;02;03;04;05;07;09;10;11;12;14;16;17;19;20;21;22;23;24;25;26;27;28;18;
8598	路	loh	lo^{6}	路程	1	0.00052%	1	27;
2239	埧落	bak-los	$pak^{11}lo^{31}$	路口	9	0.00467%	6	26;04;13;17;19;22;
8599	路肯	los-kuznx	$lo^{31}khuɯn^{33}$	路上	1	0.00052%	1	26;
5700	永	yoen	jon^{1}	路神	2	0.00104%	1	17;
8600	落	loh	lo^{6}	路子	1	0.00052%	1	17;
8601	愛	ai	$a:i^{1}$	露	1	0.00052%	1	05;
2646	浗	laiz	$la:i^{2}$	露水	7	0.00363%	5	03;21;23;20;26;

词号	壮字	新壮文	音标	词义	频次	词频	分布度	抄本号
8603	㳥	longq	lo:ŋ^{5}	露外	1	0.00052%	1	09;
8604	皮浴	bix-raiz	pi^{4}ra:i^{2}	露珠露水	1	0.00052%	1	20;
11196	運	yum	jum^{1}	乱草	1	0.00052%	1	18;
8614	榮	yungq	juŋ^{5}	乱枝	1	0.00052%	1	10;
2647	枒	nya	ɲa^{1}	乱子	7	0.00363%	3	01;03;04;
2649	羅	lox	lo^{4}	罗	7	0.00363%	4	07;08;19;25;
8620	羅安太	laz-an-daih	la^{2}a:n^{1}ta:i^{6}	罗安太	1	0.00052%	1	02;
8621	羅安泰	loz-anh-dai	lo^{2}a:n^{6}ta:i^{1}	罗安泰	1	0.00052%	1	10;
5704	芤羅	gyaek-nda	tɕak^{7}da^{1}	罗菜	2	0.00104%	2	23;22;
3481	閆	yiemh	jiəm^{6}	罗盖	4	0.00207%	4	02;07;10;18;
5705	傘厭	liengj-yiemh	liəŋ^{3}jiəm^{6}	罗盖伞	2	0.00104%	2	09;18;
8622	羅漢	loz-han	lo^{2}ha:n^{1}	罗汉	1	0.00052%	1	09;
8623	波羅漢	bo-loz-han	po^{1}lo^{2}ha:n^{1}	罗汉山	1	0.00052%	1	12;
5706	蘭羅	lanz-laz	la:n^{2}la^{2}	罗家	2	0.00104%	2	04;05;
5707	羅經	laz-ging	la^{2}kiŋ^{1}	罗经	2	0.00104%	2	02;17;
3769	羅經	laz-ging	la^{2}kiŋ^{1}	罗盘	4	0.00207%	3	04;10;17;
8624	羅三丙	loz-sam-bingj	lo^{2}ɬa:m^{1}piŋ^{3}	罗三丙	1	0.00052%	1	28;
8625	羅	laz	la^{2}	罗氏	1	0.00052%	1	02;
5708	圩罗	hangh-laz	ha:ŋ^{6}la^{2}	罗圩	2	0.00104%	1	27;
8626	腊	laz	la^{2}	罗姓	1	0.00052%	1	17;
2650	州	laz	la^{2}	锣	7	0.00363%	6	03;08;12;21;23;25;
1219	杋	mbung	buŋ^{1}	箩	21	0.01089%	6	05;06;09;14;17;21;
5709	機	gyij	tɕi^{3}	骡	2	0.00104%	2	21;25;
4459	蛴迷	nengz-maex	ne:ŋ^{2}mai^{4}	螺蜂	3	0.00156%	2	01;03;
3113	西	sae	ɬai^{1}	螺蛳	5	0.00259%	5	01;05;19;25;18;
8627	罗癸	loh-gviq	lo^{6}kvi^{5}	洛癸	1	0.00052%	1	17;
8628	六甲	lox-gap	lo^{4}ka:p^{7}	洛甲	1	0.00052%	1	21;
578	渌畓	lug-doz	luk^{8}to^{2}	洛陀	51	0.02644%	14	01;02;04;05;06;08;09;12;15;16;17;20;21;23;
8629	王楽托	yangz-lox-doz	jva:ŋ^{2}lo^{4}to^{2}	洛陀王	1	0.00052%	1	18;
8630	洛	lak	la:k^{7}	络纱	1	0.00052%	1	25;
8634	瀆漭炓	doek-yag-laeuj	tok^{7}ja:k^{8}lau^{3}	落滴酒	1	0.00052%	1	04;
8638	落臘	loz-laz	lo^{2}la^{2}	落腊	1	0.00052%	1	01;
8639	王落臘	vuengz-loz-laz	vuəŋ^{2}lo^{2}la^{2}	落腊王	1	0.00052%	1	01;
8641	落哩	laz-lij	la^{2}li^{3}	落哩	1	0.00052%	1	04;
8642	王落哩	vuengz-laz-lij	vuəŋ^{2}la^{2}li^{3}	落哩王	1	0.00052%	1	04;
8646	篤危	doek-ngviz	tok^{7}ŋvi^{2}	落危	1	0.00052%	1	03;
8647	兑倫	doiq-lwnz	to:i^{5}lɯn^{2}	落尾	1	0.00052%	1	05;
2240	廬	log	lo:k^{8}	驴	9	0.00467%	3	09;17;20;
4463	吕	lix	li^{4}	吕	3	0.00156%	1	25;
8649	吕陸何	lij-luz-hoz	li^{3}lu^{2}ho^{2}	吕陆何	1	0.00052%	1	07;
8650	陸	loeg	lok^{8}	绿	1	0.00052%	1	25;
8651	花陸	va-log	va^{1}lo:k^{8}	绿花	1	0.00052%	1	05;
1798	禄	loeg	lok^{8}	绿色	12	0.00622%	9	03;07;09;10;17;23;25;26;

词号	壮字	新壮文	音标	词义	频次	词频	分布度	抄本号
8652	妹	meh	me⁶	妈	1	0.00052%	1	12;
897	朷	ndaix	da:i⁴	麻	29	0.01503%	10	01;04;09;11;12;17;19;20;22;18;
4925	来	ndaij	da:i³	麻布	2	0.00104%	2	17;18;
2938	俐	li	li¹	麻烦	6	0.00311%	4	01;02;04;11;
8653	楽	laeg	lak⁸	麻风树	1	0.00052%	1	05;
8654	催	gyoi	tɕo:i¹	麻箩	1	0.00052%	1	01;
5715	吓位	yah-vih	ja⁶vi⁶	麻雀	2	0.00104%	1	22;
8655	唘鷄	gyaeq-laej	tɕai⁵lai³	麻雀斑	1	0.00052%	1	28;
2241	乃	ndaix	da:i⁴	麻绳	9	0.00467%	6	02;22;03;05;12;15;
8656	非耒	faex-ndaij	fai⁴da:i³	麻树	1	0.00052%	1	17;
2242	律	laet	lat⁷	麻疹	9	0.00467%	2	22;23;
85	馬	max	ma⁴	马	365	0.18920%	27	05;17;01;02;03;06;07;08;09;10;11;12;13;14;15;19;20;21;22;23;24;25;26;27;
1581	恩馬	an-max	a:n¹ma⁴	马鞍	15	0.00778%	9	17;02;05;07;09;10;12;19;
8657	馬把	mar-ba	ma⁵⁵pa⁴⁴	马背	1	0.00052%	1	26;
8658	个勿馬	go-faed-max	ko¹fat⁸ma⁴	马鞭草	1	0.00052%	1	05;
5716	曺	cauz	ɕa:u²	马槽	2	0.00104%	1	22;
5717	耳馬	lwez-max	lɯə²ma⁴	马耳	2	0.00104%	1	05;
966	兎	doq	to⁵	马蜂	27	0.01400%	16	01;02;03;04;05;08;09;10;11;12;14;15;17;19;20;26;
5718	宠兎	loengz-doq	lo:ŋ²to⁵	马蜂巢	2	0.00104%	2	03;12;
2652	龍兎	longz-doq	lo:ŋ²to⁵	马蜂窝	7	0.00363%	4	14;03;17;18;
4465	曹馬	cauz-max	ɕa:u²ma⁴	马厩	3	0.00156%	3	17;05;06;
8659	馬連安	max-lienz-an	ma⁴liən²a:n¹	马连鞍	1	0.00052%	1	05;
8660	馬所安	max-song-an	ma⁴θo:ŋ¹a:n¹	马两鞍	1	0.00052%	1	18;
5719	馬龍車	max-loengz-cie	ma⁴loŋ²ɕiə¹	马龙车	2	0.00104%	2	02;06;
5720	隆馬	loengz-max	loŋ²ma⁴	马笼	2	0.00104%	2	23;03;
8661	馬面	maj-men	ma³me:n¹	马面	1	0.00052%	1	07;
8662	癸馬	gviq-max	kvi⁵ma⁴	马辔	1	0.00052%	1	17;
3770	的馬	duez-max	tuə²ma⁴	马匹	4	0.00207%	1	10;
3771	銀馬	ngaenz-max	ŋan²ma⁴	马钱	4	0.00207%	1	05;
5721	诺馬	noh-max	no⁶ma⁴	马肉	2	0.00104%	1	17;
8663	長馬	cag-max	ɕa:k⁸ma⁴	马绳	1	0.00052%	1	20;
8664	丁馬	din-max	tin¹ma⁴	马蹄	1	0.00052%	1	18;
5722	馬律	max-lweng	ma⁴lɯəŋ¹	马尾	2	0.00104%	2	05;03;
8665	馬	max	ma⁴	马仔	1	0.00052%	1	17;
5723	馬	max	ma⁴	码	2	0.00104%	2	12;21;
2653	索	sok	ɬo:k⁷	码头	7	0.00363%	4	01;03;04;26;
4025	塊	gvej	kve³	蚂蚜	4	0.00207%	1	18;
2654	蚜	goep	kop⁷	蚂蚜	7	0.00363%	5	04;17;19;20;12;
2655	兵	bing	piŋ¹	蚂蟥	7	0.00363%	1	28;

词号	壮字	新壮文	音标	词义	频次	词频	分布度	抄本号
3293	蠛	moed	mot^{8}	蚂蚁	5	0.00259%	4	14;20;26;09;
4466	德	daek	tak^{7}	蚂蚱	3	0.00156%	2	02;12;
8673	麦	meg	me:k^{8}	麦	1	0.00052%	1	02;
8674	个	gai	ka:i^{1}	卖	1	0.00052%	1	15;
4468	馬	maeg	mak^{8}	脉	3	0.00156%	2	02;20;
2657	蛮	manz	ma:n^{2}	蛮	7	0.00363%	6	04;07;10;13;17;28;
5727	忙蛮	miengh-manz	mi:ŋ^{6}ma:n^{2}	蛮地	2	0.00104%	1	27;
3294	還	manz	ma:n^{2}	蛮人	5	0.00259%	3	05;11;13;
1965	蠻	manz	ma:n^{2}	蛮贼	11	0.00570%	3	24;25;28;
4469	蛮守	manz-suj	ma:n^{2}ɬu^{3}	蛮主	3	0.00156%	1	25;
5729	滿	muenj	mɯən^{3}	满	2	0.00104%	2	05;01;
8675	灡毬	muenz-laih	muən^{2}la:i^{6}	满莱	1	0.00052%	1	05;
5732	满	muenx	muən^{4}	满日	2	0.00104%	2	02;04;
8677	淋玖	lim-gyaeuj	lim^{1}tɕau^{3}	满头	1	0.00052%	1	07;
8678	洛月	rog-ndwen	ro:k^{8}dɯən^{1}	满月	1	0.00052%	1	21;
11198	慢	manx	ma:n^{4}	幔	1	0.00052%	1	18;
8685	荷茫	haz-muengz	ha^{2}muəŋ^{2}	芒草	1	0.00052%	1	22;
8686	街	gai	ka:i^{1}	芒果	1	0.00052%	1	09;
8688	盲	mengz	me:ŋ^{2}	盲人	1	0.00052%	1	08;
3295	蛍	dangh	ta:ŋ^{6}	蟒蛇	5	0.00259%	5	03;09;24;26;13;
1040	猫	meuz	me:u^{2}	猫	25	0.01296%	9	01;03;05;06;09;10;17;19;
5736	口个	gok-guj	ko:k^{7}ku^{3}	猫头鹰	2	0.00104%	2	17;07;
1157	毽	bwn	pun^{1}	毛	22	0.01140%	11	03;09;10;14;17;19;21;22;23;26;18;
5737	毛	bwn	pun^{1}	毛发	2	0.00104%	2	05;26;
8689	鵅鶻	loeg-gut	lok^{8}kut^{7}	毛鸡鸟	1	0.00052%	1	09;
5738	晒	sai	θa:i^{1}	毛巾	2	0.00104%	1	17;
8691	咊	bwn	pun^{1}	毛色	1	0.00052%	1	24;
4927	盆	bwn	pun^{1}	毛穗	2	0.00104%	2	19;18;
2244	䟣	faiz	fa:i^{2}	毛竹	9	0.00467%	3	05;02;07;
8692	盖䟣	gyai-faiz	tɕa:i^{1}fa:i^{2}	毛竹尾	1	0.00052%	1	05;
5739	能葉䟣	naengj-mbaw-faiz	naŋ^{3}baɯ^{1}fa:i^{2}	毛竹叶糯饭	2	0.00104%	1	05;
4471	茆郎	mauh-langz	ma:u^{6}la:ŋ^{2}	茆郎	3	0.00156%	1	27;
241	苊荷	nywej-haz	ȵɯə^{3}ha^{2}	茅草	129	0.06687%	28	02;03;06;07;10;22;28;12;18;01;04;05;08;09;11;13;14;15;17;19;20;21;23;24;25;26;29;18;
8693	荷	haz	ha^{2}	茅草丛	1	0.00052%	1	13;
8694	哥哈	goc-ha	ko^{35}ha^{44}	茅草蔸	1	0.00052%	1	26;
8695	荷六	haz-ndok	ha^{2}do:k^{7}	茅草骨	1	0.00052%	1	12;
8696	何恾	haz-muengz	ha^{2}muəŋ^{2}	茅草芒	1	0.00052%	1	04;
4472	夏捞	haz-bangx	ha^{2}pa:ŋ^{4}	茅草旁边	3	0.00156%	1	19;
8697	畜	coek	ɕok^{7}	茅寮	1	0.00052%	1	07;

词号	壮字	新壮文	音标	词义	频次	词频	分布度	抄本号
5740	停	diengz	tiəŋ²	茅棚	2	0.00104%	2	09;25;
8698	亭利	diengz-lih	tiəŋ²li⁶	茅棚地	1	0.00052%	1	23;
8699	亭鴻	diengz-loeg	tiəŋ²lok⁸	茅棚鸟	1	0.00052%	1	23;
4473	亭那	diengz-naz	tiəŋ²na²	茅棚水田	3	0.00156%	1	23;
8700	亭那	diengz-naz	tiəŋ²na²	茅棚田	1	0.00052%	1	23;
4474	亭犁	diengz-lih	tiəŋ²li⁶	茅棚畲地	3	0.00156%	1	23;
5741	雷	ndoi	do:i¹	茅坡	2	0.00104%	2	07;10;
837	蘭何	lanz-haz	la:n²ha²	茅屋	32	0.01659%	7	01;04;05;16;20;23;24;
1244	夘	maux	ma:u⁴	卯	20	0.01037%	9	01;02;04;10;12;17;19;27;
4475	旼夘	ngoenz-maux	ŋon²ma:u⁴	卯日	3	0.00156%	1	20;
4476	夘	maux	ma:u⁴	卯时	3	0.00156%	2	17;26;
8702	茂寧惱	mbaeux-ningz-naux	bau²niŋ²na:u⁴	茂宁瑙	1	0.00052%	1	05;
5742	某寧惱	maeuz-ningz-naux	mau²niŋ²na:u⁴	帽宁瑙	2	0.00104%	1	22;
1158	帽	mauh	ma:u⁶	帽子	22	0.01140%	8	04;05;17;20;21;23;08;18;
324	吆	mo	mo¹	麽	99	0.05132%	17	02;03;04;05;06;07;08;10;11;12;13;17;19;20;22;25;
5743	麽不魯	mo-mbaeux-lox	mo¹bau⁴lo⁴	麽不鲁	2	0.00104%	1	01;
8707	麽很涯	mo-hwnj-yaiq	mo¹hɯn³ja:i⁵	麽恒涯	1	0.00052%	1	21;
8708	麽漂直	mo-beu-cik	mo¹pe:u¹ɕik⁷	麽笏尺	1	0.00052%	1	04;
4478	麽茄	mo-gej	mo¹ke³	麽解开	3	0.00156%	2	01;04;
5746	麽	mo	mo¹	麽经	2	0.00104%	2	12;17;
91	麽渌甲	mo-lug-gyap	mo¹luk⁸tɕa:p⁷	麽渌甲	344	0.17831%	29	01;02;03;04;05;06;07;08;09;10;11;12;13;14;15;16;17;18;19;20;21;22;23;24;25;26;27;28;29;
5747	莫罗甲	mo-lox-gap	mo¹lo⁴ka:p⁷	麽洛甲	2	0.00104%	2	17;21;
8710	巫	moed	mot⁸	麽事	1	0.00052%	1	27;
8711	磨茶従	mo-caz-soengz	mo¹ɕa²ɬoŋ²	麽站立	1	0.00052%	1	02;
4479	刕	ndaiz	da:i²	没事	3	0.00156%	1	27;
8715	漢眉	mak-mbi	ma:k⁷bi¹	眉果	1	0.00052%	1	12;
8716	大	da	ta¹	眉毛	1	0.00052%	1	23;
2939	署	swq	ɬɯ⁵	媒	6	0.00311%	2	22;23;
859	奸	yah	ja⁶	媒婆	31	0.01607%	2	22;23;
457	署	swq	ɬɯ⁵	媒人	68	0.03525%	6	05;12;19;21;22;23;
1613	旼	ngoenz	ŋon²	每日	15	0.00778%	1	18;
6612	迫	ngoenz	ŋon²	每天	2	0.00104%	1	18;
5753	唎	ndi	di¹	美貌	2	0.00104%	2	22;24;
333	農	nuengx	nuəŋ⁴	妹	96	0.04976%	9	20;07;12;17;19;21;25;28;
8723	娘上晃	nangz-cang-gvangq	na:ŋ²ɕa:ŋ¹kva:ŋ⁵	妹上晃	1	0.00052%	1	28;
8724	娘仙女	nangz-sien-niex	na:ŋ²ɬiən¹niə⁴	妹仙女	1	0.00052%	1	28;
8725	農腊	nuengx-raz	nuəŋ⁴ra²	妹小	1	0.00052%	1	21;
5755	徃	nuengx	nuəŋ⁴	妹子	2	0.00104%	1	28;

词号	壮字	新壮文	音标	词义	频次	词频	分布度	抄本号
222	都	du	tu^{1}	门	138	0.07153%	21	01;02;03;04;05;07;09;10;11;12;13;17;20;21;22;23;25;26;27;28;18;
8726	圡扳	du-banj	tu^{1}pa:n^{3}	门板	1	0.00052%	1	20;
5756	當	dangq	ta:ŋ^{5}	门窗	2	0.00104%	2	12;13;
8727	肚护	du-hung	tu^{1}huŋ^{1}	门大	1	0.00052%	1	05;
2442	肚渌	du-lug	tu^{1}luk^{8}	门房	8	0.00415%	4	05;12;17;20;
8728	肚捞	du-laeng	tu^{1}laŋ^{1}	门后	1	0.00052%	1	05;
8729	妙兠街	miuh-du-gai	mi:u^{6}tu^{1}ka:i^{1}	门街庙	1	0.00052%	1	09;
5757	八都店	bak-du-diemh	pa:k^{7}tu^{1}tiəm^{6}	门坎	2	0.00104%	2	20;17;
311	剥兠	bak-du	pa:k^{7}tu^{1}	门口	103	0.05339%	22	01;04;06;09;10;12;17;18;19;20;02;03;07;21;22;23;24;26;27;28;29;18;
8730	君	gyon	tɕo:n^{1}	门拴	1	0.00052%	1	17;
8731	兠當	du-dangq	tu^{1}ta:ŋ^{5}	门堂屋	1	0.00052%	1	23;
2443	垢累	gyaeuj-lui	tɕau^{3}luəi^{1}	门梯	8	0.00415%	2	17;20;
8732	洛	log	lo:k^{8}	门外	1	0.00052%	1	22;
8733	門子	mwnz-cij	mɯn^{2}ɕi^{3}	门卫	1	0.00052%	1	22;
8735	谷們	goek-mbon	kok^{7}bo:n^{1}	们根	1	0.00052%	1	01;
8736	牤	mangh	ma:ŋ^{6}	虻	1	0.00052%	1	05;
5759	們刀	muzq-daor	mɯŋ^{44}ta:u^{55}	勐道	2	0.00104%	1	26;
5760	德	daek	tak^{7}	蜢蚱	2	0.00104%	2	22;23;
4484	落	loq	lo^{5}	梦	3	0.00156%	2	17;20;
8744	落	loq	lo^{5}	梦话	1	0.00052%	1	17;
242	糩	haeux	hau^{4}	米	129	0.06687%	22	01;02;03;04;05;06;07;08;09;10;12;13;15;16;17;19;20;21;22;23;25;18;
2942	杳	iux	i:u^{4}	米仓	6	0.00311%	4	05;06;11;17;
3297	虫馬	nengz-ma	ne:ŋ^{2}ma^{1}	米虫	5	0.00259%	5	17;18;19;04;03;
1670	糩那	haeux-naz	hau^{4}na^{2}	米饭	14	0.00726%	7	11;01;05;07;15;17;27;
8750	康米	gang-haeux	ka:ŋ^{1}hau^{4}	米缸	1	0.00052%	1	06;
5762	愦	gvih	kvi^{6}	米柜	2	0.00104%	2	10;20;
5763	記	gi	ki^{1}	米箕	2	0.00104%	2	02;07;
8751	和	hoz	ho^{2}	米浆	1	0.00052%	1	16;
5764	糩园	haeux-swen	hau^{4}ɬɯən^{1}	米粳	2	0.00104%	2	05;18;
2245	酒到	laeuj-dauq	lau^{3}ta:u^{5}	米酒	9	0.00467%	3	02;17;10;
5765	林	raemz	ram^{2}	米糠	2	0.00104%	1	17;
8752	山	can	ɕa:n^{1}	米粒	1	0.00052%	1	05;
2543	糩粮	haeux-liengz	hau^{4}liəŋ^{2}	米粮	7	0.00363%	4	10;17;18;18;
8753	莊	dcooqv	tɕo:ŋ^{11}	米箩	1	0.00052%	1	26;
8754	糩那	haeux-naz	hau^{4}na^{2}	米田	1	0.00052%	1	04;
2943	倉	cang	ɕa:ŋ^{1}	米桶	6	0.00311%	5	02;03;05;09;19;
1743	蛊	cung	ɕuŋ^{1}	米筒	13	0.00674%	5	03;05;17;19;20;
8758	壬	yaem	jam^{1}	蜜	1	0.00052%	1	22;

词号	壮字	新壮文	音标	词义	频次	词频	分布度	抄本号
2944	蜂	lwi	ɭɯəi¹	蜜蜂	6	0.00311%	5	09;10;12;14;26;
8759	糖月	dwengz-yui	tɯəŋ²juəi¹	蜜蜂糖	1	0.00052%	1	17;
8760	好	haux	ha:u⁴	蜜酱	1	0.00052%	1	20;
8761	扭	naw	nau⁴⁴	蜜蜜	1	0.00052%	1	26;
1543	組	moeg	mok⁸	棉	15	0.00778%	7	08;09;17;20;21;25;18;
2659	祢	moeg	mok⁸	棉被	7	0.00363%	3	02;17;19;
8763	逢	baengz	paŋ²	棉布	1	0.00052%	1	01;
1070	花外	va-vaiq	va¹va:i⁵	棉花	24	0.01244%	10	21;03;09;11;12;17;19;24;25;18;
2444	埋	faiq	fa:i⁵	棉纱	8	0.00415%	2	12;17;
4487	江	gyangq	tɕa:ŋ⁵	棉桃	3	0.00156%	1	21;
5768	美	mae	mai¹	棉线	2	0.00104%	2	19;24;
8764	外	vaiq	va:i⁵	棉絮	1	0.00052%	1	21;
8765	紙	paij	pha:i³	棉织	1	0.00052%	1	27;
8766	外魚	vaiq-ngvih	va:i⁵ŋvi⁶	棉籽	1	0.00052%	1	21;
8768	厄	ngieg	ŋiək⁸	喕厄	1	0.00052%	1	25;
630	邦	baih	pa:i⁶	面	46	0.02384%	19	01;02;03;04;06;09;10;11;12;13;17;19;20;22;23;24;25;26;28;
5769	那	naj	na³	面部	2	0.00104%	1	17;
4928	那	naj	na³	面貌	2	0.00104%	2	17;18;
6613	那	naj	na³	面前	2	0.00104%	1	18;
5770	那	naj	na³	面容	2	0.00104%	2	19;23;
4929	祥	siengq	θiəŋ⁵	面相	2	0.00104%	2	19;18;
4489	意	ih	i⁶	面子	3	0.00156%	2	05;17;
2660	家	gyaj	tɕa³	苗	7	0.00363%	4	03;10;17;28;
5771	共	goek	kok⁷	苗根	2	0.00104%	1	21;
2075	吝	aen	an¹	庙	10	0.00518%	4	09;17;19;26;
8771	庙	miuh	mi:u⁶	庙神	1	0.00052%	1	03;
5772	葉	den	te:n¹	庙堂	2	0.00104%	2	17;21;
3115	廟	miuh	mi:u⁶	庙宇	5	0.00259%	3	09;19;18;
3116	民	minz	min²	民	5	0.00259%	4	02;10;28;18;
1002	名	mingz	miŋ²	名	26	0.01348%	7	08;17;20;21;22;23;25;
8773	名	mingz	miŋ²	名称	1	0.00052%	1	17;
8774	单	dan	ta:n¹	名单	1	0.00052%	1	17;
2793	份	faenh	fan⁶	名分	6	0.00311%	2	21;18;
4490	作	coh	ɕo⁶	名号	3	0.00156%	1	17;
8775	明初	mingz-coh	miŋ²ɕo⁶	名誉	1	0.00052%	1	05;
659	取	coh	ɕo⁶	名字	43	0.02229%	10	05;11;17;19;20;22;23;25;28;18;
5774	摹	moq	mo⁵	明	2	0.00104%	1	12;
5775	胙捞	bi-laeng	pi¹laŋ¹	明年	2	0.00104%	2	09;15;
8780	昙昨	ngoenz-cog	ŋon²ɕo:k⁸	明日	1	0.00052%	1	25;
1846	昨	cog	ɕo:k⁸	明天	12	0.00622%	7	11;19;22;23;16;28;24;

词号	壮字	新壮文	音标	词义	频次	词频	分布度	抄本号
8781	为松	cienz-sung	ɕiən^{2}θuŋ^{1}	冥钱	1	0.00052%	1	17;
1137	蝻沙	nengz-sa	ne:ŋ^{2}ɬa^{1}	螟虫	23	0.01192%	8	10;18;19;01;02;04;08;22;
4491	蛪	laez	lai^{2}	螟蛉	3	0.00156%	2	03;08;
3782	年雷	nengz-laez	ne:ŋ^{2}lai^{2}	螟蛉虫	4	0.00207%	3	20;03;18;
237	命	mingh	miŋ^{6}	命	132	0.06842%	24	02;03;04;05;07;08;09;10;11;12;13;14;16;17;19;21;22;23;24;25;26;27;28;18;
1433	谷命	goek-mingh	kok^{7}miŋ^{6}	命根	17	0.00881%	4	02;10;23;26;
8782	命魂	mingh-hoen	miŋ^{6}hon^{1}	命魂	1	0.00052%	1	12;
8783	犸	max	ma^{4}	命脉	1	0.00052%	1	01;
1968	司	sw	ɬɯ^{1}	命书	11	0.00570%	4	05;22;03;12;
8785	命	mingh	miŋ^{6}	命贴	1	0.00052%	1	05;
8786	命	mingh	miŋ^{6}	命相	1	0.00052%	1	22;
4492	命	mingh	miŋ^{6}	命运	3	0.00156%	2	12;27;
8787	模	moh	mo^{6}	模架	1	0.00052%	1	01;
4493	模	moh	mo^{6}	模型	3	0.00156%	3	04;07;10;
2662	様	ywengh	jɯəŋ^{6}	模样	7	0.00363%	3	04;12;17;
2544	左	cax	ɕa^{4}	磨刀	7	0.00363%	4	07;08;17;18;
1584	磌平耍	lin-baenz-cax	lin^{1}pan^{2}ɕa^{4}	磨刀石	15	0.00778%	10	13;03;05;07;10;12;17;19;22;26;
5778	耳	laet	lat^{7}	磨菇	2	0.00104%	1	09;
6614	母	mux	mu^{4}	磨面	2	0.00104%	1	18;
1179	魔难	muez-nanh	muə^{2}na:n^{6}	磨难	22	0.01140%	4	05;12;22;25;
5779	班	benz	puən^{2}	磨盘	2	0.00104%	1	17;
5780	磌	hin	hin^{1}	磨石	2	0.00104%	1	20;
1745	眃列	laet-lat	lat^{7}la:t^{7}	蘑菇	13	0.00674%	5	01;05;09;17;19;
8790	快	gyai	tɕa:i^{1}	末端	1	0.00052%	1	04;
5781	菜	gyai	tɕa:i^{1}	末梢	2	0.00104%	2	05;17;
3784	毒出	doek-cod	tok^{7}ɕo:t^{8}	末尾	4	0.00207%	4	02;04;08;25;
8791	眃	ndaep	dap^{7}	末月	1	0.00052%	1	01;
4494	莫一大王	mo-it-daih-yangz	mo^{1}it^{7}ta:u^{6}jva:ŋ^{2}	莫一大王	3	0.00156%	2	18;19;
1404	墨	maeg	mak^{8}	墨	17	0.00881%	8	01;02;04;05;09;10;12;18;
8792	墨甫道	maeg-bux-dauh	mak^{8}pu^{4}ta:u^{6}	墨布道	1	0.00052%	1	10;
8793	没	maeg	mak^{8}	墨黑	1	0.00052%	1	20;
5782	墨	maeg	mak^{8}	墨线	2	0.00104%	1	17;
36	妹	meh	me^{6}	母	677	0.35092%	28	01;02;03;04;05;06;07;08;09;10;11;12;13;14;15;17;19;20;21;22;23;24;25;26;27;28;29;18;
8796	妹寕寅	meh-nengz-nyaen	me^{6}ne:ŋ^{2}ɳan^{1}	母苍蝇	1	0.00052%	1	17;
3117	妹	meh	me^{6}	母虫	5	0.00259%	3	19;20;18;
8797	妹寕赖	meh-nengz-raiz	me^{6}ne:ŋ^{2}ra:i^{2}	母虫甲	1	0.00052%	1	17;
5783	妹床晩	meh-congz-mbanx	me^{6}ɕo:ŋ^{2}ba:n^{4}	母床晚	2	0.00104%	1	05;
8798	乜們	mes-muzq	me^{31}mɯŋ^{44}	母村寨	1	0.00052%	1	26;

词号	壮字	新壮文	音标	词义	频次	词频	分布度	抄本号
4495	妹地	meh-dieg	me⁶tiək⁸	母地	3	0.00156%	1	23;
8799	妹傍桑	meh-biengz-sang	me⁶piəŋ²ɬa:ŋ¹	母地方高	1	0.00052%	1	28;
5784	乜鹅	mes-haanv	me³¹ha:n¹¹	母鹅	2	0.00104%	1	26;
5785	乜娘虫	meh-nengz-cungz	me⁶ne:ŋ²ɕuŋ²	母拱屎虫	2	0.00104%	1	17;
1373	犸助	ma-coh	ma¹ɕo⁶	母狗	18	0.00933%	10	02;07;22;23;01;03;04;09;11;17;
8800	乜蜻雷	meh-nengz-yui	me⁶ne:ŋ²juəi¹	母蜾蜂	1	0.00052%	1	17;
1746	妹楞	meh-laeng	me⁶laŋ¹	母后	13	0.00674%	5	06;17;22;23;26;
8801	妹啂	meh-gyoenz	me⁶tɕon²	母话	1	0.00052%	1	18;
938	鸡母	gaeq-meh	kai⁵me⁶	母鸡	28	0.01451%	11	05;12;21;23;26;01;02;03;07;17;20;
4496	妹阑	meh-lanz	me⁶la:n²	母家	3	0.00156%	1	05;
8802	妹郎	meh-langz	me⁶la:ŋ²	母郎	1	0.00052%	1	12;
1221	妹老	meh-laux	me⁶la:u⁴	母老	21	0.01089%	7	02;07;10;17;22;23;28;
8803	妹离	meh-liz	me⁶li²	母离	1	0.00052%	1	23;
4497	妹檂班	meh-ndoeng-ban	me⁶doŋ¹pa:n¹	母林班	3	0.00156%	1	04;
5786	姝龙	meh-loengz	me⁶loŋ²	母龙	2	0.00104%	1	17;
8804	妑蜻頪	meh-nengz-yui	me⁶ne:ŋ²juəi¹	母螺蜂	1	0.00052%	1	17;
8805	姝落叩	meh-lox-gaeuq	me⁶lo⁴kau⁵	母洛叩	1	0.00052%	1	17;
4498	馬姆	max-meh	ma⁴me⁶	母马	3	0.00156%	2	05;17;
8806	妹娘	meh-nangz	me⁶na:ŋ²	母娘	1	0.00052%	1	05;
8807	迷六酉	meh-roeg-yaeu	me⁶rok⁸jau¹	母鸟斑鸠	1	0.00052%	1	17;
688	妹除	meh-cwez	me⁶ɕɯə²	母牛	41	0.02125%	16	01;04;03;05;06;13;14;17;21;07;12;22;26;20;23;25;
5787	妹角	meh-gaeu	me⁶kau¹	母牛角	2	0.00104%	1	03;
8808	妹犽	meh-yah	me⁶ja⁶	母婆	1	0.00052%	1	18;
3298	妹柳	meh-ndux	me⁶du⁴	母前	5	0.00259%	3	06;23;26;
597	妹	meh	me⁶	母亲	49	0.02540%	15	01;05;06;07;10;12;17;19;20;21;22;24;27;28;18;
8809	母	meh	me⁶	母禽	1	0.00052%	1	04;
8810	妹神農	meh-saenz-noengz	me⁶ɬan²noŋ²	母神农	1	0.00052%	1	11;
8811	妹嫽	meh-liuz	me⁶li:u²	母婶	1	0.00052%	1	23;
8812	妹老	meh-laux	me⁶la:u⁴	母圣	1	0.00052%	1	22;
8813	乜水	mes-namr	me³¹nam⁵⁵	母水域	1	0.00052%	1	26;
5788	妹那	meh-naz	me⁶na²	母田	2	0.00104%	2	02;20;
2945	妹皇	meh-vuengz	me⁶vuəŋ²	母王	6	0.00311%	3	03;12;13;
3299	妹鴨	meh-bit	me⁶pit⁷	母鸭	5	0.00259%	4	01;04;16;26;
8814	妹艮	meh-ngaenz	me⁶ŋan²	母银	1	0.00052%	1	23;
1504	妹	meh	me⁶	母猪	16	0.00829%	8	03;09;18;19;26;04;05;17;
5789	毛丹	mauh-dan	ma:u⁶ta:n¹	牡丹	2	0.00104%	1	21;
415	迷	maex	mai⁴	木	74	0.03836%	22	05;01;03;04;06;07;08;09;10;11;12;13;15;17;20;21;22;23;26;27;29;18;

词号	壮字	新壮文	音标	词义	频次	词频	分布度	抄本号
1505	板	benj	pe:n³	木板	16	0.00829%	10	03;05;07;08;09;17;19;21;26;27;
8815	木抵	majr-deemx	mai⁵⁵te:m³³	木板垫	1	0.00052%	1	26;
5790	胬迷板	noh-maex-benj	no⁶mai⁴pe:n³	木板肉	2	0.00104%	1	10;
8816	美	maex	mai⁴	木棒	1	0.00052%	1	12;
8817	輕	maeuz	mau²	木柄	1	0.00052%	1	07;
4499	非	faex	fai⁴	木材	3	0.00156%	1	17;
5791	曺	cauz	ɕa:u²	木槽	2	0.00104%	1	11;
2664	煞	sak	ɬa:k⁷	木杵	7	0.00363%	5	02;03;05;09;20;
8818	木擂	moeg-loix	mok⁸lo:i⁴	木槌	1	0.00052%	1	03;
8819	株大考	maex-dah-gauq	mai⁴ta⁶ka:u⁵	木大考	1	0.00052%	1	01;
8820	椪提	maex-deiz	mai⁴tei²	木大青竹	1	0.00052%	1	27;
5792	迷降	maex-gyaengh	mai⁴tɕaŋ⁶	木段	2	0.00104%	1	03;
2334	栮	laet	lat⁷	木耳	8	0.00415%	4	02;03;21;18;
8821	株娄	maex-laeu	mai⁴lau¹	木枫	1	0.00052%	1	06;
5793	莫	maex	mai⁴	木杠	2	0.00104%	2	04;27;
1544	迷	maex	mai⁴	木棍	15	0.00778%	8	01;03;07;19;25;27;28;18;
8822	梅輪	maex-noenh	mai⁴non⁶	木花皮树	1	0.00052%	1	02;
8823	甲	gab	ka:p⁸	木夹	1	0.00052%	1	02;
5794	甲	gab	ka:p⁸	木架	2	0.00104%	1	07;
4500	長株	cangh-maex	ɕa:ŋ⁶mai⁴	木匠	3	0.00156%	3	06;05;08;
5795	株急	maex-gep	mai⁴ke:p⁷	木块	2	0.00104%	2	01;04;
4501	専連押	gyon-lienz-gab	tɕo:n¹lian²ka:p⁸	木连竹	3	0.00156%	2	04;01;
8824	門	con	ɕo:n¹	木梁	1	0.00052%	1	01;
4502	樸	maex	mai⁴	木料	3	0.00156%	2	12;17;
2946	梅硯	maex-yienj	mai⁴jian³	木榄	6	0.00311%	4	02;05;11;15;
5796	腆	max	ma⁴	木马	2	0.00104%	2	02;21;
3787	了	leux	le:u⁴	木棉	4	0.00207%	3	09;25;27;
2446	木夜	majr-iak	mai⁵⁵iak¹¹	木牛轭	8	0.00415%	1	26;
4503	串	gyon	tɕo:n¹	木片	3	0.00156%	3	02;04;05;
8825	迷山	maex-gyang	mai⁴tɕa:ŋ¹	木杉	1	0.00052%	1	10;
5798	閂木	heenv-majr	he:n¹¹mai⁵⁵	木闩	2	0.00104%	1	26;
8826	寸琴	con-gimz	ɕo:n¹kim²	木拴	1	0.00052%	1	25;
3788	燎	liuz	li:u²	木炭	4	0.00207%	3	03;07;08;
5799	梅廖	maex-liu	mai⁴li:u¹	木梯级	2	0.00104%	1	02;
2447	専	gyon	tɕo:n¹	木条	8	0.00415%	5	04;08;09;10;23;
8827	押蘭	gab-lanz	ka:p⁸la:n²	木条干栏	1	0.00052%	1	12;
1506	株求	maex-gyaeuq	mai⁴tɕau⁵	木桐	16	0.00829%	6	01;02;04;06;07;12;
4504	迷救	maex-gyaeuq	mai⁴tɕau⁵	木桐油	3	0.00156%	1	10;
2448	株	maex	mai⁴	木头	8	0.00415%	4	06;09;25;27;
3789	木奉	maex-fung	mai⁴fuŋ¹	木乌杨	4	0.00207%	1	03;
8828	非能	faex-noenh	fai⁴non⁶	木五倍子	1	0.00052%	1	17;
8829	敏	maenz	man²	木屑	1	0.00052%	1	17;
4505	株宛	maex-ien	mai⁴iən¹	木烟	3	0.00156%	1	06;

词号	壮字	新壮文	音标	词义	频次	词频	分布度	抄本号
5800	硬	ngaenq	ŋan^{5}	木眼	2	0.00104%	1	06;
2545	桐	dongh	to:ŋ^{6}	木桩	7	0.00363%	6	03;17;19;22;23;18;
8830	桐吃	dongh-hid	to:ŋ^{6}hit^{8}	木桩柱架	1	0.00052%	1	05;
8831	目	moeg	mok^{8}	目	1	0.00052%	1	04;
8832	迭	dis	ti^{44}	目的地	1	0.00052%	1	26;
8834	総榴	cungj-cauz	ɕuŋ^{3}ɕa:u^{2}	牧人	1	0.00052%	1	05;
8835	葉	faenz	fan^{2}	墓	1	0.00052%	1	17;
8836	工	gumz	kum^{2}	墓穴	1	0.00052%	1	17;
8837	墓	moh	mo^{6}	墓中	1	0.00052%	1	27;
8850	老落肚	laux-rox-dungx	la:u^{4}ro^{4}tuŋ^{4}	那聪明肚	1	0.00052%	1	18;
8851	那定	naz-dingh	na^{2}tiŋ^{6}	那定	1	0.00052%	1	10;
8853	拜捞	baih-laeng	pa:i^{6}laŋ^{1}	那后面	1	0.00052%	1	01;
8855	仆分力鳥	bux-faenz-lwg-ndeuq	pu^{4}fan^{2}lɯk^{8}de:u^{5}	那砍小人	1	0.00052%	1	18;
8858	可外	go-vaiq	ko^{1}va:i^{5}	那木棉	1	0.00052%	1	17;
5809	拜倻	baih-naj	pa:i^{6}na^{3}	那前面	2	0.00104%	2	01;12;
8862	那沙大庙	naz-sa-daih-miuh	na^{2}θa^{1}ta:i^{6}mi:u^{6}	那沙大庙	1	0.00052%	1	18;
8864	甫郝	bux-hak	pu^{4}ha:k^{7}	那位客官	1	0.00052%	1	09;
8865	老八嗦	laux-bak-sok	la:u^{4}pa:k^{7}θo:k^{7}	那位口渡	1	0.00052%	1	18;
8866	卜可年	bux-goek-nienz	pu^{4}kok^{7}niən^{2}	那位末岁	1	0.00052%	1	18;
8867	卜⺨送	bux-cienz-soengq	pu^{4}ɕiən^{2}θoŋ^{5}	那位钱送	1	0.00052%	1	18;
5812	卜送⺨	bux-soengq-cienz	pu^{4}θoŋ^{5}ɕiən^{2}	那位送钱	2	0.00104%	1	18;
4507	峝那元	doengh-naz-yienz	toŋ^{6}na^{2}jiən^{2}	那燕田峒	3	0.00156%	3	02;05;12;
8868	峝那元	doengh-naz-yienh	toŋ^{6}na^{2}jiən^{6}	那元田峒	1	0.00052%	1	10;
8870	可高	go-gauj	ko^{1}ka:u^{3}	那樟树	1	0.00052%	1	17;
8871	畾関	duez-gvan	tuə^{2}kva:n^{1}	那丈夫	1	0.00052%	1	28;
8873	吝拱	aen-gyongq	an^{1}tɕo:ŋ^{5}	那竹篮	1	0.00052%	1	09;
3303	罧	lumh	lum^{6}	纳贡	5	0.00259%	2	12;13;
8877	納奶	nah-manx	na^{6}ma:n^{4}	纳曼	1	0.00052%	1	21;
8878	納三	nah-sak	na^{6}θa:k^{7}	纳桑	1	0.00052%	1	21;
8879	納牙	nah-yaj	na^{6}ja^{3}	纳雅	1	0.00052%	1	21;
2155	啫	cej	ɕe^{3}	奶	9	0.00467%	7	12;15;17;22;24;27;18;
8880	奶	naiq	na:i^{5}	奶奶	1	0.00052%	1	17;
8881	奷霄班	yah-mbwn-ban	ja^{6}bɯn^{1}pa:n^{1}	奶奶弪班	1	0.00052%	1	02;
2947	支	cij	ɕi^{3}	奶水	6	0.00311%	3	17;22;23;
2156	舍	cej	ɕe^{3}	奶头	9	0.00467%	6	11;12;14;17;19;18;
1096	男	nanz	na:n^{2}	男	24	0.01244%	9	02;05;07;10;22;26;27;28;
503	力卜晒	lwg-bux-sai	lɯk^{8}pu^{4}θa:i^{1}	男儿	61	0.03162%	15	17;02;03;05;07;09;10;12;26;29;08;22;23;24;19;
4508	谷干把	gogr-gaanx-mbag	kɔk^{55}ka:n^{33}bak^{44}	男根	3	0.00156%	2	26;17;
1180	腮	sai	ɬa:i^{1}	男孩	22	0.01140%	8	02;05;07;08;12;13;21;25;
3792	貌	mbauq	ba:u^{5}	男青年	4	0.00207%	3	07;08;09;
2451	男	nanz	na:n^{2}	男人	8	0.00415%	8	02;05;07;13;17;19;20;26;
8883	郝	mbaov	ba:u^{11}	男童	1	0.00052%	1	26;

词号	壮字	新壮文	音标	词义	频次	词频	分布度	抄本号
8884	孙腮	lwg-sai	lɯk^{8}ɬa:i^{1}	男仔	1	0.00052%	1	02;
689	貌	mbauh	ba:u^{6}	男子	41	0.02125%	14	05;10;11;17;23;24;25;26;27;28;03;16;18;19;
969	方南	fangh-nanz	fa:ŋ^{6}na:n^{2}	南方	27	0.01400%	12	01;04;05;11;02;07;09;10;12;21;22;27;
5814	瓜	gva	kva^{1}	南瓜	2	0.00104%	1	05;
2666	南寧	namz-ningz	na:m^{2}niŋ^{2}	南宁	7	0.00363%	4	04;12;13;14;
8885	虞墳	ngwez-faenz	ŋɯə^{2}fan^{2}	南蛇	1	0.00052%	1	01;
5815	外	faiz	fa:i^{2}	南竹	2	0.00104%	2	12;06;
8887	事	saeh	ɬai^{6}	难事	1	0.00052%	1	09;
5818	株匿	maex-nag	mai^{4}na:k^{8}	楠木	2	0.00104%	2	06;10;
4510	羅	laq	la^{5}	楠树	3	0.00156%	3	05;18;19;
1042	非元	faex-gangj	fai^{4}ka:ŋ^{3}	楠竹	25	0.01296%	9	17;19;09;20;22;23;27;10;
8891	和匿	hoh-ndoek	ho^{6}dok^{7}	楠竹节	1	0.00052%	1	05;
4511	狼萉	langz-faiz	la:ŋ^{2}fa:i^{2}	楠竹笋	3	0.00156%	2	05;17;
4930	囊	nangz	na:ŋ^{2}	囊	2	0.00104%	2	19;18;
1297	囊娘	nangz-niengz	na:ŋ^{2}niəŋ^{2}	囊娘	19	0.00985%	3	18;19;18;
5819	囊仍	nangz-nungz	na:ŋ^{2}nuŋ^{2}	囊仍	2	0.00104%	2	18;19;
5822	久容	gyaeuj-nyungq	tɕau^{3}ɲuŋ^{5}	脑壳	2	0.00104%	1	05;
8894	口謀	kawc-moms	khau^{35}məm^{31}	脑门	1	0.00052%	1	26;
4512	屋	uk	uk^{7}	脑髓	3	0.00156%	3	05;07;10;
587	内	ndaw	daɯ^{1}	内	50	0.02592%	14	02;03;04;05;07;10;12;17;19;21;23;25;26;18;
4053	渌内	lug-noix	luk^{8}no:i^{4}	内房	3	0.00156%	3	05;20;18;
5824	兜禄	du-lug	tu^{1}luk^{8}	内房门	2	0.00104%	1	05;
8897	兜闭	du-ndae	tu^{1}dai^{4}	内门	1	0.00052%	1	23;
8898	内切祖林	ndaw-ceh-cu-limz	daɯ^{1}ɕe^{6}ɕu^{1}lim^{2}	内切祖林	1	0.00052%	1	21;
5825	内朱	ndae-cw	dai^{1}ɕɯ^{1}	内心	2	0.00104%	2	12;17;
8899	衜卅	ndaw-cu	daɯ^{1}ɕu^{1}	内州	1	0.00052%	1	17;
8900	内祖七铁	ndaw-cu-caet-deq	daɯ^{1}ɕu^{1}ɕat^{7}te^{5}	内州七铁	1	0.00052%	1	21;
8901	木	mbux	bu^{4}	嫩谷	1	0.00052%	1	24;
8904	光	gvang	kva:ŋ^{1}	能人	1	0.00052%	1	12;
878	埔	namh	na:m^{6}	泥	30	0.01555%	12	05;01;02;04;07;09;14;15;17;19;20;21;
4514	埔	namh	na:m^{6}	泥巴	3	0.00156%	3	05;10;17;
8905	枏	gi	ki^{1}	泥箕	1	0.00052%	1	09;
2076	詝國	dingh-guek	tiŋ^{6}kuək^{7}	泥坑	10	0.00518%	6	03;06;07;12;17;25;
8906	程	ciengz	ɕiəŋ^{2}	泥墙	1	0.00052%	1	01;
2948	引	inx	in^{4}	泥鳅	6	0.00311%	5	04;07;10;01;05;
3795	埔沙	namh-sa	na:m^{6}ɬa^{1}	泥沙	4	0.00207%	3	05;18;26;
5828	定	dingh	tiŋ^{6}	泥水	2	0.00104%	2	11;17;
8907	刘	luh	lu^{6}	泥塘	1	0.00052%	1	25;
1545	埔	namh	na:m^{6}	泥土	15	0.00778%	10	08;09;10;11;12;17;19;21;26;18;

词号	壮字	新壮文	音标	词义	频次	词频	分布度	抄本号
8908	禹	yij	ji³	霓	1	0.00052%	1	04;
8909	禹偿	yij-dangz	ji³ta:ŋ²	霓裳	1	0.00052%	1	04;
3796	福	fuk	fuk⁷	逆规	4	0.00207%	1	01;
76	脾	bi	pi¹	年	397	0.20578%	23	25;01;02;03;04;06;07;08;09;10;11;12;13;14;17;19;20;21;22;27;28;29;18;
8911	嫩	net	ne:t⁷	年糕	1	0.00052%	1	16;
5831	年生	nienz-seng	niən²θe:ŋ¹	年庚	2	0.00104%	1	17;
4515	年號	nienz-hauh	niən²ha:u⁶	年号	3	0.00156%	2	17;18;
2077	脾捞	bi-laeng	pi¹laŋ¹	年后	10	0.00518%	4	15;17;18;26;
5832	年	nienz	niən²	年纪	2	0.00104%	1	21;
4516	正	dciqc	tɕiŋ³⁵	年节	3	0.00156%	1	26;
2949	脾脾	bi-bi	pi¹pi¹	年年	6	0.00311%	3	01;04;05;
2950	脾貫	bi-gonq	pi¹ko:n⁵	年前	6	0.00311%	3	02;03;15;
8913	孧	coz	ɕo²	年轻	1	0.00052%	1	22;
3304	貌	mbauq	ba:u⁵	年轻人	5	0.00259%	5	14;22;05;06;17;
5833	比	bi	pi¹	年岁	2	0.00104%	2	17;21;
8915	锌	bei	pei¹	年头	1	0.00052%	1	27;
8916	脾在	bi-gyai	pi¹tɕa:i¹	年尾	1	0.00052%	1	15;
8917	限	hanh	ha:n⁶	年限	1	0.00052%	1	17;
8919	年	bic	pi³⁵	年月	1	0.00052%	1	26;
8921	岜好	gya-haux	tɕa¹ha:u⁴	鲇鱼	1	0.00052%	1	22;
2667	鰝	haux	ha:u⁴	鲶鱼	7	0.00363%	7	03;07;17;20;27;02;05;
1019	妹	meh	me⁶	娘	25	0.01296%	16	05;07;09;11;12;13;16;17;19;20;21;24;25;28;29;18;
4517	娘班叭	nangz-ban-gyat	na:ŋ²pa:n¹tɕa:t⁷	娘班叭	3	0.00156%	1	04;
5837	娘床叭	nangz-congz-	na:ŋ²ɕo:ŋ²tɕa:t⁷	娘床叭	2	0.00104%	1	05;
8926	娘冬啦	nangz-doengh-	na:ŋ²toŋ⁶lip⁸	娘东历	1	0.00052%	1	05;
8927	娘涷糖	nangz-du-gangh	na:ŋ²tu¹ka:ŋ⁶	娘杜康	1	0.00052%	1	09;
8928	娘兵	niengz-bengz	niəŋ²pe:ŋ²	娘贵	1	0.00052%	1	21;
3305	阑	lanz	la:n²	娘家	5	0.00259%	5	05;12;17;18;21;
8929	娘金仙	nangz-gim-sien	na:ŋ²kim¹ɬiən¹	娘金仙	1	0.00052%	1	08;
8930	娘	nyangz	ȵa:ŋ²	娘亲	1	0.00052%	1	27;
8931	娘神農	nangz-saenz-noengz	na:ŋ²ɬan²noŋ²	娘神农	1	0.00052%	1	05;
8932	娘氏涯	nangz-ci-yaih	na:ŋ²ɕi¹ja:i⁶	娘氏涯	1	0.00052%	1	24;
5838	娘仙女	nangz-sien-niej	na:ŋ²ɬiən¹niə³	娘仙女	2	0.00104%	1	09;
4518	娘犽	nangz-yah	na:ŋ²ja⁶	娘祖婆	3	0.00156%	2	02;07;
217	鴻	loeg	lok⁸	鸟	142	0.07361%	21	01;02;03;04;05;06;07;10;11;12;13;15;16;17;19;21;22;23;26;28;18;
8934	籠鴻	longz-loeg	lo:ŋ²lok⁸	鸟巢	1	0.00052%	1	28;
8935	箽	gyoengz	tɕoŋ²	鸟笼	1	0.00052%	1	12;
8936	怒鴻	noh-loeg	no⁶lok⁸	鸟肉	1	0.00052%	1	05;
8937	雀洒	hog-sac	hɔk⁴⁴sa³⁵	鸟洒	1	0.00052%	1	26;

词号	壮字	新壮文	音标	词义	频次	词频	分布度	抄本号
8938	硂屎鵱	lin-haex-loeg	lin¹hai⁴lok⁸	鸟屎石头	1	0.00052%	1	09;
5839	皇	vangh	va:ŋ⁶	鸟套	2	0.00104%	2	04;17;
4054	牛	nyuh	ɲu⁶	尿	3	0.00156%	3	17;20;18;
5840	蛴蝤	nengz-nauh	ne:ŋ²na:u⁶	宁瑙	2	0.00104%	2	13;23;
199	除	cwez	ɕɯə²	牛	154	0.07983%	18	01;02;03;04;05;07;09;12;14;15;17;19;20;21;22;24;
3799	皮烈	biz-lienz	pi²liən²	牛百叶	4	0.00207%	2	17;20;
3800	芴	faet	fat⁷	牛蒡草	4	0.00207%	2	10;28;
8941	个勿馬	go-faet-max	ko¹fat⁷ma⁴	牛蒡苋	1	0.00052%	1	12;
8942	懐	vaiz	va:i²	牛背	1	0.00052%	1	08;
5842	能	ndaeng	daŋ¹	牛鼻	2	0.00104%	2	17;19;
8943	虽	saej	ɬai³	牛肠	1	0.00052%	1	03;
8944	牛	nyaeuz	ɲau²	牛洞	1	0.00052%	1	21;
2452	意	eq	e⁵	牛犊	8	0.00415%	2	12;14;
4520	肚	dungx	tuŋ⁴	牛肚	3	0.00156%	2	03;17;
1325	老	ek	e:k⁷	牛轭	19	0.00985%	6	07;12;14;17;20;26;
8945	胹	lwez	lɯə²	牛耳	1	0.00052%	1	03;
4931	濃	nok	no:k⁷	牛峰	2	0.00104%	2	19;18;
8946	腤	daep	tap⁷	牛肝	1	0.00052%	1	03;
8947	骨	ndog	do:k⁸	牛骨	1	0.00052%	1	03;
8949	涽	hoen	hon¹	牛魂	1	0.00052%	1	14;
1375	角怀	gaeu-vaiz	kau¹va:i²	牛角	18	0.00933%	7	03;12;14;17;19;20;29;
8950	粖糠	maex-gangz	mai⁴ka:ŋ²	牛角树	1	0.00052%	1	06;
8951	卡	ga	ka¹	牛脚	1	0.00052%	1	17;
1507	量	lwengh	lɯəŋ⁶	牛栏	16	0.00829%	10	03;04;05;11;12;14;17;19;22;26;
8952	頡	daen	tan¹	牛栏柱	1	0.00052%	1	12;
8953	倻外	naj-vaiz	na³va:i²	牛脸	1	0.00052%	1	04;
5843	厄	nguh	ŋu⁶	牛奶树	2	0.00104%	1	17;
5844	心犿	saemq-vaiz	ɬam⁵va:i²	牛群	2	0.00104%	1	03;
1970	肉	noh	no⁶	牛肉	11	0.00570%	4	03;17;20;05;
5845	僯	linx	lin⁴	牛舌	2	0.00104%	2	03;17;
8954	囚	caeuz	ɕau²	牛绳	1	0.00052%	1	15;
5846	立离	lid-liz	lit⁸li²	牛蹄	2	0.00104%	2	03;18;
4521	犿該	vaiz-haih	va:i²ha:i⁶	牛圩	3	0.00156%	1	03;
3801	勿	faet	fat⁷	牛尾	4	0.00207%	3	04;17;19;
8955	懐瘟	vaiz-ngoenh	va:i²ŋon⁶	牛瘟	1	0.00052%	1	05;
3802	孢	lwg	lɯk⁸	牛仔	4	0.00207%	3	12;03;05;
8956	外	vaiz	va:i²	牛崽	1	0.00052%	1	21;
2453	怀冲	vaiz-cungj	va:i²ɕuŋ³	牛种	8	0.00415%	3	03;04;05;
8958	古	gaet	kat⁷	纽扣	1	0.00052%	1	23;
8959	農皇帝	noengz-vuengz-daeq	noŋ²vuəŋ²tai⁵	农皇帝	1	0.00052%	1	12;
2668	洪	hong	ho:ŋ¹	农活	7	0.00363%	4	17;19;20;21;

词号	壮字	新壮文	音标	词义	频次	词频	分布度	抄本号
8960	紅粮	hong-liengz	ho:ŋ^{1}liəŋ^{2}	农事	1	0.00052%	1	04;
8961	字儀	sw-ngih	ɬɯ^{1}ŋi^{6}	农事历书	1	0.00052%	1	12;
8962	農王	noengz-vuengz	noŋ^{2}vuəŋ^{2}	农王	1	0.00052%	1	22;
8963	甫農	hak-noengz	ha:k^{7}noŋ^{2}	侬人	1	0.00052%	1	02;
1272	貨	hoiq	ho:i^{5}	奴	20	0.01037%	4	17;20;21;27;
3803	灰	hoiq	ho:i^{5}	奴婢	4	0.00207%	3	05;07;27;
1971	灰	hoiq	ho:i^{5}	奴隶	11	0.00570%	6	03;05;07;12;22;24;
622	灰	hoiq	ho:i^{5}	奴仆	47	0.02436%	13	02;04;05;06;07;09;12;13;22;23;24;26;29;
4522	弩	nag	na:k^{8}	弩	3	0.00156%	1	27;
2157	怒	nengh	ne:ŋ^{6}	弩	9	0.00467%	6	05;17;19;24;27;18;
8967	奶工	naq-goeng	na^{5}koŋ^{1}	弩弓	1	0.00052%	1	18;
8968	弩	nag	na:k^{8}	弩箭	1	0.00052%	1	27;
8969	怒氏	nuz-ci	nu^{2}ɕi^{1}	怒氏	1	0.00052%	1	22;
3804	有	yaeuj	jau^{3}	暖季	4	0.00207%	1	17;
3805	能	naengj	naŋ^{3}	糯	4	0.00207%	3	05;07;08;
5851	糏粈	haeux-cid	hau^{4}ɕit^{8}	糯稻	2	0.00104%	2	12;15;
1139	能	naengj	naŋ^{3}	糯饭	23	0.01192%	6	02;05;10;11;17;23;
690	糏除	haeux-cid	hau^{4}ɕit^{8}	糯谷	41	0.02125%	13	02;03;05;09;10;11;12;15;16;17;20;21;22;
2455	糏屈	haeux-cwd	hau^{4}ɕɯt^{8}	糯米	8	0.00415%	7	05;10;17;18;08;09;25;
2951	糏能	haeux-naengj	hau^{4}naŋ^{3}	糯米饭	6	0.00311%	5	05;07;01;24;17;
265	劧	lwg	lɯk^{8}	女	118	0.06116%	19	22;02;04;05;07;08;09;10;12;13;17;20;21;24;25;27;28;29;18;
143	劧妹娝	lwg-meh-mbwk	lɯk^{8}me^{6}bɯk^{7}	女儿	222	0.11507%	22	05;12;06;17;02;03;07;08;09;10;26;22;23;24;29;01;13;19;20;25;28;18;
5852	女高鎖	nij-gauh-so	nvi^{3}ka:u^{6}θo^{1}	女高锁	2	0.00104%	2	18;19;
1198	劧娝	lwg-mbwk	lɯk^{8}bɯk^{7}	女孩	21	0.01089%	10	16;05;02;13;18;19;20;24;25;18;
8970	女花山	nij-vah-canh	nvi^{3}va^{6}ɕa:n^{6}	女花山	1	0.00052%	1	18;
8971	娘奸馱	nangz-yah-dah	na:ŋ^{2}ja^{6}ta^{6}	女婆河	1	0.00052%	1	28;
1434	女	nwj	nɯ^{3}	女人	17	0.00881%	13	02;05;07;10;12;17;18;19;20;22;23;26;28;
8972	娘三丙	nangz-sam-bingj	na:ŋ^{2}ɬa:m^{1}piŋ^{3}	女三丙	1	0.00052%	1	28;
8973	女山花	nij-canh-vah	nvi^{3}ɕa:n^{6}va^{6}	女山花	1	0.00052%	1	19;
8974	娘奸	nangz-yah	na:ŋ^{2}ja^{6}	女神婆	1	0.00052%	1	10;
8975	娘氏渥	nangz-ci-yaih	na:ŋ^{2}ɕi^{1}ja:i^{6}	女氏涯	1	0.00052%	1	24;
8976	妹閄	meh-mbwk	me^{6}bɯk^{7}	女娃	1	0.00052%	1	19;
8977	女仙鳳	nwx-sien-fungh	nɯ^{4}θiən^{1}fuŋ^{6}	女仙	1	0.00052%	1	19;
8978	女	njiq	ŋiŋ^{44}	女性	1	0.00052%	1	26;
492	琪	gwiz	kɯəi^{2}	女婿	62	0.03214%	16	01;02;04;05;06;07;08;09;10;12;13;17;19;20;23;18;
5853	奸陽	yah-yangz	ja^{6}ja:ŋ^{2}	女阳	2	0.00104%	1	22;

词号	壮字	新壮文	音标	词义	频次	词频	分布度	抄本号
8979	㔋倫	lwg-lwnz	lɯk⁸lɯn²	女幺	1	0.00052%	1	02;
8980	爻	cied	ɕiət⁸	女阴	1	0.00052%	1	22;
5854	牙買	yah-maij	ja⁶ma:i³	女友	2	0.00104%	1	21;
5855	妑玉	yah-ywh	ja⁶jɯ⁶	女玉	2	0.00104%	1	22;
342	娘	nangz	na:ŋ²	女子	93	0.04821%	12	05;10;17;19;22;23;24;25;26;27;28;18;
1043	劳	lauq	la:u⁵	耙	25	0.01296%	7	05;11;12;13;14;15;17;
5860	腰非	yauq-faenz	ja:u⁵fan²	耙齿	2	0.00104%	1	21;
8991	腰	yauq	ja:u⁵	耙子	1	0.00052%	1	21;
8992	看	kanc	khan³⁵	帕子	1	0.00052%	1	26;
5863	唤排	fien-baiz	fiən¹pa:i²	排歌	2	0.00104%	1	29;
3119	托	dwk	ta:k⁷	排水口	5	0.00259%	3	10;11;18;
5865	牌	baiz	pa:i²	牌	2	0.00104%	2	12;24;
2249	慢	mban	ba:n¹	盘	9	0.00467%	5	02;07;20;21;22;
510	盘盅	buenz-guj	puən²ku³	盘古	60	0.03110%	13	03;05;06;08;09;12;13;18;19;28;07;22;24;
9002	班	banz	pa:n²	盘子	1	0.00052%	1	17;
1508	㗂硸	gonj-lanx	ko:n³la:n⁴	磐石	16	0.00829%	9	04;01;03;07;08;23;24;25;
3809	本使	bonq-saeq	po:n⁵ɬai⁵	判官	4	0.00207%	1	11;
3810	邦	bangx	pa:ŋ⁴	旁	4	0.00207%	4	03;07;12;17;
147	傍	bangx	pa:ŋ⁴	旁边	215	0.11144%	24	01;02;03;04;05;06;07;08;09;10;11;12;13;17;19;20;21;22;23;25;26;27;28;18;
9007	蚆	mbaq	ba⁵	膀	1	0.00052%	1	14;
3120	剖	beau	pau¹	螃蟹	5	0.00259%	4	17;19;20;18;
9013	沯	dumh	tum⁶	泡	1	0.00052%	1	03;
9014	普	pogs	phɔk³¹	泡沫	1	0.00052%	1	26;
9015	辦	banx	pa:n⁴	陪伴	1	0.00052%	1	21;
9017	庇	boiz	po:i²	赔单	1	0.00052%	1	12;
9022	罷	baq	pa⁵	辔	1	0.00052%	1	20;
2079	盆	buenz	puən²	盆	10	0.00518%	6	02;03;05;12;17;22;
4526	陌盆	bak-bwnz	pa:k⁷pɯn²	盆口	3	0.00156%	2	01;04;
9024	伯	bwnz	pɯn²	盆里	1	0.00052%	1	17;
9025	朋	bungz	puŋ²	朋	1	0.00052%	1	20;
3814	朋勑	bungz-laeg	puŋ²lak⁸	朋友	4	0.00207%	3	07;21;22;
2954	龍	longz	lo:ŋ²	棚	6	0.00311%	5	02;07;08;10;24;
9026	逄	boengz	poŋ²	碰泥	1	0.00052%	1	17;
4527	霹历	bik-lik	pik⁷lik⁷	霹雳	3	0.00156%	2	03;28;
985	皝	naeng	naŋ¹	皮	26	0.01348%	12	07;08;09;10;12;13;14;17;19;24;27;18;
9032	皏	naeng	naŋ¹	皮带	1	0.00052%	1	11;
9034	龙	gyongq	tɕo:ŋ⁵	皮鼓	1	0.00052%	1	19;
9035	必琶	biz-baz	pi²pa²	琵琶	1	0.00052%	1	17;
4528	朱	cw	ɕɯ¹	脾气	3	0.00156%	1	05;

词号	壮字	新壮文	音标	词义	频次	词频	分布度	抄本号
5874	死阑	swj-lanz	ɬɯ^{3}la:n^{2}	偏房	2	0.00104%	1	05;
1003	郎	langh	la:ŋ^{6}	篇章	26	0.01348%	7	08;09;12;13;19;22;28;
5876	楇	gveuq	kve:u^{5}	漂浮物	2	0.00104%	1	08;
1590	宿	sieg	ɬiək^{8}	瓢	15	0.00778%	2	08;13;
9050	垻	bak	pak^{11}	品	1	0.00052%	1	26;
9052	朱	cw	ɕw^{1}	品质	1	0.00052%	1	22;
9053	本	baenj	pan^{3}	品种	1	0.00052%	1	17;
9055	土	doh	to^{6}	聘物	1	0.00052%	1	17;
9056	平	bingz	piŋ^{2}	平	1	0.00052%	1	05;
5880	松	sueng	θuəŋ^{1}	平安	2	0.00104%	1	20;
9058	平	piqc	phiŋ^{35}	平坝	1	0.00052%	1	26;
9059	頼	laih	la:i^{6}	平川	1	0.00052%	1	09;
2956	埊平	dieg-biengh	tiək^{8}piəŋ^{6}	平地	6	0.00311%	4	15;05;07;26;
9060	那	naj	na^{3}	平面	1	0.00052%	1	27;
3309	平	bingz	piŋ^{2}	平日	5	0.00259%	4	01;02;22;04;
5882	平頭	bingz-daeuz	piŋ^{2}tau^{2}	平头	2	0.00104%	1	22;
1546	瓶	beng	pe:ŋ^{1}	瓶	15	0.00778%	8	03;04;05;06;07;10;24;18;
1973	瓶	beng	pe:ŋ^{1}	瓶子	11	0.00570%	5	03;09;17;19;22;
518	坡	bo	po^{1}	坡	59	0.03058%	18	02;03;07;08;09;11;12;17; 19;20;21;23;25;28;29;01;
2013	父	bo	po^{1}	坡地	10	0.00518%	6	07;17;21;26;27;18;
5884	羗坡	gyai-bo	tɕa:i^{1}po^{1}	坡顶	2	0.00104%	2	03;25;
3310	坡毫	mboq-haux	bo^{5}ha:u^{4}	坡豪	5	0.00259%	1	17;
5885	惱篛	naux-ndoeng	na:u^{4}doŋ^{1}	坡林	2	0.00104%	1	17;
9064	坡巴	bo-baq	po^{1}pa^{5}	坡岭	1	0.00052%	1	21;
9065	坡六廟	bo-loeg-miuh	po^{1}lok^{8}mi:u^{6}	坡六庙	1	0.00052%	1	12;
9066	坡羅	bo-loz	po^{1}lo^{2}	坡罗	1	0.00052%	1	10;
5886	拎	lingq	liŋ^{5}	坡上	2	0.00104%	2	12;13;
9067	坡盐	bo-yienh	po:^{1}jiən^{6}	坡盐	1	0.00052%	1	10;
9068	車玉	bo-hw	po^{1}hɯ^{1}	坡玉	1	0.00052%	1	05;
523	奷	yah	ja^{6}	婆	58	0.03006%	15	02;03;04;05;07;09;10;11; 16;17;19;25;28;29;18;
2456	媗罗甲	yah-lox-gap	ja^{6}lo^{4}ka:p^{7}	婆渌甲	8	0.00415%	5	17;18;19;20;28;
9070	牙罗海	yah-lox-hae	ja^{6}lo^{4}hai^{1}	婆罗海	1	0.00052%	1	17;
9071	夜罗任	yah-lox-nyih	ja^{6}lo^{4}ɲi^{6}	婆罗任	1	0.00052%	1	17;
5887	奷渌啚	yah-log-doz	ja^{6}lo:k^{8}to^{2}	婆洛陀	2	0.00104%	1	28;
9072	奷南堂	yah-nanz-dangz	ja^{6}na:n^{2}ta:ŋ^{2}	婆南堂	1	0.00052%	1	28;
305	奷	yah	ja^{6}	婆婆	105	0.05443%	18	01;02;03;04;05;07;09;10; 12;17;19;21;22;23;25;28;
2957	奷吧	yah-bawx	ja^{6}paɯ^{4}	婆媳	6	0.00311%	5	01;03;04;05;22;
9073	奷総巴	yah-cungj-gya	ja^{6}ɕuŋ^{3}tɕa^{1}	婆总巴	1	0.00052%	1	28;
5888	奷総把	ygh-cungj-ba	ja^{6}ɕuŋ^{3}pa^{1}	婆总把	2	0.00104%	1	28;
4530	奷総兵	yah-cungj-bing	ja^{6}ɕuŋ^{3}piŋ^{1}	婆总兵	3	0.00156%	1	28;
9074	奷総眉	yah-cungj-miz	ja^{6}ɕuŋ^{3}mi^{2}	婆总眉	1	0.00052%	1	28;

词号	壮字	新壮文	音标	词义	频次	词频	分布度	抄本号
4531	奷総安	yah-cungq-	ja⁶ɕuŋ⁵ŋa:m²	婆総安	3	0.00156%	1	25;
5889	奷総奷	yah-cungq-bing	ja⁶ɕuŋ⁵piŋ¹	婆総兵	2	0.00104%	1	25;
9075	奷総州	yah-cungq-cu	ja⁶ɕuŋ⁵ɕu¹	婆総州	1	0.00052%	1	25;
9076	奷祖皇	yah-coj-vuengz	ja⁶ɕo³vuəŋ²	婆祖王	1	0.00052%	1	28;
2080	奷祖宜	yah-cu-nyiz	ja⁶ɕu¹ȵi²	婆祖宜	10	0.00518%	2	18;19;
3818	巴追	baq-gyaeq	pa⁵tɕai⁵	破蛋	4	0.00207%	2	02;12;
2251	破軍	bo-ginh	po¹kin⁶	破军	9	0.00467%	5	01;02;04;10;23;
9082	怕昧	baq-maex	pa⁵mai⁴	破木	1	0.00052%	1	12;
9083	昙破	ngoenz-bueq	ŋon²puə⁵	破日	1	0.00052%	1	29;
9088	合	hoemq	hom⁵	铺盖	1	0.00052%	1	21;
2796	灰	hoiq	ho:i⁵	仆人	6	0.00311%	3	12;22;18;
5893	忙省	miengh-sengj	mi:ŋ⁶seŋ³	普省	2	0.00104%	1	27;
9092	王七个	vuengz-caet-ga	vuəŋ²ɕat⁷ka¹	七脚王	1	0.00052%	1	03;
5894	七郎	caet-langz	ɕat⁷la:ŋ²	七郎	2	0.00104%	1	13;
9093	奷七啫	yah-caet-cij	ja⁶ɕat⁷ɕi³	七奶婆	1	0.00052%	1	03;
2960	毑七針	mu-caet-gaem	mu¹ɕat⁷kam¹	七拳猪	6	0.00311%	2	01;04;
9094	七日七	dcedr-van-dcedr	tɕɛt⁵⁵van⁴⁴tɕɛt⁵⁵	七日七	1	0.00052%	1	26;
9095	七答	caet-dab	ɕat⁷ta:p⁸	七煞	1	0.00052%	1	02;
9096	奷七煞	yah-caet-caz	ja⁶ɕat⁷ɕa²	七煞婆	1	0.00052%	1	28;
3311	七星	caet-seng	ɕat⁷ɬe:ŋ¹	七牲	5	0.00259%	2	08;11;
5895	斤佛七	gaen-fiez-caet	kan¹fiə²ɕat⁷	七梳巾	2	0.00104%	1	13;
939	七月	caet-ngued	ɕat⁷ŋuət⁸	七月	28	0.01451%	16	03;05;07;08;09;11;12;17;19;20;21;23;24;25;28;26;
5896	七	caet	ɕat⁷	七仔	2	0.00104%	2	02;03;
288	妑	baz	pa²	妻	112	0.05805%	24	01;02;03;04;05;06;07;08;09;11;12;13;14;15;17;19;20;21;22;23;24;25;28;29;
9098	妑	baz	pa²	妻妾	1	0.00052%	1	27;
435	妑	baz	pa²	妻子	70	0.03628%	17	01;05;06;12;13;14;15;17;19;20;21;22;23;26;27;28;
2457	弄	ndong	do:ŋ¹	戚	8	0.00415%	1	21;
9102	限	hanh	ha:n⁶	期限	1	0.00052%	1	20;
3820	弄	loengq	loŋ⁵	畦	4	0.00207%	3	02;17;20;
9114	克	gwih	kɯəi⁶	骑	1	0.00052%	1	17;
5898	棋	giz	ki²	棋	2	0.00104%	2	07;22;
1510	旗	giz	ki²	旗	16	0.00829%	8	02;08;13;17;21;23;24;25;
9116	其斗	giz-daeu	ki²tau¹	旗纛	1	0.00052%	1	23;
9117	国其	goek-giz	kok⁷ki²	旗杆	1	0.00052%	1	25;
9118	吉乙	gyiz-eq	tɕi²e⁵	旗红	1	0.00052%	1	21;
9119	旗頭	giz-daeuz	ki²tau²	旗旌	1	0.00052%	1	09;
9120	旗頭	giz-daeuz	ki²tau²	旗头	1	0.00052%	1	07;
9121	旗頭馬面	giz-daeuz-max-mienh	ki²tau²ma⁴miən⁶	旗头马面	1	0.00052%	1	10;
5899	鸡	giz	ki²	旗子	2	0.00104%	1	25;

词号	壮字	新壮文	音标	词义	频次	词频	分布度	抄本号
2673	旗	giz	ki2	鳍	7	0.00363%	1	03;
9123	字訓朝	sw-caenx-ciuz	ɬɯ1ɕan4ɕi:u2	启蒙书	1	0.00052%	1	03;
9125	歌	ga	ka1	起源	1	0.00052%	1	07;
2459	嗄	nyah	ɳa6	气	8	0.00415%	6	05;08;12;13;19;28;
9128	忍	yaenq	jan5	气氛	1	0.00052%	1	12;
2963	炁	hiq	hi5	气味	6	0.00311%	3	09;11;17;
9132	意	hiq	hi5	气息	1	0.00052%	1	29;
5903	呑	aen	an1	器皿	2	0.00104%	2	05;11;
9137	千毌萬文	cien-guen-fanh-maenz	ɕiən1kuən1fa:n6man2	千贯万元	1	0.00052%	1	05;
5907	千脌	cien-nienz	ɕiən1niən2	千年	2	0.00104%	2	05;15;
9138	千年萬代	cien-nienz-fanh-daih	ɕiən1niən2fa:n6ta:i6	千年万代	1	0.00052%	1	04;
3822	千年萬歳	cien-nienz-fanh-siq	ɕiən1niən2fa:n6ɬi5	千年万世	4	0.00207%	2	02;04;
9139	千年萬歳	cien-nienz-fanh-siq	ɕiən1niən2fa:n6ɬi5	千年万载	1	0.00052%	1	01;
5908	千火萬含	cien-hoj-fanh-haemz	ɕiən1ho3fa:n6ham2	千辛万苦	2	0.00104%	1	02;
9144	舆	cing	ɕiŋ1	牵手	1	0.00052%	1	17;
184	那	nax	na33	前	166	0.08605%	27	26;02;01;03;04;05;06;07;08;09;10;11;12;13;14;15;16;17;19;20;21;22;23;24;
1331	召貫	ciuh-gonq	ɕi:u6ko:n5	前辈	19	0.00985%	7	10;17;18;19;20;21;25;
9147	箉	naj	na3	前边	1	0.00052%	1	28;
9148	欟噐	lad-naj	la:t8na3	前层	1	0.00052%	1	23;
374	召貫	ciuh-gonq	ɕi:u6ko:n5	前代	85	0.04406%	14	01;02;03;04;05;07;08;09;15;16;17;18;20;25;
5911	那剥	naj-gyak	na3tɕa:k7	前额	2	0.00104%	2	22;26;
1897	那	naj	na3	前方	11	0.00570%	4	17;19;20;18;
9149	貫	gonq	ko:n5	前个	1	0.00052%	1	09;
9150	肚那	du-naj	tu1na3	前门	1	0.00052%	1	05;
297	倻	naj	na3	前面	109	0.05650%	22	01;02;03;04;05;06;09;10;11;12;17;19;20;21;22;23;25;26;27;29;13;28;
9151	敗箉敗楞	baih-naj-baih-laeng	pa:i6na3pa:i6laŋ1	前面后面	1	0.00052%	1	28;
5913	妚貫	yah-gonq	ja6ko:n5	前妻	2	0.00104%	1	06;
1273	蒙	mungh	muŋ6	前人	20	0.01037%	9	17;03;01;02;04;15;16;19;
2252	腊官	rah-gonq	ra6ko:n5	前时	9	0.00467%	1	21;
211	召貫	ciuh-gonq	ɕi:u6ko:n5	前世	146	0.07568%	19	13;14;21;09;01;02;03;04;06;07;08;10;11;15;16;17;24;25;18;
4535	以	gyaeuj	tɕau3	前头	3	0.00156%	2	08;17;
9154	貫	gonq	ko:n5	前一	1	0.00052%	1	05;

词号	壮字	新壮文	音标	词义	频次	词频	分布度	抄本号
133	錢	cenz	ɕe:n^{2}	钱	239	0.12388%	24	01;02;03;04;05;06;07;08;09;10;11;12;13;14;17;19;20;21;23;24;25;27;28;18;
5915	㕭	dceen	tɕe:n^{44}	钱币	2	0.00104%	2	26;27;
879	錢財	cenz-caiz	ɕe:n^{2}ɕa:i^{2}	钱财	30	0.01555%	11	03;05;09;17;18;19;20;23;27;28;29;
5916	琴	gyimz	tɕim^{2}	钳	2	0.00104%	1	19;
9155	今晉	gyimz-goenz	tɕim^{2}kon^{2}	钳夹	1	0.00052%	1	18;
5917	琴法	gyimz-faz	tɕim^{2}fa^{2}	钳铁	2	0.00104%	2	18;20;
4536	仆	mboek	bok^{7}	浅岸	3	0.00156%	1	28;
9158	仆	mboek	bok^{7}	浅处	1	0.00052%	1	28;
9160	仆	mboek	bok^{7}	浅水	1	0.00052%	1	28;
5918	睦	mboek	bok^{7}	浅滩	2	0.00104%	2	10;28;
1591	鎗	cungq	ɕuŋ^{5}	枪	15	0.00778%	5	09;17;19;20;21;
5919	蛴蟑	nengz-congz	ne:ŋ^{2}ɕo:ŋ^{2}	蜣螂	2	0.00104%	1	01;
2081	賊	caeg	ɕak^{8}	强盗	10	0.00518%	4	09;17;20;25;
422	墻	cwengz	ɕɯəŋ^{2}	墙	72	0.03732%	17	05;02;03;07;09;10;12;17;19;20;21;22;23;25;27;28;
9166	邦	bang	pa:ŋ^{1}	墙板	1	0.00052%	1	06;
9167	墻	ciengz	ɕiəŋ^{2}	墙壁	1	0.00052%	1	09;
9168	卷竹	gen-cuk	ke:n^{1}ɕuk^{7}	墙杵	1	0.00052%	1	06;
3824	斛墻	hok-cwengz	ho:k^{7}ɕɯəŋ^{2}	墙角	4	0.00207%	2	03;24;
2675	定墻	din-cwengz	tin^{1}ɕɯəŋ^{2}	墙脚	7	0.00363%	5	02;03;23;13;24;
1801	袙	mbuk	buk^{7}	襁褓	12	0.00622%	5	12;19;21;24;18;
1469	銼	so	ɬo^{1}	锹	16	0.00829%	10	01;02;04;05;06;10;22;29;07;18;
9170	百所	bak-so	pa:k^{7}θo^{1}	锹口	1	0.00052%	1	19;
9171	粝脔	haeux-meg	hau^{4}me:k^{8}	乔麦	1	0.00052%	1	17;
522	桥	giux	ki:u^{2}	桥	59	0.03058%	14	05;02;06;07;09;10;11;12;17;21;24;25;26;28;
9175	嘵	yaeuh	jau^{6}	巧语	1	0.00052%	1	09;
2965	伏	faek	fak^{7}	鞘	6	0.00311%	3	02;07;10;
9180	切幹	ceh-gyang	ɕe^{6}tɕa:ŋ^{1}	切江	1	0.00052%	1	21;
9181	切康	ceh-gang	ɕe^{6}ka:ŋ^{1}	切康	1	0.00052%	1	20;
2254	奷	yah	ja^{6}	妾	9	0.00467%	6	06;07;11;17;24;25;
2966	交	gyiuq	tɕi:u^{5}	亲	6	0.00311%	2	21;22;
4541	劧真	lwg-cin	lɯk^{8}ɕin^{1}	亲儿	3	0.00156%	2	23;05;
9185	真當㹅	cin-ndang-noh	ɕin^{1}da:ŋ^{1}no^{6}	亲骨肉	1	0.00052%	1	10;
1356	卡-弄	ga-ndong	ka1do:ŋ1	亲家	18	0.00933%	9	17;05;07;08;10;18;19;28;
9186	卡穷	ga-congz	ka^{1}ɕo:ŋ^{2}	亲朋	1	0.00052%	1	17;
758	曩翢	nangh-naj	na:ŋ^{6}na^{3}	亲戚	37	0.01918%	6	08;17;20;21;22;28;
4542	正	cin	ɕin^{1}	亲人	3	0.00156%	2	21;22;
9187	能娄淂	naeng-laeuz-ndaex	naŋ^{1}lau^{2}dai^{4}	亲身骨肉	1	0.00052%	1	02;
9188	真骴肉	cin-ndang-noh	ɕin^{1}da:ŋ^{1}no^{6}	亲身肉	1	0.00052%	1	23;

词号	壮字	新壮文	音标	词义	频次	词频	分布度	抄本号
9189	血娄成	lwed-laeuz-baenz	lɯət⁸lau²pan²	亲生骨肉	1	0.00052%	1	02;
2967	卡交	ga-gyiuq	ka¹tɕi:u5	亲族	6	0.00311%	3	17;05;26;
3827	頓	dwngh	tɯŋ⁶	琴	4	0.00207%	2	24;25;
5921	颜	nyaen	ȵan¹	禽	2	0.00104%	1	05;
2968	畾	tuez	tuə²	禽畜	6	0.00311%	3	04;05;12;
5922	畾	tuez	tuə²	禽兽	2	0.00104%	1	05;
9190	劲	lwg	lɯk⁸	禽仔	1	0.00052%	1	05;
4544	亢	gang	ka:ŋ¹	青枫树	3	0.00156%	1	17;
3316	冗好	yum-heu	ju:m¹he:u¹	青草	5	0.00259%	2	17;07;
9192	好誼	heu-nyiz	he:u¹ȵi²	青草间	1	0.00052%	1	21;
5924	凡	faed	fat⁸	青符	2	0.00104%	1	27;
5926	正龍	cing-loengz	ɕiŋ¹loŋ²	青龙	2	0.00104%	2	17;19;
9194	紒	ndaix	da:i⁴	青麻	1	0.00052%	1	15;
4545	苗	miuh	mi:u⁶	青苗	3	0.00156%	2	02;07;
3317	貌	mbauh	ba:u⁶	青年	5	0.00259%	4	04;09;15;22;
9195	好	heu	he:u¹	青皮	1	0.00052%	1	21;
9196	厄嚣	ngiez-heu	ŋiə²he:u¹	青蛇	1	0.00052%	1	13;
4546	桃刘	daeuh-laez	tau⁶lai²	青苔	3	0.00156%	3	02;18;19;
9197	器	heu	he:u¹	青铜	1	0.00052%	1	05;
1298	鸭	goep	kop⁷	青蛙	19	0.00985%	12	01;02;03;04;10;12;13;17;19;20;26;18;
9199	鲋	gyoeg	tɕok⁸	青鱼	1	0.00052%	1	03;
2970	鲋	gyoeg	tɕok⁸	青竹	6	0.00311%	4	03;07;22;25;
911	鳢	gyoeg	tɕok⁸	青竹鱼	29	0.01503%	13	01;03;04;05;07;09;10;13;20;22;02;23;28;
9205	琎	laep	lap⁷	清晨	1	0.00052%	1	09;
3829	清明	cieng-mingz	ɕiəŋ¹miŋ²	清明	4	0.00207%	1	21;
2971	林雖	raemx-saw	ram⁴θaɯ¹	清水	6	0.00311%	1	18;
2082	江乞	gyang-haet	tɕa:ŋ¹hat⁷	清早	10	0.00518%	6	05;12;17;21;22;23;
5930	蚾	bih	pi⁶	蜻蜓	2	0.00104%	2	11;21;
759	旧	gaeuh	kau⁶	鲭鱼	37	0.01918%	11	07;01;02;04;05;06;09;10;13;20;22;
2678	情	cingz	ɕiŋ²	情	7	0.00363%	3	21;22;28;
9209	卯	mbauq	ba:u⁵	情夫	1	0.00052%	1	17;
3830	结	gyaez	tɕai²	情结	4	0.00207%	2	17;20;
9210	酉	yux	ju⁴	情侣	1	0.00052%	1	17;
471	媨	yux	ju⁴	情人	66	0.03421%	19	01;02;05;07;08;09;10;12;13;17;19;20;22;24;25;28;21;23;18;
5931	恩	aen	an¹	情义	2	0.00104%	2	10;27;
3831	媨同	yux-doengz	ju⁴toŋ²	情友	4	0.00207%	2	25;28;
9212	暚	nded	de:t⁸	晴天	1	0.00052%	1	27;
9216	請教	singj-gyauq	ɬiŋ³tɕa:u⁵	请教	1	0.00052%	1	05;
3832	帖	diep	tiəp⁷	请帖	4	0.00207%	2	17;20;
5932	火	hoj	ho³	穷人	2	0.00104%	2	17;02;

词号	壮字	新壮文	音标	词义	频次	词频	分布度	抄本号
1005	穷	gungz	kuŋ^{2}	穷途	26	0.01348%	4	22;23;25;28;
2462	濑	laih	la:i^{6}	丘	8	0.00415%	3	03;05;16;
9217	腱	ndwen	dɯən^{1}	蚯蚓	1	0.00052%	1	17;
9224	林	raemh	ram^{6}	区域	1	0.00052%	1	27;
9226	棍	goenq	kon^{5}	躯体	1	0.00052%	1	28;
9227	曲樓	gyuj-laeuz	tɕu^{3}lau^{2}	曲楼	1	0.00052%	1	12;
3834	丕	bae	pai^{1}	去	4	0.00207%	1	21;
3320	胇卦	bi-gvaq	pi^{1}kva^{5}	去年	5	0.00259%	4	12;11;03;17;
9240	批婳	bae-yux	pai^{1}ju^{4}	去幽会	1	0.00052%	1	12;
3321	無	hog	ho:k^{8}	圈	5	0.00259%	3	03;17;27;
9243	匣	gyaz	tɕa^{2}	圈栏	1	0.00052%	1	03;
5939	晃	gvaengh	kvaŋ^{6}	圈套	2	0.00104%	2	24;25;
5940	圅	humx	hum^{4}	圈围	2	0.00104%	1	03;
9245	了	leux	le:u^{4}	全	1	0.00052%	1	14;
691	滕	daengz	taŋ^{2}	全部	41	0.02125%	14	01;03;04;06;09;10;12;17;20;22;26;27;28;29;
9246	晚	mbanx	ba:n^{4}	全村	1	0.00052%	1	12;
9247	苧忙	daengz-miengz	taŋ^{2}mi:ŋ^{2}	全地域	1	0.00052%	1	27;
9248	肛	daengz	taŋ^{2}	全都	1	0.00052%	1	02;
3322	肛阑	daengz-lanz	taŋ^{2}la:n^{2}	全家	5	0.00259%	3	05;09;10;
5942	排郎	baih-ndang	pa:i^{6}da:ŋ^{1}	全身	2	0.00104%	2	17;20;
9249	當竹	daq-dcus	taŋ^{44}tɕu^{31}	全世	1	0.00052%	1	26;
3836	東	doengz	toŋ^{2}	全体	4	0.00207%	2	17;26;
5943	肛傍	daengz-bwengz	taŋ^{2}pɯəŋ^{2}	全天下	2	0.00104%	1	05;
5944	全州	cuenh-cu	ɕuən^{6}ɕu^{1}	全州	2	0.00104%	2	17;05;
146	咘	mboh	bo^{6}	泉	220	0.11404%	20	01;02;04;05;06;07;09;10;12;13;17;19;20;23;24;25;26;27;28;18;
11203	磨	mboq	bo^{5}	泉边	1	0.00052%	1	18;
4558	剥咘	bak-mboh	pa:k^{7}bo^{6}	泉口	3	0.00156%	2	05;26;
827	咘	mboh	bo^{6}	泉水	32	0.01659%	10	01;02;05;17;18;20;26;06;19;18;
3323	伏	fwngz	fɯŋ^{2}	拳	5	0.00259%	3	04;07;10;
5945	拳	gienz	kiən^{2}	拳头	2	0.00104%	1	25;
9250	利	lih	li^{6}	筌	1	0.00052%	1	11;
2085	狗	gaeuj	kau^{3}	犬	10	0.00518%	2	17;20;
9252	班	mbanq	ba:n^{5}	缺	1	0.00052%	1	28;
4559	徃	vaengq	vaŋ^{5}	缺口	3	0.00156%	2	10;28;
1332	裙	gunz	kun^{2}	裙	19	0.00985%	8	01;02;04;10;12;19;23;25;
5950	邦	bang	pa:ŋ^{1}	群	2	0.00104%	1	04;
9260	孃南娘	nangz-namh-niengz	na:ŋ^{2}na:m^{6}niəŋ^{2}	孃南娘	1	0.00052%	1	20;
9261	叭	gyat	tɕa:t^{7}	禳除	1	0.00052%	1	02;
3327	叺	gyat	tɕa:t^{7}	禳解	5	0.00259%	1	22;

词号	壮字	新壮文	音标	词义	频次	词频	分布度	抄本号
1592	床叺	congz-gyat	ɕo:ŋ²tɕa:t⁷	禳解台	15	0.00778%	1	05;
5953	床叺	congz-gyat	ɕo:ŋ²tɕa:t⁷	禳解桌	2	0.00104%	2	05;06;
8	伝	hunz	hun²	人	2022	1.04810%	29	19;01;02;03;04;05;06;07;08;09;10;11;12;13;14;15;16;17;20;21;22;23;24;25;26;27;28;29;18;
9274	伝劲	hunz-lwg	hun²lɯk⁸	人儿	1	0.00052%	1	12;
9275	甫个	bux-gaq	pu⁴ka⁵	人价	1	0.00052%	1	03;
4935	旁	bwengz	pɯəŋ²	人间	2	0.00104%	2	03;18;
2014	力伝	lwg-hunz	lɯk⁸hun²	人类	10	0.00518%	5	17;19;20;26;18;
9276	甫陸荷	bux-loeg-hoz	pu⁴lok⁸ho²	人陆荷	1	0.00052%	1	02;
1751	甫	bux	pu⁴	人们	13	0.00674%	4	16;24;26;27;
9277	芽	yaz	ja²	人面	1	0.00052%	1	14;
4563	漠牙	mak-yaz	ma:k⁷ja²	人面果	3	0.00156%	2	12;15;
725	民	minz	min²	人民	39	0.02022%	6	03;09;17;18;19;21;
9278	命	mingh	miŋ⁶	人命	1	0.00052%	1	17;
9279	力陸	lwg-loeg	lɯk⁸lok⁸	人群	1	0.00052%	1	20;
5955	不不	bux-bux	pu⁴pu⁴	人人	2	0.00104%	1	21;
9280	诺	noh	no⁶	人肉	1	0.00052%	1	17;
9281	头	gyaeuj	tɕau³	人头	1	0.00052%	1	25;
3328	仆皇	bux-yangz	pu⁴jva:ŋ²	人王	5	0.00259%	1	19;
2681	壬	yaemz	jam²	壬	7	0.00363%	4	10;12;21;27;
9282	壬臣	nyinh-cwnh	ȵin⁶ɕɯn⁶	壬臣	1	0.00052%	1	19;
9283	壬臣生	nyinh-cwnh-seng	ȵin⁶ɕɯn⁶θe:ŋ¹	壬臣生	1	0.00052%	1	18;
4564	壬癸	yin-gaez	jin¹kai²	壬癸	3	0.00156%	1	17;
5956	壬四	nyinh-siq	ȵin⁶θi⁵	壬四	2	0.00104%	1	19;
9284	壬四沙	nyinh-siq-caq	ȵin⁶θi⁵ɕa⁵	壬四沙	1	0.00052%	1	18;
9285	壬四松	nyinh-siq-sung	ȵin⁶θi⁵θuŋ¹	壬四松	1	0.00052%	1	18;
9287	稔	naem	nam¹	稔竹	1	0.00052%	1	05;
9288	甫	bux	pu⁴	刃	1	0.00052%	1	22;
418	印其	yin-gyiz	jin¹tɕi²	任其	74	0.03836%	4	17;18;19;20;
4566	任旗力	yin-gyiz-lwg	jin¹tɕi²lɯk⁸	任其儿	3	0.00156%	2	19;20;
334	昙	ngoenz	ŋon²	日	96	0.04976%	22	01;02;03;04;05;07;08;11;12;13;17;19;20;21;22;23;24;25;27;28;29;18;
4056	成	caengh	ɕaŋ⁶	日后	3	0.00156%	3	17;19;18;
5959	昙俐	ngoenz-ndi	ŋon²di¹	日吉	2	0.00104%	2	01;03;
221	日	ngoenz	ŋon²	日子	139	0.07205%	19	02;04;05;08;10;12;14;17;19;20;21;22;23;25;26;27;28;29;18;
4567	荣	nyungz	ȵuŋ²	茸草	3	0.00156%	2	03;11;
4936	头	daeuz	tau²	荣耀	2	0.00104%	2	19;18;
5960	容	yungz	juŋ²	绒草	2	0.00104%	1	07;
9297	從	sungz	ɬuŋ²	绒松	1	0.00052%	1	10;

词号	壮字	新壮文	音标	词义	频次	词频	分布度	抄本号
4057	吞	aen	an¹	容器	3	0.00156%	3	03;19;18;
9299	冲	congh	ɕo:ŋ⁶	溶洞	1	0.00052%	1	13;
1182	枯龍	go-lungz	ko¹luŋ²	榕树	22	0.01140%	10	01;03;04;09;17;18;28;05;12;20;
9301	摸晚	mak-vanj	ma:k⁷va:n³	榕树果	1	0.00052%	1	10;
100	脔	noh	no⁶	肉	308	0.15965%	27	02;01;03;04;05;06;07;08;09;10;11;12;13;14;15;17;19;20;21;22;23;24;25;26;
3839	郎诺	ndang-noh	da:ŋ¹no⁶	肉身	4	0.00207%	3	17;18;20;
5962	诺	noh	no⁶	肉体	2	0.00104%	2	17;27;
4937	尼	nix	ni⁴	如今	2	0.00104%	2	17;18;
9308	楼	nauq	na:u⁵	乳房	1	0.00052%	1	20;
5963	射	ciej	ɕiə³	乳头	2	0.00104%	2	03;20;
9314	肉温	noh-unh	no⁶un⁶	软肉	1	0.00052%	1	05;
4570	畓	duez	tuə³	畓	3	0.00156%	2	12;28;
330	土厄	duz-ngweg	tu²ŋɯək⁸	畓泥	97	0.05028%	22	19;05;01;02;03;04;07;08;09;10;12;13;17;18;20;22;23;24;25;26;28;18;
3841	微溺	fiz-ngweg	fi²ŋɯək⁸	畓泥火	4	0.00207%	4	01;02;10;04;
2256	三寶	sam-bauj	ła:m¹pa:u³	三宝	9	0.00467%	5	01;12;20;25;28;
4573	劍三宝	giemq-sam-bauj	kiəm⁵ła:m¹pa:u³	三宝剑	3	0.00156%	2	02;09;
9325	廟三宝	miuh-sam-bauj	mi:u⁶ła:m¹pa:u³	三宝庙	1	0.00052%	1	02;
5973	三勒	saamc-lap	sa:m³⁵lap¹¹	三层	2	0.00104%	1	26;
9326	三撒	sam-ca	ła:m¹ɕa¹	三叉	1	0.00052%	1	08;
9327	三杀	sam-caq	ła:m¹ɕa⁵	三叉戟	1	0.00052%	1	04;
5974	窮	gyongq	tɕo:ŋ⁵	三朝酒	2	0.00104%	1	21;
9329	強三牙	gyamh-sam-ngaz	tɕva:m⁶θa:m¹ŋa²	三齿耙	1	0.00052%	1	21;
9330	光三代	gvang-sam-daih	kva:ŋ¹ła:m¹ta:i⁶	三代君	1	0.00052%	1	07;
3843	酒三姓	laeuj-sam-seng	lau³ła:m¹łe:ŋ¹	三道酒	4	0.00207%	1	10;
9331	三方	sam-fieng	ła:m¹fiəŋ¹	三方	1	0.00052%	1	15;
9332	波三走	boc-saamc-sawx	po³⁵sa:m³⁵sau³³	三峰山坡	1	0.00052%	1	26;
5975	三寿	sam-souh	ła:m¹łou⁶	三更	2	0.00104%	2	01;20;
9333	三竜	sam-lungh	ła:m¹luŋ⁶	三晌	1	0.00052%	1	24;
4574	三官	sam-guen	ła:m¹kuən¹	三官	3	0.00156%	3	02;20;28;
3844	三官大帝	sam-guen-daih-di	ła:m¹kuən¹ta:i⁶ti¹	三官大帝	4	0.00207%	4	02;07;10;12;
9334	三官玉帝	sam-guen-yi-di	ła:m¹kuən¹ji¹ti¹	三官玉帝	1	0.00052%	1	02;
861	三火	sanh-hoz	ła:n⁶ho²	三合	31	0.01607%	3	12;25;28;
2257	光三合	gvang-sanh-hoz	kva:ŋ¹ła:n¹⁶ho²	三合君	9	0.00467%	2	12;28;
9335	鴻山何	loeg-sanh-hoz	lok⁸ła:n⁶ho²	三合鸟	1	0.00052%	1	28;
9336	三栏	sam-lanz	ła:m¹la:n²	三家	1	0.00052%	1	16;
9337	三	saamc	sa:m³⁵	三江	1	0.00052%	1	26;
9338	三个	sam-ga	ła:m¹ka¹	三角	1	0.00052%	1	05;
2087	安寡	anc-ga	an³⁵ka⁴⁴	三角架	10	0.00518%	1	26;
4938	悮	ut	ut⁷	三角粽	2	0.00104%	2	19;18;

词号	壮字	新壮文	音标	词义	频次	词频	分布度	抄本号
9339	枚三哥	nwx-sam-ga	nɯ⁴ɬa:m¹ka¹	三脚弩	1	0.00052%	1	09;
1022	強	giengz	kiəŋ²	三脚灶	25	0.01296%	9	05;06;09;12;17;19;22;27;
3845	強卡	gyiengz-ga	tɕiəŋ²ka¹	三脚灶脚	4	0.00207%	1	17;
9340	母三个	mu-sam-ga	mu¹ɬa:m¹ka¹	三脚猪	1	0.00052%	1	05;
268	三盖	sam-gaiq	ɬa:m¹ka:i⁵	三界	118	0.06116%	22	01;02;03;04;05;06;07;08;09;10;11;12;13;14;15;16;21;22;23;24;25;28;
9341	公三界	baeuq-sam-gaiq	pau⁵θa:m¹ka:i⁵	三界公	1	0.00052%	1	17;
9342	三軍	sam-gun	ɬa:m¹kun¹	三军	1	0.00052%	1	09;
5976	列三會	le-sam-hoih	le¹ɬa:m¹ho:i⁶	三缆拦江网	2	0.00104%	1	22;
9343	三郎	sam-langz	ɬa:m¹la:ŋ²	三郎	1	0.00052%	1	12;
9344	布三郎	baeuq-sam-	pau⁵ɬa:m¹la:ŋ⁶	三郎公	1	0.00052%	1	07;
2684	三門	sam-maenz	ɬa:m¹man²	三门	7	0.00363%	5	02;07;09;10;23;
9345	三那	sam-naj	ɬa:m¹na³	三面	1	0.00052%	1	03;
9346	三你	sam-nix	θa:m¹ni⁴	三你	1	0.00052%	1	21;
9347	三脾	sam-bi	ɬa:m¹pi¹	三年	1	0.00052%	1	02;
9348	猪三吟	mu-sam-gaem	mu¹ɬa:m¹kam¹	三拳猪	1	0.00052%	1	10;
3846	三杀	sam-ca	θa:m¹ɕa¹	三煞	4	0.00207%	2	17;20;
9349	三煞	sam-caz	ɬa:m¹ɕa²	三神	1	0.00052%	1	25;
5979	三姓	sam-seng	ɬa:m¹ɬe:ŋ¹	三牲	2	0.00104%	2	08;11;
9350	三玖	sam-gyaeuj	ɬa:m¹tɕau³	三牲头	1	0.00052%	1	08;
4575	三聖	sam-cing	ɬa:m¹ɕiŋ¹	三圣	3	0.00156%	2	25;28;
4576	三師	sam-sae	ɬa:m¹ɬai¹	三师	3	0.00156%	3	02;09;10;
9352	三十浪	sam-cib-liengz	θa:m¹ɕip⁸liəŋ²	三十郎	1	0.00052%	1	17;
9354	三首	sam-caeuj	ɬa:m¹ɕau³	三首	1	0.00052%	1	07;
9355	三寿	sam-saeuh	ɬa:m¹ɬau⁶	三寿	1	0.00052%	1	10;
9356	坡三逑	bo-sam-gyaeuj	po¹ɬa:m¹tɕau³	三头山	1	0.00052%	1	28;
261	三皇	sam-vuengz	ɬa:m¹vuəŋ²	三王	121	0.06272%	23	01;02;03;04;05;06;07;08;09;10;11;12;13;14;15;16;20;21;22;23;24;25;28;
9357	三鮮	sam-sien	θa:m¹θiən¹	三仙	1	0.00052%	1	18;
9358	三刑	sam-hingz	ɬa:m¹hiŋ²	三形	1	0.00052%	1	28;
9359	三姓	sam-singq	ɬa:m¹ɬiŋ⁵	三姓	1	0.00052%	1	28;
3330	三元	sam-yienz	ɬa:m¹jiən²	三元	5	0.00259%	4	01;06;16;19;
9360	印三元	inh-sam-yienz	in⁶ɬa:m¹jiən²	三元印	1	0.00052%	1	05;
862	三月	sam-ngued	ɬa:m¹ŋuət⁸	三月	31	0.01607%	13	02;03;05;07;08;10;11;12;19;20;21;22;23;
5981	三月三	sam-ngued-sam	θa:m¹ŋuət⁸θa:m¹	三月三	2	0.00104%	2	17;20;
9361	三苗糗	sam-miuz-haeux	ɬa:m¹mi:u²hau⁴	三造稻谷	1	0.00052%	1	08;
9362	三苗厚	sam-miuz-haeux	ɬa:m¹mi:u²hau⁴	三造谷	1	0.00052%	1	08;
5982	三踏	saamc-tuzt	sa:m³⁵thɯt¹¹	三重	2	0.00104%	1	26;
3331	三合	sam-hop	ɬa:m¹ho:p⁷	三周	5	0.00259%	3	05;25;28;
9363	三宗	sam-coeng	ɬa:m¹ɕoŋ¹	三宗	1	0.00052%	1	25;

词号	壮字	新壮文	音标	词义	频次	词频	分布度	抄本号
642	三祖	sam-coj	ɬa:m^{1}ɕo^{3}	三祖	45	0.02333%	10	01;02;04;05;07;09;10;11;18;25;
1899	傘	lwengj	lɯəŋ^{3}	伞	11	0.00570%	9	02;03;07;08;09;17;20;21;
9369	寧往	nengz-nuengx	ne:ŋ^{2}nuəŋ^{4}	桑叶	1	0.00052%	1	12;
9371	服	fuz	fu^{2}	丧服	1	0.00052%	1	29;
3332	妣娘	bix-nangz	pi^{4}na:ŋ^{2}	嫂嫂	5	0.00259%	2	23;12;
1900	色	saek	ɬak^{7}	色	11	0.00570%	7	08;12;17;19;20;21;18;
696	檂	ndoeng	doŋ^{1}	森林	40	0.02073%	13	06;07;09;10;11;12;17;19;20;21;23;29;18;
4578	僧	swng	ɬɯŋ^{1}	僧	3	0.00156%	3	08;27;11;
5988	僧途	saeng-doz	saŋ^{1}to^{2}	僧徒	2	0.00104%	1	27;
3333	沙	sa	ɬa^{1}	沙	5	0.00259%	4	02;19;22;24;
9377	沙	sa	sa^{1}	沙树	1	0.00052%	1	27;
5989	動哉	toqv-sai	thɔŋ^{11}sa:i^{44}	沙滩	2	0.00104%	1	26;
9378	沙	sa	ɬa^{1}	沙土	1	0.00052%	1	09;
1901	紗	caq	ɕa^{5}	纱	11	0.00570%	7	07;13;17;19;21;25;18;
9379	沙六	saj-loek	θva^{3}lok^{7}	纱纺机	1	0.00052%	1	21;
5990	絞埋	geu-faiq	ke:u^{1}fa:i^{5}	纱股	2	0.00104%	1	14;
4892	侖	lwt	lɯt^{7}	纱管	3	0.00156%	1	18;
9380	个黎	ga-laez	ka^{1}lai^{2}	纱筒	1	0.00052%	1	24;
9381	个黎	ga-lawz	ka^{1}laɯ^{2}	纱绽	1	0.00052%	1	05;
9382	沙	sa	θa^{1}	纱纸	1	0.00052%	1	20;
9383	沙	sa	ɬa^{1}	痧	1	0.00052%	1	23;
5991	生	seng	ɬe:ŋ^{1}	痧症	2	0.00104%	1	01;
9387	茶使	caz-saeq	ɕa^{2}ɬai^{5}	煞官	1	0.00052%	1	11;
9388	答	dab	ta:p^{8}	煞日	1	0.00052%	1	02;
1752	煞	saz	ɬa^{2}	煞神	13	0.00674%	2	11;27;
4579	入	yaep	jap^{7}	霎	3	0.00156%	1	25;
704	入時	yaep-cwz	jap^{7}ɕɯ^{2}	霎时	40	0.02073%	5	05;07;22;24;28;
1675	撈	laeng	laŋ^{1}	筛子	14	0.00726%	12	01;02;04;05;07;08;09;10;17;19;23;26;
9390	蕭	saux	θa:u^{4}	晒杆	1	0.00052%	1	21;
5992	堯	yeux	je:u^{4}	晒坪	2	0.00104%	1	05;
219	賛	canz	ɕa:n^{2}	晒台	140	0.07257%	22	20;02;03;05;06;07;08;09;10;12;13;14;17;19;21;22;23;25;26;27;29;18;
3849	北盞	bak-canz	pa:k^{7}ɕa:n^{2}	晒台口	4	0.00207%	3	05;06;23;
214	岜	gya	tɕa^{1}	山	144	0.07464%	27	05;01;02;04;06;07;08;09;10;12;13;14;15;16;17;19;20;21;22;23;24;25;26;27;
574	岩	ngaemz	ŋam^{2}	山坳	51	0.02644%	19	01;02;03;04;05;06;08;10;11;17;19;20;21;23;24;25;27;28;18;
9391	咟岩	bak-ngamz	pa:k^{7}ŋa:m^{2}	山坳口	1	0.00052%	1	05;
9392	咟岩	bak-ngamz	pa:k^{7}ŋa:m^{2}	山坳水口	1	0.00052%	1	16;

词号	壮字	新壮文	音标	词义	频次	词频	分布度	抄本号
2464	傍岜	bangx-bya	pa:ŋ⁴pja¹	山边	8	0.00415%	2	19;01;
2159	山	can	ɕa:n¹	山地	9	0.00467%	3	01;19;18;
1676	茉岜	gyai-gya	tɕa:i¹tɕa¹	山顶	14	0.00726%	7	23;05;10;13;14;17;26;
9393	坡斗門	bo-daeux-mbwn	po¹tau⁴bɯn¹	山顶天	1	0.00052%	1	28;
2548	岩	ngamz	ŋa:m²	山洞	7	0.00363%	3	10;19;18;
9394	来	laj	lai⁴⁴	山峰	1	0.00052%	1	26;
4580	岜垩	gya-sang	tɕa¹ɬa:ŋ¹	山高	3	0.00156%	3	05;17;21;
970	吩	fien	fiən¹	山歌	27	0.01400%	6	08;12;17;20;25;28;
9395	脾酒	bi-laeuj	pi¹lau³	山歌酒	1	0.00052%	1	01;
1980	渌	lueg	luək⁸	山沟	11	0.00570%	6	09;10;12;17;20;22;
2160	龙	lungh	luŋ⁶	山峋	9	0.00467%	4	06;17;23;18;
285	渌	lueg	luək⁸	山谷	112	0.05805%	24	02;03;04;05;06;07;08;09;10;11;12;13;14;15;16;17;19;20;22;23;24;25;27;18;
3335	陌渌	bak-lueg	pa:k⁷luək⁸	山谷口	5	0.00259%	2	05;16;
5993	鸿渌	loeg-lueg	lok⁷luək⁸	山谷鸟	2	0.00104%	2	07;15;
5994	淦渌	laemx-lueg	lam⁴luək⁸	山谷水	2	0.00104%	2	01;04;
9396	覫	fangz	fa:ŋ²	山鬼	1	0.00052%	1	23;
9397	江岩	gyang-ngamz	tɕa:ŋ¹ŋa:m²	山脊	1	0.00052%	1	23;
3850	碠岜	din-gya	tin¹tɕa¹	山脚	4	0.00207%	3	10;21;05;
9398	坡界社	bo-gyai-ciex	po¹tɕa:i¹ɕiə⁴	山界社	1	0.00052%	1	07;
2686	百從	bak-congh	pa:k⁷ɕo:ŋ⁶	山口	7	0.00363%	4	19;24;23;25;
5995	波朗漢	boc-laaq-haanv	po³⁵la:ŋ⁴⁴ha:n¹¹	山郎漢	2	0.00104%	2	26;28;
4581	渌	lueg	luək⁸	山里	3	0.00156%	2	07;10;
9399	呰界房	ceh-gaiq-fuengz	ɕe⁶ka:i⁵fuəŋ²	山莲花	1	0.00052%	1	02;
2978	當	daaqv	ta:ŋ¹¹	山梁	6	0.00311%	1	26;
9400	狼	langh	la:ŋ⁶	山两山	1	0.00052%	1	03;
215	檂	ndoeng	doŋ¹	山林	143	0.07412%	25	01;02;03;04;05;06;07;08;09;10;12;13;14;17;19;20;21;22;23;24;25;26;27;28;
550	雷	ndoi	do:i¹	山岭	54	0.02799%	11	09;12;17;19;20;21;22;23;25;27;18;
3851	弄	longh	lo:ŋ⁶	山路	4	0.00207%	1	22;
3852	托	dak	ta:k⁷	山蚂蝗	4	0.00207%	3	10;07;28;
9401	岜梅	gya-maex	tɕa¹mai⁴	山木	1	0.00052%	1	02;
1849	弄	rungh	ruŋ⁶	山弄	12	0.00622%	4	17;19;21;23;
117	坡	bo	po¹	山坡	262	0.13581%	24	21;01;02;03;04;05;06;07;09;10;11;12;13;16;17;19;20;22;23;25;26;27;28;18;
9402	磨	mboq	bo⁵	山泉	1	0.00052%	1	19;
9403	者	tseh	tse⁶	山寨	1	0.00052%	1	27;
9404	岜	gya	tɕa¹	山上	1	0.00052%	1	22;
9405	茾岜	byai-pya	pja:i¹phja¹	山梢	1	0.00052%	1	27;
4582	岜社	gya-cwex	tɕa¹ɕɯə⁴	山社	3	0.00156%	1	02;
3853	怕	baq	pa⁵	山神	4	0.00207%	1	17;

词号	壮字	新壮文	音标	词义	频次	词频	分布度	抄本号
4583	泯	maenz	man²	山薯	3	0.00156%	2	01;09;
4584	三台	sam-daiz	ɬa:m¹ta:i²	山台	3	0.00156%	1	05;
9406	坐	sok	sɔk¹¹	山洼	1	0.00052%	1	26;
5996	山屋	can-uz	ɕa:n¹u²	山屋	2	0.00104%	2	01;04;
5997	王山屋	vuengz-can-uz	vuəŋ²ɕa:n¹u²	山屋王	2	0.00104%	2	01;04;
1850	岜	gya	tɕa¹	山崖	12	0.00622%	6	02;05;07;09;26;27;
3854	羊	yuengz	juəŋ²	山羊	4	0.00207%	3	17;19;22;
5998	蒙	mungz	muŋ²	山芋	2	0.00104%	1	05;
542	砦	ceh	ɕe⁶	山寨	55	0.02851%	14	05;01;02;03;07;08;09;10;13;17;23;25;28;29;
9407	托	dak	ta:k⁷	山蛭	1	0.00052%	1	25;
9408	求	giu	ki:u¹	山竹	1	0.00052%	1	06;
3336	迷山	maex-gyang	mai⁴tɕa:ŋ¹	杉树	5	0.00259%	3	10;17;18;
9409	我非沙	ngaq-faex-sa	ʔŋa⁵fai⁴θa¹	杉树枝	1	0.00052%	1	17;
3855	萬	vad	va:d⁸	扇	4	0.00207%	3	03;07;17;
2980	迯	biz	pi²	扇子	6	0.00311%	4	03;08;09;17;
9418	鬼傷	fangz-sieng	fa:ŋ²ɬiəŋ¹	伤鬼	1	0.00052%	1	29;
9419	伤	cweng	ɕɯəŋ¹	殇	1	0.00052%	1	03;
6000	吞匠	aen-ciengh	an¹ɕiəŋ⁶	殇盒	2	0.00104%	2	04;22;
6001	甫半	bux-buenq	pu⁴puən⁵	商贩	2	0.00104%	1	03;
9420	甫个	bux-gaq	pu⁴ka⁵	商人	1	0.00052%	1	03;
4586	丙	leeq	le:ŋ⁴⁴	晌午	3	0.00156%	1	26;
558	忐	gwnz	kɯn²	上	53	0.02747%	15	02;03;04;05;06;07;08;09;10;12;16;20;21;23;25;
9424	肯	gwnz	kɯn²	上辈	1	0.00052%	1	19;
4587	雲	gwnz	kɯn²	上边	3	0.00156%	2	01;26;
9427	衍忐	hangz-gwnz	ha:ŋ²kɯn²	上颚	1	0.00052%	1	03;
129	忐	gwnz	kɯn²	上方	245	0.12699%	27	01;02;03;04;05;06;07;08;09;10;11;12;13;15;16;17;19;20;21;22;23;24;25;26;
2981	上晃	cang-gvangq	ɕa:ŋ¹kva:ŋ⁵	上晃	6	0.00311%	1	28;
575	忐	gwnz	kɯn²	上界	51	0.02644%	9	02;04;05;08;17;19;21;23;
6619	恨	hwnj	hɯn³	上来	2	0.00104%	1	18;
9431	上樑	cang-liengz	ɕa:ŋ¹liəŋ²	上梁	1	0.00052%	1	04;
9432	上樑	cang-liengz	ɕa:ŋ¹liəŋ²	上樑	1	0.00052%	1	01;
9433	娄	laeuz	lau²	上楼	1	0.00052%	1	17;
90	雲	gwnz	kɯn²	上面	346	0.17935%	28	01;02;03;04;05;06;07;08;09;10;11;12;13;15;16;17;19;20;21;22;23;24;25;26;27;28;29;18;
1677	群门	gwnz-mbwn	kɯn²bɯn¹	上天	14	0.00726%	8	03;04;05;07;17;19;22;26;
9438	忐頭	gwnz-gyaeuj	kɯn²tɕau³	上头	1	0.00052%	1	05;
9439	尚午飯	cang-uj-fan	ɕa:ŋ¹u³fa:n¹	上午饭	1	0.00052%	1	17;
2091	恨隆	hwnj-loengz	hɯn³loŋ²	上下	10	0.00518%	3	05;21;22;
6006	祎	bueh	puə⁶	上衣	2	0.00104%	1	04;

词号	壮字	新壮文	音标	词义	频次	词频	分布度	抄本号
2015	丕	gwnz	kun²	上游	10	0.00518%	7	01;03;05;17;19;20;18;
6008	尚光	cang-gvangq	ɕa:ŋ¹kva:ŋ⁵	尚光	2	0.00104%	1	08;
6010	布林微	baeuq-lemj-fiz	pau⁵le:m³fi²	烧火公	2	0.00104%	1	04;
9450	光林宿	gvang-lemj-saeuq	kva:ŋ¹le:m³ɬau⁵	烧火灶君	1	0.00052%	1	04;
2466	羊	gyai	tɕa¹	梢	8	0.00415%	5	10;17;22;23;28;
6012	榸非	byai-faex	pja:i¹fai⁴	梢树尾	2	0.00104%	1	17;
4590	枇	sieg	ɬiək⁸	勺	3	0.00156%	1	23;
6013	妹娘	meh-nangz	me⁶na:ŋ²	少妇	2	0.00104%	2	13;17;
6014	娋	sau	ɬa:u¹	少女	2	0.00104%	1	28;
9456	記	giq	ki⁵	哨子	1	0.00052%	1	01;
1753	目	mok	mo:k⁷	潲水	13	0.00674%	6	12;03;04;06;17;21;
1438	利	lih	li⁶	畬地	17	0.00881%	3	01;02;03;
9458	帽字	mauh-sw	ma:u⁶θɯ¹	舌帽	1	0.00052%	1	17;
1902	粼	linx	lin⁴	舌头	11	0.00570%	8	07;17;19;20;24;25;26;18;
559	厄	ngwez	ŋɯə²	蛇	53	0.02747%	15	02;03;05;07;09;10;12;13;17;19;20;23;24;26;28;
880	社	cwex	ɕɯə⁴	社	30	0.01555%	3	04;07;12;
4591	社	cwex	ɕɯə⁴	社庙	3	0.00156%	2	02;05;
9468	坡社廟	bo-ciex-miuh	po¹ɕiə⁴mi:u⁶	社庙山	1	0.00052%	1	07;
9469	呰寕	ceh-ningz	ɕe⁶niŋ²	社宁	1	0.00052%	1	05;
576	社	cwex	ɕɯə⁴	社神	51	0.02644%	14	01;02;03;05;07;08;09;12;14;17;19;20;27;18;
2467	社	swx	θɯ⁴	社坛	8	0.00415%	1	20;
1903	社	cwex	ɕɯə⁴	社王	11	0.00570%	3	03;05;18;
1625	申	saen	ɬan¹	申	14	0.00726%	5	05;17;19;20;18;
4594	昙申	ngoenz-saen	ŋon²ɬan¹	申日	3	0.00156%	1	03;
9477	時申	dcuz-sanc	tɕɯ⁴⁴san³⁵	申时	1	0.00052%	1	26;
132	躺	ndang	da:ŋ¹	身	242	0.12544%	27	01;02;03;04;05;06;07;08;09;10;11;12;13;15;16;17;19;20;21;22;23;24;25;26;
4596	臨	henz	he:n²	身边	3	0.00156%	2	05;25;
9480	躺汗	ndang-hanh	da:ŋ¹ha:n⁶	身汗渍	1	0.00052%	1	02;
2984	谷躺	goek-ndang	kok⁷da:ŋ¹	身躯	6	0.00311%	2	05;17;
1159	躺	ndang	da:ŋ¹	身上	22	0.01140%	9	03;06;08;12;13;19;27;28;
551	躺	ndang	da:ŋ¹	身体	54	0.02799%	13	05;07;08;12;14;17;19;20;21;23;26;28;18;
9481	郎	ndang	da:ŋ¹	身心	1	0.00052%	1	21;
6019	躺凡	ndang-fanz	da:ŋ¹fa:n²	身孕	2	0.00104%	2	06;02;
2687	躺	ndang	da:ŋ¹	身子	7	0.00363%	3	05;17;27;
2985	勒	laeg	lak⁸	深	6	0.00311%	5	05;11;25;26;28;
3339	谷	goek	kok⁷	深处	5	0.00259%	3	07;13;23;
9485	寡	kamx	kham³³	深坑	1	0.00052%	1	26;
9486	檂	ndoeng	doŋ¹	深山	1	0.00052%	1	25;
3859	勒	laeg	lak⁸	深水	4	0.00207%	2	05;07;

词号	壮字	新壮文	音标	词义	频次	词频	分布度	抄本号
1802	泓	vaengz	vaŋ^{2}	深潭	12	0.00622%	6	01;17;19;20;26;18;
2016	江痕	gyang-hwnz	tɕa:ŋ^{1}hɯn^{2}	深夜	10	0.00518%	6	04;17;19;20;22;18;
2987	叻分	laeg-fwd	lak^{8}fɯt^{8}	深渊	6	0.00311%	2	17;26;
499	佛	baed	pat^{8}	神	61	0.03162%	18	01;02;03;04;05;07;08;09;10;12;17;19;20;22;25;26;
1981	橙桐	daengq-doengz	taŋ^{5}toŋ^{2}	神案	11	0.00570%	1	05;
6020	絞勿	geuj-faed	ke:u^{3}fat^{8}	神彩带	2	0.00104%	1	05;
9487	佛	faed	fat^{8}	神地	1	0.00052%	1	17;
9488	㲱	fangz	fa:ŋ^{2}	神鬼	1	0.00052%	1	09;
4598	広佛	moq-baed	mo^{5}pat^{5}	神界	3	0.00156%	3	27;17;20;
206	登橦	daengq-doengz	taŋ^{5}toŋ^{2}	神龛	147	0.07620%	20	01;02;03;04;05;06;07;08;09;10;11;12;14;15;17;24;25;27;28;18;
9489	邦花	bang-va	pa:ŋ^{1}va^{1}	神龛花	1	0.00052%	1	04;
9490	邦所	bang-soq	pa:ŋ^{1}ɬo^{5}	神龛疏理	1	0.00052%	1	04;
9491	邦瑞	bang-coih	pa:ŋ^{1}ɕo:i^{6}	神龛修正	1	0.00052%	1	11;
6021	邦閙	bang-nauh	pa:ŋ^{1}na:u^{6}	神龛招	2	0.00104%	1	12;
4599	放	fangz	fa:ŋ^{2}	神灵	3	0.00156%	2	17;22;
9492	黄庙	vangz-miuh	va:ŋ^{2}mi:u^{6}	神庙	1	0.00052%	1	17;
692	神农	saenz-nungz	ɬan^{2}nuŋ^{2}	神农	41	0.02125%	9	03;05;11;12;15;16;18;19;
2688	吓神农	yah-saenz-	ja^{6}ɬan^{2}noŋ^{2}	神农婆	7	0.00363%	5	03;05;11;12;28;
6022	王仙農	yangz-sien-nungz	jva:ŋ^{2}θiən^{1}nuŋ^{2}	神农王	2	0.00104%	1	18;
2261	雅差	yah-cax	ja^{6}ɕa^{4}	神婆	9	0.00467%	2	17;28;
2262	佛三宝	baed-sam-bauj	pat^{8}ɬa:m^{1}pa:u^{3}	神三宝	9	0.00467%	7	04;05;07;09;10;17;20;
1441	神社	saenz-cwex	ɬan^{2}ɕɯə^{4}	神社	17	0.00881%	6	02;05;09;10;12;28;
281	床䏲	congz-naengh	ɕo:ŋ^{2}naŋ^{6}	神台	113	0.05857%	16	01;02;03;04;05;07;08;09;10;11;12;21;22;23;24;25;
4600	坛	danz	ta:n^{2}	神坛	3	0.00156%	1	27;
9493	佛土地	baed-doj-dih	pat^{8}to^{3}ti^{6}	神土地	1	0.00052%	1	12;
3341	邦	bang	pa:ŋ^{1}	神位	5	0.00259%	3	01;18;19;
2092	仙	sien	θiən^{1}	神仙	10	0.00518%	3	17;22;29;
9494	放所	fangz-suj	fa:ŋ^{2}θu^{3}	神主	1	0.00052%	1	17;
9495	却	gyongz	tɕo:ŋ^{2}	神桌	1	0.00052%	1	21;
6023	臣祖	caenz-coj	ɕan^{2}ɕo^{3}	神祖	2	0.00104%	2	18;19;
1023	廖	liuz	li:u^{2}	婶娘	25	0.01296%	9	10;12;17;13;25;28;22;24;
9504	行	hing	hiŋ^{1}	生姜	1	0.00052%	1	05;
3862	命生	mingh-seng	miŋ^{6}θe:ŋ^{1}	生命	4	0.00207%	2	18;26;
9507	乜馬	mes-ma	me^{31}ma^{44}	生母	1	0.00052%	1	26;
9509	肉劝	noh-ndip	no^{6}dip^{7}	生肉	1	0.00052%	1	03;
4601	巷	hang	ha:ŋ^{1}	生铁	3	0.00156%	3	03;09;19;
9510	半	buenq	puən^{5}	生意	1	0.00052%	1	21;
4604	違	vaez	vai^{2}	生殖器	3	0.00156%	3	02;05;07;
2989	咟	bak	pa:k^{7}	声	6	0.00311%	5	02;04;08;12;20;
1711	性	sing	ɬiŋ^{1}	声音	13	0.00674%	9	02;09;17;19;20;24;25;28;

词号	壮字	新壮文	音标	词义	频次	词频	分布度	抄本号
1547	性	seng	ɬe:ŋ^{1}	牲	15	0.00778%	8	02;03;07;14;17;19;25;18;
1183	畾毛	duez-bwn	tuə^{2}pɯn^{1}	牲畜	22	0.01140%	7	05;12;13;17;18;19;21;
11208	汭	noh	no^{6}	牲口	1	0.00052%	1	18;
2549	姓	singq	ɬiŋ^{5}	牲品	7	0.00363%	5	05;10;12;17;18;
9515	诺	noh	no^{6}	牲肉	1	0.00052%	1	17;
647	姓头	singq-daeuz	ɬiŋ^{5}tau^{2}	牲头	44	0.02281%	8	05;07;12;13;17;18;25;18;
9516	州	cuz	ɕu^{2}	牲宴	1	0.00052%	1	17;
567	素	cag	ɕa:k^{8}	绳	52	0.02695%	16	09;10;12;14;17;19;25;01; 03;05;11;15;20;23;27;18;
9517	在	sai	ɬa:i^{1}	绳带	1	0.00052%	1	14;
6030	助	cag	ɕa:k^{8}	绳结	2	0.00104%	2	12;13;
3343	作	cag	ɕa:k^{8}	绳索	5	0.00259%	5	01;04;17;24;05;
4605	長廣	cag-gvang	ɕa:k^{8}kva:ŋ^{1}	绳套	3	0.00156%	3	17;24;25;
2771	常	cag	ɕa:k^{8}	绳子	7	0.00363%	1	18;
6031	聖母	cing-muj	ɕiŋ^{1}mu^{3}	圣母	2	0.00104%	1	28;
9519	聖人	cing-yinz	ɕiŋ^{1}jin^{2}	圣人	1	0.00052%	1	09;
9522	胬	noh	no^{6}	尸体	1	0.00052%	1	22;
9524	寃累	hoen-lwi	hon^{1}lɯəi^{1}	失魂	1	0.00052%	1	03;
3489	師	sae	ɬai^{1}	师	4	0.00207%	3	01;19;18;
9526	師	sae	ɬai^{1}	师父	1	0.00052%	1	09;
1679	師	sae	ɬai^{1}	师傅	14	0.00726%	6	05;10;17;22;26;28;
9527	師	sae	ɬai^{1}	师公	1	0.00052%	1	05;
9528	字	sw	ɬɯ^{1}	诗书	1	0.00052%	1	05;
2691	悩	laeu	lau^{1}	虱子	7	0.00363%	3	05;25;28;
9529	獅	sae	ɬai^{1}	狮	1	0.00052%	1	12;
4609	十二國	cib-ngih-gyog	ɕip^{8}ŋi^{6}tɕo:k^{8}	十二部族	3	0.00156%	2	03;25;
9535	二六国	ngih-loek-gyog	ŋi^{6}lok^{7}tɕo:k^{8}	十二疆域	1	0.00052%	1	04;
9536	十二天下	cib-ngih-dien-hah	ɕip^{8}ŋi^{6}tiən^{1}ha^{6}	十二天下	1	0.00052%	1	02;
6033	十二位	cib-ngih-fae	ɕip^{8}ŋi^{6}fai^{1}	十二姓	2	0.00104%	2	03;25;
9537	十二位	cib-ngih-vih	ɕip^{8}ŋi^{6}vi^{6}	十二姓氏	1	0.00052%	1	28;
6034	卄月	cib nyih-ngued	ɕip^{8} ŋi^{6}ŋuət^{8}	十二月	2	0.00104%	2	19;20;
9538	奷十府	yah-cib-fuj	ja^{6}ɕip^{8}fu^{3}	十府婆	1	0.00052%	1	28;
9539	十恩轉	suq-aenz-bei	sup^{7}an^{2}pei^{1}	十个年头	1	0.00052%	1	27;
4610	十七天下	cib-caet-dien-yaq	ɕip^{8}ɕat^{7}tiən^{1}ja^{5}	十七天下	3	0.00156%	3	01;04;10;
9541	犸十拳	mu-cib-gienz	mu^{1}ɕip^{8}kiən^{2}	十拳猪	1	0.00052%	1	07;
6035	十月	cib it-ngued	ɕip^{8} it^{7}ŋuət^{8}	十一月	2	0.00104%	2	19;20;
2694	十月	cib-ngued	ɕip^{8}ŋuət^{8}	十月	7	0.00363%	5	11;15;19;20;21;
794	磸	lin	lin^{1}	石	34	0.01762%	14	01;03;04;07;08;09;11;12; 13;15;17;19;20;18;
9543	吝号	lin-hau	lin^{1}ha:u^{1}	石白	1	0.00052%	1	11;
3346	磸	lin	lin^{1}	石板	5	0.00259%	3	05;11;13;
9544	磸保	hin-bauj	hin^{1}pa:u^{3}	石宝	1	0.00052%	1	17;
9545	弄	longj	lo:ŋ^{3}	石舂	1	0.00052%	1	05;
9546	蛋磸	gyaeq-lin	tɕai^{5}lin^{1}	石蛋	1	0.00052%	1	05;

词号	壮字	新壮文	音标	词义	频次	词频	分布度	抄本号
9547	碽宿	hin-suq	hin^{1}θu^{5}	石堆	1	0.00052%	1	17;
1247	龍	lungz	luŋ^{2}	石碓	20	0.01037%	8	02;04;07;08;10;17;19;18;
6036	湯對	taaqc-dois	tha:ŋ^{35}to:i^{31}	石碓尾	2	0.00104%	1	26;
9548	雖	sae	θai^{1}	石粉	1	0.00052%	1	17;
6037	恢	hoi	ho:i^{1}	石灰	2	0.00104%	1	02;
1626	弄	longj	lo:ŋ^{3}	石臼	14	0.00726%	7	02;05;09;10;13;17;18;
6038	碽	hin	hin^{1}	石坎	2	0.00104%	1	17;
6039	晋磸	gonj-lin	ko:n^{3}lin^{1}	石块	2	0.00104%	2	04;21;
9549	碽累	hin-heq	hin^{1}he^{5}	石砾	1	0.00052%	1	17;
4611	麻	mah	ma^{6}	石磨	3	0.00156%	1	17;
986	岜	bya	pja^{1}	石山	26	0.01348%	9	03;09;12;17;20;23;25;26;
9550	碽迯	hin-deuz	hin^{1}te:u^{2}	石条	1	0.00052%	1	17;
250	磸	lin	lin^{1}	石头	125	0.06479%	22	01;02;03;04;05;07;08;09;10;12;13;17;19;20;21;22;23;25;26;27;28;18;
2695	凴	bab	pa:p^{8}	石头鱼	7	0.00363%	4	01;04;07;10;
4059	呉喜	hin-hij	hin^{1}hi^{3}	石崖	3	0.00156%	2	19;18;
9551	九磸	gyaeuj-lin	tɕau^{3}lin^{1}	石崖头	1	0.00052%	1	01;
9552	哩	laex	lai^{4}	石子	1	0.00052%	1	22;
130	時	cwz	ɕɯ^{2}	时	245	0.12699%	21	01;02;04;05;07;08;10;11;12;14;17;19;20;21;22;23;24;25;28;29;18;
497	時	cwz	ɕɯ^{2}	时辰	62	0.03214%	19	01;02;04;06;10;12;13;16;17;19;22;23;24;25;26;27;28;29;20;
568	召	ciuh	ɕi:u^{6}	时代	52	0.02695%	10	03;01;02;10;11;14;15;27;19;18;
458	時	cwz	ɕɯ^{2}	时候	68	0.03525%	6	16;17;20;25;26;19;
3348	燋	cauq	ɕa:u^{5}	时间	5	0.00259%	3	02;19;26;
1593	没	mwh	mɯ^{6}	时节	15	0.00778%	3	17;21;27;
9553	腊立	rah-rix	ra^{6}ri^{4}	时令	1	0.00052%	1	21;
4612	所	soh	ɬo^{6}	实话	3	0.00156%	1	25;
9560	哏	gwn	kɯn^{1}	食	1	0.00052%	1	05;
1357	船	lue	luə^{1}	食槽	18	0.00933%	10	01;02;03;07;10;12;13;17;19;18;
3350	驴㹨	lue-mu	luə^{1}mu^{1}	食槽猪	5	0.00259%	3	07;17;24;
9561	对	daeh	tai^{6}	食袋	1	0.00052%	1	19;
9562	昗	cuenq	ɕuən^{5}	食物	1	0.00052%	1	17;
6042	谷祖	goek-coj	kok^{7}ɕo^{3}	始祖	2	0.00104%	2	03;26;
898	屎	haex	hai^{4}	屎	29	0.01503%	11	01;02;07;08;09;10;12;19;22;23;18;
9564	兵	bing	piŋ^{1}	士兵	1	0.00052%	1	17;
2162	位	fae	fai^{1}	氏	9	0.00467%	4	03;17;20;18;
9565	委	bae	vai^{1}	氏族	1	0.00052%	1	17;

词号	壮字	新壮文	音标	词义	频次	词频	分布度	抄本号
254	召	ciuh	ɕi:u6	世	124	0.06428%	20	01;02;04;05;06;07;08;09;10;11;12;13;14;17;22;24;27;28;29;25;
6043	召哂	ciuh-ndux	ɕi:u6du4	世初	2	0.00104%	2	07;25;
1627	召	ciuh	ɕi:u6	世代	14	0.00726%	10	05;12;13;17;21;26;27;29;01;18;
1443	召	tsiuh	tsi:u6	世道	17	0.00881%	2	27;29;
9566	低	ndinc	din35	世间	1	0.00052%	1	26;
3351	傍	biengz	piəŋ2	世界	5	0.00259%	3	12;18;19;
9567	召伝	ciuh-hunz	ɕi:u6hun2	世人	1	0.00052%	1	22;
9568	召	ciuh	ɕi:u6	世上	1	0.00052%	1	24;
9569	司召	sw-ciuh	ɬɯ1ɕi:u6	世书	1	0.00052%	1	02;
6044	是習	ci-sih	ɕi1θi6	世袭	2	0.00104%	1	21;
9570	卬召老	inq-ciuh-laux	in5ɕi:u6la:u4	世袭大印	1	0.00052%	1	12;
9571	圩	hangh	ha:ŋ6	市圩	1	0.00052%	1	27;
98	事	saeh	ɬai6	事	309	0.16017%	20	02;03;04;05;06;07;09;11;12;13;14;17;19;20;21;22;23;27;29;18;
282	盖	gaiq	ka:i5	事情	113	0.05857%	14	03;07;09;12;13;17;20;21;22;24;25;27;28;29;
9572	罗	loh	lo6	事由	1	0.00052%	1	27;
9573	守	tsaeuj	tsau3	事主	1	0.00052%	1	27;
9574	乙淚	mbaw-ndae	baɯ1dai1	柿叶	1	0.00052%	1	17;
6045	可洪	go-hung	ko1huŋ1	柿子树	2	0.00104%	1	17;
6046	事非	saeh-fi	ɬai6fi1	是非	2	0.00104%	1	07;
9578	喑味	ryaemz-maeh	ʔjam2mai6	嗜味道	1	0.00052%	1	27;
2264	平	baenz	pan2	收成	9	0.00467%	4	12;16;12;27;
213	憑	fwngz	fɯŋ2	手	145	0.07516%	25	01;04;10;05;06;02;03;07;08;09;11;12;13;16;17;19;20;21;22;23;24;25;26;28;
795	見	gen	ke:n1	手臂	34	0.01762%	14	01;06;09;10;12;17;19;22;23;24;25;26;27;18;
3491	憑	fwngz	fɯŋ2	手柄	4	0.00207%	2	12;18;
9583	丁手	din-fwngz	tin1fɯŋ2	手脚	1	0.00052%	1	18;
9584	根	gaen	kan1	手巾	1	0.00052%	1	17;
9585	列	lep	le:p7	手镰	1	0.00052%	1	12;
9586	恳	aenq	an5	手量	1	0.00052%	1	17;
1680	現	gen	ke:n1	手腕	14	0.00726%	8	01;02;04;05;11;12;13;19;
9587	𢫕	fwngz	fɯŋ2	手掌	1	0.00052%	1	06;
2265	梾	maex	mai4	手杖	9	0.00467%	3	04;12;13;
4618	𢫕	fwngz	fɯŋ2	手指	3	0.00156%	2	06;20;
9588	手	fwngz	fɯŋ2	手中	1	0.00052%	1	17;
637	錕	goenh	kon6	手镯	45	0.02333%	15	01;02;04;05;09;11;12;13;17;19;20;24;25;26;18;
9591	首	ndux	du4	首	1	0.00052%	1	02;

词号	壮字	新壮文	音标	词义	频次	词频	分布度	抄本号
9592	九登	gyaeuj-daengq	tɕau³taŋ⁵	首凳	1	0.00052%	1	01;
2094	久	gyaeuj	tɕau³	首级	10	0.00518%	7	04;08;09;17;02;03;13;
391	郎	langh	la:ŋ⁶	首领	80	0.04147%	11	01;02;04;05;07;08;09;10;11;29;18;
2697	久橙	gyaeuj-daengq	tɕau³taŋ⁵	首席	7	0.00363%	3	04;05;17;
6051	久床	gyaeuj-congz	tɕau³ɕo:ŋ²	首桌	2	0.00104%	2	04;05;
2698	救	gyaeu	tɕau¹	寿	7	0.00363%	5	02;11;12;17;21;
4620	登坵	daeng-gyaeu	taŋ¹tɕau¹	寿灯	3	0.00156%	1	17;
9593	丘槁	gyaeu-gyiuz	tɕau¹tɕi:u²	寿桥	1	0.00052%	1	21;
4621	寿	caeuh	ɕau⁶	寿神	3	0.00156%	2	08;12;
3866	劔	noh	no⁶	兽	4	0.00207%	3	04;11;23;
9595	䏂	naeng	naŋ¹	兽皮	1	0.00052%	1	11;
2993	肉	noh	no⁶	兽肉	6	0.00311%	2	11;13;
9596	久	gyaeuj	tɕau³	兽头	1	0.00052%	1	17;
6053	个	ga	ka¹	兽腿	2	0.00104%	2	13;17;
110	司	sw	ɬɯ¹	书	286	0.14825%	21	01;04;02;03;05;06;07;09;10;12;17;19;20;21;22;23;24;26;29;25;18;
9598	隔字	cek-sw	ɕe:k⁷θɯ¹	书本	1	0.00052%	1	17;
9599	隔字	cek-sw	ɕe:k⁷θɯ¹	书册	1	0.00052%	1	17;
9600	墻司	cwengz-sw	ɕɯəŋ²ɬɯ¹	书堆	1	0.00052%	1	02;
9601	字掌	sw-cieng	ɬɯ¹ɕiəŋ¹	书匠	1	0.00052%	1	12;
4623	士	sw	ɬɯ¹	书信	3	0.00156%	3	09;19;29;
11209	好	au	a:u¹	叔	1	0.00052%	1	18;
1335	奥	au	a:u¹	叔叔	19	0.00985%	7	09;11;12;17;28;08;06;
9602	奥	auh	a:u⁶	叔子	1	0.00052%	1	27;
6056	杀	cax	ɕa⁴	梳	2	0.00104%	1	02;
751	娬	fwez	fɯə²	梳篦	37	0.01918%	8	05;12;17;20;21;22;24;18;
3353	若	yoi	jo:i¹	梳子	5	0.00259%	4	17;20;25;28;
4624	若牙	yoi-nya	jo:i¹ɲa¹	梳子齿	3	0.00156%	1	17;
6057	所	soq	ɬo⁵	疏理	2	0.00104%	1	01;
6058	肉叔	noh-cug	no⁶ɕuk⁸	熟肉	2	0.00104%	1	05;
9614	口怕	kawx-paaqx	khau³³pha:ŋ³³	黍米	1	0.00052%	1	26;
4060	怒	nu	nu¹	鼠	3	0.00156%	3	05;19;18;
11210	陋	ndaeu	dau¹	薯莨	1	0.00052%	1	18;
6059	圶	log	lo:k⁸	束	2	0.00104%	2	03;12;
321	梅	maex	mai⁴	树	100	0.05183%	21	02;04;05;06;07;08;09;10;12;13;17;19;20;21;22;23;24;25;26;28;18;
2096	茶	caz	ɕa²	树丛	10	0.00518%	8	02;03;07;08;09;10;12;21;
9616	非劳	faex-laux	fai⁴la:u⁴	树大	1	0.00052%	1	21;
9617	部迷	mbux-maex	bu⁴mai⁴	树顶	1	0.00052%	1	05;
3355	埇	congh	ɕo:ŋ⁶	树洞	5	0.00259%	2	11;12;
3356	可珐	go-faex	ko¹fai⁴	树蔸	5	0.00259%	4	17;10;12;13;

词号	壮字	新壮文	音标	词义	频次	词频	分布度	抄本号
4629	坤	goenq	kon^5	树墩	3	0.00156%	3	12;13;17;
9618	迷頓	maex-doenj	mai^{4}ton^3	树顿	1	0.00052%	1	07;
6060	躬	gongq	ko:ŋ^5	树干	2	0.00104%	2	01;17;
2700	哥木	gogr-majr	kɔk^{55}mai^{55}	树根	7	0.00363%	5	26;27;12;17;21;
9619	香	yieng	jiəŋ^1	树浆	1	0.00052%	1	10;
9620	甲	gyap	tɕa:t^7	树壳	1	0.00052%	1	06;
2097	檂	ndoeng	doŋ^1	树林	10	0.00518%	7	01;03;04;05;12;15;17;
1712	美	maex	mai^4	树木	13	0.00674%	9	12;17;19;21;23;25;26;27;
3357	甲	gyaep	tɕap^7	树皮	5	0.00259%	3	17;20;23;
1222	杀株	gyai-maex	tɕa:i^{1}mai^4	树梢	21	0.01089%	13	01;06;07;08;10;17;19;27;09;12;14;20;21;
11211	尖	byai	pja:i^1	树尾	1	0.00052%	1	18;
9621	打	da	ta^1	树眼	1	0.00052%	1	21;
2471	弄	long	lo:ŋ^1	树叶	8	0.00415%	5	03;08;23;05;18;
6061	差	cax	ɕa^4	树阴	2	0.00104%	1	05;
9622	扳	mbanj	ba:n^3	树寨	1	0.00052%	1	17;
1512	記	giq	ki^5	树枝	16	0.00829%	7	04;06;09;17;19;20;28;
9623	江心	gyang-saem	tɕa:ŋ^{1}θam^1	树中心	1	0.00052%	1	17;
9624	例	laeh	lai^6	竖	1	0.00052%	1	04;
9625	所	soq	ɬo^5	数	1	0.00052%	1	09;
4631	花	va	va^1	双胞胎	3	0.00156%	2	03;06;
4632	双放	song-fueng	ɬo:ŋ^{1}fuəŋ^1	双方	3	0.00156%	2	02;21;
9635	双	song	θo:ŋ^1	双份	1	0.00052%	1	20;
3358	双丁	song-din	θo:ŋ^{1}tin^1	双脚	5	0.00259%	2	17;26;
9636	陋逘	laeuj-sueng	lau^{3}θuəŋ^1	双酒	1	0.00052%	1	17;
9637	双浪	song-ndang	θo:ŋ^{1}da:ŋ^1	双身	1	0.00052%	1	20;
9638	双浪	song-ndang	θo:ŋ^{1}da:ŋ^1	双身子	1	0.00052%	1	20;
3869	双逢	song-fwngz	ɬo:ŋ^{1}fuŋ^2	双手	4	0.00207%	2	05;26;
9639	卡	ga	ka^1	双腿	1	0.00052%	1	05;
9640	双	song	ɬo:ŋ^1	双仔	1	0.00052%	1	07;
6064	雙降	cangq-gyang	ɕa:ŋ^{5}tɕa:ŋ^1	霜降	2	0.00104%	1	21;
55	砞	laemx	lam^4	水	483	0.25036%	26	23;01;02;03;04;05;06;07;08;09;10;11;12;13;16;17;19;20;21;22;24;25;26;27;
366	柸	fai	fa:i^1	水坝	87	0.04510%	19	01;02;03;04;05;06;07;08;09;10;12;13;17;19;20;22;23;27;18;
2473	朝	cauz	ɕa:u^2	水槽	8	0.00415%	3	02;07;10;
6066	葉尾	yiej-vaeh	jiə^{3}vai^6	水草	2	0.00104%	2	25;26;
453	軬	loek	lok^7	水车	68	0.03525%	17	04;01;02;03;04;05;07;09;10;12;13;20;21;22;23;27;
9642	那陸	naz-loek	na^{2}lok^7	水车田	1	0.00052%	1	22;
2099	粈淰	kaeuj-naemx	khau^{3}nam^4	水稻	10	0.00518%	5	27;05;06;09;17;
3492	丁	din	tin^1	水底	4	0.00207%	4	17;19;20;18;
2701	水府	cuij-fuj	ɕuəi^{3}fu^3	水府	7	0.00363%	3	08;25;22;

词号	壮字	新壮文	音标	词义	频次	词频	分布度	抄本号
6067	埕	cingz	ɕiŋ²	水缸	2	0.00104%	2	03;05;
9643	呈法	cingz-fa	ɕiŋ²fa¹	水缸盖	1	0.00052%	1	05;
2996	淋船	laemx-sueng	lam⁴ɬuŋ¹	水沟	6	0.00311%	5	05;07;12;24;25;
6068	瓟	gve	kve¹	水瓜	2	0.00104%	1	07;
9644	淋律	laemx-lwet	lam⁴lɯət⁷	水管	1	0.00052%	1	22;
6069	禾水	huz-laemx	hu²lam⁴	水壶	2	0.00104%	1	05;
6070	除淋	cwez-laemx	ɕɯə²lam⁴	水黄牛	2	0.00104%	1	01;
2997	憐	limz	lim²	水枧	6	0.00311%	4	01;07;09;20;
3870	當	dangx	ta:ŋ⁴	水坎	4	0.00207%	1	12;
9645	党那	dangx-naz	ta:ŋ¹⁴na²	水坎田	1	0.00052%	1	12;
9646	楟	dingh	tiŋ⁶	水坑	1	0.00052%	1	06;
1300	朔	sok	ɬo:k⁷	水口	19	0.00985%	11	01;02;03;07;08;09;17;20;25;26;18;
9647	水	namr	nam⁵⁵	水里	1	0.00052%	1	26;
1756	木羊	majr-jam	mai³⁵jam⁴⁴	水柳树	13	0.00674%	1	26;
9648	淋丆廖	laemx-laj-liu	lam⁴la³li:u¹	水芦苇	1	0.00052%	1	02;
6071	淋	reamx	ram⁴	水路	2	0.00104%	1	17;
6072	粡淋	haeux-laemx	hau⁴lam⁴	水米	2	0.00104%	2	05;16;
9649	怀	vaiz	va:i²	水年	1	0.00052%	1	11;
6073	鴗斤	loeg-gaen	lok⁸kan¹	水鸟	2	0.00104%	2	23;07;
62	懐	vaiz	va:i²	水牛	448	0.23222%	27	01;02;03;05;06;07;08;09;10;11;12;13;14;15;17;19;20;21;22;23;24;25;26;27;
6074	湷	dumh	tum⁶	水泡	2	0.00104%	2	03;22;
6075	槗畬	gyiuz-raemx	tɕi:u²ram⁴	水桥	2	0.00104%	1	17;
2269	茫	mweng	mɯəŋ¹	水渠	9	0.00467%	6	02;03;05;07;12;17;
9651	勒	laeg	lak⁸	水深	1	0.00052%	1	10;
652	猸	nag	na:k⁸	水獭	44	0.02281%	17	01;02;03;04;05;06;07;08;09;10;11;12;13;17;20;22;
881	定	dingh	tiŋ⁶	水潭	30	0.01555%	13	01;04;05;09;10;12;13;17;19;20;23;25;28;
1757	定	dingh	tiŋ⁶	水塘	13	0.00674%	6	06;08;10;12;17;19;
118	粡那	haeux-naz	hau⁴na²	水田	262	0.13581%	28	02;05;01;03;04;06;07;08;09;10;11;12;13;15;16;17;19;20;21;22;23;24;25;26;27;28;29;18;
9652	同	doengj	toŋ³	水桶	1	0.00052%	1	17;
9653	没	mbaengq	baŋ⁵	水筒	1	0.00052%	1	17;
9654	埌淋	lweng-laemx	lɯəŋ¹lam⁴	水尾	1	0.00052%	1	03;
9655	蝏蝛	nengz-hamz	ne:ŋ²ha:m²	水蜈蚣	1	0.00052%	1	08;
9656	迓	laj	la³	水下	1	0.00052%	1	04;
9657	八	badr	pat⁵⁵	水鸭	1	0.00052%	1	26;
4633	晚畓	mbanx-dumh	ba:n⁴tum⁶	水淹村	3	0.00156%	1	12;
9658	淋竜	laemx-long	lam⁴lo:ŋ¹	水叶	1	0.00052%	1	22;
9659	淰雲	laemx-fiej	lam⁴fiə³	水云	1	0.00052%	1	07;

词号	壮字	新壮文	音标	词义	频次	词频	分布度	抄本号
9660	兵	bing	piŋ^{1}	水蛭	1	0.00052%	1	25;
9661	淋	lumh	lum^{6}	税	1	0.00052%	1	10;
9662	能	nwnz	nɯn^{2}	睡	1	0.00052%	1	17;
4061	半能	mbonq-nwnz	bo:n^{5}nɯn^{2}	睡床	3	0.00156%	2	17;18;
9674	司	swh	θɯ^{6}	司	1	0.00052%	1	19;
9675	鷄西	gaeq-sae	kai^{5}ɬai^{1}	司晨鸡	1	0.00052%	1	12;
3125	思	si	ɬi^{1}	丝	5	0.00259%	5	07;08;19;20;18;
9676	貫	gve	kve^{1}	丝瓜	1	0.00052%	1	29;
9677	洗	si	θi^{1}	丝线	1	0.00052%	1	21;
4944	雷	loi	lo:i^{1}	丝竹	2	0.00104%	2	05;18;
9678	狼恓	rangz-si	ra:ŋ^{2}θi^{1}	丝竹笋	1	0.00052%	1	19;
9680	思思	swq-aen	θɯ^{5}an^{1}	思恩	1	0.00052%	1	17;
4639	㓾	dai	ta:i^{1}	死人	3	0.00156%	2	17;27;
2163	連	lienz	liən^{2}	巳	9	0.00467%	4	07;12;19;18;
9691	四辟	siq-bik	ɬi^{5}pik^{7}	四壁	1	0.00052%	1	05;
9692	四叁	siq-san	ɬi^{5}ɬa:n^{1}	四参木	1	0.00052%	1	06;
9693	四亖	siq-cih	θi^{5}ɕvi^{6}	四处	1	0.00052%	1	18;
4642	害四耳	cauq-siq-lwez	ɕa:u^{5}ɬi^{5}lɯə^{2}	四耳锅	3	0.00156%	2	06;22;
843	四方	siq-fueng	ɬi^{5}fuəŋ^{1}	四方	32	0.01659%	13	02;05;08;09;10;12;16;17;19;20;21;23;28;
4643	印四方	inh-siq-fueng	in^{6}ɬi^{5}fuəŋ^{1}	四方印	3	0.00156%	3	02;06;09;
9694	四府	siq-fuj	ɬi^{5}fu^{3}	四府	1	0.00052%	1	28;
9695	四王	siq-vuengz	ɬi^{5}vuəŋ^{2}	四皇	1	0.00052%	1	07;
2999	四季	siq-gviq	ɬi^{5}kvi^{5}	四季	6	0.00311%	5	01;04;11;15;28;
3361	四巳	siq-cih	ɬi^{5}ɕi^{6}	四角	5	0.00259%	3	05;16;17;
9697	廟四巳	miuh-siq-cih	mi:u^{6}ɬi^{5}ɕi^{6}	四角庙	1	0.00052%	1	01;
9698	必四	bix-siq	pi^{4}θi^{5}	四姐	1	0.00052%	1	20;
283	四盖	siq-gaiq	ɬi^{5}ka:i^{5}	四界	113	0.05857%	22	01;02;03;04;05;06;07;08;09;10;11;12;13;14;15;16;21;22;23;24;25;28;
9699	四軍	siq-gun	ɬi^{5}kun^{1}	四军	1	0.00052%	1	09;
4644	四板	siq-baih	ɬi^{5}pa:i^{6}	四面	3	0.00156%	2	05;17;
1984	㹻四扲	mu-siq-gaem	mu^{1}ɬi^{5}kam^{1}	四拳猪	11	0.00570%	4	02;07;10;11;
6087	四山	siq-san	ɬi^{5}ɬa:n^{1}	四山	2	0.00104%	1	06;
358	四皇	siq-vuengz	ɬi^{5}vuəŋ^{2}	四王	89	0.04613%	23	01;02;03;04;05;06;07;08;09;10;11;12;13;14;15;16;20;21;22;23;24;25;28;
9702	四囊	siq-nangh	ɬi^{5}na:ŋ^{6}	四野	1	0.00052%	1	24;
1046	四月	siq-ngued	ɬi^{5}ŋuət^{8}	四月	25	0.01296%	12	02;03;05;07;10;12;15;19;20;21;23;11;
6088	四斛	siq-hok	ɬi^{5}ho:k^{7}	四周	2	0.00104%	2	01;04;
6089	圩近	hangh-kyoyj	ha:ŋ^{6}khjɔi^{3}	寺圩	2	0.00104%	1	27;
3873	四城	siq-cingz	ɬi^{5}ɕiŋ^{2}	泗城	4	0.00207%	4	05;09;12;24;
6091	綗	lih	li^{6}	松	2	0.00104%	2	11;19;
2271	梅杞	maex-ge	mai^{4}ke^{1}	松树	9	0.00467%	6	02;05;27;22;23;26;

词号	壮字	新壮文	音标	词义	频次	词频	分布度	抄本号
1760	鸡執	gaeq-caep	kai^{5}ɕap^{7}	送礼鸡	13	0.00674%	5	02;05;07;10;25;
4649	苏木	so-moeg	ɬo^{1}mok^{8}	苏木	3	0.00156%	2	03;15;
3002	訪	fiengj	fiəŋ^{3}	粟	6	0.00311%	3	08;12;13;
9721	糈望	haeux-fwengj	hau^{4}fɯəŋ^{3}	粟米	1	0.00052%	1	01;
9722	得灵	dweg-linz	tɯək^{8}lin^{2}	粟木	1	0.00052%	1	20;
3874	嗳	ai	a:i^{1}	嗉囊	4	0.00207%	3	05;12;16;
3494	眉	miq	mi^{5}	酸醋	4	0.00207%	3	17;19;18;
9723	筒米	doengj-miq	toŋ^{3}mi^{5}	酸醋筒	1	0.00052%	1	19;
9724	魚米	bya-miq	pja^{1}mi^{5}	酸醋鱼	1	0.00052%	1	19;
9725	酒㒷準	laeuj-hing-soemj	lau^{3}hiŋ^{1}ɬom^{3}	酸姜酒	1	0.00052%	1	06;
9726	酒酸	laeuj-soemj	lau^{3}ɬom^{3}	酸酒	1	0.00052%	1	06;
9727	淋迷	laemx-miq	lam^{4}mi^{5}	酸水	1	0.00052%	1	05;
3003	郎	rangz	ra:ŋ^{2}	酸笋	6	0.00311%	2	17;20;
6100	淋狼	laemx-langz	lam^{4}la:ŋ^{2}	酸笋水	2	0.00104%	1	05;
2703	力麻	lwg-myaz	lɯk^{8}mja^{2}	酸枣果	7	0.00363%	6	03;11;17;18;19;20;
9728	麻	myaz	mja^{2}	酸枣树	1	0.00052%	1	21;
2103	呼	ho	ho^{1}	蒜	10	0.00518%	5	03;12;17;20;24;
11215	浪	riengz	riəŋ^{2}	随从	1	0.00052%	1	18;
1200	脾	bi	pi^{1}	岁	21	0.01089%	9	08;17;19;20;21;22;24;28;
9735	些娘娘	sae-nangz-nangz	θai^{1}na:ŋ^{2}na:ŋ^{2}	岁娘娘	1	0.00052%	1	17;
9736	比	bi	pi^{1}	岁时	1	0.00052%	1	17;
9737	陁	ngvih	ŋvi^{6}	碎粒	1	0.00052%	1	17;
9738	内	naez	nai^{2}	碎土	1	0.00052%	1	21;
9739	貝	mbaw	baɯ^{1}	碎屑	1	0.00052%	1	01;
1279	燧巢	cae-cauz	ɕai^{1}ɕa:u^{2}	燧巢	20	0.01037%	2	18;19;
4650	王燧巢	yangz-cae-cauz	jva:ŋ^{2}ɕai^{1}ɕa:u^{2}	燧巢王	3	0.00156%	1	18;
2704	良	lweng	lɯəŋ^{1}	穗	7	0.00363%	6	02;03;07;10;11;12;
9740	晃粝	yueng-haeux	juəŋ^{1}hau^{4}	穗稻	1	0.00052%	1	17;
9741	粚	yuz	ju^{2}	穗梗	1	0.00052%	1	12;
3876	乱糈	lweng-haeux	lɯəŋ^{1}hau^{4}	穗谷	4	0.00207%	4	02;03;11;20;
404	聖	cing	ɕiŋ^{1}	孙	77	0.03991%	18	02;03;04;05;06;07;08;09;10;12;17;19;20;21;25;26;
2478	召獮	ciuh-lan	ɕi:u^{6}la:n^{1}	孙辈	8	0.00415%	6	04;17;18;22;21;01;
9742	监大	lan-daih	la:n^{1}ta:i^{6}	孙大	1	0.00052%	1	05;
1804	劧孫	lwg-lan	lɯk^{8}la:n^{1}	孙儿	12	0.00622%	8	02;03;17;18;19;20;23;18;
9743	獮神農	lan-saenz-noengz	la:n^{1}ɬan^{2}noŋ^{2}	孙神农	1	0.00052%	1	11;
1301	蘭	lan	la:n^{1}	孙子	19	0.00985%	6	17;05;19;27;28;18;
1549	郎	langz	la:ŋ^{2}	笋	15	0.00778%	8	02;07;10;12;17;20;22;18;
9746	北郎	gyaek-langz	tɕak^{7}la:ŋ^{2}	笋菜	1	0.00052%	1	10;
9747	結	gyon	tɕo:n^{1}	榫头	1	0.00052%	2	17;20;
9749	曩	nangx	na:ŋ^{4}	梭镖	1	0.00052%	1	17;
1713	睦	lok	lo:k^{7}	梭子	13	0.00674%	7	04;17;19;20;21;24;18;
9750	草忒	njax-duznx	ȵa^{33}tɯn^{33}	蓑衣	1	0.00052%	1	26;
1683	个炁	ga-hiq	ka^{1}hi^{5}	唢呐	14	0.00726%	8	05;08;09;12;17;20;21;25;

词号	壮字	新壮文	音标	词义	频次	词频	分布度	抄本号
3006	枷	gaz	ka²	锁	6	0.00311%	4	04;05;20;27;
9758	鎖匙	saj-ciez	ɬa³ɕiə²	锁匙	1	0.00052%	1	12;
6104	限素	hanh-soj	ha:n⁶θo³	锁套	2	0.00104%	2	18;19;
9759	他列	de-lez	te¹le²	他列	1	0.00052%	1	04;
9760	王他列	vuengz-de-lez	vuəŋ²te¹le²	他列王	1	0.00052%	1	04;
9761	他業	dah-nez	ta⁶ne²	他业	1	0.00052%	1	01;
9762	王他業	vuengz-dah-nez	vuəŋ²ta⁶ne²	他业王	1	0.00052%	1	01;
6106	茶	cax	ɕa⁴	塌	2	0.00104%	1	04;
2340	斛	log	lo:k⁸	胎	8	0.00415%	3	10;21;18;
3363	力吞躺	lwg-ndae-ndang	lɯk⁸dai¹da:ŋ¹	胎儿	5	0.00259%	2	28;19;
9769	虚	hiz	hi²	胎衣	1	0.00052%	1	24;
2706	帝	daeq	tai⁵	台	7	0.00363%	5	10;13;20;23;25;
4652	床案	congz-anh	ɕo:ŋ²a:n⁶	台案	3	0.00156%	2	06;29;
6107	床茶	congz-caz	ɕo:ŋ²ɕa²	台茶	2	0.00104%	1	06;
9770	床桑	congz-sang	ɕo:ŋ²ɬa:ŋ¹	台高	1	0.00052%	1	05;
6108	床叺	congz-gyat	ɕo:ŋ²tɕa:t⁷	台祭供	2	0.00104%	1	05;
3879	則	caek	ɕak⁷	台阶	4	0.00207%	3	12;23;29;
4653	台	daiz	ta:i²	台桌	3	0.00156%	1	20;
9774	籠	longz	lo:ŋ²	抬柱	1	0.00052%	1	06;
4654	太白金星	dai-bwz-gyinh-singh	ta:i¹pə²tɕin⁶θiŋ⁶	太白金星	3	0.00156%	2	19;18;
9776	太上老君	dai-cang-lauj-gywnh	ta:i¹ɕa:ŋ¹la:u³tɕɯn⁶	太上老君	1	0.00052%	1	17;
6109	大歳	daih-soiq	ta:i⁶ɬo:i⁵	太岁	2	0.00104%	1	04;
9777	太歳将軍	daih-soi-cieng-gun	ta:i⁶ɬo:i¹ɕiəŋ¹kun¹	太岁将军	1	0.00052%	1	02;
350	江昙	gyang-ngoenz	tɕa:ŋ¹ŋon²	太阳	90	0.04665%	23	01;02;03;04;05;07;09;10;12;13;17;18;19;20;21;22;23;24;25;26;28;29;18;
9778	𤏰里橉	ndit-lih-linh	dit⁷li⁶lin⁶	太阳烈烈	1	0.00052%	1	07;
9779	太州	daih-cu	ta:i⁶ɕu¹	太州	1	0.00052%	1	17;
9781	已基	giq-maeuz	ki⁵mau²	贪心鬼	1	0.00052%	1	05;
11217	賣	maij	ma:i³	摊	1	0.00052%	1	18;
2164	汯	hog	ho:k⁸	滩	9	0.00467%	8	01;07;08;12;17;25;28;18;
4656	頼	laiq	la:i⁵	滩头	3	0.00156%	2	02;23;
1097	塘	daemz	tam²	坛	24	0.01244%	9	02;03;05;07;09;10;11;12;
4657	罈酒	hamh-laeuj	ha:m⁶lau³	坛酒	3	0.00156%	2	19;20;
1225	程	cingz	ɕiŋ²	坛子	21	0.01089%	10	01;04;07;09;12;19;20;21;23;26;
6113	成	cingz	ɕiŋ²	覃	2	0.00104%	1	20;
639	泓	vaengz	vaŋ²	潭	45	0.02333%	12	01;02;03;04;05;17;20;23;25;27;28;18;
9788	鸡	gae	kai¹	檀条	1	0.00052%	1	02;
4658	惡	oq	o⁵	炭	3	0.00156%	3	12;19;26;
3883	当	dang	ta:ŋ¹	汤	4	0.00207%	2	17;21;

词号	壮字	新壮文	音标	词义	频次	词频	分布度	抄本号
6115	堂	dangz	ta:ŋ^{2}	堂	2	0.00104%	2	09;28;
9792	當	dangq	ta:ŋ^{5}	堂前	1	0.00052%	1	12;
531	弄禄	luengq-log	luəŋ^{5}lo:k^{8}	堂屋	57	0.02955%	21	01;02;03;04;05;06;07;08;09;10;12;17;19;20;21;22;23;27;28;29;18;
6116	北当	bak-dangq	pa:k^{7}ta:ŋ^{5}	堂屋口	2	0.00104%	1	05;
3884	北當	bak-dangq	pa:k^{7}ta:ŋ^{5}	堂屋门口	4	0.00207%	2	05;20;
65	塘	daemz	tam^{2}	塘	424	0.21978%	26	25;01;02;03;04;05;06;07;09;10;11;12;13;14;15;17;19;20;22;23;24;26;27;28;
6117	塘高帝	daemz-gauh-di	tam^{2}ka:u^{6}ti^{1}	塘高帝	2	0.00104%	2	09;10;
6118	陸	ndoek	dok^{7}	塘角	2	0.00104%	2	22;28;
6119	岜奎	gya-ndoek	tɕa^{1}dok^{7}	塘角鱼	2	0.00104%	1	23;
9793	塘金	daemz-gim	tam^{2}kim^{1}	塘金	1	0.00052%	1	05;
3886	塘蓬	daemz-boengz	tam^{2}poŋ^{2}	塘烂泥	4	0.00207%	1	25;
9794	捧塘	bangx-daemz	pa:ŋ^{4}tam^{2}	塘旁边	1	0.00052%	1	15;
9795	塘咘丧	daemz-mboh-sangq	tam^{2}bo^{6}ɬa:ŋ^{5}	塘泉大	1	0.00052%	1	05;
9796	奷塘桑	yah-daemz-sang	ja^{6}tam^{2}ɬa:ŋ^{1}	塘桑婆	1	0.00052%	1	28;
363	塘降	daemz-gyangq	tam^{2}tɕa:ŋ^{5}	塘深渊	88	0.04561%	2	25;28;
3365	塘那	daemz-naz	tam^{2}na^{2}	塘田	5	0.00259%	5	02;04;05;21;22;
3008	糖	dwengz	tuəŋ^{2}	糖	6	0.00311%	4	02;08;12;17;
6120	糖化	dwengz-va	tuəŋ^{2}va^{1}	糖花	2	0.00104%	1	17;
6121	蟪馬	daek-max	tak^{7}ma^{4}	螳螂	2	0.00104%	1	08;
6127	桃	dauz	ta:u^{2}	桃	2	0.00104%	2	19;26;
3367	花桃	va-dauz	va^{1}ta:u^{2}	桃花	5	0.00259%	4	03;12;13;26;
2165	楙桃	maex-dauz	mai^{4}ta:u^{2}	桃树	9	0.00467%	6	27;12;17;26;29;18;
2481	力挑	lwg-dauz	lɯk^{8}ta:u^{2}	桃子	8	0.00415%	4	18;19;17;21;
6132	寃兇	ien-hung	iən^{1}huŋ^{1}	特大冤	2	0.00104%	1	05;
2275	勾	gaeu	kau^{1}	藤	9	0.00467%	4	03;09;15;17;
4663	登坯	daengq-vai	taŋ^{5}va:i^{1}	藤凳	3	0.00156%	1	17;
9814	故	kuh	khu^{6}	藤环	1	0.00052%	1	27;
4664	角	gaeu	kau^{1}	藤条	3	0.00156%	3	12;17;20;
3888	黎	lae	lai^{1}	梯	4	0.00207%	3	10;12;17;
1379	廖	liu	li:u^{1}	梯级	18	0.00933%	2	02;12;
6134	定累	di-lae	tin^{1}lai^{1}	梯脚	2	0.00104%	2	02;07;
6135	坵雷	gyaeuj-lui	tɕau^{3}luəi^{1}	梯神门	2	0.00104%	1	17;
6136	那耒	naz-lui	na^{2}luəi^{1}	梯田	2	0.00104%	2	20;26;
493	黎	lae	lai^{1}	梯子	62	0.03214%	19	01;02;03;04;05;06;07;09;10;12;13;17;19;22;23;25;27;29;18;
6137	欠仾	keenc-ndinc	khe:n^{35}din^{35}	提地	2	0.00104%	1	26;
9816	提嫂	dwz-buez	tɯ^{2}puə^{2}	提箩	1	0.00052%	1	06;
1446	丁	din	tin^{1}	蹄	17	0.00881%	10	04;10;11;12;15;19;20;22;23;24;

词号	壮字	新壮文	音标	词义	频次	词频	分布度	抄本号
3889	热	cug	ɕuk^{8}	体	4	0.00207%	4	05;12;17;28;
6139	内	ndaw	daɯ^{1}	体内	2	0.00104%	1	17;
9820	郎诺	ndang-noh	da:ŋ^{1}no^{6}	体肉	1	0.00052%	1	17;
4665	所	soq	ɬo^{5}	体统	3	0.00156%	1	22;
4666	箞	rog	ro:k^{8}	体外	3	0.00156%	1	17;
11219	卬	nyaenh	ɲan^{6}	体癣	1	0.00052%	1	18;
9823	漠	mug	muk^{8}	涕	1	0.00052%	1	27;
3890	當	dang	ta:ŋ^{1}	替身	4	0.00207%	1	28;
39	霄	mbwn	bɯn^{1}	天	656	0.34004%	29	01;03;02;04;05;06;07;08;09;10;11;12;13;14;15;16;17;19;20;21;22;23;24;25;26;27;28;29;18;
9826	丁悶	din-mbwn	tin^{1}bɯn^{1}	天边	1	0.00052%	1	21;
6141	奷天卜	yah-denh-bied	ja^{6}te:n^{6}piət^{8}	天卜婆	2	0.00104%	1	05;
9827	增天	caengz-dien	ɕaŋ^{2}tiən^{1}	天层	1	0.00052%	1	04;
9828	天地	tien-deih	thi:n^{1}tei^{6}	天道地义	1	0.00052%	1	27;
4667	天德	dien-daek	tiən^{1}tak^{7}	天德	3	0.00156%	3	02;04;05;
1142	傍	bwengz	pɯəŋ^{2}	天地	23	0.01192%	8	02;04;05;07;17;20;22;23;
9829	帝	daeq	tai^{5}	天帝	1	0.00052%	1	03;
6142	漢門	hanq-mbwn	ha:n^{5}bɯn^{1}	天鹅	2	0.00104%	1	08;
6143	牙悶	yah-mbwn	ja^{6}bɯn^{1}	天宫婆	2	0.00104%	1	21;
2483	毒	dok	to:k^{7}	天花	8	0.00415%	2	22;23;
6144	巳们	cih-mbwn	ɕi^{6}bɯn^{1}	天角	2	0.00104%	2	06;21;
1098	広秃	moq-fax	mo^{5}fa^{4}	天界	24	0.01244%	7	27;01;13;17;18;19;20;
3011	太紅	daih-hongh	ta:i^{6}ho:ŋ^{6}	天井	6	0.00311%	5	06;17;18;20;29;
2277	天	dien	tiən^{1}	天空	9	0.00467%	3	09;17;26;
6145	天牢	dien-lauz	tien^{1}la:u^{2}	天牢	2	0.00104%	1	25;
9830	天	tien	thi:n^{1}	天理	1	0.00052%	1	27;
6146	悁	maeuz	mau^{2}	天灵盖	2	0.00104%	1	17;
9832	天羅廣	dien-loz-gvangx	tiən^{1}lo^{2}kva:ŋ^{4}	天罗广	1	0.00052%	1	28;
3891	天平	dien-bingz	tiən^{1}piŋ^{2}	天平	4	0.00207%	4	02;03;07;10;
9835	天煞	dienh-caz	tiən^{6}ɕa^{2}	天煞	1	0.00052%	1	20;
436	忐	gwnz	kɯn^{2}	天上	70	0.03628%	17	03;04;05;06;07;08;09;14;17;19;22;23;25;26;27;28;
9836	押肯歪	yah-gwnz-mbwn	ja^{6}kɯn^{2}bɯn^{1}	天神婆	1	0.00052%	1	20;
9838	棫	vag	va:k^{8}	天松	1	0.00052%	1	27;
9839	棂棫	maex-vag	mai^{4}va:k^{8}	天松木	1	0.00052%	1	27;
11220	偶	ngaeuh	ŋau^{6}	天嵩	1	0.00052%	1	18;
9840	非偶	faex-ngaeuh	fai^{4}ŋau^{6}	天嵩树	1	0.00052%	1	19;
3012	昙	ngoenz	ŋon^{2}	天天	6	0.00311%	2	05;26;
9841	条	deuz	te:u^{2}	天条	1	0.00052%	1	22;
1853	天王	dien-yangz	tiən^{1}jva:ŋ^{2}	天王	12	0.00622%	3	18;19;27;

词号	壮字	新壮文	音标	词义	频次	词频	分布度	抄本号
111	彭	bwengz	pɯəŋ^{2}	天下	284	0.14721%	25	16;01;02;03;04;05;06;07;08;09;10;11;12;13;17;18;19;20;21;22;23;24;25;28;
2105	仙	sien	θiən^{1}	天仙	10	0.00518%	3	19;22;17;
9842	天香	dien-yieng	tiən^{1}jiəŋ^{1}	天香	1	0.00052%	1	22;
3013	骨	goet	kot^{7}	天性	6	0.00311%	2	24;25;
9843	没半敀	mwh-byoengh-ngoenz	mɯ^{6}tɕoŋ^{6}ŋon^{2}	天中时	1	0.00052%	1	20;
9844	天子	denh-swj	te:n^{6}ɬɯ^{3}	天子	1	0.00052%	1	23;
6147	天寸	denh-cwnh	te:n^{6}ɕɯn^{6}	天尊	2	0.00104%	1	05;
4947	添	amq	te:m^{5}	添	2	0.00104%	2	17;18;
9845	達	daz	ta^{2}	添吃	1	0.00052%	1	17;
72	那	naz	na^{2}	田	413	0.21408%	27	15;16;23;01;02;03;04;05;06;07;09;10;11;12;13;14;17;19;20;21;22;24;25;26;
9846	那八仙	naz-bet-sien	na^{2}pe:t^{7}ɬiən^{1}	田八仙	1	0.00052%	1	25;
6148	那各	naz-goek	na^{2}kok^{7}	田本	2	0.00104%	1	20;
9847	恨	haenz	han^{2}	田边	1	0.00052%	1	10;
9848	那利	naz-lih	na^{2}li^{6}	田地	1	0.00052%	1	09;
126	峝	doengh	toŋ^{6}	田峒	247	0.12803%	28	12;20;01;02;03;04;05;07;08;09;10;11;13;14;15;16;17;19;21;22;23;24;25;26;27;28;29;18;
9849	那桑	naz-sang	na^{2}ɬa:ŋ^{1}	田高	1	0.00052%	1	22;
1226	磋那	dad-naz	ta:t^{8}na^{2}	田埂	21	0.01089%	11	02;09;12;18;20;05;10;11;17;22;23;
6149	那	naz	na^{2}	田谷	2	0.00104%	1	11;
4063	那	naz	na^{2}	田禾	3	0.00156%	3	01;12;18;
9850	那	naz	na^{2}	田间	1	0.00052%	1	17;
9851	已	cih	ɕi^{6}	田角	1	0.00052%	1	01;
2708	痕那	haenz-naz	han^{2}na^{2}	田坎	7	0.00363%	5	03;05;02;19;27;
3014	那	naz	na^{2}	田里	6	0.00311%	4	05;12;16;17;
9852	那厄	naz-ngieg	na^{2}ŋiək^{8}	田畾泥	1	0.00052%	1	12;
6150	當那	dangx-naz	ta:ŋ^{4}na^{2}	田水口	2	0.00104%	2	16;10;
4669	那久	naz-gyaeuj	na^{2}tɕau^{3}	田头	3	0.00156%	2	20;23;
9853	那头落	naz-gyaeuj-lag	na^{2}tɕau^{3}la:k^{8}	田头落	1	0.00052%	1	25;
6151	田土	naz-ndoq	na^{2}do^{5}	田秃	2	0.00104%	1	12;
4670	那拜	naz-byai	na^{2}pja:i^{1}	田尾	3	0.00156%	2	20;03;
9854	那	naz	na^{2}	田中	1	0.00052%	1	09;
2709	田州	denz-cu	ten^{2}ɕu^{1}	田州	7	0.00363%	6	05;07;09;10;17;21;
9855	安府	nganx-fuj	ŋa:n^{4}fu^{3}	田州府	1	0.00052%	1	10;
9856	陋硥	laeuj-van	lau^{3}va:n^{1}	甜酒	1	0.00052%	1	19;
9861	可	ga	ka^{1}	条路	1	0.00052%	1	06;
9862	達腊	daz-lad	ta^{2}la:t^{8}	条条	1	0.00052%	1	06;
4064	門	maet	mat^{7}	跳蚤	3	0.00156%	3	19;24;18;

词号	壮字	新壮文	音标	词义	频次	词频	分布度	抄本号
616	法	faz	fa2	铁	47	0.02436%	11	03;10;11;12;17;19;20;21;26;27;18;
3894	更	gaep	kap7	铁夹	4	0.00207%	2	03;22;
9869	匠法	cangh-faz	ɕa:ŋ6fa2	铁匠	1	0.00052%	1	02;
9870	法	faz	fa2	铁块	1	0.00052%	1	14;
9871	憐	lienh	liən6	铁链	1	0.00052%	1	01;
956	所	so	ɬo1	铁锹	27	0.01400%	11	02;07;12;13;17;19;20;22;23;28;18;
9872	㝯法	noh-faz	no6fa2	铁水	1	0.00052%	1	03;
1904	丁	ding	tiŋ1	厅堂	11	0.00570%	6	09;17;19;20;26;18;
4671	兜當	du-dangq	tu1ta:ŋ5	厅堂门	3	0.00156%	1	05;
6161	听	tiqc	thiŋ35	亭子	2	0.00104%	1	26;
1047	大洪	dax-hongh	ta4ho:ŋ6	庭院	25	0.01296%	4	17;19;20;21;
4674	通暦	doengh-lig	toŋ6lik8	通历	3	0.00156%	1	15;
9880	普拜更	pux-bais-guzn	phu33pa:i31kɯn44	通神的人	1	0.00052%	1	26;
6165	奷通生	yah-doeng-seng	ja6toŋ1ɬe:ŋ1	通生婆	2	0.00104%	1	07;
9881	通	doengq	toŋ5	通书	1	0.00052%	1	12;
9882	東天上对	dungh-denh-cang-diq	tuŋ6te:n6ɕa:ŋ1ti5	通天圣帝	1	0.00052%	1	18;
1249	同都	doengz-doih	toŋ2to:i6	同伴	20	0.01037%	10	06;14;18;19;20;21;23;27;29;18;
1473	立班	liz-ban	li2pa:n1	同辈	16	0.00829%	6	20;05;17;18;23;18;
9891	胡	huq	hu5	同伙	1	0.00052%	1	27;
4676	救株	gyaeuq-maex	tɕau5mai4	桐木	3	0.00156%	2	06;13;
2485	梅周	maex-gyaeuq	mai4tɕau5	桐树	8	0.00415%	4	02;05;07;14;
6168	救	gyaeuq	tɕau5	桐油	2	0.00104%	1	09;
9902	林救	maex-gyaeuq	mai4tɕau5	桐油树	1	0.00052%	1	06;
526	銅	luengz	luəŋ2	铜	58	0.03006%	16	01;03;04;05;07;08;09;11;12;13;17;19;22;25;26;27;
803	鑅	lok	lo:k7	铜刀	34	0.01762%	9	02;04;05;07;08;09;12;23;
6169	洛胡	lok-hoz	lo:k7ho2	铜刀柄	2	0.00104%	1	22;
784	鐘	gyong	tɕo:ŋ1	铜鼓	35	0.01814%	6	08;09;17;19;21;23;
9903	元所那	nyuenz-song-naj	ɲuən2θo:ŋ1na3	铜鼓两脸	1	0.00052%	1	18;
972	鈴	lengz	le:ŋ2	铜铃	27	0.01400%	4	08;17;20;26;
9904	保乱	mauh-luengz	ma:u6luəŋ2	铜帽	1	0.00052%	1	17;
1513	𠆲竜	cenz-luengz	ɕe:n2luəŋ2	铜钱	16	0.00829%	10	05;10;11;17;20;07;13;24;25;28;
9905	橦錢竜	dongh-cenz-luengz	to:ŋ6ɕe:n2luəŋ2	铜钱串	1	0.00052%	1	09;
6170	貢檑	gyong-laej	tɕo:ŋ1lai3	铜钱鼓	2	0.00104%	2	10;02;
6171	槗龙	gyiuz-luengz	tɕi:u2luəŋ2	铜桥	2	0.00104%	1	17;
1685	水銅	namr-dooq	nam55toŋ44	铜水	14	0.00726%	2	26;08;
9906	元	yienz	jiən2	铜铁	1	0.00052%	1	09;
9907	頒	mbanq	ba:n5	铜元	1	0.00052%	1	12;
1048	童岡	doeng-vingx	toŋ1viŋ4	童冈	25	0.01296%	1	19;

词号	壮字	新壮文	音标	词义	频次	词频	分布度	抄本号
2281	丧	sangq	ɬa:ŋ5	桶	9	0.00467%	6	05;07;09;17;21;23;
2711	蜜	mbaet	bat7	筒	7	0.00363%	4	05;12;13;21;
79	乆	gyaeuj	tɕau3	头	381	0.19749%	26	20;12;01;02;03;04;05;06;07;08;09;10;11;13;17;19;21;22;23;24;25;26;27;28;
1550	頭	gyaeuj	tɕau3	头部	15	0.00778%	11	05;09;12;17;19;20;23;25;27;28;18;
3371	廷	dingj	tiŋ3	头顶	5	0.00259%	3	04;17;26;
821	品	gyoem	tɕom1	头发	33	0.01711%	9	07;10;13;17;19;22;23;24;
6175	久	gyaeuj	tɕau3	头骨	2	0.00104%	1	19;
1854	巾	gaen	kan1	头巾	12	0.00622%	4	05;17;20;21;
648	头	daeuz	tau2	头领	44	0.02281%	3	17;26;18;
6176	头	gyaeuj	tɕau3	头颅	2	0.00104%	2	05;10;
4679	久	gyaeuj	tɕau3	头目	3	0.00156%	2	24;25;
11221	讀	duz	tu2	头牛	1	0.00052%	1	18;
4680	看	kanc	khan35	头帕	3	0.00156%	1	26;
804	父谷	boh-goek	po6kok7	头人	34	0.01762%	14	01;02;03;07;08;10;12;13;17;19;22;23;25;28;
6177	久	gyaeuj	tɕau3	头上	2	0.00104%	1	17;
9914	蝼	laeu	lau1	头虱	1	0.00052%	1	08;
9917	丑	ndux	du4	头一个	1	0.00052%	1	13;
3896	久沙	gyaeuj-sa	tɕau3ɬa1	头纸	4	0.00207%	1	25;
6178	头	daeuz	tau2	头子	2	0.00104%	1	02;
4065	路	loh	lo6	途	3	0.00156%	2	23;18;
4949	叔	cuz	ɕu2	屠夫	2	0.00104%	2	05;18;
11222	托	doz	to2	屠户	1	0.00052%	1	18;
405	埔	namh	na:m6	土	77	0.03991%	17	02;03;04;05;07;09;10;11;12;14;17;20;21;22;23;26;
9927	呰	ceh	ɕe6	土堡	1	0.00052%	1	10;
9928	永	yungj	juŋ3	土兵	1	0.00052%	1	17;
9929	埔伏	namh-fok	na:m6fo:k7	土尘	1	0.00052%	1	23;
258	土地	doj-dih	to3ti6	土地	122	0.06324%	11	05;12;14;16;17;18;19;20;25;26;28;
9930	土公	doj-goeng	to3koŋ1	土地公公	1	0.00052%	1	16;
2713	光土地	gvang-doj-dih	kva:ŋ1to3ti6	土地君	7	0.00363%	2	12;28;
9931	土地	doj-dih	to3ti6	土地神	1	0.00052%	1	12;
9932	多弓	doc-goqv	to35kɔŋ11	土公	1	0.00052%	1	26;
9933	狗	gaeuj	kau3	土狗	1	0.00052%	1	17;
336	使	saeq	ɬai5	土官	96	0.04976%	19	04;20;01;02;03;05;07;08;09;10;11;12;13;15;17;22;23;24;25;
3018	鴗照	loeg-ciu	lok8ɕi:u1	土画眉	6	0.00311%	3	06;07;10;
6182	鸡地	gaeq-dih	kai5ti6	土鸡	2	0.00104%	1	02;
9934	土界	du-gai	tu1ka:i1	土街	1	0.00052%	1	21;
9935	難結	namh-gyaeq	na:m6tɕai5	土结	1	0.00052%	1	21;

词号	壮字	新壮文	音标	词义	频次	词频	分布度	抄本号
9936	貢	gumz	kum^{2}	土坑	1	0.00052%	1	17;
9937	地	naams	na:m^{31}	土块	1	0.00052%	1	26;
9938	壀	ndoi	do:i^{1}	土岭	1	0.00052%	1	12;
9939	壀	ndoi	do:i^{1}	土坡	1	0.00052%	1	05;
744	甫	bux-saeq	pu^{4}łai^{5}	土司	38	0.01970%	14	05;01;02;04;07;10;11;12;13;15;17;20;25;28;
9940	堷扗	namh-sanq	na:m^{6}ła:n^{5}	土碎	1	0.00052%	1	23;
4066	白	duq	tu^{5}	兔子	3	0.00156%	3	17;19;18;
392	定	din	tin^{1}	腿	80	0.04147%	19	02;04;05;06;07;08;10;11;13;14;15;17;19;20;22;23;24;26;18;
9949	敬	gemx	ke:m^{4}	腿根	1	0.00052%	1	17;
4686	骨卡	ndugr-kac	duk^{55}kha^{35}	腿骨	3	0.00156%	1	26;
9950	卡	ga	ka^{1}	腿脚	1	0.00052%	1	22;
9963	倡	tcaaqv	tɕha:ŋ^{11}	陀螺	1	0.00052%	1	26;
9964	淰涞	laemx-laiz	lam^{4}la:i^{2}	唾沫	1	0.00052%	1	07;
9965	閦	mbwt	bɯk^{7}	挖	1	0.00052%	1	21;
9971	今	gumh	kum^{6}	洼池	1	0.00052%	1	10;
6193	潷	dumz	tum^{2}	洼地	2	0.00104%	1	06;
11223	閅	mbwk	bɯk^{7}	娃	1	0.00052%	1	18;
9972	扐依	lwg-ih	lɯk^{8}i^{6}	娃小	1	0.00052%	1	16;
3899	砙	ngvax	ŋva^{4}	瓦	4	0.00207%	3	04;07;21;
6194	瓦	ngvax	ŋva^{4}	瓦坛	2	0.00104%	1	17;
9973	瓦	ngvax	ŋva^{4}	瓦屋	1	0.00052%	1	17;
9974	瓦	ngvax	ŋva^{4}	瓦檐	1	0.00052%	1	17;
1687	襪	mad	ma:t^{8}	袜子	14	0.00726%	9	12;20;21;26;02;05;07;09;
845	恶	og	o:k^{8}	外	32	0.01659%	13	03;04;05;07;12;13;16;17;19;20;22;23;27;
2553	渌	log	lo:k^{8}	外边	7	0.00363%	6	03;05;17;20;26;18;
9976	啄	log	lo:k^{8}	外表	1	0.00052%	1	12;
2714	郝	hak	ha:k^{7}	外地	7	0.00363%	6	02;08;11;12;22;27;
9977	郝	hag	ha:k^{8}	外地人	1	0.00052%	1	27;
9978	鳓	nog	no:k^{8}	外方	1	0.00052%	1	27;
505	大	da	ta^{1}	外公	60	0.03110%	14	03;04;07;08;12;13;17;19;20;24;25;26;28;18;
1072	阑陸	lanz-log	la:n^{2}lo:k^{8}	外家	24	0.01244%	9	04;01;05;08;12;17;24;25;
9979	魧狼捞	fangz-langh-laeng	fa:ŋ^{2}la:ŋ^{6}laŋ^{1}	外家鬼	1	0.00052%	1	05;
9980	普苟	pux-mac	phu^{33}ma^{35}	外来人	1	0.00052%	1	26;
6196	魯	log	lo:k^{8}	外岭	2	0.00104%	1	06;
423	羅	log	lo:k^{8}	外面	72	0.03732%	18	02;03;05;06;07;08;09;10;12;17;19;20;22;23;24;27;
506	婭太	yah-daiq	ja^{6}ta:i^{5}	外婆	60	0.03110%	13	20;03;04;08;12;13;17;19;21;25;26;28;18;
6198	武	fiex	fiə^{4}	外人	2	0.00104%	1	12;
4690	僩	lan	la:n^{1}	外孙	3	0.00156%	3	05;07;12;

词号	壮字	新壮文	音标	词义	频次	词频	分布度	抄本号
6199	工	gungx	kuŋ⁴	弯处	2	0.00104%	1	17;
9982	角	gaeu	kau¹	弯拱	1	0.00052%	1	19;
4950	角	gaeu	kau¹	弯角	2	0.00104%	2	19;18;
9984	梅各	maex-goz	mai⁴ko²	弯曲木	1	0.00052%	1	02;
455	晗	haemh	ham⁶	晚	68	0.03525%	15	01;02;07;10;12;13;17;19;21;22;23;25;27;28;18;
3021	囚	caeuz	ɕau²	晚餐	6	0.00311%	4	10;17;26;28;
1716	囚	caeuz	ɕau²	晚饭	13	0.00674%	10	25;26;28;12;13;17;19;23;24;18;
377	晗	haemh	ham⁶	晚上	83	0.04302%	22	02;04;05;06;07;09;11;12;13;14;15;17;20;21;22;23;24;25;27;28;29;18;
9994	捞	laeng	laŋ¹	晚生	1	0.00052%	1	27;
855	碗	vanj	va:n³	碗	31	0.01607%	10	04;07;12;17;20;21;23;26;28;18;
3022	令	lingj	liŋ³	碗柜	6	0.00311%	5	07;10;12;13;19;
2487	令	lingj	liŋ³	碗架	8	0.00415%	7	01;02;03;07;17;19;22;
9995	谁	duix	tuəi⁴	碗里	1	0.00052%	1	17;
4693	萬国	fanh-gyog	fa:n⁶tɕo:k⁸	万部族	3	0.00156%	1	03;
3374	萬代	fanh-daih	fa:n⁶ta:i⁶	万代	5	0.00259%	3	02;04;17;
9996	萬二六國	fanh-ngih-loek-guek	fa:n⁶ŋi⁶lok⁷kuək⁷	万二六部族	1	0.00052%	1	10;
6204	萬	fanh	fa:n⁶	万方	2	0.00104%	2	01;28;
9997	萬歳	fanh-siq	fa:n⁶łi⁵	万年	1	0.00052%	1	02;
9998	万細	fanh-seq	fa:n⁶θe⁵	万世	1	0.00052%	1	17;
6205	萬些	fanh-saeq	fa:n⁶θai⁵	万岁	2	0.00104%	2	17;20;
9999	万些	vanh-sae	va:n⁶θai¹	万岁神	1	0.00052%	1	18;
10000	萬聖	fanh-singq	fa:n⁶łiŋ⁵	万众	1	0.00052%	1	16;
6207	現	gen	ke:n¹	腕	2	0.00104%	2	04;05;
4694	普	boh	po⁶	亡父	3	0.00156%	1	17;
3023	老	laux	la:u⁴	亡者	6	0.00311%	1	17;
5	王	vuengz	vuəŋ²	王	2774	1.43789%	28	03;05;12;19;07;22;01;02;04;06;08;09;10;11;13;14;15;16;17;20;23;24;25;26;27;28;29;18;
4695	朝王	ciuh-yangz	ɕi:u⁶jva:ŋ²	王辈	3	0.00156%	2	17;20;
155	王曹	vuengz-cauz	vuəŋ²ɕa:u²	王曹	201	0.10419%	5	11;13;24;25;28;
10001	王巢氏	yangz-cauz-ciq	jva:ŋ²ɕa:u²ɕi⁵	王巢氏	1	0.00052%	1	18;
4696	皇帝	vuengz-daeq	vuəŋ²tai⁵	王帝	3	0.00156%	3	03;04;18;
10002	王冠	vangz-guen	va:ŋ²kuən¹	王冠	1	0.00052%	1	22;
3376	吓王茫	yah-vuengz-muengz	ja⁶vuəŋ²muəŋ²	王茫婆婆	5	0.00259%	1	03;
1281	吓皇母	yah-vuengz-meh	ja⁶vuəŋ²me⁶	王母	20	0.01037%	5	02;03;07;09;10;
1763	妑皇	baz-vuengz	pa²vuəŋ²	王妻	13	0.00674%	1	28;
6209	王氏	yangz-ci	jva:ŋ²ɕi¹	王氏	2	0.00104%	2	19;20;

词号	壮字	新壮文	音标	词义	频次	词频	分布度	抄本号
1449	皇四	siq-vuengz	ɬi⁵vuəŋ²	王四	17	0.00881%	5	01;03;04;10;12;
6210	王相	yangz-sieng	jva:ŋ²θiəŋ¹	王相	2	0.00104%	1	17;
6211	黄	vuengz	vuəŋ²	王子	2	0.00104%	1	17;
6212	王	yangz	jva:ŋ²	王族	2	0.00104%	1	21;
10003	殿	denh	te:n⁶	王座	1	0.00052%	1	11;
594	網	muengx	muəŋ⁴	网	50	0.02592%	14	01;04;05;06;07;08;12;15;17;19;21;23;25;28;
3903	通	toeng	thoŋ¹	网袋	4	0.00207%	3	27;02;05;
4697	総	coeng	ɕoŋ¹	网兜	3	0.00156%	2	01;28;
2282	浪	vangh	va:ŋ⁶	网套	9	0.00467%	5	03;05;10;15;23;
10005	中	congh	ɕo:ŋ⁶	网眼	1	0.00052%	1	17;
1380	到倫	dauq-laeng	ta:u⁵laŋ¹	往后	18	0.00933%	10	04;05;07;09;17;20;23;24;26;27;
3377	到那	dauq-naj	ta:u⁵na³	往前	5	0.00259%	4	05;09;23;26;
10012	也威	nywej-vaej	ȵɯə³vai³	葳草	1	0.00052%	1	03;
2341	為	viz	vi²	韦	8	0.00415%	3	19;20;18;
1552	圩	hw	hɯ¹	圩	15	0.00778%	8	07;10;12;14;19;21;24;18;
2489	圩	hw	hɯ¹	圩场	8	0.00415%	6	10;11;12;13;17;26;
10016	弄	longh	lo:ŋ⁶	围	1	0.00052%	1	06;
11227	行	haengj	haŋ³	围笆	1	0.00052%	1	18;
3906	北	baek	pak⁷	围场	4	0.00207%	1	22;
10018	䒺	baek	pak⁷	围地	1	0.00052%	1	22;
3028	札	gyaz	tɕa²	围栏	6	0.00311%	5	03;05;10;17;23;
2805	了	len	le:n¹	围篱	6	0.00311%	6	09;12;17;20;23;18;
10020	墻細	ciengz-si	ɕiəŋ²ɬi¹	围墙	1	0.00052%	1	10;
10021	翕	humx	hum⁴	围圈	1	0.00052%	1	17;
6219	佔	ciemq	ɕiəm⁵	围裙	2	0.00104%	1	19;
927	良	lweng	lɯəŋ¹	尾	28	0.01451%	13	02;23;03;04;07;09;10;12;17;20;22;27;18;
1553	良	lweng	lɯəŋ¹	尾巴	15	0.00778%	13	01;02;03;08;11;12;13;14;15;17;22;25;18;
4702	羌	gyai	tɕa:i¹	尾部	3	0.00156%	2	03;17;
10023	良	lieng	liəŋ¹	尾捎	1	0.00052%	1	25;
1514	羌	byai	pja:i¹	尾梢	16	0.00829%	8	03;07;12;17;20;25;27;28;
10024	尖	byai	pja:i¹	尾树	1	0.00052%	1	19;
10025	毽禄	lieng-luk	liəŋ¹luk⁷	尾椎	1	0.00052%	1	10;
10026	盼	panv	phan¹¹	尾锥	1	0.00052%	1	26;
6221	未	moed	mot⁸	未	2	0.00104%	1	27;
4703	鸡橋	gaeq-yau	kai⁵ja:u¹	未净鸡	3	0.00156%	1	05;
4704	麽那	moq-naj	mo⁵na³	未来	3	0.00156%	2	21;26;
10027	時未	dcuz-mmad	tɕɯ⁴⁴mat⁴⁴	未时	1	0.00052%	1	26;
3379	位	vae	vai¹	位	5	0.00259%	3	07;20;27;
4707	逭	denh	te:n⁶	位子	3	0.00156%	2	17;26;
6223	夘	maux	ma:u⁴	味	2	0.00104%	1	17;

词号	壮字	新壮文	音标	词义	频次	词频	分布度	抄本号
10031	法任	faz-yongq	fa²jo:ŋ⁵	胃窝	1	0.00052%	1	17;
10032	鴻鵝肖	loeg-siq-seuz	lok⁸łi⁵łe:u²	害肖鸟	1	0.00052%	1	12;
10033	温娘南	vwnh-nangz-namz	vɯn⁶na:ŋ²na:m²	温娘南	1	0.00052%	1	17;
4709	瘟	ngoenh	ŋon⁶	瘟	3	0.00156%	2	02;12;
10036	夏賠	yaq-boih	ja⁵po:i⁶	瘟病	1	0.00052%	1	20;
4710	瘟	ngoenh	ŋon⁶	瘟疫	3	0.00156%	3	07;10;12;
2806	文	maenz	man²	文	6	0.00311%	5	02;07;08;20;18;
2718	文	maenz	man²	文钱	7	0.00363%	6	05;08;10;12;17;28;
1808	司文	sw-faenz	łɯ¹fan²	文书	12	0.00622%	8	05;13;17;19;20;22;24;18;
2719	司	sw	łɯ¹	文字	7	0.00363%	5	01;04;12;17;19;
6225	耒	raiz	ra:i²	纹	2	0.00104%	1	17;
6226	茶	caz	ɕa²	纹案	2	0.00104%	2	07;10;
10037	勒路	laeng-loh	laŋ¹lo⁶	纹路	1	0.00052%	1	17;
4711	耒	raiz	ra:i²	纹样	3	0.00156%	1	17;
1450	喋	liep	liəp⁷	蚊帐	17	0.00881%	9	09;10;12;13;17;20;22;23;
6227	早列	saux-liep	ła:u⁴liəp⁷	蚊帐竿	2	0.00104%	1	03;
4713	溶	nyungz	ȵuŋ²	蚊子	3	0.00156%	3	05;06;12;
10040	株翁	maex-ong	mai⁴o:ŋ¹	翁树	1	0.00052%	1	09;
524	笼	longz	lo:ŋ²	窝	58	0.03006%	20	02;03;04;07;08;09;10;11;12;14;15;17;19;20;21;22;23;26;01;18;
900	渌	lug	luk⁸	卧房	29	0.01503%	12	01;04;07;10;11;13;17;20;22;23;25;18;
3497	芴	fie	fiə¹	乌龟	4	0.00207%	4	09;12;19;18;
6231	迷或	maex-vak	mai⁴va:k⁷	乌桦树	2	0.00104%	1	05;
179	鸦	a	a¹	乌鸦	172	0.08916%	22	03;01;02;04;05;06;07;08;09;10;12;13;14;17;19;22;23;25;26;27;28;18;
10044	郎鸦	langz-a	la:ŋ²a¹	乌鸭	1	0.00052%	1	07;
1554	移	hiz	hi²	污垢	15	0.00778%	3	10;17;18;
10046	躺夷	ndang-hiz	da:ŋ¹hi²	污垢身	1	0.00052%	1	02;
3909	恶	uq	u⁵	污染	4	0.00207%	1	17;
1856	喜	hiz	hi²	污液	12	0.00622%	2	17;20;
1381	吓令	yah-gimq	ja⁶kim⁵	巫婆	18	0.00933%	8	12;03;05;08;11;17;26;27;
6232	怀狼	ngvaih-langz	ŋva:i⁶la:ŋ²	巫师	2	0.00104%	1	12;
10047	巫書	moed-sey	mot⁸səi¹	巫书	1	0.00052%	1	27;
260	蘭	lanz	la:n²	屋	121	0.06272%	24	01;02;03;04;05;07;08;09;10;11;12;13;14;15;17;20;22;23;24;25;26;28;29;18;
6234	馬阑	max-lanz	ma⁴la:n²	屋顶	2	0.00104%	2	05;24;
10049	殿蘭	denh-lanz	te:n⁶la:n²	屋基	1	0.00052%	1	02;
3031	馬	max	ma⁴	屋脊	6	0.00311%	4	02;10;19;29;
10050	極驫	giez-max	kiə²ma⁴	屋脊梁	1	0.00052%	1	12;
3032	五架	haj-gyaq	ha³tɕa⁵	屋架	6	0.00311%	5	06;07;24;25;28;

词号	壮字	新壮文	音标	词义	频次	词频	分布度	抄本号
10051	口栟	gaeu-lanz	kau¹la:n²	屋角	1	0.00052%	1	06;
6235	蔺	lanz	la:n²	屋里	2	0.00104%	2	10;20;
10052	龍兰	luz-lanz	lu²la:n²	屋粱	1	0.00052%	1	03;
10053	地阑	ndaw-lanz	daɯ¹la:n²	屋内	1	0.00052%	1	05;
3910	陌當	bak-dangq	pa:k⁷ta:ŋ⁵	屋堂	4	0.00207%	4	04;05;07;23;
856	厠	swej	ɬɯə³	屋檐	31	0.01607%	13	02;03;04;05;07;09;10;12;17;19;20;21;18;
10054	蔺	ranz	ra:n²	屋子	1	0.00052%	1	17;
10057	船否梢	liz-mbouh-saux	li²bou⁶sa:u⁴	无篙船	1	0.00052%	1	27;
1765	力吾	lwg-nguh	lɯk⁸ŋu⁶	无花果	13	0.00674%	5	17;18;19;04;20;
3381	枯午	go-ngueh	ko¹ŋuə⁶	无花果树	5	0.00259%	3	01;17;27;
10060	馬否頭	max-mbouh-tu	ma⁴bou⁶thu¹	无头马	1	0.00052%	1	27;
10063	吾	nguz	ŋu²	吾	1	0.00052%	1	17;
6240	美作	majr-soks	mai⁵⁵sɔk³¹	梧桐	2	0.00104%	1	26;
6241	盓州	huj-cu	hu³ɕu¹	梧州	2	0.00104%	1	17;
2720	穴	sip	ɬip⁷	蜈蚣	7	0.00363%	5	02;04;07;08;28;
2493	蝑荷	sip-haz	ɬip⁷ha²	蜈蚣草	8	0.00415%	7	09;01;08;10;03;06;12;
10064	蜶龕	nengz-hamz	ne:ŋ²ha:m²	蜈蚣水	1	0.00052%	1	28;
10065	蜈涞	huq-laiz	hu⁵la:i²	蜈涞	1	0.00052%	1	27;
2721	蜈难	huq-nanh	hu⁵na:n⁶	蜈难	7	0.00363%	1	27;
2722	蜈沙	uq-caq	u⁵ɕa⁵	蜈沙	7	0.00363%	1	27;
1474	猛	mbangh	ba:ŋ⁶	鼯鼠	16	0.00829%	8	03;07;09;12;17;19;26;18;
10067	倫	moenh	non⁶	五倍子	1	0.00052%	1	10;
3033	迷黴	maex-noenh	mai⁴non⁶	五倍子树	6	0.00311%	6	05;10;17;19;18;20;
6242	可能	go-naem	ko¹nam¹	五蓓子树	2	0.00104%	1	17;
974	五代	ngox-daih	ŋo⁴ta:i⁶	五代	27	0.01400%	5	01;02;04;07;10;
2723	五方	haj-fangh	ha³fa:ŋ⁶	五方	7	0.00363%	4	01;04;15;27;
10068	钱五分	cenz-haj-faen	ɕe:n²ha³fan¹	五分钱	1	0.00052%	1	01;
10069	奷五符	yah-uj-fuz	ja⁶u³fu²	五符婆	1	0.00052%	1	28;
10070	五富	uj-fu	u³fu¹	五福	1	0.00052%	1	04;
1857	五富	uj-fu	u³fu¹	五富	12	0.00622%	8	01;02;06;10;12;16;18;19;
10071	五鬼	ngox-gvij	ŋo⁴kvi³	五鬼	1	0.00052%	1	29;
3911	五海	ngox-haij	ŋo⁴ha:i³	五海	4	0.00207%	2	12;13;
10072	五栏	haj-lanz	ha³la:n²	五家	1	0.00052%	1	16;
10073	五郎	haj-langz	ha³la:ŋ²	五郎	1	0.00052%	1	12;
10074	五路	haj-loh	ha³lo⁶	五路	1	0.00052%	1	03;
1337	姆五針	mu-haj-gaem	mu¹ha³kam¹	五拳猪	19	0.00985%	6	01;02;04;07;10;11;
10075	雷五尚	ndoi-ngox-cang	do:i¹ŋo⁴ɕa:ŋ¹	五尚山坡	1	0.00052%	1	10;
4717	五師	haj-sae	ha³ɬai¹	五师	3	0.00156%	3	02;09;10;
10078	五虛	haj-hw	ha³hɯ¹	五圩	1	0.00052%	1	25;
4718	五圩	haj-hih	ha³hi⁶	五虚	3	0.00156%	2	20;28;
2284	五腪	haj-ndien	ha³diən¹	五月	9	0.00467%	7	08;19;20;21;22;27;05;
4719	五合	haj-hop	ha³ho:p⁷	五周	3	0.00156%	1	28;
1556	午	ngox	ŋo⁴	午	15	0.00778%	9	01;02;04;07;10;12;19;27;

词号	壮字	新壮文	音标	词义	频次	词频	分布度	抄本号
1382	灵	lingz	liŋ^{2}	午餐	18	0.00933%	7	07;13;17;22;23;25;26;
975	粡灵	haeux-lingz	hau^{4}liŋ^{2}	午饭	27	0.01400%	11	02;10;06;09;16;17;20;22;24;25;26;
10079	時午	dcuz-hax	tɕɯ^{44}ha^{33}	午时	1	0.00052%	1	26;
2285	武当山	uj-dangh-canh	u^{3}ta:ŋ^{6}ɕa:n^{6}	武当山	9	0.00467%	5	02;04;07;10;22;
10080	吾全	nguh-cienh	ŋu^{6}ɕiən^{6}	武篆	1	0.00052%	1	17;
10081	落	lot	lo:t^{7}	舞	1	0.00052%	1	27;
3912	戊	u	u^{1}	戊	4	0.00207%	4	01;10;12;21;
10082	昙戊	ngoenz-huq	ŋon^{2}hu^{5}	戊日	1	0.00052%	1	04;
10083	托	dox	to^{4}	物品	1	0.00052%	1	15;
1102	霧	mok	mo:k^{7}	雾	24	0.01244%	14	01;02;04;05;07;08;10;12;17;21;22;23;25;28;
3913	混花	kumc-vac	khum^{35}va^{35}	雾花	4	0.00207%	1	26;
10085	模	mok	mo:k^{7}	雾气	1	0.00052%	1	09;
3914	立霧	laep-mok	lap^{7}mo:k^{7}	雾水	4	0.00207%	3	02;08;11;
10086	地	rajs	zai^{31}	郊地	1	0.00052%	1	26;
3384	西	sae	ɬai^{1}	西	5	0.00259%	3	12;14;28;
863	方西	fangh-sih	fa:ŋ^{6}ɬi^{6}	西方	31	0.01607%	15	01;04;05;11;12;24;25;02;07;09;10;13;21;22;27;
10087	鴻西修	loeg-siq-seuz	lok^{8}ɬi^{5}ɬe:u^{2}	西修鸟	1	0.00052%	1	10;
3385	錫	liek	liək^{7}	锡	5	0.00259%	5	01;04;05;07;09;
653	淰利	laemx-lij	lam^{4}li^{3}	溪水	44	0.02281%	15	01;04;18;02;03;05;06;07;08;09;12;13;16;17;25;
6247	咟浰	bak-lij	pa:k^{7}li^{3}	溪水口	2	0.00104%	2	01;19;
437	庫	hoq	ho^{5}	膝盖	70	0.03628%	17	02;07;10;12;13;23;26;01;03;05;09;17;19;20;22;27;
10096	公	guengq	kuəŋ^{5}	膝胳窝	1	0.00052%	1	17;
3919	橙	daengq	taŋ^{5}	席	4	0.00207%	3	04;08;09;
1515	床酒	congz-laeuj	ɕo:ŋ^{2}lau^{3}	席酒	16	0.00829%	2	05;18;
1164	煞	sat	ɬa:t^{7}	席子	22	0.01140%	6	01;17;19;21;27;18;
10099	金	gimq	kim^{5}	觋	1	0.00052%	1	05;
165	婄	bawx	paɯ^{4}	媳妇	190	0.09849%	22	02;07;09;12;29;01;03;04;05;06;10;11;14;15;17;19;20;21;22;26;27;18;
6250	賣	mbaiq	ba:i^{5}	喜酒	2	0.00104%	2	19;21;
10107	誰	coih	ɕo:i^{6}	喜事	1	0.00052%	1	21;
10109	黎	laeh	lai^{6}	戏	1	0.00052%	1	07;
770	爻	nyauh	ȵa:u^{6}	虾	36	0.01866%	10	04;05;07;17;20;23;24;25;28;03;
3389	上	gungq	kuŋ^{5}	虾公	5	0.00259%	4	10;17;25;28;
6253	蚁	yauh	ja:u^{6}	虾米	2	0.00104%	1	28;
10111	咘供	mboh-gungq	bo^{6}kuŋ^{5}	虾泉	1	0.00052%	1	05;
540	忑	laj	la^{3}	下	56	0.02903%	17	02;03;04;05;07;08;09;11;12;16;19;20;21;23;24;27;

词号	壮字	新壮文	音标	词义	频次	词频	分布度	抄本号
785	衍	hangz	ha:ŋ²	下巴	35	0.01814%	15	01;02;04;05;07;10;11;12;15;17;19;20;22;23;27;
3921	弘暮	hangz-mu	ha:ŋ²mu¹	下巴猪	4	0.00207%	1	05;
2342	逻	laj	la³	下边	8	0.00415%	6	01;17;20;22;26;18;
4722	还	laj	la³	下层	3	0.00156%	2	12;17;
4723	逻	laj	la³	下次	3	0.00156%	2	07;26;
10114	竜斗	loq-dazhx	lɔŋ⁴⁴taɯ³³	下底	1	0.00052%	1	26;
3390	丕地	laj-dih	la³ti⁶	下地	5	0.00259%	3	03;04;05;
10115	衍丕	hangz-laj	ha:ŋ²la³	下颚	1	0.00052%	1	03;
87	逻	laj	la³	下方	355	0.18401%	28	01;02;03;04;05;06;07;08;09;10;11;12;13;14;15;16;17;19;20;21;22;23;24;25;26;27;28;18;
3922	丕地	laj-dih	la³ti⁶	下方地	4	0.00207%	2	03;28;
10116	郝丕	hak-laj	ha:k⁷la³	下方官	1	0.00052%	1	05;
6257	逻霄	laj-mbwn	la³bɯn¹	下方天	2	0.00104%	2	01;03;
3391	隆旺	loengz-vengx	loŋ²ve:ŋ⁴	下级	5	0.00259%	1	22;
706	吞	ndaen	dan¹	下界	40	0.02073%	16	05;01;02;03;04;07;08;09;10;12;17;18;19;22;23;27;
32	还	laj	la³	下面	767	0.39757%	26	01;02;03;04;05;06;07;08;09;10;11;12;13;14;15;16;17;19;20;21;22;23;24;28;
10123	丕地	laj-dih	la³ti⁶	下面地	1	0.00052%	1	03;
10124	丕作	laj-coek	la³ɕok⁷	下面栏圈	1	0.00052%	1	10;
10125	破丕地	bo-laj-dih	po¹la³ti⁶	下坡地	1	0.00052%	1	05;
10126	腊	lax	la³³	下人	1	0.00052%	1	26;
10127	隆黎	loengz-lae	loŋ²lai¹	下梯	1	0.00052%	1	12;
3035	逻霄	laj-mbwn	la³bɯn¹	下天	6	0.00311%	5	01;04;06;10;20;
10131	奷位	yah-vih	ja⁶vi⁶	下位	1	0.00052%	1	23;
10133	奷	yah	ja⁶	下阳	1	0.00052%	1	22;
2021	丕	laj	la³	下游	10	0.00518%	8	05;01;03;12;17;19;20;18;
10134	奷	yah	ja⁶	下玉	1	0.00052%	1	22;
811	仙	sien	ɬiən¹	仙	33	0.01711%	16	01;02;04;07;08;09;10;12;17;19;20;21;22;26;28;18;
3924	仙道	sien-daux	θiən¹ta:u⁴	仙道	4	0.00207%	1	17;
589	広仙	moq-sien	mo⁵si:n¹	仙界	50	0.02592%	11	27;02;07;10;11;17;19;20;21;26;18;
10136	仙	sien	θiən¹	仙境	1	0.00052%	1	17;
10137	娘	niengz	niəŋ²	仙娘	1	0.00052%	1	20;
1859	仙農	sien-nungz	θiən¹nuŋ²	仙农	12	0.00622%	2	18;19;
2110	仙女	sien-niej	ɬiən¹niə³	仙女	10	0.00518%	5	06;09;17;20;28;
10138	奷仙女	yah-sien-nwj	ja⁶ɬiən¹nɯ³	仙女婆	1	0.00052%	1	03;
10139	仙婁	sien-boz	θiən¹po²	仙婆	1	0.00052%	1	18;

词号	壮字	新壮文	音标	词义	频次	词频	分布度	抄本号
290	卜仙	bux-sien	pu^{4}θiən^{1}	仙人	111	0.05754%	10	17;01;02;04;05;19;20;21;22;18;
4725	仙佛	sien-fuz	θiən^{1}fu^{2}	仙神	3	0.00156%	1	17;
6258	仙桃	sien-dauz	θiən^{1}ta:u^{2}	仙桃	2	0.00104%	1	17;
10140	力仙皇	leg-sien-vuengz	lek^{8}ɬiən^{1}vuəŋ^{2}	仙王儿	1	0.00052%	1	28;
10141	奷仙皇	yah-sien-vuengz	ja^{6}ɬiən^{1}vuəŋ^{2}	仙王婆	1	0.00052%	1	28;
10142	仙位	sien-vih	ɬiən^{1}vi^{6}	仙位	1	0.00052%	1	06;
10143	仙女	sien-miex	ɬiən^{1}niə^{4}	仙子	1	0.00052%	1	28;
402	先	senq	ɬe:n^{5}	先	77	0.03991%	19	06;01;04;07;08;09;10;11;12;13;14;17;21;22;24;27;28;29;18;
6260	竹南	dcur-naan	tɕu^{55}na:n^{44}	先辈	2	0.00104%	2	26;20;
10144	召怒	cioh-ndux	ɕi:u^{6}du^{4}	先代	1	0.00052%	1	08;
10145	例	leh	le^{6}	先例	1	0.00052%	1	04;
4068	九官	gyaeuj-gonq	tɕau^{3}ko:n^{5}	先前	3	0.00156%	2	20;18;
10146	而观	rah-gonq	ra^{6}ko:n^{5}	先时	1	0.00052%	1	20;
2725	召貫	ciuh-gonq	ɕi:u^{6}ko:n^{5}	先世	7	0.00363%	4	01;07;10;25;
10147	王	yangz	jva:ŋ^{2}	先王	1	0.00052%	1	17;
6262	普	baeuq	pau^{5}	先祖	2	0.00104%	1	17;
10149	仙	sien	ɬiən^{1}	籼	1	0.00052%	1	12;
1282	糏粘	haeux-ciem	hau^{4}ɕiəm^{1}	籼谷	20	0.01037%	10	03;05;07;10;11;12;17;22;24;23;
6263	粮散	haeux-san	hau^{4}θa:n^{1}	籼米	2	0.00104%	1	17;
4726	花思	va-aet	va^{1}at^{7}	鲜花	3	0.00156%	2	17;20;
4727	元	yienz	jiən^{2}	弦	3	0.00156%	1	23;
10154	滰	ndaengq	daŋ^{5}	咸水	1	0.00052%	1	09;
10159	真	tswnj	tsɯn^{3}	险峻	1	0.00052%	1	27;
2287	縣	yienh	jiən^{6}	县	9	0.00467%	6	01;02;03;04;10;25;
4728	𡃎	yienh	jiən^{6}	县城	3	0.00156%	2	05;17;
10160	卷元	hak-yuenh	ha:k^{7}juən^{6}	县官	1	0.00052%	1	21;
10161	縣	cenq	ɕe:n^{5}	县衙	1	0.00052%	1	20;
3498	尼	nix	ni^{4}	现	4	0.00207%	4	17;20;27;18;
1050	尼	nix	ni^{4}	现今	25	0.01296%	4	17;19;21;27;
797	你	nix	ni^{4}	现在	34	0.01762%	10	04;07;17;19;20;21;22;27;28;18;
2288	細	si	ɬi^{1}	线	9	0.00467%	4	08;12;17;20;
10164	九癸	gyaeuj-gviq	tɕau^{3}kvi^{5}	线兜	1	0.00052%	1	17;
10165	㚫洗	mae-si	mai^{1}θi^{1}	线丝	1	0.00052%	1	21;
10166	雷	raez	rai^{2}	线团	1	0.00052%	1	17;
6266	寃	yienh	jiən^{6}	宪	2	0.00104%	1	22;
6267	未見	faex-yien	fai^{4}jiən^{1}	宪木	2	0.00104%	2	20;23;
6268	執	coeb	ɕop^{8}	陷	2	0.00104%	1	04;
10169	欄	laans	la:n^{31}	陷潭	1	0.00052%	1	26;
10173	彼往	bix-nuengx	pi^{4}nuəŋ^{4}	乡亲	1	0.00052%	1	10;

词号	壮字	新壮文	音标	词义	频次	词频	分布度	抄本号
10183	同初	doengz-coq	toŋ²ɕo⁵	相对	1	0.00052%	1	25;
10203	那	naj	na³	相貌	1	0.00052%	1	19;
3397	枯林	go-limz	ko¹lim²	相思树	5	0.00259%	5	01;06;07;11;23;
1408	香	yieng	jiəŋ¹	香	17	0.00881%	9	02;05;07;10;11;12;21;22;
10223	進	gywn	tɕɯn¹	香椿树	1	0.00052%	1	20;
1861	香	yieng	jiəŋ¹	香火	12	0.00622%	5	12;17;20;21;26;
4737	炉香	loz-hieng	lo²hi:ŋ¹	香炉	3	0.00156%	3	27;03;17;
10224	亦	hiq	hi⁵	香气	1	0.00052%	1	17;
10226	元	ien	iən¹	香烟	1	0.00052%	1	07;
1073	凡	famh	fa:m⁶	厢房	24	0.01244%	5	02;07;09;10;18;
555	箱	sweng	ɬɯəŋ¹	箱	54	0.02799%	17	01;05;06;12;13;14;17;02;04;07;09;10;11;19;21;22;
4738	底松	dij-loengx	ti³loŋ⁴	箱底	3	0.00156%	1	17;
10228	乜龍	meh-rumz	me⁶rum²	箱风	1	0.00052%	1	21;
10229	籠四巳	loengx-siq-cih	loŋ⁴ɬi⁵ɕi⁶	箱四方	1	0.00052%	1	06;
4893	龍	loengx	loŋ⁴	箱子	3	0.00156%	1	18;
10230	弄叮	loengx-din	loŋ⁴tin¹	箱子底	1	0.00052%	1	02;
10232	角	gap	ka:p⁷	镶嵌	1	0.00052%	1	27;
10234	佐	co	ɕo¹	向导	1	0.00052%	1	17;
10239	巷	hangh	ha:ŋ⁶	项	1	0.00052%	1	19;
4739	盖行	gaeq-hangh	kai⁵ha:ŋ⁶	项鸡	3	0.00156%	2	17;20;
4740	竜	luengq	luəŋ⁵	巷子	3	0.00156%	2	22;06;
6290	象	cangx	ɕa:ŋ⁴	象	2	0.00104%	2	07;13;
10240	皮章	naqc-dcaaqr	naŋ³⁵tɕa:ŋ⁵⁵	象皮	1	0.00052%	1	26;
10245	厚防	haeux-fwengj	hau⁴fɯəŋ³	小稻	1	0.00052%	1	22;
10246	徃内	nuengx-noix	nuəŋ⁴no:i⁴	小弟	1	0.00052%	1	23;
2113	力内	lwg-noix	lɯk⁸no:i⁴	小儿	10	0.00518%	6	04;05;06;23;17;26;
2495	徃姑	nuengx-guex	nuəŋ⁴kuə⁴	小姑	8	0.00415%	7	01;02;05;07;09;12;19;
10247	曠内	gvang-noix	kva:ŋ¹no:i⁴	小官	1	0.00052%	1	05;
1009	力宜	lwg-nyez	lɯk⁸ȵe²	小孩	26	0.01348%	7	17;05;09;18;19;20;21;
2114	獮骨	lan-mbauh	la:n¹ba:u⁶	小伙	10	0.00518%	9	12;06;08;11;15;17;20;21;
298	貌	mbauh	ba:u⁶	小伙子	109	0.05650%	18	02;03;05;06;07;09;10;11;12;13;17;20;21;22;23;25;
6294	力盖	lwg-gaeq	lɯk⁸kai⁵	小鸡	2	0.00104%	1	17;
4741	彼伽	nuengx-nax	nuəŋ⁴na⁴	小舅	3	0.00156%	3	01;04;22;
10248	更	gaet	kat⁷	小锯	1	0.00052%	1	21;
10249	磅	lauq	la:u⁵	小口缸	1	0.00052%	1	01;
10250	能	naed	nat⁸	小粒	1	0.00052%	1	17;
10251	錁晃壘	konv-luks-lajc	khon¹¹luk³¹lai³⁵	小铃当手镯	1	0.00052%	1	26;
10252	小性	siuj-singq	ɬi:u³ɬiŋ⁵	小岭	1	0.00052%	1	05;
6295	利	ndid	dit⁴⁴	小绿豆	2	0.00104%	1	26;
10253	農	nuengx	nuəŋ⁴	小妹	1	0.00052%	1	20;
1452	糗旺	haeux-fwengj	hau⁴fɯəŋ³	小米	17	0.00881%	10	03;11;20;22;23;05;07;08;15;18;

词号	壮字	新壮文	音标	词义	频次	词频	分布度	抄本号
4742	糇旺	haeux-fwengj	hau^{4}fuəŋ^{3}	小米谷	3	0.00156%	3	03;18;19;
10254	作倫	coh-ningq	ɕo^{6}ʔniŋ^{5}	小名	1	0.00052%	1	20;
10255	串	gyon	tɕo:n^{1}	小木条	1	0.00052%	1	02;
10256	械	mid	mit^{8}	小木箱	1	0.00052%	1	05;
10257	小伄	siuj-yied	ɬi:u^{3}jiət^{8}	小鸟	1	0.00052%	1	06;
10258	半貨	buen-hoiq	puən^{1}ho:i^{5}	小奴	1	0.00052%	1	17;
6296	娘	nangz	na:ŋ^{2}	小女	2	0.00104%	1	13;
10259	娘内	niengz-noih	niəŋ^{2}no:i^{6}	小女幼	1	0.00052%	1	20;
6298	乃	naix	na:i^{4}	小妾	2	0.00104%	1	23;
4743	螝	gvej	kve^{3}	小青蛙	3	0.00156%	2	09;26;
3927	甫衣	bux-ih	pu^{4}i^{6}	小人	4	0.00207%	2	16;19;
6299	僚	liuz	li:u^{2}	小婶	2	0.00104%	2	08;21;
10260	小師	siuj-sae	ɬi:u^{3}ɬai^{1}	小师	1	0.00052%	1	06;
10261	奥	au	a:u^{1}	小叔	1	0.00052%	1	05;
3928	菜杀	gyai-ga	tɕa:i^{1}ka^{1}	小腿	4	0.00207%	3	05;24;25;
2730	赦	siej	ɬiə^{3}	小溪	7	0.00363%	3	07;12;17;
10263	蚁	yauh	ja:u^{6}	小虾	1	0.00052%	1	14;
10264	力必	lwg-bit	lɯk^{8}pit^{7}	小鸭	1	0.00052%	1	17;
10265	拉	lax	la^{33}	小幺	1	0.00052%	1	26;
6301	姓伽	nuengx-nax	nuəŋ^{4}na^{4}	小姨	2	0.00104%	2	01;02;
6302	昱小	ndaep-siuj	dap^{7}ɬi:u^{3}	小月	2	0.00104%	2	02;05;
10267	甲	gab	ka:p^{8}	小竹片	1	0.00052%	1	02;
4744	谷	gok	ko:k^{7}	小竹筒	3	0.00156%	1	22;
2731	孙	lwg	lɯk^{8}	小子	7	0.00363%	2	13;17;
1809	孝	yauq	ja:u^{5}	孝	12	0.00622%	4	19;17;29;18;
10268	孝号	yạuq-hau	ja:u^{5}ha:u^{1}	孝白	1	0.00052%	1	29;
10269	孝	yauq	ja:u^{5}	孝布	1	0.00052%	1	17;
3399	孝	yauq	ja:u^{5}	孝道	5	0.00259%	5	04;07;10;12;27;
6304	孝	yauq	ja:u^{5}	孝服	2	0.00104%	1	17;
10270	孝	yauq	ja:u^{5}	孝家	1	0.00052%	1	27;
10272	毛	mauh	ma:u^{6}	孝帽	1	0.00052%	1	17;
10273	老	yauq	ja:u^{5}	孝期	1	0.00052%	1	29;
10274	立袖皓	laeb-swj-kau	lap^{8}sɯ^{3}kha:u^{1}	孝衣背	1	0.00052%	1	27;
6306	買	maiq	ma:i^{5}	笑话	2	0.00104%	2	07;23;
10278	貨	koc	kho^{35}	笑容	1	0.00052%	1	26;
6308	於四	iq-siq	i^{5}ɬi^{5}	效应	2	0.00104%	2	01;04;
4745	令	lingq	liŋ^{5}	斜坡	3	0.00156%	3	03;05;20;
4746	妖鞋	giuj-haiz	ki:u^{3}ha:i^{2}	鞋跟	3	0.00156%	2	05;12;
901	孩	haiz	ha:i^{2}	鞋子	29	0.01503%	13	05;12;17;21;22;23;25;28;02;07;09;19;18;
462	心	saem	ɬam^{1}	心	67	0.03473%	18	01;02;03;05;06;08;12;13;16;17;19;21;22;25;26;27;
6312	心	saem	ɬam^{1}	心里	2	0.00104%	2	01;26;
6313	心頭	saem-daeuz	ɬam^{1}tau^{2}	心灵	2	0.00104%	2	12;13;

词号	壮字	新壮文	音标	词义	频次	词频	分布度	抄本号
6314	心次	saem-swh	θam¹θɯ⁶	心事	2	0.00104%	1	21;
10281	心頭	saem-daeuz	łam¹tau²	心头	1	0.00052%	1	13;
10282	心头	saem-daeuz	łam¹tau²	心胸	1	0.00052%	1	22;
10283	心	saem	θam¹	心意	1	0.00052%	1	21;
10284	心頭	saem-daeuz	łam¹tau²	心脏	1	0.00052%	1	12;
6315	心守祎	saem-suj-bieh	łam¹łu³piə⁶	心主衣	2	0.00104%	1	12;
10286	門	mwnz	mɯn²	芯	1	0.00052%	1	17;
4747	門灯	mwnz-daeng	mɯn²taŋ¹	芯灯	3	0.00156%	1	17;
4748	辛	sinh	łin⁶	辛	3	0.00156%	3	12;21;28;
6316	沙巫	sa-moq	ła¹mo⁵	新的纸	2	0.00104%	1	05;
10290	連模	ruenz-moq	ru:n²mo⁵	新房	1	0.00052%	1	27;
6317	誰麼	coih-moq	ɕo:i⁶mo⁵	新婚酒	2	0.00104%	1	21;
6318	苗	miuh	mi:u⁶	新苗	2	0.00104%	2	02;09;
10291	年新	bic-mazhv	pi³⁵maɯ¹¹	新年	1	0.00052%	1	26;
6319	娋	sau	ła:u¹	新娘	2	0.00104%	2	02;07;
4749	普暮	bux-moq	pu⁴mo⁵	新人	3	0.00156%	1	24;
10292	莫	moq	mo⁵	新事	1	0.00052%	1	20;
3500	信	sinq	łin⁵	信	4	0.00207%	3	09;17;18;
10295	交	gep	ke:p⁷	信管	1	0.00052%	1	20;
10296	信能	seq-naenq	θe⁵nan⁵	信能	1	0.00052%	1	21;
2170	心	saem	łam¹	信物	9	0.00467%	5	05;17;25;28;18;
3403	詠	yungq	juŋ⁵	詠	5	0.00259%	1	27;
10297	鱼	ywz	jɯ²	衅	1	0.00052%	1	08;
2499	聖	singq	łiŋ⁵	星	8	0.00415%	3	06;23;28;
6320	星辰	sing-saenz	łiŋ¹łan²	星辰	2	0.00104%	2	10;22;
976	大告	daih-gauq	ta:i⁶ka:u⁵	星高	27	0.01400%	7	05;06;09;10;12;17;26;
707	𪸄𪸅	ndau-ndih	da:u¹di⁶	星星	40	0.02073%	16	01;02;03;04;05;09;10;12; 18;19;20;22;23;25;26;28;
10298	𪸄𪸅從慕	ndau-ndiq- songz-mu	da:u¹ti⁵ło:ŋ²mu¹	星星笼猪	1	0.00052%	1	28;
6321	宿	suk	łuk⁷	星宿	2	0.00104%	2	09;26;
11232	惱	ndau	da:u¹	星子	1	0.00052%	1	18;
10299	毫	hauz	ha:u²	腥	1	0.00052%	1	28;
10300	毫	hauz	ha:u²	腥臭	1	0.00052%	1	28;
10301	交	dcao	tɕa:u⁴⁴	腥气	1	0.00052%	1	26;
4750	墨经	mak-gingq	ma:k⁷kiŋ⁵	杏子	3	0.00156%	2	17;20;
4751	清	singq	łiŋ⁵	性	3	0.00156%	2	24;28;
10306	命	mingh	miŋ⁶	性命	1	0.00052%	1	01;
271	非	fae	fai¹	姓	117	0.06065%	23	01;02;03;04;05;06;07;08; 09;10;11;12;14;15;16;17; 19;20;21;24;25;28;18;
2343	名	mingz	miŋ²	姓名	8	0.00415%	4	05;19;20;18;
10307	位伝	fae-hunz	fai¹hun²	姓人	1	0.00052%	1	03;
1025	位	fae	fai¹	姓氏	25	0.01296%	9	09;17;19;20;21;25;27;28;

词号	壮字	新壮文	音标	词义	频次	词频	分布度	抄本号
4752	放雅	fangz-yax	fa:ŋ²ja⁴	凶鬼	3	0.00156%	1	17;
10309	蕚	yag	ja:k⁸	凶日	1	0.00052%	1	02;
335	兵	beng	pe:ŋ¹	凶兆	96	0.04976%	11	02;03;09;13;17;19;20;23;24;25;18;
142	比	bix	pi⁴	兄	223	0.11559%	22	02;03;04;05;06;07;08;09;10;11;12;13;17;19;21;22;23;25;26;27;28;18;
6325	召比	ciuh-bix	ɕi:u⁶pi⁴	兄辈	2	0.00104%	2	02;29;
6326	皮大	bix-daih	pi⁴ta:i⁶	兄大	2	0.00104%	2	22;23;
487	彼徃	bix-nuengx	pi⁴nuəŋ⁴	兄弟	63	0.03266%	13	01;02;04;05;06;12;17;19;20;21;22;23;26;
3405	彼大	bix-daih	pi⁴ta:i⁶	兄第	5	0.00259%	1	04;
4753	皮	bix	pi⁴	兄姐	3	0.00156%	1	05;
3042	必農	bix-nuengx	pi⁴nuəŋ⁴	兄妹	6	0.00311%	1	19;
2501	皮王	bix-vuengz	pi⁴vuəŋ²	兄王	8	0.00415%	3	05;22;23;
161	皮大	bix-daih	pi⁴ta:i⁶	兄长	194	0.10056%	10	05;07;13;17;20;21;22;23;26;27;
2116	隘	aek	ak⁷	胸	10	0.00518%	7	01;02;04;08;09;12;28;
10312	胸	aek	ak⁷	胸侧	1	0.00052%	1	13;
10313	孔	oengx	oŋ⁴	胸带	1	0.00052%	1	14;
10314	扼	aek	ak⁷	胸巾	1	0.00052%	1	17;
3930	厄	aek	ak⁷	胸口	4	0.00207%	4	04;09;10;25;
10315	兄	akr	ak⁵⁵	胸脯	1	0.00052%	1	26;
10316	厄	aek	ak⁷	胸腔	1	0.00052%	1	17;
6327	雄	yungz	juŋ²	雄	2	0.00104%	2	27;29;
3931	雄	yungz	juŋ²	雄鬼	4	0.00207%	1	27;
10317	色	daeg	tak⁸	雄性	1	0.00052%	1	17;
10318	郎曜	langz-yiuh	la:ŋ²ji:u⁶	雄鹰	1	0.00052%	1	12;
10319	雄	yungz	juŋ²	雄仔	1	0.00052%	1	27;
1810	䍿	mwi	mɯəi¹	熊	12	0.00622%	7	09;10;17;19;20;28;18;
10320	美馬	mui-ma	muəi¹ma¹	熊狗	1	0.00052%	1	17;
10329	宿星	suk-sing	ɬuk⁷ɬiŋ¹	宿星	1	0.00052%	1	07;
3933	秀才	siuq-caiz	ɬi:u⁵ɕa:i²	秀才	4	0.00207%	4	03;05;22;28;
10330	見袙	gen-bieh	ke:n¹piə⁶	袖口衣	1	0.00052%	1	08;
6330	見祢	gen-bieh	ke:n¹piə⁶	袖衣	2	0.00104%	2	11;21;
1628	戌	swt	ɬɯt⁷	戌	14	0.00726%	9	02;01;04;10;12;17;19;27;
10333	戌亥	swt-haih	ɬɯt⁷ha:i⁶	戌亥	1	0.00052%	1	05;
10334	戌	swt	ɬɯt⁷	戌期	1	0.00052%	1	12;
6331	旼戌	ngoenz-sut	ŋon²θut⁷	戌日	2	0.00104%	1	20;
10335	時戌	dcuz-padr	tɕɯ⁴⁴phat⁵⁵	戌时	1	0.00052%	1	26;
10343	惠	hoi	hoi⁴⁴	婿子	1	0.00052%	1	26;
10345	塘今	daemz-gaen	tam²kan¹	蓄水塘	1	0.00052%	1	22;
3130	好	hau	ha:u¹	悬崖	5	0.00259%	5	07;14;17;19;18;
10347	了	njigr	ȵik⁵⁵	穴	1	0.00052%	1	26;

词号	壮字	新壮文	音标	词义	频次	词频	分布度	抄本号
2289	雪	nae	nai¹	雪	9	0.00467%	7	02;03;04;10;12;17;22;
10348	伲䨱	nae-loq	nai¹lo⁵	雪花	1	0.00052%	1	22;
410	血	lwed	lɯət⁸	血	75	0.03888%	20	02;03;05;07;08;09;10;12;13;15;17;20;22;23;24;25;26;27;28;18;
10349	烈能	lied-ndeng	liət⁸de:ŋ¹	血鼻	1	0.00052%	1	10;
10350	血湖	hez-huz	he²hu²	血湖	1	0.00052%	1	25;
10351	血显	lwed-henj	lɯət⁸he:n³	血黄	1	0.00052%	1	03;
10353	血	lued	lu:t⁸	血色	1	0.00052%	1	27;
822	塘闪	daemz-nding	tam²diŋ¹	血塘	33	0.01711%	2	25;28;
3408	春王	caenq-vuengz	ɕan⁵vuəŋ²	逊王	5	0.00259%	2	03;18;
10364	零朗	laet-langh	lat⁷la:ŋ⁶	蕈笋	1	0.00052%	1	05;
3409	鴉	a	a¹	鸦	5	0.00259%	4	07;11;20;27;
4759	鳮鴉	gaeq-a	kai⁵a¹	鸦鸡	3	0.00156%	1	28;
10366	鴉燎鴉到	yah-liuz-yah-dauh	ja⁶li:u²ja⁶ta:u⁶	鸦僚鸦道	1	0.00052%	1	29;
2119	筆	bit	pit⁷	鸭	10	0.00518%	5	02;03;19;22;23;
6341	筆升	bit-ciengq	pit⁷ɕiəŋ⁵	鸭公	2	0.00104%	1	05;
10367	娄鴨	laeuz-bit	lau²pit⁷	鸭笼	1	0.00052%	1	01;
10368	必乜	bit-meh	pit⁷me⁶	鸭母	1	0.00052%	1	17;
3935	𦚏畢	noh-bit	no⁶pit⁷	鸭肉	4	0.00207%	2	04;05;
10369	垻仍	pag-ndinc	phak⁴⁴din³⁵	鸭舌草	1	0.00052%	1	26;
10370	娄畢	laeuz-bit	lau²pit⁷	鸭舍	1	0.00052%	1	04;
10371	粫	ax	a⁴	鸭粟	1	0.00052%	1	02;
10372	鸭王	bit-vuengz	pit⁷vuəŋ²	鸭王	1	0.00052%	1	03;
10373	鴨	baet	pat⁷	鸭宴	1	0.00052%	1	27;
6342	力必	lwg-bit	lɯk⁸pit⁷	鸭崽	2	0.00104%	1	17;
125	鴨	bit	pit⁷	鸭子	248	0.12855%	29	01;02;03;04;05;06;07;08;09;10;11;12;13;14;15;17;19;20;21;22;23;24;25;26;27;28;29;16;18;
10374	畢啪班	bit-bak-banj	pit⁷pa:k⁷pa:n³	鸭嘴扁	1	0.00052%	1	05;
1769	朽	heuj	he:u³	牙	13	0.00674%	10	03;05;07;08;12;17;20;22;23;24;
4760	牙差	jas-tcac	ja³¹tɕha³⁵	牙差	3	0.00156%	1	26;
1988	文吽	faenz-heuj	fan²he:u³	牙齿	11	0.00570%	6	05;10;17;20;23;26;
10375	牙家寡	yas-ruzn-mazhv	ja³¹ti³¹zuɯn⁴⁴	牙家寡	1	0.00052%	1	26;
10376	牙七屡	yas-dcedr-law	ja³¹tɕɛt⁵⁵lau⁴⁴	牙七屡	1	0.00052%	1	26;
10377	牙七雅	yas-dcedr-cex	ja³¹tɕɛt⁵⁵lau⁴⁴	牙七雅	1	0.00052%	1	26;
10378	牙其忍	yas-dis-ruzn	ja³¹ti³¹zuɯn⁴⁴	牙其忍	1	0.00052%	1	26;
10379	牙	ngaz	ŋa²	牙氏	1	0.00052%	1	20;
2291	寍而	nengz-law	ne:ŋ²lau¹	蚜虫	9	0.00467%	4	18;19;01;02;
4955	芦	ranx	ra:n⁴	崖	2	0.00104%	2	17;18;
6343	朗冷	raqc-liqv	zaŋ³⁵liŋ¹¹	崖陡	2	0.00104%	1	26;

词号	壮字	新壮文	音标	词义	频次	词频	分布度	抄本号
10381	茶府	nyaz-fuj	ȵa²fu³	衙府	1	0.00052%	1	17;
2023	兜衙	du-yaz	tu¹ja²	衙门	10	0.00518%	6	23;17;19;20;27;18;
6628	啞	nga	ŋa¹	哑声	2	0.00104%	1	18;
10382	鸿樵	loeg-ciu	lok⁸ɕi:u¹	亚眉鸟	1	0.00052%	1	02;
2505	元	nyienz	ȵiən²	烟	8	0.00415%	6	02;07;09;10;12;25;
3043	烟微	hoenz-fiz	hon²fi²	烟火	6	0.00311%	5	02;11;19;22;27;
10385	谁	swi	ɬuəi¹	烟气	1	0.00052%	1	10;
10386	烟守	yienz-caeuj	jiən²ɕau³	烟守	1	0.00052%	1	03;
2292	鸡呈	gaeq-cingz	kai⁵ɕiŋ²	阉鸡	9	0.00467%	3	02;05;07;
3936	吡農	gyaek-ndong	tɕak⁷do:ŋ¹	腌菜	4	0.00207%	1	05;
10390	吡農能	gyaek-ndoeng-ndaengh	tɕak⁷doŋ¹daŋ⁶	腌咸菜	1	0.00052%	1	05;
2736	咗	coenz	ɕon²	言	7	0.00363%	4	05;06;07;12;
3938	咗	coenz	ɕon²	言词	4	0.00207%	4	01;12;17;27;
1989	咗	coenz	ɕon²	言语	11	0.00570%	7	01;02;07;09;10;12;13;
4762	艮	ngamz	ŋa:m²	岩	3	0.00156%	2	07;09;
6348	岩丹	ngamz-danq	ŋa:m²ta:n⁵	岩丹	2	0.00104%	1	10;
607	感	gamj	ka:m³	岩洞	48	0.02488%	20	01;02;03;04;05;06;07;09;10;12;17;19;20;21;22;23;24;25;28;18;
10394	咟感	bak-gamj	pa:k⁷ka:m³	岩洞口	1	0.00052%	1	05;
10395	吞捐	ngamz-genq	ŋa:m²ke:n⁵	岩捐	1	0.00052%	1	10;
6349	案州眉	ngamz-cu-miz	ŋa:m²ɕu¹mi²	岩州眉	2	0.00104%	1	03;
1519	烛	gue	kuə¹	盐	16	0.00829%	10	02;04;05;10;12;20;22;26;27;28;
6351	喋卦	deb-gue	te:p⁸kuə¹	盐碟	2	0.00104%	1	05;
2737	闫羅	yiemz-laz	jiəm²la²	阎罗	7	0.00363%	3	05;07;28;
10397	筵	yienz	jiən²	筵	1	0.00052%	1	20;
10398	延	yienz	jiən²	筵席	1	0.00052%	1	20;
2738	色	saek	θak⁷	颜色	7	0.00363%	1	17;
4766	厠	swej	ɬuə³	檐	3	0.00156%	2	02;07;
10399	彦保	yiemh-mauh	jiəm⁶ma:u⁶	檐帽	1	0.00052%	1	17;
2293	斺兰	swej-lanz	ɬuə³la:n²	檐屋	9	0.00467%	7	03;07;09;11;15;18;23;
1385	眺	da	ta¹	眼	18	0.00933%	8	01;17;20;21;22;23;24;26;
1118	眺	da	ta¹	眼睛	23	0.01192%	13	04;07;12;13;14;17;19;20;22;24;26;27;18;
10402	蛇蚊	ngiez-faenz	ŋiə²fan²	眼镜蛇	1	0.00052%	1	12;
10403	他	da	ta¹	眼孔	1	0.00052%	1	01;
10404	猛	mengz	me:ŋ²	眼瞎	1	0.00052%	1	28;
2294	大	da	ta¹	眼珠	9	0.00467%	6	11;12;15;17;18;19;
10405	大娄	da-laeuz	ta¹lau²	眼竹	1	0.00052%	1	25;
10406	硯	yienh	jiən⁶	砚	1	0.00052%	1	04;
10407	快	gvaiz	kva:i²	宴	1	0.00052%	1	21;
10408	州	cuz	ɕu²	宴席	1	0.00052%	1	20;

词号	壮字	新壮文	音标	词义	频次	词频	分布度	抄本号
10410	力火	lwg-hoj	lɯk^{8}ho^{3}	焰火	1	0.00052%	1	05;
3411	鵜鷚	loeg-enq	lok^{8}e:n^{5}	燕子	5	0.00259%	4	09;23;02;04;
10411	鴦意	ieng-ih	iəŋ^{1}i^{6}	燕子小	1	0.00052%	1	06;
6354	忙降	miengz-ryangz	mi:ŋ^{2}ja:ŋ^{2}	央人疆域	2	0.00104%	1	27;
52	叭	gyat	tɕa:t^{7}	殃怪	542	0.28094%	14	01;02;03;04;05;06;07;08;09;10;12;17;22;28;
10412	范	fangz	fa:ŋ^{2}	殃鬼	1	0.00052%	1	17;
736	佳	gyaj	tɕa^{3}	秧	38	0.01970%	13	17;20;02;03;06;07;10;11;12;15;21;22;18;
6355	得稼	dieg-gyaj	kiək^{8}tɕa^{3}	秧地	2	0.00104%	2	15;16;
10413	鳰斤	loeg-gaen	lok^{8}kan^{1}	秧姑鸟	1	0.00052%	1	07;
1283	粑	gyaj	tɕa^{3}	秧苗	20	0.01037%	12	01;02;05;09;10;11;12;16;17;19;21;22;
2739	特家	dieg-gyaj	tiək^{8}tɕa^{3}	秧田	7	0.00363%	4	02;03;05;09;
6356	家浗文	gyaj-laiz-faenz	tɕa^{3}la:i^{2}fan^{2}	秧纹花	2	0.00104%	1	03;
4768	楊州	yangz-tsou	ja:ŋ^{2}tsou^{1}	扬州	3	0.00156%	1	27;
318	徉	ywengz	jɯəŋ^{2}	羊	101	0.05235%	21	01;02;03;05;07;08;09;10;11;12;13;17;19;20;21;22;23;26;27;28;18;
10414	徉凢	yuengz-fanz	juəŋ^{2}fa:n^{2}	羊羚	1	0.00052%	1	11;
4769	诺羊	noh-yuengz	no^{6}juəŋ^{2}	羊肉	3	0.00156%	2	17;20;
10415	个五徉	go-haj-yuengz	ko^{1}ha^{3}juəŋ^{2}	羊油草	1	0.00052%	1	05;
10416	个五徉	go-haj-yuengz	ko^{1}ha^{3}juəŋ^{2}	羊脂菀	1	0.00052%	1	12;
3939	昙	ngoenz	ŋon^{2}	阳	4	0.00207%	2	05;17;
1074	律	ndit	dit^{7}	阳光	24	0.01244%	9	08;09;17;20;21;22;26;27;
1229	陽間	yangz-gan	ja:ŋ^{2}ka:n^{1}	阳间	21	0.01089%	8	03;05;17;18;19;20;25;28;
10417	陽	yangz	ja:ŋ^{2}	阳界	1	0.00052%	1	27;
4770	粮柳	liengz-lux	liəŋ^{2}lu^{4}	杨柳	3	0.00156%	3	23;25;28;
6357	己梁栁	giq-liengz-lux	ki^{5}liəŋ^{2}lu^{4}	杨柳枝	2	0.00104%	2	05;12;
10418	須妨	saej-fiengz	łai^{13}fiəŋ^{2}	杨桃	1	0.00052%	1	14;
4771	朝	ciuz	ɕi:u^{2}	洋	3	0.00156%	3	01;04;09;
10422	陋養老	laeuj-ciengx-laux	lau^{3}ɕiəŋ^{4}la:u^{4}	养老酒	1	0.00052%	1	17;
4772	叻養	lwg-ciengx	lɯk^{8}ɕiəŋ^{4}	养子	3	0.00156%	1	23;
3414	様	ywengh	jɯəŋ^{6}	样子	5	0.00259%	4	01;13;17;24;
10424	倫	lwnz	lɯn^{2}	幺	1	0.00052%	1	02;
3415	力倫	lwg-lwnz	lɯk^{8}lɯn^{2}	幺儿	5	0.00259%	5	04;05;20;21;23;
1051	幸	hin	hin^{1}	妖	25	0.01296%	10	02;03;05;07;08;09;10;12;17;20;
6360	立	ndaep	dap^{7}	妖法	2	0.00104%	1	13;
1557	怪	gvaiq	kva:i^{5}	妖怪	15	0.00778%	7	03;08;09;17;19;20;18;
2172	妖	iu	i:u^{1}	妖精	9	0.00467%	5	03;09;19;25;18;
10426	猺	yiuz	ji:u^{2}	妖女	1	0.00052%	1	17;
10427	喜於	hi-hiq	hi^{1}hi^{5}	妖气	1	0.00052%	1	17;
10428	堯	iu	i:u^{1}	妖情	1	0.00052%	1	19;
10429	移	hi	hi^{1}	妖影	1	0.00052%	1	01;

词号	壮字	新壮文	音标	词义	频次	词频	分布度	抄本号
928	乞	hwet	hɯət[7]	腰	28	0.01451%	15	05;06;07;10;11;12;13;17;19;20;22;23;24;28;18;
1230	笏	faed	fat[8]	腰带	21	0.01089%	10	02;05;07;10;13;17;19;20;23;28;
10430	申	saen	san[1]	腰脊	1	0.00052%	1	27;
2507	骫	hwet	hɯət[7]	腰间	8	0.00415%	5	06;12;13;19;24;
10431	洛	yiuz	ji:u[2]	窑子	1	0.00052%	1	21;
10434	山遥	canq-yauz	ɕa:n[5]ja:u[2]	遥山	1	0.00052%	1	27;
3942	猺	yiuz	ji:u[2]	瑶	4	0.00207%	1	17;
2740	遥	yiuz	ji:u[2]	瑶人	7	0.00363%	4	03;08;09;23;
6361	山猺	bya-yiuz	pja[1]ji:u[2]	瑶山	2	0.00104%	1	17;
2295	醫	ywe	jɯə[1]	药	9	0.00467%	6	01;02;04;05;06;21;
10443	若	yw	ʔjɯ[1]	药水	1	0.00052%	1	19;
4957	囊	nyangq	ɲa:ŋ[5]	药渣	2	0.00104%	2	19;18;
2296	要安	yau-nganh	ja:u[1]ŋa:n[6]	要安	9	0.00467%	6	01;02;04;06;10;18;
10447	没	mbwk	bɯk[7]	要事	1	0.00052%	1	17;
6367	除	ciz	ɕi[2]	钥匙	2	0.00104%	2	05;27;
10449	窖	yiuh	ji:u[6]	鹞	1	0.00052%	1	03;
319	曜叩	yiuh-gaeu	ji:u[6]kau[1]	鹞鹰	101	0.05235%	13	02;03;07;09;12;17;19;22;23;26;27;28;18;
10454	捧	bangx	pa:ŋ[4]	野	1	0.00052%	1	07;
4778	省錐	swnh-gyoij	ɬɯn[6]tɕo:i[3]	野芭蕉	3	0.00156%	2	02;23;
4779	沃	luz	lu[2]	野菜	3	0.00156%	3	01;07;24;
3943	嗶	nywej	ɲɯə[3]	野草	4	0.00207%	3	05;17;19;
4780	沓	dumh	tum[6]	野草莓	3	0.00156%	3	08;11;13;
3501	危	ngwiz	ŋɯəi[2]	野狗	4	0.00207%	3	17;19;18;
10456	舞	fiex	fiə[4]	野鬼	1	0.00052%	1	11;
6370	鸡断	gaeq-dienh	kai[5]tiən[6]	野鸡	2	0.00104%	1	09;
1599	祸	haq	ha[5]	野姜	15	0.00778%	4	02;04;05;12;
6371	尚	cieg	ɕiək[8]	野蕉	2	0.00104%	2	05;03;
3944	珢	hanj	ha:n[3]	野狸	4	0.00207%	3	10;11;23;
10458	來	raih	ra:i[6]	野猎	1	0.00052%	1	19;
6372	紳	gyak	tɕa:k[7]	野麻	2	0.00104%	2	11;15;
2509	貘	nyaen	ɲan[1]	野猫	8	0.00415%	5	01;02;04;10;05;
6373	而	raeg	rak[8]	野漆树	2	0.00104%	1	17;
10459	羊猎	yuengz-fan	juəŋ[2]fa:n[1]	野山羊	1	0.00052%	1	22;
6374	乃翁	ndaix-ong	da:i[4]o:ŋ[1]	野生麻	2	0.00104%	1	12;
632	豞	noh	no[6]	野兽	46	0.02384%	13	01;03;04;05;09;10;11;13;17;19;23;25;26;
6375	奶	ndai	da:i[1]	野胎	2	0.00104%	2	07;09;
1866	怕	baq	pa[5]	野外	12	0.00622%	5	02;03;11;26;27;
10460	迫	bit	pit[7]	野鸭	1	0.00052%	1	22;
1867	蒙	mungz	muŋ[2]	野芋	12	0.00622%	6	02;04;05;11;24;25;

词号	壮字	新壮文	音标	词义	频次	词频	分布度	抄本号
10461	枯蒙	go-mungz	$ko^1muŋ^2$	野芋苋	1	0.00052%	1	01;
10462	乃	ndai	$da:i^1$	野仔	1	0.00052%	1	19;
10463	枒	ndai	$da:i^1$	野种	1	0.00052%	1	01;
1075	猪	mu	mu^1	野猪	24	0.01244%	13	03;05;09;17;19;20;21;28;11;13;22;23;18;
765	埋	mbaw	$baɯ^1$	叶	36	0.01866%	14	05;07;09;10;11;12;17;19;20;26;28;06;03;18;
6376	黎	laez	lai^2	叶尖	2	0.00104%	2	13;26;
6377	拜	byai	$pja:i^1$	叶梢	2	0.00104%	1	17;
1453	竜	long	$lo:ŋ^1$	叶子	17	0.00881%	8	02;05;06;08;17;20;25;28;
424	痕	hwnz	$hɯn^2$	夜	72	0.03732%	19	01;02;04;05;07;11;12;13;17;19;20;21;22;23;24;25;26;28;18;
3502	痕	hwnz	$hɯn^2$	夜间	4	0.00207%	4	12;17;19;18;
10464	莚	yaemh	jam^6	夜	1	0.00052%	1	27;
3048	啥	haemh	ham^6	夜里	6	0.00311%	4	05;12;17;27;
6379	痕夢	hwnz-mungh	$hɯn^2muŋ^6$	夜梦	2	0.00104%	2	09;22;
4781	痕昙	hwnz-ngoenz	$hɯn^2ŋon^2$	夜日	3	0.00156%	3	01;04;05;
10467	含	haemh	ham^6	夜深	1	0.00052%	1	02;
494	痕	hwnz	$hɯn^2$	夜晚	62	0.03214%	20	01;02;03;04;05;07;09;10;12;15;17;19;20;21;22;24;25;26;28;18;
10468	累	lae	lai^1	液	1	0.00052%	1	01;
3503	意	iq	i^5	腋	4	0.00207%	3	10;17;18;
6380	意	iq	i^5	腋窝	2	0.00104%	1	17;
2297	意	iq	i^5	腋下	9	0.00467%	7	26;09;10;17;19;20;24;
10469	吞	aen	an^1	一把	1	0.00052%	1	12;
10470	百	bak	$pa:k^7$	一百	1	0.00052%	1	21;
6381	丁	dingz	$tiŋ^2$	一半	2	0.00104%	1	08;
10473	帮	bang	$pa:ŋ^1$	一帮	1	0.00052%	1	27;
3419	召	ciuh	$ɕi:u^6$	一辈子	5	0.00259%	3	12;22;26;
6382	寅	henz	$he:n^2$	一边	2	0.00104%	1	03;
6383	了	ndeu	$de:u^1$	一步	2	0.00104%	2	12;21;
10474	定了	dingz-ndeu	$tiŋ^2de:u^1$	一部分	1	0.00052%	1	25;
6384	武	fwx	$fɯ^4$	一餐	2	0.00104%	2	11;21;
6385	倉	cang	$ɕa:ŋ^1$	一仓	2	0.00104%	1	12;
6386	正	cieng	$ɕiəŋ^1$	一春	2	0.00104%	1	21;
6387	倍	baez	pai^2	一次	2	0.00104%	1	28;
3946	茶	caz	$ɕa^2$	一丛	4	0.00207%	2	08;28;
1339	召	ciuh	$ɕi:u^6$	一代	19	0.00985%	6	07;09;12;14;21;27;
10481	同	doengh	$toŋ^6$	一峒	1	0.00052%	1	23;
10482	吃	hot	$ho:t^7$	一段	1	0.00052%	1	07;
4782	工	gong	$ko:ŋ^1$	一堆	3	0.00156%	2	09;10;
10483	發	fag	$fa:k^8$	一方	1	0.00052%	1	27;
654	甫	bux	pu^4	一个	44	0.02281%	7	08;09;10;11;12;20;23;

词号	壮字	新壮文	音标	词义	频次	词频	分布度	抄本号
6391	生	saenj	θan^{3}	一根	2	0.00104%	1	21;
10484	會	hoiz	ho:i^{2}	一回	1	0.00052%	1	11;
10485	燎	ndiu	di:u^{1}	一会	1	0.00052%	1	02;
4783	記了	gwq-ndeu	kɯ^{5}de:u^{1}	一会儿	3	0.00156%	1	04;
2298	榑	ruenz	ru:n^{2}	一家	9	0.00467%	1	27;
3049	珠	cwe	ɕɯə^{1}	一角	6	0.00311%	3	02;07;10;
6393	喒	gyoenz	tɕon^{2}	一句	2	0.00104%	2	20;23;
6394	可	go	ko^{1}	一棵	2	0.00104%	1	21;
10487	口	amq	a:m^{5}	一口	1	0.00052%	1	12;
10488	答	daeb	tap^{8}	一块	1	0.00052%	1	12;
6395	布一郎	baeuq-it-langz	pau^{5}it^{7}la:ŋ^{2}	一郎公	2	0.00104%	1	02;
10490	苗	miuz	mi:u^{2}	一苗	1	0.00052%	1	21;
2299	脾	bi	pi^{1}	一年	9	0.00467%	5	01;09;12;21;27;
10491	竜	lungh	luŋ^{6}	一弄	1	0.00052%	1	23;
10492	恩	aen	an^{1}	一片	1	0.00052%	1	10;
10496	群	gyoengq	tɕoŋ^{5}	一群	1	0.00052%	1	21;
2300	江	gyang	tɕa:ŋ^{1}	一人	9	0.00467%	3	20;21;23;
6396	昿	ngoenz	ŋon^{2}	一日	2	0.00104%	1	08;
10497	当	ndang	da:ŋ^{1}	一身	1	0.00052%	1	23;
10498	了生	ndeu-seng	de:u^{1}θe:ŋ^{1}	一生	1	0.00052%	1	18;
6397	散	hing	hiŋ^{1}	一声	2	0.00104%	1	20;
1990	召	ciuh	ɕi:u^{6}	一世	11	0.00570%	6	07;08;09;10;21;27;
6399	竹貫	dcus-gon	tɕu^{31}kɔn^{44}	一世人	2	0.00104%	1	26;
2742	玩	ngoenz	ŋon^{2}	一天	7	0.00363%	3	26;21;29;
10499	押	lam	la:m^{1}	一挑	1	0.00052%	1	12;
10502	苗	miuz	mi:u^{2}	一造米	1	0.00052%	1	03;
353	普	buh	pu^{6}	衣	90	0.04665%	19	19;01;02;03;05;06;07;08;10;11;12;17;20;21;22;23;25;26;29;
10503	�号	bieh-hau	piə^{6}ha:u^{1}	衣白	1	0.00052%	1	29;
10504	甫不	buh-baengz	pu^{6}paŋ^{2}	衣布	1	0.00052%	1	19;
6400	袮紅	bueh-hong	puə^{6}ho:ŋ^{1}	衣绸缎	2	0.00104%	1	06;
10505	袮票	bueh-biu	puə^{6}pi:u^{1}	衣单	1	0.00052%	1	06;
6401	児	dam	tam^{44}	衣兜	2	0.00104%	1	26;
4784	卜團	buh-duenh	pu^{6}tuən^{6}	衣缎	3	0.00156%	1	17;
590	布	bueh	puə^{6}	衣服	50	0.02592%	18	05;07;08;09;10;12;17;19;20;21;22;23;25;26;27;28;
4958	隫	gvih	kvi^{6}	衣柜	2	0.00104%	2	19;18;
10506	甫将	bueh-ciengq	puə^{6}ɕiəŋ^{5}	衣将军	1	0.00052%	1	05;
6402	那思	nax-suzx	na^{33}sɯ^{33}	衣襟前	2	0.00104%	1	26;
1601	寵袮	lomz-bueh	lo:m^{2}puə^{6}	衣筐	15	0.00778%	5	03;05;01;02;04;
10507	櫳袮	lomz-bieh	lo:m^{2}piə^{6}	衣箩	1	0.00052%	1	14;
10508	袙動	swj-dungh	sɯ^{3}tuŋ^{6}	衣棉	1	0.00052%	1	27;
10509	俻难	bieh-nanh	piə^{6}na:n^{6}	衣难孝	1	0.00052%	1	29;

词号	壮字	新壮文	音标	词义	频次	词频	分布度	抄本号
10510	袮牙	bueh-yag	puə⁶ja:k⁸	衣破	1	0.00052%	1	06;
3131	布	buh	pu⁶	衣裳	5	0.00259%	3	19;26;18;
10511	跟	gwn	kɯn¹	衣食	1	0.00052%	1	01;
10512	袮绸	bueh-cuz	puə⁶ɕu²	衣丝绸	1	0.00052%	1	06;
6403	雜	saeg	ɬak⁸	衣物	2	0.00104%	2	06;28;
3050	卜孝	buh-yauq	pu⁶ja:u⁵	衣孝	6	0.00311%	3	17;20;29;
4785	简布	gyen-buh	tɕe:n¹pu⁶	衣袖	3	0.00156%	3	17;20;22;
6404	甫斋	bueh-cai	puə⁶ɕa:i¹	衣斋	2	0.00104%	2	05;29;
2510	布沙	buh-sa	pu⁶θa¹	衣纸	8	0.00415%	2	17;20;
3132	列	lex	le⁴	仪规	5	0.00259%	3	17;19;18;
4787	恩	aen	an¹	仪礼	3	0.00156%	2	13;27;
10514	帮	bang	pa:ŋ¹	仪式	1	0.00052%	1	10;
10515	宜郎	nyih-langz	ɲi⁶la:ŋ²	宜郎	1	0.00052%	1	20;
6407	那	nax	na⁴	姨	2	0.00104%	2	12;28;
6409	乙	yiz	ji²	乙	2	0.00104%	2	12;21;
10519	吃乞	hw-et	hɯ¹e:k⁷	乙圩	1	0.00052%	1	14;
10520	巳亥	gyi-haiq	tɕi¹ha:i⁵	已亥年	1	0.00052%	1	20;
4789	捞	laeng	laŋ¹	以后	3	0.00156%	3	10;11;28;
6411	以頼	ix-lai	i⁴la:i¹	以赖	2	0.00104%	1	08;
1145	昮	gonq	ko:n⁵	以前	23	0.01192%	10	05;06;07;09;12;17;20;21;23;29;
6412	賠	baez	pai²	以往	2	0.00104%	2	04;21;
10524	苧怌	daengq-vaiz	taŋ⁵va:i²	椅藤	1	0.00052%	1	20;
4959	登	daengq	taŋ⁵	椅子	2	0.00104%	2	19;18;
2512	儀	ngih	ŋi⁶	义	8	0.00415%	3	02;12;22;
6414	尼	nih	ni⁶	谊	2	0.00104%	1	21;
6415	色	saek	ɬak⁷	意	2	0.00104%	1	24;
10529	義	ngeih	ŋei⁶	意义	1	0.00052%	1	27;
4070	缴	ced	ɕe:t⁸	阴部	3	0.00156%	2	14;18;
3950	州	cu	ɕu¹	阴府	4	0.00207%	2	12;28;
6417	卅姸妗	cu-yah-gimq	ɕu¹ja⁶kim⁵	阴府女巫婆	2	0.00104%	1	13;
3951	根宫	im-goeng	im¹koŋ¹	阴功	4	0.00207%	2	17;20;
6418	陰官	yinh-gun	jin⁶kun¹	阴官	2	0.00104%	2	18;19;
1629	陰	yaem	jam¹	阴间	14	0.00726%	8	02;10;12;19;21;25;17;18;
10532	陰	yaemz	jam²	阴界	1	0.00052%	1	27;
2554	爲	vaez	vai²	阴茎	7	0.00363%	3	12;19;18;
2173	借	cied	ɕiət⁸	阴门	9	0.00467%	3	19;26;18;
1868	陰陽	yinh-yangz	jin⁶ja:ŋ²	阴阳	12	0.00622%	7	01;03;04;05;07;09;28;
6419	令	raemh	ram⁶	阴影	2	0.00104%	1	17;
10536	煙	ien	iən¹	姻缘	1	0.00052%	1	17;
175	艮	ngaenz	ŋan²	银	180	0.09330%	25	17;01;02;03;04;05;06;07;08;09;10;11;12;13;14;19;21;22;23;25;26;27;28;29;

词号	壮字	新壮文	音标	词义	频次	词频	分布度	抄本号
10538	銀	ngaenz	ŋan²	银锭	1	0.00052%	1	09;
3051	納	naak	na:k¹¹	银河	6	0.00311%	1	26;
10539	銀化	qan-vac	ŋan⁴⁴va³⁵	银花	1	0.00052%	1	26;
10540	銀強	ngaenz-gyangz	ŋan²tɕa:ŋ²	银两	1	0.00052%	1	21;
828	亣艮	cenz-ngaenz	ɕe:n²ŋan²	银钱	32	0.01659%	13	05;11;17;18;06;07;09;13;20;23;25;26;18;
10541	咘銀	mboh-ngaenz	bo⁶ŋan²	银泉	1	0.00052%	1	05;
6420	文三保	ngaenz-sam-bauj	ŋan²θa:m¹pa:u³	银三宝	2	0.00104%	1	17;
10542	民	maenz	man²	银元	1	0.00052%	1	10;
6421	咘艮朱	mboh-ngaenz-cw	bo⁶ŋan²ɕɯ¹	银珠泉	2	0.00104%	1	22;
1186	銀	ngaenz	ŋan²	银子	22	0.01140%	11	01;05;06;09;10;17;19;21;25;26;27;
1908	毫	haux	ha:u⁴	淫水	11	0.00570%	2	19;18;
1718	寅	hinz	hin²	寅	13	0.00674%	5	12;19;27;28;18;
10543	寅甲	hiz-gap	hi²ka:p⁷	寅甲年	1	0.00052%	1	17;
10544	寅申	hinz-sin	hin²θin¹	寅申年	1	0.00052%	1	20;
10545	時寅	dcuz-qi	tɕɯ⁴⁴ŋi⁴⁴	寅时	1	0.00052%	1	26;
371	印	inh	in⁶	印	85	0.04406%	15	02;03;05;06;07;08;09;10;12;13;17;19;22;23;18;
4071	卬	inq	in⁵	印把	3	0.00156%	3	09;19;18;
3052	印	inh	in⁶	印鉴	6	0.00311%	5	01;02;04;05;06;
6422	應旗	yin-gyiz	jin¹tɕi²	印其	2	0.00104%	1	19;
10547	信	sinq	ɬin⁵	印信	1	0.00052%	1	09;
10548	英雄	yingh-yungz	jiŋ⁶juŋ²	英雄	1	0.00052%	1	19;
870	力亭	lwg-nding	lɯk⁸diŋ¹	婴儿	30	0.01555%	15	01;18;19;21;22;23;25;17;28;05;09;10;20;26;18;
10549	婴	engz	eŋ²	婴怪	1	0.00052%	1	27;
10550	佛	foh	fo⁶	缨	1	0.00052%	1	03;
10551	鴻陽贵	loeg-yangz-gviq	lok⁸ja:ŋ²kvi⁵	鹦鹉	1	0.00052%	1	05;
1411	曜	yiuh	ji:u⁶	鹰	17	0.00881%	11	02;03;04;10;11;12;14;15;17;19;18;
4794	鸡曜	geq-yiuh	kai⁵ji:u⁶	鹰鸡	3	0.00156%	1	28;
3952	鴻蘿	loeg-laz	lok⁸la²	鹰鱼鸟	4	0.00207%	3	28;06;09;
1387	烼炶	longh-lib	lo:ŋ⁶lip⁸	萤火虫	18	0.00933%	12	01;02;03;04;06;07;08;09;10;12;17;20;
6424	長砦	cangx-ceh	ɕa:ŋ⁴ɕe⁶	营寨	2	0.00104%	1	04;
10554	营	yingz	jiŋ²	营中	1	0.00052%	1	25;
6425	弩	nwh	nɯ⁶	影	2	0.00104%	1	07;
10555	耦	ngaeuz	ŋau²	影像	1	0.00052%	1	23;
10556	吅	ngaeuz	ŋau²	影子	1	0.00052%	1	05;
10558	應歌	yingq-goq	jiŋ⁵ko⁵	应歌	1	0.00052%	1	28;
10561	漢為	han-vaez	ha:n¹vai²	应声軋	1	0.00052%	1	04;
10568	养	yangx	ja:ŋ⁴	佣人	1	0.00052%	1	05;
10570	落萬	roengz-vaeng	roŋ²vaŋ¹	壅稗草	1	0.00052%	1	19;
10571	落化	roengz-va	roŋ²va¹	壅花草	1	0.00052%	1	19;

词号	壮字	新壮文	音标	词义	频次	词频	分布度	抄本号
10572	翁犿	ung-vaiz	$uŋ^1va:i^2$	雍牛	1	0.00052%	1	03;
10573	永	yinx	jin^4	永地	1	0.00052%	1	23;
6430	算	sanq	$θva:n^5$	用数	2	0.00104%	1	17;
1187	油	yuz	ju^2	油	22	0.01140%	12	02;04;09;12;13;17;19;20;21;23;24;05;
10582	迷救	maex-gyaeuq	$mai^4tɕau^5$	油桐树	1	0.00052%	1	23;
10588	弄	longh	$lo:ŋ^6$	游戏	1	0.00052%	1	28;
3058	酉	yux	ju^4	友	6	0.00311%	4	17;05;19;21;
10590	欲	yux	ju^4	友人	1	0.00052%	1	05;
10598	娄色	laeuj-saek	$lau^3ɬak^7$	有色酒	1	0.00052%	1	12;
10599	眉佛眉仙	miz-baed-miz-sien	$mi^2pat^8mi^2ɬiən^1$	有神有仙	1	0.00052%	1	10;
6433	眉此	miz-siuj	$mi^2ɬi:u^3$	有时	2	0.00104%	2	07;17;
929	酉	yux	ju^4	酉	28	0.01451%	16	01;02;03;04;05;10;11;12;14;17;19;20;21;25;26;18;
10600	酉	yux	ju^4	酉期	1	0.00052%	1	12;
3954	時酉	dcuz-rawr	$tɕɯ^{44}zau^{55}$	酉时	4	0.00207%	2	26;27;
608	寡	gvaz	kva^2	右边	48	0.02488%	16	08;02;03;04;10;11;12;17;19;20;21;22;23;24;26;18;
10605	耳右	lwez-gvaz	$lɯə^2kva^2$	右耳	1	0.00052%	1	06;
10606	寡	gvaz	kva^2	右方	1	0.00052%	1	17;
1692	吞寡	din-gvaz	tin^1kva^2	右脚	14	0.00726%	4	05;06;07;03;
3060	孙内	lwg-noix	$lɯk^8no:i^4$	幼儿	6	0.00311%	3	23;06;12;
10607	朴	bug	puk^8	柚木	1	0.00052%	1	07;
2514	模朴	mak-bug	$ma:k^7puk^8$	柚子	8	0.00415%	5	03;16;17;05;25;
6436	麻迫	mak-bug	$ma:k^7puk^8$	柚子树	2	0.00104%	2	16;20;
10610	太	daih	$ta:i^6$	余	1	0.00052%	1	02;
73	鲃	gya	$tɕa^1$	鱼	412	0.21356%	27	01;02;03;04;05;06;07;08;09;10;11;12;13;14;15;16;17;19;20;21;22;23;24;25;
6437	鲃白	gya-beg	$tɕa^1pe:k^8$	鱼白鲢	2	0.00104%	2	01;04;
6438	講	gangj	$ka:ŋ^3$	鱼刺	2	0.00104%	2	13;17;
10612	豆	daeu	tau^1	鱼兜	1	0.00052%	1	28;
10613	甴	gya	$tɕa^1$	鱼儿	1	0.00052%	1	05;
10614	扡楽	bya-roz	pja^1ro^2	鱼干	1	0.00052%	1	18;
10615	罡	gangj	$ka:ŋ^3$	鱼骨	1	0.00052%	1	22;
10616	咘甴來	mboh-gya-laiz	$bo^6tɕa^1la:i^2$	鱼花泉	1	0.00052%	1	22;
10617	匠甴	cangh-gya	$ɕa:ŋ^6tɕa^1$	鱼匠	1	0.00052%	1	05;
10618	能	saeng	$θaŋ^1$	鱼具	1	0.00052%	1	17;
912	哩	lih	li^6	鱼簾	29	0.01503%	9	01;02;03;04;05;09;12;16;
3421	吉奂	gyaet-gya	$tɕat^7tɕa^1$	鱼鳞	5	0.00259%	4	11;10;13;25;
10619	怒甴民	noh-gya-moenz	$no^6tɕa^1mon^2$	鱼泯肉	1	0.00052%	1	05;
10620	楳	maeuz	mau^2	鱼筌	1	0.00052%	1	28;
10621	甴布	bya-bang	$pja^1pa:ŋ^1$	鱼群	1	0.00052%	1	17;
10622	鲃肉	gya-noh	$tɕa^1no^6$	鱼肉	1	0.00052%	1	13;

词号	壮字	新壮文	音标	词义	频次	词频	分布度	抄本号
2555	鲃劝	bya-ndip	pja¹dip⁷	鱼生	7	0.00363%	4	03;19;22;18;
1026	塘	daemz	tam²	鱼塘	25	0.01296%	13	06;19;05;07;08;09;11;12;13;17;23;29;18;
10623	塘高帝	daemz-gauj-daez	tam²ka:u³tai²	鱼塘高帝	1	0.00052%	1	05;
10624	鲃啼	gya-daez	tɕa¹tai²	鱼啼	1	0.00052%	1	10;
4805	久魚	gyaeuj-gya	tɕau³tɕa¹	鱼头	3	0.00156%	1	13;
6439	鲃王	bya-vuengz	pja¹vuəŋ²	鱼王	2	0.00104%	1	03;
1388	網	muengx	muəŋ⁴	鱼网	18	0.00933%	9	01;04;08;09;12;17;20;23;
6440	豆	daeu	tau¹	鱼网兜	2	0.00104%	1	28;
10625	長鲃	cangh-gya	ɕa:ŋ⁶tɕa¹	鱼翁	1	0.00052%	1	06;
10626	輝	vaeh	vai⁶	鱼腥	1	0.00052%	1	07;
3061	芘尾	nywej-vaeh	ȵɯə³vai⁶	鱼腥草	6	0.00311%	3	02;07;10;
10627	未尾	byaek-vaeh	pjak⁷vai⁶	鱼腥草菜	1	0.00052%	1	17;
6441	扡翁	bya-ungj	pja¹uŋ³	鱼汛	2	0.00104%	2	18;19;
4806	岜感	gya-gamj	tɕa¹ka:m³	鱼岩洞	3	0.00156%	2	23;28;
2122	色	saeng	θaŋ¹	鱼罾	10	0.00518%	2	17;20;
2304	廉	liemz	liəm²	鱼栅	9	0.00467%	1	03;
10628	鲃珉	gya-moenx	tɕa¹mon⁴	鱼稨	1	0.00052%	1	12;
234	利	lih	li⁶	畲地	134	0.06946%	23	05;03;04;06;07;09;10;11;12;13;15;16;17;19;20;21;22;23;25;26;27;28;18;
10630	糈利	haeux-lih	hau⁴li⁶	畲地米	1	0.00052%	1	05;
4807	周利	gyaeuj-lih	tɕau³li⁶	畲地头	3	0.00156%	2	05;23;
3958	菖	bwn	pɯn¹	羽毛	4	0.00207%	3	04;08;09;
447	雨	hun	hun¹	雨	69	0.03577%	15	01;02;03;04;06;07;08;10;12;17;19;21;23;26;18;
3504	却	gyoep	tɕop⁷	雨帽	4	0.00207%	4	08;19;20;18;
4809	两	liengj	liəŋ³	雨伞	3	0.00156%	2	09;23;
3062	淋温	laemx-hun	lam⁴hun¹	雨水	6	0.00311%	4	05;07;23;19;
1991	咘	coenz	ɕon²	语	11	0.00570%	3	05;08;12;
4810	玉	yi	ji¹	玉	3	0.00156%	1	07;
1522	玉帝	yi-di	ji¹ti¹	玉帝	16	0.00829%	7	02;07;17;18;19;22;23;
2305	玉皇	yi-vuengz	ji¹vuəŋ²	玉皇	9	0.00467%	5	09;07;12;22;23;
4811	三宝玉帝	sam-bauj-yi-diq	ɬa:m¹pa:u³ji¹ti⁵	玉皇大帝	3	0.00156%	2	10;02;
2515	糈粫	haeux-daeq	hau⁴tai⁵	玉米	8	0.00415%	3	03;11;21;
10632	蒙	mungz	muŋ²	芋	1	0.00052%	1	12;
6442	蒙	mungz	muŋ²	芋檬	2	0.00104%	2	05;07;
2345	白	biek	piək⁷	芋头	8	0.00415%	5	05;17;19;20;18;
10633	孟	mungz	muŋ²	芋叶	1	0.00052%	1	21;
1602	獄	yug	juk⁸	狱	15	0.00778%	3	11;13;25;
10634	艹獄	lanz-yug	la:n²ju:k⁸	狱房	1	0.00052%	1	25;
10635	獄闵	yug-nding	juk⁸diŋ¹	狱红	1	0.00052%	1	22;
10636	度獄	du-yug	tu¹juk⁸	狱门	1	0.00052%	1	25;
10639	忙	miengz	mi:ŋ²	域界	1	0.00052%	1	27;

词号	壮字	新壮文	音标	词义	频次	词频	分布度	抄本号
10640	楀	gaeu	kau¹	遇木	1	0.00052%	1	06;
4812	鴛鴦	yaem-ieng	jam¹iəŋ¹	鸳鸯	3	0.00156%	3	06;12;28;
264	寃	ien	iən¹	冤	119	0.06168%	11	02;03;04;05;11;12;13;22;24;18;23;
4813	寃朝	ien-caeuz	iən¹ɕau²	冤仇	3	0.00156%	3	02;12;18;
10641	寃老	ien-laux	iən¹la:u⁴	冤大	1	0.00052%	1	05;
599	叭	gyat	tɕa:t⁷	冤怪	49	0.02540%	9	05;07;08;09;10;11;12;13;
1053	叭	gyat	tɕa:t⁷	冤鬼	25	0.01296%	1	04;
561	寃家	ien-gya	iən¹tɕa¹	冤家	53	0.02747%	9	01;04;05;07;11;12;13;18;
10643	寃	ien	iən¹	冤解	1	0.00052%	1	12;
10644	覫	bang	pa:ŋ¹	冤孽	1	0.00052%	1	02;
10645	元	yenz	je:n²	元	1	0.00052%	1	10;
4814	元宝	yienz-bauj	jiən²pa:u³	元宝	3	0.00156%	3	02;07;09;
10646	元年	yenz-nenz	je:n²ne:n²	元年	1	0.00052%	1	03;
4815	元	yienz	jiən²	元气	3	0.00156%	1	28;
6446	酸	sien	ɬiən¹	园	2	0.00104%	1	12;
4816	箕	swen	ɬɯən¹	园圃	3	0.00156%	1	04;
1772	园	swen	ɬɯən¹	园子	13	0.00674%	7	03;07;17;19;24;25;28;
10647	端	denh	te:n⁶	原处	1	0.00052%	1	09;
6447	邦	bwengz	pɯəŋ²	原地	2	0.00104%	2	17;27;
6448	鸡鴪	gaeq-e	kai⁵e¹	原鸡	2	0.00104%	2	03;09;
3959	地	deih	tei⁶	原籍	4	0.00207%	1	27;
10648	谷	goek	kok⁷	原配	1	0.00052%	1	22;
11239	仰	nya	ɲa¹	原始森林	1	0.00052%	1	18;
6449	門	maenz	man²	圆拱	2	0.00104%	2	20;23;
3423	工门	du-moenz	tu¹mon²	圆拱门	5	0.00259%	2	17;18;
10649	土门	du-maenz	tu¹man²	圆拱门口	1	0.00052%	1	17;
10650	缘	yuenz	juən²	缘	1	0.00052%	1	03;
3960	畓由	yuenz-yaeuz	juən²jau²	缘由	4	0.00207%	3	03;27;29;
10652	更	gaeng	kaŋ¹	猿	1	0.00052%	1	10;
10653	剛洛	gaeng-roz	kaŋ¹ro²	猿猴	1	0.00052%	1	21;
10654	元	yuenz	juən²	源	1	0.00052%	1	19;
3064	各	goek	kok⁷	源头	6	0.00311%	3	20;17;26;
3065	追	gyae	tɕai¹	远处	6	0.00311%	4	14;17;23;25;
1121	遂	gyae	tɕai¹	远方	23	0.01192%	12	02;05;10;12;14;17;20;21;22;26;29;18;
4818	孺	nduv	du¹¹	远古	3	0.00156%	1	26;
10659	願丹	ienh-danq	iən⁶ta:n⁵	怨声	1	0.00052%	1	22;
10661	弘	hongh	ho:ŋ⁶	院	1	0.00052%	1	17;
10662	元	yuenh	juən⁶	院府	1	0.00052%	1	17;
10663	何	hooqs	ho:ŋ³¹	院井	1	0.00052%	1	26;
6451	用倇	yong-guenz	jo:ŋ¹kuən²	院落	2	0.00104%	1	17;
3066	倇	guenz	kuən²	院子	6	0.00311%	3	17;19;20;
456	月	ngwed	ŋɯət⁸	月	68	0.03525%	4	05;28;23;18;

词号	壮字	新壮文	音标	词义	频次	词频	分布度	抄本号
4072	腱	ndwen	duən[1]	月份	3	0.00156%	3	17;19;18;
903	恩胂	aen-ndwen	an[1]duən[1]	月亮	29	0.01503%	14	01;02;04;05;09;10;12;18;19;20;22;26;28;18;
10665	腱	ndwen	duən[1]	月内	1	0.00052%	1	17;
6452	月月	ndwen-ndwen	duən[1]duən[1]	月月	2	0.00104%	2	05;23;
728	大	da	ta[1]	岳父	39	0.02022%	11	04;01;02;05;08;09;10;12;21;22;28;
448	太	daiq	ta:i[5]	岳母	69	0.03577%	17	01;02;04;05;06;07;08;09;10;12;13;19;21;22;23;28;
10666	大	da	ta[1]	岳丈	1	0.00052%	1	01;
6453	宠	luengz	luəŋ[2]	焗饭	2	0.00104%	1	10;
229	雭	fwej	fuə[3]	云	136	0.07050%	20	01;02;03;04;05;07;08;09;10;12;13;17;19;20;21;22;23;25;28;18;
2810	斌	fiej	fiə[3]	云彩	6	0.00311%	3	09;26;18;
10670	匆	huj	hu[3]	云层	1	0.00052%	1	20;
4821	雭	fwej	fuə[3]	云端	3	0.00156%	2	02;03;
6454	乎	huj	hu[3]	云朵	2	0.00104%	1	20;
6455	乎	huj	hu[3]	云间	2	0.00104%	1	17;
6456	雲南	yinz-nanz	jin[2]na:n[2]	云南	2	0.00104%	1	27;
6457	迷杖	maex-gyang	mai[4]tɕa:ŋ[1]	云杉树	2	0.00104%	2	05;07;
10672	暟漠	laep-mok	lap[7]mo:k[7]	云雾	1	0.00052%	1	09;
6458	呼	huj	hu[3]	云下	2	0.00104%	1	20;
10673	雭	fiej	fiə[3]	云霄	1	0.00052%	1	12;
3962	岩	ndaat	da:t[11]	云岩	4	0.00207%	1	26;
10674	乎	huj	hu[3]	云中	1	0.00052%	1	17;
10677	揉	ndai	da:i[1]	耘	1	0.00052%	1	11;
10678	柰	ndai	da:i[1]	耘田	1	0.00052%	1	12;
10680	凢	fanz	fa:n[2]	孕期	1	0.00052%	1	17;
10681	凡狼	fanz-ndang	fa:n[2]da:ŋ[1]	孕身	1	0.00052%	1	20;
4822	凡辰	fanz-caenz	fa:n[2]ɕan[2]	孕神	3	0.00156%	1	20;
10682	故	guq	ku[5]	孕事	1	0.00052%	1	21;
718	月	ndwen	duən[1]	孕月	39	0.02022%	3	19;20;18;
6459	澔惠	nywej-vix	ȵuə[3]vi[4]	杂草	2	0.00104%	2	24;06;
10684	厚啦雜	haeux-laeb-cab	hau[4]lap[8]ɕa:p[8]	杂谷	1	0.00052%	1	22;
10685	雜良	cab-liengz	ɕa:p[8]liəŋ[2]	杂良	1	0.00052%	1	06;
10686	林	limz	lim[2]	杂木	1	0.00052%	1	21;
10688	経	gyingz	tɕiŋ[2]	杂树	1	0.00052%	1	19;
1454	事	saeh	ɬai[6]	灾	17	0.00881%	6	01;08;11;16;17;23;
10691	覫	bang	pa:ŋ[1]	灾厄	1	0.00052%	1	02;
10692	落尞	lag-leuz	la:k[8]le:u[2]	灾根	1	0.00052%	1	05;
2124	細	si	ɬi[1]	灾祸	10	0.00518%	6	02;05;09;11;20;27;
884	災难	cai-nanh	ɕa:i[1]na:n[6]	灾难	30	0.01555%	12	02;03;04;05;09;12;17;19;22;23;28;29;
6460	事	saeh	ɬai[6]	灾事	2	0.00104%	2	09;17;

词号	壮字	新壮文	音标	词义	频次	词频	分布度	抄本号
10693	哉寃	cai-ien	ɕa:i¹iən¹	灾冤	1	0.00052%	1	05;
238	力	lwg	lɯk⁸	仔	132	0.06842%	19	19;05;01;02;03;04;06;07;08;09;10;12;17;20;22;25;27;23;18;
1286	力	lwg	lɯk⁸	崽	20	0.01037%	4	09;17;19;29;
10695	社恙賀	ceh-gyai-ho	ɕe⁶tɕa:i¹ho¹	再贺山	1	0.00052%	1	10;
10696	呰恙户	ceh-gyai-ho	ɕe⁶tɕa:i¹ho¹	再户山	1	0.00052%	1	09;
6461	呰恙馬	ceh-gyai-max	ɕe⁶tɕa:i¹ma⁴	再马山	2	0.00104%	2	09;10;
10697	恙炁	gyai-hiq	tɕa:¹hi⁵	再炁	1	0.00052%	1	10;
10702	揨	laeng	laŋ¹	在后	1	0.00052%	1	23;
3425	牙	yangj	ja:ŋ³	簪	5	0.00259%	4	19;22;24;25;
6462	地	dih	ti⁶	葬坟	2	0.00104%	1	05;
3068	秋	siuq	ɬi:u⁵	凿刀	6	0.00311%	4	02;07;17;20;
3965	修	siuq	ɬi:u⁵	凿子	4	0.00207%	3	12;17;21;
372	吃	haet	hat⁷	早	85	0.04406%	22	01;02;03;04;05;07;08;10;11;12;13;17;19;20;21;22;23;24;25;26;28;18;
2306	餀	ngaiz	ŋa:i²	早餐	9	0.00467%	7	07;08;11;22;25;26;05;
3966	吃	haet	hat⁷	早晨	4	0.00207%	4	05;17;20;28;
10708	立	rih	ri⁶	旱地	1	0.00052%	1	21;
633	粍粿	haeux-lomh	hau⁴lo:m⁶	早饭	46	0.02384%	16	03;06;02;05;08;09;10;12;13;17;22;23;24;25;26;28;
10709	呆早	ngaiz-lomh	ŋa:i²lo:m⁶	早饭早	1	0.00052%	1	05;
4827	粅	ndux	du⁴	早季	3	0.00156%	2	09;12;
10710	盆	baenj	pan³	早期	1	0.00052%	1	21;
193	吃	haet	hat⁷	早上	158	0.08190%	23	02;03;04;05;06;07;09;11;12;13;14;15;16;17;19;20;21;22;23;24;25;27;29;
1992	衡恨	haemh-haet	ham⁶hat⁷	早晚	11	0.00570%	2	21;22;
2307	孝	cauq	ɕa:u⁵	灶	9	0.00467%	7	06;07;10;12;13;17;24;
10711	北宿	bak-saeuq	pa:k⁷ɬau⁵	灶房口	1	0.00052%	1	02;
10712	甫	boh	po⁶	灶公	1	0.00052%	1	04;
10713	房造	fangz-cauq	fa:ŋ²ɕa:u⁵	灶鬼	1	0.00052%	1	21;
6467	林微	lemj-fiz	le:m³fi²	灶火	2	0.00104%	2	04;19;
10714	布林微	baeuq-lemj-fiz	pau⁵le:m³fi²	灶火公	1	0.00052%	1	04;
10715	強	gyiengz	tɕiəŋ²	灶架	1	0.00052%	1	17;
10716	灶君	cauq-gun	ɕa:u⁵kun¹	灶君	1	0.00052%	1	09;
6468	北宿	bak-saeuq	pa:k⁷ɬau⁵	灶口	2	0.00104%	2	04;06;
10717	妹	meh	me⁶	灶母	1	0.00052%	1	04;
10718	強三卡	gyiengz-sam-ga	tɕiəŋ²θa:m¹ka¹	灶三脚	1	0.00052%	1	17;
11240	志	cwx	ɕɯ⁴	灶神	1	0.00052%	1	18;
10719	案灶	anq-cauq	a:n⁵ɕa:u⁵	灶台	1	0.00052%	1	12;
3426	布林微	baeuq-lemj-fiz	pau⁵le:m³fi²	灶王	5	0.00259%	3	01;04;19;
406	卜賊	bux-caeg	pu⁴ɕak⁸	贼	77	0.03991%	15	25;23;01;02;03;04;05;09;10;12;17;20;21;24;28;

词号	壮字	新壮文	音标	词义	频次	词频	分布度	抄本号
3967	贼赫	caeg-hak	ɕak⁸ha:k⁷	贼官	4	0.00207%	2	03;05;
10725	匠賊	cangh-caeg	ɕa:ŋ⁶ɕak⁸	贼匠	1	0.00052%	1	10;
6472	賊京	caeg-ging	ɕak⁸kiŋ¹	贼京	2	0.00104%	1	05;
10731	噌	caengz	ɕaŋ²	憎恨	1	0.00052%	1	06;
1872	缯	saeng	ɬaŋ¹	罾	12	0.00622%	6	04;05;07;10;23;25;
10733	繒	saeng	ɬaŋ¹	罾网	1	0.00052%	1	02;
10736	甑糏	caengq-haeux	ɕaŋ⁵hau⁴	甑饭	1	0.00052%	1	12;
10737	向	yangq	ja:ŋ⁵	渣	1	0.00052%	1	25;
10738	養咬	yangq-gvauq	ja:ŋ⁵kva:u⁵	渣柴草	1	0.00052%	1	25;
10739	屎法	haex-faz	hai⁴fa²	渣铁	1	0.00052%	1	03;
2125	品	mbinj	bin³	栅栏	10	0.00518%	4	17;18;23;25;
10741	剥當	bak-dangq	pa:k⁷ta:ŋ⁵	栅栏口	1	0.00052%	1	23;
3428	德甲	daek-gyap	tak⁷tɕa:p⁷	蚱蜢	5	0.00259%	3	05;06;10;
3070	齋	cai	ɕa:i¹	斋	6	0.00311%	5	02;06;07;17;19;
10744	灾	cai	ɕa:i¹	斋饭	1	0.00052%	1	17;
3969	斋	cai	ɕa:i¹	斋醮	4	0.00207%	2	11;12;
1909	財	cai	ɕa:i¹	斋事	11	0.00570%	4	19;20;22;18;
6478	齊	cai	ɕa:i¹	斋蘸	2	0.00104%	2	01;08;
10746	蘭	lanz	la:n²	宅	1	0.00052%	1	23;
2518	馬	max	ma⁴	债	8	0.00415%	5	05;06;09;12;13;
6479	你	nij	ni³	债权	2	0.00104%	1	05;
10747	在	cai	ɕa:i¹	债务	1	0.00052%	1	12;
1993	帅	caiq	ɕa:i⁵	寨	11	0.00570%	4	03;05;17;28;
10748	呰在乎	ceh-gyai-huz	ɕe⁶tɕa:i¹hu²	寨乎山	1	0.00052%	1	12;
3071	吞却	din-gyok	tin¹tɕo:k⁷	寨脚	6	0.00311%	1	23;
10749	板	mbanj	ba:n³	寨里	1	0.00052%	1	17;
10750	呰在馬	ceh-gyai-max	ɕe⁶tɕa:i¹ma⁴	寨马山	1	0.00052%	1	12;
4073	脚	gyok	tɕo:k⁷	寨门	3	0.00156%	3	05;22;18;
10751	板	mbanj	ba:n³	寨中	1	0.00052%	1	17;
368	傍	bwengz	puɯə:ŋ²	寨子	86	0.04458%	14	01;03;04;12;17;19;20;21;22;23;25;26;28;18;
10752	北覺	bak-gyok	pa:k⁷tɕo:k⁷	寨子口	1	0.00052%	1	24;
6480	都穷	du-gyok	tu¹tɕo:k⁷	寨子门	2	0.00104%	1	20;
10753	孟	mong	mo:ŋ¹	沾尘	1	0.00052%	1	12;
10754	善	ciemq	ɕiəm⁵	毡	1	0.00052%	1	17;
10755	千㠯	cien-daj	ɕiən¹ta³	毡毯	1	0.00052%	1	21;
3137	毡	cien	ɕiən¹	毡子	5	0.00259%	3	17;19;18;
10757	埔五	namh-haj	na:m⁶ha³	粘泥	1	0.00052%	1	04;
10758	偶	gaeu	kau¹	赶木	1	0.00052%	1	06;
10764	盡	canz	ɕa:n²	栈	1	0.00052%	1	10;
1606	江	gyang	tɕa:ŋ¹	栈房	15	0.00778%	1	17;
3430	北溓	baek-canz	pak⁷ɕa:n²	栈台	5	0.00259%	4	06;07;10;20;
6485	章	gyangh	tɕa:ŋ⁶	章	2	0.00104%	1	13;
10770	狼撈	langh-laeng	laŋ⁶laŋ¹	章后	1	0.00052%	1	05;

词号	壮字	新壮文	音标	词义	频次	词频	分布度	抄本号
10771	章司	cweng-sw	ɕɯəŋ^{1}ɬɯ^{1}	章书	1	0.00052%	1	22;
10772	黑	huzqc	hɯŋ^{35}	獐子	1	0.00052%	1	26;
772	枯栲	go-gauj	ko^{1}ka:u^{3}	樟树	36	0.01866%	14	01;03;06;09;17;28;05;18;19;27;07;11;20;23;
10773	岩枯考	ngamz-go-gauj	ŋa:m^{2}ko^{1}ka:u^{3}	樟树坳	1	0.00052%	1	28;
6486	記高	gyiq-gauj	tɕi^{5}ka:u^{3}	樟树枝	2	0.00104%	1	17;
10774	被	bix	pi^{4}	长辈	1	0.00052%	1	24;
10776	浪	langh	la:ŋ^{6}	长串	1	0.00052%	1	17;
10779	牙長店	yah-cangh-dimh	ja^{6}ɕa:ŋ^{6}tim^{6}	长店婆	1	0.00052%	1	17;
10781	長江	cangh-gyang	ɕa:ŋ^{6}tɕa:ŋ^{1}	长江	1	0.00052%	1	17;
10782	那皮	naj-bix	na^{3}pi^{4}	长姐	1	0.00052%	1	21;
188	老	laux	lau^{4}	长老	164	0.08501%	22	23;01;02;03;04;05;06;07;08;09;10;11;12;13;14;17;22;24;25;26;28;29;
10785	針	gyaemq	tɕam^{5}	长青树	1	0.00052%	1	05;
6488	長生	cangz-swnh	ɕa:ŋ^{2}ɬɯn^{6}	长生	2	0.00104%	2	05;28;
10786	長生保命	cangz-seng-bauj-mingh	ɕa:ŋ^{2}ɬe:ŋ^{1}pa:u^{3}miŋ^{6}	长生保命	1	0.00052%	1	04;
10787	長生	cangz-sengz	ɕa:ŋ^{2}ɬe:ŋ^{2}	长生草	1	0.00052%	1	25;19;
2752	丘	gaeu	tɕau^{1}	长寿	7	0.00363%	3	09;19;25;
10789	長天	cangz-dien	ɕa:ŋ^{2}tiən^{1}	长天	1	0.00052%	1	05;
10790	磌黎	lin-laex	lin^{1}lai^{4}	长条石	1	0.00052%	1	03;
3431	皮	bix	pi^{4}	长兄	5	0.00259%	1	21;
10794	長里	ciengz-lix	ɕiəŋ^{2}li^{4}	长洲	1	0.00052%	1	20;
1874	扻	gaem	kam^{1}	掌	12	0.00622%	6	02;03;04;05;09;10;
323	闵	gvan	kva:n^{1}	丈夫	99	0.05132%	17	22;02;05;07;08;09;12;13;17;19;20;21;23;24;25;28;
4835	冲	cwengq	ɕɯəŋ^{5}	仗	3	0.00156%	2	02;07;
10798	黄魄佩	vad-hoen-bwi	va:t^{8}hon^{1}pɯəi^{1}	招魂生	1	0.00052%	1	18;
2813	趴	lib	lip^{8}	爪	6	0.00311%	4	11;17;19;18;
10800	俸	fwengh	fɯəŋ^{6}	爪边	1	0.00052%	1	01;
2127	玏	lib	lip^{8}	爪子	10	0.00518%	7	01;03;04;08;17;19;20;
10801	玏鵫	din-loemh	tin^{1}lom^{6}	爪子鹰	1	0.00052%	1	04;
3433	兆	cauq	ɕa:u^{5}	赵	5	0.00259%	1	21;
10807	垆	gyaeuh	tɕau^{6}	照旧	1	0.00052%	1	09;
6493	者岸	tseh-ngamz	tse^{6}ŋa:m^{2}	者岸	2	0.00104%	1	27;
10817	者廟	tseh-miuh	tse^{6}mi:u^{6}	者庙	1	0.00052%	1	27;
10819	朝	ciuh	ɕi:u^{6}	这代	1	0.00052%	1	03;
1776	甫召你	bux-ciuh-nix	pu^{4}ɕi:u^{6}ni^{4}	这代人	13	0.00674%	6	01;02;03;04;15;20;
2128	時你	cwz-nix	ɕɯ^{2}ni^{4}	这时	10	0.00518%	5	02;03;05;07;09;
1010	召你	ciuh-nix	ɕi:u^{6}ni^{4}	这世	26	0.01348%	7	01;02;06;07;08;10;24;
10823	髙	gauh	ka:u^{6}	这事	1	0.00052%	1	27;
10825	誀	fae	fai^{1}	这姓	1	0.00052%	1	29;
3436	鵅鵬	loeg-fek	lok^{8}fe:k^{7}	鹧鸪	5	0.00259%	4	09;12;19;28;

词号	壮字	新壮文	音标	词义	频次	词频	分布度	抄本号
10826	勾谷	gaeu-gok	kau^{1}ko:k^{7}	鹧鸪	1	0.00052%	1	03;
2755	法	fax	fa^{4}	针	7	0.00363%	5	14;15;17;19;20;
10829	来堕	laj-dov	lai^{44}to^{11}	针马蜂	1	0.00052%	1	26;
10830	針	cim	ɕim^{1}	针线	1	0.00052%	1	05;
6496	则	cw	ɕɯ^{1}	珍珠	2	0.00104%	1	17;
6497	真武	cinh-ux	ɕin^{6}u^{4}	真武	2	0.00104%	1	12;
3979	行	heng	he:ŋ^{1}	砧板	4	0.00207%	3	07;10;12;
3507	杘	swiz	ɬɯəi^{2}	枕	4	0.00207%	4	02;17;20;18;
1912	头魋	gyaeuj-swiz	tɕau^{3}ɬɯəi^{2}	枕头	11	0.00570%	7	22;12;17;19;20;28;18;
10840	細	si	ɬi^{1}	争议	1	0.00052%	1	02;
11244	勾	gaeuj	kau^{3}	蒸饭	1	0.00052%	1	18;
3981	茶	caz	ɕa^{2}	蒸笼	4	0.00207%	3	07;17;27;
10843	增粰	caengq-haeux	ɕaŋ^{5}hau^{4}	蒸笼米	1	0.00052%	1	05;
10844	增	caengq	ɕaŋ^{5}	蒸桶	1	0.00052%	1	10;
6505	峝	doengh	toŋ^{6}	整峒	2	0.00104%	1	27;
10845	日	ngoenz	ŋon^{2}	整日	1	0.00052%	1	23;
10846	正習	cingj-siz	ɕiŋ^{3}θi^{2}	整数	1	0.00052%	1	21;
10847	堂	dang	ta:ŋ^{2}	整座	1	0.00052%	1	06;
10848	幟	fwx	fɯ^{4}	正餐	1	0.00052%	1	28;
6509	洗	caet	ɕat^{7}	正方	2	0.00104%	1	20;
10851	正司通天上对	cin-swh-dungh-dienh-cang-diq	ɕin^{1}θɯ^{6}tuŋ^{6} tiən^{6}ɕa:ŋ^{1}ti^{5}	正司通天上帝	1	0.00052%	1	18;
848	脴正	ndwen-cing	duən^{1}ɕiŋ^{1}	正月	32	0.01659%	10	05;12;17;18;19;20;21;22;23;25;
10853	定	dingh	tiŋ^{6}	证	1	0.00052%	1	13;
3983	难	nanz	na:n^{2}	之久	4	0.00207%	1	17;
10858	那	naj	na^{3}	之前	1	0.00052%	1	17;
10860	且	sej	ɬe^{3}	支架	1	0.00052%	1	08;
6513	巳	gih	ki^{6}	支流	2	0.00104%	1	05;
6514	恩衆	aen-cungq	an^{1}ɕuŋ^{5}	支枪	2	0.00104%	2	09;10;
10862	吞蛋	aen-gyaeq	an^{1}tɕai^{5}	只蛋	1	0.00052%	1	12;
10863	獨不	duz-bux	tu^{2}pu^{4}	只公	1	0.00052%	1	21;
6515	十項	duz-hangh	tu^{2}ha:ŋ^{6}	只母	2	0.00104%	2	21;22;
6516	力油腊	lwg-yuz-raz	lɯk^{8}ju^{2}ra^{2}	芝麻籽	2	0.00104%	1	17;
2310	枝	ngez	ŋe^{2}	枝	9	0.00467%	5	07;09;17;25;28;
10869	观	ganz	ka:n^{2}	枝茎	1	0.00052%	1	01;
10870	枝	gyiq	tɕi^{5}	枝丫	1	0.00052%	1	19;
10871	王笡	vangh-ngez	va:ŋ^{6}ŋe^{2}	枝桠	1	0.00052%	1	17;
10873	嚕	lox	lo^{4}	知识	1	0.00052%	1	09;
991	唐渌	daemj-lok	tam^{3}lo:k^{7}	织布机	26	0.01348%	10	01;07;09;12;17;19;20;21;22;18;
6517	武	fiez	fiə^{2}	织布梳	2	0.00104%	1	25;
10875	忠	cuengz	ɕuəŋ^{2}	织机	1	0.00052%	1	17;
10876	那	naj	na^{3}	织面	1	0.00052%	1	20;

词号	壮字	新壮文	音标	词义	频次	词频	分布度	抄本号
4845	符	fwz	fɯ^{2}	织杼	3	0.00156%	1	17;
6518	渟咬	nengz-gyau	ne:ŋ^{2}tɕa:u^{1}	蜘蛛	2	0.00104%	2	05;20;
6519	晒交	si-gyau	θi^{1}tɕva:u^{1}	蜘蛛丝	2	0.00104%	1	17;
10877	洗	si	θi^{1}	蜘蛛网	1	0.00052%	1	21;
10879	昙執	ngoenz-caep	ŋon^{2}ɕap^{7}	执日	1	0.00052%	1	29;
6521	฿	seyh	søi^{6}	直条	2	0.00104%	1	27;
10886	干	gan	ka:n^{1}	直线	1	0.00052%	1	17;
10889	孙阑	lwg-lan	lɯk^{8}la:n^{1}	侄儿	1	0.00052%	1	05;
4846	欄	laanc	la:n^{35}	侄子	3	0.00156%	1	26;
507	沙	sa	ɬa^{1}	纸	60	0.03110%	16	01;02;04;05;09;10;11;12;17;19;20;24;25;26;28;18;
10892	沙	sa	sa^{1}	纸	1	0.00052%	1	27;
2129	沙連	sa-riengz	θa^{1}riəŋ^{2}	纸幡	10	0.00518%	1	17;
1611	馬沙	max-sa	ma^{4}ɬa^{1}	纸马	15	0.00778%	4	05;12;16;25;
6523	灰憶	koij-eij	kho:i^{3}ei^{3}	纸奴婢	2	0.00104%	1	27;
369	办沙	cienz-sa	ɕiən^{2}θa^{1}	纸钱	86	0.04458%	16	17;20;25;28;01;04;05;10;11;12;19;21;23;26;27;18;
6524	良沙	lwengj-sa	lɯəŋ^{3}ɬa^{1}	纸伞	2	0.00104%	2	22;17;
10893	字沙	sw-sa	ɬɯ^{1}ɬa^{1}	纸书	1	0.00052%	1	03;
6525	厄長	si-cang	θ i^{1}ɕa:ŋ^{1}	纸幛	2	0.00104%	1	20;
10894	亏	vix	vi^{4}	指	1	0.00052%	1	20;
10895	拏	byai	pja:i^{1}	指尖	1	0.00052%	1	17;
10908	其	gyi	tɕi^{1}	痣	1	0.00052%	1	17;
1780	江	gyang	tɕa:ŋ^{1}	中	13	0.00674%	7	02;04;10;11;17;25;27;
10910	中房	cungh-fangz	ɕuŋ^{6}fa:ŋ^{2}	中房	1	0.00052%	1	20;
10911	闶阑	ndaw-lanz	daɯ^{1}la:n^{2}	中家	1	0.00052%	1	05;
94	清江	cingq-gyang	ɕiŋ^{5}tɕa:ŋ^{1}	中间	330	0.17105%	29	01;02;03;04;05;06;07;08;09;10;11;12;13;14;15;16;17;19;20;21;22;23;24;25;26;27;28;29;18;
10912	埔	namh	na:m^{6}	中界	1	0.00052%	1	05;
10913	光	guengh	kuəŋ^{6}	中堂	1	0.00052%	1	12;
10914	江天	gyang-dien	tɕa:ŋ^{1}tiən^{1}	中天	1	0.00052%	1	20;
10915	灵	lingz	liŋ^{2}	中午	1	0.00052%	1	04;
4849	江	gyang	tɕa:ŋ^{1}	中旬	3	0.00156%	1	21;
6530	丁大	deng-da	te:ŋ^{1}ta^{1}	中眼	2	0.00104%	1	23;
1107	中央	gyungh-yangh	tɕuŋ^{6}ja:ŋ^{6}	中央	24	0.01244%	11	01;02;04;05;07;09;10;12;21;22;27;
10918	多脾	doq-bi	to^{5}pi^{1}	终年	1	0.00052%	1	28;12;17;
6531	法用	faz-yongq	fa^{2}jo:ŋ^{5}	终生	2	0.00104%	2	
6532	多召	doh-ciuh	to^{6}ɕi:u^{6}	终世	2	0.00104%	2	02;25;
1027	硯	yienh	jiən^{6}	种	25	0.01296%	9	02;03;07;09;12;14;17;24;
3441	文	faenz	fan^{2}	种畜	5	0.00259%	2	27;29;
6533	勨孙	yaen-lwg	jan^{1}lɯk^{8}	种儿	2	0.00104%	1	05;

词号	壮字	新壮文	音标	词义	频次	词频	分布度	抄本号
344	粉	faen	fan^{1}	种子	93	0.04821%	19	02;03;05;06;07;09;11;12;15;16;17;19;20;21;22;23;25;26;18;
10927	紛	fan	fan^{44}	种籽	1	0.00052%	1	26;
3442	衆	gyoengq	tɕoŋ^{5}	众	5	0.00259%	1	28;
398	伝猍	hunz-lai	hun^{2}la:i^{1}	众人	78	0.04043%	21	03;05;07;08;09;11;12;17;18;19;20;21;22;23;24;25;26;29;10;13;25;
6534	羣对	gyoengq-doih	tɕoŋ^{5}to:i^{6}	众同伴	2	0.00104%	1	19;
10929	羣房	gyoengq-fuengz	tɕoŋ^{5}fuəŋ^{2}	众同辈	1	0.00052%	1	19;
10930	重丧	cungz-sang	ɕuŋ^{2}ɬa:ŋ^{1}	重丧	1	0.00052%	1	28;
6535	畲	laenj	lan^{3}	重孙	2	0.00104%	1	17;
10931	河淋	hoj-laenj	ho^{3}lan^{3}	重孙辈	1	0.00052%	1	17;
830	州	cu	ɕu^{1}	州	32	0.01659%	12	01;02;04;10;13;17;19;20;23;25;28;18;
557	州	cu	ɕu^{1}	州府	53	0.02747%	19	01;02;03;04;05;06;07;09;10;12;13;17;19;20;22;23;24;25;18;
6536	总州	cungj-cu	ɕuŋ^{3}ɕu^{1}	州官	2	0.00104%	2	06;21;
6537	州眉	cu-mid	ɕu^{1}mit^{8}	州眉	2	0.00104%	1	06;
10934	州	cu	ɕu^{1}	州衙	1	0.00052%	1	10;
10935	巴祖義	baq-cu-nyiz	pa^{5}ɕu^{1}ɲi^{2}	州宜坡	1	0.00052%	1	21;
3992	婠州宜	yah-cu-nyiz	ja^{6}ɕu^{1}ɲi^{2}	州宜婆	4	0.00207%	2	17;20;
746	合	hop	ho:p^{7}	周	38	0.01970%	11	03;07;10;11;12;17;21;22;24;29;04;
3139	庫	kup	khup^{11}	周年	5	0.00259%	2	26;03;
2313	合佛	hop-faed	ho:p^{7}fat^{8}	周期	9	0.00467%	3	17;20;26;
4852	园	hop	ho:p^{7}	周岁	3	0.00156%	3	03;24;25;
10938	哈廣	hop-gvaengh	ho:p^{7}kvaŋ^{6}	周围	1	0.00052%	1	10;
10939	周	gyaeuq	tɕau^{5}	周须	1	0.00052%	1	07;
10940	蚍	cu	ɕu^{1}	洲	1	0.00052%	1	03;
6539	足	suh	θu^{6}	粥	2	0.00104%	1	21;
2761	巴尞	baj-liuz	pa^{3}li:u^{2}	妯娌	7	0.00363%	5	02;04;05;12;22;
3994	末	mieng	miəŋ^{1}	咒术	4	0.00207%	2	12;13;
6540	哼	coenz	ɕon^{2}	咒语	2	0.00104%	2	02;17;
3995	朱	cw	ɕɯ^{1}	珠子	4	0.00207%	3	06;08;14;
78	母	mu	mu^{1}	猪	386	0.20008%	26	17;05;01;02;03;04;06;07;08;09;10;11;12;13;15;19;20;21;22;23;25;26;27;28;
3081	橅	lue	luə^{1}	猪槽	6	0.00311%	3	03;17;21;
10944	使	saej	ɬai^{3}	猪肠	1	0.00052%	1	08;
10945	塔	daep	tak^{7}	猪肝	1	0.00052%	1	08;
4858	莫茫	mu-mueng	mu^{1}muəŋ^{1}	猪架	3	0.00156%	1	03;
4859	斛㹦	hog-mu	ho:k^{8}mu^{1}	猪栏	3	0.00156%	3	01;04;03;
10946	斛	hog	ho:k^{8}	猪圈	1	0.00052%	1	04;

词号	壮字	新壮文	音标	词义	频次	词频	分布度	抄本号
3444	納	noh	no^{6}	猪肉	5	0.00259%	4	21;22;05;20;
2314	头墓	gyaeuj-mu	tɕau^{3}mu^{1}	猪头	9	0.00467%	3	05;17;22;
10947	宠	longz	lo:ŋ^{2}	猪窝	1	0.00052%	1	03;
3082	力	lwg	lɯk^{8}	猪仔	6	0.00311%	4	03;05;06;07;
3445	毋引	mu-yaen	mu^{1}jan^{1}	猪种	5	0.00259%	3	01;03;09;
2348	扢	hid	hit^{8}	竹	8	0.00415%	5	10;12;17;19;18;
945	琶	fa	fa^{1}	竹笆	28	0.01451%	8	01;04;05;07;11;17;19;20;
10948	把	fa	fa^{1}	竹笆墙	1	0.00052%	1	07;
3083	伏	fag	fa:k^{8}	竹板	6	0.00311%	4	05;07;10;17;
10949	况	gvaengq	kvaŋ^{5}	竹虫	1	0.00052%	1	17;
2132	法	faz	fa^{1}	竹笪	10	0.00518%	5	06;11;12;13;27;
3446	杂	saz	ɬa^{2}	竹筏	5	0.00259%	2	03;26;
1167	掃	saux	ɬa:u^{4}	竹竿	22	0.01140%	11	09;12;17;18;19;20;21;24;25;28;18;
4860	懐造	faex-saux	fai^{4}θa:u^{4}	竹篙	3	0.00156%	2	17;28;
6541	憮	fa	fa^{1}	竹隔板	2	0.00104%	1	24;
3996	法蛮	fag-mat	fa:k^{8}ma:t^{7}	竹管	4	0.00207%	3	03;14;15;
4861	伐炏	fag-mat	fa:k^{8}ma:t^{7}	竹管针	3	0.00156%	2	11;12;
10950	告	gau	ka:u^{1}	竹蒿	1	0.00052%	1	04;
10951	寅	hid	hit^{8}	竹架	1	0.00052%	1	03;
6542	濆	mai	ma:i^{1}	竹架子	2	0.00104%	2	05;17;
2315	懰	linz	lin^{2}	竹枧	9	0.00467%	3	07;17;26;
3997	何	hoh	ho^{6}	竹节	4	0.00207%	3	17;20;23;
4862	家	gya	tɕa^{1}	竹壳	3	0.00156%	3	04;14;17;
4863	思	swex	ɬɯə^{4}	竹筐	3	0.00156%	2	03;05;
11246	則	swx	θɯ^{4}	竹蓝	1	0.00052%	1	18;
2316	盅	gyongq	tɕo:ŋ^{5}	竹篮	9	0.00467%	6	03;05;08;09;11;17;
2558	法	fa	fa^{1}	竹篱	7	0.00363%	5	05;10;17;20;18;
10952	廖	cek	ɕe:k^{7}	竹篱笆	1	0.00052%	1	22;
10953	淰陌廖	laemx-bak-leu	lam^{4}pa:k^{7}le:u^{1}	竹篱水口	1	0.00052%	1	07;
2559	鷄	gyaez	tɕai^{2}	竹笼	7	0.00363%	4	12;17;26;18;
6543	傍	bam	pa:m^{1}	竹楼	2	0.00104%	1	17;
1458	茶	caz	ɕa^{2}	竹篓	17	0.00881%	8	01;04;05;09;11;12;17;23;
3998	蒙	mbung	buŋ^{1}	竹箩	4	0.00207%	3	05;17;26;
2762	篤	duk	tuk^{7}	竹篾	7	0.00363%	5	12;17;20;21;22;
2525	橃	fa	fa^{1}	竹排	8	0.00415%	6	09;17;20;21;26;28;
2317	甲	gab	ka:p^{8}	竹片	9	0.00467%	4	08;09;10;23;
1524	吃	haet	hat^{7}	竹鼠	16	0.00829%	5	08;20;22;23;28;
1996	郎	langz	la:ŋ^{2}	竹笋	11	0.00570%	6	07;17;20;21;23;26;
10954	淋郎	laemx-langz	lam^{4}la:ŋ^{2}	竹笋水	1	0.00052%	1	04;
671	伏	fag	fa:k^{8}	竹榻	42	0.02177%	12	02;07;10;12;13;17;19;20;24;25;26;18;
1205	侊	mbaengh	baŋ^{6}	竹筒	21	0.01089%	10	05;07;12;17;19;20;22;26;28;18;

词号	壮字	新壮文	音标	词义	频次	词频	分布度	抄本号
6544	嵍字	naeuz-sw	nau^{2}ɬɯ^{1}	竹筒书	2	0.00104%	1	13;
6545	棑	byai	pja:i^{1}	竹尾	2	0.00104%	1	17;
2133	敏	mbinj	bin^{3}	竹席	10	0.00518%	4	17;24;25;28;
1878	梇茥	long-faiz	lo:ŋ^{1}fa:i^{2}	竹叶	12	0.00622%	5	02;09;10;25;17;
6546	粰隆歪	haeux-long-faiz	hau^{4}lo:ŋ^{1}fa:i^{2}	竹叶饭	2	0.00104%	2	25;23;
10955	兄加	yong-gya	jo:ŋ^{1}tɕa^{1}	竹叶壳	1	0.00052%	1	20;
4864	橦	dongh	to:ŋ^{6}	竹桩	3	0.00156%	1	09;
10956	桐牛	dongh-neuz	to:ŋ^{6}ne:u^{2}	竹桩架子	1	0.00052%	1	12;
1478	豚	ndoek	dok^{7}	竹子	16	0.00829%	9	19;01;09;05;13;17;20;21;
309	守	suj	ɬu^{3}	主	104	0.05391%	19	01;02;03;04;05;06;07;08;09;10;12;13;17;19;20;21;23;25;28;
10958	守邦	suj-bang	ɬu^{3}pa:ŋ^{1}	主法事	1	0.00052%	1	25;
6547	妹阑	meh-lanz	me^{6}la:n^{2}	主房	2	0.00104%	1	05;
10959	美公	suj-goeng	θu^{3}koŋ^{1}	主公	1	0.00052%	1	20;
2764	楚光	suj-gvang	ɬu^{3}kva:ŋ^{1}	主官	7	0.00363%	5	02;05;07;09;12;
10960	主	suj	θu^{3}	主管	1	0.00052%	1	19;
1392	美部	suj-buh	θu^{3}pu^{6}	主户	18	0.00933%	1	17;
189	家主	gya-cwj	tɕa^{1}ɕɯ^{3}	主家	163	0.08449%	18	02;08;10;12;20;01;03;05;06;07;09;15;17;18;21;22;
1288	邦花	bang-va	pa:ŋ^{1}va^{1}	主家的神龛	20	0.01037%	5	07;08;09;10;11;
10961	守酒	tsaeuj-laeuj	tsau^{3}lau^{3}	主家酒宴	1	0.00052%	1	27;
4000	甫主家	bux-cwj-gya	pu^{4}ɕɯ^{3}tɕa^{1}	主家人	4	0.00207%	3	01;02;03;
2134	户芀	suj-ranz	θu^{3}ra:n^{2}	主家族	10	0.00518%	1	17;
2526	守酒	suj-laeuj	ɬu^{3}lau^{3}	主酒	8	0.00415%	4	05;07;10;25;
10962	妹	meh	me^{6}	主墙	1	0.00052%	1	09;
443	甫守	bux-suj	pu^{4}ɬu^{3}	主人	70	0.03628%	16	04;01;02;03;05;07;08;09;10;12;13;17;20;24;25;27;
4001	头守	gyaeuj-suj	tɕau^{3}ɬu^{3}	主人头	4	0.00207%	1	25;
3084	守胬	suj-noh	ɬu^{3}no^{6}	主肉	6	0.00311%	3	07;10;25;
1525	守邦	suj-bang	ɬu^{3}pa:ŋ^{1}	主神龛	16	0.00829%	1	28;
10963	使楚	saeq-suj	ɬai^{5}ɬu:^{3}	主司	1	0.00052%	1	02;
4002	守眼	suj-da	ɬu^{3}ta^{1}	主眼	4	0.00207%	1	29;
396	初祐	suj-bueh	ɬu^{3}puə^{6}	主衣	79	0.04095%	13	02;03;05;06;07;08;09;10;12;13;17;28;29;
10964	胬守祐	noh-suj-bieh	no^{6}ɬu^{3}piə^{6}	主衣肉	1	0.00052%	1	12;
10965	艡守祐	ndang-suj-bieh	da:ŋ^{1}ɬu^{3}piə^{6}	主衣身	1	0.00052%	1	12;
6548	躺守祐	ndang-suj-bieh	da:ŋ^{1}ɬu^{3}piə^{6}	主衣身体	2	0.00104%	1	09;
6549	注意	ciq-iq	ɕvi^{5}i^{5}	主意	2	0.00104%	1	21;
10966	主	cwj	ɕɯ^{3}	主子	1	0.00052%	1	02;
10967	等	dwngx	tɯŋ^{4}	拄杖	1	0.00052%	1	12;
10970	耒	ndaij	ta:i^{3}	苎麻	1	0.00052%	1	17;
10972	屋	yuh	ju^{6}	住处	1	0.00052%	1	06;
1913	其	gyiz	tɕi^{2}	住地	11	0.00570%	4	17;19;20;18;

词号	壮字	新壮文	音标	词义	频次	词频	分布度	抄本号
10974	芢住	ranz-yuq	ra:n²ʔju⁵	住房	1	0.00052%	1	17;
6552	藍	ranz	ra:n²	住户	2	0.00104%	1	21;
2814	器	gyiz	tɕi²	住所	6	0.00311%	4	17;19;26;18;
865	幁	doen	ton¹	柱	31	0.01607%	12	10;02;04;05;06;07;09;11;19;20;21;26;
4003	杶	doenj	ton³	柱墩	4	0.00207%	3	07;09;15;
10978	頓	doenj	ton³	柱礅	1	0.00052%	1	27;
10979	桐洒	dongh-saj	to:ŋ⁶ɬa³	柱纺纱机	1	0.00052%	1	12;
6554	谷奏	goek-saeu	kok⁷ɬau¹	柱根	2	0.00104%	2	14;29;
6555	閅	ga	ka¹	柱脚	2	0.00104%	1	17;
10980	甲	gap	ka:p⁷	柱梁	1	0.00052%	1	01;
10981	桐片	dongh-benz	to:ŋ⁶pe:n²	柱轮子	1	0.00052%	1	12;
10982	巡水	sanc-namr	san³⁵nam⁵⁵	柱水	1	0.00052%	1	26;
10984	憧	dongh	to:ŋ⁶	柱桩	1	0.00052%	1	24;
429	橦	dongh	to:ŋ⁶	柱子	71	0.03680%	20	01;02;03;04;05;06;07;09;12;13;17;19;20;21;22;23;24;26;29;18;
10985	妹	meh	me⁶	炷	1	0.00052%	1	05;
10986	旬	vamz	va:m²	祝词	1	0.00052%	1	27;
10987	蠓	mod	mo:t⁸	蛀虫	1	0.00052%	1	09;
10999	千	cien	ɕiən¹	砖	1	0.00052%	1	04;
11009	常	cuengz	ɕuəŋ²	妆	1	0.00052%	1	23;
11010	后	haeux	hau⁴	庄稼	1	0.00052%	1	21;
858	東	dongh	to:ŋ⁶	桩	31	0.01607%	11	01;02;04;05;07;08;09;10;19;23;18;
11011	橦落	dongh-lag	to:ŋ⁶la:k⁸	桩篱笆	1	0.00052%	1	04;
11012	橦扢	dongh-hid	to:ŋ⁶hit⁸	桩竹	1	0.00052%	1	10;
11013	憧	dongh	to:ŋ⁶	桩柱	1	0.00052%	1	22;
6561	桐	dongh	to:ŋ⁶	桩子	2	0.00104%	1	09;
11014	江	gang	ka:ŋ¹	装	1	0.00052%	1	03;
11019	傍土	biengx-doj	piəŋ⁴to³	壮地	1	0.00052%	1	12;
1879	江	gyang	tɕa:ŋ¹	壮汉	12	0.00622%	2	17;20;
6565	漫	manx	ma:n⁴	壮锦	2	0.00104%	2	01;27;
4005	宗	cuengh	ɕuəŋ⁶	壮人	4	0.00207%	3	03;08;23;
11021	亚	yax	ja⁴	壮士	1	0.00052%	1	24;
11023	丈	ciengh	ɕiəŋ⁶	状	1	0.00052%	1	05;
11024	状淂	ciengh-dwk	ɕiəŋ⁶tɯk⁷	状贴	1	0.00052%	1	04;
11025	壮元	cangh-nyuenz	ɕa:ŋ⁶ȵuən²	状元	1	0.00052%	1	17;
11032	禄	luk	luk⁷	椎	1	0.00052%	1	10;
11033	危	ngvix	ŋvi⁴	锥	1	0.00052%	1	17;
340	床	congz	ɕo:ŋ²	桌	94	0.04872%	14	02;03;04;05;06;07;08;09;12;17;20;21;22;26;
11037	吊種	dems-dcooq	tɛm³¹tɕo:ŋ⁴⁴	桌垫	1	0.00052%	1	26;
6568	床忐	congz-gwnz	ɕo:ŋ²kun²	桌上	2	0.00104%	2	06;17;

词号	壮字	新壮文	音标	词义	频次	词频	分布度	抄本号
3449	床臺	congz-daiz	ɕo:ŋ^{2}ta:i^2	桌台	5	0.00259%	4	05;06;20;28;
11038	床忑	congz-laj	ɕo:ŋ^{2}la^3	桌下	1	0.00052%	1	06;
1306	床	congz	ɕo:ŋ^2	桌子	19	0.00985%	8	04;05;06;12;17;21;27;18;
4877	九床	gyaeuj-congz	tɕau^{3}ɕo:ŋ^2	桌头	3	0.00156%	3	01;03;05;
4878	脱坤	dot-gon	to:t^{7}ko:n^1	啄木鸟	3	0.00156%	3	01;05;06;
11043	民	moenx	mon^4	窜鱼	1	0.00052%	1	05;
4008	怒岜民	noh-gya-moenz	no^{6}tɕa^{1}mon^2	窜鱼肉	4	0.00207%	1	05;
11044	坤玉	goenh-yiq	kon^{6}jvi^5	镯玉	1	0.00052%	1	21;
412	力	lwg	lɯk^8	子	75	0.03888%	21	01;02;03;04;22;05;06;07;09;10;11;12;13;17;19;20;21;23;27;29;18;
6572	敀丑	ngoenz-cuj	ŋon^{2}ɕu^3	子丑日	2	0.00104%	1	20;
1459	劲民	lwg-minz	lɯk^{8}min^2	子民	17	0.00881%	4	03;06;21;27;
3140	勒	lwg	lɯk^8	子女	5	0.00259%	4	06;07;22;18;
1998	劲孏	lwg-lan	lɯk^{8}la:n^1	子孙	11	0.00570%	5	05;06;09;16;17;
1999	分	faen	fan^1	籽	11	0.00570%	2	16;21;
6573	分潢	faen-vaeng	fan^{1}vaŋ^1	籽稗草	2	0.00104%	1	05;
11045	呆花針	ngaiz-va-gyaemq	ŋa:i^{2}va^{1}tɕam^5	紫花糯饭	1	0.00052%	1	05;
6574	呆花禁	ngaiz-va-gyaemq	ŋa:i^{2}va^{1}tɕam^5	紫糯饭	2	0.00104%	2	02;05;
2527	禁	gyaemq	tɕam^5	紫色	8	0.00415%	4	15;17;21;26;
11047	木各	maex-goj	mai^{4}ko^3	紫檀木	1	0.00052%	1	03;
11048	紫微	swj-vaeh	θɯ^{3}vai^6	紫微	1	0.00052%	1	19;
11049	紫微金星	swj-vaeh-gyinh-singh	θɯ^{3}vai^{6}tɕin^{6}θiŋ^6	紫微金星	1	0.00052%	1	18;
11050	紫微金星	swj-vaeh-gyinh-singh	θɯ^{3}vai^{6}tɕin^{6}θiŋ^6	紫薇金星	1	0.00052%	1	18;
11051	紫徵	swj-vaeh	θɯ^{3}vai^6	紫徵	1	0.00052%	1	19;
552	司	sw	ɬɯ^1	字	54	0.02799%	15	01;02;03;04;05;06;08;10;12;17;19;20;22;23;18;
11056	字大散	sw-daih-sanq	ɬɯ^{1}ta:i^{6}ɬa:n^5	字大名	1	0.00052%	1	05;
11057	字反	sw-fanj	ɬɯ^{1}fa:n^3	字反	1	0.00052%	1	08;
11058	司字	sw-sae	θɯ^{1}θai^1	字官	1	0.00052%	1	18;
11059	字闪	sw-nding	ɬɯ^{1}diŋ^1	字红	1	0.00052%	1	08;
11060	字经	sw-ging	ɬɯ^{1}kiŋ^1	字经	1	0.00052%	1	03;
4879	字命	sw-mingh	ɬɯ^{1}miŋ^6	字命	3	0.00156%	2	05;23;
6576	字司	cih-sw	ɕi^{6}ɬɯ^1	字书	2	0.00104%	1	23;
11061	字小散	sw-siuj-sanq	ɬɯ^{1}ɬi:u^{3}ɬa:n^5	字小名	1	0.00052%	1	05;
11062	他	ta	tha^1	字眼	1	0.00052%	1	27;
11063	字賊	sw-caeg	ɬɯ^{1}ɕak^8	字贼	1	0.00052%	1	08;
4011	却	gyok	tɕo:k^7	宗亲	4	0.00207%	1	17;
2135	費	fae	fai^1	宗姓	10	0.00518%	4	08;12;27;29;
11064	謂他	fae-de	fai^{1}te^1	宗姓别人	1	0.00052%	1	29;
4880	个	ga	ka^1	宗支	3	0.00156%	3	05;17;27;
1632	却	gyok	tɕo:k^7	宗族	14	0.00726%	5	17;25;26;27;18;

词号	壮字	新壮文	音标	词义	频次	词频	分布度	抄本号
11065	槤古	maex-gox	mai^{4}ko^{4}	棕榈	1	0.00052%	1	27;
1393	迷檝	maex-san	mai^{4}ɬa:n^{1}	棕榈藤	18	0.00933%	9	01;02;04;07;10;11;05;09;
11066	印垛	yinz-gueng	jin^{2}kuəŋ^{1}	棕木筋	1	0.00052%	1	14;
11067	躢	roiz	ro:i^{2}	踪迹	1	0.00052%	1	27;
6577	椕案	cu-nganx	ɕu^{1}ŋa:n^{4}	总案	2	0.00104%	2	17;20;
11068	総兵	cungj-bing	ɕuŋ^{3}piŋ^{1}	总兵	1	0.00052%	1	05;
4881	椕宜	cu-nyiz	ɕu^{1}ɲi^{2}	总宜	3	0.00156%	2	17;20;
11070	総兵	cungj-bing	ɕuŋ^{3}piŋ^{1}	総兵	1	0.00052%	1	23;
11071	胎	daij	ta:i^{3}	粽	1	0.00052%	1	12;
11072	糈紛	haeux-fonx	hau^{4}fo:n^{4}	粽粑	1	0.00052%	1	24;
6579	弄粣	long-daij	lo:ŋ^{1}ta:i^{3}	粽叶	2	0.00104%	1	09;
11073	侊	faengx	faŋ^{4}	粽子	1	0.00052%	1	10;
11080	章	cweng	ɕɯəŋ^{1}	奏章	1	0.00052%	1	22;
11081	典	din	tin^{1}	足	1	0.00052%	1	17;
11082	度	doh	to^{6}	足够	1	0.00052%	1	25;
3141	交	gyiuq	tɕi:u^{5}	族	5	0.00259%	2	17;18;
11083	𠯿	gyog	tɕo:k^{8}	族老	1	0.00052%	1	05;
11084	類	lui	luəi^{1}	族人	1	0.00052%	1	21;
4012	種兵	dcoks-huq	tɕɔk^{31}huŋ^{44}	族王	4	0.00207%	1	26;
4013	𠯿	gyok	tɕo:k^{7}	族域	4	0.00207%	1	17;
11085	明	mweng	mɯəŋ^{1}	诅咒	1	0.00052%	1	04;
4016	祖	coj	ɕo^{3}	祖	4	0.00207%	4	02;06;08;17;
348	朝布	ciuh-baeuq	ɕi:u^{6}pau^{5}	祖辈	92	0.04769%	8	17;18;19;20;01;12;27;19;
4884	能地	nangh-dih	na:ŋ^{6}ti^{6}	祖坟	3	0.00156%	2	12;13;
708	公	gungq	kuŋ^{5}	祖父	40	0.02073%	3	17;21;27;
34	布	baeuq	pau^{5}	祖公	721	0.37373%	25	01;02;03;04;05;06;07;08;09;10;11;12;13;14;15;16;17;19;20;21;23;27;28;29;
11088	布干卡	baeuq-gamj-ga	pau^{5}ka:m^{3}ka^{1}	祖公敢卡	1	0.00052%	1	17;
11089	博先肉	bos-tcenv-nuzr	po^{31}tɕhɛn^{11}nɯ^{55}	祖公切肉	1	0.00052%	1	26;
11090	布光	baeuq-gvang	pau^{5}kva:ŋ^{1}	祖公神	1	0.00052%	1	10;
11091	布床能	baeuq-congz-naengh	pau^{5}ɕo:ŋ^{2}naŋ^{6}	祖公神台	1	0.00052%	1	04;
6582	布一郎	baeuq-it-langh	pau^{5}it^{7}la:ŋ^{6}	祖公一世	2	0.00104%	1	07;
11092	布光	baeuq-gvang	pau^{5}kva:ŋ^{1}	祖公长老	1	0.00052%	1	02;
11249	魄	hoen	hon^{1}	祖魂	1	0.00052%	1	18;
4017	祖教	coj-gyauq	ɕo^{3}tɕa:u^{5}	祖教	4	0.00207%	3	02;04;12;
11093	祖老	coj-laux	ɕo^{3}la:u^{4}	祖老	1	0.00052%	1	24;
2768	妹	meh	me^{6}	祖母	7	0.00363%	3	23;25;27;
1076	奵	yah	ja^{6}	祖婆	24	0.01244%	11	02;04;05;07;09;15;17;19;20;26;18;
11094	牙丹故	yah-gamj-gu	ja^{6}ka:m^{3}ku^{1}	祖婆敢故	1	0.00052%	1	17;
6583	牙先肉	jas-tcenv-nuzr	ja^{31}tɕhɛn^{11}nɯ^{55}	祖婆切肉	2	0.00104%	1	26;

词号	壮字	新壮文	音标	词义	频次	词频	分布度	抄本号
11095	乜先肉	mes-tcenv-nuzr	me31tɕhɛn11nɯ55	祖婆切肉	1	0.00052%	1	26;
11096	奷登同	yah-daengq-doengz	ja6taŋ5toŋ2	祖婆神龛	1	0.00052%	1	04;
11097	牙相義	jas-ciqs-njic	ja31ɕiŋ31ȵi35	祖婆相仪	1	0.00052%	1	26;
11098	牙陰央	jas-jamc-jinc	ja31jam35jin35	祖婆隐央	1	0.00052%	1	26;
11099	奷界	yah-gyai	ja6tɕa:i1	祖婆远始	1	0.00052%	1	04;
11100	祖	co	ɕo1	祖上	1	0.00052%	1	05;
4885	祖臣	coj-caenz	ɕo3ɕan2	祖神	3	0.00156%	3	18;19;21;
6584	光二照	gvang-ngih-ciuh	kva:ŋ1ŋi6ɕi:u6	祖神二代	2	0.00104%	1	07;
1882	祖師	coj-sae	ɕo3łai1	祖师	12	0.00622%	7	02;04;05;08;12;25;28;
122	祖皇	coj-vuengz	ɕo3vuəŋ2	祖王	258	0.13373%	17	02;06;07;09;10;12;13;17;18;19;20;22;23;25;26;27;
158	祖宗	coj-coeng	ɕo3ɕoŋ1	祖宗	199	0.10315%	21	01;02;03;04;05;06;07;09;10;11;12;17;18;19;20;21;22;23;24;25;18;
384	咟	bak	pa:k7	嘴	82	0.04250%	23	03;01;02;04;05;06;07;08;11;12;14;15;17;19;20;22;23;24;25;26;27;28;18;
144	咟	bak	pa:k7	嘴巴	222	0.11507%	25	01;02;03;04;05;06;07;10;11;12;13;15;16;17;19;20;21;22;23;24;25;26;27;28;
11101	咟鸡䴏	bak-gaeq-mbin	pa:k7kai5bin1	嘴巴鸡飞	1	0.00052%	1	28;
11102	咟馬	bak-max	pa:k7ma4	嘴巴马	1	0.00052%	1	05;
11104	咟鬧	bak-nauh	pa:k7na:u6	嘴念咒	1	0.00052%	1	12;
6585	咟叭	bak-gyat	pa:k7tɕa:t7	嘴禳解	2	0.00104%	1	12;
11105	咟鴨	bak-bit	pa:k7pit7	嘴鸭	1	0.00052%	1	01;
11107	犯	famh	fa:m6	罪	1	0.00052%	1	04;
11108	犯	famh	fa:m6	罪行	1	0.00052%	1	22;
11109	毠	swk	sɯk7	尊容	1	0.00052%	1	27;
2528	連	lienz	liən2	昨天	8	0.00415%	3	09;12;17;
577	隨	swix	łɯəi4	左边	51	0.02644%	17	08;02;03;04;10;11;12;13;17;19;20;21;22;23;24;26;
11111	耳左	lwez-swix	lɯə2łɯəi4	左耳	1	0.00052%	1	06;
11112	岦	swix	θɯəi4	左方	1	0.00052%	1	17;
1696	吞使	din-swix	tin1łɯəi4	左脚	14	0.00726%	4	05;06;07;03;
6587	察䠶	cah-naengh	ɕa6naŋ6	坐垫	2	0.00104%	2	12;25;
6588	能	naengh	naŋ6	座	2	0.00104%	1	05;
4021	点㭊	denh-naengh	te:n6naŋ6	座位	4	0.00207%	2	04;10;
11119	占	ciemq	ɕiəm5	座毡	1	0.00052%	1	19;
11120	左仰	cax-ngangh	ɕa4ŋa:ŋ6	座座	1	0.00052%	1	04;

二、动词

词号	壮字	新壮文	音标	词义	频次	词频	分布度	抄本号
3093	牢求	laeuq-gyaeuz	$lau^{5}tɕau^{2}$	哀求	5	0.00259%	4	05;22;26;18;
4965	昏里粦	guen-liz-linh	$kuən^{1}li^{2}lin^{6}$	哀求连连	2	0.00104%	2	09;10;
11144	江	gyangz	$tɕa:ŋ^{2}$	哀叹	1	0.00052%	1	18;
4896	元	yuen	$ʔjuən^{1}$	哀怨	2	0.00104%	2	19;18;
2815	立	laeb	lap^{8}	挨	6	0.00311%	4	02;05;12;24;
1122	賣	maij	$ma:i^{3}$	爱	23	0.01192%	9	05;11;15;17;19;20;21;22;23;
6635	吋立烈	gyaez-lih-lez	$tɕai^{2}li^{6}le^{2}$	爱绵绵	1	0.00052%	1	19;
6636	念	niemh	$niəm^{6}$	爱惜	1	0.00052%	1	25;
386	安	an	$a:n^{1}$	安	81	0.04199%	15	01;02;03;04;05;07;08;10;12;14;19;20;21;23;18;
6638	偕	ngaih	$ŋa:i^{6}$	安顿	1	0.00052%	1	17;
4969	安	an	$a:n^{1}$	安放	2	0.00104%	2	09;17;
4970	閉	bwi	$pɯəi^{1}$	安抚	2	0.00104%	2	01;05;
4085	安	an	$a:n^{1}$	安名	3	0.00156%	2	01;25;
2174	闶	yaeux	jau^{4}	安排	9	0.00467%	5	05;06;09;17;26;
1915	柰	nai	$na:i^{1}$	安慰	11	0.00570%	3	10;22;23;
3510	安特	nganh-dwk	$ŋa:n^{6}tɯk^{7}$	安葬	4	0.00207%	4	02;05;06;09;
231	安	an	$a:n^{1}$	安置	136	0.07050%	25	04;16;01;02;03;05;06;07;08;09;10;11;12;13;14;15;17;19;21;22;23;24;25;27;28;
3147	纫	yuh	ju^{6}	安住	5	0.00259%	3	01;08;27;
4972	罡	gang	$ka:ŋ^{1}$	安装	2	0.00104%	2	05;27;
4973	安初	an-coh	$a:n^{1}ɕo^{6}$	安字	2	0.00104%	1	25;
6644	憻	gaenx	kan^{4}	按倒	1	0.00052%	1	28;
2772	提	dwz	$tɯ^{2}$	按照	6	0.00311%	4	04;17;05;18;
4089	厄头	ngaek-gyaeuj	$ŋak^{7}tɕau^{3}$	昂头	3	0.00156%	2	25;23;
6649	嗂	ngauz	$ŋa:u^{2}$	嗷嗷叫	1	0.00052%	1	09;
4976	國	gueg	$kuək^{8}$	熬	2	0.00104%	2	16;02;
6662	巴	bya	pja^{1}	巴	1	0.00052%	1	17;
4090	仰	ngangx	$ŋa:ŋ^{4}$	巴望	3	0.00156%	1	17;
814	哉	saiq	$ɬa:i^{5}$	扒	33	0.01711%	12	02;03;05;07;10;11;12;15;17;23;26;29;
6665	八	bab	$pa:p^{8}$	扒拉	1	0.00052%	1	27;
3150	帥	saiq	$θva:i^{5}$	扒土	5	0.00259%	2	19;17;
1233	達	daz	ta^{2}	拔	20	0.01037%	11	02;05;07;11;12;17;19;24;25;27;18;
4979	乙	iet	$iət^{7}$	拔出	2	0.00104%	1	17;
3515	昆	goenq	kon^{5}	拔断	4	0.00207%	1	17;
4980	足	cuz	$ɕu^{2}$	拔毛	2	0.00104%	1	23;
6672	得	dwz	$tɯ^{2}$	把	1	0.00052%	1	14;
4983	提	teyz	$tøi^{2}$	把守	2	0.00104%	1	27;
4984	提	dwz	$tɯ^{2}$	把握	2	0.00104%	2	12;13;
6675	散	sanq	$ɬa:n^{5}$	罢休	1	0.00052%	1	22;
3516	威	mbih	bit^{6}	掰	4	0.00207%	3	05;07;16;

词号	壮字	新壮文	音标	词义	频次	词频	分布度	抄本号
4094	踉冇	gwn-ndwi	kun¹dɯəi¹	白吃	3	0.00156%	2	05;03;
273	特	dwk	tɯk⁷	摆	116	0.06013%	21	02;03;04;05;06;07;09;11;12;15;17;19;20;21;22;23;24;26;
6704	敢䏶	gamj-naengh	ka:m³naŋ⁶	摆垫	1	0.00052%	1	20;
4996	寍	ning	niŋ¹	摆动	2	0.00104%	1	17;
2138	燈	daengj	taŋ³	摆放	9	0.00467%	4	05;17;21;18;
1634	孔	gungq	kuŋ⁵	摆供	14	0.00726%	4	05;08;17;25;
4030	粉	faenx	fan⁴	摆弄	3	0.00156%	3	12;19;18;
6705	皃	bic	pi³⁵	摆平	1	0.00052%	1	26;
1530	腊	nda	da¹	摆设	15	0.00778%	4	17;20;23;18;
6706	皃	bic	pi³⁵	摆手	1	0.00052%	1	26;
2819	敗	baih	pa:i⁶	败	6	0.00311%	5	03;04;05;20;23;
4098	敗	baih	pa:i⁶	败落	3	0.00156%	3	12;13;28;
6708	敗	baih	pa:i⁶	败走	1	0.00052%	1	03;
527	拜	baiq	pa:i⁵	拜	57	0.02955%	11	01;02;04;05;07;08;12;17;21;22;18;
3519	拜	baiq	pa:i⁵	拜别	4	0.00207%	3	07;10;12;
6709	掃提	sauj-dih	θa:u³ti⁶	拜坟	1	0.00052%	1	21;
4099	配	bwi	pɯəi¹	拜供	3	0.00156%	1	02;
4997	跪	gvih	kvi⁶	拜跪	2	0.00104%	1	20;
6710	厓	baiz	pa:i²	拜祭	1	0.00052%	1	25;
6711	拜还	baiq-vanz	pa:i⁵va:n²	拜叩	1	0.00052%	1	04;
6712	拜里鸞	baiq-lih-luenz	pa:i⁵li⁶luen²	拜连连	1	0.00052%	1	07;
6714	求	gyaeuz	tɕau²	拜求	1	0.00052%	1	07;
6715	㚑們	baiq-mbwn	pa:i⁵bɯn¹	拜天	1	0.00052%	1	05;
624	帝	daeh	tai⁶	搬	46	0.02384%	9	04;12;14;17;19;20;22;23;18;
6727	啼	daeh	tai⁶	搬弄	1	0.00052%	1	22;
580	行	hengz	he:ŋ²	办	50	0.02592%	13	02;03;05;06;07;09;14;17;20;21;22;24;18;
6731	口酒	gueg-laeuj	kuək⁸lau³	办酒席	1	0.00052%	1	05;
3522	凶	yaeux	jau⁴	办理	4	0.00207%	1	05;
4101	講事	gangj-saeh	ka:ŋ³ɬai⁶	办事	3	0.00156%	2	05;17;
2178	半	buenx	puən⁴	伴	9	0.00467%	5	05;06;17;20;23;
5003	良	lwengz	lɯəŋ²	伴随	2	0.00104%	1	05;
1918	流	liux	li:u⁴	拌	11	0.00570%	5	08;20;22;23;26;
5004	装	cang	ɕa:ŋ¹	扮	2	0.00104%	2	03;21;
2002	邦	bang	pa:ŋ¹	帮	10	0.00518%	6	05;19;21;23;26;18;
3524	邦	bang	pa:ŋ¹	帮助	4	0.00207%	3	21;26;28;
514	從	cug	ɕuk⁸	绑	59	0.03058%	17	17;01;02;04;05;08;11;12;13;14;19;20;24;25;27;18;18;
1056	朔	suek	ɬuək⁷	包	24	0.01244%	11	01;02;04;07;10;12;13;17;19;24;18;
752	保	bauj	pa:u³	保	37	0.01918%	11	02;04;05;07;10;11;12;16;19;22;26;
2564	共	gung	kuŋ¹	保护	7	0.00363%	2	17;26;

词号	壮字	新壮文	音标	词义	频次	词频	分布度	抄本号
6747	保	bauj	pa:u^{3}	保驾	1	0.00052%	1	07;
11149	借	ceh	ɕe^{6}	保水	1	0.00052%	1	18;
444	保	bauj	pa:u^{3}	保佑	69	0.03577%	16	01;02;05;06;07;09;10;12;14;17;20;23;26;28;29;18;
3526	保	bauj	pa:u^{3}	保证	4	0.00207%	4	01;07;10;26;
761	報	bauq	pa:u^{5}	报	36	0.01866%	13	05;07;08;13;17;19;21;22;23;24;25;26;18;
6748	報囚	bau-caeuz	pa:u^{1}ɕau^{2}	报仇	1	0.00052%	1	13;
3527	还	vanz	va:n^{2}	报答	4	0.00207%	3	08;21;27;
6749	報滕	bauq-daengz	pa:u^{5}taŋ^{2}	报到	1	0.00052%	1	23;
2352	報	bauq	pa:u^{5}	报告	8	0.00415%	5	01;17;20;21;23;
6750	報	bauq	pa:u^{5}	报请	1	0.00052%	1	17;
3528	報奴	bauq-naeuz	pa:u^{5}nau^{2}	报说	4	0.00207%	2	17;21;
4106	消	seu	ɬe:u^{1}	报晓	3	0.00156%	2	04;09;
4107	報	bauq	pa:u^{5}	报信	3	0.00156%	1	17;
4108	报	bauq	pa:u^{5}	报讯	3	0.00156%	2	04;17;
6751	宝應	bauq-ingq	pa:u^{5}iŋ^{5}	报应	1	0.00052%	1	22;
947	骨	got	ko:k^{7}	抱	27	0.01400%	7	05;10;17;19;20;26;18;
430	配	boiq	po:i^{5}	备	71	0.03680%	12	02;03;05;07;08;11;12;13;17;23;25;28;
2822	干	ganq	ka:n^{5}	备办	6	0.00311%	2	17;26;
5012	祢	bieh	piə^{6}	备给	2	0.00104%	1	23;
5013	執	caep	ɕap^{7}	备好	2	0.00104%	1	11;
445	把	bax	pa^{4}	背	69	0.03577%	19	01;02;03;04;05;08;10;11;12;15;17;19;20;24;26;27;28;29;
6762	任	ing	iŋ^{1}	背靠	1	0.00052%	1	17;
6763	逆	ngeih	ŋei^{6}	背离	1	0.00052%	1	27;
6593	八	bax	pa^{4}	背孝	2	0.00104%	1	18;
3156	氷	bid	pit^{8}	背着	5	0.00259%	1	08;
6768	慢	manh	ma:n^{6}	焙制	1	0.00052%	1	21;
6769	淚	bog	pɔk^{44}	奔涌	1	0.00052%	1	26;
4111	勿	fwz	fɯ^{2}	奔走	3	0.00156%	1	17;
2823	勿土天	fwx-doh-din	fɯ^{4}to^{6}tin^{1}	奔走速速	6	0.00311%	1	17;
3092	本	baenj	pan^{3}	本是	6	0.00311%	1	18;
1412	執	coeb	ɕop^{8}	崩	17	0.00881%	9	01;02;05;07;12;19;20;22;26;
3530	落	lak	la:k^{7}	崩溃	4	0.00207%	1	23;
6778	淋	loemq	lom^{5}	崩落	1	0.00052%	1	07;
6779	往	vaengq	vaŋ^{5}	崩缺	1	0.00052%	1	05;
1484	淋	loemq	lom^{5}	崩塌	16	0.00829%	9	09;10;12;13;17;19;23;24;27;
6781	至	cih	ɕi^{6}	绷	1	0.00052%	1	07;
3531	忻	haen	han^{1}	绷紧	4	0.00207%	3	05;07;08;
6782	貢	goengq	koŋ^{5}	绷弯	1	0.00052%	1	12;
1783	綠	laeh	lai^{6}	逼	12	0.00622%	5	05;17;19;23;18;
6783	苿	neb	ne:p^{8}	逼近	1	0.00052%	1	24;
3532	个	gvaz	kva^{2}	比	4	0.00207%	3	04;14;21;

词号	壮字	新壮文	音标	词义	频次	词频	分布度	抄本号
6787	化	veh	ve⁶	比画	1	0.00052%	1	06;
5017	春	cinj	ɕin³	比上	2	0.00104%	1	28;
569	比	bij	pi³	比照	52	0.02695%	18	01;02;03;04;05;06;07;09;10;11;12;14;15;16;24;25;28;29;
6792	眲	laep	lap⁷	闭	1	0.00052%	1	23;
6793	備眼	labr-tac	lap⁵⁵tha³⁵	闭眼	1	0.00052%	1	26;
501	舍	cwe	ɕɯə¹	庇护	61	0.03162%	5	02;05;12;17;26;
5019	洛	ndoj	do³	避	2	0.00104%	1	21;
698	散	san	ɬa:n¹	编	40	0.02073%	14	01;02;04;06;07;09;10;12;17;20;21;22;27;28;
2355	散	san	θ a:n¹	编扎	8	0.00415%	1	17;
1784	散	san	ɬa:n¹	编织	12	0.00622%	9	03;07;13;17;19;26;27;05;18;
1615	勿	fad	fa:t⁸	鞭打	14	0.00726%	8	03;05;12;13;17;19;26;18;
251	变	bienq	piən⁵	变	124	0.06428%	24	01;02;03;04;05;06;07;08;09;10;12;13;14;16;17;19;21;23;24;25;26;27;29;18;
70	貧	baenz	pan²	变成	414	0.21460%	25	01;02;03;04;05;06;07;08;09;10;11;12;14;17;19;20;21;22;23;24;25;26;27;28;18;
6802	变	bienq	piən⁵	变大	1	0.00052%	1	23;
3535	变化	bienq-vaq	piən⁵va⁵	变化	4	0.00207%	3	02;05;17;
6803	化	vaq	va⁵	变身	1	0.00052%	1	17;
4117	倒	daux	ta:u⁴	变形	3	0.00156%	2	12;23;
6804	片	bienq	piən⁵	变样	1	0.00052%	1	21;
6805	貧	baenz	pan²	便是	1	0.00052%	1	08;
6806	嘹	liuh	li:u⁶	遍	1	0.00052%	1	27;
5024	拉	lax	la³³	遍布	2	0.00104%	1	26;
6808	咭	khauh	kha:u⁶	辩说	1	0.00052%	1	27;
6809	賣	maic	ma:i³⁵	标记	1	0.00052%	1	26;
6811	票	biu	pi:u¹	飚	1	0.00052%	1	12;
6812	表	biuj	pi:u³	表	1	0.00052%	1	22;
2825	黄	aqv	aŋ¹¹	憋撑	6	0.00311%	2	26;27;
2179	而	laeg	lak⁸	别	9	0.00467%	2	13;20;
2826	别	byag	pja:k⁸	别离	6	0.00311%	2	17;28;
1919	報	baov	pa:u¹¹	禀告	11	0.00570%	1	26;
5028	得	dwz	tɯ²	并拢	2	0.00104%	1	12;
1206	癬	gyaej	tɕai³	病	21	0.01089%	8	01;02;04;06;07;15;19;26;
6822	亡	vaengz	vaŋ²	病故	1	0.00052%	1	17;
6825	退	doiq	to:i⁵	病消	1	0.00052%	1	11;
6826	傍	bied	piət⁸	拨	1	0.00052%	1	12;
6827	微	fiz	fi²	拨火	1	0.00052%	1	02;
6828	閒	hae	hai¹	拨开	1	0.00052%	1	17;
5030	咈	daeh	tai⁶	拨弄	2	0.00104%	2	05;27;
2030	打	danj	ta:n³	剥	10	0.00518%	5	05;07;17;22;27;
6832	剥	box	po:k⁴	剥开	1	0.00052%	1	03;

词号	壮字	新壮文	音标	词义	频次	词频	分布度	抄本号
1168	别	gyag	tɕa:k⁸	剥离	22	0.01140%	8	07;08;09;10;11;19;26;28;
478	建	gwenz	kɯən²	播	64	0.03317%	16	02;03;05;07;08;10;11;12;15;16;17;19;21;22;20;18;
3164	沙作	saj-coq	θva³ɕo⁵	播放	5	0.00259%	2	20;21;
5032	笃	doek	tok⁷	播种	2	0.00104%	2	05;17;
3165	屋	og	o:k⁸	卜	5	0.00259%	3	04;08;10;
6836	屋	og	o:k⁸	卜出	1	0.00052%	1	01;
6837	礼	ndaex	dai⁴	卜得	1	0.00052%	1	08;
4121	泱	yaengx	jaŋ⁴	卜卦	3	0.00156%	2	05;11;
6839	鈌	yaengx	jaŋ⁴	卜签	1	0.00052%	1	01;
1207	合	hab	ha:p⁸	卜算	21	0.01089%	4	11;17;21;26;
3538	唫	cam	ɕa:m¹	卜问	4	0.00207%	2	04;05;
1208	防	fong	fo:ŋ¹	补	21	0.01089%	12	01;02;04;05;07;09;10;12;17;22;23;28;
3539	窈	yo	jo¹	补充	4	0.00207%	3	01;05;06;
5037	否	mbaeuh	bau⁶	不得	2	0.00104%	1	17;
6843	伏	fuk	fuk⁷	不懂	1	0.00052%	1	24;
2357	無	fuz	fu²	不分	8	0.00415%	1	29;
4123	否	mbaeuh	bau⁶	不是	3	0.00156%	2	19;27;
5039	否	mbaeuh	bau⁶	不须	2	0.00104%	1	17;
6851	子	cij	ɕi³	不需	1	0.00052%	1	28;
468	盖	gaij	ka:i³	不要	66	0.03421%	10	01;05;07;13;17;20;21;22;26;
3169	用	yoengh	joŋ⁶	不用	5	0.00259%	2	21;28;
1786	民	maen	man¹	不育	12	0.00622%	10	02;03;05;09;10;12;19;17;20;
6854	否	mbouh	bou⁶	不愿	1	0.00052%	1	27;
1235	茂	mbaeux	bau⁴	不知	20	0.01037%	6	04;05;19;21;27;18;
5043	帣	daeh	tai⁶	布袋	2	0.00104%	1	04;
1254	達	daz	ta²	擦	20	0.01037%	9	01;02;03;04;10;12;17;05;06;
3546	彩	caij	ɕa:i³	猜疑	4	0.00207%	3	21;05;22;
6897	牙	yaengj	jaŋ³	才得	1	0.00052%	1	17;
3549	造	caux	ɕa:u⁴	才有	4	0.00207%	3	12;17;27;
1108	财	caiz	ɕa:i²	裁	23	0.01192%	9	05;17;19;20;21;22;29;12;18;
11150	偶	aeu	au¹	采	1	0.00052%	1	18;
1562	得	dwz	tɯ²	采纳	15	0.00778%	8	01;03;05;07;12;17;22;28;
1109	尋	caemq	ɕam⁵	踩	23	0.01192%	9	01;04;05;16;17;26;20;12;18;
5062	當	dangh	ta:ŋ⁶	踩踏	2	0.00104%	2	10;20;
3550	殺	gaj	ka³	残杀	4	0.00207%	2	09;26;
1079	床	cangz	ɕa:ŋ²	藏	24	0.01244%	10	01;02;04;05;06;07;12;13;17;
3456	舍	ce	ɕe¹	藏在	4	0.00207%	3	12;17;18;
5064	得	dwz	tɯ²	操	2	0.00104%	2	04;05;
6910	其降	gyiz-gyangh	tɕi²tɕa:ŋ⁶	操持	1	0.00052%	1	17;
6911	有心	cauq-saem	ɕa:u⁵θam¹	操心	1	0.00052%	1	21;
6912	寡	gveq	kve⁵	嘈	1	0.00052%	1	20;
2031	則	gyaek	tɕak⁷	侧	10	0.00518%	4	06;17;20;22;

词号	壮字	新壮文	音标	词义	频次	词频	分布度	抄本号
6923	算	sanq	θva:n5	测算	1	0.00052%	1	17;
5069	則	caek	ɕak7	测知	2	0.00104%	1	01;
993	發	fad	fa:t8	策	26	0.01348%	3	23;25;28;
6925	腊	laz	la2	叉	1	0.00052%	1	17;
4133	恶	ax	a4	叉开	3	0.00156%	1	03;
6926	殺	dat	ɬa:t7	叉去	1	0.00052%	1	12;
446	北	baek	pak7	插	69	0.03577%	21	01;03;04;05;06;08;09;11;12;14;16;17;19;20;21;22;23;26;
6928	朋坐	bongh-coq	po:ŋ6ɕo5	插放	1	0.00052%	1	19;
6929	朁	camq	ɕa:m5	插花	1	0.00052%	1	29;
6930	巡	cwnz	ɕɯn2	插完	1	0.00052%	1	16;
6931	龍	loq	ləŋ44	插下	1	0.00052%	1	26;
6932	埜	ndaem	dam1	插秧	1	0.00052%	1	03;
4135	北	baek	pak7	插占	3	0.00156%	1	17;
1720	查	caz	ɕa2	查	13	0.00674%	8	01;04;05;12;17;21;25;28;
2359	茶	caz	ɕa2	查看	8	0.00415%	5	09;11;12;13;26;
6935	杀	caz	ɕa2	查问	1	0.00052%	1	25;
5071	牙	ya	ja1	查找	2	0.00104%	2	21;26;
3554	望	muengh	muəŋ6	察看	4	0.00207%	3	12;17;27;
6936	罡	gangq	ka:ŋ5	岔开	1	0.00052%	1	05;
6937	擺咀	boois-bakv	po:i31pak11	岔嘴	1	0.00052%	1	26;
6938	社	ce	ɕe1	差	1	0.00052%	1	05;
3555	差	cai	ɕa:i1	差遣	4	0.00207%	2	08;23;
1029	律	lid	lit8	拆	25	0.01296%	5	02;05;09;12;13;
1397	律	lid	lit8	拆除	17	0.00881%	4	09;12;19;18;
5072	律	lid	lit8	拆断	2	0.00104%	1	02;
5073	律橮	lid-liu	lit8li:u1	拆芦苇	2	0.00104%	1	09;
5075	遼	riux	ri:u4	掺	2	0.00104%	1	21;
5076	甲	gyaj	tɕa3	搀	2	0.00104%	2	20;24;
3095	榜	bangz	pa:ŋ2	搀扶	5	0.00259%	3	19;20;18;
6941	餓	ngah	ŋa6	馋	1	0.00052%	1	13;
994	吽	heux	he:u4	缠	26	0.01348%	12	05;09;10;11;13;17;19;20;24;26;27;28;
6942	絞	gveuj	kve:u3	缠绞	1	0.00052%	1	09;
4138	捉	cug	ɕuk8	缠绕	3	0.00156%	3	04;07;26;
6943	多	do	to44	缠身	1	0.00052%	1	26;
2836	放	cuengq	ɕuəŋ5	产	6	0.00311%	4	01;09;17;21;
6944	生	seng	ɬe:ŋ1	产下	1	0.00052%	1	05;
2140	文	vuet	vuət7	铲	9	0.00467%	3	17;23;18;
6945	蓮	lienz	liən2	颤	1	0.00052%	1	05;
6946	打辛	daj-saenz	ta3san2	颤动	1	0.00052%	1	27;
4139	遜	saenq	θan5	颤抖	3	0.00156%	2	17;27;
6947	蓮	lienz	liən2	颤悠	1	0.00052%	1	05;
1884	哷	cimz	ɕim2	尝	11	0.00570%	5	06;17;19;20;18;

词号	壮字	新壮文	音标	词义	频次	词频	分布度	抄本号
6949	雲	yinz	jin²	常流	1	0.00052%	1	01;
11152	短	dot	to:t⁷	敞	1	0.00052%	1	18;
6951	羅	la	la¹	敞开	1	0.00052%	1	04;
980	唱	ciengq	ɕiəŋ⁵	唱	26	0.01348%	11	01;05;12;17;19;20;21;22;28;29;18;
2531	唤	vuen	vuən¹	唱歌	7	0.00363%	3	17;19;18;
6952	唤个而	fien-gaz-lwz	fiən¹ka²lɯ²	唱咧咧	1	0.00052%	1	28;
5079	長	ciengq	ɕiəŋ⁵	唱念	2	0.00104%	1	17;
6953	吩	fien	fiən¹	唱山歌	1	0.00052%	1	08;
5080	養	ciengq	ɕiəŋ⁵	唱诵	2	0.00104%	1	17;
1922	平	biengj	piəŋ³	超度	11	0.00570%	4	17;20;22;27;
3171	外	vaij	va:i³	超过	5	0.00259%	3	17;26;29;
1256	到	dauq	ta:u⁵	朝	20	0.01037%	6	02;15;17;19;27;26;
6956	多下	do-loq	to⁵⁵lɔŋ⁴⁴	朝下	1	0.00052%	1	26;
1124	得	dwk	tɯk⁷	吵	23	0.01192%	9	01;02;04;05;06;12;13;19;20;
3556	托罵	doh-ndaq	to⁶da⁵	吵架	4	0.00207%	3	17;01;07;
4140	昆	goenh	kon⁶	吵闹	3	0.00156%	3	05;17;23;
1080	炒	cauj	ɕa:u³	炒	24	0.01244%	11	01;02;04;05;07;09;10;14;15;22;23;
981	提	dwz	tɯ²	扯	26	0.01348%	11	02;03;05;11;12;16;17;19;20;27;18;
6958	元	vis	vi³¹	扯开	1	0.00052%	1	26;
6959	他	daz	ta²	扯上	1	0.00052%	1	17;
6960	能	naengh	naŋ⁶	扯下	1	0.00052%	1	17;
6961	睦	loek	lok⁷	扯秧	1	0.00052%	1	03;
2141	隆	loengz	loŋ²	沉	9	0.00467%	6	04;07;10;21;23;18;
5082	赤	yaek	jak⁷	沉淀	2	0.00104%	2	08;17;
6963	侵	caem	ɕam¹	沉没	1	0.00052%	1	24;
5084	侵	caem	ɕam¹	沉水	2	0.00104%	1	28;
6966	傊	caem	ɕam¹	沉下	1	0.00052%	1	10;
6967	理	leix	lei⁴	陈理	1	0.00052%	1	27;
6968	論	laemh	lam⁶	陈述	1	0.00052%	1	27;
1363	枰	caengh	ɕaŋ⁶	称	18	0.00933%	9	02;03;06;07;17;22;23;26;19;
6971	黎	laez	lai²	称呼	1	0.00052%	1	25;
1210	剛	gang	ka:ŋ¹	撑	21	0.01089%	10	07;09;10;17;20;21;22;24;26;
6975	岑	kaen	khan¹	撑紧	1	0.00052%	1	27;
2003	罡	gang	ka:ŋ¹	撑开	10	0.00518%	5	03;12;15;19;18;
6977	門	mbwn	bɯn¹	撑天	1	0.00052%	1	03;
23	本	baenz	pan²	成	983	0.50953%	28	27;01;02;03;04;05;06;07;08;09;10;11;12;13;14;15;16;17;19;20;21;22;23;24;25;26;28;
6978	破	bo	po¹	成堆	1	0.00052%	1	15;
6979	加	kaz	kha²	成对	1	0.00052%	1	27;
6980	肛思	daengz-aen	taŋ²an¹	成个	1	0.00052%	1	05;
2837	貧	baenz	pan²	成功	6	0.00311%	4	01;03;05;20;

词号	壮字	新壮文	音标	词义	频次	词频	分布度	抄本号
5087	内	muis	mui31	成疾	2	0.00104%	1	26;
5088	成阑	baenz-lanz	pan2la:n2	成家	2	0.00104%	2	02;05;
6981	貧	baenz	pan2	成就	1	0.00052%	1	12;
4902	布	byoeg	pjok8	成捆	2	0.00104%	2	19;18;
6984	貧	baenz	pan2	成全	1	0.00052%	1	22;
3557	貧	baenz	pan2	成人	4	0.00207%	4	06;08;12;20;
6985	盆	baenz	pan2	成事	1	0.00052%	1	12;
6986	貧丹	baenz-dan	pan2ta:n1	成熟	1	0.00052%	1	24;
6988	工	goengz	koŋ2	成团	1	0.00052%	1	10;
906	貧	baenz	pan2	成为	29	0.01503%	6	01;04;09;12;17;22;
3173	貧	baenz	pan2	成长	5	0.00259%	3	06;12;26;
6989	功	goeng	koŋ1	呈奉	1	0.00052%	1	22;
1721	提	dwz	tɯ2	承传	13	0.00674%	9	02;03;04;09;10;12;17;25;26;
5090	當	dang	ta:ŋ1	承担	2	0.00104%	2	12;13;
1012	棭	ciep	ɕiəp7	承接	25	0.01296%	8	05;12;13;15;17;20;26;18;
5091	出	cwt	ɕɯt7	承袭	2	0.00104%	2	02;15;
11153	城	singz	θiŋ2	城池	1	0.00052%	1	18;
4146	能	naengh	naŋ6	乘	3	0.00156%	3	08;26;28;
2838	乙凉	yiet-liengz	jiət7liəŋ2	乘凉	6	0.00311%	3	21;25;28;
6993	罪淋	cux-laemh	ɕu4lam6	乘阴	1	0.00052%	1	25;
5092	提罪	dwz-coih	tɯ2ɕo:i6	惩罪	2	0.00104%	2	02;27;
6994	江	dcaqx	tɕaŋ33	澄清	1	0.00052%	1	26;
2774	秤	caengh	ɕaŋ6	秤	6	0.00311%	5	12;13;17;22;18;
16	跟	gwn	kɯn1	吃	1321	0.68474%	29	01;02;03;04;05;06;07;08;09;10;11;12;13;14;15;16;17;19;20;21;22;23;24;25;26;27;28;
4148	哏隂	gwn-imh	kɯn1im6	吃饱	3	0.00156%	1	05;
4149	哏	gwn	kɯn1	吃到	3	0.00156%	1	17;
5094	哏	gwn	kɯn1	吃得	2	0.00104%	1	17;
6996	吅	gin	kin1	吃掉	1	0.00052%	1	27;
1486	巾漂	gwn-beu	kɯn1pe:u1	吃饭	16	0.00829%	5	01;04;05;06;28;
6997	跟行	gwn-hingh	kɯn1hiŋ6	吃足	1	0.00052%	1	05;
3558	納	nas	na31	持	4	0.00207%	2	26;27;
1237	中	cung	ɕuŋ1	冲	20	0.01037%	14	02;03;07;09;10;12;13;20;22;23;24;26;19;18;
7002	林	raemx	ram4	冲闯	1	0.00052%	1	27;
7003	犯	famh	fa:m6	冲犯	1	0.00052%	1	01;
7004	旦	daemq	tam5	冲垮	1	0.00052%	1	17;
7005	水覺	namr-tcoks	nam55tɕhɔk31	冲水	1	0.00052%	1	26;
5098	入	haeuj	hau3	冲往	2	0.00104%	1	13;
2578	塘	daemj	tam3	冲撞	7	0.00363%	4	02;05;10;17;
5099	班	banh	pa:n6	冲走	2	0.00104%	1	10;
7006	旦	danh	ta:n6	充满	1	0.00052%	1	20;
532	捉	cuk	ɕuk7	舂	57	0.02955%	15	01;02;04;05;06;07;09;12;16;17;19;20;21;23;03;

词号	壮字	新壮文	音标	词义	频次	词频	分布度	抄本号
7009	吞	daem	tam^{1}	舂踏	1	0.00052%	1	17;
4151	提	dwz	tɯ^{2}	崇尚	3	0.00156%	2	02;27;
2142	學	coh	ɕo^{6}	宠爱	9	0.00467%	4	06;07;23;18;
1081	逹	daz	ta^{2}	抽	24	0.01244%	11	05;08;09;10;13;16;17;20;23;25;26;
5102	馱	daz	ta^{2}	抽出	2	0.00104%	1	10;
1925	凡	fanz	fa:n^{2}	抽穗	11	0.00570%	4	03;05;09;19;
4152	脱	dot	to:t^{7}	抽脱	3	0.00156%	1	12;
7012	一枊	iv-aox	i^{11}a:u^{33}	抽芽	1	0.00052%	1	26;
3560	哏煙	gwn-ien	gɯn^{1}iən^{1}	抽烟	4	0.00207%	3	02;05;17;
7013	舍	haemz	ham^{2}	仇视	1	0.00052%	1	25;
995	炁	hiq	hi^{5}	愁	26	0.01348%	10	02;07;09;10;11;12;14;21;24;
7016	貨	hop	ho:p^{7}	筹办	1	0.00052%	1	17;
1082	執	caep	ɕap^{7}	筹备	24	0.01244%	7	05;08;11;12;14;16;25;
4153	胎	tajx	thai^{33}	筹集	3	0.00156%	1	26;
7017	覃	cim	ɕim^{1}	瞅	1	0.00052%	1	05;
77	郭	geug	kuək^{8}	出	389	0.20164%	25	01;02;03;04;05;06;07;08;09;10;11;12;13;17;19;20;21;22;23;24;25;26;27;28;18;
7020	恶	ok	o:k^{7}	出殡	1	0.00052%	1	17;
7021	屋塘垯	ok-daemz-danz	o:k^{7}tam^{2}ta:n	出灿灿	1	0.00052%	1	07;
7022	出	cit	ɕit^{7}	出产	1	0.00052%	1	28;
2839	屋	ok	o:k^{7}	出到	6	0.00311%	4	07;09;12;17;
7023	屋分勿	ok-fwd-fwh	o:k^{7}fɯt^{8}fɯ^{6}	出呼呼	1	0.00052%	1	07;
5105	恶克壮	ok-gaih-cangz	o:k^{7}ka:i^{6}ɕa:ŋ	出哗哗	2	0.00104%	1	17;
2840	罵嫁	ma-haq	ma^{1}ha^{5}	出嫁	6	0.00311%	4	02;12;18;21;
326	屋斗	og-daeuj	o:k^{8}tau^{3}	出来	97	0.05028%	16	01;04;08;09;11;16;17;18;19;20;22;23;24;25;27;18;
5106	屋个	ok-ga	o:k^{7}ka^{1}	出路	2	0.00104%	1	23;
7024	貧細	baenz-si	pan^{2}ɬi^{1}	出乱子	1	0.00052%	1	05;
2361	出门	og-du	o:k^{8}tu^{1}	出门	8	0.00415%	2	05;17;
7025	屋	ok	o:k^{7}	出谋	1	0.00052%	1	23;
537	屋	og	o:k^{8}	出去	56	0.02903%	16	02;05;06;08;09;10;12;13;17;18;19;20;21;22;23;19;
1532	亡	cut	ɕut^{7}	出生	15	0.00778%	7	17;20;21;24;26;28;18;
3562	礼声	ndaex-hing	dai^{4}hiŋ^{1}	出声	4	0.00207%	3	16;23;24;
5107	屋召	og-ciuh	o:k^{8}ɕi:u^{6}	出世	2	0.00104%	2	05;20;
2033	凶	nyungq	ɲuŋ^{5}	出事	10	0.00518%	4	01;04;05;10;
2841	屋	og	o:k^{8}	出穗	6	0.00311%	2	01;17;
3563	勿	ok	o:k^{7}	出现	4	0.00207%	3	08;17;25;
7026	弟	did	tit^{8}	出芽	1	0.00052%	1	10;
7027	存	cwnz	ɕɯn^{2}	出游	1	0.00052%	1	17;
11154	恶	ok	o:k^{7}	出在	1	0.00052%	1	18;
891	屋	og	o:k^{8}	出自	29	0.01503%	8	01;02;05;17;19;20;27;18;
2182	尞	leuz	le:u^{2}	除	9	0.00467%	4	09;11;12;29;

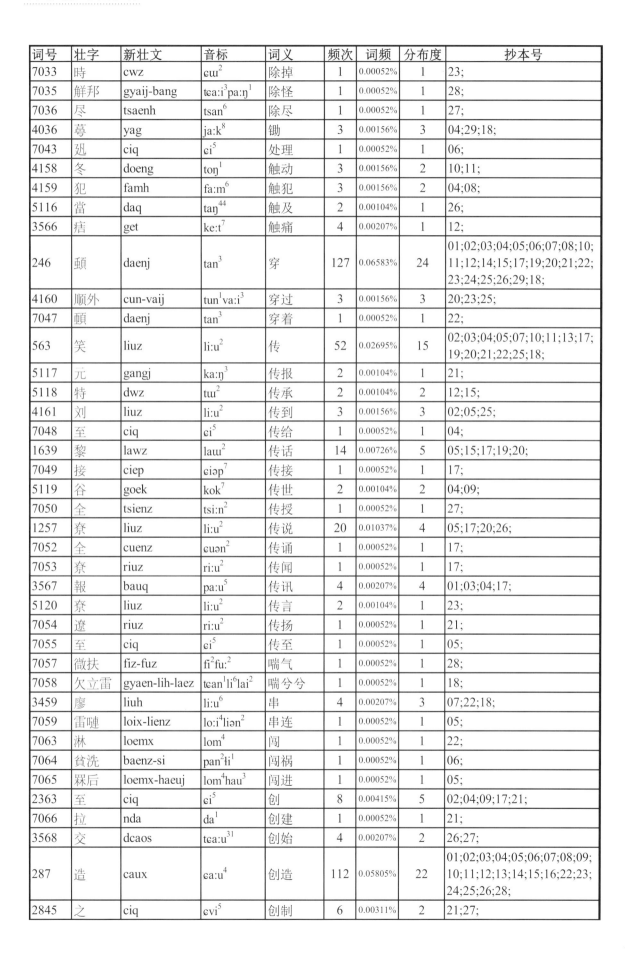

词号	壮字	新壮文	音标	词义	频次	词频	分布度	抄本号
7033	時	cwz	ɕɯ^{2}	除掉	1	0.00052%	1	23;
7035	鮮邦	gyaij-bang	tɕa:i^{3}pa:ŋ^{1}	除怪	1	0.00052%	1	28;
7036	尽	tsaenh	tsan^{6}	除尽	1	0.00052%	1	27;
4036	蕚	yag	ja:k^{8}	锄	3	0.00156%	3	04;29;18;
7043	迅	ciq	ɕi^{5}	处理	1	0.00052%	1	06;
4158	冬	doeng	toŋ^{1}	触动	3	0.00156%	2	10;11;
4159	犯	famh	fa:m^{6}	触犯	3	0.00156%	2	04;08;
5116	當	daq	taŋ^{44}	触及	2	0.00104%	1	26;
3566	痦	get	ke:t^{7}	触痛	4	0.00207%	1	12;
246	顛	daenj	tan^{3}	穿	127	0.06583%	24	01;02;03;04;05;06;07;08;10;11;12;14;15;17;19;20;21;22;23;24;25;26;29;18;
4160	顺外	cun-vaij	tun^{1}va:i^{3}	穿过	3	0.00156%	3	20;23;25;
7047	顛	daenj	tan^{3}	穿着	1	0.00052%	1	22;
563	笑	liuz	li:u^{2}	传	52	0.02695%	15	02;03;04;05;07;10;11;13;17;19;20;21;22;25;18;
5117	元	gangj	ka:ŋ^{3}	传报	2	0.00104%	1	21;
5118	特	dwz	tɯ^{2}	传承	2	0.00104%	2	12;15;
4161	刘	liuz	li:u^{2}	传到	3	0.00156%	3	02;05;25;
7048	至	ciq	ɕi^{5}	传给	1	0.00052%	1	04;
1639	黎	lawz	laɯ^{2}	传话	14	0.00726%	5	05;15;17;19;20;
7049	接	ciep	ɕiəp^{7}	传接	1	0.00052%	1	17;
5119	谷	goek	kok^{7}	传世	2	0.00104%	2	04;09;
7050	全	tsienz	tsi:n^{2}	传授	1	0.00052%	1	27;
1257	尞	liuz	li:u^{2}	传说	20	0.01037%	4	05;17;20;26;
7052	全	cuenz	ɕuən^{2}	传诵	1	0.00052%	1	17;
7053	尞	riuz	ri:u^{2}	传闻	1	0.00052%	1	17;
3567	報	bauq	pa:u^{5}	传讯	4	0.00207%	4	01;03;04;17;
5120	尞	liuz	li:u^{2}	传言	2	0.00104%	1	23;
7054	遼	riuz	ri:u^{2}	传扬	1	0.00052%	1	21;
7055	至	ciq	ɕi^{5}	传至	1	0.00052%	1	05;
7057	微扶	fiz-fuz	fi^{2}fu:^{2}	喘气	1	0.00052%	1	28;
7058	欠立雷	gyaen-lih-laez	tɕan^{1}li^{6}lai^{2}	喘兮兮	1	0.00052%	1	18;
3459	廖	liuh	li:u^{6}	串	4	0.00207%	3	07;22;18;
7059	雷嗹	loix-lienz	lo:i^{4}liən^{2}	串连	1	0.00052%	1	05;
7063	淋	loemx	lom^{4}	闯	1	0.00052%	1	22;
7064	貧洗	baenz-si	pan^{2}ɬi^{1}	闯祸	1	0.00052%	1	06;
7065	罧后	loemx-haeuj	lom^{4}hau^{3}	闯进	1	0.00052%	1	05;
2363	至	ciq	ɕi^{5}	创	8	0.00415%	5	02;04;09;17;21;
7066	拉	nda	da^{1}	创建	1	0.00052%	1	21;
3568	交	dcaos	tɕa:u^{31}	创始	4	0.00207%	2	26;27;
287	造	caux	ɕa:u^{4}	创造	112	0.05805%	22	01;02;03;04;05;06;07;08;09;10;11;12;13;14;15;16;22;23;24;25;26;28;
2845	之	ciq	ɕvi^{5}	创制	6	0.00311%	2	21;27;

词号	壮字	新壮文	音标	词义	频次	词频	分布度	抄本号
609	波	boq	po^{5}	吹	48	0.02488%	18	01;02;03;04;05;06;07;08;09;10;12;13;17;19;20;21;24;25;
4162	文	faenz	fan^{2}	吹风	3	0.00156%	3	02;09;10;
2004	后	haeuj	hau^{3}	吹进	10	0.00518%	3	17;19;18;
2846	律	lwt	lɯt^{7}	垂	6	0.00311%	5	07;10;17;23;24;
2580	搐	dub	tup^{8}	捶	7	0.00363%	6	01;02;05;17;20;21;
2581	督	dub	tup^{8}	捶打	7	0.00363%	5	03;13;19;23;26;
2364	強	gyamx	tɕa:m^{4}	戳	8	0.00415%	5	17;20;21;23;26;
2582	盏	canx	ɕa:n^{4}	刺	7	0.00363%	5	07;17;20;24;28;
7083	色	saek	ɬak^{7}	刺绣	1	0.00052%	1	29;
4165	掌	sieng	ɬiaŋ^{1}	赐	3	0.00156%	2	03;24;
2583	現	gyonj	tɕo:n^{3}	凑	7	0.00363%	1	23;
679	追	coi	ɕo:i^{1}	催	41	0.02125%	14	02;05;07;08;10;12;16;17;22;23;24;25;26;18;
3177	成	caenh	ɕan^{6}	催促	5	0.00259%	3	17;19;27;
7092	呈	caenh	ɕan^{6}	催派	1	0.00052%	1	17;
7093	急	gyaep	tɕap^{7}	催债	1	0.00052%	1	05;
2324	蜡立	laq-lix	la^{5}li^{4}	存活	8	0.00415%	4	18;19;26;18;
915	臺	daix	ta:i^{4}	搓	28	0.01451%	11	02;04;09;11;14;17;19;20;22;25;18;
3576	憐郭	laenz-gueg	lan^{2}kuək^{8}	搓成	4	0.00207%	3	15;19;20;
7096	論結烈	laenh-gyeh-leh	lan^{6}tɕe^{6}le^{6}	搓密密	1	0.00052%	1	19;
7097	散	sat	θa:t^{7}	搓线	1	0.00052%	1	17;
11155	倫	laenh	lan^{6}	搓在	1	0.00052%	1	18;
7098	夫已閴	fu-ngih-ngaenh	fu^{1}ŋi^{6}ŋan^{6}	搓喳喳	1	0.00052%	1	09;
7099	憐郭	laenz-gueg	lan^{2}kuək^{8}	搓做	1	0.00052%	1	15;
7100	祖當	co-dangq	ɕo^{1}ta:ŋ^{5}	磋商	1	0.00052%	1	18;
1310	聾	loeng	loŋ^{1}	错在	19	0.00985%	2	01;12;
486	羅	nda	da^{1}	搭	63	0.03266%	15	01;03;06;07;08;09;10;11;12;17;22;24;26;27;28;
7102	八	bats	pat^{31}	搭肩	1	0.00052%	1	26;
7103	若	yo	jo^{1}	搭起	1	0.00052%	1	03;
2184	逻	nda	da^{1}	搭设	9	0.00467%	7	08;10;14;17;20;26;28;
4904	筒	doz	to^{2}	搭在	2	0.00104%	2	19;18;
7104	逻	nda	da^{1}	搭桌	1	0.00052%	1	06;
515	荅	dap	ta:p^{7}	答	59	0.03058%	17	03;05;07;09;10;12;15;17;19;20;21;23;24;25;28;29;18;
7107	荅地壇	dap-diz-danz	ta:p^{7}ti^{2}ta:n^{2}	答喋喋	1	0.00052%	1	09;
4167	罕	han	ha:n^{1}	答话	3	0.00156%	3	17;19;27;
5129	漢陌	han-bak	ha:n^{1}pa:k^{7}	答腔	2	0.00104%	1	12;
807	刊	han	ha:n^{1}	答应	33	0.01711%	11	05;06;07;10;12;21;22;23;24;25;18;
89	累	ndoix	to:i^{4}	打	346	0.17935%	23	01;02;03;04;05;06;07;09;10;11;12;13;17;19;20;21;22;23;24;25;26;28;18;

词号	壮字	新壮文	音标	词义	频次	词频	分布度	抄本号
7108	壮	cang	ɕva:ŋ¹	打扮	1	0.00052%	1	17;
5130	得户	dwk-funz	tɯk⁷fun²	打柴	2	0.00104%	1	20;
5131	身	sanc	san³⁵	打颤	2	0.00104%	1	26;
2585	得	dwk	tɯk⁷	打到	7	0.00363%	4	13;20;23;25;
2367	得	dwk	tɯk⁷	打得	8	0.00415%	3	08;11;13;
7109	的	swk	tɯk⁷	打的	1	0.00052%	1	27;
2586	壛	ndoix	do:i⁴	打斗	7	0.00363%	4	01;12;25;26;
7110	打	dwk	tɯk⁷	打发	1	0.00052%	1	27;
7111	托肥勿	dwk-fiz-fwd	tɯk⁷fi²fɯt⁸	打纷纷	1	0.00052%	1	19;
7112	打卦	dwk-gvaq	tɯk⁷kva⁵	打卦	1	0.00052%	1	05;
1398	丁	gingj	kiŋ³	打滚	17	0.00881%	9	02;03;05;07;08;17;19;25;18;
2532	擂	ndoix	do:i⁴	打架	7	0.00363%	5	01;04;17;19;18;
7113	賊	caeg	ɕak⁸	打劫	1	0.00052%	1	04;
4168	度捉	dox-cug	to⁴ɕuk⁸	打结	3	0.00156%	2	04;21;
2185	開	hai	ha:i¹	打开	9	0.00467%	7	02;10;11;12;20;23;27;
7114	响	umx	um³³	打雷	1	0.00052%	1	26;
5132	使	saej	ɬai³	打理	2	0.00104%	2	12;13;
413	得斗	dwk-daeuq	tɯk⁷tau⁵	打猎	75	0.03888%	16	01;02;03;04;05;07;08;09;10;13;17;18;19;20;22;23;
5133	的	dek	te:k⁷	打破	2	0.00104%	1	06;
2852	氐淋	diz-laemx	ti²lam⁴	打水	6	0.00311%	1	04;
451	桯散	sweng-sanq	ɬɯə:ŋ¹ɬa:n⁵	打算	68	0.03525%	16	02;05;06;07;08;09;10;12;17;20;21;22;23;28;29;18;
3577	任	yaemx	jam⁴	打探	4	0.00207%	4	03;12;17;19;
5134	定	dingh	tiŋ⁶	打听	2	0.00104%	2	07;10;
7115	放章	cuengq-gyangq	ɕuəŋ⁵tɕa:ŋ⁵	打陀螺	1	0.00052%	1	05;
7116	行	hengz	he:ŋ²	打赢	1	0.00052%	1	17;
1823	涂岜	dwk-gya	tɯk⁷tɕa¹	打鱼	12	0.00622%	2	05;20;
2587	蕪	hup	hup⁷	打造	7	0.00363%	2	12;17;
3178	作冲	gueg-cwengq	kuək⁸ɕɯəŋ⁵	打仗	5	0.00259%	3	02;09;17;
4169	噇	dongx	to:ŋ⁴	打招呼	3	0.00156%	3	01;09;23;
1258	得	dwk	tɯk⁷	打中	20	0.01037%	8	01;04;05;07;17;23;24;25;
5135	寡	gvax	kva⁴	打转	2	0.00104%	2	12;21;
7117	啚	dok	to:k⁷	打桩	1	0.00052%	1	12;
7154	紡	uq	u⁵	呆	1	0.00052%	1	25;
7156	春	cunj	ɕun³	代	1	0.00052%	1	21;
7158	憲	lwh	lɯ⁶	代讲	1	0.00052%	1	01;
611	侣	lwh	lɯ⁶	代替	47	0.02436%	11	04;05;11;13;17;21;23;24;25;28;18;
601	連	lienz	liən²	带	48	0.02488%	16	03;04;11;12;13;16;17;19;21;22;23;24;25;26;28;18;
2325	啼	daeh	tai⁶	带回	8	0.00415%	2	19;18;
7159	扴	gaz	ka²	带枷	1	0.00052%	1	11;
7160	斗	daeuj	tau³	带来	1	0.00052%	1	28;
7162	永	yoen	jon¹	带路	1	0.00052%	1	21;

词号	壮字	新壮文	音标	词义	频次	词频	分布度	抄本号
2369	妑	bax	pa^{4}	带去	8	0.00415%	2	09;17;
5145	繙	fanz	fa:n^{2}	带孕	2	0.00104%	2	06;25;
7163	篢	lungx	luŋ^{4}	带仔	1	0.00052%	1	05;
5146	堂	dangz	ta:ŋ^{2}	带着	2	0.00104%	2	19;26;
2370	班	banx	pa:n^{4}	待	8	0.00415%	4	08;09;21;22;
5147	客	hek	he:k^{7}	待客	2	0.00104%	2	12;28;
1238	吞	daenj	tan^{3}	戴	20	0.01037%	9	05;12;13;17;19;20;25;26;18;
7165	渌	luek	luək^{7}	戴帽	1	0.00052%	1	07;
5148	怕孝	bax-yauq	pa^{4}ja:u^{5}	戴孝	2	0.00104%	1	17;
1365	藍	lam	la:m^{1}	担	18	0.00933%	10	01;03;05;08;09;12;13;22;26;
3582	当	dang	ta:ŋ^{1}	担当	4	0.00207%	3	02;24;27;
7166	劳	lau	la:u^{1}	担心	1	0.00052%	1	04;
1641	蚚炁	gwn-hiq	kɯn^{1}hi^{5}	担忧	14	0.00726%	4	14;15;17;23;
6596	旦	danh	ta:n^{6}	但愿	2	0.00104%	1	18;
1259	弓	goeng	koŋ^{1}	弹	20	0.01037%	5	12;17;21;24;25;
5155	心后	sinz-haeuj	θin^{2}hau^{3}	弹进	2	0.00104%	1	20;
7170	巡	sin	sin^{44}	弹起	1	0.00052%	1	26;
3583	辛比	sinz-bae	ɬin^{2}pai^{1}	弹去	4	0.00207%	2	05;20;
7171	心丘	sinz-haeuj	θin^{2}hau^{3}	弹入	1	0.00052%	1	20;
409	當	dang	ta:ŋ^{1}	当	75	0.03888%	19	02;03;05;06;07;08;09;10;11;12;17;19;20;21;22;23;25;28;
7174	本	baenz	pan^{2}	当成	1	0.00052%	1	20;
4180	造蘭	caux-ranz	ɕa:u^{4}ra:n^{2}	当家	3	0.00156%	2	18;28;
7176	㝟	tai	tha:i^{1}	当死	1	0.00052%	1	27;
2188	个来	gaz-laix	ka^{2}la:i^{4}	当真	9	0.00467%	4	03;07;17;18;
7179	郭	gueg	kuək^{8}	当作	1	0.00052%	1	13;
1060	江	gang	ka:ŋ^{1}	挡	24	0.01244%	10	06;07;17;19;20;21;22;23;26;
4181	狼	langh	la:ŋ^{6}	荡	3	0.00156%	3	04;05;17;
5160	畢批偹麻	bit-bae-bi-ma	pit^{7}pai^{1}pi^{1}ma^{1}	荡去荡来	2	0.00104%	1	01;
4182	立厘	lih-liz	li^{6}li^{2}	荡漾	3	0.00156%	2	19;26;
4183	杀	cax	ɕa^{4}	刀	3	0.00156%	1	03;
7185	田	diemz	tiəm^{2}	叨念	1	0.00052%	1	17;
7186	旦	damz	ta:m^{2}	叨诉	1	0.00052%	1	17;
7187	賴	laih	la:i^{6}	捣乱	1	0.00052%	1	05;
508	林	loemx	lom^{4}	倒	60	0.03110%	17	07;17;01;02;03;04;05;06;12;19;20;21;22;24;26;27;28;
3586	淋	laemx	lam^{4}	倒地	4	0.00207%	3	02;05;08;
7188	淋扨茶	laemx-baz-cad	lam^{4}pa^{2}ɕa:t^{8}	倒地吧喳	1	0.00052%	1	14;
5163	卜	buk	puk^{7}	倒干	2	0.00104%	1	17;
7189	寧	ndingq	diŋ^{5}	倒酒	1	0.00052%	1	17;
7190	畣	hoemj	hom^{3}	倒扣	1	0.00052%	1	22;
7191	淋時	laemx-ciz	lam^{4}ɕi^{2}	倒落	1	0.00052%	1	22;
7193	到洋	dauq-nyangz	ta:u^{5}ȵa:ŋ^{2}	倒逆	1	0.00052%	1	04;

词号	壮字	新壮文	音标	词义	频次	词频	分布度	抄本号
5167	茶淋	cat-raemx	ɕa:t^{7}ram^{4}	倒水	2	0.00104%	1	17;
2857	落	lak	la:k^{7}	倒塌	6	0.00311%	6	09;12;17;19;23;28;
832	隆逻	loengz-laj	loŋ^{2}la^{3}	倒下	32	0.01659%	16	01;04;05;06;08;09;11;12;13;17;23;24;25;27;28;29;
7194	戎哑散	roengz-yaj-suenq	roŋ^{2}ja^{3}θuən^{5}	倒下纷纷	1	0.00052%	1	17;
7195	戎哑腊	laemx-a-ya	lam^{4}a^{1}ja^{1}	倒下片片	1	0.00052%	1	17;
5168	林達冇	laemx-dah-nai	lam^{4}ta^{6}na:i^{3}	倒下凄凄	2	0.00104%	1	08;
7196	淋駄乃	laemx-daz-nai	lam^{4}ta^{2}na:i^{1}	倒下瘫瘫	1	0.00052%	1	28;
3587	淋駄賴	laemx-daz-laiz	lam^{4}ta^{2}la:i^{2}	倒下直直	4	0.00207%	3	10;11;25;
7197	篩	cai	ɕa:i^{44}	祷告	1	0.00052%	1	26;
3588	報	baov	pa:u^{11}	祷念	4	0.00207%	1	26;
7198	黎	laez	lai^{2}	祷请	1	0.00052%	1	12;
2858	送	soengq	ɬoŋ^{5}	祷送	6	0.00311%	2	23;27;
5169	貝	bwi	pɯəi^{1}	祷诵	2	0.00104%	2	01;07;
7199	啱	kauh	kha:u^{6}	祷诉	1	0.00052%	1	27;
5170	喙	cam	ɕa:m^{1}	祷问	2	0.00104%	2	01;27;
960	貝	bwi	pɯəi^{1}	祷祝	27	0.01400%	6	01;02;03;14;26;27;
17	滕	daengz	taŋ^{2}	到	1273	0.65986%	29	12;27;01;02;03;04;05;06;07;08;09;10;11;13;14;15;16;17;19;20;21;22;23;24;25;26;28;
7201	滕茶牙	daengz-caz-ya	taŋ^{2}ɕa^{2}ja^{1}	到嚓嚓	1	0.00052%	1	13;
872	朎	daengz	taŋ^{2}	到此	30	0.01555%	2	17;27;
1824	肕	daengz	taŋ^{2}	到达	12	0.00622%	6	06;17;20;21;25;27;
2037	肕	daengz	taŋ^{2}	到来	10	0.00518%	5	02;12;17;21;26;
2189	滕	daengz	taŋ^{2}	到了	9	0.00467%	3	12;13;27;
7203	濟	caez	ɕai^{2}	到齐	1	0.00052%	1	17;
7204	肕里浪	daengzlih-langh	taŋ^{2}li^{6}la:ŋ^{6}	到速速	1	0.00052%	1	03;
4185	泣	laep	lap^{7}	到头	3	0.00156%	3	04;17;19;
7205	朎田	daengz-denh	taŋ^{2}te:n^{6}	到位	1	0.00052%	1	17;
7206	城	cingz	ɕiŋ^{2}	盗	1	0.00052%	1	23;
3589	着	gyo	tɕo^{1}	道谢	4	0.00207%	3	01;05;17;
12	累	ndaej	dai^{3}	得	1600	0.82936%	29	17;25;26;01;02;03;04;05;06;07;08;09;10;11;12;13;14;15;16;19;20;21;22;23;24;27;28;
1311	礼	ndaex	dai^{4}	得到	19	0.00985%	8	01;05;09;12;17;22;24;27;
5175	來	laiz	la:i^{2}	得来	2	0.00104%	2	09;12;
7214	礼	ndaex	dai^{4}	得了	1	0.00052%	1	09;
5176	得	ndaex	dai^{4}	得要	2	0.00104%	1	15;
7215	里	ndix	di^{4}	得益于	1	0.00052%	1	02;
1366	弄	loeng	loŋ^{1}	得罪	18	0.00933%	9	02;04;05;06;08;10;23;24;25;
961	恨	hwnj	hɯn^{3}	登	27	0.01400%	5	07;11;17;21;23;
3183	恨	hwnj	hɯn^{3}	登上	5	0.00259%	3	19;25;28;
7219	尋	caemq	ɕam^{5}	蹬	1	0.00052%	1	12;

词号	壮字	新壮文	音标	词义	频次	词频	分布度	抄本号
596	奓	deq	te⁵	等	49	0.02540%	13	05;10;11;12;13;14;17;19;20;21;23;28;18;
1825	杀	caj	ɕa³	等待	12	0.00622%	6	05;12;17;23;26;27;
4187	佐	caj	ɕa³	等到	3	0.00156%	2	12;29;
2862	佐	caj	ɕa³	等候	6	0.00311%	4	12;13;17;27;
5178	加	gah	ka⁶	等价	2	0.00104%	1	17;
7220	奓	deq	te⁵	等着	1	0.00052%	1	09;
2863	庚伍	gumj-gyaeuj	kum³tɕau³	低头	6	0.00311%	3	17;18;23;
5181	穷	gongz	ko:ŋ²	低吟	2	0.00104%	1	19;
2371	篤	doek	tok⁷	滴	8	0.00415%	5	03;08;09;10;12;
7228	梁	lieng	liəŋ¹	滴出	1	0.00052%	1	16;
5183	隆	loengz	loŋ²	滴下	2	0.00104%	2	07;09;
4191	當	dang	ta:ŋ¹	抵	3	0.00156%	1	25;
5184	必	byot	pjo:t⁷	抵达	2	0.00104%	1	27;
3594	當	dang	ta:ŋ¹	抵挡	4	0.00207%	1	09;
11160	頂	demq	te:m⁵	抵给	1	0.00052%	1	18;
7231	當命	dang-mingh	ta:ŋ¹miŋ⁶	抵命	1	0.00052%	1	11;
7232	定	dingj	tiŋ³	抵制	1	0.00052%	1	28;
1533	消	seu	ɬe:u¹	抵撞	15	0.00778%	6	02;07;09;10;19;18;
1416	献	yienh	jiən⁶	递	17	0.00881%	5	08;10;17;19;20;
7241	元	yuenh	juən⁶	递给	1	0.00052%	1	17;
7242	崖	yaiz	jva:i²	递送	1	0.00052%	1	17;
7245	到	dauq	ta:u⁵	颠倒	1	0.00052%	1	20;
3096	当	dangq	ta:ŋ⁵	典当	5	0.00259%	3	17;19;18;
722	点	demj	te:m³	点	39	0.02022%	11	05;13;17;19;20;21;22;23;24;25;28;
7246	乾	gap	ka:p⁷	点灯	1	0.00052%	1	21;
7247	乎	hu	hu¹	点火	1	0.00052%	1	17;
5192	域	ngvaek	ŋvak⁷	点头	2	0.00104%	1	22;
7249	提	dwz	tɯ²	点着	1	0.00052%	1	12;
2866	侵	coem	ɕom¹	玷污	6	0.00311%	2	07;17;
1347	抵	deemx	te:m³³	垫	18	0.00933%	8	26;02;04;09;17;27;28;18;
7252	荅	dieb	tiəp⁸	垫在	1	0.00052%	1	05;
3189	媟	ndieb	diəp⁸	惦记	5	0.00259%	3	05;12;17;
4194	媟	ndieb	diət⁸	惦念	3	0.00156%	2	05;19;
4195	啼	daeh	tai⁶	叼	3	0.00156%	3	02;07;10;
3595	朗	njaaqc	ȵa:ŋ³⁵	凋谢	4	0.00207%	1	26;
1616	任	yaemz	jam²	吊	14	0.00726%	8	01;02;04;05;07;19;25;18;
7258	托怒嚢	doek-nungq-nangq	tok⁷ʔnuŋ⁵ ʔna:ŋ⁵	吊浪浪	1	0.00052%	1	19;
2375	雪	set	ɬe:t⁷	钓	8	0.00415%	3	01;04;05;
1642	托	doek	tok⁷	掉	14	0.00726%	8	02;08;09;10;12;21;22;23;
7260	魯	lot	lo:t⁷	掉队	1	0.00052%	1	08;
7261	篤	doek	tok⁷	掉进	1	0.00052%	1	09;

词号	壮字	新壮文	音标	词义	频次	词频	分布度	抄本号
1461	托	doek	tok^{7}	掉落	16	0.00829%	10	01;02;07;10;17;19;23;26;28;
7262	托哑心	doek-yaj-sinh	tok^{7}ja^{3}θin^{6}	掉落纷纷	1	0.00052%	1	17;
1172	独	doek	tok^{7}	掉下	22	0.01140%	12	02;08;09;10;12;14;17;19;20;23;26;28;
3462	途	doek	tok^{7}	跌	4	0.00207%	4	05;11;26;18;
2190	林	laemx	lam^{4}	跌倒	9	0.00467%	6	03;05;08;18;19;27;
5194	淋馱涞	laemx-daz-lai	lam^{4}ta^{2}la:i^{1}	跌倒绵绵	2	0.00104%	2	07;11;
7263	淋批	laemx-bae	lam^{4}pai^{1}	跌去	1	0.00052%	1	25;
4196	教	diu	tiu^{44}	跌入	3	0.00156%	1	26;
5195	多三	dogr-caaqc	tək^{55}ɕa:ŋ^{35}	跌伤	2	0.00104%	1	26;
1930	達	dab	ta:p^{8}	叠	11	0.00570%	7	03;04;07;09;10;12;23;
5196	啄	dot	to:t^{7}	叮	2	0.00104%	2	02;15;
3191	苧	daengq	taŋ^{5}	叮嘱	5	0.00259%	3	11;10;28;
2593	付	fu	fu^{1}	叮啄	7	0.00363%	5	03;07;16;17;19;
2376	斗	daeux	tau^{4}	顶	8	0.00415%	7	03;05;14;20;22;23;28;
4200	替	diq	ti^{5}	顶替	3	0.00156%	2	17;27;
2377	亭	dingj	tiŋ^{3}	顶撞	8	0.00415%	4	01;05;10;17;
5198	立	laeb	lap^{8}	订	2	0.00104%	1	01;
7264	頂	dingq	tiŋ^{5}	钉封	1	0.00052%	1	19;
469	定	dingh	tiŋ^{6}	定	66	0.03421%	16	01;02;03;04;05;07;10;12;17;19;20;21;22;24;28;18;
1883	定	dingh	tiŋ^{6}	定夺	12	0.00622%	1	18;
7266	定海	dingh-hawj	tiŋ^{6}haɯ^{3}	定给	1	0.00052%	1	19;
7268	漢	han	ha:n^{1}	定婚	1	0.00052%	1	10;
7269	定	dingh	tiŋ^{6}	定居	1	0.00052%	1	17;
7270	考各	gauj-gueg	ka:u^{3}kuək^{8}	定做	1	0.00052%	1	21;
490	者	ce	ɕe^{1}	丢	62	0.03214%	16	01;02;04;05;09;10;12;13;17;21;23;24;25;26;29;18;
7271	艾	ngaj	ʔŋa^{3}	丢丑	1	0.00052%	1	17;
7272	勿	vut	vut^{7}	丢掉	1	0.00052%	1	08;
7273	得	dwk	tɯk^{7}	丢放	1	0.00052%	1	12;
7274	夫	fwz	fɯ^{2}	丢荒	1	0.00052%	1	20;
7275	提那	dwk-naj	tɯk^{7}na^{3}	丢脸	1	0.00052%	1	17;
2378	飛	fid	fit^{8}	丢弃	8	0.00415%	4	08;17;24;27;
7276	雷	lwi	lɯəi^{1}	丢失	1	0.00052%	1	12;
1368	叭舍	bat-ce	pa:t^{7}ɕe^{1}	丢下	18	0.00933%	6	08;17;20;23;27;28;
2147	寺	ce	ɕe^{1}	丢在	9	0.00467%	4	03;19;20;18;
97	魯	lox	lo^{4}	懂	309	0.16017%	26	01;02;03;04;05;06;07;08;09;10;11;12;13;15;16;17;19;20;21;22;23;24;26;28;29;18;
4202	魯倻	lox-naj	lo^{4}na^{3}	懂得	3	0.00156%	3	01;17;27;
7278	罗	rox	ro^{4}	懂事	1	0.00052%	1	17;
1152	佞	ning	niŋ^{1}	动	22	0.01140%	12	02;04;05;07;09;10;17;19;20;22;26;18;
5201	桑揰	cat-fwngz	ɕa:t^{7}fɯŋ^{2}	动手	2	0.00104%	2	02;04;

词号	壮字	新壮文	音标	词义	频次	词频	分布度	抄本号
4203	可	goj	ko³	都是	3	0.00156%	2	03;06;
2869	辛	saenq	ɬan⁵	抖	6	0.00311%	4	05;12;17;20;
7287	逢	bongx	po:ŋ⁴	抖出	1	0.00052%	1	17;
2870	恨	saenq	θan⁵	抖动	6	0.00311%	3	17;27;28;
1211	得	dwk	tɯk⁷	斗	21	0.01089%	10	01;02;04;06;07;09;10;11;12;
5206	呀	nyax	ŋa⁴	斗气	2	0.00104%	1	04;
7289	刎	fiez	fiə²	逗乐	1	0.00052%	1	28;
2192	都	duh	tu⁶	逗留	9	0.00467%	3	05;17;22;
7290	文	venq	ʔve:n⁵	逗喂	1	0.00052%	1	17;
1724	讀	dog	to:k⁸	读	13	0.00674%	8	01;02;05;06;09;17;20;22;
5211	读	dog	to:k⁸	读书	2	0.00104%	2	17;25;
2872	塞	saek	θak⁷	堵	6	0.00311%	2	17;19;
4208	退	doiq	to:i⁵	堵塞	3	0.00156%	2	09;27;
4209	𠷈	gueg	kuək⁸	赌	3	0.00156%	3	05;23;28;
7298	雅	yah	ja⁶	赌气	1	0.00052%	1	12;
7301	碰	bongz	po:ŋ²	肚鼓	1	0.00052%	1	19;
7304	化	vaq	va⁵	度	1	0.00052%	1	20;
7305	卦	gvaq	kva⁵	度过	1	0.00052%	1	29;
2873	送	soengq	soŋ⁵	度送	6	0.00311%	1	27;
1191	度	doh	to⁶	渡	21	0.01089%	10	01;02;04;05;07;14;22;28;26;
7306	度	doh	to⁶	渡过	1	0.00052%	1	22;
3601	度后	doh-haeuj	to⁶hau³	渡进	4	0.00207%	1	05;
7307	度	doh	to⁶	渡殃	1	0.00052%	1	07;
7308	全	cuenq	ɕuən⁵	镀	1	0.00052%	1	17;
4211	王	vangh	va:ŋ⁶	端	3	0.00156%	3	17;20;27;
5214	駝	togr	thɔk⁵⁵	端奉	2	0.00104%	1	26;
352	坤	goenq	kon⁵	断	90	0.04665%	20	02;03;04;05;06;07;09;10;11; 12;13;17;19;20;21;22;23;24;
7315	定辞	dingh-saeh	tiŋ⁶θai⁶	断案	1	0.00052%	1	17;
5216	定	dingh	tiŋ⁶	断定	2	0.00104%	1	06;
3195	坤	goenq	kon⁵	断根	5	0.00259%	2	02;11;
1313	昆	goenq	kon⁵	断绝	19	0.00985%	8	01;04;05;06;08;17;20;25;
3602	断	duenh	tuən⁶	断流	4	0.00207%	3	04;17;20;
11162	厄	ngweg	ŋɯək⁸	断气	1	0.00052%	1	18;
7316	坤	goenq	kon⁵	断冤	1	0.00052%	1	23;
3603	奉	foeng	foŋ¹	堆	4	0.00207%	2	17;19;
5217	婆	box	po⁴	堆积	2	0.00104%	2	03;17;
7320	翁	oengj	oŋ³	堆集	1	0.00052%	1	27;
5218	正	caep	ɕap⁷	堆砌	2	0.00104%	2	20;22;
7321	幼	uq	u⁵	堆在	1	0.00052%	1	08;
570	得	dwg	tɯk⁸	对	52	0.02695%	12	01;02;03;04;05;10;11;12;16; 22;23;28;
3604	托	doq	to⁵	对唱	4	0.00207%	2	20;25;
1488	脱	doiq	to:i⁵	对答	16	0.00829%	3	12;13;28;

词号	壮字	新壮文	音标	词义	频次	词频	分布度	抄本号
7323	擂	ndoih	do:i⁶	对打	1	0.00052%	1	06;
7324	對内外	doiq-ndaej-vaij	to:i⁵dai³va:i³	对得起	1	0.00052%	1	21;
2594	退	doiq	to:i⁵	对付	7	0.00363%	3	02;09;23;
7326	多	doq	to⁵	对接	1	0.00052%	1	12;
7327	逻	ndah	ta⁶	对骂	1	0.00052%	1	05;
2193	得	dwk	tɯk⁷	对着	9	0.00467%	4	12;13;19;20;
3606	用	gung	juŋ¹	蹲	4	0.00207%	4	02;05;17;21;
7332	察	tsah	tsa⁶	蹲撑	1	0.00052%	1	27;
7333	破	bomq	po:m⁵	蹲候	1	0.00052%	1	17;
3097	沓	dumq	tum⁵	炖	5	0.00259%	4	05;17;20;18;
7336	椁	dwk	tɯk⁷	顿	1	0.00052%	1	04;
2382	佐	gyo	tɕo¹	多得	8	0.00415%	4	02;10;17;21;
1314	着	gyo	tɕo¹	多亏	19	0.00985%	7	01;02;04;17;19;20;21;
963	着	gyo	tɕo¹	多谢	27	0.01400%	10	01;05;06;10;17;19;20;21;22;
7341	基	maeuz	mau²	多占	1	0.00052%	1	22;
7342	定	dingh	tiŋ⁶	踱	1	0.00052%	1	21;
2383	诺	ndoj	do³	躲	8	0.00415%	3	17;21;25;
7343	幻	uq	u⁵	躲在	1	0.00052%	1	13;
2876	卵	lonq	lo:n⁵	剁	6	0.00311%	3	05;22;23;
5222	嗲	caemq	ɕam⁵	跺	2	0.00104%	1	12;
4214	放	cuengq	ɕuəŋ⁵	屙	3	0.00156%	1	05;
850	発	fat	fa:t⁷	发	31	0.01607%	15	02;03;04;05;07;10;11;12;13; 17;19;21;22;28;18;
5238	分才	fat-caiz	fa:t⁷ɕa:i²	发财	2	0.00104%	1	17;
7354	吋火	gyaez-hoj	tɕai²ho³	发愁	1	0.00052%	1	18;
4219	達	dad	ta:t⁸	发达	3	0.00156%	3	02;05;12;
4221	近	gyingq	tɕiŋ⁵	发抖	3	0.00156%	3	17;23;27;
7355	炁	hwq	hɯ⁵	发干	1	0.00052%	1	23;
5239	許	hawj	haɯ³	发给	2	0.00104%	2	02;03;
7356	吝	nding	diŋ¹	发红	1	0.00052%	1	20;
7357	拔表	fad-beuj	fa:t⁸pe:u³	发话	1	0.00052%	1	05;
7358	黄	heenx	he:n³³	发黄	1	0.00052%	1	26;
2880	議	nyap	ɲa:p⁷	发火	6	0.00311%	2	19;28;
3198	痍	seng	ɬe:ŋ¹	发冷	5	0.00259%	4	02;04;05;20;
4222	斗龙	daeuj-rongh	tau³ro:ŋ⁶	发亮	3	0.00156%	1	17;
5241	卜	buek	puək⁷	发霉	2	0.00104%	1	17;
1726	何恨	hoz-haen	ho²han¹	发怒	13	0.00674%	2	18;17;
5242	𠬤	fat	fa:t⁷	发派	2	0.00104%	1	17;
7359	発丕	fat-bae	fa:t⁷pai¹	发去	1	0.00052%	1	20;
7360	翁	oeng	oŋ¹	发热	1	0.00052%	1	23;
5243	生	seng	ɬe:ŋ¹	发痧	2	0.00104%	2	04;06;
3199	生	seng	ɬe:ŋ¹	发烧	5	0.00259%	2	08;11;
7361	领	lingh	liŋ⁶	发誓	1	0.00052%	1	17;
7362	發	fad	fa:t⁸	发下	1	0.00052%	1	01;

词号	壮字	新壮文	音标	词义	频次	词频	分布度	抄本号
7363	発将	fat-ciengx	fa:t^{7}ɕiəŋ^{4}	发饷	1	0.00052%	1	23;
2597	芽	ngad	ŋa:t^{8}	发芽	7	0.00363%	3	03;05;09;
7364	北	pad	pha:t^{8}	伐	1	0.00052%	1	27;
1192	卜	boek	pok^{7}	翻	21	0.01089%	9	03;04;12;17;19;21;22;26;18;
7369	北	laet	pɯt^{8}	翻查	1	0.00052%	1	27;
5246	必朋	biq-boenq	pi^{5}pon^{5}	翻倒	2	0.00104%	2	18;19;
7370	北丙	boek-bwnj	pok^{7}pɯn^{3}	翻覆	1	0.00052%	1	27;
1889	考急	gauj-gyoep	ka:u^{3}tɕop^{7}	翻滚	11	0.00570%	4	03;19;21;18;
7371	屋	ok	o:k^{7}	翻过	1	0.00052%	1	28;
7372	品	binj	pin^{3}	翻过来	1	0.00052%	1	27;
7373	花狼	boek-langh	pok^{7}la:ŋ^{6}	翻开	1	0.00052%	1	23;
7374	反	fan	fa:n^{1}	翻落	1	0.00052%	1	17;
5247	闭	bae	pai^{1}	翻去	2	0.00104%	1	03;
3201	返	fonj	fo:n^{3}	翻身	5	0.00259%	4	11;13;21;27;
7375	六零	luz-lingx	lu^{2}liŋ^{4}	翻转	1	0.00052%	1	02;
7377	土	duh	tu^{6}	烦劳	1	0.00052%	1	21;
747	呰	ceh	ɕe^{6}	繁衍	37	0.01918%	14	02;03;05;07;09;10;12;17;19;20;21;26;27;18;
427	呰	ceh	ɕe^{6}	繁殖	72	0.03732%	15	02;03;04;05;06;07;09;10;12;13;14;17;19;20;26;
1417	返	fanj	fa:n^{3}	反	17	0.00881%	8	04;05;07;10;12;17;24;25;
1829	反福	fan-fuk	fa:n^{1}fuk^{7}	反逆	12	0.00622%	5	02;04;07;10;22;
5251	反福	fanj-fuk	fa:n^{3}fuk^{7}	反叛	2	0.00104%	1	04;
5252	反妖	fan-iu	fa:n^{1}i:u^{1}	反孝	2	0.00104%	2	02;04;
1061	罵	ma	ma^{1}	返	24	0.01244%	11	02;04;05;06;10;11;12;17;19;27;18;
307	到	dauq	ta:u^{5}	返回	104	0.05391%	25	02;04;05;06;07;08;09;10;11;12;13;16;17;18;19;20;22;23;24;25;26;27;28;29;03;
874	犯	famh	fa:m^{6}	犯	30	0.01555%	10	01;02;04;05;07;10;11;17;22;
5253	弄	loeng	loŋ^{1}	犯错	2	0.00104%	1	02;
7386	犯	famh	fa:m^{6}	犯忌	1	0.00052%	1	22;
3202	標咟	beu-bak	pe:u^{1}pa:k^{7}	犯嘴忌	5	0.00259%	3	01;02;04;
7387	発罪	fat-coih	fa:t^{7}ɕo:i^{6}	犯罪	1	0.00052%	1	22;
7388	糇	haeux	hau^{4}	饭	1	0.00052%	1	05;
7390	郎	lak	lak^{11}	泛滥	1	0.00052%	1	26;
1033	伴	buenq	puən^{5}	贩	25	0.01296%	6	02;17;22;25;27;28;
3203	判	buenq	puən^{5}	贩卖	5	0.00259%	4	05;06;07;22;
3612	余	yiez	jiə^{2}	防	4	0.00207%	3	06;17;20;
3204	今	gyit	tɕit^{7}	妨碍	5	0.00259%	2	17;22;
3205	劳	lauh	la:u^{6}	访	5	0.00259%	1	21;
1062	陀	daz	ta^{2}	纺	24	0.01244%	8	12;17;19;20;21;24;25;18;
7397	缴	geu	ke:u^{1}	纺出	1	0.00052%	1	24;
7398	忌	siz	θi^{2}	纺排	1	0.00052%	1	17;
2882	若	yok	jo:k^{7}	纺纱	6	0.00311%	3	20;21;25;

词号	壮字	新壮文	音标	词义	频次	词频	分布度	抄本号
3614	鴻	lok	lo:k^{8}	纺织	4	0.00207%	4	05;20;21;24;
49	畐	fu	fu^{1}	放	575	0.29805%	28	01;02;03;04;05;06;07;08;09;10;11;12;13;14;15;16;17;19;20;21;22;23;24;25;26;27;28;
2195	屋	ok	o:k^{7}	放出	9	0.00467%	5	13;17;26;27;28;
4228	坐	coq	ɕo^{5}	放到	3	0.00156%	2	17;20;
5257	中	cuengq	ɕuəŋ^{5}	放风	2	0.00104%	2	17;20;
3463	得	dwk	tɯk^{7}	放给	4	0.00207%	3	11;27;18;
7400	中	cuengq	ɕuəŋ^{5}	放话	1	0.00052%	1	17;
3615	入	haeuj	hau^{3}	放进	4	0.00207%	3	04;13;23;
2196	開	hai	ha:i^{1}	放开	9	0.00467%	3	09;17;27;
7401	娘	langh	la:ŋ^{6}	放牧	1	0.00052%	1	17;
7403	放丕	cuengq-bae	ɕuəŋ^{5}pai^{1}	放去	1	0.00052%	1	19;
7404	者	ce	ɕe^{1}	放任	1	0.00052%	1	17;
7405	作	coq	ɕo^{5}	放入	1	0.00052%	1	17;
7406	将	dcooqv	tɕo:ŋ^{11}	放手	1	0.00052%	1	26;
7407	状	dcoqv	tɕɔŋ^{11}	放松	1	0.00052%	1	26;
1567	攏	loengz	loŋ^{2}	放下	15	0.00778%	7	11;13;17;19;20;21;28;
5258	重心	coek-saem	ɕok^{7}θam^{1}	放心	2	0.00104%	2	18;19;
3207	浪	langh	la:ŋ^{6}	放养	5	0.00259%	3	17;19;20;
681	淂	dwk	tɯk^{7}	放在	41	0.02125%	11	04;05;11;12;13;15;17;19;25;27;18;
2883	孝	coq	ɕo^{5}	放着	6	0.00311%	2	05;27;
2884	得	dwk	tɯk^{7}	放置	6	0.00311%	4	13;17;26;27;
7408	中	tsoengq	tsoŋ^{5}	放纵	1	0.00052%	1	27;
5259	床	cuengq	ɕuəŋ^{5}	放走	2	0.00104%	2	17;29;
546	泯	mbin	din^{1}	飞	54	0.02799%	12	03;04;05;12;17;19;20;21;25;26;27;18;
4229	勿	fex	fɯ^{4}	飞奔	3	0.00156%	3	17;20;23;
7409	勿土天	fwx-doh-din	fɯ^{4}to^{6}tin^{1}	飞奔速速	1	0.00052%	1	17;
7410	敏立連	mbin-lih-lienz	bin^{1}li^{6}liən^{2}	飞纷纷	1	0.00052%	1	18;
7411	卦	gvaq	kva^{5}	飞过	1	0.00052%	1	14;
5260	批	bae	pai^{1}	飞回	2	0.00104%	1	15;
5261	煎	sinz	ɬin^{2}	飞溅	2	0.00104%	1	03;
7413	謝立老	sep-lis-laox	puk^{44}li^{31}lan^{4}	飞溅闪闪	1	0.00052%	1	26;
7414	批	bae	pai^{1}	飞进	1	0.00052%	1	15;
1830	斗	daeuj	tau^{3}	飞来	12	0.00622%	3	19;20;23;
7418	玊里狼	mbin-lih-langh	bin^{1}li^{6}la:ŋ^{6}	飞飘飘	1	0.00052%	1	05;
2040	丕	bae	pai^{1}	飞去	10	0.00518%	3	17;22;23;
7419	恨	hwngj	hɯn^{3}	飞上	1	0.00052%	1	23;
7420	旺	vang	va:ŋ^{1}	飞身	1	0.00052%	1	19;
5262	浮	fut	fut^{7}	飞升	2	0.00104%	1	22;
5263	玊作	mbin-coq	bin^{1}ɕo^{5}	飞往	2	0.00104%	1	20;
7421	賁	baenq	pan^{5}	飞转	1	0.00052%	1	09;
7422	玊	mbin	bin^{1}	飞走	1	0.00052%	1	04;

词号	壮字	新壮文	音标	词义	频次	词频	分布度	抄本号
1127	喽	laeuq	lau^{5}	吠	23	0.01192%	10	05;10;13;17;22;23;07;19;20;
7427	留為囬	laeuq-vih-vaex	$lau^{5}vi^{6}vai^{4}$	吠呼呼	1	0.00052%	1	22;
11163	右	yaeuq	jau^{5}	吠叫	1	0.00052%	1	18;
7428	留為華	laeuq-vih-vaz	$lau^{5}vi^{6}va^{2}$	吠汪汪	1	0.00052%	1	22;
7432	白立欄	bug-lis-lan	$puk^{44}li^{31}lan^{4}$	沸腾花花	1	0.00052%	1	26;
3620	批	nae	pai^{1}	费	4	0.00207%	2	12;13;
4231	得烈	dwz-rengz	$tɯ^{2}re:ŋ^{2}$	费力	3	0.00156%	1	21;
148	房	fuengz	$fuəŋ^{2}$	分	214	0.11093%	22	03;04;05;06;07;11;12;13;16;17;19;20;21;22;23;24;25;26;27;29;02;18;
7434	分	baen	pan^{1}	分辨	1	0.00052%	1	27;
5267	分	banc	pan^{35}	分成	2	0.00104%	1	26;
5268	礼	ndaex	dai^{4}	分得	2	0.00104%	1	11;
7435	分	baen	pan^{1}	分发	1	0.00052%	1	27;
4232	腮	sai	$ɬa:i^{1}$	分给	3	0.00156%	2	06;17;
7436	本	baen	pan^{1}	分解	1	0.00052%	1	21;
3621	本	baen	pan^{1}	分开	4	0.00207%	3	21;22;26;
7437	殺	kac	kha^{35}	分流	1	0.00052%	1	26;
7438	反	fag	fak^{44}	分娩	1	0.00052%	1	26;
7439	啚	dok	$to:k^{7}$	分蘖	1	0.00052%	1	12;
2389	分	baen	pan^{1}	分派	8	0.00415%	1	19;
7440	分坐	faenh-coq	$fan^{6}ɕo^{5}$	分配	1	0.00052%	1	17;
7441	分	baen	pan^{1}	分肉	1	0.00052%	1	14;
11164	片	mbienh	$biən^{6}$	分纱	1	0.00052%	1	18;
7442	忙	mbak	$ba:k^{7}$	分手	1	0.00052%	1	21;
5269	办	ban	$pa:n^{1}$	分摊	2	0.00104%	1	23;
1399	等	daengq	$taŋ^{5}$	吩咐	17	0.00881%	8	03;04;12;13;17;25;28;18;
2599	化	va	va^{1}	焚化	7	0.00363%	1	25;
5273	酓	haemz	ham^{2}	愤恨	2	0.00104%	1	22;
7451	酓个厘	haemz-gaz-li	$ham^{2}ka^{2}li^{1}$	愤恨悠悠	1	0.00052%	1	25;
2600	安	an	$a:n^{1}$	封	7	0.00363%	4	03;17;19;20;
7460	重	cumh	$ɕum^{6}$	封存	1	0.00052%	1	17;
7461	封	foeng	$foŋ^{1}$	封话	1	0.00052%	1	21;
3464	崩	foeng	$foŋ^{1}$	封在	4	0.00207%	2	19;18;
3622	丁	deng	$te:ŋ^{1}$	逢	4	0.00207%	4	04;26;28;11;
2394	入	nyib	$ȵip^{8}$	缝	8	0.00415%	4	12;17;19;21;
7468	嫗	mbwk	$bɯk^{7}$	讽刺	1	0.00052%	1	23;
3623	泰	fungh	$fuŋ^{6}$	奉	4	0.00207%	4	10;12;17;27;
7471	奉	fungh	$fuŋ^{6}$	奉告	1	0.00052%	1	22;
4233	封	fung	$fuŋ^{1}$	奉养	3	0.00156%	1	03;
1648	伐	faeg	fak^{8}	孵	14	0.00726%	7	02;03;07;12;17;22;26;
3624	贫	baenz	pan^{2}	孵成	4	0.00207%	2	03;12;
7479	朋	byoeng	$pjoŋ^{1}$	孵出	1	0.00052%	1	03;
4234	穷	gyung	$tɕuŋ^{1}$	孵蛋	3	0.00156%	3	17;20;26;

词号	壮字	新壮文	音标	词义	频次	词频	分布度	抄本号
4235	法	faeg	fak^{8}	孵化	3	0.00156%	2	07;10;
7481	穷	gyung	tɕuŋ^{1}	孵崽	1	0.00052%	1	17;
4236	補	buz	pu^{2}	伏	3	0.00156%	3	05;17;19;
7482	布	baeb	pap^{8}	伏倒	1	0.00052%	1	27;
7484	伏	faemz	fam^{2}	伏下	1	0.00052%	1	27;
7485	恭	gung	kuŋ^{1}	伏着	1	0.00052%	1	17;
808	若	yo	jo^{1}	扶	33	0.01711%	12	03;04;05;10;11;17;20;22;23;24;26;18;
7486	若	yo	jo^{1}	扶撑	1	0.00052%	1	03;
274	㑲	yo	jo^{1}	扶持	116	0.06013%	13	01;02;03;04;05;06;07;09;10;12;17;19;20;
2602	若	yo	jo^{1}	扶起	7	0.00363%	1	09;
1418	㑲	yo	jo^{1}	扶助	17	0.00881%	7	01;02;03;05;09;17;20;
7489	立	laeb	lap^{8}	扶住	1	0.00052%	1	27;
3625	佛	baet	pat^{7}	拂	4	0.00207%	1	06;
5281	復	fug	fuk^{8}	服	2	0.00104%	2	01;02;
5282	服	fug	fuk^{8}	服从	2	0.00104%	2	02;10;
3209	使	saej	ɬai^{3}	服侍	5	0.00259%	3	05;17;26;
2197	符	fuz	fu^{2}	浮	9	0.00467%	6	12;13;16;21;25;28;
5283	符	fuz	fu^{2}	浮起	2	0.00104%	2	12;13;
7490	尿	neuz	ne:u^{2}	浮在	1	0.00052%	1	16;
4237	朋	bongz	po:ŋ^{2}	浮肿	3	0.00156%	2	16;19;
5286	龍吾	lungx-u	luŋ^{4}u^{1}	抚养	2	0.00104%	2	12;26;
5287	五	u	u^{1}	抚育	2	0.00104%	2	17;21;
4239	含	hoemj	hom^{3}	俯	3	0.00156%	2	07;13;
7496	卜	bobr	pɔp^{55}	俯面	1	0.00052%	1	26;
7497	忐	hwnj	hɯn^{3}	俯身	1	0.00052%	1	08;
7498	卜	kamx	kham^{33}	俯卧	1	0.00052%	1	26;
3626	悶楼	manc-naws	man^{35}nau^{31}	腐臭	4	0.00207%	4	26;12;19;25;
1419	陋	laeuh	lau^{6}	腐烂	17	0.00881%	8	07;08;10;12;13;22;23;26;
4241	為	viq	vi^{5}	负	3	0.00156%	1	22;
2198	違	viq	vi^{5}	负心	9	0.00467%	6	02;04;05;07;10;23;
3211	孺	juv	ju^{11}	附	5	0.00259%	1	26;
3212	途	doz	to^{2}	附身	5	0.00259%	3	09;18;19;
1831	叭	bet	pɛt^{11}	附着	12	0.00622%	1	26;
7501	到恒	dauq-hwnj	ta:u^{5}hɯn^{3}	复生	1	0.00052%	1	17;
5296	冷	ringx	rviŋ^{4}	覆	2	0.00104%	2	17;26;
5297	滿	muenx	muən^{4}	覆盖	2	0.00104%	2	05;26;
5298	迭	dep	tep^{7}	呷	2	0.00104%	2	27;26;
538	得	dwg	tɯk^{8}	该	56	0.02903%	11	02;05;08;10;13;14;17;19;20;22;27;
2603	成	baenz	pan^{2}	该成	7	0.00363%	3	02;07;27;
7505	遠	daeb	tap^{8}	该是	1	0.00052%	1	29;
2535	盖	gaij	ka:i^{3}	改	7	0.00363%	5	19;21;28;22;18;
3627	罪	coih	ɕo:i^{6}	改正	4	0.00207%	2	01;05;

词号	壮字	新壮文	音标	词义	频次	词频	分布度	抄本号
668	畣	hoemq	hom⁵	盖	42	0.02177%	14	01;03;04;06;09;12;17;21;23;25;26;28;29;18;
3628	恨	hwnj	hɯn³	盖上	4	0.00207%	3	17;24;27;
5301	甘元	gam-nyienh	ka:m¹ȵiən⁶	甘愿	2	0.00104%	1	05;
395	累	laeh	lai⁶	赶	79	0.04095%	19	03;04;07;08;09;10;12;13;17;19;20;21;22;23;24;25;26;29;
7512	邦提	bang-dwz	pa:ŋ¹tɯ²	赶到	1	0.00052%	1	25;
7513	黎	laeh	lai⁶	赶猎	1	0.00052%	1	07;
7514	批	bae	pai¹	赶去	1	0.00052%	1	23;
5303	讉	gyaep	tɕap⁷	赶杀	2	0.00104%	1	23;
4243	律	laeh	lai⁶	赶走	3	0.00156%	2	08;09;
4244	感	gamj	ka:m³	敢	3	0.00156%	3	08;17;20;
1728	則	caek	ɕak⁷	感	13	0.00674%	7	01;02;04;07;10;21;22;
4245	則	caek	ɕak⁷	感到	3	0.00156%	2	01;10;
7515	却恩	gyo-aen	tɕo¹an¹	感恩	1	0.00052%	1	21;
2396	業	ndieb	diəp⁸	感觉	8	0.00415%	4	04;17;23;26;
5304	却	gyo	tɕo¹	感谢	2	0.00104%	2	21;26;
7519	岸	ngongx	ŋo:ŋ⁴	干瞪眼	1	0.00052%	1	22;
7520	工	goeng	koŋ¹	干活	1	0.00052%	1	27;
7530	没	moek	mok⁷	高过	1	0.00052%	1	21;
7533	忻	haeng	haŋ¹	高声	1	0.00052%	1	23;
1035	郭	gueg	kuək⁸	搞	25	0.01296%	5	01;11;12;20;23;
7538	告	gauq	ka:u⁵	告	1	0.00052%	1	11;
7539	告	gauq	ka:u⁵	告发	1	0.00052%	1	05;
982	报	bauq	pa:u⁵	告诉	26	0.01348%	10	04;05;08;17;19;20;21;25;26;
3634	叻	nai	na:i¹	告慰	4	0.00207%	1	07;
4251	告	gauq	ta:u⁵	告状	3	0.00156%	2	11;17;
4910	登	daengj	taŋ³	搁放	2	0.00104%	2	19;18;
5316	养	ryangj	ʔja:ŋ³	搁在	2	0.00104%	1	27;
754	達	daet	tat⁷	割	37	0.01918%	13	01;02;03;05;07;08;11;12;13;17;20;22;26;
5317	達	daet	tat⁷	割断	2	0.00104%	1	09;
7541	割宫	gat-goeng	ka:t⁷koŋ¹	割魂	1	0.00052%	1	11;
7542	撻	daet	tat⁷	割开	1	0.00052%	1	01;
5318	擢	ceg	ɕek⁸	割切	2	0.00104%	1	27;
2890	闵	hen	he:n¹	隔	6	0.00311%	5	04;05;11;16;24;
7543	偈断	gek-duenh	ke:k⁷tuən⁶	隔断	1	0.00052%	1	05;
4254	現	hen	he:n¹	隔开	3	0.00156%	2	11;27;
2398	偈	gek	ke:k⁷	隔离	8	0.00415%	4	05;17;27;29;
11	海	hawj	haɯ³	给	1627	0.84335%	29	20;01;02;03;04;05;06;07;08;09;10;11;12;13;14;15;16;17;19;21;22;23;24;25;26;27;28;
304	初	coh	ɕo⁶	跟	105	0.05443%	17	02;03;04;05;09;10;11;12;13;16;17;20;23;25;28;29;18;
5326	從	soengz	ɬoŋ²	跟从	2	0.00104%	2	06;26;

词号	壮字	新壮文	音标	词义	频次	词频	分布度	抄本号
5327	年	nem	ne:m¹	跟来	2	0.00104%	1	17;
2605	礼	ndij	di³	跟去	7	0.00363%	2	17;20;
289	良梛	lwengz-lux	lɯəŋ²lu⁴	跟随	111	0.05754%	21	02;04;05;06;07;09;11;12;16;17;19;20;21;22;23;24;25;27;
5328	良	liengz	liəŋ²	跟向	2	0.00104%	1	23;
7552	良	liengz	liəŋ²	跟在	1	0.00052%	1	13;
2044	里	ndix	di⁴	跟着	10	0.00518%	6	03;08;12;22;23;28;
1832	担	dan	ta:n¹	耕	12	0.00622%	7	05;09;10;11;21;22;28;
7553	郭利	gueg-lih	kuək⁸li⁶	耕地	1	0.00052%	1	01;
3639	提那	dwz-naz	tɯ²na²	耕田	4	0.00207%	2	03;17;
4257	郭	gueg	kuək⁸	耕种	3	0.00156%	2	12;27;
5330	梨	lih	li⁶	耕作	2	0.00104%	2	10;17;
3215	寚	ndaet	dat⁷	哽咽	5	0.00259%	3	25;27;28;
7557	撒	sak	sak¹¹	更换	1	0.00052%	1	26;
7559	律袒	lieg-swj	li:k⁸sɯ³	更衣	1	0.00052%	1	27;
4040	同	duenh	tuən⁶	公断	3	0.00156%	2	17;18;
2893	贼	caeg	ɕak⁸	攻	6	0.00311%	5	01;09;13;17;05;
1936	特	dwk	tɯk⁷	攻打	11	0.00570%	6	09;10;12;13;21;23;
3643	沯	loem	lom¹	攻入	4	0.00207%	1	05;
7568	孔合	gungq-hoh	kuŋ⁵ho⁶	恭贺	1	0.00052%	1	18;
1649	可	goq	ko⁵	恭请	14	0.00726%	1	01;
2201	掑	gaex	kai⁴	拱	9	0.00467%	6	02;04;05;17;19;25;
7569	工	goengq	koŋ⁵	拱成	1	0.00052%	1	23;
1937	侵	caemh	ɕam⁶	共	11	0.00570%	5	09;12;19;23;25;
7570	提	dwz	tɯ²	共用	1	0.00052%	1	06;
7571	同意	doengz-hiq	toŋ²hi⁵	共助	1	0.00052%	1	21;
332	得	dwk	tɯk⁷	供	96	0.04976%	18	01;02;04;05;06;07;08;10;12;14;16;17;19;20;22;24;28;18;
7572	坐	coq	ɕo⁵	供放	1	0.00052%	1	17;
315	甫	buq	pu⁵	供奉	102	0.05287%	15	03;05;07;08;10;11;12;13;15;17;20;22;23;25;27;
3644	供	gung	kuŋ¹	供给	4	0.00207%	2	03;17;
2046	所	soq	ɬo⁵	供祭	10	0.00518%	7	01;05;12;19;25;27;17;
7573	作	coh	ɕo⁶	供神	1	0.00052%	1	19;
7574	送	soengq	θ oŋ⁵	供送	1	0.00052%	1	17;
7576	供	gung	kuŋ¹	供养	1	0.00052%	1	03;
7577	坐	coq	ɕo⁵	供在	1	0.00052%	1	17;
739	亦	yaek	jak⁷	勾	38	0.01970%	4	05;13;27;28;
7584	殺	sat	ɬa:t⁷	购销	1	0.00052%	1	12;
7585	卦	gvaq	kva⁵	够吃	1	0.00052%	1	02;
5342	欺	viq	vi⁵	辜负	2	0.00104%	1	12;
7607	灵而	liz-laeg	li²lak⁸	骨碌	1	0.00052%	1	12;
7610	免	dox	to⁴	蛊惑	1	0.00052%	1	04;
5350	模	moj	mo³	鼓	2	0.00104%	1	19;
5353	亡	vaengz	vaŋ²	故亡	2	0.00104%	1	17;

词号	壮字	新壮文	音标	词义	频次	词频	分布度	抄本号
3647	歌	goq	ko⁵	顾	4	0.00207%	2	12;20;
7614	苦	gov	ko¹¹	顾及	1	0.00052%	1	26;
3220	印	im	im¹	雇	5	0.00259%	3	05;10;17;
3221	印	im	im¹	雇请	5	0.00259%	2	09;12;
3222	畢	baet	pat⁷	刮	5	0.00259%	3	04;17;25;
7617	怌	vaij	va:i³	刮过	1	0.00052%	1	17;
732	頙	daengj	taŋ³	挂	38	0.01970%	10	01;02;03;05;06;17;20;21;23;
5355	臨	lim	lim¹	挂满	2	0.00104%	2	09;17;
1015	得	dwz	tɯ²	挂念	25	0.01296%	6	12;17;19;21;23;18;
7621	念	niemh	niəm⁶	挂牵	1	0.00052%	1	21;
7622	擇	tcajx	tɕhai³³	挂心	1	0.00052%	1	26;
3224	灰	hoij	ho:i³	挂在	5	0.00259%	4	05;17;19;23;
1732	怪	gvaiq	kva:i⁵	怪	13	0.00674%	4	06;17;20;22;
1294	增	gyaeng	tɕaŋ¹	关	19	0.00985%	10	06;11;12;17;19;20;22;23;26;
4272	吋	gyaez	tɕai²	关爱	3	0.00156%	2	17;20;
5360	翁	ung	uŋ¹	关养	2	0.00104%	2	03;20;
7629	将	gyaeng	tɕaŋ¹	关在	1	0.00052%	1	03;
7630	奏	dcoms	tɕɔm³¹	关照	1	0.00052%	1	26;
5361	偍	ngonz	ŋo:n²	观	2	0.00104%	1	28;
7631	偍	ngonz	ŋo:n²	观看	1	0.00052%	1	28;
7632	覃	caemz	ɕam²	观赏	1	0.00052%	1	08;
301	晉	gvanj	kva:n³	管	106	0.05494%	17	01;02;04;07;08;09;10;12;17; 19;20;22;23;25;26;28;18;
2401	干	ganq	ka:n⁵	管理	8	0.00415%	2	01;26;
7644	晉	goonx	ko:n³³	管治	1	0.00052%	1	26;
7647	貫	guenq	kuən⁵	灌给	1	0.00052%	1	19;
7650	貫	guenq	kuən⁵	灌向	1	0.00052%	1	19;
5368	恨	hwnj	hɯn³	光临	2	0.00104%	2	02;08;
686	到	dauq	ta:u⁵	归	41	0.02125%	8	05;08;11;12;19;20;22;23;
4277	猽	ma	ma¹	归来	3	0.00156%	1	15;
5370	歸	gveiq	kvei⁵	归去	2	0.00104%	1	27;
7659	刀白	dauq-bwengz	ta:u⁵pɯəŋ²	归阴	1	0.00052%	1	21;
644	跪	gvih	kvi⁶	跪	44	0.02281%	12	02;05;10;12;17;22;23;25;26; 28;29;18;
2403	跪	gvih	kvi⁶	跪拜	8	0.00415%	4	02;20;26;27;
7676	跪里鵉	gvih-liz-luenz	kvi⁶li²luən²	跪连连	1	0.00052%	1	09;
7677	跪由由	gvih-yaeuz-yaeuz	kvi⁶jau²jau²	跪怜怜	1	0.00052%	1	07;
7678	叩	gis	ki³¹	跪请	1	0.00052%	1	26;
7679	跪	guih	kuən²	跪求	1	0.00052%	1	23;
3466	跪	gvih	kvi⁶	跪下	4	0.00207%	4	05;17;19;18;
3660	跪易由	gvih-yiz-yaeuz	kvi⁶ji²jau²	跪直直	4	0.00207%	4	28;23;25;22;
1352	卜	boek	pok⁷	滚	18	0.00933%	10	01;03;04;05;06;10;17;19;28;
5377	禄令	rux-ringx	ru⁴rviŋ⁴	滚倒	2	0.00104%	1	18;
5378	零	lingx	liŋ⁴	滚地	2	0.00104%	2	04;05;

词号	壮字	新壮文	音标	词义	频次	词频	分布度	抄本号
11174	禄	rux	ru^{4}	滚翻	1	0.00052%	1	18;
7681	困	goenj	kon^{3}	滚过	1	0.00052%	1	17;
5379	領	lingx	liŋ^{4}	滚躺	2	0.00104%	1	28;
7683	初	coq	ɕo^{5}	掴	1	0.00052%	1	02;
4281	却	gyok	tɕo:k^{7}	裹	3	0.00156%	2	20;10;
57	外	vaij	va:i^{3}	过	464	0.24051%	29	20;01;02;03;04;05;06;07;08;09;10;11;12;13;14;15;16;17;19;21;22;23;24;25;26;27;28;
7688	噌	caengh	ɕaŋ^{6}	过秤	1	0.00052%	1	06;
4282	卦度	gvaq-doh	kva^{5}to^{6}	过渡	3	0.00156%	3	01;04;23;
3227	坎馱	hamj-dah	ha:m^{3}ta^{6}	过河	5	0.00259%	3	05;06;17;
7690	倍	bae	pai^{1}	过后	1	0.00052%	1	17;
3228	卦馬	gvaq-ma	kva^{5}ma^{1}	过来	5	0.00259%	5	03;10;20;25;27;
5380	卦	gvaq	kva^{5}	过了	2	0.00104%	2	16;22;
3229	卦踊	gvaq-hoen	kva^{5}hon^{1}	过路	5	0.00259%	4	05;17;21;28;
3230	卦脾	gvaq-bi	kva^{5}pi^{1}	过年	5	0.00259%	3	04;05;10;
5381	卦	gvaq	kva^{5}	过期	2	0.00104%	1	22;
7692	卦	gvaq	kva^{5}	过桥	1	0.00052%	1	17;
907	卦丕	gvaq-bae	kva^{5}pai^{1}	过去	29	0.01503%	11	03;04;09;17;18;20;23;24;26;27;19;
7693	杀	ca	ɕa^{1}	过失	1	0.00052%	1	17;
641	卦丕仙	gvaq-bae-sien	kva^{5}pai^{1}ɬiən^{1}	过世	45	0.02333%	12	06;02;07;10;11;12;15;17;19;20;21;29;
7694	过	gvaq	kva^{5}	过水	1	0.00052%	1	17;
7695	卦晗	gvaq-haemh	kva^{5}ham^{6}	过晚	1	0.00052%	1	01;
7696	董	duq	tuŋ^{44}	过问	1	0.00052%	1	26;
5382	卦痕	gvaq-hwnz	kva^{5}hɯn^{2}	过夜	2	0.00104%	2	01;06;
432	不	vanz	va:n^{2}	还	71	0.03680%	16	02;06;07;08;09;10;11;12;13;15;19;22;23;24;28;29;
5384	礼	ndaex	dai^{4}	还得	2	0.00104%	1	08;
4284	利	lix	li^{4}	还活	3	0.00156%	2	17;23;
7697	倍	boiz	po:i^{2}	还礼	1	0.00052%	1	05;
5385	里	lix	li^{4}	还剩	2	0.00104%	1	09;
476	里	lix	li^{4}	还有	65	0.03369%	16	01;02;03;04;05;06;09;10;13;17;19;20;21;22;23;25;
1089	还	vanz	va:n^{2}	还愿	24	0.01244%	9	01;02;03;04;06;10;12;20;22;
3662	立	lix	li^{4}	还在	4	0.00207%	4	06;23;24;27;
1401	害	haih	ha:i^{6}	害	17	0.00881%	6	08;13;16;22;23;18;
3232	劳	lau	la:u^{1}	害怕	5	0.00259%	4	05;22;26;27;
4287	罱孟	naj-mongh	na^{3}mo:ŋ^{6}	害羞	3	0.00156%	1	05;
3663	的	dwz	tɯ^{2}	含	4	0.00207%	3	06;23;26;
302	好	heuh	he:u^{6}	喊	106	0.05494%	20	20;01;02;04;05;06;07;08;10;12;14;15;16;17;21;22;23;24;
1791	黎乞	laez-hit	lai^{2}hit^{7}	喊叫	12	0.00622%	10	04;05;13;14;17;20;23;24;28;
7706	号丕	heuh-bae	he:u^{6}pai^{1}	喊去	1	0.00052%	1	20;

词号	壮字	新壮文	音标	词义	频次	词频	分布度	抄本号
7707	黎	laez	lai²	喊声	1	0.00052%	1	23;
7708	得時常	dwk-cih-cangz	tɯk⁷ɕi⁶ɕa:ŋ²	喊呀呀	1	0.00052%	1	24;
7709	耗提壇	hauq-diz-danz	ha:u⁵ti²ta:n²	喊喳喳	1	0.00052%	1	13;
2405	限	hanh	ha:n⁶	焊	8	0.00415%	6	02;03;04;05;09;10;
3664	寒	hanh	ha:n⁶	焊接	4	0.00207%	3	01;07;09;
1263	行	hengz	he:ŋ²	行	20	0.01037%	9	01;04;07;10;12;20;21;28;29;
7714	蕚	yak	ja:k⁷	行恶	1	0.00052%	1	12;
7715	行唎	hengz-ndi	he:ŋ²di¹	行好	1	0.00052%	1	05;
7716	行所	hengz-soh	he:ŋ²ɬo⁶	行善	1	0.00052%	1	05;
5391	行	hengz	he:ŋ²	行事	2	0.00104%	2	09;12;
5392	情	sed	θe:t⁸	行侠	2	0.00104%	2	17;20;
3665	雷	raih	ra:i⁶	行走	4	0.00207%	2	17;21;
4290	好	hauj	ha:u³	好	3	0.00156%	2	20;27;
7726	俐貧	ndi-baenz	di¹pan²	好似	1	0.00052%	1	28;
2051	比貧	bij-baenz	pi³pan²	好像	10	0.00518%	5	06;17;23;25;26;
7728	位	vih	vi⁶	好在	1	0.00052%	1	04;
263	利	ndi	di¹	好转	120	0.06220%	22	01;02;04;05;06;07;08;09;10;11;12;13;15;16;17;20;22;23;25;27;28;29;
7730	耗	hauz	ha:u²	耗	1	0.00052%	1	17;
139	跟	gwn	kɯn¹	喝	229	0.11870%	21	01;02;03;04;05;06;07;08;09;10;12;17;19;20;21;22;23;25;
7731	献	yet	ʔje:t⁷	喝酒	1	0.00052%	1	19;
7732	了	leux	le:u⁴	喝完	1	0.00052%	1	17;
964	甲	gap	ka:p⁷	合	27	0.01400%	9	01;04;05;09;11;12;20;21;22;
7737	勒	roeb	rop⁸	合并	1	0.00052%	1	17;
5400	甲	gap	ka:p⁷	合伙	2	0.00104%	2	10;23;
1940	祘	suenq	ɬuən⁵	合计	11	0.00570%	5	03;10;12;22;23;
3233	合	hab	ha:p⁸	合拢	5	0.00259%	3	06;17;26;
7741	散	suenq	ɬuən⁵	合算	1	0.00052%	1	23;
7742	憑	fwngz	fɯŋ²	合掌	1	0.00052%	1	05;
7743	哥	goj	ko³	合作	1	0.00052%	1	21;
5402	岩	ngamq	ŋa:m⁵	和	2	0.00104%	2	07;24;
5403	俐	ndi	di¹	和好	2	0.00104%	2	23;28;
433	和	hoz	ho²	和解	71	0.03680%	7	02;07;11;12;17;20;23;
7772	愢	hwnq	hɯn⁵	很想	1	0.00052%	1	13;
1036	啥	haemz	ham²	恨	25	0.01296%	10	01;02;04;05;06;09;13;22;23;
2052	含个憐	haemz-gaz-linh	ham²ka²lin⁶	恨连连	10	0.00518%	7	07;10;11;12;13;18;23;
5411	含个憐	haemz-gaz-linh	ham²ka²lin⁶	恨切切	2	0.00104%	2	10;12;
2407	含个离	haemz-gaz-lih	ham²ka²li⁶	恨悠悠	8	0.00415%	6	07;11;12;13;18;24;
1421	旺	vang	va:ŋ¹	横	17	0.00881%	7	04;17;19;20;23;24;26;
7775	旺	vang	va:ŋ¹	横倒	1	0.00052%	1	23;
7776	萬	vang	va:ŋ¹	横挂	1	0.00052%	1	19;
7779	烈	lez	le²	横扫	1	0.00052%	1	27;
7780	旺躺	vang-ndang	va:ŋ¹da:ŋ¹	横身	1	0.00052%	1	23;

词号	壮字	新壮文	音标	词义	频次	词频	分布度	抄本号
4299	徃	vang	va:ŋ¹	横在	3	0.00156%	2	20;28;
2053	亨	hwengq	hɯəŋ⁵	烘	10	0.00518%	8	02;03;04;10;17;21;22;27;
7786	羊	yieng	jiəŋ¹	烘干	1	0.00052%	1	12;
7787	架	kyah	khja⁶	烘篮	1	0.00052%	1	27;
7788	羌	ywengj	jɯəŋ³	烘烧	1	0.00052%	1	03;
7789	闵	nding	diŋ¹	红	1	0.00052%	1	04;
7811	魯	loh	lo⁶	哄	1	0.00052%	1	05;
3677	喊	hat	ha:t⁷	吼	4	0.00207%	2	17;20;
7817	號	heuh	he:u⁶	吼叫	1	0.00052%	1	17;
7820	而	laeng	laŋ¹	后跟	1	0.00052%	1	19;
3678	温	un	un¹	后悔	4	0.00207%	2	21;23;
2408	刘	laez	lai²	呼	8	0.00415%	5	02;04;17;24;25;
2054	黎	laez	lai²	呼喊	10	0.00518%	7	05;07;14;17;20;23;24;
4305	黎嚣	laez-heuh	lai²he:u⁶	呼号	3	0.00156%	3	04;05;07;
4307	嘿	laez	lai²	呼唤	3	0.00156%	3	02;19;27;
2210	黎嚣	laez-heuh	lai²he:u⁶	呼叫	9	0.00467%	7	01;04;12;13;17;23;24;
3239	唷	kanz	kha:n²	呼应	5	0.00259%	1	27;
3240	亡	myaengh	mjaŋ⁶	忽略	5	0.00259%	1	17;
7830	托	doh	to⁶	糊封	1	0.00052%	1	17;
7832	托财	doh-gyaez	to⁶tɕai²	互爱	1	0.00052%	1	17;
7833	托無	doh-huz	to⁶hu²	互拜	1	0.00052%	1	18;
7834	托得	doh-dwg	to⁶tɯk⁸	互敬	1	0.00052%	1	17;
4310	干	ganq	ka:n⁵	护	3	0.00156%	2	05;22;
1422	看	ganq	ka:n⁵	护理	17	0.00881%	3	17;21;23;
7835	八	bet	pet¹¹	护送	1	0.00052%	1	26;
3242	报	bauj	pa:u³	护佑	5	0.00259%	5	03;05;09;12;17;
7836	漏	laeuh	lau⁶	花	1	0.00052%	1	28;
7846	屋花	ok-va	o:k⁷va¹	花开	1	0.00052%	1	09;
5428	丕	bae	pai¹	花去	2	0.00104%	1	17;
1657	性	vad	va:t⁸	划	14	0.00726%	6	05;17;22;23;26;28;
7855	定	dingh	tiŋ⁶	划定	1	0.00052%	1	17;
11176	罷	baq	pa⁵	划分	1	0.00052%	1	18;
7856	域	vad	va:t⁸	划过	1	0.00052%	1	22;
1703	化	vaq	va⁵	化	13	0.00674%	11	02;07;10;11;12;13;19;22;20;25;18;
7859	外	vaij	va:i³	化为	1	0.00052%	1	17;
1836	來	laiz	la:i²	画	12	0.00622%	6	01;02;04;08;17;28;
7860	嚅	naeuz	nau²	话	1	0.00052%	1	04;
7861	花	vah	va⁶	话说	1	0.00052%	1	17;
2616	行	hengz	he:ŋ²	怀	7	0.00363%	6	03;07;09;10;17;21;
5432	龎	lungj	luŋ³	怀抱	2	0.00104%	2	23;26;
4317	胞	bauq	pa:u⁵	怀胎	3	0.00156%	3	02;03;09;
11177	用	yungj	juŋ³	怀胸	1	0.00052%	1	18;
7865	義	nyiz	ȵi²	怀疑	1	0.00052%	1	21;

词号	壮字	新壮文	音标	词义	频次	词频	分布度	抄本号
284	勒	laek	lak⁷	怀孕	112	0.05805%	12	02;03;08;10;17;19;20;21;24;25;28;18;
5434	梅	maez	mai²	欢	2	0.00104%	2	05;10;
7868	吼	heuh	he:u⁶	欢叫	1	0.00052%	1	19;
4914	可	goj	ko³	环抱	2	0.00104%	2	19;18;
1067	吕	lwh	lɯk⁶	换	24	0.01244%	11	05;07;11;12;17;21;22;23;25;28;18;
7874	咧	lec	le³⁵	换位	1	0.00052%	1	26;
1539	噹	naeuz	nau²	唤	15	0.00778%	6	16;17;20;24;25;18;
1090	成	baenz	pan²	患	24	0.01244%	13	02;04;05;06;07;09;10;11;12;17;26;29;01;
5439	病	bingh	piŋ⁶	患病	2	0.00104%	2	02;08;
7878	礼	ndaex	dai⁴	患上	1	0.00052%	1	29;
5442	茫	vueng	vuəŋ¹	慌	2	0.00104%	1	23;
4891	虰	dinz	tin²	黄蜂	3	0.00156%	1	18;
7893	摇	yauz	ja:u²	晃动	1	0.00052%	1	17;
7894	晚勿勿	vanj-fwz-fwz	va:n³fɯ²fɯ²	晃动呼呼	1	0.00052%	1	17;
7895	酉	yaeux	jau⁴	晃摇	1	0.00052%	1	27;
1704	位	vih	vi⁶	挥	13	0.00674%	8	07;09;12;17;19;20;27;18;
7898	勿	fwd	fut⁸	挥打	1	0.00052%	1	12;
4321	擗	vad	va:t⁸	挥动	3	0.00156%	2	11;17;
5450	逢	fwd	fut⁸	挥舞	2	0.00104%	2	24;27;
4322	隆	loengz	loŋ²	挥下	3	0.00156%	2	13;27;
7899	衫	sanq	sa:n⁵	挥扬	1	0.00052%	1	27;
7900	俐	ndi	di¹	恢复	1	0.00052%	1	28;
35	罵	ma	ma¹	回	692	0.35870%	29	12;01;02;03;04;05;06;07;08;09;10;11;13;14;15;16;17;19;20;21;22;23;24;25;26;27;28;
5451	到	dauq	ta:u⁵	回报	2	0.00104%	2	22;27;
7901	係	yo	jo¹	回避	1	0.00052%	1	17;
7902	倍偖	baez-yaemq	pa:i²jam⁵	回步	1	0.00052%	1	05;
5452	馬宜容	ma-nyiq-nyungz	ma¹ɲi⁵ɲuŋ²	回匆匆	2	0.00104%	2	20;23;
1491	合	hap	ha:p⁷	回答	16	0.00829%	8	09;10;11;12;17;19;20;21;
1736	罵	ma	ma¹	回到	13	0.00674%	8	02;09;12;13;15;19;20;25;
5453	納	rois	zoi³¹	回复	2	0.00104%	1	26;
7903	到麻	dauq-ma	ta:u⁵ma¹	回归	1	0.00052%	1	11;
1737	到	dauq	ta:u⁵	回还	13	0.00674%	2	12;13;
4043	甲	hoet	hot⁷	回话	3	0.00156%	2	27;18;
373	猸蔺	ma-lanz	ma¹la:n²	回家	85	0.04406%	9	04;05;09;10;11;17;18;19;28;
5454	还	vanz	va:n²	回敬	2	0.00104%	1	17;
7904	猸位物	ma-vih-vwd	ma¹vi⁶vɯt⁸	回快快	1	0.00052%	1	11;
119	斗	daeuj	tau³	回来	261	0.13529%	27	27;03;04;05;06;08;09;10;11;12;13;14;15;16;17;18;19;20;21;22;23;24;25;26;28;29;18;
7905	斗立流	daeuj-liz-liuz	tau³li²li:u²	回来呼呼	1	0.00052%	1	12;

词号	壮字	新壮文	音标	词义	频次	词频	分布度	抄本号
7906	馬義荣	ma-nyij-nyungh	ma^{1}ȵi^{3}ȵuŋ^{6}	回来速速	1	0.00052%	1	17;
477	到	dauq	ta:u^{5}	回去	65	0.03369%	12	07;08;09;10;12;13;17;18;19;20;22;23;
7907	馬尼篎	ma-nyix-nyaeuz	ma^{1}ȵi^{4}ȵau^{2}	回速速	1	0.00052%	1	17;
7908	倍失	baez-saet	pa:i^{2}ɬak^{7}	回跳	1	0.00052%	1	05;
3684	麻	ma	ma^{1}	回头	4	0.00207%	2	07;12;
7909	卡女	gah-nih	ka^{6}ni^{6}	回忆	1	0.00052%	1	21;
553	喊	han	ha:n^{1}	回应	54	0.02799%	7	06;12;13;20;21;23;29;
7910	岩	ngamz	ŋa:m^{2}	悔	1	0.00052%	1	22;
7911	宊	ienq	iən^{5}	悔恨	1	0.00052%	1	23;
7912	怨力礼	ienq-liz-laex	iən^{5}li^{2}lai^{4}	悔连连	1	0.00052%	1	12;
1946	甲	gap	ka:p^{7}	汇	11	0.00570%	3	01;02;17;
1658	合會	hab-hoih	ha:p^{8}ho:i^{6}	汇合	14	0.00726%	9	02;05;07;10;12;13;25;26;28;
2909	篩	sajr	sai^{55}	汇集	6	0.00311%	2	26;12;
48	洛	rox	ro^{4}	会	576	0.29857%	29	21;01;02;03;04;05;06;07;08;09;10;11;12;13;14;15;16;17;19;20;22;23;24;25;26;27;28;
5456	貧	baenz	pan^{2}	会成	2	0.00104%	1	12;
7913	罗	rox	ro^{4}	会道	1	0.00052%	1	17;
4323	合會	hab-hoih	ha:p^{8}ho:i^{6}	会合	3	0.00156%	2	12;17;
7914	法	fah	fa^{6}	会说	1	0.00052%	1	17;
7915	計	giq	ki^{5}	会算	1	0.00052%	1	01;
4915	委啹	nguiz-laemx	ŋuəi^{2}lam^{4}	昏倒	2	0.00104%	2	10;18;
3246	又	awc	au^{35}	婚配	5	0.00259%	2	26;28;
4325	丘	gyaux	tɕa:u^{4}	混合	3	0.00156%	2	21;28;
2056	立	lix	li^{4}	活	10	0.00518%	4	03;11;21;28;
5459	周墮	dcawc-dov	tɕau^{35}to^{11}	活到	2	0.00104%	1	26;
7932	火燒	fiz-caeuh	fi^{2}ɕau^{6}	火烤	1	0.00052%	1	05;
5461	元	luemh	luəm^{6}	火燎	2	0.00104%	1	03;
4330	德	dwz	tɯ^{2}	火燃	3	0.00156%	2	08;17;
2911	甲	gap	ka:p^{7}	伙同	6	0.00311%	4	01;02;04;10;
4332	礼	ndaex	dai^{4}	获	3	0.00156%	1	09;
7945	礼	ndaej	dai^{3}	获得	1	0.00052%	1	27;
7946	祸	vueq	vuə^{5}	祸及	1	0.00052%	1	02;
1131	提	dwk	tɯk^{7}	击	23	0.01192%	6	12;13;17;22;26;27;
3689	提	dwk	tɯk^{7}	击打	4	0.00207%	3	03;12;17;
5464	答頼	dop-laih	to:p^{7}la:i^{6}	击掌	2	0.00104%	1	05;
2617	丁	deng	te:ŋ^{1}	击中	7	0.00363%	3	12;13;17;
1354	孨	lom	lo:m^{1}	积	18	0.00933%	6	05;10;12;17;20;18;
3471	冗	yom	jo:m^{1}	积聚	4	0.00207%	2	19;18;
3690	竜	lom	lo:m^{1}	积累	4	0.00207%	1	02;
5468	乱	lom	lo:m^{1}	积蓄	2	0.00104%	1	10;
3691	刘	laeuh	lau^{6}	积攒	4	0.00207%	3	07;17;19;
4337	的	dwk	tɯk^{7}	激	3	0.00156%	1	07;
7959	捞	laengz	laŋ^{2}	羁留	1	0.00052%	1	28;

词号	壮字	新壮文	音标	词义	频次	词频	分布度	抄本号
4340	盈	nyengz	ȵe:ŋ2	急	3	0.00156%	2	24;28;
5473	鵯	bik	pik7	急派	2	0.00104%	2	12;13;
7968	會	hoih	ho:i6	集	1	0.00052%	1	09;
7969	罧	lumj	lum3	集聚	1	0.00052%	1	10;
5474	孨	comz	ɕo:m2	集拢	2	0.00104%	2	04;12;
7972	式	cix	ɕi4	挤	1	0.00052%	1	03;
7973	淋	lim	lim1	挤满	1	0.00052%	1	12;
7974	所	soq	sɔŋ44	挤在	1	0.00052%	1	26;
7975	雷	coi	ɕo:i1	挤着	1	0.00052%	1	28;
7978	官	guenj	kuən3	计较	1	0.00052%	1	21;
7980	散	sanq	ła:n5	计数	1	0.00052%	1	22;
2413	算	sanq	θva:n5	计算	8	0.00415%	4	17;20;22;23;
793	記	giq	ki5	记	34	0.01762%	16	02;03;04;06;07;09;10;11;12;17;19;20;22;23;24;18;
7981	苟	giq	ki5	记到	1	0.00052%	1	23;
1793	居	giq	ki5	记得	12	0.00622%	7	12;18;19;20;21;25;18;
7982	勒	laeg	lak8	记挂	1	0.00052%	1	17;
5477	记	giq	ki5	记录	2	0.00104%	2	03;11;
11179	任	nyinh	ȵin6	记起	1	0.00052%	1	18;
7983	偶	aeu	au1	记取	1	0.00052%	1	17;
7984	寄	giq	ki5	记述	1	0.00052%	1	12;
7985	強	giengh	kiəŋ6	记下	1	0.00052%	1	29;
2328	任	nyinh	ȵin6	记住	8	0.00415%	4	17;21;27;18;
1892	忌	gyih	tɕi6	忌	11	0.00570%	4	20;26;28;18;
7987	寄	gih	ki6	忌妒	1	0.00052%	1	11;
4046	窮	gungz	kuŋ2	忌讳	3	0.00156%	2	05;18;
5480	記	geih	kei6	忌戒	2	0.00104%	1	27;
836	偣浗	ciemq-laiz	ɕiəm5la:i2	继承	32	0.01659%	7	03;12;19;22;23;25;29;
183	祭	cai	ɕa:i1	祭	166	0.08605%	17	02;03;04;05;07;08;12;16;17;19;20;21;22;23;25;26;18;
592	社	ceq	ɕe5	祭奠	50	0.02592%	2	17;20;
665	在	caiq	ɕa:i5	祭供	43	0.02229%	15	01;02;04;06;07;08;12;13;14;17;20;22;23;25;29;
952	祭	ciq	ɕi5	祭祀	27	0.01400%	12	02;05;07;12;17;19;20;21;22;26;28;18;
4047	祖	coj	ɕo3	祭祖	3	0.00156%	2	03;18;
7997	得	dwk	tɯk7	寄	1	0.00052%	1	24;
7998	巨	giq	ki5	寄存	1	0.00052%	1	23;
5482	寄	gyiq	tɕi5	寄放	2	0.00104%	2	17;21;
2150	寄	gyiq	tɕi5	寄付	9	0.00467%	2	17;18;
3254	記	gyiq	tɕi5	寄托	5	0.00259%	1	17;
2329	計	gyiq	tɕi5	寄养	8	0.00415%	3	19;27;18;
2213	架	gyaq	tɕa5	加	9	0.00467%	5	06;11;17;22;26;
8001	添	dem	te:m1	加入	1	0.00052%	1	17;
2058	荅	dap	ta:p7	加上	10	0.00518%	2	23;26;

词号	壮字	新壮文	音标	词义	频次	词频	分布度	抄本号
1068	押	gab	ka:p^{8}	夹	24	0.01244%	10	04;05;07;10;11;17;19;20;23;
8007	纳	nep	ne:p^{7}	夹给	1	0.00052%	1	17;
8008	茄	gaz	ka^{2}	夹住	1	0.00052%	1	12;
8010	多	doic	toi^{35}	假装	1	0.00052%	1	26;
8011	有	beg	pe:k^{8}	驾驭	1	0.00052%	1	17;
6604	奔	baenz	pan^{2}	驾云	2	0.00104%	1	18;
1173	貪	dam	ta:m^{1}	架	22	0.01140%	11	02;06;10;12;14;17;20;21;24;05;01;
8012	腊	nda	da^{1}	架接	1	0.00052%	1	17;
8013	向	yangx	ja:ŋ^{4}	架起	1	0.00052%	1	27;
5487	旺	vangh	va:ŋ^{6}	架在	2	0.00104%	2	23;27;
517	嫁	haq	ha^{5}	嫁	59	0.03058%	15	01;02;04;05;08;10;12;13;17;20;21;22;24;25;18;
8014	馬海	ma-hawj	ma^{1}haɯ^{3}	嫁给	1	0.00052%	1	20;
5488	馬	ma	ma^{1}	嫁来	2	0.00104%	2	17;19;
8015	嫁劲	haq-lwg	ha^{5}lɯk^{8}	嫁女	1	0.00052%	1	05;
5489	嫁丕	haq-bae	ha^{5}pai^{1}	嫁去	2	0.00104%	1	19;
8024	昆	goenq	kon^{5}	间断	1	0.00052%	1	08;
3702	贱	cen	ɕe:n^{1}	煎	4	0.00207%	2	22;23;
4349	及	gip	kip^{7}	拣	3	0.00156%	2	10;13;
565	針	gip	kip^{7}	捡	52	0.02695%	12	01;03;05;09;12;17;19;20;24;27;28;18;
8026	金作	gyip-coq	tɕip^{7}ɕo^{5}	捡放	1	0.00052%	1	21;
8027	簡	gyemj	tɕe:m^{3}	减	1	0.00052%	1	17;
3703	否	mbaeu	bau^{1}	减轻	4	0.00207%	2	17;22;
8028	落	roengz	roŋ^{2}	减少	1	0.00052%	1	17;
1952	担	daet	tat^{7}	剪	11	0.00570%	7	03;11;12;19;22;24;26;
4350	達	daet	tat^{7}	剪断	3	0.00156%	2	10;11;
5494	達作	daet-cag	tat^{7}ɕa:k^{8}	剪绳	2	0.00104%	1	11;
2417	達勿禁	daet-faed-gyaemq	tat^{7}fat^{8}tɕam^{5}	剪紫带	8	0.00415%	1	29;
61	吞	taenz	than^{2}	见	448	0.23222%	27	27;01;02;03;04;05;06;07;08;09;10;11;12;13;16;17;19;20;21;22;23;24;25;26;28;29;18;
5496	忻	haen	han^{1}	见到	2	0.00104%	1	12;
4917	豚	daem	tam^{1}	见底	2	0.00104%	2	19;18;
8031	恨	haen	han^{1}	见过	1	0.00052%	1	09;
3704	尣那	goeng-naj	koŋ^{1}na^{3}	见面	4	0.00207%	2	07;17;
8032	得定	dwz-dingh	tɯ^{2}tiŋ^{6}	见证	1	0.00052%	1	12;
877	腾	daengj	taŋ^{3}	建	30	0.01555%	13	01;02;04;06;08;09;10;12;15;17;19;22;29;
5497	旦	danq	ta:n^{5}	建成	2	0.00104%	2	06;08;
3259	多	doq	to^{5}	建造	5	0.00259%	4	02;07;10;17;
8033	立囗	lib-gueg	lip^{8}kuək^{8}	建做	1	0.00052%	1	20;
8036	的	dwk	tɯk^{7}	践踏	1	0.00052%	1	23;

词号	壮字	新壮文	音标	词义	频次	词频	分布度	抄本号
1738	信	sinz	łin²	溅	13	0.00674%	4	12;13;26;20;
1659	将	cieng	ɕiəŋ¹	将	14	0.00726%	2	12;27;
8041	强	giengh	kiəŋ⁶	浆洗	1	0.00052%	1	23;
27	講	gangj	ka:ŋ³	讲	876	0.45407%	29	01;02;03;04;05;06;07;08;09;10;11;12;13;14;15;16;17;19;20;21;22;23;24;25;26;27;28;
495	耗地垓	hauq-dih-danz	ha:u⁵ti⁶ta:n²	讲喋喋	62	0.03214%	12	05;07;10;11;12;13;14;16;22;23;24;25;
5501	哧	ndaex	dai⁴	讲对	2	0.00104%	1	05;
4918	奴	naeuz	nau²	讲给	2	0.00104%	2	17;18;
5502	和	hoz	ho²	讲和	2	0.00104%	2	02;20;
645	講	gangj	ka:ŋ³	讲话	44	0.02281%	16	02;05;06;08;09;11;12;15;16;17;18;19;20;21;22;18;
3709	講須陳	gangj-sih-saenh	ka:ŋ³łi⁶łan⁶	讲叽叽	4	0.00207%	3	09;10;22;
8043	得時尚	dwk-cih-cangz	tɯk⁷ɕi⁶ɕa:ŋ²	讲叽喳	1	0.00052%	1	24;
5504	喥	gangj	ka:ŋ³	讲明	2	0.00104%	1	27;
8044	講由	gangj-yaeuh	ka:ŋ³jau⁶	讲骗	1	0.00052%	1	06;
8045	講强	gangj-gwengz	ka:ŋ³kɯə:ŋ²	讲强	1	0.00052%	1	06;
934	論	lwnh	lɯn⁶	讲述	28	0.01451%	7	01;05;14;15;17;27;29;
8046	乃	nai	na:i¹	讲诵	1	0.00052%	1	17;
1574	耗地垓	hauq-dih-danz	ha:u⁵ti⁶ta:n²	讲滔滔	15	0.00778%	9	05;07;10;13;22;23;25;02;04;
8047	罡之杀	gangj-cih-cad	ka:ŋ³ɕi⁶ɕa:t⁸	讲呀呀	1	0.00052%	1	22;
2216	講之朝	gangj-cix-caux	ka:ŋ³ɕi⁴ɕa:u⁴	讲喳喳	9	0.00467%	7	07;09;05;10;22;23;24;
5505	講七宿	gangj-siz-sub	ka:ŋ³łi²łup⁸	讲吱喳	2	0.00104%	2	13;24;
8048	溝之真	gangj-cih-cingh	ka:ŋ³ɕi⁶ɕiŋ⁶	讲吱吱	1	0.00052%	1	10;
5506	康叩	gangj-gueg	ka:ŋ³kuək⁸	讲做	2	0.00104%	1	20;
8049	将	siengh	łiəŋ⁶	奖给	1	0.00052%	1	07;
2217	隆	loengz	loŋ²	降	9	0.00467%	5	03;08;09;19;26;
8051	隆丄	loengz-daemq	loŋ²tam⁵	降低	1	0.00052%	1	04;
819	隆斗	loengz-daeuj	loŋ²tau³	降临	33	0.01711%	8	01;02;08;12;16;17;27;28;
8052	隆	loengz	loŋ²	降落	1	0.00052%	1	13;
3107	托	doek	tok⁷	降生	5	0.00259%	4	17;19;20;18;
8053	笼	roengz	roŋ²	降为	1	0.00052%	1	17;
8054	隆逻	loengz-laj	loŋ²la³	降下	1	0.00052%	1	04;
8055	降	gyawj	tɕaɯ³	降灾	1	0.00052%	1	20;
628	甲	gap	ka:p⁷	交	46	0.02384%	15	01;02;03;04;05;07;09;10;11;12;17;22;24;25;28;
3710	个	gaiq	ka:i⁵	交叉	4	0.00207%	2	04;17;
2539	登	daengq	taŋ⁵	交代	7	0.00363%	6	01;03;04;17;26;18;
8056	告	gau	ka:u¹	交给	1	0.00052%	1	11;
3108	交	gyeuj	tɕe:u³	交媾	5	0.00259%	3	17;20;18;
5507	泣	laeb	lap⁸	交合	2	0.00104%	2	01;26;
5508	缴花	geu-va	ke:u¹va¹	交花	2	0.00104%	1	23;
3711	勒	lwh	lɯ⁶	交换	4	0.00207%	3	17;25;28;
4353	干界	gamj-gaiq	ka:m³ka:i⁵	交汇	3	0.00156%	2	20;26;

词号	壮字	新壮文	音标	词义	频次	词频	分布度	抄本号
8061	纳	nab	na:p⁸	交纳	1	0.00052%	1	27;
1241	唅	aemq	am⁵	交配	20	0.01037%	9	01;03;05;09;10;12;20;25;18;
5509	托奴	doh-naeuz	to⁶nau²	交谈	2	0.00104%	2	17;23;
8062	叺	gap	kap¹¹	交替	1	0.00052%	1	26;
8063	春	cunz	ɕun²	交往	1	0.00052%	1	21;
8064	交易	gyau-yiz	tɕa:u¹ji²	交易	1	0.00052%	1	02;
2621	則	geux	ke:u⁴	嚼	7	0.00363%	5	08;11;20;23;27;
983	暗	nyamh	ȵa:m⁶	嚼喂	26	0.01348%	13	01;02;04;07;08;09;17;19;20;23;24;25;18;
128	绞	gveuj	kve:u³	绞	245	0.12699%	14	02;05;06;07;08;09;10;12;20;21;23;24;28;18;
4354	九	geuj	ke:u³	绞乱	3	0.00156%	2	07;12;
8070	流各	rux-gueg	ru⁴kuək⁸	绞做	1	0.00052%	1	19;
8072	定净法	din-cengq-fa	tin¹ɕe:ŋ⁵fa¹	脚蹬竹笆墙	1	0.00052%	1	02;
8078	齐	nyaex	ȵai⁴	搅和	1	0.00052%	1	21;
4357	納	naep	nap⁷	缴	3	0.00156%	2	07;27;
3712	納	naep	nap⁷	缴给	4	0.00207%	3	07;10;12;
4358	良	liengz	liəŋ²	缴纳	3	0.00156%	3	09;10;12;
60	累	laez	lai²	叫	449	0.23274%	26	01;02;03;04;05;06;07;08;09;10;11;12;14;15;16;17;19;20;21;22;23;24;25;26;28;18;
6605	啞	aj	a³	叫出	2	0.00104%	1	18;
1295	黎乞	laez-hit	lai²hit⁷	叫喊	19	0.00985%	10	01;04;05;12;17;20;23;24;28;
8079	黎吃	laez-hit	lai²hit⁷	叫号	1	0.00052%	1	04;
3713	好	hauq	ha:u⁵	叫唤	4	0.00207%	2	17;25;
8080	嚣头	heuh-daeuj	he:u⁶tau³	叫来	1	0.00052%	1	25;
8081	咩	mbex	be⁴	叫咩	1	0.00052%	1	03;
8082	朝	ciuz	ɕi:u²	叫嚷	1	0.00052%	1	12;
8083	號记今	heuh-gyiq-gyinz	he:u⁶tɕi⁵tɕin²	叫嚷嚷	1	0.00052%	1	17;
8084	累	raez	rai²	叫声	1	0.00052%	1	20;
8086	耗地垓	hauq-dih-danz	ha:u⁵ti⁶ta:n²	叫喳喳	1	0.00052%	1	05;
781	雷各	raez-gueg	rai²kuək⁸	叫做	35	0.01814%	3	19;20;24;
2420	業	ndieb	diəp⁸	觉	8	0.00415%	3	02;04;11;
8087	義	nyiz	ȵi²	觉察	1	0.00052%	1	21;
3714	欲	uq	u⁵	觉得	4	0.00207%	4	08;12;13;23;
566	尊	son	ɬo:n¹	教	52	0.02695%	13	03;04;05;08;10;12;17;19;20;22;25;26;18;
4359	孫	son	θo:n¹	教导	3	0.00156%	2	17;26;
8089	或	faek	fak⁷	教犁	1	0.00052%	1	03;
8090	遵士	son-sw	ɬo:n¹ɬɯ¹	教书	1	0.00052%	1	09;
145	貪	dam	ta:m¹	接	221	0.11455%	25	01;02;03;04;05;06;07;09;10;11;12;13;14;15;17;19;20;21;22;23;24;25;26;28;18;
2059	接代	ciep-daih	ɕiəp⁵ta:i⁶	接代	10	0.00518%	4	03;05;07;09;
2060	接	ciep	ɕiəp⁷	接管	10	0.00518%	1	17;

词号	壮字	新壮文	音标	词义	频次	词频	分布度	抄本号
4360	紞渼	dam-gyai	ta:m^{1}tɕa:i^1	接后	3	0.00156%	1	05;
4048	惰	doq	to^5	接话	3	0.00156%	2	19;18;
8092	足	cux	ɕu^4	接回	1	0.00052%	1	17;
8093	足若	cux-yoq	ɕu^{4}jo^5	接近	1	0.00052%	1	17;
5516	贕麻	cux-ma	ɕu^{4}ma^1	接来	2	0.00104%	2	20;25;
3472	旦	damq	ta:m^5	接连	4	0.00207%	3	20;21;18;
8095	立提	raeb-teyz	rap^{8}tøi^2	接取	1	0.00052%	1	27;
5517	丑	cux	ɕu^4	接娶	2	0.00104%	1	23;
8096	紞	dam	ta:m^1	接上	1	0.00052%	1	22;
2541	足	cux	ɕu^4	接收	7	0.00363%	2	19;18;
3716	筆	bit	pit^7	接受	4	0.00207%	3	04;19;20;
8097	足	cux	ɕu^4	接它	1	0.00052%	1	17;
3473	足	cux	ɕu^4	接替	4	0.00207%	3	19;22;18;
1196	多	doq	to^5	接着	21	0.01089%	12	07;10;13;17;20;21;23;24;26;28;29;18;
5518	辣	lwd	lɯt^8	劫	2	0.00104%	2	12;13;
712	結	giet	kiət^7	结	39	0.02022%	7	01;02;05;17;19;21;18;
5519	卡	gaz	ka^2	结巴	2	0.00104%	1	19;
8104	国	gueg	kuək^8	结拜	1	0.00052%	1	03;
8105	囗对	gueg-doih	kuək^{8}to:i^6	结伴	1	0.00052%	1	17;
8106	比	biez	piə^2	结辫	1	0.00052%	1	07;
8107	各	gueg	kuək^8	结成	1	0.00052%	1	19;
8108	結	giet	ki:t^7	结缔	1	0.00052%	1	27;
8109	同逢	doengz-bungz	toŋ^{2}puŋ^2	结队	1	0.00052%	1	03;
3110	力	lwg	lɯk^8	结果	5	0.00259%	3	19;26;18;
2786	交	gyauj	tɕa:u^3	结交	6	0.00311%	4	17;19;23;18;
8113	各同	gueg-doengz	kuək^{8}toŋ^2	结老庚	1	0.00052%	1	18;
1575	屈	cod	ɕo:t^8	结束	15	0.00778%	5	04;07;10;17;28;
5521	吉	gaed	kat^8	结硬	2	0.00104%	1	23;
1839	成叭	baenz-gyat	pan^{2}tɕa:t^7	结冤	12	0.00622%	4	02;05;18;22;
4364	各	gueg	kuək^8	结做	3	0.00156%	1	19;
4365	煞	sat	ɬa:t^7	截	3	0.00156%	2	03;04;
8114	塘	daemq	tam^5	竭尽	1	0.00052%	1	17;
740	玘	gej	ke^3	解	38	0.01970%	11	02;03;04;05;07;09;11;12;13;17;22;
2062	界	gaij	ka:i^3	解除	10	0.00518%	5	11;17;26;27;28;
5524	玘活	gej-hot	ke^{3}ho:t^7	解结	2	0.00104%	1	02;
5525	皆	gaij	ka:i^3	解救	2	0.00104%	2	17;20;
8115	其	gyej	tɕe^3	解决	1	0.00052%	1	20;
1576	記	gej	ke^3	解开	15	0.00778%	6	04;05;09;10;12;26;
8116	嫁	gaij	ka:i^3	解难	1	0.00052%	1	17;
5526	觧邦	gyaij-bang	tɕa:i^{3}pa:ŋ^1	解禳	2	0.00104%	2	25;27;
2220	送	soengq	ɬoŋ^5	解送	9	0.00467%	2	12;27;
5527	脱	dot	to:t^7	解脱	2	0.00104%	1	12;

词号	壮字	新壮文	音标	词义	频次	词频	分布度	抄本号
8117	解五楼川	gyaij-haj-laeuz-ciem	kja:i³ha³lau² ɕi:m¹	解五方阴森荒野	1	0.00052%	1	27;
5528	寃	ien	iən¹	解冤	2	0.00104%	2	22;23;
3263	添	dem	te:m¹	借	5	0.00259%	1	05;
2064	狠	haen	han¹	紧	10	0.00518%	4	07;12;23;24;
4369	扌	duzgr	tɯk⁵⁵	紧跟	3	0.00156%	1	26;
8139	洁	gyoet	tɕot⁷	紧束	1	0.00052%	1	01;
8141	忻	haen	han¹	紧张	1	0.00052%	1	09;
8143	什力	caenh-lengz	ɕan⁶le:ŋ²	尽力	1	0.00052%	1	15;
8145	修	siuc	siu³⁵	尽灭	1	0.00052%	1	26;
58	口	haeuj	hau³	进	461	0.23896%	28	01;02;03;04;05;06;07;08;09;10;11;12;13;14;15;16;17;19;20;21;22;23;24;25;26;28;29;
8146	财	caiz	ɕa:i²	进财	1	0.00052%	1	20;
3719	口	haeuj	hau³	进到	4	0.00207%	2	12;17;
3720	後	haeuj	hau³	进贡	4	0.00207%	4	11;12;13;25;
4372	後	haeuj	hau³	进供	3	0.00156%	1	11;
8148	口	haeuj	hau³	进家	1	0.00052%	1	07;
1494	口助	haeuj-coh	hau³ɕo⁶	进来	16	0.00829%	9	03;05;07;09;11;17;20;22;28;
5536	叩	kaeuj	khau³	进了	2	0.00104%	1	27;
8149	后	haeuj	hau³	进门	1	0.00052%	1	02;
1132	口	haeuj	hau³	进去	23	0.01192%	9	01;05;07;16;17;22;25;26;27;
825	后	haeuj	hau³	进入	32	0.01659%	13	02;03;05;07;09;10;12;13;17;19;26;29;18;
8150	論	lwnh	lɯn⁶	进述	1	0.00052%	1	29;
8151	后	haeuj	hau³	进套	1	0.00052%	1	17;
8152	口	haeuj	hau³	进屋	1	0.00052%	1	10;
1661	献	yienh	jiən⁶	进献	14	0.00726%	7	02;05;08;09;12;17;26;
8156	寧	nengh	ne:ŋ⁶	劲	1	0.00052%	1	04;
2223	呰	ceh	ɕe⁶	浸	9	0.00467%	5	03;05;07;23;26;
8157	潭	dumh	tum⁶	浸满	1	0.00052%	1	27;
4374	媽	maq	ma⁵	浸泡	3	0.00156%	3	10;19;26;
5538	罵	maq	ma⁵	浸水	2	0.00104%	1	12;
8158	屋	og	o:k⁸	禁出	1	0.00052%	1	27;
5539	傳戒	cienz-gaiq	ɕiən²ka:i⁵	禁戒	2	0.00104%	2	23;27;
8159	襟	gyaemq	kjam⁵	禁止	1	0.00052%	1	27;
935	卦	gvaq	kva⁵	经过	28	0.01451%	5	02;05;07;10;23;
2625	通	doengh	toŋ⁶	惊动	7	0.00363%	3	08;11;17;
3721	黎器	laez-heuh	lai²he:u⁶	惊喊	4	0.00207%	1	22;
3722	黎气	laez-hit	lai²hit⁷	惊叫	4	0.00207%	1	22;
585	冲	cung	ɕuŋ¹	敬	50	0.02592%	14	02;03;05;06;07;09;10;12;17;19;20;21;26;18;
1495	敬奉	gingq-fungh	kiŋ⁵fuŋ⁶	敬奉	16	0.00829%	7	02;10;11;12;17;21;26;
8172	海	hawj	haɯ³	敬给	1	0.00052%	1	17;
8173	行	hengz	he:ŋ²	敬供	1	0.00052%	1	02;

词号	壮字	新壮文	音标	词义	频次	词频	分布度	抄本号
4376	昻	ngwengh	ŋɯəŋ6	敬祭	3	0.00156%	2	17;19;
5544	燕酒	jen-lawx	jɛn44lau33	敬酒	2	0.00104%	1	26;
8174	兜	ngwengh	ŋɯəŋ6	敬让	1	0.00052%	1	21;
4920	作	coh	ɕo6	敬送	2	0.00104%	2	19;18;
2065	献	yienh	jiən6	敬献	10	0.00518%	4	12;13;17;26;
3723	仰	ngwengh	ŋɯəŋ6	敬重	4	0.00207%	2	17;21;
5546	任	yaemh	jam6	纠	2	0.00104%	1	11;
3266	憔燎	ndiu-liuz	di:u1li:u2	纠缠	5	0.00259%	3	02;09;26;
1370	遂	coih	ɕo:i6	纠正	18	0.00933%	6	02;04;05;07;09;17;
5554	酒	laeuj	lau3	酒	2	0.00104%	1	05;
3728	晚	van	va:n1	救	4	0.00207%	3	17;22;23;
8190	救	gyaeuq	tɕau5	救护	1	0.00052%	1	12;
8191	救命	gyaeuq-mingh	tɕau5miŋ6	救命	1	0.00052%	1	28;
5559	求	gyaeuq	tɕau5	救助	2	0.00104%	1	22;
5560	平	baenz	pan2	就变	2	0.00104%	1	12;
3729	之	cih	ɕi6	就成	4	0.00207%	1	17;
8192	之	cih	ɕi6	就得	1	0.00052%	1	17;
8193	可	ko	kho1	就勾	1	0.00052%	1	27;
2423	到	dauq	ta:u5	就回	8	0.00415%	1	02;
1840	罵	ma	ma1	就来	12	0.00622%	2	12;27;
5561	到	dauq	ta:u5	就去	2	0.00104%	1	09;
8194	許	hawj	haɯ3	就让	1	0.00052%	1	16;
8195	論	lwnh	lɯn6	就说	1	0.00052%	1	16;
8197	煞	sat	ɬa:t7	就完	1	0.00052%	1	09;
5562	丕	bae	pai1	就往	2	0.00104%	1	17;
1175	成	baenz	pan2	就像	22	0.01140%	1	02;
2330	亦	yaek	jak7	就要	8	0.00415%	3	05;27;18;
4382	造	caux	ɕa:u4	就有	3	0.00156%	2	04;12;
5563	啥	hamj	ha:m3	就占	2	0.00104%	1	27;
1242	纫	yuh	ju6	居住	20	0.01037%	9	02;05;09;10;12;17;23;26;18;
8202	任	yamh	ja:m6	咀嚼	1	0.00052%	1	13;
3268	又	yaeux	jau4	举	5	0.00259%	3	17;20;26;
2424	椋	gingz	kiŋ2	举起	8	0.00415%	5	05;13;17;26;27;
5565	元氣	yiemz-hiq	jiəm2hi5	惧怕	2	0.00104%	1	12;
1894	憐	laenh	lan6	锯	11	0.00570%	6	01;08;17;19;27;18;
8205	帝	daeq	tai5	锯倒	1	0.00052%	1	17;
921	托	doz	to2	聚	28	0.01451%	9	02;04;05;09;10;17;23;27;18;
8206	吾	uh	u6	聚放	1	0.00052%	1	27;
8207	孨	comz	ɕo:m2	聚合	1	0.00052%	1	01;
1663	婆	boz	po2	聚集	14	0.00726%	8	03;05;10;12;17;23;26;28;
3475	全	gyonj	tɕo:n3	聚焦	4	0.00207%	3	12;13;18;
8208	槑	lom	lo:m1	聚拢	1	0.00052%	1	13;
3269	幼	uq	u5	聚在	5	0.00259%	2	08;27;
2151	卷	genj	ke:n3	卷	9	0.00467%	6	02;03;09;12;22;18;

词号	壮字	新壮文	音标	词义	频次	词频	分布度	抄本号
8211	乞个	hid-ga	hit^{8}ka^{1}	卷裤脚	1	0.00052%	1	05;
5566	听	dingh	tiŋ^{6}	决定	2	0.00104%	2	20;21;
1176	坤	goenq	kon^{5}	决断	22	0.01140%	3	02;17;20;
2224	咄	cod	ɕo:t^{8}	绝	9	0.00467%	4	02;04;12;27;
8220	三朝	sad-ciuh	θa:t^{8}ɕi:u^{6}	绝世	1	0.00052%	1	21;
1796	吃	gud	kut^{8}	掘	12	0.00622%	7	01;02;09;19;21;22;18;
2225	枷	gaz	ka^{2}	卡	9	0.00467%	6	10;17;20;27;25;22;
149	開	hai	ha:i^{1}	开	212	0.10989%	28	01;02;03;04;05;06;07;08;09;10;11;12;13;15;16;17;19;20;21;22;23;24;25;26;27;28;29;
4385	祸	ax	a^{4}	开叉	3	0.00156%	2	03;12;
8233	乜胃結	mbe-vah-veh	be^{1}va^{6}ve^{6}	开叉叉	1	0.00052%	1	19;
8234	哑	ngax	ŋa^{4}	开岔	1	0.00052%	1	17;
2628	闲孟	hai-mbong	ha:i^{1}bo:ŋ^{1}	开场	7	0.00363%	1	05;
5568	之	ciq	ɕvi^{5}	开创	2	0.00104%	1	21;
5569	開立利	hai-liz-lih	ha:i^{1}li^{2}li^{6}	开纷纷	2	0.00104%	1	28;
3735	開郎卬	hae-langh-ngin	hai^{1}la:ŋ^{6}ŋin^{1}	开广广	4	0.00207%	2	18;19;
8235	闲合	hai-hoz	ha:i^{1}ho^{2}	开喉	1	0.00052%	1	05;
8236	開	kaez	khai^{2}	开禁	1	0.00052%	1	27;
2789	分	faenz	fan^{2}	开垦	6	0.00311%	4	17;19;21;18;
4387	闲咟	hai-bak	ha:i^{1}pa:k^{7}	开口	3	0.00156%	3	05;08;19;
1621	即	sek	ɬe:k^{7}	开裂	14	0.00726%	8	01;07;09;17;18;20;26;18;
4388	闲土	hae-du	hai^{1}tu^{1}	开门	3	0.00156%	1	17;
3736	闲	hai	ha:i^{1}	开启	4	0.00207%	1	05;
11185	下	nda	da^{1}	开设	1	0.00052%	1	18;
8238	下各	nda-gueg	da^{1}kuək^{8}	开设做	1	0.00052%	1	19;
8239	闲赦	hai-cuengq	ha:i^{1}ɕuəŋ^{5}	开赦	1	0.00052%	1	25;
11186	造	caux	ɕa:u^{4}	开始	1	0.00052%	1	18;
8241	開天立地	hai-dien-laeb-dih	ha:i^{1}tiən^{1}lap^{8}ti^{6}	开天立地	1	0.00052%	1	01;
8242	開天立地	hai-dien-laeb-dih	ha:i^{1}tiən^{1}lap^{8}ti^{6}	开天辟地	1	0.00052%	1	04;
5570	得	dwk	tɯk^{7}	开战	2	0.00104%	1	13;
8244	亞	ax	a^{4}	开着	1	0.00052%	1	12;
11187	恨	henz	he:n^{2}	坎	1	0.00052%	1	18;
168	達	daet	tat^{7}	砍	186	0.09641%	21	01;02;03;04;05;07;08;09;10;12;13;17;19;20;21;22;23;24;
8246	唤	vuet	vuət^{7}	砍除	1	0.00052%	1	17;
5571	哑	naget	ŋat^{7}	砍的	2	0.00104%	1	17;
3273	達	daet	tat^{7}	砍断	5	0.00259%	2	03;10;
8247	埧	mbaak	ba:k^{11}	砍杀	1	0.00052%	1	26;
8248	坎木	tamx-majr	tham^{33}mai^{55}	砍树	1	0.00052%	1	26;
8249	垞特	danz-dwk	ta:n^{2}tɯk^{7}	砍向	1	0.00052%	1	05;
8250	立	laet	lat^{7}	砍削	1	0.00052%	1	27;
8251	分	faenz	fan^{2}	砍做	1	0.00052%	1	17;

词号	壮字	新壮文	音标	词义	频次	词频	分布度	抄本号
190	相	ywx	jɯ^{4}	看	162	0.08397%	25	01;02;03;04;05;06;07;10;11;12;13;14;15;16;17;19;20;21;22;23;24;25;26;28;18;
8252	口病	gaeuj-bingh	kau^{3}piŋ^{6}	看病	1	0.00052%	1	23;
5572	萝貧	lah-baenz	la^{6}pan^{2}	看成	2	0.00104%	1	23;
8253	裂	laeh	lai^{6}	看管	1	0.00052%	1	23;
8254	提	dwz	tɯ^{2}	看护	1	0.00052%	1	17;
483	見眧	yien-ciuq	jiən^{1}ɕi:u^{5}	看见	63	0.03266%	13	17;04;08;09;12;19;20;23;24;25;26;28;18;
8255	類類	laeq-laeq	lai^{5}lai^{5}	看看	1	0.00052%	1	21;
8256	忻	haen	han^{1}	看似	1	0.00052%	1	01;
4389	提	daez	tai^{2}	看守	3	0.00156%	2	11;19;
1956	取	coh	ɕo^{6}	看望	11	0.00570%	5	05;12;17;21;26;
8257	盤	buenz	puən^{2}	看小	1	0.00052%	1	07;
2067	仮	hoij	ho:i^{3}	扛	10	0.00518%	7	09;12;17;20;23;26;06;
5573	業	ndiep	diəp^{7}	考虑	2	0.00104%	2	12;20;
5574	考請沙	gauh-cangh-caq	ka:u^{6}ɕa:ŋ^{6}ɕa^{5}	考请沙	2	0.00104%	1	22;
1466	炴	ywengx	jɯəŋ^{4}	烤	16	0.00829%	9	01;04;05;07;09;10;12;17;18;
8259	淋徵	lemz-fiz	le:m^{2}fi^{2}	烤火	1	0.00052%	1	05;
954	英	ing	iŋ^{1}	靠	27	0.01400%	10	02;07;09;10;17;19;20;22;23;
5575	以	ing	iŋ^{1}	靠紧	2	0.00104%	1	17;
2226	后近	haeuj-gyaej	hau^{3}tɕai^{3}	靠近	9	0.00467%	4	05;17;20;26;
8261	意	ing	iŋ^{1}	靠在	1	0.00052%	1	19;
5576	叩	gaeu	kau^{1}	磕	2	0.00104%	1	19;
8264	兎	tu	thu^{1}	磕头	1	0.00052%	1	27;
8265	守眠	saeuj-ninz	ɬau^{3}nin^{2}	瞌睡	1	0.00052%	1	23;
5577	嗳	ae	ai^{1}	咳嗽	2	0.00104%	1	05;
8267	娟	ae	ai^{1}	咳着	1	0.00052%	1	05;
1268	貧	baenz	pan^{2}	可	20	0.01037%	7	03;07;10;12;17;20;22;
820	可	goj	ko^{3}	可以	33	0.01711%	8	02;06;09;11;17;21;22;24;
8270	个	goj	ko^{3}	可真	1	0.00052%	1	08;
8271	古	gaeu	kau^{1}	克扣	1	0.00052%	1	02;
5581	賛	camq	ɕa:m^{5}	刻	2	0.00104%	1	23;
1133	叔	cux	ɕu^{4}	肯	23	0.01192%	8	02;05;07;10;12;13;17;20;
8272	開利	hai-lih	ha:i^{1}li^{6}	垦地	1	0.00052%	1	01;
1957	吃	gaet	kat^{7}	啃	11	0.00570%	7	01;05;07;08;17;23;27;
5582	吃	gaet	kat^{7}	啃咬	2	0.00104%	1	15;
8273	吃之至	gaet-cih-cet	kat^{7}ɕi^{6}ɕe:t^{7}	啃咬沙沙	1	0.00052%	1	15;
8274	吃之吉	gaet-cih-cit	kat^{7}ɕi^{6}ɕit^{7}	啃咬吱吱	1	0.00052%	1	15;
8275	吤只洁	gaet-gyih-	kat^{7}tɕi^{6}tɕat^{7}	啃吱吱	1	0.00052%	1	11;
3737	厄	ngaek	ŋak^{7}	坑害	4	0.00207%	4	02;12;13;27;
5583	冇	ndwi	dɯəi^{1}	空	2	0.00104%	1	22;
4394	冇茶刘	ndwi-caz-luh	dɯəi^{1}ɕa^{2}lu^{6}	空溜溜	3	0.00156%	1	23;
2426	累	ndwi	dɯəi^{1}	空缺	8	0.00415%	6	01;02;04;05;17;19;
5587	冇	ndwi	dɯəi^{1}	空手	2	0.00104%	2	16;17;

词号	壮字	新壮文	音标	词义	频次	词频	分布度	抄本号
8282	攻累	gungq-ndaw	kuŋ^{5}daɯ^{1}	空亡	1	0.00052%	1	20;
5591	冇	ndwi	dɯəi^{1}	空着手	2	0.00104%	2	12;13;
2630	下	yaz	ja^{2}	恐吓	7	0.00363%	2	17;25;
8286	告	gauq	ka:u^{5}	控告	1	0.00052%	1	22;
4396	答賴	dap-laih	ta:p^{7}la:i^{6}	控诉	3	0.00156%	1	22;
8287	蜜	mbit	bit^{7}	抠	1	0.00052%	1	05;
8288	智	cw	ɕɯ^{1}	口	1	0.00052%	1	22;
8289	弟	daeh	tai^{6}	口袋	1	0.00052%	1	04;
2921	一辞	it-swz	it^{7}θɯ^{2}	叩首	6	0.00311%	2	17;18;
4397	叩頭	gaeu-daeuz	kau^{1}tau^{2}	叩头	3	0.00156%	3	13;17;19;
8293	殆	dai	ta:i^{1}	枯死	1	0.00052%	1	09;
390	涕	daej	tai^{3}	哭	80	0.04147%	19	06;07;09;10;12;13;14;16;17;19;20;21;22;24;25;27;28;29;
8294	胎立連	daej-lih-lienz	tai^{3}li^{6}liən^{2}	哭哀哀	1	0.00052%	1	19;
5594	啼坛	daej-danz	tai^{3}ta:n^{2}	哭呱呱	2	0.00104%	1	24;
3739	涕力林	daej-liz-linz	tai^{3}li^{2}lin^{2}	哭连连	4	0.00207%	4	12;14;18;19;
5595	胎立林	daej-liz-linz	tai^{3}li^{2}lin^{2}	哭凄凄	2	0.00104%	2	18;23;
5596	胎怨	daej-yuenq	tai^{3}ʔjuən^{5}	哭诉	2	0.00104%	2	18;19;
8295	躰	daej	tai^{3}	哭向	1	0.00052%	1	23;
5597	台哑哑	daej-a-a	tai^{3}a^{1}a^{1}	哭哑哑	2	0.00104%	1	17;
8296	啼立憐	daej-liz-linz	tai^{3}li^{2}lin^{2}	哭呀呀	1	0.00052%	1	28;
4399	涕立令	daej-liz-lingh	tai^{3}li^{2}liŋ^{6}	哭嘤嘤	3	0.00156%	1	12;
8297	胎怨	daej-yuenq	tai^{3}ʔjuən^{5}	哭怨	1	0.00052%	1	19;
8302	苦	hoj	ho^{3}	苦于	1	0.00052%	1	12;
8306	衡	haenh	han^{6}	夸	1	0.00052%	1	21;
8307	衡	haenh	han^{6}	夸赞	1	0.00052%	1	21;
1497	落	lak	la:k^{7}	垮	16	0.00829%	6	02;03;05;07;17;21;
8308	落敗	lak-baih	la:k^{7}pa:i^{6}	垮败	1	0.00052%	1	29;
8309	而	laek	lak^{7}	挎	1	0.00052%	1	13;
1113	梅	maj	ma^{3}	跨	23	0.01192%	10	05;08;11;12;15;17;19;20;28;
3740	唅	yamq	ja:m^{5}	跨步	4	0.00207%	2	23;27;
2068	坎	hamj	ha:m^{3}	跨过	10	0.00518%	6	05;13;15;17;19;23;
5601	篩	caix	ɕa:i^{33}	跨越	2	0.00104%	1	26;
5604	塔微吩	daz-fu-foenq	ta^{2}fu^{1}fon^{5}	快搓搓	2	0.00104%	1	10;
1842	流	riuz	riu^{2}	快跑	12	0.00622%	3	19;24;25;
4404	慣	guenq	kuən^{5}	款待	3	0.00156%	2	02;04;
1271	癸	gvi	kvi^{1}	亏	20	0.01037%	4	17;20;22;25;
2230	爲	vi	vi^{1}	亏待	9	0.00467%	4	05;24;25;27;
8319	卦	gvi	kvi^{1}	亏损	1	0.00052%	1	20;
3741	語	yiuq	ji:u^{5}	窥探	4	0.00207%	3	08;12;14;
1296	捉	cug	ɕuk^{8}	捆	19	0.00985%	10	01;09;11;12;14;16;17;19;20;
2152	捉	cug	ɕuk^{8}	捆绑	9	0.00467%	7	01;10;11;17;25;27;18;
8323	足	cug	ɕuk^{8}	捆人	1	0.00052%	1	12;
8324	缚	pug	phuk^{8}	捆在	1	0.00052%	1	27;

词号	壮字	新壮文	音标	词义	频次	词频	分布度	抄本号
3478	横	vaenj	van³	捆扎	4	0.00207%	3	19;27;18;
5610	温頓	hoen-doenz	hon¹ton²	困惑	2	0.00104%	2	04;08;
397	謹	gyaed	ʨat⁸	拉	78	0.04043%	23	01;02;03;04;05;07;08;09;10;11;12;13;14;15;17;19;20;21;22;24;26;27;18;
5612	椚	laengh	laŋ⁶	拉扯	2	0.00104%	2	04;07;
8331	再	njoon	ɳo:n⁴⁴	拉出	1	0.00052%	1	26;
8332	達	daz	ta²	拉得	1	0.00052%	1	20;
8333	肚	dungx	tuŋ⁴	拉肚	1	0.00052%	1	25;
8336	駄微分	daz-fih-fwd	ta²fi⁶fut⁸	拉呼呼	1	0.00052%	1	07;
8337	多馬	toc-ma	tho³⁵ma⁴⁴	拉回来	1	0.00052%	1	26;
8338	忻	haen	han¹	拉紧	1	0.00052%	1	12;
4406	達	daz	ta²	拉开	3	0.00156%	1	27;
8339	烈斗	rex-daeuj	re⁴tau³	拉来	1	0.00052%	1	17;
8340	少睡	cauh-cae	ɕa:u⁶ɕai¹	拉犁	1	0.00052%	1	03;
8342	多拜	toc-bajc	tho³⁵pai³⁵	拉去	1	0.00052%	1	26;
8343	達	daz	ta²	拉手	1	0.00052%	1	21;
8345	烈	rex	re⁴	拉住	1	0.00052%	1	17;
1	斗	daeuj	tau³	来	3868	2.00497%	29	01;02;03;04;05;06;07;08;09;10;11;12;13;14;15;16;17;19;20;21;22;23;24;25;26;27;28;
8348	安	an	a:n¹	来安	1	0.00052%	1	05;
1740	斗的得	daeuj-dih-det	tau³ti⁶te:t⁷	来匆匆	13	0.00674%	6	11;16;18;23;26;28;
756	馬肝	ma-daengz	ma¹taŋ²	来到	37	0.01918%	18	03;04;05;08;09;12;13;15;17;19;20;21;22;23;25;26;27;28;
8349	滕茶劳	daengz-caz-lauz	taŋ²ɕa²la:u²	来到匆匆	1	0.00052%	1	23;
8350	滕茶淋	daengz-caz-laemh	taŋ²ɕa²lam⁶	来到速速	1	0.00052%	1	23;
5616	斗戾	daeuj-ndaej	tau³dai³	来得	2	0.00104%	1	19;
8352	麻海	ma-hawj	ma¹haɯ³	来给	1	0.00052%	1	20;
3281	斗杀門	daeuj-cah-maen	tau³ɕa⁶man¹	来鼓鼓	5	0.00259%	2	17;18;
4408	斗才妹	daeuj-cah-mih	tau³ɕa⁶mi⁶	来乎乎	3	0.00156%	1	18;
3743	斗里儸	daeuj-liz-laz	tau³li²la²	来呼呼	4	0.00207%	2	12;17;
8355	斗的得	daeuj-dih-det	tau³ti⁶te:t⁷	来急急	1	0.00052%	1	11;
5617	獁后	ma-haeuj	ma¹hau³	来进	2	0.00104%	2	05;25;
8356	助	coh	ɕo⁶	来看	1	0.00052%	1	28;
8357	斗力尞	daeuj-liz-liuz	tau³li²li:u²	来快快	1	0.00052%	1	12;
8359	滕力林	daengz-liz-linz	taŋ²li²lin²	来连连	1	0.00052%	1	13;
5618	獁臨	ma-laemz	ma¹lam²	来临	2	0.00104%	2	05;12;
5619	斗利輪	daeuj-lih-lumh	tau³li⁶lum⁶	来忙忙	2	0.00104%	1	18;
5622	壬	yinh	jin⁶	来认	2	0.00104%	1	13;
1428	斗立令	daeuj-liz-lingh	tau³li²liŋ⁶	来速速	17	0.00881%	7	12;16;17;23;26;28;22;
3744	劳	lauh	la:u⁶	来往	4	0.00207%	1	21;
8360	笼	loengz	loŋ²	来下	1	0.00052%	1	04;
8361	斗里憐	daeuj-liz-linh	tau³li²lin⁶	来呀呀	1	0.00052%	1	12;

词号	壮字	新壮文	音标	词义	频次	词频	分布度	抄本号
8362	斗	daeuj	tau³	来自	1	0.00052%	1	17;
4409	頼	laih	la:i⁶	赖	3	0.00156%	2	05;09;
2790	當	dang	ta:ŋ¹	拦	6	0.00311%	5	02;10;12;21;18;
8365	乾	kenz	khen²	拦隔	1	0.00052%	1	27;
8366	中	gyungq	tɕuŋ⁵	拦江	1	0.00052%	1	08;
8367	河	haep	hai⁷	拦截	1	0.00052%	1	17;
8368	蘭	lanz	la:n²	拦筑	1	0.00052%	1	12;
8374	丹	lam	la:m¹	揽	1	0.00052%	1	12;
8376	惱	naeuh	nau⁶	烂肉	1	0.00052%	1	19;
741	羅	laz	la²	捞	38	0.01970%	5	01;11;24;25;28;
4415	礼	ndaex	dai⁴	捞得	3	0.00156%	1	25;
8395	工	goeng	koŋ¹	劳	1	0.00052%	1	08;
3748	記	giq	ki⁵	牢记	4	0.00207%	3	01;12;21;
2927	克	gwx	kɯ⁴	老是	6	0.00311%	1	17;
2638	勒	laeg	lak⁸	勒	7	0.00363%	6	03;09;13;23;24;25;
8418	謹	kaen	khan¹	勒紧	1	0.00052%	1	27;
8420	昆	goenq	kon⁵	了断	1	0.00052%	1	05;
8421	椰	yah	ja⁶	了结	1	0.00052%	1	20;
4420	若	yo	jo¹	垒	3	0.00156%	3	03;04;22;
2929	擂	ndoiq	do:i⁵	擂	6	0.00311%	4	10;12;17;24;
8430	雷	loiz	lo:i²	擂舂	1	0.00052%	1	17;
8431	祥	cwengz	ɕɯəŋ²	擂打	1	0.00052%	1	06;
1741	列	liez	liə²	离	13	0.00674%	4	05;17;20;21;
650	剥	gyag	tɕa:k⁸	离别	44	0.02281%	3	23;25;28;
5639	坤	goenq	kon⁵	离断	2	0.00104%	1	12;
4423	中	cuengq	ɕuəŋ⁵	离开	3	0.00156%	2	17;21;
8435	办	byag	pja:k⁸	离弃	1	0.00052%	1	17;
1499	批	bae	pai¹	离去	16	0.00829%	11	01;02;07;09;10;12;17;23;25;27;29;
8436	班条	banh-deuz	pa:n⁶te:u²	离逃	1	0.00052%	1	06;
5640	班傍	banh-bwengz	pa:n⁶pɯəŋ²	离乡	2	0.00104%	1	05;
620	黎	laeq	lai⁵	犁	47	0.02436%	10	11;12;14;15;17;19;20;21;22;
5642	少立	caux-lih	ɕa:u⁴li⁶	犁地	2	0.00104%	1	03;
5643	勒那	tuzc-na	thɯ³⁵na⁴⁴	犁田	2	0.00104%	1	26;
4426	崔叩	gyui-gueg	tɕuəi¹kuək⁸	犁做	3	0.00156%	1	20;
8439	貧	baenz	pan²	罹	1	0.00052%	1	09;
8440	貧汜	baenz-gyaej	pan²tɕai³	罹疾	1	0.00052%	1	06;
5646	黑	lix	li⁴	理会	2	0.00104%	2	06;22;
4427	淚	loi	lo:i¹	理顺	3	0.00156%	2	01;10;
635	立	laeb	lap⁸	立	45	0.02333%	15	01;02;07;08;09;10;11;12;13;15;17;19;20;21;18;
8450	貧	baenz	pan²	立成	1	0.00052%	1	08;
8453	兄	cuengq	ɕuəŋ⁵	立足	1	0.00052%	1	17;
8454	立叩	lib-gueg	lip⁸kuək⁸	立做	1	0.00052%	1	20;

词号	壮字	新壮文	音标	词义	频次	词频	分布度	抄本号
8458	隆	loengz	loŋ^{2}	莅临	1	0.00052%	1	08;
280	連	lienz	liən^{2}	连	113	0.05857%	19	01;02;03;04;05;07;09;10;11;12;13;17;19;21;22;23;25;26;
4432	浪	langh	la:ŋ^{6}	连串	3	0.00156%	1	17;
2431	丹	dam	ta:m^{1}	连接	8	0.00415%	4	02;08;12;19;
8461	能	nangh	na:ŋ^{6}	连体	1	0.00052%	1	19;
8462	通	doeng	toŋ^{1}	连通	1	0.00052%	1	19;
8463	⿱龹全	daengz	taŋ^{2}	连同	1	0.00052%	1	27;
8464	行	hengz	he:ŋ^{2}	连线	1	0.00052%	1	20;
3288	海	hoij	ho:i^{3}	连着	5	0.00259%	3	17;19;23;
4433	荼	ndiep	diəp^{7}	怜爱	3	0.00156%	1	23;
8469	那得米	naj-dwk-mij	na^{3}tɯk^{7}mi^{3}	脸抹灰	1	0.00052%	1	21;
4434	蓮	lienh	liən^{6}	练	3	0.00156%	3	21;24;25;
8473	練	lienh	liən^{6}	练犁	1	0.00052%	1	02;
2332	煉	lienh	liən^{6}	炼	8	0.00415%	5	03;17;19;25;18;
2641	煉	lienh	liən^{6}	恋	7	0.00363%	6	10;13;21;23;25;28;
534	⿰火并	longh	lo:ŋ^{6}	亮	57	0.02955%	16	01;02;03;04;06;07;09;11;12;17;19;20;21;22;23;26;
2643	尖	some	ɬom^{1}	量	7	0.00363%	3	06;17;20;
5667	文	faenx	fan^{4}	晾晒	2	0.00104%	1	17;
8500	奎	kvih	khvi^{6}	撩拨	1	0.00052%	1	27;
4439	羙	nyiz	ȵi^{2}	料	3	0.00156%	2	20;24;
2235	収	caeu	ɕau^{1}	料理	9	0.00467%	4	07;21;26;27;
8504	等	daengj	taŋ^{3}	撂在	1	0.00052%	1	03;
4440	⿱止二	soi	θ o:i^{1}	列	3	0.00156%	2	17;20;
851	斗	daeuq	tau^{5}	猎	31	0.01607%	12	02;03;04;07;09;10;11;17;23;24;25;18;
5668	持	dwk	tɯk^{7}	猎得	2	0.00104%	1	11;
1135	經	ging	kiŋ^{1}	裂	23	0.01192%	10	01;02;03;04;07;10;13;17;20;
8506	丁本	dek-baenz	te:k^{7}pan^{2}	裂成	1	0.00052%	1	20;
3760	的	dek	te:k^{7}	裂开	4	0.00207%	2	04;17;
8507	邪个啦	ax-gaz-laeb	a^{4}ka^{2}lap^{8}	裂开开	1	0.00052%	1	01;
8508	拎袖	gaem-sej	kam^{1}sɯ^{3}	拎衣	1	0.00052%	1	27;
8512	界	gyaix	tɕa:i^{4}	临	1	0.00052%	1	24;
4051	奠	demh	tem^{6}	临近	3	0.00156%	3	19;27;18;
4443	⿰氵皿	lied	liət^{8}	淋	3	0.00156%	2	04;23;
8513	水他	namr-tadr	nam^{55}that^{55}	淋水	1	0.00052%	1	26;
8514	⿰⻊斤	daenh	tan^{6}	淋透	1	0.00052%	1	10;
8515	遭	sao	sa:u^{44}	淋浴	1	0.00052%	1	26;
1542	灵	lingx	liŋ^{4}	领	15	0.00778%	9	01;02;07;10;17;20;22;23;18;
8536	领	lingx	liŋ^{4}	领回	1	0.00052%	1	17;
5671	令	lingx	liŋ^{4}	领取	2	0.00104%	1	17;
3761	哏	gwn	kɯn^{1}	领受	4	0.00207%	3	02;05;17;
5672	或	vag	va:k^{8}	领悟	2	0.00104%	1	27;
4446	令	lingh	liŋ^{6}	令	3	0.00156%	1	22;

词号	壮字	新壮文	音标	词义	频次	词频	分布度	抄本号
227	舍	ce	ɕe^{1}	留	137	0.07101%	20	02;04;05;06;07;09;10;12;13;15;17;20;21;22;24;25;26;27;
4924	才	caih	ɕa:i^{6}	留成	2	0.00104%	2	19;18;
8539	説	ce	ɕe^{1}	留发	1	0.00052%	1	19;
3762	者	ce	ɕe^{1}	留放	4	0.00207%	2	17;27;
2236	置海	ce-hawj	ɕe^{1}haɯ^{3}	留给	9	0.00467%	3	20;23;26;
11195	且	ce	ɕe^{1}	留空	1	0.00052%	1	18;
5675	連	lienh	liən^{6}	留连	2	0.00104%	1	17;
4447	吋	gyaez	tɕai^{2}	留恋	3	0.00156%	1	17;
8540	可	goj	ko^{3}	留守	1	0.00052%	1	17;
923	射	ce	ɕe^{1}	留下	28	0.01451%	11	01;02;04;09;10;11;17;23;27;28;18;
852	從	soengz	ɬoŋ^{2}	留宿	31	0.01607%	15	01;02;04;07;09;10;11;12;13;17;22;23;26;28;18;
1017	纫	uq	u^{5}	留在	25	0.01296%	6	12;13;17;19;20;18;
4448	且	ce	ɕe^{1}	留着	3	0.00156%	3	17;26;28;
8541	播	box	po^{4}	留置	1	0.00052%	1	27;
1018	流	liuz	li:u^{2}	流	25	0.01296%	13	02;04;05;06;07;08;11;12;13;17;26;28;18;
5676	出	ok	ɔk^{11}	流出	2	0.00104%	1	26;
896	㳅	liuz	li:u^{2}	流传	29	0.01503%	9	06;07;09;12;13;19;21;22;18;
8543	立厘	lih-liz	li^{6}li^{2}	流荡	1	0.00052%	1	18;
5677	淚	lae	lai^{1}	流到	2	0.00104%	1	28;
5678	立輪	lih-linz	li^{6}lin^{2}	流动	2	0.00104%	2	18;19;
3290	卦	gvaq	kva^{5}	流过	5	0.00259%	2	05;17;
1962	流頼	liuz-laih	li:u^{2}la:i^{6}	流浪	11	0.00570%	6	02;08;11;17;21;23;
8545	俟	haej	hai^{3}	流泪	1	0.00052%	1	27;
5679	了良	liuz-lienh	li:u^{2}liən^{6}	流连	2	0.00104%	2	19;27;
5680	淚	lae	lai^{1}	流入	2	0.00104%	1	28;
5681	淋流	laemx-lae	lam^{4}lai^{1}	流水	2	0.00104%	2	05;08;
8547	咧	lajc	la^{33}	流淌	1	0.00052%	1	26;
5682	流	liuz	li:u^{2}	流亡	2	0.00104%	1	23;
2936	强	gwengh	kɯəŋ^{6}	流下	6	0.00311%	5	03;06;07;08;12;
5683	斗烈	daeuj-lwed	tau^{3}lɯət^{8}	流血	2	0.00104%	1	05;
4449	流	lae	lai^{1}	流走	3	0.00156%	1	12;
2333	莫	moj	mo^{3}	隆起	8	0.00415%	3	17;19;18;
1501	座	cob	ɕo:p^{8}	拢	16	0.00829%	3	05;10;17;
1707	路	loh	lo^{6}	漏	13	0.00674%	8	02;06;07;12;17;21;27;18;
8587	屋	ok	o:k^{7}	漏出	1	0.00052%	1	15;
5696	篤	doek	tok^{7}	漏掉	2	0.00104%	1	01;
8588	穿	gyoengq	tɕoŋ^{5}	漏水	1	0.00052%	1	07;
621	賊	caeg	ɕak^{8}	掳掠	47	0.02436%	10	02;05;07;09;10;13;17;20;22;
2154	耛	laiz	la:i^{2}	露	9	0.00467%	5	06;19;25;26;18;
5701	哥	goj	ko^{3}	露出	2	0.00104%	2	21;26;
8602	得那	dwk-naj	tɯk^{7}na^{3}	露脸	1	0.00052%	1	18;

词号	壮字	新壮文	音标	词义	频次	词频	分布度	抄本号
8605	散	sanq	ɬa:n⁵	乱	1	0.00052%	1	22;
8608	班	banh	pa:n⁶	乱爬	1	0.00052%	1	10;
8609	办	banh	pa:n⁶	乱跑	1	0.00052%	1	17;
8610	花	va	va¹	乱撒	1	0.00052%	1	17;
8611	闷	mon	mo:n¹	乱套	1	0.00052%	1	04;
8612	問	haemq	ham⁵	乱问	1	0.00052%	1	17;
8613	占	ciemq	ɕiəm⁵	乱占	1	0.00052%	1	22;
8615	班	banh	pa:n⁶	乱走	1	0.00052%	1	10;
8616	乱作	luenh-gueg	luən⁶kuək⁸	乱做	1	0.00052%	1	02;
2073	贼	caeg	ɕak⁸	掠夺	10	0.00518%	3	07;17;20;
8617	論	lwnz	lɯn²	轮	1	0.00052%	1	23;
5703	滕	daengz	taŋ²	轮到	2	0.00104%	2	11;26;
8619	輪	lwnz	lɯn²	轮流	1	0.00052%	1	27;
1468	論	lwnh	lɯn⁶	论	16	0.00829%	8	20;02;03;05;06;17;19;18;
4458	論	lwnh	lɯn⁶	论理	3	0.00156%	3	04;05;10;
2648	论	lwnh	lɯn⁶	论说	7	0.00363%	4	03;04;10;20;
216	隆	loengz	loŋ²	落	142	0.07361%	22	01;02;03;04;05;06;07;08;09;12;13;17;19;20;21;22;23;24;25;26;28;18;
8631	落敗	lak-baih	la:k⁷pa:i⁶	落败	1	0.00052%	1	23;
8632	冬	doeng	toŋ¹	落成	1	0.00052%	1	06;
8633	多	dogr	tɔk⁵⁵	落出	1	0.00052%	1	26;
2438	蔫	doek	tok⁷	落到	8	0.00415%	3	16;17;27;
4052	途	doek	tok⁷	落地	3	0.00156%	3	07;26;18;
8635	毒	doek	tok⁷	落掉	1	0.00052%	1	01;
5711	托兄	doek-congh	tok⁷ɕo:ŋ⁶	落洞	2	0.00104%	1	17;
8636	托比半	doek-bih-boenq	tok⁷pi⁶pon⁵	落纷纷	1	0.00052%	1	19;
8637	托細沙	doek-siz-saz	tok⁷θi²θva²	落哗哗	1	0.00052%	1	19;
2937	瀆	doek	tok⁷	落进	6	0.00311%	2	04;09;
8640	洛馬	roengz-ma	roŋ²ma¹	落来	1	0.00052%	1	21;
5712	托	doek	tok⁷	落命	2	0.00104%	1	17;
8643	隆之杀	loenh-cix-cad	loŋ²ɕi⁴ɕa:t⁸	落沙沙	1	0.00052%	1	22;
8644	隆冲	loengz-congh	loŋ²ɕo:ŋ⁶	落山	1	0.00052%	1	03;
8645	篤增	doek-gyang	tok⁷tɕa:ŋ¹	落上	1	0.00052%	1	05;
420	毒迉	doek-laj	tok⁷la³	落下	73	0.03784%	17	01;03;04;05;07;09;10;12;13;17;19;20;21;24;26;28;18;
4460	隆其贏	loengz-giz-gyanz	loŋ²ki²tɕa:n²	落下沙沙	3	0.00156%	2	23;26;
5713	篤伏	doek-fag	tok⁷fa:k⁸	落下竹槅	2	0.00104%	1	28;
4461	托	doek	tok⁷	落雨	3	0.00156%	1	17;
2439	瀆	doek	tok⁷	落在	8	0.00415%	5	04;05;17;19;23;
8648	托方	doek-fag	tok⁷fa:k⁸	落竹槅	1	0.00052%	1	17;
11197	吋	gyaez	tɕai²	虑及	1	0.00052%	1	18;
296	罵	ndah	da⁶	骂	109	0.05650%	18	01;02;03;04;05;06;07;08;11;12;13;17;20;22;23;24;25;28;

词号	壮字	新壮文	音标	词义	频次	词频	分布度	抄本号
3772	罵儀仁	ndaq-yiz-yinz	da^{5}ji^{2}jin^{2}	骂喋喋	4	0.00207%	3	12;13;24;
8667	罵	ndah	da^{6}	骂架	1	0.00052%	1	27;
5724	罵宜号	ndaq-nyih-nyauz	da^{5}ȵi^{6}ȵa:u^{2}	骂咧咧	2	0.00104%	2	18;19;
8668	罵奴	ndaq-naeuz	da^{5}nau^{2}	骂说	1	0.00052%	1	20;
4467	吞儀仰	daen-yiz-yangh	tan^{1}ji^{2}ja:ŋ^{6}	骂滔滔	3	0.00156%	3	12;13;24;
3773	罵提垓	ndaq-diz-danz	da^{5}ti^{2}ta:n^{2}	骂喳喳	4	0.00207%	4	12;18;22;28;
714	畣	haem	ham^{1}	埋	39	0.02022%	16	01;02;03;06;07;08;10;12;17;19;21;22;23;26;27;18;
5725	引	yomq	jo:m^{5}	埋伏	2	0.00104%	2	13;22;
8669	含	haem	ham^{1}	埋进	1	0.00052%	1	02;
5726	嚁	naeuz	nau^{2}	埋怨	2	0.00104%	2	04;22;
1668	葬	cangq	ɕa:ŋ^{5}	埋葬	14	0.00726%	2	17;18;
809	住	cwx	ɕɯ^{4}	买	33	0.01711%	12	03;04;09;11;12;13;17;20;23;26;27;18;
8670	个	gai	ka:i^{1}	买卖	1	0.00052%	1	11;
1197	開	hai	ha:i^{1}	迈	21	0.01089%	6	07;10;17;25;28;18;
8671	顔	yamh	ja:m^{6}	迈步	1	0.00052%	1	22;
8672	開	hai	ha:i^{1}	迈开	1	0.00052%	1	13;
475	盖	gai	ka:i^{1}	卖	65	0.03369%	18	03;05;07;09;12;13;14;17;19;20;21;22;23;24;25;26;27;18;
2656	丕	bae	pai^{1}	卖去	7	0.00363%	3	17;18;19;
2074	隂	yaem	jam^{1}	瞒	10	0.00518%	4	22;23;25;26;
3774	湠	muenh	muən^{6}	瞒人	4	0.00207%	1	17;
5728	瞞	muenz	muən^{2}	瞒说	2	0.00104%	1	12;
1503	滿	muenx	muən^{4}	满	16	0.00829%	4	01;02;03;04;
8676	吞数	aen-soq	an^{1}ɬo^{5}	满数	1	0.00052%	1	03;
5734	腊	rag	ra:k^{8}	蔓延	2	0.00104%	2	17;26;
8679	拉	lax	la^{33}	漫	1	0.00052%	1	26;
8680	孟	mued	muət^{8}	漫出	1	0.00052%	1	17;
8681	沓	dumh	tum^{6}	漫溢	1	0.00052%	1	25;
5735	班	banh	pa:n^{6}	漫游	2	0.00104%	2	15;27;
8682	满	muzsnc	mɯn^{55}	慢燃	1	0.00052%	1	26;
8683	湠	muznc	mɯn^{35}	慢烧	1	0.00052%	1	26;
8687	赧	bous	pou^{31}	忙着	1	0.00052%	1	26;
1582	悪	ok	o:k^{7}	冒出	15	0.00778%	3	10;08;17;
2658	表	beu	pe:u^{1}	冒犯	7	0.00363%	6	05;11;20;24;25;28;
8704	悪文物	ok-fwd-fwh	o:k^{7}fɯt^{8}fɯ^{6}	冒纷纷	1	0.00052%	1	10;
8705	悪唐丹	ok-daemz-danz	o:k^{7}tam^{2}ta:n^{2}	冒闪闪	1	0.00052%	1	10;
11199	磨	mo	mo^{1}	麽	1	0.00052%	1	18;
8706	莫	mo	mo^{1}	麽唱	1	0.00052%	1	17;
5745	麽	mo	mo^{1}	麽诚	2	0.00104%	1	12;
5748	麽	mo	mo^{1}	麽喃	2	0.00104%	1	07;
8709	麽請	mo-cingj	mo^{1}ɕiŋ^{3}	麽请	1	0.00052%	1	12;

词号	壮字	新壮文	音标	词义	频次	词频	分布度	抄本号
253	嚁	naeuz	nau^{2}	麽诵	124	0.06428%	20	01;02;03;04;05;07;08;09;10;11;12;13;15;17;19;20;23;26;
5749	嚁	naeuz	nau^{2}	麽诉	2	0.00104%	1	08;
8714	否眉	mbaeuh-miz	bau^{6}mi^{2}	没有	1	0.00052%	1	17;
4482	芽	ngad	ŋa:t^{8}	萌芽	3	0.00156%	1	03;
5758	侵	coemj	ɕom^{3}	蒙	2	0.00104%	1	24;
8740	發	fad	fa:t^{8}	猛抽	1	0.00052%	1	13;
8743	待	tazh	thaɯ^{44}	懵懂	1	0.00052%	1	26;
8745	蒙	mumr	mum^{55}	眯	1	0.00052%	1	26;
8746	巴五	baz-ux	pa^{2}u^{4}	弥漫	1	0.00052%	1	25;
5761	禁	gyaemq	tɕam^{5}	迷	2	0.00104%	1	23;
8755	晒	saiq	θva:i^{5}	觅食	1	0.00052%	1	17;
5767	眠	ninz	nin^{2}	眠	2	0.00104%	2	04;17;
8767	告赦	gau-ce	ka:u^{1}ɕe^{1}	免赦	1	0.00052%	1	22;
8769	孔	gumj	kum^{3}	面朝	1	0.00052%	1	17;
3781	提	dwk	tɯk^{7}	瞄准	4	0.00207%	2	17;26;
3483	乜	mbej	be^{3}	咩叫	4	0.00207%	3	19;20;18;
1583	断	duenh	tuən^{6}	灭	15	0.00778%	9	04;05;09;10;20;21;22;23;27;
1845	末	mued	muət^{8}	灭绝	12	0.00622%	5	02;05;07;08;12;
5773	立	ndaep	dap^{7}	灭妖	2	0.00104%	1	12;
8772	蒙	mumr	mum^{55}	抿	1	0.00052%	1	26;
8776	那	nax	na^{33}	明白	1	0.00052%	1	26;
8777	同	duenh	tuən^{6}	明断	1	0.00052%	1	17;
1744	雷	laez	lai^{2}	鸣	13	0.00674%	8	03;10;12;14;17;21;24;25;
5776	號	heuh	he:u^{6}	鸣唱	2	0.00104%	1	17;
2661	黎	laez	lai^{2}	鸣叫	7	0.00363%	4	07;09;17;20;
8784	安作	an-coh	a:n^{1}ɕo^{6}	命名	1	0.00052%	1	21;
3783	入	yaep	jap^{7}	摸	4	0.00207%	3	05;12;16;
5777	蓙	lums	lum^{31}	摸黑	2	0.00104%	1	26;
8788	君	gaen	kan^{1}	摩擦	1	0.00052%	1	08;
2663	貧	baenz	pan^{2}	磨	7	0.00363%	4	12;17;20;21;
1041	唤	vuet	ʔvuət^{7}	抹	25	0.01296%	4	17;20;22;23;
3786	散	suenq	ɬuən^{5}	谋划	4	0.00207%	1	23;
2445	算	sanq	θ va:n^{5}	谋算	8	0.00415%	3	17;22;23;
8833	沉	caemx	ɕam^{4}	沐浴	1	0.00052%	1	25;
33	提	dwz	tɯ^{2}	拿	733	0.37995%	29	01;02;03;04;05;06;07;08;09;10;11;12;13;14;15;16;17;19;20;21;22;23;24;25;26;27;28;
8838	得	dwz	tɯ^{2}	拿到	1	0.00052%	1	12;
2449	提獁	dwz-ma	tɯ^{2}ma^{1}	拿回	8	0.00415%	5	05;12;17;20;23;
8839	特后	dwz-haeuj	tɯ^{2}hau^{3}	拿进	1	0.00052%	1	16;
8840	提条	dwz-deuz	tɯ^{2}te:u^{2}	拿开	1	0.00052%	1	05;
464	獁	ma	ma^{1}	拿来	67	0.03473%	14	01;05;08;09;11;12;15;16;17;18;19;20;23;25;
5801	提	dwz	tɯ^{2}	拿起	2	0.00104%	1	12;

词号	壮字	新壮文	音标	词义	频次	词频	分布度	抄本号
389	提闭	dwz-bae	tɯ^{2}pai^{1}	拿去	81	0.04199%	9	05;09;16;17;18;19;20;23;25;
8841	欽	gaem	kam^{1}	拿手	1	0.00052%	1	04;
8842	拎	gaem	kam^{1}	拿着	1	0.00052%	1	27;
3791	盖	gaiq	ka:i^{5}	那是	4	0.00207%	2	02;04;
8876	炁	hiq	hi^{5}	呐	1	0.00052%	1	24;
5813	進	haeuj	hau^{3}	纳	2	0.00104%	2	01;05;
5816	畓	dumz	tum^{2}	难产	2	0.00104%	1	23;
4509	配	bwi	pɯəi^{1}	喃	3	0.00156%	3	02;09;25;
8890	那	namq	na:m^{5}	喃唱	1	0.00052%	1	19;
1586	談	damz	ta:m^{2}	喃麽	15	0.00778%	6	02;08;09;11;27;29;
909	貝	bwi	pɯəi^{1}	喃诵	29	0.01503%	9	01;07;08;09;10;11;12;14;15;
5817	分㕶	faen-naeuz	fan^{1}nau^{2}	喃诉	2	0.00104%	2	05;22;
3793	哞	niemh	ȵiəm^{6}	喃咒	4	0.00207%	2	04;27;
5821	何恨	hoz-haen	ho^{2}han^{1}	恼火	2	0.00104%	2	20;27;
3794	含	haemz	ham^{2}	恼怒	4	0.00207%	3	15;20;27;
8892	含个里	haemz-gah-li	ham^{2}ka^{6}li^{1}	恼怒愤愤	1	0.00052%	1	15;
8893	含个林	haemz-gah-limh	ham^{2}ka^{6}lim^{6}	恼怒悠悠	1	0.00052%	1	15;
1708	温	un	un^{1}	闹	13	0.00674%	5	12;17;19;20;18;
5823	入	haeuj	hau^{3}	闹进	2	0.00104%	1	12;
8896	已降	gyij-gyangq	tɕi^{3}tɕa:ŋ^{5}	呢喃	1	0.00052%	1	20;
360	當	dangq	ta:ŋ^{5}	能	88	0.04561%	15	12;01;04;06;09;15;17;19;20;21;22;23;24;27;18;
5827	貧	baenz	pan^{2}	能成	2	0.00104%	2	12;13;
8903	了	ndaex	dai^{4}	能行	1	0.00052%	1	01;
8910	苗	hauh	ha:u^{6}	逆	1	0.00052%	1	17;
5829	反福	fanj-fuk	fa:n^{3}fuk^{7}	逆反	2	0.00104%	2	10;28;
5830	深	caem	ɕam^{1}	溺水	2	0.00104%	1	05;
8922	能	naenj	nan^{3}	捻	1	0.00052%	1	19;
5834	急	gyaep	tɕap^{7}	撵	2	0.00104%	1	10;
868	念	niemh	niəm^{6}	念	30	0.01555%	9	03;05;07;17;19;21;22;23;18;
8923	業覔	ndied-hoen	diət^{8}hon^{1}	念魂	1	0.00052%	1	05;
5835	佞	nien	niən^{1}	念记	2	0.00104%	1	17;
8924	嚼	naeuz	nau^{2}	念经	1	0.00052%	1	02;
3797	談	damz	ta:m^{2}	念诵	4	0.00207%	3	01;17;26;
8925	吋立烈	gyaez-lih-lez	tɕai^{2}li^{6}le^{2}	念悠悠	1	0.00052%	1	18;
5836	鬧	nauh	na:u^{6}	念咒	2	0.00104%	2	12;27;
4519	𠃊	gueg	kuək^{8}	酿	3	0.00156%	2	05;16;
8933	貧	baenz	pan^{2}	酿成	1	0.00052%	1	22;
2337	曜	nyaeb	ȵap^{8}	捏	8	0.00415%	6	05;06;12;17;20;18;
8939	汶	vaenj	van^{3}	捏给	1	0.00052%	1	17;
5841	敏	mbit	bit^{7}	拧	2	0.00104%	1	20;
8948	古	guj	ku^{3}	牛滚	1	0.00052%	1	06;
2454	逃	daux	ta:u^{4}	扭曲	8	0.00415%	6	02;20;07;10;12;17;
8957	到	daux	ta:u^{4}	扭弯	1	0.00052%	1	10;

词号	壮字	新壮文	音标	词义	频次	词频	分布度	抄本号
6615	一	euq	e:u[5]	拗	2	0.00104%	1	18;
2248	烎	longh	lo:ŋ[6]	弄	9	0.00467%	8	03;05;08;09;13;17;20;26;
8965	很烈	haen-rengz	han[1]re:ŋ[2]	努力	1	0.00052%	1	21;
5849	連	lenz	le:n[2]	怒视	2	0.00104%	1	25;
5850	往	vang	va:ŋ[1]	挪	2	0.00104%	2	20;26;
5856	渌	lueg	luək[8]	呕吐	2	0.00104%	2	22;26;
5857	歐機	ngaeuq-gyiq	ʔŋau[5]tɕi[5]	怄气	2	0.00104%	1	21;
8981	披	mbaez	bai[2]	趴	1	0.00052%	1	27;
8982	托	tug	thuk[8]	趴倒	1	0.00052%	1	27;
8983	卜	boek	pok[7]	趴地	1	0.00052%	1	27;
465	淶	laih	la:i[6]	爬	67	0.03473%	16	01;02;03;04;05;07;08;09;10;12;13;16;17;20;25;28;
5858	來	raih	ra:i[6]	爬过	2	0.00104%	1	17;
5859	味	raih	ra:i[6]	爬进	2	0.00104%	1	17;
8988	林	lim	lim[1]	爬满	1	0.00052%	1	28;
8989	鸾愢	luenz-hwnq	luən[2]hɯn[5]	爬起	1	0.00052%	1	05;
8990	病岜	bin-gya	pin[1]tɕa[1]	爬山	1	0.00052%	1	23;
4932	恨	hwnj	hɯn[3]	爬上	2	0.00104%	2	19;18;
1435	各	gueg	kuək[8]	耙	17	0.00881%	3	03;14;21;
3806	得那	dwz-naz	tɯ[2]na[2]	耙田	4	0.00207%	3	14;03;26;
210	劳	lau	la:u[1]	怕	146	0.07568%	20	05;01;02;03;04;07;09;10;12;13;15;17;20;22;23;25;26;27;
5861	劳	lau	la:u[1]	怕是	2	0.00104%	2	22;27;
1326	荅	dap	ta:p[7]	拍	19	0.00985%	7	04;05;12;17;20;22;27;
5862	托手	dop-fwngz	to:p[7]fɯŋ[2]	拍手	2	0.00104%	1	17;
8993	打	dab	tap[44]	拍着	1	0.00052%	1	26;
2669	排	baiz	pa:i[2]	排	7	0.00363%	4	17;21;26;28;
8994	碍	ngaiq	ŋa:i[5]	排斥	1	0.00052%	1	06;
8995	棑	baiz	pa:i[2]	排等	1	0.00052%	1	17;
11200	存	caengz	ɕaŋ[2]	排挤	1	0.00052%	1	18;
3807	介	gaij	ka:i[3]	排解	4	0.00207%	1	17;
5864	八畣	bah-laenh	pa[6]lan[6]	排列	2	0.00104%	1	17;
8997	發	faj	fa[3]	排柱子	1	0.00052%	1	05;
1140	災	cai	ɕa:i[1]	派	23	0.01192%	6	05;17;19;20;21;23;
4524	出	cit	ɕit[7]	派遣	3	0.00156%	1	23;
8998	発丕	fat-bae	fa:t[7]pai[1]	派去	1	0.00052%	1	20;
1972	赖	laih	la:i[6]	攀	11	0.00570%	5	03;09;17;25;28;
8999	扭	njawr	ŋ̥au[55]	攀摘	1	0.00052%	1	26;
5866	察	gyaz	tɕa[2]	盘查	2	0.00104%	2	12;13;
9000	板	bah	pa[6]	盘绕	1	0.00052%	1	17;
2952	算	suenq	ɬuən[5]	盘算	6	0.00311%	4	01;12;13;17;
9001	嚂	kyam	khja:m[1]	盘问	1	0.00052%	1	27;
3808	寡	gvax	kva[4]	盘旋	4	0.00207%	3	12;17;28;
2670	斷	donh	to:n[6]	判	7	0.00363%	3	13;17;20;

词号	壮字	新壮文	音标	词义	频次	词频	分布度	抄本号
9003	半	buen	buən¹	判察	1	0.00052%	1	17;
1327	定	dingh	tiŋ⁶	判定	19	0.00985%	3	17;26;27;
5867	班	banq	pa:n⁵	判断	2	0.00104%	1	06;
1020	厄	ngwz	ŋɯ²	盼	25	0.01296%	9	10;12;20;21;23;24;25;28;18;
1588	望	muengh	muəŋ⁶	盼望	15	0.00778%	6	09;17;23;25;26;28;
9004	夫逢	fuz-faengz	fu²faŋ²	彷徨	1	0.00052%	1	08;
9005	父逢列列	fuz-faengz-leh-leh	fu²faŋ²le⁶le⁶	彷徨悠悠	1	0.00052%	1	08;
9008	奚	geih	kei⁶	抛弃	1	0.00052%	1	27;
3811	爲	vet	ve:t⁷	刨	4	0.00207%	4	03;05;06;26;
9009	抱	bauz	pa:u²	刨刀	1	0.00052%	1	21;
9010	骨隆	gud-loengz	kut⁸loŋ²	刨下	1	0.00052%	1	05;
2794	条	deuz	te:u²	跑	6	0.00311%	5	05;06;17;21;18;
4026	流	riuz	riu²	跑快	4	0.00207%	1	18;
9011	弔	diu	tiu⁴⁴	跑去	1	0.00052%	1	26;
9012	恨	hwnj	hɯn³	跑上	1	0.00052%	1	09;
733	乾	gen	ke:n¹	泡	38	0.01970%	7	05;07;17;19;22;24;18;
3813	報	bauq	pa:u⁵	陪	4	0.00207%	4	05;17;22;28;
2078	班	banx	pa:n⁴	陪伴	10	0.00518%	3	17;20;21;
9016	本	baen	pan¹	陪送	1	0.00052%	1	17;
3306	奉	fungj	fuŋ³	培育	5	0.00259%	3	07;17;28;
1509	賠	boiz	po:i²	赔	16	0.00829%	5	02;10;12;22;26;
9018	賠	boiz	po:i²	赔恩	1	0.00052%	1	02;
9019	賠	boiz	po:i²	赔情	1	0.00052%	1	05;
9020	勒	laek	lak⁷	佩带	1	0.00052%	1	09;
2953	提	swz	tɯ²	配	6	0.00311%	6	10;12;17;22;27;28;
9021	荅	dap	ta:p⁷	配给	1	0.00052%	1	27;
9023	分	baenq	pan⁵	喷	1	0.00052%	1	03;
5871	逢	bongz	po:ŋ²	膨胀	2	0.00104%	2	09;10;
2671	練	lienh	liən⁶	捧	7	0.00363%	4	02;05;07;17;
511	丁	deng	te:ŋ¹	碰	60	0.03110%	8	01;02;03;04;12;17;20;23;
1589	防	bung	puŋ¹	碰到	15	0.00778%	5	05;10;11;12;13;
673	防	cueng	ɕuəŋ¹	碰见	42	0.02177%	8	05;08;13;17;19;20;21;25;
5872	丁	deng	te:ŋ¹	碰上	2	0.00104%	2	01;28;
1328	毒	dongx	to:ŋ⁴	碰着	19	0.00985%	4	01;05;17;22;
9027	動	doengh	do:ŋ⁶	碰撞	1	0.00052%	1	09;
3307	拜	baij	pa:i³	披	5	0.00259%	3	13;22;23;
9028	孤	gamr	kam⁵⁵	披到	1	0.00052%	1	26;
682	傍	bag	pa:k⁸	劈	41	0.02125%	17	01;02;03;04;05;07;08;09;10;12;13;17;19;22;25;26;18;
9029	叭	baq	pa⁵	劈开	1	0.00052%	1	20;
9030	劈	bag	pa:k⁸	劈人	1	0.00052%	1	12;
11201	由	yaeuh	jau⁶	骗	1	0.00052%	1	18;
3815	遥	yaeuh	jau⁶	骗话	4	0.00207%	2	23;22;

词号	壮字	新壮文	音标	词义	频次	词频	分布度	抄本号
9037	唠	gyauq	tɕa:u⁵	漂	1	0.00052%	1	05;
9038	沙	sah	ɬa⁶	漂洗	1	0.00052%	1	05;
4529	浪	langh	la:ŋ⁶	飘	3	0.00156%	3	02;07;12;
9039	寡	ga	ka⁴⁴	飘浮	1	0.00052%	1	26;
9040	逊	saenq	θan⁵	飘落	1	0.00052%	1	17;
9042	同	daeuh	tau⁶	嫖	1	0.00052%	1	20;
5878	多	doq	to⁵	拼接	2	0.00104%	1	02;
9043	本命	buenq-mingh	puən⁵miŋ⁶	拼命	1	0.00052%	1	23;
9051	哏	cimz	ɕim²	品尝	1	0.00052%	1	05;
9054	观	gonz	ko:n⁵	聘请	1	0.00052%	1	12;
3308	高	gauh	ka:u⁶	平	5	0.00259%	3	24;28;29;
3817	高	gauh	ka:u⁶	平过	4	0.00207%	1	29;
11202	龍	roengz	roŋ²	平息	1	0.00052%	1	18;
5883	斉	caez	ɕai²	平整	2	0.00104%	1	14;
4933	半	buenh	puən⁶	评判	2	0.00104%	2	17;18;
9069	倒	dauj	ta:u³	泼	1	0.00052%	1	12;
9077	淂	dwk	tɯk⁷	迫使	1	0.00052%	1	22;
521	落	loq	lo⁵	破	59	0.03058%	17	01;02;04;05;07;08;09;10;11;12;13;17;21;22;23;25;28;
9078	败	baih	pa:i⁶	破败	1	0.00052%	1	23;
9079	降本	byag-baenz	pja:k⁸pan²	破成	1	0.00052%	1	20;
2958	怕	baq	pa⁵	破开	6	0.00311%	2	09;17;
4532	京	ging	kiŋ¹	破裂	3	0.00156%	1	01;
9084	祸	vueq	vuə⁵	破损	1	0.00052%	1	01;
5891	卜	buh	pu⁶	剖	2	0.00104%	2	17;19;
9086	夷	heh	he⁶	剖开	1	0.00052%	1	14;
5892	双	suengq	su:ŋ⁵	扑倒	2	0.00104%	1	27;
1896	比	biq	pi⁵	铺	11	0.00570%	7	01;08;24;25;26;28;18;
4533	披	biq	pi⁵	铺垫	3	0.00156%	3	10;20;26;
9089	撒	cas	ɕa³¹	铺在	1	0.00052%	1	26;
764	土	duh	tu⁶	栖息	36	0.01866%	13	02;05;06;10;12;17;19;20;22;23;26;28;18;
4534	執	tsaeb	tsap⁸	栖在	3	0.00156%	1	27;
9101	滿	muenx	mu:ən⁴	期满	1	0.00052%	1	29;
9103	陰	yaeuh	jau⁶	欺	1	0.00052%	1	25;
2961	為	viq	vi⁵	欺负	6	0.00311%	1	22;
9104	滕	daengz	taŋ²	齐	1	0.00052%	1	04;
9108	保	bauj	pa:u³	祈保	1	0.00052%	1	12;
5897	細	si	ɬi¹	祈祷	2	0.00104%	2	10;23;
3312	請	cingj	ɕiŋ³	祈请	5	0.00259%	3	12;19;26;
2962	盃	bwi	pɯəi¹	祈求	6	0.00311%	3	03;12;26;
9109	晋力憐	guenz-liz-linh	kuən²li²lin⁶	祈求连连	1	0.00052%	1	13;
9110	配	bwi	pɯəi¹	祈禳	1	0.00052%	1	07;
9111	仰	ngangx	ŋa:ŋ⁴	祈望	1	0.00052%	1	17;

词号	壮字	新壮文	音标	词义	频次	词频	分布度	抄本号
2458	喙	cam	ɕa:m¹	祈问	8	0.00415%	3	01;12;27;
9112	喙地達	cam-dih-dad	ɕa:m¹ti⁶ta:t⁸	祈问滔滔	1	0.00052%	1	01;
428	騎	gwih	kuəi⁶	骑	72	0.03732%	16	02;03;05;06;07;08;09;12;17;20;22;23;24;25;26;28;
3313	騎馬	gwih-max	kuəi⁶ma⁴	骑马	5	0.00259%	3	06;17;23;
9122	花	vaq	va⁵	乞丐	1	0.00052%	1	17;
2158	疆	gyam	tɕa:m¹	乞求	9	0.00467%	3	19;27;18;
5900	義潲	nyi-muenh	ȵi¹muən⁶	企盼	2	0.00104%	2	17;20;
295	恨	hwnq	hɯn⁵	起	109	0.05650%	24	02;03;04;05;06;07;08;10;11;12;13;15;17;19;20;21;22;23;24;25;26;28;29;18;
3821	忐	hwnq	hɯn⁵	起床	4	0.00207%	4	11;21;24;25;
1004	恨	hwnq	hɯn⁵	起来	26	0.01348%	10	05;10;11;17;20;22;23;25;26;
3485	若	yo	ʔjo¹	起名	4	0.00207%	3	19;20;18;
1673	恨	hwnq	hɯn⁵	起身	14	0.00726%	8	04;05;06;17;20;23;26;27;
9124	貇	hwnj	hɯn³	起于	1	0.00052%	1	12;
9126	若𠀾	yo-gueg	jo¹kuək⁸	起做	1	0.00052%	1	20;
9127	哑	nga	ʔŋa¹	气	1	0.00052%	1	17;
9131	胡㝵	hoz-dai	ho²ta:i¹	气死	1	0.00052%	1	22;
9133	胡俐	hoz-ndi	ho²ti¹	气消	1	0.00052%	1	28;
9134	为	ved	ve:t⁸	弃	1	0.00052%	1	17;
2460	齊	gaiq	ka:i⁵	砌	8	0.00415%	6	02;03;06;07;12;20;
9135	荅	dab	ta:p⁸	砌成	1	0.00052%	1	23;
1330	携	gyaeh	tɕai⁶	掐算	19	0.00985%	5	04;05;06;09;29;
5904	正	cingj	ɕiŋ³	恰逢	2	0.00104%	1	17;
5909	仙	semz	ɬe:m²	迁	2	0.00104%	2	05;17;
9140	提地	dwz-dih	tɯ²ti⁶	迁坟	1	0.00052%	1	17;
9141	巽	senj	θve:n³	迁址	1	0.00052%	1	19;
626	達	daz	ta²	牵	46	0.02384%	13	03;08;11;12;14;15;17;20;22;23;26;27;18;
2674	裹	ndaw	daɯ¹	牵挂	7	0.00363%	5	01;17;21;25;28;
5910	清馬	cing-ma	ɕiŋ¹ma¹	牵来	2	0.00104%	1	20;
9142	失赦	cij-cej	ɕi³ɕe³	牵连	1	0.00052%	1	27;
9143	提懐	dwz-vaiz	tɯ²va:i²	牵牛	1	0.00052%	1	05;
9145	請	ciem	ɕiəm¹	签	1	0.00052%	1	19;
9146	貫	goenq	kon⁵	前	1	0.00052%	1	28;
5912	后	haeuj	hau³	前进	2	0.00104%	1	24;
9152	閉	bae	pai¹	前往	1	0.00052%	1	12;
9156	賣	mbaiq	ba:i⁵	潜	1	0.00052%	1	17;
4934	嫩	ndaem	dam¹	潜水	2	0.00104%	2	19;18;
2253	欠	yiemq	jiəm⁵	欠	9	0.00467%	4	04;13;17;20;
9162	賊	caeg	ɕak⁸	强夺	1	0.00052%	1	20;
9165	扲	gaemh	kam⁶	强要	1	0.00052%	1	04;
3486	勒	lab	la:p⁸	抢	4	0.00207%	4	12;17;20;18;
4538	情	ciengj	ɕiəŋ³	抢夺	3	0.00156%	1	17;

词号	壮字	新壮文	音标	词义	频次	词频	分布度	抄本号
9169	穴	set	θe:t⁷	抢劫	1	0.00052%	1	20;
810	途	dok	to:k⁷	敲	33	0.01711%	9	05;10;12;17;19;20;25;26;18;
1624	孟	mboengx	boŋ⁴	敲打	14	0.00726%	5	03;07;17;19;18;
3825	打	daj	ta³	敲击	4	0.00207%	2	04;17;
9172	缴	gyiuz	tɕi:u²	桥	1	0.00052%	1	17;
1245	照	ciuq	ɕi:u⁵	瞧	20	0.01037%	11	02;12;13;15;16;19;20;21;22;27;18;
9174	皆	dciqr	tɕiŋ⁵⁵	瞧见	1	0.00052%	1	26;
3826	桃	daux	ta:u⁴	翘	4	0.00207%	2	05;17;
9176	玉丕	yix-bae	jvi⁴pai¹	翘去	1	0.00052%	1	20;
9177	又丕	yaeux-bae	jau⁴pai¹	翘上	1	0.00052%	1	20;
1976	鷄	gaex	kai⁴	撬	11	0.00570%	8	01;03;04;05;09;10;15;20;
9178	莪	ngoeg	ŋok⁸	撬断	1	0.00052%	1	22;
4539	芽	ax	a⁴	撬开	3	0.00156%	2	03;17;
2676	卵	lonq	lo:n⁵	切	7	0.00363%	4	05;22;23;26;
9179	申	saemz	θam²	切分	1	0.00052%	1	19;
4540	乱	lonq	lo:n⁵	切割	3	0.00156%	2	09;17;
9183	犯	famh	fa:m⁶	侵犯	1	0.00052%	1	08;
5920	敢	ganq	ka:n⁵	侵害	2	0.00104%	1	08;
9184	春	ciemq	ɕiəm⁵	侵占	1	0.00052%	1	28;
3315	交	gyiuq	tɕi:u⁵	亲	5	0.00259%	1	21;
2547	謹	gaenx	kan⁴	擒	7	0.00363%	5	01;17;19;21;18;
4547	昴	ngaemj	ŋam³	倾	3	0.00156%	1	17;
2798	淋	loemq	lom⁵	倾倒	6	0.00311%	4	01;17;19;18;
9203	孟丕	muek-bae	muək⁷pai¹	倾倒去	1	0.00052%	1	19;
9204	頼	raih	ra:i⁶	倾诉	1	0.00052%	1	27;
5928	領	lingq	liŋ⁵	倾斜	2	0.00104%	1	11;
5929	師	sae	ɬai¹	清	2	0.00104%	2	23;26;
461	點	diemj	tiəm³	清点	67	0.03473%	4	17;19;20;18;
9206	失	sat	sa:t⁷	清理	1	0.00052%	1	27;
9207	洗	swiq	θɯəi⁵	清洗	1	0.00052%	1	17;
4549	醒	singj	ɬiŋ³	清醒	3	0.00156%	3	07;17;23;
9213	茶	caix	ɕa:i⁴	顷	1	0.00052%	1	01;
40	請	cingj	ɕiŋ³	请	631	0.32708%	25	01;02;03;04;05;06;07;08;09;10;11;12;14;15;17;19;20;22;23;24;25;26;27;28;18;
9214	正安	cingj-an	ɕiŋ³a:n¹	请安	1	0.00052%	1	18;
9215	請	cingj	ɕiŋ³	请吃	1	0.00052%	1	25;
3318	噆	cam	ɕa:m¹	请教	5	0.00259%	2	06;09;
4551	求	gyaeuz	tɕau²	请求	3	0.00156%	2	17;26;
195	求	gyaeuz	tɕau²	求	157	0.08138%	19	02;04;05;06;07;09;10;11;12;17;19;20;21;22;23;25;28;29;
2083	求	gyaeuz	tɕau²	求拜	10	0.00518%	3	01;02;23;
9218	拜里鸞	baiq-liz-luenz	pa:i⁵li²luən²	求拜连连	1	0.00052%	1	10;
9219	求花	gyaeuz-va	tɕau²va¹	求花	1	0.00052%	1	02;

词号	壮字	新壮文	音标	词义	频次	词频	分布度	抄本号
4554	含	haemq	ham^{5}	求婚	3	0.00156%	1	23;
4555	初	coh	ɕo^{6}	求教	3	0.00156%	2	08;11;
9220	求	tcius	tɕhiu^{31}	求救	1	0.00052%	1	26;
9221	晋俐憐	guen-liz-linh	kuən^{2}li^{2}lin^{6}	求连连	1	0.00052%	1	12;
9222	晋里憐	guenz-lih-linh	ku:en^{2}li^{6}lin^{6}	求频频	1	0.00052%	1	07;
5933	占	ciem	ɕiəm^{1}	求签	2	0.00104%	2	08;11;
4556	叅	cam	ɕa:m^{1}	求亲	3	0.00156%	1	23;
2973	晋	guenz	kuən^{2}	求情	6	0.00311%	1	23;
3833	晋	guenz	kuən^{2}	求求	4	0.00207%	1	25;
5934	晋黎憐	guenz-liz-linh	kuən^{2}li^{2}lin^{6}	求饶连连	2	0.00104%	2	12;13;
5935	嚂	kyam	khja:m^{1}	求问	2	0.00104%	1	27;
9223	告	gyaeuz	tɕau^{2}	求助	1	0.00052%	1	13;
4557	碧	bik	pik^{7}	驱	3	0.00156%	3	04;20;27;
9225	尽	caenh	ɕan^{6}	驱除	1	0.00052%	1	29;
1748	黎	laeh	lai^{6}	驱赶	13	0.00674%	5	11;17;22;27;29;
1977	楽	log	lo:k^{8}	驱逐	11	0.00570%	3	12;17;29;
1749	吜	cux	ɕu^{4}	取	13	0.00674%	7	11;15;16;17;22;26;27;
9228	禣	ndaej	dai^{3}	取得	1	0.00052%	1	27;
9229	歐	aeuz	au^{2}	取来	1	0.00052%	1	27;
9230	豆	daeux	tau^{4}	取乐	1	0.00052%	1	17;
535	歐	aeu	au^{1}	娶	57	0.02955%	18	01;02;04;06;07;10;11;12;14;17;20;21;22;23;26;27;28;29;
9231	歐麻	aeu-ma	au^{1}ma^{1}	娶来	1	0.00052%	1	20;
9232	欧妣	aeu-baz	au^{1}pa^{2}	娶妻	1	0.00052%	1	03;
3	批	bae	pai^{1}	去	3661	1.89767%	29	24;23;26;20;25;01;02;03;04;05;06;07;08;09;10;11;12;13;14;15;16;17;19;21;22;27;28;
3319	批莉萂	bae-lih-laeg	pai^{1}li^{6}lak^{8}	去匆匆	5	0.00259%	4	09;16;23;28;
1181	比𦘒	bae-daengz	pai^{1}taŋ^{2}	去到	22	0.01140%	8	05;13;17;19;20;23;26;27;
9234	批的達	bae-diz-dad	pai^{1}ti^{2}tat^{8}	去噔噔	1	0.00052%	1	25;
9235	批的的	bae-diz-diz	pai^{1}ti^{2}ti^{2}	去嘀嘀	1	0.00052%	1	25;
5937	丕比奔	bae-biz-baengh	pai^{1}pi^{2}paŋ^{6}	去纷纷	2	0.00104%	1	17;
3835	還	vanz	va:n^{2}	去还	4	0.00207%	1	12;
5938	閉立令	bae-liz-lingh	pai^{1}li^{2}liŋ^{6}	去快快	2	0.00104%	2	12;26;
2084	老	laux	la:u^{4}	去世	10	0.00518%	3	17;20;21;
9236	批嚅	bae-naeuz	pai^{1}nau^{2}	去说	1	0.00052%	1	23;
9237	批代	bae-dai	pai^{1}ta:i^{1}	去死	1	0.00052%	1	23;
9238	批池執	bae-ciz-caeb	pai^{1}ɕi^{2}ɕap^{8}	去窣窣	1	0.00052%	1	09;
1674	批池粉	bae-cih-caeg	pai^{1}ɕi^{6}ɕak^{8}	去速速	14	0.00726%	10	09;12;16;23;26;28;03;06;17;
2679	丕了	bae-leux	pai^{1}le:u^{4}	去完	7	0.00363%	1	17;
9239	批池作	bae-ciz-cag	pai^{1}ɕi^{2}ɕa:k^{8}	去窸窸	1	0.00052%	1	09;
9242	比	bae	pai^{1}	去找	1	0.00052%	1	22;
5941	助	coq	ɕo^{5}	圈养	2	0.00104%	2	12;13;
9244	政	gyaeng	tɕaŋ^{1}	圈住	1	0.00052%	1	10;
1978	散	sanq	ɬa:n^{5}	痊愈	11	0.00570%	5	07;09;10;11;20;

词号	壮字	新壮文	音标	词义	频次	词频	分布度	抄本号
9251	骨	gut	kut^{7}	蜷曲	1	0.00052%	1	05;
3324	屈	gud	kut^{8}	蜷缩	5	0.00259%	3	04;05;20;
5946	旦	danq	ta:n^{5}	劝告	2	0.00104%	1	17;
3325	亢	gangj	ka:ŋ^{3}	劝说	5	0.00259%	3	17;25;27;
631	苦	hoj	ho^{3}	缺	46	0.02384%	13	01;02;03;04;05;06;09;11;12;13;14;15;21;
9254	慢	mbanq	ba:n^{5}	缺	1	0.00052%	1	23;
5947	買	maiq	ma:i^{5}	缺少	2	0.00104%	2	06;25;
5949	定准	dingh-cinh	tiŋ^{6}ɕin^{6}	确定	2	0.00104%	2	01;04;
11204	了	lw	lə^{1}	确实	1	0.00052%	1	18;
3326	提	dwz	tɯ^{2}	燃	5	0.00259%	2	04;09;
9257	密	mis	mi^{31}	燃得	1	0.00052%	1	26;
5951	提	dwz	tɯ^{2}	燃烧	2	0.00104%	2	17;26;
2680	五	uq	u^{5}	染	7	0.00363%	4	20;21;22;26;
9258	強	giengh	kiəŋ^{6}	染布	1	0.00052%	1	28;
9259	贫噼	baenz-gyaej	pan^{2}tɕai^{3}	染疾	1	0.00052%	1	05;
51	兵	beng	pe:ŋ^{1}	禳除	544	0.28198%	12	02;03;06;07;08;09;10;17;19;20;28;18;
5952	兵配	beng-bwi	pe:ŋ^{1}pɯəi^{1}	禳除剥离	2	0.00104%	1	10;
112	彭	beng	pe:ŋ^{1}	禳解	282	0.14617%	16	01;02;03;04;05;06;07;09;10;12;13;17;19;20;23;26;
9262	茶力利	cax-lih-lih	ɕa^{4}li^{6}li^{6}	禳解速速	1	0.00052%	1	07;
4560	朝	ciuz	ɕi:u^{2}	嚷	3	0.00156%	2	12;17;
9264	床	gyangz	tɕa:ŋ^{2}	嚷嚷	1	0.00052%	1	17;
203	許	hawj	haɯ^{3}	让	150	0.07775%	21	01;02;03;04;05;06;07;08;09;10;12;13;16;20;21;22;23;24;
9265	許斗	haej-daeuj	hai^{3}tau^{3}	让来	1	0.00052%	1	23;
9266	亞	jas	ja^{31}	饶恕	1	0.00052%	1	26;
4561	祸	muez	muə^{2}	扰乱	3	0.00156%	2	11;17;
1750	旺	vangq	va:ŋ^{5}	绕	13	0.00674%	7	02;07;10;17;20;21;24;
9267	寡	gvax	kva^{4}	绕飞	1	0.00052%	1	12;
9268	他	daz	ta^{2}	绕上	1	0.00052%	1	17;
5954	旺庫	vangq-hoq	va:ŋ^{5}ho^{5}	绕膝	2	0.00104%	1	02;
9269	休纫	heux-uq	he:u^{4}u^{5}	绕在	1	0.00052%	1	23;
4562	除	cien	ɕiən^{1}	惹	3	0.00156%	2	07;13;
9270	貧事	baenz-saeh	pan^{2}ɬai^{6}	惹事	1	0.00052%	1	06;
4565	艾	ngai	ŋa:i^{1}	忍	3	0.00156%	3	17;21;25;
9286	寿	saeuh	ɬau^{6}	忍受	1	0.00052%	1	25;
1898	逻	la	la^{1}	认	11	0.00570%	8	12;17;19;20;21;23;28;18;
9289	领	lingx	liŋ^{4}	认错	1	0.00052%	1	17;
5957	仍落	nyinh-rox	ȵin^{6}ro^{4}	认得	2	0.00104%	1	19;
1979	魯那	lox-naj	lo^{4}na^{3}	认识	11	0.00570%	6	07;17;18;19;21;22;
9290	特罪	dwz-coih	tɯ^{2}ɕo:i^{6}	认罪	1	0.00052%	1	04;
2770	才	caih	ɕa:i^{6}	任由	7	0.00363%	1	18;
9291	勿	fwd	fɯt^{8}	扔	1	0.00052%	1	09;

词号	壮字	新壮文	音标	词义	频次	词频	分布度	抄本号
9296	照	tsiuq	tsi:u^{5}	日照	1	0.00052%	1	27;
9298	容	yungz	juŋ^{2}	容	1	0.00052%	1	20;
9302	化	va	va^{1}	熔化	1	0.00052%	1	08;
3838	纷	giet	kiət^{7}	融合	4	0.00207%	2	25;28;
9303	派	baij	pa:i^{3}	柔摆	1	0.00052%	1	22;
5961	轉	gyonj	tɕo:n^{3}	揉和	2	0.00104%	2	12;13;
266	貧	baenz	pan^{2}	如	118	0.06116%	23	01;02;04;05;06;07;08;09;10;11;12;13;14;17;19;20;21;22;24;25;26;28;18;
9305	凌	laengz	laŋ^{2}	如常	1	0.00052%	1	27;
3329	貧旧	baenz-gaeuq	pan^{2}kau^{5}	如初	5	0.00259%	3	01;09;17;
2683	貧旧	baenz-gaeuq	pan^{2}kau^{5}	如旧	7	0.00363%	3	01;10;11;
9306	得朱	dwg-cw	tɯk^{8}ɕɯ^{1}	如意	1	0.00052%	1	12;
9307	任枷	yaeb-yih	jap^{8}ji^{6}	蠕动	1	0.00052%	1	09;
355	后	haeuj	hau^{3}	入	89	0.04613%	24	02;03;04;05;07;08;09;10;11;12;13;14;15;17;20;22;23;24;25;26;27;28;29;18;
5964	后和	haeuj-hoh	hau^{3}ho^{6}	入节	2	0.00104%	1	17;
5965	眠	ninz	nin^{2}	入睡	2	0.00104%	2	13;23;
5966	口	haeuj	hau^{3}	入席	2	0.00104%	2	12;17;
9309	后垢	haeuj-aek	hau^{3}ak^{7}	入胸	1	0.00052%	1	05;
9310	口学	haeuj-hag	hau^{3}ha:k^{8}	入学	1	0.00052%	1	03;
2974	入泣	saeb-laep	ɬap^{8}lap^{7}	入夜	6	0.00311%	1	05;
9311	提台	dwz-daiz	tɯ^{2}ta:i^{2}	入桌	1	0.00052%	1	05;
4568	口	haeuj	hau^{3}	入坐	3	0.00156%	2	08;09;
3122	能	naengh	naŋ^{6}	入座	5	0.00259%	4	02;17;20;18;
9312	奶	naic	na:i^{35}	褥祝	1	0.00052%	1	26;
9318	隂	jen	jɛn^{44}	润	1	0.00052%	1	26;
9319	良合	lwengx-hoz	lɯəŋ^{4}ho^{2}	润喉	1	0.00052%	1	24;
5969	入	saeb	ɬap^{8}	若	2	0.00104%	1	08;
5971	洒	saj	ɬa^{3}	洒	2	0.00104%	1	28;
9321	斬淋	cat-raemx	ɕa:t^{7}ram^{4}	洒水	1	0.00052%	1	17;
549	交	gyauq	tɕa:u^{5}	撒	54	0.02799%	16	02;03;05;07;10;11;12;15;17;19;20;21;25;27;28;18;
4571	得作	doek-coq	tok^{7}ɕo^{5}	撒放	3	0.00156%	2	20;21;
9322	萬	vanq	va:n^{5}	撒开	1	0.00052%	1	17;
4572	笃	doek	tok^{7}	撒下	3	0.00156%	2	03;12;
2086	色	saek	ɬak^{7}	塞	10	0.00518%	3	07;17;26;
5972	淮	yaiz	jva:i^{2}	塞给	2	0.00104%	1	17;
9323	卦	gvaq	kva^{5}	赛过	1	0.00052%	1	01;
760	散	sanq	θa:n^{5}	散	37	0.01918%	14	17;01;02;03;04;07;10;11;12;14;19;22;24;25;
9364	散把素	sanq-baz-soh	ɬa:n^{5}pa^{2}ɬo^{6}	散巴巴	1	0.00052%	1	03;
9365	妹	mbe	be^{1}	散开	1	0.00052%	1	01;
9366	班批	banh-bae	pa:n^{6}pai^{1}	散离	1	0.00052%	1	15;

词号	壮字	新壮文	音标	词义	频次	词频	分布度	抄本号
2088	勇	nyungq	ȵuŋ⁵	散乱	10	0.00518%	7	05;07;08;09;10;23;26;
9367	心	saenq	θan⁵	散落	1	0.00052%	1	17;
2977	散	sanq	ɬa:n⁵	散去	6	0.00311%	4	02;09;15;16;
4577	班	banh	pa:n⁶	散失	3	0.00156%	1	08;
5983	班	banh	pa:n⁶	散逃	2	0.00104%	2	12;14;
9368	班散	banh-sanq	pa:n⁶ɬa:n⁵	散走	1	0.00052%	1	15;
9370	喪	sang	θa:ŋ¹	丧	1	0.00052%	1	20;
11206	喪	san	θa:n¹	丧气	1	0.00052%	1	18;
9372	老	laux	la:u⁴	丧亡	1	0.00052%	1	17;
9373	塟	sangq	θa:ŋ⁵	丧葬	1	0.00052%	1	20;
5984	叩	gaeu	kau¹	搔	2	0.00104%	1	05;
5985	畾	doz	to²	骚扰	2	0.00104%	1	05;
2685	得	dwk	tɯk⁷	扫	7	0.00363%	4	04;05;19;22;
9374	卦	gvaq	kva⁵	扫过	1	0.00052%	1	02;
9375	掃墓	sauj-dih	θa:u³ti⁶	扫幕	1	0.00052%	1	21;
9376	笓	baet	pat⁷	扫去	1	0.00052%	1	28;
75	杀	gaj	ka³	杀	398	0.20630%	26	01;02;03;04;05;06;07;08;09;10;11;12;13;17;19;20;21;22;23;24;25;26;27;28;29;18;
9386	绝	ciet	ɕiət⁷	煞	1	0.00052%	1	29;
2258	煉	lwenh	lɯən⁶	筛	9	0.00467%	8	01;04;05;07;08;09;21;23;
9389	乱	lwenh	lɯən⁶	筛谷	1	0.00052%	1	05;
3848	乱	lwenh	lɯən⁶	筛米	4	0.00207%	4	02;05;17;19;
749	當	dak	ta:k⁷	晒	37	0.01918%	10	09;12;17;19;20;21;22;23;26;
9410	出	cit	ɕit⁷	煽动	1	0.00052%	1	23;
9411	孫	saenq	θan⁵	闪动	1	0.00052%	1	17;
9412	淋門	lumz-mwnz	lum²mɯn²	闪光	1	0.00052%	1	01;
9413	七茶	si-saz	ɬi¹ɬa²	闪亮	1	0.00052%	1	13;
9414	金	gim	kim¹	闪现	1	0.00052%	1	01;
9415	得	dwk	tɯk⁷	扇	1	0.00052%	1	08;
9416	罗	rox	ro⁴	善辩	1	0.00052%	1	17;
5999	将	cangh	ɕa:ŋ⁶	擅长	2	0.00104%	2	09;05;
4058	丈	ciengx	ɕiəŋ⁴	赡养	3	0.00156%	3	17;19;18;
2089	差	ca	ɕa¹	伤	10	0.00518%	5	07;17;21;23;26;
3856	奴	naeuz	nau²	商	4	0.00207%	1	20;
783	合粮	hab-liengz	ha:p⁸liəŋ²	商量	35	0.01814%	14	02;03;06;07;09;10;12;17;18;20;21;22;23;29;
9421	相	sing	ɬiəŋ¹	商讨	1	0.00052%	1	23;
3337	算	suenq	ɬuən⁵	商议	5	0.00259%	5	12;17;20;21;22;
9422	想	swengj	ɬɯəŋ³	赏	1	0.00052%	1	24;
2259	学	sieng	ɬiəŋ¹	赏赐	9	0.00467%	4	03;05;24;25;
106	恨	hwnj	hɯn³	上	301	0.15602%	25	01;02;03;04;05;06;07;08;09;10;11;12;13;17;19;20;21;22;23;24;25;26;27;28;18;
6002	恨望	hwnj-vaengq	hɯn³vaŋ⁵	上岸	2	0.00104%	2	18;20;

词号	壮字	新壮文	音标	词义	频次	词频	分布度	抄本号
9425	貇	hwnj	hɯn³	上船	1	0.00052%	1	08;
9426	恨湍	hwnj-mbonh	hɯn³bo:n⁶	上床	1	0.00052%	1	05;
3338	恳	hwnj	hɯn³	上到	5	0.00259%	4	03;17;25;27;
9428	很提	hwnj-dih	hɯn³ti⁶	上坟	1	0.00052%	1	21;
6003	肯	kwnj	khɯn³	上供	2	0.00104%	1	27;
9429	恨利	hwnj-lij	hɯn³li³	上沟	1	0.00052%	1	20;
2465	抲	gaz	ka²	上枷	8	0.00415%	4	01;02;04;10;
6004	押	gab	ka:p⁸	上夹	2	0.00104%	1	01;
9430	皆	gai	ka:i¹	上街	1	0.00052%	1	17;
554	恨斗	hwnj-daeuj	hɯn³tau³	上来	54	0.02799%	12	02;04;05;12;13;17;19;20;22;23;25;26;
9434	上	kuznx	khɯn³³	上门	1	0.00052%	1	26;
9435	恨令	hwnj-lingq	hɯn³liŋ⁵	上坡	1	0.00052%	1	23;
9436	卦官	gvaq-gonq	kva⁵ko:n⁵	上前	1	0.00052%	1	24;
651	恨去	hwnj-bae	hɯn³pai¹	上去	44	0.02281%	11	02;03;04;06;09;10;17;18;19;22;23;
3857	恨里鑼	hwnj-liz-laz	hɯn³li²la²	上去匆匆	4	0.00207%	1	23;
3858	恨里狼	hwnj-liz-langh	hɯn³li²la:ŋ⁶	上去速速	4	0.00207%	1	23;
6005	悍岩	hwnj-ngamz	hɯn³ŋa:m²	上山	2	0.00104%	1	23;
2090	恨	hwnj	hɯn³	上升	10	0.00518%	2	02;07;
9437	辻们	gwnz-mbwn	kɯn²bɯn¹	上天	1	0.00052%	1	23;
9440	中影	cuengq-yieng	ɕuəŋ⁵jiəŋ¹	上香	1	0.00052%	1	16;
9441	口學	haeuj-hag	hau³ha:k⁸	上学	1	0.00052%	1	09;
6007	悍	hwnj	hɯn³	上涨	2	0.00104%	1	22;
9442	悍淂	hwnj-dwz	hɯn³tɯ²	上抓	1	0.00052%	1	05;
9443	能	naengh	naŋ⁶	上坐	1	0.00052%	1	17;
9444	𠃓	gueq	kuək⁵	捎	1	0.00052%	1	22;
200	林	lemj	le:m³	烧	151	0.07827%	22	01;02;03;04;05;06;07;08;09;10;12;16;17;19;20;21;22;23;25;26;28;18;
6009	焐	lemj	le:m³	烧到	2	0.00104%	1	12;
9445	焐	lemj	le:m³	烧掉	1	0.00052%	1	12;
9446	恓	cut	ɕut⁷	烧给	1	0.00052%	1	19;
9447	恶如顔	oq-yiz-yanz	o⁵ji²ja:n²	烧红红	1	0.00052%	1	09;
9448	林豆	lemj-daeuh	le:m³tau⁶	烧灰	1	0.00052%	1	01;
9449	巽斐	soenh-fiz	θon⁶fi²	烧火	1	0.00052%	1	17;
9451	沙	saz	ɬa²	烧烤	1	0.00052%	1	08;
9452	出	cod	ɕo:t⁸	烧完	1	0.00052%	1	25;
6011	消香	siu-yieng	ɬi:u¹jiəŋ¹	烧香	2	0.00104%	2	01;04;
9453	表	biu	pi:u¹	烧纸	1	0.00052%	1	17;
2983	苦	hoj	ho³	少	6	0.00311%	3	03;06;21;
9454	内	noix	no:i⁴	少了	1	0.00052%	1	01;
9455	色内	saek-noix	ɕak⁷no:i⁴	少些	1	0.00052%	1	23;
9457	你	nij	ni³	赊	1	0.00052%	1	20;
2260	支	ce	ɕe¹	舍得	9	0.00467%	4	17;22;05;21;

词号	壮字	新壮文	音标	词义	频次	词频	分布度	抄本号
1044	籮	nda	da¹	设	25	0.01296%	9	01;02;04;05;09;10;12;17;21;
9459	腊恶	nda-ok	da¹o:k⁷	设出	1	0.00052%	1	20;
9460	羅	nda	da¹	设供	1	0.00052%	1	12;
9461	汶	vaet	vat⁷	设祭	1	0.00052%	1	17;
9462	抲	gyaz	kjam⁵	设卡	1	0.00052%	1	27;
9463	立	laeb	lap⁸	设立	1	0.00052%	1	08;
9464	装	cang	ɕa:ŋ¹	设圈套	1	0.00052%	1	17;
9465	社	swx	θɯ⁴	设坛	1	0.00052%	1	20;
9466	是	ciq	ɕvi⁵	设制	1	0.00052%	1	19;
9467	逻	nda	da¹	设置	1	0.00052%	1	15;
6015	下各	nda-gueg	da¹kuək⁸	设做	2	0.00104%	2	19;20;
479	迎	ngingz	ŋiŋ²	射	64	0.03317%	11	09;12;13;17;20;22;24;25;26;27;18;
9470	芳	fongz	fo:ŋ²	射穿	1	0.00052%	1	24;
6016	通	doengh	toŋ⁶	射到	2	0.00104%	1	25;
6017	任	nyingz	ȵiŋ²	射击	2	0.00104%	2	21;26;
9471	怕	baq	pa⁵	射破	1	0.00052%	1	24;
9472	印丕	nyiengz-bae	ȵiəŋ²pai¹	射去	1	0.00052%	1	20;
9473	出口	cit-haeuj	ɕit⁷hau³	射入	1	0.00052%	1	23;
9474	殺	kax	kha³³	射杀	1	0.00052%	1	26;
9475	印庄	nyingz-coq	ȵiŋ²ɕo⁵	射往	1	0.00052%	1	20;
1678	丁	deng	te:ŋ¹	射中	14	0.00726%	6	12;13;17;20;24;25;
9476	赦	cuengq	ɕuəŋ⁵	赦	1	0.00052%	1	25;
4592	荅	dap	ta:p⁷	申	3	0.00156%	1	22;
4595	荅頼	dap-laih	ta:p⁷la:i⁶	申诉	3	0.00156%	2	22;23;
2468	帥寃	caiq-ien	ɕa:i⁵iən¹	申冤	8	0.00415%	2	22;23;
1439	若	yo	jo¹	伸	17	0.00881%	6	03;04;17;20;27;28;
9478	荂	daengj	taŋ³	伸到	1	0.00052%	1	17;
9479	厄丕	ngaemz-bae	ŋam²pai¹	伸向	1	0.00052%	1	20;
1440	常	cangz	ɕa:ŋ²	呻吟	17	0.00881%	7	03;05;11;12;17;22;27;
9482	工十五	gungz-cih-lux	kuŋ²ɕi⁶lu⁴	呻吟哀哀	1	0.00052%	1	17;
9483	工十六	gungz-cih-lux	kuŋ²ɕi⁶lu⁴	呻吟哟哟	1	0.00052%	1	17;
3860	办	banh	pa:n⁶	审	4	0.00207%	2	17;20;
6024	正案	cing-anq	ɕiŋ¹a:n⁵	审案	2	0.00104%	2	02;17;
9496	提定	dwz-dingh	tɯ²tiŋ⁶	审定	1	0.00052%	1	22;
2988	細	si	ɬi¹	审断	6	0.00311%	3	02;17;20;
6025	同	duengz	tuəŋ²	审视	2	0.00104%	1	17;
1160	恨	hwnj	hɯn³	升	22	0.01140%	10	01;02;03;04;09;17;19;22;26;
2338	桑	sang	ɬa:ŋ¹	升高	8	0.00415%	3	02;19;18;
2689	恨	hwnj	hɯn³	升起	7	0.00363%	5	12;13;25;26;28;
3342	𢙼	hwnj	hɯn³	升上	5	0.00259%	3	09;23;27;
84	眉	miz	mi²	生	366	0.18971%	27	01;02;03;04;05;06;07;08;09;10;11;12;13;14;16;17;19;20;21;22;23;24;25;26;27;28;18;

词号	壮字	新壮文	音标	词义	频次	词频	分布度	抄本号
693	貧病	baenz-bingh	pan^{2}piŋ^6	生病	41	0.02125%	16	01;02;03;04;05;07;08;09;10;11;12;17;18;23;25;27;
1982	生	seng	θe:ŋ^1	生产	11	0.00570%	3	17;20;26;
1246	貧	baenz	pan^2	生成	20	0.01037%	12	03;07;09;10;11;12;19;23;24;25;29;18;
2161	屲	cut	ɕut^7	生出	9	0.00467%	7	17;19;20;22;24;26;18;
6026	本却	baenz-gyoi	pan^{2}tɕo:i^1	生疮	2	0.00104%	1	17;
6027	屋蛋	og-gyaeq	o:k^{8}tɕai^5	生蛋	2	0.00104%	1	05;
1470	累	ndaej	dai^3	生得	16	0.00829%	6	17;19;20;21;23;18;
9498	本杋	baenz-mbaj	pan^{2}ba^3	生毒	1	0.00052%	1	17;
9499	屲	cut	ɕut^7	生多	1	0.00052%	1	17;
9500	恶	ok	o:k^7	生儿	1	0.00052%	1	17;
9501	途落	dok-lag	to:k^{7}la:k^8	生根	1	0.00052%	1	05;
9502	造微	caux-fiz	ɕa:u^{4}fi^2	生火	1	0.00052%	1	04;
9503	本若	baenz-yox	pan^{2}jo^4	生疾病	1	0.00052%	1	17;
9505	本还	baenz-vuen	pan^{2}vuən^1	生菌	1	0.00052%	1	17;
9506	貧	baenz	pan^2	生了	1	0.00052%	1	09;
9508	勞	lau	la:u^1	生怕	1	0.00052%	1	13;
2263	生氣	seng-gyiq	θe:ŋ^{1}tɕi^5	生气	9	0.00467%	4	18;19;20;21;
6029	寵	roengz	roŋ^2	生下	2	0.00104%	2	19;26;
4602	交	gau	ka:u^1	生养	3	0.00156%	3	17;24;27;
4603	米	miz	mi^2	生有	3	0.00156%	2	17;19;
1851	生	seng	ɬe:ŋ^1	生育	12	0.00622%	6	13;17;18;20;21;23;
2690	生劲	seng-lwg	ɬe:ŋ^{1}lɯk^8	生仔	7	0.00363%	3	05;19;20;
9511	眉劲	miz-lwg	mi^{2}lɯk^8	生崽	1	0.00052%	1	05;
4939	係	yuq	ʔju^5	生在	2	0.00104%	2	19;18;
1710	忻	haen	han^1	生长	13	0.00674%	10	01;02;06;09;10;12;16;19;24;
9512	戾	ndaej	dai^3	生子	1	0.00052%	1	19;
9518	盆	bienh	piən^6	省	1	0.00052%	1	15;
1276	定	daek	tak^7	盛	20	0.01037%	8	02;05;07;11;17;22;25;27;
4606	孝	coq	ɕo^5	盛放	3	0.00156%	2	05;17;
9520	坐	coq	ɕo^5	盛给	1	0.00052%	1	17;
3344	例	laez	lai^2	盛请	5	0.00259%	3	01;04;26;
1754	里	lix	li^4	剩	13	0.00674%	11	01;03;04;05;08;12;14;17;22;23;18;
842	立	lix	li^4	剩下	32	0.01659%	2	20;26;
3863	者	ce	ɕe^1	剩余	4	0.00207%	3	03;09;10;
1755	失	sied	ɬiət^8	失	13	0.00674%	8	02;03;04;05;07;09;10;12;
9523	尋	coem	ɕom^1	失掉	1	0.00052%	1	10;
6032	批	bae	pai^1	失去	2	0.00104%	2	12;23;
9525	才	ca	ɕa^1	失误	1	0.00052%	1	20;
4607	行	hengz	he:ŋ^2	施	3	0.00156%	2	17;21;
9530	土法	doq-fap	to^{5}fa:p^7	施法	1	0.00052%	1	17;
9531	笼	loengz	loŋ^2	施给	1	0.00052%	1	28;
9533	当浥	ndang-ndaek	da:ŋ^{1}dak^7	湿身	1	0.00052%	1	23;

词号	壮字	新壮文	音标	词义	频次	词频	分布度	抄本号
9554	扒	ban	pan⁴⁴	时值	1	0.00052%	1	26;
2801	罗	lox	lo⁴	识	6	0.00311%	3	20;23;18;
9555	魯温	lox-hoen	lo⁴hon¹	识途	1	0.00052%	1	23;
9556	罗字	rox-sw	ro⁴θɯ¹	识字	1	0.00052%	1	17;
9559	太	daeh	tai⁶	拾	1	0.00052%	1	17;
2991	哏	gwn	kɯn¹	食	6	0.00311%	4	02;04;10;27;
2696	提	dwz	tɯ²	使	7	0.00363%	5	04;05;06;12;22;
9563	使	saej	ɬai³	使唤	1	0.00052%	1	12;
6041	牙零	ax-lengz	a⁴le:ŋ²	使劲	2	0.00104%	2	04;01;
4613	勿	fwed	fɯət⁸	使用	3	0.00156%	3	05;09;12;
4614	提	dwz	tɯ²	使之	3	0.00156%	2	17;27;
116	高	gauh	ka:u⁶	似	266	0.13788%	22	01;02;03;05;07;08;09;10;12;13;14;17;19;20;21;24;26;27;28;29;18;25;
4615	詞	swz	ɬɯ²	侍候	3	0.00156%	3	05;12;20;
74	之	cih	ɕi⁶	是	401	0.20786%	26	01;02;03;04;05;06;07;09;10;11;12;13;14;17;19;20;21;22;23;24;25;26;27;28;29;18;
6047	魯	lox	lo⁴	或	2	0.00104%	1	25;
4616	合	hab	ha:p⁸	适合	3	0.00156%	2	10;26;
9576	化	vaq	va⁵	逝	1	0.00052%	1	10;
3490	变化	bienq-vaq	piən⁵va⁵	逝世	4	0.00207%	2	29;18;
4940	囊	langh	la:ŋ⁶	释放	2	0.00104%	2	19;18;
9577	喑	ryaemz	ʔjam²	嗜	1	0.00052%	1	27;
4617	吃	gaet	kat⁷	噬咬	3	0.00156%	2	04;16;
734	休	yaeuj	jau³	收	38	0.01970%	18	03;04;05;06;07;09;10;11;15;17;19;21;22;23;24;25;28;18;
2093	則求	caek-caeu	ɕak⁷ɕau¹	收藏	10	0.00518%	6	19;05;10;11;12;17;
3352	旦	dan	ta:n¹	收割	5	0.00259%	4	03;17;20;22;
2992	欧	aeu	au¹	收获	6	0.00311%	3	03;12;17;
9579	乱	lom	lo:m¹	收集	1	0.00052%	1	10;
6048	秋	caeu	ɕau¹	收拢	2	0.00104%	2	01;12;
9580	入	haeuj	hau³	收入	1	0.00052%	1	12;
6049	修	siu	θiu¹	收拾	2	0.00104%	2	17;23;
6050	雜	sat	sat¹¹	收尾	2	0.00104%	1	26;
9582	金	gyeng	tɕe:ŋ¹	手铆	1	0.00052%	1	21;
9589	奉义伏	fwngz-ca-fag	fɯŋ²ɕa¹fa:k⁸	手抓床榻	1	0.00052%	1	10;
9590	撻華伏	fwngz-vaz-fag	fɯŋ²va²fa:k⁸	手抓竹榻	1	0.00052%	1	02;
796	提	daez	tai²	守	34	0.01762%	10	10;13;17;20;22;23;24;25;28;
4941	爹	deq	te⁵	守候	2	0.00104%	2	05;18;
4619	手	souc	sou³⁵	守护	3	0.00156%	1	26;
4942	還	vang	va:ŋ¹	守望	2	0.00104%	2	19;18;
1161	孝	yauq	ja:u⁵	守孝	22	0.01140%	6	17;19;21;23;29;18;
1024	丑	cux	ɕu⁴	受	25	0.01296%	9	04;06;07;17;20;22;23;28;18;
3865	秋难	caeu-nanh	ɕau¹na:n⁶	受难	4	0.00207%	1	23;

词号	壮字	新壮文	音标	词义	频次	词频	分布度	抄本号
2266	孟	mboeng	boŋ^{1}	受孕	9	0.00467%	2	17;20;
4622	偷	daeuq	tau^{5}	狩猎	3	0.00156%	2	09;17;
9594	許	haej	hai^{3}	授给	1	0.00052%	1	13;
6054	字耒	sw-raiz	θɯ^{1}ra:i^{2}	书写	2	0.00104%	1	17;
1983	壨	loi	lo:i^{1}	梳	11	0.00570%	5	08;17;22;26;28;
9603	妣	bwez	pɯə^{2}	梳辫	1	0.00052%	1	22;
2267	雷	loi	lo:i^{1}	梳理	9	0.00467%	4	12;17;26;27;
2994	有	yoi	jo:i^{1}	梳头	6	0.00311%	4	17;23;25;26;
9604	呰	coih	ɕo:i^{6}	疏	1	0.00052%	1	17;
9605	煉	lienz	liən^{2}	疏导	1	0.00052%	1	05;
9606	蹠	saj	ɬa^{3}	疏祭	1	0.00052%	1	03;
120	罪	coih	ɕo:i^{6}	疏理	260	0.13477%	16	01;02;03;04;05;07;09;10;12;13;17;20;22;23;28;18;
9607	滿	muenh	muən^{6}	疏散	1	0.00052%	1	19;
4626	刮	gvat	kva:t^{7}	疏通	3	0.00156%	3	03;10;17;
9608	丙	reeq	ze:ŋ^{44}	输赢	1	0.00052%	1	26;
178	刘	luh	lu^{6}	赎	173	0.08967%	15	02;03;05;10;11;12;14;15;16;17;23;24;25;27;28;
9609	贖许	luh-hawj	lu^{6}haɯ^{3}	赎给	1	0.00052%	1	05;
3867	刘	louh	lou^{6}	赎回	4	0.00207%	1	27;
2095	贖踇	luh-hoen	lu^{6}hon^{1}	赎魂	10	0.00518%	4	05;11;14;15;
4627	倍	byoi	pjo:i^{1}	赎祭	3	0.00156%	1	17;
9610	列	luh	lu^{6}	赎来	1	0.00052%	1	25;
3354	歐	aeu	au^{1}	赎要	5	0.00259%	2	24;28;
9611	贖逻	luh-la	lu^{6}la^{1}	赎找	1	0.00052%	1	05;
4027	的	dwg	tɯk^{8}	属	4	0.00207%	1	18;
1444	属	sug	ɬuk^{8}	属于	17	0.00881%	5	07;20;27;05;19;
9615	界	gaiq	ka:i^{5}	束	1	0.00052%	1	16;
4628	細	si	ɬi^{1}	述	3	0.00156%	2	04;26;
1045	嚅	naeuz	nau^{2}	述说	25	0.01296%	13	01;03;05;07;08;09;10;12;16;17;20;26;27;
1405	桨	daengj	taŋ^{3}	竖	17	0.00881%	8	02;05;09;17;19;20;27;18;
2802	点	diemj	tiəm^{3}	数	6	0.00311%	3	12;28;18;
9626	浪	liengx	liəŋ^{4}	漱	1	0.00052%	1	12;
2472	闷陌	mwnh-bak	mɯn^{6}pa:k^{7}	漱口	8	0.00415%	6	05;17;20;24;25;26;
2803	杀	cat	ɕa:t^{7}	刷	6	0.00311%	4	02;17;22;18;
2268	尋	caemz	ɕam^{2}	耍	9	0.00467%	4	12;23;25;28;
9628	敗	baih	pa:i^{6}	衰败	1	0.00052%	1	04;
9629	隆	loengz	loŋ^{2}	衰落	1	0.00052%	1	09;
9631	亡	vaengz	vaŋ^{2}	衰亡	1	0.00052%	1	17;
4630	還	vengh	ve:ŋ^{6}	摔	3	0.00156%	2	05;23;
9632	发	fad	fa:t^{8}	甩刨	1	0.00052%	1	03;
6063	拔	bad	pa:t^{8}	甩在	2	0.00104%	1	03;
9634	愿	heenv	he:n^{11}	闩	1	0.00052%	1	26;

词号	壮字	新壮文	音标	词义	频次	词频	分布度	抄本号
1223	揽	lamh	la:m6	拴	21	0.01089%	11	03;05;12;13;14;17;22;26;11;15;23;
4943	良	liengz	liəŋ2	涮	2	0.00104%	2	19;18;
2474	沯	dumh	tum6	水淹	8	0.00415%	5	07;09;10;11;13;
312	民	ninz	nin2	睡	103	0.05339%	23	01;02;04;05;06;07;09;10;11;12;13;17;19;20;21;22;23;24;25;26;27;28;18;
9664	祖	cupr	ɕup55	吮	1	0.00052%	1	26;
9665	烈	laet	lat7	吮吸	1	0.00052%	1	05;
6078	耳	lwe	lɯə1	顺从	2	0.00104%	2	05;12;
9666	風	lam	lam44	顺风	1	0.00052%	1	26;
9667	懦	loix	lo:i4	顺应	1	0.00052%	1	01;
6081	帝	daeq	tai5	顺着	2	0.00104%	2	04;26;
13	嚁	naeuz	nau2	说	1526	0.79100%	29	01;02;03;04;05;06;07;08;09;10;11;12;13;14;15;16;17;19;20;21;22;23;24;25;26;27;28;
2100	芒盆	mboen-baenz	bon1pan2	说成	10	0.00518%	1	19;
3493	细	si	ɬi1	说出	4	0.00207%	3	04;23;18;
9668	哈黴凢	hoed-fiz-fanh	hot8fi2fa:n6	说叨叨	1	0.00052%	1	11;
2270	嚁	naeuz	nau2	说到	9	0.00467%	6	12;15;23;25;26;27;
1006	耗地壇	hauq-dih-danz	ha:u5ti6ta:n2	说喋喋	26	0.01348%	7	08;10;12;13;16;23;25;
9670	呱	gog	kɔk44	说服	1	0.00052%	1	26;
3871	留	naeuz	nau2	说给	4	0.00207%	3	08;17;20;
9671	嚁之長	naeuz-cih-cangz	nau2ɕi6ɕa:ŋ2	说呱呱	1	0.00052%	1	22;
6082	奴外	naeuz-vaij	nau2va:i3	说过	2	0.00104%	1	20;
1071	嚁	naeuz	nau2	说话	24	0.01244%	18	01;02;03;04;05;08;09;10;12;13;15;16;17;19;21;23;25;18;
4634	吽佘長	naeuz-cih-cangz	nau2ɕi6ɕa:ŋ2	说叽叽	3	0.00156%	2	05;22;
6083	士	swq	ɬɯ5	说媒	2	0.00104%	1	23;
2475	点	dwen	tuən1	说起	8	0.00415%	1	19;
9672	亢	gangj	ka:ŋ3	说亲	1	0.00052%	1	17;
3124	号	kaov	kha:u11	说是	5	0.00259%	3	26;27;18;
6084	半	buen	puən1	说说	2	0.00104%	2	17;21;
2998	耗地壇	hauq-dih-danz	ha:u5ti6ta:n2	说滔滔	6	0.00311%	3	08;13;23;
2101	下	yax	ja4	说要	10	0.00518%	1	27;
4635	得之尚	dwk-cih-cangh	tɯk7ɕi6ɕa:ŋ6	说喳喳	3	0.00156%	4	10;13;17;22;
9673	耗之鷵	hauq-gyih-gyad	ha:u5tɕi6tɕa:t	说吱吱	1	0.00052%	1	10;
4636	葉	ndieb	diəp8	思	3	0.00156%	2	05;22;
9679	念	niemh	niəm6	思忖	1	0.00052%	1	17;
6085	牒	ndieb	diəp8	思考	2	0.00104%	2	05;21;
2017	吋	gyaez	tɕai2	思虑	10	0.00518%	7	05;07;09;12;13;19;18;
1758	却	gyoh	tɕo6	思念	13	0.00674%	5	17;20;22;25;28;
9681	業	ndieb	diəp8	思悟	1	0.00052%	1	01;
9682	实	sik	ɬik7	撕	1	0.00052%	1	05;
4637	雷	laez	lai2	嘶叫	3	0.00156%	2	09;23;

词号	壮字	新壮文	音标	词义	频次	词频	分布度	抄本号
53	死	dai	ta:i¹	死	539	0.27939%	26	01;02;03;04;05;06;07;08;09;10;11;12;13;17;19;20;21;22;23;24;25;26;27;28;29;18;
9683	太㰀	dai-ndwi	ta:i¹duəi¹	死白白	1	0.00052%	1	08;
3359	太達列	dai-dah-leh	ta:i¹ta⁶le⁶	死惨惨	5	0.00259%	4	08;10;11;12;
9684	太達烈	dai-daz-lied	ta:i¹ta²liət⁸	死沉沉	1	0.00052%	1	11;
2476	㱡隆路	dai-loeng-loh	ta:i¹loŋ¹lo⁶	死错路	8	0.00415%	2	11;25;
9685	㱡	tai	tha:i¹	死掉	1	0.00052%	1	27;
2102	㱡	dai	ta:i¹	死后	10	0.00518%	3	23;25;27;
9686	㱡達籃	dai-daz-lanh	ta:i¹ta²la:n⁶	死僵僵	1	0.00052%	1	17;
1759	末	mued	muət⁸	死绝	13	0.00674%	7	03;04;07;17;19;20;22;
1277	㱡	dai	ta:i¹	死了	20	0.01037%	7	01;02;09;12;13;23;27;
3360	殆殁	dai-mied	ta:i¹miət⁸	死灭	5	0.00259%	1	13;
1336	殆	dai	ta:i¹	死去	19	0.00985%	10	09;13;15;17;19;20;21;25;26;
9687	殆扳烈	dai-baz-lex	ta:i¹pa²le⁴	死去条条	1	0.00052%	1	14;
9688	㱡浥	dai-ndaek	ta:i¹dak⁷	死湿	1	0.00052%	1	23;
4640	䑅駄烈	dai-daz-leh	ta:i¹ta²le⁶	死条条	3	0.00156%	3	07;13;24;
9689	㱡達臘	dai-daz-raz	ta:i¹ta²ra²	死挺挺	1	0.00052%	1	17;
3872	胎	dai	ta:i¹	死亡	4	0.00207%	4	19;21;28;29;
9690	殆駄烈	dai-daz-leh	ta:i¹ta²le⁶	死硬硬	1	0.00052%	1	28;
1278	殆	dai	ta:i¹	死于	20	0.01037%	3	12;26;27;
1681	㱡	dai	ta:i¹	死在	14	0.00726%	7	01;03;12;13;19;22;26;
9696	埧	baaqv	pa:ŋ¹¹	四溅	1	0.00052%	1	26;
6086	昔散	siq-sanq	ɬi⁵ɬa:n⁵	四散	2	0.00104%	1	05;
6090	糼	tsiengx	tsi:ŋ⁴	饲养	2	0.00104%	1	27;
9703	牙	yax	ja⁴	肆虐	1	0.00052%	1	12;
9707	綀	yoengq	joŋ⁵	松开	1	0.00052%	1	11;
4645	蜀	cuk	ɕuk⁷	耸立	3	0.00156%	1	17;
99	送	soengq	ɬoŋ⁵	送	309	0.16017%	24	01;02;03;04;05;07;08;09;10;11;12;13;16;17;19;20;21;22;23;24;25;27;28;18;
4646	滕	daengz	taŋ²	送到	3	0.00156%	2	23;27;
2702	学	coh	ɕo⁶	送给	7	0.00363%	4	06;09;17;19;
3000	送	soengq	ɬoŋ⁵	送怪	6	0.00311%	1	08;
9709	送	soengq	ɬoŋ⁵	送鬼	1	0.00052%	1	08;
9710	送	soengq	ɬoŋ⁵	送行	1	0.00052%	1	05;
6092	送到	soengq-dauq	ɬoŋ⁵ta:u⁵	送回	2	0.00104%	1	05;
9711	送	soengq	ɬoŋ⁵	送来	1	0.00052%	1	12;
6093	执	caep	ɕap⁷	送礼	2	0.00104%	2	10;05;
6094	送丕	soengq-bae	θoŋ⁵pai¹	送去	2	0.00104%	2	17;19;
9712	送	soengq	soŋ⁵	送往	1	0.00052%	1	27;
1803	訴	soq	ɬo⁵	诵	12	0.00622%	8	02;03;04;05;09;19;26;18;
9713	倍	byoi	pjo:i¹	诵词	1	0.00052%	1	17;
4647	嚕	naeuz	nau²	诵经	3	0.00156%	2	11;14;
6095	爹	deq	te⁵	颂	2	0.00104%	1	28;

词号	壮字	新壮文	音标	词义	频次	词频	分布度	抄本号
9714	長	cangq	ɕa:ŋ5	搜	1	0.00052%	1	05;
9715	入	yaeb	jap8	搜拣	1	0.00052%	1	13;
6096	淋	lom	lo:m1	搜拢	2	0.00104%	1	12;
6097	檢	gienmj	kiəm3	搜索	2	0.00104%	1	12;
3001	配	bwiq	puɯəi5	搜寻	6	0.00311%	3	25;27;28;
9716	侵	cinh	ɕin6	苏醒	1	0.00052%	1	03;
1116	细	si	ɬi1	诉	23	0.01192%	10	03;04;10;13;17;19;20;21;24;
9717	乃外	nai-vaij	na:i1va:i3	诉过	1	0.00052%	1	20;
6099	工	gongz	ko:ŋ2	诉苦	2	0.00104%	2	05;19;
1406	嚅	naeuz	nau2	诉说	17	0.00881%	8	02;09;10;12;13;26;27;18;
9718	细地達	si-dih-dad	ɬi1ti6ta:t8	诉滔滔	1	0.00052%	1	16;
9719	從	soengz	ɬoŋ2	肃立	1	0.00052%	1	01;
1117	算	suenq	ɬuən5	算	23	0.01192%	9	01;06;08;17;20;21;22;24;18;
2104	寒	haanv	ha:n11	算定	10	0.00518%	1	26;
9729	提句	dwz-coenz	tɯ2ɕon2	算话	1	0.00052%	1	06;
2477	置	ciq	ɕi5	算计	8	0.00415%	5	03;04;12;13;17;
9730	算	sanq	θva:n5	算来	1	0.00052%	1	17;
9731	算座	suenq-soq	ɬuən5ɬo5	算数	1	0.00052%	1	24;
802	取	coq	ɕo5	随	34	0.01762%	11	05;09;12;13;17;21;22;23;27;28;29;
9732	却	gyoh	tɕo6	随行	1	0.00052%	1	17;
9733	守	souq	sou5	随就	1	0.00052%	1	27;
9734	便	bienh	piən6	随谈	1	0.00052%	1	17;
6101	通	doengz	toŋ2	随同	2	0.00104%	2	16;21;
3362	臾	in	in1	损	5	0.00259%	2	17;20;
9744	義得	nyi-dwk	ȵi1tɯk7	损害	1	0.00052%	1	17;
3005	席	swed	θɯət8	损耗	6	0.00311%	1	17;
9745	席	swed	θɯət8	损伤	1	0.00052%	1	17;
2705	侵	coem	ɕom1	损失	7	0.00363%	3	07;10;13;
9748	出	cit	ɕit7	唆	1	0.00052%	1	22;
4651	搙	njoks	ȵɔk31	唆弄	3	0.00156%	1	26;
4062	初	co	ɕo1	唆使	3	0.00156%	2	09;18;
3877	欲	nyup	ȵup7	缩	4	0.00207%	3	03;04;20;
9751	短	dinj	tin3	缩短	1	0.00052%	1	11;
9752	畜吞	suk-din	ɬuk7tin1	缩脚	1	0.00052%	1	23;
9754	用	yungh	juŋ6	所用	1	0.00052%	1	03;
9755	索微	cag-fiz	ɕa:k8fi2	索火	1	0.00052%	1	10;
9756	歐	aeuz	au2	索取	1	0.00052%	1	27;
9757	取偶	coh-aeu	ɕo6au1	索要	1	0.00052%	1	05;
1224	罧	loemq	lom5	塌	21	0.01089%	9	02;05;06;07;10;12;19;20;28;
3878	洛	lak	la:k7	塌落	4	0.00207%	5	25;23;10;18;17;
2272	淋	loemq	lom5	塌陷	9	0.00467%	5	02;07;09;10;13;
1302	沓	daeb	tap8	踏	19	0.00985%	9	03;05;06;11;12;17;23;28;18;
9765	媟	dieb	tiəp8	踏进	1	0.00052%	1	22;

词号	壮字	新壮文	音标	词义	频次	词频	分布度	抄本号
9766	𧾷艮	hwnj	hɯn^{3}	踏上	1	0.00052%	1	01;
9768	牒	dieb	tiəp^{8}	踏在	1	0.00052%	1	12;
705	抬	daiz	ta:i^{2}	抬	40	0.02073%	13	02;03;04;07;09;12;17;19;20;23;26;27;28;
9771	貪唫扎	tamz-tsaemq-tsaj	tha:m^{2}tsam^{5}tsa^{3}	抬哄哄	1	0.00052%	1	27;
3364	㭹	gyiuh	tɕi:u^{6}	抬轿	5	0.00259%	3	17;20;23;
9772	擡	tamz	tha:m^{2}	抬起	1	0.00052%	1	27;
9773	若	joc	jo^{35}	抬头	1	0.00052%	1	26;
3880	呀	yag	ja:k^{8}	贪	4	0.00207%	4	04;12;22;27;
3881	瘟	un	un^{1}	贪图	4	0.00207%	2	22;23;
9783	茶	caz	ɕa^{2}	瘫	1	0.00052%	1	13;
2273	推	doix	to:i^{4}	瘫软	9	0.00467%	5	05;07;09;10;12;
638	譚	damz	ta:m^{2}	谈	45	0.02333%	16	01;02;04;07;08;09;10;11;12;17;19;20;22;23;29;18;
9784	潭貧	damz-baenz	ta:m^{2}pan^{2}	谈成	1	0.00052%	1	05;
9785	亢	gangj	ka:ŋ^{3}	谈话	1	0.00052%	1	17;
6111	登	duznc	tɯn^{35}	谈及	2	0.00104%	1	26;
1201	論	lwnh	lɯn^{6}	谈论	21	0.01089%	7	09;11;17;19;24;27;18;
1528	点	dwen	tɯən^{1}	谈起	16	0.00829%	1	18;
3882	婟	yux	ju^{4}	谈情	4	0.00207%	3	04;09;20;
6112	譚仪迎	damz-yih-yangq	ta:m^{2}ji^{6}ja:ŋ^{5}	谈滔滔	2	0.00104%	1	11;
9786	天	dwen	tɯən^{1}	谈天	1	0.00052%	1	17;
11218	献	yuenq	ʔjuən^{5}	叹气	1	0.00052%	1	18;
1595	任	yaemh	jam^{6}	探	15	0.00778%	6	03;13;15;23;25;28;
9790	隂解	yaemq-gyaej	jam^{5}tɕai^{3}	探病	1	0.00052%	1	23;
9791	隂	yaemq	jam^{5}	探视	1	0.00052%	1	11;
2479	茪	muengh	muəŋ^{6}	探望	8	0.00415%	5	03;12;13;17;23;
6114	取	coh	ɕo^{6}	探问	2	0.00104%	1	05;
9797	或	vueg	vuək^{8}	淌	1	0.00052%	1	09;
9798	外	vaij	va:i^{3}	淌过	1	0.00052%	1	23;
3009	凌	lingx	liŋ^{4}	躺	6	0.00311%	4	01;17;24;25;
6122	托	tog	tho:k^{8}	躺倒	2	0.00104%	1	27;
4659	洄	leng	le:ŋ^{1}	躺下	3	0.00156%	2	02;11;
9799	符	foz	fo^{2}	趟	1	0.00052%	1	28;
4660	幸	hid	hit^{8}	掏	3	0.00156%	3	02;07;26;
9800	寒爲	hid-vaez	hit^{8}vai^{2}	掏出生殖器	1	0.00052%	1	10;
480	条	deuz	te:u^{2}	逃	64	0.03317%	20	01;02;03;04;05;09;11;12;13;14;16;17;19;20;22;23;24;25;
3010	条	deuz	te:u^{2}	逃避	6	0.00311%	3	05;06;13;
2480	迯	deuz	te:u^{2}	逃出	8	0.00415%	2	17;23;
9801	條	deuz	te:u^{2}	逃开	1	0.00052%	1	17;
588	条	deuz	te:u^{2}	逃离	50	0.02592%	10	05;06;08;09;17;21;22;23;29;
6126	皮难	bae-nanh	pai^{1}na:n^{6}	逃难	2	0.00104%	1	05;

词号	壮字	新壮文	音标	词义	频次	词频	分布度	抄本号
3366	条	deuz	te:u^{2}	逃跑	5	0.00259%	4	07;10;19;22;
1445	迯	deuz	te:u^{2}	逃去	17	0.00881%	3	11;15;23;
1805	班	banh	pa:n^{6}	逃散	12	0.00622%	9	03;05;11;15;16;17;20;23;18;
9802	班批	banh-bae	pa:n^{6}pai^{1}	逃散去	1	0.00052%	1	15;
1303	条	deuz	te:u^{2}	逃走	19	0.00985%	9	04;05;11;17;19;22;23;27;18;
926	偶	aeu	au^{1}	讨	28	0.01451%	8	02;05;13;17;19;20;22;18;
9803	卡	gah	ka^{6}	讨价	1	0.00052%	1	05;
6128	初	coh	ɕo^{6}	讨教	2	0.00104%	1	08;
9804	陳	caengz	ɕaŋ^{2}	讨厌	1	0.00052%	1	17;
2166	踏	loemj	lom^{3}	套	9	0.00467%	6	03;10;14;17;20;18;
6129	遜	sonx	θo:n^{4}	套给	2	0.00104%	1	17;
9805	后	haeuj	hau^{3}	套进	1	0.00052%	1	17;
6130	還	vanj	va:n^{3}	套取	2	0.00104%	1	27;
9806	口	haeuj	hau^{3}	套入	1	0.00052%	1	25;
9807	装	cang	ɕva:ŋ^{1}	套上	1	0.00052%	1	17;
9808	作	coq	ɕo^{5}	套在	1	0.00052%	1	20;
9810	業	ndieb	diəp^{8}	疼	1	0.00052%	1	24;
1714	應	in	in^{1}	疼爱	13	0.00674%	6	16;17;20;24;28;18;
9812	己立也	gyaez-lih-ye	tɕai^{2}li^{6}je^{1}	疼爱悠悠	1	0.00052%	1	19;
6622	奔	baenz	pan^{2}	腾驾	2	0.00104%	1	18;
9813	樣	ryongh	jo:ŋ^{6}	腾跃	1	0.00052%	1	27;
3887	剥	bueq	puə^{5}	剔	4	0.00207%	3	07;17;27;
1806	得	dwk	tɯk^{7}	踢	12	0.00622%	9	04;07;08;11;14;15;17;20;18;
971	提	dwz	tɯ^{2}	提	27	0.01400%	9	02;06;09;17;22;23;25;26;28;
9815	點	dien	tiən^{1}	提倡	1	0.00052%	1	21;
4946	脜	dien	tiən^{1}	提及	2	0.00104%	2	29;18;
2276	点	dwen	tɯən^{1}	提起	9	0.00467%	2	19;27;
9817	普	buj	pu^{3}	提示	1	0.00052%	1	17;
1715	朴	gyoek	tɕok^{7}	提醒	13	0.00674%	3	05;19;18;
1248	忻	haen	han^{1}	啼	20	0.01037%	15	02;03;04;05;09;11;12;13;17;20;21;24;25;28;18;
2019	忻	haen	han^{1}	啼叫	10	0.00518%	7	08;09;12;17;19;28;18;
9818	刊巃	han-lungz	ha:n^{1}luŋ^{2}	啼笼	1	0.00052%	1	05;
6138	忻	haen	han^{1}	啼鸣	2	0.00104%	2	09;26;
9822	谁	daeq	tai^{5}	剃	1	0.00052%	1	17;
6140	替	diq	ti^{5}	替	2	0.00104%	2	19;28;
1684	当	dang	ta:ŋ^{1}	替代	14	0.00726%	4	02;19;27;28;
9824	来而	laiz-lwh	la:i^{2}lɯ^{6}	替换	1	0.00052%	1	23;
9825	而當	lwh-ndang	lɯ^{6}da:ŋ^{1}	替身	1	0.00052%	1	11;
2707	弄	lomh	lo:m^{6}	天亮	7	0.00363%	4	06;17;20;22;
3892	添	denz	te:n^{2}	添	4	0.00207%	3	10;20;26;
4668	川	soenz	ɬon^{2}	添柴	3	0.00156%	1	05;
3893	駝	togr	thɔk^{55}	添加	4	0.00207%	1	26;
2710	學	coq	ɕo^{5}	填	7	0.00363%	3	06;17;20;

词号	壮字	新壮文	音标	词义	频次	词频	分布度	抄本号
6152	坭	niez	niə²	填补	2	0.00104%	1	09;
9858	諾	njoks	ȵɔk³¹	填塞	1	0.00052%	1	26;
2804	散	sat	θa:t⁷	舔	6	0.00311%	5	19;20;22;27;18;
674	臘	lap	la:p⁷	挑	42	0.02177%	15	01;02;03;05;07;10;12;13;17;21;22;23;25;28;29;
9859	微	fiz	fi²	挑柴	1	0.00052%	1	24;
6153	提擸	dwz-lap	tɯ²la:p⁷	挑担	2	0.00104%	2	23;26;
6154	腊恨	lap-hwnj	la:p⁷hɯn³	挑起	2	0.00104%	2	05;22;
6155	皆	gae	kai¹	挑首	2	0.00104%	2	17;20;
2484	淋	laemx	lam⁴	挑水	8	0.00415%	5	02;05;10;17;24;
9860	丢	diu	ti:u¹	挑剔	1	0.00052%	1	08;
3126	吊	diuh	ti:u⁶	调	5	0.00259%	4	13;17;24;18;
6156	調	diuh	ti:u⁶	调兵	2	0.00104%	1	05;
6157	乱	lom	lo:m¹	调集	2	0.00104%	2	12;13;
6158	福	faek	fak⁷	调教	2	0.00104%	1	14;
1447	和	hoz	ho²	调解	17	0.00881%	8	01;02;04;05;07;09;17;22;
9865	吊	diuh	ti:u⁶	调遣	1	0.00052%	1	13;
9866	合	hoz	ho:²	调整	1	0.00052%	1	10;
454	跳	saet	ɬat⁷	跳	68	0.03525%	15	02;03;05;07;08;09;12;13;17;19;22;23;24;28;18;
6159	講	giengh	kiəŋ⁶	跳到	2	0.00104%	1	11;
6160	弄	longh	lo:ŋ⁶	跳动	2	0.00104%	2	12;26;
1228	弔外	diuq-vaij	ti:u⁵va:i³	跳过	21	0.01089%	3	19;20;25;
9867	庄	cangh	ɕa:ŋ⁶	跳起	1	0.00052%	1	20;
2278	強	giengh	kiəŋ⁶	跳下	9	0.00467%	5	09;12;13;19;25;
9868	福	fok	fo:k⁷	跳跃	1	0.00052%	1	08;
223	依	i	i¹	听	138	0.07153%	22	02;04;05;06;07;08;10;11;12;13;15;16;17;19;20;21;22;23;24;25;28;18;
1761	爺	nyie	ȵiə¹	听从	13	0.00674%	9	01;04;11;12;13;17;19;23;28;
1358	听唧	dingq-nyie	tiŋ⁵ȵiə¹	听到	18	0.00933%	9	02;06;17;20;23;24;25;27;18;
3369	特哼	dwz-coenz	tɯ²ɕon²	听话	5	0.00259%	4	04;05;22;23;
716	听唧	dingq-nyie	tiŋ⁵ȵiə¹	听见	39	0.02022%	11	02;05;13;16;17;19;20;24;26;28;18;
4672	耷	nyie	ȵiə¹	听说	3	0.00156%	3	05;21;25;
2279	魯爺	lox-nyie	lo⁴ȵiə¹	听闻	9	0.00467%	5	01;02;03;04;05;
1472	地	dingz	tiŋ²	停	16	0.00829%	9	03;05;10;12;17;20;25;26;18;
9873	廷	daengx	taŋ⁴	停步	1	0.00052%	1	17;
9874	豆	duh	tu⁶	停留	1	0.00052%	1	20;
6162	丁	daengx	taŋ⁴	停流	2	0.00104%	1	17;
9875	血	cit	ɕit¹¹	停歇	1	0.00052%	1	26;
9876	登	daengx	taŋ⁴	停在	1	0.00052%	1	25;
2106	㝎	deng	te:ŋ¹	停止	10	0.00518%	4	17;20;25;29;
9877	閅	dingz	tiŋ²	停转	1	0.00052%	1	07;
9879	漢	haen	han¹	挺起	1	0.00052%	1	12;

词号	壮字	新壮文	音标	词义	频次	词频	分布度	抄本号
882	通	doeng	toŋ^{1}	通	30	0.01555%	14	01;02;03;04;05;09;10;17;19;20;21;24;25;28;
6163	通	doeng	toŋ^{1}	通达	2	0.00104%	1	09;
6164	通肝	doeng-daengz	toŋ^{1}taŋ^{2}	通到	2	0.00104%	2	05;24;
6166	通	doing	to:ŋ^{1}	通向	2	0.00104%	2	17;28;
9884	报	bauq	pa:u^{5}	通知	1	0.00052%	1	04;
9885	琴	gyaem	ɕam^{6}	同	1	0.00052%	1	19;
9886	托哏	doh-gwn	to^{6}kɯn^{1}	同吃喝	1	0.00052%	1	17;
9887	尋們	caemh-mbonh	ɕam^{6}bo:n^{6}	同床	1	0.00052%	1	01;
9889	同共	doengz-gungh	toŋ^{2}kuŋ^{6}	同合拢	1	0.00052%	1	17;
9890	沉到	caemh-dauq	ɕam^{6}ta:u^{5}	同回	1	0.00052%	1	05;
9892	同獁	doengz-ma	toŋ^{2}ma^{1}	同来	1	0.00052%	1	05;
9893	礼美	ndij-maez	di^{3}mai^{2}	同乐	1	0.00052%	1	17;
9894	同领	doengz-limh	toŋ^{2}lim^{6}	同磨	1	0.00052%	1	17;
9896	暖	noon	no:n^{44}	同睡	1	0.00052%	1	26;
6167	非	fae	fai^{1}	同姓	2	0.00104%	1	05;
9898	以	i	i^{1}	同意	1	0.00052%	1	21;
9899	托足	doh-cux	to^{6}ɕu^{4}	同迎接	1	0.00052%	1	18;
9900	同年	doengz-nem	toŋ^{2}ne:m^{1}	同粘连	1	0.00052%	1	17;
4675	尋幼	caemh-yuh	ɕam^{6}ju^{6}	同住	3	0.00156%	2	05;22;
9901	坐	rur	zu^{55}	同坐	1	0.00052%	1	26;
941	通	doeng	toŋ^{1}	捅	28	0.01451%	9	01;02;04;05;07;10;17;19;24;
9908	瀆破	dog-boz	to:k^{8}po:k^{2}	捅破	1	0.00052%	1	05;
9909	通	doeng	toŋ^{1}	捅着	1	0.00052%	1	10;
675	勒	laeg	lak^{8}	偷	42	0.02177%	10	01;02;04;05;06;12;13;17;20;
6173	勒	raeg	rak^{8}	偷吃	2	0.00104%	1	17;
6174	勒	laeg	lak^{8}	偷盗	2	0.00104%	2	05;13;
9912	阴	yaemq	jam^{5}	偷香	1	0.00052%	1	08;
9913	偶	aeu	au^{1}	偷要	1	0.00052%	1	17;
2712	途	dok	to:k^{7}	头昏	7	0.00363%	2	05;20;
6179	強馱	gwengh-dah	kɯəŋ^{6}ta^{6}	投河	2	0.00104%	1	05;
6180	头	daeuz	tau^{2}	投靠	2	0.00104%	2	02;12;
9918	托生	doek-seng	tok^{7}θe:ŋ^{1}	投生	1	0.00052%	1	20;
3016	荅頼	dop-laih	to:p^{7}la:i^{6}	投诉	6	0.00311%	1	23;
9919	作	coh	ɕo^{6}	投向	1	0.00052%	1	17;
3017	從	soengz	ɬoŋ^{2}	投宿	6	0.00311%	4	05;12;17;27;
9920	勿	fwd	fut^{8}	投掷	1	0.00052%	1	05;
9921	西	heh	he^{6}	透露	1	0.00052%	1	25;
9924	馱	daz	ta^{2}	涂	1	0.00052%	1	10;
9925	把	mbaj	ba^{3}	涂满	1	0.00052%	1	17;
9926	鬼	goi	ko:i^{1}	涂抹	1	0.00052%	1	21;
4682	夾	gyaz	ɕa^{2}	涂写	3	0.00156%	2	04;19;
2020	比	bi	pi^{1}	吐	10	0.00518%	5	02;17;19;22;18;
9941	一咬	iv-aox	i^{11}a:u^{33}	吐绿	1	0.00052%	1	26;

词号	壮字	新壮文	音标	词义	频次	词频	分布度	抄本号
697	提	dwz	tɯ²	推	40	0.02073%	16	01;02;04;05;07;10;11;12;17;19;20;22;24;26;27;18;
9943	打到	duzg-daos	li³¹la:u³³	推回	1	0.00052%	1	26;
9944	則	wij	ɯəi³	推挤	1	0.00052%	1	17;
4683	批	bae	pai¹	推进	3	0.00156%	2	24;26;
9945	達	daz	ta²	推拉	1	0.00052%	1	08;
9946	打拜	duzg-bajc	toŋ⁴⁴sɛp¹¹	推去	1	0.00052%	1	26;
9947	唐仅𠰷	daem-nyih-nyingh	tam¹ɲi⁶ɲiŋ⁶	推搡嚓嚓	1	0.00052%	1	22;
4684	炭	danq	ta:n⁵	推算	3	0.00156%	3	04;17;26;
4685	㠯	daiz	ta:i²	推托	3	0.00156%	1	23;
9948	墜	doiq	to:i⁵	推脱	1	0.00052%	1	23;
243	退	doiq	to:i⁵	退	129	0.06687%	19	02;03;05;06;07;08;10;11;12;13;17;19;20;21;22;23;24;25;
6183	退	doiq	to:i⁵	退到	2	0.00104%	1	20;
1007	退	doiq	to:i⁵	退给	26	0.01348%	4	05;11;19;23;
4687	退	doiq	to:i⁵	退还	3	0.00156%	3	11;13;18;
4688	刀	dauq	ta:u⁵	退回	3	0.00156%	1	13;
9951	丕	bae	pai¹	退去	1	0.00052%	1	17;
3372	退	doiq	to:i⁵	退下	5	0.00259%	4	05;17;20;22;
9952	丕	bae	pai¹	退走	1	0.00052%	1	17;
9953	对	doiq	to:i⁵	褪皮	1	0.00052%	1	17;
3897	木	moeb	mop⁸	吞	4	0.00207%	4	03;10;12;17;
9954	速	suk	łuk⁷	吞声	1	0.00052%	1	22;
6184	畲	ndwnj	dɯn³	吞下	2	0.00104%	2	17;20;
9955	能	laengh	laŋ⁶	囤	1	0.00052%	1	05;
6185	寄	giq	ki⁵	托	2	0.00104%	1	07;
9956	杔	dox	to⁴	托扶	1	0.00052%	1	20;
1448	落	lag	la:k⁸	拖	17	0.00881%	9	01;03;04;14;17;21;22;23;26;
9957	儀伍	ngix-ngaz	ŋi⁴ŋa²	拖拉	1	0.00052%	1	01;
6186	达劳	daz-lauq	ta²la:u⁵	拖犁	2	0.00104%	1	03;
6187	达劳	daz-lauq	ta²la:u⁵	拖耙	2	0.00104%	1	03;
6188	染	yienx	jiən⁴	拖延	2	0.00104%	1	17;
1162	托	dot	to:t⁷	脱	22	0.01140%	7	02;11;12;23;28;29;18;
9958	洛到	ronh-daux	ro:n⁶ta:u⁴	脱道衣	1	0.00052%	1	21;
9959	養	ngak	ŋa:k⁷	脱发	1	0.00052%	1	17;
9960	畢	biq	pi⁵	脱僵	1	0.00052%	1	12;
1686	脱	dot	to:t⁷	脱离	14	0.00726%	4	09;26;27;29;
6189	律	lwd	lɯt⁸	脱粒	2	0.00104%	1	03;
9961	倫	loenq	lon⁵	脱落	1	0.00052%	1	22;
6190	对	doiq	to:i⁵	脱皮	2	0.00104%	1	17;
6191	丕	bae	pai¹	脱去	2	0.00104%	2	19;29;
2107	脱	dot	to:t⁷	脱下	10	0.00518%	3	04;17;26;
9962	腰很	yauq-hwnj	ja:u⁵hɯn³	脱孝	1	0.00052%	1	21;
3898	陀	do	to¹	驮	4	0.00207%	3	03;04;26;

词号	壮字	新壮文	音标	词义	频次	词频	分布度	抄本号
485	得	dwk	$tɯk^{7}$	挖	63	0.03266%	17	01;02;03;04;05;07;08;09;17;19;20;21;22;23;26;28;18;
9966	恶	ok	$o:k^{7}$	挖出	1	0.00052%	1	17;
9967	鬼	gvaeq	$kvai^{5}$	挖除	1	0.00052%	1	20;
9968	亏	gviq	kvi^{5}	挖得	1	0.00052%	1	20;
6192	屈配	gud-bwi	$kut^{8}pɯəi^{1}$	挖掘	2	0.00104%	2	09;23;
4689	含	haemz	ham^{2}	挖苦	3	0.00156%	2	05;23;
9969	斗隆	daeuj-loengz	$tau^{3}loŋ^{2}$	挖下	1	0.00052%	1	05;
3900	茶	caix	$ɕa:i^{4}$	歪	4	0.00207%	3	01;05;06;
9975	夭	luj	$i:u^{3}$	歪倒	1	0.00052%	1	17;
6195	恠	caix	$ɕa:i^{4}$	歪斜	2	0.00104%	2	01;04;
9981	路	loh	lo^{6}	外流	1	0.00052%	1	28;
6197	崩	bwnj	$pɯn^{3}$	外翘	2	0.00104%	1	17;
9983	吟窮	gaemz-goeng	$kam^{2}koŋ^{1}$	弯曲	1	0.00052%	1	04;
4691	弓	goeng	$koŋ^{1}$	弯腰	3	0.00156%	2	19;26;
9985	卬木	mbonc-majr	$bɔn^{35}mai^{55}$	剜木	1	0.00052%	1	26;
9986	國	gueg	$kuək^{8}$	湾	1	0.00052%	1	24;
171	了	leux	$le:u^{4}$	完	181	0.09382%	26	01;02;03;04;05;06;07;08;09;10;11;12;14;16;17;19;20;21;22;23;24;25;26;27;28;18;
6202	本	baenz	pan^{2}	完成	2	0.00104%	2	20;27;
9987	了	leux	$le:u^{4}$	完蛋	1	0.00052%	1	17;
9988	了	liux	$li:u^{4}$	完结	1	0.00052%	1	12;
2486	了	leux	$le:u^{4}$	完了	8	0.00415%	5	02;05;12;20;24;
1099	提	dwz	$tɯ^{2}$	玩	24	0.01244%	9	01;04;08;12;22;23;25;26;28;
9990	弄	longh	$lo:ŋ^{6}$	玩乐	1	0.00052%	1	28;
683	國侵	gueg-caemz	$kuək^{8}ɕam^{2}$	玩耍	41	0.02125%	12	01;03;04;05;09;13;17;19;23;25;28;18;
9991	啊	hah	ha^{6}	挽留	1	0.00052%	1	28;
3901	没	mod	$mo:t^{8}$	挽起	4	0.00207%	1	17;
6203	徃	vet	$ve:t^{7}$	挽着	2	0.00104%	1	17;
9992	朥	laeng	$laŋ^{1}$	晚季	1	0.00052%	1	12;
3902	亡	vangz	$va:ŋ^{2}$	亡	4	0.00207%	2	11;12;
1280	亡	vaengz	$vaŋ^{2}$	亡故	20	0.01037%	3	17;20;21;
10004	忙	muengh	$mu:ŋ^{6}$	网	1	0.00052%	1	27;
10006	網	vangh	$va:ŋ^{6}$	网住	1	0.00052%	1	12;
4698	冇	ndwi	$dɯəi^{1}$	枉费	3	0.00156%	3	12;21;22;
10007	加冇	gya-ndwi	$tɕa^{1}dɯəi^{1}$	枉害	1	0.00052%	1	01;
3904	殆庚	dai-goenq	$ta:i^{1}kon^{5}$	枉死	4	0.00207%	1	28;
169	閉	bae	pai^{1}	往	184	0.09538%	21	01;02;03;04;06;07;08;09;10;11;12;13;14;16;20;21;22;24;
4700	到	dauq	$ta:u^{5}$	往回	3	0.00156%	2	17;23;
2716	批犸	bae-ma	$pai^{1}ma^{1}$	往来	7	0.00363%	4	04;05;21;27;
4701	忐	gwnz	$kɯn^{2}$	往上	3	0.00156%	3	02;17;27;
10008	兎	doz	to^{2}	往外	1	0.00052%	1	27;

词号	壮字	新壮文	音标	词义	频次	词频	分布度	抄本号
2283	隆	loengz	loŋ^{2}	往下	9	0.00467%	6	01;02;12;17;26;27;
1304	冧	lumz	lum^{2}	忘	19	0.00985%	10	02;04;07;10;17;21;22;23;13;
3024	淋	lumz	lum^{2}	忘记	6	0.00311%	4	01;04;10;17;
6213	欺	viq	vi^{5}	忘情	2	0.00104%	1	12;
1163	腊	lah	la^{6}	望	22	0.01140%	7	05;17;20;21;25;28;18;
3025	口見	gaeuj-yien	kau^{3}jiən^{1}	望见	6	0.00311%	2	17;26;
6214	忟	maenj	man^{3}	威吓	2	0.00104%	1	28;
11226	今	gaeg	kak^{8}	偎	1	0.00052%	1	18;
3026	烺	ling	liŋ^{1}	煨	6	0.00311%	4	01;04;22;23;
694	郭	gueg	kuək^{8}	为	41	0.02125%	9	01;04;07;09;21;22;23;24;28;
3027	难	nanh	na:n^{6}	为难	6	0.00311%	3	11;24;25;
10014	嗷	heuh	he:u^{6}	违	1	0.00052%	1	04;
10015	忌	gih	ki^{6}	违犯	1	0.00052%	1	22;
1764	何	hoomr	sɔŋ^{44}	围	13	0.00674%	7	26;01;08;12;17;20;23;
10017	合滕	humx-daengz	hum^{4}taŋ^{2}	围到	1	0.00052%	1	23;
10019	助	coh	ɕo^{6}	围观	1	0.00052%	1	03;
6217	含	humx	hum^{4}	围护	2	0.00104%	1	12;
6218	合	vox	vo^{4}	围拢	2	0.00104%	2	27;28;
10022	入	haeuj	hau^{3}	围入	1	0.00052%	1	13;
11228	過	goj	ko^{3}	惟有	1	0.00052%	1	18;
3495	眉	miz	mi^{2}	未得	4	0.00207%	4	17;19;21;18;
6222	有	ndwi	dɯəi^{1}	未嫁	2	0.00104%	1	22;
6625	為	vih	vi^{6}	未有	2	0.00104%	1	18;
10028	不曾	mbaeux-lox	bau^{4}lo^{4}	未知	1	0.00052%	1	22;
10029	治	ciq	ɕvi^{5}	未制	1	0.00052%	1	20;
10030	位	vae	vai^{1}	位于	1	0.00052%	1	19;
717	克	gwe	kɯə^{1}	喂	39	0.02022%	14	03;05;11;12;13;17;20;21;22;23;24;25;26;18;
4708	廣	gueng	kuəŋ^{1}	喂养	3	0.00156%	3	05;17;23;
3908	取	coh	ɕo^{6}	慰问	4	0.00207%	2	05;07;
4712	唧	nyie	ȵiə^{1}	闻	3	0.00156%	3	06;07;11;
10038	民	ndum	dum^{1}	闻臭	1	0.00052%	1	01;
10039	欣	haen	han^{1}	闻见	1	0.00052%	1	11;
44	咾	hauq	ha:u^{5}	问	620	0.32138%	28	01;02;03;04;05;06;07;08;09;10;11;12;13;14;15;16;17;19;20;21;22;23;24;25;26;28;29;
1688	叁地垯	cam-dih-dad	ɕa:m^{1}ti^{6}ta:t^{8}	问喋喋	14	0.00726%	5	05;15;23;24;25;
3496	閂	haemq	ham^{5}	问话	4	0.00207%	4	19;25;27;18;
6229	个	gah	ka^{6}	问价	2	0.00104%	1	27;
973	喙地達	cam-dih-dad	ɕa:m^{1}ti^{6}ta:t^{8}	问滔滔	27	0.01400%	10	10;02;03;04;07;12;15;23;24;
2490	籠	longz	lo:ŋ^{2}	窝	8	0.00415%	2	01;05;
3029	眠	ninz	nin^{2}	卧	6	0.00311%	2	07;13;
10041	臨	laemx	lam^{4}	卧床	1	0.00052%	1	04;
10042	更	gaem	kam^{1}	握手	1	0.00052%	1	21;
3030	祸	guej	kuə^{3}	污	6	0.00311%	2	05;20;

词号	壮字	新壮文	音标	词义	频次	词频	分布度	抄本号
10048	涞	laih	la:i6	诬赖	1	0.00052%	1	11;
10058	否艾	mbaeuh-ngaih	bau6ŋa:i6	无关	1	0.00052%	1	17;
10059	耒	ndaic	da:i35	无食	1	0.00052%	1	26;
4714	冇	ndwi	duɯəi1	无收	3	0.00156%	1	23;
10061	宰彩	haet-swi	hat7ɬuɯəi1	无意	1	0.00052%	1	05;
6244	翁	ung	uŋ1	捂	2	0.00104%	2	01;07;
10084	吾	uq	u5	误	1	0.00052%	1	17;
1858	朱	cwt	ɕuɯt7	吸	12	0.00622%	9	05;12;20;21;22;23;25;26;28;
10088	哏	gwn	kuɯn1	吸奶	1	0.00052%	1	17;
6246	蘇意	cup-hiq	ɕup7hi5	吸气	2	0.00104%	1	19;
10089	哏烟	gwn-ien	kuɯn1iən1	吸烟	1	0.00052%	1	17;
10090	勒	ndaet	dat7	吸饮	1	0.00052%	1	17;
2724	祉	ndaep	dap7	熄灭	7	0.00363%	5	23;29;09;17;19;
10097	瞒	longh	lo:ŋ6	嬉戏	1	0.00052%	1	08;
3918	耳	lw	luɯ1	习惯	4	0.00207%	2	24;25;
6248	括	gums	kum31	席卷	2	0.00104%	1	26;
292	洗	swiq	ɬuɯəi5	洗	110	0.05702%	19	05;01;02;04;08;10;12;17;19;20;21;22;23;24;25;26;28;29;
10100	些本	swiq-baenz	θuɯəi5pan2	洗成	1	0.00052%	1	20;
10101	笑本	seuq-baenz	θe:u5pan2	洗净成	1	0.00052%	1	20;
10102	笑各	seuq-gue	θe:u5kuək8	洗净做	1	0.00052%	1	20;
10103	些汶	swiq-fwngz	θuɯəi5fuɯŋ2	洗手	1	0.00052%	1	17;
3920	則	saeg	ɬak8	洗刷	4	0.00207%	2	05;17;
10104	打莫	dazk-tuc	tuɯk11thu35	洗头	1	0.00052%	1	26;
4721	色	saeg	θak8	洗衣	3	0.00156%	2	17;28;
10105	洗	swiq	ɬwəi5	洗浴	1	0.00052%	1	25;
2168	成	caemx	ɕam4	洗澡	9	0.00467%	6	17;19;20;22;23;18;
6249	些𠁥	swiq-gueg	θ	洗做	2	0.00104%	1	20;
10106	容	yungz	juŋ2	喜	1	0.00052%	1	10;
4951	慝	naek	nak7	喜爱	2	0.00104%	2	04;18;
3127	昂	angq	a:ŋ5	喜欢	5	0.00259%	2	19;18;
10108	行	yangh	ja:ŋ6	戏	1	0.00052%	1	08;
6252	國	guek	kuək7	戏水	2	0.00104%	1	05;
2169	及	gyaeb	tɕap8	系	9	0.00467%	5	03;17;19;20;18;
71	龙	roengz	roŋ2	下	414	0.21460%	25	20;19;12;01;02;03;04;05;06;07;08;09;10;11;13;17;21;22;23;24;25;26;27;28;18;
10113	拜	baiq	pa:i5	下拜	1	0.00052%	1	04;
4724	放直	cuengq-gyaeq	ɕuəŋ5tɕai5	下蛋	3	0.00156%	3	04;06;26;
864	隆	loengz	loŋ2	下到	31	0.01607%	6	02;13;17;20;25;28;
6256	拉	laj	la3	下地	2	0.00104%	1	17;
2286	跪	gvih	kvi6	下跪	9	0.00467%	6	05;17;19;20;22;27;
10117	跪夷遊	gvih-yiz-yaeuz	kvi6ji2jau2	下跪刷刷	1	0.00052%	1	23;
10118	隆	loengz	loŋ2	下河	1	0.00052%	1	23;
3392	退	doiq	to:i5	下降	5	0.00259%	3	02;03;17;

词号	壮字	新壮文	音标	词义	频次	词频	分布度	抄本号
10119	㡇	roengz	roŋ²	下拉	1	0.00052%	1	17;
140	隆	loengz	loŋ²	下来	227	0.11766%	23	01;02;03;04;05;09;10;11;12;13;16;17;18;19;20;21;22;23;24;25;26;27;28;
10120	隆黎	loengz-lae	loŋ²lai¹	下楼梯	1	0.00052%	1	05;
10121	隆巴刘	loengz-baz-liuh	loŋ²pa²li:u⁶	下漫漫	1	0.00052%	1	23;
356	比隆	bae-loengz	pai¹loŋ²	下去	89	0.04613%	18	05;02;03;04;06;09;14;17;19;20;21;22;23;24;25;26;28;18;
10128	闭桐	bae-doengh	pai¹toŋ⁶	下田	1	0.00052%	1	05;
10129	低	ndinc	din³⁵	下土	1	0.00052%	1	26;
10130	天孟	demh-muengx	te:m⁶muəŋ⁴	下网	1	0.00052%	1	20;
10132	侵	coem	ɕom¹	下陷	1	0.00052%	1	10;
4067	温	hun	hun¹	下雨	3	0.00156%	3	17;26;18;
10135	嚜	moek	mok⁷	下葬	1	0.00052%	1	17;
3393	吓	haep	hap⁷	吓	5	0.00259%	2	17;20;
3923	下	hat	ha:k⁷	吓唬	4	0.00207%	1	20;
6261	冠	gonq	ko:n⁵	先于	2	0.00104%	1	08;
10153	遮	ce	ɕe¹	闲置	1	0.00052%	1	12;
4069	敢	hamz	ha:m²	衔	3	0.00156%	3	19;25;18;
10155	感他	gamz-daz	ka:m²ta²	衔拉	1	0.00052%	1	01;
3394	茶	caz	ɕa²	嫌	5	0.00259%	2	05;26;
10156	止背	dci-laqc	tɕi⁴⁴laŋ³⁵	嫌后	1	0.00052%	1	26;
3128	茶	caz	ɕa²	嫌弃	5	0.00259%	4	04;21;28;18;
10157	止那	dci-nax	tɕi⁴⁴na³³	嫌前	1	0.00052%	1	26;
6264	头司	daeuz-miz	tau²mi²	显功	2	0.00104%	2	18;19;
10162	得	dwk	tuk⁷	现	1	0.00052%	1	19;
10163	限	hanq	ha:n⁵	限	1	0.00052%	1	20;
1985	侵	caem	ɕam¹	陷	11	0.00570%	7	02;03;05;07;10;19;24;
10167	存	conx	ɕo:n⁴	陷空	1	0.00052%	1	05;
2494	落	lak	la:k⁷	陷落	8	0.00415%	4	09;12;25;27;
10170	淋	loemq	lom⁵	陷下	1	0.00052%	1	09;
618	献	yienh	jiən⁶	献	47	0.02436%	14	02;04;05;07;09;10;11;12;19;20;26;28;18;03;
10171	献	yienh	jiən⁶	献给	1	0.00052%	1	07;
10172	献	yienh	jiən⁶	献上	1	0.00052%	1	12;
2807	托	doh	to⁶	相	6	0.00311%	2	17;18;
10174	買	maij	ma:i³	相爱	1	0.00052%	1	20;
10175	同煉	doengz-lienh	toŋ²liən⁶	相爱恋	1	0.00052%	1	25;
10176	同拜	doengz-baiq	toŋ²pa:i⁵	相拜别	1	0.00052%	1	02;
10177	丙	bingq	piŋ⁵	相比	1	0.00052%	1	23;
10178	同杀	doengz-caz	toŋ²ɕa²	相查问	1	0.00052%	1	25;
4731	同得	doengz-dwz	toŋ²tɯ²	相缠	3	0.00156%	2	13;19;
6269	度	dox	to⁴	相吵	2	0.00104%	2	04;07;
6270	度答	dox-dab	to⁴ta:p⁸	相扯	2	0.00104%	1	22;
10179	尞	liuz	li:u²	相传	1	0.00052%	1	01;

词号	壮字	新壮文	音标	词义	频次	词频	分布度	抄本号
10180	度答	dox-dap	to⁴ta:p⁷	相答	1	0.00052%	1	22;
2727	度雷	dox-ndoih	to⁴do:i⁶	相打	7	0.00363%	4	05;19;22;25;
10181	托卡	doh-gaj	to⁶ka³	相打杀	1	0.00052%	1	17;
10182	度甲	dox-gap	to⁴ka:p⁷	相叠	1	0.00052%	1	05;
4732	度得	dox-dwk	to⁴tɯk⁷	相斗	3	0.00156%	2	22;25;
6271	同列	doengz-le	toŋ²le¹	相对唱	2	0.00104%	1	25;
10184	托迎	dox-nyingz	to⁴ȵiŋ²	相对射	1	0.00052%	1	17;
6272	對綿	dooqc-meenx	to:ŋ³⁵me:n³³	相对贴	2	0.00104%	1	26;
846	同逢	doengz-bungz	toŋ²puŋ²	相逢	32	0.01659%	11	02;05;12;14;17;19;20;21;23;25;28;
10186	度良	dox-lwengz	to⁴lɯəŋ²	相符	1	0.00052%	1	05;
6273	同对	doengz-doiq	toŋ²to:i⁵	相附和	2	0.00104%	1	25;
10187	托群	doh-gyoemz	to⁶tɕom²	相盖住	1	0.00052%	1	17;
10188	同雜	doengz-gyag	toŋ²tɕa:k⁸	相告别	1	0.00052%	1	02;
10189	度雷	dox-loix	to⁴lo:i⁴	相合	1	0.00052%	1	05;
10190	托甲	doh-gab	to⁶ka:p⁸	相合伙	1	0.00052%	1	17;
10191	托算	doh-sanq	to⁶θva:n⁵	相合计	1	0.00052%	1	17;
10192	同对	doengz-doiq	toŋ²to:i⁵	相和	1	0.00052%	1	25;
10193	斉	haemz	ham²	相恨	1	0.00052%	1	01;
11229	隋	doh	to⁶	相互	1	0.00052%	1	18;
10194	董卡	dooq-kax	to:ŋ⁴⁴kha³³	相互砍杀	1	0.00052%	1	26;
10195	董打	dooq-dab	do:ŋ⁴⁴tap⁴⁴	相互重叠	1	0.00052%	1	26;
6274	同厓	doengz-yaez	toŋ²jai²	相换	2	0.00104%	1	25;
2728	度丁	dox-deng	to⁴te:ŋ¹	相汇	7	0.00363%	4	04;05;17;22;
3036	助	coh	ɕo⁶	相会	6	0.00311%	3	13;17;25;
1689	董卦	dooq-gap	to:ŋ⁴⁴kap¹¹	相婚配	14	0.00726%	1	26;
4733	同者	doengz-cij	toŋ²ɕi³	相激扬	3	0.00156%	1	25;
6275	托作	doh-coh	to⁶ɕo⁶	相架	2	0.00104%	2	18;19;
2729	同忻	doengz-haen	toŋ²han¹	相见	7	0.00363%	4	02;03;17;21;
2111	度兎	dox-doq	to⁴to⁵	相交	10	0.00518%	8	04;05;07;17;18;19;22;25;
6276	托偶	doh-aeu	to⁶au¹	相交汇	2	0.00104%	1	18;
10196	托恒	doh-haem	to⁶ham¹	相交配	1	0.00052%	1	19;
4734	托交	doh-gyeuj	to⁶tɕe:u³	相绞	3	0.00156%	3	17;19;22;
2112	同叧	doengh-doq	toŋ⁶to⁵	相接	10	0.00518%	5	05;07;18;19;22;
10197	托臾	doh-cin	to⁶ɕin¹	相结亲	1	0.00052%	1	17;
6277	幻	uq	u⁵	相聚	2	0.00104%	2	13;22;
6278	托分	doh-faenz	to⁶fan²	相砍	2	0.00104%	2	17;25;
10198	托文	doh-faenz	to⁶fan²	相砍杀	1	0.00052%	1	17;
10199	同影	doengz-ing	toŋ²iŋ¹	相靠	1	0.00052%	1	25;
10200	敗	baih	pa:i⁶	相克	1	0.00052%	1	22;
6279	度大	dox-daz	to⁴ta²	相拉	2	0.00104%	1	22;
6280	同作	doengz-gyag	toŋ²tɕa:k⁸	相离别	2	0.00104%	1	25;
1767	連	lienz	liən²	相连	13	0.00674%	6	01;04;05;18;19;21;
10201	托從	doh-conh	to⁶ɕo:n⁶	相流散	1	0.00052%	1	17;

词号	壮字	新壮文	音标	词义	频次	词频	分布度	抄本号
10202	托各	doh-got	to^{6}ko:t^{7}	相搂抱	1	0.00052%	1	17;
3925	度逻	dox-ndah	to^{4}da^{6}	相骂	4	0.00207%	4	05;12;15;22;
10204	同龍	doh-ruengx	to^{6}ruəŋ^{4}	相念	1	0.00052%	1	21;
10205	董卦	dooq-gap	to:ŋ^{44}kap^{11}	相配	1	0.00052%	1	26;
6281	托窮	doh-gyungj	to^{6}tɕuŋ^{3}	相碰	2	0.00104%	2	18;19;
10206	托琴	doh-gyiemz	to^{6}tɕiəm^{2}	相亲	1	0.00052%	1	17;
6282	同結	doengz-giet	toŋ^{2}kiət^{7}	相融合	2	0.00104%	1	25;
3395	托卡	doh-gaj	to^{6}ka^{3}	相杀	5	0.00259%	3	17;22;26;
3396	托元	doh-gangj	to^{6}ka:ŋ^{3}	相商	5	0.00259%	1	17;
6283	托算	doh-sanq	to^{6}θva:n^{5}	相商量	2	0.00104%	2	17;22;
10207	茶苗	cah-myoh	ɕa^{6}mjo^{6}	相识	1	0.00052%	1	17;
10209	茶柳	cah-liuz	ɕa^{6}li:u^{2}	相熟	1	0.00052%	1	17;
10210	同陽	doengz-yaiz	toŋ^{2}jva:i^{2}	相送	1	0.00052%	1	21;
3926	良	liengz	liəŋ^{2}	相随	4	0.00207%	4	10;17;19;22;
3037	托奴	doh-naeuz	to^{6}nau^{2}	相谈	6	0.00311%	1	17;
10211	托逃	doh-deuz	to^{6}te:u^{2}	相逃散	1	0.00052%	1	17;
1860	度通	dox-doeng	to^{4}toŋ^{1}	相通	12	0.00622%	7	04;07;17;18;19;21;25;
4735	度之	dox-ci	to^{4}ɕi^{1}	相推	3	0.00156%	2	05;22;
10213	托问	doh-haemq	to^{6}ham^{5}	相问	1	0.00052%	1	17;
6284	信	sinq	ɬin^{5}	相信	2	0.00104%	1	04;
10214	論	lwnh	lɯn^{6}	相叙	1	0.00052%	1	12;
10215	托雅	doh-ya	to^{6}ja^{1}	相寻找	1	0.00052%	1	17;
4736	除	ciez	ɕiə^{2}	相邀	3	0.00156%	2	12;27;
6285	托算	doh-sanq	to^{6}θva:n^{5}	相议	2	0.00104%	2	17;21;
4952	作	coh	ɕo^{6}	相迎	2	0.00104%	2	19;18;
942	執	caep	ɕap^{7}	相遇	28	0.01451%	9	05;12;13;14;17;19;23;25;28;
10217	托仰	doh-ngangh	to^{6}ŋa:ŋ^{6}	相遮	1	0.00052%	1	17;
623	度請	dox-ceng	to^{4}ɕe:ŋ^{1}	相争	47	0.02436%	4	07;11;13;22;
10218	托江	doh-gyieng	to^{6}tɕiəŋ^{1}	相争吵	1	0.00052%	1	17;
10219	地	diq	ti^{5}	相助	1	0.00052%	1	17;
6286	塘	daemj	tam^{3}	相撞	2	0.00104%	1	09;
10220	度溏以英	dox-daem-nyih-nyinh	to^{4}tam^{1}ȵi^{6}ȵin^{6}	相撞连连	1	0.00052%	1	05;
10221	托近	doh-gyaep	to^{6}tɕap^{7}	相追赶	1	0.00052%	1	17;
10222	托強	doh-gyonj	to^{6}tɕo:n^{3}	相作伴	1	0.00052%	1	17;
10231	罕	hamh	ha:m^{6}	镶进	1	0.00052%	1	20;
6287	巾	gwn	kɯn^{1}	享	2	0.00104%	1	07;
1862	雷	laez	lai^{2}	响	12	0.00622%	7	03;07;08;09;10;19;26;
1384	响到	tcooqc-taqc	tɕho:ŋ^{35}thaŋ^{35}	响到	18	0.00933%	1	26;
202	業	ndieb	diəp^{8}	想	150	0.07775%	23	01;02;03;05;07;08;09;10;12;13;14;17;19;20;21;22;23;24;25;26;28;29;18;
2022	業	ndieb	diəp^{8}	想到	10	0.00518%	6	01;06;09;17;21;18;

词号	壮字	新壮文	音标	词义	频次	词频	分布度	抄本号
6288	想	siengq	θiaŋ^{5}	想得	2	0.00104%	1	17;
10233	念	niemh	niəm^{6}	想好	1	0.00052%	1	21;
1907	财	gyaez	tɕai^{2}	想念	11	0.00570%	5	17;18;25;28;18;
6289	亦批	yaek-bae	jak^{7}pai^{1}	想去	2	0.00104%	1	23;
3038	利	ndi	di^{1}	想要	6	0.00311%	4	10;13;20;23;
676	助	coh	ɕo^{6}	向	42	0.02177%	12	01;02;04;07;08;09;11;12;19;25;27;28;
10235	不那	bae-naj	pai^{1}na^{3}	向前	1	0.00052%	1	17;
11230	丈	cangx	ɕa:ŋ^{4}	象	1	0.00052%	1	18;
64	携	gvaeh	kvai^{6}	像	427	0.22133%	25	01;02;03;04;05;06;07;08;09;10;11;12;15;16;17;19;20;21;22;23;24;25;26;28;18;
1596	消	siu	θi:u^{1}	消	15	0.00778%	7	17;02;05;11;12;22;23;
1690	退	doiq	to:i^{5}	消除	14	0.00726%	7	02;05;07;09;10;12;27;
6291	真	tsaenh	tsan^{6}	消尽	2	0.00104%	1	27;
1516	散	sanq	ɬa:n^{5}	消散	16	0.00829%	7	02;05;07;09;10;11;17;
6292	消	siu	ɬi:u^{1}	消失	2	0.00104%	2	05;12;
10243	散	sanq	ɬa:n^{5}	消逝	1	0.00052%	1	12;
381	退	doiq	to:i^{5}	消退	83	0.04302%	24	01;02;03;04;05;06;07;08;09;10;11;12;13;14;15;16;17;20;22;25;26;27;28;29;
2496	孝	yauq	ja:u^{5}	孝	8	0.00415%	1	19;
10271	夭	yauq	ja:u^{5}	孝敬	1	0.00052%	1	20;
6305	孝	yauq	ja:u^{5}	孝顺	2	0.00104%	2	10;12;
1185	咲	liu	li:u^{1}	笑	22	0.01140%	9	04;05;11;12;13;17;22;23;25;
10275	笑五	liu-haj	li:u^{1}ha^{3}	笑哈	1	0.00052%	1	12;
1103	尞八狼	liu-baz-langx	li:u^{1}pa^{2}la:ŋ^{4}	笑哈哈	24	0.01244%	8	01;07;08;10;11;12;13;23;
10277	笑何	liu-ho	li:u^{1}ho^{1}	笑呵呵	1	0.00052%	1	13;
1863	笑巴郎	liu-bax-langh	li:u^{1}pa^{4}la:ŋ^{6}	笑眯眯	12	0.00622%	7	02;09;12;13;17;20;23;
3400	笑把示	liu-bax-sieg	li:u^{1}pa^{4}ɬiək^{8}	笑嘻嘻	5	0.00259%	4	07;09;14;23;
3929	咲八狼	liu-bax-langh	li:u^{1}pa^{4}la:ŋ^{6}	笑盈盈	4	0.00207%	3	04;16;17;
3401	考	gauj	ka:u^{3}	效仿	5	0.00259%	2	07;10;
6309	血	cit	ɕit^{11}	歇	2	0.00104%	1	26;
2115	彦乃	yiet-naiq	jiət^{7}na:i^{5}	歇息	10	0.00518%	2	17;21;
10279	茶	caix	ɕa:i^{4}	斜	1	0.00052%	1	01;
735	來	laiz	la:i^{2}	写	38	0.01970%	10	01;04;05;08;17;19;20;22;23;
10280	来	raiz	ra:i^{2}	写有	1	0.00052%	1	17;
1864	來字	raiz-sw	ra:i^{2}θɯ^{1}	写字	12	0.00622%	1	17;
6310	脱	dot	to:t^{7}	卸掉	2	0.00104%	1	12;
2497	及	dcex	tɕe^{33}	卸下	8	0.00415%	1	26;
2498	奈	nai	na:i^{1}	谢	8	0.00415%	2	02;05;
6311	却恩	gyo-aen	tɕo^{1}an^{1}	谢恩	2	0.00104%	1	21;
3402	信	sinq	ɬin^{5}	信	5	0.00259%	3	04;13;23;
1597	提	dwz	tɯ^{2}	信奉	15	0.00778%	5	04;08;10;11;29;
10294	雷	loix	lo:i^{4}	信服	1	0.00052%	1	07;

词号	壮字	新壮文	音标	词义	频次	词频	分布度	抄本号
1517	真	cinh	ɕin⁶	醒	16	0.00829%	4	05;07;09;23;
6322	畢	bit	pit⁷	醒悟	2	0.00104%	2	01;17;
6323	堷	saengq	łaŋ⁵	擤	2	0.00104%	2	01;02;
1865	造	caux	ɕa:u⁴	兴	12	0.00622%	7	02;04;05;08;20;27;26;
10303	愣	laeng	laŋ¹	兴奋	1	0.00052%	1	10;
3129	恨	hwnj	hɯn³	兴起	5	0.00259%	4	01;10;19;18;
3041	恨	hwnj	hɯn³	兴旺	6	0.00311%	4	09;12;23;25;
10304	交	gyo	tɕo¹	幸得	1	0.00052%	1	17;
10305	表	biuh	pi:u⁶	幸灾乐祸	1	0.00052%	1	25;
726	非	fae	fai¹	姓	39	0.02022%	7	02;03;04;05;20;23;25;
10310	卡	kax	kha³³	凶杀	1	0.00052%	1	26;
4754	定	ding	tiŋ¹	休	3	0.00156%	2	02;17;
1518	乙乃	ied-naiq	iət⁸na:i⁵	休息	16	0.00829%	10	02;06;11;12;17;20;23;25;26;
10321	孺	juv	ju¹¹	休闲	1	0.00052%	1	26;
2117	娄	laeuz	lau²	修	10	0.00518%	4	06;20;21;22;
10322	補	buj	pu³	修补	1	0.00052%	1	05;
4755	道	daux	ta:u⁴	修道	3	0.00156%	1	20;
10323	誰	coih	ɕo:i⁶	修理	1	0.00052%	1	21;
4953	惰	doq	to⁵	修造	2	0.00104%	2	19;18;
847	罪	coih	ɕo:i⁶	修整	32	0.01659%	10	01;02;04;07;10;11;12;17;21;
10325	罪力羅	coih-lih-lah	ɕo:i⁶li⁶la⁶	修整匆匆	1	0.00052%	1	07;
10326	誰	coih	ɕo:i⁶	修整的	1	0.00052%	1	17;
286	罪	coih	ɕo:i⁶	修正	112	0.05805%	23	01;02;03;04;05;07;08;09;10;11;12;13;14;15;16;17;20;22;23;25;28;29;18;
6329	瑞咘	coih-coenz	ɕo:i⁶ɕon²	修正言语	2	0.00104%	1	10;
10327	誰	coih	ɕo:i⁶	修治	1	0.00052%	1	20;
2502	從	soengz	łoŋ²	宿	8	0.00415%	3	02;03;25;
10331	綉	seuq	łe:u⁵	绣	1	0.00052%	1	22;
10332	綉	seuq	łe:u⁵	绣花	1	0.00052%	1	22;
4756	使	si	łi¹	须	3	0.00156%	2	04;07;
1338	許	hawj	haɯ³	许	19	0.00985%	8	01;04;09;11;16;17;22;23;
10339	許	haej	hai³	许诺	1	0.00052%	1	23;
10340	以	i	i¹	许愿	1	0.00052%	1	21;
2735	論	lwnh	lɯn⁶	叙	7	0.00363%	4	01;03;05;14;
2118	論	lwnh	lɯn⁶	叙述	10	0.00518%	5	02;13;19;28;29;
488	論	lwnh	lɯn⁶	叙说	63	0.03266%	12	01;07;08;10;11;12;17;25;26;27;28;29;
1598	論獁	lwnh-ma	lɯn⁶ma¹	叙说到	15	0.00778%	1	25;
10341	論獁	lwnh-ma	lɯn⁶ma¹	叙说来	1	0.00052%	1	25;
11233	論	lwnh	lɯn⁶	叙谈	1	0.00052%	1	18;
10342	得	dwz	tɯ²	续	1	0.00052%	1	12;
4757	斤	gaen	kan¹	蓄	3	0.00156%	2	02;07;
10344	根	gaen	kan¹	蓄满	1	0.00052%	1	07;
6332	斤	gaen	kan¹	蓄水	2	0.00104%	2	12;20;

词号	壮字	新壮文	音标	词义	频次	词频	分布度	抄本号
10346	柱	ux	u^{4}	旋	1	0.00052%	1	10;
3934	全義	cunh-nywx	ɕun^{6}ȵɯ^{4}	旋转	4	0.00207%	4	17;18;26;27;
2503	台	daiz	ta:i^{2}	选	8	0.00415%	5	05;17;20;21;28;
6333	列	leh	le^{6}	选地	2	0.00104%	1	05;
1202	𣐈	caek	ɕak^{7}	削	21	0.01089%	7	02;06;09;17;19;21;18;
10352	血盆	lied-bwnz	liət^{8}pɯn^{2}	血盆	1	0.00052%	1	28;
6334	血立	lied-ndip	liət^{8}dip^{7}	血生	2	0.00104%	1	10;
6335	淋	lumh	lum^{6}	熏	2	0.00104%	1	05;
10354	倫	ruemx	ruəm^{4}	薰	1	0.00052%	1	17;
1987	壬	yaemz	jam^{2}	寻	11	0.00570%	5	08;16;25;26;27;
10355	得	duzgr	tɯk^{55}	寻得	1	0.00052%	1	26;
6336	拜	bajc	pai^{35}	寻捡	2	0.00104%	2	26;28;
10356	捞	rax	ra^{4}	寻来	1	0.00052%	1	27;
10357	細	si	ɬi^{1}	寻猎	1	0.00052%	1	02;
10358	守湯	saeuq-tangh	sau^{5}tha:ŋ^{6}	寻觅	1	0.00052%	1	27;
2504	×	tcac	tɕa^{35}	寻找	8	0.00415%	4	26;19;25;27;
812	全	cuenz	ɕuən^{2}	巡	33	0.01711%	12	01;03;04;07;12;17;19;21;25;26;28;18;
6337	巡	swnz	ɬɯn^{2}	巡看	2	0.00104%	1	23;
10360	沉	cinz	ɕin^{2}	巡逻	1	0.00052%	1	28;
3406	巡	cwnz	ɕɯn^{2}	巡视	5	0.00259%	3	05;23;28;
3407	六郎	lod-langh	lo:t^{8}la:ŋ^{6}	巡游	5	0.00259%	3	17;21;28;
1104	劳	lauh	la:u^{6}	巡走	24	0.01244%	2	21;28;
6338	啥	haemq	ham^{5}	询	2	0.00104%	1	28;
4758	舍	haemq	ham^{5}	询问	3	0.00156%	2	09;26;
4954	辛	saenj	θan^{3}	训	2	0.00104%	2	19;18;
2290	㤳	faek	fak^{7}	驯	9	0.00467%	8	05;07;10;12;13;17;20;21;
10361	酧	sug	ɬuk^{8}	驯服	1	0.00052%	1	13;
10363	交	gyauq	tɕa:u^{5}	驯养	1	0.00052%	1	21;
2808	添	dimz	tim^{2}	压	6	0.00311%	5	02;19;20;28;18;
10365	禁	gaemx	kam^{4}	压下	1	0.00052%	1	01;
6339	肘	gams	kam^{31}	压制	2	0.00104%	1	26;
6340	納	naeb	nap^{8}	押解	2	0.00104%	1	02;
10383	腊	njaks	ȵak^{31}	咽	1	0.00052%	1	26;
4761	等	don	to:n^{1}	阉	3	0.00156%	3	21;22;26;
512	稔	laemx	lam^{4}	淹	60	0.03110%	12	01;02;03;05;10;13;19;21;22;23;25;26;
1305	畓	dumh	tum^{6}	淹没	19	0.00985%	5	24;25;26;28;18;
4956	弄	ndong	do:ŋ^{1}	腌	2	0.00104%	2	09;18;
6345	弄	ndong	do:ŋ^{1}	腌制	2	0.00104%	1	17;
10391	繳	geuj	ke:u^{3}	延年	1	0.00052%	1	05;
6346	請	cingj	ɕiŋ^{3}	延请	2	0.00104%	1	27;
10392	蒨	gyaeu	tɕau^{1}	延寿	1	0.00052%	1	12;
11235	坦	damq	ta:m^{5}	延续	1	0.00052%	1	18;

词号	壮字	新壮文	音标	词义	频次	词频	分布度	抄本号
6347	旺	vangh	va:ŋ⁶	言中	2	0.00104%	1	05;
2506	巡	cwnz	ɕɯn²	沿	8	0.00415%	2	01;23;
4764	雷	raih	ra:i⁶	沿行	3	0.00156%	1	17;
3045	提	dwz	tɯ²	沿袭	6	0.00311%	3	02;04;09;
4765	被	bix	pi⁴	沿用	3	0.00156%	2	01;02;
3410	巡	cwnz	ɕɯn²	沿着	5	0.00259%	3	04;20;26;
10400	生	seng	θe:ŋ¹	衍生	1	0.00052%	1	17;
10401	撿	yaem	jam¹	掩埋	1	0.00052%	1	02;
6352	麽	mbweh	bɯə⁶	厌	2	0.00104%	2	03;23;
6353	蕚	yak	ja:k⁷	厌烦	2	0.00104%	2	12;17;
10409	念	niemh	niəm⁶	验看	1	0.00052%	1	21;
771	叭	gyat	tɕa:t⁷	殃及	36	0.01866%	6	01;04;05;09;12;27;
10419	多	doic	toi³⁵	佯装	1	0.00052%	1	26;
3046	律	lwt	lɯt⁷	仰	6	0.00311%	4	07;10;12;13;
6358	哀	qaic	ŋa:³⁵	仰面	2	0.00104%	1	26;
10420	艾	ai	a:i¹	仰望	1	0.00052%	1	17;
131	放	cuengq	ɕuəŋ⁵	养	244	0.12648%	25	01;02;03;04;05;06;07;08;09;10;11;12;13;14;17;19;20;21;22;23;24;25;26;28;18;
3940	本	baenz	pan²	养成	4	0.00207%	1	17;
10421	丈老	ciengx-laux	ɕiəŋ⁴la:u⁴	养老	1	0.00052%	1	17;
2171	养命	cwengx-mingh	ɕɯəŋ⁴miŋ⁶	养命	9	0.00467%	3	04;19;18;
10423	养躺	cwengx-ndang	ɕɯəŋ⁴da:ŋ¹	养身	1	0.00052%	1	04;
6359	赦	tsiengx	tsi:ŋ⁴	养育	2	0.00104%	1	27;
10425	吆	mo	mo¹	吆	1	0.00052%	1	02;
4773	或	hat	ha:t⁷	吆喝	3	0.00156%	2	12;22;
3047	多	dor	to⁵⁵	妖缠	6	0.00311%	1	26;
823	塗	doz	to²	妖惑	33	0.01711%	7	05;08;11;12;13;27;29;
1409	刘	lawz	laɯ²	邀	17	0.00881%	11	02;03;04;05;08;10;12;13;21;23;18;
3941	除斗	ciez-daeuj	ɕiə²tau³	邀来	4	0.00207%	1	23;
2508	托請	dox-cingj	to⁴ɕiŋ³	邀请	8	0.00415%	4	05;17;20;26;
1231	提	dwz	tɯ²	摇	21	0.01089%	7	07;08;17;19;20;22;26;
10432	北放	bi-buengq	pi¹puəŋ⁵	摇动	1	0.00052%	1	24;
4774	連	lienz	liən²	摇晃	3	0.00156%	2	10;17;
10433	盆	baeuq	pau⁵	摇转	1	0.00052%	1	05;
383	哈	haeb	hap⁸	咬	82	0.04250%	18	11;01;02;03;04;05;07;08;10;12;13;17;19;20;22;23;24;18;
6362	累	ndaej	dai³	咬得	2	0.00104%	1	20;
3416	湳	mumv	mum¹¹	咬紧	5	0.00259%	1	26;
10436	孫細喪	soemz-siq-sangh	θom²θi⁵θa:ŋ⁶	咬沙沙	1	0.00052%	1	18;
10437	孫細松	soemz-siq-songz	θom²θi⁵θo:ŋ²	咬索索	1	0.00052%	1	18;

词号	壮字	新壮文	音标	词义	频次	词频	分布度	抄本号
10438	孫細喪	soemz-si-sangh	θom^{2}θi^{1}θa:ŋ^{6}	咬窸沙	1	0.00052%	1	19;
10439	孫細松	soemz-si-songz	θom^{2}θi^{1}θo:ŋ^{2}	咬窸窣	1	0.00052%	1	19;
10441	得吉絶	dwk-gih-get	tɯk^{7}ki^{6}ke:k^{7}	咬喳喳	1	0.00052%	1	12;
10442	得吉結	dwk-gih-gaet	tɯk^{7}ki^{6}kat^{7}	咬吱吱	1	0.00052%	1	12;
1203	化	vaz	va^{2}	舀	21	0.01089%	7	09;17;19;20;22;23;18;
6363	川淋	cuenj-raemx	ɕuen^{3}ram^{4}	舀水	2	0.00104%	1	17;
14	歐	aeu	au^{1}	要	1431	0.74175%	29	01;02;03;04;05;06;07;08;09;10;11;12;13;14;15;16;17;19;20;21;22;23;24;25;26;27;28;
6365	叹	awc	au^{35}	要蛋	2	0.00104%	1	26;
6366	歐	aeu	au^{1}	要回	2	0.00104%	1	11;
10444	忻	haen	han^{1}	要看	1	0.00052%	1	12;
10445	营	ing	iŋ^{1}	要靠	1	0.00052%	1	12;
1520	偶	aeu	au^{1}	要来	16	0.00829%	6	06;12;13;17;25;27;
10446	敺	aeu	au^{1}	要去	1	0.00052%	1	29;
1284	可	goj	ko^{3}	也成	20	0.01037%	1	22;
10475	屋	og	o:k^{8}	一出	1	0.00052%	1	27;
10477	肛	daengz	taŋ^{2}	一到	1	0.00052%	1	02;
10486	過	gop	ko:p^{7}	一掬	1	0.00052%	1	19;
10495	批	bae	pai^{1}	一去	1	0.00052%	1	01;
6398	時	cwz	ɕɯ^{2}	一时	2	0.00104%	1	04;
3947	苗	miuz	mi:u^{2}	一造	4	0.00207%	2	02;10;
4786	應	ing	iŋ^{1}	依靠	3	0.00156%	3	12;22;28;
4029	依	i	i^{1}	依照	4	0.00207%	9	18;06;09;12;13;14;17;19;25;
3948	作	gyag	tɕa:k^{8}	揖别	4	0.00207%	3	10;12;28;
1119	往	vang	va:ŋ^{1}	移	23	0.01192%	6	17;19;20;21;23;18;
10516	剪吞	senj-din	ɬe:n^{3}tin^{1}	移步	1	0.00052%	1	23;
6408	崩地	bong-dih	po:ŋ^{1}ti^{6}	移坟	2	0.00104%	1	17;
10517	先	senj	ɬe:n^{3}	移开	1	0.00052%	1	25;
2743	告	gauq	ka:u^{5}	移植	7	0.00363%	2	17;26;
4788	射	ce	ɕe^{1}	遗留	3	0.00156%	2	04;17;
2511	撈	laeng	laŋ^{1}	遗漏	8	0.00415%	5	01;04;17;23;26;
2744	龍	lumz	lum^{2}	遗忘	7	0.00363%	3	08;23;26;
10518	播	box	po^{4}	遗下	1	0.00052%	1	27;
6410	裙	ndaej	dai^{3}	已得	2	0.00104%	1	27;
1475	来奴	laih-naeuz	la:i^{6}nau^{2}	以为	16	0.00829%	6	17;22;25;27;28;18;
10522	至	tsaez	tsai^{2}	以至	1	0.00052%	1	27;
4790	英	ing	iŋ^{1}	倚靠	3	0.00156%	1	23;
10523	爱	ai	a:i^{1}	倚栏	1	0.00052%	1	05;
10525	尼	nih	ni^{6}	忆	1	0.00052%	1	17;
4791	纳	naeuz	nau^{2}	议	3	0.00156%	3	20;21;22;
4792	耗	hauq	ha:u^{5}	议论	3	0.00156%	2	05;17;

词号	壮字	新壮文	音标	词义	频次	词频	分布度	抄本号
10526	路	loq	lo^{5}	吃语	1	0.00052%	1	13;
6416	没	moenx	mon^{4}	溢出	2	0.00104%	1	17;
1691	度	doh	to^{6}	引	14	0.00726%	7	10;12;17;19;23;25;28;
4960	引	hinx	hin^{4}	引导	2	0.00104%	2	19;18;
10546	作	coh	ɕo^{6}	引来	1	0.00052%	1	17;
4793	引路	hinx-loh	hin^{4}lo^{6}	引路	3	0.00156%	1	17;
1410	領	ndidr	dit^{55}	饮	17	0.00881%	6	26;17;19;20;23;18;
3133	足	cux	ɕu^{4}	迎	5	0.00259%	5	17;20;21;26;18;
4795	足风	cux-rumz	ɕu^{4}rum^{2}	迎风	3	0.00156%	3	17;19;20;
3134	扭	cux	ɕu^{4}	迎接	5	0.00259%	5	15;19;24;26;18;
10552	足	cux	ɕu^{4}	迎亲	1	0.00052%	1	21;
10553	歐	aeu	au^{1}	迎娶	1	0.00052%	1	15;
1869	形	hingz	hiŋ^{2}	赢	12	0.00622%	7	02;03;05;06;07;09;17;
798	限	han	ha:n^{1}	应	34	0.01762%	18	02;03;04;05;06;07;08;09;11;12;13;15;23;24;25;28;29;18;
2120	刊地達	han-dih-dad	ha:n^{1}ti^{6}ta:t^{8}	应喋喋	10	0.00518%	4	05;07;08;23;
10557	丁	deng	te:ŋ^{1}	应对	1	0.00052%	1	05;
1771	立	laeb	lap^{8}	应该	13	0.00674%	7	12;13;14;19;23;25;28;
10559	刊地達	han-dih-dad	ha:n^{1}ti^{6}ta:t^{8}	应连连	1	0.00052%	1	05;
2301	刊	han	ha:n^{1}	应声	9	0.00467%	4	05;10;12;29;
10560	[口+卯]地達	han-diz-dad	ha:n^{1}ti^{2}ta:t^{8}	应声滔滔	1	0.00052%	1	09;
677	[口+刊]地達	han-dih-dad	ha:n^{1}ti^{6}ta:t^{8}	应滔滔	42	0.02177%	8	10;05;08;14;22;23;24;25;
4796	提	dwz	tɯ^{2}	应验	3	0.00156%	2	02;17;
10563	陽	yangx	ja:ŋ^{4}	硬朗	1	0.00052%	1	05;
10566	群	gaemh	kam^{6}	硬压	1	0.00052%	1	23;
6427	拎	gaemh	kam^{6}	硬要	2	0.00104%	3	04;13;25;
10569	貢	gung	kuŋ^{1}	拥戴	1	0.00052%	1	03;
4797	逢	fungh	fuŋ^{6}	拥抬	3	0.00156%	1	27;
2121	翁	ung	uŋ^{1}	壅	10	0.00518%	3	03;04;15;
2746	翁	ung	uŋ^{1}	壅埋	7	0.00363%	7	02;07;08;09;10;11;14;
10575	痕	haemx	ham^{4}	勇于	1	0.00052%	1	09;
6428	惃	hwnj	hɯn^{3}	涌出	2	0.00104%	2	05;26;
322	提	dwz	tɯ^{2}	用	100	0.05183%	16	01;02;03;04;05;06;09;12;17;19;20;21;22;23;26;29;
10576	壇	danz	ta:n^{2}	用力	1	0.00052%	1	07;
2513	丕	bae	pai^{1}	用去	8	0.00415%	1	17;
10577	了	leux	leu^{4}	用完	1	0.00052%	1	27;
10578	用心	yoengh-saem	joŋ^{6}θam^{1}	用心	1	0.00052%	1	21;
727	氣	hiq	hi^{5}	忧	39	0.02022%	19	01;02;03;04;07;09;10;11;12;13;14;16;21;22;23;24;25;28;
10579	道炁	dauq-hiq	ta:u^{5}hi^{5}	忧虑	1	0.00052%	1	03;
4799	媢	yux	ju^{4}	幽会	3	0.00156%	2	01;17;
3055	甲一	gyah-hih	tɕa^{6}hi^{6}	犹如	6	0.00311%	2	21;23;
902	了	liuh	li:u^{6}	游	29	0.01503%	14	02;05;07;10;12;17;19;20;22;23;24;26;28;18;

词号	壮字	新壮文	音标	词义	频次	词频	分布度	抄本号
10583	尞	liuh	li:u⁶	游窜	1	0.00052%	1	12;
3056	利流	lix-liux	li⁴li:u⁴	游荡	6	0.00311%	4	01;05;17;25;
10584	劳丕	lauh-bae	la:u⁶pai¹	游荡去	1	0.00052%	1	19;
10585	外	vaij	va:i³	游过	1	0.00052%	1	17;
10586	丕	bae	pai¹	游去	1	0.00052%	1	19;
10587	班	banh	pa:n⁶	游散	1	0.00052%	1	23;
2747	泙	ap	a:p⁷	游水	7	0.00363%	3	09;21;28;
3057	流頼	liuz-laix	li:u²la:i⁴	游玩	6	0.00311%	5	04;05;21;28;29;
6432	六郎	lod-langh	lo:t⁸la:ŋ⁶	游巡	2	0.00104%	2	17;21;
2748	沉	caemx	ɕam⁴	游泳	7	0.00363%	2	25;28;
1340	散	sanq	ɬa:n⁵	游走	19	0.00985%	7	05;09;12;17;21;24;28;
10589	論丕	lod-bae	lo:t⁸pai¹	游走去	1	0.00052%	1	19;
15	眉	miz	mi²	有	1382	0.71636%	29	01;02;03;04;05;06;07;08;09;10;11;12;13;14;15;16;17;19;20;21;22;23;24;25;26;27;28;
10591	隊	doih	to:i⁶	有伴	1	0.00052%	1	23;
10593	耕	gwn	kɯn¹	有吃	1	0.00052%	1	19;
4800	咣	ndaex	dai⁴	有得	3	0.00156%	2	01;27;
10595	閙	nauh	na:u⁶	有好	1	0.00052%	1	16;
4802	使	siqs	siŋ³¹	有意	3	0.00156%	1	26;
10602	到	dauq	ta:u⁵	又会	1	0.00052%	1	10;
2303	到	dauq	ta:u⁵	又来	9	0.00467%	5	01;03;12;13;26;
10603	劳	lau	la:u¹	又怕	1	0.00052%	1	04;
4804	畲	hoemq	hom⁵	佑护	3	0.00156%	2	12;17;
10608	土	doj	to³	诱	1	0.00052%	1	07;
1870	多	doj	to³	诱捕	12	0.00622%	6	02;05;06;07;08;10;
10611	里	lix	li⁴	余留	1	0.00052%	1	01;
3956	勒	lie	liə¹	余下	4	0.00207%	2	06;17;
10629	特	dwk	tɯk⁷	渔猎	1	0.00052%	1	07;
1105	里	ndix	di⁴	予	24	0.01244%	4	09;12;13;27;
4808	礼	ndaex	dai⁴	予以	3	0.00156%	2	14;27;
2809	的	dweg	tɯək⁸	育	6	0.00311%	5	06;08;17;23;18;
10637	則	caek	ɕak⁷	预测	1	0.00052%	1	01;
6443	色	saek	ɬak⁷	预感	2	0.00104%	1	04;
2516	唎	ndi	di¹	欲	8	0.00415%	3	05;09;26;
1341	丁	deng	te:ŋ¹	遇	19	0.00985%	8	01;04;10;16;17;23;28;29;
1285	執	caep	ɕap⁷	遇到	20	0.01037%	6	05;13;17;26;27;29;
1147	放	cueng	ɕuəŋ¹	遇见	23	0.01192%	10	05;06;08;12;14;17;20;23;27;
6444	丁	deng	te:ŋ¹	遇着	2	0.00104%	1	01;
10642	话	hot	ho:t⁷	冤结	1	0.00052%	1	09;
6445	加冇	gya-ndwi	tɕa¹dɯəi¹	冤枉	2	0.00104%	2	04;23;
10656	里	liz	li²	远离	1	0.00052%	1	17;
466	怨	yienq	jiən⁵	怨	67	0.03473%	15	03;06;07;10;12;13;14;16;17;19;21;22;23;28;18;
3424	願	ienh	iən⁶	怨恨	5	0.00259%	3	22;23;25;

词号	壮字	新壮文	音标	词义	频次	词频	分布度	抄本号
6450	怨立礼	ienq-liz-laex	iən⁵li²lai⁴	怨连连	2	0.00104%	2	13;23;
4819	怨力礼	ienq-liz-laex	iən⁵li²lai⁴	怨凄凄	3	0.00156%	1	12;
2123	元單	yuenq-danq	ʔjuən⁵ta:n⁵	怨诉	10	0.00518%	1	21;
10660	寃立黎	ienh-lih-laez	iən⁶li⁶lai²	怨悠悠	1	0.00052%	1	24;
655	吜	cux	ɕu⁴	愿	44	0.02281%	16	01;02;04;06;07;10;11;12;13;16;17;20;22;23;24;28;
10664	吜	cux	ɕu⁴	愿意	1	0.00052%	1	25;
10667	反	fag	fak⁴⁴	阅看	1	0.00052%	1	26;
4820	有	yaeux	jau⁴	跃	3	0.00156%	2	24;27;
10668	七外	caet-vaij	ɕat⁷va:i³	跃过	1	0.00052%	1	20;
3963	柰	ndai	da:i¹	耘	4	0.00207%	2	03;05;
1774	煩	fanz	fa:n²	孕	13	0.00674%	6	07;13;17;19;20;26;
10679	類	ndaej	dai³	孕得	1	0.00052%	1	21;
1603	凡	fanz	fa:n²	孕育	15	0.00778%	6	13;17;19;20;21;25;
10683	迺	daeh	tai⁶	运	1	0.00052%	1	03;
10689	立羅	laeb-laz	lap⁸la²	杂碎	1	0.00052%	1	13;
3505	畐	dub	tup⁸	砸	4	0.00207%	4	12;17;20;18;
10690	特	dwk	tɯk⁷	砸中	1	0.00052%	1	05;
2811	重	coq	ɕo⁵	栽	6	0.00311%	3	17;26;18;
4823	冷	ndaem	dam¹	栽种	3	0.00156%	1	21;
10694	啓	hij	hi³	再搞	1	0.00052%	1	23;
10698	阿	oq	o⁵	再燃	1	0.00052%	1	29;
10699	赑立	maenh-laeb	man⁶lap⁸	再竖	1	0.00052%	1	27;
10700	涞	naiz	na:i²	再说	1	0.00052%	1	09;
1604	纫	ryouh	ʔjou⁶	在	15	0.00778%	2	27;28;
2749	畐	doz	to²	攒	7	0.00363%	1	12;
10704	强	gyangz	tɕva:ŋ²	赞叹	1	0.00052%	1	20;
10705	抱	baoc	pa:u³⁵	赞扬	1	0.00052%	1	26;
904	特	dwk	tɯk⁷	葬	29	0.01503%	11	01;02;05;07;10;17;19;20;27;29;18;
4825	忻	haen	han¹	遭	3	0.00156%	3	06;07;13;
6463	逢	bungz	puŋ²	遭遇	2	0.00104%	2	27;29;
10707	求	gyauq	tɕa:u⁵	糟踏	1	0.00052%	1	19;
1165	當	dangh	ta:ŋ⁶	糟蹋	22	0.01140%	11	01;02;03;05;07;10;17;20;22;23;18;
3067	秋	siuq	ɬi:u⁵	凿	6	0.00311%	5	02;05;06;17;23;
7	造	caux	ɕa:u⁴	造	2189	1.13466%	29	01;02;03;04;05;06;07;08;09;10;11;12;13;14;15;16;17;19;20;21;22;23;24;25;26;27;28;
943	郭	gueg	kuək⁸	造成	28	0.01451%	10	01;03;10;11;12;13;19;20;21;
913	出	cwt	ɕɯt⁷	造出	29	0.01503%	9	01;03;04;05;12;19;20;25;27;
10720	召	caux	ɕa:u⁴	造火	1	0.00052%	1	17;
498	出	cwt	ɕɯt⁷	造就	62	0.03214%	14	01;02;05;06;07;09;10;11;12;13;16;24;28;29;
10721	造	caux	ɕa:u⁴	造来	1	0.00052%	1	22;

词号	壮字	新壮文	音标	词义	频次	词频	分布度	抄本号
10722	特偷	dwk-daeuq	tɯk⁷tau⁵	造猎	1	0.00052%	1	09;
10723	造	caux	ɕa:u⁴	造去	1	0.00052%	1	22;
2517	召米	caux-miz	ɕa:u⁴mi²	造有	8	0.00415%	3	21;26;27;
4828	造之	caux-ciq	ɕa:u⁴ɕvi⁵	造制	3	0.00156%	2	21;23;
1605	造各	caux-gueg	ɕa:u⁴kuək⁸	造做	15	0.00778%	3	20;21;23;
10724	里	leh	le⁶	则是	1	0.00052%	1	27;
3069	怪	gvaiq	kva:i⁵	责怪	6	0.00311%	3	01;04;20;
979	携	gvaeh	kvai⁶	择	27	0.01400%	6	01;05;17;23;27;28;
6469	定	dingh	tiŋ⁶	择定	2	0.00104%	1	01;
6470	提	dwz	tɯ²	择取	2	0.00104%	1	17;
6471	打時	dwk-cwz	tɯk⁷ɕɯ²	择时	2	0.00104%	1	05;
10726	賊蛮	caeg-manz	ɕak⁸ma:n²	贼蛮	1	0.00052%	1	28;
4831	恨	hwnj	hɯn³	增	3	0.00156%	1	17;
10727	恨	hwnj	hɯn³	增高	1	0.00052%	1	17;
10728	天	tiamc	thiam³⁵	增加	1	0.00052%	1	26;
10729	肯	kuznx	khɯn³³	增满	1	0.00052%	1	26;
10730	恨	hwnj	hɯn³	增起	1	0.00052%	1	17;
3427	增	caengz	ɕaŋ²	憎恨	5	0.00259%	2	07;23;
10732	含个鄰	haemz-gaz-limh	ham²ka²lim⁶	憎恨连连	1	0.00052%	1	25;
10734	增	caengz	ɕaŋ²	赠给	1	0.00052%	1	07;
3506	流	lok	lo:k⁷	赠送	4	0.00207%	3	08;19;18;
989	及	gyaeb	tɕap⁸	扎	26	0.01348%	14	01;02;05;06;07;10;14;17;19;23;24;25;29;18;
11241	汶	vaenj	van³	扎捆	1	0.00052%	1	18;
10740	入	yaep	jap⁷	眨	1	0.00052%	1	12;
6477	而	lawz	lau²	炸	2	0.00104%	2	20;26;
10742	列	tiak	thiak¹¹	炸裂	1	0.00052%	1	26;
2750	吉	gyaet	tɕat⁷	摘	7	0.00363%	3	06;17;26;
10745	闷	mbaet	bat⁷	摘下	1	0.00052%	1	17;
2519	扳	banj	pa:n³	沾	8	0.00415%	4	12;21;23;28;
3429	産	canj	ɕa:n³	粘	5	0.00259%	4	04;10;12;26;
10759	坟	faenz	fan²	斩除	1	0.00052%	1	12;
10760	哑	aj	a³	展开	1	0.00052%	1	17;
2751	錢	cienh	ɕiən⁶	辗转	7	0.00363%	4	10;12;17;26;
786	唅	hamj	ha:m³	占	35	0.01814%	9	27;01;04;05;07;17;20;22;23;
1287	特	dwk	tɯk⁷	占卜	20	0.01037%	8	02;03;04;05;08;09;17;26;
10761	打箁	dwk-gauq	tɯk⁷ka:u⁵	占卜卦	1	0.00052%	1	20;
10762	屋	og	o:k⁸	占出	1	0.00052%	1	04;
2520	北累	baek-ndaej	pak⁷dai³	占得	8	0.00415%	1	17;
6481	寍	buengh	puəŋ⁶	占卦	2	0.00104%	1	05;
6482	占丕	ciemq-bae	ɕiəm⁵pai¹	占去	2	0.00104%	1	20;
10763	占殿	ciemq-denh	ɕiəm⁵te:n⁶	占位	1	0.00052%	1	23;
990	恨	hwnq	hɯn⁵	站	26	0.01348%	16	01;03;05;06;08;12;17;19;20;21;22;23;24;27;28;18;

词号	壮字	新壮文	音标	词义	频次	词频	分布度	抄本号
3970	松	soengz	θoŋ²	站高	4	0.00207%	2	17;20;
3072	從	soengz	ɬoŋ²	站立	6	0.00311%	4	01;05;17;27;
6483	倫	ndwn	dɯn¹	站着	2	0.00104%	2	03;24;
2026	特	dwk	tɯk⁷	张	10	0.00518%	6	03;11;17;24;26;18;
10765	晃	gvang	kva:ŋ¹	张大	1	0.00052%	1	02;
10766	奇罡	giz-gang	ki²ka:ŋ¹	张挂	1	0.00052%	1	22;
1910	啞	ax	a⁴	张开	11	0.00570%	7	04;08;17;19;26;27;18;
10767	凹郎危	aq-langh-ngvaez	a⁵la:ŋ⁶ŋvai²	张开开	1	0.00052%	1	18;
4834	凹勒危	aq-langh-ngvaez	a⁵la:ŋ⁶ŋvai²	张开宽宽	3	0.00156%	1	19;
10768	浴到	yaengx-dauq	jaŋ⁴ta:u⁵	张开向	1	0.00052%	1	20;
6484	朋班	bungz-ban	puŋ²pa:n¹	张罗	2	0.00104%	2	17;26;
10769	亜	aj	a³	张仰	1	0.00052%	1	27;
220	的	dek	te:k⁷	长	140	0.07257%	21	01;02;03;04;05;06;07;08;09;10;11;12;17;19;20;21;23;25;
519	貧	baenz	pan²	长成	59	0.03058%	16	01;03;05;07;09;10;12;14;16;17;19;20;21;27;28;18;
1911	屋	og	o:k⁸	长出	11	0.00570%	7	02;09;16;17;25;28;18;
543	伏	fag	fa:k⁸	长大	55	0.02851%	23	01;02;03;05;06;07;08;09;10;11;12;14;16;17;20;21;23;24;25;26;27;28;22;
10778	馬	max	ma³³	长得	1	0.00052%	1	26;
1342	喪	sang	ɬa:ŋ¹	长高	19	0.00985%	6	02;03;07;10;12;21;
10780	馬旦经	maj-danh-gyingh	ma³ta:n⁶tɕiŋ⁶	长高速速	1	0.00052%	1	17;25;
10783	在	tsaih	tsa:i⁶	长进	1	0.00052%	1	27;
10784	肯	kuznx	khɯn³³	长满	1	0.00052%	1	26;
1811	恨	hwnj	hɯn³	长起	12	0.00622%	4	06;07;19;18;
6487	恨盆	hwnj-baenz	hɯn³pan²	长起成	2	0.00104%	1	19;
10788	雖	suiv	sui¹¹	长虱	1	0.00052%	1	26;
2346	眉	miz	mi²	长有	8	0.00415%	3	17;19;18;
10793	屋	ok	o:k⁷	长在	1	0.00052%	1	09;
6490	蓬	mboengz	boŋ²	涨红	2	0.00104%	1	27;
2812	吟	gaem	kam¹	掌	6	0.00311%	2	23;18;
1607	谷	godk	kok⁷	掌管	15	0.00778%	4	17;22;23;25;
1775	釺邱	gaem-inh	kam¹in⁶	掌印	13	0.00674%	5	01;04;09;18;22;
3073	捞	laeng	laŋ¹	胀	6	0.00311%	5	05;06;11;16;23;
10796	巨茶淋	gwh-caz-linz	kɯ⁶ɕa²lin²	胀青青	1	0.00052%	1	12;
729	啨	cuengz	ɕuən²	招	39	0.02022%	14	02;03;05;07;10;11;12;15;16;19;20;24;25;27;
10797	畓夵	dox-cenz	to⁴ɕe:n²	招财	1	0.00052%	1	05;
3972	徃	ngwengh	ŋɯəŋ⁶	招待	4	0.00207%	1	17;
905	通	dongx	to:ŋ⁴	招呼	29	0.01503%	11	02;04;05;06;07;08;19;21;22;27;18;
3138	全姑	cuenz-guh	ɕuən²ku⁶	招魂	5	0.00259%	3	05;28;18;

词号	壮字	新壮文	音标	词义	频次	词频	分布度	抄本号
3432	要	aeu	au¹	招取	5	0.00259%	2	12;27;
2126	韶	ciu	ɕi:u¹	招引	10	0.00518%	2	03;11;
10799	蒙	mbaenx	ban⁴	招咒	1	0.00052%	1	28;
80	羅	la	la¹	找	378	0.19594%	28	01;02;03;04;05;06;07;08;09;10;11;12;13;14;15;16;17;19;20;21;22;23;24;25;26;27;28;
10802	牙	ya	ja¹	找到	1	0.00052%	1	17;
3973	邏	la	la¹	找得	4	0.00207%	2	08;12;
3974	拉	ya	ja¹	找来	4	0.00207%	2	21;26;
10803	押	ya	ja¹	找人	1	0.00052%	1	17;
1343	特	dwz	tɯ²	照	19	0.00985%	8	03;05;10;12;17;20;21;23;
10805	召夫	cauq-fuq	ɕa:u⁵fu⁵	照顾	1	0.00052%	1	21;
10806	懐	vaij	va:i³	照过	1	0.00052%	1	20;
3975	燒	ciuq	ɕi:u⁵	照看	4	0.00207%	2	03;12;
10808	同	doengz	toŋ²	照理	1	0.00052%	1	27;
944	焫	longh	lo:ŋ⁶	照亮	28	0.01451%	4	02;07;10;17;
3434	晋	gvanj	kva:n³	照料	5	0.00259%	3	01;18;21;
3435	急	gyoeb	tɕop⁸	罩	5	0.00259%	1	03;
6491	頡	daenz	tan²	罩护	2	0.00104%	1	12;
1609	含	hoemq	hom⁵	遮	15	0.00778%	8	03;04;08;09;12;17;20;23;
4836	當	dangj	ta:ŋ³	遮挡	3	0.00156%	2	04;17;
6492	孑	suenh	θ uən⁶	遮到	2	0.00104%	2	17;20;
2347	胡	fuz	fu²	遮盖	8	0.00415%	4	17;19;27;18;
10809	怀	vaij	va:i³	遮过	1	0.00052%	1	17;
678	謝	cie	ɕiə¹	遮护	42	0.02177%	4	07;09;17;26;
10810	滐	laemh	lam⁶	遮满	1	0.00052%	1	23;
10811	滕	daengz	taŋ²	遮羞	1	0.00052%	1	04;
2556	勒	laek	lak⁷	折	7	0.00363%	7	04;05;12;19;20;25;18;
3074	立	laeb	lap⁸	折叠	6	0.00311%	4	02;10;20;27;
2753	勒	laek	lak⁷	折断	7	0.00363%	5	05;08;22;25;26;
10812	难	nanh	na:n⁶	折磨	1	0.00052%	1	12;
10813	久立雷	gyaeuq-lih-laeh	tɕau⁵li⁶lai⁶	折磨连连	1	0.00052%	1	19;
10814	敖	euj	e:u³	折取	1	0.00052%	1	17;
10815	外	vaih	va:i⁶	折损	1	0.00052%	1	02;
10816	敖	euj	e:u³	折摘	1	0.00052%	1	20;
10828	得良	dwz-rengz	tɯ²re:ŋ²	着力	1	0.00052%	1	18;
10831	綉	seuq	ɬe:u⁵	针绣	1	0.00052%	1	13;
10832	邱	inq	in⁵	珍惜	1	0.00052%	1	29;
407	行	hengz	he:ŋ²	斟	76	0.03939%	13	03;04;05;06;07;10;12;17;19;20;22;28;18;
6630	坐	coq	ɕo⁵	斟给	2	0.00104%	1	18;
6499	提酒	dwk-laeuj	tɯk⁷lau³	斟酒	2	0.00104%	2	03;09;
10837	頂	dingh	tiŋ⁶	诊断	1	0.00052%	1	01;
6500	定	dingh	tiŋ⁶	镇	2	0.00104%	1	01;

词号	壮字	新壮文	音标	词义	频次	词频	分布度	抄本号
262	唪	ceng	ɕe:ŋ¹	争	121	0.06272%	12	01;02;04;05;07;10;11;12;13;22;23;28;
1389	唪	ceng	ɕe:ŋ¹	争吵	18	0.00933%	10	01;02;03;07;08;09;11;12;17;
10839	賊	caeg	ɕak⁸	争斗	1	0.00052%	1	12;
1106	争	sing	ɬiŋ¹	争夺	24	0.01244%	1	12;
4839	星	sing	θiŋ¹	争抢	3	0.00156%	1	17;
10841	奥	sing	θiŋ¹	争着	1	0.00052%	1	17;
6501	建	gienz	kiən²	争执	2	0.00104%	2	12;23;
6502	蒙	mumr	mum⁵⁵	睁眼	2	0.00104%	1	26;
1359	生	seng	ɬe:ŋ¹	蒸	18	0.00933%	9	07;10;11;12;13;17;23;26;18;
10842	楞	caengq	ɕaŋ⁵	蒸笼	1	0.00052%	1	23;
6504	至	ciq	ɕi⁵	整	2	0.00104%	2	02;03;
3508	隋	coih	ɕo:i⁶	整理	4	0.00207%	2	19;18;
3075	罪	coih	ɕo:i⁶	整治	6	0.00311%	5	01;04;05;12;28;
3982	請	cingj	ɕiŋ³	正遇	4	0.00207%	2	17;29;
6512	正	cingq	ɕiŋ⁵	证	2	0.00104%	2	07;10;
4841	証見	cingq-giengq	ɕiŋ⁵kiəŋ⁵	证见	3	0.00156%	1	12;
3437	正見	cing-gen	ɕiŋ¹ke:n¹	证明	5	0.00259%	3	05;07;12;
1777	托	doz	to²	挣	13	0.00674%	7	02;03;05;09;10;11;12;
2308	𠃣仱	doz-cenz	to²ɕe:n²	挣钱	9	0.00467%	1	05;
10854	叭	gyat	tɕa:t⁷	挣脱	1	0.00052%	1	14;
10855	𠃣仱	doz-cenz	to²ɕe:n²	挣银	1	0.00052%	1	05;
10856	睹印	doj-inh	to³in⁶	挣印	1	0.00052%	1	05;
10857	㒖	saenq	θan⁵	挣扎	1	0.00052%	1	17;
4842	若	yo	jo¹	支撑	3	0.00156%	2	03;17;
10859	斗	daeux	tau⁴	支持	1	0.00052%	1	03;
10861	使	cij	ɕi³	支使	1	0.00052%	1	22;
1390	晋	guenj	kuən³	只管	18	0.00933%	8	02;06;10;17;20;22;27;28;
10864	忻	haen	han¹	只见	1	0.00052%	1	12;
10865	旦	danh	ta:n⁶	只能	1	0.00052%	1	17;
4843	愣	lau	la:u¹	只怕	3	0.00156%	1	27;
4844	噃	naeuz	nau²	只说	3	0.00156%	2	01;17;
10866	罗	luengx	luəŋ⁴	只提	1	0.00052%	1	17;
252	魯	lox	lo⁴	知	124	0.06428%	19	01;02;03;04;05;06;10;12;13;16;17;19;20;22;23;27;28;29;
805	魯	lox	lo⁴	知道	34	0.01762%	17	04;05;08;09;12;13;16;17;18;19;20;22;23;25;26;27;28;
10872	罗	rox	ro⁴	知觉	1	0.00052%	1	20;
10874	嚕	roux	rou⁴	知事	1	0.00052%	1	27;
1778	魯	lox	lo⁴	知晓	13	0.00674%	8	01;02;03;04;05;17;19;27;
411	寒	hanz	ha:n²	织	75	0.03888%	15	04;05;07;08;09;10;12;17;19;20;21;24;25;28;18;
2756	熄	lok	lo:k⁷	织布	7	0.00363%	4	05;06;17;20;
3076	屋	og	o:k⁸	织出	6	0.00311%	2	24;25;
3077	玲	lingx	liŋ⁴	执	6	0.00311%	2	06;24;

词号	壮字	新壮文	音标	词义	频次	词频	分布度	抄本号
10878	提	dwz	tɯ^{2}	执行	1	0.00052%	1	17;
3985	吟	daemh	kam^{6}	执意	4	0.00207%	2	22;25;
10881	從	soengz	ɬoŋ^{2}	直立	1	0.00052%	1	07;
10885	所	soh	θo^{6}	直往	1	0.00052%	1	17;
10888	訴	soh	θo^{6}	直走	1	0.00052%	1	17;
6522	値	ciz	ɕi^{2}	值	2	0.00104%	2	19;21;
2311	乞	gaet	kat^{7}	止	9	0.00467%	6	02;07;08;10;17;22;
1779	点	demj	te:m^{3}	指	13	0.00674%	4	04;17;20;24;
6526	手	caeuz	ɕau^{2}	指点	2	0.00104%	1	17;
1876	踏	dah	ta:p^{6}	指定	12	0.00622%	3	03;17;26;
4847	算	son	θo:n^{1}	指教	3	0.00156%	3	17;20;22;
10896	甘	gaemh	kam^{6}	指派	1	0.00052%	1	25;
1995	臣	caenh	ɕan^{6}	指使	11	0.00570%	4	17;19;23;25;
3078	臣	caenh	ɕan^{6}	指望	6	0.00311%	2	17;22;
4848	潤	nyinh	ɳin^{6}	指引	3	0.00156%	1	20;
6527	称	cij	ɕi^{3}	指责	2	0.00104%	1	02;
3987	肛	daengz	taŋ^{2}	至	4	0.00207%	4	05;12;27;29;
207	至	ciq	ɕi^{5}	制	147	0.07620%	21	01;02;04;06;07;09;10;11;12;14;15;17;19;20;21;23;24;25;
10899	至	ciq	ɕi^{5}	制出	1	0.00052%	1	25;
2757	至	ciq	ɕi^{5}	制定	7	0.00363%	5	01;12;14;16;17;
1631	至	ciq	ɕi^{5}	制造	14	0.00726%	7	05;09;12;19;22;26;18;
775	土	doq	to^{5}	制作	35	0.01814%	13	01;07;09;12;13;16;17;19;20;21;22;27;18;
10900	多已甲	doq-gyih-gyaet	to^{5}tɕi^{6}tɕat^{7}	制作响叽叽	1	0.00052%	1	09;
10901	多已痞	doq-gyih-gyaet	to^{5}tɕi^{6}tɕe:t^{7}	制作响喳喳	1	0.00052%	1	09;
2758	度	doq	to^{5}	制做	7	0.00363%	3	07;20;21;
10902	当	dang	ta:ŋ^{1}	质押	1	0.00052%	1	17;
3988	礼	ndaex	dai^{4}	治	4	0.00207%	4	01;10;12;17;
10903	爺病	yie-bingh	jiə^{1}piŋ^{6}	治病	1	0.00052%	1	23;
6528	寑	cinh	ɕin^{6}	治好	2	0.00104%	1	09;
2312	罪	coih	ɕo:i^{6}	治理	9	0.00467%	7	01;06;07;09;12;17;26;
10904	丧	sang	sa:ŋ^{1}	治丧	1	0.00052%	1	27;
10905	爺票	yie-biu	jiə^{1}pi:u^{1}	治痧	1	0.00052%	1	23;
10906	些	swiq	θɯəi^{5}	治愈	1	0.00052%	1	17;
6529	的	dwk	tɯk^{7}	致使	2	0.00104%	1	27;
3438	勿	fwd	fɯt^{8}	掷	5	0.00259%	5	05;07;10;12;23;
10907	垯	dad	ta:t^{8}	掷去	1	0.00052%	1	10;
1877	得	dwk	tɯk^{7}	置	12	0.00622%	5	01;03;04;05;09;
3439	特	dwk	tɯk^{7}	置于	5	0.00259%	4	01;19;26;27;
2759	提	dwz	tɯ^{2}	中	7	0.00363%	4	10;13;20;22;
3440	淂意	dwg-iq	tɯk^{8}i^{5}	中意	5	0.00259%	3	09;23;28;
10916	劳	laux	la:u^{4}	终	1	0.00052%	1	21;

词号	壮字	新壮文	音标	词义	频次	词频	分布度	抄本号
10919	出	cod	ɕo:t8	终止	1	0.00052%	1	12;
10920	福	foeg	fok8	肿	1	0.00052%	1	11;
170	引	yaen	jan1	种	181	0.09382%	19	01;02;03;05;06;07;09;10;11;12;15;16;17;19;20;21;22;23;
10922	田本	gueg-baenz	kuək8pan2	种成	1	0.00052%	1	20;
10923	田	gueg	kuək8	种的	1	0.00052%	1	17;
3989	郭利	gueg-lih	kuək8li6	种地	4	0.00207%	3	01;02;12;
10924	冷	ndaem	dam1	种了	1	0.00052%	1	21;
2523	郭那	gueg-naz	kuək8na2	种田	8	0.00415%	5	01;02;04;05;12;
10925	初	coq	ɕo5	种下	1	0.00052%	1	11;
3990	八	bats	pat31	重叠	4	0.00207%	1	26;
3991	到	dauq	ta:u5	重回	4	0.00207%	2	08;28;
4851	生	seng	ɬe:ŋ1	重生	3	0.00156%	2	02;28;
10932	温	un	un1	重提	1	0.00052%	1	20;
3443	冥	mweng	mɯəŋ1	咒	5	0.00259%	4	05;08;12;26;
3993	模	mboek	bok7	咒祷	4	0.00207%	1	27;
10941	吞儀仰	daen-yiz-yangh	tan1ji2ja:ŋ6	咒喋喋	1	0.00052%	1	28;
4853	那	ndah	da6	咒骂	3	0.00156%	2	03;28;
10942	燈	daen	tan1	咒骂喋喋	1	0.00052%	1	19;
10943	広	mo	mo1	咒喃	1	0.00052%	1	27;
4854	報	bauq	pa:u5	咒念	3	0.00156%	3	12;15;27;
4855	吜	cux	ɕu4	咒引	3	0.00156%	3	08;27;29;
4856	惱	nauh	na:u6	咒招	3	0.00156%	2	05;14;
2763	箹	yo	jo1	主持	7	0.00363%	1	04;
2349	守晉	suj-guegj	ɬu3kuən3	主管	8	0.00415%	3	10;26;18;
1781	廷	dingh	tiŋ6	主张	13	0.00674%	2	19;23;
6550	甘	gaem	kam1	拄	2	0.00104%	2	05;13;
536	郭	gueg	kuək8	煮	57	0.02955%	17	01;02;03;05;06;07;09;10;11;12;13;17;20;21;22;23;24;
10968	宠呆	lung-ngaiz	luŋ1ŋa:i2	煮饭	1	0.00052%	1	03;
10969	利	ndi	di1	煮好	1	0.00052%	1	12;
438	登	daengq	taŋ5	嘱咐	70	0.03628%	15	05;07;08;10;11;12;13;16;17;21;23;25;26;28;18;
6551	撒	saqv	saŋ11	嘱托	2	0.00104%	1	26;
4865	舍	car	ɕa55	助	3	0.00156%	1	26;
10971	取	coh	ɕo6	助祭	1	0.00052%	1	05;
96	幼	yuh	ju6	住	315	0.16328%	26	01;02;03;04;05;06;07;08;09;10;11;12;13;17;19;20;21;22;23;24;25;26;27;28;29;18;
10973	住	yuq	ʔju5	住	1	0.00052%	1	17;
6553	係	yuq	ʔju5	住下	2	0.00104%	2	19;28;
10975	崇	soengz	ɬoŋ2	住宿	1	0.00052%	1	23;
3085	幻	yuh	ju6	住在	6	0.00311%	3	01;19;27;
10977	幻	ryouh	ʔjou6	驻	1	0.00052%	1	27;
4866	住	yuq	ʔju5	驻留	3	0.00156%	2	17;27;

词号	壮字	新壮文	音标	词义	频次	词频	分布度	抄本号
6556	奈	nai	na:i¹	祝	2	0.00104%	1	02;
4867	乃	nai	na:i¹	祝祷	3	0.00156%	3	20;26;27;
4004	賀	hoq	ho⁵	祝贺	4	0.00207%	3	08;09;21;
4868	雜良	hab-liengz	ha:p⁸liəŋ²	祝寿	3	0.00156%	2	05;10;
4869	柰	nai	na:i	祝诵	3	0.00156%	1	09;
1148	奶	nai	na:i	祝颂	23	0.01192%	4	05;09;12;27;
6557	得	dwk	tɯk⁷	蛀咬	2	0.00104%	1	19;
719	咀	cuq	ɕu⁵	铸	39	0.02022%	5	08;12;17;26;18;
10988	板	ban	paŋ⁴⁴	铸成	1	0.00052%	1	26;
2765	得	dwk	tɯk⁷	铸造	7	0.00363%	3	12;13;17;
1149	合	haep	hap⁷	筑	23	0.01192%	10	02;04;07;09;10;12;22;23;25;
10990	築	cuk	ɕuk⁷	筑起	1	0.00052%	1	12;
181	提	dwz	tɯ²	抓	172	0.08916%	24	01;02;03;04;05;06;07;08;09;10;11;12;13;17;19;20;21;22;23;24;25;26;28;18;
10991	夫	fuz	fu²	抓得	1	0.00052%	1	20;
10993	随	saex	θai⁴	抓挠	1	0.00052%	1	20;
10994	门	vaenj	van³	抓捏	1	0.00052%	1	17;
4870	羅提	lat-dwz	la:t⁷tɯ²	抓起	3	0.00156%	2	05;17;
6558	拎歐	gaem-aeuz	kam¹au²	抓取	2	0.00104%	1	27;
4871	甲比	gaeb-bae	kap⁸pai¹	抓去	3	0.00156%	3	05;12;23;
10995	提	dwz	tɯ²	抓送	1	0.00052%	1	29;
10996	吟	gaem	kam¹	抓住	1	0.00052%	1	22;
10997	華条	vaz-deuz	va²te:u²	抓走	1	0.00052%	1	05;
449	奔	baenq	pan⁵	转	69	0.03577%	20	02;03;05;07;08;09;10;12;17;19;20;21;22;23;24;25;26;27;
11000	轉	baenq	pan⁵	转过	1	0.00052%	1	27;
11001	盆甲竟	baenq-gyaz-gyingq	pan⁵tɕa²tɕiŋ⁵	转乎乎	1	0.00052%	1	19;
3447	到	dauq	ta:u⁵	转回	5	0.00259%	4	12;17;19;21;
11002	迴	voiz	vo:i²	转架	1	0.00052%	1	27;
11003	黑到	hengq-dauq	he:ŋ⁵ta:u⁵	转来	1	0.00052%	1	20;
11004	轉䨦	cienq-naj	ɕiən⁵na³	转脸	1	0.00052%	1	23;
11005	或批	vak-bae	va:k⁷pai¹	转去	1	0.00052%	1	23;
4872	全宜	cuenq-nywx	ɕuən⁵ɲɯ⁴	转绕	3	0.00156%	2	19;20;
11006	轉	cienq	ɕiən⁵	转上	1	0.00052%	1	09;
6559	専	cuenq	ɕuən⁵	转身	2	0.00104%	1	17;
11007	奔	baenq	pan⁵	转水	1	0.00052%	1	02;
11008	盆甲琴	baenq-gyaz-gyaed	pan⁵tɕa²tɕat⁸	转团团	1	0.00052%	1	19;
6560	合	hab	ha:p⁸	撰	2	0.00104%	2	03;17;

词号	壮字	新壮文	音标	词义	频次	词频	分布度	抄本号
247	丑	cux	ɕu^{4}	装	127	0.06583%	25	01;02;03;04;05;06;07;08;09;10;11;12;13;14;15;17;19;20;21;22;23;24;25;27;18;
4873	装	cang	ɕva:ŋ^{1}	装扮	3	0.00156%	2	17;23;
6562	本	baenz	pan^{2}	装成	2	0.00104%	1	17;
11015	滤	daek	tak^{7}	装给	1	0.00052%	1	23;
4874	剥后	baek-haeuj	pak^{7}hau^{3}	装进	3	0.00156%	3	05;17;20;
6563	臨	lim	lim^{1}	装满	2	0.00104%	2	09;10;
11016	中	cungq	ɕuŋ^{5}	装上	1	0.00052%	1	20;
11017	拉	nda	da^{1}	装设	1	0.00052%	1	17;
11018	隆	loengz	loŋ^{2}	装下	1	0.00052%	1	09;
1997	初	coq	ɕo^{5}	装在	11	0.00570%	6	09;12;13;16;17;19;
6564	尞	leuh	leu^{6}	装制	2	0.00104%	1	27;
4875	兎	doq	to^{5}	装置	3	0.00156%	2	14;27;
1360	鎮	caenh	ɕan^{6}	撞	18	0.00933%	10	02;03;04;05;09;12;17;20;23;
4006	丁	deng	te:ŋ^{1}	撞对	4	0.00207%	1	05;
11026	消	siu	ɬi:u^{1}	撞坏	1	0.00052%	1	02;
11027	塘	daemj	tam^{3}	撞着	1	0.00052%	1	22;
946	急	gyaep	tɕap^{7}	追	28	0.01451%	14	01;02;03;04;05;06;07;10;11;12;13;23;24;25;
6566	猍	laeh	lai^{6}	追打	2	0.00104%	2	22;23;
1695	黎	laeh	lai^{6}	追赶	14	0.00726%	6	07;10;11;17;22;23;
11028	國	goek	kok^{7}	追根	1	0.00052%	1	29;
4876	得	dwk	tɯk^{7}	追击	3	0.00156%	2	12;13;
11029	茶	caz	ɕa^{2}	追究	1	0.00052%	1	01;
2318	急	gyaep	tɕap^{7}	追猎	9	0.00467%	6	02;07;08;17;23;26;
11030	殺	gaj	ka^{3}	追杀	1	0.00052%	1	12;
11031	洗	si	θvi^{1}	追述	1	0.00052%	1	20;
6567	三	tcac	tɕha^{35}	追寻	2	0.00104%	1	26;
1526	黎	laeh	lai^{6}	追逐	16	0.00829%	11	01;02;03;07;09;10;12;17;23;26;27;
11034	准	cunz	ɕun^{2}	坠	1	0.00052%	1	20;
11035	毒	doek	tok^{7}	坠落	1	0.00052%	1	10;
3448	正	cingq	ɕiŋ^{5}	准	5	0.00259%	3	05;11;17;
544	執	caep	ɕap^{7}	准备	55	0.02851%	12	05;06;08;09;10;11;12;20;21;23;25;26;
520	提	dwz	tɯ^{2}	捉	59	0.03058%	17	01;02;03;04;05;06;07;12;16;17;19;20;21;22;24;25;18;
11036	提	dwz	tɯ^{2}	捉拿	1	0.00052%	1	17;
4007	弄	longh	lo:ŋ^{6}	捉弄	4	0.00207%	4	03;05;26;27;
1880	脱	dot	to:t^{7}	啄	12	0.00622%	8	03;05;11;12;17;22;23;27;
11040	達	daz	ta^{2}	啄吃	1	0.00052%	1	17;
11041	吒只者	dot-gyih-gyet	to:t^{7}tɕi^{6}tɕe:t^{7}	啄喳喳	1	0.00052%	1	11;
11042	界孩	gaz-haiz	ka^{2}ha:i^{2}	琢磨	1	0.00052%	1	21;
6570	事	saeh	ɬai^{6}	滋事	2	0.00104%	2	12;13;

词号	壮字	新壮文	音标	词义	频次	词频	分布度	抄本号
230	帝	daeq	tai⁵	走	136	0.07050%	24	01;03;04;05;07;09;10;11;12;13;16;17;19;20;21;22;23;24;25;26;27;28;29;18;
11074	罷	loeng	loŋ¹	走错	1	0.00052%	1	19;
11075	鲜	gyaij	tɕa:i³	走动	1	0.00052%	1	12;
1527	劳	lauh	la:u⁶	走访	16	0.00829%	1	21;
3088	外	vaij	va:i³	走过	6	0.00311%	4	19;20;21;23;
6580	后	haeuj	hau³	走进	2	0.00104%	1	17;
3450	閉	bae	pai¹	走开	5	0.00259%	3	12;17;19;
2027	鲜	gyaij	tɕa:i³	走路	10	0.00518%	6	05;19;22;23;27;18;
11076	櫂巴楼	byaij-baz-laeuz	pja:i³pa²lau²	走蹒跚	1	0.00052%	1	21;
11077	嬰	eng	e:ŋ¹	走亲	1	0.00052%	1	06;
4882	批	bae	pai¹	走去	3	0.00156%	2	23;24;
11078	班批	banh-bae	pa:n⁶pai¹	走失去	1	0.00052%	1	23;
4883	勿土天	fwx-doh-din	fɯ⁴to⁶tin¹	走速速	3	0.00156%	1	17;
11079	作	coh	ɕo⁶	走向	1	0.00052%	1	17;
11248	訴	co	ɕo¹	租	1	0.00052%	1	18;
1881	頂	dingj	tiŋ³	诅咒	12	0.00622%	7	02;03;04;06;11;12;26;
11086	罡	gang	ka:ŋ¹	阻	1	0.00052%	1	23;
4014	当	fang	fa:ŋ¹	阻挡	4	0.00207%	2	17;20;
4015	当	dang	ta:ŋ¹	阻拦	4	0.00207%	1	17;
11087	行	haengj	haŋ³	阻止	1	0.00052%	1	20;
6581	盆	baenz	pan²	组成	2	0.00104%	1	23;
4886	夢	mbongh	bo:ŋ⁶	钻	3	0.00156%	3	06;17;21;
11103	咟𠎠	bak-lai	pa:k⁷la:i¹	嘴多	1	0.00052%	1	05;
11106	咟合文	bak-haeb-faenz	pa:k⁷hap⁸fan²	嘴咬牙	1	0.00052%	1	10;
3090	肥	fiz	fi²	醉	6	0.00311%	2	05;22;
4018	得	dwz	tɯ²	遵	4	0.00207%	1	05;
2137	提	dwz	tɯ²	遵从	10	0.00518%	7	01;02;03;07;12;14;27;
11110	黑	hengz	he:ŋ²	遵行	1	0.00052%	1	21;
1150	提	dwz	tɯ²	遵循	23	0.01192%	14	01;02;03;04;05;07;09;10;12;14;16;21;24;25;
1232	提	dwz	tɯ²	遵照	21	0.01089%	11	02;03;04;05;08;12;14;17;21;25;27;
1633	郭	gueg	kuək⁸	作	14	0.00726%	7	01;09;12;13;19;21;18;
1612	同隊	doengz-doih	toŋ²to:i⁶	作伴	15	0.00778%	3	16;25;28;
11113	蕚	yak	ja:k⁷	作恶	1	0.00052%	1	12;
11114	広	mo	mo¹	作法	1	0.00052%	1	27;
11115	个	gah	ka⁶	作价	1	0.00052%	1	17;
2560	㗂	ak	a:k⁷	作乐	7	0.00363%	3	19;20;18;
11116	叫	gueg	kuək⁸	作为	1	0.00052%	1	22;
6586	洒	sax	sa⁴	作揖	2	0.00104%	2	07;12;
4019	正	cingq	ɕiŋ⁵	作证	4	0.00207%	3	02;09;12;

词号	壮字	新壮文	音标	词义	频次	词频	分布度	抄本号
154	能	naengh	naŋ^{6}	坐	204	0.10574%	23	01;02;03;04;05;06;07;08;09;10;11;12;13;17;19;20;21;22;23;25;26;28;18;
11117	⿱能坐	naengh	naŋ^{6}	坐起	1	0.00052%	1	27;
11250	能	naengh	naŋ^{6}	坐守	1	0.00052%	1	18;
4020	能	naengh	naŋ^{6}	坐下	4	0.00207%	3	23;26;28;
3091	能	naengh	naŋ^{6}	坐着	6	0.00311%	4	03;11;12;27;
11118	能	naengh	naŋ^{6}	坐镇	1	0.00052%	1	19;
6	口	gueg	kuək^{8}	做	2520	1.30623%	29	17;19;23;01;02;03;04;05;06;07;08;09;10;11;12;13;14;15;16;20;21;22;24;25;26;27;28;
4887	郭捀	gueg-bangh	kuək^{8}pa:ŋ^{6}	做伴	3	0.00156%	1	23;
11121	結	giet	kiət^{7}	做巢	1	0.00052%	1	09;
1395	贫	baenz	pan^{2}	做成	18	0.00933%	7	03;09;12;17;20;26;27;
11122	口哏	gueg-gwn	kuək^{8}kɯn^{1}	做吃	1	0.00052%	1	05;
4888	口	gueg	kuək^{8}	做到	3	0.00156%	1	17;
11123	得	dwk	tɯk^{7}	做法	1	0.00052%	1	12;
11124	國巾	gueg-gwn	kuək^{8}kɯn^{1}	做饭	1	0.00052%	1	07;
11125	郝	hak	ha:k^{7}	做官	1	0.00052%	1	05;
11126	郭	gueg	kuək^{8}	做几	1	0.00052%	1	12;
11127	國奇	gueg-giq	kuək^{8}ki^{5}	做寄	1	0.00052%	1	03;
11128	呵房	hogr-ruzn	hɔk^{55}zɯn^{44}	做家	1	0.00052%	1	26;
4022	国同	gueg-doengz	kuək^{8}toŋ^{2}	做老同	4	0.00207%	1	23;
11129	作煉作橋	gueg-lienh-gueg-giuz	kuək^{8}liən^{6}kuək^{8}ki:u^{2}	做链做桥	1	0.00052%	1	02;
1697	口	gueg	kuək^{8}	做麽	14	0.00726%	6	05;07;17;20;26;29;
11130	麽	mo	mo^{1}	做麽	1	0.00052%	1	04;
11131	郭士	gueg-swq	kuək^{8}ɬɯ^{5}	做媒	1	0.00052%	1	23;
2769	蒙	mungh	muŋ^{6}	做梦	7	0.00363%	2	05;09;
11132	國橋	gueg-giuz	kuək^{8}ki:u^{2}	做桥	1	0.00052%	1	03;
11133	郭叭	gueg-gyat	kuək^{8}tɕa:t^{7}	做禳解	1	0.00052%	1	04;
1698	口奛	gueg-hunz	kuək^{8}hun^{2}	做人	14	0.00726%	4	05;06;20;23;
6590	各伤	gueg-cweng	kuək^{8}ɕɯəŋ^{1}	做殇	2	0.00104%	1	03;
11134	國哏	gueg-gwn	kuək^{8}kɯn^{1}	做食	1	0.00052%	1	04;
11135	各官	gueg-gon	kuək^{8}ko:n^{1}	做通	1	0.00052%	1	21;
11136	斉	caez	ɕai^{2}	做完	1	0.00052%	2	29;17;
11137	口尋	gueg-caemz	kuək^{8}ɕam^{2}	做玩	1	0.00052%	1	05;
11138	郭脒	gueg-mae	kuək^{8}mai^{1}	做线	1	0.00052%	1	13;
11139	郭星	gueg-seng	kuək^{8}ɬe:ŋ^{1}	做星	1	0.00052%	1	12;
11140	乞冤乞家	haet-vienh-haet-gyax	hat^{7}vi:n^{6}hat^{7}kja^{4}	做冤做家	1	0.00052%	1	27;
11141	國己飡	gueg-ngih-nguz	kuək^{8}ŋi^{6}ŋu^{2}	做喳喳	1	0.00052%	1	09;
11142	國斋國供	gueg-cai-gueg-goengq	kuək^{8}ɕa:i^{1}kuək^{8}koŋ^{5}	做斋做供	1	0.00052%	1	10;
6591	郭主	gueg-cwj	kuək^{8}ɕɯ^{3}	做主	2	0.00104%	2	10;21;
11143	口水	gueg-coih	kuək^{8}ɕo:i^{6}	做罪	1	0.00052%	1	17;

三、形容词

词号	壮字	新壮文	音标	词义	频次	词频	分布度	抄本号
4079	里理	lih-lix	li^{6}li^{4}	哀哀	3	0.00156%	2	04;19;
888	登	daemq	tam^{5}	矮	29	0.01503%	13	02;06;07;17;19;20;22;26;05;12;16;23;18;
4080	吞哑心	daemq-a-saed	tam^{5}a^{1}θat^{8}	矮墩墩	3	0.00156%	3	17;20;23;
6633	博	bobr	pɔp^{55}	矮小	1	0.00052%	1	26;
6637	今	gyit	tɕit^{7}	碍	1	0.00052%	1	17;
2561	𥞥	nda	da^{1}	安	7	0.00363%	5	04;07;10;22;26;
2817	安定	an-dingh	a:n^{1}tiŋ^{6}	安定	6	0.00311%	4	05;22;23;26;
2350	好	hauj	ha:u^{3}	安好	8	0.00415%	4	07;12;17;20;
4084	敵	diqs	tiŋ^{31}	安静	3	0.00156%	1	26;
3145	安乐	an-lag	a:n^{1}la:k^{8}	安乐	5	0.00259%	3	02;07;10;
1914	安	an	a:n^{1}	安宁	11	0.00570%	8	02;05;06;07;09;16;21;26;
6639	温達六	unq-daz-loh	un^{5}ta^{2}lo^{6}	安宁融融	1	0.00052%	1	17;
6640	安平	an-bingz	a:n^{1}piŋ^{2}	安平	1	0.00052%	1	03;
3146	酉	yaeuz	jau^{2}	安全	5	0.00259%	1	17;
6641	望	vaaqv	va:ŋ^{11}	安然	1	0.00052%	1	26;
4087	稳	onx	o:n^{4}	安稳	3	0.00156%	2	05;11;
6642	温達禄	unq-daz-luz	un^{5}ta^{2}lu^{2}	安稳稳	1	0.00052%	1	17;
4088	能心	naek-saem	nak^{7}θam^{1}	安心	3	0.00156%	1	21;
4897	㕦	haemz	ham^{2}	暗	2	0.00104%	2	05;18;
4974	猺	yiu	ji:u^{1}	暗爱的	2	0.00104%	1	17;
6645	㕦巴涯	haemh-baz-yai	ham^{6}pa^{2}ja:i^{1}	暗沉沉	1	0.00052%	1	03;
6648	碍	ngaih	ŋa:i^{6}	肮脏	1	0.00052%	1	25;
2562	个昂	gax-ngad	ka^{4}ŋa:t^{8}	昂昂	7	0.00363%	3	03;17;20;
3511	共	gungx	kuŋ^{4}	凹的	4	0.00207%	2	21;23;
3149	个砨	gaz-ngad	ka^{2}ŋa:t^{8}	巴叉	5	0.00259%	3	04;18;20;
341	五	haj	ha^{3}	白	93	0.04821%	24	01;02;03;04;05;08;09;10;12;17;19;20;21;22;23;25;26;28;13;06;27;29;18;18;
4986	好差	hau-sa	ha:u^{1}θa^{1}	白惨惨	2	0.00104%	2	17;20;
6678	好介杀	hau-gah-cat	ha:u^{1}ka^{6}ɕa:t	白灿灿	1	0.00052%	1	17;
6681	劳	lauq	lva:u^{5}	白费	1	0.00052%	1	17;
6682	好口	hau-byanz	ha:u^{1}pja:n^{2}	白芬芬	1	0.00052%	1	21;
4991	要	yiuz	ji:u^{2}	白花的	2	0.00104%	1	17;
3151	好介朝	hau-gaih-cauz	ha:u^{1}ka:i^{6}ɕa:u^{2}	白花花	5	0.00259%	4	17;18;19;20;
2177	好	hau	ha:u^{1}	白净	9	0.00467%	8	02;03;05;06;16;20;26;17;
4096	好大白	hau-dak-boi	ha:u^{1}ta:k^{7}po:i^{1}	白净净	3	0.00156%	1	17;
6687	有駄劳	gyuq-daz-lauz	tɕu:^{5}ta^{2}la:u^{2}	白空空	1	0.00052%	1	05;
6689	有	byuq	pju^{5}	白来	1	0.00052%	1	17;
4992	考	gau	ka:u^{1}	白脸	2	0.00104%	1	19;
4993	好柊	hau-dum	ha:u^{1}dum^{1}	白茫茫	2	0.00104%	2	21;28;

词号	壮字	新壮文	音标	词义	频次	词频	分布度	抄本号
6692	冇	ndwi	dɯəi^{1}	白拿的	1	0.00052%	1	13;
1560	好	hau	ha:u^{1}	白嫩	15	0.00778%	7	07;09;10;11;15;17;26;
6693	好作	hau-coz	ha:u^{1}ɕo^{2}	白嫩嫩	1	0.00052%	1	20;
6695	好坐	hau-coj	ha:u^{1}ɕo^{3}	白凄凄	1	0.00052%	1	17;
6698	壖	ndwi	dɯəi^{1}	白死	1	0.00052%	1	08;
3518	敗	baih	pa:i^{6}	败	4	0.00207%	3	09;17;29;
6713	拜里乱	baiq-lih-luenz	pa:i^{5}li^{6}luən^{2}	拜连连	1	0.00052%	1	22;
4100	八廉	bah-lienh	pa^{6}liən^{6}	斑斑	3	0.00156%	3	04;10;17;
6718	来	laiz	la:i^{2}	斑驳	1	0.00052%	1	27;
6721	來花	laiz-va	la:i^{2}va^{1}	斑花	1	0.00052%	1	28;
6724	來㶿	laiz-longh	la:i^{2}lo:ŋ^{6}	斑亮	1	0.00052%	1	28;
1307	家	gyang	tɕa:ŋ^{1}	半	19	0.00985%	9	11;12;14;20;21;23;24;25;28;
4031	汒	mong	mo:ŋ^{1}	薄	3	0.00156%	3	05;26;18;
1188	任	imh	im^{6}	饱	21	0.01089%	10	15;05;09;12;16;17;19;22;23;
1396	或	fag	fa:k^{8}	饱满	17	0.00881%	10	03;04;05;07;09;12;17;19;23;
6744	宝	bauj	pa:u^{3}	宝	1	0.00052%	1	05;
3153	切	ceh	ɕe^{6}	保水	5	0.00259%	2	17;23;
5007	各	gaek	kak^{7}	悲切	2	0.00104%	1	27;
6764	林	laemh	lam^{6}	背阳	1	0.00052%	1	27;
6771	夲	buenj	puən^{3}	本	1	0.00052%	1	11;
6772	本份	baenj-faenh	pan^{3}fan^{6}	本分	1	0.00052%	1	21;
709	嘩	vax	va^{4}	笨	39	0.02022%	13	02;03;04;05;06;07;09;10;12;19;22;28;18;
6780	洛散	lak-sanq	la:k^{7}ɬa:n^{5}	崩散	1	0.00052%	1	22;
6789	座	soh	ɬo^{6}	笔直	1	0.00052%	1	12;
3159	嚣密	heu-mbit	he:u^{1}bit^{7}	碧绿	5	0.00259%	2	25;28;
1785	边	mben	be:n^{1}	扁	12	0.00622%	6	03;10;17;19;20;18;
5020	卡頏	gah-ngangh	ka^{6}ŋa:ŋ^{6}	扁扁	2	0.00104%	2	17;20;
4116	棑八芛	banj-bah-lanz	pa:n^{3}pa^{6}la:n^{2}	扁平平	3	0.00156%	3	17;18;19;
6807	度	doh	to^{6}	遍	1	0.00052%	1	03;
6810	表	beuj	pe:u^{3}	标致	1	0.00052%	1	05;
4032	良	liengz	liəŋ^{2}	冰凉	3	0.00156%	3	19;23;18;
6821	諧需拉	gyaij-siq-lah	tɕa:i^{3}θi^{5}la^{6}	病哀哀	1	0.00052%	1	18;
5029	疟里連	gyaej-lih-lienz	tɕai^{3}li^{6}liən^{2}	病连连	2	0.00104%	2	07;29;
4033	帰	gvez	kve^{2}	跛	3	0.00156%	3	06;23;18;
2323	歪	gvez	kve^{2}	跛脚	8	0.00415%	7	14;19;26;07;12;13;18;
5035	旦	daanc	ta:n^{35}	卜卦的	2	0.00104%	1	26;
6840	墳	fong	fo:ŋ^{1}	补过的	1	0.00052%	1	05;
6842	枒	nya	ɲa^{1}	不安	1	0.00052%	1	01;
3541	蕚	yak	ja:k^{7}	不好	4	0.00207%	2	23;27;
6845	董	doq	toŋ^{44}	不吉	1	0.00052%	1	26;
6846	不散	mbaeux-sanq	bau^{4}ɬa:n^{5}	不计其数	1	0.00052%	1	22;
6847	八	bah	pa^{6}	不忙	1	0.00052%	1	17;
3167	令	lingq	liŋ^{5}	不平	5	0.00259%	1	17;

词号	壮字	新壮文	音标	词义	频次	词频	分布度	抄本号
6850	言	yienz	jiən^{2}	不同	1	0.00052%	1	03;
5041	難	naan	na:n^{44}	不易	2	0.00104%	1	26;
3543	泯	maen	man^{1}	不育的	4	0.00207%	4	07;10;14;17;
6903	令	lingz	liŋ^{2}	残缺	1	0.00052%	1	17;
4131	達哉	daz-lai	ta^{2}ɬa:i^{1}	惨惨	3	0.00156%	2	06;25;
3551	七叭	si-sat	ɬi^{1}ɬa:t^{7}	灿灿	4	0.00207%	3	13;18;19;
6915	芽	ya	ja^{1}	草多	1	0.00052%	1	12;
5067	慕	moh	mo^{6}	草盛	2	0.00104%	1	11;
5070	歌罡	gaz-ngangh	ka^{2}ŋa:ŋ^{6}	叉叉	2	0.00104%	2	11;14;
6939	蕚	yak	ja:k^{7}	差	1	0.00052%	1	12;
4141	竜	loq	lɔŋ^{44}	沉	3	0.00156%	2	26;17;
4142	个昂	gah-ngangx	ka^{6}ŋa:ŋ^{4}	沉沉	3	0.00156%	2	03;04;
6962	浸	caem	ɕam^{1}	沉静	1	0.00052%	1	04;
6964	錢	sienh	θiən^{6}	沉闷	1	0.00052%	1	21;
6965	默	maeg	mak^{8}	沉默	1	0.00052%	1	09;
5085	匿	naek	nak^{7}	沉重	2	0.00104%	2	24;21;
5086	老	laux	la:u^{4}	陈年	2	0.00104%	2	17;22;
6973	导气导意	dwg-hiq-dwg-ih	tɯk^{8}hi^{5}tɯk^{8} i^{6}	称心如意	1	0.00052%	1	03;
6974	高	gau	kau^{1}	撑的	1	0.00052%	1	27;
2181	本	baenz	pan^{2}	成功	9	0.00467%	5	07;09;12;17;22;
6982	呈千成萬	cingz-cien-cingz-fanh	ɕiŋ^{2}ɕiən^{1}ɕiŋ^{2} fa:n^{6}	成千成万	1	0.00052%	1	05;
6983	之千之萬	ciz-cien-ciz-fanh	ɕi^{2}ɕiən^{1}ɕi^{2}fa:n^{6}	成千上万	1	0.00052%	1	03;
6987	旦	dan	ta:n^{1}	成熟	1	0.00052%	1	22;
5089	座	soh	ɬo^{6}	诚实	2	0.00104%	2	13;21;
6990	台心	daeg-saem	tak^{8}θam^{1}	诚心	1	0.00052%	1	19;
6998	木盆	muh-bun	mu^{6}pun^{1}	迟钝	1	0.00052%	1	17;
6999	木分	muh-mwn	mu^{6}mɯn^{1}	迟疑	1	0.00052%	1	17;
3559	微	fiz	fi^{2}	赤	4	0.00207%	1	08;
5097	作	gyog	tɕo:k^{8}	冲的	2	0.00104%	2	06;23;
1885	执	caeuz	ɕau^{2}	愁	11	0.00570%	5	17;21;23;25;18;
1083	後	haeu	hau^{1}	臭	24	0.01244%	8	12;13;17;20;22;25;26;05;
5108	魯	nduj	du^{3}	初	2	0.00104%	1	20;
7030	六	nduj	du^{3}	初始的	1	0.00052%	1	17;
4156	能	numh	num^{6}	雏	3	0.00156%	2	17;28;
7072	好	kaoc	kha:u^{35}	纯洁	1	0.00052%	1	26;
2183	啫	get	ke:t^{7}	醇	9	0.00467%	4	09;12;17;25;
1059	吼	bamz	pa:m^{2}	蠢	24	0.01244%	12	02;05;06;07;09;12;20;22;23;29;19;18;
7076	岩	qaic	ŋa:i^{35}	慈善	1	0.00052%	1	26;
2847	美	meh	me^{6}	雌	6	0.00311%	5	17;27;29;02;19;
3460	助	coh	ɕo^{6}	雌性	4	0.00207%	3	02;05;18;

词号	壮字	新壮文	音标	词义	频次	词频	分布度	抄本号
403	里烈	lih-lez	$li^{6}le^{2}$	匆匆	77	0.03991%	11	03;05;06;09;11;17;20;22;23;24;25;
2365	土弟	doh-diz	$to^{6}ti^{2}$	匆忙	8	0.00415%	2	17;20;
5127	雷	raeh	rai^{6}	聪	2	0.00104%	1	17;
3573	靈貴	lox-gviq	$lo^{4}kvi^{5}$	聪灵	4	0.00207%	1	01;
7085	克	giengx	$kiəŋ^{4}$	聪敏	1	0.00052%	1	21;
533	乐貴	lox-gviq	$lo^{4}kvi^{5}$	聪明	57	0.02955%	22	02;03;04;05;06;08;09;10;11;12;13;15;16;17;18;19;20;21;22;26;28;29;
7086	孟	mboeng	$boŋ^{1}$	从容	1	0.00052%	1	02;
7087	松	songz	$so:ŋ^{2}$	从生	1	0.00052%	1	27;
2850	兖	hung	$huŋ^{1}$	粗	6	0.00311%	5	08;12;17;20;21;
7088	茶	caz	$ɕa^{2}$	粗糙	1	0.00052%	1	03;
7089	个危	gaz-ngwz	$ka^{2}ŋɯ^{2}$	粗粗	1	0.00052%	1	11;
2851	標	beu	$pe:u^{1}$	错	6	0.00311%	4	01;04;06;22;
42	大	daih	$ta:i^{6}$	大	628	0.32552%	29	20;12;05;01;02;03;04;06;07;08;09;10;11;13;14;16;17;19;21;22;23;24;25;26;27;28;29;
4173	駄龍	daz-loengx	$ta^{2}loŋ^{4}$	大大的	3	0.00156%	3	05;20;06;
7120	六津	raeuz-lwd	$rau^{2}lɯt^{8}$	大方	1	0.00052%	1	17;
7123	大吉	da-gyiz	$ta^{1}tɕi^{2}$	大吉	1	0.00052%	1	20;
1487	馬	max	ma^{4}	大块	16	0.00829%	4	05;07;12;02;
7127	大部	daih-boz	$ta:i^{6}po^{2}$	大量	1	0.00052%	1	05;
7128	耆	geq	ke^{5}	大龄	1	0.00052%	1	09;
7155	蘇	soengz	$θoŋ^{2}$	呆傻的	1	0.00052%	1	17;
5150	卡	gah	ka^{6}	单	2	0.00104%	2	21;22;
11156	更	gaenz	kan^{2}	单身	1	0.00052%	1	18;
3182	单	dan	$ta:n^{1}$	淡	5	0.00259%	3	12;13;20;
11157	埭	daih	$ta:i^{6}$	当众	1	0.00052%	1	18;
4024	禄	rux	ru^{4}	倒	4	0.00207%	1	18;
7192	蕚	yag	$ja:k^{8}$	倒霉	1	0.00052%	1	24;
5165	高比高獁	gauh-bae-gunh-ma	$ka:u^{6}pai^{1}ka:n^{6}ma^{1}$	倒去颠来	2	0.00104%	1	22;
790	唐	daemq	tam^{5}	低	34	0.01762%	13	01;04;05;07;09;17;19;20;21;23;26;28;18;
7221	坩	kumc	$khum^{35}$	低凹	1	0.00052%	1	26;
7222	亠把廉	daemq-baz-liemx	$tam^{5}pa^{2}liəm^{4}$	低沉沉	1	0.00052%	1	01;
7224	唐時入	daemq-sih-saeb	$tam^{5}ɬi^{6}ɬap^{8}$	低悄悄	1	0.00052%	1	22;
7225	溏	daemq	tam^{5}	低声	1	0.00052%	1	23;
3184	吓	yag	$ja:k^{8}$	滴滴	5	0.00259%	2	17;26;
3188	百	bag	$pa:k^{8}$	癫	5	0.00259%	1	17;
7256	贊	can	$ɕa:n^{1}$	刁	1	0.00052%	1	02;
7257	借	ciq	$ɕi^{5}$	刁蛮	1	0.00052%	1	17;
1643	地壇	dih-danz	$ti^{6}ta:n^{2}$	喋喋	14	0.00726%	7	01;02;03;04;05;17;23;

词号	壮字	新壮文	音标	词义	频次	词频	分布度	抄本号
5202	侵	caemx	ɕam⁴	冻	2	0.00104%	2	01;10;
4039	加	gyaek	tɕak⁷	陡	3	0.00156%	2	21;18;
1723	腊	lat	la:t⁷	毒	13	0.00674%	9	02;04;07;09;12;17;22;25;28;
7292	畐妑路	dog-baz-loh	to:k⁸pa²lo⁶	毒狠狠	1	0.00052%	1	05;
7293	含	haemz	ham²	毒辣	1	0.00052%	1	12;
695	独	dog	to:k⁸	独	40	0.02073%	16	02;04;05;17;23;01;03;06;07;09;10;12;19;22;28;18;
11161	獨	dog	to:k⁸	独个	1	0.00052%	1	18;
7295	个辱	gaz-yuh	ka²ju⁶	独居	1	0.00052%	1	22;
5209	有大劳	gyuq-daz-lauz	tɕu⁵ta²la:u²	独零零	2	0.00104%	1	05;
2871	冇	ndwi	duəi¹	独身	6	0.00311%	4	07;10;13;23;
7310	座	soh	ɬo⁶	端正	1	0.00052%	1	12;
2380	動	dinj	tin³	短	8	0.00415%	8	08;17;19;23;25;26;28;12;
7313	吞	daemq	tam⁵	短小	1	0.00052%	1	17;
2780	坤	goenq	kon⁵	断	6	0.00311%	3	17;22;18;
612	得	dwg	tɯk⁸	对	47	0.02436%	13	01;04;07;10;11;16;17;20;21;22;25;28;18;
6599	豚	dwnz	tɯn²	沌	2	0.00104%	1	18;
7334	羅	loz	lo²	钝的	1	0.00052%	1	22;
95	猍	lai	la:i¹	多	326	0.16898%	26	05;01;02;03;06;07;08;09;10;11;12;13;16;17;19;20;21;22;23;24;25;26;27;28;29;18;
7337	耒	lai	la:i¹	多才	1	0.00052%	1	17;
7338	耒	lai	la:i¹	多次	1	0.00052%	1	17;
3607	耒大	lai-daih	la:i¹ta:i⁶	多多	4	0.00207%	2	17;26;
5221	頼	lai	la:i¹	多个	2	0.00104%	1	15;
7340	耒	lai	la:i¹	多余	1	0.00052%	1	17;
5225	厄	ngwz	ŋɯ²	厄	2	0.00104%	1	20;
768	夏	yax	ja⁴	恶	36	0.01866%	14	01;02;04;05;07;08;09;10;12;13;20;22;23;28;
1032	萼	yak	ja:k⁷	恶毒	25	0.01296%	6	09;12;13;17;23;28;
1725	約	lek	iək⁷	饿	13	0.00674%	10	07;10;11;13;16;17;23;25;26;
7350	耳怒	lwez-nuk	lɯə²nuk⁷	耳聋	1	0.00052%	1	24;
4220	達	dat	ta:t⁷	发达	3	0.00156%	3	07;10;20;
3608	芽	nya	ɳa¹	烦	4	0.00207%	3	02;04;07;
4223	芽	nya	ɳa¹	烦乱	3	0.00156%	2	02;17;
3609	芽	nya	ɳa¹	繁	4	0.00207%	2	04;17;
7380	门	mwn	mɯn¹	繁多	1	0.00052%	1	19;
7381	義容	nyiq-nyunq	ɳi⁵ɳuŋ⁵	繁乱	1	0.00052%	1	17;
7382	左邪	caz-nyangh	ɕa²ɳa:ŋ⁶	繁密	1	0.00052%	1	01;
3610	反	fanj	fa:n³	反常	4	0.00207%	2	01;02;
7415	蚁容	nyiq-nyungz	ɳi⁵ɳuŋ²	飞快	1	0.00052%	1	20;
3617	老	laux	la:u⁴	肥	4	0.00207%	3	10;16;17;
7423	慢	maen	man¹	肥大	1	0.00052%	1	10;
7424	阿	oq	o⁵	肥胖	1	0.00052%	1	09;

词号	壮字	新壮文	音标	词义	频次	词频	分布度	抄本号
3618	貧	baenz	pan^{2}	肥沃	4	0.00207%	2	25;17;
7426	悶	mwnz	mɯn^{2}	肥圆	1	0.00052%	1	12;
7430	塊	gvez	kve^{2}	废	1	0.00052%	1	23;
7431	撫	fwz	fɯ^{2}	废弃	1	0.00052%	1	22;
7445	慢三	banh-sanq	pa:n^{6}θa:n^{5}	芬芳	1	0.00052%	1	21;
5270	吓腊	cah-raz	ɕa^{6}ra^{2}	纷飞	2	0.00104%	1	17;
1034	義容	nyiq-nyungq	ȵi^{5}ȵuŋ^{5}	纷纷	25	0.01296%	10	17;01;04;05;06;12;18;19;20;
7446	義肉	nyiq-nyuq	ȵi^{5}ȵu^{5}	纷乱	1	0.00052%	1	20;
7449	皓	hau	ha:u^{1}	粉白	1	0.00052%	1	09;
1086	媚	maeq	mai^{5}	粉红	24	0.01244%	11	03;07;09;10;12;13;15;23;25;26;27;
7452	吽魚	nyaemh-nywh	ȵam^{6}ȵɯ^{6}	愤然	1	0.00052%	1	02;
7453	布	bou	pou^{1}	丰满	1	0.00052%	1	17;
7454	風荣	fungh-yungz	fuŋ^{6}juŋ^{2}	丰荣	1	0.00052%	1	07;
7456	蜂貴	fungh-gviq	fuŋ^{6}kvi^{5}	丰裕	1	0.00052%	1	04;
1315	風流	fung-liuz	fuŋ^{1}li:u^{2}	风流	19	0.00985%	8	02;07;09;10;14;15;24;25;
7462	怕	bag	pa:k^{8}	疯癫	1	0.00052%	1	17;
7464	恨	hoemz	hom^{2}	锋	1	0.00052%	1	19;
5279	署	laek	lai^{7}	锋利	2	0.00104%	2	04;26;
11166	帮	bongz	po:ŋ^{2}	浮肿	1	0.00052%	1	18;
3210	睦	nduk	duk^{7}	腐	5	0.00259%	2	25;26;
5291	嚁淮	yej-uq	je^{3}u^{5}	腐烂	2	0.00104%	2	29;17;
5292	杭	nduk	duk^{7}	腐朽	2	0.00104%	2	12;05;
7500	父妹	boh-meh	po^{6}me^{6}	父母	1	0.00052%	1	02;
1933	眉	miz	mi^{2}	富	11	0.00570%	7	03;05;10;12;17;20;28;
414	富貴	fu-gvae	fu^{1}kvai^{1}	富贵	74	0.03836%	24	01;02;03;04;05;06;07;09;10;11;14;16;17;18;19;20;22;23;24;25;27;28;29;18;
1727	眉	miz	mi^{2}	富有	13	0.00674%	7	03;07;12;17;20;21;27;
5295	富貴	fungh-gviq	fuŋ^{6}kvi^{5}	富裕	2	0.00104%	1	05;
7504	眉	miz	mi^{2}	富足	1	0.00052%	1	17;
529	乐	loz	lo^{2}	干	57	0.02955%	17	02;03;04;05;07;08;10;11;16;17;19;20;21;23;25;26;18;
7517	浮	fob	fo:p^{8}	干瘪	1	0.00052%	1	08;
1193	零	lengx	le:ŋ^{4}	干旱	21	0.01089%	12	01;04;05;08;12;19;21;22;23;26;17;18;
2889	閅里憐	lengx-lih-linz	le:ŋ^{4}li^{6}lin^{2}	干旱连连	6	0.00311%	3	09;17;18;
2397	卜	mboek	bok^{7}	干涸	8	0.00415%	7	07;09;12;17;23;28;04;
1934	绣	seuq	ɬe:u^{5}	干净	11	0.00570%	7	05;11;12;17;20;21;27;
5305	干	gan	ka:n^{1}	干渴	2	0.00104%	1	05;
2005	羅	loz	lo^{2}	干枯	10	0.00518%	6	05;12;17;21;27;18;
3214	添	dek	te:k^{7}	干裂	5	0.00259%	3	17;20;23;
5306	勺	gaeuq	kau^{5}	干透	2	0.00104%	1	01;
5307	胡	hwq	hɯ^{5}	干燥	2	0.00104%	1	05;

词号	壮字	新壮文	音标	词义	频次	词频	分布度	抄本号
177	桑	sang	ła:ŋ^{1}	高	174	0.09019%	22	01;02;03;04;05;06;07;09;10;11;12;15;17;19;20;21;22;23;25;26;28;18;
4247	兇	hung	huŋ^{1}	高大	3	0.00156%	2	08;09;
5312	色站	gyaeg-gyanz	tɕak^{8}tɕa:n^{2}	高高	2	0.00104%	2	08;20;
7529	桑	sang	θa:ŋ^{1}	高个	1	0.00052%	1	20;
7535	宗立欄	suqc-lis-laan	su ŋ	高耸耸	1	0.00052%	1	26;
1935	仰	angq	a:ŋ^{5}	高兴	11	0.00570%	8	02;05;12;17;18;19;20;28;
7536	昂	angh	a:ŋ^{6}	高仰	1	0.00052%	1	17;
887	令	lengh	le:ŋ^{6}	各	30	0.01555%	1	18;
399	特	daeg	tak^{8}	公	78	0.04043%	21	01;03;07;09;10;11;12;13;19;20;24;27;28;29;04;08;17;26;
7562	公平	goeng-bingz	koŋ^{1}piŋ^{2}	公平	1	0.00052%	1	02;
2200	江	gyang	tɕa:ŋ^{1}	公正	9	0.00467%	2	17;20;
5336	吓哑	yaz-cax	ja^{2}ɕa^{4}	拱拱	2	0.00104%	1	17;
1014	度	doh	to^{6}	够	25	0.01296%	10	25;26;01;02;04;06;17;22;27;
7586	屈	cod	ɕo:t^{8}	够绝	1	0.00052%	1	24;
1568	炃	gyax	tɕa^{4}	孤	15	0.00778%	6	02;07;09;10;17;23;
4264	泣壚	laeb-loiz	lap^{8}lo:i^{2}	孤单	3	0.00156%	3	09;01;12;
5339	门大魯	ndwi-daz-luh	dɯəi^{1}ta^{2}lu^{6}	孤单单	2	0.00104%	1	05;
7587	个谷	gaz-goek	ka^{2}kok^{7}	孤独	1	0.00052%	1	22;
7589	加	gyax	tɕa^{4}	孤寡	1	0.00052%	1	17;
7591	柳	ndux	du^{4}	古	1	0.00052%	1	14;
2608	崩	bongz	po:ŋ^{2}	鼓	7	0.00363%	2	17;19;
5351	吟	gaemh	kam^{6}	固执	2	0.00104%	2	12;23;
3648	買	maiq	ma:i^{5}	寡	4	0.00207%	3	04;11;23;
1156	乖	gvai	kva:i^{1}	乖	22	0.01140%	8	03;09;17;19;20;21;24;18;
1731	乖	gvai	kva:i^{1}	乖巧	13	0.00674%	5	05;08;09;17;29;
7626	恠	gvaiq	kva:i^{5}	怪异	1	0.00052%	1	01;
11171	财	gyaez	tɕai^{2}	关爱	1	0.00052%	1	18;
2896	買	maiq	ma:i^{5}	鳏	6	0.00311%	1	23;
5366	乱	luemj	luəm^{3}	光	2	0.00104%	1	23;
2897	竜	luengz	luəŋ^{2}	光滑	6	0.00311%	4	02;10;15;27;
11172	連	lienz	liən^{2}	光亮	1	0.00052%	1	18;
5369	見	gvengq	kve:ŋ^{5}	光秃	2	0.00104%	1	17;
7655	骨	ndoq	do^{5}	光秃秃	1	0.00052%	1	09;
2148	廣	gvangq	kva:ŋ^{5}	广	9	0.00467%	7	02;03;05;17;21;22;18;
3651	哄	hung	huŋ^{1}	广大	4	0.00207%	1	17;
3652	他瀨	daz-laih	ta^{2}la:i^{6}	广广	4	0.00207%	2	03;18;
4276	他劳	daz-lauz	ta^{2}la:u^{2}	广阔	3	0.00156%	2	07;19;
3101	貴	gviq	kvi^{5}	贵	5	0.00259%	4	12;13;17;18;
7674	归	gvih	kvi^{6}	贵重	1	0.00052%	1	20;
4283	卦	gvaq	kva^{5}	过多	3	0.00156%	1	17;
5388	娃	vax	va^{33}	憨	2	0.00104%	1	26;
7704	論	ndum	dum^{1}	寒	1	0.00052%	1	21;

词号	壮字	新壮文	音标	词义	频次	词频	分布度	抄本号
4912	经	gyengx	tɕe:ŋ^{4}	寒冷	2	0.00104%	2	19;18;
3467	零	lengx	le:ŋ^{4}	旱	4	0.00207%	3	05;23;18;
4289	闩里律	lengx-lih-lid	le:ŋ^{4}li^{6}lit^{8}	旱连连	3	0.00156%	2	07;18;
7713	累	ndaej	dai^{3}	行	1	0.00052%	1	17;
47	利	ndi	di^{1}	好	596	0.30893%	27	11;01;02;03;04;05;06;07;08;09;10;12;13;16;17;19;20;21;22;23;24;25;26;27;28;29;18;
7720	礼哏	ndi-gwn	di^{1}kɯn^{1}	好吃	1	0.00052%	1	20;
818	利	ndi	di^{1}	好的	33	0.01711%	8	02;01;05;09;12;13;17;26;
1655	甲吞	cah-daengz	ɕa^{6}taŋ^{2}	好端端	14	0.00726%	4	17;05;09;20;
7722	躰	lai	la:i^{1}	好多	1	0.00052%	1	27;
7723	每	maeq	mai^{5}	好看的	1	0.00052%	1	17;
7724	火	hoj	ho^{3}	好苦	1	0.00052%	1	17;
7725	利立本	ndi-lih-linh	di^{1}li^{6}lin^{6}	好沙沙	1	0.00052%	1	07;
3666	得唊	dwg-liu	tɯk^{8}li:u^{1}	好笑	4	0.00207%	3	07;09;22;
7727	礼	ndi	di^{1}	好样	1	0.00052%	1	17;
4292	刟	ndi	di^{1}	好转	3	0.00156%	1	14;
5396	为連	vi-lienz	vi^{1}liən^{2}	浩瀚	2	0.00104%	1	17;
3452	羣	gyuenj	tɕuən^{3}	合	5	0.00259%	1	18;
7740	轟哑若	uq-ah-yoz	up^{5}a^{6}jo^{2}	合紧密密	1	0.00052%	1	17;
5401	合	hob	ho:p^{8}	合适	2	0.00104%	2	21;22;
3668	定掃	deng-sauh	te:ŋ^{1}ɬa:u^{6}	合意	4	0.00207%	3	12;17;28;
7747	温	unq	un^{5}	和气	1	0.00052%	1	17;
277	坟	fonx	fo:n^{4}	黑	114	0.05909%	22	01;02;03;04;05;07;08;10;12;13;17;20;21;22;23;24;25;28;29;06;26;18;
504	立	laep	lap^{7}	黑暗	60	0.03110%	20	02;03;04;05;06;07;08;09;13;14;15;16;17;19;22;23;25;26;
7759	泣左林	laep-caz-linh	lap^{7}ɕa^{2}lin^{6}	黑洞洞	1	0.00052%	1	22;
7762	勒甲货	laep-cah-hoh	lap^{7}ɕa^{6}ho^{6}	黑乎乎	1	0.00052%	1	17;
7763	黑敵	ndamc-diqs	dam^{35}tiŋ^{31}	黑静	1	0.00052%	1	26;
5408	昿漠	laep-mok	lap^{7}mo:k^{7}	黑蒙蒙	2	0.00104%	1	25;
3670	泣顏	laep-nyaenz	lap^{7}ȵan^{2}	黑漆漆	4	0.00207%	3	22;23;24;
7769	兇	hung	huŋ^{1}	很大	1	0.00052%	1	01;
3236	漏	laeuh	lau^{6}	很多	5	0.00259%	4	10;17;19;29;
7770	好	hauj	ha:u^{3}	很好	1	0.00052%	1	02;
7771	漫	maanc	ma:n^{35}	很旺	1	0.00052%	1	26;
3237	芽	yax	ja^{4}	狠	5	0.00259%	3	04;05;08;
1129	甲	yag	ja:k^{8}	狠毒	23	0.01192%	7	02;08;12;13;22;23;28;
894	望	vang	va:ŋ^{1}	横	29	0.01503%	8	01;03;06;09;12;17;26;18;
11175	萬	vang	va:ŋ^{1}	横挂	1	0.00052%	1	18;
7777	徃	vang	va:ŋ^{1}	横过	1	0.00052%	1	17;
7782	大乃	daz-ndai	ta^{2}da:i^{1}	横条条	1	0.00052%	1	02;
5416	巺	mbomc	bɔm^{35}	轰隆	2	0.00104%	1	26;

词号	壮字	新壮文	音标	词义	频次	词频	分布度	抄本号
249	闵	nding	diŋ¹	红	126	0.06531%	28	05;02;01;03;04;06;07;08;09;10;11;12;13;15;17;19;20;21;22;23;24;25;26;27;28;29;14;
7792	闵里憐	nding-lih-linh	diŋ¹li⁶lin⁶	红灿灿	1	0.00052%	1	02;
7796	个我	gaz-ngoz	ka²ŋo²	红红	1	0.00052%	1	09;
7798	紅	nding	diŋ¹	红火	1	0.00052%	1	25;
1733	美	maeq	mai⁵	红润	13	0.00674%	9	02;03;05;07;09;10;11;15;16;
5418	色令	saek-nding	θak⁷diŋ¹	红色	2	0.00104%	2	18;19;
4301	闵里律	nding-lih-lwd	diŋ¹li⁶lɯt⁸	红彤彤	3	0.00156%	2	02;08;
7809	雨	yuj	ju³	红艳	1	0.00052%	1	21;
7812	合干	hoz-gan	ho²ka:n¹	喉干	1	0.00052%	1	17;
7813	胡迎	hoz-yengz	ho²je:ŋ²	喉急	1	0.00052%	1	25;
7814	胡克	hoz-gaek	ho²kak⁷	喉紧	1	0.00052%	1	25;
7815	合户	hoz-hwq	ho²hɯ⁵	喉渴	1	0.00052%	1	17;
3468	法	na	na¹	厚	4	0.00207%	3	20;21;18;
7823	雭	na	na¹	厚重	1	0.00052%	1	27;
7831	甲貨	cah-hoh	ɕa⁶ho⁶	糊糊	1	0.00052%	1	17;
5425	朦	mungq	muŋ⁵	糊涂	2	0.00104%	2	17;26;
1318	画	va	va¹	花	19	0.00985%	13	02;04;17;20;22;23;25;26;12;01;09;24;05;
7840	花利陋	va-lih-laeuh	va¹li⁶lau⁶	花纷纷	1	0.00052%	1	08;
7851	汤	ndangh	da:ŋ⁶	花色的	1	0.00052%	1	03;
3244	啞	yag	ja:k⁸	滑	5	0.00259%	4	04;12;22;27;
5430	良	luengz	luəŋ²	滑润	2	0.00104%	1	07;
615	蕚	yag	ja:k⁸	坏	47	0.02436%	18	01;02;03;04;05;06;07;08;10;12;17;20;21;23;26;28;22;18;
7869	民	maen	man¹	欢快	1	0.00052%	1	05;
949	欢容	vuen-yung	vuən¹juŋ¹	欢乐	27	0.01400%	14	02;03;04;06;11;12;17;18;19;20;21;22;23;18;
5435	寬容	guenh-yungz	kuən⁶juŋ²	欢荣	2	0.00104%	2	01;12;
5436	鳳榮	fung-yungz	fuŋ¹juŋ¹	欢容	2	0.00104%	2	12;14;
5437	欵喜	gueg-hij	kuən¹hi³	欢喜	2	0.00104%	1	22;
5438	還	venj	ven³	环	2	0.00104%	1	27;
4318	用	yungq	juŋ⁵	缓和	3	0.00156%	1	17;
1490	蝼	laeuh	lau⁶	荒	16	0.00829%	4	04;17;21;28;
7879	伕大劳	fuz-daz-laux	fu²ta²la:u⁴	荒荡荡	1	0.00052%	1	02;
7880	不	fo	fo⁴⁴	荒凉	1	0.00052%	1	26;
7881	武大劳	fiez-daz-lauz	fiə²ta²la:u²	荒茫茫	1	0.00052%	1	10;
5441	伕大落	fuz-daz-lag	fu²ta²la:k⁸	荒凄凄	2	0.00104%	2	02;10;
1619	伕	fwez	fuə²	荒芜	14	0.00726%	8	05;17;20;22;23;26;07;18;
1891	汶	vaeng	ʔvaŋ¹	慌	11	0.00570%	3	17;21;18;
2055	行	henj	he:n³	黄	10	0.00518%	10	17;01;04;08;09;20;24;25;28;
3683	显	henj	he:n³	黄色	4	0.00207%	2	03;26;
5445	伏房列列	fuz-faengz-leh-leh	fu²faŋ²le⁶le⁶	惶惶不安	2	0.00104%	1	08;

词号	壮字	新壮文	音标	词义	频次	词频	分布度	抄本号
4042	爱	ngvaix	ŋva:i⁴	灰黑	3	0.00156%	2	19;18;
5449	岜	gya	tɕa¹	灰色	2	0.00104%	2	07;22;
5457	穢	swiq	ɬɯəi⁵	秽	2	0.00104%	1	07;
7916	危	ngviz	ŋvi²	昏	1	0.00052%	1	17;
4324	危	nguiz	ŋuəi²	昏迷	3	0.00156%	3	12;13;17;
6603	问	vwnh	vɯn⁶	混	2	0.00104%	1	18;
7918	利利隆隆	lih-lih-lungz-lungz	li⁶li⁶luŋ²luŋ²	混混沌沌	1	0.00052%	1	05;
1837	兖	nyungq	ɲuŋ⁵	混乱	12	0.00622%	7	02;07;09;10;21;22;23;
7920	絒	yungq	juŋ⁵	混杂	1	0.00052%	1	09;
2537	立	lix	li⁴	活	7	0.00363%	5	19;20;23;27;18;
2009	利	lix	li⁴	活的	10	0.00518%	5	19;22;23;26;18;
7928	領	nding	diŋ¹	火红	1	0.00052%	1	20;
7929	閔里臨	nding-lih-linh	diŋ¹li⁶lin⁶	火红炎炎	1	0.00052%	1	09;
5460	哈卡离	haemz-gaz-lih	ham²ka²li⁶	火辣辣	2	0.00104%	1	06;
4333	餓	yieg	jiək⁸	饥饿	3	0.00156%	3	02;26;28;
4338	啥	cej	ɕe³	激扬	3	0.00156%	1	28;
1423	利	ndi	di¹	吉	17	0.00881%	8	02;05;10;11;13;17;22;04;
951	利	ndi	di¹	吉利	27	0.01400%	13	03;04;08;10;12;14;17;23;24;26;29;20;18;
2411	利	ndi	di¹	吉祥	8	0.00415%	4	02;12;17;26;
7965	门	maeg	mak⁸	极多	1	0.00052%	1	17;
2784	更	gaek	kak⁷	急	6	0.00311%	5	02;03;19;28;18;
5472	虎哈	hus-has	hu³¹ha³¹	急忙	2	0.00104%	1	26;
5481	灵	lingz	liŋ²	祭灵的	2	0.00104%	1	17;
8000	沉	caem	ɕam¹	寂静	1	0.00052%	1	22;
8009	習	si	θi¹	假	1	0.00052%	1	17;
1402	尖	soem	ɬom¹	尖	17	0.00881%	12	02;03;04;10;12;17;20;22;26;19;23;18;
5491	尖	soem	ɬom¹	尖刻	2	0.00104%	2	04;22;
8017	晛	gyet	tɕe:t⁷	尖烈	1	0.00052%	1	17;
8019	同	daeuh	tau⁶	奸	1	0.00052%	1	17;
8020	絞	gveuj	kve:u³	奸狠	1	0.00052%	1	12;
8021	堅	genq	ke:n⁵	坚	1	0.00052%	1	12;
4347	健	gieng	kiəŋ¹	坚固	3	0.00156%	3	15;21;22;
8022	連	lienz	liən²	坚韧	1	0.00052%	1	12;
1794	堅	genq	ke:n⁵	坚硬	12	0.00622%	5	12;17;19;21;18;
5493	难	nanh	na:n⁶	艰难	2	0.00104%	2	19;21;
5495	能	ndaengx	daŋ⁴	碱	2	0.00104%	1	22;
2418	牙	ya	ja¹	贱	8	0.00415%	3	12;17;25;
4351	斤	gaenj	kan³	健康	3	0.00156%	1	05;
8035	很	haenq	han⁵	健壮	1	0.00052%	1	21;
5499	诺	yoj	jo³	僵硬	2	0.00104%	1	17;
5503	胡	huz	hu²	讲和	2	0.00104%	1	17;
4352	庚	gieng	kiəŋ¹	犟	3	0.00156%	3	07;12;17;

词号	壮字	新壮文	音标	词义	频次	词频	分布度	抄本号
8068	娄	laeu	lau^{1}	狡猾	1	0.00052%	1	20;
5512	絞	gveuj	kve:u^{3}	狡黠	2	0.00104%	2	12;13;
11181	良	lingq	liŋ^{5}	脚斜	1	0.00052%	1	18;
4361	赀汏色	seuq-dak-baeuz	θe:u^{5}ta:k^{7}pau^{2}	洁白白	3	0.00156%	1	17;
4362	笑	sueq	θe:u^{5}	洁净	3	0.00156%	2	17;21;
8110	谷	goek	kok^{7}	结发	1	0.00052%	1	23;
2623	出	cwt	ɕɯt^{7}	结实	7	0.00363%	4	05;12;13;20;
5531	近	gyim	tɕim^{1}	金贵	2	0.00104%	2	17;23;
2222	忻	haen	han^{1}	紧	9	0.00467%	8	02;05;12;13;17;19;25;26;
8134	忻涤怒	haen-caz-nwh	han^{1}ɕa^{2}nɯ^{6}	紧梆梆	1	0.00052%	1	05;
8135	衡	haen	han^{1}	紧绷	1	0.00052%	1	21;
3718	忻秋奴	haen-caeuz-nwh	han^{1}ɕau^{2}nɯ^{6}	紧绷绷	4	0.00207%	3	05;10;17;
5534	厄	net	ne:t^{7}	紧凑	2	0.00104%	1	20;
8136	心	saenx	θan^{4}	紧急	1	0.00052%	1	17;
8137	很	haen	han^{1}	紧急的	1	0.00052%	1	17;
8140	很	haen	han^{1}	紧要的	1	0.00052%	1	17;
4919	了	leux	leu^{4}	尽	2	0.00104%	2	27;18;
2787	近	gyaej	tɕai^{3}	近	6	0.00311%	4	05;17;21;18;
5537	近	gyawj	tɕaɯ^{3}	近的	2	0.00104%	1	17;
8154	臨	henz	he:n^{2}	近邻	1	0.00052%	1	17;
11182	己	gyih	tɕi^{6}	禁忌	1	0.00052%	1	18;
8164	志	tciv	tɕhi^{11}	惊慌	1	0.00052%	1	26;
3265	間	genh	ke:n^{6}	精	5	0.00259%	2	01;12;
2422	乖	gvai	kva:i^{1}	精明	8	0.00415%	2	22;23;
8169	沙	sah	θva^{6}	净	1	0.00052%	1	17;
5543	消	seuq	θe:u^{5}	净洁	2	0.00104%	1	17;
4377	潯	caemx	ɕam^{4}	静	3	0.00156%	2	02;04;
605	閙	nauq	na:u^{5}	久	48	0.02488%	13	02;05;08;12;17;19;20;21;23;24;25;28;18;
8183	难	nanz	na:n^{2}	久居	1	0.00052%	1	23;
5553	难	nanz	na:n^{2}	久远	2	0.00104%	2	12;26;
8184	藍	nanz	na:n^{2}	久长	1	0.00052%	1	21;
649	旧	gaeuq	kau^{5}	旧	44	0.02281%	16	23;02;03;05;06;07;08;09;10;11;12;17;19;22;25;28;
8203	测琴	gyaek-gyumh	tɕak^{7}tɕum^{6}	巨然	1	0.00052%	1	03;
8216	困	goenq	kon^{5}	决断	1	0.00052%	1	17;
1954	末	muet	muət^{7}	绝	11	0.00570%	6	03;04;07;20;23;24;
8224	丙	leeq	le:ŋ^{44}	均衡	1	0.00052%	1	26;
2788	引	yinz	jin^{2}	均匀	6	0.00311%	4	10;19;26;18;
8229	落	lag	la:k^{8}	骏	1	0.00052%	1	05;
8237	个欧	gax-ngaeu	ka^{4}ŋau^{1}	开开	1	0.00052%	1	03;
5579	禮结	ndij-gyaez	di^{3}tɕai^{2}	可爱	2	0.00104%	2	21;23;
4393	含	haemz	ham^{2}	可恨	3	0.00156%	2	12;28;

词号	壮字	新壮文	音标	词义	频次	词频	分布度	抄本号
8268	禮脚	ndij-gyoh	di³tɕo⁶	可怜	1	0.00052%	1	21;
5580	禮却	ndij-gyoh	di³tɕo⁶	可惜	2	0.00104%	1	21;
3274	干	gan	ka:n¹	渴	5	0.00259%	4	01;02;07;28;
1069	屑	ndwi	dɯəi¹	空	24	0.01244%	11	03;05;10;15;16;17;20;22;26;29;18;
3476	有	byuq	pju⁵	空白	4	0.00207%	3	17;21;18;
8277	劧	ndaiz	da:i²	空荡	1	0.00052%	1	27;
1739	空俻急	hoengq-baz-gyoep	hoŋ⁵pa²tɕop⁷	空荡荡	13	0.00674%	8	01;05;07;11;12;22;23;25;
1217	吕	ndwi	dɯəi¹	空的	21	0.01089%	7	05;06;09;17;20;22;26;
8278	甑	ru	zu⁴⁴	空洞	1	0.00052%	1	26;
5585	有茶鲁	ndwi-caz-luh	dɯəi¹ɕa²lu⁶	空乎乎	2	0.00104%	1	03;
3738	紅郎	loz-langh	lo²la:ŋ⁶	空空	4	0.00207%	2	18;19;
8280	猪茶來	gyuq-caz-laiz	tɕu⁵ɕa²la:i²	空浪浪	1	0.00052%	1	11;
1958	有大劳	ndwi-daz-lauz	dɯəi¹ta²la:u	空溜溜	11	0.00570%	7	05;11;12;13;15;22;25;
6607	哄	hoengq	hoŋ⁵	空缺	2	0.00104%	1	18;
4395	旺	vangq	va:ŋ⁵	空闲	3	0.00156%	3	20;27;28;
5588	冠	gon	ko:n¹	空心	2	0.00104%	2	08;17;
5590	有大刘	ndwi-daz-laeuh	dɯəi¹ta²lau⁶	空悠悠	2	0.00104%	1	05;
8290	河虚	hoz-hwq	ho²hɯ⁵	口渴	1	0.00052%	1	04;
3277	罗	loz	lo²	枯	5	0.00259%	3	03;12;17;
8292	草	sauj	ɬa:u³	枯干	1	0.00052%	1	03;
4398	落	roz	ro²	枯槁	3	0.00156%	1	17;
1403	娄	loz	lo²	枯萎	17	0.00881%	10	02;05;07;08;11;12;17;18;26;
571	畬	haemz	ham²	苦	52	0.02695%	15	05;01;02;04;06;09;11;12;17;19;20;21;23;26;28;
1841	畬个憐	haemz-gaz-linz	ham²ka²lin²	苦连连	12	0.00622%	5	05;12;13;23;24;
5598	苦	hoj	ho³	苦难	2	0.00104%	2	05;12;
8299	啥	haemz	ham²	苦恼	1	0.00052%	1	04;
4402	含个啦	haemz-gax-laep	ham²ka⁴lap⁷	苦凄凄	3	0.00156%	3	02;12;23;
8300	恨	haemz	ham²	苦涩	1	0.00052%	1	17;
8301	苦个苟	hoj-gaz-gaeux	ho³ka²kau⁴	苦悠悠	1	0.00052%	1	07;
8310	誇	kaaqx	kha:ŋ³³	块	1	0.00052%	1	26;
763	羅	lax	la⁴	快	36	0.01866%	13	04;06;07;10;12;14;17;19;20;21;26;28;18;
1177	快活	vaiq-vuet	va:i⁵vuət⁷	快活	22	0.01140%	11	02;07;08;09;10;11;12;15;22;25;29;
6609	福	fuk	fuk⁷	快快	2	0.00104%	1	18;
2632	快洛	vaiq-vuet	va:i⁵vuət⁷	快乐	7	0.00363%	4	10;14;24;25;
11188	流	riuz	riu²	快手	1	0.00052%	1	18;
5605	義岑	nyiq-nyinz	ȵi⁵ȵin²	快速	2	0.00104%	2	17;28;
8313	外	vaiq	va:i⁵	快些	1	0.00052%	1	17;
556	廣	gvangq	kva:ŋ⁵	宽	53	0.02747%	18	01;02;03;04;06;07;08;10;17;19;21;22;23;28;29;26;05;18;
2229	郎	langh	la:ŋ⁶	宽大	9	0.00467%	1	17;

词号	壮字	新壮文	音标	词义	频次	词频	分布度	抄本号
2925	光	gvangq	kva:ŋ^{5}	宽广	6	0.00311%	5	05;07;10;16;19;
8314	徔	dcuqc	tɕuŋ^{35}	宽怀	1	0.00052%	1	26;
1270	駄劳	daz-lauz	ta^{2}la:u^{2}	宽宽	20	0.01037%	8	01;02;03;04;05;17;18;20;
1843	光	gvangq	kva:ŋ^{5}	宽阔	12	0.00622%	4	12;17;26;27;
8315	勇護	yoeng-hoz	joŋ^{1}ho^{2}	宽容	1	0.00052%	1	16;
8316	廣	gaaqx	ka:ŋ^{33}	宽裕	1	0.00052%	1	26;
4405	狂	gvangz	kva:ŋ^{2}	狂	3	0.00156%	2	12;13;
5609	薩	saet	ɬat^{7}	狂癫	2	0.00104%	1	13;
8325	晍	naet	nat^{7}	困	1	0.00052%	1	25;
8326	乃	naiq	na:i^{5}	困顿	1	0.00052%	1	05;
8327	凌八涯	dog-baz-yaiz	to:k^{8}pa^{2}ja:i^{2}	困乎乎	1	0.00052%	1	04;
5611	久	nanh	na:n^{6}	困难	2	0.00104%	1	17;
8329	吝	naet	nat^{7}	困酸	1	0.00052%	1	03;
8330	利	lih	li^{6}	阔	1	0.00052%	1	17;
2069	慢	manh	ma:n^{6}	辣	10	0.00518%	6	02;04;09;12;21;23;
5621	斉	caez	ɕai^{2}	来齐	2	0.00104%	1	25;
1134	磊	lwix	lɯəi^{4}	烂	23	0.01192%	9	07;12;17;20;22;23;25;26;28;
8375	阑賎	lanz-cienh	la:n^{2}ɕiən^{6}	烂贱	1	0.00052%	1	22;
5630	狼當	langh-dangh	la:ŋ^{6}ta:ŋ^{6}	浪荡	2	0.00104%	2	05;25;
8392	怒囊	nungq-nangq	ʔnuŋ^{5}ʔna:ŋ^{5}	浪浪	1	0.00052%	1	18;
5631	冷	ndaet	dat^{7}	牢固	2	0.00104%	2	17;27;
401	狼	langz	la:ŋ^{2}	老	77	0.03991%	24	01;02;03;04;05;07;08;09;10;12;13;14;16;17;19;20;21;22;23;25;26;27;28;18;
1320	記	geq	ke^{5}	老的	19	0.00985%	10	01;04;07;12;13;17;19;22;23;
8403	老	laux	la:u^{4}	老了	1	0.00052%	1	05;
5634	計啇頼	gyeq-siq-laih	tɕe^{5}θi^{5}la:i^{6}	老凄凄	2	0.00104%	2	18;19;
8406	玘个律	geq-gax-lwd	ke^{5}ka^{4}lɯt^{8}	老衰衰	1	0.00052%	1	05;
2928	央	angq	a:ŋ^{5}	乐	6	0.00311%	5	02;04;07;12;13;
8414	喚八林	angh-bax-linh	a:ŋ^{6}pa^{4}lin^{6}	乐哈哈	1	0.00052%	1	04;
8415	嬰八臨	angq-baz-linz	a:ŋ^{5}pa^{2}lin^{2}	乐呵呵	1	0.00052%	1	14;
5637	米美	miq-maeh	mi^{5}mai^{6}	乐津津	2	0.00104%	1	17;
8416	康扳林	angq-baz-linz	a:ŋ^{5}pa^{2}lin^{2}	乐融融	1	0.00052%	1	11;
5638	康怕流	angq-baz-liuz	a:ŋ^{5}pa^{2}li:u^{2}	乐陶陶	2	0.00104%	2	08;16;
2430	央巴律	angq-bax-lwd	a:ŋ^{5}pa^{4}lɯt^{8}	乐悠悠	8	0.00415%	3	02;17;20;
937	罡八深	angq-baz-lumx	a:ŋ^{5}pa^{2}lum^{4}	乐滋滋	28	0.01451%	8	01;04;05;07;10;12;20;22;
2070	乃	naiq	na:i^{5}	累	10	0.00518%	8	04;11;17;20;21;25;27;28;
8425	乃八肉	naiq-baz-yux	na:i^{5}pa^{2}ju^{4}	累巴巴	1	0.00052%	1	04;
8426	奈大欲	naiq-daz-yux	na:i^{5}ta^{2}ju^{4}	累沉沉	1	0.00052%	1	01;
8427	北他佑	baeg-daz-yaeux	pak^{8}ta^{2}jau^{4}	累连连	1	0.00052%	1	07;
8429	乃易由	naiq-yiz-yaeuz	na:i^{5}ji^{2}jau^{2}	累软软	1	0.00052%	1	28;
1844	洁	gyot	tɕo:t^{7}	冷	12	0.00622%	9	01;02;04;05;07;10;21;22;28;
8432	律茶犁	lied-caz-li	liət^{8}ɕa^{2}li^{1}	冷冰冰	1	0.00052%	1	23;
8433	好楚	heu-cwt	he:u^{1}ɕɯt^{7}	冷淡	1	0.00052%	1	20;

词号	壮字	新壮文	音标	词义	频次	词频	分布度	抄本号
8434	尼茶利	nit-caz-lih	nit^{7}ɕa^{2}li^{6}	冷凄凄	1	0.00052%	1	22;
8449	建	cengx	ɕe:ŋ^{4}	力大	1	0.00052%	1	19;
1322	牙	yax	ja^{4}	厉害	19	0.00985%	4	13;18;19;28;
1797	鍣	hoemz	hom^{2}	利	12	0.00622%	8	01;04;12;13;17;19;21;18;
8455	利焖	lij-laeuh	li^{3}lau^{6}	利陋	1	0.00052%	1	23;
3754	利漏	lih-laeuh	li^{6}lau^{6}	利索	4	0.00207%	2	02;20;
8459	衺	nangh	na:ŋ^{6}	连绵	1	0.00052%	1	17;
8465	里令	lih-linh	li^{6}lin^{6}	怜怜	1	0.00052%	1	22;
4049	旺	vuengx	vuəŋ^{4}	良	3	0.00156%	3	01;17;18;
1430	凉	liengz	liəŋ^{2}	凉	17	0.00881%	7	05;07;12;17;22;23;28;
5659	良立㦬	liengz-liz-linh	liəŋ^{2}li^{2}lin^{6}	凉冰冰	2	0.00104%	2	12;13;
8479	凉余𠷊	liengz-lih-lumh	liəŋ^{2}li^{6}lum^{6}	凉嗖嗖	1	0.00052%	1	06;
8482	柾	sawc	sau^{35}	梁柱形的	1	0.00052%	1	26;
3453	啽	rongh	ro:ŋ^{6}	亮	5	0.00259%	1	18;
2071	弄净	longh-cingh	lo:ŋ^{6}ɕiŋ^{6}	亮光光	10	0.00518%	2	22;23;
1178	滐巴涯	lomh-bax-yai	lo:m^{6}pa^{4}ja:i^{1}	亮蒙蒙	22	0.01140%	10	03;05;07;11;12;13;17;22;23;
5666	亮八以	rongh-mban-i	ro:ŋ^{6}ba^{6}i^{1}	亮朦胧	2	0.00104%	1	20;
4437	龙下押	rongh-yah-yap	ro:ŋ^{6}ja^{6}ja:p^{7}	亮闪闪	3	0.00156%	1	20;
8497	弄急竟	rongh-gyig-yaenz	ro:ŋ^{6}tɕik^{8}jan^{2}	亮彤彤	1	0.00052%	1	19;
3759	屺	get	ke:t^{7}	烈	4	0.00207%	2	11;17;
2072	結	ged	ke:t^{8}	吝啬	10	0.00518%	2	25;28;
8517	良	liengz	liəŋ^{2}	伶	1	0.00052%	1	17;
1667	良利	liengz lih	liəŋ^{2} li^{6}	伶俐	14	0.00726%	8	17;03;05;06;11;12;22;28;
2644	計	giq	ki^{5}	灵	7	0.00363%	4	01;05;17;20;
8522	己降	gyij-gyangq	tɕi^{3}tɕa:ŋ^{5}	灵活	1	0.00052%	1	20;
2434	今巧	gim-gyauj	kim^{1}tɕa:u^{3}	灵巧	8	0.00415%	6	03;04;09;10;17;20;
8528	几降	gvij-gyangh	kvi^{3}tɕa:ŋ^{6}	灵醒	1	0.00052%	1	17;
2435	盆	baenz	pan^{2}	灵验	8	0.00415%	3	06;17;26;
8542	巴流	bax-liuz	pa^{4}li:u^{2}	流畅	1	0.00052%	1	02;
8544	落	roengz	roŋ^{2}	流的	1	0.00052%	1	17;
4452	�	nuk	nuk^{7}	聋	3	0.00156%	3	17;20;25;
8580	降	gyaeng	tɕaŋ^{1}	笼养的	1	0.00052%	1	17;
329	喨	nyungq	ȵuŋ^{5}	乱	97	0.05028%	22	01;02;03;04;05;06;07;08;09;10;11;12;13;16;17;19;20;21;22;25;26;18;
8606	容	nyungq	ȵuŋ^{5}	乱的	1	0.00052%	1	17;
3767	乱昆𠬠	luenh-gunj-byanz	luən^{6}kun^{3}pja:n^{2}	乱纷纷	4	0.00207%	2	18;19;
8607	乱昆捞	luenh-gunj-baet	luən^{6}kun^{3}pat	乱纷纭	1	0.00052%	1	19;
5702	牙	nya	ȵa^{1}	乱蓬的	2	0.00104%	1	17;
3768	容哑若	nyungq-ah-nyo	ȵuŋ^{5}a^{6}ȵo^{1}	乱蓬蓬	4	0.00207%	4	17;18;19;20;
4457	乱昆榜	luenh-gunj-	luən^{6}kun^{3}pat	乱糟糟	3	0.00156%	2	18;19;
5710	篤瑭茶耳	doek-daemq-caz-lwx	tok^{7}tam^{5}ɕa^{2}lɯ^{4}	落低沉沉	2	0.00104%	1	05;

词号	壮字	新壮文	音标	词义	频次	词频	分布度	抄本号
2651	禄	loeg	lok⁸	绿	7	0.00363%	4	02;17;21;23;
4464	郎	loeg	lok⁸	绿的	3	0.00156%	2	17;25;
4926	係	saih	θa:i⁶	麻利	2	0.00104%	2	19;18;
5714	納	nad	nat⁴⁴	麻木	2	0.00104%	1	26;
228	内	noix	no:i⁴	满	137	0.07101%	21	05;06;07;08;09;10;11;12;16;17;19;20;21;22;23;24;25;27;
5730	淋殺外	lim-caz-faih	lim¹ɕa²fa:i⁶	满当当	2	0.00104%	1	24;
5731	哑厄	yaengj-ngaemz	jaŋ³ŋam²	满满	2	0.00104%	2	17;21;
5733	淋茶法	lim-caz-fag	lim¹ɕa²fa:k⁸	满盈盈	2	0.00104%	1	24;
1669	會	hoih	ho:i⁶	慢	14	0.00726%	4	02;05;21;26;
2243	出出	coep-coep	ɕop⁷ɕop⁷	慢慢	9	0.00467%	6	05;14;17;20;21;23;
8684	漫	menh	me:n⁶	慢些	1	0.00052%	1	05;
646	色	saeg	ɬak⁸	忙	44	0.02281%	7	09;17;19;20;25;26;18;
3775	比朋	biq-boeng	pi⁵poŋ¹	忙碌	4	0.00207%	2	17;26;
8690	迓	ya	ja¹	毛茸	1	0.00052%	1	13;
8701	法	fad	fa:t⁸	茂	1	0.00052%	1	17;
3114	仴	yied	jiət⁸	茂密	5	0.00259%	4	07;17;19;18;
4477	莪	ngog	ŋo:k⁸	茂盛	3	0.00156%	3	07;17;20;
5744	莫	mo	mo¹	麽的	2	0.00104%	1	17;
8713	冇	ndwi	dɯəi¹	没份	1	0.00052%	1	13;
8717	度	doh	to⁶	每	1	0.00052%	1	22;
4480	碧	bik	pik⁷	美	3	0.00156%	3	01;21;26;
5751	良立	liengz-lih	liəŋ²li⁶	美好	2	0.00104%	2	21;25;
8722	眉每	mij-maeq	mi³mai⁵	美津津	1	0.00052%	1	20;
3777	斬	seeqc	se:ŋ³⁵	美丽	4	0.00207%	1	26;
5752	梁利	liengh-lih	liəŋ⁶li⁶	美满	2	0.00104%	2	18;19;
5754	米每	miq-maeh	mi⁵mai⁶	美滋滋	2	0.00104%	1	17;
4481	没	mbwq	bɯ⁵	闷	3	0.00156%	2	20;28;
8734	悶	maen	man¹	闷着	1	0.00052%	1	09;
3778	龍	rongh	ro:ŋ⁶	蒙亮	4	0.00207%	3	21;22;26;
4483	麻洓	baz-yai	pa²ja:i¹	蒙蒙	3	0.00156%	1	06;
2941	巴痽	baz-yai	pa²ja:i¹	朦胧	6	0.00311%	5	05;12;13;20;21;
8737	猛里刘	momj-liz-luh	mo:m³li²lu⁶	朦胧胧	1	0.00052%	1	23;
8738	八矣八皆	baz-iq-baz-yaij	pa²i⁵pa²ʔja:i³	朦朦胧胧	1	0.00052%	1	17;
8739	茫	maengx	maŋ⁴	朦着	1	0.00052%	1	05;
8747	根	ngoenh	ŋon⁶	迷	1	0.00052%	1	17;
8748	六利	log-leih	lo:k⁸lei⁶	迷蒙	1	0.00052%	1	27;
4485	个休	gah-ngaeux	ka⁶ŋau⁴	迷迷	3	0.00156%	2	03;04;
8749	門	mon	mo:n¹	糜烂	1	0.00052%	1	17;
3482	提	dih	ti⁶	密	4	0.00207%	3	21;18;20;
8756	地	dih	ti⁶	密集	1	0.00052%	1	17;
8757	替	teih	thei⁶	密麻	1	0.00052%	1	27;
5766	哑娄	ngax-raeuh	ŋa⁴rau⁶	密密	2	0.00104%	2	17;18;
4486	念	net	ne:t⁷	密实	3	0.00156%	2	21;27;

词号	壮字	新壮文	音标	词义	频次	词频	分布度	抄本号
4488	罳旧	naj-gaeuq	na³kau⁵	面熟	3	0.00156%	1	23;
8770	汒汒妙妙	mangz-mangz-miuj-miuj	ma: ŋ ²ma: ŋ² mi:u³mi:u³	渺渺茫茫	1	0.00052%	1	05;
1324	俐	ndi	di¹	妙	19	0.00985%	8	01;02;03;04;10;12;13;17;
8778	星	singj	θiŋ³	明朗	1	0.00052%	1	19;
8779	坡	boz	po²	明亮	1	0.00052%	1	17;
8789	乞	hed	he:t⁸	磨损的	1	0.00052%	1	22;
967	庅	meh	me⁶	母	27	0.01400%	9	03;05;13;28;04;07;09;10;29;
5797	嵬	koih	kho:i⁶	木然	2	0.00104%	1	27;
8882	銭	sienh	θiən⁶	耐	1	0.00052%	1	21;
548	苦	hoj	ho³	难	54	0.02799%	21	01;02;04;05;06;07;09;10;11;12;14;15;16;17;21;22;23;25;
8886	蕚法	yag-faz	ja:k⁸fa²	难看	1	0.00052%	1	22;
8888	哑昻	ah-ngaz	a⁶ŋa²	难受	1	0.00052%	1	17;
8889	蕚	yag	ja:k⁸	难听	1	0.00052%	1	05;
5820	涯	yaez	jai²	孬	2	0.00104%	1	24;
2336	恶	oiq	o:i⁵	嫩	8	0.00415%	6	17;20;22;23;25;18;
5826	温使	onq-cij	o:n⁵ɕi³	嫩紫	2	0.00104%	1	25;
8902	零	lingz	liŋ²	能干	1	0.00052%	1	12;
8912	年結	nienz-gyeq	niən²tɕe⁵	年老	1	0.00052%	1	20;
1800	孝	coz	ɕo²	年轻	12	0.00622%	8	11;17;20;23;26;28;19;18;
8914	吟	gyaem	tɕam¹	年少	1	0.00052%	1	28;
8918	狼	langz	la:ŋ²	年幼	1	0.00052%	1	22;
8920	年耒	nienz-lai	niən²la:i¹	年长	1	0.00052%	1	20;
8940	望	vaaqv	va:ŋ¹¹	宁	1	0.00052%	1	26;
5847	恒	haemz	ham²	怒	2	0.00104%	2	20;25;
5848	恨	haen	han¹	怒气	2	0.00104%	1	17;
660	炓	laeuj	lau³	暖	43	0.02229%	14	02;04;06;07;09;10;11;17;19;20;21;25;26;18;
3118	有領	yaeuj-linz	jau³lin²	暖和	5	0.00259%	5	17;19;26;27;18;
9006	个仰	gaz-ngangh	ka²ŋa:ŋ⁶	庞然	1	0.00052%	1	11;
3812	蜉	dam	ta:m¹	刨空的	4	0.00207%	2	12;13;
1672	勇	nyungq	ɲuŋ⁵	蓬乱	14	0.00726%	9	05;07;10;12;17;22;25;28;29;
5870	迷里	miq-nyi	mi⁵ɲi¹	澎湃	2	0.00104%	1	17;
9033	能	naeng	naŋ¹	皮的	1	0.00052%	1	10;
5873	寧	naek	nak⁷	疲倦	2	0.00104%	1	19;
2672	唎	ndi	di¹	漂亮	7	0.00363%	6	05;12;17;22;23;25;
9044	貧	binz	pin²	贫	1	0.00052%	1	20;
3816	陋	laeuh	lau⁶	贫瘠	4	0.00207%	4	12;13;29;26;
9045	賎	cienh	ɕiən⁶	贫贱	1	0.00052%	1	08;
9046	含	haemz	ham²	贫苦	1	0.00052%	1	29;
9047	重	cungz	ɕuŋ²	贫困	1	0.00052%	1	07;
9048	火	hoj	ho³	贫穷	1	0.00052%	1	17;
869	盆	bwenz	pɯən²	平	30	0.01555%	11	02;03;04;09;10;11;19;25;26;28;18;

词号	壮字	新壮文	音标	词义	频次	词频	分布度	抄本号
910	平安	bingz-an	piŋ²a:n¹	平安	29	0.01503%	14	02;04;05;07;09;10;11;17;22;25;26;27;28;29;
9057	温達祿	unq-daz-luh	un⁵ta²lu⁶	平安融融	1	0.00052%	1	17;
3484	安	an	a:n¹	平静	4	0.00207%	3	05;26;18;
9061	棑	byai	pja:i¹	平排	1	0.00052%	1	17;
9062	利林	lih-linz	li⁶lin²	平平	1	0.00052%	1	20;
5881	平	piqc	phiŋ³⁵	平齐	2	0.00104%	1	26;
2795	白平	biengz-bingz	piəŋ²piŋ²	平坦	6	0.00311%	3	17;19;18;
9063	平	biengh	piəŋ⁶	平展展	1	0.00052%	1	13;
5890	懐	vaih	va:i⁶	破败	2	0.00104%	1	22;
4055	良	liengz	liəŋ²	破的	3	0.00156%	3	06;22;18;
9080	啫	dciev	tɕie¹¹	破旧	1	0.00052%	1	26;
9081	衆	dcuqc	tɕuŋ³⁵	破烂	1	0.00052%	1	26;
9085	乞	hed	he:t⁸	破损的	1	0.00052%	1	22;
9099	茶賴	caz-laih	ɕa²la:i⁶	凄惨	1	0.00052%	1	28;
9100	茶罧	caz-laemz	ɕa²lam²	凄凉	1	0.00052%	1	28;
1974	个憐	gaz-linh	ka²lin⁶	凄凄	11	0.00570%	7	01;03;04;06;12;19;25;
3819	个笠	gaz-laep	ka²lap⁷	漆黑	4	0.00207%	1	25;
715	齐	caez	ɕai²	齐	39	0.02022%	9	03;04;05;06;17;22;25;26;18;
1329	齊	caez	ɕai²	齐全	19	0.00985%	8	06;12;14;17;18;19;22;27;
9106	急禽	gyig-yaen	tɕik⁸jan¹	齐整	1	0.00052%	1	19;
9115	騎	kveih	khvei⁶	骑的	1	0.00052%	1	27;
6616	喜	hiq	hi⁵	气	2	0.00104%	1	18;
5901	耒	rair	za:i⁵⁵	气愤	2	0.00104%	2	26;28;
9129	荼个厄	hiq-gaz-ngaengh	hi⁵ka²ŋaŋ⁶	气鼓鼓	1	0.00052%	1	05;
5902	嘔	ngaeu	ŋau¹	气恼	2	0.00104%	2	07;12;
9130	炁茶老	hiq-caz-lauz	hi⁵ɕa²la:u²	气森森	1	0.00052%	1	22;
9153	那	naj	na³	前往的	1	0.00052%	1	12;
9157	伏	mboek	bok⁷	浅	1	0.00052%	1	15;
9159	血	het	he:t⁷	浅绿	1	0.00052%	1	08;
2964	牙	yax	ja⁴	强	6	0.00311%	4	02;04;10;23;
9161	雅	yax	ja⁴	强大	1	0.00052%	1	13;
1436	零	lengz	le:ŋ²	强悍	17	0.00881%	5	01;02;04;10;12;
9164	领	rengz	re:ŋ²	强烈	1	0.00052%	1	17;
4537	零	lengz	le:ŋ²	强蛮	3	0.00156%	2	01;10;
3823	岳	yak	ja:k⁷	强壮	4	0.00207%	2	10;26;
9173	定	dingh	tiŋ⁶	瞧	1	0.00052%	1	17;
3314	較	giuj	ki:u³	巧	5	0.00259%	3	01;07;17;
9182	祸	hueb	hu:p⁸	怯	1	0.00052%	1	27;
2677	親	cin	ɕin¹	亲	7	0.00363%	5	07;10;13;21;23;
3121	躺	ndang	da:ŋ¹	亲身	5	0.00259%	5	01;02;09;12;18;
9191	更	gaenx	kan⁴	勤	1	0.00052%	1	21;
6617	看	gaenx	kan⁴	勤快	2	0.00104%	1	18;

词号	壮字	新壮文	音标	词义	频次	词频	分布度	抄本号
748	碧	bik	pik⁷	青	37	0.01918%	14	01;02;04;07;10;11;12;15;17;20;23;27;28;18;
5923	嚣	heu	he:u¹	青的	2	0.00104%	1	01;
5925	泣嚣	laep-heu	lap⁷hə:u¹	青黑	2	0.00104%	2	22;23;
9193	秋	tciuc	tɕhiu³⁵	青蓝	1	0.00052%	1	26;
5927	好衡	heu-haenz	he:u¹han²	青绿	2	0.00104%	2	21;28;
2969	碧	bik	pik⁷	青色	6	0.00311%	5	05;07;20;23;26;
9198	嗔里林	gyaemq-lih-linz	tɕam⁵li⁶lin²	青悠悠	1	0.00052%	1	16;
1709	浮	mbaeu	bau¹	轻	13	0.00674%	11	05;02;11;13;17;20;21;22;26;28;18;
9200	寕	ning	niŋ¹	轻摆的	1	0.00052%	1	17;
9201	冇	mbawc	bau³⁵	轻的	1	0.00052%	1	26;
2797	遭	sauq	ɬa:u⁵	轻浮	6	0.00311%	5	03;19;23;28;18;
9202	茂易遠	mbaeu-yiz-yienj	bau¹ji²jiən³	轻飘飘	1	0.00052%	1	28;
1115	則	caek	ɕak⁷	清	23	0.01192%	10	04;05;07;12;17;19;20;23;28;
2461	則侵	caeg-caemh	ɕak⁸ɕam⁶	清澈	8	0.00415%	5	01;05;09;17;28;
3828	绣	seuq	ɬe:u⁵	清楚	4	0.00207%	2	05;19;
4548	則引	caeg-nyinx	ɕak⁸ȵin⁴	清凉	3	0.00156%	2	01;22;
4550	延星	dingh-singj	tiŋ⁶θiŋ³	清秀	3	0.00156%	3	18;19;17;
9208	則降	caeg-cwengh	ɕak⁸ɕɯəŋ⁶	清悠	1	0.00052%	1	01;
2799	侫	ndit	dit⁷	晴	6	0.00311%	3	19;21;18;
9211	眹里憐	ndit-lih-linh	dit⁷li⁶lin⁶	晴朗朗	1	0.00052%	1	05;
1021	苦	hoj	ho³	穷	25	0.01296%	10	03;04;07;09;10;17;20;21;28;
4552	工	gungz	kuŋ²	穷尽	3	0.00156%	2	25;28;
2972	苦	hoj	ho³	穷苦	6	0.00311%	5	02;07;08;10;22;
4553	窮	cungz	ɕuŋ²	穷困	3	0.00156%	3	08;10;17;
5936	局	gug	kuk⁸	曲	2	0.00104%	2	04;01;
9241	比里林	bae-lih-linz	pai¹li⁶lin²	去悠悠	1	0.00052%	1	05;
257	滕	daengz	taŋ²	全	122	0.06324%	21	01;02;03;04;05;06;07;09;10;11;12;14;17;19;21;22;23;24;
9253	欠	gyiemq	tɕiəm⁵	缺	1	0.00052%	1	17;
9255	根	gvez	kve²	瘸	1	0.00052%	1	17;
9256	正定	cingj-dingh	ɕiŋ³tiŋ⁶	确定	1	0.00052%	1	17;
2255	廖	leu	le:u¹	热	9	0.00467%	8	02;06;07;17;20;23;24;05;
9271	烈	ndwed	dɯət⁸	热烈	1	0.00052%	1	05;
1377	烈	ndwed	dɯət⁸	热闹	18	0.00933%	8	04;05;21;02;03;07;10;29;
9272	列勒臨	ndiet-laeg-lumh	diət⁷lap⁸lum⁶	热闹哄哄	1	0.00052%	1	09;
9273	系微汾	hiq-fiz-faenz	hi⁵fi²fan²	热气腾腾	1	0.00052%	1	05;
5958	連	lienz	liən²	韧	2	0.00104%	2	02;05;
1274	呆呆	ngaih-ngaih	ŋa:i⁶ŋa:i⁶	容易	20	0.01037%	15	11;01;02;04;06;09;10;14;15;16;17;21;23;26;27;
9300	内	naeh	nai⁶	溶烂	1	0.00052%	1	21;
9304	用	yungq	juŋ⁵	柔软	1	0.00052%	1	20;
1333	温	unh	un⁶	软	19	0.00985%	11	02;04;05;09;12;13;16;20;21;28;17;

词号	壮字	新壮文	音标	词义	频次	词频	分布度	抄本号
5967	駄乃	daz-nai	ta²na:i¹	软巴巴	2	0.00104%	2	05;17;
9313	合温	hoz-unh	ho²un⁶	软喉	1	0.00052%	1	16;
3840	大烈	daz-leh	ta²le⁶	软绵绵	4	0.00207%	4	02;05;17;21;
4569	温貧池	unh-baenz-ciz	un⁶pan²ɕi²	软如糍粑	3	0.00156%	3	01;10;04;
9315	把涯	baz-yaih	pa²ja:i⁶	软瘫	1	0.00052%	1	16;
9316	毒把嫘	dob-baz-loiz	to:p⁸pa²lo:i²	软瘫瘫	1	0.00052%	1	01;
9317	唅	hoemz	hom²	锐利	1	0.00052%	1	04;
5968	良	luengz	luəŋ²	润滑	2	0.00104%	2	09;21;
5970	叻	lwg	lɯk⁸	弱	2	0.00104%	2	04;01;
3842	依	ih	i⁶	弱小	4	0.00207%	2	02;10;
3123	班	banh	pa:n⁶	散	5	0.00259%	3	02;08;18;
5986	加	gyaq	tɕa⁵	臊	2	0.00104%	2	17;20;
5987	大篭	daz-loengh	ta²loŋ⁶	森森	2	0.00104%	1	04;
3847	砙	bamz	pa:m²	傻	4	0.00207%	3	02;10;12;
9384	吼巴路	bamz-bax-lox	pa:m²pa⁴lo⁴	傻乎乎	1	0.00052%	1	04;
9385	瓦	vax	va⁴	傻了	1	0.00052%	1	29;
4585	只叅	ciz-sanz	ɕi²ɬa:n²	闪闪	3	0.00156%	2	08;19;
3488	利	ndi	di¹	善	4	0.00207%	4	02;16;21;18;
2800	所	soh	ɬo⁶	善良	6	0.00311%	5	08;16;19;22;18;
9417	長	cangh	ɕa:ŋ⁶	擅长	1	0.00052%	1	17;
9423	肯	kuznx	khɯn³³	上	1	0.00052%	1	26;
4589	灵	nding	diŋ¹	烧红的	3	0.00156%	2	17;20;
750	内	noix	no:i⁴	少	37	0.01918%	16	02;05;06;07;09;10;12;13;17;19;20;23;25;27;28;18;
6018	躺穢	ndang-hiz	da:ŋ¹hi²	身秽	2	0.00104%	1	02;
4597	則	cienh	ɕiən⁶	身贱	3	0.00156%	1	17;
669	勒	laeg	lak⁸	深	42	0.02177%	21	01;02;04;06;07;10;11;12;14;15;17;19;20;22;23;24;25;26;
9484	六龚	log-lwnz	lo:k⁸lɯn²	深沉	1	0.00052%	1	27;
2986	而	laeg	lak⁸	深的	6	0.00311%	4	12;17;19;25;
2469	駄隆	daz-longx	ta²lo:ŋ⁴	深深	8	0.00415%	5	01;02;03;04;18;
3340	匿	naek	nak⁷	深重	5	0.00259%	3	05;17;27;
9497	漏	laeuh	lau⁶	甚	1	0.00052%	1	04;
841	炶	ndip	dip⁷	生	32	0.01659%	11	01;02;04;06;07;08;09;10;12;17;27;
3861	恠	gvaiq	gva:i⁵	生的	4	0.00207%	2	05;17;
1299	畓	dumz	tum²	湿	19	0.00985%	11	04;11;17;21;22;23;25;27;28;14;18;
9532	畓畓	dumz-dumh	tum²tum⁶	湿润	1	0.00052%	1	24;
9534	畓	dumz	tum²	湿透	1	0.00052%	1	10;
9540	十全	cib-cuenz	ɕip⁸ɕuən²	十全	1	0.00052%	1	21;
9557	出	cid	ɕit⁸	实	1	0.00052%	1	12;
9558	到失	daeux-saed	tau⁴sat⁸	实实在在	1	0.00052%	1	27;
3349	时在	siz-saih	ɬi²ɬa:i⁶	实在	5	0.00259%	2	03;27;
9575	淂	dwg	tɯk⁸	适	1	0.00052%	1	05;

词号	壮字	新壮文	音标	词义	频次	词频	分布度	抄本号
6052	老	laux	la:u^{4}	寿	2	0.00104%	1	17;
2699	炉	loz	lo^{2}	瘦	7	0.00363%	4	03;09;14;17;
9597	丙	leq	le^{5}	瘦小的	1	0.00052%	1	26;
6055	連	let	let^{7}	倏然	2	0.00104%	1	27;
4625	松用	sung-yungz	θuŋ^{1}juŋ^{2}	舒服	3	0.00156%	2	18;21;
2995	自在	siz-saih	ɬi^{2}ɬa:i^{6}	舒适	6	0.00311%	2	02;26;
1378	炓	daeuj	tau^{3}	熟	18	0.00933%	10	03;07;09;10;12;17;19;23;28;
9612	足米没	cog-mih-mwh	ɕo:k^{8}mi^{6}mɯ^{6}	熟绵绵	1	0.00052%	1	17;
9613	圭宜内	cug-nyih-nywyz	ɕuk^{8}ȵi^{6}ȵɯəi^{2}	熟透透	1	0.00052%	1	21;
2550	黎	laeh	lai^{6}	竖	7	0.00363%	4	01;03;06;18;
11212	衰	caiz	ɕa:i^{2}	衰	1	0.00052%	1	18;
6062	老	gyeq	tɕe^{5}	衰老	2	0.00104%	2	17;20;
9630	印味	in-aih	in^{1}a:i^{6}	衰弱	1	0.00052%	1	05;
9633	好	hauj	ha:u^{3}	帅	1	0.00052%	1	11;
940	双	song	ɬo:ŋ^{1}	双	28	0.01451%	11	03;08;09;10;12;17;20;22;23;26;28;
9641	仰	yangx	ja:ŋ^{4}	爽	1	0.00052%	1	05;
9650	廷	dingh	tiŋ^{6}	水少	1	0.00052%	1	17;
6076	稔即降	laemx-caeg-cwengh	lam^{4}ɕak^{8}ɕɯəŋ^{6}	水汪汪	2	0.00104%	2	01;04;
9663	淔	ndaek	dak^{7}	睡熟	1	0.00052%	1	11;
6077	論	lunh	lun^{6}	顺	2	0.00104%	1	17;
6079	座	soh	ɬo^{6}	顺当	2	0.00104%	2	12;13;
6080	温達祿	unq-daz-luh	un^{5}ta^{2}lu^{6}	顺当当	2	0.00104%	2	17;20;
2551	利	ndi	di^{1}	顺利	7	0.00363%	5	17;21;26;29;18;
9669	嚁	naeuz	nau^{2}	说的	1	0.00052%	1	12;
4638	歹	dai	ta:i^{1}	死	3	0.00156%	3	27;17;22;
11213	莫	mued	muət^{8}	死绝	1	0.00052%	1	18;
11214	台	dai	ta:i^{1}	死亡	1	0.00052%	1	18;
9704	從	soeng	θoŋ^{1}	松	1	0.00052%	1	17;
9705	良	riengh	ri:ŋ^{6}	松弛	1	0.00052%	1	27;
9706	艮	ngaux	ŋa:u^{4}	松动	1	0.00052%	1	17;
9708	從米每	soengq-mih-maez	θoŋ^{5}mi^{6}mai^{2}	松软绵绵	1	0.00052%	1	17;
9720	基	gyi	tɕi^{1}	素	1	0.00052%	1	17;
2339	傘	samx	sam^{33}	酸	8	0.00415%	7	26;03;07;09;10;22;18;
2552	碎	soiq	ɬo:i^{5}	碎	7	0.00363%	7	02;05;07;08;10;13;18;
388	肛	daengz	taŋ^{2}	所有	81	0.04199%	10	03;05;09;17;19;20;21;26;02;
9764	動	doemq	tom^{5}	塌	1	0.00052%	1	17;
6621	淋	loemq	lom^{5}	塌陷	2	0.00104%	1	18;
9767	念	net	ne:t^{7}	踏实	1	0.00052%	1	21;
9775	陋	laeuh	lau^{6}	太过分	1	0.00052%	1	23;
4655	在	saih	ɬa:i^{6}	太好	3	0.00156%	1	29;
3007	平	bingz	piŋ^{2}	太平	6	0.00311%	3	17;20;26;

词号	壮字	新壮文	音标	词义	频次	词频	分布度	抄本号
9780	腊	lak	lak11	坍塌的	1	0.00052%	1	26;
6110	悶	moenx	mon4	贪婪	2	0.00104%	1	27;
9789	腊艾	lag-ai	la:k8a:i1	忐忑	1	0.00052%	1	20;
6125	立輪	lih-laenh	li6lan6	滔滔	2	0.00104%	1	19;
6131	恩	aet	at7	特别	2	0.00104%	1	17;
4661	兇	hung	huŋ1	特大	3	0.00156%	3	04;05;23;
2274	硆	in	in1	疼	9	0.00467%	3	14;17;20;
9811	硆里領	in-lih-linx	in1li6lin4	疼哀哀	1	0.00052%	1	14;
6133	才	gyaez	tɕai2	疼爱的	2	0.00104%	1	17;
4662	見	gyet	tɕe:t7	疼痛	3	0.00156%	2	17;24;
9819	恩	aet	at7	体健	1	0.00052%	1	17;
9821	約	yog	jo:k8	体弱	1	0.00052%	1	27;
1471	晵	laep	lap7	天黑	16	0.00829%	9	01;06;17;19;20;22;24;27;18;
9831	乱扳涯	lomh-baz-yai	lo:m6pa2ja:i1	天亮蒙蒙	1	0.00052%	1	24;
9833	悶散	mbuznc-rai	bɯn35zai44	天蒙蒙	1	0.00052%	1	26;
9834	阳	ndit	dit7	天晴	1	0.00052%	1	06;
9837	芮生	mbwn-seng	bɯn1ɬe:ŋ1	天生	1	0.00052%	1	24;
1227	萬	van	va:n1	甜	21	0.01089%	11	02;04;05;09;10;12;13;17;20; 22;26;
9857	米	mix	mi4	甜蜜	1	0.00052%	1	05;
9863	条	deuz	teu2	条状	1	0.00052%	1	27;
9864	猺	iu	i:u1	调皮	1	0.00052%	1	21;
4948	通	dungh	tuŋ6	通	2	0.00104%	2	22;18;
1407	沉	caemh	ɕam6	同	17	0.00881%	3	22;28;18;
9888	同劳	doengh-laux	toŋ6la:u4	同大	1	0.00052%	1	21;
9897	沉色	caemh-saek	ɕam6ɬak7	同样	1	0.00052%	1	22;
325	痞	get	ke:t7	痛	98	0.05080%	25	01;02;03;04;05;06;07;08;09; 10;11;12;13;14;15;17;20;21; 22;23;24;25;26;28;18;
9910	急	gyet	tɕe:t7	痛苦	1	0.00052%	1	19;
9911	良利	liengh-lih	liaŋ6li6	痛快	1	0.00052%	1	18;
4677	痞里礼	get-lih-laeh	kek7li6lai6	痛连连	3	0.00156%	2	07;14;
6172	坤心	goenq-saem	kon5θam1	痛心	2	0.00104%	1	21;
4678	痞	get	ke:t7	痛着	3	0.00156%	1	12;
4028	若	yoz	jo2	偷偷	4	0.00207%	1	18;
3895	梆	ndux	du4	头个	4	0.00207%	3	12;23;28;
9915	丘見	gyaeuj-gyet	tɕau3tɕe:t7	头痛	1	0.00052%	1	17;
9916	于	leeqr	le:ŋ55	头一	1	0.00052%	1	26;
1762	湳	muengz	muəŋ2	头晕	13	0.00674%	1	17;
6181	亮	ruqs	zuŋ31	透亮	2	0.00104%	1	26;
9922	辰	coenz	ɕon2	凸	1	0.00052%	1	01;
9923	见	gyengq	tɕe:ŋ5	秃	1	0.00052%	1	20;
4681	屈	cod	ɕo:t8	突出	3	0.00156%	3	04;17;20;
3373	才	caix	ɕa:i4	歪	5	0.00259%	4	09;10;23;27;

词号	壮字	新壮文	音标	词义	频次	词频	分布度	抄本号
1184	勾	gaeuz	kau²	弯	22	0.01140%	11	03;04;07;11;17;19;21;23;25;26;28;
2715	可	goz	ko²	弯的	7	0.00363%	3	01;17;25;
6200	缴	gveux	kve:u⁴	弯曲	2	0.00104%	2	04;15;
6201	吓要	yaz-yauq	ja²ja:u⁵	弯弯	2	0.00104%	1	17;
11225	了	leux	le:u⁴	完毕	1	0.00052%	1	18;
3019	拜蘭	bah-lanz	pa⁶la:n²	完满	6	0.00311%	3	18;19;21;
9989	们	mwn	mɯn¹	完美	1	0.00052%	1	17;
769	滕	daengz	taŋ²	完全	36	0.01866%	13	01;06;09;17;18;19;20;21;23;25;26;27;28;
3020	韶	aen	an¹	完整	6	0.00311%	3	03;18;17;
4692	立	laep	lap⁷	晚了	3	0.00156%	1	27;
9993	比	bi	pi¹	晚年	1	0.00052%	1	17;
6624	亡	vangz	va:ŋ²	亡	2	0.00104%	1	18;
1855	亡	vaengz	vaŋ²	亡故	12	0.00622%	1	17;
3375	王	vuengz	vuəŋ²	王的	5	0.00259%	3	04;05;17;
4699	冇	ndwi	dɯəi¹	枉然	3	0.00156%	2	12;17;
3905	旺	vangq	va:ŋ⁵	旺	4	0.00207%	4	02;07;12;13;
10009	个工	gaz-gungh	ka²kuŋ⁶	旺旺	1	0.00052%	1	09;
1551	見	yiemj	jiəm³	危险	15	0.00778%	4	17;19;20;18;
10010	萬宜	faeg-liz	fak⁸li²	威严	1	0.00052%	1	17;
10011	灶求	cauh-gyaeuz	ɕa:u⁶tɕau²	威壮	1	0.00052%	1	17;
10013	只仍	cih-caiq	ɕi⁶ɕa:i⁵	微弱	1	0.00052%	1	08;
6215	測深	gyaek-gyumh	tɕak⁷tɕum⁶	巍然	2	0.00104%	1	03;
6224	去	tciv	tɕhi¹¹	畏惧	2	0.00104%	1	26;
10034	温	unv	un¹¹	温暖	1	0.00052%	1	26;
10035	温	taeuj	thau³	温软	1	0.00052%	1	27;
6228	用	nyungq	ȵuŋ⁵	紊乱	2	0.00104%	2	01;12;
2108	闷	maenh	man⁶	稳	10	0.00518%	8	06;12;14;17;20;23;26;28;
10043	江	gyaenmq	tɕam⁵	乌黑	1	0.00052%	1	17;
10045	匿	ndaek	dak⁷	污	1	0.00052%	1	22;
6233	耒	laih	la:i⁶	诬	2	0.00104%	1	17;
6236	否其	mbaeuh-gyiz	bau⁶tɕi²	无处	2	0.00104%	1	17;
10056	秤	caengq	ɕaŋ⁵	无底	1	0.00052%	1	13;
1555	工	gungz	kuŋ²	无奈	15	0.00778%	5	17;19;20;21;18;
6237	屈	cod	ɕo:t⁸	无能	2	0.00104%	1	24;
3382	冇	ndwi	dɯəi¹	无事	5	0.00259%	2	17;28;
2492	无所	huz-soq	hu²ɬo⁵	无数	8	0.00415%	6	03;05;17;20;21;23;
6238	福勿	fuz-faed	fu²fat⁸	无限	2	0.00104%	2	17;20;
4715	否用	mbaeuh-yoengh	bau⁶joŋ⁶	无用	3	0.00156%	1	17;
6626	來	laih	la:i⁶	误	2	0.00104%	1	18;
6245	孟耒花	mok-vih-va	mo:k⁷vi⁶va¹	雾蒙蒙	2	0.00104%	2	17;25;
3915	喱	siz	ɬi²	稀	4	0.00207%	3	04;11;21;
4720	温	un	un¹	稀罕	3	0.00156%	1	23;

词号	壮字	新壮文	音标	词义	频次	词频	分布度	抄本号
10093	杀而杀料	cah-lwh-cah-leuh	ɕa^{6}lɯ^{6}ɕa^{6}le:u^{6}	稀里哗啦	1	0.00052%	1	17;
10094	雒	saw	θaɯ^{1}	稀清	1	0.00052%	1	17;
10095	茶	cah	ɕa^{6}	稀疏	1	0.00052%	1	02;
6251	嬰茶任	angq-caz-yaemh	a:ŋ^{5}ɕa^{2}jam^{6}	喜洋洋	2	0.00104%	1	12;
3386	米巴榛	miq-baz-su	mi^{5}pa^{2}ɬu^{1}	喜滋滋	5	0.00259%	1	23;
3387	勒	nyaeh	ȵai^{6}	细	5	0.00259%	3	01;06;21;
10110	墜蕊	nyaeb-nyuiq	ȵai^{8}ȵui^{5}	细细	1	0.00052%	1	05;
3388	叫	giuq	ki:u^{5}	细小	5	0.00259%	2	05;07;
10112	米	mit	mit^{7}	狭小的	1	0.00052%	1	17;
6254	廖	leux	le:u^{4}	狭长	2	0.00104%	2	24;17;
6255	逻	laj	la^{3}	下	2	0.00104%	1	01;
10150	恩	aet	at^{7}	鲜	1	0.00052%	1	17;
10151	恩	aet	at^{7}	鲜艳	1	0.00052%	1	20;
10152	旺	vangq	va:ŋ^{5}	闲暇的	1	0.00052%	1	17;
2726	鹹	hamz	ha:m^{2}	咸	7	0.00363%	3	02;05;12;
10158	衡打	aet-da	at^{7}ta^{1}	显眼	1	0.00052%	1	21;
4729	限	hanh	ha:n^{6}	限	3	0.00156%	2	11;17;
4730	限定	hanh-dingh	ha:n^{6}tiŋ^{6}	限定	3	0.00156%	1	22;
6627	淋	loemq	lom^{5}	陷	2	0.00104%	1	18;
10168	執批榜	coeb-bi-buengz	ɕop^{8}pi^{1}puəŋ^{2}	陷塌塌	1	0.00052%	1	01;
10185	蕚	yag	ja:k^{8}	相恶	1	0.00052%	1	01;
10208	托了	dox-ndeu	to^{4}de:u^{1}	相似	1	0.00052%	1	06;
10212	托買	dox-maij	to^{4}ma:i^{3}	相同	1	0.00052%	2	18;06;
10216	執	caep	ɕap^{7}	相遇的	1	0.00052%	1	05;
3398	哄	hom	ho:m^{1}	香	5	0.00259%	3	20;27;17;
10225	工	van	va:n^{1}	香甜	1	0.00052%	1	09;
3499	洪	hongz	ho:ŋ^{2}	响	4	0.00207%	3	17;22;18;
10241	得様	dwg-yiengh	tɯk^{8}jiəŋ^{6}	像样	1	0.00052%	1	17;
10242	逍流	siuh-liuz	ɬi:u^{6}li:u^{2}	逍遥	1	0.00052%	1	08;
10244	皛	heu	he:u^{1}	嚣张	1	0.00052%	1	25;
160	寍	ningq	ʔniŋ^{5}	小	194	0.10056%	26	20;05;01;02;03;04;06;07;08;09;10;12;13;17;19;21;22;23;24;25;26;28;29;14;27;18;
6293	㓜	lwg	lɯk^{8}	小个	2	0.00104%	1	10;
6297	内即親	noix-gyaeg-gyaenh	no:i^{4}ʨak^{8}ʨan^{6}	小浅浅	2	0.00104%	1	07;
10262	灵	leg	le:k^{8}	小条	1	0.00052%	1	13;
6300	涊埃	nyaeb-nyoiq	ȵab^{8}ȵo:i^{5}	小小	2	0.00104%	2	01;06;
10266	内立利	noix-lih-lih	no:i^{4}li^{6}li^{6}	小熠熠	1	0.00052%	1	07;
6303	孝	yauq	ja:u^{5}	孝	2	0.00104%	2	05;17;
10276	笑技時	liu-baz-sih	li:u^{1}pa^{2}ɬi^{6}	笑哈哈	1	0.00052%	1	05;
6307	笑巴郎	liu-bax-langh	li:u^{1}pa^{4}la:ŋ^{6}	笑眯眯	2	0.00104%	2	02;05;
3039	笑巴時	liu-baz-sih	li:u^{1}pa^{2}ɬi^{6}	笑嘻嘻	6	0.00311%	1	22;

词号	壮字	新壮文	音标	词义	频次	词频	分布度	抄本号
2732	班	banz	pa:n^{2}	斜	7	0.00363%	3	03;10;20;
11231	嗜	gyaij	tɕa:i^{3}	心痛	1	0.00052%	1	18;
10285	所	soh	θo^{6}	心直	1	0.00052%	1	17;
2733	瀆扐	doeg-lengz	tok^{8}le:ŋ^{2}	辛苦	7	0.00363%	5	02;17;19;21;27;
10287	幔	manh	ma:n^{6}	辛辣	1	0.00052%	1	04;
10288	闵	nding	diŋ^{1}	辛烈	1	0.00052%	1	04;
153	⿰美新	moyq	mɔi^{5}	新	205	0.10626%	25	27;02;03;04;05;07;08;09;10;11;12;13;20;21;22;23;24;25;26;28;29;06;17;19;18;
10289	慕只札	moq-ciz-caz	mo^{5}ɕi^{2}ɕa^{2}	新灿灿	1	0.00052%	1	08;
10293	姓	sin	ɬin^{1}	新鲜	1	0.00052%	1	23;
2500	毫	hauz	ha:u^{2}	腥	8	0.00415%	2	25;26;
10302	認	nyinh	ɳin^{6}	醒	1	0.00052%	1	22;
662	烈	ndwed	duət^{8}	兴旺	43	0.02229%	19	01;02;03;04;05;07;08;09;10;12;14;17;19;24;25;26;28;29;
6324	恩没梨	aet-mwz-lij	at^{7}mɯ^{2}li^{3}	兴旺隆隆	2	0.00104%	2	17;20;
3404	松用	sung-yungz	θuŋ^{1}juŋ^{2}	幸福	5	0.00259%	4	21;25;28;29;
1768	亦	yag	ja:k^{8}	凶	13	0.00674%	9	04;02;05;07;10;11;13;20;26;
1143	肚蒻	dungx-yak	tuŋ^{4}ja:k^{7}	凶恶	23	0.01192%	7	23;05;13;17;22;25;28;
10308	霞	yax	ja^{4}	凶猛	1	0.00052%	1	24;
10311	煞	caz	ɕa^{2}	凶煞	1	0.00052%	1	11;
6328	德	daeg	tak^{8}	雄	2	0.00104%	1	27;
3932	特	daeg	tak^{8}	雄性	4	0.00207%	2	03;12;
10324	兖	lengh	leŋ^{6}	修长	1	0.00052%	1	27;
10328	六	nduk	duk^{7}	朽的	1	0.00052%	1	12;
10337	頼頼	laih-laih	la:i^{6}la:i^{6}	徐徐	1	0.00052%	1	14;
10338	頼	lai	la:i^{1}	许多	1	0.00052%	1	17;
10362	数	soh	ɬo^{6}	驯好的	1	0.00052%	1	29;
10384	云未未	hoenz-fih-fih	hon^{2}fi^{6}fi^{6}	烟缭绕	1	0.00052%	1	09;
10387	断	don	to:n^{1}	阉	1	0.00052%	1	25;
10388	班	banq	pa:n^{5}	阉的	1	0.00052%	1	12;
10389	班	banq	pa:n^{5}	阉未净的	1	0.00052%	1	17;
11236	連	lienh	liən^{6}	严	1	0.00052%	1	18;
10393	連志	lienz-cw	liən^{2}ɕɯ^{1}	严密	1	0.00052%	1	19;
6350	見	gyet	tɕe:t^{7}	炎热	2	0.00104%	2	20;27;
4763	利憐	lih-linh	li^{6}lin^{6}	炎炎	3	0.00156%	4	23;01;04;22;
4767	其疆	gyiz-gyanz	tɕi^{2}tɕa:n^{2}	艳艳	3	0.00156%	2	18;19;
3412	含	humz	hum^{2}	痒	5	0.00259%	2	05;17;
10440	文	maenj	man^{3}	咬牙切齿	1	0.00052%	1	27;
6364	郎了	lag-leux	la:k^{8}le:u^{4}	窈窕	2	0.00104%	2	23;25;
4775	艾	ngaih	ŋa:i^{6}	要紧	3	0.00156%	1	20;
6368	衡打	aet-da	at^{7}ta^{1}	耀眼	2	0.00104%	1	21;
10455	省	swnh	ɬɯn^{6}	野	1	0.00052%	1	02;
6369	湍	manr	man^{55}	野的	2	0.00104%	1	26;
2344	何	haq	ha^{5}	野生	8	0.00415%	4	07;09;19;18;

词号	壮字	新壮文	音标	词义	频次	词频	分布度	抄本号
10465	衾左列	haemh-caz-leh	ham⁶ɕa²le⁶	夜漫漫	1	0.00052%	1	22;
10466	衾把蒔	haemh-baz-sieg	ham⁶pa²ɬiək	夜漆漆	1	0.00052%	1	24;
2741	廷	dingz	tiŋ²	一半	7	0.00363%	3	19;23;25;
6389	茶禁	caz-caemq	ɕa²ɕam⁵	一点	2	0.00104%	1	23;
10493	界	ga	ka¹	一片	1	0.00052%	1	16;
10500	故尼	guq-nix	ku⁵ni⁴	一样	1	0.00052%	1	21;
6413	當	dangq	ta:ŋ⁵	异	2	0.00104%	1	23;
10527	碍	ngaih	ŋa:i⁶	易	1	0.00052%	1	22;
10528	爱爱	ngaih-ngaih	ŋa:i⁶ŋa:i⁶	易易	1	0.00052%	1	05;
10530	林	laemh	lam⁶	阴	1	0.00052%	1	05;
10531	令	raemh	ram⁶	阴暗	1	0.00052%	1	17;
10533	淋	laemh	lam⁶	阴凉	1	0.00052%	1	22;
10534	烝茶劳	hiq-caz-lauz	hi⁵ɕa²la:u²	阴气森森	1	0.00052%	1	23;
10535	八列	baenq-leh	pan⁵le⁶	阴森	1	0.00052%	1	17;
10537	拷	kaoc	kha:u³⁵	银白	1	0.00052%	1	26;
6423	亞	jazh	jaɯ⁴⁴	英俊	2	0.00104%	1	26;
2302	檂	ndongx	do:ŋ⁴	硬	9	0.00467%	5	12;13;20;23;17;
10562	他柰	daz-nai	ta²na:i¹	硬邦邦	1	0.00052%	1	03;
10564	見	genq	ken⁵	硬朗	1	0.00052%	1	27;
10565	向里妒	yangj-lih-luz	ja:ŋ³li⁶lu²	硬朗朗	1	0.00052%	1	20;
6426	他列	daz-leh	ta²le⁶	硬条条	2	0.00104%	2	03;05;
10574	牙	yax	ja⁴	勇猛	1	0.00052%	1	13;
6429	誦	nyoengx	ɳoŋ⁴	踊跃	2	0.00104%	1	22;
6431	憂愁	yaeuq-caeuz	jau⁵ɕau²	忧愁	2	0.00104%	2	15;17;
10580	桃	dauz	ta:u²	忧心	1	0.00052%	1	17;
3420	烝力鸞	hiq-liz-luenz	hi⁵li²luən²	忧心忡忡	5	0.00259%	3	13;07;12;
10581	大龙	daz-loengh	ta²loŋ⁶	幽深	1	0.00052%	1	10;
3054	浸	caemh	ɕam⁶	悠悠	6	0.00311%	6	12;04;05;12;18;22;
10592	偕	gyaij	tɕa:i³	有病的	1	0.00052%	1	17;
10594	寧	nengz	ne:ŋ²	有虫的	1	0.00052%	1	17;
3953	匿	naek	nak⁷	有力	4	0.00207%	4	02;04;05;10;
10596	米斉	miz-caez	mi²ɕai²	有全	1	0.00052%	1	21;
10597	色	saek	ɬak⁷	有色	1	0.00052%	1	12;
6434	娌	li	li¹	有余	2	0.00104%	1	27;
6435	扭	nomj	no:m³	幼	2	0.00104%	1	19;
11238	而	lw	lɯ¹	余	1	0.00052%	1	18;
10631	米	maenz	man²	愉快	1	0.00052%	1	05;
3957	砈	vax	va⁴	愚蠢	4	0.00207%	3	07;12;17;
10638	耒	loih	lo:i⁶	预先	1	0.00052%	1	17;
1120	门	mwn	mɯn¹	圆	23	0.01192%	6	02;10;17;19;25;18;
3136	門	moenz	mon²	圆拱	5	0.00259%	2	17;18;
4817	達補	daz-buz	ta²pu²	圆滚滚	3	0.00156%	3	04;18;19;
1719	強	gyangz	tɕa:ŋ²	圆滑	13	0.00674%	3	09;19;18;
1773	龠	lumx	lum⁴	圆满	13	0.00674%	2	17;20;

词号	壮字	新壮文	音标	词义	频次	词频	分布度	抄本号
6629	陡	ndux	du⁴	圆形	2	0.00104%	1	18;
343	黎	lawz	laɯ²	远	93	0.04821%	23	03;05;16;20;21;23;28;01;02;04;07;08;09;10;11;12;14;15;17;24;25;29;18;
10658	巴颜	ga-yiemz	ka¹jiəm²	远远	1	0.00052%	1	03;
3961	满	muengz	muəŋ²	晕	4	0.00207%	1	17;
10671	霒達列	fiej-daz-le	fiə³ta²le¹	云飘飘	1	0.00052%	1	25;
10675	地	dih	ti⁶	匀	1	0.00052%	1	16;
10676	云	yunz	jun⁵	匀称	1	0.00052%	1	17;
10687	陑	laeu	lau¹	杂色的	1	0.00052%	1	24;
1523	特	dwk	tɯk⁷	脏	16	0.00829%	11	29;02;07;10;17;19;22;23;25;26;28;
10706	昜	ngaj	ʔŋa³	脏的	1	0.00052%	1	17;
4826	谁	coi	ɕo:i¹	糟糕	3	0.00156%	3	17;27;29;
2024	罧	lomh	lo:m⁶	早	10	0.00518%	9	03;06;09;10;22;23;25;05;18;
4961	仇	caeux	ɕau⁴	早熟	2	0.00104%	2	21;18;
10743	逘	dok	to:k⁷	榨	1	0.00052%	1	05;
4832	器	gaeb	kap⁸	窄	3	0.00156%	3	02;03;28;
11242	鳥	niu	ni:u¹	粘	1	0.00052%	1	18;
10756	鸟	niu	ni:u¹	粘的	1	0.00052%	1	05;
799	斗	daeuj	tau³	长	34	0.01762%	17	03;05;07;10;13;15;17;19;20;21;22;25;28;18;09;12;06;
10775	奏	dcawv	tɕau¹¹	长不大的	1	0.00052%	1	26;
1873	难	nanz	na:n²	长久	12	0.00622%	7	01;27;12;17;21;25;26;
3971	長生	cangz-seng	ɕa:ŋ²ɬe:ŋ¹	长生	4	0.00207%	3	04;05;17;
135	救	gyaeu	tɕau¹	长寿	239	0.12388%	13	02;05;07;09;10;11;12;17;20;21;26;28;18;
4074	雷	raez	rai²	长条	3	0.00156%	2	19;18;
10791	雷立良	laeh-lih-lwd	lai⁶li⁶lɯt⁸	长条条	1	0.00052%	1	06;
10792	是習	ci-sih	ɕi¹θi⁶	长远	1	0.00052%	1	21;
2521	为連	viz-liengz	vi²liəŋ²	长长	8	0.00415%	2	17;18;
6489	哩	ri	zi⁴⁴	长长的	2	0.00104%	1	26;20;
11243	䏧	iet	iət⁷	涨	1	0.00052%	1	18;
10795	巨	gwh	kɯ⁶	胀	1	0.00052%	1	15;
10827	頼	lai	la:i¹	着多	1	0.00052%	1	12;
1630	来	laix	la:i⁴	真	14	0.00726%	3	02;05;18;
10833	尽声	cin-cingj	ɕin¹ɕiŋ³	真诚	1	0.00052%	1	17;
10835	真心	cin-saem	ɕin¹ɬam¹	真心	1	0.00052%	1	11;
6498	丐來	gah-laix	ka⁶la:i⁴	真正	2	0.00104%	1	23;
6503	恶	oq	o⁵	铮亮	2	0.00104%	1	17;
3980	能	naengj	naŋ³	蒸的	4	0.00207%	3	12;17;25;
11245	利	lih	li⁶	整	1	0.00052%	1	18;
745	恩	aen	an¹	整个	38	0.01970%	12	01;03;05;09;16;17;19;21;23;26;27;28;
6506	吞	aen	an¹	整片	2	0.00104%	1	23;

词号	壮字	新壮文	音标	词义	频次	词频	分布度	抄本号
6507	急禽	gyig-yaen	tɕik^{8}jan^{1}	整齐	2	0.00104%	2	19;26;
4895	金	gyingq	tɕiŋ^{5}	正	3	0.00156%	1	18;
10849	正京	cingq-ging	ɕiŋ^{5}kiŋ^{1}	正经	1	0.00052%	1	22;
10852	主泵	cingq-hiq	ɕiŋ^{5}hi^{5}	正真	1	0.00052%	1	12;
1813	所	soh	ɬo^{6}	正直	12	0.00622%	8	02;08;12;13;19;21;22;18;
857	所	soh	ɬo^{6}	直	31	0.01607%	14	02;03;04;05;12;16;17;19;21;23;26;27;28;18;
6520	黎	laeh	lai^{6}	直的	2	0.00104%	2	12;13;
10880	削	soh	θo^{6}	直接	1	0.00052%	3	17;24;21;
10882	索霜	soh-sangx	θo^{6}θva:ŋ^{4}	直爽	1	0.00052%	1	17;
10883	素	soh	θo^{6}	直顺	1	0.00052%	1	17;
10884	乙他柰	yiet-daz-nai	jiət^{7}ta^{2}na:i^{1}	直挺挺	1	0.00052%	1	03;
10887	所	soh	θo^{6}	直着	1	0.00052%	1	17;
10891	得錢	dij-cienz	ti^{3}ɕiən^{2}	值钱	1	0.00052%	1	21;
10909	少	cauq	ɕa:u^{5}	中等	1	0.00052%	1	03;
2130	度	doq	to^{5}	终	10	0.00518%	6	09;10;12;25;28;29;
2760	巨	gwh	kɯ^{6}	肿	7	0.00363%	6	03;05;11;15;16;17;
10921	伏	foeg	fok^{8}	肿大的	1	0.00052%	1	23;
1204	衆	gyungq	tɕuŋ^{5}	众	21	0.01089%	10	07;12;17;19;21;23;26;28;29;
10928	博	boqr	pɔŋ^{55}	众多	1	0.00052%	1	26;
1055	寧	naek	nak^{7}	重	25	0.01296%	11	02;05;03;09;11;12;17;21;22;26;28;
3079	莫	moq	mo^{5}	重新	6	0.00311%	1	17;
10933	匿	naek	nak^{7}	重要	1	0.00052%	1	05;
10936	滕	daengz	taŋ^{2}	周到	1	0.00052%	1	04;
10937	利	ndi	di^{1}	周全	1	0.00052%	1	04;
10976	提定	dwz-dingh	tɯ^{2}tiŋ^{6}	注定	1	0.00052%	1	22;
10983	杻	sawc	sau^{35}	柱形的	1	0.00052%	1	26;
10998	交	gyau	tɕa:u^{1}	专	1	0.00052%	1	02;
3087	農	noengz	noŋ^{2}	壮的	6	0.00311%	5	07;12;14;17;29;
11020	蹼	mag	ma:k^{8}	壮实的	1	0.00052%	1	27;
11022	旦甲	daz-gyaq	ta^{2}tɕa^{5}	壮壮	1	0.00052%	1	20;
11039	微肥	fiz-faez	fi^{2}fai^{2}	灼灼	1	0.00052%	1	05;
6569	蒙	mboeng	boŋ^{1}	茁壮	2	0.00104%	1	28;
2766	子	cij	ɕi^{3}	紫	7	0.00363%	6	11;16;22;25;27;29;
11046	禁	gyaemq	tɕam^{5}	紫色	1	0.00052%	1	25;
11247	籠	loeng	loŋ^{1}	走错	1	0.00052%	1	18;
2136	多	doh	to^{6}	足	10	0.00518%	6	02;03;07;16;17;22;
3089	度	doh	to^{6}	足够	6	0.00311%	5	02;06;17;19;27;
6589	蘇	so	θo^{1}	做好	2	0.00104%	1	17;

四、数词

词号	壮字	新壮文	音标	词义	频次	词频	分布度	抄本号
382	八	bet	pe:t^{7}	八	82	0.04250%	20	01;02;04;05;06;07;10;12;13;16;17;19;20;22;23;24;25;26;
4977	八百	bet-bak	pe:t^{7}pa:k^{7}	八百	2	0.00104%	2	19;20;
6656	八十	bet-cib	pe:t^{7}ɕip^{8}	八十	1	0.00052%	1	08;
6658	八凡	bet-fanh	pe:t^{7}fa:n^{6}	八万	1	0.00052%	1	20;
310	百	bak	pa:k^{7}	百	103	0.05339%	23	01;02;04;05;06;07;08;09;10;11;12;17;19;20;21;22;23;24;25;26;27;28;18;
6732	半	byoengh	pjoŋ^{6}	半	1	0.00052%	1	19;
777	太八	daih-bet	ta:i^{6}pe:t^{7}	第八	35	0.01814%	17	02;03;04;05;08;09;11;12;15;17;18;19;20;21;25;26;28;
235	大二	daih-ngih	ta:i^{6}ŋi^{6}	第二	134	0.06946%	27	05;01;02;03;04;06;07;08;09;10;11;12;13;14;17;18;19;20;21;22;23;24;25;26;27;28;29;
867	太九	daih-guj	ta:i^{6}ku^{3}	第九	30	0.01555%	15	02;04;08;09;12;17;18;19;20;21;23;25;26;28;18;
640	太六	daih-loek	ta:i^{6}lok^{7}	第六	45	0.02333%	17	02;03;04;05;06;08;09;12;17;18;19;20;21;25;26;28;29;
721	太七	daih-caet	ta:i^{6}ɕat^{7}	第七	39	0.02022%	15	02;03;04;05;08;09;12;17;18;19;20;21;25;26;28;
293	大三	daih-sam	ta:i^{6}ɬa:m^{1}	第三	110	0.05702%	26	05;01;02;03;04;06;07;08;09;10;12;13;14;17;18;19;20;21;22;23;24;25;26;27;28;29;
1312	太十	daih-cib	ta:i^{6}ɕip^{8}	第十	19	0.00985%	12	02;04;08;09;12;17;18;19;20;23;25;28;
7243	大十二	daih-cib-ngih	ta:i^{6}ɕip^{8}ŋi^{6}	第十二	1	0.00052%	1	12;
7244	太十一	daih-cib-it	ta:i^{6}ɕip^{8}it^{7}	第十一	1	0.00052%	1	12;
393	太四	daih-siq	ta:i^{6}ɬi^{5}	第四	80	0.04147%	23	02;03;04;05;06;07;08;09;10;12;14;17;18;19;20;21;22;23;25;26;27;28;29;
481	太五	daih-haj	ta:i^{6}ha^{3}	第五	64	0.03317%	23	02;03;04;05;06;07;08;09;10;12;14;17;18;19;20;21;22;23;25;26;27;28;29;
236	大壹	daih-it	ta:i^{6}it^{7}	第一	133	0.06894%	26	05;01;02;03;04;06;07;08;09;10;12;13;14;17;18;19;20;21;22;23;24;25;26;27;28;29;
300	劧	lwg	lɯk^{8}	二	106	0.05494%	24	25;02;03;04;05;06;09;11;12;13;14;16;17;19;20;21;22;23;24;25;26;27;28;18;
5229	二百	bak-ngih	pa:k^{7}ŋi^{6}	二百	2	0.00104%	2	23;25;
3197	二十	ngih-cib	ŋi^{6}ɕip^{8}	二十	5	0.00259%	3	16;17;21;
5234	二八	ngih-bet	ŋi^{6}pe:t^{7}	二十八	2	0.00104%	2	07;09;
4218	二十六	ngih-cib-loek	ŋi^{6}ɕip^{8}lok^{7}	二十六	3	0.00156%	2	03;11;
5236	二十五	ngih-cib-haj	ŋi^{6}ɕip^{8}ha^{3}	二十五	2	0.00104%	1	03;
2879	二十一	ngih-cib-it	ŋi^{6}ɕip^{8}it^{7}	二十一	6	0.00311%	3	03;18;26;

词号	壮字	新壮文	音标	词义	频次	词频	分布度	抄本号
107	己	gij	ki³	几	290	0.15032%	20	02;03;05;06;07;08;09;10;12;14;16;17;19;20;21;22;23;25;
3252	几十	gyij-cib	tɕi³ɕip⁸	几十	5	0.00259%	3	17;20;27;
162	九	guj	ku³	九	193	0.10004%	28	01;02;03;04;05;07;08;09;10;11;12;13;14;15;16;17;19;20;21;22;23;24;25;26;27;28;18;
8176	九百	guj-bak	ku³pa:k⁷	九百	1	0.00052%	1	17;
5548	九十	guj-cib	ku³ɕip⁸	九十	2	0.00104%	2	03;08;
37	双	song	ɬo:ŋ¹	两	663	0.34366%	28	02;29;06;03;01;04;05;07;08;09;10;11;12;13;14;15;17;19;20;21;22;23;24;25;26;27;28;
5663	双百	song-bak	ɬo:ŋ¹pa:k⁷	两百	2	0.00104%	2	07;10;
8534	良	lingz	liŋ²	零	1	0.00052%	1	19;
279	六	loek	lok⁷	六	113	0.05857%	21	02;03;04;05;06;07;08;09;10;12;13;16;17;19;20;21;22;23;
8551	六百二	loek-bak-ngih	lok⁷pa:k⁷ŋi⁶	六百二	1	0.00052%	1	28;
8552	六定	loek-dingz	lok⁷tiŋ²	六成	1	0.00052%	1	05;
2792	六	loeg	lok⁸	六个	6	0.00311%	3	17;19;18;
1136	六十	loek-cib	lok⁷ɕi⁸	六十	23	0.01192%	9	02;05;07;09;17;18;19;23;28;
8559	六十八	yoek-cib-bet	jok⁷ɕip⁸pe:t⁷	六十八	1	0.00052%	1	18;
8560	六十一	yoek-cib-it	jok⁷ɕip⁸it⁷	六十一	1	0.00052%	1	20;
8561	六万	yoek-fanh	jok⁷fa:n⁶	六万	1	0.00052%	1	18;
8563	六一	yoek-it	jok⁷it⁷	六一	1	0.00052%	1	17;
173	七	caet	ɕat⁷	七	180	0.09330%	27	01;02;03;04;05;06;07;08;09;10;11;12;13;15;16;17;19;20;21;22;23;24;25;26;27;28;18;
9090	七八昙	caet-bet-ngoenz	ɕat⁷pe:t⁷ŋon²	七八天	1	0.00052%	1	25;
2959	七百	caet-bak	ɕat⁷pa:k⁷	七百	6	0.00311%	4	17;18;19;20;
9091	七百二	caet-bak-ngih	ɕat⁷pa:k⁷ŋi⁶	七百二	1	0.00052%	1	03;
1848	七十	caet-cib	ɕat⁷ɕip⁸	七十	12	0.00622%	10	03;05;16;17;18;20;23;25;27;
1747	七十二	caet-cib-ngih	ɕat⁷ɕip⁸ŋi⁶	七十二	13	0.00674%	8	02;03;06;09;17;18;19;20;
9097	萬七	fanh-caet	fa:n⁶ɕat⁷	七万	1	0.00052%	1	04;
218	千	cien	ɕiən¹	千	141	0.07309%	24	01;02;03;04;05;06;07;08;09;10;11;12;13;17;19;20;21;22;23;24;27;28;29;18;
5905	涯	yaiq	ja:i⁵	千层皮	2	0.00104%	1	21;
9136	千二	cien-ngih	ɕiən¹ŋi⁶	千二	1	0.00052%	1	23;
5906	千二流	tiaqc-qis-dius	thiaŋ³⁵ŋi³¹tiu³¹	千二百十	2	0.00104%	1	26;
9295	三	sam	ɬa:m¹	日	1	0.00052%	1	25;
31	二	nyih	ŋi⁶	二	790	0.40949%	28	19;25;05;28;21;01;02;03;04;06;07;08;09;10;11;12;13;14;16;17;20;22;23;24;26;27;29;
1275	三百	sam-bak	ɬa:m¹pa:k⁷	三百	20	0.01037%	9	02;03;07;10;17;18;19;20;28;
9324	三百二	sam-bak-nyih	θa:m¹pa:k⁷ŋ:i⁶	三百二	1	0.00052%	1	18;

词号	壮字	新壮文	音标	词义	频次	词频	分布度	抄本号
2975	三百六	sam-bak-loek	ɬa:m¹pa:k⁷lok⁷	三百六	6	0.00311%	4	03;18;19;28;
9328	三定	sam-dingz	ɬa:m¹tiŋ²	三成	1	0.00052%	1	05;
1437	三千	sam-cien	ɬa:m¹ɕiən¹	三千	17	0.00881%	5	02;07;10;17;23;
5977	三千五	sam-cien-haj	θa:m¹ɕiən¹ha³	三千五	2	0.00104%	1	17;
5978	三	sam	ɬa:m¹	三人	2	0.00104%	1	29;
380	三十	sam-cib	ɬa:m¹ɕip⁸	三十	83	0.04302%	21	01;02;03;04;05;06;07;09;10;11;13;16;17;18;19;20;23;25;
9351	三十八	sam-cib-bet	θa:m¹ɕip⁸pe:t⁷	三十八	1	0.00052%	1	18;
2463	三十二	sam-cib-ngih	ɬa:m¹ɕip⁸ŋi⁶	三十二	8	0.00415%	6	03;17;18;19;26;28;
9353	三十千	sam-cib-cien	ɬa:m¹ɕip⁸ɕiən¹	三十千	1	0.00052%	1	05;
5980	三十萬	sam-cib-fanh	ɬa:m¹ɕip⁸fa:n⁶	三十万	2	0.00104%	1	23;
2976	三万	sam-fanh	θa:m¹fa:n⁶	三万	6	0.00311%	5	18;23;24;25;26;
113	十	cib	ɕip⁸	十	281	0.14566%	26	27;01;02;03;04;05;06;07;09;10;11;12;13;14;15;16;17;19;20;21;22;23;25;26;28;18;
4608	十八	cib-bet	ɕip⁸pe:t⁷	十八	3	0.00156%	3	03;05;25;
278	十二	cib-ngih	ɕip⁸ŋi⁶	十二	114	0.05909%	17	01;02;03;04;07;08;09;10;17;18;19;20;25;26;27;28;18;
1511	十九	cib-guj	ɕip⁸ku³	十九	16	0.00829%	5	02;05;07;09;17;
2990	十六	cib-loek	ɕip⁸lok⁷	十六	6	0.00311%	5	02;05;09;12;13;
2693	十七	cib-caet	ɕip⁸ɕat⁷	十七	7	0.00363%	5	02;03;07;25;28;
3345	十三	cib-sam	ɕip⁸ɬa:m¹	十三	5	0.00259%	3	11;17;20;
2470	十四	cib-siq	ɕip⁸ɬi⁵	十四	8	0.00415%	4	05;17;23;25;
9542	十四五	cib-siq-haj	ɕip⁸ɬi⁵ha³	十四五	1	0.00052%	1	25;
1334	十五	cib-haj	ɕip⁸ha³	十五	19	0.00985%	7	01;02;04;10;17;21;28;
1199	拾一	cib-it	ɕip⁸it⁷	十一	21	0.01089%	9	08;17;18;19;20;25;26;28;18;
6620	双	song	θo:ŋ¹	双	2	0.00104%	1	18;
67	四	siq	ɬi⁵	四	422	0.21874%	28	03;01;02;04;05;06;07;08;09;10;11;12;13;14;15;16;17;19;20;21;22;23;24;25;26;27;28;
4641	四百	siq-bak	θi⁵pa:k⁷	四百	3	0.00156%	3	17;18;19;
9700	四千五	siq-cien-haj	θi⁵ɕiən¹ha³	四千五	1	0.00052%	1	20;
844	四十	siq-cib	ɬi⁵ɕip⁸	四十	32	0.01659%	11	03;06;09;11;16;17;18;19;20;23;28;
9701	四十三	siq-cib-sam	θi⁵ɕip⁸θa:m¹	四十三	1	0.00052%	1	20;
256	萬	fanh	fa:n⁶	万	122	0.06324%	23	20;01;02;03;04;05;06;07;08;09;10;12;13;17;19;21;22;23;24;27;28;29;18;
6206	万鳥良八百	fanh-ndeu-lingz-bet-bak	fa:n⁶de:u¹liŋ²pe:t⁷pa:k⁷	万一零八百	2	0.00104%	1	18;
187	五	haj	ha³	五	164	0.08501%	25	05;01;02;03;04;06;07;08;09;11;12;13;14;16;17;19;20;22;23;24;25;26;28;29;18;
10066	五百	haj-bak	ha³pa:k⁷	五百	1	0.00052%	1	03;

词号	壮字	新壮文	音标	词义	频次	词频	分布度	抄本号
4716	五千八	haj-cien-bet	ha^{3}ɕiən^{1}pe:t^{7}	五千八	3	0.00156%	2	17;20;
2109	五十	haj-cib	ha^{3}ɕip^{8}	五十	10	0.00518%	7	02;06;07;10;13;19;23;
10076	五十而	hax-sib-qis	ha^{33}sip^{44}ŋi^{31}	五十二	1	0.00052%	1	26;
6243	五十萬	haj-cib-fanh	ha^{3}ɕip^{8}fa:n^{6}	五十万	2	0.00104%	1	23;
10077	五十一	haj-cib-it	ha^{3}ɕip^{8}it^{7}	五十一	1	0.00052%	1	17;
3383	五萬	haj-fanh	ha^{3}fa:n^{6}	五万	5	0.00259%	4	23;24;25;26;
28	乇	ndeu	de:u^{1}	一	845	0.43800%	28	01;02;03;04;05;06;07;08;09;10;11;12;13;14;15;17;19;20;21;22;23;24;25;26;27;28;29;
883	百二	bak-ngih	pa:k^{7}ŋi^{6}	一百二十	30	0.01555%	8	02;06;09;11;20;23;26;28;
10471	一百六	it-bak-loek	it^{7}pa:k^{7}lok^{7}	一百六	1	0.00052%	1	28;
10472	百四	bak-siq	pa:k^{7}łi^{5}	一百四十	1	0.00052%	1	11;
988	定了	dingz-ndeu	tiŋ^{2}de:u^{1}	一半	26	0.01348%	7	17;18;21;25;26;02;18;
1144	則	saek	łak^{7}	一些	23	0.01192%	8	01;03;20;21;23;25;26;28;
1521	邏	laq	la^{5}	一阵	16	0.00829%	8	08;13;17;21;22;23;25;28;

五、量词

词号	壮字	新壮文	音标	词义	频次	词频	分布度	抄本号
545	恩	aen	an[1]	把	54	0.02799%	14	07;08;09;10;11;12;13;14;17;20;22;28;29;18;
2001	班	banq	pa:n[5]	半	10	0.00518%	4	14;17;19;18;
11146	官	honj	ho:n[3]	半挑	1	0.00052%	1	18;
3523	订	dingz	tiŋ[2]	帮	4	0.00207%	2	19;27;
3152	属	cumh	ɕum[6]	包	5	0.00259%	3	05;25;26;
212	盏	cenj	ɕe:n[3]	杯	145	0.07516%	15	02;03;05;06;09;10;12;17;19;20;21;23;25;26;18;
2353	朝	ciuh	ɕi:u[6]	辈	8	0.00415%	2	19;25;
3157	本	bonj	po:n[3]	本	5	0.00259%	4	03;04;10;17;
2354	敗	baih	pa:i[6]	边	8	0.00415%	4	03;14;19;26;
1290	寿	saeuh	ɬau[6]	遍	19	0.00985%	8	03;09;12;17;19;24;25;18;
3545	步	yamq	ja:m[5]	步	4	0.00207%	4	01;04;22;23;
6894	部	buq	pu[5]	部	1	0.00052%	1	23;
2529	断	donq	to:n[5]	餐	7	0.00363%	5	12;24;26;28;18;
6907	杳	iux	i:u[4]	仓	1	0.00052%	1	05;
1151	成	caengz	ɕaŋ[2]	层	22	0.01140%	6	17;19;23;25;26;18;
4136	社	cax	ɕa[4]	茬	3	0.00156%	2	17;22;
2577	尽	cik	ɕik[7]	尺	7	0.00363%	5	07;10;17;20;22;
5114	已	cih	ɕi[6]	处	2	0.00104%	1	09;
1309	索	cag	ɕa:k[8]	串	19	0.00985%	10	02;04;07;09;10;12;17;19;21;
172	到	dauq	ta:u[5]	次	180	0.09330%	25	02;03;04;05;06;07;08;09;10;11;12;13;17;19;20;21;22;23;24;25;26;27;28;29;18;
2849	杀	caz	ɕa[2]	从	6	0.00311%	4	03;12;13;25;
4023	朝	ciuh	ɕi:u[6]	代	4	0.00207%	1	18;
2588	元	yap	ja:p[7]	担	7	0.00363%	3	17;23;26;
2860	會	hoih	ho:i[6]	道	6	0.00311%	5	02;03;22;25;26;
1190	索	yag	ja:k[8]	滴	21	0.01089%	6	05;17;19;23;26;18;
2374	厄	nyit	ʔɲit[7]	点	8	0.00415%	2	17;21;
4197	丁	daengq	taŋ[5]	碟	3	0.00156%	1	23;
2146	丁	dingj	tiŋ[3]	顶	9	0.00467%	4	05;07;11;18;
4205	豆	daeuj	tau[3]	斗	3	0.00156%	3	05;17;20;
930	葛	hot	ho:t[7]	段	28	0.01451%	11	01;02;03;04;09;10;13;17;20;27;28;
1239	貢	gong	ko:ŋ[1]	堆	20	0.01037%	12	03;05;06;07;08;10;17;20;22;24;28;18;
7322	退	doiq	to:i[5]	对	1	0.00052%	1	25;
2875	侵	caemq	ɕam[5]	顿	6	0.00311%	4	07;11;23;26;
1212	朵	duj	tu[3]	朵	21	0.01089%	8	02;07;08;17;21;25;26;28;
5266	分	faen	fan[1]	分	2	0.00104%	1	12;
1400	分	faenh	fan[6]	份	17	0.00881%	8	11;12;17;21;23;24;25;18;
5284	中	cuengq	ɕuəŋ[5]	幅	2	0.00104%	1	20;
1463	台	daiz	ta:i[2]	副	16	0.00829%	7	06;07;10;17;22;23;18;

词号	壮字	新壮文	音标	词义	频次	词频	分布度	抄本号
59	㞺	duez	tuə²	个	456	0.23637%	26	01;02;03;04;05;06;07;08;09;10;11;12;13;16;17;19;20;21;22;23;25;26;27;28;29;18;
1349	欽	gaemz	kam²	根	18	0.00933%	9	01;03;07;10;14;19;23;28;18;
1065	缴	geu	ke:u¹	股	24	0.01244%	14	01;02;04;05;07;10;12;14;17;19;22;26;28;18;
1833	関	guenq	kuən⁵	贯	12	0.00622%	7	02;07;10;12;13;17;20;
7651	个	gaq	ka⁵	罐	1	0.00052%	1	25;
2326	川	coij	ɕo:i³	行	8	0.00415%	5	05;19;22;23;18;
7756	荷	hab	ha:p⁸	盒	1	0.00052%	1	17;
2211	胡	huz	hu²	壶	9	0.00467%	2	17;26;
4890	纇	lui	luə¹	户	3	0.00156%	1	18;
1130	䫿	hoenz	hon²	回	23	0.01192%	8	06;08;11;17;21;22;24;27;
1465	孟	mbaek	bak⁷	级	16	0.00829%	3	19;23;18;
8006	入	yaeb	jap⁸	夹	1	0.00052%	1	25;
5486	改	gaiq	ka:i⁵	架	2	0.00104%	2	02;21;
8023	間	geg	ke:k⁸	间	1	0.00052%	1	09;
345	玄	yienz	jiən²	件	92	0.04769%	20	01;02;03;04;06;07;07;09;10;11;12;17;17;19;22;23;27;28;
3262	涒	gyaenh	tɕaŋ⁶	节	5	0.00259%	4	01;03;09;17;
2061	断	doons	to:n³¹	截	10	0.00518%	1	26;
1953	觔	gaen	kan¹	斤	11	0.00570%	8	01;05;06;11;17;22;27;28;
11184	過	gop	ko:p⁷	掬	1	0.00052%	1	18;
240	咛	coenz	ɕon²	句	130	0.06739%	17	02;04;05;06;07;08;10;11;12;15;17;19;20;22;23;26;18;
2626	湳	muenz	muən²	卷	7	0.00363%	1	17;
204	枯	go	ko¹	棵	147	0.07620%	21	04;05;06;07;08;09;10;11;12;16;17;19;20;21;22;23;24;25;
1496	粒	naed	nat⁸	颗	16	0.00829%	4	03;17;20;26;
2427	咟	bak	pa:k⁷	口	8	0.00415%	4	04;17;24;25;
159	急	gep	ke:p⁷	块	197	0.10211%	24	12;01;02;03;04;05;06;07;08;09;10;12;13;15;17;19;20;21;22;23;25;26;28;18;
2429	塘	daemh	tam⁶	筐	8	0.00415%	3	13;20;28;
8322	叺	dap	tap¹¹	捆	1	0.00052%	1	26;
4422	伒	yaen	jan¹	类	3	0.00156%	2	02;19;
328	力	lid	lit⁸	粒	97	0.05028%	17	01;02;03;04;07;08;09;10;11;12;13;15;16;17;19;20;18;
5691	籠	loengq	loŋ⁵	笼	2	0.00104%	2	23;27;
8583	竜	lueng	luəŋ¹	垄	1	0.00052%	1	23;
3292	位	viz	vi²	箩	5	0.00259%	4	09;20;23;26;
4462	銅	dongh	to:ŋ⁶	摞	3	0.00156%	2	10;26;
3780	裉	langh	la:ŋ⁶	面	4	0.00207%	2	02;25;
496	年	bi	pi¹	年	62	0.03214%	5	05;20;23;25;26;
8964	竜	lungh	luŋ⁶	弄	1	0.00052%	1	23;
4523	排	baiz	pa:i²	排	3	0.00156%	1	28;

词号	壮字	新壮文	音标	词义	频次	词频	分布度	抄本号
2546	班	banz	ba:n2	盘	7	0.00363%	4	05;07;23;18;
1376	盆	bwnz	pɯn2	盆	18	0.00933%	9	05;08;09;10;15;23;24;25;26;
2012	度	doh	to6	批	10	0.00518%	4	24;25;27;18;
853	件	gienh	kiən6	匹	31	0.01607%	10	01;09;10;11;17;19;20;22;26;
2955	庚	geng	ke:ŋ1	篇	6	0.00311%	3	02;08;11;
314	急	gep	ke:p7	片	102	0.05287%	17	01;02;03;04;05;06;07;08;09;10;12;17;19;20;26;27;18;
5877	洛	lok	lo:k7	瓢	2	0.00104%	2	05;23;
9113	怪	gyaij	tɕva:i3	畦	1	0.00052%	1	17;
5914	銭	dceen	tɕe:n44	钱	2	0.00104%	1	26;
955	度	doh	to6	群	27	0.01400%	7	04;09;14;17;19;26;18;
9263	鄉	yangq	ja:ŋ5	瓤	1	0.00052%	1	29;
6618	仆	bux	pu4	人	2	0.00104%	1	18;
9294	昙	ngoenz	ŋon2	日	1	0.00052%	1	25;
2979	髪	fa	fa1	扇	6	0.00311%	4	05;09;12;20;
3864	嗼	cieg	ɕiək8	石	4	0.00207%	3	05;17;21;
9581	収	caeu	ɕau1	手	1	0.00052%	1	01;
3868	副	fwt	fɯt7	束	4	0.00207%	4	09;17;22;27;
1548	父	fuq	fu5	双	15	0.00778%	6	09;17;20;21;22;18;
6098	恩	aen	an1	艘	2	0.00104%	1	22;
3875	悲	bi	pi1	岁	4	0.00207%	2	05;25;
6103	素	cag	ɕa:k8	索	2	0.00104%	2	09;10;
11216	宿	suk	θuk7	胎	1	0.00052%	1	18;
9782	世	dat	tat11	滩	1	0.00052%	1	26;
854	吞	aen	an1	坛	31	0.01607%	9	06;10;12;17;21;24;25;26;18;
9787	定	damx	tam33	潭	1	0.00052%	1	26;
3885	塘	daemz	tam2	塘	4	0.00207%	1	25;
6123	畨	fan	fa:n1	趟	2	0.00104%	1	07;
3368	到	daeuq	tau5	套	5	0.00259%	4	05;17;19;22;
1141	炟	ngoenz	ŋon2	天	23	0.01192%	4	19;20;23;25;
191	条	deuz	te:u2	条	161	0.08345%	25	01;02;03;04;05;06;07;08;09;10;11;12;13;14;17;19;20;21;22;24;25;26;28;29;18;
6623	通	dok	to:k7	捅	2	0.00104%	1	18;
1807	通	doengj	toŋ3	桶	12	0.00622%	2	19;18;
1905	畢	mbaed	bat8	筒	11	0.00570%	6	05;17;19;20;27;18;
317	啚	duez	tuə2	头	101	0.05235%	14	03;05;06;07;11;12;14;15;19;20;21;25;26;18;
1906	考	gauj	ka:u3	团	11	0.00570%	4	04;17;21;18;
1250	心	soem	ɬom1	庹	20	0.01037%	9	01;04;06;14;17;22;23;28;18;
957	宛	vanj	ʔva:n3	碗	27	0.01400%	6	17;19;20;23;26;18;
2167	老	laux	la:u4	位	9	0.00467%	4	05;17;27;18;
3380	妹	meh	me6	文	5	0.00259%	4	06;17;23;25;
1100	楽	log	lo:k8	窝	24	0.01244%	8	01;04;06;07;10;12;20;23;
10227	筺	loengx	loŋ4	箱	1	0.00052%	1	05;
10238	庚	geng	ke:ŋ1	项	1	0.00052%	1	03;

词号	壮字	新壮文	音标	词义	频次	词频	分布度	抄本号
3040	色	saek	ɬak^{7}	些	6	0.00311%	6	25;23;06;21;17;20;04;
10359	旬	swnz	ɬɯn^{2}	巡	1	0.00052%	1	06;
180	路	loh	lo^{6}	样	172	0.08916%	21	01;02;03;04;05;06;07;08;09;10;11;12;14;17;19;20;22;23;
6378	借	cek	ɕe:k^{7}	页	2	0.00104%	2	19;18;
105	肨	ndwen	dɯən^{1}	月	302	0.15654%	26	01;02;03;04;05;06;07;08;09;10;12;13;14;16;17;19;20;21;22;23;24;25;26;27;28;29;
6465	早	nazhc	naɯ^{35}	早	2	0.00104%	1	26;
10735	殺	tcaic	tɕha:i^{35}	甑	1	0.00052%	1	26;
6476	愽	bog	po:k^{8}	扎	2	0.00104%	2	17;22;
4833	漶	daek	tak^{7}	盏	3	0.00156%	2	03;17;
1054	片	mbaw	baɯ^{1}	张	25	0.01296%	13	03;07;09;11;13;17;19;21;22;23;24;25;28;
347	狼	langh	la:ŋ^{6}	章	92	0.04769%	12	01;02;03;04;05;06;07;08;09;10;11;12;
1608	丈	cwengx	ɕɯəŋ^{4}	丈	15	0.00778%	6	01;04;05;22;25;28;
10836	孝	coq	ɕo^{5}	斟	1	0.00052%	1	05;
1812	羅	laq	la^{5}	阵	12	0.00622%	5	12;24;26;28;18;
1477	狼	langh	la:ŋ^{6}	支	16	0.00829%	6	09;12;17;19;27;18;
101	畓	duez	tuə^{2}	只	307	0.15913%	29	01;02;03;04;05;06;07;08;09;10;11;12;13;14;15;16;17;19;20;21;22;23;24;25;26;27;28;
886	支	giq	ki^{5}	枝	30	0.01555%	5	03;04;17;19;20;
829	党	dangh	ta:ŋ^{6}	种	32	0.01659%	10	02;03;07;09;12;17;20;26;27;
4850	立	laeb	lap^{8}	重	3	0.00156%	3	12;22;28;
6538	合	hop	ho:p^{7}	周	2	0.00104%	1	25;
4857	可	go	ko^{1}	株	3	0.00156%	2	17;25;
3086	耷	nyab	ɲa:p^{8}	抓	6	0.00311%	2	05;17;
1394	工	gong	ko:ŋ^{1}	座	18	0.00933%	7	02;05;10;12;17;22;23;

六、代词

词号	壮字	新壮文	音标	词义	频次	词频	分布度	抄本号
4118	瘟	wnh	ɯn⁶	别	3	0.00156%	3	05;16;23;
3537	昷	wnh	ɯn⁶	别处	4	0.00207%	3	05;25;29;
351	温	wnh	ɯn⁶	别的	90	0.04665%	23	01;02;03;04;05;07;08;09;10;11;12;13;14;15;17;21;22;23;24;25;26;28;29;
6814	劲	ndaiz	da:i²	别个	1	0.00052%	1	27;
5026	印	wnq	ɯn⁵	别家	2	0.00104%	2	08;20;
6815	别	bets	pɛt³¹	别木	1	0.00052%	1	26;
138	武	fwex	fɯə⁴	别人	230	0.11922%	24	01;02;03;04;05;06;07;08;09;10;11;12;17;19;20;21;22;23;24;25;26;27;28;29;
370	你	nix	ni⁴	此	85	0.04406%	14	01;02;04;05;07;10;12;17;20;22;23;25;28;18;
4175	同稼	doengz-gya	toŋ²tɕa¹	大家	3	0.00156%	3	12;16;22;
2595	頼	lai	la:i¹	多少	7	0.00363%	4	04;20;21;23;
2199	詩	cih	ɕi⁶	个个	9	0.00467%	3	01;05;06;
416	那	naj	na³	各	74	0.03836%	12	02;03;04;09;11;12;17;19;20;22;25;27;
5322	吉	gyiz	tɕi²	各方	2	0.00104%	2	21;26;
3635	朝恩	ciuz-aen	ɕi:u²an¹	各个	4	0.00207%	3	04;09;17;
3636	当	dangq	ta:ŋ⁵	各人	4	0.00207%	1	19;
7546	威	vae	vai¹	各姓	1	0.00052%	1	20;
2043	様	ywengh	jɯəŋ⁶	各样	10	0.00518%	3	01;09;12;
7547	闹	gaiq	ka:i⁵	各种	1	0.00052%	1	15;
2399	当卜	dangq-bux	ta:ŋ⁵pu⁴	各自	8	0.00415%	3	17;26;27;
1420	麻	maz	ma²	何	17	0.00881%	12	01;02;04;05;10;11;14;15;16;17;22;23;
7745	叹	razh	zaɯ⁴⁴	何时	1	0.00052%	1	26;
3692	几来	gyij-lai	tɕi³la:i¹	几多	4	0.00207%	4	17;20;21;23;
1243	冷	lingh	liŋ⁶	另	20	0.01037%	6	17;19;20;22;25;18;
233	冇	ndwi	dɯəi¹	另外	134	0.06946%	9	05;06;17;19;20;21;22;27;18;
2436	當	dangq	ta:ŋ⁵	另一个	8	0.00415%	3	12;17;09;
8538	当	dangq	ta:ŋ⁵	另一样	1	0.00052%	1	17;
8712	麽尼	mo-nix	mo¹ni⁴	麽这	1	0.00052%	1	21;
8718	批	baez	pai²	每次	1	0.00052%	1	08;
8719	卜	bok	po:k⁷	每批	1	0.00052%	1	27;
1966	甫	bux	pu⁴	每人	11	0.00570%	4	05;17;20;23;
331	昙	ngoenz	ŋon²	每日	97	0.05028%	16	02;04;05;06;07;09;10;17;19;20;21;22;23;25;28;29;
8720	時	cwz	ɕɯ²	每时	1	0.00052%	1	25;
838	昙	ngoenz	ŋon²	每天	32	0.01659%	12	01;02;03;04;05;06;07;09;17;19;22;26;
2940	含	haemh	ham⁶	每晚	6	0.00311%	4	06;17;23;28;
3776	黑	haemh	ham⁶	每夜	4	0.00207%	2	17;20;

词号	壮字	新壮文	音标	词义	频次	词频	分布度	抄本号
5750	旿	haet	hat⁷	每早	2	0.00104%	1	23;
8721	鼌	duez	tuə³	每只	1	0.00052%	1	15;
8794	侣	lawz	law²	某地	1	0.00052%	1	24;
8795	日	ngoengz	ŋoŋ²	某日	1	0.00052%	1	17;
123	黎	lawz	law²	哪	257	0.13322%	27	01;02;03;04;05;06;07;08;09;10;11;12;14;16;17;19;20;21;22;23;24;25;26;27;28;29;18;
8843	梨	laez	lai²	哪本	1	0.00052%	1	09;
2665	累	lawz	law²	哪儿	7	0.00363%	3	05;17;25;
5802	敗刘	baih-lawz	pa:i⁶law²	哪方	2	0.00104%	1	02;
88	刘	lawz	law²	哪个	349	0.18090%	28	02;03;04;05;06;07;08;09;10;11;12;13;14;15;16;17;19;20;21;22;23;24;25;26;27;28;29;
3300	尔	lawz	law²	哪件	5	0.00259%	2	17;20;
839	累	lawz	law²	哪里	32	0.01659%	11	05;08;09;13;17;20;21;24;25;26;28;
8844	个刘	ga-lawz	ka¹law²	哪路	1	0.00052%	1	02;
2246	累	lawz	law²	哪条	9	0.00467%	6	05;11;22;25;26;28;
2247	梨	laez	lai²	哪些	9	0.00467%	2	09;17;
417	黎	lawz	law²	哪样	74	0.03836%	13	01;02;05;07;08;09;12;13;17;20;23;29;04;
8845	黎	lawz	law²	哪种	1	0.00052%	1	03;
8846	黎	laez	lai²	哪座	1	0.00052%	1	10;
22	盖	gaiq	ka:i⁵	那	1031	0.53442%	27	01;02;03;04;05;06;07;08;09;10;11;12;13;16;17;19;20;21;22;23;24;25;26;27;28;29;18;
8847	克	gaem	kam¹	那把	1	0.00052%	1	17;
8848	心	saemq	ɬam⁵	那帮	1	0.00052%	1	03;
5803	彭祖	bangh-coq	pa:ŋ⁶ɕo⁵	那辈祖宗	2	0.00104%	2	17;20;
5804	介	gaiq	ka:i⁵	那本	2	0.00104%	1	17;
270	温	wnx	ɯn⁴	那边	117	0.06065%	19	15;03;06;07;08;09;11;12;13;17;19;20;21;22;23;25;26;27;
968	地	deih	tei⁶	那处	27	0.01400%	7	27;10;12;17;20;25;26;
8849	輝	vae	vai¹	那串	1	0.00052%	1	17;
5805	召	tsiuh	tsi:u⁶	那代	2	0.00104%	1	27;
3301	他	de	te¹	那儿	5	0.00259%	3	08;17;25;
800	敗	baih	pa:i⁶	那方	34	0.01762%	10	02;03;05;08;12;16;17;27;28;
5806	呑	aen	an¹	那副	2	0.00104%	1	28;
92	盖他	gaiq-de	ka:i⁵te¹	那个	337	0.17468%	26	04;01;02;03;05;06;07;08;09;10;11;12;13;15;17;19;20;21;23;24;25;26;27;28;29;18;
8852	絞	geu	ke:u¹	那股	1	0.00052%	1	12;
1969	帮	bang	pa:ŋ¹	那伙	11	0.00570%	1	27;
5807	并	danz	da:n²	那家	2	0.00104%	1	17;
5808	他	de	te¹	那件	2	0.00104%	1	17;
8854	唘	gyoenz	tɕon²	那句	1	0.00052%	1	17;

词号	壮字	新壮文	音标	词义	频次	词频	分布度	抄本号
1585	枯	go	ko¹	那棵	15	0.00778%	4	09;17;25;27;
1799	頼	laih	la:i⁶	那块	12	0.00622%	7	06;12;17;19;25;28;18;
8856	酉	yaeuj	jau³	那类	1	0.00052%	1	27;
539	敗	baih	pa:i⁶	那里	56	0.02903%	5	03;12;17;25;26;
8857	叺	dap	tap¹¹	那摞	1	0.00052%	1	26;
1138	吞	aen	an¹	那片	23	0.01192%	10	03;04;07;08;09;10;17;20;23;
5810	槗	gyiuz	tɕi:u²	那桥	2	0.00104%	1	17;
8859	告	gauj	ka:u³	那丘	1	0.00052%	1	06;
8860	邦	bang	pa:ŋ¹	那群	1	0.00052%	1	17;
4506	卜	bux	pu⁴	那人	3	0.00156%	2	17;26;
2335	旼	ngoenz	ŋon²	那日	8	0.00415%	3	17;19;18;
8861	那沙	naz-sa	na²θa¹	那沙	1	0.00052%	1	19;
5811	𤼵	fa	fa¹	那扇	2	0.00104%	1	12;
2450	他	de	te¹	那时	8	0.00415%	7	06;08;12;17;23;25;26;
8863	凡	fan	fa:n¹	那事	1	0.00052%	1	20;
3302	旼	ngoenz	ŋon²	那天	5	0.00259%	3	17;19;27;
860	吞	aen	an¹	那条	31	0.01607%	11	03;08;09;12;13;17;20;24;25;26;28;
1623	啚	duenz	tuə²	那头	14	0.00726%	9	12;15;17;19;20;22;23;27;18;
45	不	bux	pu⁴	那位	607	0.31464%	19	01;02;05;06;07;08;09;10;12;17;19;20;21;22;23;26;27;28;
121	傍	bwengz	pɯəŋ²	那些	259	0.13425%	26	16;01;02;03;04;05;09;10;12;13;14;15;17;18;19;20;21;22;23;24;25;26;27;28;29;18;
1671	普	pux	phu³³	那些人	14	0.00726%	1	26;
1095	他	de	te¹	那样	24	0.01244%	7	03;06;07;09;12;15;27;
8869	吞	aen	an¹	那张	1	0.00052%	1	06;
8872	邏	laq	la⁵	那阵	1	0.00052%	1	29;
541	啚	duez	tuə²	那只	55	0.02851%	12	01;05;12;13;17;19;20;23;24;25;26;27;
1847	迋	dingz	tiŋ²	那种	12	0.00622%	4	03;09;17;20;
8874	韋	songq	ɬoŋ⁵	那族	1	0.00052%	1	29;
8875	恩	aen	an¹	那座	1	0.00052%	1	23;
9	明	mwngz	mɯŋ²	你	1965	1.01855%	28	01;02;03;04;05;06;07;08;09;10;11;12;13;15;16;17;19;20;21;22;23;24;25;26;27;28;29;
1587	明	mwngz	mɯŋ²	你的	15	0.00778%	7	05;06;09;13;17;26;29;
115	数	su	ɬu¹	你们	272	0.14099%	20	02;03;04;05;06;07;10;11;12;16;17;19;20;21;22;23;25;26;
9107	他	de	te¹	其他	1	0.00052%	1	03;
801	武	fwex	fɯə⁴	人家	34	0.01762%	10	01;02;05;06;07;17;19;20;22;
248	様引	ywengh-nyinz	jɯəŋ⁶ȵin²	如此	127	0.06583%	21	01;04;05;06;07;08;09;10;11;12;13;14;16;17;18;19;20;22;
840	路累	loh-lawz	lo⁶laɯ²	如何	32	0.01659%	9	01;02;03;04;09;12;13;16;28;

词号	壮字	新壮文	音标	词义	频次	词频	分布度	抄本号
41	様黎	ywengh-lawz	jɯəŋ⁶lauɯ²	什么	631	0.32708%	29	01;02;03;04;05;06;07;08;09;10;11;12;13;14;15;16;17;18;19;20;21;22;23;24;25;26;27;
2098	甫	bux	pu⁴	谁	10	0.00518%	4	12;14;17;19;
6065	甫	bux	pu⁴	谁人	2	0.00104%	1	09;
43	他	de	te¹	他	623	0.32293%	28	01;02;03;04;05;06;07;08;09;10;11;12;13;15;16;17;19;20;21;22;23;24;25;26;27;28;29;
987	他	de	te¹	他们	26	0.01348%	8	01;03;09;17;19;22;27;18;
1852	勿	fwx	fɯ⁴	他人	12	0.00622%	2	17;27;
134	他	de	te¹	它	239	0.12388%	21	01;02;03;04;05;06;09;11;12;13;17;19;20;21;22;23;24;25;
201	他	de	te¹	她	150	0.07775%	10	12;17;19;20;21;22;23;24;28;
6105	的	dir	ti⁵⁵	她的	2	0.00104%	1	26;
9763	他	de	te¹	她们	1	0.00052%	1	17;
6216	板	ban	pan⁴⁴	为	2	0.00104%	1	26;
2488	幻	yuq	ju⁵	为什么	8	0.00415%	3	13;21;26;
10	灰	hoiq	ho:i⁵	我	1765	0.91488%	28	01;02;03;04;05;06;07;08;09;10;11;12;13;14;16;17;19;20;21;22;23;24;25;26;27;28;29;
1101	故	gu	ku¹	我的	24	0.01244%	5	04;05;17;23;26;
6230	双娄	song-laeuz	ɬo:ŋ¹lau²	我俩	2	0.00104%	1	05;
30	都	du	tu¹	我们	801	0.41520%	29	01;02;03;04;05;06;07;08;09;10;11;12;13;14;15;16;17;19;20;21;22;23;24;25;26;27;28;
2491	娄	laeuz	lau²	我们的	8	0.00415%	3	10;17;26;
10480	一	aet	at⁷	一点	1	0.00052%	1	12;
1052	仿	mbangx	ba:ŋ⁴	有的	25	0.01296%	5	01;04;05;12;20;
3059	甫	bux	pu⁴	有人	6	0.00311%	2	02;22;
4801	将	ciengx	ɕiəŋ⁴	有些	3	0.00156%	1	12;
10701	妛	ni	ni¹	在	1	0.00052%	1	27;
2025	落	rox	ro⁴	怎	10	0.00518%	3	19;20;18;
1455	盖麻	gaiq-maz	ka:i⁵ma²	怎么	17	0.00881%	9	01;06;12;13;15;17;18;20;26;
885	榡累	ywengh-lawz	jɯəŋ⁶lauɯ²	怎样	30	0.01555%	12	05;01;02;07;09;10;17;20;23;26;28;29;
20	你	nix	ni⁴	这	1117	0.57899%	29	05;16;01;02;03;04;06;07;08;09;10;11;12;13;14;15;17;19;20;21;22;23;24;25;26;27;28;
1994	典	nyienx	ȵiən⁴	这般	11	0.00570%	2	17;19;
10818	帮	bang	pa:ŋ¹	这帮	1	0.00052%	1	27;
6494	召	ciuh	ɕi:u⁶	这辈	2	0.00104%	1	22;
4837	敗	baih	pa:i⁶	这边	3	0.00156%	2	23;26;
730	召你	ciuh-nix	ɕi:u⁶ni⁴	这代	39	0.02022%	6	01;02;03;04;05;16;
3977	个你	ga-nix	ka¹ni⁴	这方	4	0.00207%	2	02;27;
525	你	nix	ni⁴	这个	58	0.03006%	12	05;07;12;13;16;17;19;20;24;26;27;18;

词号	壮字	新壮文	音标	词义	频次	词频	分布度	抄本号
10820	条	deuz	$te:u^{2}$	这根	1	0.00052%	1	01;
10821	尼	nix	ni^{4}	这件	1	0.00052%	1	17;
595	忍	nyinz	ηin^{2}	这里	50	0.02592%	15	01;03;05;06;08;11;12;13;17;20;23;25;26;29;22;
6495	大	daih	$ta:i^{6}$	这么	2	0.00104%	2	17;22;
10822	咧	najs	nai^{31}	这面	1	0.00052%	1	26;
2754	召你	ciuh-nix	$ɕi:u^{6}ni^{4}$	这世	7	0.00363%	2	07;09;
10824	条	deuz	$te:u^{2}$	这条	1	0.00052%	1	01;
361	甫	bux	pu^{4}	这位	88	0.04561%	8	02;07;09;10;17;23;27;18;
1693	你	nix	ni^{4}	这些	14	0.00726%	7	05;08;09;17;21;25;26;
108	會你	hoih-nix	$ho:i^{6}ni^{4}$	这样	289	0.14980%	19	02;05;07;10;01;03;04;06;08;09;11;17;18;19;20;21;22;26;
232	各	gag	$ka:k^{8}$	自	135	0.06998%	20	01;03;04;05;06;07;08;09;10;11;12;13;17;20;21;22;24;25;
4009	各	gag	$ka:k^{8}$	自个	4	0.00207%	1	12;
197	各	gag	$ka:k^{8}$	自己	155	0.08034%	26	01;02;04;05;07;08;09;10;11;12;13;14;15;16;17;20;21;22;23;24;25;26;27;28;29;18;
1460	旧	gaeuq	kau^{5}	自己	17	0.00881%	6	02;10;12;13;22;26;
2767	䠠	ndang	$da:\eta^{1}$	自身	7	0.00363%	5	14;17;22;25;26;

七、副词

词号	壮字	新壮文	音标	词义	频次	词频	分布度	抄本号
6647	破	bogr	pɔk^{55}	暗中	1	0.00052%	1	26;
1234	冇	ndwi	dɯəi^{1}	白白	20	0.01037%	11	07;28;05;13;17;20;23;24;25;27;18;
6770	本	baenj	pan^{3}	本	1	0.00052%	1	21;
2566	本	baenj	pan^{3}	本来	7	0.00363%	3	17;25;28;
6786	投	daeuh	tau^{6}	比	1	0.00052%	1	07;
6791	累	ndaej	dai^{3}	必	1	0.00052%	1	17;
3534	得	dwg	tɯk^{8}	必须	4	0.00207%	1	05;
5018	八	bah	pa^{6}	毕	2	0.00104%	2	17;27;
1485	平	bienh	piən^{6}	边	16	0.00829%	3	04;24;28;
1636	可	goj	ko^{3}	便	14	0.00726%	6	02;05;13;15;17;27;
5023	萧	seuq	θe:u^{5}	遍	2	0.00104%	2	21;24;
5025	吮	rums	zum^{31}	遍地	2	0.00104%	2	26;27;
294	皆	gaij	ka:i^{3}	别	109	0.05650%	20	01;02;04;05;06;07;08;09;10;11;12;17;19;22;23;24;25;26;
3160	慢	manq	ma:n^{5}	别忙	5	0.00259%	3	11;19;28;
2	不	mbaeux	bau^{4}	不	3785	1.96194%	29	01;02;03;04;05;06;07;08;09;10;11;12;13;14;15;16;17;19;20;21;22;23;24;25;26;27;28;
2828	不增	mbaeux-caengz	bau^{4}ɕaŋ^{2}	不曾	6	0.00311%	2	05;16;
4122	冇	ndwi	dɯəi^{1}	不得	3	0.00156%	2	22;23;
6844	不断	mbaeux-duenh	bau^{4}tuən^{6}	不断	1	0.00052%	1	25;
3540	否外	mbaeuh-vaij	bau^{6}va:i^{3}	不过	4	0.00207%	1	21;
1920	不	mbaeuq	bau^{5}	不会	11	0.00570%	4	12;17;20;25;
3166	不	mbaeux	bau^{4}	不能	5	0.00259%	4	01;09;17;27;
5038	或時	vak-cwz	va:k^{7}ɕɯ^{2}	不时	2	0.00104%	1	22;
6848	否	mbaeuh	bau^{6}	不算	1	0.00052%	1	19;
6849	跪	gvaeh	kvai^{6}	不停	1	0.00052%	1	27;
5040	茂	mbaeux	bau^{4}	不要	2	0.00104%	1	24;
1818	不	mbaeux	bau^{4}	不再	12	0.00622%	4	09;12;17;27;
18	造	caux	ɕa:u^{4}	才	1267	0.65675%	29	01;02;03;04;05;06;07;08;09;10;11;12;13;14;15;16;17;19;20;21;22;23;24;25;26;27;28;
2574	造	caux	ɕa:u^{4}	才会	7	0.00363%	3	12;26;27;
3547	礼	ndaex	dai^{4}	才能	4	0.00207%	2	05;07;
3548	淂	dwg	tɯk^{8}	才去	4	0.00207%	1	05;
6898	央	yaengj	jaŋ^{3}	才是	1	0.00052%	1	21;
2139	僧	caengz	ɕaŋ^{2}	曾	9	0.00467%	7	03;05;09;12;17;21;18;
3457	常	ciengz	ɕiəŋ^{2}	常	4	0.00207%	4	16;21;25;18;
4154	柳	ndux	du^{4}	初	3	0.00156%	2	03;05;
5115	吉吉	gyiz-gyiz	tɕi^{2}tɕi^{2}	处处	2	0.00104%	1	21;
2848	立	laeb	lap^{8}	从此	6	0.00311%	1	02;
1722	陳	baemh	ɕam^{6}	大声	13	0.00674%	3	17;21;23;
5151	溏	dan	ta:n^{1}	单单	2	0.00104%	1	03;

词号	壮字	新壮文	音标	词义	频次	词频	分布度	抄本号
5152	冇	ndwi	$duɯəi^{1}$	单独	2	0.00104%	2	13;28;
7169	丹	dan	$ta:n^{1}$	但求	1	0.00052%	1	23;
4179	當長	dangq-ciengz	$ta:ŋ^{5}ɕiəŋ^{2}$	当场	3	0.00156%	2	01;04;
2856	毒那	doek-naj	$tok^{7}na^{3}$	当面	6	0.00311%	3	05;20;28;
5162	到	dauq	$ta:u^{5}$	倒	2	0.00104%	2	06;21;
5166	刀十	dauq-cih	$ta:u^{5}ɕi^{6}$	倒是	2	0.00104%	1	21;
2859	騰茄	daengz-giez	$taŋ^{2}kiə^{2}$	到处	6	0.00311%	4	09;12;21;26;
7202	土	doh	to^{6}	到底	1	0.00052%	1	17;
7213	耒	lai	$la:i^{1}$	得多	1	0.00052%	1	17;
2589	太	daih	$ta:i^{6}$	得很	7	0.00363%	5	12;17;19;26;28;
667	晉	guenj	$kuən^{3}$	都	42	0.02177%	14	01;02;03;04;06;07;09;12;17;20;21;23;25;18;
7286	不	mbaeux	bau^{4}	都不	1	0.00052%	1	01;
3599	土	doh	to^{6}	都是	4	0.00207%	2	17;22;
4207	各	gag	$ka:k^{8}$	独有	3	0.00156%	3	09;12;16;
1826	各	gag	$ka:k^{8}$	独自	12	0.00622%	7	11;12;17;21;23;24;28;
2000	却	gyo	$tɕo^{1}$	多亏	11	0.00570%	1	18;
5230	林	laemh	lam^{6}	二次	2	0.00104%	2	12;13;
5248	域	ngvaek	$ŋvak^{7}$	翻然	2	0.00104%	1	05;
5249	生	saemq	$θam^{5}$	凡	2	0.00104%	1	21;
7383	到	dauq	$ta:u^{5}$	反	1	0.00052%	1	25;
1126	到	dauq	$ta:u^{5}$	反而	23	0.01192%	11	10;20;23;25;02;05;09;17;27;28;29;
4224	兜陌	doq-bak	$to^{5}pa:k^{7}$	反正	3	0.00156%	2	22;23;
3616	娄	raeuh	rau^{6}	非常	4	0.00207%	2	17;26;
2601	否	mbaeuh	bau^{6}	否	7	0.00363%	3	17;23;25;
2042	笼	laemh	lam^{6}	复	10	0.00518%	5	03;11;17;24;25;
5302	汒	maqv	$maŋ^{11}$	赶忙	2	0.00104%	1	26;
1240	主	cix	$ɕi^{4}$	刚	20	0.01037%	9	01;05;07;12;13;20;21;25;18;
833	假扳	gyax-baenh	$tɕa^{4}pan^{6}$	刚才	32	0.01659%	10	02;05;07;10;13;17;19;20;22;
7523	岩	ngamq	$ŋa:m^{5}$	刚刚	1	0.00052%	1	23;
7534	桑	sang	$ɬa:ŋ^{1}$	高声	1	0.00052%	1	12;
7555	亦	yag	$ja:k^{8}$	更	1	0.00052%	1	04;
3641	㤗	lai	$la:i^{1}$	更多	4	0.00207%	2	05;17;
7556	興	hingh	$hiŋ^{6}$	更好	1	0.00052%	1	11;
1350	共	gung	$kuŋ^{1}$	共	18	0.00933%	6	03;09;17;20;21;18;
2045	同斉	doengz-caez	$toŋ^{2}ɕai^{2}$	共同	10	0.00518%	3	17;21;26;
817	度	doh	to^{6}	够	33	0.01711%	13	01;03;05;06;09;10;12;16;19;23;24;26;28;
7593	者孺	dcuz-nduv	$tɕɯ^{44}du^{11}$	古时	1	0.00052%	1	26;
3219	則没	cah-maem	$ɕa^{6}mam^{1}$	鼓鼓	5	0.00259%	3	20;18;19;
2402	了	leux	$le:u^{4}$	光	8	0.00415%	7	03;05;08;12;17;23;24;
7653	立礼	liz-laex	$li^{2}lai^{4}$	光光	1	0.00052%	1	10;
7685	可	coj	ko^{3}	果然	1	0.00052%	1	08;

词号	壮字	新壮文	音标	词义	频次	词频	分布度	抄本号
104	但	danh	ta:n^{6}	还	303	0.15706%	22	02;03;05;06;07;09;10;11;12;17;19;20;21;22;23;24;25;26;27;28;29;18;
5383	否	mbaeuh	bau^{6}	还不	2	0.00104%	2	17;27;
2404	兽	lox	lo^{4}	还会	8	0.00415%	4	10;12;13;24;
4285	里	lix	li^{4}	还能	3	0.00156%	2	12;13;
4286	利	lix	li^{4}	还未	3	0.00156%	2	17;27;
1262	里	lix	li^{4}	还要	20	0.01037%	7	05;12;21;22;24;26;27;
5393	俐	ndi	di^{1}	好	2	0.00104%	1	01;
4298	臨	linz	lin^{2}	很	3	0.00156%	3	12;22;25;
7773	倫	laenh	lan^{6}	狠狠	1	0.00052%	1	27;
5410	呀零	yax-lengz	ja^{4}le:ŋ^{2}	狠力	2	0.00104%	1	04;
3238	的凸	dix-dug	ti^{4}tuk^{8}	乎乎	5	0.00259%	3	04;19;20;
4306	仅伍	ngiz-nguh	ŋi^{2}ŋu^{6}	呼呼	3	0.00156%	3	04;05;23;
2008	反	fonj	fo:n^{3}	忽	10	0.00518%	4	15;19;21;18;
7826	曰	yeb	jep^{8}	忽地	1	0.00052%	1	27;
4308	芋	daemh	tam^{6}	忽儿	3	0.00156%	1	27;
7827	乙	it	it^{7}	忽而	1	0.00052%	1	27;
7828	踏踏	yawx-jawx	jau^{33}jau^{33}	忽忽	1	0.00052%	1	26;
1538	侵真	caemh-cin	ɕam^{6}ɕan^{1}	忽然	15	0.00778%	5	04;17;20;27;18;
3241	託	dox	to^{4}	互	5	0.00259%	3	06;10;20;
482	度	dox	to^{4}	互相	63	0.03266%	10	01;05;07;12;17;20;21;26;19;
1493	乐	lox	lo^{4}	或	16	0.00829%	4	02;04;06;22;
1092	魯	lox	lo^{4}	或是	24	0.01244%	8	01;05;06;17;19;23;25;28;
3687	兽	lox	lo^{4}	或许	4	0.00207%	3	04;05;24;
2409	兽	lox	lo^{4}	或者	8	0.00415%	4	04;06;10;11;
7964	陋	laeuh	lau^{6}	极	1	0.00052%	1	24;
1000	直	cih	ɕi^{6}	即	26	0.01348%	8	04;06;07;12;17;22;24;26;
2412	提達	dih-dad	ti^{6}ta:t^{8}	急急	8	0.00415%	5	05;11;17;23;24;
7970	如	siz	ɬi^{2}	几乎	1	0.00052%	1	16;
7989	在	caiq	ɕa:i^{5}	继续	1	0.00052%	1	08;
1573	咭	gyaed	ʨat^{8}	渐	15	0.00778%	6	05;07;10;11;13;23;
593	值值	gyaed-gyaed	ʨat^{8}ʨat^{8}	渐渐	50	0.02592%	13	02;03;05;07;09;10;12;13;23;24;25;26;28;
3708	拜	baiz	pa:i^{2}	将	4	0.00207%	3	03;06;27;
3106	㖦	ndi	di^{1}	将要	5	0.00259%	3	05;12;18;
2218	遈	dam	ta:m^{1}	接着	9	0.00467%	3	04;05;26;
8131	眉苗	mih-mauz	mi^{6}ma:u^{2}	津津	1	0.00052%	1	17;
8133	各	gag	ka:k^{8}	仅	1	0.00052%	1	12;
4370	患	guenj	kuən^{3}	尽管	3	0.00156%	2	20;27;
8142	抱	bous	pou^{31}	尽快	1	0.00052%	1	26;
8144	晉	guenj	ku:n^{3}	尽量	1	0.00052%	1	27;
5535	尋	coem	ɕom^{1}	尽是	2	0.00104%	2	02;22;

词号	壮字	新壮文	音标	词义	频次	词频	分布度	抄本号
4	造	caux	ɕa:u^{4}	就	2884	1.49491%	29	01;02;03;04;05;06;07;08;09;10;11;12;13;14;15;16;17;19;20;21;22;23;24;25;26;27;28;
3730	曺	dcaos	tɕa:u^{31}	就会	4	0.00207%	1	26;
1372	貧	baenz	pan^{2}	就是	18	0.00933%	8	01;03;05;17;20;22;25;28;
2627	末	mued	muət^{8}	绝	7	0.00363%	3	05;23;25;
5567	出	cod	ɕo:t^{8}	绝尽	2	0.00104%	1	25;
1426	恨	hwnj	hɯn^{3}	开始	17	0.00881%	10	03;05;10;12;13;16;21;25;26;
5578	可	goj	ko^{3}	可	2	0.00104%	2	05;22;
8269	魯	lox	lo^{4}	可能	1	0.00052%	1	05;
2920	屑	gyuq	tɕu^{5}	空	6	0.00311%	4	07;12;24;26;
3276	劳	lau	la:u^{1}	恐怕	5	0.00259%	2	05;22;
5603	流	riuz	riu^{2}	快	2	0.00104%	1	21;
2228	个入	gaz-yaeb	ka^{2}jap^{8}	快快	9	0.00467%	9	09;10;12;17;19;20;22;26;28;
8353	叹當	taqc-laqs	thaŋ^{35}laŋ^{31}	来后	1	0.00052%	1	26;
8354	半棑	daeuj-baez	tau^{3}pa:i^{2}	来回	1	0.00052%	1	05;
782	立	laeb	lap^{8}	立即	35	0.01814%	7	07;17;18;19;20;23;27;
5649	立	laeb	lap^{8}	立刻	2	0.00104%	1	13;
757	个离	gaz-lih	ka^{2}lin^{6}	连连	37	0.01918%	10	01;02;04;05;06;18;19;20;22;
2432	里律	lih-lwt	li^{6}lɯt^{7}	连续	8	0.00415%	6	08;17;21;25;26;27;
5655	羊衡	nganz-haemh	ŋa:n^{2}ham^{6}	连夜	2	0.00104%	1	21;
4438	各厄	gaz-ngaeg	ka^{2}ŋak^{8}	踉跄	3	0.00156%	2	12;27;
2440	千	cih	ɕi^{6}	马上	8	0.00415%	4	02;05;07;23;
2441	殃會	yaeng-hoih	jaŋ^{1}ho:i^{6}	慢慢	8	0.00415%	2	23;26;
4470	眉貫	mih-gomz	mi^{6}ko:m^{2}	忙忙	3	0.00156%	2	20;23;
8703	離唎	li-liz	li^{1}li^{2}	茂盛	1	0.00052%	1	24;
157	不	mbaeux	bau^{4}	没	199	0.10315%	19	01;04;05;07;09;12;13;14;16;17;19;20;21;23;24;25;26;27;
68	不眉	mbaeux-miz	bau^{4}mi^{2}	没有	417	0.21615%	27	01;02;03;04;05;06;07;08;09;10;11;12;13;17;18;19;20;21;22;23;24;25;26;27;28;29;18;
3296	答	daeb	tap^{8}	每	5	0.00259%	2	12;27;
1220	荅	dap	ta:p^{7}	猛	21	0.01089%	7	04;07;08;10;13;17;20;
3779	達	dap	ta:p^{7}	猛地	4	0.00207%	1	02;
8741	亦愢	yaek-hwnq	jak^{7}hɯn^{5}	猛地起	1	0.00052%	1	05;
8742	見	gyet	tɕe:t^{7}	猛烈	1	0.00052%	1	17;
1967	吽仰	nyaemh-nyaengh	ȵam^{6}ȵaŋ^{6}	猛然	11	0.00570%	3	02;05;12;
8762	芃岑	gyiz-gyingh	ki^{2}tɕiŋ^{6}	绵绵	1	0.00052%	1	20;
205	改	gaij	ka:i^{3}	莫	147	0.07620%	17	02;04;05;06;07;08;10;12;17;19;20;21;22;24;25;26;18;
3785	改	gaij	ka:i^{3}	莫要	4	0.00207%	2	05;21;
1374	芒	mangx	ma:ŋ^{4}	难怪	18	0.00933%	2	17;20;
4513	過	ndaex	dai^{4}	能	3	0.00156%	1	25;
3798	那	naj	na^{3}	宁可	4	0.00207%	2	12;25;

词号	壮字	新壮文	音标	词义	频次	词频	分布度	抄本号
8966	烈	rengz	re:ŋ²	努力	1	0.00052%	1	21;
8996	册総	gyaeg-gyungh	tɕak⁸tɕuŋ⁶	排排	1	0.00052%	1	08;
4525	八并	bah-lanz	pa⁶la:n²	蹒跚	3	0.00156%	2	17;20;
9036	丁	dingq	tiŋ⁵	偏	1	0.00052%	1	23;
5875	入入	yeb-yeb	jep⁸jep⁸	翩翩	2	0.00104%	1	27;
9041	巴霞	baz-caz	pa²ɕa²	飘飘	1	0.00052%	1	23;
9049	閉律	baez-laet	pai²lat⁷	频繁	1	0.00052%	1	27;
743	齊	caez	ɕai²	齐	38	0.01970%	16	02;07;08;09;10;11;12;14;16;19;20;21;22;23;24;28;
9105	卡还	gah-vanz	ka⁶va:n²	齐齐	1	0.00052%	1	20;
1975	齊	caez	ɕai²	齐全	11	0.00570%	6	08;09;12;19;20;26;
9163	長	gyangz	tɕa:ŋ²	强行	1	0.00052%	1	11;
4543	躺	ndang	da:ŋ¹	亲自	3	0.00156%	3	03;04;11;
9233	俾	bae	pai¹	去	1	0.00052%	1	21;
484	全	cienz	ɕiən²	全	63	0.03266%	8	10;12;17;19;20;21;26;18;
365	道	dauq	ta:u⁵	却	87	0.04510%	14	03;05;07;11;12;17;19;20;22;23;24;25;27;18;
5948	不	mbaeuq	bau⁵	却不	2	0.00104%	1	28;
3837	列	lez	le²	却是	4	0.00207%	1	05;
2682	是	caih	ɕa:i⁶	任由	7	0.00363%	4	17;19;20;27;
9292	里	liq	li⁵	仍	1	0.00052%	1	27;
9293	亦	yiz	ji²	仍要	1	0.00052%	1	27;
11205	佺	nyienx	ɲiən⁴	如此	1	0.00052%	1	18;
4588	故	goj	ko³	尚	3	0.00156%	2	22;29;
2982	未	fih	fi⁶	尚未	6	0.00311%	2	09;12;
4593	帥	caiq	ɕa:i⁵	申	3	0.00156%	1	22;
11207	楽	lox	lo⁴	甚至	1	0.00052%	1	18;
6028	斗	daeuj	tau³	生来	2	0.00104%	2	17;21;
9513	地	dih	ti⁶	声密	1	0.00052%	1	17;
9514	社	cax	ɕa⁴	声稀	1	0.00052%	1	17;
9521	崩	boq	poŋ⁴⁴	盛情	1	0.00052%	1	26;
2692	陋	laeuh	lau⁶	十分	7	0.00363%	3	07;21;26;
3347	度時	doh-cwz	to⁶ɕɯ²	时常	5	0.00259%	3	05;20;23;
6040	時時	cwz-cwz	ɕɯ²ɕɯ²	时时	2	0.00104%	2	05;21;
1442	造	caux	ɕa:u⁴	始	17	0.00881%	5	02;05;11;12;17;
1682	比奔	biq-boenq	pi⁵pon⁵	速速	14	0.00726%	3	17;23;25;
3004	良楞	lwengz-laeng	lɯəŋ²laŋ¹	随后	6	0.00311%	4	03;17;19;21;
1594	心	sim	ɬim¹	索性	15	0.00778%	6	02;07;10;17;25;28;
2018	太	daih	ta:i⁶	太	10	0.00518%	7	03;04;05;09;12;17;18;
6124	楽	lag	la:k⁸	滔滔	2	0.00104%	2	02;22;
9809	照	ciuq	ɕi:u⁵	特	1	0.00052%	1	22;
9878	多	doq	to⁵	挺	1	0.00052%	1	21;
4673	吾垩	ngux-ngingz	ŋu⁴ŋiŋ²	挺挺	3	0.00156%	2	14;17;
9883	立儀	liz-yih	li²ji⁶	通通	1	0.00052%	1	10;

词号	壮字	新壮文	音标	词义	频次	词频	分布度	抄本号
150	同	doengz	toŋ2	同	209	0.10833%	24	01;02;03;04;05;06;07;08;09;10;11;12;13;17;19;20;21;22;23;24;25;26;28;18;
3370	托才	doh-caez	to6ɕai2	同齐	5	0.00259%	3	17;18;21;
9895	同	doengz	toŋ2	同时	1	0.00052%	1	19;
3015	硬	ngoemx	ŋom4	偷偷	6	0.00311%	2	19;21;
375	駕	gyaj	tɕa3	突然	85	0.04406%	21	01;02;04;05;07;08;10;11;12;13;14;16;17;20;23;24;25;26;
9942	克	kumc	khum35	团团	1	0.00052%	1	26;
11224	云	yunz	jun2	完	1	0.00052%	1	18;
1049	麻	maz	ma2	为何	25	0.01296%	10	03;05;12;17;18;20;21;24;25;
3907	溏	dan	ta:n1	惟	4	0.00207%	3	03;16;17;
6220	白	buen	puən1	惟有	2	0.00104%	2	17;19;
50	未	fih	fi6	未	566	0.29338%	23	03;01;02;04;05;06;07;08;09;10;11;12;13;15;16;17;19;20;21;27;28;29;18;
174	微	fih	fi6	未曾	180	0.09330%	22	01;02;03;04;05;06;07;09;10;12;13;14;17;18;19;20;21;22;23;27;29;18;
4705	否	mbouh	bou6	未能	3	0.00156%	1	27;
4706	眉	miz	mi2	未有	3	0.00156%	2	19;21;
151	不	mbaeux	bau4	无	209	0.10833%	21	01;02;03;04;05;06;08;09;10;12;13;16;17;19;20;22;24;25;
10055	不	bawv	pau11	无草	1	0.00052%	1	26;
6239	否	mbouh	bou6	无需	2	0.00104%	1	27;
10062	有	ndwi	duəi1	无原因	1	0.00052%	1	25;
1008	貫	gonq	ko:n5	先	26	0.01348%	8	01;02;03;04;20;23;25;26;
6265	分	mbaat	ba:t11	现	2	0.00104%	2	26;27;
1383	你	nix	ni4	现在	18	0.00933%	4	05;09;26;28;
66	度	dox	to4	相	424	0.21978%	18	01;02;03;04;05;06;07;08;09;10;11;12;13;20;21;22;23;28;
1986	度	dox	to4	相互	11	0.00570%	7	01;03;12;13;20;21;27;
1451	罧	lumj	lum3	像	17	0.00881%	2	25;26;
2734	淂	dwg	tɯk8	须	7	0.00363%	2	02;03;
10336	个廉	gaz-liemx	ka2liəm4	虚微	1	0.00052%	1	01;
3937	板	ban	pan44	延续	4	0.00207%	1	26;
3413	路路	loh-loh	lo6lo6	样样	5	0.00259%	4	05;16;22;27;
10435	里林	lih-linz	li6lin2	遥遥	1	0.00052%	1	09;
10448	果	go	ko44	要是	1	0.00052%	1	26;
25	耶	yej	je3	也	958	0.49658%	29	01;02;03;04;05;06;07;08;09;10;11;12;13;14;15;16;17;19;20;21;22;23;24;25;26;27;28;
3417	否	mbouh	bou6	也不	5	0.00259%	1	27;
10451	唎	ndi	di1	也得	1	0.00052%	1	22;
4776	个	goq	ko5	也都	3	0.00156%	1	27;
3418	千	cih	ɕi6	也就	5	0.00259%	3	01;12;26;

词号	壮字	新壮文	音标	词义	频次	词频	分布度	抄本号
224	也	yej	je^{3}	也是	138	0.07153%	10	18;02;07;09;10;12;19;21;26;
4777	魯	lox	lo^{4}	也许	3	0.00156%	2	04;23;
10452	古	guq	ku^{5}	也要	1	0.00052%	1	27;
3945	乃	naih	na:i^{6}	一边	4	0.00207%	1	27;
10476	丹	danq	ta:n^{5}	一旦	1	0.00052%	1	22;
10478	滕	daengz	taŋ^{2}	一到	1	0.00052%	1	12;
10479	浪	nangh	na:ŋ^{6}	一道	1	0.00052%	1	12;
6388	嚴	yemz	je:m^{2}	一点	2	0.00104%	2	12;20;
6390	一二	it-nyih	it^{7}n̥i^{6}	一定	2	0.00104%	2	20;21;
6392	仰	yaeb	jap^{8}	一会	2	0.00104%	1	09;
10489	連	lienz	li:n^{2}	一连	1	0.00052%	1	27;
10494	済	caez	ɕai^{2}	一齐	1	0.00052%	1	17;
349	里	ndix	di^{4}	一起	91	0.04717%	24	01;02;03;04;06;07;08;09;11;12;13;16;17;19;20;21;22;23;25;26;27;28;29;18;
1600	同	doengz	toŋ^{2}	一同	15	0.00778%	7	06;08;09;12;13;21;22;
10501	添	tem	them^{1}	一再	1	0.00052%	1	27;
666	成旧	baenz-gaeuq	pan^{2}kau^{5}	依旧	43	0.02229%	17	02;03;04;05;08;09;12;17;18;20;21;22;23;25;28;29;19;
463	利	lix	li^{4}	已	67	0.03473%	10	03;04;05;13;17;19;20;21;22;
2745	朝	caux	ɕa:u^{4}	已经	7	0.00363%	4	03;05;10;22;
11237	喊	han	ha:n^{1}	应	1	0.00052%	1	18;
4798	永	yinj	jin^{3}	永	3	0.00156%	3	16;17;21;
1146	惱	nauq	na:u^{5}	永远	23	0.01192%	10	01;02;04;07;10;12;17;22;27;
21	到	dauq	ta:u^{5}	又	1056	0.54737%	27	01;02;03;04;05;06;07;08;09;10;11;12;13;15;16;17;19;20;21;22;23;24;25;26;27;28;18;
10601	不	mbaeux	bau^{4}	又不	1	0.00052%	1	08;
3955	到	dauq	ta:u^{5}	又回	4	0.00207%	2	12;17;
10604	到	dauq	ta:u^{5}	又再	1	0.00052%	1	12;
3422	礼	ndi	di^{1}	愈	5	0.00259%	5	05;06;07;08;23;
978	本	baenj	pan^{3}	原本	27	0.01400%	6	19;22;07;20;26;18;
1871	旧	gaeuq	kau^{5}	原来	12	0.00622%	7	09;12;22;23;25;27;28;
3063	陸	nduj	du^{3}	圆圆	6	0.00311%	1	19;
10657	里臨	lih-linh	li^{6}lin^{6}	远远	1	0.00052%	1	09;
10669	央	ryangh	ʔja:ŋ^{6}	跃然	1	0.00052%	1	27;
272	越	yied	jiət^{8}	越	117	0.06065%	16	03;05;06;07;09;12;13;14;17;19;23;26;27;28;29;18;
357	到	dauq	ta:u^{5}	再	89	0.04613%	18	04;05;06;07;10;11;12;17;19;20;21;22;23;24;26;28;29;18;
3964	破買	baez-maeq	pai^{2}mai^{5}	再次	4	0.00207%	4	17;12;22;27;
6464	本	baenj	pan^{3}	早	2	0.00104%	1	20;
6466	巴也	baz-yeq	pa^{2}je^{5}	早早	2	0.00104%	1	23;
4829	之	cih	ɕi^{6}	则	3	0.00156%	1	06;
6473	黎礼	lawz-ndaex	lau^{2}dai^{4}	怎得	2	0.00104%	1	22;

词号	壮字	新壮文	音标	词义	频次	词频	分布度	抄本号
3968	纫	yuh	ju⁶	怎会	4	0.00207%	1	22;
6474	呵勒	hog-razh	hək⁴⁴zaɯ⁴⁴	怎么	2	0.00104%	1	26;
6475	各而	gueg-lawz	kuək⁸laɯ²	怎能	2	0.00104%	2	21;22;
4830	𠀋纫	gueg-yuh	kuək⁸ju⁶	怎样	3	0.00156%	2	22;26;
10777	侣	leiq	lei⁵	长此	1	0.00052%	1	27;
10804	也	yeq	je⁵	照常	1	0.00052%	1	27;
4075	也	yeq	je⁵	照样	3	0.00156%	2	27;18;
3976	造	tsoux	tsou⁴	这才	4	0.00207%	1	27;
4838	打	deh	te⁶	这就	3	0.00156%	1	27;
731	真	cin	ɕin¹	真	39	0.02022%	12	05;07;11;17;19;20;21;22;23;24;25;27;
10834	慎	cin	ɕin¹	真是	1	0.00052%	1	28;
3978	正	cingq	ɕiŋ⁵	真正	4	0.00207%	1	14;
10838	籮	laq	la⁵	阵阵	1	0.00052%	1	01;04;
513	滕	daengz	taŋ²	整	60	0.03110%	13	04;05;07;08;09;12;17;22;23;24;25;26;28;
4894	孫	saemq	θam⁵	整个	3	0.00156%	1	18;
425	正	cingq	ɕiŋ⁵	正	72	0.03732%	19	01;02;04;05;06;07;09;10;12;17;19;20;22;23;24;25;28;29;
6508	何	hox	ho³³	正当	2	0.00104%	1	26;
4840	尽	cingj	ɕiŋ³	正好	3	0.00156%	2	17;27;
10850	正	tsingq	tsiŋ⁵	正来	1	0.00052%	1	27;
1694	正	cingq	ɕiŋ⁵	正是	14	0.00726%	8	17;22;11;13;20;23;25;29;
6510	立	lix	li⁴	正在	2	0.00104%	2	06;17;
6511	何	hox	ho³³	正值	2	0.00104%	2	26;27;
1166	可	goj	ko³	只	22	0.01140%	9	04;05;12;13;17;19;21;22;18;
3984	南	naans	na:n³¹	只要	4	0.00207%	1	26;
2557	个	goj	ko³	只有	7	0.00363%	3	17;19;18;
3986	所	soh	ɬo⁶	直	4	0.00207%	2	04;23;
2522	他柰	daz-nai	ta²na:i¹	直直	8	0.00415%	8	03;04;12;15;17;20;22;23;
10890	正	tsingq	tsiŋ⁵	值此	1	0.00052%	1	27;
10897	流	laeuz	lau²	至极	1	0.00052%	1	27;
10898	勒	raeg	rak⁸	至深	1	0.00052%	1	17;
10917	造	tsoux	tsou⁴	终究	1	0.00052%	1	27;
10926	盖盖	gaiq-gaiq	ka:i⁵ka:i⁵	种种	1	0.00052%	1	05;
2524	到	dauq	ta:u⁵	重	8	0.00415%	2	19;20;
2131	暮	moq	mo⁵	重新	10	0.00518%	6	10;16;20;23;26;27;
1457	佛	fwh	fɯ⁶	骤然	17	0.00881%	6	08;11;16;20;23;27;
3080	奔	panv	phan¹¹	诸	6	0.00311%	1	26;
1391	吉	gyaed	tɕat⁸	逐	18	0.00933%	3	12;14;25;
3999	執	caeb	ɕap⁸	逐个	4	0.00207%	1	05;
10957	理	laex	lai⁴	逐一	1	0.00052%	1	27;
11052	立	laeb	lap⁸	自此	1	0.00052%	1	02;
6575	忠	tsoengz	tsoŋ²	自从	2	0.00104%	1	27;
11053	同乃	daengz-ndaiz	taŋ²sa:i²	自个无事	1	0.00052%	1	27;

词号	壮字	新壮文	音标	词义	频次	词频	分布度	抄本号
11054	各	gag	ka:k^{8}	自行	1	0.00052%	1	08;
4010	各	gag	ka:k^{8}	自然	4	0.00207%	2	05;08;
11055	各	gag	ka:k^{8}	自有	1	0.00052%	1	12;
806	自在	siz-saih	ɬi^{2}ɬa:i^{6}	自在	34	0.01762%	19	01;02;03;04;05;07;08;09;10;11;12;15;16;22;23;25;26;28;
1782	也	yej	je^{3}	总	13	0.00674%	6	02;03;05;11;17;28;
11069	中共	cungq-gungh	ɕuŋ^{5}kuŋ^{6}	总共	1	0.00052%	1	17;
6578	千	cih	ɕi^{6}	总是	2	0.00104%	1	08;

八、介词

词号	壮字	新壮文	音标	词义	频次	词频	分布度	抄本号
992	得	dwz	$tɯ^2$	把	26	0.01348%	9	01;03;04;05;06;16;23;25;26;
1483	累	ndaex	dai^4	被	16	0.00829%	9	02;08;11;12;13;22;23;24;25;
3533	个	gaz	ka^2	比	4	0.00207%	3	01;02;20;
6594	肸	daengz	$taŋ^2$	朝	2	0.00104%	1	18;
2360	作	coq	$ɕo^5$	朝向	8	0.00415%	2	17;26;
5081	公	gumj	kum^3	朝着	2	0.00104%	1	17;
1110	朝	caux	$ɕa:u^4$	从	23	0.01192%	7	06;17;19;20;26;27;18;
6600	坐	coq	$ɕo^5$	给	2	0.00104%	1	18;
166	宜	ndix	di^4	跟	188	0.09745%	14	08;09;10;11;12;13;16;21;23;24;25;26;28;29;
1489	宜	ndix	di^4	和	16	0.00829%	2	14;21;
703	許	hawj	$haɯ^3$	让	40	0.02073%	6	05;15;17;19;25;26;
6102	礼	ndij	di^3	随着	2	0.00104%	1	17;
2482	吕	lwh	$lɯ^6$	替	8	0.00415%	5	05;09;24;25;28;
2280	同	doengz	$toŋ^2$	同	9	0.00467%	1	25;
617	闭	bae	pai^1	往	47	0.02436%	5	05;17;23;26;18;
661	里	ndix	di^4	为	43	0.02229%	13	01;02;03;04;05;10;12;13;17;20;25;28;18;
2717	礼	ndij	di^3	为着	7	0.00363%	1	17;
670	托	dox	to^4	向	42	0.02177%	12	02;03;05;13;14;15;16;17;19;20;23;18;
3044	对	doiq	$to:i^5$	沿	6	0.00311%	1	17;
10396	礼	ndij	di^3	沿着	1	0.00052%	1	17;
1717	依	i	i^1	依	13	0.00674%	4	17;20;25;18;
10513	丑	cux	$ɕu^4$	依从	1	0.00052%	1	25;
10521	到	dauq	$ta:u^5$	以	1	0.00052%	1	10;
3135	淂	dwg	$tɯk^8$	由	5	0.00259%	3	22;26;18;
10609	坐	coq	$ɕo^5$	于	1	0.00052%	1	19;
10655	与	ndix	di^4	源于	1	0.00052%	1	02;
29	纫	yuh	ju^6	在	832	0.43126%	28	01;02;03;04;05;06;07;08;09;10;11;12;13;14;15;16;17;19;20;21;22;23;24;25;26;27;28;
2319	屋	og	$o:k^8$	自	9	0.00467%	3	02;12;19;

九、连词

词号	壮字	新壮文	音标	词义	频次	词频	分布度	抄本号
4115	平	beng	pe:ŋ^{1}	边	3	0.00156%	2	05;25;
1816	爱	maih	ma:i^{6}	不管	12	0.00622%	4	06;17;20;21;
3542	否義	mbaeuh-nyiz	bau^{6}ȵi^{2}	不料	4	0.00207%	4	21;24;25;28;
1817	不論	mbaeuq-lwnh	bau^{5}lɯn^{6}	不论	12	0.00622%	2	12;21;
7034	劳	lau	la:u^{1}	除非	1	0.00052%	1	08;
5154	但	danh	ta:n^{6}	但	2	0.00104%	2	21;23;
1789	度	doz	to^{2}	而	12	0.00622%	5	12;17;19;20;18;
1464	礼	ndix	di^{4}	跟	16	0.00829%	3	16;24;18;
1652	元	yienz	jiən^{2}	还是	14	0.00726%	6	08;13;17;21;22;25;
102	郭	gueg	kuək^{8}	和	304	0.15758%	24	01;02;03;04;05;06;08;09;10;12;13;15;16;17;19;20;21;22;23;24;25;26;29;18;
359	或	vak	va:k^{7}	或	88	0.04561%	14	07;11;13;17;19;20;21;22;23;24;25;28;29;18;
2618	連	lienz	liən^{2}	及	7	0.00363%	3	04;21;25;
5471	買	maih	ma:i^{6}	即使	2	0.00104%	2	12;22;
2785	白	beh	pe^{6}	假如	6	0.00311%	2	19;18;
953	官	guenj	kuən^{3}	尽管	27	0.01400%	5	05;12;17;21;18;
8196	槗	giuj	ki:u^{3}	就算	1	0.00052%	1	08;
2321	還	vanz	va:n^{2}	连	9	0.00467%	1	18;
11191	惰	doq	to^{5}	连接	1	0.00052%	1	18;17;
11192	通	doeng	toŋ^{1}	连通	1	0.00052%	1	18;
6610	堂	dangh	ta:ŋ^{6}	连着	2	0.00104%	1	18;
8618	跪	gvaih	kva:i^{6}	轮番	1	0.00052%	1	27;
3790	劳	lau	la:u^{1}	哪怕	4	0.00207%	2	12;13;
3487	造	caux	ɕa:u^{4}	如	4	0.00207%	3	08;13;18;
925	造	caux	ɕa:u^{4}	如果	28	0.01451%	8	04;05;14;19;20;23;26;18;
156	達	dat	ta:t^{7}	若	200	0.10367%	17	05;06;07;08;09;10;12;13;17;20;21;22;23;24;25;28;18;
9320	吓	yax	ja^{4}	若是	1	0.00052%	1	27;
899	言	yienz	jiən^{2}	虽	29	0.01503%	5	03;17;20;21;18;
4945	到	dauq	ta:u^{5}	虽是	2	0.00104%	2	19;18;
3378	謂	vih	vi^{6}	为此	5	0.00259%	3	09;12;15;
3949	為	vih	vi^{6}	因	4	0.00207%	2	21;22;
1386	爲	vih	vi^{6}	因为	18	0.00933%	9	22;01;05;07;11;12;15;23;28;
4803	玄	yienz	jiən^{2}	又	3	0.00156%	3	07;13;28;
1476	造	caux	ɕa:u^{4}	于是	16	0.00829%	7	03;05;12;17;19;27;18;
306	與	ndix	di^{4}	与	105	0.05443%	20	01;02;04;05;06;07;08;09;11;12;13;14;17;19;20;22;24;25;

十、助词

词号	壮字	新壮文	音标	词义	频次	词频	分布度	抄本号
4093	之	cih	ɕi⁶	罢了	3	0.00156%	3	17;05;29;
6765	提	dwz	tɯ²	被	1	0.00052%	1	13;
1031	淂	ndaex	dai⁴	的	25	0.01296%	10	02;03;05;06;09;10;12;13;17;
7825	奔	boenq	pon⁵	乎	1	0.00052%	1	17;
259	了	leux	leːu⁴	了	121	0.06272%	19	02;04;05;06;07;08;09;10;11;12;17;19;20;21;22;23;25;29;
9753	所	soj	θo³	所	1	0.00052%	1	17;
10450	也	ye	je¹	耶	1	0.00052%	1	19;
10453	也	yej	je³	吔	1	0.00052%	1	19;
1875	得	dwk	tɯk⁷	着	12	0.00622%	3	05;09;17;

十一、语气词

词号	壮字	新壮文	音标	词义	频次	词频	分布度	抄本号
4964	咧	le	le⁴⁴	啊	2	0.00104%	1	26;
500	配	bwij	puɯəi³	吧	61	0.03162%	13	03;05;07;09;12;14;16;17;22;23;25;27;28;
1835	礼	ndi	di¹	好吗	12	0.00622%	2	17;26;
3742	累	lwij	lɯəi³	啦	4	0.00207%	2	07;26;
5645	哩	le	le⁴⁴	哩	2	0.00104%	1	26;
3758	哩	lez	le²	咧	4	0.00207%	2	07;26;
8895	色	tsez	tse²	呢	1	0.00052%	1	27;
977	了	leux	leːu⁴	呀	27	0.01400%	8	08;10;14;16;25;26;28;29;

十二、拟声词

词号	壮字	新壮文	音标	词义	频次	词频	分布度	抄本号
6632	連	lenz	le:n^{2}	哎呀	1	0.00052%	1	28;
6666	八犽	baz-ya	pa^{2}ja^{1}	叭嚓	1	0.00052%	1	15;
2818	腊陒	aq-nyiek	a^{5}ʔn̥iək^{7}	吧啦	6	0.00311%	1	17;
6933	察察	caz-caz	ɕa^{2}ɕa^{2}	嚓嚓	1	0.00052%	1	19;
1565	打拉	daj-laj	ta^{3}la^{3}	哒啦	15	0.00778%	2	18;19;
2584	打拉察	daj-laj-caq	ta^{3}la^{3}ɕa^{5}	哒啦喳	7	0.00363%	1	19;
7105	巴經	baz-gingq	pa^{2}kiŋ^{5}	嗒嗒	1	0.00052%	1	23;
5182	啼達	diz-dah	ti^{2}ta^{6}	嘀哒	2	0.00104%	2	18;19;
4189	地遯	diz-dwg	ti^{2}tɯk^{8}	嘀嗒	3	0.00156%	2	03;22;
4190	地铁	diz-died	ti^{2}tiət^{8}	嘀得	3	0.00156%	2	03;22;
3597	計却	gyiz-gyok	tɕi^{2}tɕo:k^{7}	丁当	4	0.00207%	2	17;23;
4199	計近	gyiz-gyaenz	tɕi^{2}tɕan^{2}	丁冬	3	0.00156%	2	17;06;
4201	吉入	gyih-gyaed	tɕi^{6}tɕat^{8}	咚咚	3	0.00156%	2	23;10;
7291	噥	nungq	nuŋ^{5}	嘟哝	1	0.00052%	1	20;
5315	記簡	gyij-gyien	tɕi^{3}tɕiən^{1}	咯咯	2	0.00104%	1	17;
3645	肥微	fiz-feiz	fi^{2}fei^{2}	咕咕	4	0.00207%	3	05;09;17;
3098	啞	nga	ŋa^{1}	呱呱	5	0.00259%	2	19;18;
6601	也	nge	ʔŋe^{1}	呱声	2	0.00104%	1	18;
5415	工	gumz	kum^{2}	轰轰	2	0.00104%	2	17;23;
7784	淵门	lumz-mwnz	lum^{2}mɯn^{2}	轰隆	1	0.00052%	1	04;
308	呼	uq	u^{5}	呼呀	104	0.05391%	2	17;20;
1941	呼社	huj-caq	hu^{3}ɕa^{5}	呼喳	11	0.00570%	1	20;
1734	妣浅	biz-byanz	pi^{2}pja:n^{2}	哗哗	13	0.00674%	7	03;05;12;17;18;20;24;
7858	取酒	siz-saz	ɬi^{2}ɬa^{2}	哗啦	1	0.00052%	1	03;
1948	之癬	gyih-gyaeh	tɕi^{6}tɕai^{6}	叽叽	11	0.00570%	7	01;02;04;05;18;19;23;
7947	危离危潾	ngviz-liz-ngviz-linx	ŋvi^{2}li^{2}ŋvi^{2}lin^{4}	叽里呱啦	1	0.00052%	1	22;
1949	至左	cix-ca	ɕi^{4}ɕa^{1}	叽喳	11	0.00570%	5	01;03;04;17;22;
8230	卡	gaz	ka^{2}	咔	1	0.00052%	1	17;
8231	把甲	bah-gaeb	pa^{6}kap^{8}	咔嚓	1	0.00052%	1	11;
8232	把鲁	bah-loh	pa^{6}lo^{6}	咔啦	1	0.00052%	1	11;
8346	里浪	liz-langh	li^{2}la:ŋ^{6}	啦啦	1	0.00052%	1	03;
4453	淋	lumz	lum^{2}	隆隆	3	0.00156%	2	03;23;
8984	八腊	bah-laz	pa^{6}la^{2}	啪嗒	1	0.00052%	1	20;
8985	八蘭	bah-lanz	ba^{6}la:n^{2}	啪啦	1	0.00052%	1	20;
8986	八遐	baz-yaz	pa^{2}ja^{2}	啪啪	1	0.00052%	1	23;
8987	八香	baz-yuengz	pa^{2}juəŋ^{2}	啪噗	1	0.00052%	1	15;
5868	記兼	gyiq-gyaek	tɕi^{5}tɕak^{7}	乒乒	2	0.00104%	1	19;
5869	祈今	gyiz-gyinh	tɕi^{2}tɕin^{6}	砰砰	2	0.00104%	1	10;
9031	得畢得辨	dwg-biz-dwg-bad	tɯk^{8}pi^{2}tɯk^{8}pa:t^{8}	噼里啪啦	1	0.00052%	1	05;
2250	只索	cix-sag	ɕi^{4}ɬa:k^{8}	噼啪	9	0.00467%	4	01;02;03;09;
5879	記琴	gyiq-gyaenz	tɕi^{5}tɕan^{2}	乒乓	2	0.00104%	1	19;

词号	壮字	新壮文	音标	词义	频次	词频	分布度	抄本号
9087	達乃	dax-nai	ta^{4}na:i^1	扑通	1	0.00052%	1	24;
3334	个作	baz-sag	pa^{2}ɬa:k^8	沙沙	5	0.00259%	4	03;06;07;18;
9627	之琴	cix-cin	ɕi^{4}ɕin^1	刷刷	1	0.00052%	1	07;
4648	分伏	fwt-fwh	fut^{7}fu^6	嗖嗖	3	0.00156%	3	03;09;24;
9970	也	nge	ʔŋe^1	哇哇	1	0.00052%	1	19;
6208	吕憐	liz-limz	li^{2}lim^2	汪汪	2	0.00104%	1	23;
10091	西沙	siq-saz	θi^{5}θa^2	唏嘘	1	0.00052%	1	17;
10092	财沙财色	saeh-sa-saeh-swx	θai^{6}θa^{1}θai^{6}θɯ^4	淅沙淅沥	1	0.00052%	1	18;
3034	里零茫桃	lix-limz-muengz-dauz	li^{4}lim^{2}muəŋ^{2}ta:u^2	稀里哗啦	6	0.00311%	3	03;17;20;
3916	位化	fiz-fad	fi^{2}fa:t^8	窸唰	4	0.00207%	2	03;12;
3917	位还	fiz-fanz	fi^{2}fa:n^2	窸窣	4	0.00207%	3	03;12;17;
10098	取索	siz-soz	ɬi^{2}ɬo^2	窸嗦	1	0.00052%	1	03;
560	哑	yaq	ja^5	呀	53	0.02747%	2	17;20;
6344	了吝	leux-vingx	le:u^{4}viŋ^4	呀吝	2	0.00104%	1	17;
11234	也	nge	ʔŋe^1	呀声	1	0.00052%	1	18;
6405	利	li	li^1	咿	2	0.00104%	1	28;
1770	習沙	siz-nga	θi^{2}ʔŋa^1	咿呀	13	0.00674%	3	17;18;28;
6406	以乙	it-ij	it^{7}i^3	咿哟	2	0.00104%	2	27;28;
3053	里令	liz-lingh	li^{2}liŋ^6	嘤嘤	6	0.00311%	4	12;13;23;28;
303	酉害	yoq-hawj	jo^{5}haɯ^3	哟咳	106	0.05494%	1	17;
10567	力礼	liz-laex	li^{2}lai^4	哟哟	1	0.00052%	1	12;
958	社	caq	ɕa^5	喳	27	0.01400%	2	20;18;
610	之真	cix-cingh	ɕi^{4}ɕiŋ^6	喳喳	48	0.02488%	12	01;02;04;06;12;17;18;19;20;23;24;05;
1456	社社社	caq-caq-caq	ɕa^{5}ɕa^{5}ɕa^5	喳喳喳	17	0.00881%	1	20;
10867	之酹	ciq-cawz	ɕi^{5}ɕaɯ^2	吱噌	1	0.00052%	1	20;
10868	记交	gyij-gyau	tɕi^{3}tɕa:u^1	吱呀	1	0.00052%	1	17;
1610	之正	gyiz-gyingh	tɕi^{2}tɕiŋ^6	吱喳	15	0.00778%	6	03;17;18;20;23;28;
2309	之吉	gyiz-gyaed	tɕi^{2}tɕat^8	吱吱	9	0.00467%	7	03;04;12;17;20;24;05;
6571	米迷	mih-maex	mi^{6}mai^4	滋滋	2	0.00104%	2	01;17;